LE BÂTARD DE PALERME

HISTOIRE DES BEATI PAOLI

(Tome 1)

DU MÊME AUTEUR
CHEZ LE MÊME ÉDITEUR

Histoire des Beati Paoli :

Le Bâtard de Palerme (Tome 1)
La Mort à Messine (Tome 2)
Coriolano (Tome 3)

Septembre 1713. Juché sur une étique rossinante, la râpière au côté, Blasco de Castiglione, cœur tendre et tête brûlée, entre dans Palerme. En quête du secret de sa naissance, il va rencontrer Don Raimondo de la Motta, qui a commis tous les crimes pour ceindre la couronne ducale, l'éblouissante et ténébreuse Donna Gabriella, le sbire Matteo Lo Vecchio, maître ès scélératesses, Violante, belle comme un rêve de pureté, le séduisant et mystérieux Coriolano de la Floresta, et tout un petit peuple pittoresque et rebelle. Il rencontre aussi une ville de palais arabes, où se réunit la secte des Beati Paoli dont l'idéal de justice sera défiguré par la mafia...
Cavalcades, duels, courses en mer, fêtes grandioses, intrigues de cour, enlèvement au couvent, chocs des armées et des ambitions, sublimes amours et combinaisons ténébreuses, toutes les séductions du roman historique sont là, réunies dans la lumière sicilienne qui rend les emportements plus violents et plus mélancolique le bonheur.

Luigi NATOLI naît à Palerme le 14 avril 1857. Il reçoit à trois ans son baptême politique : il est incarcéré avec toute sa famille à la prison palermitaine de la Vicaria. A l'annonce de l'arrivée imminente de Garibaldi, sa mère avait fait endosser à tous la chemise rouge. Ils furent donc tous arrêtés et leurs biens confisqués et brûlés. A 17 ans il écrit dans des journaux, à 23 ans il enseigne l'histoire dans différents lycées italiens. Historien il publie une Histoire de la Sicile *qui fait autorité, puis sous le pseudonyme de William Galt il écrit plus de vingt-cinq romans d'abord parus en feuilletons dans le* Giornale de Sicilia *et connaît une gloire littéraire populaire semblable à celle de Alexandre Dumas ou Michel Zevaco.*
Pour son œuvre la plus populaire, il s'est appuyé sur une reconstitution scrupuleuse du passé de la Sicile et sur son amour de la liberté pour donner à l'île une épopée nationale. En effet L'histoire des Beati Paoli *est désormais profondément ancrée dans l'imaginaire de la Sicile où, depuis sa parution en 1909, son prodigieux succès ne s'est jamais démenti*

et s'est étendu à toute l'Italie, Les Beati Paoli *est encore aujourd'hui l'unique livre que beaucoup de gens du peuple auront lu au cours de leur vie.*
En mars 1941 Natoli reçut sur son lit de mort un prêtre venu au nom de ses supérieurs lui demander de renier son livre Fra Diego La Matina *en échange du retrait de l'Index des lectures interdites de toute son œuvre. Natoli pria l'envoyé de la curie de rapporter à ses supérieurs que « L'Histoire ne peut ni se rétracter ni se couvrir d'un voile. Et un tel pouvoir ni moi, ni le Pape ne l'avons. »*

I

Le soir du 12 janvier 1698, deux heures avant l'Ave Maria, la place du Palais Royal de Palerme se remplit d'une foule immense, houleuse et mélangée qui se bousculait derrière l'infanterie espagnole rangée entre les deux bastions construits par le cardinal Trivulzio et le monument du roi Philippe V. Perpendiculairement aux lignes de fantassins, tournant le dos aux quartiers militaires des Espagnols, étaient disposés trois escadrons de cavalerie rassemblant des étrangers que, par tradition, on appelait Bourguignons.

Dans un espace assez vaste laissé dégagé devant le monument, se dressait une tribune de bois richement ornée de velours vert et cramoisi, fermée au sommet par une fausse balustrade de bois argenté.

La longue loge à rampe de fer qui courait comme un corridor suspendu devant les vastes fenêtres du Palais Royal était couverte de tapisseries ; on en avait accroché aussi sur la façade, entre les ouvertures, ce qui était du plus bel effet. Toutes les baies étaient ouvertes bien que la saison n'y invitât guère et dans chaque embrasure on apercevait un haut candélabre avec ses torches, préparé pour l'illumination ; mais la haute fenêtre du milieu, au-dessus du grand aigle de marbre qui déployait ses ailes sur l'arche de la grande porte, était ornée d'un grand baldaquin de velours à longues franges d'or, orné des armes du roi d'Espagne sur champ de pourpre et, au-dessous, de celles de Son Excellence Don Pedro Colon de Portugal de la Cueva Enriquez, grand Amiral et grand Adelantado des Indes, par droit héréditaire, comme descendant direct de Christophe Colomb, duc de Veraguas et de la Vega, marquis de Jamaïque, comte de Gelves e Villamico, marquis de Villanova de l'Ariscal, seigneur de Torrequemada, Alamedano, Alamedilla et, enfin, vice-roi et capitaine général du royaume de Sicile pour sa majesté Charles II. Sous le baldaquin étaient disposés deux fauteuils à dossier droit et haut. Le long de la loge, d'autres sièges et tabourets attendaient leurs occupants.

Deux échafaudages semblables à celui qui était dressé devant le monument de Philippe IV avaient été construits dans la ville ; un devant le palais du préteur, adossé à la magnifique fontaine, l'autre sur la place de la Marina, devant le vieux Steri de la noble et magnifique famille des Chiaramonte, à côté du Saint Office ; mais il n'y avait à peu près personne autour de ces deux tribunes-là, du moins pour l'heure, car tout Palerme, tous les habitants de cette ville curieuse et avide de fêtes, avaient préféré la place du Palais Royal, où le spectacle était plus solennel, puisque le vice-roi, la vice-reine et la noblesse y assistaient.

Au vrai, il ne s'agissait pas d'un spectacle mais d'une cérémonie officielle

Le 20 septembre de l'année précédente, la querelle entre la France et l'Espagne ayant été réglée, la paix avait été conclue de manière officielle et durable dans le château hollandais de Rijswijk. La nouvelle communiquée avec quelque retard par la Cour de Madrid serait publiée précisément en ce soir de janvier, suivant les formes voulues par le cérémonial, c'est-à-dire par l'entremise du noble seigneur Don Vincenzo Perino, crieur de l'illustre Sénat palermitain, du tribunal du Patrimoine royal et du Saint Office, au son des royales trompes. De fait, vers les vingt-deux heures et demie d'Italie, se fit entendre un bruit de trompes, de fifres et de timbales, au-delà du Cassaro, qui fit tourner les têtes et déferler la multitude. La loge du Palais Royal s'emplit de seigneurs et Son Excellence et la Vice-Reine, avec la majesté de leur rang, prirent position sous le baldaquin. Tandis que la musique se rapprochait, la foule qui remplissait la place s'ouvrit pour laisser passer la cavalcade du crieur. En cette époque de déclin de la monarchie espagnole, les pompes et les prérogatives illustres s'étaient multipliées et, sur le *certifica* d'exécution de la proclamation, le seigneur crieur ne se satisfaisait pas du simple *Don* et ajoutait devant son nom, de son propre chef, l'épithète *noble.*

Peut-être avait-il raison. Si l'idée de noblesse au sens social s'associait à un héritage de père en fils, les Perino étaient nobles. Privilège de leur maison depuis la fin du XVe siècle, la charge de crieur de la cité se maintiendrait constante et héréditaire pendant près de quatre siècles. La pompe avec laquelle les Perino exerçaient leur office n'avait cessé de se renforcer.

Le noble seigneur Vincenzo Perino était précédé de musiciens de la ville, à cheval, les fifres devant, suivis des timbales et des tambourins, les trompettes fermant la marche. Les timbales étaient en fait une espèce de tambour moresque ; le joueur en transportait deux, un à chaque arçon, et en jouait à l'unisson ou alternativement. Après les trompettes venaient les connétables de la ville, le bâton à la main, puis le massier à soubreveste rouge, avec l'aigle de Palerme sur la poitrine et sur le dos, puis l'enseigne de la cité, portant l'étendard de soie cramoisie, à glands d'or et aigle d'or couronné et enfin, grave et solennel, le crieur sur son destrier, sa proclamation roulée dans la main.

La cavalcade traversa l'esplanade du palais et atteignit l'estrade ; le seigneur Vincenzo Perino descendit de cheval, grimpa sur la tribune, ôta son chapeau, exécuta les trois révérences d'usage au vice-roi et, s'étant recoiffé, déroula la feuille sur laquelle était imprimée la proclamation.

Alors les trompettes résonnèrent ; tous les yeux se tournèrent, toutes les bouches se turent et sur la multitude coururent les mots infatigablement scandés, qui annonçaient la paix et invoquaient la bénédiction du ciel.

En vérité, seuls les auditeurs les plus proches pouvaient entendre ; au vice-roi et à la noblesse, là-haut, il ne parvenait qu'un murmure, que ne percevaient même plus les personnes éloignées ; ces dernières ne voyaient que le geste avec lequel le crieur accompagnait sa lecture, mais peu importait ; la foule s'était assemblée pour voir l'apparat, les soldats, la noblesse ; quant à la paix, elle ne l'intéressait pas. Ces guerres avaient été si lointaines ! Et cette paix ne diminuait pas les impôts, ni n'augmentait la quantité de froment nécessaire pour avoir du pain à bon poids et bas prix.

Les trompettes sonnèrent à trois reprises, les soldats tirèrent une salve, les Bourguignons levèrent leurs épées ; sur quoi Don Vincenzo Perino, descendu de la tribune, remonta à cheval et traversa l'esplanade du palais avec tout son cortège pour aller répéter sa lecture sur les deux autres tribunes. La foule le suivit. Le vice-roi et la vice-reine rentrèrent ; une grande partie des seigneurs les imitèrent, quelques-uns s'attardant sur le balcon à contempler la place ; les fantassins regagnèrent leurs quartiers, les Bourguignons sortirent par la Porte Neuve et en suivant les grandes routes des faubourgs s'en retournèrent à leur caserne, près du château normand de la Cuba ; sur la place çà et là, des groupes épars s'attardaient, dans l'attente des magnifiques carrosses de la noblesse revenant de la cérémonie.

Le soleil se couchait.

C'était un de ces couchers de soleil dans un ciel pur et lumineux, comme il ne s'en voit qu'à Palerme. Derrière l'aride et abrupt mont Cuccio, le ciel paraissait d'or, mais rosissait peu à peu et à l'opposé le rose mourait dans une douce teinte violette. La pointe pyramidale de la Porte Neuve semblait elle aussi d'or, d'or encore les quatre tours de la cathédrale et son clocher, et dans l'air et dans la lumière il y avait comme un reflet de tout cet or. Quelques seigneurs sortirent du Palais Royal à cheval et firent caracoler bizarrement leurs montures ; d'autres moins férus d'exercices équestres choisissaient de se déplacer en chaise à porteurs, avec une suite de serviteurs et d'esclaves, mais à ce véhicule les dames préféraient le carrosse. C'étaient des voitures grandes comme une chambre à coucher, peintes de fleurs, d'arabesques, d'amours, d'emblèmes, avec de riches dorures, fermées de rideaux de soie très fine, surmontées de cinq panaches semblables à des flocons de nuages arrachés du ciel, tirées par quatre ou six chevaux de même robe, à longue queue, à crinière frisée et ornée de rubans ; avec un harnachement de cuivre et d'argent et de riches panaches de plumes très fines. Hissé sur le siège couvert d'une espèce de caparaçon de velours frappé de l'écu de la famille d'or ou d'argent émaillé, le cocher portait une livrée qui aurait fait rougir d'envie les généraux napoléoniens dans leurs somptueux uniformes ; aux portières et derrière le carrosse, une nuée de laquais, de valets, de *volanti*.

Le défilé de semblables carrosses était en soi un spectacle de luxe et de magnificence dont se délectait la foule des curieux qui, faute de posséder de telles richesses, se consolaient en contemplant celles des autres, avec au fond une pointe d'orgueil pour leur ville.

Parmi les derniers à rentrer dans la grande salle du palais, où Son Excellence faisait servir des rafraîchissements, il y eut un jeune chevalier aux traits fins et délicats mais peut-être un peu trop sérieux. Il s'appelait Don Raimondo Albamonte. Il n'avait pas encore trente ans, était grand, svelte, nerveux, le visage pâle mais comme envahi d'un nuage sombre, qui aurait pu passer pour de la tristesse, si une certaine étincelle inattendue dans les yeux n'avait fait penser à la lueur d'un éclair lointain dans un ciel orageux. Les lèvres minces se distinguaient à peine et la bouche ressemblait plutôt à une longue blessure non encore refermée, légèrement ombragée par une jeune moustache clairsemée. Mais les extrémités étaient d'une petite fille : ses mains très blanches, menues, minces, effilées, avec des ongles roses, ellipsoïdaux, se confondaient et disparaissaient presque dans les dentelles très fines de ses manchettes. Il semblait en faire grand cas ; il avait un geste mol et gracieux pour mettre sa main en valeur, en la soulevant pour écarter du front les boucles de la perruque que la mode française avait imposée.

Avec tout cela, il n'avait rien de féminin. Peut-être, examinant l'angle de la mâchoire et la courbe de la bouche, un œil attentif aux manifestations de l'âme aurait-il pu y surprendre une certaine dureté froide et égoïste ; peut-être aussi quelque chose de félin, ou plutôt de féroce : mais pour la plus grande partie de ceux qui le voyaient, ce n'était qu'un beau jeune homme un peu antipathique.

Il était frère cadet du duc de la Motta et s'enorgueillissait de compter au nombre de ses ancêtres Guglielmo Albamonte, un des treize champions italiens de Barletta et qui, avec Francesco Salomone figurait parmi ceux qui avaient assuré la victoire italienne : mais c'était une gloire dont pouvait bien davantage se prévaloir le duc, son frère. Ce dernier, colonel d'un régiment, après un bref séjour à Palerme, était reparti à la guerre depuis près de huit mois tandis que Don Raimondo, qui aurait pu tout aussi bien acheter au moins une compagnie et se trouver un état, avait préféré les études et décroché la couronne de laurier du doctorat à Catane, la seule université qui, alors, conférait le diplôme de jurisprudence.

Avait-il quelque ambition ? Il était si fermé, si impénétrable que nul n'avait jamais pu rien surprendre de ses aspirations, mais il avait assurément dans ses attitudes et dans ses paroles quelque chose d'impérieux, de dominateur, hors de proportion avec sa condition de cadet. Mais il ne paraissait pas désireux d'entrer dans la magistrature.

Noble, frère d'un officier de Sa Majesté qui avait combattu dans les guerres dont ce jour-là on célébrait la fin, il avait été invité par Son Excellence le vice-roi, pour jouir du spectacle de la cérémonie depuis le Palais Royal et il était resté dans un coin du long balcon, un coude sur la balustrade et les yeux errant sur cette mer de têtes qui ondulait sur la vaste place, peut-être sans rien voir.

Le matin, un ami venu de Naples à bord d'une tartane lui avait rapporté une nouvelle qui avait remué son âme comme une pierre qui, tombant à l'improviste dans le fond boueux d'un puits, troublerait la limpidité de l'eau en faisant remonter la fange. Il se peut que là, devant la vaste place, à la vue de ces soldats, la nouvelle l'eût à nouveau troublé ; car il était resté à sa place, silencieux, quand tous étaient rentrés et il ne se rendit compte qu'il était seul qu'au moment où un page s'approcha avec un plateau pour lui proposer des confitures.

Il rentra. En s'approchant du duc de Veraguas, il se défit de sa contenance froide et sérieuse et se mêla au groupe des seigneurs qui à ce moment parlaient avec Son Excellence des effets de la paix, de cette paix dans laquelle un diplomate pressentait déjà des préparatifs pour la future succession au trône d'Espagne. Le vice-roi aperçut le chevalier Albamonte et lui fit un geste bienveillant. Quand Don Raimondo se trouva devant lui, il lui adressa la parole.

— Et madame la duchesse ?

— Votre Excellence n'ignore pas qu'elle se trouve sur le point...

— Je le sais, et la vice-reine a fait prendre de ses nouvelles ce matin...

— Ma belle-sœur est grandement reconnaissante de l'honneur que lui a fait Son Excellence... Je l'ai laissée qui paraissait se préparer, c'est pourquoi il m'a paru prudent d'avertir madame Anna, la sage-femme...

— Le duc doit être satisfait d'avoir confié à vos soins la duchesse...

— Croyez-vous, Excellence ?

— Mais bien sûr !

— Le fait est, Excellence, que j'ai reçu ce matin une nouvelle assez mauvaise et j'étais sur le point de demander à Votre Excellence de me faire la grâce de me dire si elle a reçu une lettre au sujet...

— De quoi donc ?

— De mon noble frère, le duc de la Motta...

— Aucune. Le dernier courrier ne faisait aucune allusion à votre frère ; quelle nouvelle avez-vous reçu et par qui ?

— Par le frère chevalier Marcello de Oxorio, venu de Naples ce matin sur une tartane, lequel avait appris à Rome, d'une personne de l'ambassade de Sa Majesté Charles II, que Dieu le garde, que le duc mon frère était peut-être mort.

— Oh, ce n'est pas possible !

— Croyez, Excellence, que j'ai été toute la journée dans une profonde agitation...

— Je ne vous donne pas tort, mais je ne crois pas à cette nouvelle. Ce doit être une erreur. Imaginez-vous que, s'agissant d'une personne de qualité comme le duc de la Motta, on ne m'aurait pas fait connaître un tel malheur s'il était réellement arrivé ?

— Cela est vrai, mais...

— Eh non ! je le saurais avant tout autre.

Don Raimondo parut convaincu : en fait ces raisons étaient assez convaincantes et la nouvelle, telle qu'elle lui avait été transmise, sans autre détail, pouvait être, ou plutôt avait tout à fait l'air d'être une invention. Cependant quelque chose comme un doute lui restait au fond du cœur.

« Et si c'était vrai ? Si l'ambassadeur d'Espagne attendait le départ du courrier de Rome pour mander officiellement la nouvelle ? »

Il était évident que le frère Marcello de Oxorio, chevalier de Malte, en relation avec la société espagnole aussi bien qu'avec le haut clergé romain, avait pris la nouvelle, toute imprécise qu'elle fût, auprès d'une source sûre : et des ducs de la Motta, colonels de Sa Majesté Catholique, il n'y en avait certes pas une douzaine. Cela faisait trois mois que lui, Don Raimondo, n'avait reçu aucun signe de son frère, silence assez long, qui avait tenu dans l'angoisse la duchesse Donna Aloisia. Comme les opérations de guerre étaient déjà finies depuis quatre autres mois, on ne comprenait pas pourquoi le duc n'avait envoyé aucune nouvelle ni annoncé son prochain retour.

« Si vraiment mon frère était mort ? »

En vérité, si tourmentant qu'il fût, le doute ne semblait pas toucher en lui la fibre de la tendresse fraternelle. A peine si, sur son visage impassible, un léger haussement de sourcil révélait une pensée insistante.

Au bout de quelques instants, Don Raimondo prit congé et s'en fut.

Dans l'antichambre il trouva un des pages de la maison Albamonte qui était précisément sur le point de se mettre en quête de lui.

— Et bien ? lui demanda-t-il vivement dès qu'il l'aperçut.

— Excellence, elle a les premières douleurs et je m'apprêtais...

— Va tout de suite demander ma chaise.

Tandis que Don Raimondo se faisait poser sur les épaules un lourd manteau, le page se précipitait dans l'escalier, de sorte que quand le chevalier arriva au bas des marches, il trouva la chaise prête, avec la portière ouverte, les laquais avec leurs torches allumées et les porteurs sangle à l'épaule.

— A la maison, vite !

La duchesse souffrait donc les douleurs de l'enfantement ; une nouvelle créature allait voir le jour, peut-être un garçon, un héritier. Si son frère était vraiment mort, cet enfant poursuivrait la lignée. Le duc est mort, vive le duc ! comme à la Cour de France ! La grossesse s'était déroulée dans la solitude et le silence. Le duc Don Emanuele était venu l'année précédente au mois de mars, pour passer quelques mois avec une épouse qu'il avait dû laisser deux mois après les noces pour aller à la guerre. Et il ne l'avait plus revue pendant six mois. Il avait séjourné à Palerme jusqu'au début du mois de juin. Donna Aloisia avait conçu dans son sein fécond le fruit de cette fugace lune de miel.

Dans cette parenthèse brièvement ouverte, comme une douce oasis rose, entre les âpretés de la vie de camp, il avait greffé un nouveau rameau sur l'arbre généalogique des Albamonte. Et voici que le surgeon bourgeonnait et s'épanouissait au soleil. « Et si c'était une fille ? » Cette idée faisait briller soudainement les yeux de Don Raimondo.

Le palais du duc de la Motta se dressait sur la rue de Sant' Agostino, près de la petite place du couvent de la Merci ; c'était un antique édifice surmonté d'une tour, connue alors sous le nom de « tour de Montalbano », qui était peut-être une des antiques tours occidentales de la ville, incorporées à la suite de l'extension de la ville dans les murs d'une maison seigneuriale. Du palais et de la tour, que rappellent de vieilles photographies, il ne reste plus trace, mais en 1698, bien que les lourds balcons aux balustrades de fer forgé et aux consoles massives, et la grande porte surmontée de cartouches de stuc en eussent abâtardi le style, sa masse restait imposante et trônait entre les autres maisons du quartier.

Le trajet du Palais Royal à la « Tour de Montalbano » n'était donc pas long ; il suffisait de traverser l'esplanade de la Cathédrale, de descendre par la rue de Santa Agata alla Guilla et de poursuivre tout droit au-delà de l'église de San Cosmo, par la rue de la Porta Carini, jusqu'à l'angle de la rue de Sant' Agostino. Deux porteurs robustes, comme le chevalier Albamonte en avait à son service, pouvaient parcourir ce chemin en douze à quinze minutes.

Don Raimondo trouva le palais dans cette espèce de désordre affairé que la naissance d'une nouvelle créature jette dans toutes les âmes. On sentait dans les allées et venues des serviteurs, le silence, les chuchotements étouffés, les gestes, cette attente d'un événement qui semble absorber en lui toute énergie spirituelle, car cette chose si commune et si merveilleuse, le perpétuel renouveau, met dans les cœurs le sentiment du profond mystère de l'infini. Don Raimondo traversa l'antichambre et quelques salles l'esprit en suspens, sans oser interroger personne, en espérant saisir au vol un mot ou un signe révélateur. Il parvint dans une salle où une porte close l'arrêta. Sur un candélabre brûlaient deux cierges diffusant une lumière blanche qui mourait dans les angles et vers le haut plafond où brillait vaguement quelque dorure, comme une étoile lointaine. C'était une sorte de cabinet de travail ou du moins l'endroit pouvait-il passer pour tel, grâce à un grand écritoire et à un long rayonnage rempli de livres ; non point que Don Emanuele Albamonte fût vraiment un homme d'études et de lettres : parmi ces ouvrages reliés de cuir ou de parchemin, il ne possédait que deux poèmes, les plus communs et les plus lus du temps : la *Jérusalem* et l'*Adonis* ; mais il y avait le traité de la *Giostra* de Don

Vincenzo Aurai, qui correspondait davantage aux inclinations de Don Emanuele.

Un cri, étouffé par la porte close, secoua Don Raimondo ; un étrange frémissement lui parcourut le cuir chevelu et il sentit une humidité sur son front. Peu après il entendit s'ouvrir une porte et un pas traverser la pièce fermée ; puis sous ses yeux s'ouvrit la porte devant laquelle il s'était arrêté et une femme de chambre sortit. A la vue de l'homme, qu'elle ne reconnut pas tout de suite, elle poussa un petit cri d'épouvante.

— Eh bien ? demanda Don Raimondo.

— Ah ! C'est Votre Excellence ?

— Où en sommes nous ?

— Ce n'est pas encore fait, répondit la domestique, qui se dépêcha de traverser la salle.

Par la porte entrouverte parvenaient plus distinctement les voix et les bruits : entre la chambre et le cabinet de travail se trouvait une pièce, le silence de la nuit paraissant toutefois abolir la distance. Don Raimondo perçut un autre cri plus anxieux, plus long, plus étranglé ; puis la voix de Donna Aloisa gémit désespérément :

— Vierge des douleurs ! Aidez-moi !

Et aussitôt après, la voix de la sage-femme récita sur une cadence monotone la prière avec laquelle les pieuses dames de son art aidaient la parturiente :

« Santo Liberto
créature au lit
Santo Nicola
créature sortie
Santa Leonarda
une douleur d'accouchement vigoureuse et rapide
Madre Sant'Anna
une bonne douleur et une bonne gésine. »

Et puis une exhortation :

— Force et courage, Excellence.

Suivit un instant de silence, qui parut à Don Raimondo durer un siècle. La femme de chambre revint.

— Où êtes-vous allée ?

— Faire sonner l'*Ave Maria di grazia.*

— La délivrance est donc difficile ?

— Je ne sais pas...

La chambrière rentra dans les appartements de la duchesse et de nouveau un silence lourd d'attente enveloppa le palais. Puis la grosse cloche du couvent de la Merci voisin sonna neuf faibles coups : c'était l'*Ave Maria di grazia,* invitation à tous les fidèles de prier pour faciliter un accouchement jugé difficile et périlleux ; pieuse coutume, dans laquelle la superstition s'enveloppait d'une douce poésie de charité fraternelle envers les souffrances endurées et qui accumulait dans le même instant sur l'enfant à naître les prières et les souhaits de cent cœurs inconnus et perdus dans l'immense cité.

Don Raimondo frissonna. Qui pouvait prédire ce qui allait se passer? Voici qu'un autre gémissement rompait brusquement le silence.

— Force et courage, votre Excellence : madre Sant'Anna, aidez-la!... San Francesco di Paola...

Deux, trois hurlements, entre fureur et angoisse, qui n'avaient plus rien d'humain, se succédèrent à de brefs intervalles; puis plus rien. Don Raimondo transpirait, les mains posées sur l'écritoire, l'oreille tendue, l'esprit tout entier en alerte et rassemblé dans un seul sens, celui de l'ouïe. Les portes s'ouvrirent : la femme de chambre sortit, le visage en larmes : Don Raimondo lui demanda avec une inquiétude fébrile :

— Alors?

— Un garçon, Excellence, beau comme le soleil.

Et elle s'en fut : et presque au même instant, à travers les portes entrouvertes, parvint à l'oreille du chevalier Albamonte un petit vagissement, un salut à la vie, le signal marquant l'entrée dans le monde du nouveau venu, le cri révélateur par lequel cette petite enveloppe de chair sans conscience disait : un autre homme est né!

Don Raimondo ne répondit pas, ne se félicita pas; une seule pensée lui traversa l'esprit : un nouveau duc de la Motta était né; et même si la nouvelle de frère Marcello de Oxorio était vraie, Don Emanuele se perpétuait dans son héritier. Don Raimondo restait encore, et toujours, un simple cadet sans fortune, un numéro, un sujet, devant ce petit être, dont le berceau était surmonté d'une couronne ducale.

Toujours?

Peut-être.

Les anciens ne disaient-ils pas que l'avenir est sur les genoux de Jupiter?

II

Tout en ne dédaignant pas à l'occasion de sacrifier sur l'autel de Vénus, le duc Don Emanuele Albamonte était resté célibataire jusqu'à l'âge de quarante-cinq ans. Puissant, vigoureux, débordant de vie, méprisant les manières efféminées de la société aristocratique, il avait passé sa jeunesse sur ses terres : immenses domaines qui s'étendaient à travers les vallées et les collines au pied de l'âpre et neigeuse chaîne des Madonie. Les forêts inextricables qui recouvraient cette dernière étaient riches de gros gibier, et le loup n'y était pas rare. Don Emanuele préférait encourir et affronter les périls de la chasse plutôt que d'aller et venir en carrosse sur la promenade de la Marina ; il trouvait bien plus de plaisir à plonger sa dague dans la gorge d'un loup, que de passer la journée à faire des révérences et à contempler les belles dentelles de ses manches dans les salons de ces dames.

C'est pourquoi, durant la guerre de Messine, comme il était déjà à la tête de son fief, il répondit volontiers à l'appel des armes. Tel un seigneur féodal, il leva un escadron de miliciens sur ses terres et accourut combattre les Français et les rebelles. Il avait alors vingt-sept ans et se prit d'amour pour le métier de guerrier. La chasse au loup était une belle chose, mais la guerre était encore plus belle ; on y trouvait plus d'héroïsme, plus de grandeur et de noblesse du geste. Il obtint un brevet de colonel et, comme après la chute de Messine, il n'y avait plus rien à faire en Sicile, il passa la mer et s'en fut en Espagne, en ouvrant parfois de grandes parenthèses dans sa vie belliqueuse pour venir respirer l'air de ses montagnes.

Mais à quarante-cinq ans, Don Emanuele s'avisa qu'il risquait d'être le premier duc de la Motta à ne pas transmettre son titre à un descendant direct et légitime. Peut-être existait-il, ignorés et dispersés, des rejetons de son sang auxquels le mystère de leur naissance interdisait de se prévaloir du nom d'Albamonte, mais d'héritier légal, il n'y en avait point. L'idée du mariage se présenta alors à lui et il se fit la réflexion qu'il était nécessaire de se hâter, car il était peut-être déjà trop vieux ; il devait ou bien prendre femme très vite ou bien se résigner au célibat, tel un chevalier de Malte et renoncer à avoir un héritier.

Sa famille se composait alors de lui-même, de deux sœurs religieuses au monastère de Santa Catarina et de Don Raimondo ; deux autres frères étaient morts en âge tendre : Raimondo était le dernier né. Il y avait entre eux dix-sept années de différence ; quand Raimondo commençait à balbutier ses premiers mots et faisait ses premiers pas, Don Emanuele galopait à travers bois comme un chevalier errant en quête d'aventures. Don Raimondo grandit en ville dans l'ombre du vaste palais des Albamonte, presque toujours seul, sous la surveillance d'un précepteur ecclésiastique, entre ses études, les pratiques religieuses et quelques exercices équestres propres à son rang. Chaque dimanche, il allait visiter les sœurs religieuses, auxquelles il n'avait pu s'attacher, pour n'avoir jamais vécu avec elles un seul jour dans la douce intimité familiale ; tout aussi dépourvus d'affection étaient ses rapports avec Don Emanuele, qu'il voyait assez rarement, quand le duc revenait de guerre ou de ses longs séjours à la campagne.

Don Raimondo était fort impressionné par ce frère grand, robuste, bruyant, ennemi des cérémonies, presque rude, qui le traitait comme un gamin. En fait Don Emanuele considérait son cadet à la façon débonnaire d'un père tolérant, plein d'indulgence pour les frasques supposées de l'enfant. A table, il le faisait venir entre ses genoux et lui demandait :

— Allons, voyons quelles friponneries vous avez commises aujourd'hui.

— Mais aucune, monsieur mon frère, je vous le jure.

— Tut tut ! A ton âge j'en ai fait de toutes les couleurs. Serait-il possible que tu n'en commisses autant ?

Don Emanuele passa une dizaine d'années en Sicile, alternant les séjours dans ses terres et dans la capitale. Durant cette décennie, il se prit d'une vive affection pour son petit frère, auquel il interdit la prêtrise. Quoi ! lui, rejeton d'une famille où les hommes furent tous, ou peu s'en faut, hommes de guerre, lui, un Albamonte, prendre l'habit ? Allons donc ! Du reste, quel besoin aurait-il d'agir ainsi ? Lui manquait-il quelque chose dans le palais où il était né ? A moins qu'il n'aimât pas son frère aîné ? Au pire, s'il ne se sentait aucune vocation pour les armes, sa place serait au Tribunal du patrimoine royal ou à la Grande cour criminelle.

Don Raimondo obéit avec cette soumission que le droit de primogéniture pouvait exiger de lui, mais sans pouvoir jamais s'habituer à la familiarité de son frère.

Un matin, Don Emanuele lui dit :

— Mon cher frère, je vieillis ; il est temps pour moi de prendre femme.

Don Raimondo leva vivement la tête en pâlissant. Pour la première fois, peut-être, il regarda son frère dans les yeux, mais sans trahir ses pensées.

— J'ai déjà en vue ta future belle-sœur ; elle est plus jeune que moi mais sur un vieux tronc comme moi, il me paraît adapté de greffer un jeune et beau surgeon qui le fera reverdir.

— Ce que vous faites est toujours bien fait, répondit Don Raimondo sans enthousiasme, mais sans froideur apparente ; et après une minute de silence, il ajouta :

— Et serait-ce trop vous demander que de me dire le nom de madame ma belle-sœur ?

— Mais c'est tout naturel, mon enfant ; il s'agit de Donna Aloisa Ventimiglia. Un noble sang. Elle descend des rois normands.

— Je n'ai pas le bonheur de la connaître...

— Je le crois bien, fils : au lieu de passer la journée à la lice de Sant' Oliva, avec les autres jeunes chevaliers, à la promenade, dans les réceptions, entre les aventures, les cartes et les coups d'épée, tu... Où diable passes-tu tes journées ?

— Mais... moi aussi je vais me promener, monsieur mon frère...

— Comme un abbé, mon fils, comme un abbé ; pire encore, parce que les abbés, en sauvant les apparences, s'offrent parfois des divertissements que toi au contraire, tu fuis... Tu es un second Joseph... Moi, regarde à ton âge, les femmes de Putiphar, j'allais les chercher et je ne leur laissais pas le manteau à la main, ça non...

— Vous êtes un autre homme, et je vous admire...

— Mais, tu ne m'imites pas, sacrebleu ! Peut-être est-ce ma faute ; je t'ai trop laissé livré à toi-même : j'aurais dû t'emmener avec moi à la chasse, à la guerre...

— Je n'aurais jamais pu être votre compagnon.

— Pourquoi ?

— Parce qu'il y a une trop grande différence d'âge entre nous et que j'aurais toujours été intimidé.

— Au diable cette timidité !

Quelques jours plus tard, le duc de la Motta demanda formellement la main de Donna Aloisa Ventimiglia, de la très noble maison des marquis de Geraci. Elle avait vingt ans de moins que lui et sortait du monastère de Santa Catarina, où elle avait été éduquée sous la direction des sœurs de Don Emanuele. Célébrées six mois plus tard, les noces furent somptueuses, comme elles ne pouvaient l'être que dans les plus grandes familles : sur l'esplanade du Palais royal les jeunes chevaliers rivalisèrent de magnificence dans la parure et d'imagination dans les commérages et le vice-roi lui-même parut à la fête, qui dura trois jours.

Le peuple eut sa part : sur la petite place de la Merci, Don Emanuele fit installer une fontaine qui déversait du vin au lieu de l'eau et quelques baraques pleines de tous les dons de Dieu, que la foule mit au pillage en poussant des hourras en l'honneur des époux. Quoiqu'il y eût entre eux une grande disparité d'âge qui permettait aux mauvaises langues de médire, soit par envie mal dissimulée, soit pour faire de l'esprit, on ne pouvait parler d'un couple mal assorti, car Don Emanuele ne paraissait pas ses quarante-cinq ans, grâce à la fraîcheur et à la sveltesse de son corps, et plus encore à la jeune vivacité de son esprit, qui semblait ne jamais devoir vieillir. Peut-être est-ce cela qui lui gagna le cœur d'Aloisia. Le jour où Don Emanuele lui avait offert l'anneau de fiançailles, elle était restée comme pétrifiée à la vue de ce puissant gaillard qui ne faisait pas de révérences ridicules et maniérées, et riait à gorge déployée ; mais durant les six mois elle s'était mise à l'aimer, même si elle se sentait comme subjuguée et n'osait poser longtemps les yeux sur lui. Don Emanuele lui apparut peu à peu sous une lumière qui l'enchanta et elle se sentit toute conquise par ce beau seigneur qui aurait pu être son père. La première nuit que Donna Aloisia se trouva seule avec Don Emanuele, dans le vaste palais des Albamonte, elle eut peur. En tremblant elle se réfugia contre son torse, telle une gazelle effarouchée ; il la souleva dans ses bras, la posa sur ses genoux comme une petite fille et lui demanda doucement, avec une tendresse qui la fit fondre en larmes :

— Allons ! Vous avez peur de moi ? Je vous effraie donc ?

Elle ne sut répondre que par un signe de tête qui voulait dire non, mais son corps tremblait sous la douce pression des mains masculines, auxquelles du reste elle ne savait ni ne voulait se soustraire. Il la coucha comme une enfant et s'installa sur un siège au pied du lit : et ainsi passèrent-ils quelques heures, en silence, sans dormir ; puis Donna Aloisia leva timidement le nez au-dessus de la couverture et en considérant avec pitié, remords et tendresse cet homme qui l'avait fait trembler, elle lui dit dans un souffle :

— Vous voulez passer la nuit sur ce fauteuil ?

Deux mois plus tard, Don Emanuele, appelé par une dépêche royale, avait dû quitter sa femme pour aller en Espagne. Les adieux furent longs, tendres, baignés de larmes. Quoique le duc s'efforçât de paraître joyeux et de plaisanter, il n'avait pu dominer son émotion. Ayant recommandé sa femme à son frère et à un vieux serviteur fidèle, il était parti en promettant de revenir au plus tôt. Mais six mois passèrent, qui pour Donna Aloisia furent six mois de triste solitude.

Elle ne rencontrait Don Raimondo qu'à table et pendant une heure ils restaient l'un en face de l'autre, plongés dans un silence que rompaient à peine les quelques mots qu'exigeaient les convenances. Don Raimondo avait une attitude glaciale, presque haineuse et elle éprouvait pour lui une espèce de répugnance et d'aversion qui confinait à la peur. Cet homme avait quelque secret sinistre : du moins lui semblait-il. De fait il ne lui manifestait jamais de bienveillance ; si parfois un sourire effleurait ses lèvres minces et pâles, celui-ci avait toujours quelque chose de perfide qui la faisait frissonner. La nuit Donna Aloisia faisait dormir dans sa chambre Maddalena, sa fidèle chambrière et elle verrouillait l'huis et la fenêtre, se barricadant presque comme si elle redoutait une agression. Durant la journée elle veillait à ne jamais rester seule même une heure.

Cependant elle ne pouvait dire que Don Raimondo faisait peser sur elle sa présence : elle ne le voyait pas dans les alentours, mais sentait sur elle la lumière oblique de ces yeux ténébreux, elle sentait ce regard indiscret qui la surveillait, avec une insistance trouble, insupportable. L'espionnait-il ? C'est ce qu'elle croyait. Pourquoi l'espionnait-il ? Ne consacrait-elle pas l'entièreté de son temps à compter les jours dans l'expectative de son seigneur ? Ne s'était-elle pas imposée, pour tout le temps que durerait l'absence de Don Emanuele, une rigoureuse claustration ? N'avait-elle pas décliné des invitations à assister à des cavalcades, des joutes, des spectacles ? Oui, nulle femme ne pouvait se sacrificier plus dévotement, avec plus d'abnégation à l'absence de l'homme aimé ! Et pourtant elle se sentait espionnée par ces yeux qui luisaient sinistrement dans l'ombre.

La réapparition de Don Emanuele, en mars, parut à son cœur comme le retour de la lumière après une longue nuit ténébreuse. Elle se précipita dans ses bras en larmes :

— Ne me laissez plus ! Ne me laissez plus !

Don Emanuele s'informa de la marche de la maison durant son absence et parut se satisfaire de la conduite réservée de son frère ; ce qui lui rendit moins douloureux son second départ, quatre mois après leur nouvelle lune de miel.

Cette fois Donna Aloisia se suspendit à son col et ne voulut plus le lâcher, se répandant en larmes et en prières. Pour ne pas se laisser vaincre par l'émotion, Don Emanuele feignit le courroux :

— Allons ! Qu'est-ce que ces accès de faiblesse ? Du courage ! Vous me mettez en colère !

Mais il ne pouvait se résoudre à se séparer d'elle, pris d'une grande tendresse pour cette créature, et d'une grande fureur contre Sa Majesté, qui semblait troubler délibérément ces douceurs de la vie qu'il se repentait d'avoir connues trop tard. Pâle, froid, le regard coupant comme une lame et la bouche serrée, Don Raimondo ne parut pas ému par ces adieux. Le duc s'en fut après avoir recommandé chaudement et affectueusement sa femme à son frère.

Le jour de la Vierge, le 15 août, Donna Aloisia sentit dans son ventre battre une nouvelle vie. Elle était seule ; elle tressaillit et fondit en larmes, mais éprouva une grande consolation. De ce moment, il lui parut avoir un être à sa garde et ses heures de solitude et d'effroi lui furent moins longues, remplies par ses conversations avec la bonne Maddalena au sujet de cette créature qui lui rendait la présence du lointain époux. Un jour qu'elle entrait dans la salle à manger avec un vêtement un peu large, elle s'aperçut que les yeux de Don Raimondo s'attachaient à son ventre avec une insistance inquisitoriale. Elle rougit et eut peur. Non pour elle mais pour la créature qui s'agitait dans son sein, comme si elle aussi avait senti ce regard. Instinct ? Clairvoyance ? Folie ? Elle ne le savait mais de ce moment il lui sembla que Don Raimondo menaçait l'enfant à naître.

Était-il conscient de la défiance et de la peur qu'il inspirait ? Peut-être. Il s'efforça de sourire et de plaisanter.

— Eh bien, madame ma belle-sœur, nous y voilà donc ?

Donna Aloisia rougit, inclina la tête et ne répondit pas.

— Ainsi, nous allons avoir un nouveau duc de la Motta.

Il avait prononcé ces mots comme une formule de vœux mais Donna Aloisia eut le sentiment que ce ton celait une grande amertume, presque une colère sourde, une rancœur. Mais pourquoi ?

De ce moment elle se montra plus réservée, plus fermée, davantage sur ses gardes ; craignant que la malveillance de son beau-frère pût nuire à son enfant, qu'il tramât quelque sortilège ou autre sorcellerie pour le faire mourir, elle s'entoura de toutes les précautions que lui conseillait la crédulité du temps. A l'église de San Francesco di Paola, grâce à une belle aumône aux pauvres, elle se fit remettre deux fèves et deux hosties bénites, le cordon de laine noire et la petite bougie avec la légende : « toutes choses très efficaces ». Elle mangea les fèves et les hosties dans l'église dévotement agenouillée et chez elle se ceignit du cordon béni à même la chair. Elle se crut ainsi protégée et se sentit plus en sécurité, mais évita toujours de recontrer Don Raimondo.

Ainsi s'écoulèrent les mois; une grande consolation et une journée de joie et de doux pleurs lui furent procurées un jour par une lettre de Don Emanuele, auquel elle avait communiqué la grande nouvelle. La missive était pleine de tendresse; affirmant que l'enfant ne pouvait être qu'un garçon, le duc s'abandonnait aux divagations de son imagination. Lui aussi paraissait tout entier occupé de cette maternité, dans laquelle se poursuivait sa lignée. Les aïeux devaient se réjouir que les vertus transmises jusqu'à lui par ordre de primogéniture, ne s'éteignissent pas ou mieux ne s'arrêtassent pas à lui : il obéissait à la grande loi de la race, et la transmettait à son enfant. Trois cents ans de noblesse veillaient sur le berceau.

Cette lettre, dans laquelle Don Emanuele annonçait son prochain retour mit près de deux mois à arriver à Palerme, de sorte que Donna Aloisia, qui l'eut dans les derniers jours de novembre, s'attendait de jour en jour à voir arriver son époux.

On savait d'après les proclamations arrivées de Rome et de Naples que la guerre était finie, que la paix avait été conclue et donc que Don Emanuele n'avait plus de raison de s'attarder sous les armes et, selon sa lettre, il devait être parti. Comment était-il possible qu'il ne fût pas encore arrivé? Donna Aloisia imaginait mille périls et la bonne Maddalena s'efforçait de dissiper ses craintes :

— Que Votre Excellence se rassure; la saison n'est pas sûre et Son Excellence ne prendra la mer que lorsqu'il la saura tranquille.

Ou bien elle disait :

— Le roi lui a peut-être donné quelque tâche? Qu'en savons-nous? Des hommes et des seigneurs comme Son Excellence, le roi n'en a guère à son service...

Mais si une part de Donna Aloisia prêtait l'oreille aux propos de Maddalena, à cause de ce besoin qu'a l'esprit de se fier aux arguments qui offrent un réconfort et une explication, une autre part de la duchesse ne pouvait échapper aux angoisses, aux appréhensions, aux peurs qui l'assaillaient et que le silence du duc, le manque de nouvelles, même indirectes, augmentaient.

Un matin, surmontant toute répulsion, elle demanda à Don Raimondo :

— Mais vous n'avez pas non plus reçu de nouvelles de Don Emanuele?

— Si tel avait été le cas, je vous les aurais communiquées...

— Ne pourrait-on en demander au vice-roi ?

— J'irai, pour vous faire plaisir, mais je suppose que le vice-roi m'aurait envoyé l'un de ses secrétaires, s'il avait eu quelque chose à me faire savoir...

— Vous comprenez que ce silence me met dans un état...

— Et vous avez tort : pas de nouvelles, bonnes nouvelles... Mais pour vous libérer de vos appréhensions, j'irai ce soir au Palais.

— Je vous en serai reconnaissante.

Elle prononça ces derniers mots avec un accent de sincérité, comme si leurs rapports avaient toujours été cordiaux ; et le sentiment de reconnaissance qu'elle éprouva, comme s'il avait dû lui rapporter vraiment une nouvelle consolante, l'empêcha de surprendre le sourire perfide sur les lèvres minces de Don Raimondo et la lueur de malveillance qui illumina son regard.

Don Raimondo revint sans aucune nouvelle. Même le vice-roi ne savait rien ; mais il supposait que le duc, ayant figuré parmi les négociateurs de la paix, avait été obligé de s'attarder à Madrid.

— Non, non ! Il m'en aurait avisé !

La grossesse se termina dans la douleur muette de cette absence de nouvelles ; chaque jour qui passait, le découragement s'aggravait : Donna Aloisia sentait le désespoir s'emparer de son cœur. Elles étaient longues, les journées passées à verser des pleurs, souvent en cachette, dans l'ombre de la solitude. Maddalena, poussée par son affection dévouée, osait de doux reproches.

— Votre Excellence se rend malade et rendra malade la créature, que Dieu nous pardonne !

Ces paroles lui faisaient refouler ses larmes et elle concentrait de nouveau ses pensées sur le petit être. Tremblant à l'idée de lui faire du mal, elle s'efforçait de retrouver la paix de l'âme.

Mais le jour où elle éprouva les premiers symptômes annonciateurs du grand moment, elle fut prise d'une angoisse paralysante. Elle voyait près d'elle nul autre visage ami que celui de Maddalena. L'homme qui aurait pu et su lui inspirer courage, qui, sous sa douce caresse, avec son doux sourire et ses paroles rassurantes l'aurait guidée dans cette situation difficile, solennelle et mystérieuse, n'était pas à ses côtés ; et elle ne savait pas non plus où il était ; il n'était pas là et elle ne se réfugirait pas dans ses bras, elle ne l'entendrait pas souhaiter la bienvenue au nouveau-né, pour sa première apparition au monde !

— Don Emanuele ! Don Emanuele ! Pourquoi m'avez-vous abandonnée ? criait-elle désespérément.

Mais la nature eut raison de sa douleur ; ce qui devait arriver arriva, par les lois inflexibles et immanentes de la vie.

Le petit être vit le jour et n'eut que le baiser de sa mère...
Il ne connaîtrait jamais le baiser des lèvres paternelles.

III

Le lendemain matin, vers les dix-sept heures d'Italie, un valet du Palais vint chercher d'urgence Don Raimondo, de la part de Son Excellence.

Don Raimondo qui était, comme il se devait, en train de s'informer sur la façon dont sa belle-sœur avait passé la nuit, dit vivement à Maddalena :

— Si madame la duchesse s'enquiert de moi, dites-lui que je reviens dans un moment.

Et pour aller plus vite, il s'en fut à pied, ordonnant aux domestiques de lui faire porter la chaise au Palais Royal.

Si le vice-roi le réclamait, c'était assurément pour lui communiquer quelque nouvelle. Avait-il confirmation de ce que le frère Marcello de Oxorio lui avait annoncé ? Il fit le chemin en peu de temps et atteignit le palais presque en même temps que le valet venu le prévenir. Le vice-roi l'attendait dans son cabinet de travail, assis devant une grande table débordant de papiers.

— Ah ! Seigneur chevalier, lui dit-il sur un ton de condoléance, ce qu'on vous a dit n'était que trop vrai !

— Mon frère ? s'exclama Don Raimondo en pâlissant.

— Dieu l'a rappelé à lui...

Un frémissement parcourut toute la personne de Don Raimondo; blême, les lèvres serrées, il ne trouvait pas ses mots. Le vice-roi prononça des paroles de réconfort :

— Il faut se résigner à la volonté de Dieu !...

Puis, après un moment de silence, il reprit :

— Je pense en cet instant à la pauvre duchesse, dans les conditions où elle se trouve... Vous me disiez qu'elle était sur le point d'enfanter ?

— En effet Excellence, répondit Don Raimondo d'une voix étouffée — elle a accouché cette nuit...

— O seigneur Dieu ! Et c'est... ?

— Un garçon, annonça le cavalier Albamonte entre ses dents serrées.

— Pauvre duchesse ! *Usted* la tiendra dans l'ignorance de la nouvelle..

Don Raimondo fit un geste qui pouvait être interprété comme un assentiment ou une promesse. Puis, après un bref silence, il demanda .

— Votre Excellence a reçu une communication officielle ?

— Voici, dit le vice-roi en prenant une lettre parmi ses papiers, ce matin sont arrivées deux galères de Naples, sur lesquelles avait embarqué le courrier de Rome... Le duc est mort en Afrique, en Alger...

— Comment cela, en Alger ?

— Tué...

— Tué, mon frère ?

Les yeux écarquillés par la stupeur, bouche bée, en proie à une vive émotion qu'il ne réussissait pas à dominer, Don Raimondo balbutiait machinalement :

— Tué !... Mais la chose est sûre ?

— Très sûre. La nouvelle a été apportée par quelqu'un qui l'a vu mourir.

— En Alger ?...

— C'est ce que dit la missive de monsieur l'ambassadeur de Sa Majesté catholique. La lettre n'abonde pas en détails mais elle est suffisamment précise. Voilà un mois deux galères toscanes ont capturé une galère algérienne et ont libéré les rameurs chrétiens. Parmi eux se trouvaient des Siciliens, dont l'un a raconté avoir été pris par les Mores au début du mois d'octobre de l'année dernière, avec d'autres chrétiens qui voyageaient de Marseille à Naples à bord d'une tartane. Le duc de la Motta figurait au nombre des prisonniers. Il semble qu'il ait tenté un coup de main pour se libérer et libérer ses compagnons, mais son audace lui a coûté la vie. Les autres, transportés en Alger, furent jetés au cachot avant d'être envoyés ramer sur les galères...

— Et cet homme qui a rapporté le fait ?

— J'ignore qui il est. Naturellement le gouverneur de Livourne a envoyé la nouvelle à Florence, où, s'agissant d'un sujet de Sa Majesté catholique et d'un illustre patricien, il fut donné communication de la nouvelle à l'ambassadeur d'Espagne à Rome... Le frère Marcello de Oxorio avait malheureusement bien dit la vérité.

— Mais, objecta Don Raimondo, monsieur le duc mon frère avait emmené avec lui deux serviteurs...

— D'évidence, ils auront été pris eux aussi. Ils se trouvent parmi les chrétiens libérés des galères toscanes, s'ils ne sont pas en quelque geôle, ou vendus... En tout cas, vous veillerez à tenir la duchesse dans l'ignorance de la nouvelle ; vous saurez, ensuite, avec prudence, lui faire comprendre peu à peu le grand désastre... Demain je ferai célébrer une messe de requiem dans la chapelle du Palais.

— Oh, Dieu ! Dieu ! balbutia Don Raimondo, submergé d'une sombre marée de pensées. Quel malheur ! Quel coup !

— Croyez, seigneur chevalier, que mon esprit n'est pas moins troublé que le vôtre. La ville perd un citoyen considérable, qui était sa lumière et son honneur, et Sa Majesté, un fidèle et valeureux serviteur...

Don Raimondo se taisait. Un instant tous deux gardèrent le silence.

— Et Votre Excellence pourrait-elle faire mener une enquête sur cet homme qui a apporté la nouvelle ?

— Si vous le désirez, j'enverrai une lettre à Rome par le courrier qui part demain.

— Je supplie Son Excellence de le faire... Elle comprendra facilement l'intérêt anxieux que j'éprouve d'apprendre les moindres détails sur la fin malheureuse de monsieur mon frère...

— Ce n'est que trop juste. A présent vous voilà investi d'une mission non moins sacrée que grave... Cette pauvre créature venue au monde dans un moment si tragique aura en vous un père.

Don Raimondo se secoua, son visage s'assombrit et il répondit avec une monosyllabe dont en vérité il ignorait la signification :

— Déjà...

Dans ses yeux flotta une lueur sinistre et ses mâchoires se serrèrent dans un tremblement.

Il sortit du Palais Royal d'un pas chancelant. Attribuant son état à l'effet de la douleur, le duc de Veraguas se dit en soupirant :

— Pauvre Don Raimondo ! Le duc était pour lui un second père.

De retour chez lui, le chevalier Albamonte s'informa si Donna Aloisia était éveillée et lui fit demander si elle lui permettait de la saluer et de voir monsieur son neveu. Elle éprouva une sensation de pudeur effarouchée, mais non de répulsion : l'orgueil de la maternité surpassait tout autre sentiment et elle était heureuse de montrer son petit. Sa félicité n'était obscurcie que par un nuage de mélancolie dû au retard de son époux.

Don Raimondo entra, le visage impénétrable. Il se montra courtois, lui demanda si elle allait bien et s'inclina sur le berceau pour voir le nouveau-né. Il le contempla longuement avec dans les yeux une expression insondable. Le petit dormait, le visage encore gonflé, violacé, couvert d'un duvet ténu, enserré dans une coiffe ornée de dentelles et de rubans, son petit corps serré dans les langes, les bras barbarement emprisonnés. Sa respiration était sereine : de temps en temps sur sa petite face passaient des contractions qui l'altéraient comme des souffles de vent sur la moisson. L'insistance du regard posé sur lui sembla troubler la sérénité de son sommeil. Si Donna Aloisia avait pu voir le visage de Don Raimondo en cet instant de contemplation, elle aurait eu peur : et l'image du milan suspendu au-dessus du nid du rossignol lui serait apparue devant les yeux. Mais Don Raimondo lui tournait le dos, et, supposant qu'un sentiment de tendresse le maintenait au-dessus du berceau, elle était heureuse d'apercevoir son beau-frère si attentif.

— N'est-il pas beau ?

Frissonnant au son de cette voix, Don Raimondo se leva, comme arraché à sa vision.

— Si, fit-il, sibyllin.

Mais ses yeux ne se détachaient pas du minuscule visage émergeant des riches dentelles. Beau ? Il ne comprenait pas la beauté que les yeux de la mère reconnaissaient dans ce petit monstre ; il voyait là, dans cette enveloppe de chair inconsciente, le possesseur d'un patrimoine considérable ; cette « chose » avait sur la tête une couronne ducale et dans son petit poing, incapable de rien serrer, il tenait des domaines, des villages, une foule de serviteurs, de paysans, de vassaux. Cette « chose » était déjà un signe, une image, un symbole de grandeur et de puissance devant laquelle tous s'agenouillaient avec une crainte religieuse, avec soumission.

Qu'il appuyât simplement avec un doigt sur le crâne encore mou ou sur la gorge de cet innocent et cette vie s'arrêterait pour toujours et ce symbole de grandeur, cet emblême de pouvoir seigneurial passerait dans ses mains à lui. Qu'était-ce donc que cette vie encore informe, inconsciente, inutile ? Qui remarquerait son passage du sein maternel dans l'ample giron, non moins mystérieux, de la terre ? Ces yeux n'avaient pas encore vu le soleil ; cette bouche n'avait pas encore dit : « je suis ». Un homme, cela ? Non, une chose.

Il passa toute la journée seul, enfermé dans un grand et sombre silence. Une pensée méchante lui suggérait d'aller voir sa belle-sœur pour lui dire :

— Le duc a été assassiné !

Mais quelque chose le retenait, qui n'était certes pas la considération des conditions délicates dans lesquelles se trouvait Donna Aloisia. Dans son silence il y avait peut-être un fond de perfidie ou un certain calcul. Mais il communiqua la douloureuse nouvelle aux domestiques, à la sage-femme, à la parentèle. C'était une manière indirecte de la faire parvenir à l'oreille de Donna Aloisia.

Le palais parut comme frappé par la foudre : un grand silence l'enveloppa, dans lequel ses habitants se déplaçaient comme des ombres oppressées par la catastrophe ; et toutes avaient un regard de pitié affectueuse pour la mère, sans oser prononcer un mot de réconfort. Vers le soir vinrent quelques parents éloignés ; avant d'entrer dans la chambre de Donna Aloisia, ils s'arrêtèrent dans l'antichambre pour échanger quelques mots à voix basse avec Don Raimondo. Elle entendit ce murmure avec un esprit de suspicion et s'étonna fort de voir ses parents en tenue sombre. Mais personne ne fit la moindre allusion. Les visiteurs avaient certes quelque chose d'insolite dans leur aspect sérieux, dans leur quasi-mutisme et dans leur embarras, mais Donna Aloisia ne devina pas. Son étonnement se mua bientôt en mauvaise humeur, il lui semblait que cette façon de rendre visite, ces habits sombres seraient de mauvais augure pour sa créature. Mais le lendemain, quand elle vit entrer dans la chambre Don Raimondo pâle, froid, portant un deuil rigoureux et très strict, qui ne pouvait laisser place au doute, elle poussa un cri aigu et déchirant :

— Don Raimondo ! Que s'est-il passé ?

Le chevalier Albamonte inclina la tête sans répondre comme si la réplique lui était pesante et douloureuse.

— Don Emanuele ?... Dites-moi !... Don Emanuele ?

Il conserva le même profond silence. Debout, immobile, les yeux baissés, de toute sa personne émanait la triste affirmation de son malheur. Donna Aloisia demeura une minute dans l'attente, les mains jointes, le cœur suspendu, les tempes battantes ; mais quand l'éloquence du silence acheva de dissiper la plus légère ombre d'un doute, alors elle poussa un grand hurlement et tomba sur ses oreillers.

Un sourire étincela à peine sur la lèvre mince de Don Raimondo et ses yeux effleurèrent rapidement le berceau.

Alors, comme si l'on n'attendait que ce signal, tout le palais résonna de pleurs. La douleur qui s'était d'abord manifestée par des larmes et des murmures étouffés et cachés, se donna libre cours et se répandit en plaintes et en sanglots. Le petit berceau se trouva entouré non de sourires de joie, mais de lamentations pitoyables.

Don Raimondo s'était retiré dans ses appartements. Il songeait. La fortune lui mettait dans les mains cette « chose » : il n'y avait qu'un pas à franchir. On lui avait dit qu'une grande douleur pouvait tuer une femme relevant de ses couches ; Donna Aloisia avait perdu tout sentiment, preuve évidente de la violence du coup reçu. Si elle mourait, la petite et insignifiante enveloppe de chair, qui représentait une couronne féodale, tomberait à sa merci. Et il est si facile de mourir à cet âge !

Quand peu de temps après on lui dit que Donna Aloisia avait la fièvre, son cœur bondit de joie mais il sut dissimuler ce sentiment perfide sous la pâleur du visage :

— Appelez le médecin, ordonna-t-il. Allez chercher le père Alaimo.

Il ne voulait pas qu'on crût qu'il refusait les soins nécessaires à sa belle-sœur.

IV

A la même heure, un jeune homme aux vêtements en haillons, les cheveux et la barbe incultes, se présentait au palais.

Les serviteurs le repoussèrent. On avait autre chose à faire en pareil moment.

— Comment ? se récria-t-il, vous ne me reconnaissez donc pas ? Je suis Andrea.

— Andrea ?

On le regarda mieux, on le reconnut, on l'entraîna à l'intérieur, en répétant, entre stupeur, plaisir, douleur :

— Andrea ? Comment t'es-tu retrouvé dans cet état ?

Le mot se répandit parmi la gent domestique :

— Andrea est de retour !

Ils accouraient l'un après l'autre à la cuisine, où avait été conduit le nouvel arrivant, et chacun de s'exclamer, plongé dans la stupéfaction :

— Andrea !... Comment es-tu arrivé ? D'où viens-tu ? Ah ! En quel moment tu tombes !... Ah ! Notre pauvre maître ! Notre pauvre maître ! Comment est-ce arrivé ?... Tu étais avec lui ?... Non, vrai ? Tu étais avec lui ?

Le cuisinier avait posé devant le jeune homme de quoi se restaurer ; Andrea dévorait et répondait par monosyllabes à toutes les questions. Maddalena surgit elle aussi, fort émue.

— Ah, si elle savait, notre pauvre maîtresse !

En parlant tous à la fois, ils le mirent au courant ; la maîtresse avait enfanté.

— Un bel enfant, si tu le voyais ; tout le portrait de notre maître de pieuse mémoire. Mais la nouvelle du malheur !... En ce moment, elle est avec le médecin ! Pauvre madame ! Quelle fièvre !... Quelle douleur !... Le manège de Don Raimondo a réussi... Mais il faut que tu racontes l'infortune de notre maître...

— Quand madame la duchesse saura que tu es là... La malheureuse, quel coup !... Oh, mais elle voudra assurément tout savoir ! Je la préparerai moi, peu à peu.

Don Raimondo fut averti de l'arrivée d'Andrea, un des valets qui avait suivi « hors du royaume » Son Excellence le duc, de sainte mémoire. Cette apparition d'un homme qui était présent à la mort de Don Emanuele le surprit et le déconcerta, sans qu'il sût s'expliquer pourquoi. En tout cas, il manifesta un grand désir de le voir. Lui aussi se demandait d'où et comment était venu Andrea ; il songea que ce pouvait très bien être lui le rameur libéré des galères toscanes, qui avait donné à Florence la nouvelle de la mort du duc.

Il ordonna qu'on lui amenât Andrea.

Le jeune homme, qui s'était restauré, prit à peine le temps d'endosser une tenue plus décente et se hâta de se présenter au chevalier Albamonte. Il lui expliqua qu'il était arrivé depuis quelques heures à peine, à bord d'une tartane de Naples ; il était venu dans cette ville depuis Florence, voyageant un peu à pied, un peu à cheval, grâce à la charité de son prochain. C'était bien par lui que le gouverneur de Livourne avait appris la capture de la tartane de Marseille et la mort du duc. Don Raimondo voulait savoir comment la chose était arrivée. Le récit d'Andrea confirma avec de plus amples détails ce que lui avait conté le vice-roi. Si l'ombre d'un doute pouvait subsister dans le cœur de Don Raimondo, le témoignage d'Andrea le dissipa.

— Avant de mourir, Son Excellence le duc voulait que je lui ôte du col un médaillon avec sa chaînette d'argent et me dit : « Andrea, si jamais tu en réchappes et réussis à fuir, va à Palerme et donne ce bijou à la duchesse, pour qu'elle le mette au cou de mon petit garçon ! » Et je l'ai ici, Excellence ; j'ai respecté le souvenir de mon bon maître et suis venu dans l'unique dessein d'obéir à sa dernière volonté...

— Malheureusement, rétorqua Don Raimondo, la duchesse est gravement malade et ne pourra te recevoir. Donne-moi ce médaillon, je m'occuperai moi-même de le remettre à la duchesse.

— Que Votre Excellence me pardonne ; je dois exécuter scrupuleusement les dernières volontés de mon maître ; si je ne le puis pour l'instant, cela signifie que j'attendrai. Voilà déjà trois mois que j'ai ce dépôt entre les mains, je puis le garder encore quelques jours. J'attendrai, Excellence.

Don Raimondo se mordit la lèvre.

— Comme tu veux. Mais je t'avertis que tu vas devoir patienter un peu.

Andrea s'inclina, sortit et s'en fut attendre dans l'antichambre, où Maddalena le rejoignit. Ils s'attardèrent un moment à bavarder ; entre eux avait toujours existé une certaine sympathie ; comme Andrea était le serviteur de confiance de Don Emanuele, Maddalena était la chambrière à qui se fiait le plus Donna Aloisia et cette condition les avait rapprochés, les avait unis dans la dévotion à leurs maîtres. En se retrouvant après tant de mois et dans un moment douloureux, ils se racontaient leurs malheurs et se réconfortaient mutuellement.

Le docteur Don Domenico, qui sortait, interrompit leurs discours.

— Votre Seigneurie me pardonne, lui demanda Maddalena, comment a-t-elle trouvé madame la duchesse ?

— Par ma foi ! Il n'y a pas lieu d'être satisfait... La chose est grave...

— Croyez-vous que madame la duchesse souffrirait de voir ce jeune homme ici présent ?

Don Domenico, qui ne le connaissait pas, posa sur Maddalena un regard interrogateur :

— Et pourquoi devrait-elle souffrir sa présence ?

— Andrea était valet de Son Excellence le duc et il a recueilli ses dernières volontés... Il est arrivé à l'instant.

Don Domenico le considéra avec une curiosité bienveillante puis, comme s'il se répondait à lui-même, dit :

— Qui sait ?... Peut-être que cela pourrait... Oui, oui, une réaction.

Il s'en fut en murmurant ces paroles, que Maddalena interpréta à sa manière.

— Je vais prévenir son Excellence.

— Le chevalier Albamonte m'en a quasiment dissuadé.

— Laisse-moi faire. Je parie que la duchesse trouvera quelque consolation à te voir.

Donna Aloisia était encore sous l'effet du coup qui l'avait frappée ; la fièvre brûlait son sang, mais elle semblait plus calme. Une phrase lui avait donné une grande force. Le médecin lui avait dit :

— Songez, Excellence, qu'aujourd'hui vous seule restez pour cette créature et que si un malheur devait frapper Votre Excellence, cet orphelin serait abandonné aux caprices du hasard. Il faut que Votre Excellence se préserve pour son enfant. C'est la meilleure manière d'honorer la mémoire du duc, ce vertueux et illustre seigneur.

Se préserver pour son fils ! Oui, elle le voulait, de tout son cœur, de toute la force de sa volonté. Cette idée, s'emparant de son esprit, provoqua une grande réaction et peu à peu lui infusa une force nouvelle. Vivre ! Elle voulait et devait vivre !... N'entendait-elle pas les vagissements du bambin ?

Maddalena était rentrée dans la chambre, prête à réagir au moindre signe. Donna Aloisia lui ordonna d'apporter l'enfançon ; elle voulait le tenir contre elle, serré contre son cœur. Maddalena mena habilement la conversation ; en lui présentant l'enfant, elle prononça un vœu :

— Puisse-t-il en grandissant devenir un garçon beau et vigoureux, une consolation pour Votre Excellence, et le digne fils d'un valeureux et grand seigneur ; et que l'esprit saint du père veille toujours sur lui !

Les yeux baignés de larmes, Donna Aloisia baisa tendrement son fils.

— Oh, Maddalena, murmura-t-elle, quelle infortune !...

— Que Votre Excellence se console en sachant que le seigneur duc a connu une mort glorieuse et goûte dans le ciel la récompense de sa foi...

Donna Aloisia ignorait encore les circonstances dans lesquelles son époux était mort ; les paroles de Maddalena lui firent verser de nouveaux pleurs mais lui donnèrent aussi le désir d'apprendre au moins comment et où était mort Don Emanuele.

— Tu le sais ? demanda-t-elle à Maddalena.

— Oui, Excellence. Mais il y a ici quelqu'un qui le sait mieux que moi.

— Don Raimondo ? interrogea-t-elle avec un accent d'aversion inexprimable.

— Non, quelqu'un qui fut présent pour recueillir les dernières paroles de Son Excellence le duc...

— Où est-il ? cria Donna Aloisia vivement, en essayant de se dresser sur sa couche. Où ? Je veux le voir, tout de suite... Il est là ?

— En effet.

— Qui est-ce, Maddalena ?... Dis-moi de qui il s'agit...

— Votre Excellence le connaît, c'est un des plus dévoués serviteurs, le plus dévoué peut-être...

— Andrea ?

— Exactement, Excellence.

— Andrea ! ici ?... Mais va, va ! fais-le venir... à l'instant !

— Si Votre Excellence s'agite ainsi, elle risque de faire du mal à cet innocent. Vous avez entendu le médecin ?

— Je serai tranquille, va !

Peu après Andrea, conduit par Maddalena, entra, visiblement ému ; refrénant à grand-peine ses sanglots, il alla s'asseoir devant le lit de Donna Aloisia et lui baisa la main.

— Andrea ! murmura la duchesse, le visage inondé de larmes.

Un instant, l'émotion leur interdit à tous trois de parler ; que de pensées, que d'images dans le silence qui réunissait ces trois esprits ! Donna Aloisia parla la première :

— Raconte-moi tout, Andrea.

Il lui expliqua comment ils étaient partis de Marseille, dans les premiers jours d'octobre, pour retourner à Palerme. Ils avaient bon vent, mer calme : la navigation s'étant déroulée sans incident, ils avaient refait provision d'eau à Ajaccio et repris le voyage. A la hauteur du cap Asinara, deux galères algériennes, qui se tenaient peut-être cachées entre les rochers de cette côte dentelée, assaillirent la tartane. Suivant l'impulsion de son cœur généreux, le duc voulait ordonner la défense mais la chiourme et les autres voyageurs s'y opposèrent : cela revenait à se faire inutilement massacrer ; ils préféraient se rendre. On leur mit les fers et la tartane fut prise en remorque. Les galères étaient bien armées. Le duc et ses deux valets, qui constituaient une bonne prise, furent transportés dans la galère capitane mais Don Emanuele n'était pas homme à s'accomoder du rôle de prisonnier. Durant la traversée, il conçut un fol dessein : soulever les galériens, rompre les fers, fondre sur l'équipage, tuer le capitaine, se rendre maître de la galère et donner l'abordage à l'autre. Il commença à en parler aux forçats qui ne désiraient rien tant que recouvrer la liberté et une nuit, tandis que les galères filaient en silence, leurs fanaux éteints, le duc et ses deux valets brisèrent leurs fers et se dressant d'un bond, se jetèrent sur les gardiens qui veillaient au château de poupe, les désarmèrent et les jetèrent à la mer. Alors s'éleva un cri : les galériens cherchèrent à se libérer ; quelques-uns, qui avaient rompu leurs chaînes, s'en servaient comme arme. Des coups d'arquebuse résonnèrent. Don Emanuele s'élança contre le capitaine, lui arracha la hache des mains et lui cassa la tête, mais il se trouva encerclé d'une foule furieuse... Le cri, les coups de feu alertèrent l'autre galère qui s'approcha rapidement. La lutte fut brève, désespérée : abattu de deux arquebusades, le duc s'écroula sur le pont ; l'autre valet gisait à ses côtés, mort. Andrea était légèrement blessé à l'épaule. Le duc vécut encore quelques instants. Il appela Andrea et lui dit :

— Mieux vaut mourir que vivre en esclavage. Dis ces paroles à mon fils quand tu le verras et qu'il sera grand. Porte mon salut à Donna Aloisia... Dis-lui que je meurs en pensant à elle... ; et à mon fils, dis-lui... de porter toujours le médaillon qui depuis quarante-sept ans pend à mon cou... Prends-le et porte-le.

Peu après, il expirait. Les rebelles furent vaincus, chargés de nouveaux fers, fustigés, tourmentés par la faim durant tout le voyage. Le lendemain soir, ils ralliaient Alger. Guéri, Andrea fut envoyé ramer sur les galères.

Donna Aloisia écouta ce récit sans en perdre une syllabe; mais des larmes silencieuses roulaient sur ses joues et d'un léger tremblement du bras elle pressait son nouveau-né contre son flanc. Quand Andrea eut terminé, elle lui demanda :

— Et le médaillon?

— Le voici, Excellence.

Il le tira de son sein et le tendit à Donna Aloisia; elle le baisa en pleurant, puis le mit au col de l'enfant en murmurant :

— Voici, mon fils, ceci est la bénédiction de ton père!... Qu'elle te protège à jamais...

Tout le jour Donna Aloisia demeura tranquille, plongée dans une profonde mélancolie, son fils serré contre son sein; sa douleur s'était faite plus intime, plus paisible. Il lui semblait à présent qu'elle devait se vouer au petit être comme si en lui elle voyait vraiment revivre son époux.

Quand dans la soirée le médecin et Don Raimondo vinrent la visiter, ils furent stupéfaits par les progrès qu'elle avait faits sur le chemin du rétablissement. Don Domenico s'en réjouit, mais Don Raimondo souleva le sourcil, comme sous l'effet de la contrariété. Qu'est-ce qui avait produit cette amélioration? Ce fut Donna Aloisia qui lui donna l'explication; elle dit elle-même à son beau-frère qu'elle avait reçu des nouvelles de Don Emanuele..

— Andrea, peut-être? s'enquit Don Raimondo.

— Ah, vous le saviez? demanda Donna Aloisia.

— Oui, je l'ai vu, mais je lui ai interdit d'entrer dans votre chambre...

— Pourquoi? demanda la duchesse non sans laisser percer son mécontement.

— Je prévoyais que l'émotion vous ferait du mal...

— Au contraire, riposta Donna Aloisia avec un triste sourire, elle m'a fait du bien, comme vous le voyez... Vous auriez dû le faire entrer plus tôt... du moment qu'il apportait la bénédiction du père à son enfant...

Environ une heure plus tard, de retour dans son cabinet de travail, Don Raimondo manda auprès de lui Andrea et lui dit d'un air hautain :

— Tu n'as plus rien à faire ici...
— Vous me renvoyez?
— Je n'ai plus besoin de tes services...
Andrea baissa la tête, comme foudroyé ; il balbutia une excuse :
— Si Son Excellence la duchesse ne m'avait pas fait appeler, je...
— Peu m'importe...
— J'ai obéi à notre maîtresse...
— Le seul maître ici, c'est moi !...
— Que Votre Excellence me pardonne, pourquoi ne me laisse-t-elle pas vivre ici, dans un coin, près de mon petit maître ?... Qu'elle le fasse pour la mémoire de monseigneur le duc.
— Va-t-en ! intima sèchement Don Raimondo en lui tournant le dos.
Andrea comprit qu'il était inutile d'insister. Le cœur serré, il sortit mais s'arrêta quelques instants dans l'antichambre, désirant, avant de s'en aller, voir Maddalena pour l'avertir. La chambrière ne fut pas moins surprise et poignée de douleur que lui ; ce qui la surprenait le plus et lui faisait le plus mal, c'était le ton de maître que Don Raimondo avait adopté et qui résonnait à son oreille comme une menace.

V

Don Raimondo avait licencié toute l'ancienne domesticité fidèlement attachée à la maison Albamonte, avec une seule exception pour Maddalena, afin de ne pas heurter sa belle-sœur la duchesse ; cependant il lui avait imposé de ne plus veiller, la nuit, dans la petite pièce derrière la chambre de sa maîtresse. Interdiction qui fut pour la chambrière aussi douloureuse qu'un licenciement.

Don Raimondo remplaça les serviteurs licenciés par un nombre réduit de domestiques : quatre porteurs seulement, quatre laquais, un valet de chambre et un service restreint à l'écurie. Tous ces nouveaux personnages paraissaient entièrement dévoués au chevalier Albamonte.

Le valet de chambre se nommait Giuseppico ; Majorquin, il avait vécu longtemps en esclavage sur des galères tunisiennes, puis s'était évadé ou avait été libéré. Il paraissait jouir d'une grande confiance. Le visage sombre, maigre, nerveux, l'œil noir, les sourcils formant comme un même arc épais et dru, son aspect ténébreux n'avait rien de rassurant. Il parlait peu et avait des manières rudes et sauvages.

Donna Aloisia, à laquelle Maddalena avait timidement appris ces nouvelles, en avait été fort surprise et avait demandé des explications à Don Raimondo : mais la réponse, si elle lui ferma la bouche, la remplit d'effroi.

— Je n'ai pas voulu vous communiquer la chose, par égard pour votre santé et parce que, surtout, vous avez droit à tout le respect que mérite votre rang. Mais Son Excellence le vice-roi a cru, dans sa sagesse, devoir me confier la tutelle du petit duc, votre fils et mon neveu, et vous conviendrez avec moi que, devant, jusqu'à sa majorité gouverner la maison, avoir soin de mon pupille, administrer et conserver son patrimoine, il est juste que je m'entoure de personnes qui ont ma confiance.

D'un mouvement instinctif, Donna Aloisia serra contre son sein son enfant comme si quelque péril inconnu le menaçait ; elle sentit que son petit et elle-même étaient à la merci de cet homme, en qui elle ne s'était jamais fiée et duquel elle avait toujours eu peur et elle se demanda de quel droit, elle, qui était la mère, se trouvait ravalée au rôle de simple nourrice : elle se demanda avec un sentiment de terreur si Don Raimondo ne s'arrogerait pas aussi le droit de lui enlever son fils pour le faire allaiter par une autre femme, sous prétexte qu'elle était malade. Il fallait guérir et avoir l'air saine et forte.

La fièvre était en train de disparaître, dans cette espèce de crise intérieure qui avec la force de la volonté, imposait à tout son sang, à tout son organisme, de guérir. Mais elle était encore faible, comme prostrée sous le terrible coup reçu. Si elle n'était pas incapable de lutter, du moins, ainsi clouée au lit, se trouvait-elle dans l'impossibilité de mobiliser ses forces physiques.

C'est durant cette période que l'enfant fut baptisé, sans aucune pompe, en raison du deuil qui frappait la maison : c'est le servant de la paroisse de Sant' Ippolito qui accomplit le rite dans la chambre de Donna Aloisia. La duchesse avait voulu que son fils reprenne le prénom de son père. Il s'appelerait donc Emanuele. Don Raimondo avait voulu le tenir au-dessus des fonds baptismaux, ce qui assombrit l'expression de Donna Aloisia, laquelle ne put refréner un frisson, quand elle vit son petit enfant dans les bras du beau-frère et qu'il lui sembla apercevoir sur son visage un sourire froid et ambigu.

De ce jour, elle veilla plus que jamais sur son petit. La nuit, en particulier, depuis qu'il avait été interdit à Maddalena de dormir dans le réduit contigu, Donna Aloisia avait des peurs subites, qui la faisaient sursauter dans son lit.

Une nuit, il lui sembla entendre comme un léger bruit de pieds nus et voir dans la faible lumière de la lampe une ombre entrer au fond de la chambre.

— Qui est là ? cria-t-elle.

Nul ne répondit : l'ombre disparut. Donna Aloisia ne ferma plus l'œil de la nuit et au matin elle confia sa terreur à Maddalena.

— Je veux que tu dormes ici, dans ma chambre.

— Excellence, monsieur le chevalier me l'a interdit...

— Mais je n'ai donc plus le droit de commander à mes serviteurs ?

Maddalena joignit les mains :

— Oh Excellence, que ne ferais-je pour vous satisfaire ?... Mais à présent, ajouta-t-elle, d'une voix pleine d'affliction, le maître c'est lui et si je lui désobéis, il me chassera et Votre Excellence n'aura plus près d'elle une personne dévouée et fidèle...

— Il n'osera pas aller jusque là...

— Il m'en a menacé, Excellence.

Donna Aloisia se couvrit le visage de ses mains, comme pour dissimuler la rougeur qui lui montait aux joues. Cette condition humiliante la mortifiait, ranimait ses soupçons et augmentait la peur de son beau-frère. Maddalena eut pitié.

— Advienne que pourra, Excellence, je ferai de mon mieux pour venir cette nuit... Et si je ne puis entrer n'ayez crainte, je veillerai dans la pièce d'à côté. Je me dissimulerai...

Don Raimondo fut ce jour-là plus courtois qu'à l'ordinaire : il lui demanda comment elle avait passé la nuit, si elle se sentait bien et si elle était sûre de pouvoir allaiter le petit Emanuele.

Elle répondit par monosyllabes. Les soupçons donnaient à toutes ces demandes une tonalité insidieuse et il lui semblait percevoir derrière l'empressement de son beau-frère comme une légère pointe d'ironie. Elle resta sur ses gardes. Le soir elle se fit porter le petit Emanuele dans son lit et le cacha sous la couverture comme pour le soustraire à la vue d'autrui. Et elle ne s'endormit pas ; à peine eut-elle fermé les yeux, qu'elle sursauta, comme prise d'un accès de terreur et regarda au fond de la chambre dans les angles sombres. Les vagissements du petit, brusquement réveillé, la firent tressaillir ; cet événement ordinaire, à cette heure et dans cet état d'esprit, prenait un aspect effrayant. Pour s'assurer que Maddalena veillait tout près, elle l'appela :

— C'est toi, Maddalena ?

Tendant l'oreille, elle perçut sous la porte de la chambre une voix étouffée :

— Dormez tranquille.

Elle se rassura : la chambrière était là, elle n'était plus seule.

En fait Maddalena s'était cachée dans le réduit où elle avait si souvent dormi et où à présent elle veillait. Après cet échange, un grand silence s'installa dans le palais ; peut-être Donna Aloisia elle-même dormait-elle enfin. Enveloppée d'obscurité, Maddalena occupait le temps en récitant le rosaire ; minuit avait sonné à l'horloge de la Pannaria, d'autres horloges plus lointaines lui avaient répondu et un instant la nuit s'était emplie de cette sonnerie : puis tout retourna au silence. Soudain la bonne domestique se figea et elle sentit ses jambes se dérober sous elle. Elle se laissa choir à terre, se recroquevillant sous une table. Elle avait vu une lumière à travers la porte et entendu la clé qui tournait précautionneusement dans la serrure.

La porte de la pièce s'ouvrit. Deux hommes munis d'une lanterne entrèrent sans bruit.

Maddalena, terrorisée, reconnut Don Raimondo et Giuseppico.

Le serviteur avait en main une carafe semblable à celle que Donna Aloisia gardait la nuit près d'elle ; en entrant il s'approcha de la table sous laquelle s'était blottie Maddalena et y posa la lanterne. Maddalena retint sa respiration et la chose ne lui fut sans doute guère difficile car l'effroi l'avait pétrifiée et sa vie lui paraissait suspendue. Seuls ses yeux vivaient ; leur capacité visuelle s'était même démultipliée.

Elle vit Don Raimondo et Giuseppico qui, sans un mot, sans un bruit, en effleurant quasiment le sol, s'approchaient de la porte donnant dans la chambre de la duchesse. Giuseppico avait la carafe en main. Il avait ôté ses chaussures. A l'instant où il tendait la main vers la porte, Don Raimondo lui demanda dans un souffle :

— Tu es sûr qu'elle ne fera pas de bruit ?

— Je l'ai bien huilée, chuchota le valet.

Doucement, il tenta d'ouvrir.

Don Raimondo éteignit la lanterne et la pièce fut plongée dans l'obscurité.

— C'est fait ? s'enquit-il dans un filet de voix.

— Pas encore...

Mais tout à coup une voix rompit le silence :

— Maddalena !... Maddalena !...

Donna Aloisia s'était réveillée comme si ses nerfs avaient vibré à ce bruit imperceptible. Maddalena avait instinctivement ouvert la bouche pour répondre mais elle se retint de peur d'être découverte ; elle avait entendu Don Raimondo et Giuseppico sursauter eux aussi. Ils n'osaient plus bouger.

— Malédiction !...

— Attendons qu'elle s'endorme...

Ils replongèrent dans le silence.

— Maddalena ! appela encore une fois Donna Aloisia, d'une voix tremblante.

Dans un souffle presque imperceptible, Don Raimondo dit :

— Allons-nous-en.

Il alluma la lanterne et s'éloigna avec une prudence de chat aux aguets ; Giuseppico le suivit, tenant toujours la carafe à la main. Ils sortirent, en refermant doucement la porte derrière eux. Maddalena tendit désespérément l'oreille et les écouta s'éloigner ; alors elle se précipita hors de sa cachette, s'approcha du seuil de la chambre et d'une voix encore émue, mais qu'elle s'efforçait de rendre apaisante, elle murmura :

— Dormez tranquille, Excellence ; je suis là...

— Je t'ai appelée !... la réprimanda Donna Aloisia ; Pourquoi ne m'as-tu pas répondu ? Où étais-tu ?

— Ici, je m'étais un peu endormie... Soyez tranquille.

Pour ne pas épouvanter sa maîtresse, elle préférait ne pas la mettre au courant de ce qu'elle avait vu et qui la faisait encore trembler. Mais elle se perdait dans un océan de conjectures et de suppositions. Elle songea qu'elle était seule, seule à veiller sur ces deux êtres dont la vie — là-dessus il n'y avait pas de doute — était gravement menacée. Elle était seule, pauvre femme qui pouvait être chassée d'un instant à l'autre — chassée ou supprimée ; et contre elle, il y avait un homme, Don Raimondo, qui représentait l'omnipotence et l'impunité, et son bras armé, Giuseppico, qui représentait le crime impitoyable, aveugle, bestial.

Elle tremblait, la pauvre Maddalena, en songeant à l'effroyable mystère de cette nuit, que seuls ses yeux avaient pénétré. Sa découverte l'épouvantait ; elle seule, dans ce grand palais, savait que Don Raimondo et Giuseppico, le maître et le serviteur, tramaient un assassinat ; elle seule voyait leurs bras armés levés au-dessus de la tête d'une femme sans défense et d'un bébé ; elle seule possédait l'horrible secret de ces esprits pervers.

A présent elle comprenait pourquoi Don Raimondo avait licencié les serviteurs de l'ancienne maison, fidèles à la mémoire du duc mort et dévoués à la jeune veuve ; et jamais comme en cet instant elle n'avait senti combien l'absence d'Andrea était grave. Le valet était le bouclier et l'épée de la défense. Où était Andrea ? Comment l'avertir ? Comment l'employer ? Et comment soustraire ces pauvres victimes au péril qui les menaçait ?

— Et si je prévenais notre maîtresse demain ? Mais que lui dirais-je ? Et ensuite ?

Elle se prit le front entre les mains.

— Oui, et ensuite ? Que fera Donna Aloisia ? Se fiera-t-elle à une pauvre servante ? Ai-je le droit d'accuser un seigneur qui est aussi mon maître ? Est-ce que je n'ai pas fait une chose répréhensible, en l'espionnant ?

En elle, dans son cœur et dans son sang, était profondément ancrée l'idée qu'il fallait se taire, se taire toujours et prendre garde à soi, et ce préjugé lui faisait redouter chaque pas : elle avait peur d'une faiblesse de Donna Aloisia, de l'effroyable châtiment que pouvait infliger Don Raimondo, et par-dessus tout, elle redoutait que son impudence ôtât à deux victimes inconscientes une défense d'autant plus sûre qu'elle était occulte. Ces idées, ces sentiments, entre autres, la persuadèrent de garder le silence.

C'était mieux ainsi.

Se taire et veiller sans être vue ni soupçonnée ; voilà le parti à prendre, et qu'elle prenait.

Elle passa la nuit plongée dans ces perplexités, sursautant avec inquiétude au moindre bruit, tremblant de voir réapparaître d'un instant à l'autre les deux scélérats. Quand les cloches du couvent de la Merci sonnèrent, elle poussa un soupir de soulagement et, sans bruit, quitta le réduit. Elle s'en fut dans sa chambrette à l'autre bout du corridor, et attendit que le jour parût pour reprendre son service, comme si de rien n'était. Un seul doute subsistait en elle : avait-elle été vue ? Mais elle se rassura quand, toute la maison s'étant éveillée, elle ne perçut sur aucun visage ce je ne sais quoi de curieux ou de malicieux qui semble si accusateur.

Cette sécurité lui permit de simuler une tranquilité d'esprit qui n'était pas au fond de son cœur.

Quand l'heure lui parut convenable, elle entra dans la chambre de la duchesse.

Donna Aloisia la répimanda, sans âpreté, mais sur un ton de désolation qui perça le cœur de la pauvre Maddalena. Elle inventa une excuse pour se justifier, en s'efforçant de la tranquilliser. Donna Aloisia lui dit que durant la nuit, elle avait perçu la présence de plusieurs personnes derrière la porte de la chambre.

— C'était moi, en fait, dit Maddalena en essayant de sourire.

— Je sais, mais il m'a semblé que c'étaient des hommes, et plusieurs. J'ai eu l'impression qu'ils voulaient ouvrir. Quelle peur ! J'ai eu des sueurs froides...

— Votre Excellence a certainement fait un mauvais rêve...

— Je le crois... Tu ne t'es jamais éloignée, n'est-il pas vrai ?

— Oh non !...

— Cela va bien ; quand je te sais près de moi, je suis plus tranquille...

Peu avant midi Maddalena sortit du palais sous le prétexte d'aller se confesser à l'église de la Merci. Si elle n'avait aucune certitude quant à la possibilité de parler à Andrea, elle espérait au moins l'apercevoir de loin ou rencontrer une personne susceptible de le retrouver. Tous les voisins de la rue Sant' Agostino et du Capo le connaissaient : il ne serait donc pas difficile de trouver un de ses amis. La fortune sourit à la chambrière.

A l'instant où Maddalena, enveloppée dans un manteau noir, franchissait le seuil de la grande porte, elle fut hélée par une femme installée là, derrière un grand panier d'œufs posé sur un tabouret. C'était une paysanne de Monreale qui venait chaque jour vendre le produit de ses poules sur le marché du Capo et qui, occupant cet emplacement devant le palais depuis dix ans, en connaissait les habitants. La vue de la femme de chambre de la duchesse éveilla sa curiosité ; elle voulut avoir des nouvelles de la noble dame. Maddalena ne fut pas mécontente d'être interpellée ainsi, car cela lui donnait un prétexte pour s'attarder dans la rue. Elle répondit comme elle put à la paysanne qui paraissait répéter tous les racontars du marché en rapport avec les événements de la « tour de Montalbano ». Le nom d'Andrea surgit dans son discours.

— Le pauvre jeune homme ne sait plus à quel saint se vouer, après avoir été chassé ainsi. Hier, justement, quand il m'en parlait, il lui en venait les larmes aux yeux...

— Où l'avez-vous vu ?

— Ici, il passe souvent...

— Ah !... Vous me rendriez un service ?

— Deux, si vous voulez...

— Si vous le voyez aujourd'hui ou demain, dites-lui que je dois lui parler d'une chose très importante.

— Qu'est-ce-que c'est ?

— Je vous le dirai plus tard..

— Vous voulez que je l'envoie chercher tout de suite ?

— Non... Je ne peux pas... Faites ainsi, dites-lui de venir dans la ruelle...

La paysanne la considéra d'un air rusé, avec une pointe d'irritation :

— Oh là, dites un peu, ce genre de commissions vous ne pouvez pas les faire faire par d'autres ?

— Oh, taisez-vous ! Qu'est-ce que vous vous mettez en tête ?... Par la sainte journée d'aujourd'hui, je vous jure... Je suis une jeune fille honnête !... Il s'agit d'une œuvre sainte et Dieu vous récompensera... Je vous le jure...

Maddalena rentra immédiatement à la maison, satisfaite. Il lui semblait être plus en sécurité maintenant qu'elle pouvait bénéficier de l'aide d'Andrea, jeune homme audacieux et dévoué. Elle était à peu près sûre qu'il viendrait dans la ruelle sur laquelle donnait la fenêtre de sa chambre : mais elle n'avait pas encore trouvé de quelle manière il pourrait défendre Donna Aloisia.

Vint le soir ; la nuit étendit ses ombres. Maddalena sentit son cœur se serrer ; elle assura la duchesse qu'elle resterait dans le réduit et alla se cacher. Cette fois, elle disposa sur la petite table une couverture, comme abandonnée là par négligence, de manière qu'un bout tombant sur le devant la dissimulât davantage. Elle ôta ses chaussures et se recroquevilla sous la table. Son vêtement sombre se confondait avec la couverture, la rendant vraiment invisible.

De sa cachette, elle entendit les horloges, claires et distinctes dans le silence nocturne. Comme le temps passait et que la minuit approchait, elle se sentit envahie par la peur et un tremblement incoercible parcourut toute sa personne. Les douze coups lents et lugubres tombèrent sur son cœur comme douze ondes de glace : elle eut des sueurs froides. Peu après elle entendit le même bruit, léger et circonspect, que dans la soirée précédente : elle vit la porte s'ouvrir et Don Raimondo et Giuseppico entrer; mais ils n'étaient pas seuls; une femme les accompagnait. Celle-ci avait la même stature que la chambrière et était vêtue de sombre; dans la pénombre on pouvait les confondre. Maddalena frémit; il lui sembla que l'épouvante arrêtait son cœur. Comme la nuit précédente, Don Raimondo déposa la lanterne sur la table et l'éteignit, tandis que Giuseppico tentait d'ouvrir l'huis qui donnait dans la chambre ; nul ne soufflait mot, on aurait presque pu entendre la pulsation violente des cœurs. Un carré de faible lumière qui se découpa dans l'ombre indiqua que la porte était ouverte. Maddalena vit la femme, légère comme un fantôme, entrer dans la chambre : quelque chose qui brillait dans ses mains lui révéla qu'elle tenait la carafe. La porte se referma sans bruit derrière elle. L'instant qui suivit parut durer un siècle. Maddalena se sentit clouée au sol, incapable du moindre mouvement; elle n'avait plus de sang dans les veines, tant était violente l'angoisse de ce moment; elle perçut la voix de Donna Aloisia qui demandait :

— C'est toi, Maddalena?

Et la voix étouffée de la femme lui répondit :

— Oui, Excellence, dormez tranquille.

Elle parlait si bas qu'on ne pouvait deviner que ce n'était pas la chambrière. On n'entendit plus rien. Maddalena vit la porte se rouvrir et la femme sortir, la carafe à la main. Elle repoussa sans bruit le battant.

Don Raimondo l'interrogea dans un souffle :

— C'est fait?

— Oui, Excellence, répliqua la femme de la même manière. Toujours dans le plus grand silence, toujours très précautionneusement, ils fermèrent la porte du réduit et s'éloignèrent. Alors, faisant un effort sur elle-même, Maddalena se leva et courut dans la chambre. Son cœur battait à tout rompre. Qu'avaient-ils fait? Qu'allait-elle trouver?

Elle s'approcha du lit. Donna Aloisia ouvrit les yeux, la vit et lui demanda avec un mélange de peur et de surprise :

— Qu'est-ce qui se passe? Pourquoi es-tu revenue?

— Il n'y a rien, balbutia Maddalena, dans un état de grande agitation.

Elle scrutait la duchesse et le petit Emanuele.

— Il n'y a rien. Il m'avait semblé que votre Excellence m'avait appelée.

En découvrant sa maîtresse ainsi, Maddalena avait éprouvé un grand soulagement, mais se doutant toujours d'elle ne savait quoi, elle jetait des regards aux alentours. Ses yeux s'arrêtèrent sur la carafe d'eau posée sur la table de nuit. Un soupçon lui traversa l'esprit : était-ce celle qu'elle avait remplie elle-même, ou bien l'autre, celle qu'elle avait vue hier dans les mains de Giuseppico et puis à l'instant, dans celles de la mystérieuse femme? Vivement, elle retourna dans son réduit, ouvrit la fenêtre et déversa à l'extérieur le contenu du flacon. Elle allait refermer quand il lui sembla que la grande porte s'ouvrait; elle tendit le cou dans les ténèbres et reconnut Giuseppico et la dame qui sortaient et se dirigeaient vers la placette du Capo, où ils disparurent. Alors la chambrière retourna dans la chambre.

Donna Aloisia l'attendait, ébahie, incapable de comprendre ce remue-ménage : le soupçon et la peur se voyaient dans ses yeux. Quand Maddalena rentra, elle l'interrogea :

— Eh bien ? Que s'est-il passé ?

— Rien, Excellence... dit la fidèle servante, encore émue. J'avais oublié de... de renouveler l'eau.

— Tu ne me l'avais pas portée à l'instant ?

— Si... c'est-à-dire que je m'étais trompée de flacon... Dormez bien, Excellence, ne craignez rien !... et, écoutez, Excellence, ne buvez rien, ne mangez rien que je ne vous donne moi-même...

— Que veux-tu dire ?

— Rien... rien.... des idées qui me passent par la tête... Je désire que vous me fassiez cette grâce... C'est un plaisir pour moi... Que Votre Excellence se repose... se repose tranquillement.

Elle sortit, refermant la porte et la laissant effarée, l'esprit confus, en proie à mille pensées contradictoires, mille soupçons, mille peurs. Donna Aloisia ne dormit plus cette nuit-là; Maddalena non plus ne ferma pas l'œil : la pauvre femme s'effondra sur un siège, épuisée, les nerfs tendus, et s'abandonna aux larmes.

Don Raimondo lui non plus ne dormait pas. Dans sa chambre, il allait et venait, en proie à la plus grande nervosité et se demandait :

— A-t-elle bu ?

Accompagné de Giuseppico, Don Raimondo sortit du palais à une heure de la nuit d'Italie, tourna à gauche, et par une rue de traverse, sombre et tortueuse, atteignit la Pannaria où était situé le Mont de Piété. Il prit une ruelle, longue et étroite, véritable grouillement de vies perdues dans l'ombre. Giuseppico dissipait les ténèbres avec la lanterne. La lumière, passant dans ces voies quasi clandestines, en révélait les laideurs et la misère. De temps en temps, ils s'arrêtaient : Giuseppico levait la lanterne, se retournait comme s'il voulait épier la nuit derrière eux puis ils reprenaient leur marche. Vers le milieu de la ruelle, ils s'arrêtèrent une nouvelle fois.

— C'est là, dit Giuseppico.

Il éteignit la lanterne et frappa trois coups à une porte lépreuse.

— Qui est-ce ? demanda une voix.

— C'est moi, Peppa la Sarda.

Le panneau de bois s'entrouvrit timidement puis, comme si la personne qui se trouvait derrière était rassurée, il s'ouvrit en grand. Don Raimondo et Giuseppico entrèrent et la porte se referma. Alors, surgissant de l'ombre qui l'enveloppait, un homme bondit, agile comme un léopard, et colla son oreille à la porte.

C'était Andrea.

VI

Dans la journée, il avait vu Maddalena qui lui avait raconté la terrible découverte qu'elle avait faite et qui la faisait encore trembler. Andrea n'en fut pas moins épouvanté. Il se disait qu'il n'y avait aucun moyen de prévenir ou d'empêcher un forfait, qui tôt ou tard serait accompli en toute impunité. Accuser Don Raimondo ? Cette idée, la première qui se présentait et qui était la plus simple, paraissait alors une folie : nul ne se serait fié à l'accusation de domestiques licenciés qui pouvaient très bien avoir inventé un délit de leurs maîtres. Il n'y avait rien à faire que veiller et recourir à l'astuce mais en redoublant d'attention car la plus légère imprudence, en les découvrant, risquait de priver Donna Aloisia de leur protection dévouée et occulte. Il résolut de rester sur ses gardes encore quelques jours et puis, si nécessaire, d'avertir la duchesse.

Ils convinrent qu'Andrea ne s'éloignerait plus du quartier ; sans se faire voir, il veillerait sur la « tour de Montalbano » et accourrait à un signal convenu : une serviette accrochée sur le rebord de la fenêtre du réduit, si c'était de jour, ou trois coups dans les mains, si c'était de nuit.

Ainsi ce soir-là, de son poste d'observation le fidèle serviteur avait-il vu sortir Don Raimondo et Giuseppico, à pied, emmitouflés dans leurs manteaux, et cela avait éveillé sa curiosité. Où allaient-ils ? Il avait décidé de les suivre et avait marché derrière eux, avec précaution, sans se faire voir, à travers les rues.

A présent, l'oreille collée à la porte, il écoutait la conversation à l'intérieur. Toutes les paroles ne lui parvenaient pas claires et précises, car elles étaient échangées à voix basse, mais il en percevait suffisamment le sens pour comprendre et frémir.

Don Raimondo semblait courroucé.

— Garce ! tu m'as trompé !

— Excellence, que dites vous... Je vous jure...

— Tais-toi, sorcière !... Elle a bu toute la carafe, tu comprends ? Elle l'a bue durant la nuit et ce matin elle n'avait pas la moindre douleur ; elle paraissait même aller mieux...

— Mais Excellence, j'ai moi-même composé le mélange... Il est très sûr..

— Tu n'as pas substitué les carafes !...

— Je vous le jure, Excellence ; j'ai laissé la mienne sur la tablette et j'ai emporté celle qui s'y trouvait...

— Et alors, comment expliques-tu que cela n'ait servi à rien ?

— Qu'y puis-je ? La dame a peut-être une complexion trop forte... Il faut doubler la dose...

— Prends garde à toi, si tu me trompes, je te ferai étrangler...

— Excellence, je n'ai jamais trompé personne... Je suis une femme honnête...

En entendant cette protestation d'honnêteté, Don Raimondo ne put retenir un ricanement.

— Donne-moi donc, ordonna-t-il, ce dont j'ai besoin. Je m'occuperai moi-même de l'administrer... Mais prends garde que la chose soit sûre, infaillible...

Une minute de silence s'écoula. Andrea entendit ouvrir et fermer une porte de meuble.

— Excellence, dit Peppa la Sarda, ceci est une poudre de la Tofana, Votre Excellence sait par ouïe-dire, que la Tofana est infaillible...

— Je le sais, et donc...

— Une pincée dans le bouillon, en guise de sel, cela suffira...

— Fort bien. Prends bien garde à toi : tu es en mon pouvoir, tu le sais.

Andrea eut à peine le temps de se jeter sous un porche sombre où on ne pouvait le voir, que la porte s'ouvrit. Giuseppico sortit, fit tourner la lanterne pour s'assurer qu'il n'y avait personne dans la ruelle et adressa un signe à Don Raimondo. Tous deux suivirent le même chemin en sens inverse. Andrea les observa depuis sa cachette ; quand il vit la lanterne tourner à l'angle de la ruelle vers la Pannaria, il sortit de l'ombre, s'approcha à son tour de la porte et frappa trois coups, comme l'avait fait Giuseppico.

La même voix demanda qui était là. Il répondit à voix basse, pour qu'on ne reconnaisse pas sa voix :

— C'est moi, Peppa la Sarda ; le maître a oublié de te dire quelque chose...

La porte s'ouvrit précautionneusement comme auparavant, mais Andrea la repoussa avec impétuosité, bondit dans la pièce et verrouilla la porte derrière lui avant que Peppa la Sarda fût revenue de sa surprise : puis, tirant rapidement de ses poches un poignard, il s'approcha de la femme, l'œil sombre, et lui lança :

— Dis-moi donc, préfères-tu mourir étranglée comme la Tofana ou égorgée comme un agneau ?

Peppa la Sarda restait immobile, surprise par cette agression, ignorant que cet homme qu'elle ne connaissait pas savait déjà le secret qu'elle partageait avec le chevalier Albamonte.

Peppa la Sarda était encore jeune : elle avait sans doute à peine dépassé la trentaine ; elle avait à peu près la taille de Maddalena et son aspect n'était pas déplaisant. Mais ses yeux ressemblaient à ceux d'un chat : clairs, phosphorescents, sauvages. La mâchoire inférieure large et forte avait quelque chose de bestial. Nul ne pouvait imaginer que dans ce rez-de-chaussée étroit, une de ces pièces qu'on appelait, d'après le grec, *catodi,* et qui abritaient les pauvres gens de Palerme, étaient confectionnés les formidables poisons qui devaient rendre célèbre le XVIIe siècle.

C'était une pauvre pièce aux murs enfumés, dépourvue de tout ornement même grossier, hormis une gravure de la Vierge, hideuse et noircie. Dans un coin, on apercevait un fourneau et une misérable étagère portant quelques chaudrons, des vases de terre cuite et quelques plats. D'autres marmites étaient posées sur le fourneau. Sur une table vermoulue et graisseuse collée contre un mur était posée une lampe de faïence ordinaire; à côté, un bonheur-du-jour. Un lit, si l'on pouvait appeler ainsi une paillasse posée sur deux planches, occupait le fond, à peu près protégé de la semi-obscurité : un œil curieux aurait remarqué au-dessus de la couche, dans l'angle le plus secret, presque dissimulé par une caisse, une vitre de forme étrange qui brillait.

Peppa la Sarda, ayant repris l'empire d'elle-même, demanda, hargneuse :

— Que voulez-vous?

— Je te l'ai dit. Je peux t'égorger à l'instant et nul ne te sauvera, nul ne saura qui et comment on t'a tuée... Et je puis aller voir le capitaine de justice et lui mettre en main la clé de tant d'assassinats mystérieux...

— Je ne vous comprends pas; je ne sais ce que vous voulez dire... Allez-vous-en, ou j'appelle à l'aide.

Andrea lui bondit à la gorge, la plaqua contre le mur et, pointant le couteau entre ses yeux, lui dit :

— Je connais le chevalier qui vient de sortir. Je sais ce qu'il est venu faire; je sais qui vient de lui donner la poudre de la Tofana pour tuer la duchesse de la Motta; je sais que cette nuit, toi, infâme sorcière, tu es entrée dans la chambre de la duchesse et tu as posé une bouteille d'eau empoisonnée sur sa table de nuit... ; ce poison n'a pas fait effet parce que quelqu'un qui t'as vue s'est empressé de le retirer... Comprends-tu, à présent? Comprends-tu que je sais tout et que vous êtes entre mes mains, toi et tes complices; et que la duchesse ne mourra pas, parce qu'il y a quelqu'un qui veille sur cette innocente?

Au fur et à mesure qu'Andrea parlait, en accompagnant ses paroles de pression sur la gorge de la femme, l'étranglant presque, Peppa la Sarda pâlissait, blêmissait, tremblait. Qui était cet homme qui savait tout, qui avait tout vu? Comment avait-il pu?... La chose lui paraissait extraordinaire, presque surnaturelle, comme si quelque chose d'impénétrable et d'éternel, de menaçant et d'inéluctable, était apparu au-dessus d'elle. Ne sachant plus rien, ne pouvant plus réagir, elle finit par céder à la terreur; elle balbutia quelques mots en joignant les mains.

Le geste plus que les paroles demandait miséricorde. Sans la lâcher, Andrea relâcha l'étreinte de ses doigts.

— Pitié !... Pitié !... murmura Peppa la Sarda d'une voix étouffée.

— Tu invoques la pitié maintenant? Est-ce que tu en as eu pour une innocente qui ne t'a fait aucun mal? Si la duchesse meurt, tu le paieras de ta vie...

— Soyez miséricordieux... je réparerai...

— Tout de suite, donne-moi le contrepoison.

— Je vous le donnerai... mais lâchez-moi !

Andrea la lâcha ; Peppa la Sarda se passa la main sur le cou et reprit son souffle ; son visage était épouvanté ; encore livide et grimaçant, il exprimait une haine féroce et un violent désir de vengeance.

Tout à coup, ayant repris ses esprits, elle bondit comme un chat et, repoussant Andrea, tenta de gagner la porte. Mais le jeune homme, qui s'attendait peut-être à un tour de ce genre, ne fut pas pris au dépourvu. Il l'agrippa par les cheveux, la jeta à terre en jurant et dans un mouvement de colère, brandit le poignard pour la tuer. Une pensée subite l'arrêta. Qui lui donnerait le contrepoison? En cet instant, Peppa la Sarda se vit perdue.

— Ah, tu cherchais à me tromper? grinça Andrea en refrénant sa colère; tu cherchais à m'échapper? Sens comme cela pique, mauvaise femme !

De la pointe du couteau, il lui effleura le col, la faisant sursauter ; le froid de la lame, quelques gouttes de sang tiède qui coulèrent sur sa chair, lui mirent dans les veines la terreur de la mort.

— Grâce ! murmura-t-elle une nouvelle fois.

Mais Andrea ne la lâcha pas. A chaque prière de la femme, il secouait la tête.

— Oui, dit-il, je te ferai grâce de la vie... mais à ma manière.

La menaçant toujours du coutelas, de la main libre il lui ôta la blouse et, plaçant son arme entre ses dents, il lui lia solidement les bras autour de la taille, si serrés, qu'elle en suffocait ; puis en fouillant les lieux, il trouva une corde et refit les liens. Il lui attacha les mains dans le dos et fit passer la corde sur les flancs et le ventre. Avec la blouse enroulée, il lui lia les jambes et quand il l'eut ainsi réduite à l'impuissance, il lui demanda :

— Où est le contrepoison?

— Là, dans cette armoire...

Il ouvrit l'armoire ; elle était pleine de flacons, de cornets de papier, d'herbes sèches.

— Lequel?

— Là, sur la deuxième étagère, à côté de la bouteille verte.

— Ce flacon?

— Oui.

Andrea plongea un regard inquisiteur dans les yeux de la femme ; puis, après une minute de silence, il dit :

— Prends bien garde, catin, que je ne te lâcherai pas... Je vais prendre ce flacon, et t'emmener avec moi, je t'enfermerai dans un endroit d'où tu ne pourras t'enfuir et je t'y laisserai jusqu'à ce que j'aie vérifié que tu ne m'as pas trompé... Tu répondras sur ta tête de la vie de la duchesse et de son petit... Tu affirmes encore que c'est bien là le flacon de contrepoison ?

Peppa la Sarda ne répondit pas tout de suite.

— Eh bien ? insista Andrea.

— Vous n'obtiendrez pas ce que vous espérez. Vous ne réussirez pas à sauver la duchesse, ricana l'empoisonneuse.

Andrea leva son poing armé mais Peppa ne donna aucun signe d'effroi.

— Ce n'est pas ma faute, mais la vôtre...

— La mienne ?

— Certes ! Vous ne vous rendez pas compte, imbécile que vous êtes, qu'avec tous les contrepoisons du monde vous ne pourrez soustraire la duchesse à la mort, puisque le chevalier de la Motta trouvera d'autres moyens pour se défaire de sa belle-sœur ?

Andrea pâlit et considéra la triste femme, frappé par la justesse de cette observation. Que faire ?

— Vous ne pourrez que retarder sa mort.

Au ton triomphant de la voix et à la lueur féroce de l'œil, il semblait qu'elle savourait la satisfaction d'avoir plongé l'âme du pauvre Andrea dans un océan de doutes, de peurs, d'incertitudes.

— Peu importe ! répliqua-t-il. Pour l'heure il faut arrêter ton œuvre ; pour le reste, on avisera. Le contrepoison est bien dans ce flacon ?

— Oui.

Andrea le glissa dans sa poche ; à l'aide d'un mouchoir, il bâillonna étroitement Peppa la Sarda, la chargea sur son dos comme s'il s'était agi d'un petit enfant, éteignit la lanterne, sortit en refermant la porte derrière lui et s'en fut en direction de l'Angelo Custode, où se trouvait sa maisonnette.

La nuit était sombre, sans étoiles, froide, l'heure avancée, la ville déserte. Il eut l'habileté de ne pas traverser les rues les plus larges où il aurait pu se retrouver nez à nez avec une ronde tardive, et d'emprunter les ruelles ; ce qui rallongeait son chemin mais lui évitait toute rencontre. De temps en temps il était contraint de s'arrêter, épuisé ; il déposait ce fardeau vivant sous un porche, se reposait une minute et reprenait son chemin. Quand il arriva chez lui, il n'en pouvait plus.

Il habitait une espèce de pauvre et triste entresol de deux pièces, dont la deuxième avait une fenêtre donnant sur un jardin, munie de solides barres de fer. Là était le lit ; il y déposa la femme et dénoua le bâillon.

— Je t'ôterais aussi ces entraves, si tu étais raisonnable, mais je préfère te laisser ainsi, à toutes fins utiles. Et attention : tu ne sortiras d'ici que quand la duchesse aura été sauvée. Maintenant dis-moi comment utiliser cette poudre.

Peu après, il sortit en refermant à clé la porte de la chambre et celle de la maison. Il courut jusqu'au palais Albamonte pour voir Maddalena et lui donner des instructions.

En rentrant chez lui, Don Raimondo ordonna à Giuseppico d'aller chercher un peu de lait et une petite chienne.

— Si cette carne m'a trompé, je la dénoncerai pour sorcellerie au Saint Office !...

Il mélangea un peu de poudre au lait, le goûta du bout de la langue et apparemment satisfait, offrit la boisson au malheureux animal qui le but avidement, tirant la langue pour nettoyer le bol et se léchant les babines d'un air satisfait.

Don Raimondo et Giuseppico attendirent. La chienne fit deux ou trois tours dans la pièce, s'approcha du maître en remuant la queue, se dressa sur ses pattes arrière, posa celles de devant sur les genoux de l'homme comme pour quêter une caresse ; puis elle erra encore à travers la pièce en flairant le sol et s'arrêta en baissant la tête, comme assaillie par une invincible somnolence. Lentement, elle se laissa tomber à terre, en s'étirant. Don Raimondo l'appela avec un son particulier ; la bête se secoua, souleva un peu la tête qui retomba pesamment, et remua doucement la queue.

Peu à peu ses membres se rigidifièrent, sans convulsions, sans spasmes et sa vie disparut comme une petite flamme sur laquelle descend l'éteignoir.

Le chevalier Albamonte parut satisfait. Avec un sourire diabolique, il pensa :

— N'est-ce pas obéir aux desseins divins que de rendre Donna Aloisia au duc son époux ? Hâtons-nous donc de la libérer de cette vallée de larmes.

Il demeura ainsi un moment, plongé dans ses pensées ; l'horloge de l'église voisine sonna trois heures de la nuit. Donna Aloisia dînerait dans quelques instants. Cette idée le fit frissonner : la poudre mystérieuse était là, devant lui, et les effets sûrs ; il n'avait plus qu'à jeter une pincée dans son bouillon et elle s'éteindrait comme le chiot. Cependant, à l'idée d'aller à la cuisine ou d'attendre dans l'antichambre, de trouver, en un mot, la possibilité d'accomplir son forfait, le courage lui manquait.

Faisant effort sur lui-même, il glissa dans sa poche un sachet contenant un peu de poudre et s'en fut, comme il faisait souvent, revoir Donna Aloisia avant de se retirer dans ses appartements pour dormir.

VII

Il entra au moment précis où l'on servait à la duchesse son dîner habituel : une tasse de bouillon et un peu de poulet. Un domestique l'apportait de la cuisine sur un plateau d'argent recouvert d'une serviette de très fin tissu et le remettait entre les mains de Maddalena, qui servait sa maîtresse avant de rendre les plats vides au serviteur qui attendait à l'extérieur de la chambre. Ce dernier s'effaça pour laisser passer le chevalier Albamonte, qui arborait une expression presque hilare contrastant vivement avec la pâleur du visage et la flamme du regard.

A son entrée, Maddalena ne put réprimer un sursaut et faillit renverser le plateau. Il lui fallut un effort prodigieux pour ne pas commettre de sottise.

Don Raimondo demanda à sa belle-sœur des nouvelles de sa santé, s'informa de celle de son petit neveu, prononça quelques paroles gracieuses, soupira ; puis comme Maddalena s'était arrêtée avec le plateau à la main en attendant qu'il s'éloigne du lit, il s'approcha d'elle et avec une vraie courtoisie de chevalier mais sur un ton impérieux :

— Laissez, dit-il, je désire servir moi-même madame la duchesse.

Sans qu'elle pût s'y opposer, il lui retira le plateau des mains en l'invitant à sortir d'un signe de tête.

Elle ne put qu'obtempérer mais ses jambes lui parurent traîner d'énormes boulets de plomb. S'obstiner à rester signifierait se découvrir; sortir, c'était abandonner sa maîtressse à la merci de l'assassin. Mais il n'y avait pas à discuter. Elle se retira à contre-cœur et s'attarda derrière la porte à bavarder avec le serviteur.

Pendant ce temps Don Raimondo avait disposé le plateau sur un guéridon, en tournant le dos à Donna Aloisia. D'un geste rapide, en feignant de ranger quelque chose, il versa la poudre dans le récipient. Puis porta la tasse à Donna Aloisia.

— J'ai éloigné Maddalena, expliqua-t-il, parce je dois vous parler d'affaires, si vous ne vous sentez pas trop fatiguée...

Elle avait pris la tasse dans laquelle elle tournait la cuillère pour refroidir le bouillon.

Don Raimondo s'était tu, sa pâleur s'accentuant jusqu'à la lividité et sa voix se brisant. Il attendait que la duchesse avale la première cuillère et son cœur battait à tout rompre. Pourquoi ne se décidait-elle pas ? Qu'attendait-elle ? En réalité la duchesse n'hésita qu'un instant, peut-être parce qu'elle attendait que son beau-frère parlât, mais ce si court laps de temps parut terriblement long à Don Raimondo ; il sentit les secondes filer, rapides et torturantes.

La duchesse prit la première cuillère, lentement. Il souffrait. Il voyait la mort. Il calculait quelle quantité de poison Donna Aloisia absorbait à chaque cuillerée et le temps nécessaire pour que les effets en fussent visibles. A la terreur du spectacle de la mort, dont il anticipait les formes, se mêlait une joie cruelle et bestiale. A présent, il était sûr de la suite et il éprouvait une grande envie de fuir. D'une voix rauque, il dit :

— Vous vous sentez fatiguée ?... Il me semble que vous l'êtes. En fait, il est trop tard. Si vous permettez, je vous verrai demain matin.

— Faites comme vous l'entendez...

En vérité, Donna Aloisia avait hâte qu'il s'en aille, tant sa présence lui était pesante et Don Raimondo, tout à sa crainte d'être mis dans une situation embarrassante devant les premiers symptômes de l'empoisonnement, était également pressé de sortir. Il avait besoin d'être seul. La démarche assurée, drapé dans sa dignité de seigneur, il passa devant Maddalena sans la voir. La domestique s'était reculée, le visage congestionné par l'effort qu'elle faisait sur elle-même, mais à peine Don Raimondo sorti, elle se précipita dans la chambre en balbutiant d'une voix étouffée :

— Vous avez mangé, Excellence ?... Vous avez mangé ?... Laissez, laissez !...

Donna Aloisia leva sur elle un regard stupéfait puis pâlissant, laissa tomber la cuillère dans la tasse :

— Mon Dieu ! s'écria-t-elle, d'une voix tremblante de larmes et de peur Qu'y a-t-il donc ? Maddalena ? Qu'y a-t-il ?

— Rien, rien... Excellence ; ce n'est rien mais il vaut mieux ne pas manger...

Claquant des dents sous l'effet de la terreur, l'air d'une folle, fouillant ça et là, elle scruta le visage de sa maîtresse qui avait repoussé le dîner.

— Enlève cela ! enlève-le ! s'écria la duchesse, emporte toutes ces choses ; jette-les !... Mon Dieu, c'est horrible, horrible !... Dis-moi, Maddalena, que sais-tu donc ?... Qu'as-tu vu ?... Parle, au nom de Dieu !

— Je n'ai rien vu... Mais je soupçonne... Je crains... Il y a une chose qui me fait craindre... Sainte Vierge !... Vous avez bu beaucoup de bouillon ?... Beaucoup ?...

— Cinq ou six cuillères... Il était trop salé.

— Cinq ou six ?... Qui sait ?... Est-ce beaucoup, est-ce peu ?... Il y a de quoi devenir folle !... Où aller ? Voilà... Je cours tout de suite voir le père Don Domenico !... Oui, je vais chez lui porter un peu de ce bouillon... Il est trop tard, je le sais... Mais qu'importe ?... Il faut au moins savoir... Comment faire autrement ?...

— Et moi?... gémit Donna Aloisia, submergée par la terreur de l'inconnu; je resterai seule?... J'ai peur, Maddalena, j'ai peur!...

Les deux pauvres femmes se débattaient entre les terreurs, les incertitudes, les contradictions, sans parvenir à prendre une résolution, gémissant, se réconfortant, s'égarant, sans conseils, sans aide, sans espérance. On eût dit deux naufragées ballottées par les vagues. Maddalena avait versé le reste du bouillon dans un verre et voulait le porter à Don Alaimo : mais pourrait-elle quitter le palais? A cette heure, tout était fermé; pour sortir, il fallait réveiller les serviteurs qui mettraient la maison sens dessus dessous. Ah que c'était dur d'être seules! Où était Andrea? Pourquoi les avait-il abandonnées? Il avait promis de les protéger, de les aider, et voilà!...

Maddalena ne savait que faire. Dans son désespoir, elle s'exclama :

— Madone de Carine, aidez-moi! San Francesco di Paola, pensez à moi!...

Donna Aloisia avait des sueurs froides; craintes ou réalité, elle éprouvait un malaise certain.

— Maddalena... Je me sens mal! Ah, mon pauvre fils!... Mon pauvre fils!...

Ces paroles portèrent à son comble le désespoir de Maddalena; aveuglée de douleur, elle prit un parti extrême : elle courut à la fenêtre pour appeler au secours. Quelque âme pitoyable l'entendrait et consentirait au moins à aller quérir un médecin ou prévenir Andrea.

Une bourrasque glacée entra par la fenêtre ouverte et fit vaciller la lampe. Au-dehors, la rue sombre paraissait s'étendre jusqu'à l'infini. Epouvantable vision. On n'entendait que les grognements des chiens fouillant les ordures éparpillées sur la chaussée. Maddalena se pencha au dehors pour crier mais une voix qui semblait sortir de l'ombre la fit sursauter.

— Maddalena!... Maddalena!...

Ah! C'était lui!... Dieu ne l'avait donc pas abandonnée! C'était lui, Andrea!

— Andrea!... Andrea!...

Comme une furie, elle se précipita dans la chambre en criant :

— Andrea est là!... Andrea est là!... Ah, Excellence!... La Madone nous a prises en pitié...

Et certaine que ces paroles avaient infusé dans le cœur de Donna Aloisia l'espoir d'être sauvée, elle retourna au balcon. Andrea semblait impatient.

— Allons, jette moi un fil... vite!...

Tandis qu'il attachait le flacon au fil, Andrea disait à voix basse :

— S'il advient que Son Excellence a sommeil, ou si elle semble avoir sommeil, mets une cuillère de cette poudre dans un demi verre d'eau et fais-la lui boire... Demain je t'attends à la paroisse... Viens... Adieu.

Maddalena voulut le retenir mais Andrea s'en fut. Sommeil? Elle retourna dans la chambre et scruta le visage de sa maîtresse où semblait flotter l'ombre du sommeil :

— Excellence, Excellence... Comment vous sentez-vous ?

La paupière lourde, alanguie, Donna Aloisia la regarda en balbutiant :

— Je suis fatiguée...

— Vous avez envie de dormir ?

— Oui...

— Buvez, buvez ceci !

Elle lui glissa entre les lèvres le bord du verre contenant la potion qu'elle avait préparée, l'obligeant à boire. Ses mains avaient la fièvre, ses yeux brillaient, toutes ses énergies s'étaient transformées en une seule. Elle restait là, muette, anxieuse, attendant entre le doute et la foi, la peur et l'espérance. La duchesse soupira, puis ouvrit les yeux et bâilla, comme si elle se réveillait.

— Ah !...

— Comment vous sentez-vous, Excellence ?

La duchesse la regarda d'un air confus et murmura :

— J'ai peut-être bien dormi ? Quels étranges rêves j'ai eus !

Maddalena frissonna mais ses yeux lancèrent des éclairs de joie. Elle avait vaincu ; pour cette fois, elle avait vaincu. Elle eut la conviction de vaincre toujours et, s'agenouillant, commença à prier avec ferveur, invitant Donna Aloisia à se joindre à elle.

— Priez, priez, Excellence, que le « Saint Père » ne vous abandonne jamais !

Dans ses yeux brillaient des larmes de joie, de tendresse, de peur. Après la prière, elle ajouta :

— Ne mangez rien, n'acceptez rien de personne, ne vous faites servir par personne d'autre que par moi... A présent, dormez, dormez tranquille !

Donna Aloisia était encore tout étourdie ; elle ne comprenait pas bien, mais sentait dans la fébrilité de Maddalena, dans son propre engourdissement quelque chose de mystérieux, de terrible, d'épouvantable ; mais elle ne savait ou ne pouvait l'exprimer et resta là, les yeux écarquillés dans la pénombre, comme pour fouiller le mystère de la nuit.

Mais cette nuit-là Maddelena ne fut pas la seule à veiller ; Don Raimondo non plus ne ferma pas l'œil, attendant d'être appelé d'un moment à l'autre par les cris d'horreur des serviteurs, et s'étonnant du calme et du silence qui régnait dans la maison. Quand le jour pointa, ne pouvant plus y tenir, il se leva, mais quand il essaya de lire sur le visage des serviteurs l'horreur du malheur qu'il espérait, il ne vit que des faces sereines. Quelque chose devait être arrivé, pourtant ! Il l'avait vue, de ses propres yeux, boire le bouillon empoisonné et il ne doutait pas de l'effet de la potion.

A la fin, il se rendit dans les appartements de Donna Aloisia ; dans l'antichambre il rencontra Maddalena qui sortait de chez la duchesse et il lui sembla voir briller dans l'œil de la fidèle chambrière une lueur de triomphe ironique. Il n'osa l'interroger. Il était certain que Donna Aloisia était vivante : chose extraordinaire qui ne pouvait s'expliquer que de deux manières : par l'intervention d'une force surnaturelle, à laquelle il ne croyait pas, ou par la tromperie de Peppa la Sarda; dans ce cas la sorcière aurait affaire à lui. Plus tard, comme il en avait l'habitude, il rendit visite à Donna Aloisia mais il avait beau s'efforcer de se dominer, il ne put empêcher son visage de blêmir et ses yeux de flamber de haine et de dépit. Elle ne semblait pas avoir souffert : hormis un peu de pâleur et un cercle livide autour des yeux, son aspect était normal. D'évidence, le poison n'avait pas agi et Peppa la Sarda s'était jouée de lui.

Bouillant de fureur, il envoya Giuseppico à la maison de la sorcière. Mais le sinistre valet revint stupéfait en disant que Peppa avait disparu; les voisins avaient trouvé la porte ouverte et n'avaient pas aperçu la sorcière de toute la journée. Cette nouvelle abasourdit Don Raimondo et le confirma d'autant dans ses soupçons. Pour lui il était plus que certain que la triste femme s'était enfuie pour se soustraire à sa vengeance.

— Mais je la retrouverai, pardieu! je la retrouverai, quand bien même je devrais la rejoindre en enfer!

Puisque son plan était déjoué, il devait en concevoir un autre. La première image qui se présenta à son esprit fut celle de Maddalena. D'instinct, il sentait qu'entre lui et la duchesse s'interposait la fidèle femme de chambre et qu'il fallait avant tout éloigner cet obstacle. N'avait-il pas surpris dans le regard de Maddalena une lueur de défi, une étincelle d'ironie? Avait-elle l'intuition de quelque chose? Avait-elle des soupçons? Dans l'impossibilité de répondre de manière satisfaisante à ces questions, il en conclut à l'absolue nécessité de débarrasser le terrain d'un personnage qui, pour le moins, pouvait se révéler un témoin dangereux. Il avait renvoyé Andrea, il pouvait renvoyer Maddalena et aux yeux de Donna Aloisia il saurait justifier sa résolution, puisqu'il ne doutait pas que Maddalena désobéissait à ses ordres.

Il attendit la nuit.

A l'heure du dîner, il s'en fut comme à l'ordinaire saluer Donna Aloisia et nota que Maddalena, sous un prétexte quelconque, s'attardait dans la chambre.

Sur une petite table était disposé le dîner; un repas très simple et très frugal, mais il se rappela ne pas avoir vu de serviteur dans l'antichambre. Maddalena tournait sans cesse autour de la tablette.

— Que faites-vous là encore? s'enquit Don Raimondo, impérieux.

Maddalena balbutia une excuse, mais comprit qu'il ne lui était pas possible de rester sans susciter des soupçons ou provoquer quelque chose de pire.

— Votre Excellence n'a plus faim ? demanda-t-elle à la duchesse et sans attendre la réponse, elle prit le plateau et l'emporta.

Don Raimondo s'aperçut que le repas n'était pas entamé.

— Laissez, ordonna-t-il, ma belle-sœur n'a pas encore dîné...

Mais la fidèle Maddalena, le défiant du regard, lui lança :

— Que votre Excellence me pardonne, mais la maîtresse n'a pas faim.

Et elle enleva aussi la bouteille d'eau qui restait sur la tablette la nuit, emporta tout, résolument, comme si elle voulait soustraire quelque chose. Ce manège n'échappa pas à Don Raimondo. Il serra les mâchoires ; il lui parut évident que Maddalena avait agi ainsi de propos délibéré et donc, qu'elle avait découvert sa manœuvre de la soirée précédente. Peu après il sortit : dans l'antichambre, il vit Maddalena. La chambrière avait l'attitude de quelqu'un qui espionne et attend. Le plateau du repas était posé sur un siège : il était donc clair qu'elle avait voulu l'éloigner de lui.

La colère, la peur, la déception, l'instinct de défense lui serrèrent le cœur, ses mains eurent un frémissement homicide, mais il se contenta de dire :

— Je ne suis pas satisfait de vous. Demain vous quitterez le service.

Maddalena soutint son regard, pâle mais résolue :

— Votre Excellence sait que je suis au service de madame la duchesse... ; si madame la duchesse est mécontente de moi, et me le dit, je m'en irai...

— Ici, c'est moi qui commande ! rétorqua Don Raimondo d'une voix dure, à la fois surpris et irrité de cette résistance. Vous partirez !...

Et sans rien ajouter, il s'en fut, évitant une querelle avec une servante qui eut été en dessous de sa dignité, et peut-être compromettante. D'un côté Don Raimondo aurait voulu découvrir si réellement Maddalena avait vu quelque chose, mais de l'autre, l'idée de se trouver confronté à son crime lui glaçait le sang. Et puis, il avait son plan. Licencier Maddalena ? Oui, c'était utile pour dégager le terrain : mais libre et maîtresse d'elle-même, Maddalena, si elle était vraiment en possession du terrible secret, deviendrait encore plus dangereuse. Il fallait lui clore la bouche.

VIII

Les douze coups de minuit s'étaient égrenés un à un Dans le palais tous dormaient et les salles étaient sombres et désertes.

Don Raimondo sortit à pas de loup de sa chambre, une lanterne sourde à la main et s'arrêtant sur le seuil, il appela à voix basse :

— Giuseppico... Giuseppico...

Il perçut dans un coin un ronflement bas et long ; de fait le serviteur dormait sur un siège, enveloppé dans son manteau, la tête inclinée sur la poitrine et les jambes allongées. Don Raimondo s'approcha et le secoua légèrement par une épaule :

— Allons-y, dépêche-toi...

Le domestique bondit sur ses pieds en marmonnant quelques mots et en frottant ses yeux blessés par la vivacité de la lumière. En silence, tous deux traversèrent les pièces comme deux voleurs prudents, en évitant de faire le moindre bruit ; ils parvinrent à un couloir qui aboutissait à une porte. Giuseppico tira d'une poche un instrument qu'il enfonça dans la serrure. La porte céda aussitôt et s'ouvrit. Don Raimondo leva la lanterne, le serviteur jeta un coup d'œil et dit :

— Elle n'est pas là...

— Comment cela ?

— Regardez, Excellence...

C'était une chambrette meublée d'une couche étroite, d'une petite commode et de quelques sièges. Des vêtements féminins pendaient à des clous ; le lit était vide.

— Elle doit être chez la duchesse. J'en suis à peu près sûr, murmura Don Raimondo, désappointé.

Il suivit le corridor en sens inverse, Giuseppico dans ses pas ; à l'autre extrémité était la porte du réduit où Maddalena avait déjà passé quelques nuits à garder sa maîtresse. De cette pièce, en poussant légèrement l'huis de la chambre de Donna Aloisia, on pourrait voir si Maddalena s'y trouvait. La porte du réduit était fermée de l'intérieur, signe évident d'une présence : ils eurent beau insister sans bruit, elle ne céda pas et l'outil de Giuseppico ne réussit pas davantage : elle devait être fermée par un verrou.

— Malédiction ! murmura Don Raimondo.

S'obstiner à tenter de forcer la porte revenait à réveiller Donna Aloisia et à se dénoncer : il fallait remettre à plus tard. Cependant tous ces indices : la porte inhabituellement fermée de l'intérieur, la présence de Maddalena dans la chambre de la duchesse, son comportement lors du dîner de sa maîtresse, tout cela achevait de transformer ses soupçons en certitudes : la chambrière devait connaître son secret. Il fallait se débarrasser d'un témoin dangereux.

— Allons-y, dit-il sombrement.

Mais ils avaient à peine esquissé un mouvement que Don Raimondo s'immobilisait brusquement et éteignait la lanterne en repoussant Giuseppico contre le mur. En fait dans le réduit on percevait un bruit léger, comme si une personne s'approchait à petits pas rapides et prudents de la porte. Don Raimondo retint sa respiration et tendant le bras, il pressa de sa main ouverte le torse du domestique pour lui imposer silence. Ils perçurent le bruit ténu du verrou tiré et la porte s'entrouvrit tout doucement. Dans les ténèbres profondes du couloir, on devinait une légère lueur, comme un reflet, qui atténuait l'obscurité. Don Raimondo eut l'impression qu'une ombre se découpait sur cette lueur ; à l'évidence quelqu'un s'avançait, qui ne pouvait être que Donna Aloisia ou Maddalena ; plus probablement cette dernière. Que ce fût l'un ou l'autre cas, l'occasion d'agir sans être vus, dans l'ombre et le mystère, s'offrait à lui, alors qu'il commençait à désespérer. Il était quasiment appuyé contre l'huis et n'avait qu'à allonger le bras pour saisir cette ombre. La porte s'ouvrit encore un peu plus : la silhouette bougea et l'on entendit à peine le bruit de pieds nus et circonspects. Don Raimondo éprouva la sensation de la proximité d'un corps ; alors, se glissant le long du mur, il s'interposa entre l'ombre et le chambranle de la porte et découvrit la lanterne.

C'était Maddalena.

Elle poussa un cri d'épouvante qui se termina en un râle étouffé.

Giuseppico avait bondi, la prenant à la gorge ; il y eut une lutte brève, violente, haletante ; sous l'étreinte, le râle devenait plus rauque et le corps se débattait en contorsions terribles.

— Dépêche-toi ! grogna Don Raimondo.

— La sale bête a la peau dure ! répondit le serviteur, hors d'haleine.

Il avait jeté Maddalena à terre et appuyait du genou sur son ventre. La voix de Donna Aloisia appela depuis la chambre :

— Maddalena !

— Vite ! intima Don Raimondo.

— C'est fait, riposta le domestique en se relevant.

La voix de Donna Aloisia insista :

— Maddalena !...

— Emporte-la ! ordonna Don Raimondo, redoutant que la duchesse, poussée par le soupçon, ne les surprît. Emporte-la tout de suite dans sa chambre !

Mais Giuseppico s'était à peine incliné que Donna Aloisia apparut sur le seuil. Son cri d'horreur fit sursauter les deux hommes; Don Raimondo éteignit aussitôt la lanterne et le couloir disparut dans l'obscurité mais pas assez pour que Donna Aloisia ne reconnût Maddalena à terre et n'aperçût cet homme penché sur elle.

Elle ne reconnut pas les deux hommes mais devina qu'ils étaient en train de commettre une scélératesse. La terreur la submergea. Le subit passage de la lumière à l'obscurité lui donna l'impression qu'en elle s'ouvrait tout à coup un vide épouvantable dans lequel elle était jetée. Les ténèbres étaient pleines de périls mystérieux et terribles. Mais elle ne songea pas seulement à elle, environnée de ces dangers. Elle pensa aussi à son enfant. L'idée que dans l'ombre, une main hideuse, monstrueuse, cruelle pourrait s'approcher du berceau, lui donna le courage de la peur. Elle se précipita dans sa chambre en refermant les portes derrière elle, prit dans le berceau le petit Emanuele qui dormait placidement et l'enveloppant dans un châle, sortit en toute hâte dans l'antichambre, décidée à réveiller le palais ou à fuir Dieu sait où. Elle traversa deux ou trois salles obscures, trébuchant contre les meubles, égarée et désorientée dans les ténèbres. Elle se retrouva devant sa chambre : en croyant aller tout droit, elle était revenue en arrière. Elle s'immobilisa : il lui semblait entendre des voix chez elle. Tendant l'oreille, elle perçut des bruits qui lui glacèrent les veines. Elle se jeta derrière une ample tapisserie, en se laissant glisser à terre et, entièrement dissimulée aux regards, observa à travers un trou ce qui se passait dans sa chambre. Elle vit distinctement deux ombres s'approcher du berceau...

Aussitôt après que la duchesse se fut réfugiée dans sa chambre, Don Raimondo et Giuseppico étaient allés déposer sur le lit de sa chambrette Maddalena, qui ne donnait plus signe de vie et avait le visage violet, la langue pendante et gonflée, les yeux exorbités. Vision qui inspirait à la fois horreur et terreur.

— Tu es bien sûr qu'elle est morte? demanda Don Raimondo en plaçant ce visage dans le halo lumineux de sa lanterne.

— Par San Iacopo, grogna le malfaiteur : vous ne voyez pas, Excellence?

Il colla l'oreille contre le cœur de Maddalena et se releva en haussant les épaules.

— Pour être morte, elle est morte.

Don Raimondo ne parvenait pas à détacher ses regards de ce spectacle monstrueux et terrifiant, comme si cette image de la mort violente l'ensorcelait. Il réfléchissait. Il se dit qu'il faudrait faire disparaître ce cadavre qui risquait d'attirer l'attention de la justice sur la maison et conduire à la découverte de son crime; il fallait le faire disparaître cette nuit même.

Oui, oui. C'était nécessaire.

N'y avait-il pas, non loin de là, des jardins dans lesquels on pouvait ensevelir un cadavre? Les jardins? Non, il avait mieux. N'avait-on pas découvert, dans son orangeraie, près de la porte d'Ossuna, un souterrain vaste et profond? Un dimanche où il était allé se promener sur ce domaine, vrai lieu de délice, il avait remarqué dans un recoin une cavité qui s'était élargie sous l'effet de la pluie ou pour quelque autre raison. De forme circulaire, elle paraissait s'enfoncer dans le tuf qui à cet endroit constituait le sous-sol. En se penchant, il avait plongé son regard dans le vide. Peut-être une grotte naturelle ou une de ces galeries troglodytes, dont il existait plusieurs exemples dans les campagnes environnantes.

Qui irait chercher Maddalena dans cet antre, dont il pourrait recouvrir l'unique ouverture possible? Qui irait imaginer ce mystère disparu à jamais dans les viscères de la terre?

Pendant qu'il contemplait la chambrière en l'éclairant de sa lanterne, il lui sembla que ces yeux horribles et injectés de sang le regardaient avec un mélange de terreur et de féroce ironie.

Il eut peur.

— Allons-y, dit-il à Giuseppico. Allons chez l'autre; il vaut mieux se hâter, maintenant qu'elle nous a vus.

Ils refirent le chemin en sens inverse, sans bruit, entrèrent dans le réduit, s'arrêtant à chaque instant pour prêter l'oreille et s'assurer qu'ils allaient bien dans la bonne direction. Don Raimondo avait refermé la lanterne; il poussa doucement la porte de la chambre et passa la tête. Puis entra : Giuseppico se tenait derrière lui.

Ils furent ébahis. Don Raimondo croyait trouver la duchesse levée, prête à se défendre ou à crier; en fait il ne vit personne.

— Elle n'est pas là, murmura-t-il.

C'est à ce moment là que Donna Aloisia se dissimula derrière la tapisserie. Elle était glacée d'épouvante, car à travers le trou elle avait reconnu les deux scélérats. Retenant son souffle, pressant son fils contre son sein comme pour le protéger et en même temps pour refréner les battements violents de son cœur, elle vit Don Raimondo s'approcher du lit et l'entendit murmurer :

— Elle n'est pas là...

Puis le vit revenir au berceau, s'exclamer, stupéfait :

— L'enfant n'est pas là non plus!...

Donna Aloisia sentit ses cheveux se dresser sur sa tête : si en cet instant son bébé vagissait ou donnait signe de vie, ils étaient perdus : toute sa volonté se concentra pour imposer à ce petit corps endormi le silence le plus profond. Pour étouffer le petit bruit de sa respiration elle lui avait à peu près enfoui la tête sous le bras et elle-même retenait son souffle.

Don Raimondo et Giuseppico se regardèrent avec une stupeur indescriptible. Où était-elle allée? Elle les avait certainement reconnus et avait compris ce qu'ils avaient fait. Cette idée ne fit que renforcer la féroce résolution de Don Raimondo. Il fallait retrouver Donna Aloisia et la supprimer, sinon ils étaient perdus. En tournant la lanterne, Don Raimondo s'aperçut que la porte de l'appartement était ouverte.

La supposition la plus naturelle était que Donna Aloisia s'était enfuie par là.

— Allons la chercher, elle ne peut être que quelque part dans le palais !

Il avait hâte de la trouver. Une espèce de fièvre s'était emparée de lui ; un mélange d'épouvante, de dépit, de désir violent de tuer. Chaque minute lui paraissait durer un siècle et la longueur du temps lui donnait à croire qu'il allait au devant d'une catastrophe irréparable.

La lanterne haute, il s'approcha de la porte, projetant depuis le seuil la lumière à l'intérieur de la chambre. En le voyant approcher, Donna Aloisia se sentit mourir : ils s'étaient donc avisés de sa présence ? Elle se recroquevilla davantage derrière la tapisserie, se pressant contre le mur, serrant ses dents qui voulaient claquer.

Heureusement, elle resta dans le cercle d'ombre que la lanterne laissait subsister sur les côtés. Ils ne la virent pas.

— Allons, lança Don Raimondo.

Ils traversèrent la salle ; au passage Giuseppico heurta la tapisserie derrière laquelle se trouvait Donna Aloisia, à laquelle la terreur semblait avoir ôté la vie. Elle les vit passer dans l'autre pièce, disparaître ; et alors, comme une folle, elle bondit hors de sa cachette, rentra dans sa chambre, poussa un fauteuil contre la porte fermée à clé, puis courut tirer le verrou de la porte du réduit qui donnait sur le couloir, ferma celle de la chambre et sentant que le danger s'était éloigné, elle étreignit et baisa son Emanuele en sanglotant.

Ah ! Ils le cherchaient lui aussi ! Les paroles de Maddalena, ses actes qui paraissaient inexplicables, tout ce qui était advenu ces derniers jours, tout s'expliquait à présent, et l'explication la plongeait dans une profonde épouvante. Maddalena ! Qu'avaient-ils fait d'elle ? Elle l'ignorait mais commençait à l'imaginer ; mais le même sort certainement l'attendait. Sinon pourquoi auraient-ils supprimé la pauvre chambrière ?

— Ah, mon pauvre petit, seul, sans aide, sans protection, dans la grande maison paternelle ! Comment le sauver ? Comment ?

Une pensée soudaine et terrible illumina son esprit : plus qu'une pensée, peut-être, c'était une de ces intuitions rapides et complexes qui résument tout un raisonnement.

Elle courut ouvrir la porte-fenêtre du balcon ; au-dehors régnait l'obscurité profonde et le silence. Du ciel sombre tombait de temps en temps une petite pluie ; le froid était sensible. Elle évalua la hauteur puis avec une hâte fébrile rentra, tira d'un coffre quatre ou cinq de ces fortes et longues bandes qui servaient à langer le nouveau-né et en fixa une à la balustrade de fer du balcon. Puis elle enveloppa Emanuele dans un manteau de laine et l'attacha à l'autre bout de la corde improvisée.

Le petit gémit.

Donna Aloisia le calma avec des baisers et les mots les plus doux comme si cette chair de quelques jours avait pu la comprendre. Elle craignait que les vagissements du bébé ne la trahissent. Elle se signa dévotement, invoqua Dieu et dans l'ombre commença à descendre l'enfant avec précaution. Il gémit encore.

La duchesse sentit qu'il avait touché le sol. Alors, émue, elle éprouva la solidité du nœud sur la balustrade, enjamba cette dernière et se laissa glisser le long de la corde qui vibrait sous son poids. Elle manqua de peu écraser Emanuele.

Elle libéra le nouveau-né de ses liens, l'embrassa, réprimant un sanglot de joie. Le serrant contre son cœur, pour étouffer les gémissements, elle s'élança dans la rue qui s'étendait devant elle, noire, déserte, froide, effroyable.

IX

Où allait-elle ? Elle ne le savait pas encore : la seule idée qu'elle avait eue en tête était de s'enfuir pour les soustraire, elle et son enfant, à une mort certaine, qu'elle avait vue peser sur leurs têtes. Pour l'instant, il fallait qu'elle s'éloignât de cette maison où nichait le crime. Elle réfléchirait ensuite. Elle demanderait l'hospitalité dans la demeure de quelque seigneur, d'où elle saurait bien partir pour la province auprès de ses parents.

Habituée à sortir en chaise à porteurs ou en carrosse, Donna Aloisia connaissait peu les rues ; de nuit, dans l'obscurité, elles lui devenaient tout à fait inconnues. Elle ne suivait pas un itinéraire mais prenait au hasard telle ou telle voie qui à ses yeux, l'éloignait plus vite de la « tour de Montalbano ».

Elle était ainsi presque arrivée au carrefour du Capo. Devant elle s'alignait, noire et étroite, la rue de Sant'Agostino ; à droite descendait la rue de San Cosmo. Elle prit à droite. Le froid fouettait ses jambes dénudées ; la boue imprégnait ses pantoufles, mais elle n'y prenait garde. Serrant son petit Emanuele, auquel elle avait donné le sein pour calmer ses gémissements, elle courait seule, perdue, tête nue, à demi vêtue, assaillie de peurs, à travers ces quartiers dont les ruelles latérales, noires et profondes, augmentaient sa terreur.

Quelques chiens errants réveillés par cette course grognaient, hurlaient, couraient derrière elle un moment, déclenchant d'autres hurlements au loin. Elle se sentait suivie par une meute de chiens invisibles, dans la nuit qui lui envahissait le cœur et enveloppait sa personne.

Son courage vacillait. Où allait-elle ?

A présent un réseau de rues se ramifiait devant elle et sur les côtés : rues inconnues qui à son imagination surexcitée et émue apparaissaient pleines de menaces et de périls. Elle avait perdu une pantoufle dans la fange et allait ainsi, avec un pied nu, boîtant, se lacérant sur les tessons éparpillés sur la chaussée.

Il commença à pleuvoir.

Alors elle eut peur pour le petit : comment le défendre ?

Les maisons étaient fermées, immergées dans le sommeil. Une église se dressait à sa droite. Elle leva les yeux sur la croix de fer qui la surmontait et, rassemblant ses forces, cria au cœur de la nuit :

— A l'aide !... A l'aide !...

La voix se brisa dans un sanglot et elle se sentit défaillir ; fermant les yeux, elle tomba à terre. Emanuele pleurait désespérément...

Deux hommes enveloppés d'amples manteaux sortirent d'un passage donnant sur la rue ; l'un d'eux tenait en main une lanterne pour éclairer son chemin. En tournant à l'angle, il vit à terre le corps près duquel montaient les cris qui les avaient surpris.

Celui qui portait la lanterne tourna la lumière.

— C'est une femme ! s'exclama-t-il.

— Quelque pauvresse de la campagne qui est venue mourir de faim en ville, ajouta l'autre.

Ils se penchèrent pour mieux l'observer.

— Parbleu ! s'exclama le premier. Ce n'est pas une paysanne ; regardez : du linge fin... Il s'agit donc d'un crime ?

Ils l'examinèrent ; non, il n'y avait pas de trace de violence. Comment se pouvait-il que cette femme, dont les traits, les mains, le linge, trahissaient la dame de qualité, se trouvât à cette heure indue, abandonnée, évanouie, en pleine rue, à demi vêtue, avec un nourrisson enveloppé de langes très fins ?

— Voilà un mystère ! dit le premier.

— En tout cas, ajouta l'autre, nous ne pouvons la laisser là, par terre.

Emanuele continuait à gémir.

— Prenez le petit, dit le premier. Le malheureux enfant doit avoir froid...

L'autre souleva le bébé, le berça un peu, l'entoura dans un manteau pour le calmer tandis que le premier, se penchant sur Donna Aloisia, lui prit la main et la secoua doucement.

— Madame !.... madame !... Sapristi ! Elle est gelée !... Il faudrait la porter quelque part.

— Portons-la chez moi. Attendez, laissez-moi emmener l'enfant et je vous aiderai à la soulever.

Il rentra dans le passage et revint peu après.

— Allons, dit-il.

L'un la prenant aux pieds, l'autre aux aisselles, ils l'emportèrent ; à une dizaine de pas de l'angle du passage, une porte était ouverte et sur le seuil une femme encore jeune tenait Emanuele sur un bras, tendant de l'autre une lanterne.

En voyant Donna Aloisia évanouie et livide, elle s'exclama avec les accents d'une désolation sincère :

— Oh, la pauvre !

Ils se dépêchèrent de monter l'escalier de pierre, traversèrent deux petites pièces et déposèrent Donna Aloisia sur un lit.

— Laissez-moi faire, dit la femme, maintenant c'est à moi : allez donc plutôt préparer quelque morceau de pain et un peu de bon vin...

Vingt minutes plus tard, Donna Aloisia ouvrit des yeux éteints ; mais elle devinait confusément qu'elle se trouvait dans un lieu inconnu ; elle regarda ces trois personnes qui debout au pied de son lit semblaient épier ses mouvements.

— Madame, madame, dit la femme, comment vous sentez-vous ?

Le son de cette voix parut la secouer ; elle fixa son regard sur la femme, d'abord d'un air soupçonneux puis avec épouvante : d'un coup, elle se leva à demi sur le lit, les yeux exorbités, le visage convulsé par une angoisse soudaine et profonde. Elle cria :

— Emanuele !... Mon enfant !... Ils m'ont volé mon enfant !..., Emanuele !

— Le voilà, madame, dit doucement la femme, en lui montrant le petit auquel elle avait amoureusement donné un sein que le nourrisson suçait avidement. Le voilà ; il avait faim, le pauvre petit !

Donna Aloisia le lui arracha quasiment, le couvrit d'un déluge de baisers, l'inonda de larmes et se laissa retomber avec lui sur ses oreillers, dans une crise de larmes, suffoquée par des sanglots convulsifs.

Ces trois braves personnes la regardaient avec émotion, en silence. Elles réfléchissaient. Il s'était certainement passé quelque chose de terrible. Mais qui était-elle ? D'où venait-elle ? La femme s'efforça de la consoler ; elle lui fit respirer un flacon de vinaigre et lui en frotta les tempes.

— Ne pleurez pas... calmez-vous, madame... ; soyez patiente !...

Donna Aloisia leva un visage baigné de larmes et cette fois avec une expression de stupeur encore plus forte. Où était-elle ? Elle n'avait jamais vu cette chambre aux murs peints de couleurs azurées ; ni ces tableaux sous verre encadrés de bois doré ; ni cette commode de noyer aux poignées de bronze, sur quatre pieds fins et recourbés... Et cette couche ? A qui appartenait ce lit haut et grand de fer forgé au baldaquin drapé de mousseline blanche ? Elle considéra ses hôtes. Cette femme jeune, aux cheveux noirs, brune, plaisante mais énergique, n'était pas Maddalena ; ces hommes au visage un peu dur, dont l'un était passablement plus jeune que l'autre, elle ne les avait jamais rencontrés. Où était-elle ? Comment se trouvait-elle là ? Elle ne se souvenait de rien. Une peur nouvelle s'emparait d'elle.

— Qui êtes-vous ? s'écria-t-elle. Pourquoi m'avez-vous portée ici ? Que voulez-vous ?

La femme s'efforça de la rassurer.

— N'ayez pas peur... Nous sommes des gens honnêtes, qui ne vous voulons pas de mal... Reposez-vous, ma pauvre dame ! Vous étiez vraiment transie de froid !... Ici, vous êtes au chaud et cet enfant aussi se remettra...

Mais Donna Aloisia ne comprenait pas : ces paroles rendaient un son vertigineux à ses oreilles, comme le grondement de cent cloches. Elle jetait autour d'elle des regards toujours plus abasourdis et atterrés ; un grand frisson parcourut ses membres. Claquant des dents, balbutiant des propos incohérents, elle se laissa retomber sur les oreillers.

Le plus âgé des deux hommes lui posa une main sur le front :

— Elle est brûlante !

— Nous devrions envoyer chercher un médecin, suggéra la femme.

L'homme secoua la tête.

— Quand il fera jour. Il vaudrait mieux savoir qui elle est. On ne sait jamais, nous pourrions nous attirer des ennuis, d'autant qu'il s'agit à l'évidence d'une dame.

— Il y a certainement là un mystère...

— Mais nous n'avons fait aucun mal... observa la jeune femme.

— C'est vrai, dit l'aîné mais sans le vouloir nous nous sommes mêlés d'une intrigue entre seigneurs qui n'aimeraient pas avoir des témoins. La charité est une bonne chose, mais la prudence est indispensable... Et puis... qui sait ?

Suivant peut-être une pensée secrète, il adressa une mimique particulière au jeune homme qui parut la comprendre parfaitement.

Il y eut ensuite un moment de silence. Donna Aloisia resta immobile, les yeux fermés, sans donner d'autre signe de vie qu'une respiration de plus en plus embarrassée. Emanuele s'était endormi. Une oppressante sensation de tristesse s'apesantit sur la pièce. L'aîné dit :

— Laissez-la en paix, et surtout...

D'un geste expressif, il signifia à la femme qu'elle devait garder bouche cousue.

— Je reviendrai vers quatorze heures. Nous verrons ce qu'il y a à faire...

— Vous voulez que je vous accompagne ? demanda le jeune homme, en voyant que l'autre prenait son manteau et son chapeau.

— Ce n'est pas la peine. Donnez-moi la lanterne. Du reste, je suis en bonne compagnie.

Il se tâta les flancs ; on voyait, au gonflement du pourpoint, qu'il portait, outre l'épée, deux pistolets enfilés dans la ceinture. Il saisit la lanterne, prit congé et s'en fut : dans la chambre ne restèrent plus que ces deux jeunes gens, manifestement, l'époux et l'épouse, assis de part et d'autre du lit, contemplant en silence Donna Aloisia...

A la même heure, Don Raimondo Albamonte accompagné de Giuseppico et de deux autres serviteurs courait réveiller le capitaine de la ville pour déclarer qu'une bande d'assassins avait cette nuit-là attaqué le palais, étranglé la chambrière de Donna Aloisia et enlevé la duchesse et son bébé.

Une heure plus tard, le capitaine et une nuée de sbires envahirent la tour de Montalbano, sens dessus dessous à la suite de l'épouvantable découverte ; on n'avait entendu ni bruits ni cris ; aucun indice. Interrogé sur d'éventuels soupçons, Don Raimondo répondit qu'il ne voyait qu'une personne sur laquelle il pût avoir des doutes : un ancien serviteur de feu le duc, licencié depuis quelques jours, un certain Andrea, échappé des galères, et arrivé depuis peu à Palerme.

A l'aube la grande nouvelle considérablement déformée, enrichie de détails fantastiques et invraisemblables circula dans la ville ; des escadrons de chevau-légers parcoururent la campagne ; le vice-roi en personne, ayant pris des informations, voulut diriger les investigations de la justice, en raison de la qualité des personnes en cause. Dans toute la ville on ne parlait plus que de cela, avec une stupeur, un ébahissement immenses, non tant du fait lui-même que de l'audace des malfaiteurs, qui avaient osé s'en prendre à une famille de puissants seigneurs.

Tandis que les patrouilles quadrillaient la campagne et que les courriers extraordinaires traversaient la ville et les bourgs voisins, Donna Aloisia agonisait dans un lit étranger, dans la chambre bleu azur, sans avoir repris connaissance. Elle mourait dans le silence et le mystère.

Le vieil homme, revenu comme il l'avait promis, porta dans la chambre la grande nouvelle qui courait la ville ; et les deux époux et lui échangèrent un regard de stupeur muette, lourd de signification, puis contemplèrent Donna Aloisia.

— Si c'était elle ! s'exclama la femme, ne serait-il pas utile d'aller raconter au capitaine...

Le regard dur de l'homme âgé lui coupa la parole.

— Pour qu'il nous arrête ? Non. Non. Du reste, on ne voit pas clairement ce qui se passe. Il y a là-dessous un mystère... quelque terrible intrigue, peut-être... Vous vous rappelez les paroles de la pauvre femme ? « Ils m'ont volé mon enfant. » Qui aurait cherché à le lui voler ? Qui cela pouvait-il intéresser ?

Il se pencha, tâta le pouls de Donna Aloisia et murmura :

— Il me semble qu'elle n'en a plus pour longtemps.

Se tournant vers le jeune homme, il lui dit :

— Allez chercher le père Gregorio... qu'il amène les saintes huiles...

Le jeune homme s'en fut.

Vers vingt et une heure, Donna Aloisia expira sans avoir prononcé un mot. Pour le père Gregorio, pour les fossoyeurs et pour le chapelain de San Cristoforo al Capo (église aujourd'hui détruite, où elle fut enterrée) ce n'était qu'une lointaine parente de la jeune dame, venue de province pour faire soigner une maladie.

Quand les membres de la confrérie de San Cristoforo emportèrent le cercueil, la jeune femme prit dans ses bras le petit Emanuele et l'étreignit, les larmes aux yeux.

— Pauvre orphelin, dit le mari, le voilà seul au monde !

— Seul ? dit la femme, et nous, nous ne sommes pas là ? Nous ferons comme si nous avions des jumeaux.

— Et ensuite ? s'enquit le jeune homme.

— Attendre et se taire, répondit l'aîné.

La phrase avait résonné comme un ordre ; le jeune homme inclina la tête et caressa le front d'Emanuele. Et puis, comme il commençait à geindre, la femme le pressa contre son sein en murmurant :

— Prends, pauvre créature, il y en aura aussi pour toi.

PREMIÈRE PARTIE

Au XVIIIe siècle, la rue de Mezzomontreale qui s'étendait sur trois milles en ligne droite du mont Caputo à la Porte Neuve de Palerme était flanquée, sur une bonne longueur, depuis la porte jusqu'au couvent des capucins, de grands arbres aux épaisses frondaisons, qui avaient été plantés par Marcantonio Colonna durant son vice-règne. Des fontaines dont quelques-unes subsistent encore, ornaient la large voie, et des bancs s'offraient un repos agréable dans l'ombre. Après les rares maisons, s'étendaient des jardins, des prés et des orangeraies ; des villas magnifiques surgissaient ; quelques églises élevaient par dessus les feuillages leurs campaniles élancés ; le palais gris et vétuste de la Cuba, réduit à l'état de caserne de cavalerie, dominait les environs de sa triste masse solitaire, vestige d'une grandeur disparue.

Cette rue était alors une des promenades favorites des citoyens de Palerme, en particulier à la tombée du jour et aux premières heures de la nuit qui enveloppaient de mystère ombreux les rendez-vous amoureux L'après-midi, elle était parcourue de chaises et de carrosses aux éclatantes dorures, surmontés de panaches ondulants, tandis que sur les côtés marchaient les modestes bourgeois et les gens du peuple, qui ne pouvant s'offrir le luxe de se déplacer sur les jambes des autres, se contentaient de reconnaître et d'admirer les équipages qui allaient et venaient entre la Porte Neuve et la fontaine des capucins. Les jeunes seigneurs préféraient se déplacer à cheval, caracolant entre les carrosses et les chaises, pour faire montre de leur habileté et étaler la richesse de leur habit.

Les carrosses de ce temps étaient bien différents des voitures de notre époque, si sveltes et légères ; c'étaient de lourdes machines, suspendues par des courroies de cuir sur des roues trapues et massives, de vrais monuments ambulants. Tirées par quatre, six, quelquefois huit chevaux, tous de même robe, attelés par deux, avec des harnais et harnachements d'une richesse extrême, et des panaches de couleurs vives sur la tête, elles avaient néanmoins quelque chose de magnifique et d'imposant. La qualité et la fortune des seigneurs s'affichaient dans la somptuosité des sculptures, la splendeur des décors peints souvent par des artistes de renom, la profusion de l'or. Un, quatre ou cinq panaches surmontaient la coupole ; des tentures de soie à frange d'or étaient suspendues dans l'intérieur tapissé de cuir ou de velours. Les cochers trônaient sur un siège qui, en vérité, tel qu'il était, couvert d'un caparaçon de velours portant les armes de la maison ciselées dans l'argent ou dans l'or, paraissait un trône ou un autel, et quand l'homme, dans sa riche livrée, d'un geste solennel, tirait sur les rênes, il semblait quelque divinité. Deux ou trois laquais, dans des livrées non moins riches, se tenaient debout à l'arrière de la cabine, agrippés à des poignées ; devant les chevaux et sur les côtés de la voiture trottaient les *volanti,* tenant au poing la torche qu'ils avaient allumée à l'Ave pour éclairer la route à leur maître, contraints de suivre l'allure des chevaux, évitant cent fois de heurter d'autres *volanti,* d'autres carrosses ou les jambes des chevaux caracolants.

Les chaises à porteurs n'étaient pas moins riches : gracieux bibelots, en comparaison des carrosses, ornées de soie, d'or, de peinture, elles étaient transportées par des serviteurs aux magnifiques livrées et entourées elles aussi de *volanti.* On en voyait aussi quelques-unes plus simples, assez sobres ; c'étaient des chaises de location, à moins qu'elles n'appartinssent à un médecin ou un prêtre.

La promenade en ce début de siècle présentait donc un aspect de magnificence et de richesse, une variété de couleur et d'éclat dont on peut difficilement se faire une idée aujourd'hui.

Au milieu de tant de splendeurs s'insinuait parfois quelque carriole, quelque attelage lourdement chargé de sacs de froment, qui rejoignait Palerme sur le soir et s'arrêtait devant une taverne. Les *volanti,* insolents, dominateurs, rejetaient sur le côté carrioles et mules, quand ils ne libéraient pas à temps le passage ; peu leur importait qu'un sac chût à terre ou que le grain s'y répandît.

Un après-midi de septembre 1713, à l'heure de la promenade, au moment où la pompe des seigneurs s'étalait avec le plus d'éclat, un jeune cavalier approchait de Palerme par la route de Monreale. Sa mise détonnait malencontreusement avec cet étalage de richesse, et plus encore avec l'expression de son visage.

En fait il était impossible d'imaginer rien de plus grotesque et de plus frappant. Un cheval de paysan, le cou maigre, les jambes noueuses, les flancs creux et osseux, la crinière hirsute et raide, avait l'honneur d'une selle de guerre, aux arçons hauts, aux larges étriers, les étuis de pistolet en cuir de couleur historié, fixés sur un caparaçon de velours rouge sombre brodé et frangé ; mais la pauvre bête ne paraissait nullement sensible à l'honneur qui lui était fait et allait du pas d'un âne, en secouant humblement la tête. Sur ce cheval se tenait, haut et droit, un jeune homme robuste de bel et fier aspect, vêtu d'une espèce de casaque, dont la coupe lui rappelait peut-être ses ancêtres, avec des bottes de cuir fin montant jusqu'à la cuisse et sur le chef une coiffe paysanne, ornée d'une plume invraisemblable. Par-dessus le manteau de drap bleu sombre, roulé et replié en travers de l'arçon, étaient posés une vieille arquebuse et un petit sac. Une râpière ancienne, longue, à la garde large et percée, lui battait le flanc, frappant rythmiquement la selle ; les sacs de poudre et de balles lui pendaient sur les reins. Il ne portait pas la perruque à longs cheveux bouclés mais son épaisse chevelure brune et inculte ondulait sur ses tempes et ses épaules. Entre la pauvreté, l'étrangeté de l'habit et la noblesse des traits existait un contraste non moins violent et comique que celui entre la mesquinerie apocalyptique de la monture et l'accoutrement aristocratique et guerrier de l'étranger.

En s'insinuant ainsi au milieu du luxe des équipages, entre les beaux chevaux caracolants, montés par de jeunes seigneurs pomponnés, parfumés, impeccables, le cavalier ne semblait pas intimidé mais tout en essayant, à grands coups d'éperons, et avec certaines secousses violentes sur les rênes, d'infuser un peu de vivacité à sa rosse épuisée et boueuse, il tenait la tête droite, avec un air effronté, presque de défi, sans se soucier des regards curieux et railleurs ni des plaisanteries et des propos épicés que suscitait son passage. Il avait dépassé le couvent de la Victoire, en évitant, par hasard, ou de propos délibéré, tout heurt, quand il vit venir de front, au grand trot, deux cavaliers qui paraissaient se maintenir à la portière d'un magnifique carrosse tiré par six chevaux blancs. Un des deux hommes, en se penchant sur le cou du cheval et en tournant le visage, semblait parler avec quelqu'un qui se trouvait dans la voiture.

Le rustique cavalier voulut cette fois encore se mettre sur le côté mais son bidet ne manifesta pas une sollicitude proportionnée à la noble furie avec laquelle les deux cavaliers venaient sur lui, de sorte que la cheville de l'un des deux élégants, en frôlant la pauvre bête, heurta l'étrier massif du jeune homme, qu'il donna du flanc contre la crosse de l'arquebuse et que la basque de son habit se déchira sur la pointe. L'élégant cavalier se tourna, le visage enflammé de mépris, sans retenir sa monture, et cria, dans le même temps que le jeune homme, immobilisant sa rosse vacillante, se tournait lui aussi. Les deux cris ce croisèrent comme deux lames :

— Faquin !

— Maraud !

Dans le fracas produit par les chevaux et leurs cochers et dans la furie avec laquelle ils passèrent, l'incident demeura à peu près inaperçu ; les six chevaux blancs poursuivirent leur course et les deux cavaliers qui, peut-être, avaient une certaine habitude de tels chocs, suivirent en caracolant à côté du carrosse. Mais l'étrange voyageur ne parut pas prendre la chose avec autant de légéreté. Il fit virevolter la haridelle et en lui donnant de furieux coups d'éperon dans les flancs, la poussa en avant pour rattraper le carrosse et les cavaliers.

Il n'eut pas à parcourir un trop long chemin ; car la voiture, arrivée à la fontaine des capucins, repartit en sens inverse, de sorte que le beau et grotesque cavalier se trouva bien vite face aux deux élégants.

Cette fois, il leur barra le passage, en se plantant sur leur route, le poing à la hanche, la tête haute et la coiffe renversée sur une oreille :

— Monsieur ! lança-t-il en se tournant vers celui qui l'avait heurté, et en le contraignant à s'arrêter, à l'instant je vous ai traité de maraud. Je m'aperçois que je me suis trompé et je vous en demande pardon...

— Cela va bien... ôte-toi de là, à présent...

— Un moment ; je vous demande pardon, et je rectifie : vous êtes un imbécile.

A cette sortie, le gentilhomme rougit de colère et poussant son cheval, s'écria :

— Insolent coquin ! Je te ferai enseigner par mes serviteurs le respect qui est dû à ceux de mon rang...

— Parbleu, seigneur !... Vous avez donc des domestiques pour tuteurs de votre dignité et de votre courage ?...

L'autre gentilhomme intervint alors en poussant sa monture entre eux, avec une impatience visible :

— Allons, prince ! Comment votre dignité souffre-t-elle de s'abaisser à ces familiarités avec un miséreux dont il suffit de rire ?... Allons !

— Diable, messeigneurs, voilà une chose qui nous différencie : vous riez de choses insignifiantes, telles que des guenilles. Moi je ris de tout autres misères d'un ridicule bien plus élevé ; par exemple, je ris de vous ! Et puisque je vous ai dit ce que je voulais vous dire, je suis votre très humble et très dévoué serviteur, et vous libère.

Il tira son chapeau avec une comique gravité, secouant son épaisse chevelure dans deux burlesques révérences et tournant bride, s'éloigna tandis que les deux seigneurs dissimulaient mal leur stupeur sous le masque du dédain et de la superbe. A quelques pas, comme frappé d'une idée, il ajouta :

— A propos, si jamais vos seigneuries avaient quelqu'affaire à traiter avec moi, je m'appelle Blasco de Castiglione et je vais prendre mes quartiers dans l'auberge du Messinois.

Mais les deux gentilshommes le regardèrent avec hauteur et éperonnant leurs montures pour rejoindre le carrosse qui s'était arrêté et à la portière duquel une gracieuse tête de dame se penchait, lui lancèrent :

— Nous t'enverrons des gens dignes de toi.

Le jeune homme les suivit du regard, un sourire ironique aux lèvres puis, rabattant du poing son chapeau sur le front, il reprit sa route, en se tenant cet allègre discours :

— Pardieu ! il semble que ces gentilshommes avaient des épées de bois argenté... Cependant, mon Blasco, voilà une première aventure à la porte de la capitale : *prima sedes, corona regis et regni caput,* comme disait le père Don Giovanni, mon maître... Pauvre père Don Giovanni !... Où sera-t-il aujourd'hui ?

Il éperonna la rosse tout en fouillant sa poche, comme pour en vérifier le contenu.

— Voilà, monologua-t-il, là se trouve l'unique fil pour retrouver ma famille... Voyons donc : je descendrai à l'auberge du Messinois, près du théâtre des Musiciens. Où est-ce donc? Puis j'irai demander le père Bonaventura à San Francesco des Chiovari pour lui remettre la lettre... si le père est encore vivant! Voyons : six... dix... quinze ans sont passés!... Quinze ans!... Cela ne me semble pas vrai! Et nous avons fait, ou plutôt on nous a fait faire des folies; à présent, Blasco, il est temps de devenir raisonnable.

Il entra par la Porte Neuve, où les gabelous voulurent fouiller dans son sac pour voir s'il y avait quelque marchandise à taxer. Que diable pouvait-il dissimuler dans ce bagage qui ne contenait qu'une chemise, un pourpoint, deux paires de bas et un mouchoir très fin orné de magnifiques dentelles? Tiens donc, comme s'il ne pouvait y celer du tabac? Il se laissa faire, en poussant des soupirs et peut-être ses yeux lançaient-ils une lueur fort sinistre, car les employés de l'octroi le laissèrent vite repartir.

Il suivit le Cassaro, contemplant avec ébahissement les palais, la cathédrale, les grands et magnifiques édifices qui s'élevaient sur la noble rue : mais lorsqu'il fut parvenu aux Quatre Coins, il s'arrêta, irrésolu, sans savoir de quel côté se tourner.

Ces quatre façades de grandeur et d'architecture semblables, ornées de vasques, de statues, d'emblèmes, l'émerveillèrent et l'embarrassèrent tout à la fois. Il demanda son chemin, et ainsi se fiant moitié aux renseignements, moitié à son intuition, il parvint enfin à l'auberge du Messinois, qui se trouvait sur une placette qui garde toujours son nom avec un simple changement de genre, au bout d'une ruelle contiguë au théâtre des Musiciens ou de Santa Cecilia.

Une petite enseigne, semblable à un drapeau, sur laquelle étaient peints en rouge et blanc une bouteille et deux verres, lui indiqua une porte qui, sans l'oriflamme, eut été reconnaissable aux deux bancs placés de part et d'autre de la rue, et à la physionomie de l'hôte, gras, luisant, arborant un tablier sur lequel il essuyait des mains massives et velues.

Le bruit du cheval piaffant sur les cailloux l'avait attiré sur le seuil mais l'allure du cavalier et de sa monture ne lui parurent pas mériter davantage qu'un salut de convenance.

Le jeune homme n'y prit garde. Il était de bonne humeur et avait faim; deux choses qui lui permettaient de supporter les plaisanteries des autres. Jetant les rênes au valet d'écurie, il lui cria :

— Prends garde, mon garçon, ceci est un cheval de grand prix : je te le recommande, ne me vole pas sur l'avoine.

L'hôte et le valet considérèrent la haridelle d'un air railleur mais le cavalier ajouta, avec le plus grand sérieux :

— C'est le cheval que montait le comte Roger quand il a pris Palerme aux Sarrasins.

Quelques minutes plus tard, installé à une table de la taverne, tout en rongeant une côte de porc, il s'enquérait auprès de l'aubergiste du chemin menant à San Francesco.

Le couvent était à deux minutes.

Une fois restauré, Blasco de Castiglione se hâta de repartir ; il avait bien besoin de se dégourdir les jambes. Il sortit bruyamment de la taverne, en saluant le valet devant la porte d'un grand coup de chapeau, et accompagné d'une observation de l'hôte :

— En voilà un qui m'a l'air joliment fou !

II

Le père Bonaventura, des frères mineurs conventuels, se trouvait dans le chœur pour les complies et Blasco dut attendre. Il s'était d'abord assis sur un banc pour admirer les beautés de l'église puis par une de ces étranges associations d'idées dont le fil n'apparaît pas tout de suite, il s'était abandonné à une foule de souvenirs qui lui mettaient sur le visage un voile de mélancolie. La vision de cette église, les lentes et graves psalmodies des frères dans le chœur réveillaient peut-être au fond de sa mémoire l'image assoupie d'une autre église et d'autres frères ; et la pâle et triste figure du père Giovanni émergeait de l'ombre confuse des souvenirs, claire et distincte ; et à côté d'elle il revoyait celle d'un enfant d'une dizaine d'années : lui-même, portant l'habit de novice des mineurs, tandis qu'il traduisait Virgile ou Cicéron ou bien récitait de longues leçons de grammaire, sous la menace d'une férule, ah ! comme elle brûlait la paume des mains ! Il voulait en faire un frère comme lui, le père Giovanni, et en fait !... Le brave homme ! Un beau jour un ordre du père provincial le renvoya du couvent de Messine et il lui fut interdit d'emmener avec lui le petit Blasco. Pourquoi ? Il se rappelait plus ou moins que les soins affectueux du père Giovanni au jeune garçon avaient donné prise aux mauvaises langues et que l'on avait parlé de scandale. Peut-être l'œuvre d'envieux. Et depuis 1698, il n'avait plus vu le père Giovanni et n'avait rien pu savoir de son sort... Il l'avait cherché à Messine, de Messine il était allé s'enquérir de lui à Caltanissetta ; de Caltanissetta à Alcamo ; là se perdait sa trace ; le père Giovanni était parti pour Rome et n'était plus revenu. Etait-il vivant ? Etait-il mort ? Qui le savait ?... Peut-être le père Bonaventura... Il lui avait donc fallu rechercher ce dernier ; mais il avait eu plus de chance ; de Milazzo il était passé à Palerme.

Tant de choses s'étaient passées en quinze ans !

Pendant ces réflexions, le chœur s'était tu : les frères quittèrent leurs sièges, superbes bancs sculptés du début du XVIe siècle, pour gagner le cloître ; Blasco se leva et demanda au premier qui passa devant lui si par hasard, il était le père Bonaventura.

— Non, le voilà.

Son interlocuteur lui indiqua un vieil homme aux cheveux d'argent encadrant un visage rubicond et potelé ; grand et bien planté, avec des sourcils épais, longs, tombant sur les yeux comme deux buissons surplombant un fossé.

— J'aimerais vous parler, si vous permettez, annonça Blasco en s'approchant.

Le frère le dévisagea :

— Me parler à moi ?

— Si vous êtes bien le père Bonaventura...

— En effet, c'est moi, mais je ne me rappelle pas vous avoir jamais vu...

— Je le crois bien, par... excusez-moi ! j'allais jurer dans une église ; je disais donc que je n'avais non plus jamais vu votre seigneurie jusqu'aujourd'hui. Je dois vous remettre une lettre qu'en vérité je transporte à votre intention depuis un peu de temps...

— Ah, et de qui est cette lettre ?

— Du père Giovanni de Randazzo...

— Oh !... oh ! oh !...

Le frère s'esclaffa, ce qui lui fit trembler le ventre.

— Mais le père Giovanni de Randazzo est mort depuis cinq ans !...

— Ah ! Pauvre homme... Cela me fait bien de la peine !...

— Comment, vous ne le saviez pas ?

— Non, père, depuis qu'il m'a remis la lettre, je ne l'ai plus revu...

— Excusez-moi, mais c'était quand, cela ?

— Ma foi, c'était il y a quinze ans !

Le religieux lui lança un regard stupéfait mais Blasco avait le visage le plus sincère et le plus tranquille du monde, comme s'il ne trouvait rien d'étrange à sa dernière déclaration.

— Vous avez conservé cette lettre par devers vous pendant quinze ans ?

— En effet... Elle représente pour moi toutes mes archives...

Ils étaient entrés dans la sacristie et le père Bonaventura s'était assis sur un fauteuil de cuir à côté d'une table sur laquelle le frère laïque avait allumé deux chandelles. D'un geste le père avait invité Blasco à prendre place sur un autre siège et il l'examinait à présent avec une grande curiosité.

— Voyons cette lettre...

Blasco tira de la poche de son large pantalon un rouleau lié par un fil de chanvre ; il l'ouvrit et en tira une petite boîte attachée elle aussi avec un fil ; il l'ouvrit à son tour et en dégagea un feuillet de papier jauni, replié et scellé à la cire, sur lequel on distinguait à peine une écriture décolorée. Le père Bonaventura se posa des lunettes sur le bout du nez. Aucun doute ; la missive était bien de la main du père Giovanni de Randazzo et elle lui était adressée : *Au très révérend père Don Bonaventura de Licodia, de l'Ordre des frères mineurs au couvent de Milazzo.*

Ce n'est pas sans émotion que le religieux rompit le sceau de cette lettre qui semblait surgie d'outre-tombe.

Il la lut à mi-voix, sans bien articuler les syllabes, avec une espèce de grognement qui devint plus lent et comme ébahi. Il alla jusqu'au bout et murmura, avec l'accent de la stupéfaction :

— Tiens, tiens, tiens !

Levant les yeux sur le jeune homme, il lui demanda :

— Et vous, mon fils, vous savez ce que contient cette lettre ?

— Pas précisément. Vous comprenez que quand le père Giovanni me l'a donnée, peu avant son départ, je n'avais que dix ans. Mais je me souviens que mon bon maître m'a dit : « Prends bien garde, mon fils, de ne pas perdre cette lettre. Remets-la au père Bonaventura ; il t'aidera à trouver ta famille. »

Le frère l'écouta en silence, mais sur ses traits était répandue la plus grande émotion.

— Tu veux lire ce qu'il écrit ?

— Bien sûr ! S'il y a quelque chose qui peut me mettre sur la piste...

— Peut-être. Ecoute.

« *I.M.I* »

« *Très révérend père et très cher ami,*

« *Sur le point de quitter ce couvent, par la faute de la malveillance d'autrui, dont je rends grâce à Dieu parce qu'elle me soustrait à de cruelles épreuves, j'écris la présente que je confie au petit Blasco dans l'espoir qu'il pourra vous la porter rapidement pour obtenir votre protection, au moment où la mienne vient à lui manquer. Vous savez en quelles funestes circonstances ce pauvre garçon fut découvert par nous, et comment il se trouve seul au monde, du moins tant que son père ne le reconnaîtra pas. Si l'on ne m'avait si prématurément séparé de lui, je me proposais de parfaire l'éducation de Blasco et de le présenter au père de manière à lui obtenir quelque office avantageux auprès de la Grande Cour, comme il convient à ses origines ; mais il me faut malheureusement interrompre mon œuvre. Blasco ne peut me suivre mais vous, ami et très cher frère, vous pouvez vous substituer à moi, parce que vous aussi avez votre part dans l'œuvre miraculeuse qui a laissé cet enfant parmi les vivants, avec la permission de la Divine Providence*

C'est pourquoi je vous le confie. J'espère aller à Rome pour m'y défendre contre la calomnie, si Dieu le veut; j'ignore quel sera mon sort; mais je sais qu'entre vos mains Blasco sera mieux qu'entre les miennes, et que votre parole sera plus efficace pour le faire reconnaître par son père, et lui ménager l'avenir que sa mère désirait pour lui.

Je vous embrasse avec une affection fraternelle et je suis

Votre très dévoué

Frère Giovanni de Randazzo »

Blasco avait écouté cette lecture avec une très profonde émotion et ses yeux s'étaient mouillés.

— Il y a tant de choses, dit-il, que je ne comprends et que je ne connais pas... Je ne me souviens pas de ma mère... Vous l'avez connue ? Ai-je vécu avec elle ? Pourquoi mon père m'a-t-il abandonné ? Qui est mon père ? Comment ai-je été confié au père Giovanni ?

— Il ne t'a donc rien dit de tout cela ?

— Non, il me promettait toujours de me raconter tout quand je serai grand.

— Mais pourquoi n'es-tu pas venu plus tôt ? Pourquoi avoir conservé par devers toi cette lettre pendant quinze ans ? Pourquoi ne pas t'être hâté de l'apporter, comme le désirait le père Giovanni ?

Le jeune homme ne répondit pas tout de suite ; peut-être suivait-il quelque pensée ; puis il secoua sa chevelure épaisse, sourit tristement et dit :

— De fait... vous avez raison. Si j'étais venu directement de Castiglione, la chose serait étrange, mais je viens de Tunis.

— De Tunis ?

— Parfaitement. Et l'Espagne ne fut que la dernière étape de ma route...

— Comment cela ?

— C'est une longue histoire... Je vous la conterai plus tard. Je dirai seulement qu'après le départ du père Giovanni, je me suis senti bien seul au couvent de Castiglione et qu'au bout de quelques jours je me suis enfui pour le rejoindre et m'en aller avec lui ; en fait tout est allé de travers. Je me suis éloigné de la Sicile, mais pas de plein gré ; j'ai erré en plusieurs lieux sans pouvoir revenir en arrière... Mais je vous raconterai... Pour l'heure, mon père, une chose me tient plus que tout à cœur : savoir qui je suis, si je dois continuer à m'appeler Blasco de Castiglione ou si je peux prétendre avoir une famille ; savoir tout du mystère de ma naissance, de mon enfance enveloppée d'obscurité... et avant tout, père Bonaventura, où est ma mère...

— Elle est morte, murmura le frère en levant les yeux avec résignation, morte voilà de longues années, mon fils...

— Et mon père ?

— Mort lui aussi...

La voix du religieux s'était assombrie de tristesse. Ils étaient seuls dans la sacristie ; les ténèbres l'envahissaient et dissimulaient les hautes armoires de bois sculpté, noircies par le temps. Seules les deux bougies éclairaient un côté de la vaste salle, d'une lumière rougeâtre qui illuminait les visages des deux interlocuteurs et le Christ sanguinolent. Près d'eux un brasero de cuivre atténuait le froid de l'air. Autour d'eux régnait un grand silence.

Le père Bonaventura reprit :

— Toutes les fois que, par hasard, je me retrouve transporté par la mémoire tant d'années en arrière, je me sens oppressé de tristesse par le spectacle d'horreur qui se présente à moi...

Il se tut, comme pour mettre de l'ordre dans ses souvenirs : Blasco le regardait et toute son âme passait dans ce regard ; ce qui avait si souvent troublé la gaieté de sa jeunesse aventureuse allait enfin lui être révélé.

III

« Il faut se reporter plus de vingt ans en arrière, aux premiers jours de 1693. Le père Giovanni et moi étions alors au couvent de Catane. En janvier de cette inoubliable année eut lieu ce terrible tremblement de terre qui sema la désolation et la ruine dans toute l'île.... Quelle épouvante, mon Dieu, quelle horreur !...

La première secousse survint un vendredi, le 9 janvier, dans la nuit ; la seconde le 11, un dimanche après-midi. Catane fut rasée... J'entendis le grondement de mille tonnerres et en même temps me sentis projeté contre le mur de ma cellule, puis du mur contre la porte, qui se disloqua. Je n'eus pas le temps de reprendre mes esprits que la cellule s'effondrait, et le couloir aussi ; je me trouvais dans l'encadrement de la porte, ce à quoi je dois peut-être, par la volonté de Dieu, d'être sauvé. Un moment je demeurai aveuglé et ne perçus plus que grondements, effondrement des murs, cris et gémissements... Combien de temps se passa ? Je l'ignore. Je m'extirpai de ces ruines et jetai un coup d'œil circulaire ; le couvent n'était plus que ruines ; ne subsistaient plus que quelques murs squelettiques, horribles... Je m'avançai à tâtons parmi les décombres, en appelant ; j'entendais des gémissements et ne voyais personne ; j'aperçus un pan d'habit religieux au milieu des débris, une main qui semblait réclamer de l'aide... Sous un tas de ferraille, je trouvai le père Giovanni indemne :

— Hâtez-vous, au nom de Dieu ! lui dis-je, venez avec moi, cherchons d'autres frères à sauver.

J'étais tout à fait désorienté, le tremblement de terre ayant effacé le plan de l'édifice. Croyant entrer dans ce qui restait des couloirs, nous nous retrouvâmes dans la sacristie où les pierres avaient brisé les armoires. Le père Giovanni disposa une étole autour de son cou et saisit un crucifix ; devinant ses pensées, je l'imitai ; jusqu'à la nuit nous arpentâmes les ruines du couvent en quête de vies à sauver. Nous étions sur une immense sépulture.

La nuit fut affreuse. Autour du couvent nous n'apercevions que des ruines effroyables et de temps à autre, à une nouvelle secousse, des pans de muraille crevassés et déformés s'effondraient sous nos yeux dans un terrible fracas... L'une des armoires devait contenir des cierges et des lanternes. Nous allâmes les chercher pour ne pas demeurer dans l'obscurité. Il nous fallait trouver un refuge, le couvent n'offrant aucun abri sûr. Nous allumâmes deux lanternes et nous mîmes en route. La ville n'était plus reconnaissable ; de toutes parts, des ruines monstrueuses, rendues plus épouvantables encore par la nuit. Çà et là nous surprenions le mouvement d'une ombre qui semblait fuir quelque poursuivant : nous entendions des gémissements et des plaintes ; des cadavres ensanglantés apparaissaient entre les pierres, les coulées de terre, les meubles fracassés, emmêlés... »

Le religieux se tut, se passa une main sur le front et reprit :

« Non ; il n'est pas possible de décrire ce que nous avons vu. Le courage de poursuivre plus avant nous manquait et nous étions fatigués. Sur une courte distance nous avions avancé en trébuchant, en tombant, nous nous étions arrêtés cent fois, à chaque gémissement, pour administrer le seul secours disponible : l'absolution *in articulo mortis* aux pauvres malheureux que nos yeux ne distinguaient pas mais sur lesquels, à l'évidence, passait l'aile de la mort.

Nous aperçûmes une maison qui avait mieux résisté que les autres ; un coin restait intact, protégé par une partie du toit ; c'était sans doute un premier étage mais l'accumulation de ruines l'avait transformé en rez-de-chaussée. La pluie s'était mise à tomber ; des lampes déchiraient les ténèbres et révélaient un bref instant les horreurs de ces ruines. Nous fermions les yeux pour ne plus voir, tant était forte l'horreur qui emplissait nos âmes... Quand nous atteignîmes l'angle intact de la maison, un spectacle misérable se présenta à la clarté de la lanterne : quatre personnes gisaient parmi les ruines, deux vieux, homme et femme, écrasés, sanguinolents, déformés, une femme jeune et avenante, les jambes cassées, un enfant enfin : les deux vieillards étaient morts, la femme gémissait de douleur, le petit enfant était blessé à la tête, en haut du front... »

Le père Bonaventura prit une bougie et l'approcha du visage de Blasco pour mieux l'éclairer. Le jeune homme pâlit et sans un mot se tâta le front, à l'orée du cuir chevelu, là où on distinguait encore une fine cicatrice. Le père poursuivit :

— Nous secourûmes de notre mieux cette femme, en attendant le jour. Dans les décombres il y avait quelques couvertures et oreillers dont nous nous servîmes pour leur rendre moins dures ces heures longues et tragiques. Ainsi passâmes-nous la nuit. Hormis l'enfant, personne ne dormit. On entendait toujours des gargouillements dans les viscères de la terre et des sursauts du sol ébranlaient les ruines et déclenchaient des hurlements et des gémissements qui n'avaient plus rien d'humain.

Au point du jour, nous eûmes une idée de l'horrible catastrophe. Catane n'existait plus ; à la place, il y avait un énorme amas indéterminé de ruines monstrueuses, terrifiantes, sous lesquelles gisaient soixante-mille personnes.

Sur cette gigantesque ruine nous vîmes quelques survivants hagards, déguenillés, l'air fou, les uns s'arrachant les cheveux, les autres creusant rageusement la terre, certains même avec les ongles ; d'autres transportaient des objets qui peut-être ne leur appartenaient pas, quelques cœurs généreux s'employaient à sauver les malheureux blessés ou à arracher de l'emprise des ruines les gens encore vivants.

Le père Giovanni et moi prîmes un volet arraché à la maison, y étendîmes les couvertures, y installâmes cette femme et à pas précautionneux, entreprîmes de quitter ce lieu funeste. L'enfant agrippa un pan de l'habit de mon compagnon.

Nous ne pouvions rester dans cet immense cimetière, où il n'y avait rien pour rassasier ces infortunés et où l'écroulement continu des murs mettait les vies en danger. Il fallait s'éloigner et trouver un asile. Ni moi, ni le père Giovanni ne connaissions cette femme ; nous ignorions donc de quel pays elle était et si elle avait des parents. A un arrêt je le lui demandai. Elle s'appelait Cristina et était de Castiglione. Nous lui demandâmes si elle voulait être portée là-bas, où elle avait peut-être des parents, mais elle déclina vivement notre proposition avec une expression de terreur et de honte.

Alors que faire ? Où aller ?

Nous étions entrés dans la campagne qui offrait aussi un spectacle d'horreur. Les fermes d'alentour étaient détruites ; dans les ruines des étables gisaient les bêtes mortes ; de larges failles de la terre avaient englouti des arbres et des haies sur de longues distances ; le cours des torrents était dévié ; partout se voyaient les terribles empreintes du fléau de Dieu. Nous allions sans but. La route ou le chemin que nous avions pris conduisait à Misterbianco ; nous espérions trouver là une aide quelconque, d'autant que les autres fugitifs suivaient le même chemin.

Ce qui nous tourmentait le plus était peut-être l'état de cette femme, dont les jambes gonflaient et prenaient une teinte livide. Nous ne savions que faire et où trouver un médecin qui eût survécu. En outre, nous étions fatigués et l'enfant pleurait, refusant d'aller plus loin ; le pauvre petit avait les pieds lacérés et tremblait de froid.

Un chariot tiré par des bœufs, chargé de matelas et débordant d'objets volés, nous précédait. Nous priâmes le charretier de prendre l'enfant et la femme sur sa voiture tandis que nous irions à pieds. Le misérable osa nous demander de l'argent : le père Giovanni qui était alors fort et robuste le prit par le col et le serrant comme dans un étau, lui dit :

— Tu es un coquin, mais tu ne m'impressionnes pas ; je suis de taille à te jeter sous les roues du chariot, ce qui serait certes faire œuvre méritoire.

Le geste fut apparemment plus persuasif que les paroles et ainsi pûmes-nous installer la pauvre blessée sur les sacs, et mettre à côté d'elle l'enfant.

A Misterbianco, je m'aperçus que Cristina devenait cadavérique et que nous courions le risque d'emmener avec nous une morte, sans avoir aucune adresse de parents à qui remettre l'enfant. J'exprimai mes observations et mes inquiétudes au père Giovanni, qui tomba d'accord avec moi sur la nécessité de trouver un refuge pour la blessée.

Les quelques pauvres maisons de Misterbianco étaient aussi en ruines, mais l'église de Santa Maria della Grazia était encore debout, à l'exception du clocher, et nous vîmes à la fenêtre le vicaire et les autres prêtres qui regardaient avec curiosité l'exode des Catanais survivants.

A la porte, quelques hommes armés repoussaient ceux qui voulaient trouver un asile dans la cure. Cela nous empêchait pour l'instant de demander l'hospitalité ; il fallait saisir le moment opportun pour le faire sans être vus.

Nous descendîmes Cristina et l'enfant du chariot et l'étendîmes sur l'herbe encore humide de pluie. Ses jambes étaient devenues noires, ses traits livides ; elle nous regardait avec de grands yeux dilatés, en murmurant désespérément :

— Ah ! mon pauvre fils !...

Nous nous efforçâmes de la consoler en promettant que nous ne l'abandonnerions pas Le père Giovanni alla à la porte de la cure parler avec ces hommes : l'habit fut plus éloquent encore que les paroles. Nous transportâmes Cristina dans une pièce du rez-de-chaussée, ses souffrances interdisant de la monter à l'étage. Tous l'entourèrent. Une femme apporta une paillasse et nous accommodâmes un lit de notre mieux ; nous tentâmes de ranimer la pauvre femme avec un peu de vin généreux, et demandâmes si parmi les frères ne s'en trouvait pas un qui entendît la chirurgie. Tel était le cas : mais son intervention fut vaine. La gangrène avait déjà empoisonné le sang de la pauvre petite et l'unique remède, l'amputation, était inutile ; d'autant que les ustensiles de l'art ne se trouvaient pas au couvent.

A nos visages, Cristina comprit qu'il n'y avait plus d'espoir pour elle. Elle serra l'enfant contre son cœur et le couvrit de baisers en pleurant.

— Que va devenir cet innocent ? s'écria-t-elle.

— Dieu veillera sur lui, répondîmes-nous. Ne désespérez point. Nous n'abandonnerons pas cette créature.

Elle voulut nous baiser les mains. C'était une pitié ! »

De nouveau le père Bonaventura se tut, ému par l'évocation de cette scène. Blasco gardait la tête basse et tandis qu'il se taisait, deux larmes glissèrent sur ses joues.

« Le père Giovanni, reprit le religieux, allait exhorter Cristina à songer à son âme ; mais la pauvre petite le devança.

— Je veux me confesser, dit-elle.

Tous sortirent, et nous ne demeurâmes plus que trois.

— Lequel de nous voulez-vous ? lui demandai-je.

Elle réfléchit un instant puis répondit :

— Restez tous les deux ; il est bon que tous deux ayez une partie de ma confession... celle qui peut intéresser le sort de cette créature... C'est mon histoire...

Et elle nous la conta en versant des larmes, en se taisant parfois, pour surmonter sa honte, ou bien pour baiser son fils. Je te la conterai à mon tour, mon fils, car il est bon que tu la connaisses, désormais, et il est bon que ta piété filiale donne quelques prières pour l'âme de cette pauvre martyre. Elle en sera heureuse.

Cristina était de Castiglione ; son père s'appelait Francesco Giorlanda et avait à ferme quelques coudraies qui s'étendaient jusqu'à la Motta et appartenaient à... un puissant seigneur. Cristina était fille unique... et assez belle.

Le seigneur, quand il n'allait pas guerroyer pour Sa Majesté — car il était colonel d'un régiment — passait une bonne partie de l'année dans son château et s'adonnait à la chasse. Les forêts qui entouraient Castiglione et qui s'étendaient de Linguaglossa jusqu'aux pentes de l'Etna, permettaient des chasses audacieuses et abondantes, et le duc aimait et recherchait les entreprises risquées. Encore jeune, d'une beauté virile, fort, joyeux, généreux, il ne se limitait pas, hélas, à la chasse du gibier. Il y avait trop de vitalité en lui, car il tenait ses nerfs en bride ; et pas assez de crainte de Dieu pour corriger les très mauvaises habitudes contractées dans la vie des camps.

Beaucoup de jeunes filles, éblouies de vanité, séduites par la richesse ou fascinées par la vigoureuse beauté du seigneur, toutes soumises à son empire, se laissèrent entraîner au péché. Amourettes d'un jour. Son caprice satisfait, le noble seigneur abandonnait sa victime en pourvoyant toutefois généreusement à son avenir et en la mariant presque toujours à un de ses vilains. Il a déjà répondu devant Dieu de sa conduite et du mal fait aux âmes et aux corps...

Un jour, en revenant d'une longue chasse vers le bois de Randazzo, il s'arrêta à Castiglione pour donner une heure de repos à sa suite. Naturellement, l'arrivée de tant de seigneurs ne passa pas inaperçue.

Francesco Giorlanda s'empressa de rendre hommage à son maître, dont il était encore, d'une certaine manière, le vassal.

Comme il se doit, l'hospitalité fut offerte au baron au manoir et là tous venaient lui présenter leurs respects. Pour Castiglione, qui voyait rarement son propre maître, c'était un véritable événement. Quand, une heure plus tard, la cavalcade se remit en route, à travers le village, toutes les femmes étaient sur le seuil ou à la fenêtre de leurs maisons.

Francesco Giorlanda voulait accompagner le seigneur ; quand celui-ci passa devant sa maison, il sauta en selle sur une mule que lui tenait prête un petit saute-ruisseau.

Le duc leva les yeux sur une fenêtre décorée de quelques pots d'œillets et y aperçut une jeune fille.

— C'est ta maison ? demanda-t-il à Francesco Giorlanda.

— Oui, Excellence.

— Et cette jeune fille brune à la fenêtre, c'est ta fille ?

— Oui, Excellence.

A mi-chemin, Francesco Giorlanda salua le seigneur et revint en arrière ; mais rentré chez lui, il réprimanda durement sa fille pour s'être montrée à la fenêtre.

Le lendemain, le seigneur retraversa Castiglione avec sa suite, en faisant sonner les cornes de chasse, pour annoncer son passage. Christina courut à la fenêtre, pour voir, et ses yeux rencontrèrent ceux du jeune baron. Pendant plusieurs jours, en allant à la chasse, il passa et repassa par Castiglione : d'abord il revit Cristina, puis ne la vit plus ; à sa place, il aperçut Francesco Giorlanda, qui le suivit dans la campagne et l'arrêtant, lui dit :

— Excellence, je voulais vous dire que Cristina Giorlanda n'est pas un gibier pour vous, pas plus que moi, Francesco Giorlanda, je ne suis homme à la laisser toucher. Les femmes ne font pas défaut à votre Excellence, mais laissez en paix ma fille, parce je le jure par la Sainte Vierge, le jour où Votre Excellence se risquera à la toucher, je tuerai Votre Excellence...

Le seigneur, était un homme courageux, peut-être même téméraire ; il considéra Francesco Giorlanda et, en riant, lui rétorqua :

— Tu plaisantes. Tu sais bien que si je voulais m'offrir un caprice avec ta fillette, tes menaces ne m'effraieraient pas. Ta fille est belle et me plaît, mais je suis assez loin de la joindre aux autres !... Adieu, Francesco Giorlanda, et garde tes menaces pour toi. Tu me connais.

Il donna de l'éperon, son cheval fit un écart et partit au galop. Francesco Giorlanda resta sombre, troublé, irrésolu, l'arquebuse au poing. Peut-être pressentait-il le malheur qui allait s'abattre sur sa maison. Il ne trouva d'autre remède que d'emmener sa fille de nuit jusqu'à Catane pour l'y enfermer dans un monastère.

Cristina était alors âgée de dix-sept ans ; le seigneur avait pour lui l'élégance, la richesse, le prestige d'un grand nom, la renommée de sa vaieur . comment s'étonner que la fillette l'aimât éperdûment? Ce qui devait arriver arriva : la clôture, les grilles, les murs des monastères, n'étaient pas des obstacles qu'un homme comme lui ne pût surmonter. Il enleva Cristina et pour braver Francesco Giorlanda, l'emmena en son manoir.

Ceci manqua rendre le père fou de douleur et de courroux. Il tira sur son maître, mais manqua son coup ; les compagnons du seigneur se saisirent de lui et étaient sur le point de le tuer mais il retint leur bras :

— Il a raison, à sa place, j'aurais fait de même. Laissez-le aller.

Francesco Giorlanda s'en fut en lançant des menaces, mais à quelques jours de là le seigneur, appelé à la Cour, partit pour l'Espagne. Cristina resta seule, enceinte, exposée à la vengance de son père, bien que son noble séducteur l'eût confiée à des hommes sûrs ; elle ne voulut pas rester dans ce castel et préféra se retirer à Catane dans une maison de religieuses qui lui ouvrirent les bras en pleurant.

Francesco Giorlanda mourut d'un accès de bile, sans avoir consenti à revoir sa fille et en la maudissant ; quelques mois après la mort de son père, elle donna le jour à un enfant. »

Le père Bonaventura se tut une minute comme pour reprendre son souffle. Puis il reprit :

« Ceci est l'histoire que me raconta la pauvre femme. Elle nous recommanda de prendre soin de son fils, de l'éduquer et d'obtenir que son père le reconnaisse et pourvoie à son avenir. Nous le lui promîmes et elle en parut consolée. Alors elle voulut se confesser au père Giovanni ; je m'éloignai un peu et ne me retournai qu'en entendant la formule de l'absolution. Dans la nuit Cristina mourut, sans une plainte, sans émettre le moindre regret. Elle avait supporté ses souffrances avec une fermeté chrétienne et Dieu en tiendrait compte. Nous récitâmes quelques prières pour le salut de son âme et lui donnâmes une sépulture dans la sacristie de l'église.

Ah! mon fils, comme tu résistais! Comme tu refusais de t'éloigner du cadavre de ta pauvre mère! Mais il le fallait. Nous partîmes de Misterbianco avec l'intention de gagner Castiglione et de persuader la famille de t'accueillir mais dans tous les villages que nous traversâmes, on ne voyait plus que ruines, larmes, deuils. Nous arrivâmes à Messine : tu t'étais pris d'affection pour le père Giovanni et tu demeuras avec lui. Tu connais la suite. »

Le père Bonaventura se tut. Un grand silence emplit la sacristie et pesa sur les deux hommes ; la tête baissée, Blasco pleurait. Au bout d'un moment, il demanda :

— Le nom, père, le nom de mon... de ce seigneur?

— Il est mort, répondit gravement le religieux, à quoi te sert de le savoir ? Tu ne pourras porter son nom qu'avec le consentement du nouveau chef de la maison... Attends encore un peu et nous verrons.

— Que m'importe ce nom, dit Blasco, amer. Blasco d'Aragona ou Blasco de Castiglione, je suis toujours ce que je suis... Mais que je sois né d'un infâme caprice, que j'aie été jeté dans la vie par le caprice d'un homme qui a piétiné la jeunesse, l'honneur, l'avenir, tous les rêves, les espérance d'une jeune fille, cela, père, cela, je sens que je ne puis le supporter !... Pourquoi donc le seigneur est-il mort ?

— Ce fut la volonté de Dieu !

— Dieu est trop bon... Savez-vous que cet homme n'aurait pu échapper à ma vengeance ?

— Qu'oses-tu dire, misérable ? s'exclama le père, horrifié. Tes paroles évoquent un parricide.

— Parricide ? La justice serait-elle un crime ? J'aurais pu et dû reconnaître pour père un homme qui a abandonné ainsi une pauvre femme et une créature innocente, auxquelles il n'a pas donné son nom ?... Ah, ma pauvre mère !... Parfois, oui, parfois, il me semble voir un visage de femme, mais confus, imprécis, comme une peinture déteinte qui a perdu ses contours et dont ne subsiste plus qu'une tache avec deux trous noirs à la place des yeux. J'ai cherché en vain d'où surgissait cette ombre d'un visage, je me suis demandé si c'était un rêve... Et en fait c'était ma mère... peut-être son esprit qui venait me chercher... me réclamer vengeance, qui sait !

— Ta mère est morte comme une sainte ; et cet homme, qui n'était pas mauvais, mais corrompu, fut assez puni par Dieu, puisque tu as le droit de maudire sa mémoire... Il est mort loin de sa maison, tué par les Turcs, et sans pouvoir embrasser le fils né de ses noces...

— Il a donc un fils ? Une veuve ?

— L'une et l'autre sont morts eux aussi voici quinze ans, d'une manière mystérieuse.

— Œil pour œil, dent pour dent !... Ainsi donc du rameau de mon père je suis le seul surgeon vivant, moi, bâtard sans nom !... Moi, graine d'épeautre jeté au vent du monde !

— Le seigneur avait un frère, qui est aujourd'hui héritier légitime de tous ses domaines et titres.

— Ah bon ? tant mieux ! J'aurai donc quelqu'un sur qui passer ma colère !

— Qu'as-tu l'intention de faire ?

— Palsambleu ! Du moment que moi, par le droit de la nature, je devrais porter ce titre dont je ne me soucie guère, et qu'au contraire les lois l'accordent à un autre, je veux voir si le seigneur est disposé à payer pour son frère...

— C'est un homme puissant.

— Il y a des hommes vraiment puissants dans le monde ?

— Ecoute-moi ; tu n'as plus besoin qu'on te guide...

— Besoin? Mais quand j'avais dix ans, quand le père Giovanni m'a manqué, je n'ai pas eu d'autre guide que moi.

— Cela va bien; mais puisque tu es venu me trouver, puisque la providence t'a conduit jusqu'à moi, tu te laisseras guider par moi, désormais. Je prends la place du père Giovanni, pour accomplir la promesse faite à ta mère sur son lit de mort. Voudrais-tu — le visage du frère s'enflamma de colère — que moi je manque à cette promesse? Voudrais-tu désobéir à la volonté de ta mère?... A son seul, à son unique et ardent désir!

Blasco baissa la tête, ému. Des passions également impétueuses se disputaient son cœur. Le frère lui prit la main et le congédia :

— Pour l'instant, va et que Dieu t'accompagne, mon fils; demain matin viens me trouver; nous avons tant de choses à nous dire; pour l'heure, il est tard et je suis las. Je prierai pour toi. Va, que Dieu te bénisse.

Il eut un geste de bénédiction et l'accompagna hors de la sacristie, dans le cloître obscur et silencieux.

Il appela d'une voix forte.

Un novice surgit de l'ombre.

— Conduisez ce monsieur à la porte, je vous prie.

Et donnant sa main à baiser à Blasco, il lui répéta :

— A demain, donc, vers les treize heures.

IV

Blasco de Castiglione s'en retourna à la locanda du Messinois avec une tempête sous le crâne. La douloureuse histoire de sa mère avait fait remonter des profondeurs lointaines de sa mémoire des images assoupies et oubliées et l'une d'entre elles s'était associée au récit du frère et, probablement grâce à ce dernier, s'était éclaircie dans son esprit.

Du tremblement de terre il n'avait conservé aucun souvenir; son cerveau était trop petit pour comprendre toute la grandeur épouvantable de l'horrible désastre; mais pour l'heure, lui était apparu, à l'improviste, l'image de l'aïeul, avec une veste à la turque et un béret blanc qui plus que le visage se présentait à sa mémoire. Et sa mère aussi il la revoyait; il revoyait surtout les grands yeux noirs et la bouche, le reste lui apparaissait plus faible; et puis voici, surgissant devant ses yeux la morte, les yeux clos..

Mais à ces images se superposaient en désordre idées et faits : les deux frères, Francesco Giorlanda, la chasse, la fenêtre ornée d'œillets, le seigneur... Ah, le seigneur ! C'était son père !... Qui était-il et comment était-il ? Grand ? Blond ? Fut-il un homme valeureux, audacieux, généreux ?... A présent, le premier mouvement d'indignation passé, il éprouvait un certain regret de n'avoir pas connu son père. Mais peut-être dans son palais existait-il un portrait ; il fallait que le père Bonaventura lui révèle son nom, pour qu'il pût le retrouver.

Toutes ces idées, ces images, ces désirs se pressaient dans son esprit, tandis qu'il regagnait l'auberge à grands pas, poussé par le besoin de repos et de recueillement.

En arrivant, il trouva l'aubergiste un registre taché et une plume d'oie à la main : en le voyant, l'hôte vint à sa rencontre, en demandant :

— Pardon, monseigneur, me ferez-vous la faveur de me donner votre nom ?

Blasco s'exécuta.

En lui tendant une lampe à huile d'étain, l'hôte lui glissa à l'oreille :

— Dites-moi, n'auriez-vous point quelque frasque à vous reprocher ? On est venu vous chercher. Si vous voulez un conseil, sellez votre cheval et partez.

Blasco le regarda d'un air stupide. Que signifiaient ces paroles et pourquoi devrait-il partir ? Qui était venu le chercher ? Il ne connaissait personne à Palerme, hormis le père Bonaventura, qu'il venait de quitter. Il devait y avoir erreur sur la personne.

— Mais non, insista l'aubergiste, c'est bien vous qu'ils cherchaient, le seigneur Blasco de Castiglione...

— Mais qui étaient ces gens ?...

— Vous n'avez donc pas compris ? Les sbires.

— Les sbires ? Pour moi ? Bah !...

Avec un geste de désintérêt, il monta les premières marches de l'escalier de bois qui conduisait à l'étage ; mais à cet instant la taverne fut envahie d'une foule de gens bruyants. Blasco et l'aubergiste se retournèrent.

— Les voilà ! murmura ce dernier... Il n'est plus temps !...

De l'air autoritaire et odieux des sbires, le caporal lui lança :

— Eh bien, où est cet étranger ?

Blasco, devançant la réaction de l'aubergiste, descendit deux marches et s'enquit, d'une voix calme et pleine de curiosité :

— Mais c'est bien moi que vous cherchez ?...

Le sbire le dévisagea et avec les mêmes manières grossières et violentes .

— Si vous êtes le dénommé Blasco de Castiglione, vous êtes notre homme.

Et faisant un signe à ses hommes, il ajouta :

— Garottez-le.

Mais Blasco se jeta promptement dans l'autre angle de l'escalier et mettant flamberge au vent, rétorqua :

— Cela, mon beau, est une autre paire de manches.

La rapidité du mouvement, la lame formidable, la garde sûre et ferme, l'aspect du jeune homme, firent instinctivement reculer le caporal et ses quatre hommes. Blasco en profita pour étendre mieux sa garde.

— Cher caporal, railla-t-il, tu me prends à un moment où j'ai tout autre chose en tête que de vous bastonner toi et tes mamelouks. Me garotter? Tu crois peut-être que je suis un saucisson, un chien, un malandrin? Qui t'envoie?

Mais le caporal s'était repris et honteux de son hésitation, et plus encore de l'air que prenait l'étranger, il pressa ses hommes :

— Que faites-vous là? Emparez-vous de lui. Et vous, prenez garde! Il s'agit d'un ordre du capitaine de la ville...

— Saluez-le de ma part et dites-lui de venir s'il veut me voir; quant à vous, puisque vous voulez des coups, en voilà!

S'étant aperçu que les sbires cherchaient à l'encercler mais que l'exiguïté de l'espace leur interdisait de se servir de leurs piques, Blasco fit pleuvoir sur leurs têtes, leurs épaules et leurs bras une grêle, à peu près imparable, de coups du plat de sa rapière, comme une succession d'éclairs, avec une vélocité si imprévisible et incroyable, que ses assaillants se sentirent écrasés, vacillèrent, reculèrent, se précipitèrent vers la porte, caporal en tête et se sauvèrent honteusement, poursuivis par l'impétueux martellement, ballottés par les coups et les rires de Blasco, auxquels faisait écho l'aubergiste, du haut de l'escalier où il s'était réfugié. Mais au dehors, devant la porte, une foule s'était agglutinée, attirée par le tohu-bohu et les pauvres sbires furent accueillis par une salve de sifflets, de hurlements, de railleries, de bourrades auxquels ils ne purent se soustraire que par la fuite.

Quand il les vit déguerpir, Blasco remit tranquillement son épée au fourreau et rentra.

— Maintenant, allons dormir.

Mais l'aubergiste l'arrêta :

— Cela vous paraît-il prudent? Vous voulez vous faire prendre comme un rat? Ces gens-là vont revenir plus nombreux, c'est tout un régiment qui va accourir... Mettez-vous à l'abri. Par Sant'Antonio! un homme de votre mérite ne doit pas se laisser attraper....C'est moi qui vous le dis; ils encercleront l'auberge, ils fondront sur vous à vingt, à trente, à cent, je les connais... Vous verrez, ils sont capables de venir avec tambours et sapeurs et il s'en faudra de peu qu'ils n'amènent les canons! Allez-vous-en, si vous voulez je vous dirai où... Je vous rendrai le cheval demain.

L'aubergiste avait raison. Des gens du peuple qui étaient entrés par curiosité et pour admirer ce beau jeune homme qui avait accompli un si vaillant exploit, abondèrent dans son sens. Il valait mieux chercher un autre logement pour la soirée ; près de là, dans le quartier des Lattarini, il y avait bien d'autres auberges, d'autres magasins. Un petit homme au costume d'artisan observa :

— Les auberges ne sont pas sûres. Moi, je lui trouverai un abri s'il veut.

— Oui, oui, dirent quelques voix, auxquelles se joignit celle de l'aubergiste, allez avec lui, jeune homme, allez-y.

Blasco se laissa persuader et suivit le petit homme qui lui fit prendre une ruelle, traverser la place della Fieravecchia, prendre le passage de San Carlo. Là, ouvrant une porte, il dit au jeune homme :

— Vous êtes dans la congrégation de San Bonomo, et nul n'aura l'idée de venir vous y chercher. Du reste, c'est un lieu sacré.

— Merci, cher monsieur, vous êtes un brave homme. Dites-moi au moins qui vous êtes, pour que je sache à qui je suis redevable...

— Michele Barabino, tailleur, à votre service, si jamais vous avez besoin de quelque chose.

— Merci, maître, merci...

— Il faut vous installer au mieux pour cette nuit. Je vous apporterai un matelas et l'installerai sur les bancs de l'église : demain on pourra vous offrir quelque chose de plus commode. Je reviendrai de bonne heure.

Sur l'unique autel, il prit une bougie, l'alluma, la posa au fond de la salle sur la tablette du supérieur, et après un dernier salut, il laissa Blasco seul, dans cette petite église nue, plongée dans l'ombre, dans laquelle le Christ prenait un aspect fantastique et peureux.

Pas le moindre bruit. Sur le siège large et commode du supérieur, il s'affala, le regard dans l'ombre comme pour suivre l'onde des pensées qui l'avaient repris. Mais il faisait trop sombre. Pourquoi n'avait-il pas allumé les autres cierges ? Il y en avait douze sur l'autel : il se leva, les alluma tous et la petite église de la confrérie des tailleurs s'illumina, à la grande satisfaction de Blasco.

N'ayant rien d'autre à faire, il se mit à examiner chaque chose : les bancs fixés aux murs, les petits tableaux du chemin de croix, le confessionnal, un tableau noir et monstrueux qui représentait sans doute San Bonomo, la liste des « confrères défunts », celle des vivants ; et sur cette dernière, il chercha celui qui était pour ainsi dire son hôte ; son nom y était, en haut : maître Michele Barabino, « conjoint de main droite », diginité qui équivalait plus ou moins à une vice-présidence et lui donnait le gouvernement de la confraternité. Puis Blasco entreprit de lire les tableaux des évangiles sur les coins de l'autel. Le sommeil ne venait pas et maître Michele ne réapparaissait pas. Il fallait passer le temps en quelque façon. Quand il n'eut plus rien à voir ni à examiner, il reprit sa place sur le siège, allongea les jambes et posa les mains sur la paume de sa rapière.

Peu à peu ses pensées reprirent leur cours. Les sbires ? Que lui voulaient-ils ? Pour autant que ce fût bien lui qu'ils eussent cherché. Comment savaient-ils qu'il était arrivé et se trouvait à l'auberge du

Messinois ? En vérité depuis qu'il avait débarqué à Trapani sale et demi-nu, il ne lui était rien arrivé... rien ! Il refaisait mentalement les étapes : de Trapani à Alcamo, d'Alcamo au village de Partinico, duquel à travers monts, il avait gagné Monreale et puis... voilà ! il avait eu là une légère algarade avec deux seigneurs, auxquels il avait donné ses nom et prénom et indiqué son adresse à l'auberge... Ah ! Sacrebleu !... C'était donc eux ? Ces deux chevaliers ?... Maintenant il se rappelait leur menace... Au lieu de lui envoyer un mot pour le défier en duel, ils lui avaient dépêché un caporal et des sbires : ah, misère !...

Cette découverte l'indigna ; la chaleur lui monta au visage : cela, c'était une offense bien pire que n'importe quelle autre.

« Ah, c'est ainsi qu'ils entendent leur devoir, ces seigneurs ? Mais, cela va bien !... moi, j'irai vous débusquer, je vous giflerai, je vous embrocherai comme deux alouettes ! »

Il accompagnait ces paroles du geste. Certes, ce n'était pas là une conduite digne de chevaliers. A qui croyaient-ils avoir à faire ? Ils l'avaient donc cru de condition si vile qu'il ne méritait pas de croiser l'épée avec la leur ? Mais qui étaient-ils donc ? La question se présentait pour la première fois à son esprit : qui étaient-ils ? Comment ferait-il pour les dénicher et leur dire ce qu'ils méritaient ? Palerme était si grande ; il y avait tant de monde et les seigneurs étaient si nombreux !... En attendant, il se retrouvait avec des sbires aux trousses, comme un bandit, comme un brigand, sans avoir rien fait !... Palsambleu, il y avait de quoi gifler le monde entier ! Quelle aventure ! Et pensez qu'il était peut-être, au fond, d'une antique et glorieuse noblesse, alors que ces deux chevaliers arrogants pouvaient bien n'être que deux fripons qui avaient fait main basse sur une terre par l'usure...

« Mais peu me chaut ! » conclut-il en haussant les épaules pour donner un autre cours à ses pensées.

Le bruit d'une clé dans la porte par laquelle il était entré le réveilla. Venaient-ils le chercher jusqu'ici ? Le tailleur serait donc un espion ? Il se leva promptement pour se mettre en garde : mais il vit entrer le maître qui, jetant sur un banc un gros paquet, courut éteindre les chandelles en criant :

— Mais vous êtes devenu fou ? Cette illumination, à cette heure, va faire accourir la foule !...

— Oh, quel mal y a-t-il... ?

— Ce qu'il y a, c'est que les voisins, en voyant à la fenêtre tant de lumière, ont pensé que peut-être l'église brûlait et s'ils ne m'avaient pas rencontré, si je n'avais inventé Dieu sait quelle histoire, ils seraient allés à San Carlo sonner le tocsin ; ce qui aurait fait accourir le peuple, les soldats et les sbires et vous auriez été pris comme un rat au piège. Quelle bêtise ! Quelle bêtise !

— Vous avez raison, murmura Blasco, confus.

— Je vous ai apporté des couvertures... Il faut vous en contenter... pour une nuit, ensuite...
— Oh, j'ai déjà dormi par terre !
— Demain...
— Demain, l'interrompit Blasco, avant de venir ici, faites-moi la grâce d'aller à San Francesco chercher le père Bonaventura de Licodia et de lui dire ce qui m'est arrivé et que je ne puis m'expliquer ; et priez-le de trouver un moyen, ou de venir ici, ou, ce qui serait mieux, de me faire sortir...
— Je le ferai. Mais je vous en prie, soyez prudent. Bonne nuit, dormez bien.
— A propos, quelle heure est-il ?
— Dans les deux heures et demie de la nuit. Bon repos.
Blasco étendit les couvertures en les enroulant à un bout pour se faire un oreiller ; il s'y étendit, jeta sur lui une autre couverture et s'endormit profondément.

V

Le père Bonaventura dut déployer toute son éloquence, son pouvoir de persuasion, et le prestige de son nom, pour persuader le capitaine que, nonobstant les apparences, Blasco de Castiglione était un gentilhomme et qu'au fond, il avait été bousculé et avait manqué d'être jeté à terre par les deux cavaliers. Cette jeune tête chaude n'avait pas su faire preuve de prudence ; mais, allons ! il n'y avait pas de quoi l'arrêter. Le capitaine convint volontiers de tout cela : mais comment donner satisfaction à ces deux chevaliers, qui n'étaient pas d'obscurs citadins ? Est-ce qu'il plaisantait ? C'étaient un Branciforti et un Centeglies : deux jeunes seigneurs !... Et puis, bastonner le caporal et ses sbires ? C'était donc un démon, ce jeune homme ?
— C'est un brave, comme son père, objecta le religieux. Dans ses veines court le sang d'une grande lignée... pour ce qui est d'être sorti des lois divines et humaines... Il faut l'excuser. Cet enfant me fut confié ; si j'avais pu prévoir ce qui allait se passer, nous l'aurions évité et je ne serais pas là à importuner votre seigneurie. Quant à ces nobles personnages, j'irai les voir moi-même, et je les persuaderai. Laissez-moi faire.
Le capitaine de la ville opposa d'autres « mais », point trop tranchants ni catégoriques, avant de se rendre enfin et d'assurer au père Bonaventura

que Blasco de Castiglione ne serait pas molesté, *mais*... Il laissa cet ultime *mais* suspendu comme une menace au-dessus de la tête du jeune homme.

Le père Bonaventura alla en personne tirer Blasco de sa retraite dans la chapelle où il était en train de converser avec maître Michele et il l'accompagna jusqu'à l'auberge du Messinois, où le jeune homme fut accueilli par des démonstrations d'allégresse et d'admiration, comme un héros de retour d'une expédition. Des boutiques et des *catodi,* artisans et ouvriers sortirent en le congratulant et à l'intention du religieux, ils refirent, avec quelques embellissements, le récit de la bastonnade infligée aux sbires.

— Il aurait fallu le voir ! Un paladin, tout simplement !... Etait-il parent de sa révérence ? Elle pouvait en tirer gloire.

Cependant maître Barabino lui disait :

— Votre personne est belle, croyez-m'en, et vous faites bonne figure. Mais avec pareille vêture, vous ferez rire, ici à Palerme et votre caractère vous entraînera à chercher sans cesse querelle. Ne le prenez pas à la légère. Palerme est une ville où il faut donner bonne impression... Vous devez vous faire tailler un vêtement de bon drap, dans le goût du jour... je ne dis pas de la soie ; quoique vous soyez digne de porter du damas lamé ou de l'or tissé... N'ai-je pas raison, père Bonaventura ?

Maître Michele débitait tout cela avec une extraordinaire vélocité, sans laisser le temps de lui répondre. Le père Bonaventura examina la tenue du jeune homme, comme s'il s'apercevait seulement de son étrangeté et de son anachronisme, et acquiesça. En vérité, il ne se pouvait dire que la toilette de Blasco fût d'un petit marquis esclave de la mode.

— Je ne dis pas cela pour en tirer profit, reprit maître Baradino, mais parce que je comprends que, devant vous introduire dans la société, vous avez besoin de paraître à votre avantage... Sinon, vous ne ferez pas fortune...

Le père Bonaventura pensa aussitôt à quelque éventuelle présentation. Il fallait trouver pour ce jeune homme une charge, un office qui lui permît de vivre sur un certain pied, ce qui satisferait en partie aux vœux de la morte ; et peut-être l'idée le traversa-t-elle de le présenter à ses parents : au nouveau chef de la maison, qui était en fait son oncle, et qui, pour l'honneur de la famille, devrait protéger le neveu.

— Maître Michele a raison, dit-il.

— Eh, palsambleu, qui dit le contraire ! s'exclama Blasco ; vous croyez peut-être que c'est par goût que je me promène ainsi attifé ? Mais nécessité fait loi... Ce sont là les vêtements que j'ai trouvés dans la garde-robe du roi de Tunis...

— De Tunis ? Vraiment ?

— Vraiment ; mais c'est une longue histoire que je vous raconterai plus tard. Allons-y, maître Barabino, autrement dit, petit brigand * : trouvez-moi une tenue, voilà deux doublons d'Espagne.

De la large ceinture que le pourpoint dissimulait, il tira deux piécettes d'or qu'il glissa dans la main du tailleur, en ajoutant :

— Cela aussi, provient de la cassette de Sa Majesté le roi de Tunis, que le diable le reçoive dans sa gloire !... Mais permettez-moi d'insister : je veux être vêtu comme ces ganymèdes que j'ai vus à cheval sur la promenade...

— Laissez-moi faire.

Quand maître Michele Barabino s'en fut allé, le père Bonaventura lui dit :

— Quand tu te seras habillé de manière convenable, je verrai à te présenter à quelque seigneur.

— Ah ?...

— Oui, il le faut. Comment voudrais-tu avoir un état sans protection ?

Blasco pensa à sa mère. A quoi lui servirait aujourd'hui cette présentation ? Que lui importait à présent d'avoir un nom plutôt qu'un autre ? Il se trouverait bien tout seul un état. Il s'abstint toutefois d'exprimer ses réticences.

Une heure plus tard, maître Michele apportait une tenue complète qui, assura-t-il, paraissait faite pour Blasco mais que, de toute façon, il ajusterait : les vêtements avaient déjà été portés mais paraissaient encore flambant neufs.

— Que croyez-vous ? Ils viennent de la garderobe du petit prince de Cattolica, un noblaillon qui, quand il a mis un habit trois ou quatre fois l'offre à son intendant, qui le revend. Voyez-moi ces dentelles aux manches ! Une merveille !... Et l'étoffe ? Et ce pourpoint ? De la meilleure soie de Catane !... Comme il ne s'agit pas de vêtements usés, nous pourrons changer la soie des revers et les boutons ; ce n'est rien ; je peux le faire devant vous... Mais pendant ce temps, essayez la redingote à la française.

Il l'aida, en commentant :

— Très bien !... A ravir... Il faut seulement resserrer un peu aux flancs... Vous avez la taille plus mince... Voilà... Et il faut acquérir des bas de soie, des escarpins... Une petite épée...

— Ah, cela non, cher maître. Je n'abandonnerai jamais mon épée...

— Oh, vous voulez paraître en ville avec cette Durandal qui attire les quolibets ?

— Certes. Voilà sept années qu'elle me sert, et elle m'a rendu tant de services, que je serais un ingrat de l'abandonner... Et puis, trouvez-moi donc une lame comme celle-là !... Une Tolède, et des meilleures !... Vos fleurets, vos broches à alouettes, je n'en veux pas !...

— Comme vous voulez. Mais les gants... il faut au moins une paire de gants, des mouchoirs de dentelle... et une perruque bouclée...

* Blasco fait de l'étymologie sauvage : pour lui Barabino signifierait petit *Barabba*, c'est-à-dire, en italien, petit voleur (de Barabbas, le voleur grâcié à la place du Christ). (N.D.T.)

Pas de perruque !...

— Mais tout le monde en met : comment voulez-vous faire bonne figure sans perruque.

— Oh, j'ai la tête pelée, peut-être ?

Blasco secoua ses longs cheveux emmêlés qui ondulaient et s'élargissaient en halo autour du visage.

— Comme si j'avais besoin d'une fausse chevelure !

— Mais les perruques sont frisées, vous le savez bien !

— Et nous ferons friser nos cheveux !... Je me coucherai avec des papillotes. Bien plutôt, j'aurais besoin de chemises et de cravates de dentelles...

— Je les ai apportées : ne les voyez-vous pas ?... Mais maintenant, laissez-moi faire. Voyons un peu les revers... Le drap est couleur brique, que diriez-vous d'une soie paille ou vert haricot ?... Laissez-moi faire !

A vingt-deux heures d'Italie, au moment où la promenade grouillait de monde, Blasco de Castiglione sortit de l'auberge transfiguré, suscitant la stupeur et l'admiration du voisinage, où l'on ne parvenait pas à comprendre comment ce beau chevalier élégant et pomponné avait pu être un pauvre régnicole comiquement attifé ; mais les deux personnages avaient au moins une chose en commun : la superbe.

On n'est pas jeune et beau pour rien, et Blasco avait lui aussi assez de vanité pour se laisser admirer sans en avoir l'air. A présent qu'il avait un bel habit, il voulait le montrer et se donner la satisfaction de regarder avec dédain et aussi, avec une ostentation provocante, tous ces petits présomptueux gonflés de leur élégance comme des dindons. Il sortit par la rue des Cintorinai, remonta le Cassaro et franchit la Porte Neuve, où à cette heure se déroulait la promenade.

Son air effronté, sa beauté virile faisaient retourner les passants, qui ne pouvaient s'empêcher de l'admirer : « Voilà un beau jeune homme ! ».

Cependant les critiques mal embouchés s'empressaient de modérer leur premier mouvement d'admiration en observant que l'épée, cette formidable rapière antique détonnait malencontreusement avec l'élégance impeccable de la tenue, mais les femmes ne s'attachaient pas à un détail si futile : l'homme était beau.

Blasco traversait l'esplanade du Palais Royal quand près du vieil hôpital inachevé des Espagnols, il vit un riche carrosse arrêté et un chevalier accoudé à la portière, qui paraissait converser cérémonieusement avec un occupant de la voiture ; un autre carrosse, plus sobre, devant la portière duquel se tenait un laquais, était aussi immobilisé à quelque distance : à l'évidence, celui du chevalier.

Blasco eut une sensation de déjà vu : il marqua le pas, en considérant le groupe avec attention ; il ne voyait pas le visage des interlocuteurs de ce conciliabule et ne reconnaissait pas non plus le grave cocher et les valets qui se tenaient de part et d'autre du carrosse; cependant ce tableau complexe ne lui paraissait pas nouveau. Peu à peu la lumière se fit dans son esprit : il reconnut la couleur des livrées et l'ensemble du carrosse à la portière duquel était le chevalier. Le sang lui monta au visage.

Il pressa le pas et s'arrêta à la hauteur de l'autre portière, pour pouvoir distinguer la femme assise à l'intérieur et voir en face le visage du chevalier qui lui parlait.

C'était ce qui lui importait par-dessus tout.

Son ombre fit lever les yeux au chevalier. Le reconnut-il ? En tout cas ses yeux cillèrent ; la dame remarqua son regard et, poussée par la curiosité, se retourna, aperçut elle aussi ce beau jeune homme fier, qui attendait, le poing sur la hanche et se retournant vers le chevalier, lui demanda :

— Vous connaissez ce monsieur ?

Blasco entendit la question et attendit la réponse, qui fut évasive :

— Je ne me souviens pas de l'avoir jamais vu, mais je vous en prie, ne m'ôtez pas le bonheur d'instants délicieux pour un inconnu...

La femme se tourna de nouveau vers Blasco qui alors crut devoir soulever son chapeau et s'incliner.

— Je vous demande humblement pardon, madame, d'oser répondre à la place de monsieur... Je m'appelle Blasco de Castiglione, et serais infiniment heureux d'avoir l'honneur d'être votre serviteur... Quant à ce monsieur Je-Ne-Sais-Qui, j'espère lui avoir rafraîchi la mémoire.

Il fit une nouvelle révérence en s'excusant de cet instant de trouble, et sans se presser ni s'attarder, il reprit sa route, satisfait de lui et curieux de deux choses : qui étaient cette dame et ce chevalier et ce qu'ils faisaient là.

« La femme est belle, morbleu !... si ce chevalier tourne autour d'elle comme un papillon, il n'a pas tort. Qui n'en ferait autant ? »

L'idée le traversa que la question s'appliquait aussi à lui et cela le fit rougir et sourire de satisfaction et de commisération tout ensemble. Oh oui, lui aussi, pauvre et inconnu rejeton perdu dans le monde !... Elle devait être une dame de qualité, à en juger d'après la beauté de ses quatre chevaux blancs, d'après la dorure de son carrosse et la richesse des livrées ; toutes choses qui l'éloignaient de la foule roturière, de la cohue des sans nom, qui la faisaient apparaître comme un objet hors de portée des mains qui ne seraient consacrées par de vieux parchemins féodaux.

Mais lui aussi pourrait être un privilégié : ce père mystérieux dont le religieux n'avait pas voulu lui dire le nom, était bien un noble titré ?

De nouveau il fut repris par l'inquiétude de sa naissance, comme si sur son visage apparaissaient les stigmates de l'illégitimité ; mais sa gaîté naturelle, qui ne lui laissait par le temps de s'attarder dans la mélancolie, le reprit. « Allons bon ! Je suis un imbécile de me tracasser pour de telles sottises ! En avant, Blasco ! ».

Mais le fracas d'une piaffante cavalcade derrière lui le fit retourner ; c'étaient les quatre coursiers blancs qui venaient d'un pas majestueux, sous la conduite savante du cocher perché sur le velours de son trône. Il s'arrêta. Le carrosse passa devant lui. La belle dame le regarda. Blasco rougit et jugea qu'il devait la saluer. Il lui sembla, ou fut-ce une illusion?, qu'elle souriait. Il en fut comme subjugué et suivant du regard la voiture, assailli d'un tumulte d'idées, troublé de pensées folles, sans pouvoir se résoudre à reprendre sa route, il restait planté là, à se demander si vraiment la dame lui avait souri et pourquoi, en gardant toujours à l'esprit l'impression vivace de l'hypothétique sourire.

C'est dans cet état que le surprit un autre carrosse qui venait au pas . c'était celui du chevalier. Ce dernier, qui allait à pied, marcha droit sur Blasco, la mine renfrognée et menaçante, suivi de deux laquais.

— Monsieur, lui dit-il, les dents serrées, quand il fut à sa hauteur, monsieur, c'est la seconde fois que vous vous mettez en travers de mon chemin, et je vous avertis que je ne suis pas accoutumé à tolérer les importuns.

— Excellente habitude, monsieur, rétorqua Blasco sans s'émouvoir; excellente habitude et je vous en fais mon compliment...

— Et je n'admets pas non plus qu'on prenne la liberté de rire de moi...

— Cela aussi est bien... Les temps sont si graves qu'il n'est pas permis de rire...

— Monsieur!

Blasco le regarda et à ce cri, qui était une menace, il rétorqua froidement :

— Si au lieu de m'envoyer les sbires, chose indigne d'un gentilhomme, vous m'aviez tenu d'abord ce discours, je vous aurais répondu : « Monsieur, en cet angle de la place deux gentilshommes peuvent s'embrocher tout à leur aise; mettons l'épée au poing et vidons la querelle »; mais vous comprendrez qu'à présent je ne puis plus vous traiter ainsi sans déchoir.

Le chevalier se mordit la lèvre et rouge, tremblant de colère, lança à ces serviteurs :

— Il suffit! Chassez ce faquin!

L'altercation avait attiré des passants, qui attendaient son issue en silence; d'autres carrosses, des chaises s'étaient aussi arrêtés : de loin d'autres gens accouraient, leur curiosité excitée par la foule. Tout cela avait accru la colère du chevalier et infuse un certain courage aux serviteurs qui sur l'ordre de leur maître s'étaient avancés. Mais avant qu'ils aient eu le temps de porter la main sur Blasco, celui-ci les avait violemment pris au col et écartant puis refermant les bras avec une force prodigieuse, il les heurta l'un contre l'autre et les rejeta, assommés, ahuris, contre leur maître qui faillit être renversé.

La chose était arrivée si vite, de manière quasi foudroyante, que ni ses serviteurs, ni le chevalier n'avaient eu le temps de songer à se défendre ; et la scène avait suscité une véritable admiration pour ce beau jeune homme élégant qui riait de l'ahurissement et de la honte des laquais, de la colère du chevalier avec la tranquilité d'un simple spectateur.

Le chevalier fulminait ; des nobles de ses amis ou connaissances s'étaient rapprochés de lui ; des gens du peuple entouraient les valets qui pâlissaient, avides de vengeance, et réparaient le désordre de leur tenue. Du sein de la foule, le chevalier menaçait :

— Tu me le paieras !

Blasco lui lança un ultime quolibet :

— Je suis navré d'avoir froissé de si belles livrées, monsieur, mais je vous enverrai mon tailleur, c'est un excellent homme...

La foule rit : les seigneurs voulurent soustraire le chevalier au ridicule auquel il s'exposait.

— Allons, prince, ce n'est pas digne de vous... Allons, montez dans le carrosse.

Ils le tiraient. Lui, qui peut-être ne demandait pas mieux, résistait, menaçant encore, couvrant Blasco de ces épithètes méprisantes dont usaient les habitants de la capitale à l'encontre des regnicoles :

— Ces « pieds incréés » qui descendent de la montagne pour infester la cité, quelles canailles ! Informez-vous au moins s'il est noble, rugissait-il, pour que je puisse le défier.

La vue des quatre chevaux blancs qui revenaient en arrière fut plus efficace que n'importe quel conseil. Le « prince » s'empressa de monter dans son carrosse après s'être assuré que ses amis penseraient à sauver sa dignité.

Pendant ce temps, un jeune homme d'aspect fin et gracieux s'était approché de Blasco en souriant d'un air admiratif :

— Bravo, monsieur, vous avez montré une belle force et plus encore, du sang-froid et de la présence d'esprit...

Les liens de l'amitié sont prompts à se tisser entre jeunes gens du même âge ; Blasco sourit, tendit la main à son laudateur et lui dit :

— Je m'appelle Blasco de Castiglione.

— Un nom de roman héroïque ! répondit le chevalier de la Floresta ; si je peux vous être utile, ce sera avec plaisir... Pour l'heure, venez, il y a trop de monde... J'ai mon carrosse par là...

Il l'entraîna avec lui, à travers la foule, tandis que de l'autre côté, on emmenait le « prince » et on l'obligeait à monter en voiture. A ce moment les quatre chevaux blancs passèrent devant eux ; le chevalier de la Floresta adressa une profonde révérence à la dame.

— Excusez, mais qui est cette dame ? s'enquit Blasco.

— La duchesse de la Motta.

— Ah !...

— Vous la connaissez ?

— Non ; mais le domaine de la Motta jouxte celui de Castiglione. Et ce seigneur avec qui j'ai échangé quelques propos vifs ?

— Le prince d'Iraci.

— Ah, un prince ? Tant mieux...

Le carrosse s'était mis en mouvement.

— Où voulez-vous être conduit ? lui demanda le chevalier de la Floresta.

— Si vous n'y voyez point d'obstacle, au couvent de San Francesco des Chiovari... Mais puisque vous êtes si courtois, je vous prie de m'écouter, je vous conterai, chemin faisant, les raisons de la querelle...

— Je voulais vous en prier, car il serait bon de voir de quelle manière résoudre cêtte question. Vous comprenez bien que le prince Iraci est de première noblesse, d'un rang qui exige une considération particulière, y compris en matière chevaleresque. S'il vous a offensé, il peut refuser de vous donner satisfaction les armes à la main, si vous n'êtes pas un prince de noblesse égale à la sienne... Je vous écoute donc.

VI

Le duc de la Motta, membre de la Députation du Royaume, très éminente institution chargée de l'exécution des lois et de la défense des chapitres ou statuts de la monarchie, était assis dans son cabinet de travail, sur un fauteuil tapissé de cuir vert à fleurs d'or, devant un grand bureau dont les quatre pieds représentaient, à travers un enchevêtrement compliqué de feuillages, des griffons aux pattes léonines. Des liasses de papiers, les unes enfermées dans des cartons doublés de parchemin, les autres liées de rubans verts, s'amoncelaient çà et là, laissant à peine d'espace pour un plateau sur lequel trônait un encrier de bronze. D'autres papiers, un peu mieux rangés, étaient entassés sur une petite table, près de la baie. Sur les murs se dressaient de hauts rayonnages de bois sculpté, surchargés de livres de toutes tailles et reliés de parchemin ou de cuir, aux titres tantôt gravés en or, tantôt écrits en entier en caractères gothiques noirs. On apercevait aussi dans la bibliothèque des bustes, reproductions de marbres antiques, des globes jaunis et en haut des lambris, de vieilles toiles noircies sur lesquelles luisaient quelques tons clairs de chair couleur d'ivoire, ou de lin blanc. Les teintes du bois ou des tapisseries, la sévérité des sculptures, la lumière voilée et le silence, donnaient le sentiment d'un austère recueillement, comme il en règne dans les temples. Il flottait là comme le parfum des hautes sphères de l'intelligence ; ce je ne sais quoi qui stimule l'esprit, l'invite à penser, lui infuse la fébrile curiosité de savoir.

Don Raimondo Albamonte, duc de la Motta, avait été réputé dans le domaine de la doctrine juridique et passait pour l'héritier de la grande tradition des juristes siciliens dans laquelle brillaient les noms de Giovanni Naso, du Viperano, de Luca Barbieri, de Vincenzo Percolla, du Corsetto, de Muta et de Cutelli, compilateurs et commentateurs du droit de nos pères. Appelé à prendre tour à tour les plus hautes charges de la magistrature, il avait été président de la Grande Cour Civile, de la Criminelle et à présent, depuis deux ans, élevé à la Députation du Royaume, pour la protection du vice-roi Don Carlo Antonio Filippo Spinola e Colonna, marquis de Los Balbases, auquel il avait rendu de grands services dans les procès des troubles de 1708.

En quinze années, son visage s'était fait plus sévère, plus pâle, ses yeux plus ténébreux. La pratique des procès criminels et des tortures avait encore accentué la dureté de sa mâchoire, figé le masque froid et impassible de son visage. La rigidité de ses manières, l'inflexibilité de sa volonté, dans les rapports de sa charge, envers ses égaux et ses inférieurs, lui avaient acquis une réputation d'intégrité dont il se glorifiait ; par ailleurs prompt au rapport dans le cabinet du vice-roi, et sans qu'il y paraisse, à se transformer en instrument de la volonté royale.

Devenu duc par défaut d'héritier direct de son frère, ayant recueilli un patrimoine considérable, il l'avait accru par deux riches mariages, et en mettant à profit aussi sa charge, qui lui donnait souvent l'occasion de mettre la main sur quelque héritage contesté ou d'acquérir à bas prix des biens confisqués. Mais dans ces cas aussi, il savait conserver une apparence austère et nul ne contestait sa réputation, à laquelle il tenait.

A la veille de grands événements qui devaient se dérouler dans le royaume, il tenait à conserver cette considération, car il briguait une position bien plus élevée. En fait, il employait toutes ses forces, déployait toutes les manœuvres de l'ambition pour être nommé président du Patrimoine royal.

Dès que son propre droit au titre eut été reconnu, il avait contracté sa première union avec une Branciforti ; mais trois années plus tard, la duchesse mourut, lui laissant une fille de deux ans. Don Raimondo resta veuf sept années, au terme desquelles il reprit femme : une La Grua, très noble et très riche, mais qui avait près de vingt-deux ans de moins que lui. Ce deuxième mariage, sous les auspices du caprice et de l'intérêt, était resté infécond.

Ces derniers jours, sa charge lui donnait beaucoup de travail : la Députation du Royaume devait en fait mettre le palais royal en état de recevoir dignement le nouveau roi de Sicile, Vittorio Amedeo, duc de Savoie. Depuis quatre siècles, c'était la première fois que les appartements de l'antique demeure des souverains normands s'ouvraient à un roi et ils n'offraient pas un décorum suffisant. Beaucoup de salles étaient quasiment en ruine, les tapisseries en lambeaux, les peintures rongées par l'humidité, les meubles abîmés par la vieillesse.

Quoique le Sénat se fût chargé de l'ameublement des appartements royaux, la tâche qui revenait au Patrimoine n'était certes pas insignifiante; et comme on tenait pour imminent, sinon exécuté l'appareillage à Villefranche, près de Nice, de Vittorio Amedeo pour la Sicile, on s'affairait; et Don Raimondo, qui souhaitait naturellement s'attirer les bonnes grâces du nouveau roi, s'était dédié à sa tâche avec une énergie juvénile.

Du reste un certain enthousiasme était dans tous les esprits. L'indépendance du royaume, depuis longtemps garantie par les Statuts, devant lesquels tous les monarques s'étaient inclinés et que tous avaient juré d'observer, ne pouvait être considérée comme accomplie tant qu'il n'avait pas de souverain propre. Ce désir avait déjà eu ses martyrs. Le rêve de tant de siècles et de tant de cœurs généreux était donc sur le point de se réaliser, ce qui suffisait pour insuffler dans toutes les âmes l'espérance d'une renaissance de la glorieuse monarchie de Sicile.

Le royaume de Sicile avait été concédé à Vittorio Amedeo de Savoie par le traité d'Utrecht. On sait que l'accession de Philippe de Bourbon, neveu de Louis XIV, au trône d'Espagne ne fut pas accueillie favorablement par les Puissances qui virent là une extension de l'influence de la France, ou plutôt de sa monarchie, qui tendait sûrement vers une hégémonie redoutable. En conséquence une guerre, dite de Succession, avait éclaté. L'Autriche, alliée à la Hollande et à l'Angleterre, s'opposa à Louis XIV; Vittorio Amedeo soutint la Ligue et le Piémont devint théâtre principal d'une guerre longue et sanguinaire qui ne se termina pas en faveur des armes françaises. La paix d'Utrecht mit fin aux massacres et aux affrontements en satisfaisant les convoitises dynastiques. La couronne d'Espagne fut reconnue à Philippe V; la Lombardie, Naples et la Sardaigne furent données à l'empereur d'Autriche, et la Sicile avec la couronne royale revint à Vittorio Amedeo. Les Bourbon gardaient un trône, mais la monarchie espagnole perdait la moitié de l'Italie au profit des Habsbourg.

La Sicile aussi avait souffert de la guerre. Pour garder l'île, Philippe V avait envoyé un corps d'Espagnols, de Français et d'Irlandais, affamés, mal vêtus, pillards plus que soldats : il s'en était suivi des émeutes, des conspirations, des supplices. Le royaume, accablé de disettes, agité, sans certitude, divisé entre les partisans de l'ancienne dynastie et ceux de la nouvelle, travaillé par ceux qui rêvaient d'une restauration de l'indépendance contre toute sujétion étrangère, était bouleversé par un interdit prononcé par l'évêque de Lipari ; et l'interdit avait armé la puissance civile contre le clergé partisan de la Curie et jeté les populations dans une grande dispute religieuse.

On comprend que, dans ces conditions, la restauration du royaume de Sicile avec son propre roi, en faisant accroire aux régnicoles que le nouveau souverain transporterait sa capitale dans le domaine auquel était attachée la plus haute dignité, apparaissait comme la fin d'un état pénible, la résurrection du royaume, le début d'une ère nouvelle de tranquillité des esprits, de richesse et de gloire.

Dans l'épanouissement de tant d'espérances il ne vint à l'esprit de personne que Vittorio Amedeo ferait de l'État qui lui apportait une province royale, une simple province d'un duché.

Don Raimondo Albamonte, duc de la Motta était donc ces derniers jours fort affairé. Mais ce matin-là, il avait des motifs de préocupation supplémentaires : sur son écritoire il avait trouvé une très étrange lettre dont nul ne savait l'origine ni comment elle était arrivée là. La missive ne contenait que quelques courts vers :

« *Quid debur tibi, aut quid apponatur tibi ad linguam dolosam?*
Sagittae potentis acutae; cum carbonibus desolatoriis
Custodiens parvulus Dominus
Dominus solvit Compeditos
Dominus pupillum suscipiet, et vias peccatorum disperdet
Souviens-toi d'Emanuele »

La lecture de ce nom lui avait donné la clé des allusions contenues dans ces versets tirés de psaumes et mis bout à bout ; mais elle lui avait en même temps fait courir un frisson dans le sang. Depuis quelque temps déjà, lui parvenait de loin en loin une lettre mystérieuse contenant une phrase, une maxime, une menace : naturellement, il les attribuait à l'esprit de vengeance de ceux qui avaient été frappés par ses jugements, et il ne s'en souciait guère ; mais ce nom lancé à présent, comme une bombe, lui expliquait l'occulte et persistante persécution, et le plongeait dans l'effroi. Quelqu'un possédait donc le secret ? Il songea à Andrea. Mais Andrea avait été condamné à trente ans de bagne et il se trouvait sur les galères... Et puis, que savait Andrea ? Il fallait enquêter et aller au fond des choses, pour découvrir, l'origine, la provenance de ces lettres anonymes : il n'y avait qu'un homme, un seul, qui en fût capable, un *algozino* astucieux et audacieux, auquel la justice recourait dans les occasions les plus difficiles. Il s'appelait Matteo Lo Vecchio.

Don Raimondo l'avait mandé auprès de lui et il l'attendait dans son cabinet quand on vint lui annoncer le père Bonaventura de Licodia.

La visite d'un religieux, en particulier d'une maison noble, n'était pas un événement insolite ; le visiteur ecclésiastique échappait à l'insolence des domestiques. La bure sur le dos et le cordon autour des reins offraient un laisser-passer qui suscitait le respect jusque chez les maîtres, pour lesquels du reste, il était du dernier cri de se montrer dévôt et assidu à la messe.

Le père Bonaventura fut donc introduit et accueilli par don Raimondo avec empressement :

— Approchez, approchez, mon père...

Il lui indiqua un siège près de la table et lui demanda d'un air gracieux :

— A quoi dois-je la fortune de votre visite ?

— Je viens implorer la protection de votre Excellence pour un jeune homme, sachant que je ne puis le confier à seigneur plus généreux, plus bienveillant et plus puissant que votre Excellence.

Don Raimondo s'inclina en murmurant :

— Vous exagérez le peu de mérite que, par la grâce de Dieu, je puis avoir...

— Notre couvent a eu l'occasion de vérifier la libéralité et la piété de votre Excellence...

— Et ce jeune homme ?... Un novice ?

— Point du tout, Excellence ; je crois en vérité qu'il serait plus fait pour commander une compagnie de soldats que pour réciter les psaumes ; peut-être quelques échos sont-ils parvenus aux oreilles de Son Excellence... Il a eu un geste qui a fait quelque bruit... Ce jeune régnicole qui a bastonné le caporal et les gardes du capitaine de la cité à l'auberge du Messinois...

— Ah, de fait, j'en ai entendu parler... Il me semble qu'il a osé offenser le prince d'Iraci et le petit marquis de Santa Croce ?...

— C'est ce qui semble, au premier abord... mais la jeunesse... est une jeunesse bouillante, Excellence, qui mérite quelque indulgence.

— Votre jeune homme est noble ?

— C'est... le fils naturel d'un grand seigneur...

— Et son père vit ?

— Non, Excellence : cet enfant est seul ; je l'ai recueilli des bras de sa mère, morte durant le tremblement de terre de Catane...

Don Raimondo garda le silence un instant puis dit :

— Je suppose qu'il a été arrêté et que vous venez intercéder en sa faveur.

— Non point de ce côté, il ne court aucun péril : le très illustre seigneur capitaine de la cité, par pure bonté, a daigné céder à ma prière...

— Eh bien, alors ?

— Eh bien, je suis venu prier Votre Excellence de le prendre sous sa protection, pour lui obtenir une charge digne de son rang... S'il avait eu quelque inclination pour la vie du cloître, je ne me serais pas permis de déranger Votre Excellence : quoique je n'ignore pas que lorsqu'il s'agit de faire le bien, Votre Excellence s'y applique avec grand plaisir... Si vous me le permettez, je vous le présenterai...

— Mais quand vous voudrez, mon père ; amenez-le donc, nous verrons ce que nous pouvons en faire...

Le père Bonaventura se leva et s'inclina en remerciant :

— Votre Excellence fera une œuvre de charité encore plus grande qu'elle ne croit, et Dieu lui en tiendra compte...

— A propos, si ce n'est un secret de confession, de qui est-il le fils ?

Le religieux fut sur le point de le dire, mais se ravisa :

— Que Votre Excellence me pardonne...

— Peu importe, peu importe : vous m'assurez que le père était un seigneur...

— De noblesse, oserai-je dire, égale à celle des Albamonte...

— Tant mieux, et la mère ?

— Elle n'était pas noble. Fille de petits gabelous.

— Ah ! ah ! je comprends ; quelque aventure... quelque caprice...

— Dieu lui pardonne, murmura le religieux.

— Donc nous sommes d'accord, amenez-le moi... Je suis curieux de voir ce jeune homme qui a eu le courage de se mettre ainsi en fâcheuse posture en s'en prenant à deux personnes titrées parmi les premières du royaume et de mettre en fuite cinq hommes du capitaine de la cité...

— Quand votre Excellence veut-elle que je le lui présente ?

— Demain... oui, demain, à la même heure.

D'un geste il congédia le religieux et l'accompagna jusqu'au seuil où il lui baisa la main.

Le serviteur qui se trouvait dans l'antichambre derrière la porte lui annonça :

— Excellence, il y a là Matteo Lo Vecchio...

— Ah ! s'exclama Don Raimondo, rappelé à ses préoccupations, fais-le entrer.

Une minute plus tard le sbire pénétrait dans le cabinet en exécutant d'humbles révérences. C'était un homme d'une trentaine d'années, maigre, osseux, noir, avec un visage de renard et des oreilles de chat ; une expression d'astuce et de férocité, de simulation et de cynisme, de duplicité et d'avidité. Ses mouvements avaient une élasticité féline, mais les mains longues, décharnées, semblaient des griffes de rapace.

En entrant, il jeta un coup d'œil circulaire par en dessous, comme pour espionner.

— Approchez, lui dit Don Raimondo, je sais que vous êtes très habile à découvrir les crimes les plus secrets.

— Un peu d'expérience..

— Et que le plus léger indice vous suffit pour débrouiller les écheveaux les plus embrouillés. Je connais votre perspicacité pour l'avoir mise à l'épreuve. Eh bien, vous aurez une grosse récompense et ma protection, si vous parvenez à découvrir l'auteur de certaines lettres qui depuis quelque temps me parviennent mystérieusement.

— Si votre Excellence daigne m'en montrer une...

Le duc réfléchit un instant puis ouvrit un tiroir de sa table et en tira un pli.

— En voilà une.

L'argousin y jeta un coup d'œil et sans même l'ouvrir, dit avec assurance :

— Je sais d'où elle vient...

— Ah bon ?

— Je connais le papier et les insignes...

— Quels insignes ?

— Voyez.

Il lui montrait sur la cire du sceau une petite croix traversée en diagonale de deux épées grossières.

— Eh bien ? demanda le duc.

— Cette lettre a été envoyée par les *Beati Paoli.* Ils changent souvent le sceau : mais je le reconnais.

Don Raimondo se renferma un moment dans le silence ; à la fin il demanda :

— Vous croyez donc que les Beati Paoli existent vraiment ?

— Bien sûr !

— Et où sont-ils ?

— Cela, Dieu seul le sait : ils sont partout, invisibles, indétectables, et toujours présents. Quand on y songe le moins, on les a sur les flancs, sur le dos, à l'église, dans la rue, peut-être aussi à la maison ; et nous ne les voyons pas... Personne ne peut leur échapper.

— Diable ! Vous les peignez sous des couleurs terribles ! observa Don Raimondo avec une légère pointe d'ironie qui servait à dissimuler le sentiment de crainte qui l'envahissait. Vous avez peur ?

Le sbire leva la tête en souriant, l'œil féroce.

— Peur, moi ? Ce que j'en dis, c'est pour montrer la difficulté de l'entreprise.

— Vous aurez une récompense de quarante écus si vous découvrez l'auteur de ces lettres.

Les yeux de Matteo Lo Vecchio brillèrent de cupidité ; il s'inclina en disant :

— Je ferai mon possible, Excellence, pour les mériter et pour mériter votre protection : mais cependant il faudrait rester sur vos gardes...

— Ce qui veut dire ?

— Les avertissements des Beati Paoli sont toujours suivis de quelque coup. Il est prudent que Votre Excellence ne sorte plus sans être accompagnée de personnes courageuses et de confiance. On sait que quand on administre la justice, on sème la haine. Nul, même coupable, n'aime être condamné.

— Quand me donnerez-vous des nouvelles ?

— D'ici trois jours. Votre Excellence consent-elle à me laisser une de ces lettres ?

Don Raimondo hésita une seconde avant de s'exécuter.

— Voilà : je vous la confie.

L'*algozino* se posa une main sur la poitrine comme pour jurer ; puis il prit la lettre, la plia et la glissa dans une poche de la soubreveste.

Le duc posa dans sa main quelques piécettes d'argent.

— Pour vos menus frais.

Quand le sbire fut sorti, Don Raimondo demeura pensif. Il n'avait jamais songé à cette mystérieuse société, de laquelle on parlait avec terreur et respect, et dont les décrets étaient exécutés avec une sûreté infaillible par des mains que nul ne voyait. Les *Beati Paoli* ? Comment donc possédaient-ils son secret ? Que signifiait cette sentence menaçante *Dominus suscipiet pupillum,* sinon une allusion au petit Emanuele ? De quelle nuit surgissait-il à l'improviste ? Était-il vivant ? Cela lui paraissait impossible : pendant quatre ou cinq années, il avait fait rechercher Donna Aloisia et son enfant, tourmenté par une peur secrète, tremblant intérieurement à la pensée de voir tout à coup surgir de l'obscurité la voix accusatrice de sa belle-sœur. La crainte qu'Andrea eût mis à l'abri la duchesse et son fils s'était évanouie : Andrea arrêté, jugé, torturé, condamné comme ravisseur supposé, paraissait vraiment ignorer le sort de ses maîtres. Don Raimondo l'avait envoyé aux galères pour éloigner de Palerme une voix qui pouvait peut-être l'accuser en se disant que là, sur les bancs de la chiourme, un coup de couteau le débarrasserait d'un ennemi implacable. Andrea ne pouvait donc être l'auteur de ces lettres ; en était-il l'inspirateur ? Voilà un indice. Il regretta de ne pas y avoir pensé plus tôt pour en parler à Matteo Lo Vecchio et puis il pensa qu'il valait mieux laisser au sbire sa liberté d'initiative, pour voir s'il arriverait au même point par ses propres enquêtes.

Cependant l'avertissement de l'argousin l'effrayait. Qui le défendrait ?

Involontairement il pensa au jeune homme recommandé par le père Bonaventura. A ce qu'il semblait, c'était un homme audacieux, au bras duquel on pouvait se fier ; mais son âme ? Il fallait le lier à soi par une profonde reconnaissance.

— Voyons, dit-il, et si je lui faisais retrouver sa parentèle et obtenir le droit de porter le nom de son père ?

Et l'esprit de l'homme de loi fouilla du regard l'inextricable forêt du droit.

VII

Ce matin-là, à l'heure où le père Bonaventura se rendait chez le duc de la Motta, le peintre Don Vincenzo Bongiovanni se trouvait dans son atelier, perché au sommet d'un escabeau de bois devant une ample toile marquée au charbon sur laquelle s'étiraient de larges coups de pinceaux azur qui, à en juger d'après une maquette fixée sur un axe près de la toile, devait devenir un ciel, serein ici, et là assombri par d'épais nuages.

Au pied de l'escabeau, une gracieuse jeune fille, le chef couvert d'un étrange petit bonnet, s'appliquait à délayer des couleurs dans des récipients, avec cette assurance qui ne vient que d'une longue habitude.

L'atelier était vaste, un peu en désordre, comme tous ceux des peintres. Ses murs étaient couverts de dessins, d'esquisses, d'ébauches, les uns à la peinture, les autres à la sanguine, d'autres encore exécutés au charbon à gros traits qui parfois se superposaient, s'entrecroisaient, se confondaient. Accrochés à des clous, posés sur des consoles, des plâtres de toutes tailles blanchissaient sur le fond gris des murs ; on voyait encore des calques et des reproductions de bustes et de statues de l'Antiquité et de la Renaissance ; des chiffons et des palettes barbouillés de couleurs, un miroir à cadre doré posé sur une console aux pieds recourbés en grandes volutes.

Une table gémissait sous le poids de feuilles, de dessins et d'estampes ; et d'autres feuilles s'entassaient sur les sièges, les tabourets, par terre. Dans un coin, où l'ombre offrait le plus de discrétion et de recueillement, une lampe à huile brûlait devant une image sacrée. Sous la grande fenêtre, par où entrait une lumière assourdie, sur l'un de ces canapés empaillés à dossier peint, était assis un homme mûr, sec, l'œil très vif, qui tenait sur son giron une guitare et laissait de temps à autre courir négligemment un pouce léger sur les cordes, en tirant des vibrations douces, des soupirs gémissants : et un autre personnage, plus âgé, prisait du tabac, voluptueusement, les yeux mi-clos.

Tous deux étaient aussi des artistes connus, assez célèbres à Palerme. Le premier, qui pinçait les cordes, devait atteindre, quelques siècles plus tard, au faîte de la gloire ; il s'appelait maître Giacomo Serpotta, et avait à cette époque agrémenté bien des églises et des chapelles de ses merveilleux et insurpassables putti de stuc ; l'autre était Don Antonio Grano, peintre comme Bongiovanni.

— Un jour comme aujourd'hui, disait-il en prisant, je ne me sens pas l'envie de tracer la moindre ligne. Il fait trop chaud. J'irai à Maredolce ou à la roche de Mustazzola...

— Pour prendre un peu de fraîcheur en prévision de l'été qui vient...

— Non point. Saint Martin a jeté cette année son manteau tout entier... dans mon atelier il fait trop chaud.

Un moment de silence s'ensuivit. Giacomo Serpotta tira un arpège sur son instrument puis, s'adressant à Grano :

— Et votre grand tableau, où en est-il ?

— Il avance. D'ici, mettons, quinze, vingt jours, je pourrai le livrer... Je ne suis pas satisfait de la tête du duc de Savoie...

— Dites plutôt de notre seigneur le roi, corrigea Bongiovanni non sans une légère pointe d'ironie.

— Hum !... fit Grano, incrédule.

— Cependant, observa Don Giacomo Serpotta en pinçant toujours les cordes de sa guitare, nous avons enfin un roi à nous après trois cents ans.

— Vous le croyez ? rétorqua Grano. Je redoute au contraire que le royaume, et je parle d'un royaume comme le nôtre, devienne une province du duc de Savoie. Vous verrez. Mais pour l'instant la tête du duc ne me convient pas ; elle est trop endormie...

— Vous voulez le portrait qui me sert de modèle ? lui demanda Bongiovanni. Je n'en ai plus besoin. J'en ai fait une étude pour mon tableau, et cela suffira. Je vous le ferai porter.

— Merci... s'il en est ainsi, je l'enverrai chercher.

— Et savez-vous si le Flamand a avancé sa toile ?

— Non, il en est encore à l'étude, dit Serpotta. Ces Flamands sont d'excellents peintres, il faut en convenir, et le Borreman en est un, mais ils sont lents et méticuleux...

— Quel est le sujet de sa toile ? s'enquit Bongiovanni.

— Le duc Vittorio qui fait vœu de consacrer une église à la Vierge.

De nouveau un silence s'installa dans lequel résonnèrent les arpèges de l'éminent sculpteur. Puis le Grano se leva et prit congé. Il paraissait fâché. La jeune fille continuait de dissoudre les couleurs dans des coupelles, en essayant parfois une sur un morceau de papier. A travers ses paupières mi-closes, Giacomo Serpotta suivait les mouvements gracieux de la fillette.

— Mais savez-vous, dit-il, que je veux modeler ma statue de la *Science* sur votre enfant ?

La jeune fille se retourna, rougissante et souriante. Le grand artiste de cette époque avait commencé la décoration de l'Oratoire de Santa Cinta, cette merveilleuse démonstration de son imagination et de son art unique et inimitable. Giacomo Serpotta n'avait pas encore soixante ans, il était en pleine possession de son art et avait peuplé églises et oratoires de ses angelots d'une allègre originalité, de ses figures symboliques élégantes et pleines de grâce, dont même lui ignorait la très haute valeur. Elevé dans la profession de son père sculpteur, après avoir produit quelques hardies œuvres de bronze, et fourni des dessins à d'autres sculpteurs, il s'était voué au décor de stuc, élevant cet art délicat alors obscur à des hauteurs jamais atteintes, ni avant ni après lui. Les mouvements de cette enfant, gracieux et en même temps d'une retenue conforme aux convenances, empreints d'une certaine noblesse, lui suggéraient peut-être quelque motif pour sa statue.

Pellegra Bongiovanni avait alors presque quatorze ans et son corps présentait déjà les douces courbes d'une jeunesse prometteuse. La tête, sous une abondante chevelure châtain, enveloppée dans une espèce de bonnet ou de béret, s'inclinait un peu sur l'épaule droite. Le cou svelte était d'un dessin classique. Dans ses yeux très vifs se lisaient la promptitude et la versatilité d'un esprit, qui bien des années plus tard lui vaudraient d'être célèbre et courtisée à Rome. A quatorze ans, elle peignait : elle n'était pas encore capable d'une œuvre propre, mais elle aidait son père, qui au vrai était un peintre médiocre. Elle habillait ses personnages.

— Comme femme, plaisantait Don Vincenzo Bongiovanni, il lui revient de faire les vêtements.

Mais Pellegra avait d'autres aptitudes que son bon père lui avait cultivées et elle continuait à les cultiver. Elle éprouvait une grande inclination pour la musique et avait déjà composé quelques madrigaux à plusieurs voix : et elle goûtait la poésie, particulièrement celle de Pétrarque ; c'est pourquoi Don Vincenzo lui faisait donner des leçons par un père téatin qui lui avait, suivant l'usage, enseigné les lettres latines. Pellegra était donc une jeune fille assez cultivée ; aujourd'hui on dirait qu'elle était une intellectuelle. Son esprit s'exprimait dans les trois arts qui lui devenaient familiers : la peinture, la poésie et la musique, et avec une facilité et une assurance qui faisaient impression dans ce milieu d'artistes, en vérité point trop cultivé. Quand surgissait une discussion d'histoire ou de littérature (les artistes aiment quelquefois discuter de ce qu'ils ignorent), Don Vincenzo tranchait la question en demandant à la « Sibylle » de rendre son verdict.

— Voyons ce qu'en dit Pellegra.

Giacomo Serpotta, humble enfant de l'art et cependant grand connaisseur de l'élégance et de la grâce féminine, avait une prédilection spéciale pour l'enfant qu'il avait pour ainsi dire vu naître. A présent, en la voyant si sérieuse et si concentrée, pensive peut-être, il avait subitement perçu en elle la forme d'un de ses obscurs concepts et il s'en était amusé.

— Comment se fait-il, dit Bongiovanni sans détacher les yeux de la toile, qu'on ne vous ait pas confié la direction des décors ? C'est une chose que je n'arrive pas à croire, un arc de triomphe !...

Giacomo Serpotta haussa les épaules avec insouciance.

— Il y a tant de sculpteurs et d'architectes, pourquoi voulez-vous qu'ils pensent à un ornemaniste ?

Alors Pellegra se retourna vivement et, venant se planter devant le grand artiste, elle s'exclama :

— Et où trouveraient-ils, dans toute la Sicile, un sculpteur qui vous vaille ?

Giacomo sourit.

— Oh ! Il y a Vitagliano...

— Ah ! oui, le Vitagliano, qui se fait donner par vous les dessins de ses statues... et quelquefois même les modèles... Ah ! Ah !

— Mais non, mais non ! protesta Giacomo Serpotta.

La conversation tomba sur les arcs de triomphe que sur la commande du Sénat, des diverses corporations et des différentes « nations », on devait construire et décorer pour l'entrée officielle de Vittorio Amadeo II, prévue pour les derniers jours de l'année.

On savait que le duc de Savoie était parti de ses États et faisait voile vers la Sicile, où l'on s'affairait à préparer le décor des cérémonies. Depuis la venue de Charles V, en 1535, aucun des rois qui s'étaient succédé n'avait mis les pieds dans l'île ; aucun n'avait reçu dans l'antique et noble cathédrale la couronne de Roger et de Frédéric II : le royaume s'était senti quelque peu mortifié de la négligence de ses monarques lointains, auxquels il envoyait pourtant des présents généreux.

Et voici qu'au contraire Vittorio Amedeo renouvelait les anciens fastes. Il venait se faire couronner dans l'antique métropole de Palerme, dans l'antique siège de la monarchie la plus glorieuse d'Italie ; il venait rendre son lustre à l'antique palais où Frédéric II avait fait épanouir les fleurs du luxe le plus délicat et d'où il avait imposé sa volonté à l'Europe. C'était assez pour éveiller en chacun des frémissements d'espérance et exciter l'orgueil des citoyens de la vieille capitale.

Tout Palerme était en fête ! Tout Palerme se préparait.

Une idée géniale et noble avait donné une certaine hauteur à ce qui aurait pu n'être que vaine manifestation courtisane. Pour la cérémonie du couronnement, le Sénat avait pensé à orner la cathédrale avec une série de grands tableaux peints pour l'occasion, *a tempera,* représentant les grands moments de la vie et du règne de Vittorio Amedeo, en confiant l'éxécution des œuvres aux peintres les plus connus de Palerme. Bongiovanni, le Flamand Borremans, Don Antonio Grano, figuraient parmi eux.

On en vint à parler des événements politiques des dernières années. Les deux artistes évoquèrent la longue série des suppliciés qui commençait en 1708 : frère Ignazio Vulture qui rêvait de république, Don Prospero Fialdi, qui voulait chasser les Français et les Irlandais ; Don Antonino Guerrieri, juge du Consistoire, pour avoir donné asile à un présumé rebelle ; l'ermite de San Matteo qui prenait parti, dans ses prédications, pour l'empire, et le peintre Ganguzzo et ses fils et son beau-père, gens valeureux, qui avaient organisé des conjurations, et maître Agatino Quaranta, consul des serruriers, et tant d'autres : les uns avaient été fouettés, les autres décapités et leurs cadavres exposés à la risée du public, avec des écriteaux infâmants. Ce furent les dernières victimes sacrifées par le pouvoir espagnol à sa propre domination.

Dans cet échange à bâtons rompus, les deux hommes émirent l'espoir de voir s'ouvrir une période de paix, contre les prévisions sceptiques de Don Antonio Grano. On frappa à la porte. Pellegra alla ouvrir.

— On peut voir le maître ?

— Entrez, entrez, répondit la jeune fille qui avait reconnu le visiteur.

Un homme mûr pénétra dans la pièce, suivi d'un tout jeune homme.

— Bien le bonjour, maître ; je vous ai amené mon neveu, dont je vous ai parlé...

— Ah, bravo ! dit Bongiovanni du haut de son trône de bois en donnant un coup d'œil satisfait au garçon.

VIII

Le nouveau venu était un *rationnel* et s'appelait Don Girolamo Ammirata.

Il était grand, le visage maigre et brun sous l'ample perruque bouclée, la mâchoire féroce, l'œil noir et vif, mais dans son attitude, dans ses gestes, dans sa voix, il avait quelque chose d'humble ou de soumis qui faisait dire : « Ce doit être un brave homme ».

Bien que suivant l'usage, il portât l'épée, la simplicité de sa tenue et des étoffes employées pour son habit révélait la modestie de sa condition, conformément à l'expression de son visage. Le jeune homme formait avec lui un singulier contraste. Sur son visage, l'enfance était encore visible tandis que le développement du corps semblait plutôt d'un homme de vingt ans. Les traits, examinés séparément, avaient une délicatesse et une douceur féminines, mais ensemble ils prenaient une expression de hauteur, fière, presque dédaigneuse. Et la simplicité de sa mise contrastait avec son port élégant et svelte.

— Palsambleu ! s'exclama le peintre en le regardant avec satisfaction : voilà un modèle magnifique ! Qu'en dites-vous, Don Giacomo ?

Giacomo Serpotta examina le jeune homme, dont les joues rosirent, de plaisir et de honte mêlés.

— Vous avez raison, répondit-il.

Il posa la guitare, se leva, étendit les bras, fit craquer ses doigts, puis prenant son chapeau, ajouta :

— Bien ! Il est temps que je prenne congé.

Et il s'en fut, saluant Pellegra d'une plaisanterie et les arrivants d'un signe de tête.

Satisfait de l'impression produite par son neveu, Don Girolamo Ammirata s'était assis sur le canapé, tandis que Bongiovanni descendait de l'escabeau. Ayant déposé ses pinceaux, il demanda :

— Allons, faisons-nous cette pose ?

Il prit dans un coin un casque et une cuirasse et les porta au jeune homme :

— Allons-y ! mettez cela.

Le garçon sourit ; aidé de son oncle, il endossa la cuirasse par dessus son habit et se couvrit le chef du casque : le peintre lui apporta une épée de combat à garde large, qu'il ceignit. Puis l'artiste le conduisit sur une petite estrade et le considéra avec admiration.

— Sacrebleu !

— Voilà Renaud ! dit l'Ammirata.

Bongiovanni battit des mains.

— Bravo ! Savez-vous que vous m'avez donné une idée, Don Girolamo ? Oui, Renaud... Le héros du Tasse. Voilà : Renaud et Armide...

Il se retourna vers Pellegra qui avait abandonné les coupelles et les teintes pour admirer le beau jeune homme et s'écria :

— Viens ici, toi ; viens... tout de suite !

La prenant par la main, il la conduisit sur l'estrade, où il posa un tabouret et y fit asseoir la jeune fille, avec hâte, fièvre, enthousiasme, comme si la seule évocation d'un nom avait porté son imagination à l'incandescence. Don Girolamo souriait : Pellegra un peu réticente, rougissait jusqu'à la racine des cheveux ; le jeune homme ne savait que faire, il se sentait embarrassé devant cette jeune fille qui avait les yeux éperdus d'une colombe surprise au nid.

Le peintre disposa la belle enfant dans une pose correspondant à une idée de séduction et de tendresse ; puis il fit s'étendre le jeune homme, en cherchant à lui faire adopter une attitude d'amoureux, la tête quasiment posée sur les genoux de la demoiselle, ses mains à lui dans ses mains à elle. Mais sauvagerie ou timidité, il n'était pas aussi docile. Vincenzo Bongiovanni se désespérait :

— Morbleu ! s'écria-t-il, tu ne sors pas du couvent, non ? Tu as déjà conté fleurette, n'est-ce-pas ?... Fais semblant d'être amoureux, nom de nom !

— Voyons, il n'a que quinze ans ! s'exclama Don Girolamo en riant, comment voulez-vous qu'il s'entende à ces choses ?

— Quinze ans ? Vrai ? Je lui en aurais donné au moins dix-huit ! Parbleu !... Mais très bien, d'un certain point de vue, la chose me satisfait... Très bien. En tout cas cela n'a pas d'importance... Mais il ne faut pas être timide ! Parbleu !... Un homme tout cuirassé et armé ! Dis-moi donc, tu as peur ?

Le jeune homme le foudroya de ses beaux yeux noisette.

— Dis-moi, tu as peur de ma fille ? insista Don Vincenzo, railleur. Ce n'est pourtant pas un laideron !

Les deux jeunes gens se regardaient en rougissant jusqu'aux cheveux et baissaient les yeux, gênés ; Don Girolamo se récria, amusé :

— Mais que diable dites-vous là ! Vous les embarrassez, en parlant ainsi.

— C'est vrai. Vous avez raison. Donc, les enfants, nous sommes bien d'accord ? Vous êtes Renaud et Armide. Pellegra connaît le Tasse ; toi tu le connais ? Tu as lu la *Jérusalem* ? Bien. Donc Armide a ravi le cœur de Renaud, qui est amoureux d'elle à la folie ; imaginez que vous vous trouvez dans un jardin fleuri, sous un buisson de roses... Ne bougez plus... Voilà !...

Il les avait disposés dans une attitude passionnée, les contraignant à se regarder, mais Pellegra gardait les yeux baissés, presque fermés et le jeune homme sentit les siens se mouiller. Mais il regardait avec curiosité et intérêt la jeune fille que la fatuité de Don Vincenzo Bongiovanni (sa cervelle commençait à donner des signes de ce délire qui devait plus tard l'obscurcir) lui avait placée si près, et il la trouvait à son goût. De son côté, Pellegra lançait à la dérobée des coups d'œil sur ce garçon de son âge qui sous son armure ressemblait à un de ces chevaliers qu'elle avait vus gravés sur les vieilles estampes. Et il ne lui déplaisait pas de l'avoir à ses pieds, comme un amoureux.

Comme un amoureux ! Voilà une idée qui ne lui était peut-être jamais passée par la tête, et à cet instant lui emplissait le cœur d'une vague confusion, mélange de plaisir et d'effroi. Réveillé pour la première fois peut-être par ce tableau vivant, l'instinct sexuel se manifestait en elle, la faisant rougir et trembler devant cet homme.

Mais Don Vincenzo Bongiovanni n'allait pas plus loin que la surface des choses : l'émotion et l'effarement de sa fille, en ajoutant une « expression » à son modèle, augmentaient sa satisfaction. Il dessinait fébrilement pour fixer son idée, tandis que Don Girolamo Ammirata suivait ses gestes avec curiosité.

— Très bien ! Très bien ! Palsambleu ! s'exclamait Don Vincenzo de temps à autre, sans qu'on sût très bien si c'était pour s'approuver lui-même, ou le groupe, ou les deux.

Puis il posa son carton et son crayon, se leva, en les regardant de loin et ajouta :

— Cela va très bien, nous reprendrons la scène quand je l'aurai transportée sur la toile... Un tableau comme cela, point trop grand... des personnages en arrière-plan... vous verrez !

Il se reposa un moment, étirant les bras. Les deux jeunes gens s'étaient séparés avec le soulagement de personnes tirées d'un grand embarras. Le plaisir qu'ils éprouvaient à se tenir par la main les gênait.

IX

Avant de sortir de l'atelier du peintre, en laissant son neveu poser pour la grande toile historique à laquelle travaillait Bongiovanni, Don Girolamo Ammirata dit au jeune homme :

— Je vais à l'office ; je reviendrai à la maison peut-être un peu après midi. C'est entendu ?

— Cela va bien, répondit le jeune homme, sans se retourner, en gardant le bras levé et l'épée au poing dans le geste belliqueux que lui avait indiqué Don Vincenzo.

L' « office » était l'administration du grand hôpital, où Don Girolamo remplissait les fonctions de *rationnel,* ou comme on dirait aujourd'hui, de comptable. Le grand hôpital était alors installé dans l'antique palais de Matteo Sclafani, qui, sur les instances du pieux frère Giuliano Majali, avait été acheté par le Sénat palermitain pour y rassembler les différents hôpitaux qui surgissaient dans la cité.

Le magnifique palais, réduit à l'état de caserne sous les Bourbon, qui le laissèrent se détériorer, conserve encore aujourd'hui les vestiges de son ancienne splendeur sur toute une façade, sur l'antique portail et dans une grande et terrible peinture murale, sans doute d'un auteur flamand du quinzième siècle ; une plaque, aujourd'hui disparue mais reproduite par les historiens, racontait qu'il avait été construit en un an par le magnifique Matteo Sclavani, comte d'Adern et rival en grandeur et en magnificences des puissants Chiaramonte. Comme l'atelier de Bongiovanni se trouvait dans un des vénérables immeubles du treizième siècle qu'on voit encore entre la piazzetta des Vierges et la ruelle de Sant' Antonio et que l'hôpital formait un des angles de la place du palais royal, il fallait emprunter le Cassaro pour y arriver.

Ainsi donc Don Girolamo gagna la vieille et noble artère de la ville, tourna à droite mais ne fit que quelques pas avant d'entrer dans l'église de San Matteo dont le parvis débordait alors sur la rue.

Aussitôt il adopta une contenance humble, pleine de componction ; tête baissée, bras croisés sur la poitrine, il marchait d'un pas lent et léger. En marmottant des prières, il s'approcha du bénitier et se signa dévotement ; puis, prenant par la nef de gauche, il s'arrêta dans la quatrième chapelle, devant le tableau de Novelli et s'agenouilla non loin d'un autre dévot qui paraissait absorbé dans sa prière.

Don Girolamo se signa une deuxième fois et à voix presqu'inaudible, sur la cadence des frères du chœur, il entonna le verset du psaume :

— *Beatus qui intellegit super egenum et pauperem.*

Alors, sur la même cadence, le même ton, sans se retourner, l'autre dévot poursuivit.

— *In die mala liberabit eum Dominus...*

Don Girolamo le laissa finir et répondit :

— *Dominus conservet eum et vivicet eum, et beatum faciat eum in terra.*

Et l'autre :

— *Et non tradat eum in animam inimicorum ejus.*

Don Girolamo s'inclina et comme s'il continuait à prier, prononça ces étranges paroles :

— J'ai un panier de citrons.

— Porte-le au « scaro ».

— A combien le mille ?

— A trois, à trois.

— Avec l'aide de Dieu et du bienheureux Paul, Beato Paolo.

— Amen.

Ils avaient à peine terminé cet étrange dialogue qu'on entendit un grand cri et un coup de pistolet, suivis d'un bruit de pas précipités sur le parvis et dans l'église, qui provoqua une grande confusion et un début de panique parmi les quelques fidèles qui s'attardaient encore. Un homme entra, ou plutôt se jeta parmi les croyants, un pistolet encore fumant au poing, en renversant une espèce de sbire qui, se trouvant dans l'église, avait couru à la porte en entendant le coup de feu, pour l'empêcher d'entrer.

Par hasard, ou suivant les nécessités de sa fuite, cet homme se précipita dans la nef de gauche et s'arrêta près de la chapelle principale en se laissant tomber sur un siège, devant un des piliers de la coupole.

Il était pâle et hors d'haleine. Un énorme bleu lui gonflait monstrueusement une joue, trace, semblait-il, d'un coup de bâton.

Le premier mouvement d'effroi passé, la foule des fidèles l'entoura, pleine de curiosité. Tous voulaient voir, voulaient savoir.

— Qu'est-ce que c'est ? Qu'est-ce qui s'est passé ?

D'autres gens accouraient dans l'église, venant de la rue, tandis que le sacristain tentait de les repousser et de refermer la porte.

— Il l'a tué ?

— Il a failli...

— Non, il l'a blessé à l'épaule.

— Il avait raison.
— Ce sont des abus...
— Vous allez voir, ils vont le cerner.
— Oui, mais en attendant, ils ne peuvent pas l'arrêter...
— Pendant trois jours...
— Il faudrait l'aider !
— Eh, l'église est gardée par les sbires... toutes les portes sont surveillées... Il ne s'échappera pas...
— Qui était-ce ?
— Qui est-ce ?
Demandes, remarques, jugements, s'entrecroisaient autour de cet homme qui, encore blême et haletant, mais la mine sombre et féroce, se pressait un bout de chiffon contre la joue, en soutenant le regard de tous ces yeux fixés sur lui.
Le sacristain et le *massaro,* comme s'appelait alors le factotum d'une église, cherchaient à repousser au-dehors tous ces gens :
— C'est l'heure de la fermeture... nous devons fermer l'église !... oh là, pour l'amour de Dieu... Sortez, allons !... allons !... Laissez-le là. A la fin, il n'y a rien d'extraordinaire...
En joignant le geste, et même quelques bourrades, à la parole, ils insistaient et la foule remuait, se défaisait pour s'agglutiner de nouveau autour de l'homme ; quelqu'un réagit, se rebiffa ; l'église résonna de cris, de menaces.
Alors Don Girolamo dit au sacristain :
— Accompagnez-le dans la sacristie et enfermez-le.
C'était en fait le seul moyen de soustraire l'homme à la curiosité et pour obliger les gens à sortir de l'église, puisqu'il n'y aurait plus rien à voir. Le sacristain jeta un coup d'œil à Don Girolamo et échangea, à ce qu'il paraît, un signe rapide, imperceptible à l'œil. Il s'approcha du fugitif et lui dit :
— Venez avec moi. Vous serez mieux dans la sacristie.
L'homme ne se le fit pas répéter. La foule s'ouvrit pour le laisser passer et se refermant derrière lui, le suivit ; le gardien des lieux sacrés referma sur le fugitif la porte de la sacristie, glissa la clé dans sa poche et lança :
— Et maintenant, il me semble que vous pourriez vous en aller.
Ainsi l'église se vida-t-elle peu à peu, non sans distribution généreuse d'épithètes malsonnantes à l'adresse du sacristain qui, en repoussant devant lui les récalcitrants, répondait en marmonnant ironiquement :
— Ça va bien, ça va bien !... Tout ce que vous voulez.
Il ferma la porte : au-dehors deux sbires du capitaine de la cité, armés, s'étaient assis sur la dernière marche du parvis. Ils ne pouvaient entrer pour arrêter l'homme qui s'y était réfugié parce que parmi les privilèges dont jouissaient les églises et les couvents figurait encore celui du *droit d'asile ;* et la justice ne pouvait étendre sa main jusque dans un lieu sacré sans l'autorisation expresse de l'archevêque. Mais l'asile ne pouvait durer plus

de trois jours, délai au terme duquel le coupable devait être remis au bras séculier. Par précaution le capitaine avait fait garder les portes, pendant que son Excellence le vice-roi sollicitait l'ordre de l'archevêque.

Don Girolamo Ammirata et l'autre dévot n'étaient pas sortis. Quand le sacristain revint après avoir fermé la porte, le dévot lui ordonna sur un ton tranchant :

— Ouvre la sacristie.

L'autre obéit.

Le dévôt et Don Girolamo entrèrent ; ils se couvrirent le visage de masques noirs ; sur un regard de Don Girolamo, le sacristain resta au-dehors.

L'homme attendait, les mains croisées sur la poitrine, le sourcil froncé, comme plongé dans ses pensées. A l'arrivée des deux hommes, il leva la tête, surpris par les masques, soupçonneux, prêt à se défendre ; mais il se calma aussitôt quand le dévôt lui dit d'un ton empreint d'humilité et de mansuétude :

— Si tu es dans ton droit, si tu es un pauvre persécuté, si l'on t'a offensé, confie-toi, peut-être pourrons-nous t'être utile. Comment t'appelles-tu ?

Le visage de l'homme s'était illuminé de joie et d'espérance, comme s'il recevait une révélation longtemps attendue. Sans hésitation, il répondit :

— Andrea... Andrea Lo Bianco.

— Tu es de la ville ?

— Oui, monsieur.

— Que t'ont-ils fait ?

— Ils m'ont envoyé aux galères, sans que je n'aie rien fait...

— Vraiment rien ?

— Je le jure, par Jésus Notre Sauveur ! répondit-il avec l'accent de la vérité. Mais il avait sans doute besoin de me faire disparaître.

— Qui ?

— Le duc de la Motta !

— Le duc de la Motta ? Don Raimondo Albamonte ?

— Exactement.

— Et pour quelle raison ?

Le fugitif se tut, apparemment peu disposé à révéler ce qui était peut-être un grand secret ; les deux masques attendirent un moment en silence puis le dévôt insista :

— Pour quelle raison le duc de la Motta voulait-il vous faire disparaître ?

— Parce que... parce qu'il pensait peut-être que j'étais un témoin dangereux... On m'a arrêté, jugé pour un crime que je n'ai pas commis, que l'on n'a pas pu prouver... et pourtant j'ai été envoyé ramer sur les galères du royaume... Et là on a tenté de m'assassiner... Regardez.

Découvrant son torse, il montra une cicatrice sous la clavicule :

— Je me suis échappé... Nous étions à Milazzo. Je me suis échappé de la galère, j'ai brisé mes fers, je me suis jeté à l'eau... Je suis venu à pieds à Palerme pour me venger... et pas seulement moi!... Tout à l'heure, je remontais le Cassaro, voilà le duc dans sa chaise... J'ai reconnu les livrées... Je me suis approché pour mieux voir à l'intérieur. Un serviteur qui avançait à côté de la portière m'a repoussé; le duc m'a vu, m'a reconnu, a crié; le domestique a essayé de me maîtriser, je l'ai repoussé... alors il a levé la canne pour me frapper... je n'ai plus rien vu et j'ai tiré... Je ne sais si je l'ai tué...

— Qui? Le duc?

— Non, le serviteur... Maintenant, je le sais, ils vont m'arrêter... Ici il n'y a aucun moyen de s'enfuir... Je serai pendu, car le duc est puissant. Ce n'est pas que je tienne à la vie; je l'ai jouée d'autres fois, quand je suivais mon bon maître, cette bonne et sainte âme, le duc, le vrai duc de la Motta, Don Emanuele... Non, ce n'est pas la vie; mais de ne pouvoir venger les innocents...

Il se tut de nouveau puis comme s'il prenait une résolution, il reprit brusquement;

— Si je ne me trompe pas, et si ce que j'ai entendu dire n'est pas un mensonge, messieurs, je vous en supplie, protégez-moi!... Peut-être n'aurez-vous pas à vous en repentir, vous pourrez m'aider à accomplir une grande œuvre de justice... Je vous en conjure!...

Don Girolamo et son compagnon se regardèrent sans répondre tout de suite directement. Le dévôt demanda :

— De quels innocents parles-tu?

L'œil étincelant, les muscles du visage contractés comme s'il était sous le coup d'une vision horrible, Andrea posa la main sur le bras de l'homme masqué et dit, en appuyant sur les mots, ces paroles empreintes d'une haine profonde :

— Don Raimondo Albamonte ne serait pas duc de la Motta s'il n'avait supprimé la duchesse veuve, sa belle-sœur et le neveu, l'héritier légitime...

Un cri de stupeur échappa aux deux masques...

— Qu'en sais-tu? Comment peux-tu l'affirmer?

Andrea leva la main en se tournant vers le crucifix posé sur la table, entre deux cierges.

— Oui... Je le sais; je sais qui a fourni le poison; c'est pour cela qu'ils voulaient me supprimer, comme fut supprimé un autre témoin : la chambrière de la duchesse!...

Les deux hommes masqués échangèrent un regard, toujours plus ébahi, à cette révélation inattendue.

Durant une minute, ils restèrent silencieux. On frappa doucement à la porte de la sacristie. Don Girolamo ouvrit et passa la tête au-dehors. C'était le sacristain.

— Vite ! vite ! dit ce dernier. On frappe à la petite porte. Ce sont sûrement les sbires avec le permis de l'archevêque... Il faut vous en aller, messieurs.

— Cela va bien. Va ouvrir.

L'autre, qui avait entendu, s'approcha d'une armoire, l'ouvrit et donna un coup de poing sur le fond, qui céda, révélant un vide obscur et profond. Il y entra en disant :

— Venez.

Andrea et Don Girolamo le suivirent ; l'armoire se referma, le fond se remit en place : Andrea se crut englouti par le vide mystérieux et tendit instinctivement les mains, comme pour s'accrocher à quelque chose ou reconnaître si ses deux sauveteurs étaient près de lui. Mais tout à coup une lumière éclaira le lieu : celui qui le précédait avait allumé une lanterne qui se trouvait probablement dans une petite niche ménagée dans la paroi.

— Allons-y.

Andrea reconnut qu'ils suivaient un couloir creusé dans le tuf, assez haut pour qu'un homme de taille moyenne pût y passer sans se cogner la tête. Les murailles moites répandaient une forte odeur d'humidité et de temps à autre une goutte d'eau froide suintait.

Ils cheminèrent l'un derrière l'autre ; leurs pas étaient assourdis par le sol malléable et piétiné. Le couloir descendait doucement. Andrea entendit sur la voûte un bruit lointain, comme un grondement ; il devina qu'au-dessus d'eux s'étendait une rue ou une place où passaient des voitures. Où allait-on ? Il était désorienté et ne pouvait rien deviner.

A un moment, ils s'arrêtèrent. L'homme masqué éteignit la lanterne et l'obscurité les enveloppa. Andrea perçut trois coups frappés sur une plaque de bois, sans doute une porte et et puis trois autres coups suivis d'un grattement, comme un chat qui tente d'ouvrir. Un verrou fut tiré précautionneusement et un fil de lumière apparut le long d'une paroi : on chuchotait à voix basse, rapide, brève, et la porte s'ouvrit complètement.

Andrea se trouva dans une petite pièce nue qui recevait de la lumière d'une autre porte ouverte sur une salle éclairée, encombrée de barrils et de tonneaux. Un petit homme gras au visage vérolé, aux yeux étroits, noirs, lumineux comme ceux d'un rat se tenait sur le côté, le bonnet à la main, dans une attitude respectueuse mais point servile.

— Oncle Rosario, dit l'homme qui s'était avancé et avait frappé, oncle Rosario, il faut le « sauver », dit-il en montrant Andrea.

— Cela va bien.

— Vie pour vie !

— Voilà une mise en garde bien inutile ! protesta l'oncle Rosario, la main sur le cœur.

L'homme masqué se tourna vers Andrea et lui dit :

- Reste ici. Tu seras en sécurité. Nous nous reverrons plus tard et nous parlerons. Adieu.

Andrea tenta de le retenir.
— Monsieur, monsieur, laissez-moi au moins remercier votre Seigneurie...
Mais l'autre lui fit signe de se taire et suivi de Don Girolamo entra dans la pièce suivante ; en y pénétrant, d'un geste rapide, ils ôtèrent leur masque et sortirent dans la rue.
Andrea demanda à oncle Rosario :
— Je vous en prie... dites-moi...
Mais celui-ci lui coupa la parole :
— Avant tout, apprenez un mot...
— Lequel ?
— Celui-ci.
Et l'oncle Rosario avança les lèvres serrées et les pressa entre pouce et index de la main droite dans un geste significatif qui voulait dire : « Il faut se taire, quoi que vous voyiez. »
Andrea comprit, rougit de honte et murmura :
— Excusez-moi.
— De rien, l'ami. Maintenant venez en haut, vous y serez comme un pape.

X

Le père Bonaventura venait à peine de revenir de la promenade quand il entendit qu'on frappait vivement à la porte de sa cellule ; devinant l'idendité de son visiteur, il alla ouvrir en disant :
— Entre, mon fils.
Blasco pénétra dans la pièce, avec son air de bravoure et le religieux, qui ne l'avait pas encore vu dans son nouvel habit, ne put retenir une exclamation d'émerveillement.
— Doux Jésus ! Tu n'es plus le même ! Tu es bien ainsi et demain je pourrai te présenter au duc et t'obtenir sa protection...
— Ah ?
— Je suis allé lui parler de toi ce matin et je suis retourné chez lui ce soir pour le féliciter du danger auquel il a échappé...
— Quel danger ?
— Un galérien évadé, peut-être pour se venger de sa condamnation, a tiré sur lui un coup de pistolet sans l'atteindre, grâce à Dieu.

— Et qui est ce seigneur ?
— Son Excellence le duc de la Motta...
— Le duc de la Motta ! s'écria Blasco, frappé de stupeur mais le visage illuminé de plaisir.
— Tu le connais, peut-être ?
— Non, mais, expliqua Blasco en faisant, chapeau à la main, une gracieuse révérence ironique, j'ai l'honneur de connaître la duchesse, qui est très belle...
— Blasco ! réprimanda le religieux en se forçant à garder son sérieux.
— Mille excuses ! répondit le jeune homme en riant, une autre fois, je ne laisserai échapper aucun jugement... de ce genre.
— Comment l'as-tu connue ?
— Oh ! attention, de vue seulement : la duchesse de la Motta est précisément la dame qui était dans le carrosse lors de cette petite aventure, le jour de mon arrivée. Je l'ai revue aujourd'hui à la promenade...
— Qui t'as dit que c'était la duchesse de la Motta ?
— Un jeune seigneur, avec lequel je me suis déjà lié d'amitié, au point qu'on croirait que nous nous connaissons depuis longtemps : le chevalier de la Floresta. Vous le connaissez ?
— De nom. Il est d'une grande famille. Dame ! Un petit seigneur. Tu as été prompt à te faire des amis ! Bravo ! Mais je te recommande la prudence et rappelle-toi qu'il s'agit de ton avenir. D'ici deux ou trois jours le nouveau roi devrait arriver et naturellement il distribuera des privilèges : tu comprends donc toute l'importance d'avoir un protecteur comme le duc de la Motta, qui figure parmi les plus influents des députés du royaume et que nous verrons bientôt président du Patrimoine... Il faut savoir capter sa sympathie. Je lui ai parlé de toi et je ne te cache pas qu'il est fort curieux de te connaître...
— Il est jeune, le duc de la Motta ?
— Quarante ou quarante-cinq ans.
— Mais alors, il pourrait être le père de sa femme !
Les pensées de Blasco ne cessaient de revenir involontairement à la duchesse.
— De fait, acquiesça le religieux, la duchesse est très jeune ; quand il l'a épousée, le duc était déjà veuf et père d'une fillette qui doit avoir maintenant dix ou douze ans. Si la duchesse ne lui donne pas d'héritier, la maison des Albamonte s'éteindra avec lui...
— ... peut-être, ajouta-t-il in petto après un instant de silence.
Mais Blasco ne releva pas ce dernier mot mystérieux ; sa cervelle était ailleurs ; elle suivait des idées bizarres : second mariage, jeunesse de la duchesse, absence d'héritier, différence d'âge, présentation, conquête de la sympathie, probablement familiarité, proximité ; ces idées s'associaient, les scènes et les images se succédaient, rapidement, confusément.
La nuit il ne dormit pas, s'émerveillant de l'inquiétude que lui donnait

l'idée obsédante de la duchesse et de la prochaine présentation. Il se répétait mentalement qu'il verrait la très belle femme, qu'il serait à côté d'elle, qu'il lui parlerait. Et le petit prince d'Iraci ? L'image de ce mirliflore hautain lui apparut soudain sous un nouvel aspect : celui d'un rival. Maintenant il lui paraissait évident que le jeune homme tournait autour de la duchesse comme une abeille attirée par une fleur, avec l'ardent désir d'en butiner le miel. Le voilà donc son rival ! Quelle coïncidence !... Ses pensées prirent un autre chemin. Le prince allait-il lui envoyer ses témoins, à présent, ou bien demanderait-il une nouvelle fois au capitaine de la cité de le faire arrêter ? Il était un gentilhomme, au fond ! A ce point, il songea de nouveau à l'histoire de ses origines qu'il ignorait voilà trois jours à peine, et dans laquelle il y avait encore des régions obscures, et il fut repris par son ressentiment contre ce père anonyme qui l'avait jeté dans le monde.

A l'aube la jeunesse l'emporta et il s'endormit profondément. Peut-être son sommeil fut-il bercé de visions plus douces et riantes pour un cœur de vingt-cinq ans ; car au matin, vers les quinze heures d'Italie, quand l'aubergiste vint timidement le réveiller, il avait l'air satisfait d'un homme heureux.

L'aubergiste avait pour lui une lettre et une commission : cette dernière était du père Bonaventura, qui l'attendait au couvent ; la lettre était du chevalier de la Floresta, qui le priait, s'il n'avait pas d'autres obligations, « de lui faire l'honneur de déjeuner avec lui ».

Le chevalier de la Floresta ne doutait pas que Blasco fût un gentilhomme ; mais par scrupule envers son rang, il était allé le matin même s'informer auprès du père Bonaventura ; il en avait reçu des assurances qui avaient tranquillisé sa noble conscience et qui l'avaient incité à inviter à sa table ce jeune nouvel ami pour lequel il éprouvait une vive sympathie. On comprendra que cette invitation remplit Blasco de joie. Elle ressemblait pour lui à une entrée officielle dans la société aristocratique et constituait comme une reconnaissance de son rang, davantage encore que la présentation au duc de la Motta envers lequel il devait adopter la contenance d'un nécessiteux en quête de protection ; chose qui répugnait passablement à sa nature.

Le père Bonaventura l'accueillit par une réprimande :

— Mon fils, *in primis,* tu te fais attendre, et le pire est que tu fais attendre le duc de la Motta ; en second lieu il parait que nous avons recommencé avec le prince d'Iraci !...

Blasco rougit, s'excusa pour le retard puis sourit :

— Il est peut-être bien venu vous voir, cet imbécile ?

— Le prince d'Iraci, l'admonesta le religieux, est un gentilhomme, d'une noblesse de premier ordre et il faut en parler avec respect. Évidemment, ce n'est pas lui qui est venu : mais j'ai appris qu'il s'était passé quelque chose après déjeuner. Je t'ai recommandé la prudence, mon fils ; mais tu ne m'écoutes pas... et tu ne sais quels tracas tu peux t'attirer maintenant...

— Bah, fit Blasco avec un geste de mépris, si vous saviez de quels imbroglios je me suis tiré et combien de fois je me suis battu !...

— Mais là est l'erreur, mon fils. Il ne s'agit pas d'un duel qui au reste serait contraire à la loi divine, mais de tout autre chose : rang, prééminance, convenance. Le monde est ainsi, il faut l'accepter et s'y résigner. Mais allons, il est tard...

— Oui, allons. Je ne vous cache pas que je souhaiterais m'éclipser rapidement, car le chevalier de la Floresta m'a fait l'honneur de me prier à déjeuner...

— Ah oui ?... Bravo, alors !

Le duc de la Motta les attendait dans son bureau. A leur entrée il leva la tête pour saluer ses deux visiteurs. Le père Bonaventura commença :

— Excellence, voici le jeune homme...

Mais à l'instant où le regard du duc se posait sur Blasco, il poussa un cri de stupeur :

— Oh ! lui ?...

Il se reprit, se mordit les lèvres et ajouta rapidement :

— C'est lui le jeune homme dont vous m'avez parlé ?

— Oui, Excellence, c'est lui qui bien heureux d'avoir la bonne fortune de vous offrir ses services.

Blasco se tenait debout, droit, le chapeau à la main, dans une attitude qui contrastait avec les humbles paroles du religieux. Il considérait curieusement ce seigneur maigre, pâle, aux lèvres minces, aux mâchoires anguleuses, aux mains longues, cireuses, veineuses en éprouvant un sentiment d'aversion, presque de répugnance, qui l'empêchait de sourire et de se montrer sous le jour modeste et serviable qu'aurait désiré le père Bonaventura.

Le duc aussi le regardait avec une stupeur toujours croissante, comme si une apparition soudaine l'avait ramené vers des souvenirs presque oubliés, enfouis dans sa mémoire. Après un instant de silence, il demanda au religieux :

— Ce beau chevalier est de Castiglione ?

Le frère se trouva un peu embarrassé et répondit évasivement :

— En fait sa famille est de Castiglione.

— Quel âge avez-vous, monsieur ?

— Vingt-cinq ans, Excellence.

Don Raimondo parut chercher dans sa mémoire une date, trouva peut-être quelque coïncidence, pâlit, secoua la tête et reprenant son masque impassible et sombre :

— Donc, dit-il, voyons un peu ce que nous pouvons faire de vous.

Mais un froid glacial s'était insinué entre eux. Blasco ne prononça pas une parole : maintenant il regardait une porte en se demandant si de là on entrait dans les appartements de la duchesse et pourquoi la duchesse ne se montrait pas. Le père Bonaventura ressentait aussi une gêne mais voulut rompre la glace.

— Votre Excellence connaît les habitudes de monsieur Blasco, elle sait que c'est un gentilhomme, il n'est donc pas nécessaire et il serait aussi présomptueux de suggérer à l'indulgence de votre Excellence ce qui conviendra le mieux...

— Ah certes!... savez-vous, monsieur, que vous avez eu une belle audace de bastonner les gardes du capitaine de la ville?

Blasco fit un geste, comme pour dire que c'étaient là choses insignifiantes, une broutille par rapport à ce dont il était capable.

— Sans parler, reprit Don Raimondo avec un accent de légère ironie réprobatrice, sans parler de la querelle avec un des princes en titre du royaume, qui n'était pas non plus une audace mineure.

Blasco sourit mais parut mortifié :

— Oh, mon Dieu! on dirait que ce noble prince est allé conter partout une mesquine dispute de rien!

— Ce n'est pas lui qui l'a contée, dit gravement Don Raimondo. C'est toute la cité qui en a été étonnée, et qui en parle...

— La chose ne mérite pas qu'on en discute; dans cette affaire, je regrette seulement qu'elle soit survenue sous les yeux d'une dame, qui en a peut-être été ennuyée, et à qui je voudrais demander pardon.

— Ah! Il y avait une dame? demanda malicieusement Don Raimondo.

— Non, Excellence; la dame passait dans son carrosse au moment où j'échangeais quelques mots vifs avec le prince et je crois que cela l'a effrayée, ce qui me navre...

— Preux et chevaleresque comme dans l'ancien temps; bravo! approuva Don Raimondo. Voilà qui me plaît. Nous veillerons, quand le roi, notre seigneur sera là, à vous obtenir quelque grade dans l'armée. Sa majesté est un roi guerrier, vous le savez; et elle aime les braves. En attendant, venez dîner ce soir. Où logez-vous?

— A l'auberge du Messinois...

— Comment donc! Un chevalier comme vous! Vous n'avez pas de parents ici?

— Non, Excellence...

— Comme je l'ai dit à votre Excellence, il est seul, ajouta le religieux.

— Et en ce cas, si cela ne paraît pas trop indiscret à Don Blasco, je serais heureux de lui offrir l'hospitalité dans ce palais.

Les yeux de Blasco s'illuminèrent de joie.

— En vérité, Excellence...

Le père Bonaventura était manifestement impressionné de tant de générosité. Avec un accent de sincère gratitude, il s'écria :

— Votre Excellence me confond; je n'en espérais pas tant, mais il me semble que cette offre généreuse comble le vœu de sa malheureuse mère... Elle priera au ciel pour votre Excellence et sa famille.

Don Raimondo pensait à part lui :

« Ma maison et ma personne seront gardées. »

Mais cette idée ne transparaissait pas sous le masque courtois et libéral adopté par le duc. Le père Bonaventura et Blasco étaient surpris ; Blasco se disait :

« A l'évidence, je me suis trompé ; malgré son aspect repoussant, c'est un brave homme. »

De son côté, le père Bonaventura songeait :

« Louée soit la Providence Divine. Dieu est juste et miséricordieux. »

Comme il les raccompagnait à la porte, Don Raimondo retint un instant le religieux et sans paraître accorder beaucoup d'intérêt à la chose, demanda à mi-voix :

— Dites-moi, père ; vous ne m'avez pas raconté où était né ce jeune homme...

Le père Bonaventura fixa sur lui des yeux scrutateurs : les deux regards se rencontrèrent et parurent se deviner mutuellement.

— Blasco est né dans le chateau de la Motta.

— Ah ! Et il le sait ?

— Il le saura quand votre Excellence le voudra...

— Fort bien. Alors ne lui dites rien...

— J'obéirai.

Blasco s'était arrêté pour regarder les portraits des ducs de la Motta, suspendus aux cimaises du salon. Ses yeux s'arrêtèrent sur celui d'un beau jeune homme portant cuirasse ; et il le considérait avec admiration, étonnement et satisfaction.

— Regardez, dit-il au père qui l'avait rejoint, le portait de ce beau seigneur en armure. Comme il me ressemble !

Le père Bonaventura y jeta un coup d'œil et pâlit.

— Hum ! fit-il... je ne trouve pas... Mais allons-y ; il est presque midi et tu es attendu.

— C'est vrai.

Quand ils se séparèrent, le religieux songea en prenant la direction du couvent :

« Ce tableau... il vaudrait mieux pour l'instant l'enlever de là... »

C'était le portrait de Don Emanuele Albamonte, duc de la Motta.

XI

Minuit avait sonné depuis peu à l'horloge du Mont de Piété et cette nuit-là contrairement à l'habitude, une grande animation régnait dans la ville. La matinée de ce 10 octobre avait vu l'arrivée des trente vaisseaux anglais et génois qui avaient transporté Vittorio Amedeo, sa Cour et sa suite dans la capitale du royaume. Ayant d'abord abordé à l'Arenella, et reçu la visite de l'archevêque, puis, peu après, celle des autres seigneurs et des deux envoyés du Sénat, les navires avaient vers le soir jeté l'ancre au grand mole, et le roi avait manifesté sa volonté de débarquer le lendemain vers les vingt-trois heures d'Italie.

Toute la journée une armée d'artisans s'était affairée à décorer le pont de débarquement de la Cala, et les quatre arches de la place Villena et à présent ils travaillaient encore, à la lumière des torches et des flambeaux, afin de terminer avant le jour. Un va et vient de chariots et de charrettes, un vacarme de coups de marteaux, de cris et de bruits confus que la nuit augmentait, se répandaient par le Cassaro, s'intensifiant aux Quatre Coins, renvoyés par l'écho dans toute la ville, et attiraient les curieux.

L'idée d'avoir un roi à soi avait communiqué aux mains l'enthousiasme des esprits. Dans la ferveur de ces artisans, dans la curiosité même de ces citadins qui au lieu d'aller dormir se pressaient aux Quatre Coins ou à la Cala pour voir le travail en cours, comme pour encourager les ouvriers à faire vite et bien, le patriotisme était présent. Ceux qui dormirent cette nuit-là avaient le sommeil léger et doucement troublé.

Ce n'était pas là les préparatifs proprement dits de l'entrée et du couronnement qui avaient demandé plus de temps et plus de travail; cependant ils suffisaient à mettre en mouvement toute la ville.

L'attention était si concentrée autour des deux principaux chantiers et les rues étaient si peuplées à cette heure insolite que nul ne pouvait s'étonner d'y croiser quelqu'un.

Deux hommes emmitouflés de telle manière qu'on ne voyait pas leurs traits sortirent de la Conceria et traversèrent la Rue Neuve, pour gagner la rue des Candelai, non sans avoir d'abord regardé autour d'eux, avec l'air de ceux qui n'aiment pas être suivis. Quand il leur parut s'être assez éloignés pour ne pas être vus des inhabituels passants de la belle rue, ils abandonnèrent l'allure de gens vaquant à leurs affaires pour la hâte de ceux qui craignent d'être en retard.

Ils bifurquèrent par la place du Mont de Piété, et poursuivant par la rue des Lettighe, aboutirent aux abords de l'église des « Canceddi », c'est-à-dire des voituriers, plus communément appelée église de Santa Maruzza. Ils s'arrêtèrent, l'un des deux passa les mains sous son manteau en disant :

— Prenez patience : laissez-vous bander les yeux.

Son compagnon ne résista pas tandis qu'il lui attachait un mouchoir sur les yeux et le prenait par la main, en ajoutant :

— Avancez sans crainte.

Longeant l'église, ils pénétrèrent dans une ruelle noire et mystérieuse, et après quelques pas s'immobilisèrent.

— Nous y sommes ! dit le guide.

Il s'approcha d'une petite porte basse, vermoulue, disjointe, contre laquelle il gratta légèrement avec les ongles, comme un chat. De l'intérieur, après un bref intervalle, répondit un autre râclement. Alors l'homme modula un sifflement ténu. La porte s'ouvrit sans bruit ; l'homme prit par la main son compagnon aux yeux bandés et l'attira dans l'orifice noir et profond :

— Venez. Attention, il y a une marche...

La porte se referma sur eux.

Ils suivirent un bref couloir au bout duquel une autre porte s'ouvrit avec le même mystère. Ils entrèrent dans une petite cour, au milieu de laquelle un arbre aux formes tourmentées se dressait dans la nuit. Le pavé résonnait dans les ténèbres comme sous une voûte.

— Prenez-garde, avertit le guide, on descend.

Il y avait effectivement quelques marches ; l'homme aux yeux bandés sentit que l'air devenait humide et chargé d'une odeur de moisi ; en fait l'escalier suivait un passage creusé dans le tuf qui s'entartrait par endroit et rendait le sol glissant. Une lucarne étroite, dans une petite niche creusée dans la muraille, répandait une lumière à peine suffisante pour laisser deviner les marches. Au bas de celles-ci, ils firent halte.

— Attendez-ici un moment, dit le guide. On viendra vous chercher.

Laissant l'homme aux yeux bandés dans une espèce d'antichambre, il frappa cinq coups à une porte. A l'intérieur une voix chuchota des paroles mystérieuses auxquelles répondit le guide ; la porte s'ouvrit et il entra dans une salle illuminée par des lanternes fixées au mur. Quelques voix le saluèrent.

— Bonsoir, oncle Rosario.

La lumière des lampes éclairait le visage grêlé et les yeux vifs du petit boutiquier.

— Il est là, annonça-t-il, quand Votre Seigneurie voudra...

Au fond de la pièce était érigé une espèce d'autel de pierre sur lequel se dressait un Christ en croix, entre deux cierges allumés. Au pied de la croix un livre était ouvert. Devant l'autel trois hommes masqués, couverts d'une espèce de sac noir, siégeaient à une petite table. De part et d'autre, six hommes, semblablement vêtus, étaient assis sur des chaises à dossier droit. Sous les masques noirs, les yeux brillaient sinistrement.

L'oncle Rosario s'approcha du mur, glissa les mains dans une niche dont il tira un paquet et un instant plus tard, ayant lui aussi revêtu le sac et le masque, il ne fut pas plus reconnaissable que les autres. Alors celui qui paraissait présider la séance fit un signe : un des six se leva et sortit pour rentrer presqu'aussitôt en tenant l'homme aux yeux bandés par la main.

— Otez-lui le bandeau, ordonna le chef.

On s'exécuta et le visage étonné et ému d'Andrea apparut. Le brusque passage des ténèbres à la lumière lui ôta un instant la perception de son environnement ; puis peu à peu il accommoda et dans le silence qui régnait sur la salle, il examina les lieux, stupéfait. Ces cavernes qui, aux alentours de Palerme n'étaient pas rares et dont le peuple attribuait l'origine aux Sarrasins, il avait bien du mal à croire qu'il s'en trouvât au cœur même de la ville. La pièce était creusée dans le tuf, en respectant certains canons artistiques ; le toit était voûté, des niches étaient creusées dans les parois. Près de l'autel on apercevait des restes de plâtre, mais l'humidité l'avait dégradé : on sentait que cette grotte était en sous-sol.

— Vous vous appelez Andrea Lo Biancho ? demanda le chef.

— Oui, illustrissime seigneur.

— Ici, il n'y a pas d'illustrissimes ; seulement des frères.

— Je vous demande pardon...

— Vous avez été serviteur de feu le duc de la Motta ?

— Jusqu'au jour où il est mort de la main des Turcs...

— Bien. Il est venu à la connaissance de cette vénérable société que vous pouvez fournir des informations concernant l'actuel duc de la Motta... Il faut des informations sûres et prouvées : prenez garde. Les paroles ne peuvent nous suffirent. Nous sommes lancés dans une œuvre de justice et de vengeance mais nous n'avons pu faire un pas en avant, parce que nous nous sommes trouvés devant une porte fermée que vous saurez peut-être ouvrir...

Le chef se tut une minute puis reprit d'une voix solennelle et chargée d'émotion :

— *Andrea Lo Bianco, tu es entré en un lieu dans lequel nul profane n'avait jamais mis les pieds ; mais cela engage toute ta vie, d'une manière que tu n'imagines peut-être pas. Es-tu sûr de tenir tes promesses ? Si tu ne l'es pas, déclare-le : tu seras raccompagné comme tu es venu et tu seras laissé libre ; mais si tu déclares en être sûr ; prends-garde, Andrea Lo Biancho, que nous ne te permettrons plus de te retirer et qu'à côté de toi, derrière toi, dans la rue, dans l'église, dans ta maison même il y aura toujours, invisible et infaillible le bras vengeur de notre justice...*

Andrea répondit :

— *J'ai confiance en vous; ayez confiance en moi. Vous êtes ici pour la justice, moi pour la vengeance. Vous m'avez sauvé, et ma vie vous appartient : je me mets tout entier à votre service.*

— Fort bien. A vous, frères.

Les six hommes se levèrent et entourèrent Andrea ; sur un signe, tous sortirent en même temps de sous leur robe un poignard long et effilé dont ils firent étinceler la pointe sous ses yeux ; puis deux d'entre eux se saisirent rapidement d'Andrea, lui dénudèrent le bras gauche et de la pointe d'un poignard, lui dessinèrent sur la peau une petite croix. Le sang coula sur la peau nue. Alors un des trois qui siégeait à la petite table se leva, prit le livre au pied du crucifix, le posa sur la table, tira une plume d'une petite boîte et, après l'avoir plongée dans le sang, la tendit à Andrea.

— Andrea Lo Bianco, reprit le chef, ce livre contient les saints évangiles et les lettres du saint apôtre Paul. Appose la croix avec ton sang sur cette page ; et jure d'obéir strictement à ce qui te sera ordonné ; jure-le par les saints Évangiles, par le saint apôtre Paul, par ton sang, qui sera versé goutte à goutte ; jure que tu garderas le secret sur tout ce que tu entendras et verras et que ni la torture ni la séduction ne t'arracheront un mot là-dessus ; jure que ton corps et ton âme appartiendront désormais à la vénérable société des Beati Paoli, au service de la justice, pour la défense des faibles, contre toute violence et abus du gouvernement, des seigneurs, des prêtres.

D'une main ferme Andrea traça une grande croix au bas de la page qu'on lui montrait et dit :

— Je le jure ; et que cette croix écrite avec mon sang signe ma condamnation si je me soustrais à mes obligations.

— Que Dieu t'assiste et que le Bienheureux apôtre Paul t'arme de son zèle, et te prête son épée ! Maintenant réponds. Tu étais au service du duc Don Emanuele ?

— Oui, seigneur.

— Jusqu'à sa mort, tu disais ?

— Il est mort entre mes bras ; avant de mourir il m'a donné une médaille pour que je la mette au cou de son petit enfant qu'il ne connaissait pas. De retour à Palerme, après quelques péripéties, je me suis acquitté de ce pieux devoir.

Le compagnon qui siégeait à droite du président demanda avec vivacité :

— Comment était cette médaille ?

— C'était une médaille d'argent, avec incrustés à l'avers une relique, un minuscule éclat, et au revers l'image gravée de Saint Sébastien, protecteur de l'antique Académie des Armes... Elle était accrochée à une chaîne d'argent....

— Ah, très bien ! s'exclama le Beato Paolo.
— Poursuivez, dit le chef.
— Je comptais veiller sur mon petit maître et j'avais trouvé une compagne fidèle en Maddalena... Mais je fus chassé par Don Raimondo et Maddalena fut tuée, peut-être empoisonnée.
— Qu'est-ce qui vous le fait supposer ?
— Don Raimondo a tenté d'empoisonner la duchesse...
Andrea conta comment il avait surpris la visite de Don Raimondo et de son fidèle serviteur chez Peppa la Sarda, et son intervention pour obtenir de l'empoisonneuse un remède.
— Mais tout effort fut vain. La duchesse fut certainement tuée et son fils avec elle... Pour dissimuler le crime, Don Raimondo les a enlevés ; il a attaché une corde à la rambarde du balcon pour simuler un rapt ;... puis il a fait porter les soupçons sur moi, et j'ai été arrêté et envoyé aux galères. C'est un assassin, messeigneurs, un assassin : il a tué trois innocents pour s'approprier le patrimoine qui ne lui appartenait pas.
— Qui était le serviteur ?
— J'ignore s'il est toujours à son service. Il s'appelait Giuseppico ; un Majorquin noir, maigre, le regard torve.
— Et qu'advint-il de Peppa la Sarda ?
— Je ne sais. La même nuit, quand je suis rentré chez moi, elle avait disparu. Comment a-t-elle fui ? Je ne sais. Où s'est-elle réfugiée ? Il faut la retrouver. Elle a fourni le poison à deux reprises et une nuit elle est allée au palais pour le préparer elle-même en se faisant passer pour Maddalena... Oh, c'est une histoire triste, infâme, scélérate !... Si Don Raimondo a eu la sorcière en son pouvoir, il l'aura certainement fait disparaître ; mais si elle est vivante, c'est un témoin, une accusatrice terrible... Il en est de même pour Giuseppico. La pauvre Maddalena aurait pu en dire aussi beaucoup... mais elle est morte, victime de son dévouement à sa maîtresse. Il faut donc remettre la main sur Peppa la Sarda et sur Giuseppico ; ils ne peuvent pas être morts ; la mauvaise herbe ne meurt pas. Ils seront retenus quelque part. Trouvez-les, obtenez d'eux qu'ils disent la vérité et rétablissez la justice. Les âmes des victimes, de Donna Aloisia, du petit Don Emanuele, de Maddalena vous béniront et trouveront le repos.
Les yeux d'Andrea lançaient des éclairs ; sur son visage passaient les ondes de l'émotion ; dans sa voix tremblante la haine et l'amour voisinaient. Un murmure contenu suivit, comme un commentaire ses dernières paroles. Le Beato Paolo qui avait posé la question sur la médaille d'Andrea, se leva alors et d'une voix émue, s'exclama :
— Dieu est grand ! Dieu est grand !... Dieu a envoyé à nous cet homme pour que la justice s'accomplisse, pleine et entière. *Dominus pupillum suscipiet, et vias peccatorum disperdet.*
Andrea ne comprenait pas le latin mais il devina qu'il s'agissait d'une allusion à l'affaire qu'il avait racontée ; et de l'emphase avec laquelle cela

fut dit, il conclut qu'il y avait quelque chose qu'il ignorait, mais devait être terrible. Le Beato Paolo qui avait parlé reprit :

— J'ai quelques informations qui peuvent intéresser ce vénérable tribunal et sur lesquelles je lui demande de porter son attention. Le duc de la Motta a accueilli chez lui un jeune homme qui s'appelle ou se fait appeler Blasco de Castiglione... Il a été recommandé par un frère du couvent des Chiovari, le père Bonaventura de Licodia. C'est un jeune brave, et il semble que le duc l'ait pris avec lui pour sa défense. Selon mes renseignements, il est vraiment redoutable...

— C'est vrai, dit un autre, il a bastonné les sbires. Il était logé à l'auberge du Messinois...

Le chef intervint :

— Il faut savoir qui il est et d'où il vient.

Puis, se tournant vers Andrea, il ajouta :

— Tenez-vous prêt à exécuter les ordres qui vous seront communiqués par le frère qui vous a conduit ici, et en attendant ne vous faites pas reconnaître, ne vous faites pas voir. Le duc de la Motta a lâché un chien qui est parti aussitôt en chasse ; vous le connaissez : c'est Matteo Lo Vecchio. Restez sur vos gardes.

Il fit un signe. Un de ces hommes mystérieux banda de nouveau les yeux d'Andrea et le conduisit au dehors. Là, il se retrouva avec l'oncle Rosario à son côté qui le prit par la main et le guida sur le chemin qu'ils avaient parcouru dans l'autre sens. Près du Mont de Piété, il lui ôta le bandeau.

— Vite, dit-il, à la maison...

Ils remontèrent la rue sans échanger un mot ; Andrea était sous le coup de ce qu'il avait vu : il se demandait pour quelle raison ce tribunal mystérieux et terrible s'intéressait aux usurpations du duc de la Motta ; certes ce n'était pas pour venger la mort de quelqu'un ; et alors ? Et qui étaient ces hommes, de qui tout le monde parlait, que nul ne connaissait, et qui pourtant inspiraient la terreur à toute la ville, et souvent intimidaient, faisaient hésiter les magistrats au moment de rendre leur jugement ?

La secte qui, en ces années-là, par ses actes de justice, répandait la terreur à Palerme et aussi dans le Val de Mazara, avait d'importantes ramifications connues du seul tribunal suprême qui la dirigeait ; les affiliés ignoraient combien ils étaient ; chacun d'eux connaissait uniquement le compagnon qui l'avait conduit avec beaucoup de mystère, les yeux bandés, et ne voyait devant lui que des hommes masqués. Il arrivait que les affiliés fussent surveillés par les chefs sans le savoir et sans pouvoir s'en apercevoir ; ce qui les rendait muets, prudents, fidèles, prompts aussi au sacrifice.

Aux pauvres, aux faibles, la secte se présentait comme une formidable protectrice, ce qui lui attirait des sympathies et cette solidarité inconsciente mais très puissantes, grâce à laquelle les affiliés ne se sentaient jamais seuls, et pouvaient compter sur le secours et la protection du peuple et de la petite bourgeoisie.

Les seigneurs et les clercs étaient les maîtres de l'État, puisqu'ils possédaient la richesse ; toutes les charges étaient en leur pouvoir, les postes les plus délicats n'étaient confiés qu'aux nobles, lesquels, naturellement, par esprit de caste, s'aidaient, se soutenaient, se protégeaient. Quelque violence qu'ils eussent commise, ils étaient assurés de l'impunité ; les condamnations les plus graves se limitaient à l'exil ou aux arrêts dans un noble manoir, ou dans un palais royal, où ils étaient logés et servis avec tous les égards et jouissaient de la plus grande liberté. Mais le peuple et la petite bourgeoisie n'avaient que la misère et la servitude, et la loi faisait pleuvoir sur eux les plus féroces châtiments que la folle rigueur de ce temps mettait à sa disposition, non seulement pour punir les vrais coupables, mais aussi pour laisser accomplir les violences et les injustices.

Les Beati Paoli apparaissaient et étaient de fait une force de réaction, modératrice : ils s'insurgeaient pour défendre et protéger les faibles, empêcher injustices et violences : ils formaient un État dans l'État, formidable parce qu'occulte, terrible parce qu'il jugeait sans appel, punissait sans pitié, frappait sans faillir. Et on ne connaissait ni les arrêts ni les exécutions de sa justice. Ils semblaient appartenir davantage au mythe qu'à la réalité. Ils étaient partout, entendaient tout, savaient tout, et nul ne devinait où ils se trouvaient, où ils se réunissaient. L'exercice de leur activité de tuteurs et de vengeurs se manifestait au moyen d'avertissements, de lettres, qui arrivaient mystérieusement.

L'homme qui les recevait savait qu'une condamnation à mort était suspendue au-dessus de sa tête.

Comment étaient-ils apparus ?... D'où venaient-ils ?

Mystère. Ils avaient des prédécesseurs : ces terribles *vendicosi* qui au temps d'Henri VI et de Frédéric II étaient répandus dans tout le royaume et dont le chef était un seigneur, Adinolfo de Pontecorvo ; les sectaires étaient des milliers ; ils avaient pour tâche de venger les violences infligées aux faibles.

Mais nul ne savait jamais qui était le chef des Beati Paoli, ni ne pouvait jamais dire s'il appartenait à l'une ou l'autre classe ou caste. En plus d'un quart de siècle, aucun procès n'avait pu dissiper le mystère. Quelquefois un homme montait sur l'échafaud, accusé d'un crime de sang : on disait, on tenait pour certain qu'il était un affilié ; mais ni la torture ni la vue de l'échafaud ne parvenaient à lui arracher le secret. La justice coupait quelque rameau ; l'arbre subsistait et de nouveaux bourgeons poussaient.

En 1713, la secte était en pleine vigueur ; elle s'enflammait pour ce qui lui semblait une œuvre de justice, et la ville en était comme accablée. Le gouvernement du vice-roi, la cour du capitaine, le tribunal du Saint Office, mettant de côté leurs disputes de prérogatives et de prééminences, s'étaient coalisés pour extirper la secte, mais en vain. Les plus fins limiers, quand ils paraissaient lancés sur une piste, tombaient mystérieusement.

Telle était la société secrète qu'avait rencontrée Andrea ; tel était le tribunal auquel il demandait vengeance : et dans son imagination, il grandissait ces personnages et leur donnait une apparence extraordinaire. S'il avait pu, dissimulé, voir les visages de ces hommes terribles, qui, après sa sortie, ôtèrent leurs masques, il aurait été ébahi de découvrir des physionomies insignifiantes et communes.

L'homme qui, assis près du chef, avait posé quelques questions à Andrea, était Don Girolamo Ammirata.

XII

Le lendemain, à vingt-deux heures du jour, un véritable fleuve humain descendit le Cassaro, vers la Porte Heureuse, pour voir le débarquement du roi. Aux balcons pendaient tapis et tapisseries ; aux Quatre Coins on avait improvisé pendant la nuit quatre arcs de triomphe, ornés d'étoffes, de pompons, de franges et de lustres ; et les quatre façades disparaissaient presque sous le velours et les ors.

Le pont de débarquement avait été construit près de la Porte Heureuse, avec un grand arc décoré aux couleurs de la ville, et surmonté d'un aigle doré et couronné, qui tenait dans ses serres l'écu de la maison de Savoie.

Jusqu'à midi la garnison espagnole s'était rassemblée à la Cala pour embarquer avec ses bagages ; et une foule d'amis, de parents, de compatriotes devenus citoyens de Palerme, avait accompagné les soldats du roi Philippe non sans un certain chagrin. Ces soldats avaient souvent pris femme et tissé des liens étroits avec les Palermitains, et dans les habitudes de leur séjour ils se considéraient déjà comme des habitants de la ville ; la raison des traités les chassait du royaume, chose qu'ils n'auraient pas cru possible. Avec les familles, c'étaient douze mille personnes environ qui s'en allaient, qui abandonnaient tant de choses chères, de souvenirs, d'affections, d'habitudes pour laisser la place à des gens nouveaux, surgis à l'improviste, comme une armée conquérante, mais sans même avoir gagné la gloire de la conquête.

Ce départ avait quelque chose de triste et d'anxieux : il réveillait les regrets et les plaintes, peut-être aussi l'indignation.

Tandis que les Espagnols embarquaient, les troupes savoyardes et piémontaises débarquaient des vaisseaux et venaient se ranger sur la promenade de la Marine, pour précéder l'entrée du roi, conformément aux ordres reçus.

C'était donc un double spectacle qui s'offrait aux populations, comme préparation à l'autre plus solennel et totalement nouveau, à savoir l'entrée des souverains qui ne débarqueraient que quand les troupes savoyardes auraient pris possession de la ville. On calculait que le roi ne mettrait pas les pieds à terre avant vingt-trois heures, soit une heure avant l'Ave. Il fallait se dépêcher pour trouver une bonne place au premier rang, ou sur les marches des églises, d'où l'on jouirait au mieux du spectacle.

A vingt-deux heures tous les balcons du Cassaro grouillaient de monde, en particulier de seigneurs ; on s'entassait sur les parvis, le Cassaro était plein à craquer. Pas un pouce de sol libre. Sur les têtes de la foule émergeaient ça et là des enfants à la mine réjouie, posés sur les épaules de leurs parents. La foule s'ouvrait, reculait brusquement, ondulait d'un endroit à un autre pour laisser passer les carrosses de la noblesse ; les citadins les reconnaissaient à la magnificence de l'équipage, à la richesse et aux couleurs des livrées. Celui-ci était du prince Butera, premier noble du royaume. Le prince Don Placido Nicolò Branciforti, le chapeau perdu dans une énorme perruque bouclée, saluait d'un amical sourire protecteur chaque fois, et cela arrivait souvent, qu'on levait le chapeau ou le bonnet à son intention. Cet autre carrosse était au prince de Geraci... Venaient ensuite les livrées de la maison Alliata, et celles des Settimo, des Bonnano, du marquis de Regalmici, des Filangeri ; tous passèrent, exhibant l'or des décorations, la beauté et le nombre des chevaux, la quantité d'esclaves et de serviteurs.

Le Sénat suivit, dans ses propres carrosses, précédé de musiciens, de connétables à cheval, de maîtres de cérémonie et de massiers ; avec le capitaine, les juges, les officiers, les gardes urbains vêtus de rouge et de jaune. C'était une magnificence vraiment royale, qui faisait l'orgueil et la délectation du peuple et satisfaisait son goût inné des choses belles, riches, magnifiques.

Là-bas, au delà de la Porte Heureuse la cohue était encore plus dense. Les régiments et escadrons savoyards, environ six mille hommes, avec drapeaux et tambours, les officiers dans leurs uniformes variés, se disposaient à entrer dans la ville ; la foule s'amassait autour d'eux, s'insinuait entre les rangs de soldats et au milieu des carrosses qui s'alignaient suivant le rang et la prééminence, près du pont de débarquement. Une autre foule très nombreuse avait pris d'assaut les barques ; le miroir d'eau de la Cala en était couvert. Le soleil, qui descendait sur le mont Cuccio revêtait d'une lumière d'or le fortin de la Garita et le Château, dorait les ondes découpées et agitées par des milliers de rames, répandait des flammes sur les soies roses du pont, sur les velours, sur les étendards.

Un coup de canon fit tourner toutes les têtes vers le Château. On vit alors sur la hampe monter lentement et se déployer au soleil le drapeau du royaume de Sicile, blanc avec au centre le grand aigle noir couronné, qui portait sur la poitrine les armes de Savoie. Le soleil inonda l'oriflamme de lumière, comme pour la saluer et celle-ci parut vraiment briller d'une splendeur nouvelle, augure d'une ère nouvelle pour le royaume, réduit par un mauvais gouvernement à l'état de province décrépite et ruinée.

Dans le même temps quelques gondoles se détachèrent des vaisseaux au mole ; la première, grande, ornée d'or et d'un pavillon de velours rouge avec au dessus l'enseigne de la ville, était manœuvrée par des rameurs en livrée rouge. C'était la gondole du Sénat, qui transportait le roi Vittorio Amedeo, la reine Anna d'Orléans et le prince Tommaso. Alors les tambours roulèrent, les trompes sonnèrent et, en ordre, au pas cadencé, les troupes commencèrent à entrer par la Porte Heureuse.

Le soleil se couchait déjà ; l'air s'obscurcissait ; on alluma quelques torches devant la porte d'une boutique ; ce fut le signal : tout le Cassaro s'illumina soudain ; dans les boutiques, sur les balustrades des balcons on alluma des lanternes, des torches, des lampes ; des rez-de-chaussée au faîte des maisons et des palais, le Cassaro fut constellé comme un ciel d'août d'étoiles scintillantes.

Au fur et à mesure que défilaient les tambours, sur le Cassaro se propageait ce frémissement, cette agitation tremblante qui manifeste l'attente d'une joie :

— Le voilà ! Le voilà !...

Après les soldats viendrait le roi. Le roi ! Qu'est-ce que c'était qu'un roi ? Qu'est-ce que c'était que cette divinité invisible, ce nom qui emplissait les cœurs d'une soumission mystérieuse, cette entité mystérieuse, à la volonté de laquelle ils s'étaient pliés jusque-là sans se demander pourquoi ?

Voici enfin le roi. Il venait restituer au royaume son indépendance, à la capitale sa splendeur.

Sur un balcon à l'angle de la rue des Schiopettieri, Don Vincenzo Bongiovanni jouissait du spectacle. Il n'était pas seul. Outre Pellegra, il avait invité Don Girolamo Ammirata et le jeune neveu de ce dernier, pour lequel il s'était pris d'enthousiasme.

— Venez avec nous, leur avait-il dit, j'ai une bonne place, dans la maison d'un ami. Ne soyez pas timide ; ils seront enchantés de vous voir ; et puis... vous goûterez ce petit vin ! Et vous goûterez aussi autre chose. Savez-vous que cette petite commère de Pellegra m'a fait une poésie sur la venue du roi. Mais une vraie poésie, pas des bêtises !

Don Girolamo avait accepté. Ils se trouvaient donc à présent tous les quatre dans un coin de la lourde et longue loge, accoudés à la rambarde de fer forgé ; le jeune garçon dans l'angle, Pellegra près de lui, puis Don Vincenzo et le rationnel ; Don Vincenzo loquace, allègre, extravagant, vulgaire aussi, sans égard pour Pellegra ; Don Girolamo taciturne, sérieux, réservé. Le peintre était si occupé de son propre bagout, qu'il ne regardait pas sa fille : et les deux jeunes gens, dans la fleur de leur jeunesse, étaient si heureux d'être près l'un de l'autre que rien ne semblait les intéresser. Entourés de toute part, ayant sous les yeux une foule mobile, fluctuante, bruyante, ils se sentaient seuls ; ils ne voyaient qu'eux-mêmes, n'entendaient que les voix de leurs âmes assorties.

Ils avaient posé souvent l'un près de l'autre dans l'atelier du sculpteur, pour satisfaire les caprices que la fatuité suggérait à Don Vincenzo, mais quoique des rougeurs soudaines et des frémissements inconscients les eussent quelquefois troublés, ils n'avaient jamais éprouvé la douce timidité, le tendre embarras que mettait ce soir-là dans leurs veines le fait de se trouver ainsi côte à côte, dans l'angle du balcon. Le roulement des tambours, le son des trompettes attira un peu leur attention. A la vue de la forêt de baïonnettes qui scintillaient sur le Cassaro, Pellegra s'exclama :

— Que de soldats !

— Est-il vrai que vous ayez fait une poésie pour le roi ? demanda le jeune homme.

— Oui.

— Comment fait-on pour inventer une poésie ? Je n'y suis jamais arrivé : pourtant il me vient tant de choses à l'esprit... savez-vous ? Quand je suis près de vous !... Cela vous offenserait si je vous les disais ?

— Non, dites-les moi donc.

— Eh bien, quand je suis près de vous, dans ma tête se bousculent tant de pensées, tant de belles idées ; et je ne puis les exprimer, ou si je veux le faire il me vient à l'esprit des expressions que j'ai lues chez les poètes de la bibliothèque de mon oncle Girolamo. Les pères du Collège m'ont appris le latin mais pas à écrire des poèmes... Qui vous l'a enseigné, à vous ?

— Personne... Les vers me viennent tout faits à l'esprit.

— Comme je vous envie !

— Pourquoi ?

— Parce que si je savais écrire en vers... j'en ferais tant pour vous.

Pellegra rougit et parut vouloir dévier la conversation :

— Regardez, Emanuele.

Un groupe d'officiers à cheval passait, ceints d'une écharpe bleu turquin, épée dégainée, droits et fiers.

— Vous aimeriez me voir parmi eux ? demanda le jeune homme.

— Oui. Vous savez que j'ai beaucoup lu, n'est-ce-pas ? J'ai lu la

Jérusalem et le *Roland,* et ces preux et courtois chevaliers me passent toujours devant les yeux... C'étaient des temps vraiment héroïques! J'aurais aimé être née à cette époque.

— Ah, si j'étais plus vieux et plus riche!...

— Que feriez-vous?

— Je pourrais avoir un brevet de capitaine... et passer avec ma compagnie sous votre fenêtre.

Ils se turent. Les régiments avaient fini de défiler et venaient ensuite la cavalcade des seigneurs, les titulaires des charges du royaume, le sénat; puis le marquis de Balbases, jusque-là vice-roi d'Espagne. Vittorio Amedeo et Anne d'Orléans; le roi rasé, avec la perruque bouclée à la mode de France, le long visage des Savoie, le nez effilé, un peu dur et soutenu; la reine maigre, blonde, anguleuse, avec le long nez des Bourbon. Derrière eux, dans les autres carrosses, le prince Tommaso, les grands dignitaires de la Cour piémontaise, les gardes. Sur les bastions, le Château, les vaisseaux, l'artillerie tonnait; les clochers de toutes les églises, par ordre de monseigneur Gasch, archevêque, carillonnaient à la volée et dans la rue, des balcons illuminés, dans la splendeur de mille et mille torches, au fur et à mesure que le cortège avançait, s'élevait le cri de « Vive le Roi! », cri enfermé au profond des cœurs par des siècles de servitude étrangère et qui débordait à présent, avec tout l'enthousiasme d'un rêve réalisé. L'émotion s'était aussi emparée de Don Girolamo. Le peintre gesticulait et criait :

— Voilà qui me plaît! Voilà qui me plaît!... Parole d'honneur, j'en ferai un tableau; j'en ferai un tableau!... Maintenant, je veux aller à la Cathédrale; elle doit être tout illuminée, et il y aura l'archevêque pour recevoir le roi et chanter le *Te Deum*... Allons-y, allons-y. Vite, Pellegra! Venez, Don Girolamo.

Il entraîna ses amis dans l'escalier, en ajoutant :

— Passons par les petites rues, nous irons plus vite.

Il était tellement pris par son idée, riant comme un enfant et courant dans la rue des Schioppettieri, qu'il n'avait pas un regard pour ses compagnons. Don Girolamo avait tenté de le modérer : « Diable, vous voulez avoir une attaque? la Cathédrale ne va pas disparaître, que je sache. » Mais Don Vincenzo ne faisait pas attention à lui; il avait même oublié sa fille. Il fallait le suivre tant bien que mal, par la place du théâtre de Santa Lucia, la rue sous l'arche de San Giuseppe et la rue de Santa Chiara.

Pellegra et Emanuele se tenaient près l'un de lautre, la course les rapprochant parfois brusquement, leurs épaules se heurtant légérement. Ils riaient. Cette course les amusait; on eut dit deux agneaux échappés de la bergerie pour s'ébattre sur le pré. Don Girolamo les suivait. D'autres gens avaient eu la même idée et se précipitaient dans la même rue; à un certain point la foule était si nombreuse qu'il fallut s'ouvrir le passage, en bousculant quelques personnes qui lâchaient des jurons dans leur dos. Remontant par la rue de l'Origlione, ils se faufilèrent dans un labyrinthe de ruelles d'où finalement, par la rue du Lombardo, ils retournèrent sur le Cassaro, à l'extrême limite de la place de la Cathédrale.

Mais au débouché de la rue, ils durent s'arrêter : le Cassaro était à cet endroit envahi par un fleuve humain en crue ; la foule avide de spectacles avait suivi les troupes et s'était agglomérée ; repoussée et divisée par les carrosses, elle s'adossait aux balustrades, reculait dans les ruelles, poussait de nouveau, se répandait sur la place ; on se précipitait sous le très beau portique du xve siècle, pour entrer dans l'église et trouver les meilleures places. Mais elle devait être déjà bondée.

— Il faut jouer des coudes pour s'ouvrir la route, lança le peintre.

— Mais on ne peut pas entrer dans l'église, rétorqua Don Girolamo, vous ne voyez pas qu'elle est pleine ?

— Bah ! Nous entrerons dans la sacristie : vous verrez qu'ils m'ouvriront, à moi... Je suis connu.

Il fallut le suivre. Don Vincenzo se jeta hardiment dans la foule, prenant par la droite pour se jeter derrière un carrosse, profitant du bref espace libéré entre deux carrosses pour traverser le Cassaro. Pellegra tenta de le suivre, mais un autre carrosse survint, précédé de quatre laquais porteurs de torches, dont l'un, suivant l'arrogante habitude des serviteurs, prit Pellegra par un bras et la rejeta en arrière ; mais au même instant une violente bourrade dans le dos l'envoya voltiger entre les pattes des chevaux. Un hurlement s'éleva au dessus du fracas ; le cocher essaya de freiner les bêtes mais pas assez vite pour que le laquais ne fût renversé et piétiné par les deux premières.

Il s'ensuivit un moment de panique et de confusion. Le hurlement, la subite reculade des chevaux, l'arrêt du carrosse, le mouvement des laquais qui se précipitaient au secours de leur congénère, la perception confuse d'un choc et d'une chute, affola la foule qui, ne sachant ce qui se passait, imaginait une rixe, des armes, des morts ; les plus près du carrosse se rejetèrent violemment en arrière, heurtant ceux qui arrivaient sur leurs talons ; le mouvement se propagea un instant ; une houle parcourut la foule qui battit en retraite, laissant là au milieu les laquais portant dans leurs bras le blessé ensanglanté, et devant eux Emanuele dans une attitude combative, avec un visage d'une juvénile férocité, et Pellegra tremblante, serrée contre Don Girolamo.

Tout s'était passé si rapidement que nul, hormis le jeune garçon, n'avait eu le temps de se former une idée précise de l'incident. Mais le hurlement, l'arrêt brusque des chevaux, la débandade de la foule, répandirent l'effroi jusque dans le carrosse ; la portière s'ouvrit brusquement et Blasco se pencha à l'extérieur. En voyant le laquais blessé, soutenu par ses compagnons, il se précipita :

— Qu'est-ce qu'il s'est passé ?

— Monsieur, vos laquais sont des vauriens ! Il faut leur enseigner le respect des messieurs, si vous ne voulez pas qu'ils se retrouvent sous les roues d'un carrosse...

Blasco regarda étonné ce jeune garçon qui avait des attitudes d'homme et parlait si fièrement.

— Que veux-tu dire, mon garçon ? lui demanda-t-il en s'approchant.

— Je veux dire, monsieur que c'est moi qui ai donné une petite leçon à votre laquais.

Blasco passa d'un ébahissement à l'autre et, chose curieuse, il sentit toute colère le quitter. Mais une voix féminine venue du carrosse le tira de sa stupeur :

— Don Blasco ! Don Blasco !

Il s'approcha alors de la portière où était apparu un gracieux visage effrayé.

— Ce n'est rien, madame la duchesse, la rassura-t-il, un des laquais qui est tombé.

Et se retournant vers Emanuele, il lui posa une main sur l'épaule et lui dit :

— Tu me sembles un brave garçon, et les braves garçons me plaisent. Mais je te conseille de ne plus paraître devant moi. Va-t'en...

D'un mouvement brusque, il lui fit faire demi-tour ; le jeune homme, le visage en flamme, se retourna vivement pour répliquer ; mais Don Girolamo et Pellegra s'interposèrent pour le retenir et le protéger.

— Emanuele ! Emanuele !...

Pendant ce temps, derrière, se formait un embarras de carrosses, la foule rassurée avançait, se répandant partout, pressée et poussée par le fleuve humain qui descendait le Cassaro et débouchait des ruelles. Blasco haussa les épaules et remonta dans le carrosse : le cocher cingla les chevaux qui avancèrent en piaffant ; le carrosse se remit en route avec seulement deux laquais, passa devant Emanuele et Pellegra pour rejoindre la place qui lui revenait hiérarchiquement.

A l'intérieur de la voiture, près de Blasco, Pelegra et Emanuele aperçurent une jeune et très belle dame. Don Girolamo la reconnut :

— Ah ! s'exclama-t-il, la duchesse de la Motta !...

Ils traversèrent le Cassaro, entrèrent sur l'esplanade de la Cathédrale, et fendirent la foule pour rejoindre Don Vincenzo Bongiovanni, qui, supposaient-ils, les attendait devant la porte de la sacristie. Pellegra se serrait contre Emanuele, éprouvant au contact du jeune homme des frissons qui la faisaient pâlir. Intérieurement, elle se justifiait de devoir se serrer contre lui en invoquant la pression de la foule qu'ils traversaient à grand peine ; mais il lui fallait aussi confesser aussitôt que ce n'était pas sans plaisir et qu'elle cédait volontiers au flot qui la poussait contre l'épaule d'Emanuele. En cet instant, il lui apparaissait grandi à la taille d'un homme ; car dans son geste, il lui avait semblé viril et plus vieux que son âge, par la promptitude, l'énergie, le courage, dont il avait fait preuve et qui lui paraissaient d'autant plus admirables qu'il s'agissait de seigneurs puissants.

A un moment, la foule était si serrée, qu'ils furent pressés l'un contre l'autre. Emanuele, instinctivement, comme pour défendre Pellegra, lui entoura la taille du bras.

— Oh, mon Dieu !... Que faites-vous, Emanuele ?

Il parut ébahi de son acte et balbutia :

— Excusez-moi... il y a tant de monde... Je ne pensais pas que vous le prendriez à mal...

— Non, répondit-elle, sans se rendre compte du poids de ses paroles, je ne l'ai pas pris à mal.

Et alors, ils se regardèrent en souriant, avec un regard nouveau, leur sang se figea, et ils se turent ; mais leurs mains ne se lâchèrent plus.

Ainsi atteignirent-ils la porte de la sacristie. Il n'y avait pas de Don Vincenzo Bongiovanni : peut-être, fatigué d'attendre, était-il entré. Les cloches sonnaient à la volée ; le roi et la reine étaient déjà entrés dans la cathédrale, reçus par le cardinal et le chapitre ; les carrosses s'étaient arrêtés en file, l'un derrière l'autre, avec les laquais autour qui, fatigués et impertinents, attendaient leurs maîtres qui avaient suivi le roi à l'intérieur du temple.

La duchesse de la Motta était elle aussi descendue du carrosse en s'appuyant au bras de Blasco. Elle l'avait interrogé sur l'incident mais le jeune homme s'était limité à répondre :

— Un enfantillage. Une bourrade ; un laquais est tombé sous l'attelage mais il ne s'est pas fait grand mal ; je l'ai fait transporter dans la boutique d'un pharmacien.

Comme Don Raimondo, en sa qualité de magistrat, avait dû aller avec ses collègues, il avait prié Blasco d'accompagner la duchesse, ce qu'il avait accepté de bon cœur. Depuis deux ou trois jours il était hébergé au palais des Albamonte, et bien qu'il n'abusât pas de sa fortune, il avait, sans le vouloir ni le savoir, pris beaucoup d'ascendant sur la « tour de Montalbano ».

Don Raimondo avait beau conserver son masque de froid et courtois protecteur, il sentait en lui une espèce d'hostilité envers ce jeune homme dont avec son acuité d'esprit, il avait pénétré le mystère ; mais il sentait qu'il était et devait être le défenseur naturel de sa personne et de sa maison et sous un prétexte ou sous un autre, le faisait toujours venir près de lui.

Il avait suffi de voir une journée durant Blasco en compagnie du noble duc et d'observer la considération dans laquelle il était tenu pour qu'avec la curiosité éveillée par son entrée dans la société aristocratique, se manifestât une espèce d'attention bienveillante. Ce qui, outre d'avoir apaisé les scrupules de son nouvel ami, avait permis de régler la question avec le prince Iraci. On comprend qu'étant donné la différence de rang, il ne pouvait y avoir de duel dans les règles, suivant le jugements des « politiques », c'est-à-dire des connaisseurs en la matière. Le chevalier de la Floresta se dépensa beaucoup ; il y eut des explications réciproques et on n'en parla plus. Mais comme la question tint occupés pendant deux ou trois jours des chevaliers et des seigneurs de haut rang, le renom de Blasco de Castiglione fut assuré.

XIII

Donna Gabriella La Grua-Albamonte, duchesse de la Motta, avait vingt ans ; brune, le cheveu très noir, l'œil encore plus noir, profond, ombragé de longs cils veloutés, la lèvre charnue, aux coins soulignés d'un léger duvet de pêche ; ses traits mobiles adoptaient toutes les expressions du charme : vivacité, espièglerie, tendresse, langueur, passion alternaient, se confondaient, miroir fidèle des différentes humeurs par lesquelles passait son âme. Petite, mince sans être maigre, vêtue à la mode, malgré la rigidité de ses tenues, elle avait dans ses mouvements des séductions félines. On eût dit que le plaisir et la volupté l'avaient modelée et avaient laissé leur empreinte sur son corps, pour le tourment des hommes.

A dix-huit ans, elle était sortie du monastère pour épouser Don Raimondo qui lui était inconnu et n'éveillait en elle aucun sentiment, et elle était devenue duchesse de la Motta par la volonté de ses parents qui voyaient tout l'avantage que procurait à la famille cette union.

Comme elle n'éprouvait aucun sentiment envers Don Raimondo, elle ne tira aucune joie du mariage. Seules les sœurs en furent heureuses, car il les libérait d'une pensionnaire agitée, curieuse, audacieuse et souvent embarrassante avec ses questions et ses investigations.

Don Raimondo ne l'épousa pas par amour : à son âge et avec son tempérament l'amour prenait les traits d'un notaire et il ne parlait pas d'autre langage que celui des contrats et de leurs formules sacramentelles. Donna Gabriella était fille unique et Don Raimondo avait vu dans ces noces une excellente affaire pour unir au sien l'important partimoine de l'héritière La Grua.

Les deux natures différaient en tout, de manière quasi inconciliable, et leur antithèse se révéla bientôt, dès les premiers jours de la vie commune, mais ni l'un ni l'autre n'en souffrit ; il parut même que tous deux furent satisfaits de ne pas avoir découvert le moindre lien intime entre leurs esprits, comme si cela les rendait plus indépendants et libres. Par ailleurs, les occupations de Don Raimondo étaient telles qu'il ne la voyait qu'aux moments des repas et la nuit : ainsi Donna Gabriella demeurait seule et maîtresse d'elle-même, et ne s'apercevait qu'elle était mariée qu'en ces heures obligées.

Qui n'étaient pas pour elle les plus belles.

Les soins de sa toilette, les visites à ses amies, la promenade, les conversations chez elle occupaient ses journées et elle ne manquait pas un spectacle, pas un divertissement. Quand elle n'avait nulle part où aller, elle lisait les romans de Mademoiselle de Scudéry, qui passaient alors pour des chefs-d'œuvre.

Une fois par semaine, elle allait au monastère de Montevergini visiter sa belle-fille, une enfant de dix ans blonde et fine, qui semblait de cire et qui ne lui donnait aucun souci.

Nous pouvons ajouter que sa beauté sensuelle et pleine de promesses l'avait entourée d'adorateurs comme une jeune biche au milieu d'une meute de chiens ; mais soit dédain, soit plaisir de régner sur toutes ces âmes avides, soit encore froideur des sentiments, soit enfin tout cela ensemble, elle refusait de choisir ; nul ne pouvait se vanter d'avoir obtenu la moindre faveur qui ne fût compatible avec la fidélité conjugale ; de sorte qu'il se forma autour d'elle, en dépit de sa coquetterie et de son désir de plaire, une désespérante réputation d'honnêteté, qui décourageait les plus audacieux.

Parmi eux, le plus insistant était le prince d'Iraci qui ne s'était pas encore avoué vaincu, peut-être parce qu'il croyait que la belle dame nourrissait pour lui une préférence. Et il la suivait partout comme une ombre, amoureux transi et soumis, mais tenace, opiniâtre. Sa richesse, l'antique noblesse de ses origines normandes, la puissance de sa maison, avaient certes flatté la vanité de Donna Gabriella, qui recevait ses hommages plus volontiers que n'importe quels autres.

Cependant les incidents survenus avec Blasco avaient un peu diminué à ses yeux la grandeur du prince ; il y avait dans l'audace et l'insouciant mépris de ce jeune homme, tombé d'on ne savait où, un goût de nouveauté ; quelque chose de violent qui contrastait avec la préciosité molle et frivole de la société du temps ; une affirmation de vie au milieu des minauderies de l'étiquette et des convenances affectées, qui ne pouvait qu'impressionner l'âme si mobile et excitable de Donna Gabriella. Il lui parut un personnage romanesque et quand elle apprit que, contre toute attente, Blasco était accueilli et logé à la « tour de Montalbano », elle en éprouva une grande joie, comme si un secret désir se réalisait à l'improviste.

Blasco devint son chevalier servant : l'humble et inconnu chevalier montagnard eut les douces préférences, si convoitées, de la très belle dame, aux dépens des nobles, puissants et très illustres seigneurs qui avaient en vain sollicité la faveur d'un sourire particulier.

Angélique, dédaignant les fleurs des paladins, ne se laissa-t-elle pas charmer par l'obscur soldat Médoro ?

Ce soir-là, pour la première fois, ils s'étaient trouvés seuls dans le carrosse. Seuls, en dépit du hourvari des milliers de voix et du déferlement de l'allégresse populaire.

L'incident du laquais fut une parenthèse qu'ils s'empressèrent d'oublier, pour reprendre le cours de leurs pensées muettes : puisque, hors quelques mots vagues et frivoles, étrangers à leurs songes secrets, leurs esprits paraissaient rechercher cette solitude intérieure, si pleine de silences doux et éloquents.

Pour la première fois encore Donna Gabriella perçut confusément qu'au delà des plaisirs d'une innocente coquetterie qui satisfaisait sa vanité de femme séduisante, il y avait d'autres sentiments plus profonds et plus sérieux, qui la troublaient et lui procuraient un certain effroi, mais l'emplissaient d'une joie plus intense dans laquelle sa vie paraissait se dilater et s'accomplir.

Souvent durant le trajet, quand il lui semblait que Blasco regardait ailleurs, elle se reculait un peu et tournait la tête pour le regarder longuement, fixement. Elle éprouvait une étrange langueur dans ses yeux, elle sentait le doux flux de son sang et un désir indéfinissable qui courait dans ses membres. Mais à peine Blasco bougeait-il, qu'elle rougissait et reprenait sa position rigide et indifférente. Une fois pourtant Blasco la surprit dans cette contemplation : leurs regards se rencontrèrent, ils tressaillirent et pour la première fois Donna Gabriella baissa les yeux devant un homme. En descendant du carrosse et en s'appuyant au bras de Blasco, elle frémit : elle ne dit rien jusqu'à la porte principale de la cathédrale mais devant la magnifique entrée, à la vue de la foule qui grouillait dans l'église, elle fut prise d'une sombre peur et murmura :

— Retournons au carrosse, il y a trop de monde...

Ils refirent le chemin en silence. Ils sentaient une gêne entre eux.

— Voulez-vous que nous attendions la sortie du roi ? s'enquit Blasco en l'aidant à monter dans le carrosse.

Elle hésita un instant avant de répondre :

— Non. Raccompagnez-moi à la maison. Cette foule me suffoque.

Blasco donna l'ordre au cocher en précisant :

— Passe par la rue hors les murs de la Porte d'Ossuna.

Donna Gabriella n'entendit pas, mais quand elle vit que le carrosse se dirigeait vers la Porte Neuve, elle demanda vivement :

— Où va-t-il ?

— A la maison ; seulement pour éviter la foule qui vous gêne, je lui ai ordonné de prendre par une rue solitaire. Avez-vous peur ?

— Avec vous... non.

L'ombre qui s'étendait dissimula l'émotion qui se répandit sur son visage à ces mots échappés de sa bouche.

A cette époque, les rues n'étaient pas éclairées ; de-ci et de-là, devant les édifices sacrés brillait une lampe, petit œil ouvert dans l'ombre, qui répandait à grand peine un faible éclat dans un petit cercle. Les deux laquais, qui précédaient au trot avec les torches à la main, éclairaient le chemin aux chevaux mais le carrrosse restait plongé dans l'obscurité.

Dans ces ténèbres Blasco voyait briller les yeux de Donna Gabriella. Qu'y lisait-il ? Ou que crut-il y lire ? Sa main, en tâtant son siège, trouva celle de la jeune femme et se posa timidement sur elle. Sous la paume du jeune homme, elle était glacée et tremblante :

— Dieu ! murmura-t-il. Comme vous êtes froide... pourquoi ?

Elle ne répondit pas. Blasco prit dans la sienne la petite main, en la serrant doucement et il la sentit d'un coup s'enflammer, il sentit aussi que les doigts qu'il tenait répondaient timidement à la pression des siens. Il eut un vertige.

— Est-ce un rêve ? Une illusion ? chuchota-t-il.

Un soupir lui répondit.

Il attira à lui la main, la serrant contre son cœur, et l'épaule de Donna Gabriella s'appuya à la sienne. Alors soulevant les doigts fins vers sa bouche, il les baisa passionnément. Il entendit comme un gémissement étouffé et la tête de Donna Gabriella s'abandonna sur son épaule.

Ses lèvres cherchèrent les lèvres féminines, les trouvèrent frémissantes et tièdes, dans une révélation soudaine des sens et des désirs...

Les cloches de la cathédrale sonnaient et peuplaient de rythmes l'air nocturne : elles semblaient célébrer l'ouverture de ce cœur resté vierge et voué à l'amour triomphant. Pour la première fois, elle aimait et, ardente, tremblante, goûtait avec ses lèvres la première joie.

Ainsi, la même nuit, deux idylles se nouèrent presqu'à la même heure, qu'un incident fortuit avait rapprochées et sur l'une et l'autre, l'amour agitait des flambeaux différents.

XIV

Don Raimondo avait été averti au dîner de la mésaventure survenue à son laquais et il s'en était indigné comme d'une offense assez grave à sa maison, qui devait être punie. Si n'importe quel bourgeois ou homme du peuple osait se rebeller contre des serviteurs en livrée, qu'adviendrait-il de l'autorité et du prestige de la noblesse ? Mais pour cette nuit, malgré ses investigations, il ne réussit pas à découvrir le coupable.

Blasco essaya de dissuader le noble seigneur. Il était si heureux qu'au fond de son cœur, tout sentiment de haine, lui était incompréhensible, du moins pour l'instant. Et ce garçon lui avait paru si beau dans son attitude audacieuse, qu'il s'était plutôt senti poussé à l'admirer, que disposé à le punir.

— La chose est sans importance. Au fond le laquai n'a eu que ce qu'il méritait, et il s'en est tiré avec quelques bosses et une petite blessure au front... Pardonnez-lui !

Donna Gabriella aussi inclinait à l'indulgence. Elle avait vu une belle fillette auprès du garçon et cette vision, dans ses nouvelles dispositions d'esprit, la disposait à la bienveillance.

Mais Don Raimondo s'obstinait, comme poussé par une haine secrète ou par le désir de combattre l'inquiétude que ces vagues menaces, ces lettres mystérieuses, lui mettaient dans l'esprit. Il s'emportait mentalement contre Blasco. Mais que diable faisait ce mercenaire ? Pourquoi n'avait-il pas pris le garçon au collet pour le remettre à la garde ? Un enfant, et alors ? Qui pouvait assurer que derrière cet enfant, ne se trouvaient pas des hommes et que l'incident n'avait pas été provoqué ?

Le lendemain, il manda auprès de lui Matteo Lo Vecchio.

— Eh bien, lui demanda-t-il, savez-vous ce qui est arrivé hier soir à mon carrosse ?

— Oui, Excellence.

— Ah !... Et savez-vous qui a osé me faire injure ?

— Je le sais...

— Et qui est-ce ?

— Un jeune homme, neveu, du moins à ce qu'on dit, du rationnel du grand hôpital, Don Girolamo Ammirata...

— Ah !... Bien. Allez m'arrêter l'oncle et le neveu.

— Votre excellence sait qu'il faut l'ordre du capitaine...

Don Raimondo regarda le sbire et sans répondre, prit un feuillet, y écrivit quelques lignes, le ferma, le scella et le tendit :

— Voilà une lettre pour le capitaine de justice.

Le sbire l'empocha mais ne bougea pas, comme s'il attendait quelque chose.

— Vous avez des informations à me donner ? s'enquit le duc.

— Oui, Excellence.

— Eh bien...

— Voilà : hier j'ai suivi, au milieu de la foule, le carrosse de Votre Excellence...

— Ah ! Vous étiez donc présent ?

— Oui, Excellence...

— Et vous n'avez pas arrêté ce vaurien ?...

— Ce n'était pas prudent, répondit le sbire avec un geste négatif, cela ne me convenait pas parce que j'avais en main une affaire bien plus importante.

— C'est-à-dire ?... Racontez, vite !

— Voilà. Quand ce petit jeune homme a bousculé le laquai, Don Girolamo Ammirata a regardé autour de lui, et fait un geste imperceptible avec le doigt, on eût pu croire qu'il se grattait mais ce n'était pas le cas : et à ce geste deux ou trois mains se levèrent en même temps, de même manière ; ce qui, je n'ai pas besoin de l'expliquer à votre Excellence, correspondait évidemment à un signal de reconnaissance et d'entente. De sorte que Don Girolamo eut un léger sourire et son visage une expression de satisfaction.

— Et vous supposez ?

— Que si ceci était un geste de reconnaissance, ils devaient appartenir à une bande, qui pourrait être celle que nous cherchons...

— Ne croyez-vous pas que vous allez un peu vite en besogne ? demanda le duc de la Motta non sans ouvrir son cœur à une faible espérance.

— On n'a pas connaissance de l'existence d'une autre secte en ville. Mais il y a autre chose.

— Ah !

— Je me suis mis derrière Don Girolamo, le neveu et la jeune fille qui est la fille du peintre Bongiovanni et je les ai accompagnés jusqu'à la porte de la sacristie de la cathédrale. Personne ne pouvait deviner que je les suivais : mais tout d'un coup, comme Don Girolamo allait frapper, un homme s'est approché de lui et lui a chuchoté un mot à l'oreille ; Don Girolamo s'est retourné, en cherchant dans la foule et ses yeux ont rencontré les miens. Quelqu'un m'avait donc repéré et l'avait averti... J'ai fait mine de ne pas comprendre, au contraire, je me suis approché à grand peine de la porte de la sacristie et de l'air le plus innocent, je lui ai demandé : « on peut entrer par là ? ». Il m'a répondu que non ; je me suis encore un peu attardé, comme si j'espérais pouvoir entrer mais la porte demeurant close, je me suis éloigné et mêlé à la foule sans pour autant perdre mon homme de vue.

Le duc écoutait en réfléchissant. Ce comptable, qu'il connaissait de nom, appartenait donc à une secte secrète qui selon toute probabibilité était celle des Beati Paoli ? Si les lettres mystérieuses qui lui arrivaient émanaient de cette terrible société, il devait certainement savoir quelque chose. Comment parvenir au chef ? Le sbire serait-il capable de pénétrer le secret ? Il le dévisagea et l'aspect de renard de cet homme lui donna un peu d'espérance.

— Et maintenant, demanda-t-il, que vous proposez-vous de faire ?

Matteo Lo Vecchio eut un mince sourire et riposta :

— Je sais bien qu'on pourrait m'envoyer une balle dans le dos, une nuit ; mais vous comprenez que maintenant il me faut chercher le moyen de pénétrer l'assemblée de ces malandrins...

— Bravo ! Et vous avez bon espoir de réussir ?

— Excellence, je ferai de mon mieux... Je vous répète que s'ils ne me tuent, je saurai qui ils sont et où ils se réunissent et qui écrit ces lettres...

— Si vous y parvenez, je vous ferai riche...

— Merci Excellence. Seulement, j'aurais une observation à faire... Si j'arrête Don Girolamo et son neveu, je perds l'unique fil que j'ai en main pour l'instant...

— Vous avez raison. Donnez-moi cette lettre...

— Pardon, Excellence. La lettre peut m'être utile, si ce n'est aujourd'hui, dans huit ou vingt jours et son utilité peut apparaître de manière si inattendue et si urgente que le délai nécessaire pour venir en demander une autre à Votre Excellence risque d'être fatal...

— C'est juste. Gardez-la. Avez-vous besoin d'argent ?

— Eh !... l'argent n'est jamais inutile ; il faudra peut-être, que dis-je, sûrement, graisser quelques pattes...

— Prenez.

Le duc tira de sa poche une bourse pleine d'écus et la tendit au sbire qui en un éclair la fit disparaître dans son ample sacoche.

— Et tenez-moi informé, ajouta Don Raimondo.

Ces mots équivalaient à un congé. Matteo Lo Vecchio se dit à part lui :

« Sois prudent, Matteo ; tu as trouvé une Californie ; il faut savoir en profiter en homme avisé ; chaque chose en son temps... Et tâche de te faire honneur !... Mais ces maudits Beati Paoli sont comme des esprits... On les voit, on les sent, mais on ne les attrape jamais... »

Il s'en allait tout doucement, comme un modeste employé qui va à ses affaires, mais en usant prudemment de son regard inquisiteur. Il était trop connu pour passer inaperçu et souvent il entendait dans son dos quelque allusion peu flatteuse ; c'est pour cela précisément qu'il s'efforçait, en marchant, de prendre un air indifférent et presque distrait.

Il s'en allait déjeuner chez lui.

Matteo Lo Vecchio habitait dans une rue de l'Albergheria, qui porte aujourd'hui son nom, car certains de ses concitoyens devaient lui offrir l'honneur de ce souvenir, que beaucoup, qui s'illustrèrent par leurs vertus civiques ou par leur génie, n'eurent pas, ou durent attendre des siècles pour qu'un érudit osât timidement le conseiller. Cette rue avait perdu son ancien nom pour prendre le nom du sbire, alors qu'il était encore vivant.

Ainsi s'était-il peu à peu plongé dans ses pensées et, quoiqu'il se retournât de temps à autre, il n'avait pas remarqué une espèce de serviteur en livrée déteinte qui le suivait depuis la place de la Merci. Il l'avait regardé avec indifférence et comme rien de singulier en lui n'avait retenu son attention, il n'avait plus pris garde à ce domestique, qui paraissait mortifié de sa pauvre tenue. Au coin de l'église des Santi Cosmo et Damiano, le valet s'était arrêté pour négocier avec un charretier qui sifflotait, appuyé au brancard de sa voiture. Ils n'avaient échangé que quelques mots, après lesquels le charretier et le serviteur avaient sauté dans la voiture, et la mule s'était mise lentement en route dans la rue de la Guilla, avait tourné par la ruelle du collège des Jésuites, suivant ainsi le même chemin que Matteo Lo Vecchio.

Si le sbire s'était retourné, il aurait naturellement pensé que ce serviteur était allé chercher la voiture pour transporter des affaires et n'aurait point imaginé que son conducteur réglait le pas de la mule de manière à ne pas le rejoindre. Il n'aurait pu voir, ni suspecter la manœuvre mystérieuse du serviteur sur la mule, quand ils se trouvèrent tous au beau milieu de la ruelle.

Le serviteur, en fait, en se penchant sur la croupe de la bête, glissa sous son harnais quelque chose qui la gêna aussitôt ; le charretier la piqua du manche du fouet.

La mule sursauta, se débattit, comme pour se libérer de quelque chose, donna deux coups de pied et se mit tout à coup à courir, prise d'une folie qui la faisait foncer en zigzags.

La rue, alors comme aujourd'hui, était étroite ; la distance entre la voiture et Matteo Lo Vecchio brève. La mule fut soudain sur le sbire qui, surpris par le fracas de la charrette et les hurlements des deux passagers, se retourna et se vit exposé à la furie de l'animal. Il voulut s'écarter, mais pas assez vite pour éviter qu'un des brancards, le heurtant sur le côté, le renversât et le jetât sous les roues.

La charrette passa et déboucha en trombe sur le Cassaro ; la mule emballée ne voyait plus clair, emportée par son élan, elle alla, au milieu de l'effroi et des cris des gens, donner contre la devanture d'une boutique, détruisant tout sur son passage avant de se renverser à terre, avec tout l'attelage.

Le premier mouvement de frayeur passé, vingt mains la saisirent. Avant l'épisode final, le charretier et le serviteur s'étaient lestement laissés tomber et pendant que le premier se dépêchait de rejoindre la mule et se répandait en jurons et en lamentations, l'autre, le visage empreint de pitié, soulevait Matteo Lo Vecchio qui gémissait, mal en point et sanglant.

— Oh, le pauvre !... Quel malheur !...

Des gens, attirés par le cri et le bruit, accouraient en foule, demandant ce qui s'était passé. On s'apitoyait. Mais quelqu'un, reconnaissant la victime, haussa les épaules.

— Ah, c'est cette espèce d'argousin ? Bien fait pour lui !

Un autre, plus féroce, ajouta :

— Laissez-le crever là, ne vous occupez pas de lui... C'est un sbire !

Mais le serviteur s'en alla chercher une chaise.

— Il faut transporter ce malheureux à l'hôpital... A la fin, c'est de la chair chrétienne, comme nous... Le bon Dieu nous demande un peu de miséricorde !...

Quelques personnes furent prises de pitié. On installa Matteo Lo Vecchio, qui souffrait, sur une chaise et lentement on le transporta à l'hôpital qui n'était pas loin, pendant que les plus hostiles répétaient :

— Oui-donc, faites-lui du bien ; vous verrez comme il vous le rendra. Oh, vous ne savez donc pas que le sbire n'a pas pardonné à Saint Michel Archange qui par compassion l'a fait entrer au Paradis ?

Le charretier ramenait la voiture en tenant par la bride la mule qui regimbait, ruait, se cabrait.

— Vous devriez la châtier, cette mule, compère. Du moment qu'elle l'avait sous ses sabots, elle aurait dû l'achever, parbleu !

Peu à peu la foule se défit, chacun reprit ses occupations et la nouvelle se répandit qu'une charrette avait renversé Matteo Lo Vecchio.

Nul ne s'en émut ; mais le soir, quand Don Raimondo sut que le sbire se trouvait à l'hôpital avec une jambe cassée, et qu'il en avait au plus court pour deux mois, il pâlit. Hasard ? Certes ; mais ce « hasard » frappait justement son agent secret au moment même où, après avoir découvert une piste, il se mettait en chasse. Un destin mystérieux lui barrait-il la route ? Il eut un frisson d'effroi. Sa contrariété s'accrut quand à dîner Blasco lui rappela une promesse.

— Votre Excellence m'avait promis de parler au roi, en ma faveur, et de m'obtenir une place dans la milice. J'ai vu les gardes ; il me plairait d'entrer dans ce régiment, ce sont à peu près tous des gentilshommes...

Don Raimondo songea avec colère : « Maintenant voilà ce poltron qui veut s'en aller !... »

Mais son masque ne trahit pas ses pensées intimes et il répondit avec bienveillance :

— Nous verrons, nous verrons... je vous l'ai promis et je m'exécuterai. Mais rien ne presse et votre compagnie m'est si agréable que, pardonnez mon égoïsme, je ne voudrais pas m'en priver si vite... Du reste, je crois que vous n'avez pas à vous plaindre de nous...

— Tout au contraire, seigneur duc ; je vous suis très reconnaissant de votre bonté et de celle de madame la duchesse, mais j'estime ne pas devoir abuser davantage de votre hospitalité... Ce qui n'enlève rien au fait que je serai toujours un fidèle et affectionné serviteur de votre maison...

— Bien, bien !... nous en parlerons plus tard...

Il ne prit garde au voile de tristesse descendu sur le front de Donna Gabriella et au silence presque complet de Blasco ; il était si bien plongé dans ses pensées qu'il était, pour ainsi dire, isolé. Il se demandait s'il fallait faire arrêter sous un prétexte quelconque Don Girolamo et son neveu et les tenir en prison au moins tout le temps que Matteo Lo Vecchio serait dans l'impossibilité de reprendre son activité ; mais il ne réussit pas à résoudre le problème. Sa violence première lui suggérait d'agir mais la prudence acquise et le masque assumé lui imposaient d'être circonspect.

Ainsi le dîner fut-il ce soir-là silencieux et grave.

XV

Toute la matinée Blasco avait évité de rencontrer Donna Gabriella. En rentrant dans sa chambre le cœur gonflé de joie, après ce premier baiser révélateur d'une passion, qui rompait à l'improviste avec sa propre vertu, il s'était jeté sur le lit en s'abandonnant aux plus douces rêveries et en échaffaudant les projets les plus fous et les plus aventureux. Il s'était endormi au milieu des divagations de son imagination, qui avaient empli ses rêves de bonheur.

Mais à l'aube, quand il s'éveilla, il refit le bilan des jours précédents et repensa à son aventure. Interrogeant son cœur, il sentit qu'il aimait profondément Donna Gabriella, qu'il l'aimait avec toutes les forces de son âme et il lui semblait l'avoir aimée depuis longtemps, d'avoir toujours vécu dans cet amour, ce qui lui faisait trouver presque naturel le baiser passionné que l'ombre du carrosse avait entouré de mystère et de joie. Que ferait-il ce matin ? Que se diraient-ils en se revoyant ? Comment se reverraient-ils ? Quand ? Ces pensées le ramenèrent à sa position dans la maison et peu à peu, il fut gagné par un certain trouble, proche du remord.

Donna Gabriella était la femme d'un autre ; et cet autre était — à ses yeux du moins — un homme généreux qui l'avait accueilli chez lui comme un fils, lui avait fait du bien, lui avait promis sa protection et l'avait lancé dans le monde, en lui confiant sa maison et son honneur... Et lui rêvait de violer cette hospitalité, de trahir cette confiance, d'avilir cet honneur et de répondre à la générosité par une perfidie.

Tout cela lui parut si méprisable, si déshonorant qu'il éprouva du dégoût et de l'horreur de ce qui l'avait pourtant plongé dans la félicité. Dans l'intimité de sa conscience honnête, il sentit qu'il ne pourrait boire jusqu'au bout la coupe du bonheur sans commettre un crime ; et quoiqu'une société sans scrupules en matière d'amour lui fournît cyniquement maints exemples, excuses, prétextes et encouragements, il se rebellait contre l'idée de commettre une infâmie. S'il n'avait eu de rapport avec Don Raimondo, s'il n'avait pas été son hôte, oh, alors il aurait enlevé Donna Gabriella sans la moindre hésitation ; et l'acte ne lui aurait pas paru mauvais, au contraire le péril encouru aurait été un condiment plus savoureux à son aventure amoureuse. Mais dans ces conditions il ne voyait s'ouvrir à lui qu'une vie de dissimulation et de subterfuges, d'hypocrisie et de fausseté, toutes choses qui répugnaient particulièrement à son naturel ouvert et loyal. Jusqu'à ce jour il avait maintenu son âme à l'abri de toute infâmie. Allait-il souiller la pureté de son drapeau ?

A cette seule pensée il rougissait de honte. Cependant il aimait : et sur ses lèvres il éprouvait encore la tiédeur qui lui avait entrouvert le ciel des joies divines. Il sentait l'image de Donna Gabriella imprimée dans son cerveau, gravée dans son cœur, unie à son sang ; il sentait sa vie liée à celle de cette femme adorée, et une douleur vive et aiguë le poignit ; pour la première fois son âme se débattait entre des sentiments opposés ; il se vit dressé contre lui-même ; il vit ses mains se tendre pour lacérer le voile rose qu'elles s'étaient pourtant dépêchées de déployer devant ses yeux.

Que faire ? Quelle voie suivre ?

Il comprenait que désormais il n'avait plus qu'un pas à faire pour cueillir la rose et que ce serait inévitable et fatal ; et qu'il n'y avait qu'un moyen de l'éviter : abandonner cette maison. L'abandonner ? Et comment vivre loin de Donna Gabriella ? Comment du reste justifier son éloignement ?

Quand vint l'heure d'aller saluer Donna Gabriella, il hésita. Il aurait voulu l'éviter toute la journée, se prétendre malade ; mais ensuite ? Il fallait prendre une résolution et l'affronter courageusement. L'idée d'aller se confesser au père Bonaventura lui traversa l'esprit mais il la chassa car il ne lui semblait pas correct de livrer le nom d'une dame dans une matière si délicate et compromettante.

Il se trouvait plongé dans cet état de perplexité, et arpentait sa chambre en jetant de temps à autre un coup d'œil par la fenêtre, quand un laquai vint le chercher :

— Son Excellence madame la duchesse a demandé si le seigneur chevalier est à la maison.

— Dites-lui que je me hâte de venir prendre ses ordres.

Donna Gabriella avait alors fini de s'habiller et jetait un dernier regard sur le miroir ; elle manifestait une certaine nervosité, dont la chambrière avait subi quelques effets. La duchesse avait imaginé que Blasco chercherait ce matin-là à la voir au plus vite, et elle l'avait attendu avec un désir égal à celui qu'elle supposait chez le jeune homme. Depuis ce baiser, la fièvre des désirs lui avait allumé le sang ; ses sens assoupis, éveillés sous le souffle de l'amour, frémissaient dans l'attente et l'imagination d'autres joies, auxquelles à présent sa vie tendait avec toute la violence de ses vingt ans. Pourquoi Blasco ne venait-il pas ? Pourquoi tardait-il ? Comment pouvait-il résister et freiner ses désirs ? Ce jour-là elle avait mis un soin particulier dans sa toilette, guidée par ce secret instinct de coquetterie qui suggère à la femme le choix des couleurs et des formes les plus adaptées pour exhalter sa beauté naturelle et corriger ses légers défauts ; et au vrai elle était merveilleusement belle et sa beauté acquérait un attrait supplémentaire avec cette nouvelle pâleur qui se répandait sur son visage ombragé des longs cils noirs dans les orbites aux cernes azurés.

En entrant, Blasco fut contraint de s'arrêter pour la regarder, ému jusqu'à l'extase. Elle était si belle ! et cependant il était résolu à s'éloigner. Donna Gabriella était étendue dans un mol abandon, sur l'un de ces petits sofas dont la mode avait été introduite par Louis XIV. Le mouvement du petit pied remuant traduisait l'impatience sous cette attitude ; mais à l'apparition du jeune homme le pied s'arrêta, comme le brouillard se dissipe à l'apparition du soleil. Elle lui tendit la main, comme à l'habitude mais en tremblant, l'œil humide et souriant.

Blasco la prit tendrement et la baisa ; mais son baiser n'était pas insipide comme ceux qu'impose la convention et il lui donna un frisson.

Ils se sentaient embarrassés et ne savaient comment commencer, lors même que les mots bouillonnaient dans leur cœur, et qu'ils connaissaient bien ceux qu'ils auraient voulu prononcer. Blasco n'avait pas le courage de communiquer ses projets : devant Donna Gabriella il se sentait enveloppé d'un filet de séduction qui éteignait sa froide volonté : la passion le perdait.

— Je vous attendais, dit Donna Gabriella, rougissante.

Blasco se secoua, fit un effort sur lui-même et d'une voix d'abord tremblante qui peu à peu se rafermit, il répondit :

— Si j'avais écouté la voix du désir, je vous aurais demandé la grâce de dormir sur le seuil de votre chambre pour entendre au moins votre respiration...

— Eh bien ?

— Je ne sais, Gabriella, comment commencer... Je vous aime depuis le premier jour où je vous ai vue sans savoir qui vous étiez... C'est comme une chose sainte, intangible... que seules des mains pures ont le droit de toucher..

Elle souriait à ces paroles, qui à ses oreilles étaient douces et caressantes comme des baisers ; son cœur se gonflait de joie.

Nul ne lui avait jamais parlé ainsi. Il poursuivit :

— A présent, il me semblerait être méprisable à vos yeux et aux miens, si je souillais cet amour avec une conduite perfide et déloyale... Je sens que je ne pourrais vivre une heure de plus sous ce toit, ni prendre place à votre table, devant l'homme auquel Dieu a donné des droits sur vous, sans rougir...

Donna Gabriella pâlit, comme si elle devinait, en demandant vivement :

— Que voulez-vous dire ?

Blasco, non moins blême, son angoisse intime visible, répondit :

— Je dis, Gabriella, que comme je ne puis cesser de vous aimer, je dois vous aimer de loin.

— Vous voulez partir ?

— Il le faut...

— Me laisser ?

— C'est un devoir... Voulez-vous que le duc ait le droit de m'appeler traître ?

Elle baissa douloureusement la tête. Cette idée ne lui avait pas encore traversé l'esprit. Quand elle s'était abandonnée à l'amour victorieux, tout autre sentiment lui avait paru aboli dans sa conscience. A présent ces paroles la rappelaient à la réalité : elle n'était pas libre ; à son cou un joug pesait dont elle ne pouvait se libérer.

Les songes épanouis par la vertu de son premier baiser amoureux se défaisaient à l'apparition de ce masque odieux et froid : la vie qui s'était ouverte à elle pour la première fois, avec ses attraits divins, s'obscurcissait soudain. Elle ne vit plus autour d'elle qu'ombre et tristesse. Sanglotante, elle cacha son visage dans ses mains.

Le silence de cet instant avait quelque chose de tragique.

Blasco menait en lui-même une terrible bataille, presque vaincu par ces larmes et par l'irruption de cette douleur révélatrice.

— Gabriella ! murmura-t-il avec un accent d'amour, de tendresse, d'angoisse irrépréssibles.

Elle eut un geste désespéré.

— Allez-vous en, dit-elle dans un filet de voix, allez !

Et tout à coup, comme pour répondre à une pensée, elle explosa :

— Mais pourquoi... pourquoi... alors !

Elle se leva dans un élan sauvage qui rendait plus beau son visage étincelant et prenant la main de Blasco, lui dit avec véhémence :

— Ah !... Vous voulez partir ? Vous voulez vous éloigner ?... Et bien moi aussi je m'en irai... moi aussi je fuirai cette odieuse demeure... Coupable ? Tu as peur de paraître coupable aux yeux d'un homme que je n'aime pas, que je n'ai jamais aimé, qui a emprisonné mon cœur, ma volonté, mon avenir ? Mais coupable, tu l'es déjà, je le suis déjà moi aussi... Depuis la nuit dernière nous sommes coupables et liés par la même culpabilité... Et je le serai toujours... Tu veux t'en aller ? Mais moi aussi je veux m'en aller... Je ne pourrai plus vivre ici... Oh, mon Dieu ! Le voilà qui, après m'avoir ouvert le paradis, m'avoir révélé qu'au-delà de cette vie froide, monotone, menteuse, il y a une vie vraie, le voilà qui me repousse en arrière, dans l'enfer!

Ces paroles tombaient dans les profondeurs de l'âme de Blasco comme des gouttes de feu. Il la suppliait :

— Gabriella! Gabriella! Ne parlez pas ainsi, je vous en prie!

Mais elle poursuivait, convulsée, les yeux trempés de larmes, la poitrine haletante :

— J'ai vingt ans... et je n'ai encore jamais aimé personne; j'avais cru que l'amour, c'était le mariage ou bien quelques phrases stupides que j'ai toujours entendu répéter; mais là, là je n'avais jamais rien éprouvé... Maintenant oui, maintenant je sais ce qu'est l'amour; je le sais depuis hier... je le sais à cette douleur tremblante que tu me donnes; je le sais par toi, mon premier et seul et perfide amour!... je le sais par les affres, les rêves, les désespérances. Oh, quel horrible réveil!... quel horrible réveil!...

Elle s'était laissée tomber sur le sofa, secouée de sanglots. Blasco se sentait mourir; il s'agenouilla devant elle, prit les belles mains froides et crispées pour les baiser tendrement.

— Gabriella! Gabriella!... Ne me torturez pas ainsi... Moi aussi je vous aime, je vous aime comme je ne n'ai jamais aimé... Si je ne vous aimais pas de toute mon âme, si je ne vous adorais pas, je ne m'imposerais pas un sacrifice au-dessus de mes forces... Ce n'est pas seulement à vous que j'ai ouvert la porte du bonheur... mais aussi à moi... Je sens que vous laisser, pour moi, c'est mourir! Soyez forte... pour moi aussi!

Dans un mouvement compulsif, il lui avait entouré la taille d'un bras, l'attirant à elle comme pour infuser par ses paroles cette force qui venait à lui manquer et leurs visages étaient proches à s'effleurer; chacun sentait la tiédeur de l'autre. Donna Gabriella le regarda de ses yeux pleins de larmes, longuement, intensément, avec une passion anxieuse, puis d'un coup, lui prit le visage entre les mains et avec une ardeur désespérée le baisa sur la bouche. Il gémit, éperdu :

— Gabriella! Gabriella!...

Mais il ne se détachait pas d'elle, ne se levait pas; ses bras serraient contre lui avec emportement ce corps qui vibrait de passion et de douleur et ses lèvres s'abandonnaient au désir.

Elle murmura, au bord du triomphe :

— Laisse-moi, maintenant... Pourquoi ne me laisses-tu pas?

Mais il ne répondit pas : il ne pouvait la laisser. Son héroïsme s'était arrêté, effrayé par ces larmes, il avait vacillé au premier baiser; à la fin il s'était enfui, poursuivi, dispersé par la passion victorieuse.

— Oh, Gabriella, dit-il, comment pourrai-je jamais vivre loin de vous?

Elle l'inonda de ses plus douces paroles. Pourquoi voulait-il s'éloigner? Ne voyait-il donc pas que le destin les avait conduits dans les bras l'un de l'autre ? Qu'une force plus puissante qu'eux, au-dessus d'eux, les guidait ? Qu'il était vain de s'y opposer ? Il secouait la tête, s'obstinant en paroles mais reconnaisant dans son cœur que Donna Gabriella disait la vérité. Certes, il l'aimerait toujours, de toutes ses forces mais il lui répugnait de vivre sous le même toit, hôte de l'homme qu'elle ne pouvait aimer. Il voulait être libre.

— Je sens qu'ici je ne pourrais vous aimer comme je veux vous aimer ; que je serais contraint à une vie de feintes et vous aussi Gabriella, vous aussi, devriez dissimuler, masquer... Non, non ; cela me paraîtrait une profanation. Laissez-moi reprendre mon indépendance pour que je puisse vous aimer librement, ouvertement, avec toute ma ferveur !...

Ah, si entre lui et le duc n'avaient pas existé ces rapports !

Il quitta les appartements de Donna Gabriella ivre de bonheur et de tristesse. Le soir au dîner il exprima son désir d'entrer dans les gardes du roi : à présent, plus que jamais, il était pressé d'avoir un état et de gagner sa vie.

Don Raimondo eut peur de l'éloigner ; le lendemain il lui dit que le roi avait exprimé l'idée d'instituer deux régiments d'infanterie siciliens, et une compagnie de gardes du corps formée de gentilshommes de l'île ; mais qu'il se réservait de s'en occuper après le couronnement. Il fallait attendre. Blasco comprit que le délai serait long : le couronnement était fixé au 24 décembre, veille de Noël, et les nouvelles milices ne seraient donc pas constituées avant le nouvel an.

Il prit une résolution héroïque. Il s'en fut trouver Don Raimondo dans son cabinet de travail pour lui dire fermement que, s'il lui était reconnaissant de ses bienfaits, il ne pouvait ni ne devait abuser plus longtemps et qu'il retournait dans son auberge, toujours prêt, en toute circonstance, à servir son noble et généreux protecteur.

Ce fut un coup pour le duc et la douleur exprimée par son visage cette fois fut sincère.

— Je vous ai manqué en quelque chose ? Vous êtes mécontent de votre service ? lui demanda-t-il. Vous désirez quelque chose ? Dites-le : votre résolution me fait douter...

— Non, seigneur duc ; je ne puis me plaindre de rien ; tout au contraire. Je ne suis mécontent que de moi. Je ne m'approuve pas et quand moi je ne m'approuve, Excellence, nul ne pourrait me faire changer d'idée. Cette vie d'oisiveté n'est pas pour moi. J'ai besoin d'agir, et tant que je n'entrerai pas dans les gardes, je veux, je dois faire autre chose...

Don Raimondo ne répondit pas tout de suite ; il parut réfléchir et au bout d'un moment :

— C'est juste, dit-il, vous pensez en vrai gentilhomme... Je ne vous retiens pas, puisque ce serait faire violence à vos sentiments... Mais vous m'abandonnez à un moment où j'ai besoin d'amis fidèles et dévoués....

Des périls obscurs menacent ma maison, ma vie, peut-être la vie de la duchesse...

Blasco tressaillit.

— Oh, seigneur, dit-il avec un accent de profond dévouement, dites-moi où ils sont et je serais heureux d'offrir ma vie pour vous en libérer...

— Je l'ignore ! L'ennemi est mystérieux et terrible et nul n'a jamais pu le découvrir...

Il se tut. Son visage avait repris un masque froid et impénétrable.

— Mais je vous retiens, ajouta-t-il. J'abuse encore de vous...

Blasco n'entendit pas ; il se demandait à part lui qui pouvait attenter à la vie de la duchesse et pourquoi. Où étaient ces ennemis secrets dont le duc était entouré et dont il redoutait les coups ? Allait-il déserter son poste de combat au moment où la bataille allait peut-être s'engager ? Laisserait-il Donna Gabriella sans défense ? Cet homme puissant par le rang, par les relations, n'avait donc pas d'armes pour combattre cet ennemi occulte et mystérieux ? Et ses paroles avaient-elles la signification d'un appel au secours ? Cette puissance se sentait donc faible au point de réclamer sa protection ? Le noble duc, auquel ne manqueraient ni serviteurs ni hommes de mains, recourait à lui ? C'était donc là l'occasion de payer sa dette.

— Excellence, dit-il ; j'ai mis ma vie à votre service ; j'attendrai vos ordres avant d'exécuter ma résolution : cependant puisque je ne suis pas encore garde du corps de Sa Majesté, je me nomme moi-même garde du corps de votre maison.

Et tirant sa révérence, il sortit.

Don Raimondo sourit finement pour lui-même. Il ignorait ce que lui coûtait ce sourire.

XVI

Ce furent des semaines d'allégresse, qui attirèrent à Palerme non seulement les habitants des villes et des campagnes les plus proches, mais aussi ceux des cités les plus lointaines, et jusque de Messine et de Catane, en dépit de la saison hivernale, qui rendait encore plus pénibles des routes déjà fort difficiles.

Durant plus de trois cents ans, depuis le roi Martin jusqu'à cette année

1713, on n'avait plus vu de fête du couronnement à Palerme; même Charles V, revenant en Sicile de l'expédition de Tunis, n'avait pas demandé à être couronné dans l'antique capitale du royaume où pourtant dix-neuf têtes royales avaient été consacrées et couronnées par le métropolitain; on comprendra donc quel attrait exerçait cette nouvelle cérémonie qu'on ne verrait certainement pas souvent, qui avait pour l'île une grande signification politique et éveillait le sentiment national à des espérances neuves.

Dès la mi-décembre avait commencé l'immigration des régnicoles; les auberges et les hostelleries se peuplaient de voyageurs insolites qui amenaient avec eux par esprit d'économie, du bon vin dans des fiasques de terre cuite émaillée et des besaces débordantes de fromages rustiques, de porc salé, de noix et de figues sèches.

Couvents et palais offraient l'hospitalité aux petits seigneurs de province, aux abbés, aux grands bourgeois qui avaient des relations; on croisait dans les rues des bandes de régnicoles qui contemplaient, stupéfaits, ces merveilles de la capitale dont ils ne connaissaient jusque là que des descriptions ébahies et parfois horrifiées. Ils savaient que pour séjourner à Palerme il fallait avoir la bourse bien garnie; même la statue de l'empereur sur la place Bologna disait en tendant la main : « Ici, il faut dépenser un tas d'argent haut comme comme ça! » Mais dans une occasion pareille, on pouvait supporter la dépense. La ville leur paraissait surpasser ce qu'ils avaient imaginé. La cathédrale, les statues et les fontaines répandues partout, les très hauts palais, les carrosses, les chaises à porteurs, les boutiques, mais par dessus tout la fontaine Pretoria et les Quatre Coins les laissaient bouche bée.

Profitant de cette invasion d' « étrangers », Andrea était sorti de sa cachette. Avec une perruque à tignasse grise, des grosses lunettes, un habit ecclésiastique quelque peu déteint et graisseux, l'oncle Rosario l'avait transformé. Andrea ressemblait à un petit curé de province et même Don Raimondo ne l'aurait pas reconnu. En le voyant passer, un polisson qui l'imaginait descendu d'un village reculé de la montagne, lui lança une grossière bouffonnerie qui fit rire la rue; mais Andrea feignit de ne pas comprendre et prit la chose avec bienveillance pour ne pas trop attirer l'attention sur lui.

Il baguenaudait avec des airs de curieux en quête d'occasion de s'émerveiller mais en réalité, à la recherche de personnes qu'il avait à cœur de retrouver. En ces jours, des flâneurs qui s'arrêtaient ici et là, qui observaient les gens, écoutaient les discours, il y en avait à foison.

Sur la place de Sant' Erasmo, se dressait un pavillon vaste et magnifique dans lequel le roi et la reine se rendraient pour revêtir les attributs pompeux de la majesté et prendraient place sur les trônes où ils recevraient les hommages de la noblesse et de la magistrature du royaume. Puis, de là, ils partiraient pour effectuer leur entrée officielle et solennelle dans la ville.

Devant la Porte des Grecs le Sénat faisait préparer un magnifique arc de triomphe, haut d'une dizaine de nos mètres, décoré de piliers, de colonnes, des statues qui figuraient les vertus du nouveau roi et les qualités de l'heureuse ville de Palerme. Ces jours-ci les peintres apportaient les dernières touches d'or et d'argent sur le fond d'azur.

Un autre arc, riche de trophées et de tableaux à clair-obscur, était construit par ordre du Sénat à la Porte Heureuse : et, pour ne pas troubler la beauté architectonique de ses flancs, on avait adossé aux piliers une arcade de bois dont la peinture imitait le marbre. La nation napolitaine avait élevé devant son église de San Giovanni sur la place Marina, un troisième arc surmonté d'une statue de la Vierge et décoré de velours. Plus loin, sur le Cassaro, au croisement de la rue de la Loggia et de celle des Chiovari — aujourd'hui Cintorinai — les Gênois avaient élevé un arc de triomphe haut de soixante pieds, avec quatre façades, quatre arcades, des piliers, des colonnes, corniches, statues et tableaux à clair obscur qui représentaient les exploits accomplis par le duc de Savoie et par les Gênois pour défendre la foi chrétienne, dont le triomphe était cependant symbolisé dans la croix figurant sur les armes des princes savoyards et de la république de Gênes.

Autour de ces arcs auxquels les artisans, décorateurs, peintres, donnaient la dernière main, s'attroupaient les curieux qui allaient d'un monument à l'autre, prodiguant commentaires, éloges, informations et impressions. Ces œuvres devenaient points de ralliement.

Mais la foule la plus nombreuse se rassemblait aux Quatre Coins que le Sénat faisait décorer avec le plus grand faste. Quatre arcs de triomphe s'élevaient aux débouchés des quatre rues, avec peintures, ornements, allégories ; des draps d'or, d'argent et de velours couvraient les quatre façades monumentales ; et sur ceux-ci des emblèmes, des inscriptions, des symboles célébraient le nouveau roi et exprimaient la jubilation de la ville et du royaume ; sur les quatre fontaines, quatre grandes toiles allégoriques ; aux côtés de chacune deux tribunes pour musiciens. La place octogonale paraissait un immense pavillon.

Ce lieu où l'on avait l'habitude de se donner rendez-vous attirait à présent outre les régnicoles et les étrangers, les habitants des quartiers plus lointains. Les quatre rues semblaient le confluent de quatre fleuves qui se rencontraient en bouillonnant. Là tout Palerme passait.

Le dernier arc de triomphe, élevé par la colonie milanaise, surgissait à l'angle de l'archevêché, qui fait face à la cathédrale.

Andrea allait de l'un à l'autre sans se presser, observant, scrutant mine de rien, sous l'habit d'un pauvre petit prêtre de montagne. C'est aux Quatre Coins qu'il s'arrêta le plus longtemps, là où était le plus grand concours de curieux, et donc plus forte la possibilité de voir un visage connu, de saisir une parole. Mais il n'entendit pas un mot, ne surprit pas un regard. Ses yeux ne rencontraient que des physionomies insignifiantes et ses oreilles n'entendaient que des discours qui ne l'intéressaient pas.

Peut-être, songea-t-il, un petit tour du côté des auberges ne serait pas hors de propos : mais il lui fallait un prétexte et il n'était pas difficile d'en improviser un. Avec une petite besace au cou, il entreprit de visiter les hôtelleries comme s'il arrivait à l'instant : celle de Sant Antonino, celle du Messinois, celle de l'Huile, celle de la Cloche, de la Vieille Foire, des Laitiers, de la Faille des Tourneurs, de la Colonne Brisée ; feignant de n'être pas satisfait des lieux ou des prix, mais s'attardant à chaque fois. Ses goûts difficiles lui valaient d'acerbes remarques de la part des aubergistes. Oh là ! qu'est-ce qu'il voulait, ce mort-de-faim, un lit de plumes et des couvertures de soie ? Il pouvait remercier Dieu s'il trouvait un chenil tant étaient misérables ses haillons verdâtres !

Mais les méchantes paroles et les menaces ne le touchaient guère : il lui déplaisait seulement que ses recherches restassent infructueuses. Il avait visité en vain les hostelleries de la ville dans lesquelles les régnicoles étaient accoutumés de descendre, et il ne lui restait plus que les établissements les plus miséreux et ceux des faubourgs.

Il s'en allait donc par la rue du Sérail, hors de la porte de Termini, où étaient deux pauvres auberges ; mais en arrivant place de la Vieille Foire, devant la fontaine surmontée de la statue de Palerme couronnée, il s'immobilisa, frappé par la vue d'une silhouette de femme, accroupie sur les marches, tête baissée, l'air fatigué et abruti. Elle leva la tête : peut-être l'ombre noire de ce prêtre miteux arrêté à sa hauteur attira-t-elle son regard.

Elle tendit la main en demandant d'une voix rauque :

— Vous me faites la charité ?... Si vous voulez je vous dirai la bonne aventure.

— Mon aventure à moi ? Eh, je la sais bien, ma fille. Je n'attends aucun gros lot, car je ne joue ni au Séminaire de Gênes ni à l'extraction de Milan...

— Je lis l'avenir...

— Tu as donc commerce avec le diable ?

La devineresse frémit de peur.

— Je plaisante. Vous me faites la charité ? Un grain...

Andrea fouilla dans sa poche, y trouva une piécette de bronze et la donna à la femme.

La place était à peu près déserte. Un porteur était assis sur les marches de l'autre côté de la fontaine, sommeillant dans l'attente d'une commission qui ne venait pas ; de rares passants traversaient en hâte la place ; nul ne prenait garde à eux. Andrea se baissa et, à mi-voix, demanda :

— Où étais-tu jusqu'aujourd'hui, Peppa la Sarda ?

A ce nom, la femme sursauta et, frappée d'épouvante, considéra le prêtre en essayant de se souvenir si elle l'avait déjà vu et balbutia d'une voix fausse qui l'accusait :

— Peppa la Sarda ?... Je ne vois pas qui c'est... vous vous trompez.

— Je ne me trompe pas, et il est inutile de jouer la comédie... je t'ai connue il y a quinze ans... quand tu habitais au Mont de Piété...

Elle tremblait, en proie à une véritable épouvante, sans trouver un mot pour répondre ; son regard fouillait les alentours avec inquiétude puis revenait scruter le visage ricanant de ce prêtre inconnu.

— Je suis venu une fois te trouver dans ton antre, quand tu faisais des breuvages... pour envoyer dans l'autre monde une certaine... duchesse !

La femme perdit tout sang froid ; elle balbutia encore :

— Mais non... Votre Seigneurie se méprend... Si l'on entendait... il y a des choses qu'on ne dit pas ainsi dans la rue...

— N'aie pas peur... Nul ne nous entend, et du reste nul ne pourrait comprendre... Allez, lève-toi... voilà plusieurs jours que je te cherche.

- Moi ? Vous me cherchez moi ?

— Oui, ne t'étonne pas ; je ne veux pas de poudre, mais certaines informations... Lève-toi.

Subjuguée, Peppa la Sarda s'exécuta ; elle avait les pieds nus et les habits en haillons ; son aspect misérable la vieillissait.

— A quel état te voilà réduite ! murmura le faux prêtre ; tu as faim, certainement ; je te donnerai de quoi te restaurer... Tu as un gîte où dormir ?

— Non, mon seigneur.

— Et où dors-tu ?

Elle eut un geste qui signifiait : « n'importe où, sous le ciel ».

— Bien, bien ! murmura Andrea, je te trouverai un logement. Va devant, je te suis... et prends garde, ne tente pas de fuir, parce qu'il me suffit d'un cri pour faire accourir la garde et te remettre au Saint Office... Et cette fois tu ne t'en tireras pas avec quelques années de prison. Souviens-toi de la duchesse de la Motta !...

— Par charité, gémit-elle, taisez-vous ! Je viens : où devons nous aller ?

— Au quartier de la Tannerie, derrière la maison de San Rocco... Va devant.

L'Ave avait sonné, le ciel s'assombrissait, il ne faisait pas chaud ; Peppa la Sarda tremblait de froid et de terreur. Ce prêtre était peut-être un mouchard ? Un serviteur du Saint Office ? Comment savait-il tout cela ? Comment la connaissait-il ?... Mais cette voix... cette voix elle l'avait déjà entendue. Où ? Quand ? Il l'avait rassurée et la conduisait évidemment dans une maison au lieu de la remettre aux sbires et de la traîner en prison, mais cela ne suffisait pas. Et demain ? Elle se hâtait comme si en arrivant plus vite, elle se délivrerait d'un cauchemar. Elle obéissait à cette impulsion aveugle qui pousse parfois le coupable à confesser tous ses crimes, comme pour se soulager l'âme et à courir vers le châtiment comme vers une libération. Désormais elle se trouvait au pouvoir de ce prêtre ; un geste de résistance, une tentative de lui échapper la perdrait. Peu à peu elle reprenait son calme et parvenait à examiner sa situation. Il fallait faire preuve d'astuce : ne s'était-elle pas déjà trouvée dans des passes semblablement périlleuses ? Ne s'en était-elle pas toujours tirée ?

L'espoir renaissait et avec lui le désir de savoir qui était ce prêtre, et comment il connaissait un des nombreux secrets horribles de sa vie.

Au lieu de suivre les rues principales elle avait pris des voies de traverse, étroites, tortueuses, peut-être avec de vagues idées de fuite mais Andrea la suivait de si près qu'elle dut y renoncer. Quand ils arrivèrent à la paroisse de Santa Margherita, avant de s'engager dans ce dédale de passages mystérieux qui rendaient redoutable aux sbires le quartier des Tanneurs, Andrea se plaça résolument à côté de Peppa la Sarda. A une centaine de pas de l'église, il s'arrêta :

— C'est là.

Ils étaient devant une taverne éclairée par une fumeuse lampe à huile.

— Oncle Rosario, expliqua Andrea avec un clin d'œil, cette pauvre femme a faim, et je vous l'ai amenée, à vous qui avez bon cœur. Elle n'a pas un liard.

— Entrez, ma brave dame, dit l'oncle Rosario.

Puis comme dans la taverne deux ou trois personnes buvaient autour d'une table graisseuse, l'hôte ajouta :

— Venez par ici : vous serez plus tranquille.

Peppa la Sarda était trop rusée pour croire à la bonté de ce tavernier ; elle comprit qu'on la séquestrait mais elle ne pouvait plus s'échapper et il lui fallait affronter la situation en cherchant à se défendre avec toutes l'astuce des femmes de son acabit.

Pourtant elle n'arrivait pas à comprendre le pourquoi de cette séquestration et ce que voulaient ces deux hommes, car elle ne doutait pas un instant que l'hôte et le prêtre fussent d'accord.

Elle suivit le prêtre dans une petite pièce derrière le bar, au fond de laquelle se trouvait une échelle. Andrea se tenait derrière elle.

— Dépêchons, dit-il.

— Accompagnez-la, proposa l'oncle Rosario, en donnant à Andrea une petite lampe, je vais prendre de quoi la restaurer...

Andrea poussa Peppa la Sarda et la fit monter dans la pièce qu'il habitait depuis trois mois ; il ferma la porte, jeta sur le lit le tricorne, la perruque, les lunettes, la soutane et se plaçant contre la lampe de manière à être éclairé au mieux, il demanda avec un visage et une voix terribles :

— Tu me reconnais, Peppa la Sarda ?

Elle le regarda, pâlit, ses yeux s'exorbitèrent d'épouvante et un cri de terreur lui échappa.

— Maintenant, à nous deux, dit Andrea. Assieds-toi et ne tremble pas : je ne te ferai rien, si tu as du jugement.

L'oncle Rosario apporta du vin, du pain et du poisson frit.

— Vous voyez, je l'ai finalement trouvée, lui dit Andrea ; et se tournant vers Peppa la Sarda, il ajouta : maintenant, mange, nous parlerons après.

Mais elle ne mangea pas ; elle avait la gorge trop serrée.

XVII

Le 21 décembre, dès l'aube, la ville était en fête : le roulement des tambours et le miaulement des fifres des gardes du corps, du régiment suisse et des dragons piémontais qui se rendaient hors de la Porte Heureuse pour s'aligner sur la plage et former une garde d'honneur devant la porte et autour du pavillon royal érigé à Sant' Erasmo, avaient réveillé les habitants qui, avides de ne pas manquer le nouveau et solennel spectacle, pris par l'allégresse patriotique et par les préparatifs d'une fête à la magnificence de laquelle chacun contribuait de son mieux, avaient cette nuit-là peu dormi.

Des fleuves humains se déversaient des rues et des ruelles sur le Cassaro, se répandaient dans l'antique et noble rue, sur cette artère où se déroulait la vie publique de toute la cité. Ceux qui avaient des connaissances dans telle ou telle maison y montaient ; mais le petit peuple s'emparait de la rue longue et droite : il occupait les parvis des églises, les bancs saillant des boutiques, le peu de place qui restait encore sous les porches. Les plus prévoyants s'étaient pourvus de bancs et de chaises, sur lesquels ils grimpaient pour voir le cortège qui passerait derrière les soldats alignés le long de la rue. Sur toute la longueur du Cassaro montait une rumeur confuse de milliers de pas et de milliers de voix semblable au bruit de la marée qui tantôt montait, tantôt baissait, pour reprendre peu après, explosant brusquement comme si la multitude était soumise aux caprices du vent. D'un coup une nouvelle partait d'un point du Cassaro, se propageait peu à peu le long de la rue ; toutes les têtes ondulaient, se tournaient, s'agitaient.

La cavalcade de la noblesse passa, avec à sa tête les deux premiers seigneurs du royaume, le prince de Butera et celui de Trabia ; la magistrature, le Sénat dans son magnifique carrosse, grand, tout en or et en soie, entouré de l'habituelle pompe de hérauts, de massiers, de musiciens, de connétables, portant les couleurs de la cité, jaune et rouge ; les prélats ; et chaque groupe, chaque cortège avait beau présenter à chaque apparition le même spectacle, il soulevait toujours la même curiosité, la même admiration.

Sur toute sa longueur, le Cassaro offrait un aspect magnifique, jamais vu. La longue succession d'arcs de triomphe le divisait en vastes tunnels éblouissants de couleurs et de lumières. Aux balcons, aux fenêtres pendaient tapis et tapisseries ; des guirlandes de rameaux s'entremêlaient pour orner le débouché des ruelles ; toute une fête de couleurs faisait revivre les façades, réveillées par le soleil qui se jour-là, comme pour participer à la joie commune, répandait dans le ciel pur la gloire de ses rayons.

Vers midi, de bouche en bouche, ces mots courent :

— Ils arrivent ! Ils arrivent !

Au même moment à Castelamare l'artillerie tonna et aussitôt, des remparts et des vaisseaux, d'autres salves répondirent, emplissant l'air de leur grondement. Les cloches de San Nicolò des Grecs carillonèrent.

A dix-sept heures d'Italie, le prince Vittorio Amadeo, accompagné de la reine, du prince Tommaso, de leurs gentilshommes de compagnie et de leurs dames de cour, en apparat ordinaire, avaient gagné par les rues périphériques le pavillon de Sant' Erasmo où, ayant revêtu toute la pompe royale, il avait pris possession de son trône. Alors le grand chambellan introduisit Don Nicolò Placido Branciforti, prince de Butera, premier seigneur et Grand d'Espagne, qui à genoux exprima la joie du royaume devant le prince si valeureux et si sage que la Providence divine avait donné à la Sicile. Le roi l'écouta avec satisfaction puis se leva et prenant des mains du grand écuyer l'étendard royal, il le donna au prince en disant :

— Prince, à vous, comme premier seigneur du royaume, je confie l'étendard de mes armes, pour que vous le montriez à mes vassaux afin que tous sachent que je suis le roi et qu'ils doivent me servir, m'obéir et m'aimer de tout leur cœur.

Alors l'artillerie tonna et la cavalcade commença.

Don Vincenzo Bongiovanni avait lui aussi accouru, comme un enfant avide de spectacles, et dans la loge du couvent de la Chaîne, à la Porte Heureuse, il attendait avec une impatience fébrile l'apparition du cortège. Il avait emmené avec lui Pellegra et Emanuele, qu'il considérait comme son fils, incapable d'imaginer, dans sa fatuité, les sentiments qui avaient déjà germé dans le cœur de ces deux jeunes gens. Don Girolamo n'était pas avec eux. Il avait recommandé à son neveu de ne pas se mêler à la foule et d'user de prudence et s'était fait promettre par le peintre de garder le garçon à l'œil. Il avait donné rendez-vous à quelques amis et puis devait retrouver les gouverneurs de l'hôpital aux abords de la cathédrale. Les deux jeunes gens s'étaient postés à l'angle de la loggia, appuyés à la balustrade de pierre massive et déformée et étaient restés ainsi, serrés l'un contre l'autre, le cœur partagé entre la joie d'être ensemble et le plaisir de ce spectacle magnifique et solennel. Et ils pépiaient doucement comme deux moineaux sur un toit. Mais la voix de Don Vincenzo les fit taire :

— Les voilà, les voilà ! Regardez : ce sont les dragons piémontais.

De fait ces derniers ouvraient le cortège, derrière le colonel Berrin, superbes dans leur uniforme turquin. Derrière eux venaient à pied les valets du roi et de la reine, et puis les pages à cheval avec leur gouverneur.

— Les nôtres arrivent maintenant.

Les nôtres étaient la magistrature du royaume et de la ville, le marquis de Regalmici, capitaine justicier de la cité, avec les juges de la cour prétorienne, devant tous les autres puis, la députation du royaume, avec son massier et ses officiers ; le gouverneur de la Table, c'est-à-dire la banque publique, la noblesse, éblouissante par la richesse de ses habits, la beauté des chevaux, la splendeur des harnais, la magnificence des palefreniers et des laquais ; une véritable fantasmagorie qui en elle-même valait tout le spectacle et qui faisait apparaître pauvre et humble la Cour royale elle-même. Voyant cela, les citadins se gonflaient de joie et d'orgueil, oubliant que la richesse excessive de cet apparat ruisselant d'or et de gemmes signifiait la misère et la servitude de toute l'île.

A la suite venaient les rationnels du Patrimoine, les procurateurs fiscaux de la Grande Cour, les quatre secrétaires du royaume, le protonotaire de la Chambre royale, puis le capitaine de la Grande Cour, et les prélats parlementaires, c'est-à-dire qui avaient un siège au Parlement comme députés du clergé, et à leur côté, le Conseil royal. La cavalcade était interminable. Venaient ensuite les massiers du Sénat palermitain, autour desquels se levait un grand tumulte populaire, comme si un accès imprévu de folie s'emparait de la foule. Le trésorier général du royaume tirait des pièces de deux sacs pendant de part et d'autre de sa selle, qu'il jetait par poignées au peuple. C'étaient des tari d'argent à l'effigie de Vittorio Amadeo, frappés pour la première fois à la Monnaie de Palerme. Les mains avides se levaient pour saisir au vol les petits disques luisants ; les poings bagarreurs se les disputaient ; autour de la même pièce, trois, quatre personnes se bousculaient, échangeaient des horions et des cris ; la cavalcade continuait d'avancer, suscitant sur son passage ce souffle de tempête et laissant derrière elle un frémissement convulsif, à peine dompté par la clameur des trompes des hérauts royaux qui venaient ensuite, précédant les cavaliers de la Cour du roi, les gentilshommes de bouche, de la chambre et de la garde-robe, les aumôniers, majordomes, écuyers, le premier ministre : et puis le prince de Butera avec l'étendard du royaume, le prince Tommaso et enfin le couple royal.

Le roi et la reine chevauchaient sous un magnifique baldaquin couleur de flamme, entourés des sénateurs de la ville ; devant eux, tenu en bride par les écuyers et palefreniers de la Cour, avançait le cheval offert par la cité : superbe animal des écuries des Branciforti, richement harnaché d'or. Les montures de leurs altesses étaient blanches ; à l'étrier du roi marchait Don Ottavio Lanza prince de Trabia, à l'étrier de la reine le prince de Scordia, de la maison Branciforti, préteur de la ville ; et derrière eux, le grand écuyer épée au poing, les chevaliers d'honneur, les titulaires de charge de la Cour savoyarde, les dames et demoiselles de la Cour. Une double file de gardes du corps et de Suisses, flanquait de part et d'autre ce groupe principal, et tenait à distance la foule qui battait des mains, et répondait par un hurlement formidable au cri lancé de temps à autre par le prince de Butera.

— Sicile ! Sicile pour Vittorio Amedeo !

Le couple royal avait fait une première halte à la porte des Grecs, sous le premier arc de triomphe, où ils avaient rencontré l'archevêque venu au devant d'eux en procession, avec le chapitre et le clergé de la cathédrale. Leurs Majestés avaient mis pied à terre pour baiser la croix que leur offrait le prélat. A la Porte Heureuse, il y avait eu un deuxième arrêt. Là, le préteur, s'écartant de l'étrier de la reine, fit un signe au sergent major de la ville, commandant de la milice urbaine, qui tenait un bassin d'argent, y prit les clés de la ville, et, à genoux, les offrit au roi en disant :

— Seigneur, avec la meilleure volonté et la plus grande allégresse, Palerme, capitale de ce royaume, se met aux pieds de Votre Majesté. Par mes mains, elle remet à votre glorieuse Majesté les clés de ses portes, en même temps que celles du cœur très fidèle de tous ses citoyens, prêts à offrir leur sang et leur vie pour le plus grand service de votre royale Couronne.

Le roi prit les clés, en disant qu'il avait confiance en ses vassaux et en la fidélité de la ville de Palerme, et les rendit ensuite au préteur, en lui demandant de les conserver pour le service de la Couronne royale.

Alors l'artillerie tonna, les acclamations s'élevèrent depuis la rue jusqu'aux plus hautes fenêtres et jamais peut-être il n'y eut pareille fusion des esprits... Nul n'imaginait qu'il ne se passerait pas cinq ans avant que ne fussent dispersés les souhaits et les vœux de ce solennel événement et qu'en fût effacé jusqu'au souvenir.

La foule se refermait derrière les derniers carrosses du cortège, pour le suivre ; on savait qu'aux Quatre Coins les musiciens du théâtre de Santa Cecilia chanteraient un dialogue de Don Pietro Vitale, secrétaire du Sénat et qu'un autre serait chanté à la place Bologna, depuis les balcons du palais du prince de Villafranca.

— Allons écouter l'aubade, dit Don Vincenzo Bongiovanni à sa fille.

Le cortège progressait lentement. Don Vincenzo sortit par la Porte de la Douane, longea la Cala un moment et rentra par la Porte au Charbon, dans l'idée qu'en passant par ces rues qui étaient à cette heure et en cette occasion, quasi désertes, il pouvait prendre de l'avance sur le cortège. C'était sa tactique habituelle, mais pour qu'elle réussît, il fallait forcer sur les jambes. Il courait, entraînant derrière lui les deux jeunes gens pour lesquels cette course était un nouveau divertissement. Main dans la main, riant aux éclats, ils suivaient le peintre qui de temps à autre se retournait pour les encourager :

— Allons, dépêchons !...

Suivant une ligne de rues et de ruelles parallèles au Cassaro, il voulait gagner le quartier des Conciatori, et de là, rejoindre les Quatre Coins par la rue Maqueda. Mais malgré leurs efforts, quand ils parvinrent au but, épuisés et haletants, le dialogue était commencé depuis un moment et sur le point de se terminer.

— C'est votre faute ! marmonna Don Vincenzo... Allons à la place de Bologna ; au moins nous entendrons celle-là.

En courant dans les rues parallèles, ils retournèrent enfin sur le Cassaro, devant la place de Bologna, elle aussi envahie par une foule qui se pressait derrière la file des soldats. Les balcons du palais Villafranca étaient richement ornés de tapisseries et de velours ; sur celui du milieu, sous un baldaquin, était posé le portrait du roi, aux côtés duquel avaient été improvisées deux estrades pour les musiciens. Tous les autres balcons étaient pleins de dames invitées par le prince ; leurs carrosses entourés de laquais et de *volanti* attendaient sur la place derrière la statue de l'empereur Charles V, et mettaient sur le gris des murs la note vive des dorures et des panaches blancs et rouges.

Don Vincenzo fendit la cohue à coups de coudes, pour se placer sous les balcons et mieux entendre : le carillon de l'église voisine de San Giuseppe et les applaudissements l'avertissaient que Leurs Majestés avaient repris leur progression ; dans quelques minutes Elles arriveraient sur la place. Du regard il choisit le meilleur emplacement et se glissa entre les carrosses au risque de se jeter sous les chevaux, repoussé par les laquais avec leur insolence habituelle.

Pellegra regardait aux balcons les dames dans leurs atours superbes, éblouissants de joyaux :

— Regardez, Emanuele, dit-elle au jeune garçon, à l'angle du deuxième balcon, cette dame vêtue de brocart amarante... N'est-ce pas la dame qui était dans le carrosse, à l'arrivée du roi ? La maîtresse de ce serviteur... Vous souvenez-vous ?

— Ah, la duchesse de la Motta ?

— Exactement !

— Je ne m'en souviens pas ; je ne l'ai pas regardée à ce moment... Il y a donc ce chevalier qui a voulu me faire peur ?... J'aimerais bien le voir...

— On ne le voit pas ; il y a trop de dames... Il est peut-être derrière...

Les applaudissements détournèrent leur attention. Le roi et la reine arrivaient sur la place : aux balcons le petit orchestre, composé de quelques instruments à corde et à vent, comme on faisait à l'époque, fit entendre ses premiers accords : sur toutes les bouches courut un formidable chutttt qui imposa le silence ; le dialogue commença par un chœur :

Grattez vos lyres, belles Muses,
Aujourd'hui faites résonner
Le haut cri des triomphes
Sur le bord de l'Oretto.
Douces brises, étoiles pures
Ne cessez d'aspirer
A Vittorio dont le front
Est ceint de lauriers

Le poète avait adapté aux circonstances un dialogue à cinq voix chanté dix années auparavant pour la naissance du roi Philippe V ; d'un roi à l'autre, à un nouveau couple royal, couple étranger et sans lien aucun, sans passé l'attachant à l'île, la différence était nulle ; les louanges rendues à l'un et les espérances soulevées par lui, pouvaient aussi bien valoir pour l'autre car le courtisan n'a qu'un seul vocabulaire, quel que soit le diadème auquel il rend hommage.

Mais ces vieilles phrases, débitées avec force trilles et gazouillis, flattaient non seulement le goût esthétique mais encore le sentiment général. Elles passaient pour une chose belle et nouvelle et soulevaient des enthousiasmes neufs. A la fin de la chanson, la place reprit le chœur final, qui exprimait son état d'esprit :

Avec les applaudissements et les trompes
de brises joyeuses
la sonnerie résonne
dans notre ciel, sur la terre, et dans la mer.
Seul Vittorio a donné
à notre peuple l'espérance
des bonheurs désirés
des jours heureux

Les vers étaient stupides et sans logique, la musique sirupeuse ; mais qui y prenait garde ? Le roi souriait de satisfaction sous le baldaquin vermeil entouré de sénateurs et ce sourire paraissait un remerciement, un assentiment, une promesse.

Le cortège poursuivit sa route.

Don Vincenzo Bongiovanni, plongé dans une extase enfantine, répétait :

— Que c'est beau ! Que c'est beau ! Que c'est beau !...

Comme la ligne des soldats se rompait pour suivre les carrosses sur le

Cassaro, la foule suivit lentement. Du palais Villafranca une dame descendit, qui monta dans sa voiture pour retourner chez elle ou aller à la cathédrale, contraignant la foule à s'ouvrir, les badauds à se reculer et à se presser vigoureusement.

— Regardez, regardez, Emanuele, dit Pellegra, qui tenait serrée la main du jeune homme, voilà le carrosse de cette duchesse.

La voiture s'était en fait approchée du grand portail du palais et de la statue qui le flanquait. Elle était à quelques pas d'eux. Emanuele s'avança pour essayer d'apercevoir le chevalier. Le geste de Blasco lui était resté planté comme une épine dans la mémoire et rien ne lui paraissait plus humiliant que l'air et les paroles tolérants de ce seigneur qui l'avait traité comme un enfant. La honte et le dépit lui empourpraient le visage. Il aurait voulu revoir Blasco, pour lui démontrer qu'il n'avait pas peur, avec l'obstination butée d'un enfant gâté.

Don Vincenzo, qui allait devant à petits pas, chantonnant d'un air béat le dernier chœur « Avec les applaudissements et les chœurs », n'avait pas remarqué le manège d'Emanuele ; mais soudain, un cri de Pellegra le fit sursauter.

— Seigneur mon père !... A l'aide... Emanuele !...

Il se retourna et vit Emanuele entouré de trois ou quatre laquais qui, tout en lui immobilisant les bras, le rouaient de coups de poings, tandis que le jeune homme, furieux, se défendait désespérément. Le peintre, un instant ébahi, se mit à pousser des cris épouvantés :

— Lâchez-le ! Lâchez-le !

D'autres laquais accoururent, des gens s'approchaient ; autour de ce groupe tumultueux se forma une grande foule : quelques hommes du peuple se jetèrent en avant pour soustraire le jeune garçon des mains de ces serviteurs rendus encore plus féroces par la résistance d'Emanuele. C'étaient les laquais du duc de la Motta ; l'un d'eux, qui deux mois plus tôt avait été jeté par Emanuele sous les sabots des chevaux, ayant reconnu le garçon, l'avait montré à ses compagnons et tous ensemble ils avaient fondu sur lui, pour se venger de l'affront et lui donner une leçon.

Il s'en fallut de peu que la place de Bologna ne se tranformât en champ de bataille.

A l'intervention des gens du peuple, d'autres laquais, par solidarité de caste s'avançaient, menaçant de défendre leurs compères. Cris, hurlements, mouvements de foule, confusion : Don Vincenzo, toujours plus épouvanté pour Emanuele, criait :

— Lâchez-le, lâchez-le !... Je vais appeler la garde...

Mais ils frappaient et Emanuele se défendait héroïquement, comme un marcassin cerné par la meute. Soudain, une voix impérieuse domina le tumulte :

— Ah, maroufles !

On vit une masse ornée de ruban bondir dans les airs et s'abattre sur le dos des laquais ; une vraie tempête de coups, inattendus, puissants, qui en un instant débandèrent la canaille et libérèrent Emanuele. C'était Blasco qui, sortant à cet instant du palais pour accompagner la duchesse au carrosse était accouru à la rumeur et avait reconnu le jeune homme.

— Misérables ! criait-il, à dix contre un ! contre un enfant !... Retournez à votre poste !...

Le dos et les bras encore douloureux, les laquais mortifiés, comme une bande de chiens renvoyés au chenil à coups de fouet se replièrent vers le carrosse où la duchesse, étonnée du cri et de la disparition soudaine de Blasco, interrogeait le cocher pour savoir ce qui se passait.

Une minute plus tard, la place reprenait son aspect de fête tranquille ; les carrosses s'éloignaient, suivaient le cortège, ou descendaient par le Cassaro ; des ruelles sortaient des chaises à porteurs qui avaient attendu que la voie se libère ; de ce petit incident nul ne parlait, hormis Pellegra qui, voyant la blancheur du visage d'Emanuele, en accusait son père :

— Quel besoin avions-nous de nous lancer au milieu des carrosses ? Nous aurions pu écouter la musique de loin... Et maintenant, que va dire, le seigneur Don Girolamo ?

— Oui, répétait le peintre qui ne savait que répondre, que va dire Don Girolamo ?

La duchesse aussi parlait de cet incident. Elle avait voulu savoir ce qui s'était passé et Blasco le lui avait expliqué.

— Je regrette en vérité d'avoir bâtonné vos laquais, mais je n'ai pu me retenir... Ne croyez pas que j'aie voulu causer du tort à votre maison.

La duchesse haussa les épaules en un geste de gracieuse insouciance et murmura :

— Ce n'est pas la livrée des La Grua...

L'indifférence qu'elle éprouvait encore voilà quelques mois envers son mari s'était transformée en cette espèce d'aversion qui est proche de la haine. Quoiqu'il l'aimât et lui démontrât sa dévotion, Blasco n'avait pas abusé de sa position privilégiée et s'était imposé une conduite pleine de réserve : mais précisément, comme cela avait mis dans son cœur de femme les plus ardents désirs de ses sens réveillés, le besoin de toute la plénitude de la passion, il avait fait germer dans son âme ce sourd sentiment d'hostilité haineuse contre un homme qui lui apparaissait comme un obstacle, un cauchemar. Envers Blasco aussi elle observait une contenance plutôt froide et triste. Elle évitait toute intimité, toute allusion, tout retour à l'instant de joie qu'elle avait à peine savouré. Quelque chose était tombé entre eux, qui tout en les empêchant de se séparer, interdisait en même temps à leurs âmes de se rapprocher et de se fondre.

Blasco continuait de l'accompagner et de se comporter en bon chevalier servant, espérant toujours que Don Raimondo lui confierait le secret des mystérieux ennemis qui l'entouraient ; et il l'avait accompagnée au palais de Villafranca, en ce jour de fête, avec cette attention dévote et affectueuse, cette réserve, qui lui coûtaient un effort douloureux. A présent les paroles lourdes de sens de Donna Gabriella le plongeaient dans l'étonnement. C'était la première fois qu'il surprenait dans sa bouche l'expression d'un quasi-dégoût pour son mari. Il eut un frisson.

Ils ne prononcèrent plus un mot pendant le reste du trajet.

Quelques heures plus tard, Don Raimondo manda Blasco dans son cabinet de travail.

— Que s'est-il donc passé, lui demanda-t-il d'un air froid qui dissimulait mal sa colère, pour que vous vous permettiez de battre des gens qui portent la livrée de ma maison ?

Blasco releva la tête, dans cette attitude de fierté qui était chez lui indice de ressentiment.

— Seulement ceci : vos serviteurs commettaient une vilénie et pour votre honneur j'ai cru les rappeler à leur devoir.

— En vérité, rétorqua Don Raimondo, ce n'était pas à vous de juger la conduite de mes gens et je ne vous avais pas encore donné la faculté de les punir...

— Il est vrai, seigneur, mais quand je vois perpétrer des vilénies, je n'ai pas l'habitude de demander la permission de quiconque pour m'interposer... Raison pour laquelle, Excellence, je ne crois plus opportune ma présence dans cette maison.

Et sur une belle révérence, Blasco quitta le cabinet ; quelques heures plus tard, ayant rassemblé ses affaires, il abandonnait le palais. En mettant le pied dans la rue, il respira à pleins poumons mais aussitôt après, leva les yeux vers la fenêtre de la duchesse et poussa un soupir douloureux.

Le même soir un groupe de sbires alla arrêter Don Girolamo Ammirata et Emanuele.

XVIII

Trouver un logement à Palerme était plus que difficile, impossible. Les auberges étaient bondées. Blasco n'avait plus que deux recours, demander l'hospitalité soit au père Bonaventura, en son couvent de San Francesco, soit au chevalier de la Floresta. Il choisit ce dernier, qui était jeune comme lui, noble, et pour lequel il éprouvait une vive sympathie.

— Serait-ce abuser que de vous demander de m'accueillir en quelque recoin de votre palais ?

— Tout au contraire, vous me feriez un cadeau dont je vous serais reconnaissant, lui répondit le chevalier avec l'accent de la sincérité.

— Merci ! J'étais sûr de votre courtoisie.

Le chevalier avait un prénom classique : Coriolano. En montrant la chambre d'hôte à Blasco, il lui dit :

— Appelez-moi par mon prénom et renoncez avec moi aux tournures de politesse. Je vous ai en grande estime et il me plaît de vous traiter comme un frère. Comme vous verrez, en vous hébergeant, je satisfais un sentiment égoïste. C'est pourquoi vous ne me devez nul remerciement.

Même s'il n'aurait pu affirmer que sa curiosité n'était pas piquée par cette requête impromptue, il était trop gentilhomme pour demander à Blasco pourquoi il avait abandonné le palais Albamonte. Mais son ami jugea devoir lui dire. A ses premiers mots, Coriolano de la Floresta l'interrompit.

— Excusez-moi ; s'il s'agit de m'expliquer les raisons de votre si heureuse arrivée, je vous prie de briser là ; s'il s'agit de me faire des confidences amicales, dans l'idée que je pourrais vous être utile, alors, à votre service...

— Vous n'êtes pas seulement un gentilhomme, mais encore un homme vraiment gentil, Coriolano. Par ma foi, oui, ce sont des confidences faites à un ami. J'ai besoin de m'ouvrir à un cœur fraternel, et je sens que je l'ai trouvé. Aux yeux de tous je passe pour un jeune homme un peu étrange, étourdi, qui rit, se bat, court à droite et à gauche sans penser au lendemain, uniquement préoccupé de vider la coupe des plaisirs. De fait, c'est ainsi que ma vie d'aventure m'a formé ; mais au fond de mon âme niche une tristesse qui jette une ombre autour de moi, une ombre que je suis seul à voir... Pendant un certain temps j'ai été le jouet de la fortune ; ce qui ne m'agréait point : je me suis contraint de faire aller sa roue en sens inverse et de la commander ; j'y ai réussi mais cela n'empêche que de temps à autre elle ne me joue quelque vilaine farce. Peu importe. Je comprends qu'il faut savoir prendre la chose en riant mais quelquefois, non, je ne puis rire, en particulier quand, comme aujourd'hui, je me trouve dans une condition... mais baste !...

En exposant ce qui l'avait précédé, il raconta l'événement de la place de Bologna, puis le bref et significatif dialogue entre le duc de la Motta et lui.

— Que voulez-vous ? Je suis fait ainsi. Si je voyais mon frère commettre une vilénie, je crois que je le tuerais ; heureusement que je n'en ai point. Du reste, pour vous confesser la vérité, il ne me déplaît pas d'avoir abandonné le palais Albamonte. A quel titre y habitais-je ? Ma présence dans cette maison m'exposait à mille périls que, ne riez pas, je devais éviter. C'était la part la plus douloureuse, mais aussi la plus belle de ma résolution...

Le chevalier de la Floresta l'écoutait un léger sourire aux lèvres, les bras sur l'accoudoir de son siège à haut dossier, le menton posé dans sa main blanche, féminine, sans défaut. Dans le silence qui avait suivi les derniers mots de Blasco, il dit avec cette grâce seigneuriale qui imprégnait ses gestes comme ses paroles :

— Pauvre ami ! Vous êtes donc vraiment amoureux ?

— Qui vous l'a dit ?

— Vous regrettez que je l'aie deviné ? Je vous en demande pardon...

Blasco baissa la tête un instant puis reprit avec une vivacité non dépourvue d'une pointe d'amertume :

— Eh bien oui, oui. Je suis amoureux et c'est la première fois que je m'éprends vraiment d'amour. N'est-elle pas belle ? N'est-elle pas merveilleuse ? N'a-t-elle pas ces attraits mystérieux qui lient les âmes ? La première fois que je l'ai vue, voilà environ trois mois, elle est passée devant moi, rapidement ; une vision fugace qui a laissé une trace profonde dans ma mémoire... Depuis, j'ai appris à la connaître, à l'apprécier, à l'admirer. C'est ainsi qu'est née cette passion. Vous comprenez que ma condition dans cette maison m'interdisait de profiter des circonstances favorables... Je l'aime trop pour la compromettre. J'ai refréné mes désirs, j'ai étouffé la voix de la passion, je me suis plongé dans des macérations d'anachorète... Cela vous semble étrange, n'est-ce-pas ?... Vous avez raison, je le reconnais ! Bah ! Je croyais en avoir fini avec les bêtises ; je m'aperçois que j'en ai commis une plus grosse que les autres !...

Il rit, mais d'un rire qui ne venait pas du cœur et qui d'évidence lui coûtait.

— Avez-vous jamais été amoureux, Coriolano ?

— Jamais, assura le chevalier, un fin sourire errant sur ses lèvres. J'ai toujours pensé qu'il y avait mieux à faire de par le monde.

— Et qu'avez-vous donc fait de mieux ?

Coriolano posa sur lui un regard limpide et avec une merveilleuse ingénuité, lui répondit :

— Rien.

Blasco le considéra d'un air ébahi puis, comme s'il avait réfléchi, dit :

— Peut-être avez-vous raison ; « rien », c'est toujours mieux que de s'amouracher comme un imbécile !... Vous êtes bien heureux de ne pas souffrir de cette maudite manie, qui vous complique la vie, qui vous pousse à faire quelque chose, et vous fait toujours plus sentir une espèce de vide qu'il faut remplir ! Moi, j'ai cette manie, de naissance !

Et, coupant court à ces réflexions mélancoliques, il lui demanda à brûle-pourpoint :

— Connaissez-vous ma vie, Coriolano ? Non ; maintenant je veux vous la conter brièvement.

Il se recueillit un instant comme pour rafraîchir sa mémoire et reprit :

« Voilà à peine quelques mois que je sais en quelle partie du monde je suis né ; de mon enfance je n'avais que des réminiscences imparfaites, confuses, vaporeuses. Mes souvenirs ne remontaient pas au-delà de ma cinquième année. Je fus recueilli sur les ruines de Catane par un bon frère qui m'emmena avec lui dans un couvent.

Je conserve une image incertaine de ce couvent, qui me paraissait immense et froid. Dans ses couloirs, certaines peintures me terrorisaient. Les frères me gâtaient : j'avais le droit de faire ce que je voulais : j'entrais dans les cellules, je me hissais sur leurs épaules, je jetais des pierres aux poules et, dans la sacristie, je mangeais les hosties de la messe.

Le religieux qui m'avait emmené avec lui s'appelait le père Giovanni. Sa figure et sa bonté sont gravées là, au fond de mon cœur. Peut-être pensait-il me faire prendre la bure. A six ans, il commença à m'apprendre le latin ; à dix ans je traduisais les classiques avec une facilité telle qu'on m'attribuait une intelligence extraordinaire. Ces bons frères prévoyaient que je deviendrais une lumière de leur Ordre.

Malheureuses illusions !

En vérité, j'aimais mieux courir dans les bois, grimper aux arbres, monter les mules du couvent. L'air et le soleil me plaisaient davantage que les déclinaisons et que les églogues de Virgile. Je m'étais confectionné une épée avec une broche volée à la cuisine, à laquelle j'avais adapté, en guise de garde, la partie creuse d'une vieille louche, et il me semblait être armé comme un chevalier.

J'avais dix ans quand le père Giovanni fut appelé dans un autre couvent. Il ne put m'emmener avec lui et avant de partir, me donna un baiser et une lettre pour un autre religieux, le père Bonaventura de Licodia, qui avait vécu dans le couvent.

Le départ du père Giovanni fut pour moi plus douloureux que je ne l'eusse imaginé ; le couvent sans lui me parut un lieu si horrible que deux jours plus tard, muni de mon épée et d'un pain glissé dans une besace, je m'enfuis.

Où allais-je ? Je ne connaissais pas les routes : mon monde s'était limité jusque-là au jardin, aux bosquets où allaient se promener les frères, et à un bout de campagne. Au-delà de ces limites, se découvrit à moi un monde si vaste que d'abord j'en fus effrayé mais dans ma cervelle s'était enfoncée une idée : aller trouver le père Giovanni. Où ? A dix ans on imagine que toutes les routes doivent conduire où on veut aller. Je m'aventurai sur les sentiers qui s'étendaient devant moi, en supposant que j'aurais nécessairement rejoint Messine avant le soir. Au coucher du soleil, je me trouvai seul, perdu sur un col solitaire, au milieu de montagnes qui m'emplissaient de terreur, cerné par mille bruits mystérieux et indéfinis qui s'élevaient au fur et à mesure que le jour s'en allait. Par-dessus le marché, j'étais affamé, ayant dévoré ma provision de pain.

Alors je m'assis à terre et me mis à pleurer. Où était le couvent ? J'aurais voulu y retourner : mais quelle était la route ? Au-dessus de ma tête le ciel immense s'assombrissait et je n'osais le regarder : de grandes ombres enveloppaient les vallées et je fixais le sol pour ne pas les voir.

Un aboiement de chien me fit tressaillir. Je cherchai d'où il venait : s'il y avait des chiens, il devait y avoir des hommes.

Plus loin, au pied du col, un tourbillon de poussière confus : je m'efforçai d'y distinguer des formes. Une dernière lueur crépusculaire m'y fit reconnaître un troupeau de moutons. Alors je n'eus plus peur. Je dévalai la côte en appelant. Deux grands chiens de berger, semblables à des loups, vinrent à ma rencontre méfiants et sournois mais quand ils virent que j'étais un enfant, ils s'arrêtèrent, en me regardant de leurs yeux couleur de miel, sans rien faire.

— Que fais-tu dans ces montagnes ? me demanda l'un des trois pasteurs qui conduisaient le troupeau. C'était un petit homme trapu, barbu, l'air féroce. Il me parut superbe.

— Je me suis perdu, balbutiai-je, ayez pitié de moi... j'ai peur.

Tous trois s'esclaffèrent et celui qui avait parlé me rétorqua : — Eh bien, viens avec nous.

C'est ainsi qu'à dix ans, je devins berger. Cette vie errante, à travers les montagnes, entre ciel et terre, me fortifia ; peut-être lui dois-je une certaine simplicité et le mépris que je porte à toutes les choses superflues... Sans doute aussi cette trempe qui m'a fait résister aux plus dures épreuves. Toutefois je ne pouvais me résigner à cette vie. J'avais la lettre du père Giovanni, qui représentait toute ma richesse, je pensais toujours à lui et n'abandonnais jamais l'idée de le rejoindre. Je me renseignai sur les routes, demandai les distances et mûrissait en mon esprit un projet de fuite... je vous ennuie, Coriolano ?

— Tout au contraire. Votre récit est infiment intéressant et je vous écoute avec plaisir. Poursuivez, je vous prie.

— Comme il vous plaira... Je passai deux ans parmi les bergers, à caresser des rêves de fuite. Les pasteurs ne me laissaient pas m'éloigner. Ayant trouvé en moi un petit valet qu'ils rémunéraient avec du lait, des légumes et un grabat de paille et de peaux, ils n'avaient pas l'intention de le laisser s'échapper. Pendant ce temps, je me familiarisais avec ces contrées et leurs sentiers ; je savais les territoires où je pouvais mener les bêtes, à qui ils appartenaient, où se trouvaient les bourgs et les châteaux les plus proches.

Un matin, aux premiers jours de l'automne 1700, nous étions dans le fief de Brolo ; les pasteurs s'étant rendus au château pour présenter leurs respects au seigneur, arrivé depuis peu, et ils m'avaient laissé seul. Du haut de la colline je vis la mer et au fond, les îles Lipari. La mer !... C'était la liberté. Je ne sais quelle folie me prit. J'abandonnai le troupeau et me lançai à travers les collines escarpées, vers l'azur lointain. Pour éviter toute rencontre, je me tins à l'écart des sentiers. L'un des mâtins, qui s'était pris d'affection pour moi et partageait ma chère aussi bien que ma couche, m'avait suivi. D'abord, j'avais cherché à le chasser, mais il s'obstinait à me suivre et répondait à mes menaces en se couchant à terre, la queue frétillante, en me regardant de ses yeux couleur de miel, si tendrement que je n'eus plus le courage de le repousser.

A présent, il me précédait, vigilant, fougueux, fouillant le maquis, flairant chaque fente de rocher, chaque monstrueux amas rocheux. Tout à coup, il s'arrêta, l'oreille droite, le dos hérissé. Je levai les yeux et pâlis ; dans un taillis je vis briller deux pupilles et luire des dents formidables. Un gros loup se tenait devant nous et grondait. Eclair, c'était le nom du chien, fondit sur la bête féroce ; je ne voyais qu'un terrible enchevêtrement de corps qui roulaient, bondissaient, se bousculaient ; je n'entendais qu'un sourd grondement furieux. Alors je me mis à crier pour encourager Eclair et, saisissant mon épée, je m'approchai, cherchant à frapper le loup. Le chien se battait vaillamment ; il avait le cou et le dos ensanglantés mais il avait réussi à saisir entre ses crocs la nuque du loup et le faisait plier sous son étreinte. C'était le moment. Je lui envoyai une estocade dans le flanc. Le loup poussa un hurlement et tomba. Eclair s'acharna, le mordant à la gorge, et ne s'arrêta que lorsqu'il le vit inerte dans son propre sang ; alors il s'ébroua et bien que blessé, fit deux ou trois bonds d'allégresse. Je l'embrassai et le baisai : sans lui, j'eusse été dévoré par le fauve.

Vers le soir, nous arrivâmes dans un petit bourg au bord de la mer. Je savais qu'il s'appelait Zappardino. Je n'osai pénétrer dans le village et attendis la fin du jour. Je comptais me réfugier dans une des barques tirées sur le rivage pour y passer la nuit.

Mais j'avais faim. Eclair aussi devait être affamé. Comment faire ? Le soleil se couchait, la fumée montait au dessus des masures des pêcheurs. Ces pauvres gens s'apprêtaient certainement à dîner, idée qui augmentait ma faim et la rendait insupportable. Je parcourus le village, sans plus de résultat ; puis je trouvai une église, peut-être celle de la paroisse et pensai que le curé m'accueillerait mais, pour l'amour de Dieu !... il me reçut en brandissant un bâton noueux. Eclair était prêt à me défendre, mais je le tirai en arrière. Pour cette nuit nous allions dormir l'estomac vide. Eclair me précédait en fouillant les buissons : sans le vouloir, il leva deux cailles. Comme tous les bergers, je lançais le caillou d'une main très experte : ces cailles me parurent tombées du ciel, comme la mane aux Hébreux du désert. C'était la passée du soir et évidemment je trouvais d'autres cailles : je choisis deux pierres et me mis en chasse. Au bout d'une heure, j'avais tué six oiseaux. Allons, Eclair ! le bon Dieu a pensé à nous.

Je devins un petit vagabond, et, ce qui est pire, je pris goût à cette vie errante et aventureuse ; mais je commençais à comprendre que je ne pouvais et ne devais vivre de charité, et qu'il me fallait trouver un moyen de gagner ma vie. Je ne connaissais nul métier, mais me sentais disposé à apprendre ; j'étais encore trop petit pour être soldat et ne voulais devenir religieux.

Seul, perdu, sans autre compagnon que ma broche et mon chien ! Me dirigeant à petites étapes vers Palerme, j'arrivai à Cefalù un jour où un monsieur de Franchis, pour le compte de l'évêque, armait son brick, le *Santa Maria*, et engageait de la chiourme. Je m'offris comme mousse. J'étais robuste, pas désagréable, je fus accepté et trois jours plus tard, je m'aventurai, fort ému, pour la première fois en mer. C'est ainsi que commença pour moi une vie nouvelle : après avoir essayé la terre, j'essayais la mer ; ayant fui les loups, j'allai à la rencontre des requins. Je pris goût à cette vie. Quand le vent sifflait dans les haubans et m'ébouriffait les cheveux et que l'onde écumante et livide menaçait le brick, je me sentais heureux.

Un jour, on découvrit que je savais lire et écrire et, chose encore plus ahurissante, que je connaissais le latin comme un moine. Au milieu de tant de brutes ignorantes, cela parut un phénomène très singulier, unique même ; on me considéra avec un certain respect, imaginant je ne sais quoi. Cela suscita l'envie d'un autre mousse qui avait quatre ou cinq ans de plus que moi, et qui se mit à nous harceler, Eclair et moi. Je ne daignais pas lui répondre pour ce qui me regardait, mais je ne tolérais pas qu'il molestât mon chien. Un jour que, pour me faire enrager, il avait donné un coup de pied au mâtin, je saisis le garçon à la gorge et le jetai à la mer. Ce geste me révéla à moi-même : jusque-là, j'avais ignoré de quoi mes muscles étaient capables. Le mousse fut sauvé : je fus bâtonné et mis aux fers, mais la punition me parut injuste et injurieuse. Le navire était en route pour Naples, quand nous abordâmes, je descendis à terre, me cachai et ne retournai plus à bord de la *Santa Maria*. Mais je ne renonçai pas à la vie de marin.

Durant huit ans, passant de brick en brigantin, de brigantin en vaisseau, de navire marchand en bâtiment de course, je vécus sur la mer, ballotté dans les tempêtes, aux prises avec les Barbaresques, sillonnant la Méditerranée, me battant, risquant ma vie, échappant à mille morts, non certes parce que j'étais devenu circonspect, mais parce que quelque être mystérieux semblait me protéger...

Mais chaque fois que je voyais un religieux, je me rappelais le père Giovanni et un regret me poignait, qui me rendait sa lettre plus chère et plus précieuse qu'une relique. Je ne pouvais penser à ma mère, parce que son image s'était effilochée, avait disparu de mon cœur. Il me semblait n'en avoir jamais eue !... Pauvre maman !... Les paroles du père Bonaventura ont maintenant tiré du fond obscur de ma conscience un pâle et triste visage de femme, un peu confus et incertain, mais avec de grands yeux dolents ! »

Blasco se tut un instant, comme pour goûter la vision évoquée par ces mots, puis reprit.

XIX

« En 1708, je me trouvais à Naples : j'avais vingt ans, et le sentiment d'être le maître du monde. J'étais pauvre, sans toit, sans parent, sans patrie. Les souvenirs du couvent eux aussi s'effaçaient, comme étouffés par d'autres souvenirs plus récents. J'éprouvais une démangeaison d'agir et la vie d'oisiveté que je passais dans cette ville, à attendre que le bâtiment reprît la mer me semblait non seulement ennuyeuse mais, pire encore, humiliante et honteuse.

Vivant comme un simple marin, je fréquentais les tavernes du port et me mettais facilement dans le pétrin ; mais je dois confesser que j'éprouvais une secrète aversion pour cette société et pour ce que je faisais. Je me souviens d'un épisode.

Je me trouvais sur le mole, près du Château neuf, et suivais du regard des bagnards qui halaient dans l'arsenal une galère qui devait être réparée. Ils n'étaient pas seuls. Les garde-chiourme, armés de grands gourdins surveillaient les galériens dont les pieds étaient liés entre eux par des chaînes à peine assez longues pour marcher.

Un de ces galériens, petit, trapu, noir et sale comme un sauvage tirait la corde en émettant certains grognements féroces, brefs, répétitifs, qui attiraient l'attention. Tout à coup, je le vis pâlir, s'arrêter et crier :

— Non, Giuseppico ! Non !

Un homme fendait la foule des curieux : maigre, osseux, noir, d'aspect féroce. Ses yeux brillaient de haine. Je m'aperçus qu'il était armé d'un couteau...

Le galérien cria encore, avec terreur :

— Non, Giuseppico, non !

L'homme qui répondait à ce nom murmura entre ses dents quelques mots dans un dialecte que je reconnus, même si je ne l'entendais pas bien. Il était sarde. »

Le chevalier de la Floresta tressaillit.

— Sarde ? répéta-t-il avec une indifférence affectée.

— Oui.

— Et il s'appelait Giuseppico ?

— Oui, pourquoi me posez-vous cette question ?

— Pour rien... parce qu'il y a de nombreuses années... j'avais aussi un serviteur sarde, qui s'appelait Giuseppico... Poursuivez.

— D'après ce que j'ai pu comprendre, Giuseppico disait : « Voilà dix ans que je t'attends !... »

Il était presque sur le galérien. Je vis l'éclair d'une lame : je m'élançai sur Giuseppico et le retins par le bras, l'empêchant de commettre cette vilénie de tuer un homme sans défense. Ce fauve rugit de cet empêchement inattendu et se jeta sur moi en essayant de se dégager pour me frapper, mais mon bras avait pris la rigidité du fer, ma main le serrait comme un étau : il tenta de la mordre et je lui tordis alors le bras, qui émit un craquement.

Il poussa un hurlement et céda. Je ne sais si je lui ai démis une articulation ; en tout cas, il ne fut pas en état de réagir, mais trois ou quatre malandrins qui étaient visiblement là pour le protéger, s'avancèrent poignard au poing. Je reconnus des camoristes : ce Giuseppico était des leurs. Avec ces gens, il faut être audacieux : je n'avais pas d'armes, mais j'en improvisais rapidement une pour les affronter. Il y avait là un petit treuil, je m'emparais d'un caret et me mis en garde : ce morceau de bois devait devenir une arme formidable, car deux de ces brigands furent immédiatement hors de combat : les deux autres s'enfuirent. Autour de moi s'était formé un large cercle de spectateurs, dont la curiosité était assez excitée par ma jeunesse : les galériens, les garde-chiourme, les argousins s'étaient arrêtés pour contempler ce singulier duel et peut-être regrettaient-ils tous qu'il fût si vite terminé.

Mais la victoire ne me valut nulle couronne de lauriers, bien au contraire ! Je me trouvai d'un coup encerclé de gardes et de soldats ; et quels soldats ! Des colosses blonds, puant le vin et qui criaient dans une langue inconnue... Vous devinez sûrement que je parle des soldats autrichiens, car, comme vous le savez, depuis juillet 1707, le royaume était occupé par les troupes de l'empereur Charles VI.

Ma situation était critique : je courais le risque d'être envoyé aux galères, car la justice impériale ne plaisantait pas : d'un autre côté, je dois vous avouer que ces Autrichiens m'étaient effroyablement antipathiques.

Deux raisons pour agir vite. La mer était à deux pas : je rassemblai toutes mes énergies et donnai un coup très puissant aux deux soldats qui me menaçaient, les abandonnai à toutes jambes, et me jetai à l'eau, au milieu de l'ébahissement des soldats, des hurlements d'admiration et des rires de la foule, de la débandade des malandrins. Le premier mouvement de stupeur passé, ces barbares, mortifiés par leur échec, coururent à une barque pour me suivre. Ils ignoraient qu'ils avaient affaire à un homme né dans l'eau, qui pouvait être parent du fameux Colapesce.

En quelques brasses je rejoignis un bâtiment de la République de Venise et m'y hissai. J'étais là sur un territoire étranger auquel je ne pouvais être arraché que par trahison ou après de longues démarches. Pour abréger, je passai du navire vénitien à un bâteau hollandais qui appareilla le soir même pour Gênes, mais ce ne fut pas là ma dernière course en mer.

Il serait un peu long de vous raconter mes pérégrinations à travers l'Italie. Comment vivais-je ? Je n'en sais rien moi-même et en y repensant aujourd'hui, je m'étonne d'avoir survécu à tant de privations, de mésaventures, de périls. Mon estomac vide ne m'empêchait pas de rire, et mes pauvres nippes ne m'interdisaient pas de tomber amoureux de chaque belle fille et de me battre.

Je retournai à Naples deux ans plus tard, avec l'intention de venir en Sicile et de retrouver le père Giovanni ou le père Bonaventura. Il me semblait qu'un destin adverse m'éloignait sans cesse d'eux. La tartane sur laquelle je voyageais, au-delà de Capri, fut assaillie et prise par deux grands navires barbaresques et nous fûmes chargés de fer, jetés à fond de cale et transportés en Tunisie...

Durant ma vie de berger, j'avais appris à jouer du fifre : je m'en étais fabriqué un moi-même et je ne jouais pas trop mal. Au cours de la traversée, pour occuper le temps, je jouai l'un de ces pathétiques airs siciliens, que j'avais conservés au fond de mon cœur, comme un écho, un signe de la patrie. Ces chansons eurent le pouvoir d'apprivoiser les Barbaresques : ils se mettaient autour de moi et m'invitaient à jouer et restaient là à m'écouter, attendris, oublieux de tout le reste. C'est ainsi qu'en débarquant à Tunis, je fus présenté au Bey comme une pièce rare et précieuse et ne fut pas jeté en prison, mais installé au palais pour faire profiter de mes talents Son Altesse mahométane.

Si je vous disais qu'à ces années de captivité sont associés pour moi des souvenirs enchanteurs, vous ne me croiriez pas... Mais c'est ainsi.

Je jouissais d'une relative liberté et j'étais souvent appelé à jouer au harem. Un jour que j'y faisais entendre l'une de mes plus poignantes chansons siciliennes, je vis à travers le moucharabié, derrière lequel les femmes du Bey écoutaient, je vis les yeux de l'une d'elles se remplir de larmes et je sentis l'émotion me gagner. Je n'ai jamais vu une femme pleurer sans en être ému. Pourquoi pleurait-elle ? Était-elle jeune ? Était-elle belle ?

Je ne voyais d'elle que les yeux et ils étaient grands, noirs, mélancoliques. Le soir, une esclave maure en passant devant moi me susurra un mot qui me fit tressaillir. C'était un salut, un simple salut que m'envoyait la mystérieuse auditrice : mais cela suffit à m'ôter le sommeil. J'étais pris d'un vif désir de savoir qui elle était, de la voir, de la connaître. Quant au premier point, il ne fut pas difficile à éclaircir ; j'appris de cette esclave maure qui semblait chercher les occasions de me voir, que depuis deux ans il y avait au harem une jeune Sicilienne enlevée par des corsaires sur la plage de Marsala. Vous ne pouvez imaginer quelle douleur aiguë me poigna le cœur à cette nouvelle. Ma chanson avait réveillé en elle le souvenir de la lointaine patrie qu'elle ne reverrait peut-être jamais et son salut me parut alors comme un regret, un désir, un cri de douleur, un mouvement d'affection, une imploration!... Hélas! Je n'étais qu'un esclave et ma virtuosité ne me ferait pas racheter.

De ce jour des pensées folles et audacieuses tourbillonnèrent dans mon cerveau et me tourmentèrent. Avant tout je désirais voir ma compatriote; mais l'entreprise n'était pas facile, ni dépourvue de grands périls. Le harem était gardé par des ennuques formidables et féroces, et les lois musulmanes sont, à cet égard, très rigoureuses. Mais qu'est-ce qui peut empêcher une femme d'obtenir ce qu'elle veut, malgré les interdits les plus rigides et la surveillance la plus attentive? Vous n'imaginerez jamais combien d'intrigues se nouent, se mêlent, se développent derrière l'enceinte impénétrable du harem. Des esclaves, servantes attachées à telle ou telle épouse du Seigneur, jouent les entremetteuses discrètes et prudentes. Elles ne se trahissent pas, car chacune sait les secrets de l'autre et nulle n'ignore que la moindre indiscrétion peut leur coûter la vie. La bonne Oicuma déployait un zèle et une habileté extraordinaires : elle avait toutes les ruses des nègres et toutes les subtilités des serviteurs. Grâce à elle, j'ai pu, une fois, déguisé en jardinier, voir Elisabetta ou, comme elle s'appellait désormais, Lizbeth, sans voile, pendant qu'elle était avec d'autres femmes sur une petite terrasse...

Que vous dire? A vingt-deux ans, les sentiments d'amitié, de pitié, envers une femme jeune et belle se transformèrent aisément en amour. Nous nous aimâmes; nous nous aimâmes désespérément : mais avec l'amour jaillissait, puissante, inaltérable, la pensée de la fuite...

Je vous épargne les plans plus ou moins invraisemblables et fous que je traçai dans mon esprit et que Elisabetta, avec le sens pratique des femmes, réduisait à néant : tromper la vigilance des eunuques, faire tomber les verrous qui fermaient les portes, franchir le mur du harem, trouver un navire, appareiller sans crainte d'être suivi, n'étaient pas des problèmes faciles à résoudre.

Cependant, pour entrer dans les grâces de mes geôliers et endormir leur méfiance, je prétendais vouloir me faire turc : mais je remettais de jour en jour la cérémonie solennelle qui est leur baptême. J'obtins toutefois davantage de liberté, de tolérance, de bienveillance. Un imam s'employait à m'instruire sur le Coran : j'apprenais un peu l'arabe et pour montrer que je suivais la loi de Mahomet, je m'habillais à leur manière, m'abstenais de boire du vin et de manger du porc, portais au côté comme leurs bigots des sortes de rosaires. Mais quand ils croyaient que je récitais leurs prières, je disais mentalement les nôtres. Je n'avais pas d'arme. Un jour, dans un vieux magasin, je réussis à trouver au milieu d'une grande quantité de ferraille, une épée italienne, à garde ample et ornée, comme nous en voyons dans les portraits de nos anciens; une épée qui nécessitait un bras ferme et sûr : c'est celle que j'ai amenée avec moi. Je réussis à la voler et à la cacher.

Je me dis qu'elle me serait utile.

Mais plus utile encore aurait été d'avoir de l'argent. En certaines occasions, les piastres d'or ont plus de pouvoir que la pointe d'une épée. J'étais pauvre. Mais Elisabetta y songeait aussi. Un matin elle me fit porter un collier de perles pour que je les vendisse. Cela m'humilia profondément mais ce n'était pas le moment de discuter. Je décidai de l'employer à la libération d'Elisabetta et de ne pas dépenser un sou pour moi. Le collier valait cent mille onces : je le portai en secret à un juif qui, subodorant une origine douteuse me le paya à contre-cœur quarante. Le misérable tenta, avec des insinuations mielleuses, de m'arracher mon secret mais quand il s'aperçut de l'inutilité de ses tentatives, il voulut reprendre son argent en me menaçant de me dénoncer comme voleur. Je me vis perdu, le serrai à la gorge pour l'empêcher de crier... peut-être serrai-je un peu trop. Je le laissai à terre, sous un ballot de tapis et sortis de la boutique en refermant la porte derrière moi.

Le mois de Ramadan était déjà commencé. C'est pour les Turcs une espèce de carême : temps de pénitence, de jeûne et de prières de leurs façons. Une chose amusante pour nous mais qu'ils accomplissent dévotement. Durant cette période aucun navire ne pouvait sortir du port après le coucher du soleil : un coup de canon annonçait la fermeture du port. Tous les marins connaissaient cet usage et s'ils devaient partir avant le soir, ils se dépêchaient d'appareiller avant la canonade. Vous avez déjà compris que nous avions décidé d'utiliser cette circonstance pour fuir.

Trois ou quatre jours auparavant était arrivée, munie d'un sauf-conduit, une galère de Trapani, qui débarquait du sel et embarquait des tapis. Je me concertai avec son équipage : c'étaient des hommes jeunes, rompus à toutes les mésaventures et familiers du combat en mer, auxquels l'idée de jouer un tour à Mahomet souriait. Je ne sais si vous connaissez la topographie de Tunis : la ville se trouve au fond d'une ample baie entièrement fermée, appelée, en raison de sa forme, le « lac de Tunis ». Un bref canal met le lac en communication avec la Méditerranée. Sur ce canal se dresse la Goulette avec ses bastions, sentinelle vigilante à l'entrée du lac. Le Bey habitait alors au cœur de la ville, près du bazar, dans un grand palais protégé par une forteresse appelée la Kasbah, érigée par Charles V. Pour partir il fallait traverser le quartier du bazar et aller au port pour embarquer mais ensuite il restait encore à passer la Goulette.

Nous attendîmes un vendredi, jour de grande prière. Trompant la surveillance des ennuques et des gardes avec l'aide de la Maure, Elisabetta sortit par le jardin, travestie en homme. Elle tremblait intérieurement mais se comporta avec une grande force d'âme. Je l'attendais dissimulé au fond d'une barque manœuvrée par six robustes marins de la galère qui, pour ne pas éveiller les soupçons, avaient embarqué quelques marchandises. Elisabetta arriva à la barque, portant un gros ballot : on eut dit un tapis ; à l'intérieur se trouvait un écrin contenant ses bijoux. Elle avait l'air d'un de ces jeunes valets qui travaillaient au débarquement des cargaisons

Quand je la vis monter dans la barque, je sentis mes yeux se remplir de larmes; elle aussi se mit à pleurer. Les six rameurs firent bouillonner l'eau et la barque se détacha de la rive. Nous avions à peu près une heure avant le coucher du soleil, temps à peine suffisant pour sortir du canal de la Goulette avant le coup de canon annonçant la fermeture du port. Par peur d'être découvert, je n'osais pas encore me dresser. Elisabetta elle aussi était cachée. Les paquets et les jambes des rameurs nous dissimulaient mais nous n'en tremblions pas moins. J'avais pris dans les miennes les mains d'Elisabetta : c'était notre première rencontre et nous n'osions prononcer une parole; mais nos yeux parlaient pour nos âmes.

Quelques navires turcs croisèrent notre route. Si le désir avait pu donner des ailes à notre barque, nous aurions volé. Du fond du bateau je voyais le ciel encore lumineux et me disais à part moi : " Nous avons encore du temps! " et puis : " S'ils nous suivent? S'ils préviennent la garde de la Goulette? "

J'avais avec moi ma râpière, les marins avaient apporté des mousquets et des piques. Nous étions sept et ne manquions pas de courage. Tout d'un coup, l'un des rameurs annonça : " Si je ne me trompe, on nous suit. "

Alors je me relevai assez pour glisser un regard par-dessus bord. Deux barques pleines de gens, qui ne se distinguaient pas bien, venaient à grande force de rame; dans l'une d'entre elles, quelqu'un agitait une espèce de banderole : un signal peut-être.

Je pâlis; non pour moi, mais pour Elisabetta. " En avant! " criai-je.

Il y avait des rames en réserve : j'en pris une, l'adaptai sur sa fourche, m'assis sur un banc et donnai un vigoureux coup d'aviron. La barque frémit.

— Bravo! s'exclamèrent mes compagnons, surpris et encouragés par ce secours inattendu.

Nous prenions de l'avance. Mais plus nous nous éloignions et plus on agitait le drapeau; et puis, tout à coup, éclata une fusillade. Nous étions, je crois, à moins d'un demi mille du canal et je voyais le soleil descendre lentement derrière les collines; dans peu de temps le canon donnerait le signal. Nous redoublâmes d'effort; la barque paraissait vraiment ailée. Agenouillée, Elisabetta priait. Mais à l'embouchure du canal, une felouque chargée de soldats se détacha du mole de la Goulette pour nous barrer la route. Le plus léger retard nous perdrait, car nous serions bloqués dans la nasse; désormais, notre vie tenait à un fil. Nous n'étions qu'à quelques minutes de la sortie du canal.

La felouque nous coupait la route; il n'y avait pas de temps à perdre : ils étaient à cinquante brasses à peine.

— Attention! dis-je. Ils viennent à l'abordage, préparons-nous.

Le chef des soldats nous cria de nous arrêter. Parbleu! Nous donnâmes un coup de rame plus vigoureux en déviant notre route pour éviter un choc qui risquait de nous causer des dommages.

— Baissez-vous, criai-je.

Nous nous jetâmes à plat ventre ; une décharge passa au-dessus de nos têtes : nous nous redressâmes avec les mousquets en joue et fîmes feu à notre tour. Ces malandrins ne s'attendaient pas à cela et se tenaient à découvert ; nos tirs frappèrent au cœur, immobilisèrent, terrorisèrent, épouvantèrent nos assaillants ; ils laissaient le passage libre.

— Allons-y, encore un coup de rames !...

Le premier mouvement d'effroi passé, les blessés ayant été couchés, les soldats rechargèrent leurs armes tandis que la felouque venait sur nous à toute allure, pour nous aborder. Nous étions déjà à l'embouchure du port : nous eûmes à peine le temps de nous baisser que nos ennemis déchargeaient une dernière salve presque à bout portant ; les balles s'enfoncèrent dans la barque, quelques-unes traversèrent le bordage, provoquant des blessures, comme je le devinai à un hurlement de douleur.

Je brandis mon épée ; les marins s'armèrent en un instant de leurs piques et de leurs haches. Les Tunisiens tentèrent d'agripper avec des gaffes notre barque, mais le choc provoqué par la rencontre de leur embarcation suffit à nous faire sortir des limites du port. Redoutant de nous voir fuir, ils se jetèrent sur nous avec un redoublement de fureur tandis que d'autres barques armées venaient à la rescousse. Le moment était terrible ; dans une minute nous serions libres ou capturés. En essayant d'échapper à l'abordage, nous nous éloignions de plus en plus du port. Le soleil était descendu derrière les montagnes ; une dernière lueur illuminait le ciel : notre lutte était désespérée. Tout à coup le canon gronda ; nous poussâmes un cri de joie ; le port se fermait, les barques s'immobilisaient ; la felouque et nous étions sortis, en pleine mer. Alors nous lançâmes gaffes et harpons sur la felouque pour la tirer à nous. Nous en vînmes aux mains, avec la férocité du désespoir.

Ce que je fis avec mon épée, je ne le sais : les Tunisiens étaient plus nombreux et cherchaient à se libérer. Nos coups tombaient sur leurs bras, sur leurs mains. Hurlements, gémissements, sang.

Je criai à mes compagnons :

— Voguez au large... J'y arriverai seul.

Quatre rames dans un violent tourbillon tirèrent les deux barques serrées l'une contre l'autre, tandis que je me battais. Si nous parvenions à dépasser les hautes roches à pic qui sont là, nous serions à l'abri du feu des bastions.

Dans la barque tunisienne, il n'y avait plus que six soldats valides ; les autres, blessés, gémissants, gisaient sur les banquettes et sur le fond ; les six m'entourèrent ; l'un d'eux, qui avait rechargé son arquebuse me mit en joue. Je perçus un cri et vis une forme se jeter devant moi ; un coup de feu : une fumée s'éleva...

Oh, pauvre Elisabetta ! Elle prit en pleine poitrine la balle qui m'était destinée : elle s'immolait pour moi !...

J'eus une perception confuse de ce qui s'était passé : mais cela suffit pour m'aveugler de fureur : je fondis sur la felouque, faisant tournoyer l'épée qui flamboyait, descendait, frappait comme la foudre.

Pour lui échapper, ils se jetaient à l'eau, laissant un sillon de sang : une demi-heure plus tard, nous n'avions plus d'adversaires. Mes compagnons, dont cinq étaient valides, un seul blessé à la jambe, tiraient sur les rames avec ardeur, la joie de la victoire leur infusant de nouvelles forces ; je me jetai en pleurant sur la pauvre Elisabetta qui gisait, immobile, ensanglantée, sans vie, au fond de la barque. La felouque en remorque, nous rejoignîmes la galère où l'on nous attendait dans l'anxiété. Notre arrivée fut saluée par de grands cris de joie : on nous porta en triomphe ; mais je n'avais pas l'envie de me réjouir, car une grande douleur me poignait. Elisabetta n'était pas encore morte ; nous l'étendîmes sur des peaux et essayâmes de lui préparer quelque remède.

Elle ouvrit les yeux, me regarda longuement et les referma : il me sembla voir errer sur ses lèvres l'ombre d'un sourire qui me mit une espérance dans le cœur. La nuit tombait : la lune monta sur la mer, grande et rousse ; les eaux scintillaient ; la galère filait au rythme mesuré des rameurs. Elisabetta avait perdu les sens une autre fois et moi je restais là, sans un mot, à la regarder, le cœur serré comme dans une mâchoire. Elisabetta revint à elle et murmura :

— Je meurs, adieu !

Il me sembla que ses lèvres exprimaient un désir ; je m'inclinai en pleurant et lui donnai un baiser. Nul baiser ne fut plus chaste et plus douloureux. Elle expira en lui... Ainsi finit un amour né à l'ombre du harem, nourri d'espoirs et de désirs ardents, tragiquement interrompu, sanctifié par la chasteté de la morte...

A l'aube, nous débarquâmes à Marsala. Nous cherchâmes les parents d'Elisabetta et leur remîmes cette pauvre fleur que la pâleur et l'ineffable mélancolie de la mort rendaient plus belle encore. Je leur remis la cassette contenant les bijoux d'Elisabetta et cédai aux marins tous mes droits sur les Tunisiens blessés et sur les prisonniers qu'ils pourraient vendre comme esclaves. Je ne pris pour moi qu'une boucle de cheveux de la pauvre jeune fille et partis à pied avec mon épée, pour retrouver le père Giovanni ou le père Bonaventura. Cette première fleur d'amour et sa mort douloureuse m'avaient mis au cœur un désir d'affection que jusque-là, ma vie aventureuse et vagabonde et peut-être plus encore l'inconscience de l'adolescence, ne m'avaient pas permis d'éprouver.

A la fin, mes origines avaient beau être enveloppées de mystère, je devais avoir des parents, et peut-être étaient-ils encore vivants ; je devais être *quelqu'un*, même si mes parents m'avaient abandonné.

Que vous raconterai-je encore ? Dans la campagne de Pietraperzia, je tombai sur des bandits, compagnons du célèbre Saltaleviti. Je m'en libérai un peu par la ruse, un peu en envoyant deux d'entre eux rejoindre leur ancien chef, assez différent d'eux. Je quadrillai le territoire de Catane, de Messine, pour n'obtenir qu'un seul renseignement à savoir que le père Bonaventura se trouvait à Palerme. A Messine, devinez un peu qui je trouvai sur une galère du royaume, portant la casaque des galériens ? Ce Giueseppico, le Sarde.

— Oh ! s'exclama Coriolano de la Floresta, en ouvrant de grands yeux, vous en êtes sûr ?

— Évidemment ! le malandrin me reconnut. Il commença à crier que j'étais un brigand échappé des prisons, que ma tête était mise à prix... Il était sur le navire, moi sur le quai ; je ne pouvais l'assommer. Un attroupement se formait : je dus m'éloigner ; que dire ? Je dus fuir pour ne pas tomber entre les mains des sbires et me retrouver dans un nouveau guêpier. En sortant par la Porte Impériale, j'achetai à un paysan un cheval plus vieux que Mathusalem et repris la route des montagnes. Pour abréger, je restai quelques mois au service de la ville de Randazzo, à la tête d'une compagnie, pour la libérer de bandits qui infestaient les bois ; mais ce n'était pas un métier pour moi et un beau jour je plantai tout là et m'en allai avec mon épée et deux pains dans la besace. A Girgenti, dans une course de taureaux, je descendis dans l'arène, tuai la bête féroce qui avait déjà éventré un idiot et fus porté en triomphe. Cette victoire me valut une aventure avec une dame ; l'aventure m'attira des ennemis, je fus agressé nuitament, j'eus un duel et comme il s'agissait de personnes puissantes, qui avaient mobilisé l'avocat fiscal, l'évêque, le maître d'armes, les juges, je dus m'en aller. J'errai à l'aventure, un peu Roland, un peu Quichotte ; je retournai à Marsala et voulus payer un tribut à la mémoire d'Elisabetta... Je fus pris de fièvre et fus soigné dans un couvent à Alcamo... Finalement, avec mon vieux cheval auquel je m'étais attaché, avec ma fidèle épée, je m'en vins à Palerme en quête du père Bonaventura.

J'ai appris de lui qui fut ma mère ; une douce et sainte créature, morte comme une martyre ; j'ignore qui fut mon père. Un patricien de grand nom, à ce qu'il paraît... Peu importe. Le grand nom n'efface pas le double crime de m'avoir mis au monde et d'avoir abandonné ma mère.

Est-il vivant ? Est-il mort ? Je ne sais. Mais le père Bonaventura le sait, et ne croit pas devoir révéler ce secret. Et je ne veux pas le contraindre. S'il se tait, cela veut dire que je ne dois pas percer le secret : je dois le respecter. Au reste il vaut mieux que je l'ignore. Je ne pourrais aimer cet homme, car ce sens de la justice qui est au fond de mon esprit se rebelle. Ainsi je reste ce que je suis : un sans nom. Certaines illusions ont stimulé mon imagination mais la réalité s'est empressée de me les faire promptement abandonner. Allons ! Il est inutile de prendre la vie au sérieux !... »

Il se tut et resta un moment absorbé dans ses pensées : l'expression de profonde amertume qui se peignait sur ses traits contrastait avec ses dernières paroles et le sourire de ses lèvres.

— Que comptez-vous faire, à présent ? lui demanda Coriolano.

— Supplier Sa Majesté de me prendre parmi ses gardes. C'est un roi qui fait volontiers la guerre : j'aurais ainsi des occasions de me faire briser la tête...

Coriolano sourit :

— Le plus tard sera le mieux ! dit-il en se levant et il ajouta : vous pouvez rester ici aussi longtemps que vous voulez et disposer de tout, sans faire de manières. Considérez que vous avez trouvé votre maison. Bonne nuit.

XX

Le soir du couronnement, veille de Noël, Don Ottavio Lanza, prince de Trabia, donna une magnifique fête dans son palais de la place de la Chancellerie. Toutes ces cérémonies solennelles d'entrée et de couronnement, dans lesquelles il avait exercé pleinement les prérogatives de son rang de deuxième seigneur du royaume, comme, par exemple celle de tenir l'étrier du roi, lui avaient fait croire qu'il devait manifester sa dévotion au nouveau roi et peut-être davantage, sa propre magnificence, avec une de ces fêtes dans lesquelles les nobles de Palerme savaient dépenser avec beaucoup d'élégance et une égale inconscience, pour le plus grand profit des commerces et des industries du royaume.

Les Trabia habitaient un vieux palais, noble échantillon d'architecture du XIVe siècle, encore visible dans l'élégance des fenêtres ovales géminées, à décoration polychrome, qui donnent sur les jardins suspendus de la rue Candelai. La tradition voulait que ce fût l'ancienne demeure de Majone, le célèbre ministre de Guillaume le Mauvais assassiné par Matteo Bonello, mais l'histoire ne conservait qu'un seul souvenir de ce palais : celui d'une fête nuptiale qui s'acheva tragiquement par la mort d'une centaine de personnes à la suite de l'effondrement du sol de la grande salle. Cela se passa en 1527, et le palais appartenait alors au noble Giorgio Bracco.

Ce funeste souvenir n'empêchait pas la noblesse d'accourir en nombre à l'invitation du prince, attirante à plusieurs titres : d'abord sa pompe véritablement royale ; ensuite la présence de la noblesse piémontaise et savoyarde de la Cour du roi, et enfin la singularité traditionnelle de la veillée de Noël : une magnifique crèche, avec des personnages de bois merveilleusement sculptés et richement vêtus, une cantate écrite pour la circonstance par Michele Romeo, jésuite, et mise en musique par

Giuseppe Dia, maître de chapelle du Sénat, et qui devait être exécutée par les musiciens de l'union de Santa Cecilia. Et tout cela sans compter le jeu et un grand souper de plus de mille cinq cents couverts.

La grande salle du palais ruisselait de lumière : du plafond tombaient des lumières riches de dorures, qui se reflétaient sur les murs couverts d'étoffes précieuses et de tentures. Devant de petits miroirs rococo brûlaient des groupes de chandelles ; or et lumière, partout un éblouissement qui faisait croire qu'on était transporté dans le royaume du feu imaginé par les anciens. Mais les autres salles offraient des nouveautés surprenantes : l'une avait été tranformée en forêt, des miroirs habilement disposés entre les arbres prolongeant et multipliant les fourrés où la profusion des branches se perdait dans l'ombre. Une autre salle ressemblait à une vaste charmille dans laquelle la vigne se mêlait au lierre et à d'autres plantes grimpantes et les grappes à des fleurs aux formes les plus fantastiques, aux très vives couleurs, et dont les calices dissimulaient des lampes. Au centre un frais jet d'eau jaillissait dans une vasque où se reflétaient les lumières, en un scintillement qui semblait transmuer l'eau en feu. La salle où était la crèche avait l'aspect d'une grotte de stalactites, noyée dans une lumière laiteuse et bleutée, produite par des lampes soigneusement dissimulées dans les rochers artificiels. Au fond, un grand arc figurait l'entrée de la grotte, mais une tenture peinte d'anges dans leur gloire la fermait. Au-dessus, de part et d'autre de l'entrée, dissimulées par les rochers, se trouvaient les estrades des musiciens.

C'était un monde fantastique, une espèce de rêve, un enchantement, qui étonnait, attirait, fascinait.

A travers ces salles allait et venait une foule non moins éblouissante et fascinante ; la soie, le satin, le velours, les fines dentelles de Hollande et les broderies d'or, utilisés en abondance, avec une magnificence pleine de goût, les pierres précieuses déversées avec une libéralité vertigineuse, dans les cheveux, sur les chairs candides comme la neige vierge légèrement colorée par l'aurore, se confondaient dans une mer de parfums. Les iris les plus lumineux vibraient des tons les plus chauds et des nuances les plus délicates ; la Volupté et la Grâce présidaient cette assemblée de demi-dieux descendus de l'Olympe pour accomplir des miracles dans ce temple.

Les plus beaux titres résonnaient dans les bouches et au milieu des paroles mielleuses et des afféteries que la mode avait introduites dans le parler mièvre et minaudier de cette société, comme pour voiler d'une ingénuité arcadienne l'exhibition éhontée des épaules et de seins, et la licence des costumes.

Coriolano de la Floresta avait demandé à Blasco :

— Voulez-vous venir ce soir à la fête du prince de Trabia ? Je vous ferai inviter.

Mais Blasco avait décliné :

— J'y rencontrerais probablement la duchesse, ce qui m'embarrasserait beaucoup.

— Vous? Vous n'êtes pas dépourvu d'esprit...

— Vous vous trompez. Je l'ai vue ce matin au couronnement et je vous confesse que j'en ai été profondément troublé. Elle a affecté de ne pas s'apercevoir de ma présence ; si elle n'avait pris cette contenance froide, peut-être me serais-je moins troublé... Il est encore trop tôt pour que je la voie sans m'émouvoir.

Ainsi Coriolano de la Floresta vint seul.

Donna Gabriella, en fait, était entourée d'un essaim de jeunes gens auxquels sa beauté faisait perdre la tête. Au milieu d'eux, si petite qu'elle fût, elle semblait les dominer. Les piques de son esprit frappaient et terrorisaient. Entre tous, elle prenait particulièrement pour cible le petit prince d'Iraci qui ne s'était pas résigné à sa déconfiture et cherchait une revanche.

En la voyant seule, sans cet antipathique chevalier servant qui, l'accompagnant partout, l'avait empêché de repartir à l'assaut, il avait éprouvé un sentiment de soulagement, comme s'il était sorti d'un cauchemar. On savait déjà, dans les gracieux commérages des conversations de la noblesse, que Blasco avait quitté le palais Albamonte et on supposait une rupture entre Donna Gabriella et lui, la divergence d'opinion sur le droit de bastonner les domestiques passant pour un simple prétexte. L'absence de Blasco avait confirmé ce raisonnement et la place paraissait donc abandonnée et exposée aux entreprises des plus audacieux.

Le prince d'Iraci croyait donc le moment opportun pour placer ses batteries et ouvrir une brèche ; mais Donna Gabriella l'avait abasourdi de deux ou trois saillies qui avaient fait rougir le noble jeune homme, si infatué et vaniteux.

Les autres avaient applaudi en riant, heureux de son insuccès ; ce qui avait encore plus mortifié le jeune prince. Mais Donna Gabriella, tout à coup, souriante et avec un air de bonté qui déconcerta les calculs des rieurs, laissa tomber :

— Allons, prince, offrez-moi votre bras, et emmenez-moi admirer les salles.

Les paroles étaient adressées au jeune fat, mais les yeux de la duchesse étaient fixés sur le chevalier de la Floresta, qui s'approchait à cet instant.

Avec ostentation, elle prit le bras du prince, qui s'était remis et irradiait de joie, retrouvant sa morgue de petit paon. Il traversa le groupe et répondit par un salut ironique au salut obséquieux de Coriolano de la Floresta.

Il n'eut pas le temps de remarquer le mince sourire, l'imperceptible ricanement qui effleura la lèvre de Coriolano tandis qu'il s'inclinait.

En échangeant quelques mots au passage avec l'un ou l'autre, le chevalier gagna la salle de jeu. Il y avait une grande presse autour de la longue table où l'on jouait au pharaon et les piles d'or disparaissaient ou montaient à chaque tour de carte, au milieu des babillages, des paris, des annonces. Aux autres tables, plus petites, on jouait à prime et à d'autres jeux plus ou moins risqués et l'argent filait, en quantité fabuleuse. Par endroit, des hommes plus âgés discutaient des événements de la matinée et de la manière dont s'était déroulée la fête du couronnement, des espérances conçues pour le royaume.

— Savez-vous que le prince de Villafranca a reçu la charge d'engager une compagnie sicilienne de gardes du corps ? Quarante gentilshommes...

— Bonne idée... C'est une juste reconnaissance d'un de nos droits.

— Le roi nommera trois chevaliers de l'Annunziata et quelques gentilshommes de chambre...

— Qui sont-ils ? Qui sont-ils ?

La nouvelle était annoncée par Don Raimondo Albamonte.

— Si mes renseignements sont exacts, les chevaliers de l'Annunziata seraient trois princes...

— Il y aurait Trabia ?

— Non. Peut-être Butera, Geraci et Cattolica...

— Pourquoi donc Cattolica et non pas Trabia, qui est deuxième seigneur du royaume ?

— Et les gentilhommes ?

— Ils seront sept ou huit ; le grand chambelland a choisi les noms de six princes, un duc et un comte... Ils sont issus de grandes maisons...

— Les noms, duc, les noms ?

La nouvelle de l'attribution imminente de ces honneurs aiguisait la curiosité, réveillait les vanités : une distinction supplémentaire assurait une certaine prééminence en cet Olympe.

— Je parie que le duc en question, ce sera vous...

— Non, c'est Angiò.

— Angiò ? Angiò ? Pourquoi lui ?

— Et parmi les princes je crois qu'il y aura ceux de Carlini, de Scordia, de Raffadali, de Villafranca, de Roccafiorita, de Palagonia...

Ces noms suscitèrent, selon l'humeur et l'opinion que chacun avait de soi, approbations, déceptions, commentaires.

— Est-ce bien vrai ?

Ailleurs l'on commentait la manière dont s'était déroulée la cérémonie du couronnement.

— Soit dit avec toute la dévotion due à Sa Majesté, selon moi du moment que le roi a pris la couronne de Sicile, les gentilshommes qui assisteront le trône devraient être Siciliens. Il échoyait à un Branciforti de porter l'épée, et la couronne à un Vintimiglia ou à un Moncadada... Ce sont des droits...

— Avez-vous vu qu'au « Sanctus »..., le roi s'est ôté lui-même la couronne de la tête au lieu de la faire enlever par le grand chambellan ?

— Et puis il se l'est remise, après la communion.

Déjà commençaient à sourdre les petites critiques, et à se manifester cette sourde hostilité envers la nouvelle monarchie qui empêcherait la noblesse sicilienne de se rassembler et de s'amalgamer autour du trône.

Coriolano de la Floresta passait distraitement d'un groupe à un autre, s'arrêtant un instant ici, échangeant quelque mots là. Don Raimondo le salua d'un sourire froid. Il savait qu'il avait offert l'hospitalité à Blasco et cela, étant donné les raisons de leur séparation, lui paraissait un manque d'égard et un geste dicté par la peur ; car depuis qu'il avait fait arrêter Don Girolamo Ammirata et Emanuele, une certaine inquiétude troublait son esprit. Au fond, il n'avait aucun élément d'accusation, et hormis l'injure faite à sa livrée par le jeune garçon, il ne pouvait les inculper. Le capitaine de justice pouvait les garder en prison ; mais l'Ammirata pouvait faire parvenir au roi une supplique et obtenir son élargissement, si aucun procès n'avait lieu. D'un autre côté, il redoutait de ne pas avoir mis la main sur le véritable auteur des lettres mystérieuses qui lui parvenaient non moins mystérieusement, car le jour suivant l'arrestation de Don Girolamo, le duc avait trouvé une autre lettre, de la même écriture que les habituelles citations des psaumes, les habituels dessins, les habituelles paroles obscures et aussi une allusion assez précise à l'arrestation.

Il avait fait appeler Matteo Lo Vecchio, mais le sbire était parti pour Girgenti, au service de l'avocat fiscal, pour le conflit surgi entre l'évêque et le pouvoir civil, à la suite de l'interdit prononcé par la Curie pontificale. Il se sentit seul, et en était d'autant plus fâché contre Blasco, qui s'était éloigné pour un rien, et contre le chevalier de la Floresta.

Coriolano feignit de ne pas s'apercevoir de la froideur de ce sourire, échangea quelques paroles avec lui et passa outre. Il cherchait du regard où était passée la duchesse.

La cantate commença : on entendit les premières mesures d'un orchestre assez simple, qui imitait le mol et pathétique son de la cornemuse. La duchesse se trouvait probablement sous les stalactites iridescentes de la grotte artificielle, pour jouir du spectacle. Coriolano aussi y entra à son tour, l'air indifférent, et se mêla à la foule des hommes debout devant la porte.

Des serviteurs avaient apporté des tabourets et des petits sièges garnis de coussins pour les dames ; Donna Gabriella s'était assise sous l'une des estrades, adossée à un des piliers formés par les stalactites et les stalagmites qui se trouvaient là. Le prince d'Iraci se tenait derrière, incliné sur le dossier, dans une attitude ostensiblement empressée.

Coriolano, pas à pas, sans y paraître, réussit à se glisser sous l'estrade dans l'espace entre le pilier et le mur ; le pilier le dissimulait au regard du prince, mais la duchesse pouvait le voir.

A ce moment, la grande tenture s'ouvrit sur un côté et la grande crèche apparut dans un éblouissement de lumière, derrière une espèce d'ouverture obscure qui ressemblait à l'entrée d'une grotte. Giacomo Serpotta, le merveilleux sculpteur, avait imaginé et modelé la vaste scène ; il y avait une série d'âpres collines, ici à pic, là en pente douce, qui se perdaient dans un lointain céruléen, en des formes plus douces. A la hauteur du proscenium, la cabane de l'enfant Jésus, formée d'une colonne, adossée comme un pronaos à un abri de pierres couvert de paille ; au-dessus était suspendue une gloire d'anges tenant de longs rouleaux de papier sur lesquels était écrit : *Gloria in excelcis Deo et pax in terra hominibus bonae voluntatis ;* devant la porte de la cabane, le joueur de musette et celui de fifre, et deux ou trois bergers agenouillés ; à l'intérieur, Joseph et Marie : celle-ci à genoux, celui-là debout, appuyé au bâton fleuri, entre l'étonnement et la révérence ; entre eux la mangeoire, avec l'enfant Jésus dans l'attitude de la bénédiction, et derrière, l'âne et le bœuf. Une auréole de lumière entourait la tête du bébé, formée de minces bandes de verre placées de manière à réfracter les centaines de petites flammes cachées qui illuminaient la crèche. De l'autre côté, dans une grotte, des bergers fabriquaient de la ricotta et des fromages de vache ; des caciocavalli ronds et prismatiques pendaient à la voûte de la grotte ; plus au fond une taverne accollée à la roche, avec les tables sorties, le tavernier derrière un comptoir encombré de carafes et attablés, des pasteurs, des paysans, des voyageurs absorbés dans leurs bombances. Au-dessus, sur une roche, une tour sur laquelle se tenait son gardien ; au pied de celle-ci, un berger dormait et peu plus loin, un autre était épouvanté par la soudaine lumière. Au fond de la vallée, un fleuve, grossi d'une cascade, passait sous un pont et, éparpillés sur ses rives, le long de son cours, sur les pentes des collines, des bergers tiraient leurs chèvres par les cornes, des lavandières, des maraîchers avec un âne chargé de choux-fleurs, un chasseur avec son chien, un pêcheur, un paysan ployant sous un énorme fagot. Entre les roches, dans un groupe de maison, on distinguait une charcuterie qui montrait, avec tout ce que le réalisme gastronomique pouvait suggérer, les splendeurs qui attendaient le chaland. Dans le fond, on voyait d'autres gens, à pied, à cheval ; et plus loin encore un bras de mer au-delà duquel une ville, avec ses masures, ses clochers, ses tours, flottait dans la vapeur rosée de l'aurore qui se fondait dans le ciel d'azur.

Tous ces personnages, hauts de plus d'un pied, en bois, imaginés et fabriqués selon le plus strict réalisme, étaient vêtus d'étoffes véritables : la soie, le velours, le damas, l'or tissé, alternaient avec les peaux ; la mode de la fin du XVIIe siècle, parfaitement reproduite, voisinait avec des formes jamais vues nulle part ; le réalisme le plus efficace avec les figurations les plus spirituelles. Nul respect pour la chronologie, ni pour la logique, pour la géographie et le costume mais la fantaisie avait multiplié les épisodes de la vie sous des couleurs vives et vraies, qui justifiaient la renommée de cette crèche.

Les chanteurs avaient attaqué par un motif large et ondulant qui dominait le murmure d'admiration, tandis que les instruments à corde, qui les accompagnaient sur un ton tantôt bas, tantôt haut, entremêlaient de temps en temps les notes traditionnelles de la pastorale.

Donna Gabriella paraissait lasse des manifestations du prince d'Iraci mais en tournant sa belle tête, elle aperçut Coriolano et prit un masque heureux qui éveilla un imperceptible sourire sur la lèvre de Coriolano.

— Je ne vous dérange pas? lui demanda-t-il doucement, avec une gracieuse révérence.

Donna Gabriella répondit avec une adorable coquetterie :

— Vous?... Vous êtes si avare de votre compagnie que c'est une chance de vous voir.

— Madame la duchesse me flatte. Mais je craignais d'interrompre une conversation qui, dans cette grotte, pouvait aussi prendre les couleurs d'une idylle...

Donna Gabriella le dévisagea en se demandant s'il parlait sérieusement; il lui semblait lire une moquerie, une ironie, sur le visage de Coriolano; pour détourner la conversation, elle feignit d'être prise par la musique et dit :

— Entendez-vous? Voilà une belle phrase... Oh, en vérité, Don Giuseppe Dia est un grand maître!... Ne trouvez-vous pas?

— On ne saurait vous contredire...

Le prince d'Iraci avait tendu le cou pour voir avec qui parlait Donna Gabriella et il reconnut Coriolano. Il en eut du dépit, car il savait que le chevalier de la Floresta était ami de Blasco et l'hébergeait, et il lui semblait apercevoir le rival heureux et haï derrière le visage de Coriolano.

Donna Gabriella mourait d'envie de savoir pourquoi Blasco n'était pas venu à la fête. Si la conduite du jeune homme l'avait blessée, et si un sentiment indéfini qui ressemblait à de la haine contre lui agitait son cœur, elle avait pourtant espéré le rencontrer à la fête, pour l'humilier de son mépris et cette satisfaction manquée l'aigrissait intérieurement. Mais elle n'en laissait rien transparaître.

Un instant plus tard, d'un air distrait et indifférent, elle demanda :

— Et votre ami, votre hôte?... Pourquoi ne l'avez-vous pas amené?

— Oh, je n'y aurais pas manqué, mais il a refusé.

— Ah bon? fit-elle et elle ajouta peu après : si je comprends bien, le pauvre jeune homme est encore un peu... sauvage et rude...

— Je vous demande pardon d'oser affirmer une opinion contraire; j'ai pu découvrir en fait qu'il a des sentiments très délicats, qui devraient être mieux appréciés... Peut-être n'a-t-il pas su vous les faire connaître? J'en serais fort marri, mais non point étonné; en ce cas, il mériterait votre compassion.

Vous êtes peut-être son avocat, ou son ministre plénipotentiaire?

— Ni l'un ni l'autre. Je n'accepterais de personne une telle charge auprès de vous...

— Pourquoi ? Ne suis-je pas une puissance digne de vous ?

— Que dites-vous là ? C'est parce que je voudrais agir pour mon compte personnel, non pour d'autres.

— Galant !...

— Non comme vous le mériteriez. Il faudrait, par exemple, avoir l'éloquence du prince d'Iraci.

Donna Gabriella fit une grimace, et ramena le discours sur Blasco.

— Et... pourquoi a-t-il refusé de venir ?

— Bah !... parce qu'il a un secret. Je n'ai pas osé le pénétrer, comme il se doit avec un secret, surtout de certaine espèce...

— Ah ! Il a donc des secrets votre ami ? Comment pouvez-vous le savoir ?

— Je l'ai supposé. Il n'est pas un homme au monde qui n'ait des secrets à garder. On peut ignorer ce qu'il en est exactement de ce secret, mais il est facile de deviner quand il y en a un... Spécialement quand il s'agit de jeunes gens...

— Ah ! voilà !... Voilà donc celui de votre ami... un de ces secrets de jeunes gens, facile à deviner.

— Vous avez lu entre les lignes...

— Ce qui veut dire qu'il est... amoureux...

— Vous avez un esprit d'une pénétration extraordinaire...

— Il n'est pas bien difficile de lire dans vos paroles...

— Vraiment ? reprit Coriolano en feignant la surprise. J'ai donc été si imprudent ? Je ne crois pas... En tout cas, je crois que c'est vraiment ainsi ; il doit être amoureux...

— Et cet amour l'a empêché de venir, n'est-ce-pas ?

— On ne saurait le nier.

Donna Gabriella se mordit la lèvre ; dans sa tête des pensées s'enchaînaient suivant une logique rigoureuse, et, en lui donnant une explication plus acceptable de nombreux faits, éveillaient au fond de son âme les affres de la jalousie et du dépit. C'était donc cela, la raison de la contenance froide et réservée de Blasco ; c'était cela, qui se cachait derrière ses scrupules affectés ; c'était pour cela qu'il avait abandonné le palais ! Il n'avait donné que des prétextes ; il aimait une autre femme, et elle, duchesse de la Motta, désirée par tous, n'avait été pour lui qu'un léger caprice, un jeu. Quelle humiliation ! Et qui était cette rivale inconnue ? Était-elle belle ? Plus belle qu'elle ?

Sur son visage passaient comme des ondes les émotions produites par ces différentes pensées ; ses petites mâchoires se serraient par moment dans ce mouvement nerveux de colère des jeunes bêtes fauves, ses yeux scintillaient à travers le voile de larmes surgies à l'improviste et sa poitrine se soulevait, gonflée par un souffle de tempête.

Coriolano souriait à part lui.

Les applaudissements crépitèrent. La cantate était finie. La grotte s'emplit du bruit des bavardages et du grincement des tabourets qu'on repoussait ; Donna Gabriella se leva et dit au prince d'Iraci :

— Offrez-moi donc votre bras et accompagnez-moi.

— Bien volontiers, ma gentille reine...

Ils passèrent devant Coriolano, qui s'inclina avec un respect non dépourvu d'ironie. Donna Gabriella ne s'en aperçut pas ; elle avait autre chose en tête : si elle n'avait été retenue par un sentiment d'orgueil et par la crainte de se découvrir, elle aurait cherché à obtenir le nom de cette rivale inconnue, dont l'existence lui paraissait certaine, et qu'elle haïssait de tout cœur. Car, quoiqu'elle s'efforçât de se convaincre du contraire, elle aimait Blasco ; elle l'aimait avec toute l'ardeur d'une âme inassouvie, avec toute la colère d'un affamé auquel on arrache son pain. Elle croyait deviner, sous les paroles à double sens de Coriolano, plus qu'il n'avait dit ; elle tenait pour certain que Coriolano était le confident ou le complice de Blasco.

Dans la tempête qui l'agitait, de temps à autre, elle s'oubliait, s'abandonnant ou se serrant contre le bras du prince, lequel, croyant être l'objet de douces manifestations, se mit à murmurer des mots doux :

— Mon idole, vous m'ouvrez le paradis !...

Donna Gabriella ne l'entendait pas : tous ses sens convergeaient vers un point ; quand le prince se fit plus insistant et lui demanda pourquoi elle ne répondait pas, elle fut sur le point de lui rétorquer : « Mais taisez-vous, vous êtes un fâcheux. »

Mais à cet instant, elle vit les yeux de Coriolano de la Floresta posés sur elle et alors, par un changement subit, elle reprit son sang-froid et avec un air d'abandon et de coquetterie, dit au prince, de manière à ce que Coriolano l'entendît :

— Allons, raccompagnez-moi, mon beau chevalier.

XXI

Elle partit parce qu'elle souffrait, parce qu'elle voulait se trouver seule, fuir sa déception et elle partit avec ce fat parce qu'elle croyait, à travers Coriolano, exercer une vengeance, une représaille contre Blasco. Prétextant un léger malaise, un vertige que lui donnait la foule, elle annonça son départ à Don Raimondo, en l'invitant à rester : elle lui renverrait le carrosse.

— Inutile, la chaise à porteurs suffira. Envoyez-moi la chaise.

Quand Coriolano la vit sortir avec le prince d'Iraci, son visage exprima la plus vive satisfaction. Il s'approcha du duc de la Motta et lui dit d'un air empressé :

— C'est grand dommage ; il manquera à la fête son plus bel astre !

Don Raimondo haussa les épaules, résigné :

— Une légère indisposition. Vous n'ignorez pas que les femmes n'en sont pas avares.

Il n'abandonnait pas la fête ; non parce qu'il prenait plaisir à la musique, au jeu, à la conversation mais parce qu'au nombre des invités on comptait les marquis de San Tommaso, secrétaire du roi, Pallavicino, grand écuyer, San Giorgio, maître de la maison, de la Pierre, grand chambellan et d'Augrogne, grand maître de cérémonie, tous personnages bien vus de Sa Majesté, qui pratiquaient le souverain et dont à cette heure il était utile de cultiver l'amitié. Don Raimondo parlait tantôt avec l'un, tantôt avec l'autre, avec une contenance empreinte de dignité, mais en même temps empressé, courtois, serviable. Il orienta adroitement la conversation sur la législation sicilienne, sur les prérogatives du royaume en donnant des exemples pour montrer son savoir juridique et, indirectement, la nécessité d'en tirer parti.

Au dîner, placé près du marquis de San Tommaso, entre deux services, il lui retraça habilement l'histoire des différentes familles nobles, des droits que chacune revendiquait, des coutumes, des conditions des campagnes et de la sécurité publique. Calme, froid, raisonneur, logique, inflexible dans ses jugements, il faisait de son mieux pour se montrer homme de gouvernement. Sans y paraître, il donnait sous forme indirecte des conseils au roi sur la manière de commander à la Sicile, et suggérait des moyens de résoudre avec honneur la grave querelle avec la Curie pontificale, soulevée par un dérisoire incident survenu avec l'évêque de Lipari. Le pape avait prononcé l'interdit, provoquant une grande émotion dans le clergé et un grand trouble dans les consciences. Et tout cela pour une poignée de pois chiches ! Mais c'était en fait un prétexte pour la Curie romaine qui tolérait fort mal que l'Église de Sicile fût dès longtemps à peu près autonome : situation qui remontait à la bulle d'Urbain II qui avait constitué les rois de Sicile en légats apostoliques...

Le marquis de San Tommaso l'écoutait avec intérêt, en se persuadant que le duc de la Motta était un homme à proposer à Sa Majesté. Vittorio Amedeo avait justement recommandé aux dignitaires de sa Cour d'étudier de près la haute société pour lui permettre de choisir des hommes de confiance. Le duc de la Motta méritait assurément d'être choisi, pour la compétence acquise dans les charges qu'il avait occupées, et aussi pour la droiture d'esprit et l'espèce de rigidité qu'il démontrait.

— Le royaume a besoin d'hommes énergiques et droits. Le gouvernement espagnol a laissé un lourd héritage de maux divers, qu'il faudra supprimer énergiquement et violemment... Sa Majesté saura choisir parmi ses fidèles vassaux...

— Quant à moi, je mets ma personne, si peu qu'elle vaille, au pied du trône, pour que Sa Majesté en dispose à son bon plaisir.. Je ferai tout pour le service de notre Seigneur et pour la prospérité du royaume.

Après minuit le chapelain de la maison célébra sur un autel improvisé dans la grotte artificielle les trois messes rituelles et tous les écoutèrent dévotement, l'estomac bien rempli, dans cet état de torpeur qui suit un dîner copieux, mais le cœur baigné de la douce satisfaction de se sentir en paix avec le Tout Puissant, dans la certitude où ils étaient qu'il n'y avait pas de contradiction entre l'épicurisme de la vie et le spiritualisme de la religion.

Après la messe Don Raimondo quitta la fête, content de lui et goûtant à l'avance la joie ambitieuse de la nouvelle dignité qui l'élèverait au-dessus même du prince qui l'avait reçu. Dans la cour d'honneur, au pied du grand escalier, il avait trouvé sa chaise à porteurs de cuir noir aux grosses broquettes dorées : une chaise austère, de magistrat. Il s'enveloppa dans l'ample manteau, posa les pieds sur la chaufferette au fond de la cabine et ordonna le départ. La route était facile et simple : il devait suivre la rue du Ceslo, prendre par celle de la Guilla et poursuivre tout droit jusqu'au Capo. Dix minutes. Deux volants le précédaient torche à la main ; les porteurs, sveltes et robustes, allaient d'un bon pas. Les rues étaient désertes ; mais de-ci de-là les maisons avaient des fenêtres éclairées et dans le silence nocturne le cliquetis de la vaisselle se mêlait aux rires et aux chants.

De temps à autres les cloches d'une église sonnaient.

Les porteurs avaient dépassé l'église de la Commande de San Giovanni, dans la lumière des torches les chats errants fuyaient à toute vitesse le long des murs ; des chiens aboyaient.

Près de la grille de l'église de Santa Maria, deux ivrognes trébuchants coupèrent la route des volants, manquant de peu les heurter : les volants les repoussèrent mais eux, rendus furieux par la bousculade, se jetèrent sur les deux valets en les injuriant. Les porteurs durent ralentir le pas.

— Qu'est-ce que c'est ? demanda Don Raimondo en passant la tête par la fenêtre.

— Deux ivrognes, Excellence, répondit l'un des porteurs.

— Chassez-les et allons-y.

Mais la chaise n'avança pas. En un instant, les deux volants avaient été jetés à terre et réduits à l'impuissance. Les deux porteurs avaient voulu leur porter secours. Étonné et inquiet, Don Raimondo passa une nouvelle fois la tête à l'extérieur mais il eut à peine le temps de percevoir une scène confuse de corps renversés et l'éclair des armes, qu'il sentit une lame froide et aiguë qui lui piquait le cou tandis qu'une voix menaçante lui disait :

— Pas un mot ou tu es mort!

La terreur, plus que l'injonction, lui ôta la parole. La chaise était encerclée par des hommes masqués et emmitouflés dans leurs manteaux, armés de poignards et de pistolets : les serviteurs, qui avaient été pris au dépourvu, jetés à terre, garrotés, bâillonnés, étaient emportés par d'autres hommes; il se retrouvait seul, sans défense, à la merci des êtres mystérieux.

Un nom qui éveillait la terreur, lui vint aux lèvres, mais il n'osait, ni ne pouvait le prononcer : « *les Beati Paoli!...* »

— On ne touchera pas à un seul de vos cheveux, reprit celui qui avait parlé, si vous ne prononcez pas une syllabe et n'opposez pas la moindre résistance.

— Mais que voulez-vous de moi? balbutia Don Raimondo dans un souffle.

— Vous le saurez. En attendant, obéissez.

Ce n'était pas le moment d'opposer de la résistance. Tirant de sa poche un grand mouchoir de soie, l'homme lui banda soigneusement les yeux. Avec une cordelette, il lui lia les bras dans le dos, le repoussa sur le siège et lui répéta :

— Vous êtes prévenu. Gare à vous si vous criez : vous n'achèverez pas votre cri.

Don Raimondo sentit qu'on soulevait la chaise et qu'elle repartait à une allure plus soutenue. Où l'emmenaient-ils? Il s'aperçut qu'on tournait tantôt à droite, tantôt à gauche mais ne parvenait pas à comprendre quelle route ils prenaient, dans ce quartier qu'il connaissait pourtant parfaitement.

Quinze minutes plus tard, la chaise s'immobilisa. La même voix lui intima :

— Levez-vous.

En même temps quatre mains le saisissaient par le bras et le guidaient. Il descendit un escalier, tourna; puis il se sentit soulevé, transporté sur quelques pas et enfin déposé sur un siège. Alors on lui ôta le bandeau.

Il se trouvait dans une salle, à peine éclairée par deux lampes à huile, posées sur une petite table sur laquelle étaient posés un livre, un crucifix, un encrier et du papier.

Derrière la table, une douzaine d'hommes enveloppés dans des manteaux noirs, la tête recouverte d'un capuchon, le visage masqué, la main armée d'un poignard. Un grand silence régnait. Don Raimondo transpirait; derrière les masques brillaient des pupilles menaçantes; les lames avaient des vibrations nerveuses qui leur faisaient jeter des éclats sinistres.

— Duc de la Motta, dit l'homme qui avait parlé jusque-là, nous connaissons tes crimes

Don Raimondo pâlit encore.

— Nous savons de quelle manière, toi, simple chevalier, tu es devenu duc et maître d'un patrimoine qui ne t'appartenait pas ; nous, écoute bien, nous savons où et pourquoi est morte Donna Aloisia, veuve de Don Emanuele de la Motta...

Le duc eut un frisson de terreur.

— Nous savons comment et pourquoi est morte Maddalena, assassinée par toi et par ton serviteur...

Don Raimondo se sentait défaillir. Il tenta de se défendre, d'une voix étouffée, il prononça :

— Ce n'est pas vrai...

— Tais-toi, ordonna le mystérieux personnage, et songe que quelquefois les tombes s'ouvrent pour laisser sortir les accusateurs. Nous avons les preuves et les témoignages. Prends garde, duc de la Motta !

— Ce n'est pas vrai !... Ce n'est pas vrai !... balbutia encore une fois Don Raimondo.

— Faut-il donc te rappeler les breuvages de Peppa la Sarda ?

Ces derniers mots donnèrent le vertige au duc de la Motta ; pâle comme la mort, temblant, effaré, il parvint à prononcer quelques mots entre ses dents qui claquaient.

— Qui êtes-vous ?... Que voulez-vous ?

— Tu vois donc que nous avons en main de quoi confier ta tête au bourreau et inaugurer le nouveau royaume par un grand acte de justice ; mais il n'est pas encore temps !...

Le Bourreau !... La hache !... Don Raimondo se vit perdu ; avec un gémissement, la bouche serrée par un spasme des mâchoires, il répéta :

— Qui êtes-vous ?... Que voulez-vous ?...

Qui étaient donc ces hommes mystérieux qui fouillaient dans son passé et tenaient suspendue au-dessus de sa tête la hache de l'exécuteur des basses œuvres ? Comment savaient-ils tout ? Pourquoi lui rappelaient-ils ces troubles nuits criminelles ?

— Qui nous sommes ? répondit l'homme, nous sommes la justice ; la vraie justice, celle du peuple, qui est infaillible, car elle n'est pas payée. Ce que nous voulons ? T'empêcher de nuire à des braves gens et d'achever d'autres infâmies...

Et se tournant vers ceux qui se tenaient derrière Don Raimondo, il ordonna :

— Détachez-le.

Ils obéirent.

— Duc de la Motta, reprit le chef, tu as fait arrêter et garder en prison, sans procès, sans jugement, deux braves personnes, jetant ainsi une famille dans la douleur et le désespoir. Nous, nous ne sommes pas sourds au cri de douleur des malheureux. Nous ne te demandons rien d'autre qu'une lettre au capitaine de la justice demandant l'élargissement immédiat de Don Girolamo Ammirata et de son neveu.

Don Raimondo soupira et se rassura un peu. Il craignait pire ; il objecta cependant :

— Mais cela ne dépend pas de moi...

— Le capitaine de justice retient en prison ces deux malheureux uniquement pour te complaire. Écris.

Le ton n'admettait pas de réplique ; Don Raimondo était à la merci des hommes qui possédaient toutes les armes pour lui prendre la vie et ne demandaient en fait qu'une chose bien légère. La leur concéder n'était pas un bien grand sacrifice. Il prit la plume, la trempa dans l'encre et tira vers lui une feuille. A son grand étonnement, il découvrit qu'il s'agissait d'un papier bleuté que lui seul utilisait.

Il écrivit, d'une main un peu tremblante et remit la lettre à l'homme masqué. La lettre disait :

Illustrissime et Très compétent seign. Capitaine et ami très vénéré

« Extrêmement reconnaissant envers V. S. d'avoir sur ma prière fait incarcérer le seigneur Don Girolamo Ammirata et son neveu, pour la faute signalée à V. S., je viens à présent la prier de daigner les remettre en liberté, les raisons de leur emprisonnement ayant disparu : la peine subie par eux a satisfait le légitime ressentiment de ma maison.

Assuré que V. S. accueillera favorablement ma prière, je m'en déclare très reconnaissant et vous prie de me considérer toujours parmi vos très fidèles serviteurs. »

Le Duc de la Motta

— Très bien, dit l'homme. Fermez-la et scellez-la.

Avec une stupeur encore plus grande, proche de la terreur, Don Raimondo s'aperçut qu'on lui présentait son sceau et sa cire.

Comment se trouvaient-ils là ?

D'une main rendue plus tremblante par l'émotion de cette découverte, il écrivit l'adresse.

Au très illustre Seigneur
Le Seign. D. Raffaello Bellacera
marquis de Regalmici
Capitaine Justicier du Royaume de Sicile
Palerme

Il remit la lettre et attendit en lançant des coups d'œil soupçonneux. L'homme masqué reprit :

— Je vous ai dit qu'on ne toucherait pas à un seul de vos cheveux et je maintiens ma promesse ; mais prenez garde, seigneur duc, que le moindre mouvement que vous ferez, soit pour vous en prendre à Don Girolamo Ammirata, soit pour vous mettre sur nos traces, vous coûtera la vie et l'honneur. A présent vous savez de quoi nous sommes capables.

Maintenant, il lui donnait du vous mais sans renoncer au ton âpre et autoritaire. Il fit un signe à un des hommes masqués.

— Bandez-lui les yeux et reconduisez-le.

On lui remit son bandeau et ses liens et on le conduisit par mille tours et détours, montées et descentes d'escaliers ; il se sentit ramené dans la chaise, soulevé, transporté. Après un court moment, la chaise s'arrêta. Un homme masqué, sans prononcer un mot, lui ôta le bandeau, le détacha et disparut. Don Raimondo distingua une lumière rougeâtre, passa timidement la tête à l'extérieur, aperçut les deux volants porteurs de torches et les deux porteurs qui reprenaient les sangles comme si rien ne s'était passé. Il rentra la tête en murmurant entre ses dents serrées, dans un mouvement de colère contre ses serviteurs :

— Poltrons ! Marauds !... je vous renverrai tous !... Allons !

A peine arrivé, il courut dans son cabinet de travail ; sa cire, son sceau étaient là, sur un plateau, à côté de la chandelle. Il jeta un regard circulaire ; les fenêtres étaient fermées, il n'y avait pas la plus légère trace d'effraction. Une terreur superstitieuse le prit et il se laissa tomber sur un fauteuil, la tête entre les mains, plongé dans des pensées terribles et profondes.

XXII

Donna Gabriella était rentrée depuis longtemps et elle ne dormait pas, la tête dans la paume des mains et les coudes enfoncés dans les oreillers, les yeux fixés sur le sol où gisaient une épée et une feuille de papier froissée.

Ses yeux brillaient de larmes et paraissaient brûlants de fièvre ; son visage exprimait la douleur, la fureur, le dépit, la honte.

A peine sortie du palais Trabia, elle s'était repentie de son mouvement en se retrouvant seule dans sa voiture avec ce chevalier qui lui était terriblement antipathique. Le carrosse lui rappelait des souvenirs douloureux et doux qui lui rendaient encore plus odieuse la compagnie du prince d'Iraci.

Dans sa vanité de conquérant, le jeune gentilhomme supposa qu'elle était sous le coup de la douce émotion amoureuse et voulut lui prendre la main avec une tendre intimité; mais Donna Gabriella se déroba avec âpreté.

— Laissez-moi !... Qu'avez-vous imaginé ?

Ces mots l'étonnèrent et le déconcertèrent ; il considéra la duchesse en rougissant et en balbutiant :

— Comment ? Que veut dire cela, mon rêve ?

— Vous êtes ennuyeux avec vos phrases... si vous ne savez pas vous tenir en présence d'une dame, je vous prierai de me laisser seule...

— Pardonnez-moi !... je ne croyais pas vous offenser... mais vous...

— Moi ? Qu'avez-vous donc imaginé ?

Le pauvre jeune homme ne savait que penser. Il s'était donc abusé ? Donna Gabriella s'était pourtant bien appuyée à lui avec cet abandon si délicieux et significatif ? Ne lui avait-elle pas demandé de l'accompagner ? N'était-ce pas pour cela qu'elle avait abandonné la fête ? Ne l'avait-elle pas durant toute la soirée gardé près de lui, prêtant l'oreille à ses paroles, ses expressions les plus tendres ? Que signifiait ce changement subit, cette colère, ce dédain ?

Pour éviter la pente raide de la Guilla, le carrosse était sorti sur le Cassaro par la rue de Montevirgini, et tournant aux Quatre Coins, repartit par la Rue Neuve, vers Sant' Agostino.

Le prince pensa :

— Peut-être un reste de pudeur ou de timidité, il faut se montrer audacieux.

Et rassemblant son courage, il glissa un bras autour de la taille de Donna Gabriella, lui prit une main de sa main libre et attira vigoureusement la dame contre sa poitrine pour l'embrasser.

La duchesse poussa un cri et, le visage en feu, se leva à demi pour repousser l'audacieux en lui lançant avec des larmes de rage :

— Lâche !... Vous êtes un lâche !

Ce cri jeté dans la nuit fit retourner un homme qui à ce moment passait devant l'église des Crociferi. Il vit confusément la scène, à travers les vitres, à la lueur des torches portées par les deux volants qui escortaient la voiture à cheval, il aperçut en même temps les livrées, se donna un coup de poing sur le front et, entourant son manteau autour de son bras, se lança à la poursuite du carrosse, le rejoignit, y glissa un regard et reconnut le prince d'Iraci qui, confus, honteux, balbutiait, les mains jointes devant la duchesse qui dissimulait son visage dans ses mains :

— Pardonnez-moi... Pardonnez-moi... Mais si vous saviez combien je vous aime !

Ni le prince, ni la duchesse ne virent cet homme qui, une main sur la portière, courait à côté du carrosse, en fixant l'intérieur du regard. Du reste il ne resta là qu'un instant ; lâchant la portière, il bondit à l'arrière, sur la barre où les laquais se tenaient debout les jours de gala ; il s'y assit, en s'agrippant à une des courroies des ressorts, l'épée sur les genoux et le manteau enroulé autour du bras.

Les rares passants riaient, stupéfaits, en voyant ce laquais vêtu en chevalier et installé sur la barre comme un polisson ; et ils se demandaient s'il s'agissait d'un plaisantin ou bien d'un dément échappé de San Giovanni dei Lebbrosi.

Les deux chevaux trottaient de conserve sur le pavé, meublant le silence nocturne du fracas de leurs fers et des quatre lourdes roues.

A l'intérieur du carrosse le calme était revenu : le prince déconfit, confus, n'avait pas eu l'esprit de confesser son erreur et de faire amende honorable avec ces tournures que les gentilhommes savent trouver. Il s'était rencogné à un bout de la banquette, muet, furieux contre lui-même et il se traitait d'imbécile, attribuant son échec à sa trop grande hâte.

Donna Gabriella se tenait dans le coin opposé, soupçonneuse, sur ses gardes, pleine de dédain et de regret ; dédain contre ce fat, qui avait cru sérieusement l'avoir conquise ; regret de s'être risquée ainsi avec lui, après avoir joué un jeu dangereux, par dépit. Et de tout ce qui lui était arrivé, elle accusait Blasco, en le traitant de tous les noms que lui suggéraient la colère et la haine... et cette femme, cette rivale inconnue à laquelle elle était sacrifiée, et pour laquelle elle, si adorée, désirée, séductrice jusqu'à ce moment précis, n'avait été qu'un caprice, un jeu de Blasco.

Le carrosse avait paru dans la rue de Sant' Agostino, dépassé le croisement du Capo et s'était arrêté devant le portail du palais Albamonte. L'homme sauta à terre, ajusta rapidement son manteau et courut ouvrir la portière en disant avec une légère ironie :

— Permettez-vous, seigneur prince, que je rende ce petit service à madame la duchesse ?

— Vous ! cria, stupéfaite, la duchesse en le reconnaissant.

— Le seigneur Castiglione ! s'exclama en même temps le prince, avec un dépit mal refréné.

Blasco s'inclina, railleur.

— Moi-même, seigneur, et surpris, en vérité, de votre surprise. Moi-même qui vous souhaite la bonne nuit et vous présente mes excuses pour la petite liberté que j'ai prise.

Revenue de son premier étonnement, Donna Gabriella reprit son attitude dédaigneuse, descendit du carrosse sans s'appuyer au bras de personne et franchit le portail de la démarche d'une reine offensée. Le prince en fut exaspéré :

— Monsieur, lança-t-il à Blasco, quand cesserez-vous de m'importuner ?

— Quand vous le voudrez, mon beau muscadin ; tout de suite, si cela vous convient.

— Eh bien oui. Pour une fois, il faudra bien que je descende jusqu'à vous !

— Comment ? Vous êtes donc monté sur une chaise, pour vous mettre à hauteur d'homme ?

— Allons-y, monsieur.

Transporté de colère, le prince d'Iraci ordonna à un des volants qui par déférence attendaient, la torche allumée, de le précéder pour l'éclairer et il se dirigea vers la petite place de la Merci toute proche, qui offrait un espace commode pour se battre. Blasco le suivit. L'église des frères de la Merci était encore close et la placette solitaire. D'un seul mouvement Blasco se débarrassa de son manteau et le jeta à terre ; le prince d'Iraci le posa au contraire sur le bras du valet. Un instant plus tard les lames scintillaient et se croisaient en sifflant.

Le prince était excellent bretteur ; il n'avait rien d'autre à faire de la journée que de s'exercer, chez lui, avec le premier maître d'armes de Palerme et les meilleures lames de la noblesse ; mais il était trop en colère pour pouvoir déployer tout son jeu comme il l'aurait fait en salle. La défaite amoureuse, les mortifications subies, la piètre figure faite en présence de la duchesse, c'était assez pour lui ôter l'empire de soi et éveiller dans son âme une furieuse envie de laisser exploser sa colère ; l'apparition de Blasco, contre lequel il nourrissait une haine profonde et irréconciliable avait fait déborder le vase. Il attaqua avec une sombre fureur, animé plus par le désir ardent de tuer l'adversaire que par le souci de démontrer sa supériorité.

Blasco au contraire conservait son calme ; dès le premier assaut, il avait compris qu'il avait affaire à une fine lame alors que lui n'était pas rompu à toutes les ruses de l'escrime : mais il avait le poignet ferme, l'œil sûr et cette grande maîtrise de soi qui lui faisait considérer tous les dangers comme des jeux. Et il avait retrouvé son habituelle humeur joyeuse et sarcastique.

— Vous vous dépensez trop, cher monsieur ! disait-il, raillant la furie du prince... Vous risquez un refroidissement... Ce qui... Doucement, gentil seigneuret, vous allez vous embrocher vous-même... Ce qui n'entre pas dans mes plans... Je disais donc qu'un rhume pourrait alarmer madame votre mère ! Et cela me déplairait. Attention à vous... Prenez garde, vous m'obligez à vous faire une boutonnière. Et croyez-moi, je ne veux pas vous abîmer. Vous êtes un si beau champion de l'espèce des imbéciles qu'il serait dommage de vous envoyer dans l'enfer de Dante... Avez-vous lu Dante ?... Je suppose que non. Moi si, passablement...

Le prince d'Iraci était fou de rage. Tenu à distance de l'épée de Blasco, qui flamboyait sans cesse devant ses yeux, il ne réussissait pas à la détourner et à découvrir l'adversaire pour le frapper, exaspéré par ces paroles dont chacune lui faisait l'effet d'un camouflet, il haletait comme un jeune chat furieux.

— Et je parie que nous n'avez pas non plus lu le Tasse... Un chevalier devrait le lire... Voyez : les chevaliers du Tasse, quand ils se battaient, ne s'oubliaient pas... Ils se battaient comme dans une salle d'armes ; vous au contraire, vous vous énervez trop... Souffrez-vous du foie ? Une vilaine maladie !... J'ai connu un homme qui était malade du foie et qui est mort.. d'une poutre qui lui est tombée sur la tête !... Dieu vous en préserve.

Le prince n'en pouvait plus. Ah ! Il était temps d'en finir. Il devenait ridicule aux yeux du valet qui les éclairait ; celui-ci riait sans se cacher. Il rassembla toute ses forces, déploya tout son art pour toucher Blasco. Son épée parvint à trouver une ouverture : si Blasco avait été plus lent à se rejeter en arrière, le prince l'aurait transpercé.

— Ah ! Ah ! fit Blasco sans perdre sa bonne humeur. Vous voulez donc sérieusement me tuer ?... Allons donc ! Un beau et brave garçon comme moi ?... Attendez... Je vais vous enseigner en trois temps un coup de maître que m'a enseigné un chevalier de Malte... A Tunis où j'étais esclave... Une... Prenez garde, mon beau mirliflore... Deux... C'est maintenant que vient le merveilleux de la chose... Là, là, trois !...

D'un mouvement rapide, tourbillonnant, violent, il enveloppa, saisit, fit sauter à cinq ou six pas l'épée du prince, posa un pied sur elle et changeant brusquement de ton, s'exclama, sombre et sérieux :

— Maintenant, mon garçon, va-t-en !

Il ramassa l'épée et la cala sous son bras ; le prince était resté pétrifié, les yeux exorbités, inconscients ; puis d'un coup, revenu à lui, il se donna un coup de poing sur le front et, éclatant en larmes de rage, de douleur, de honte, il s'enfuit. Blasco le suivit un moment du regard et quand il le vit disparaître dans l'ombre, il murmura :

— Pauvre diable !... Il me fait de la peine... En fait, il s'est bien battu...

Puis, se retournant vers le valet, il lui ordonna :

— Va tout de suite me prendre une plume, un encrier et du papier...

Le volant courut. Au portail l'autre valet avait entendu le bruit des épées et s'était un peu avancé pour voir ; il demanda des détails à son collègue.

— Ah ! Une chose magnifique : je te raconterai.

Il revint bientôt avec ce qui lui avait été demandé. A la lumière de la torche Blasco écrivit le billet suivant :

Madame la duchesse et ma maîtresse vénérée,

« Je prends la liberté de mander à V. S. l'épée de monsieur le prince d'Iraci, pour que vous daigniez la lui restituer et l'avertir que, quand on a l'honneur d'accompagner une dame de qualité comme V. S., on a l'obligation de la tenir plus solidement dans le poing. Je baise avec humilité et dévotion votre très belle main et suis toujours aux pieds de V. S.

Votre Serviteur,

Blasco de Castiglione

— Porte cette épée et ce billet à madame la duchesse, ordonna-t-il au volant, et prends ceci pour boire à mon salut.

Il lui jeta un écu et s'en fut tranquillement au logis, mais non point pour se coucher. Cette aventure lui avait ôté le sommeil. Il se fit porter une bouteille de vin vieux et s'abandonna à ses pensées. Combien de temps se passa ainsi ? Il ne compta pas les heures. En rentrant de la fête, Coriolano s'étonna de voir de la lumière dans la chambre de Blasco et alla cogner l'huis pour savoir s'il s'était passé quelque chose.

— Comment ? demanda-t-il en entrant, vous êtes encore debout ?

— Bah ! N'est-ce pas la nuit de Noël ?... Moi aussi je veille. Vous vous êtes amusé ?

— Un peu ; et vous ?

— Beaucoup. Je me suis battu.

— Vous ? Avec qui ?

— Avec le prince d'Iraci, enfin !

— Vous parlez sérieusement ?

— Ai-je l'air de plaisanter ?

— Où ? Quand ? Pourquoi ?

— Pourquoi ? Pour une courtoisie... mal comprise ; quand ? voilà deux heures, je crois ; où ? à quelques pas du palais Albamonte.

— Ah !... Ainsi donc vous...

— N'allez pas plus loin ; j'imagine ce que vous voulez dire : que je suis encore amoureux ; je l'étais, mon ami, je l'étais ; à présent je suis pleinement, parfaitement guéri. Et la preuve en est que j'aurais pu embrocher cet imbécile et que je me suis contenté de le désarmer, par gratitude. Sans lui je serais peut-être encore amoureux : je lui dois ma guérison. Je n'aurais pu dormir sans vous avoir communiqué cette grande nouvelle. A présent je me sens comme libéré d'un grand poids.

Il raconta tout avec simplicité et sans vanterie. Coriolano l'écouta avec intérêt avant de conclure :

— Mon ami, vous avez contracté une dette qui ne vous sera pas remise. Prenez garde à vous.

DEUXIÈME PARTIE

I

Les fêtes du couronnement étaient passées : le roi Vittorio, pour montrer sa bienveillance à ses nouveaux sujets, mangea deux fois en public, pour que tous pussent assister au déjeuner de Sa Majesté ; mais il ne fit ni bénir le repas par monseigneur Barbara, qui en tant que premier chapelain en avait le droit, ni trancher la viande par le très illustre Don Antonio Maria Stella, marquis de Spaccaforno, sénéchal héréditaire en vertu du privilège concédé en 1462 à sa famille par le roi Jean. Omissions qui furent relevées et suscitèrent un certain mécontentement parmi la noblesse.

Deux autres solennités s'étaient déroulées dans les premiers mois de 1714 : la réception de l'ambassadeur de Malte, vassal du royaume de Sicile, et l'ouverture du Parlement. Le bailli Spinola, ambassadeur de Malte vint présenter l'hommage de l'Ordre des chevaliers de Malte, avec l'offrande rituelle d'un faucon au milieu d'une grande pompe de cavalerie, de suites et de carrosses. Le roi inaugura le Parlement par un discours de la couronne lu, suivant l'usage, par le protonotaire du royaume. La vie citadine reprit ses habitudes. Cependant, certaines nouveautés avaient été introduites. Un ordre du roi prescrivait à la magistrature et au sénat d'abandonner l'habit espagnol pour adopter la mode piémontaise ; un édit proscrivit le luxe excessif de la noblesse et les jeux de hasard, interdit aux seigneurs de posséder plus de deux chevaux ou deux mules attelés à leur voiture, de gaspiller l'or sur leurs carrosses, de porter trop de joyaux, ou des dentelles et des tissus étrangers, hormis durant les réceptions à la Cour. Toutes choses qui suscitèrent la mauvaise humeur d'une noblesse habituée à une inimaginable compétition de faste et de magnificence. Les dames étaient spécialement furibondes.

Mais un autre événement bien plus grave troublait le royaume. Le 12 février fut apposée derrière la porte de la cathédrale et dans les lieux prévus à cet effet une bulle pontificale excommuniant le juge du Tribunal de la Monarchie et de la Légation Apostolique.

C'était le premier acte d'hostilité ouverte, par lequel la Curie romaine s'attaquait à l'autonomie ecclésiastique de la Sicile, pour ôter au roi un privilège séculaire. Il convient de raconter brièvement les origines de cet âpre conflit qui jeta le trouble dans les consciences pendant plusieurs années et qui sembla, sur une moindre échelle, reproduire l'antique lutte entre l'Église et l'Empire.

Le conflit éclata à Lipari, pour deux livres et demie de pois chiches d'une valeur de huit grains, soit dix-sept centimes de notre monnaie

L'évêque de Lipari, Don Nicolò Tedeschi, catanais, avait envoyé vendre sur la place quelques sacs de pois chiches. Les *catapani*, maîtres de la place, fonctionnaires du ravitaillement, avaient réclamé aux commis de l'évêque leur droit d'« étalage » — c'est-à-dire une taxe commerciale — qui s'élevait à rien moins qu'à deux livres et demie de pois chiches. Les commis s'y étaient refusés, en arguant que les pois chiches provenaient de la dîme versée à l'évêque, qui était libre d'impôts. Mais les *catapani* s'obstinèrent.

— Vous paierez, dirent-ils, comme tout le monde, et si vous ne payez pas, nous vous imposerons une taxe dix fois supérieure. Si monseigneur ne veut pas payer les droits de la place, qu'il vende les pois chiches à l'évêché ; mais s'il les envoie vendre sur la place, c'est un citadin comme les autres, et il doit payer. Allons, dépêchons !

Comprenant qu'ils s'exposaient à des ennuis s'ils se rebellaient, les commis payèrent le droit d'« étalage » en bougonnant.

Mais ils rapportèrent le fait à monseigneur l'évêque, qui s'emporta, y voyant une offense à l'Église. Appelant son secrétaire, il lui dicta une lettre fulminante contre les magistrats de la ville de Lipari. Ils avaient offensé l'immunité de l'Église, commis un sacrilège, s'exposaient aux peines canoniques, avaient violé la loi, provoqué la colère céleste, ménagé à la cité, au monde, de terribles désastres...

Les magistrats, conciliants, mandèrent les *catapani* et les persuadèrent de restituer les pois chiches ; et les maîtres de la place, par amour de la paix, les rendirent en invitant les commis à vérifier que le poids y était. Cela aurait pu suffire, n'est-ce-pas ? Mais non ; mis en appétit, l'évêque envoya une autre missive aux magistrats pour leur reprocher de ne pas avoir reconnu les droits de la mense épiscopale par une déclaration formelle, et comme les magistrats n'avaient pas l'intention de reconnaître par un acte public un droit qui n'existait pas, quatre jours plus tard, monseigneur l'évêque fit apposer sur la porte de l'église de Lipari un monitoire déclarant que les *catapani* encouraient l'excommunication majeure et les décrétant *vitandi :* ce qui signifiait que ceux qui les approchaient s'exposaient à la même peine — pas moins ! Les pauvres maîtres de la place ne s'attendaient pas à être excommuniés pour huit grains de pois chiches qu'ils avaient rendus. Une rossée, bon ! Ils en recevaient plus qu'à leur tour ! Ils l'auraient subie cette fois encore ; mais être rejetés hors de l'Église, interdits de sacrements, fuis comme des pestiférés, c'était intolérable. Ils en appelèrent à la justice de la Monarchie, qui leva l'excommunication.

Ce fut pire. L'évêque commença à faire du vacarme contre le juge de la Monarchie, qui avait osé absoudre des excommuniés, en soutenant que Lipari ne dépendait pas du royaume de Sicile, puisqu'Alphonse le Magnanime avait rattaché l'archipel à Naples et qu'il se trouvait donc hors de la juridiction de ce Tribunal; il oubliait que Philippe II avait par la suite restitué Lipari à la Sicile. Il expédia son secrétaire canonique à Messine, pour plaider, auprès du vice-roi espagnol, marquis de Balbases, la cause... des pois chiches. Mais quand le vice-roi apprit de quoi il s'agissait, il perdit son sang-froid.

Sans plus de discours, il fit saisir et emprisonner le secrétaire. On imagine la réaction de monseigneur l'évêque! Ce fut un miracle si l'apoplexie ne le foudroya pas. Il loua un bâtiment et se précipita à Messine... Pour faire trembler le vice-roi? Peut-être le croyait-il; mais le marquis de Balbases l'admonesta vertement, en l'exhortant à se montrer à l'avenir plus sage, s'il n'éprouvait le besoin d'être plus évangélique. Ah, malheur au foie épiscopal! L'incarcération du secrétaire ne l'avait pas ménagé. Jaune de dépit, vert de bile, pâle de colère, rouge de honte, monseigneur l'évêque jurant vengeance, s'embarqua avec célérité dans une galère toscane qui appareillait et s'en fut à Rome.

On était alors (en 1712), en pleine guerre de succession au trône d'Espagne et le pape menait sa barque entre la France et l'Espagne pour accoster du côté du vainqueur : quand il fut sûr que la maison de Bourbon en sortirait en piteux état, il sortit de sa réserve et pensa à porter un coup au tribunal de la Monarchie. Il envoya donc aux évêques de Sicile une lettre de la Sainte Congrégation de l'immunité par laquelle il annulait l'absolution prononcée par le juge de la Monarchie, confirmait l'excommunication des *catapani* et faisait obligation aux évêques d'apposer cette lettre en bonne et due place.

Cette affaire qui aujourd'hui nous paraît risible, était en vérité très grave. Elle frappait le royaume dans l'une de ses prérogatives. Car cette notification abolissait de fait l'antique privilège de la Légation Apostolique, qui soustrayait l'Église de Sicile à la juridiction directe de la Curie romaine, et la plaçait sous celle du roi, légat apostolique, et de son juge de la Monarchie.

La lettre, datée du 16 janvier 1712, parvint aux évêques en février : certains d'entre eux, prudents comme ceux de Palerme et de Monreale, l'envoyèrent à l'avocat fiscal pour qu'il en prononce l'exécution, ce qu'il refusa; d'autres firent des représentations à Rome sur les conséquences de cette notification inconsidérée; d'autres enfin, comme l'évêque de Catane, la publièrent sans barguigner. Mais les magistrats de la cité l'arrachèrent de la porte de l'église et l'expédièrent au vice-roi.

Alors l'évêque de Catane entra à son tour dans le conflit; celui de Girgenti lui emboîta le pas; et derrière eux une grande partie du clergé, oubliant son propre intérêt, au lieu de défendre l'indépendance de l'Église de Sicile, prit parti pour le pape : l'affaire, partie d'une dispute sur dix-sept centimes de pois chiches, devint une lutte pour l'indépendance entre les puissances laïque et ecclésiastique, entre l'Église et l'État. Le pape excommunia le juge de la Monarchie, monseigneur Miranda, interdit l'Église de Catane et de Girgenti, aigrit le conflit.

Le roi Vittorio Amedeo, succédant à la monarchie espagnole, trouva le royaume dans cette situation. Il chercha un accord avec la Curie pontificale mais à Rome on n'avait qu'un but : ôter à la couronne de Sicile son privilège séculaire. Le roi ne voulait ni ne devait renoncer à son droit. Et la lutte entra dans une nouvelle phase, plus aiguë.

Vittorio appela à la rescousse les plus doctes juristes. Naturellement, Don Raimondo ne fut pas oublié, ce qui n'était pas pour lui déplaire.

Depuis cette nuit terrible où il avait été enlevé par les Beati Paoli, il vivait à l'écart, incapable de sortir de chez lui, méfiant envers tous mais couvant de féroces projets de vengeance. Il se rongeait, cherchant le moyen de découvrir cette secte qui avait laissé les lettres mystérieuses et symboliques pour se découvrir comme une vivante et terrifiante réalité.

Donna Gabriella était elle aussi devenue silencieuse, dissimulée, irritable. Quand ils se rencontraient, c'est-à-dire à table, à voir leur attitude taciturne et froide, et le soin qu'ils mettaient à ne pas se regarder, on eût dit qu'ils se haïssaient. Ainsi passèrent les premiers mois de 1714. Puis, comme les Beati Paoli n'avaient plus donné signe de vie, il s'était, sinon rassuré, du moins quelque peu détendu : de sorte que l'invitation royale le trouva en meilleures conditions d'esprit et réveilla l'espérance, si faible qu'elle eût, d'exercer ses vengeances en terrain plus sûr.

Matteo Lo Vecchio était rentré de Girgenti, où il avait prêté main forte à l'avocat fiscal pour chasser les prêtres et les religieux qui se montraient plus enclins à obéir à Rome qu'à Palerme. A son retour, il était venu présenter ses respects à Don Raimondo et demander si rien ne s'était passé en son absence.

Quoique Don Raimondo s'efforçât de conserver son masque impénétrable et froid, l'œil exercé du sbire lut sur le visage et dans les manières du duc qu'il lui cachait quelque chose.

— Votre Excellence a besoin de mes services? Désire-t-elle que je reprenne mes recherches?

— C'est inutile. J'ai la preuve matérielle que l'Ammirata appartient à la secte.

— Votre Excellence a la preuve? Mais alors...

Le sbire le contemplait avec stupeur.

— Alors il faut se taire et attendre le moment opportun.

Le sbire fit une grimace mais opina du bonnet. « Il y a là un mystère, c'est évident, pensa le sbire, mais j'en viendrai à bout. »

— Cependant, il faut le garder à l'œil.

— Je le ferai.

— Et découvrir où la secte se réunit...

— Pour la surprendre dans son repaire. Compris.

— Vous savez qu'on a tiré sur moi un coup de pistolet, vers San Matteo, en octobre dernier...

— Je le sais.

— On n'a pas encore retrouvé le coupable. Impossible de savoir où il s'est réfugié. Quelqu'un doit avoir la clé du mystère.

— Certainement.

— Voilà donc une autre piste à suivre... Le coupable est un ancien serviteur infidèle que j'ai chassé. Il ne pourrait se soustraire à la justice sans un protecteur...

— C'est évident.

— Cherchez-le donc.

— Ce ne sera pas difficile. Il faut trouver un bout de l'écheveau...

En marchant dans la rue, Matteo Lo Vecchio fit un raisonnement qui ne manquait pas de logique.

« Le duc a la preuve matérielle que Don Girolamo est un *Beato Paolo;* comment l'a-t-il obtenu ? je l'ignore pour l'instant, mais peu importe. Don Girolamo en veut au duc, cela j'en suis certain. Pourquoi ? Voilà un point à creuser. Pour l'instant fixons-nous sur celui-là : Don Girolamo, Beato Paolo est l'ennemi du duc. Ce serviteur tire un coup de pistolet sur le duc ; s'échappe dans l'église, et disparaît. Il n'est pas prouvé qu'il soit devenu oiseau et soit sorti par la coupole : quelqu'un l'a fait disparaître, d'une manière mystérieuse. Quelqu'un qui certainement se trouvait dans l'église pour attendre le résultat de l'attentat. Et ce quelqu'un est forcément un ennemi du duc ; et vue la façon dont il a fait disparaître le serviteur, ce doit être quelqu'un de la secte, peut-être Don Girolamo Ammirata. Tout cela me semble si évident qu'il est inutile de s'y attarder. Ce qu'il faut, en revanche, c'est voir où et comment ce serviteur et son complice sont sortis de l'église de San Matteo. On dit que le capitaine de la ville a fait fouiller jusque sous l'autel, dans les tombes des frères, mais en vain. Et pourtant, c'est là que se trouvera la clé du mystère. S'ils me laissaient faire !... Il y faut de la prudence et de la patience. Comme dit la souris à la noix : donne-moi du temps, et je te ferai un trou !

Le lendemain, il avait déjà élaboré un plan. Il se rasa avec soin, se maquilla habilement, coiffa une perruque de femme, enfila une robe noire quelque peu élimée et endossa un manteau de laine, déteint et rapiécé, qui lui couvrait la tête. En s'examinant dans le miroir, il sourit de satisfaction : il ne se reconnaissait pas. Un long rosaire à la main, appuyé à un bâton, courbé en deux comme une vieillarde perclue de maladies, il sortit de chez lui et se dirigea de bonne heure vers l'église de San Matteo. Il ressemblait à une de ces nombreuses bigotes qui passaient leur vie dans les églises et nul ne lui prêta attention. Dans la rue, personne ne le reconnut.

« Bon signe. Mon déguisement est sûr. »

Il entra dans l'église et pendant qu'il se signait au-dessus du bénitier, il jeta un coup d'œil circulaire pour choisir un poste d'observation où il serait dissimulé au mieux. Il s'arrêta dans la deuxième chapelle de gauche et s'assit, le rosaire entre les doigts, marmottant des prières, tout recroquevillé, mais sans jamais quitter des yeux ceux qui entraient.

La messe fut dite à l'autel du Crucifix.

Matteo y traîna sa chaise en cheminant à petits pas, péniblement. Il y avait d'autres dévotes, de braves personnes agenouillées qui priaient ferveusement avec des mines édifiantes. Les fidèles allaient et venaient ; certains restaient dans l'église, passant d'une chapelle à l'autre, comme des gens qui, dans la vie, n'avaient rien d'autre à faire que de prier. Ils restaient là jusqu'à l'approche de midi, heure à laquelle l'église se vidait et fermait.

Matteo Lo Vecchio sortit le dernier, après avoir jeté une piécette de bronze dans le tronc. Ce jour-là rien ne fixa son attention.

Il retourna à l'église le lendemain, et puis le surlendemain passant ainsi chaque fois une demi-journée à prier et à épier, et revoyant toujours les mêmes dévots qui allaient d'une chapelle à l'autre. Le troisième jour, une demi-heure avant la fermeture, il vit entrer Don Girolamo Ammirata.

Avec un frémissement de joie, il baissa la tête pour dissimuler son visage et le suivit du coin de l'œil.

Don Girolamo s'approcha de deux de ces dévots qui priaient agenouillés dans la chapelle de l'Ange gardien. L'église était quasi vide.

Matteo trottina et s'agenouilla dans la chapelle voisine de la Madonne des Grâces ; il entendit Don Girolamo réciter à mi-voix des versets et des psaumes et l'un de ces dévots, sur le même ton, récita à son tour, comme s'il répondait.

Matteo tressaillit. Étaient-ce des mots de passe ?

Serrant son manteau noir autour du visage, il tendit l'oreille, aiguisa son regard mais ne put saisir aucune parole. Les derniers fidèles étaient peu à peu sortis de l'église ; ne restaient plus à présent que Don Girolamo, les deux dévots et Matteo Lo Vecchio.

Le sbire vit que le sacristain, après avoir échangé un coup d'œil avec Don Girolamo, se rapprochait de lui. Il feignit de s'abîmer dans la prière.

— Ma bonne dame, dit le sacristain, c'est l'heure de fermer.

Matteo Lo Vecchio fit un signe de tête, se leva en se signant, envoya un baiser aux images de saint et sortit. Il ne pouvait s'attarder plus longtemps sans éveiller le soupçon mais quoi qu'il eût dû quitter l'église, il était satisfait.

« Nous y sommes, pensa-t-il, nous sommes sur une piste. »

Il continua à fréquenter l'église avec piété et assiduité, de la première heure jusqu'à la fermeture : il obéissait doucement aux injonctions du sacristain, jetait sa petite pièce de bronze dans le tronc, envoyait un baiser aux images. Un matin il porta une chandelle au sacristain pour qu'il l'allumât sur l'autel de la Madonne des Grâces.

— C'est pour un vœu que j'ai fait, dit-il d'une voix de fausset qui fit rire le sacristain. Une grâce que la très sainte Madonne doit me faire, pour m'ôter d'un grand malheur.

Le sacristain avait commencé à le considérer avec sympathie ; ne doutant pas qu'il s'agissait d'une vieille dame inoffensive, plongée dans une grande douleur, il l'avait prise pour ainsi dire sous sa protection, et ne l'invitait à sortir qu'au tout dernier instant, quand il lui fallait fermer la porte.

Deux autres fois, Matteo Lo Vecchio vit venir Don Girolamo Ammirata, il le vit échanger des versets latins avec ses hôtes et rester dans l'église, bien que le sacristain l'invitât, lui, Matteo, à sortir. Il fallait trouver un moyen de saisir leurs discours sans être vus, et de savoir ce qui se passait dans l'église après sa sortie. Mais où se cacher ?

Il examina les deux petites orgues placées de part et d'autre de la tribune, au-dessus des portes de la sacristie. Ces deux instruments, avec la tribune de chant en bois doré pouvaient offrir une cachette commode. Mais comment y grimper ? Les portes dissimulées dans le mur étaient fermées, du moins le supposait-il, et puis, même si elles avaient été ouvertes, il aurait fallu saisir le moment opportun pour entrer sans être vu.

Il se mêla aux autres fidèles et s'en fut l'un des premiers, pour faire perdre de vue sa personne ; le sacristain remarqua que la « vieille » ne s'attardait plus comme autrefois et lui demanda :

— Vous partez bien vite, ma petite dame ?

— J'ai trouvé une bonne dame qui me donne un peu de blanchisserie...

— C'est la grâce que vous demandiez, ma petite dame ?

— Oh, non, mon fils... c'était autre chose ; c'est un grand malheur...

Le sacristain finit par ne plus faire attention à elle. Matteo Lo Vecchio pendant ce temps étudiait, épiait, repérait. Il ne doutait plus que le sacristain fût de la conspiration et que ces gens qui se donnaient des airs de bigots, fussent des gros bonnets de la mystérieuse société ; et il supposait que quand l'église fermait, ils complotaient et préparaient leurs coups. Le nid de vipères était là. Il fallait épier, mettre la main sur quelques-uns de leurs secrets, et trouver le moyen de les attraper, tous à la fois, pour extirper jusqu'aux racines cette plante vénéneuse.

A toute fin utile, il n'allait jamais à l'église sans dissimuler sous ses vêtements une paire de pistolets et un poignard. Il était résolu à aller jusqu'au fond, et il convenait de se prémunir contre les surprises.

Un matin de fête, l'assistance étant plus nombreuse, Matteo se glissa entre les fidèles, et s'assit près de la chapelle du Crucifix, à quelques pas de la petite porte de l'orgue : il y avait une messe chantée et l'huis était entrouvert, car sous la tribune étaient placés des musiciens. Matteo Lo Vecchio resta jusqu'à la fin de l'office ; il suivit les célébrants dans la sacristie, offrit une chandelle pour la Madonne des Grâces ; il allait et venait, affairé, rangeant les sièges, comme un domestique, et attendant que l'église se vidât. Cependant, il ne perdait pas de l'œil Don Girolamo

Ammirata et les deux autres dévots, qui s'étaient recueillis dans la chapelle de Santa Anna, où le sacristain avait un peu hésité à entrer, apparemment pour allumer une lampe.

L'église se vidait peu à peu, mais dans la petite salle qui précédait la sacristie, il y avait encore du monde. Cette pièce était un rendez-vous d'hiver, pour la messe de l'aube; elle servait de refuge à ceux qui voulaient se parler de choses qui ne se disent que dans l'intimité.

Matteo Lo Vecchio attendit que l'attention des quelques fidèles restants fût accaparée ailleurs et rapidement, poussa la porte de l'orgue, se glissa à l'intérieur et referma derrière lui. Il resta immobile, le cœur palpitant, tendant l'oreille pour s'assurer qu'on ne s'était pas aperçu de ces manœuvres. Les minutes lui semblaient des heures.

L'église s'enfonçait dans un silence toujours plus profond, signe qu'elle était toujours plus déserte. Matteo entendit la voix du sacristain admonester quelqu'un qui s'attardait.

« On ferme, pensa-t-il, si je pouvais voir! »

Il se déchaussa, et doucement, comme un chat, monta l'échelle jusqu'à l'orgue et se dissimula derrière les tuyaux. Dans l'espace étroit entre deux d'entre eux, il jeta un coup d'œil et pâlit. Le sacristain faisait un signe vers l'orgue et s'approchait.

Un juron lui monta aux lèvres. Il entendit le sacristain pousser la porte, mais aucun pas ne résonna sur l'échelle : il entendit aussi presqu'aussitôt qu'on fermait la porte à clé, à double tour et vit le sacristain s'éloigner. Il était sauf.

Don Girolamo et les deux autres bigots étaient là, devant la chappelle de Santa Anna; c'était les seules personnes restant dans l'église. Le sacristain était allé fermer les trois portes : le bruit des pesants vantaux résonnait dans l'église vide.

— C'est fermé? demanda Don Girolamo au sacristain.

— Oui.

— Bien. Allons-y.

Allons-y? Où allaient-ils? Matteo Lo Vecchio vit les trois hommes et le sacristain traverser l'église et entrer dans la sacristie par la porte qui se trouvait sous l'orgue où il s'était caché. Il attendit : ils allaient certainement ressortir. Quelques heures passèrent, nul ne sortit, nul bruit ne se fit entendre. Il passa timidement la tête hors du balcon de l'orgue; l'église était déserte et silencieuse. Alors il descendit et de la pointe de sa lame, réussit à débloquer la serrure. Il tendit l'oreille vers la sacristie. Silence profond. Il avança avec précaution à travers la pièce qui précédait la sacristie, en s'arrêtant à chaque pas, l'oreille tendue et tandis qu'il avançait, il se détendait, et la stupeur se peignait sur ses traits. Où étaient-ils donc passés? Sur le seuil de la sacristie, il s'arrêta et passa la tête : personne! Alors, il entra résolument, les mains sous l'habit, posées sur la poignée des pistolets. La sacristie était vide ; les fenêtres étaient fermées de l'intérieur, et garnies de barreaux.

« Diantre ! Diantre !... Ce ne sont certes pas des fantômes. Ils ne se sont pas non plus transformés en oiseaux. Il y a forcément une issue par laquelle ils sont sortis : mais où ? »

Arpentant de long en large la sacristie, il frappait du pied le pavement pour essayer de repérer un vide. Mais partout, il obtint un son égal et mat. Il n'y avait donc pas de souterrain. Il entreprit alors d'examiner les murs : là aussi, aucune résonnance ; mais ils étaient en grande partie couverts de vastes armoires de bois sculpté. Ces armoires !... Elles étaient toutes fermées ; elles devaient contenir les parements, les calices et les autres objets sacrés ; cependant... Il se mit à tâter et à essayer les portes, une après l'autre, après y avoir collé l'oreille ; ainsi parvint-il à l'une d'entre elles dont la serrure était munie d'une clé. Il ouvrit. L'armoire était dépourvue de rayons, et rien n'y était entreposé. Matteo Lo Vecchio la contempla en silence, le sourcil levé, le cœur battant. Il se mit à tâtonner au fond du meuble.

Tout à coup, il poussa un cri étouffé : une ouverture obscure s'était subitement ouverte. Elle donnait sur un couloir sombre, qui se perdait dans l'obscurité.

Où menait-il ? Était-il long ?

Matteo Lo Vecchio eut un instant de panique, ou, au moins, d'hésitation. Allait-il s'aventurer dans ce corridor ? Et s'il ne retrouvait plus la sortie ? Il tendit l'oreille ; aucun bruit ne lui parvint ; il plissa les yeux, ne vit rien. L'incertitude ne dura qu'un instant. Il prit une chandelle sur la table et l'alluma à une lampe, tira une chaise et la posa en travers de l'ouverture et s'étant débarrassé de sa robe pour retrouver sa liberté de mouvement, le poignard entre les dents, un pistolet dans une main, la bougie dans l'autre, il entra dans l'étroit passage. La chandelle lui éclairait le chemin : mais même sans elle, il aurait pu le suivre, car le couloir allait tout droit.

Il parcourut une certaine distance sans faire de bruit, en s'arrêtant de temps à autre pour écouter, jusqu'à ce qu'il se trouvât devant une porte. Il s'immobilisa et crut alors percevoir une légère rumeur. Il éteignit la chandelle et s'approcha, colla l'œil contre un trou de souris dans la porte, ne vit rien. Mais la rumeur était plus distincte ; elle venait sans doute d'une autre salle, qui n'était pas celle avec laquelle la porte communiquait directement. S'efforçant de saisir quelques paroles, il entendit.

Une voix disait :

— Giuseppico est avec nous...

— Il faut qu'ils se dépêchent de venir, observa une autre voix.

— Andrea a fait dire qu'il venait par voie de terre.

— Pourvu qu'ils arrivent avant que le duc parte avec le roi...

— Le voyage est long : de Messine à ici, il faut trois ou quatre jours

— Qu'il en soit ainsi. Pendant ce temps, vous, oncle Rosario, tenez la chambre prête ; nous mettrons Giuseppico avec Peppa la Sarda... Autrefois, ils étaient bons amis...

Matteo Lo Vecchio grava dans sa tête trois noms : Andrea, Giuseppico, Peppa. L'allusion au duc ne lui avait pas échappé. Il savait qui était Andrea, ignorait qui étaient les deux autres. A l'évidence tous trois tramaient quelque chose contre le duc, c'est pourquoi Andrea avait été envoyé à Messine. Le duc devait possédait la clé de ce mystère.

N'entendant plus rien, Matteo Lo Vecchio retourna en arrière, marchant dans les ténèbres avec assez d'assurance ; il retourna dans la sacristie, ôta le siège et l'ouverture se referma seule. Il était content. Outre des indices de ce qui se préparait, il avait découvert le chemin secret par où Andrea avait été soustrait à la justice, et acquis la certitude que le sacristain et cet oncle Rosario, dont il avait entendu le nom, appartenaient à la secte.

Ses connaissances augmentaient ; peu à peu il découvrait ces fameux et mystérieux Beati Paoli qui terrorisaient tout le territoire de Palerme. Il en éprouva des frémissements de plaisir, qui le réconfortaient des morsures de la faim qui commençait à se faire sentir. Il n'avait pas prévu la possibilité de passer la nuit dans l'église et ne s'était pas muni d'un moindre bout de pain ; dans l'église il ne trouverait pas de quoi se rassasier. Il lui fallut faire de nécessité vertu ; et, remonté sur le balcon de l'orgue, il se recroquevilla sur un siège, et, prenant son mal en patience, il attendit la nuit et le sommeil. Il ne pourrait sortir qu'à l'aube.

Les cloches de la première messe le réveillèrent. Il rajusta sa tenue, se redonna une contenance et se prépara à sortir de sa cachette. La première messe était récitée à San Matteo quand il faisait encore sombre ; l'église était donc plongée dans une obscurité à peine dissipée devant l'autel où deux cierges étaient allumés. Il suffisait donc de saisir le moment où le sacristain serait occupé de son office, pour sortir et se mêler aux fidèles, chose qu'il réussit parfaitement et facilement.

La messe finie, le sacristain vit l'habituelle vieille, agenouillée devant l'autel de la Madonne des Grâces.

— Eh bien, ma petite dame, vous vous levez bien tôt aujourd'hui ?

— Ne vous ai-je pas dit que j'ai eu du travail ? Aujourd'hui, il faut que je termine vite de la blanchisserie et je suis venue plus tôt.

— C'est bien. Et la madonne a réalisé votre vœu ?

— J'attends. J'ai confiance.

Peu après, Matteo Lo Vecchio sortit de l'église en se traînant, s'agenouillant devant chaque image, s'attardant à son habitude, mais en réalité avec une grande impatience dans les pieds. Il lui tardait de rentrer chez lui, de se débarrasser de ce déguisement et de se rendre au palais Albamonte.

Don Raimondo venait de terminer son déjeuner et était entré dans son cabinet de travail pour prendre des papiers à présenter au roi. Sur le visage de Matteo Lo Vecchio, il lut qu'il y avait une grande nouveauté.

— Eh bien? Lui demanda-t-il.

Matteo Lo Vecchio alla fermer la porte, et s'approchant du duc lui dit à voix basse :

— Je sais par où est sorti cet Andrea et où il s'est réfugié...

— Ah? Mais alors...

— Alors, reprit Matteo en saisissant au vol la pensée de Don Raimondo, il faut attendre qu'il rentre pour l'attraper.

— Où est-il allé?

— A Messine.

— A Messine? Pourquoi donc?

— Pour aller chercher un certain Giuseppico...

Le duc devint horriblement pâle. Matteo l'observait, feignant de pas s'apercevoir de cette pâleur, et poursuivit :

— Ce Giuseppico va habiter avec une femme appelée Peppa la Sarda!...

Don Raimondo était épouvanté; d'une voix altérée, il demanda :

— Dans quel but?

— L'un et l'autre doivent être utilisés contre Votre Excellence.

Le duc avait des sueurs froides; il balbutia :

— Qui vous l'a dit?

— Je l'ai entendu, de mes propres oreilles.

— Vous? Où? Comment?

Don Raimondo tremblait; il tremblait que Matteo Lo Vecchio eût appris son secret, duquel il ne doutait plus que d'autres se fussent appropriés. Le sbire lui raconta brièvement comment il avait découvert ce qu'il venait de lui annoncer. Partagé entre mille doutes, mille soupçons, mille terreurs, Don Raimondo se demandait pour quelles raisons obscures Don Girolamo Ammirata avait découvert son secret et retrouvé ses anciens complices; et qui étaient ces autres, cet oncle Rosario. S'agissait-il d'argent? Il leur en aurait donné; il les aurait enrichis, s'ils étaient venus lui en demander; mais il n'en avait jamais été ainsi. Une vengeance? Et de qui? Il ne les avait jamais offensés!... Et voilà que surgissaient de l'ombre deux noms terribles et accusateurs : Giuseppico et Peppa la Sarda.

— Il faut, dit-il, mettre la main sur ces gens-là... tout de suite...

— Votre Excellence oublie qu'elle a fait relâcher Don Girolamo... Il faut trouver une raison pour l'arrêter.

— Il n'y en a pas, peut-être? N'est-il pas complice d'Andrea? Il faut donc commencer par mettre la main sur cet Andrea. Et par-dessus tout...

— Que Votre Excellence parle, je l'écoute...

Don Raimondo parut se recueillir une minute; sur son visage on voyait clairement qu'il faisait un grand effort.

— Matteo Lo Vecchio, dit-il enfin, je puis faire votre fortune..

— Que dit votre Excellence !...

— Demandez ce que vous voulez : je vous promets de vous satisfaire...

— Que votre Excellence me dise ce que je dois faire. Je lui ai offert mes services...

— Eh bien, avant tout, il faut mettre la main sur ce Giuseppico, il nous le faut, mort ou vif.

— Il ne m'en faut pas davantage. Aujourd'hui même je pars pour Termini.

— Prenez.

D'une cassette, il tira un rouleau d'écus et les lui tendit en ajoutant :

— Revenez vers midi ; je vous ferai avoir du grand Justicier du royaume un ordre mettant à votre disposition tous les capitaines et les officiers des compagnies à cheval et des milices.

— Très bien. A midi moins le quart je serai là, et je partirai aussitôt.

II

De retour d'un voyage désastreux dans la mer Ionienne, le long des côtes des Pouilles et de la Calabre, la *Santa Maria,* galère du royaume, rallia Messine dans l'après-midi du dimanche des Rameaux. Après les manœuvres d'accostage et la visite sanitaire, les galériens furent débarqués et conduits en prison pour assister aux rites de la semaine sainte, se confesser et communier comme il se devait. Du reste la *Santa Maria* avait besoin de réparations et avait été tirée dans un bassin de l'arsenal. Elle ne reprendrait pas la mer de sitôt, ce qui assurait aux galériens une période relativement longue de repos.

Arrivé à Messine depuis une semaine, Andrea se mêla aux curieux pour voir débarquer les galériens. Il les scrutait l'un après l'autre, comme s'il cherchait à reconnaître quelqu'un. C'était une foule d'hommes en haillons, sales, ébouriffés, qui faisaient à chaque pas résonner sinistrement leurs chaînes ; certains, tristesse ou fourberie, avançaient tête basse ; les plus nombreux regardaient la foule avec un sourire crapuleux aux lèvres. Ils se dirigèrent vers l'extrêmité de la Palazzata, vers l'antique Palais Royal dont les sous-sols constituaient des prisons vastes et commodes.

Andrea se demandait qui parmi ces galériens était le fameux Giuseppico, à la recherche duquel il avait été envoyé. Il y avait bien quinze ans de cela, il l'avait vu quelques fois au palais Albamonte, avec le menton rasé et

portant la livrée des ducs de la Motta. A présent, il avait devant les yeux des êtres échevelés et barbus, vêtus de casaques usées et de couleur indéfinie. Son regard s'arrêta sur un homme grand, osseux, au profil en lame de couteau, dont les joues étaient couvertes d'une barbe hirsute et drue. L'œil torve et sanglant de ce galérien lui glaça le sang. Comme il n'était pas sûr, il s'exclama :

— Giuseppico !

Le galérien se tourna vivement et considéra Andrea avec stupeur, fronçant les sourcils dans un effort de mémoire. Andrea ne douta plus ; il s'approcha et marchant à ses côtés, lui demanda :

— Tu ne me reconnais pas, Giuseppico ?...

Le bagnard voulut répondre par la négative mais quelque chose le lui interdit ; peut-être une lointaine image commençait-elle à se former dans sa mémoire.

— Je suis Andrea... Andrea, l'ancien serviteur du duc de la Motta...

Giuseppico le regarda avec étonnement et parut le reconnaître :

— Ah !... Andrea !... C'est vrai !...

— Pauvre Giuseppico, en quelle condition je te retrouve !... reprit Andrea, sur le ton de la commisération, si tu savais quelle peine cela me fait !

— A toi ? demanda le galérien, incrédule.

— Certes. Ne sommes-nous pas chrétiens ? Autrefois, ce n'était pas la même chose ; tu étais au service de Don Raimondo, moi j'en avais été chassé, mais toi aussi maintenant tu es dans le malheur, et dans le malheur on fraternise. Je ne pense plus au passé... Si tu as besoin de quelque chose, dis-le moi sans détours.

Giuseppico ne répondit pas ; cette rencontre inattendue l'avait ramené quinze ans en arrière. Il ne lui paraissait pas vraisemblable qu'Andrea lui tendît une main amicale et, craignant un piège, il restait suspicieux et circonspect. Durant tout le trajet jusqu'au Palais Royal, il répondit par des grognements aux propos d'Andrea.

Avant de le quitter, ce dernier lui dit :

— J'essaierai de te trouver ; mais si tu peux te faire voir à une de ces fenêtres, ce sera bien ; nous pourrons mieux parler. Ce soir à vingt-trois heures, je viendrai me promener par là... En attendant, prends, cela pourrait te servir.

Dans la main du galérien, il glissa un écu d'argent et s'en fut. Enfin il avait trouvé l'assassin de Maddalena et l'instrument du crime de Don Raimondo : mais comment le tirer de prison ? L'évasion n'était pas alors chose bien difficile, quand l'on n'était enfermé dans une tour ou dans les oubliettes d'un château. Les prisons du Palais Royal avaient des fenêtres peu élevées au-dessus du sol, qui donnaient sur le port et sur la place où commençait déjà le faubourg de Terranova. Il y avait des gardes mais ils ne pouvaient empêcher les prisonniers de parler avec leurs parents et leurs amis qui venaient dans la rue. La ségrégation n'était pas alors aussi rigoureuse qu'aujourd'hui, et l'on pouvait prendre ses aises en prison, pourvu qu'on n'en passât pas le seuil. Seuls les prisonniers d'État et ceux qui étaient détenus dans des affaires religieuses étaient reclus dans des cellules et séparés des autres.

Quand les galériens furent enfermés dans les salles de la prison et qu'on leur eut ôté les fers, Giuseppico se mit à la fenêtre, poussé plus par la curiosité que par l'espoir d'obtenir quelque chose d'Andrea ; et il fut fort étonné de le voir venir et s'arrêter à sa hauteur. Ils échangèrent quelques mots. Andrea lui promit de lui envoyer le lendemain un bon repas et du bon vin, et le laissa plutôt hésitant et déconcerté.

Cela dura deux ou trois jours. Andrea avait remarqué la méfiance du galérien et sentait qu'il fallait avant tout la vaincre. Et pendant ces quelques jours, il ne lui parla de rien. Lui dans la rue, Giuseppico agrippé aux barreaux, bavardaient de mille choses frivoles au milieu desquelles Andrea trouvait le moyen d'insinuer quelques allusions à l'ingratitude de Don Raimondo, qui aurait dû se trouver lui en ce lieu. Ces remarques allumaient dans les yeux de Giuseppico des éclairs de haine et provoquaient des soupirs furieux.

Un jour, grâce à un écu offert à un gardien auprès duquel il s'était fait passer pour un parent, Andrea obtint de parler avec Giuseppico dans une pièce à part. Quand ils furent ensemble, il lui dit rapidement et à voix basse :

— Tu as deux possibilités, je te laisse choisir. La première : être dénoncé pour tentative d'empoisonnement de la duchesse et pour l'assassinat de Maddalena. La deuxième : retrouver la liberté, avec une somme d'argent et l'embarquement sur un navire en partance pour la Sardaigne.

Giuseppico s'esclaffa et dit :

— Quelles propositions ! Comme si tu pouvais douter de ma réponse ! Je choisis la seconde possiblité, par Saint Ephèse !

— Fort bien, mais il y a une condition...

— Ah ?... Une condition ? Et laquelle ?

— Presque rien. Tu m'obéiras en tout point et tu viendras avec moi témoigner devant une personne sur les crimes du duc...

— Des nèfles ! Tu appelles ça presque rien ? Cela signifie me mettre entre les mains de la justice...

— Non : cela signifie la liberté, la richesse et la vengeance. Nul ne saura que tu témoignes ; tu seras conduit dans le plus grand mystère en un lieu secret et aussitôt qu'on aura recueilli ton témoignage, tu seras emmené à bord et mis en lieu sûr. Réfléchis...

— Non, non... Je refuse...

— Et alors, cela veut dire que j'irai te dénoncer au capitaine gouverneur...

Giuseppico haussa les épaules.

— Il faudrait apporter des preuves...

— Rien de plus facile. Peppa la Sarda n'est pas morte ; elle est vivante, et bien vivante... et elle est chez moi.

Giuseppico pâlit.

— Je te laisse. Réfléchis bien. Je ne suis pas venu de moi-même, mais de la part de personnes très importantes. Demain tu me donneras la réponse.

Andrea s'en fut, laissant le galérien perdu dans un océan de réflexions.

Le lendemain soir, de la rue, il demanda à Giuseppico :

— Oui ou non ?

— Oui, répondit Giuseppico, et que le diable t'emporte...

— Très bien. Après demain, vous irez tous travailler dans les fossés de la citadelle. Je serai là aussi. Fais attention, et suis-moi.

Le même soir, Andrea confia à une felouque qui partait pour Palerme une lettre avertissant l'oncle Rosario de ce qui se passait.

Giuseppico attendit avec impatience le jour de la corvée dans les fossés de la citadelle qui avait été récemment construite sur le bras de San Raineri : l'idée de s'évader, d'avoir de l'argent, de rentrer dans son île natale et de se venger en même temps, sans courir de risque, l'excitait. Il est vrai que de temps à autre, un doute l'assaillait : et si Andrea le trompait ? Si c'était un piège ? Mais il se demandait : « Pour quoi faire ? S'il voulait me perdre, il n'aurait qu'à me dénoncer... Et si Andrea était un émissaire du duc ? Bah ! Le duc n'aurait pas laissé passer quinze années pour se défaire de moi et avec un galérien, la chose était des plus faciles : les bagnards ont toujours une arme, malgré la surveillance, et pour trois tari, ils seraient disposés à tuer leur propre père. »

C'est ainsi que Giuseppico passa ces deux jours, à échaffauder des hypothèses pour les détruires et en bâtir d'autres. Il fut le premier à sauter joyeusement dans la barque qui devait les transporter jusqu'à San Raineri et durant tout le trajet il jeta des coups d'œil autour de lui, interrogeant du regard les personnes rencontrées. Pas d'Andrea.

Redoutant un contre-temps, Giuseppico commença à travailler de mauvaise humeur. A midi, un vendeur d'oranges douces vint avec ses deux paniers au milieu des galériens qui firent cercle autour de lui. Giuseppico s'approcha et en le voyant de près, tressaillit de joie, reconnaissant Andrea. Un clin d'œil de celui-ci l'invita à la prudence.

— Arrange-toi pour venir du côté des falaises. J'y ai caché le nécessaire, lui glissa-t-il rapidement.

— Entendu.

Andrea traversa la chiourme et vida ses deux paniers ; peu à peu il s'était rapproché du côté oriental du bras de San Raineri, défendu par des falaises artificielles, contre lesquelles se fracassaient les eaux du Détroit. Celles-ci formaient des criques, des cavités, dans lesquelles il était facile de se dissimuler. Quand il s'y glissa, nul ne le remarqua, hormis Giuseppico qui le suivait du regard avec le plus grand intérêt. Il comprit qu'il lui fallait rejoindre Andrea. Sans y paraître, tout en travaillant, il s'approcha peu à peu des falaises, en se baissant pour ne pas faire remarquer sa haute silhouette, surveillant les alentours du coin de l'œil. Puis, rampant presque, il se laissa lui aussi glisser entre les falaises, s'y dissimula et attendit une minute pour voir si quelqu'un s'était aperçu de sa manœuvre. Andrea l'appela à voix basse :

— Vite !... Pas de temps à perdre. Viens ici : personne ne nous verra.

De fait trois ou quatre énormes roches formaient là une vaste chambre, ouverte d'un seul côté et entièrement dissimulée de la citadelle et de la chiourme. Giuseppico s'exécuta.

— Laisse-moi faire, lui dit Andrea et en quelques coups de ciseaux, il lui coupa sa longue barbe hirsute, presque au ras de la peau.

Cette légère correction suffit à le transformer.

— Enlève cette casaque et met celle-là. Mais dépêche-toi.

Giuseppico ne se le fit pas dire deux fois; sans barbe, avec des vêtements différents, il était difficile de reconnaître en lui le galérien qu'il était un quart d'heure plus tôt. Andrea le conduisit à travers les failles que les énormes rochers laissaient entre eux, jusqu'au bord de l'eau, où se balançait un caïque, attaché à un rocher. Ils le libérèrent, sautèrent à l'intérieur, empoignèrent les rames et s'éloignèrent en hâte.

Nul ne fit attention à eux; à cette heure le Détroit était sillonné par toutes sortes d'embarcations, grandes et petites et le caïque passait inaperçu. Ils se dirigèrent vers le sud, avec l'intention de se soustraire à la vue de la citadelle et des fortifications qui gardaient la mer. Andrea avait tout prévu et calculé. Ils débarqueraient sur la plage entre Contesse et Tremestieri, en abandonnant le caïque et ils poursuivraient leur fuite par les gorges des montagnes qui forment le groupe de Antennammare. Là, même si on le voulait, il serait très difficile de les chercher.

Et tout se déroula exactement comme prévu. Andrea avait dissimulé au fond de la barque quelques provisions de bouche, une paire de pistolets, son épée, une lime, des manteaux et de grosses bottes. Il ceignit l'épée, glissa ses pistolets à la ceinture, puis, après avoir limé à la cheville et à la ceinture de Giuseppico les anneaux de fer, avec lesquels on l'enchaînait au banc de la galère, il jeta ces objets accusateurs à la mer. Giuseppico se sentit heureux et pour la première fois, peut-être, éprouva un sentiment de reconnaissance envers son libérateur.

Ils prirent la route des montagnes, en évitant les petits villages et les maisons disséminées sur ces côtes à la végétation riante et ne s'arrêtèrent qu'à la nuit, dans une maison campagnarde près de Rometta.

A petites étapes, ils traversèrent le district de Messine et atteignirent Milazzo, où Andrea acheta deux chevaux. Durant le voyage, celui-ci insinuait dans le cœur de Giuseppico les espérances les plus roses et lui faisait comprendre qu'en obéissant et en offrant un témoignage détaillé sur ce qui s'était passé au palais Albamonte, il gagnerait la protection de très hauts personnages qui le protègeraient de toute persécution, non seulement de la part d'individus privés mais aussi de la justice elle-même.

— Imagine que tu sers l'État. Et je dis l'État, parce qu'il s'agit au fond d'une affaire qui regarde l'État.

Avec ces discours, et en l'excitant contre le duc, il lui arrachait des précisions sur le drame de l'hiver 1698, qu'il enregistrait mentalement, de sorte que plus aucun détail de cette affaire ne lui échappait.

Au bout de deux jours, ils arrivèrent à la Milicia, qui était alors un village de quelques centaines d'âmes, serré autour d'une église et d'une auberge. L'Ave Maria avait déjà sonné et pour ne pas arriver de nuit à Palerme (il y avait encore quatorze milles à parcourir), ils décidèrent de s'arrêter. Andrea songeait qu'il serait utile d'envoyer un courrier à l'oncle Rosario pour l'avertir et attendre des instructions. Il ne serait pas difficile de trouver un messager. Cette auberge était fréquentée par des *canceddi,* c'est-à-dire des voituriers, qui portaient le froment, le vin, l'huile et le fromage à la capitale et l'un d'entre eux accepterait certainement, contre une petite compensation. En outre, l'image de Notre-Dame de Lorette, à laquelle était dédiée l'église de la Milicia, avait acquis depuis peu une grande renommée et elle était de plus en plus un lieu de pélerinages votifs, en raison des miracles qu'elle opérait. On était donc assuré de trouver un groupe de dévots dans l'auberge. De fait, il y en avait ainsi qu'une famille de villageois, une espèce de sicaire, et un de ces demi-prêtres qui portaient l'habit court et le col ecclésiastique et qui étaient communément appelés des « abbés », espèce particulière au XVIIIe siècle.

Quand Andrea et Giuseppico arrivèrent à l'auberge, l'abbé faisait rire les villageois en racontant des histoires drôles. Ils participèrent à l'allégresse tout en se restaurant de pain et de ricotta fraîche, arrosés d'un vin couleur d'ambre. Il leur suffit de rire pour que le joyeux abbé se retournât vers eux et les attirât dans le groupe.

On bavarda et à quelques mots prononcés par les uns et les autres, Andrea devina que ces villageois rentraient à Termini tandis que l'abbé se rendait à Palerme.

« Bien ! pensa-t-il, voilà mon courrier ».

— Et vous allez à la capitale, n'est-ce-pas ? Demain matin ? Nous ferons route ensemble...

— Ah non, répondit Andrea. Nous devons rester ici demain pour remplir notre vœu ; nous partirons après-demain. Mais Votre Seigneurie pourrait me rendre un service, si elle le permet...

— Dites, je vous écoute.

— J'avais promis à un compère de l'avertir de mon arrivée... Si Votre Seigneurie veut se donner la peine... Il est facile à trouver...

— Dites-moi qui et où il se trouve, et vous pouvez compter qu'avant midi il sera averti.

— Merci, seigneur abbé. Vous connaissez l'église de Santa Margherita à la Conceteria ?

— Oui, oui...

— Un peu plus loin... il y a la taverne du « Masticier », l'oncle Rosario... tout le monde le connaît.

Les yeux de l'abbé scintillèrent.

— L'oncle Rosario, le masticier... C'est entendu.

— Bien. Votre seigneurie lui dira : « Votre compère Andrea arrivera demain au point du jour avec son cousin ».

— Demain, au point du jour. Entendu. N'ayez crainte, votre message sera porté...

Andrea alla se coucher satisfait et le père abbé feignit d'en faire autant ; mais il ne dormit que d'un œil ; de l'autre, il veillait sur l'auberge et attendait. Quand il fut sûr que tous dormaient prfondément, en ronflant sur tous les tons, il se leva, sans faire de bruit, descendit tout doucement, pieds nus jusqu'à l'écurie où dormait le sicaire et s'approchant de lui, il le secoua doucement par le bras. L'homme sursauta et fut sur le point de crier mais l'abbé lui mit la main sur la bouche en murmurant :

— Tais-toi. C'est moi !...

Deux petites lampes à huile perçaient péniblement les ténèbres de l'écurie ; mais le mercenaire reconnut la voix et se leva brusquement en demandant :

— Qu'est-ce qu'il y a ?

— Tais-toi, sortons, je te le dirai dehors.

L'autre s'empressa d'obéir. Il ouvrit avec précaution la porte de l'écurie et sortit avec l'abbé. Un cheval hennit doucement.

— Maudite bête ! murmura l'ecclésiastique.

Au-dehors, la lune était magnifique ; toute la campagne était inondée de sa lumière ; le cap Zafferano se distinguait nettement sur la mer scintillante. L'abbé chuchota quelques mots auxquels le ruffian répondit en hochant la tête. Puis l'abbé remonta, pieds nus, dans la salle où tous dormaient encore. Dans l'écurie, le sicaire détacha un cheval, ramassa la selle et la têtière, et emmena bête et choses au dehors, assez loin de l'auberge. Il sella la monture et partit au trot dans la direction de Palerme. L'abbé tendit l'oreille ; quand il ne perçut plus aucun bruit, il s'endormit à son tour, comme un homme content de lui. A l'aube, il s'éveilla, se leva et redescendit dans l'écurie. L'aubergiste y était déjà et contemplait d'un œil ébahi les chevaux et les mules qui plongeaient leur museau dans les mangeoires.

— Il en manque un, dit-il. Comment est-ce possible ?

— Quelqu'un a dû partir, rétorqua l'abbé. Ce n'est pas bien difficile à deviner.

— Je sais, mais c'est justement cela qui m'étonne ! Partir sans me prévenir... avant que j'ouvre l'auberge... Ce doit être cette face de mauvais chrétien qui ne disait pas un mot !...

— C'est facile à vérifier.

L'aubergiste monta dans la chambre et revint peu après en jurant.

— Je vous le disais ! C'est le brigand

L'abbé haussa les épaules :

— Ce sont des choses qui arrivent dans ce monde qui ne craint plus Dieu !... Je suis navré pour vous, et pour moi...

— Et en quoi cela concerne-t-il votre seigneurie ? C'est à moi qu'il a joué ce tour ; entre le son et la paille pour le cheval, l'écurie et les vivres, j'en suis presque pour deux tari ! Vous comprenez ? Le voleur ! Le bandit !...

— Et vous avez raison... Mais moi je comptais me faire accompagner par lui ; les routes sont si peu sûres... et puis ce matin je me sens si mal, que je ne m'aventurerais pas à faire un voyage à cheval, seul... Il faudrait que je trouve une litière !

L'abbé s'assit devant la porte de l'auberge, son visage exprimant une grande souffrance. Peu à peu tous s'éveillèrent et descendirent sur la route pour respirer l'air du matin. Andrea demanda à l'abbé :

— Et Votre Seigneurie n'est pas encore partie ?...

— Dans un moment... J'ai certains malaises qui... Si je trouve une litière !...

— Il vaut mieux attendre un peu, dit quelqu'un. Il est fort possible qu'il en passe une, venant de Termini.

Andrea n'était pas content, mais il se résigna. L'abbé se tenait par moment le ventre en poussant des *ouille !* et en jetant de temps à autre des regards inquisiteurs sur la rue, en marmonnant des paroles incompréhensibles. Andrea le regardait avec dépit et fureur ; ce malaise imprévu contrecarrait ses plans ; il se demandait s'il fallait partir sans attendre d'instructions, en emmenant Giuseppico avec lui. Et il était sur le point d'appliquer cette résolution quand une galopade fit tourner toutes les têtes et bondir sur ses pieds l'abbé, dont le visage prit une expression de joie féroce.

C'était huit miliciens des compagnies rurales, qui arrivaient depuis le bout de la route, au trot, la carabine sur la cuisse. Giuseppico pâlit et, dans un mouvement instinctif, recula au fond de l'auberge.

— Les sbires !

Andrea vit l'abbé se frotter les mains avec un petit ricanement sec. Il leva le sourcil, interloqué par cette joie qu'il ne comprenait pas mais tout à coup, les deux premiers militaires arrêtant leurs chevaux à quelques pas de l'auberge, le mirent en joue en lui lançant :

— Rends-toi !

Il y eut un moment de confusion indicible ; les trois ou quatre personnes qui se trouvaient à la porte se précipitèrent à l'intérieur en hurlant, tandis que l'abbé se jetait sur Andrea, les mains tendues. Tout cela ne dura qu'un instant, instant de révélation et de résolution. Andrea se rejeta en arrière, ferma la porte et la barricada avec la grosse barre de bois. Puis il rejoignit Giuseppico dans la salle et alla ouvrir une fenêtre pour chercher une issue. En bas, les miliciens étaient descendus de cheval et s'étaient postés pour interdire la fuite tandis que le caporal, l'abbé et les deux soldats tambourinaient à la porte en criant :

— Ouvrez ! Ouvrez !...

Mais Andrea, brandissant son pistolet, avait menacé de s'en prendre à quiconque oserait ôter la barre et nul ne bougeait. Impossible de fuir du côté de la route ; sur la partie opposée de la maison, un balcon donnait sur la colline de Milicia. A cet endroit, la pente s'élevait sur plus de trente empans de hauteur, presque à pic, et était couverte de broussailles, jusqu'au pied de la côte, où elles cédaient la place aux sables de la plage proche. Cette particularité empêchait d'encercler complètement l'auberge ; la voie était donc libre de ce côté mais, à moins d'avoir des ailes, il était impossible de fuir par là sans se rompre le cou.

Andrea mesura du regard cette hauteur qui lui donnait le vertige.

Cependant des pas résonnaient en bas. Ils allaient être pris au piège. Andrea jeta un coup d'œil à Giuseppico : le galérien grinçait des dents. On marchait sur l'escalier de bois ; un coup ébranla la porte. Andrea courut au balcon en entraînant Giuseppico.

— Courage ! Laissons-nous tomber là ; les broussailles amortiront la chute.

Mais Giuseppico recula, horrifié.

— Non, non !... et, se retournant, il vit un tabouret, le brandit.

La porte s'ouvrit brutalement sous un nouveau coup ; les miliciens s'élancèrent, braquant leurs armes ; Andrea enjamba la rambarde, s'y suspendit, se laissa tomber dans le vide, tandis que l'abbé hurlait :

— Feu !

Quatre coups emplirent la salle de flammes et de fracas. Giuseppico qui s'était reculé dans un coin, tomba en arrière, les bras en croix. Les miliciens coururent au balcon, regardèrent l'abîme avec stupéfaction, distinguèrent un mouvement dans les buissons et tirèrent une nouvelle salve.

L'abbé s'était baissé sur Giuseppico, qui râlait, baignant dans son sang et l'examinait attentivement.

— Son compte est bon. Je le regrette : on aurait peut-être pu en tirer des confidences savoureuses. Mais le seigneur duc sera d'autant plus content : « mort ou vif ». Mort, il ne pourra plus ouvrir la bouche ! C'est certain ! Mais l'autre... Il a dû se rompre les jambes, sinon le cou.

Au-dehors s'était rassemblée une grande foule de vilains qui envahirent l'auberge, qui demandaient, commentaient, curieux et stupides ; quelques-uns finirent par s'avancer jusqu'à la chambre pour voir le mort. Tout le village était sens dessus dessous. L'abbé, qui avait pris des manières impérieuses et brutales, impressionnait. On s'écarta sur son passage.

Il expédia aussitôt des miliciens dans les broussailles, ne doutant pas qu'Andrea s'y trouverait, mort ou blessé gravement. Les recherches furent vaines : sous le balcon, on remarquait à un endroit des branches cassées et comme un vide, un trou dans les feuillages ; mais rien de plus. La chose étonnait, paraissait vraiment extraordinaire.

— Cet homme a le diable au corps ! disaient les miliciens...

L'abbé les injuria. C'étaient des imbéciles : avec des gardiens de l'ordre de cet acabit, il n'était pas étonnant que la campagne fût infestée de malandrins. Andrea n'avait pas d'ailes et même si les broussailles avaient amorti la chute, la hauteur était telle, qu'il aurait dû au moins être assommé. Ils n'avaient pas su chercher. Andrea devait se trouver là, au milieu des taillis. L'abbé allait fouiller lui-même.

Suivi par les miliciens et une cohue de paysans, il descendit au pied de la colline. Tous ces gens s'éparpillèrent dans les broussailles et les cailloux, fouinant partout, meute poussée moins par l'intérêt que par la curiosité suscitée par ce fait invraisemblable. Durant une heure, le moindre trou, buisson, broussaille fut fouillé, sondé, examiné, en vain. On trouva en plusieurs points où la terre était molle, des traces de pas, mais ils se perdaient quand le sol se couvrait de graviers, vers le torrent qui portait le nom du village.

Andrea avait donc survécu et s'était enfui par là ; cela frisait le miracle.

Ils remontèrent. L'abbé fit poser le cadavre de Giuseppico en travers d'une mule, et avec les miliciens, se frayant un chemin dans la foule de paysans, il reprit la route pour Palerme, où il arriva peu avant l'Ave Maria.

Ce triste cortège traînait derrière lui des gamins et des curieux rencontrés en chemin. Ils demandaient qui était le mort ; mais nul ne le savait. Quelque redoutable bandit, supposait-on, et les noms des plus célèbres détrousseurs de grand chemin étaient avancés.

L'abbé fit déposer le cadavre dans l'église de Sant' Antoniello, dit vulgairement le Sicco, que jouxtait un petit cimetière de suppliciés ; il renvoya les miliciens en leur disant qu'il s'occuperait du rapport au capitaine justicier, et il se précipita au palais Albamonte, où il demanda le duc.

Don Raimondo considéra avec dégoût cet abbé couvert de poussière sans le reconnaître tout de suite ; mais quand l'ecclésiastique ouvrit la bouche, le duc ne put s'empêcher de sourire :

— Ah ah ! C'était donc vous ?... Eh bien ?

— Eh bien, Giuseppico... n'est plus !

— Comment ?

— Si votre Excellence veut se donner la peine de venir au cimetière de Sant' Antoniello le Sico, avant qu'on l'enterre, elle pourra le reconnaître...

— Racontez-moi donc...

Et Matteo Lo Vecchio, car c'était lui, raconta comment la chance l'avait assisté et lui avait rendu moins difficile la tâche dont il s'était chargé. Il se plaignit que ce démon d'Andrea se fût enfui.

— Mais nous savons, conclut-il, qui est cet oncle Rosario. Votre Excellence devrait me faire avoir un ordre pour les arrêter ce soir même, lui et le sacristain. Maintenant, il faut agir avec énergie.

— Et n'avez-vous pas carte blanche ? Servez-vous-en.

— Vous avez raison : je n'y avais pas réfléchi. Alors, laissez moi faire. J'espère que Votre Excellence sera satisfaite...

Pour toute réponse Don Raimondo prit deux rouleaux d'écus et les donna au sbire.

— Un petit acompte. Et maintenant, allez, et attendez-moi à Sant' Antoniello.

Le même soir, tandis que des escouades de sbires étaient lâchées en diverses parties de la ville, Don Raimondo racontait au roi qu'il avait découvert les chefs de la formidable secte qui répandait tant de terreur, et libéré le royaume d'une calamité terrible et continue. Naturellement, cela se comprend, il s'abstint d'expliquer qu'il pourvoyait, plus qu'à la sûreté du royaume, à sa propre sécurité.

III

Don Girolamo Ammirata habitait dans le quartier du Capo, sur la petite place de San Cosmo, une maison modeste comme sa condition. Elle avait deux étages auxquels on accédait par un escalier de bois couvert d'ardoises. Don Girolamo habitait au premier, au second était venu s'installer le peintre Bongiovanni : ce voisinage avait établi entre les deux familles une bonne amitié et il ne se passait pas un jour qu'ils ne se vissent. Bongiovanni, veuf, avait trouvé dans l'épouse d'Ammirata, Francesca, une parente affectueuse qui enseignait à Pellegra ces anciennes vertus ménagères presque perdues, vertus des femmes d'autrefois qui savaient se consacrer aux soins de la maison, avec une abnégation admirable, et étaient le réconfort et le centre de la famille. A la vérité, Pellegra ne paraissait guère profiter des enseignements de Francesca parce que, selon cette dernière, le peintre l'avait égarée avec ses livres. Quel besoin, pour une femme, de composer des sonnets et de lire des livres latins comme un père jésuite ? C'était là des occupations d'hommes : une jeune fille n'avait besoin que de savoir lire le livre des prières et de savoir signer ; ainsi étaient éduquées toutes les jeunes filles de condition moyenne qui savaient aussi couper une robe, coudre, cuisiner, amidonner, faire de la dentelle, broder, qui excellaient en somme dans le gouvernement de la maison. Pellegra aimait les livres, il y en avait un qu'elle lisait toujours, et c'était, au grand scandale de la bonne dame, un livre de poésie qui parlait d'amour ! Mais voilà, Don Vincenzo Bongiovanni n'avait jamais eu de bon sens ; et heureusement que Pellegra, au fond, avait un bon naturel.

Entre deux diatribes de ce genre, que Pellegra écoutait avec le sourire, Francesca apprenait ce qu'elle pouvait à la jeune fille. Le voisinage, ce rôle maternel et la liberté que le peintre, qui subissait déjà les premières atteintes de sa maladie mentale, laissait à sa fille, tout cela avait encore plus resserré les liens de la douce sympathie dont s'étaient épris Pellegra et Emanuele dans l'atelier du peintre, la première fois qu'ils s'étaient vus.

Ils ne s'étaient pas rencontrés jusque-là, parce que Don Girolamo Ammirata avait gardé l'orphelin Emanuele au collège des *Turchini,* appelé ainsi en raison de la couleur de son uniforme et il s'était finalement résolu à le retirer, en raison de la maturité du garçon, qui à quatorze ans paraissait un homme, mais aussi sur les vives instances de Francesca qui, n'ayant pas de fils, sentait tout le poids de sa solitude. Rien de plus tranquille et de plus émouvant que les soirées dans cette maison à la simplicité patriarcale. Don Girolamo faisait sa partie de cartes avec le peintre et un ami quelconque, Francesca lavait une nappe d'autel, qu'elle voulait offrir à l'Immaculée, et racontait une de ces nombreuses histoires merveilleuses qui formaient son patrimoine intellectuel et qu'Emanuele et Pellegra écoutaient avec ravissement, sourire aux lèvres, en échangeant furtivement quelques suaves pressions des mains. Les deux lanternes de cuivre, à deux becs, diffusaient sur ce groupe une douce lumière rose dans laquelle les contours s'effaçaient et les choses se confondaient.

Les petits rires fréquents de Don Vincenzo Bongiovanni, sa fatuité loquace ne troublaient pas l'harmonie de la maison, dans laquelle il semblait que les meubles eux-mêmes et la couleur des murs eussent été choisis à la ressemblance des personnes.

Les murs avaient des nuances passées : un céleste pervenche clair, un tendre vert pois. Les meubles étaient simples : des chaises empaillées, une commode ventrue, de grossières peintures sous verre encadrées de bois foncé, une table.

La tranquillité de la maison avait été troublée une fois par l'arrestation de Don Girolamo Ammirata, à l'initiative du duc de la Motta mais comme le rationnel avait été rendu à sa famille au bout de quelques jours, la vie avait repris son cours monotone, égal, serein.

Le soir où Matteo Lo Vecchio arrivait à Palerme avec le cadavre de

Giuseppico, Don Girolamo Ammirata et Don Vincenzo Bongiovanni faisaient leur partie, tandis que dame Francesca travaillait à sa nappe et que les deux jeunes gens lisaient, ou plutôt que Pellegra lisait et qu'Emanuele écoutait, plongé dans de graves pensées. Dans la matinée, à table, il avait déclaré son intention d'épouser Pellegra. Et il l'avait dit avec le plus grand sérieux, comme une chose dès longtemps réfléchie ; et cependant Don Girolamo s'était bruyamment esclaffé, contre son habitude.

— Toi ?... mari de... Mais c'est trop drôle !

Emanuele, rougissant, déconcerté, avait balbutié :

— Pourquoi ? Qu'y aurait-il de mal ?

— Rien... mais ces choses-là me font rire, avait répondu Don Girolamo et, reprenant son sérieux, il avait ajouté : attends au moins d'être un homme pour en parler.

Mais ce bref dialogue avait révélé à Don Girolamo et à son épouse la nature des sentiments qui déjà se manifestaient dans le cœur d'Emanuele et les avait avertis qu'il faudrait dorénavant ouvrir l'œil. Jusqu'alors ils avaient considéré Emanuele comme un gamin encore incapable d'éprouver certains sentiments ; tout à coup l'enfant manifestait des appétits d'homme ; ils semblaient s'apercevoir pour la première fois de son développement physique.

Voilà pourquoi ce soir-là Emanuele était plus grave et pensif, tandis que Don Girolamo semblait d'humeur plus gaie et plaisantait son loquace ami peintre qui riait et se démenait comme un marmot.

La soirée s'avançait ainsi quand de la rue montèrent trois coups de sifflet semblables aux appels du merle, sur des tons divers. Don Girolamo haussa le sourcil et ne laissa paraître aucun sentiment : mais à peine la partie terminée, il jeta les cartes et se leva.

— Suffit pour aujourd'hui, dit-il. Je vais faire un tour pour me dégourdir les jambes.

— Je viens avec vous ? demanda le peintre ;

— Non, restez tenir compagnie aux dames. Vous savez que j'aime me promener seul...

Ce n'était pas un fait nouveau, et la chose ne surprit personne ; très souvent Don Girolamo laissait la partie en suspens et sortait, en repoussant l'offre de l'accompagner que lui faisait Bongiovanni. Il prit son épée, son chapeau, son manteau et sortit. Plus loin, au coin de la rue, un homme l'attendait.

— Vous ! Vous êtes déjà de retour ? s'exclama à voix basse le rationnel, en reconnaissant Andrea.

— Moi-même... qui ne tiens pas debout !

— Eh bien ?...

— Marchons ; mettons-nous avant tout à l'abri, car je suis sûr d'avoir quelqu'un à mes trousses. Il doit y avoir un mouchard, un traître !...

Don Girolamo le considéra avec stupéfaction.

— Que signifie ceci ?

— Que nous sommes découverts, que quelqu'un nous a tendu un piège et que j'y ai échappé par miracle...

— Et Giuseppico ?

— Je n'en sais rien : il est pris ou mort. Je me suis jeté d'une hauteur de quinze empans...

Tandis qu'ils empruntaient des ruelles sombres et tortueuses, Andrea raconta rapidement ce qu'il lui était arrivé à l'auberge de la Milicia avec le faux abbé.

— Il faut avertir tout de suite l'oncle Rosario ! dit Don Girolamo.

Et il s'approcha d'un jeune homme qui semblait dormir enveloppé dans un haillon, derrière le vantail d'une porte.

— Ami, lui dit-il en lui touchant le front, *qu'est-ce qu'il y a dans la porte ?*

— *Des pois grillés.*

— Et où es-tu né ?

— A la *Cuncuma.*

— Très bien. Cours à la *cuba* du « Masticier » et dis-lui que le *gardien* l'attend.

Le jeune homme partit mais au bout de quelques pas il s'arrêta et échangea quelques mots avec un autre jeune homme qui venait en hâte à sa rencontre. Tous deux firent demi-tour et rejoignirent Don Girolamo qui se dirigeait avec Andrea vers l'église Santa Maria.

A leur mine, le rationnel comprit que quelque chose de grave était arrivé.

— *Les prêtres sauvages ont accroché le « Masticier ».*

Don Girolamo pousa un cri de stupeur, de douleur et de colère mêlées.

— Quelqu'un aura *mangé la courge...*

Andrea était plongé dans une sombre douleur ; il comprenait que tout cela était l'effet de son imprudence, qui était explicable et excusable, mais en ce moment, lui paraissait grave et désespérée. Il vit Don Girolamo le dévisager, comme pris d'un doute, et rougit : il le suspectait donc ? Soutenant le regard du rationnel, pâle et sûr de lui, d'une voix émue, il lui dit :

— Don Girolamo, si Votre Seigneurie croit que j'ai manqué à mes devoirs, qu'elle me fasse juger et donner la mort des traîtres ; mais Votre Seigneurie sait ce que j'ai fait pour la sainte justice... et je ne crois pas mériter...

Le rationnel ne répondit pas. Pourquoi donc Andrea irait-il trahir, après avoir fourni à la Société les preuves qui devaient écraser Don Raimondo Albamonte ? Cependant, les sbires avaient été envoyés au magasin de la Milicia pour ôter la vie à Giuseppico et à Andrea : il fallait bien qu'un espion les eût mis sur la voie. Et le mouchard se trouvait nécessairement parmi les quelques personnes qui possédaient le secret : le chef, occulte et mystérieux, dont seul Don Girolamo connaissait le visage ; le sacristain de San Matteo, l'oncle Rosario, Andrea et lui, Don Girolamo. Si ce n'était Andrea, l'un des artisans les plus actifs de la conspiration ; si ce n'était l'oncle Rosario, arrêté ; si ce n'était lui, qui donc avait pu les livrer à la justice ? Il ne restait plus que le sacristain. Serait-ce lui le traître ?

Il fallait s'en assurer.

— Allons, dit-il.

Ils avaient à peine fait quelques pas qu'un autre jeune homme qui avait l'apparence d'un commis de boutique, hors d'haleine, arrêtait Don Girolamo.

— *Les chiens,* dit-il, *ont conduit le corbeau à la nouvelle auberge.*

Le *corbeau* était en fait le sacristain de San Matteo. Don Girolamo pâlit : ce n'était donc pas lui le traître. Il craignit alors pour lui-même, puisqu'il était évident que la police avait en main les fils de la conspiration préparée dans la sacristie de San Matteo et dans le souterrain des Beati Paoli. Il dit au jeune homme qu'il avait réveillé :

— *Va chez moi voir quelles cailles passent;* je t'attendrai derrière l'église de Santa Maria.

Et, se tournant vers Andrea, il ajouta d'une voix sombre :

— Venez. La chose n'est pas claire, et il faut la considérer de plus près.

Quinze minutes plus tard, le jeune homme revint, pâle et ému :

— *Les chiens salissent la cuba.*

— J'en étais sûr. Bien... Mais il ne m'ont pas encore attrapé. Préviens ma femme que ce soir je vais prendre l'air à la campagne et que je lui enverrai des nouvelles demain : et... je t'attends demain à l'aube à la « Tour des diables ». Allons, Andrea.

Il faisait nuit, les rues étaient désertes : Don Girolamo et Andrea remontèrent par des petites rues de traverse jusqu'à la Porte Carini, prirent la route des bastions et disparurent dans l'ombre des jardins qui entouraient la ville au couchant, pour se diriger vers le vieux château de la Zisa.

Dans le couvent voisin de l'Annunziata, il y avait un frère jardinier qui serait heureux de leur offrir l'hospitalité et la sécurité pour la nuit.

IV

La même nuit, Matteo Lo Vecchio retourna chez le duc de la Motta, qui avait ordonné qu'on introduisît le sbire, à quelque heure qu'il se présentât. Dans cette période, le gouvernement avait fort à faire en raison de l'interdit. Vittorio Amedeo avait nommé un conseil de gouvernement qui s'était mis à l'œuvre avec vigueur et même violence pour empêcher le clergé d'obéir au pape plutôt qu'au roi ; et la persécution contre les prêtres et les religieux qui refusaient d'accomplir leurs devoirs religieux avait commencé. Et il ne pouvait sembler étrange que le duc, membre de ce conseil, reçût un sbire du calibre de Matteo Lo Vecchio, le plus actif, le plus audacieux et le plus violent des argousins de la capitale.

Matteo Lo Vecchio fit son rapport sur les arrestations opérées par les patrouilles de gardes et de sbires qu'il avait envoyées : le sacristain était sous les verrous, ainsi que l'oncle Rosario. Seul Don Girolamo Ammirata était en fuite ; quelqu'un l'avait certainement prévenu.

Le duc parut contrarié mais le sbire, avec un mince sourire, lui dit :

— Que Votre Excellence ne s'en préoccupe pas ; il tombera dans le piège : j'ai mon plan. En attendant nous avons mieux que lui... Un plus gros poisson, Excellence...

— Andrea ?

— Celui-là doit être mort. Il ne s'agit pas de lui, mais d'une femme.

— Qui s'appelle ?

— Peppa.

— Peppa la Sarda ? s'exclama Don Raimondo en pâlissant sous l'effet d'une émotion qu'il ne parvenait pas à dominer.

— Précisément...

— Où est-elle ?

— Sous les verrous, parbleu !...

— Ah !... Où l'avez-vous trouvée ? Comment ?

— La pendarde était cachée dans l'arrière-boutique de l'oncle Rosario. Depuis l'arrestation de ce malandrin, je voulais aller fouiller sa boutique, dans l'idée d'y trouver quelque chose ; et j'y ai trouvé plus que je n'espérais... Quand je m'y suis présenté, la sorcière a tenté de s'enfuir. Votre Excellence peut imaginer la stupeur, si ce n'est la frayeur qu'elle a éprouvée en me voyant ouvrir la porte et entrer. Elle a essayé de s'enfermer dans le réduit d'où elle sortait mais je l'ai appelée : « Peppa, il est inutile d'essayer de fuir, je te connais... » Je dis ceci pour l'épouvanter : en vérité je ne savais qui elle était, mais peu importait. A s'entendre ainsi appeler par son nom, elle a senti ses jambes se dérober sous elle, et elle est tombée à genoux en implorant ma pitié. Je l'ai arrêtée, je lui ai mis les poucettes et l'ai emmenée. Elle criait, gémissait, appelait à l'aide et pour éviter des ennuis, je fus contraint de faire venir une chaise pour la conduire à la Vicaria. J'étais sûr que cette nouvelle serait accueillie avec plaisir par votre Excellence...

— En fait, si cette femme est vraiment Peppa la Sarda, vous avez rendu un grand service au royaume. C'est une scélérate qui a commis beaucoup de crimes horribles et qui jusqu'aujourd'hui avait réussi à échapper à la justice.

Le sbire sourit du bout des lèvres, pour montrer qu'il prenait en bonne part les paroles de Don Raimondo, qui, la première émotion passée, avait retrouvé son masque impénétrable et froid.

— Maintenant nous la tenons, dit Matteo Lo Vecchio, et nous la tenons bien.

Le duc congédia Matteo Lo Vecchio ; il lui fallait rester seul pour réfléchir à cette suite d'événements survenus en quelques mois, et dont le fil paraissait s'être rompu. Rompu ? Giuseppico était mort, il n'y avait aucun doute là-dessus. Peppa la Sarda était en prison, et elle n'en sortirait pas vivante. Andrea avait disparu. Ces trois-là étaient, par l'effet de leurs témoignages, les personnages les plus redoutables. Hormis eux, un autre restait encore en course : Don Girolamo Ammirata, peut-être ; mais quelle raison aurait le rationnel de le persécuter ? Et pour quel dessein occulte avait-il tenté de se servir de ces trois témoignages ? Et Don Girolamo agissait-il de sa propre initiative ou bien était-il à son tour l'instrument de cette mystérieuse société, dont certains adeptes, enfin, se trouvaient entre ses mains ?

Il reconnaissait que, même après s'être débarrassé de ces témoins très importants, il restait dans l'obscurité, et il lui semblait aussi que l'obscurité s'épaississait. Peut-être pourrait-il arracher quelques déclarations aux deux sectaires arrêtés et, à travers eux, remonter à la source de cette guerre implacable et sourde. Peppa la Sarda devait elle aussi savoir quelque chose... Mais une terreur nouvelle lui glaça le sang.

— Si la sorcière, dans les tourments de la torture, allait faire des révélations contre lui ? La captivité et le procès de Peppa n'étaient-ils pas une menace terrible suspendue sur sa tête ? Et n'était-il pas nécessaire, indispensable, d'empêcher que les confessions de Peppa la Sarda fussent recueillies par d'autres ?

Don Raimondo passa la nuit plongé dans ces réflexions et le plaisir de savoir la mort ou la capture de ces personnes dangereuses était empoisonné par la crainte. Il lui semblait que le jour ne dût jamais venir ; le soleil à peine levé, il s'en fut dans son cabinet de travail pour mettre à exécution son plan. Mais en jetant un regard sur la table, il pâlit : il voyait une lettre et à sa forme en reconnaisait la provenance. Il l'ouvrit d'une main fébrile et lut :

« *Vous avez à peine émoussé la pointe d'un clou ; mais il en reste d'autres, et les têtes sont solides. N'oubliez pas !* »

Comment cette lettre était-elle arrivée dans son cabinet ? Sa maison était donc toujours ouverte au danger, quelles que fussent les précautions dont il s'entourait, et si prompt fût-il à changer de serviteur, au premier soupçon ? Plus que jamais il se persuadait que ce Don Girolamo Ammirata qui paraissait l'organisateur de cette guerre, n'en était que le bras armé, et que la tête était ailleurs. Qui pouvait être cet ennemi secret qui avait lancé contre lui les Beati Paoli ?

En proie à ces ténébreuses pensées, il se fit conduire en prison. En ce temps où ne manquaient ni les églises ni les couvents, les prisons non plus ne faisaient pas défaut : il y avait celle du Sénat, près de Santa Catarina, dite communément « Carbonera » ; celle du Saint Office et celle de l'archevêché ; celle de Castellamare pour les nobles et enfin celle de la Vicaria, la plus vaste et la plus peuplée. Cette dernière se trouvait dans le Casaro, près de la place Marina, dans un édifice que le vice-roi Marcantonio Colonna avait commencé à construire comme entrepôt de la douane et que ses successeurs avaient transformé en palais de justice. On y entrait par une lourde grille flanquée de deux fontaines qui jour et nuit chantaient le frais poème de l'eau devant ce triste lieu qui résonnait de gémissements, de cris et de jurons. Dans un coin, au dehors, se trouvait le pilori, à l'intérieur, dans la cour se dressait la potence en forme de pi grec, avec la poulie et la corde pendant de la travée horizontale, les échelles posées sur les deux bras verticaux. Là habitait le bourreau ; et la vue des instruments de justice et de l'exécuteur s'offrait continuellement aux regards de ceux qui entraient dans ce triste asile, faisant peser sur leur tête la menace de finir sur ces bois patibulaires, de la main de l'homme vêtu de jaune et de rouge.

Les prisonniers pour dettes s'entassaient dans les mêmes salles ou les mêmes cellules que les faussaires, les voleurs, les assassins ; et tous vivaient dans la même saleté, dans la même ordure ; nus, affamés, désœuvrés. C'est à peine si l'on séparait les femmes des hommes et encore cette frontière était-elle parfois franchie. Les prévenus des crimes les plus graves, ou sur lesquels s'exerçait la vengance des gardiens, étaient confinés dans des cellules fétides, lépreuses ou dans les horribles cachots ; les plus nombreux vivaient ensemble, inventant des jeux pour passer le temps, trichant encore, se disputant souvent, et comme les armes ne manquaient pas, certains n'avaient pas à attendre la mort des mains du bourreau, car ils la trouvaient sous le poignard d'un compagnon de malheur.

Peppa la Sarda avait été transportée au cachot dans la Vicaria et ses cris avaient fait accourir sous sa fenêtre et aux grilles intérieures les détenus qui, trouvant divertissant le spectacle de la malheureuse qui se contorsionnait entre les mains des sbires pour ne pas entrer, s'abandonnèrent à la plus franche gaieté et firent pleuvoir sur la sorcière les pires insultes.

— Au cachot... il faut l'enfermer au cachot, celle-là, disait l'argousin au gardien.

L'oncle Rosario et le sacristain s'étaient accrochés à une grille de bois pour assister à l'entrée de la nouvelle locataire. L'oncle Rosario la reconnut et pâlit :

— Elle aussi ? s'exclama-t-il, mais il y a donc un mouchard parmi nous ?

Craignant d'être aperçu par Peppa, il s'écarta de la grille, pensif. Il s'inquiétait non seulement à l'idée de la présence d'un mouchard, mais aussi de ce que cette femme, soumise à la torture, ne fît quelque révélation. Il n'avait encore subi aucun interrogatoire et ne savait vraiment quelle accusation pesait contre eux ; naturellement ils étaient portés à suspecter qu'on les avait dénoncés comme Beati Paoli ; il était difficile d'en avoir les preuves et ils se fiaient à leurs forces pour se défendre ; mais la vue de cette femme les déconcertait. Ils devaient rester sur leurs gardes, et surtout surveiller Peppa la Sarda ; ce qui ne serait pas difficile étant donné les conditions même de la prison et de la vie qu'y menaient les détenus, auxquels les gardiens eux-mêmes fournissaient des nouvelles sur ce qui se passait dans les tribunaux et sur le déroulement des procès.

Quoique les visites des seigneurs ne fussent pas rares — il y avait une députation qui avait, au moins en principe, le pieux devoir de protéger les prisonniers, la venue de l'un d'entre eux était chaque fois un événement ; cela offrait un dérivatif à la vie monotone et vide des reclus et leur donnait le loisir de formuler leurs plaintes : la longueur des procès, qui souvent traînaient des années, le manque de nourriture, l'abandon. Oh, ils ne manquaient certes pas de raisons de se plaindre de la manière la plus vive !

Le bruit du carrosse qui entrait à grands fracas dans la cour fit donc accourir aux fenêtres et aux grilles de nombreux détenus qui, en voyant descendre Don Raimondo, ex-magistrat et à cette heure homme de gouvernement, s'attroupèrent dans les couloirs où ils supposaient qu'il allait passer, mais à la déception générale, le duc se dirigea vers la partie des femmes.

A cet instant, oncle Rosario jouait avec quelques détenus au jeu des prisonniers, un de ces passe-temps imaginés par des esprits oisifs, qui, en l'absence de moyens plus appropriés pour se distraire et faire du bénéfice, recouraient à l'impensable. Le jeu des prisonniers, assez en vogue au temps de la Vicaria, consistait à laisser courir sur les mises une mouche privée d'ailes ou l'un de ces insectes qui prospéraient grâce à la saleté et à l'absolue absence de peignes : en allant sur l'une ou l'autre pièce, la mouche, ou l'autre ignoble insecte, désignait le gagnant. Le jeu, entièrement dépendant du hasard, attirait aussi parce qu'il ne demandait aucune attention, aucun effort d'intelligence.

La nouvelle que le duc de la Motta se rendait dans le couloir des femmes, si elle fut pour tous un objet de curiosité et de bavardages, fut cause pour l'oncle Rosario, d'une grande appréhension. Dans cette visite, il entrevoyait toutes les raisons de craindre.

Que dirait Peppa la Sarda, puisqu'il ne faisait pas de doute que c'était justement elle la personne recherchée par Don Raimondo ?

Il prévint son compagnon d'infortune, le sacristain de San Matteo, en utilisant les signes et le vocabulaire convenus dont ils connaissaient la valeur et ils laissèrent leur jeu étrange pour tenter de vérifier ce qui se passait du côté des femmes.

A peine Don Raimondo était-il entré, semblable à quelque pieux visiteur, qu'il fut assailli par une foule de malheureuses, dont la plus grande partie étaient des femmes de mauvaise vie, arrêtées ou pour contravention aux avis du vice-roi, ou de nuit dans les ruelles du Cassaro qu'elles transformaient en théâtre de leurs chasses obscènes, ou pour crimes de droit commun : certaines jeunes et belles encore, de cette beauté montagnarde si forte et saine quand elle n'est pas corrompue, mais flétries, crasseuses, leurs robes en lambeaux, le cheveu ébouriffé, portant la marque de la faim, de l'oisiveté, de la fièvre, de la colère couvée au fond de leur âme. Elles suppliaient, les mains jointes, criant toutes ensemble, jouant du coude pour interpeller le duc avec les plus douces paroles ; certaines par habitude ou par une incroyable confiance dans leurs propres charmes supposés, recouraient aux artifices de la coquetterie lubrique.

Le duc feignit de recueillir ces lamentations en s'efforçant d'éloigner ces mains, d'échapper au contact de ces vêtements ; ses yeux cherchaient parmi tant de visages une face connue et il l'aperçut, ou plutôt la devina, sous le masque des épreuves et des années.

Peppa la Sarda avait elle aussi reconnu Don Raimondo, et pâle et frémissante, n'osait s'approcher : peut-être devinait-elle que le duc venait la chercher elle, après l'avoir fait arrêter, et elle restait sans mot dire, entre peur et soupçon.

— Eh vous, l'apostropha le duc, en feignant de ne pas la connaître et comme s'il s'intéressait à elle parce qu'elle ne se pressait pas comme les autres.

Peppa la Sarda le regarda d'un air sombre et murmura :

— Moi ?... Je n'ai rien : votre Excellence en sait plus que moi.

Elle prononça ces derniers mots avec une intention qui fit tressaillir Don Raimondo.

— Malheureuse ! s'empressait-il de répondre. Racontez-moi votre affaire. Qui sait, peut-être pourrais-je vous aider.

Il insista sur ces derniers mots, de manière à faire sentir, à Peppa la Sarda, par cette vague promesse, qu'il l'aiderait si elle voulait se conformer à ses vœux. La sorcière comprit et pensa à son tour que le noble seigneur avait peut-être peur, peur d'elle et l'idée d'en profiter lui traversa l'esprit.

Au fond, elle pouvait le détruire en le dénonçant : en vérité, pareille dénonciation lui coûterait la vie, mais acculé, Samson n'était-il pas mort avec tous les Philistins ?

Peu après, Don Raimondo fit appeler Peppa la Sarda dans la salle où l'auditeur criminel avait coutume d'interroger les détenus.

Ils étaient seuls : leur conversation ne fut pas longue ; à la fin le duc appela le gardien, lui donna une somme et, en montrant la sorcière, lui dit :

— Je m'intéresse à cette femme. Voici de l'argent. Procurez-lui de la nourriture et séparez-la de toutes ces malheureuses. Je désire qu'elle soit bien traitée.

Le gardien s'inclina, en répondant :

— Votre Excellence sera obéie.

Ceci, qui à notre époque où règnent des lois et des règlements rigidement observés, paraîtra chose impossible, était à cette époque tout à fait ordinaire ; l'accès aux prisons n'était interdit qu'aux pauvres, mais les seigneurs pouvaient entrer sous le prétexte d'œuvres de miséricorde et l'argent rendait moins rigoureuse, moins triste et misérable la vie des prisonniers : quelquefois — quand il s'agissait de seigneurs — il la transformait même en une villégiature agréable.

A midi, Peppa la Sarda logeait dans une pièce moins horrible que les autres, suscitant ainsi l'envie de ses compagnes et elle déjeunait « comme une dame » ; mais la même nuit, elle fut prise d'une violente colique, et mourut avant l'aube sans pouvoir proférer une parole. Don Raimondo, en se rendant à la prison, en reçut la nouvelle du gardien, qui paraissait fort marri :

— Elle a trop mangé, Excellence, elle a trop mangé !

Il était trop préoccupé pour remarquer le soupir de satisfaction qui errait sur les lèvres du duc de la Motta et quand celui-ci, feignant la tristesse, sortit de la Vicaria, le gardien, le béret à la main, lui demanda avec embarras :

— Dois-je restituer à votre Excellence la somme qu'elle m'a donnée pour cette dame ?

— Gardez-la pour vous.

— Oh, merci, et que Dieu vous bénisse pour le bien que vous faites !... Cette pauvre la Sarda devait être bien malheureuse ! Quand elle a trouvé un cœur grand et généreux comme le votre, elle est morte !... Mais que la volonté de Dieu soit faite !...

Dans l'après-midi, l'avocat fiscal soumit à l'interrogatoire l'oncle Rosario et le sacristain : un des papiers qui formaient le dossier du procès, portait ce titre .

Déposition sur la détenue Peppa la Sarda, recueillie par son Excellence le duc de la Motta.

V

Blasco de Castiglione s'ennuyait : ses journées passaient dans une oisiveté vide et sans perspective, qui usait son esprit inquiet, avide d'aventures et d'émotions.

Son espérance de trouver à Palerme une occupation adaptée à son naturel et à ses habitudes, s'était, à la suite de différentes circonstances, évanouie. Le père Bonaventura avait su seulement le loger auprès du duc de la Motta plus comme un protégé ou un parasite, que comme un employé. Toutefois, dans cette maison, au service de Donna Gabriella, dont la vie était réglée par les petites exigences d'une grande dame, il s'était trouvé une série d'occupations qui, neuves pour lui, l'avaient diverti malgré leur insignifiance. Mais il était parti — il ne le regrettait pas — et même ces occupations frivoles et plus faites pour un mirliflore que pour une âme comme la sienne, étaient finies.

Il n'était plus question d'entrer chez les gardes royaux du prince de Villafranca. Tant qu'il avait été le protégé du duc de la Motta, et plus encore de la duchesse, qui l'imposait presque à la société, on lui présentait encore, par intérêt, un visage bienveillant : l'on savait faire ainsi plaisir à Donna Gabriella ; mais depuis la rupture, Blasco se voyait entouré de tant d'ostensible froideur, qu'il estima plus convenable de s'écarter en affichant lui-même un profond mépris pour la société débile à laquelle il s'était mêlé.

Le prince d'Iraci avait de son côté accru et aggravé l'antipathie et l'hostilité, en peignant Blasco sous les traits d'un aventurier tombé d'on ne savait où, d'une espèce de sicaire ou de bravache auquel il suffisait de jeter un écu pour qu'il dégainât son épée. Ces ragots et les *mais* placés au bon moment, qui avaient laissé le champ libre aux conjectures les plus invraisemblables, avaient fermé toutes les portes au jeune homme, avaient barré sa route et creusé un abîme autour de lui. Il s'en était aperçu, mais avait ravalé son amertume en se disant que jusque-là, il n'avait jamais eu besoin de personne.

Mais il s'ennuyait ; et en plus de l'ennui, le rongeait la pensée de cette hospitalité vraiment fraternelle qu'il avait demandée pour quelques jours — selon son idée — mais qui se prolongeait, sans qu'il en vît la fin, et lui paraissait désormais un abus dont il rougissait.

Un matin il se rendit au couvent de San Francesco pour parler avec le père Bonaventura ; il voulait sortir de cette impasse dans laquelle il étouffait et pensait que le brave religieux lui apporterait de l'aide.

Mais le père haussa les épaules, le visage douloureux, avec l'expression particulière de celui qui ne sait ni ne peut rien faire.

— Nous sommes dans des temps difficiles, mon fils ; l'interdit m'empêche d'avoir des relations avec le gouvernement. J'encourrais l'excommunication... Prends patience : espérons que les choses s'arrangeront... Quoique pour l'instant... Mais cela ne durera certainement pas ainsi. Ne vois-tu pas ce qui se passe. On a déjà commencé les persécutions et moi-même je me trouve menacé de la prison ou de l'exil... Cependant, si tu as besoin d'un peu d'argent...

— Merci, père.

Il refusa par orgueil, par dépit aussi peut-être, alors qu'il n'avait plus un sou. Peu après, il ajouta :

— Vous pourriez plutôt me faire une faveur...

— Dis-moi donc.

— Donnez-moi une lettre de recommandation pour le supérieur du couvent de Castiglione... Il y a bien une maison de votre ordre à Castiglione ?...

— Non, il n'y en a pas... Mais que veux-tu faire ?

— Rien. Mais j'ai encore moins à faire ici : je veux aller visiter les lieux de mon enfance...

— Non, nous n'avons pas de maison là-bas, mais à Randazzo, si...

— C'est la même chose. Je connais Randazzo. Alors, vous me faites cette lettre ? Je viendrai la prendre demain.

Qu'avait-il l'intention de faire ? Quel était l'objet précis de ce voyage ? Lui-même l'ignorait : peut-être s'agissait-il seulement pour lui d'obéir à sa nature qui le poussait au vagabondage, ou à un pressentiment obscur qu'il trouverait là-bas quelque chose d'intéressant. Le même jour, il en parla à Coriolano de la Floresta. A lui aussi il demanda une faveur.

— Je suis à vos ordres.

— Demain ou après-demain je voudrais partir...

— Où cela ?

— Ce n'est pas un secret. Pour Randazzo, près de Castiglione.

— Pardonnez-moi si je suis indiscret et attribuez ma demande à l'intérêt que m'inspire tout ce qui vous concerne. Dites-moi plutôt si vous avez besoin de quelque chose.

— Un bon cheval capable d'accomplir ce voyage.

— Ce n'est pas grand-chose. Vous l'aurez.

— J'ignore combien de temps je serai absent ; mais vous pouvez supposer que je ne le forcerai pas.

— Quand il vous faudrait le tuer sous vous, si cela pouvait vous être utile, je ne m'en plaindrais pas.

— Vous me faites un vrai plaisir.

Blasco respira à pleins poumons, comme quelqu'un qui sort à l'air libre après un long enfermement et qui sent sur son visage l'air frais de la campagne ; et cet après-midi même, il voulait sortir dans la campagne, à pied, seul, par la Porte Termini en prenant par les routes qui mènent vers le fleuve Oreto.

Il n'avait aucune destination précise mais, une fois passé le pont de l'Ammiral, il se dirigea vers les villages. Il était si profondément plongé dans ses pensées qu'il ne prenait pas garde au chemin.

C'était un après-midi tiède et rose de la fin mars, comme on n'en voit qu'en Sicile, avec la campagne verte et les amandiers blancs ; dans l'air flottait l'odeur de choses inconnues qui infusait dans le sang une mollesse, une espèce de lassitude pleine de désirs, une mélancolie douce et songeuse.

Les âmes qui vivaient dans la solitude sentaient en ces journées printanières l'horreur du vide qui les entourait, et éprouvaient dans leur cœur une félicité à recevoir les impressions et à s'entrouvir à l'émotion et à la tendresse.

Blasco se sentait en ces dispositions d'esprit. Il avait une conscience trop droite pour regretter d'avoir coupé toute relation avec Donna Gabriella mais il ne pouvait certes penser sans mélancolie à cette femme dont l'image s'était infiltrée dans sa chair. Il n'avait pas l'impression de l'aimer, et ne l'aimait pas : mais il savait qu'elle était belle et séduisante et que ses lèvres avaient des frémissements qui le faisaient mourir de plaisir.

Il n'avait pas dépassé la vieille église de San Giovanni des Lépreux qu'un bruit de grelot, des claquements de fouet, un gazouillis de voix argentines l'arrachèrent à sa méditation. Levant les yeux, il vit une théorie de litières portées par des mules harnachées et empanachées qui venait à sa rencontre. Il y en avait peut-être une vingtaine, assez grandes pour contenir, un peu serrées, quatre personnes, chacune conduite par deux valets qui houspillaient les bêtes de la voix et du fouet.

Blasco s'arrêta pour les regarder passer.

Les litières transportaient des pensionnaires dont il ne connaissait que l'habit : fillettes de huit à seize ans, fraîches, vives et gracieuses dans leur tenue monacale. Il y en avait trois par litière, surveillées par une sœur professe, qui ne paraissait pas exercer beaucoup d'autorité, car ces nichées, balancées au pas des mules, emplissaient l'air de leurs cris juvéniles. Blasco considéra d'abord ce spectacle avec curiosité, puis avec intérêt et stupeur ; tous ces visages inconnus sur lesquels le printemps souriait, se retournaient vers lui avec une curiosité polissonne, émerveillés de voir un chevalier jeune et beau arrêté sur leur passage, au bord d'un chemin de campagne. Les plus grandes lui lançaient de longs regards voilés par l'ombre mystérieuse des cils.

Au fur et à mesure qu'elles passaient, Blasco comptait les litières : à la quinzième, une jeune fille, en le voyant, poussa un petit cri de surprise, comme si elle l'avait reconnu ; et le cri surprit à son tour Blasco qui ne se rappelait pas d'avoir jamais vu cette enfant. Sans doute avait-elle été victime d'une ressemblance. Cependant il avait fixé l'attention de la jeune fille sur lui et leurs regards s'étaient rencontrés avec une grande intensité.

Blasco suivit des yeux la litière sans plus prêter attention aux autres et vit le visage de la fillette, et puis un autre et enfin celui de la sœur. Il ne faisait aucun doute qu'il était l'objet de leur curiosité et que la première pensionnaire avait parlé de lui à ses compagnes de litière.

Blasco reprit sa route, pensif, avec le visage de cette enfant devant les yeux, en se demandant qui elle était ; puis tout à coup, il fit demi-tour jusqu'à la bifurcation de la route de Brancaccio, où se trouvait une auberge, en se demandant pourquoi il agissait ainsi.

— Voyez quel imbécile je fais ! Je voulais peut-être suivre la litière ? Pour quoi faire ? Mais je suis curieux de savoir qui est cette moinillonne.

Devant l'auberge étaient disposées deux tables maculées de vin et des bancs boîteux. Blasco s'assit sur l'un d'eux, sous un grand orme aux branches verdoyantes. Entendant du bruit, l'aubergiste se présenta et voyant un chevalier, se découvrit respectueusement :

— Votre Excellence désire ? J'ai du Ciaculli, et du meilleur !

Blasco acquiesça d'un geste et l'hôte lui apporta un verre et un de ces flacons de terre cuite émaillée qui sont désormais une rareté réservée aux petits villages de province. Il versa le breuvage et attendit que Blasco l'eût goûté, jugé et loué ; mais le jeune homme avait posé les coudes sur la table et le menton dans les mains, regardait devant lui. Il n'y avait pas alors les maisons que nous y voyons aujourd'hui ; la route courait entre champs et jardins ouverts, jusqu'à la mer et l'œil pouvait parcourir une vaste portion de la côte et contempler le beau promontoire du cap Zafferano, qui baignait en cet instant dans l'onde rose et violette des ultimes rayons du couchant. Cette vue paraissait captiver Blasco mais en réalité, il était trop absorbé par ses pensées pour jouir du magnifique spectacle.

L'aubergiste attendit une minute puis haussa les épaules et rentra sans se presser ; mais à peine son ombre fût-elle sortie du champ de vision de Blasco que celui-ci se secoua. Il prit le verre, le considéra dans la lumière et sirota ce petit vin clair et parfumé, fort renommé à cette époque, grâce à Giovanni Meli qui l'avait immortalisé.

Un bavardage qui venait de l'intérieur de la gargotte, et dont il saisit quelques mots, éveilla brusquement son attention. Il tendit l'oreille. Trois voix mâles parlaient dans un langage parsemé d'expressions étranges et incompréhensibles.

— Demain, donc ? disait l'une.

— Demain, répondait l'autre.

— Nous sommes sûrs qu'ils n'ont pas *chanté ?*

— Tout à fait sûrs...
— Il faut garder un œil sur *le Caifasso*..
— Il y a des *apôtres qui le gaffent*...
— Mais faites attention...
Les voix se firent plus basses. Pendant un instant, Blasco ne perçut plus que le murmure de trois voix ; à deux reprises, elles se firent plus distinctes et il entendit un « qui » et « duc de la Motta ». Alors il passa la tête dans l'ouverture de la porte mais son ombre parut éveiller les soupçons des trois comploteurs qu'il ne voyait pas. Une des voix dit :
— Ferme le *cubo*.
Ils se turent subitement. Blasco reprit sa position, appela l'aubergiste, paya et s'éloigna mais pas au point de perdre de vue la gargotte. Peu après il vit une tête se présenter dans l'embrasure et regarder à droite et à gauche, puis trois hommes, l'un après l'autre sortirent et se séparèrent ; deux d'entre eux suivirent le sentier qui conduisait à Maredolce et à Santa Maria di Gesù, l'autre, à l'opposé prit la route de la ville.
Blasco le laissa passer, en évitant ostensiblement de le regarder, mais en réalité, il l'observait. C'était un jeune garçon d'une vingtaine d'années, vif, avec une bonne mine, qui avait l'air d'un artisan. Il passa devant Blasco en lui jetant un regard indifférent. Blasco se demanda si les trois qui étaient sortis étaient bien ceux qu'il avait entendus parler.
Il retourna à l'auberge en feignant de chercher une chose tombée à terre et put donner un coup d'œil à l'intérieur. Il n'y avait personne, hormis l'aubergiste qui s'approcha
— Votre Excellence a perdu quelque chose ?...
— Oui... Une bague... je ne sais où elle est tombée... je viens de m'en apercevoir.
— Diantre ! Diantre !... Si elle est tombée ici, nous la trouverons, personne n'est venu depuis...
— Mais il y avait des gens... trois personnes, si je ne me trompe...
— Oh ! Ce sont des gens honnêtes...
— Vous les connaissez ? On peut leur faire confiance ?
— Si je les connais ! Ce sont des clients.
Blasco n'insista pas, pour ne pas avoir l'air de se livrer à un interrogatoire. Il salua et reprit la route vers la ville, en pressant le pas pour rejoindre le jeune artisan.
Il l'aperçut de loin et le suivit. L'allusion au duc de la Motta, ces façons de parler mystérieuses, l'avaient intrigué. Peut-être le hasard l'avait-il mis sur la piste de ces mystérieux comploteurs dont le duc se disait victime ? Il voulait s'en persuader. Ce jeune artisan était probablement un comparse ; mais des deux autres, l'un certainement devait être un chef ; cela se sentait à son ton de commandement. Qui était-il ?
La prudence ou l'astuce lui avaient conseillé de suivre le jeune homme plutôt que les deux autres mais il avait un vif désir de savoir qui était le

chef et de voir peut-être face à face l'homme mystérieux qui inspirait la terreur à toute une région, et son goût de l'aventure était réveillé.

Tout à ces nouvelles pensées, il oublia la pensionnaire et son voyage et ne s'occupa plus que de ne pas perdre de vue le jeune artisan qui pendant ce temps entrait par la porte de Termini.

Celle-ci était alors formée d'un arc voûté, qui se prolongeait comme un vestibule, et au-dessus se dressait un édifice, qui avait été d'abord un hôpital, restitué en 1657 à l'Oratoire de la noble Compagnie de la Paix. La porte, privée d'ornements, petite, obscure, ressemblait à un passage couvert.

Passage contrôlé par la douane, il était surveillé par des gabelous. Après la révolution de 1848, le gouvernement royal devait faire abattre le magnifique oratoire et la porte elle-même pour des raisons stratégiques.

A cette heure — l'Ave Maria sonnait — les gabelous restaient assis, sans rien faire, en se contentant de surveiller les quelques citadins qui rentraient des jardins voisins : malgré l'obscurité, il n'était pas difficile, dans l'étroit passage de la porte, de surveiller les passants.

Blasco pressa le pas ; au-delà de la porte commençait un dédale de rues et de ruelles pleines d'angles dérobés. Il suffisait de tourner au premier coin de rue pour disparaître sans laisser de trace : il fallait donc raccourcir la distance, ce qui parut possible à Blasco, qui avait vu le jeune homme s'arrêter pour échanger quelques mots avec les douaniers.

Mais avant qu'il fût arrivé à la porte, le jeune homme était passé et quand à son tour il entra dans la ville, l'autre avait déjà tourné dans la rue de Montesanto.

En deux bonds, Blasco y fut mais il eut beau fouiller du regard les deux rues qui partaient de là, sombres et tortueuses, il ne vit rien.

« Quel idiot ! s'exclama-t-il furieux contre lui-même, quel idiot ! Je l'ai laissé s'échapper. Je parie que j'aurais eu la clé de ce mystère... Mais gravons dans notre esprit les traits de ce personnage... »

Et lentement, à contre-cœur, il retourna chez Coriolano de la Floresta.

Celui-ci était sorti mais le serviteur lui dit que le cheval était fin prêt dans l'écurie et que le seigneur pouvait partir, s'il le désirait, dès l'aube, sans inquiétude. Le seigneur chevalier avait pensé à lui souhaiter un bon voyage.

VI

Ce soir-là Coriolano de la Floresta était allé au Palais Royal, car Sa Majesté le roi Vittorio Amedeo, en l'honneur de la fête de l'Annunziata, protectrice de son Ordre Suprême, daignait ce jour-là autoriser les seigneurs de la ville à baiser Son auguste main.

Il y avait donc réception au Palais Royal et c'était la première donnée par le roi en près de six mois de séjour à Palerme. Vittorio Amedeo paraissait peu disposé aux divertissements et aux galanteries; au contraire, il affectait une certaine réserve, née de la nouvelle dignité royale et cette réserve, accompagnée d'une certaine austérité, avait éloigné de la cour les seigneurs qui auraient désiré au contraire entourer son trône de leur luxe et de leur magnificence.

La grande galerie construite par le duc de Maqueda, vice-roi, et les salles contiguës étaient illuminées par des milliers de bougies qui faisaient briller les marbres et les dorures, et se multipliaient sur le fond sombre des miroirs; cependant la noblesse qui affluait, habituée à la pompe espagnole, trouvait que sous le vice-roi la salle avait un aspect plus magnifique.

Ce soir-là il y avait au Palais Royal à peu près tous les patriciens féodaux du royaume qui séjournaient à Palerme, la haute magistrature, les hautes charges, les officiers supérieurs de l'armée piémontaise. Les dames étaient moins nombreuses. La règle royale qui interdisait le luxe et ne leur permettait pas l'usage des dentelles de Venise et d'autres pays, des galons ou des broderies d'or et d'argent, qui interdisait d'avoir plus de deux pages et d'un piqueur; qui défendait d'utiliser ces magnifiques chevaux frisons dont les sabots faisaient un fracas proverbial; qui prohibait les dépenses d'habillement supérieures à trente doublons, la dorure des carrosses, les chaises à porteurs, tout cela qui blessait la vanité féminine et empêchait les nobles dames d'étaler la richesse de joyaux véritablement royaux, les éloignaient de la Cour.

Les esprits malins disaient que Sa Majesté avait feint de se scandaliser du luxe de ses vassaux et affiché une volonté de moralisation mais qu'en réalité Elle craignait que sa Cour de petits seigneurs de la Savoie et des vallées alpines ne fît mauvaise figure en comparaison de la splendide noblesse insulaire.

Cependant, bon nombre de seigneurs étaient là; les épouses des dignitaires du royaume, les ambitieuses qui espéraient entrer à la Cour n'avaient pas manqué l'occasion de se montrer.

Donna Gabriella était venue. Elle s'appuyait au socle de marbre de l'un des deux magnifiques béliers de bronze qui ornaient le mur de gauche de la vaste salle.

Ces deux béliers avaient été apportés de Byzance par Maniace, général de l'empereur grec et placés comme ornements de la forteresse érigée par lui à Syracuse, après qu'il l'eût conquise. Alphonse le Magnanime les donna au très valeureux Giovanni Ventimiglia, marquis de Geraci, qui, à la tête de l'armée avait rendu de grands services au roi libéral et avait dompté Syracuse rebelle ; Antonio Ventimiglia, son fils, les posa sur la tombe de son père à Castelbuono. Quand il avait été condamné pour félonie et que tous ses biens avaient été confisqués, les deux béliers étaient devenus propriété de la couronne qui refusa de les restituer lorsque les Geraci furent réintégrés dans leurs droits. Quand il construisit le salon, le duc de Maqueda plaça les deux bronzes sur des socles de marbre, en leur adjoignant des inscriptions ; et ils devaient rester là, jusqu'à Charles III de Bourbon, qui les transporta à Naples, mais les rendit bientôt en raison de la mauvaise humeur manifestée par les Palermitains. En 1848, la plèbe victorieuse qui avait envahi le Palais Royal détruisit les deux chefs-d'œuvre de l'art grec ; l'un fut perdu pour toujours ; l'autre put être heureusement reconstitué et aujourd'hui il figure parmi les mille ornements du musée national.

A cette époque, les bronzes, témoins de guerres et affirmations de victoires, se trouvaient dans la grande salle, objets d'admiration et d'orgueil pour les Palermitains.

La silhouette petite et nerveuse de Donna Gabriella, avec son buste serré dans un vêtement de soie amarante, les pans bouffants de la soubreveste, contrastait avec l'attitude sereine de ce bronze : mais dans ce contraste il y avait le goût de la beauté. Autour d'elle s'était formé un cercle de gentilshommes piémontais et palermitains auxquels elle tenait tête avec son esprit, son air souverain, son assurance victorieuse. En tous ces hommes elle lisait les tourments du désir et de la jalousie réciproque, elle voyait l'instinct de la lutte et le besoin de possession, et sous les belles paroles et les phrases précieuses de mise à l'époque, elle sentait les sollicitations sensuelles. Et elle pensait qu'un seul mot d'elle jetterait à ses pieds ces hommes qui, entre eux, sous des dehors cérémonieux et galants, se regardaient avec hauteur et défit ; elle pouvait aussi lancer la pomme de discorde et voir scintiller dans leur poing ces petites épées qui reposaient dans leur fourreau de velours et dont on apercevait seulement la poignée d'ivoire ou de nacre et d'or.

Un beau chevalier n'avait-il pas perdu son épée pour elle ?

En fait elle avait vu passer le prince d'Iraci qui, depuis cette nuit fameuse ne s'était plus montré à elle, peut-être par honte. Ce jour-là encore, en passant à travers la foule, le prince avait feint de ne pas la voir, pour dissimuler le rouge qui lui était monté au front. Donna Gabriella l'avait suivi un instant du regard, en éprouvant une certaine pitié pour ce jeune homme amoureux et orgueilleux, qui avait subi en même temps deux défaites cuisantes et inoubliables. La honte qu'elle devinait chez lui la faisait sourire, et qui sourit n'est pas en colère. Elle était sur le point de demander à un des chevaliers d'aller quérir le petit prince, quand à l'entrée de la salle un mouvement se fit, et un murmure courut dans toutes les bouches.

— Le roi ! le roi !...

D'une des grandes portes étaient sortis deux valets qui avaient soulevé de part et d'autre les pesantes tentures de velours cramoisi, et le grand maître des cérémonies apparut pour crier :

— Sa Majesté le roi, Sa Majesté la reine !

Douze pages en livrée rouge, avec l'écu de Savoie, sortirent avec les torches allumées et derrière eux venaient le grand écuyer et l'aumonier du roi ; puis Vittorio Amedeo et Anna d'Orléans, suivis des gentilshommes et des dames de la suite.

Dans l'allure et dans le geste bref par lequel il répondait au salut et aux révérences des seigneurs qui formaient une haie d'honneur, Vittorio Amedeo avait quelque chose de la rudesse et de la ridigité du soldat, qui contrastait avec la grâce toute française de la reine. Il était vêtu de satin blanc et portait le collier de l'Annunziata. Ils s'assirent ensemble sur le trône, dressé entre les deux portes, sous un baldaquin de velours cramoisi parsemé de petits aigles noirs serrant l'écu de Savoie sur le poitrail : c'étaient les armoiries que Vittorio Amedeo venait d'adopter et qu'il devait garder même lorsqu'il ne serait plus roi de Sicile. La cérémonie du baise-main commença, dans l'ordre voulu par l'étiquette et les innombrables privilèges et prééminences. Les souverains avaient un mot courtois pour chacun, sans donner signe de fatigue ni d'ennui, avec cette suprême maîtrise de soi qui réduit souvent la royauté à un automatisme impassible, duquel semble avoir disparu tout sentiment humain. Cette partie officielle dura longtemps. Peu à peu les groupes se recomposèrent. Autour du roi et de la reine les cercles se reformaient ; des valets entrèrent portant sur des plateaux d'argent des coupes de confiture et de rafraîchissements. Alors le roi entreprit le tour du salon, en marquant un arrêt de temps à autre.

Donna Gabriella avait repris son poste devant le bélier de bronze et autour d'elle s'était réunie la cour de ses adorateurs. Le roi s'approcha et s'arrêta pour contempler le groupe gracieux que formait la belle dame et l'animal de bronze. Les chevaliers s'écartèrent devant le souverain.

Vittorio Amedeo lui dit galamment :

— En vérité, madame, si l'on voyait bêler cet animal, je n'en serais pas plus étonné. Vous infusez la vie.

Donna Gabriella rougit de plaisir et s'inclina sans répondre ; le roi prononça encore quelques mots et s'en fut, mais ses paroles refroidirent un peu les chevaliers qui avaient l'impression qu'avec ce compliment, Sa Majesté avait pour ainsi dire placé devant la dame un panneau de chasse interdite. Toutefois le groupe ne diminua pas et les plus ardents, prenant prétexte du compliment royal, rivalisèrent pour trouver des phrases galantes de la même eau, qui ne semblaient pas produire beaucoup d'effet dans l'esprit de la duchesse.

Donna Gabriella était devenue pensive ; au plaisir avait succédé une secrète ambition qu'elle n'osait confesser, mais dont elle se sentait piquée. A ce moment, Coriolano de la Floresta, après avoir accompli son devoir se promenait à travers le salon, impassible et souriant comme à l'accoutumée., la duchesse trouva alors une diversion.

Au travers du chevalier de la Floresta, elle voyait Blasco de Castiglione et elle sentit se réveiller la colère et le désir de vengeance.

— Eh bien, chevalier, et votre protégé ?

— Mon protégé ? Je suis donc bien puissant pour être en position de protéger quelqu'un ?

— Vous aimez les subtilités. Alors disons votre... votre... Vous ne voudrez certes pas l'appeler votre ami.

— Mais si vous ne me dites pas à qui vous faites allusion...

— Allons, cessez ce jeu, et ne me faites pas enrager !

— Oh, je préférerais disparaître sous terre que d'encourir votre colère, quoique je doive confesser que même en colère vous êtes adorable.... Mais en vérité, je ne sais de qui vous voulez parler.

— Mais... de cet aventurier, du seigneur Blasco.

— Ah ! Et pourquoi ne pourrais-je l'appeler mon ami, s'il fut aussi votre fidèle chevalier et serviteur ?

Donna Gabriella lança à Coriolano un regard étincelant de mépris. Celui-ci ajouta :

— Mon ami Blasco de Castiglione va bien ; et il souffre de ne pouvoir, avant de partir, vous renouveler l'assurance d'être votre serviteur.

— Il part ! s'exclama vivement Donna Gabriella. Où donc ? Il part avec le roi ?

— Cela, je l'ignore... Mais je ne crois pas qu'il pourra suivre Sa Majesté, puisqu'il n'est plus dans vos bonnes grâces.

Il mit dans ces dernières paroles une très légère pointe d'ironie qui n'échappa pas à Donna Gabriella. Elle répondit aussitôt sur le même ton...

— Il a gagné les vôtres.

— Mon Dieu, pourquoi ne serait-ce pas moi qui aie gagné les siennes ? C'est un excellent jeune homme : preux, courageux... Vous le savez déjà : loyal, honnête... En somme, un homme de valeur, dont il convient de rechercher l'amitié.

— Vous m'étonnez, chevalier. Quel enthousiasme ! Prenez garde qu'il ne se transforme en déception...

— Vous le supposez ?
— Les hommes sont ingrats.
— Le reproche dans votre bouche est si gracieux, que je n'ose défendre mon sexe...
Donna Gabriella mourait d'envie de savoir où allait Blasco de Castiglione. Sans répondre à la galanterie de Coriolano de la Floresta, elle demanda avec une apparente indifférence :
— Et ce voyage durera longtemps ?
— Je regrette de ne pouvoir vous répondre, car je l'ignore...
— Vous ignorez donc tout ! s'exclama Donna Gabriella, déçue.
— Si j'avais supposé que vous désireriez ces informations, je me serais empressé de me renseigner pour avoir l'honneur de vous les fournir...
— Oh, non, je demandais cela sans trop savoir pourquoi... Je ne m'intéresse en rien aux faits et gestes de ce seigneur...
Coriolano s'inclina. La conversation était terminée, et après quelques autres propos galants, il s'éloigna avec la même sérénité seigneuriale, en la laissant plus dépitée.
A cet instant, comme elle se tournait, les yeux de la duchesse de la Motta rencontrèrent ceux du prince d'Iraci qui s'était arrêté sans qu'elle s'en aperçût, pour écouter le bref dialogue avec de la Floresta. Leurs regards eurent une espèce d'éclair d'intelligence. La haine les rapprocha.
Elle sourit et lui tendit mollement la main ; et alors le prince, surmontant une première hésitation, s'approcha. A ce moment, les souverains, avec le même cérémonial quittaient la salle au milieu des révérences des seigneurs qui s'étaient alignés sur leur passage. Donna Gabriella entraîna derrière elle le prince d'Iraci, pour saluer le couple royal.
Quand Vittorio Amedeo passa devant la duchesse, il lui sourit en la regardant fixement. Elle rougit.
Tandis qu'elle descendait pour s'en aller, Don Raimondo qui marchait à ses côtés lui dit à voix très basse :
— Sa Majesté m'a fait savoir qu'il vous verrait avec plaisir dans la suite de la reine lors de son prochain voyage.
Une onde de plaisir empourpra le visage de Donna Gabriella et ses narines se dilatèrent.
— Qu'avez-vous répondu ? demanda-t-elle à son époux.
— Que les désirs du roi sont des ordres qui honorent ses sujets, diantre !... Du reste, une duchesse de la Motta peut bien être dame de la reine de Sicile.
— Surtout quand elle est une La Grua, ajouta la duchesse avec un sourire ; et peut-être son cerveau conçut-il une pensée ambitieuse pour l'avenir.
Durant tout le trajet du Palais Royal à la tour de Montalbano, ils ne prononcèrent plus un mot : chacun suivait le cours de ses pensées.

Devant le portail du palais, un homme attendait : le carrosse à peine arrêté, il se détacha de la borne sur laquelle il était assis et ôta son chapeau.

— C'est vous, Matteo ? demanda le duc en reconnaisant le sbire.

— J'ai une nouvelle à communiquer à Votre Excellence... service du roi...

Pendant que la duchesse, accompagnée par deux laquais tenant les torches allumées, montait l'escalier, Don Raimondo dit à Matteo Lo Vecchio :

— Eh bien ?

— C'est fait, Excellence.

— Quand ?

— Il y a une heure : avant ils se sont confessés et ont communié dévotement. On ne peut dire qu'ils n'aient pas fini en bons chrétiens... En dépit des temps que nous connaissons...

— Qui les a confessés ?

— Moi...

Don Raimondo le dévisagea avec surprise et non sans une certaine répugnance.

— Vous ?... Vous avez commis un sacrilège ?...

— Mais cependant...

Son visage exprimait cette idée : « Que de choses j'ai appris, et que de services je puis vous rendre ! »

Quoique l'heure fût fort avancée, Don Raimondo lui dit :

— Venez... Demain peut-être je n'aurai pas le temps.

A la même heure Coriolano de la Floresta était sorti du Palais Royal et remontait le Cassaro pour gagner sa maison. Aux Quatre Coins, un bruit de foule et un flamboiement inattendu de torches attirèrent son attention. Il passa la tête par la fenêtre de sa chaise et vit que devant l'une des fontaines, et précisément celle de l'Automne, on avait dressé une potence à laquelle le bourreau et ses aides, sous la protection de la garde, suspendaient par un pied deux cadavres presque nus, au cou desquels pendait un écriteau.

— Qui sont ces malheureux ? demanda-t-il.

— Deux fieffés brigands, de la secte des Beati Paoli, Votre Excellence. On les a pendus en prison et maintenant on les expose.

Coriolano s'approcha du gibet et une étrange émotion altéra son visage. Un des palefreniers qui l'éclairaient considéra ces deux visages enflés et déformés et s'exclama :

— Regardez, celui-là, on dirait le sacristain de San Matteo !

VII

— Donc, racontez, Lo Vecchio, dit le Duc, quand ils furent dans le cabinet de travail, à l'abri des oreilles indiscrètes.

Le sbire s'inclina et commença :

— Comme j'ai dit à Votre Excellence, on les a pendus en prison voilà une heure et je crois qu'en ce moment on les hisse sur la potence aux Quatre Coins, pour les exposer.... Ils ne s'attendaient pas à être si vite exécutés. Ce matin, ils ont subi l'estrapade mais ils « se sont tenus » : c'était des « durs » — comme ils disent. A dix-huit heures, j'ai porté l'ordre et la sentence fut prononcée sur l'heure. Quand j'en avisai le bourreau, le gardien dit :

— Il faut appeler le chapelain, on ne peut les faire mourir comme des bêtes.

— Très juste ! ai-je dit.

« Il envoya un gamin, mais le chapelain était au lit avec la fièvre. Alors une idée magnifique me vint à l'esprit. Si je les confessais moi ? Ce qu'ils n'avaient pas dit sous les tourments de l'estrapade, ils le diraient dans le secret de la confession. A la vérité, si magnifique que me parut l'idée, je ne me résolus pas immédiatement, parce que je songeai que ces deux malheureux mourraient sans sacrement ; puis je réfléchis qu'avec ou sans confession, ils étaient déjà promis à l'enfer et que j'aurais l'occasion d'apprendre des choses fort utiles pour la sécurité et la tranquillité du royaume.

« Si je commets un péché, me dis-je, son Éminence me donnera l'absolution en raison du service rendu. »

— Ne vous mettez pas en peine, annonçai-je. Je vous enverrai un prêtre de mes amis, qui est aumônier des agonisants. Il les aidera à bien mourir.

Je m'en fus en toute hâte et revins en chaise, déguisé en prêtre. Je puis assurer à Votre Excellence que si je m'étais vu dans un miroir, je me serais avancé pour me baiser la main. J'étais plus prêtre qu'un prêtre. Le geôlier me conduisit dans la chapelle où l'on avait transporté les condamnés. Je commençai par l'oncle Rosario, dit « le Masticier ». Il avait la couenne dure, Excellence. Je le menaçai de toutes les peines de l'enfer s'il ne parlait pas. Il me répondit :

— Mon père, je dois m'accuser de mes péchés, non de ceux des autres.

— Mais vous êtes des Beati Paoli ?

— Si je disais le contraire, je serais un menteur.
— Et que font ces Beati Paoli ?
— Je ne puis le dire.
— Vous irez en enfer.
— Le Seigneur aura pitié de moi...
— Dites la vérité. Songez que vous allez comparaître devant Dieu et lui rendre compte de toute votre vie. Et Dieu sait tout, il est inutile de rien lui cacher.
Savez-vous ce qu'il m'a répondu ?
— S'il sait tout, qu'ai-je besoin de le lui dire ?
Impossible d'en tirer davantage. Je déployai toute mon éloquence, mais en vain. Il s'enferma dans un mutisme à désespérer. Il convenait seulement avoir donné asile à deux personnes. Votre Excellence sait de qui il s'agit... que la personne qui les leur avait confiés avait des raisons de haïr un haut personnage ; que ces deux personnes savaient de graves choses contre Votre Excellence...
Don Raimondo frémit intérieurement mais eut assez de force pour se dominer et comme Matteo Lo Vecchio s'était arrêté, il lui dit avec le sourire :
— Continuez. Cela commence à devenir intéressant.
— On ne saurait mieux dire. Il se confessa, se repentit, demanda pardon de ses fautes et il ne me resta plus qu'à lui faire un signe de croix en espérant obtenir davantage du sacristain. Et je n'espérais pas en vain. La peur de la mort l'avait avili. Il me confessa ce qu'il savait et je suis persuadé qu'il me dit tout ce qu'il savait.
— Et que dit-il ? demanda le duc de la Motta.
— Il me confirma que Don Girolamo Ammirata était un des chefs de la secte, et qu'il a mobilisé les Beati Paoli contre Votre Excellence, on ne sait à quelle fin. Il dit qu'ils ont instruit un procès, un vrai procès contre Votre Excellence, avec les témoignages de gens comme Andrea et Peppa la Sarda, auxquels ils devaient ajouter ceux plus graves encore de Giuseppico. Entre Giuseppico et Andrea, ils avaient fabriqué toute une histoire invraisemblable contre votre Excellence : ils l'accusaient...
Le sbire se tut, hésitant.
— Racontez, racontez sans détour, dit le duc en faisant un effort pour ne pas trahir son émotion, mais sans pouvoir celer sa pâleur.
— Voilà : selon la confession du sacristain, Votre Excellence serait coupable des crimes d'assassinat et d'usurpation.... aux dépens du fils légitime de votre regretté frère don Emanuele et les Beati Paoli se sont mis en branle pour faire justice à leur manière.
Don Raimondo était livide comme un cadavre mais il se contraignit à rire
— Oh, les misérables ! s'exclama-t-il.
Matteo Lo Vecchio reprit :

— J'exhortai le sacristain à tout me dire pour le salut de son âme : « Plus étendue et détaillée sera la confession et plus vous aurez acquis de mérite aux yeux de Dieu!... » Mais il n'était pas besoin de tant d'exhortations. Le brigand s'était lancé dans les révélations et il ne s'arrêtait plus. Je le harcelai pour savoir quels intérêts avait Don Girolamo Ammirata, s'il s'agissait d'une vengeance et pour quelles offenses supposées, mais il ne sut me le dire. « C'est Don Girolamo le chef ? » « Non ». « Et qui est le chef ? » « Nous ne le connaissons pas ». « Comment est-ce possible ? » « C'est ainsi : nous le voyons toujours masqué et seulement quand il y a un procès solennel ; et alors nous sommes tous masqués et on ne nous reconnaît plus. Du reste aucun d'entre nous ne connaît plus de quatre ou cinq compagnons avec lesquels il est en contact continu. Don Girolamo les connaît tous ». « Et vous êtes nombreux ? » « Très nombreux : des centaines ! » « Et où vous réunissez-vous ? » « Partout » « Dans la sacristie de San Matteo ? » « Également ». « Et dans la boutique de l'oncle Rosario ? » « Quelques fois, à trois ou quatre ». « Et où est Don Girolamo Ammirata ? » « A Santo Ciro, avec Andrea ».

— Eh ! s'exclama Don Raimondo, effrayé ; il est donc vivant ?

— Oui, Excellence. Ce brigand doit avoir sept vies comme les chats. C'est une chose extraordinaire... Je lui demandai si Don Girolamo savait qu'ils avaient été arrêtés et il me répondit que oui ; s'ils étaient en rapport avec lui et il me le confirma aussi. Je revins à la question du lieu des réunions du Tribunal, mais il dit l'ignorer. « Comment ne le savez-vous pas ? » « Je suis novice. Les novices entrent au Tribunal les yeux bandés. On nous bande les yeux derrière l'église des *Canceddi*, à San Cosmo. Un des compagnons « profêts » nous guide. » « A quelle heure vous réunissez-vous ? » « A minuit ». « Vous avez des signes convenus pour vous reconnaître ? » « Oui ». « Et des mots de passe ? » « Aussi ». Il a terminé sa confession. Je lui ai donné l'absolution de tout mon cœur, car le malheureux me paraissait plein de repentir et de douleur. Une demi-heure plus tard, le bourreau et ses aides sont venus les pendre à la potence de la cour.

« A présent, nous sommes en possession de quelques informations précieuses. Si nous agissons avec prudence, nous mettrons la main d'abord sur Don Girolamo et Andrea et ensuite sur ce mystérieux chef que nul ne connaît... »

Don Raimondo était resté pensif devant toutes ces révélations, mais il était particulièrement préoccupé de savoir Andrea vivant et Matteo Lo Vecchio désormais au courant de son secret. Il comprit que le sbire ne lui avait pas révélé toute l'étendue de la confession et que, soit par réserve, soit par calcul, il lui avait dissimulé les points les plus scabreux et compromettants. Il était entre les mains du sbire qui, désormais, n'était plus seulement un homme précieux, mais aussi un homme redoutable, dont il fallait conserver l'amitié et la fidélité, qu'il fallait compromettre, pour l'empêcher de nuire ou de profiter de ses découvertes. C'était un fieffé filou.

Il exprima sa satisfaction des résultats obtenus par le sbire, le loua, lui remplit le chapeau d'écus.

— Vous êtes un homme précieux et Sa Majesté doit vous être reconnaissante de votre zèle. Vous méritez qu'on vous attribue une charge plus importante et qu'on vous emploie à des entreprises de plus haute volée : j'en parlerai moi-même au roi ! Bravo ! Arrangez-vous pour mettre la main sur cet Ammirata, parce que ce serait une honte pour nous et pour la justice et un danger pour le royaume, s'il réussissait encore à fuir. Je vous procurerai un ordre en blanc.

Matteo Lo Vecchio sortit du palais en se frottant les mains, content de lui. Il était sûr de tenir en son pouvoir le duc de la Motta et des pensées ambitieuses lui couraient dans la cervelle, qui l'incitaient à aller jusqu'au bout. L'entreprise correspondait aux inclinations de son esprit, car il avait la passion de son métier et ce qu'il avait découvert l'attachait à son œuvre.

Parvenu au croisement du Capo, il s'arrêta un instant, irrésolu. Certes, pour arriver plus vite chez lui il convenait de descendre par San Cosmo. Mais il était minuit passé et quoiqu'une grande envie d'espionnage lui suggérât de prendre par cette rue, la prudence l'avertissait que ce ne serait pas sans péril : dans ce quartier on pouvait faire des rencontres peu plaisantes.

Il poursuivit donc par Sant'Agostino : le trajet était long, mais plus facile et plus sûr.

La lune brillait dans le ciel sombre comme un disque d'argent et illuminait les rues silencieuses et désertes. Seuls des chiens errants fouillaient en grognant dans les ordures accumulées de-ci et de-là.

Il allait, rêvassant.

« Reste un mystère : pourquoi Don Girolamo Ammirata a-t-il tramé cette conspiration contre le duc ? Pour de l'argent ? Il y aurait là bien des détours inutiles. Il suffisait de lui faire savoir qu'il possédait ce secret pour le lui vendre à bon prix... (et songeant à cela, il faisait résonner les écus qui lui remplissaient les poches)... Et sans danger... Et puis à ce qu'il semble, le rationnel n'avait pas d'autre intention que de dénoncer le duc. Le dénoncer ? Pourquoi ? Au profit de qui ? Il y a donc quelqu'un d'autre. Où ? »

Il tourna cent fois cette question dans sa tête, plissant les paupières et le front, comme pour contraindre sa cervelle à pénétrer dans cette obscurité. Il ne pouvait imaginer rien d'autre que de s'introduire chez Don Girolamo et de le surprendre dans son intimité : il saisirait ainsi le premier fil de l'écheveau. Comment s'y insinuer ? Il fallait étudier les habitudes, gagner la confiance de la famille... Il y avait ce garçon... Ah oui. Un garçon bagarreur et trop vif : il ne fallait pas s'y fier. Ah ! Parbleu ! Comment n'y avait-il pas songé plus tôt ? Et cette péronelle, la fille du peintre ? Et le peintre, à moitié gâteux ? Avec sa clairvoyance de policier perspicace, il commença à échafauder mentalement un plan, étudiant, critiquant et corrigeant chaque partie tandis qu'il allait d'un pas souple, en faisant résonner son bâton sur le pavé.

Il parvint aux Quatre Coins.

La lune brillait au-dessus de la belle place, dans laquelle les fontaines murmuraient doucement par leurs quatre bouches métalliques. Tout baignait dans la douce lumière céruléenne : les statues des saisons avec leurs symboles, les rois dans leurs niches, immobilisés dans un geste impérieux, les saintes vierges dont le marbre blanc, dans la langueur lunaire prenaient des allures vaporeuses et célestes ; et au-dessus de tout cela, les quatre aigles, ailes déployées, comme s'ils allaient prendre leur envol.

Matteo Lo Vecchio entendit un coup de sifflet et le bruit d'une course, comme si des gens s'enfuyaient. « Des *cassariotes* », songea Matteo en reprenant le terme qui désignait les péripatéticiennes du Cassaro, « Les garces ! ».

Mais quand, parvenu au milieu de la place, il jeta un coup d'œil autour de lui, il resta ébahi devant le gibet. Les cordes pendaient, dénouées ; une échelle était posée contre la poutre traversière, mais les cadavres avaient disparu.

— Que signifie ?

Dans l'ombre de la fontaine, il lui sembla apercevoir quelque chose, comme un tas de chiffons. Il s'approcha et se baissa. Avec une stupeur croissante, il s'aperçut que c'était le cadavre du sacristain de San Matteo, couvert d'un manteau.

Il se redressa et considéra l'échelle, puis après un nouveau coup d'œil circulaire, il se pencha, ôta le manteau et l'examina attentivement, non sans éprouver le sentiment d'un effroyable mystère.

Tout à coup, il poussa un cri de terreur : des mains lui serraient vigoureusement le bras et un mouchoir se collait contre sa bouche. Il se vit entouré de huit hommes, portant une tunique noire comme les flagellants, le visage couvert d'un masque, armés de coutelas.

Une voix menaçante lui dit :

— Si tu fais un geste, si tu essaies de crier, tu es mort. Désarmez-le !

Deux de ces hommes le débarrassèrent de son épée et de son pistolet. La même voix reprit :

— C'est Matteo Lo Vecchio, le sbire...

— Pendons-le ! suggéra une autre voix.

Un murmure d'approbation accueillit la proposition mais la voix qui avait parlé en premier intervint :

— Non. Ce n'est pas encore son heure... Emportez le mort.

Huit bras soulevèrent en un instant le cadavre en l'enveloppant dans le manteau : le triste cortège traversa rapidement la place et disparut vers l'esplanade des Musiciens.

Matteo Lo Vecchio le suivit du regard et aperçut, derrière le coin du palais, la tête d'un cheval. Peu après, la bête se mit en mouvement : Matteo vit sortir une charrette, en s'étonnant qu'elle ne fît aucun bruit.

Le cheval était déferré et les roues garnies de paille. Deux de ces hommes sautèrent sur la voiture, qui traversa les Quatre Coins et tourna par la Rue Neuve vers Sant' Antonino : les deux autres revinrent à la potence, devant laquelle attendait le reste de la mystérieuse compagnie.

Matteo Lo Vecchio avait des sueurs froides. Il ne faisait aucun doute qu'il était tombé entre les mains de ces Beati Paoli qu'il avait voulu éviter en faisant un long détour ; et il s'attendait à être tué, d'un moment à l'autre.

Celui qui paraissait être le chef de la bande ordonna :

— Déshabillez-le !

Le sbire tenta de se défendre et de défendre, plus que la vie, l'argent qui lui gonflait les poches, mais la pointe des poignards étincela sinistrement devant ses yeux. Il ne pouvait ni crier, car il était bâillonné, ni fuir, parce qu'il était cerné et qu'en outre, ils lui liaient à présent les jambes avec des mouchoirs et des écharpes. On lui ôta veste et soubreveste. Les écus tintèrent.

— Ah ! Ah ! Le sbire a certainement écorché quelqu'un !...

— Prenez-lui cet argent...

— C'est le sang des pauvres.

— Rendons-le aux pauvres.

Matteo Lo Vecchio était resté en chemise et culotte, livide, tremblant, les yeux exorbités, l'esprit partagé entre la peur, le dépit, l'avarice blessée.

— Mon beau monsieur, qui sait combien de gens tu as expédié sous cette potence, avec tes infamies. Nous voulons te faire sentir ce qu'on ressent accroché là. Mais nous te prolongerons le plaisir de manière à ce que tu t'en souviennes toute ta vie.

Matteo soufflait, se démenait en roulant des yeux épouvantés, émettait des gargouillis sous son bâillon, était à l'agonie.

Ils firent descendre les cordes qui avaient soutenu les pendus ; avec l'une ils lièrent le sbire aux mains et aux pieds, puis ils lui passèrent une extrémité de l'autre autour de la poitrine, sous les aisselles, et en remontant l'échelle, allèrent passer l'autre extrémité dans la poulie fixée à la travée horizontale. Quand tout fut prêt :

— Oh hisse ! cria le chef.

Tout à coup Matteo fut soulevé et avec une rapidité vertigineuse, se retrouva suspendu dans le vide, balancé entre les deux poutres verticales, par la manœuvre elle-même et par le mouvement instinctif de ses jambes, qui, sentant le terrain se dérober sous elles, cherchèrent un point d'appui dans l'espace.

Ils le tirèrent juqu'à lui faire toucher de la tête la poulie et attachèrent la corde au pied de la potence. Il resta ainsi suspendu dans le vide, tournant sur lui-même, tantôt dans un sens, tantôt dans l'autre.

— Bonne nuit, Matteo Lo Vecchio !

Sur ce cri ironique, les hommes masqués s'éloignèrent par la Rue Neuve, en emportant l'échelle, en ricanant et en se retournant de temps à autre. Puis leurs pas s'éloignèrent et le silence régna dans les rues. Sur l'arbre de justice restait pendu ce fruit lugubre : un corps vivant, aux yeux exorbités, qui rugissait sombrement sous le bâillon et attendait en vain du secours.

Il ne vit qu'un chien qui tournait autour du gibet en reniflant et, suprême insulte, levait la patte.

VIII

Les maraîchers qui arrivaient à l'aube par la Porte Neuve et la Porte Sant' Antonino pour se rendre au marché aux légumes, furent les premiers à découvrir cet homme bâillonné, suspendu à la potence par les aisselles, et dont on ne savait plus s'il était mort ou vif. Ils s'arrêtaient, ébahis par cette nouvelle manière de pendaison, puis allaient annoncer la chose au marché voisin qui se réveillait déjà. Une foule de curieux, boutiquiers, porteurs, saute-ruisseaux, accourut aux Quatre Coins pour jouir du spectacle.

Quelqu'un le reconnut.

— C'est Matteo Lo Vecchio.

Que n'avait-il pas dit ! Ceux qui avaient eu affaire au sbire le reconnurent à leur tour ; ils s'en étonnèrent, se réjouirent, éclatèrent en rires mauvais. Vivait-il encore ? Il paraissait mort, car il s'était évanoui et sa tête pendait en avant. Mais quelqu'un s'aperçut qu'il respirait.

— Il est vivant ! Il est vivant !

Qui donc l'avait arrangé ainsi ? Oh, quelle trouvaille magnifique !... Quelqu'un lança un cri de féroce dérision .

— Tu es bien, là-haut, Don Matteo ?

Alors vingt, cinquante voix se répandirent en lazzis des plus injurieux, lancèrent des plaisanteries plus cruelles et grossières les unes que les autres. Le tapage attira d'autres curieux ; en peu de temps, les Quatre Coins s'emplirent d'une foule joyeuse : chevriers, charretiers, porteurs, paysans ; le nom du suspendu passa dans toutes les bouches, tous demandaient s'il vivait et qui avait pu manigancer cette farce ou cette vengeance féroce et chacun jetait un mot, une injure, une raillerie. Au-dessus du vacarme s'éleva une voix plus claire que les autres :

— Don Matteo, vous avez déjeuné ? Non ? Goûtez-moi de cette miche.

Un trognon de chou frappa en plein torse le pauvre sbire qui parut revenir à lui. Il avait ouvert les yeux avec une expression d'angoisse, d'épouvante, d'épuisement. Ce projectile le fit frissonner. Le hurlement de joie de la foule le terrifia ; deux, trois autres trognons voltigèrent et puis, au milieu des cris, des rires et des insultes, des oranges pourries, des racines, des mottes de terre, tout ce qui tombait sous la main de cette multitude que la joie de se déchaîner contre un sbire rendait féroce.

Dans son effort pour se libérer la bouche du mouchoir, Matteo Lo Vecchio le rongeait, avec un spasme de douleur, de colère, de terreur ; son visage se gonflait, se déformait, perdait toute expression humaine : il devenait effroyable. La pluie d'ordures redoublait ; la face, les cheveux, les vêtements se couvrirent de fange, de terre, de jus, de saletés. Chaque coup au but était salué de rires, de cris et de vivas qui faisaient trembler le gibet.

Matteo Lo Vecchio perdit de nouveau connaissance et n'entendit pas l'infâme proposition lancé par quelque individu particulièrement féroce :

— Brûlons-lui les pieds !

Il n'entendait ni ne voyait. Mais le tohu-bohu avait attiré les gardes du Palais du Préteur voisin, qui accouraient en criant, la pique à la main ; ils empêchèrent les plus hargneux de commettre cette cruauté. Sbires et soldats affluaient, comme si une émeute avait éclaté. A coups de fusils, de hallebardes, de gourdins, ils firent reculer la foule, libérèrent le policier de cette populace et, dénouant la corde, le descendirent, lui ôtèrent le bâillon, délièrent ses membres. La foule repoussée, tenue en arrière, mécontente de cette libération, menait grand tapage :

— Laissez-le crever ! C'est un sbire !... Un infâme !...

Un garde trempa un chiffon dans la fontaine et nettoya le visage de Matteo Lo Vecchio, que la fraîcheur tira de l'inconscience. Il ouvrit les yeux et laissa échapper un gémissement.

— Portons-le à l'hôpital.

Ils allèrent quérir une chaise à porteurs, l'y installèrent en l'attachant avec une sangle, comme s'il s'agissait d'un cadavre et l'emportèrent.

Bientôt toute la ville connut le singulier événement : deux cadavres de suppliciés avaient été enlevés de la potence et à la place on avait suspendu Matteo Lo Vecchio ; et la stupeur, les commentaires grossiers ou joyeux occupaient une population qui n'avait rien à faire. On se perdait en suppositions : certains attribuèrent le coup aux Beati Paoli.

Don Raimondo en fut effaré mais il le fut plus encore lorsque dans son cabinet de travail, sur une table, il trouva une autre de ces lettres mystérieuses qui l'emplissaient de terreur et lui démontraient son impuissance devant la secte ténébreuse.

« *Tu pourras toujours augmenter le nombre de tes délits, tu n'éloigneras pas l'épée qui pend au-dessus de ta tête. Quatre autres victimes réclament la vengeance. Gare à toi !* »

Il joignit les mains désespérément et s'exclama avec une colère anxieuse :

« Mais je ne puis donc, d'un seul coup, anéantir cet ennemi obscur et terrible ? »

Et ses pensées se concentrèrent sur Don Girolamo Ammirata et sur Andrea, libres et puissants dans l'ombre. « Où étaient-ils ? A San Ciro ? Mais ce village, au pied du mont Grifone, offrait des cachettes impénétrables. Il fallait disposer de forces imposantes pour envahir toutes ces campagnes, depuis le pont de l'Amiral et jusqu'à Misilmeri, ou à Bagheria ».

Les révélations de Matteo Lo Vecchio lui revinrent à l'esprit. Les clés du mystère étaient certainement chez l'Ammirata et il fallait y aller les chercher. Peut-être avait-il eu tort de se débarrasser si vite de ces personnages secondaires qui l'avaient inquiété et qui auraient pu se révéler précieux. Décidément la peur avait été mauvaise conseillère et qui sait quels secrets l'oncle Rosario, le sacristain, Giuseppico et Peppa la Sarda avaient emporté dans la tombe. Trop de hâte ! Trop de hâte !... Il chercha une voie à suivre ; le besoin de se défendre lui paraissait à présent le plus urgent, car le tumulte soulevé par la pendaison de Matteo Lo Vecchio et par la disparition des deux suppliciés risquait de mener à la découverte de ce que Don Raimondo redoutait le plus.

Comme il vivait dans l'inquiétude, il était chaque jour impatient de se rendre à la Secrétairerie royale pour prendre les ordres de Sa Majesté ou conférer avec le roi ; mais en même temp, quand il franchissait le seuil du palais, il était submergé par une grande peur qui lui faisait flageoller les jambes et il avançait à contre-cœur. Ce matin-là il se hâta pour être dans les premiers à porter la nouvelle de l'événement mais plus qu'à l'ordinaire la peur l'arrêta devant la porte et il lui fallut un violent effort pour maintenir sur son visage le masque froid et impénétrable et pour entrer avec une désinvolture suffisante.

Le marquis de San Tommaso était en train de ramasser papiers et documents pour son rapport quotidien au roi, dans l'attente que celui-ci le fît appeler. A peine vit-il le duc :

— Oh ! fit-il, votre très illustre Seigneurie arrive à point. J'ai ici entre autres une supplique à Sa Majesté d'une femme qui fait appel à la bienveillance du souverain pour qu'il lui accorde une audience... Jusque-là, rien d'extraordinaire , toutes les suppliques se ressemblent mais celle-là a ceci de particulier qu'elle invoque la justice et la protection du Roi Notre Seigneur, sur un orphelin auquel un parent, riche, qui est entré à la Cour et occupe des charges publiques, a ôté par divers délits, non seulement la richesse, mais aussi son nom... Elle ne dit rien de plus précis, en se réservant de tout révéler verbalement au roi... Votre Seigneurie connaît toute la noblesse et toute la magistrature du royaume... et peut-être pourrait-elle me faire bénéficier de ses lumières à ce sujet.

Don Raimondo se sentit pâlir mais répondit d'une voix ferme :

— Ce que je sais, c'est que personne dans la noblesse n'a jamais entendu parler d'une chose pareille : ce doit être une de ces nombreuses calomnies qu'on répand par vengeance. Qui est la pétitionnaire, s'il n'est pas indiscret de le demander ? Peut-être son nom m'éclairera-t-il sur la véracité et sur les buts de l'accusation.

Le marquis de San Tommaso jeta un coup d'œil aux papiers, en tira un et lut au bas de la feuille :

— Francesca Ammirata, habitant la place de San Cosmo.

Le duc de la Motta dut rassembler toutes ses forces pour ne pas pousser un cri de terreur et conserver des dehors calmes et réservés. Il eut une montée de sang au cerveau, qui pendant un instant lui ôta la vue et la parole.

Le marquis de San Tommaso regardait les papiers et ne s'aperçut pas de son trouble soudain. Il interpréta le bref silence comme celui de quelqu'un qui fouille dans ses souvenirs.

— Eh bien ? demanda-il en levant la tête.

— Eh bien, répondit Don Raimondo qui avait repris son sang-froid. Je sais d'où cela vient. Quand j'aurai dit à Votre Seigneurie Très Illustre qui est cette Francesca Ammirata, il sera inutile de plus rien ajouter.

— Qui est-elle donc ?

— La femme d'un certain Girolamo Ammirata, rationnel du grand Hôpital, qui a déjà été arrêté une fois et qui à cette heure est en fuite et recherché par la justice parce qu'on est fondé à croire, et les témoignages du dernier procès le confirment, qu'il est l'un des chefs de la fameuse secte des Beati Paoli... Il n'est pas bien difficile de comprendre que la supplique est une manœuvre quelconque de cette ténébreuse congrégation de scélérats, sans doute pour détourner le cours de la justice ou pour assurer, sous prétexte de révélations, l'impunité au dit Don Girolamo, coupable de divers délits.

Le marquis de San Tommaso le regardait avec stupéfaction.

— Mais est-il possible que le capitaine justicier, le capitaine de la ville, le Saint Office lui-même, n'aient pas réussi à mettre la main sur cette secte ? Je serais presque tenté de croire qu'elle n'existe pas...

— Oh !... Mais nous sommes tous menacés et quelquefois nous subissons les effets des menaces des Beati Paoli !... Il faudrait des moyens extraordinaires, avoir carte blanche de Sa Majesté, que Dieu la garde, déléguer une personne à poigne et douée de flair.

Le marquis réfléchit un instant.

— Très bien, on en parlera à Messine. Pour l'instant, cette supplique, mettons-la à dormir.

— Ou plutôt, avec votre permission, il faudrait prendre une autre mesure.

— Laquelle, par exemple ?

— Faire arrêter la dame Francesca Ammirata et toute sa famille : ce serait l'unique moyen de mettre la main sur le mari et avec le mari, sur un autre très mauvais sujet, échappé lui aussi à la justice : un certain Andrea...

— Le capitaine justicier peut le faire..

— Il ne le fait pas, par peur...

— Peur des Beati Paoli ?

— Peut-être, mais plus encore parce qu'il craint que des personnes de qualité s'intéressent à cette arrestation et que, en assaillant le roi de suppliques, elles arrachent des concessions à sa miséricorde....

— Le roi part pour Messine.

— Oh ! Elles iraient l'importuner jusque-là. Ce n'est pas une chose nouvelle, et je connais mes concitoyens. Il s'agit à coup sûr de gens qui se sont servis de la secte pour exercer leurs vengeances et il est bien naturel que, pour se sauver, ils se démènent pour sauver la secte... Il faudrait empêcher que le roi soit importuné et comme, je vous l'ai dit à l'instant, donner carte blanche à quelqu'un...

— Votre Très Illustre Seigneurie avait déjà commencé et semblait même avoir en son pouvoir les chefs de la secte. Il y a eu ces condamnations...

— Oui, mais les chefs sont encore libres. Avez-vous vu jusqu'où va leur audace ? Ils contrecarrent le cours de la justice et maltraitent les fidèles serviteurs de Sa Majesté... j'ai été obligé jusqu'à présent de suggérer et de passer les ordres, je n'ai pas pu agir...

— C'est vrai. Il faut vous donner les pleins pouvoirs...

— Mais je dois partir... je dois suivre le roi à Messine...

— Que veut dire cela ? En attendant on pourrait ordonner les arrestations que Votre Seigneurie suggère... Plus tard, j'en parlerai au roi. Laissez-moi faire.

Don Raimondo sortit du Palais Royal en se congratulant, content de lui, mais en même temps, son esprit était tourmenté de soupçons. Il avait bien raison de se réjouir puiqu'il avait conjuré à temps le danger que Francesca Ammirata fût reçue par le roi et il avait obtenu cette plénitude de pouvoirs dont il voulait se prévaloir pour se débarrasser de ses ennemis. Il se disait aussi que s'il ne parvenait pas à la supprimer à temps, la dame Francesca, par l'entremise de l'un des gouverneurs de l'hôpital, qui appartenaient à la fleur de la noblesse, réussirait bien à faire parvenir au roi ses instances et ses querelles.

Chez lui, il fit appeler la chambrière de Donna Gabriella :

— Dites à ma femme que je désire lui parler ; priez-la d'honorer mon cabinet de sa présence.

Donna Gabriella était en train de goûter la joie d'un cadeau de Sa

Majesté qui flattait son ambition ; en la nommant dame de compagnie de la reine, il avait daigné lui envoyer un petit fermoir de diamants aux armes royales, ornement et insigne de sa charge, qu'il fallait placer sur l'épaule gauche. Le don était accompagné d'un souhait suggestif. Par l'entreprise de son premier valet, le roi lui avait fait dire ces paroles précises : qu'il serait heureux de placer de ses propres mains l'emblème sur la très belle épaule de la duchesse.

Elle se trouvait donc dans ces heureuses dispositions d'esprit qui poussent à répandre autour de soi sa propre joie, de sorte que le message de son époux, s'il avait des airs de nouveauté et de gravité, ne la préoccupa point. Elle se rendit à l'invitation de Don Raimondo avec un zèle qui étonna le duc.

En la voyant entrer, fraîche et souriante, pleine de charme, Don Raimondo s'assombrit. Oh, elle était trop belle et attirante ! Il parut ravaler d'amères pensées. Il invita néanmoins son épouse à s'asseoir sur le sofa, d'un geste empreint d'une courtoisie empressée et il prit place dans un fauteuil en face d'elle, dos à la fenêtre, de manière à laisser son visage dans l'ombre.

— Pardonnez-moi si je vous ai fait venir jusqu'ici. Je serais bien allé dans votre chambre mais... (il prit un ton galant), je vous avoue que j'ai bien fait de ne pas venir, parce qu'aujourd'hui, vous êtes extraordinairement belle et séduisante...

Donna Gabriella sourit.

— Du reste, poursuivit le duc, nous devons parler affaires... et même d'une affaire très grave, et ce lieu me semble le plus adapté et le moins exposé aux oreilles indiscrètes.

La duchesse considéra son mari avec stupeur : ce préambule assez long indiquait qu'il s'agissait vraiment de choses très sérieuses ; elle dévisagea son mari et il lui sembla que la ride qui lui barrait le front d'ordinaire était encore plus profonde que d'habitude.

— Que se passe-t-il donc ?

Il ne répondit pas, mais à son tour demanda :

— Ne croyez-vous pas qu'il serait de votre devoir de demander une audience au roi pour le remercier de l'honneur qu'il vous fait ?

Donna Gabriella sursauta et rougit : son époux savait peut-être qu'elle avait reçu un présent et un message ? Elle murmura :

— Oh, mon Dieu ! Il me semble aussi...

— Je suis content que nous soyons d'accord. Maintenant, écoutez-moi bien.

Et il commença à parler à voix basse, calme et froid, à une Donna Gabriella ébahie, dans ce cabinet de travail sévère, sombre et silencieux.

IX

Cette nuit-là Blasco ne dormit pas. Deux pensées l'obsédaient, fort différentes : la pensionnaire et les propos surpris à l'hôtellerie. Qui était cette fillette qui l'avait considéré avec tant de curiosité et de sympathie en même temps ? Elle l'avait regardé et lui avait souri comme à une personne de connaissance mais lui ne l'avait jamais vue ; il n'avait jamais vu d'élèves d'institution religieuse, si ce n'est de loin, les jours de fête quand elles se pressaient dans leurs loggias suspendues au-dessus du Cassaro ou de la Rue Neuve, et encore, à travers les mailles serrées de la grille, ne les apercevait-il que comme des ombres blanches et noires ; il ne se rappelait pas qu'une de ces ombres eût jamais attiré son attention.

Cependant, l'image de celle-ci lui était restée gravée dans le cerveau : il la revoyait et s'avouait que c'était une jeune fille belle et gracieuse ; mais qui était-elle et en quel monastère se trouvait-elle ?

De ces pensées il passait à d'autres qui s'associaient aux quelques mots surpris dans la gargotte. Il ne doutait pas qu'il se fût agi d'un complot aux dépens de Don Raimondo et que ces hommes fussent des Beati Paoli ; et une question le tourmentait : avait-il bien fait, alors qu'un danger menaçait vraiment la maison du duc de la Motta, de s'en aller et de l'abandonner ? Don Raimondo, il ne s'en préoccupait guère : c'était un homme puissant et il devait savoir se défendre, et puis il lui avait toujours été antipathique. Mais la duchesse, pouvait-il laisser la duchesse à la merci de ces ennemis mystérieux ? L'image de Donna Gabriella éveillait toujours un triste regret, en lui rappelant les heures délicieuses qui lui avaient donné l'illusion de l'amour. Une empreinte sensuelle lui en était restée dans la chair, ineffaçable, et quelquefois brûlante, et pour cela il se sentait comme lié par certaines obligations envers Donna Gabriella, obligations de défense et de protection secrètes et non compromettantes.

Ainsi passa la nuit. Quand le matin le serviteur vint lui dire que son cheval était prêt, il répondit :

— Enlevez-lui la selle et ramenez-le à la mangeoire.

— Votre Excellence ne part plus ? s'étonna le serviteur.

— Non... peut-être demain...

Coriolano ne fut pas moins surpris que son serviteur. Au déjeuner, il demanda à son hôte :

— Vous vous sentez mal, peut-être ?

— Non ; mais je vous dirai... Il s'agit d'un devoir... Vous me donnerez raison...

Il lui raconta sa rencontre dans la gargotte, les paroles entendues, et lui confia ses soupçons et ses intentions.

— C'étaient sans doute ces maudits Beati Paoli, c'est évident ! Mais savez-vous que c'est une chose terrible ? Et je ne comprends pas comment le gouvernement ne réussit pas à faire une rafle et à les prendre... Si j'avais vingt hommes à mes ordres, j'aurais certes le courage de purger la cité de cette lèpre !

— Vous croyez ? demanda Coriolano avec son sourire froid et courtois.

— Eh, parbleu !

— Il faudrait savoir avant tout qui, combien, et où ils sont.

— Avec quelques bons mouchards...

— Ils vous les accrochent à la potence, au nez et à la barbe du préteur, comme ils l'ont fait avec Matteo Lo Vecchio, c'est-à-dire avec le plus perspicace, le plus habile et le plus redoutable des sbires de la ville, du royaume peut-être ! Mais ne vous mêlez donc pas de ces choses, mon jeune ami, et mettez-vous en tête que, si les Beati Paoli ont décidé de jouer un tour à la duchesse, votre valeur, votre courage, votre esprit de sacrifice ne les empêcheront pas d'accomplir ce qu'ils ont décidé. Ce sont des hommes qui ne reculent pas, qui ne s'arrêtent pas... Ne vous mettez pas sur leur chemin.

— Et pourquoi pas ? Ce que vous me dites est pour moi une raison de plus de les affronter.

— Vous ne les affronterez pas...

— Pourquoi ?

— Ils vous en empêcheront.

— Ils m'assassineront ?

— Ils vous puniront...

— Ce n'est pas la même chose ?

— Non ; le bourreau punit et n'assassine pas... Ce sont des exécuteurs de la justice.

— Ténébreuse justice !... Cela ne me va pas. Celui qui a des torts à venger, des coupables à punir, s'il est persuadé d'agir suivant la justice, qu'a-t-il besoin de se dissimuler dans l'ombre ?

Coriolano haussa les épaules, comme pour dire que ce n'était pas une question à poser et répondit :

— Mais du reste, de quoi vous mettez-vous en peine ? Ni le duc ni la duchesse de la Motta ne courent de danger : ils partent après-demain à la suite du roi.

— Ah, comment le savez-vous ? s'enquit Blasco puis, aussitôt, rougissant : Pardonnez mon indiscrétion...

— Oh ! Du tout ! Vous n'êtes pas indiscret... Cela se disait hier soir au palais.

— Alors, tant mieux ! Et je vous remercie de cette nouvelle qui m'ôte une grande inquiétude de l'esprit. Je partirai demain.

— Où comptez-vous passer la soirée ?

— Je ne sais... je vais peut-être me coucher tôt...

— Parbleu ! Je vous emmène avec moi chez les Lungarini. On y donne un spectacle et l'Union des Musiciens chante un nouvel opéra. Cela vous va ?

— Cela me va.

— Alors, à ce soir... si vous ne voulez pas rester ici jusqu'à une heure de la nuit, nous pourrons nous retrouver au palais Lungarini... Vous savez où il est ?

— Oui, près de San Francesco.

— Exactement. Quand une heure sonnera, je vous attendrai au coin de la rue de la Maddona la Bella.

— Je ne vous ferai pas attendre.

Blasco occupa sa journée à se promener, à bâiller, à penser à son voyage et à la pensionnaire et peut-être plus à celle-ci qu'à celui-là. Il s'étonnait d'avoir accepté sans réticence l'invitation de Coriolano. Il avait pourtant décidé de ne plus aller à aucune réunion aristocratique ; et voilà que ce soir il se retrouverait au milieu de toute la noblesse !

Le marquis de Lungarini, de la maison Abate, passionné de spectacles musicaux, avait construit dans son palais un beau théâtre, dans lequel on jouait les opéras les plus célèbres, avec un luxe de décors et de costumes vraiment digne d'un grand seigneur : et en grand seigneur il invitait tous les patriciens, qui accueillaient avec plaisir une nouvelle distraction intellectuelle. Deux ou trois nobles de Palerme avaient de tel théâtre chez eux et après le carnaval, quand se taisait le théâtre de l'Union des Musiciens, dit de Santa Cecilia, ils ouvraient leurs salles à la noblesses et y faisaient goûter les compositions des beaux esprits de la ville ou des maîtres de Naples.

Blasco était presque sûr d'y rencontrer la duchesse de la Motta et le prince d'Iraci ; peut-être aussi se trouverait-il au côté de Don Raimondo, toutes choses, dont, en vérité, il n'était point content ; il éprouvait même un certain malaise, à l'idée de provoquer un incident déplaisant.

« Il vaudrait mieux renoncer, pensa-t-il, j'attendrai Coriolano au coin de la rue, mais pour le remercier et me désengager. »

Quelques minutes avant que les cloches n'appelassent à la prière des défunts, Blasco se dirigeait vers la rue qui aujourd'hui encore porte le nom de Lungarini et San Marco, d'après le palais qu'y avait cette noble famille. Il allait lentement, la main sur la garde de son épée, plutôt comme un oisif qui n'a rien de mieux à faire que comme quelqu'un qui va à un rendez-vous.

Devant lui, à ses côtés, derrière lui s'étendait une procession de chaises à porteurs, de carrosses, de serviteurs avec leurs torches, qui illuminaient toute la rue de San Francesco, autrement appelée des Cintorinai ; cris d'avertissement, claquement des fouets, fracas des roues et bruit de sabots se mêlaient. Collée aux murs, pour ne pas se faire repousser, la plèbe admirait le spectacle...

Blasco reconnut dans un carrosse qui passait près de lui les livrées du prince d'Iraci.

Et il s'avisa que cette reconnaissance, au lieu de réveiller chez lui les prudentes réflexions déjà faites, titillait une curiosité maligne et aussi une envie de provocation, ce qu'il aurait justement voulu éviter.

A l'angle de la ruelle qui s'appelait autrefois Salto d'Opezzinga et tirait à présent son nom de l'image de la Maddona la Bella, il trouva Coriolano qui l'attendait.

— Très bien ! lui dit le chevalier de la Floresta en lui tendant la main. Je suis content que vous soyez venu. Allons-y. Vous ne pouvez imaginer le plaisir que je me promets pour ce soir, à voir ces muses !

Le marquis de Lungarini était assez bon seigneur pour faire un accueil courtois à Blasco, qui lui était présenté par le chevalier de la Floresta mais il ne put totalement dissimuler un certain embarras et une certaine préoccupation. Blasco s'aperçut qu'il jetait un coup d'œil sur la vaste salle et, en suivant son regard, il repéra, au milieu d'un groupe de jeunes gentilshommes, le prince d'Iraci, pâle, les yeux étincelants, les narines frémissantes, toute sa colère visible sur son visage et dans ses gestes. Alors il sourit, leva la tête avec un air de défi et comme si les murmures et le mépris affecté ne le concernaient pas, il traversa la pièce et entra dans la salle de spectacle.

C'était un salon du XVIIe siècle, orné de stuc et de fresques, au fond duquel s'ouvrait l'arc de la scène, dont le décor peint représentait des colonnes antiques, des trophées et des statues de marbre. Sur un côté, trois grands balcons, sur l'autre, face aux balcons, trois grandes portes ; entre elles, de hauts miroirs aux cadres de bois doré. Un grand lustre au plafond et une extraordinaire quantité de candélabres fixés aux murs répandaient un océan de lumière qui faisait fulgurer les soies, les ors, les chairs d'une foule de dames, si élégantes dans leurs bustiers serrés et longs comme des cuirasses, dans leurs robes bouffantes, garnies de volants, aux délicates couleurs.

Toutes ces dames babillaient, emplissant la salle de leurs voix tendres et suaves, ainsi que le voulait la mode, et de petits rires argentins comme un son de clochettes. Blasco jeta aussi un regard sur les seigneurs : et il ne tarda pas à découvrir Donna Gabriella. Son cœur bondit dans sa poitrine, mais cette première émotion se calma tout aussitôt. Il se demanda s'il convenait d'aller baiser la main de la noble dame, ou s'il devait feindre de ne pas l'avoir remarquée. Il demanda son avis à Coriolano de la Floresta, qui répondit tranquillement :

— Ne vous pressez pas. Si le hasard vous rapproche d'elle, comportez-vous en gentilhomme. En attendant, vous avez le temps d'étudier le terrain.

Les musiciens accordaient leurs instruments. Les stridences des violons, les lamentations du hautbois, le bourdonnement de la contrebasse s'entrecroisaient, se confondaient avec les gémissements de la harpe et les accents de la guitare. Les orchestres de ce temps n'étaient pas aussi nombreux et riches d'instruments qu'aujourd'hui. Quelques violons, une contrebasse, une harpe, parfois aussi la guitare et la mandoline parmi les instruments à corde ; le hautbois, le fifre, la flûte, pour les instruments à vent : dix ou douze musiciens composaient un orchestre important dont, en cette époque des grands classiques, ils savaient tirer des harmonies admirables.

Quand le maître de chapelle eut pris place et qu'il eut frappé sur la partition ouverte devant lui avec une feuille de papier repliée plusieurs fois, un brusque silence s'instaura ; tous les yeux se tournèrent vers la scène ; l'orchestre attaqua les premières mesures d'une symphonie et le rideau s'ouvrit.

La scène représentait une plage ; dans un coin s'élevait le péristyle d'une espèce de temple ou de basilique, que le peintre, donnant libre cours à sa fantaisie, avait représenté dans le plus pur style baroque. Devant cet édifice, un autre bâtiment à la destination imprécise. Le décor représentait Carthage à l'époque de sa fondation et le mélodrame avait pour sujet « Didon abandonnée », thème maintes fois repris, et qui devait plus tard plaire au Métastase. Les malheurs de la belle reine morte d'amour touchaient une société pleine de sentimentalité, de soupirs et de larmes, dans laquelle les Didon étaient plus fréquemment abandonnées qu'aux époques héroïques, mais ne s'en tuaient pas pour autant. Le poète avait fait de Didon une dame gémissante qui se répandait en « hélas » et en « O Dieux ! », et d'Énée, le perfide Troyen, un chevalier qui s'exprimait en madrigaux. Il y avait un troisième personnage, Arbace, amoureux transi qui n'osait ni déclarer son amour à Didon, ni trucider Énée, bien qu'il proclamât son amour aux quatre vents, avec force larmes et invocations, et qu'il menaçât avec une vaine férocité son rival heureux. Un quatrième personnage, Anna, réunissait en elle la nourrice, la prêtresse, et l'entremetteuse.

Les deux femmes, comme voulaient les bonnes mœurs qui interdisaient la scène au beau sexe, étaient deux hommes : deux de ces malheureux qui, par une cruelle offense à la nature et à l'humanité, étaient destinés à chanter avec des voix féminines, voix si merveilleuses, si pénétrantes et suggestives, qu'elles troublaient le sang, provoquaient des frissons, faisaient frémir, pleurer, rêver...

Le chœur, en costumes turcs de fantaisie, chantait une espèce de barcarole, qui préparait les esprits à l'entrée en scène de Didon et Anna. Didon commença à roucouler un air sentimental. Quel bonheur retiraitelle d'être reine ? D'avoir fondé une cité ? Elle était seule. Peut-être était-elle haïe de Vénus. Et pourtant, n'avait-elle pas toujours offert des sacrifices à la déesse ? Anna lui rappela le serment qu'elle avait fait à son époux mort et alors les deux femmes se lancèrent dans un duo tout en trilles, roulades, vibratos, fioritures qui ravissaient la salle. Fin du premier acte : les applaudissements éclatèrent et les commentaires suivirent. Tous louaient la musique et la virtuosité des cantatrices; un vétilleux, qui marchandait son enthousiasme, fut pris à partie

— Parbleu ! S'il s'agissait d'un maître étranger, on trouverait tout beau; comme il est palermitain, voilà qu'on cherche aussitôt des défauts !...

— Nous ne sommes pas pour rien à Palerme !

Blasco ne prenait aucun plaisir à la musique. Sans doute son esprit vagabondait-il ailleurs. Il avait vu le prince d'Iraci, adossé au mur, près du fauteuil de Donna Gabriella. Le prince s'était penché plusieurs fois pour parler à la duchesse en souriant. Blasco avait remarqué que leurs regards s'étaient à plusieurs reprises portés sur lui et il n'était pas difficile de comprendre qu'il était l'objet de leur discussion.

Au second acte, la galère troyenne débarquait Énée et sa suite. Le peuple de Carthage accourait, des chœurs se formaient; Énée rendait grâce aux dieux pendant que Didon revenait, accompagnée de l'inévitable Anna. Didon accordait l'hospitalité au Troyen et à ses gens, et alors Carthaginois et Troyens, de joie, se mettaient à danser. Mais au beau milieu du ballet voilà que survenait Arbace, qui, après avoir vainement tenté d'apitoyer Didon, cherchait querelle à Énée. Ils mettaient la main à l'épée. Énée terrassait Arbace, lui arrachait son arme et chantait un petit air pour dire son intention d'accrocher cette épée dans le temple de sa mère Vénus. Didon voulait se charger de l'offre et Énée lui offrait galamment l'épée. Le duo dans lequel Didon se sentait enflammée d'amour plongea le public dans l'extase. Quand elle s'écria :

Hélas ! Quel feu me brûle !
Hélas ! Mon cœur languit !

Les dames s'émurent et certaines crurent devoir s'essuyer les yeux. Arbace comprit ce qui se passait; il se battit les flancs et s'en fut, menaçant, sous les risées du chœur.

Blasco regardait Gabriella et le prince d'Iraci avec un sourire goguenard. Le prince était livide : le poète paraissait avoir composé cet épisode pour se gausser de lui. La duchesse semblait un peu embarrassée sous le regard de Blasco. Les applaudissements saluant la fin de l'acte la sauvèrent de la gêne de cette situation.

Au troisième acte : catastrophe ! Énée, qui a subi les reproches des Dieux, se prépare au départ. Didon apprenant la nouvelle, assaille de ses pleurs le héros, qui lui démontre la nécessité de partir. Ainsi le veulent le destin et son honneur :

Ma douce amie résigne-toi
à la volonté du destin
je pars désespéré
mais mon cœur reste auprès de toi.

Mais Didon ne sait que faire de ce legs idéal et, pleine d'invention, lui rappelle leurs noces et les douceurs de l'hymen, le traite de cruel tigre d'Hyrcanie et déclare qu'il n'est pas né de Vénus mais des féroces Erynnies. Toutes choses qui n'émeuvent point Énée. Le chœur des Carthaginois pleure de douleur. Celui des Troyens exulte de joie. Arbace revient et voudrait profiter de la situation mais Didon s'emporte contre lui, le traite de bon à rien, d'homme sans honneur, etc. Arbace jure de se venger et s'en va...

Blasco jeta un nouveau coup d'œil sur la salle : la duchesse était encore là, nerveuse, mais le prince d'Iraci avait disparu. Blasco sourit et chercha du regard Coriolano pour lui communiquer cette découverte mais le chevalier de la Floresta n'était pas non plus visible. « Il doit être au fond de la salle », pensa-t-il et il reporta son attention sur le spectacle qui se précipitait vers sa fin. Naturellement, Arbace n'arrive pas à temps, les galères troyennes se sont déjà éloignées ; il s'en revient déçu, mortifié, porter la nouvelle et en fait, au fond de la scène on voit passer des barques sur lesquelles Énée et ses compagnons chantent leur adieu. Alors Didon, après avoir chassé Arbace et repoussé Anna, monte sur un bûcher préparé pour le sacrifice et se passe une épée à travers le corps ; elle meurt en chantant comme un rossignol, au milieu des applaudissements de l'auditoire, des larmes des dames et des commentaires des chevaliers.

Des domestiques en grande livrée servaient sur de grands plateaux d'argent des confitures et des rafraîchissements et la salle s'emplit d'une rumeur de bavardage. Seule Donna Gabriella paraissait nerveuse et impatiente.

Blasco se dirigea vers la sortie en cherchant Coriolano mais le chevalier avait disparu. Il passa dans l'autre salle : son ami n'était pas là non plus. Revenant en arrière, vers le théâtre, il rencontra Donna Gabriella. Il lui fit une profonde révérence mais la duchesse passa devant lui, hautaine et dédaigneuse, feignant de ne pas le voir.

Il y avait trop d'ostentation dans ce dédain.

X

Dans l'antichambre un laquais avertit Blasco que monsieur le chevalier de la Floresta avait dû rentrer chez lui en raison d'un malaise subit et que pour ne pas le déranger, il s'était éclipsé sans le prévenir. Blasco jeta sa cape sur ses épaules et sortit. Minuit avait sonné ; le long de la rue des Lungarini, sur la petite place de la Corrieria (aujourd'hui de Cattolica), s'étirait une interminable file de chaises à porteurs et de carrosses, auprès desquels palefreniers et volants faisaient le pied de grue ou sommeillaient. Une torche fixée à un mur répandait assez de lumière pour qu'on pût traverser les lieux sans heurter d'obstacle. Nul valet, nul carrosse n'attendaient Blasco. Il n'avait pas de litière ni de chaise, et pas de laquais porteur de lanterne pour éclairer ses pas. Remontant la file de ces équipages, il se dirigea seul vers Santa Anna. C'était une belle nuit éclairée par la lune : d'un côté les maisons étaient doucement illuminées et la rue, spacieuse, à demi noyée d'obscurité. Il traversa la place et passa devant l'église en songeant à ce singulier mélodrame par lequel le poète avait semblé vouloir rendre sous des couleurs sombres la petite comédie survenue entre la duchesse, le prince d'Iraci et lui. La façade de l'église de Santa Anna était plongée dans une ombre qui s'étendait sur l'autre moitié de la place.

Blasco était si occupé de ses pensées qu'il ne prêta pas attention à quelques hommes qui dormaient enveloppés dans leurs manteaux sur le parvis de l'église. De toutes manières, cette vue n'aurait eu rien de neuf ni d'étrange ; les degrés des églises et les comptoirs des boutiques, qui étaient alors en pierre et débordaient largement du volet fermé, se transformaient la nuit en couches pour une foule de misérables, dont on n'aurait pu deviner le grand nombre durant la journée. Éparpillés dans la ville, noyés dans la multitude, invisibles au milieu des splendeurs de la noblesse et du bien-être ostentatoire de la bourgeoisie citadine, ils semblaient, à la tombée du jour, surgir des entrailles de la terre ; armée souffrante qui disputait aux chiens les restes accumulés dans les ordures et se jetait derrière les portes des églises, sous les porches, sous les piédestals des statues, pour chercher le repos ou cacher ses amours.

Les provinces fournissaient à la capitale le plus gros contingent : paysans spoliés par les barons, vieillards inaptes au travail, femmes restées seules dans la misère la plus noire, tous, attirés par l'espoir de trouver à Palerme l'aumône d'un peu de pain, arrivaient à pied, demi-nus, affamés, leurs instincts en révolte; ils devenaient voleurs et prostitués, vivaient comme des bêtes, sans présent ni avenir.

Nul ne s'en préoccupait. Simplement, dans les périodes de disettes, point rares, un édit les chassait de Palerme, où ils retournaient quelques mois plus tard, plus nombreux et faméliques.

Blasco ne prenait pas garde, lui non plus, à ces masses noires recroquevillées dans l'ombre, entre les socles des colonnes et il poursuivit son chemin en repensant au visage du prince d'Iraci avec une complaisance maligne. Il était arrivé aux Lattarini, un quartier tout en ruelles et passages tortueux et entrecroisés qui formaient un inextricable labyrinthe. Là, comme le rappelle l'étymologie, se tenait à l'époque arabe le marché des drogues, et il y demeurait quelque chose de l'ancien commerce. On y trouvait aussi des auberges fréquentées par les provinciaux. Blasco jeta un bref coup d'œil sur les étroites voies plongées dans l'ombre, plus par instinct que par inquiétude et y pénétra. Mais il n'avait pas fait trois ou quatre pas qu'il reçut un violent coup sur l'épaule tandis qu'une voix lui lançait :

— Meurs, chien!

Au coup violent et inattendu, Blasco vacilla et fut sur le point de tomber, mais il récupéra promptement son équilibre et en un éclair se retourna en mettant flamberge au vent. Devant lui avaient surgi quatre hommes armés d'épées courtes qui s'apprêtaient à se jeter sur lui. Ils étaient si proches qu'il aurait eu du mal à donner de la lame; dans l'instant, il comprit qu'une seconde d'incertitude signifierait la mort, une mort ignominieuse et jamais vengée. Serrant son arme par le milieu, il se jeta contre l'assaillant le plus proche en lui faisant étinceler la pointe sous les yeux, avec une rapidité foudroyante qui contraignit l'agresseur à reculer. Cela suffit à Blasco pour gagner un peu d'espace et se mettre en garde mais il avait en face de lui et sur les flancs quatre adversaires et le dos sans défense : en outre une forte brûlure à l'épaule droite lui engourdissait le bras. Il réussit bien à mettre hors de combat un des attaquants mais sa vue se brouilla, ses jambes se dérobèrent et il tomba à terre avec un gémissement, en même temps que son adversaire.

Avec un cri de triomphe, les trois se jetèrent sur lui pour l'achever, mais à ce point deux coups de pistolet résonnèrent dans le silence de la nuit. Un des assaillants s'effondra sans un mot; les autres s'immobilisèrent, pétrifiés, en regardant autour d'eux, sans savoir d'où venait le danger. Mais ils ne s'étaient pas encore repris qu'ils se virent assaillis par une demi-douzaine d'hommes en noir au visage masqué, armés de poignards et de pistolets. La seule issue leur parut dans la fuite, en abandonnant à terre leurs compagnons, qui râlaient horriblement.

Ces hommes s'approchèrent de Blasco qui, les yeux presque éteints.

regardait cette scène inexplicable. L'un d'eux approcha une lanterne sourde et l'éclaira :

— Ces malandrins l'ont arrangé de belle manière. Nous sommes arrivés trop tard. Vite, emportons-le !

Ils soulevèrent Blasco qui les regardait d'un œil de plus en plus hébété, incapable de mouvement, souffrant de sa blessure à l'épaule. Un des nouveaux venus trempa un mouchoir dans l'eau et le lui passa sur le front. La fraîcheur le ranima ; il poussa un gémissement d'angoisse.

— Diantre ! murmura-t-il, je crois aussi en effet, qu'ils m'ont bien arrangé... Allez doucement... doucement...

Mais à peine eut-il prononcé ces paroles, que sa tête s'inclina sur l'épaule et il s'évanouit.

Combien de temps passa ? Il n'aurait pu le dire. Il aurait pu s'écouler une seconde, une heure, un an. Il ouvrit les yeux en un lieu qui lui parut tout à fait inconnu, pour autant qu'il pût percer les ténèbres qui l'enveloppaient et il lui sembla voir errer dans cette obscurité des larves noires, silencieuses et légères comme des fantômes. Lui-même n'avait pas conscience de la réalité et se demanda s'il rêvait. De fait, ses paupières retombèrent et il sombra dans la léthargie. Il entendit confusément une voix qui disait :

— Laissez-le se reposer, cela lui fera du bien.

Puis il n'entendit plus rien, jusqu'au lever du soleil. Quand il se réveilla, il considéra la pièce avec un mélange d'étonnement et de curiosité, essaya de se lever, mais une douleur aiguë le rejeta sur le lit. Une voix l'admonesta :

— Votre Excellence ne doit pas bouger...

Il se retourna ; dans la ruelle se tenait une vieille dame vive et propre, vêtue de noir, un mouchoir blanc sur la poitrine. Avec son visage qu'on eût dit de cire, on l'aurait prise pour une religieuse, n'étaient ses cheveux blancs, longs et réunis en tresse sur la nuque. Où était-il ? Qui était cette femme ? Il n'avait donc pas rêvé ? C'était une chambre bien aérée, dont les fenêtres donnaient sur un jardin ; des murs bleus, quelques meubles communs et un grand lit de fer forgé, haut comme un trône, sur lequel il était étendu. Il se rappela l'agression, la blessure, l'aide inattendue, les hommes mystérieux et les paroles prononcées par l'un d'eux : « Nous sommes arrivés trop tard ! » — Arrivés ? Que voulait-il dire ? Et cette vieille dame ? Il la regarda avec stupeur et non sans un certain plaisir : elle s'était assise là pour tricoter, un léger sourire aux lèvres, une expression maternelle sur le visage.

Au bout d'une minute de contemplation muette, il lui demanda :

— Qui êtes-vous, brave dame ? Et qui m'a emmené ici ?

La petite vieille ne répondit pas, se leva, lui remonta le drap sur les épaules et à son tour lui demanda :

— Comment se sent Votre Excellence ? Bien ? Louée soit la madone du Carmine ! Mais ne bougez pas, cela risquerait de déranger le pansement.

Il s'aperçut alors qu'on l'avait bandé. Mais qui ? Un médecin, assurément. Qui l'avait appelé ? Peut-être cette dame ?

— Je ne bouge pas, mais dites-moi qui vous êtes, et où je suis ?

— Comme vous voyez, dans ma maison. Et je suis une pauvre femme : tante Nora, la mère de Baldassare, le stucateur... Tout le monde connaît Baldassare, n'est-ce-pas, Votre Excellence ?

Blasco lui lança un regard stupéfait ; avec toutes ces indications, il en savait encore moins qu'au début. Qui était ce Baldassare ? Ce nom lui était inconnu. C'était pourtant celui d'un homme qui l'avait soigné et secouru. Blasco sentait autour de lui comme un air de mystère. Il se mit à réfléchir. Il fallait avertir Coriolano de la Floresta de ce qui s'était passé : son ami était certainement étonné de ne pas l'avoir vu rentrer. Qui sait ce qu'il penserait !

— Dites-moi, tante Nora, je voudrais voir votre fils...

— Baldassare ? Mais... il est au travail...

— Où travaille-t-il ?

— A l'oratoire de Santa Cita, avec maître Giacomo Serpotta...

— Et quand reveindra-t-il ? J'ai besoin de lui ; je voudrais envoyer quelqu'un chez moi...

— Ne vous en préoccupez pas, parce que c'est fait.

— Comment cela ? Et ils savaient qui je suis et où j'habite ?

— Ils le savaient, Excellence.

Blasco passait d'un étonnement à l'autre. De nouveau lui revinrent à l'esprit les paroles entendues : « Nous sommes arrivés trop tard ! ». Donc ce secours n'avait pas été envoyé au hasard : ces mystérieux sauveurs savaient qu'il se tramait quelque chose contre lui. Comment ? Et pourquoi étaient-ils accourus à son secours ? Qu'est-ce qui pouvait pousser des personnes inconnues de lui à exposer leur vie en affrontant des malfaiteurs ?

Toutes ces idées lui tournaient dans la tête. Ses tentatives pour arracher une parole à la petite vieille n'aboutirent à rien. Ou elle ne savait rien ou elle était rusée et feignait de ne rien savoir et de ne pas comprendre. Quand Blasco la pressait de questions, elle déviait la conversation.

Et puis survint Coriolano de la Floresta.

Le chevalier entra sans se hâter, ni trahir une grande émotion, même si son visage manifestait un intérêt sincère.

— Eh bien, mon pauvre ami, que vous arrive-t-il ? lui demanda-t-il en lui prenant la main avec délicatesse.

— Vous voyez ? répondit Blasco avec un sourire.

Coriolano regarda la vieille dame qui s'était approchée du lit et s'enquit :

— Et cette brave dame ?

— Je suis la tante Nora, la mère de Baldassare, le stucateur...

— Je ne le connais pas, assura Coriolano, c'est peut-être le jeune homme qui est venu m'avertir?

— Oui, Excellence.

— Il a bien fait... Il m'a dit qu'il vous a ramassé à l'angle de la rue des Lattarini, blessé...

— J'ignore si c'est lui qui m'a recueilli, répondit Blasco, je sais qu'il n'était pas seul et que... qu'il y a un mystère, mon ami...

Coriolano regarda autour de lui et demanda à la vieille :

— Un médecin est venu?

— Oui, Excellence.

— Il va revenir?

— A midi...

— Faites-moi le plaisir, tante Nora, de le mander dès à présent; je voudrais lui parler... J'attendrai ici...

— Tout de suite, Excellence.

La vieille se jeta un châle sur les épaules et sortit. Coriolano ferma la porte et approchant un siège du lit, il dit :

— Nous voilà seuls. Racontez-moi donc comment cela est arrivé.

Blasco lui narra tout au long sa mésaventure.

— Vous comprenez, conclut-il, qu'il y a là du mystère...

— Quel mystère?

— Commençons par le guet-apens... Ces gens m'ont peut-être suivi ou m'attendaient; je ne crois pas qu'ils m'ont pris pour un autre...

— Je serais du même avis.

— Qui peut être leur commanditaire?

— Vous ne croyez pas qu'ils ont agi pour leur propre compte?

— Bah! Ces gens de rien, ces plébéiens... Je n'ai jamais eu affaire à eux... à moins que ce ne soient des sicaires des Beati Paoli...

— Oh! oh!... et d'où tirez-vous cette idée?

— Ils menacent toujours Don Raimondo de la Motta et j'étais de ses amis...

— Oh, les Beati Paoli ne frappent jamais les amis de leurs ennemis; et puis, soyez sûr qu'ils savent déjà que vous n'avez plus de rapports avec le duc de la Motta...

— Et alors?... Vous voyez donc que le mystère s'accroît...

— Peut-être...

— Et puis, il y a ce secours inattendu...

— Hum! Que des braves personnes sauvent un homme des mains des malfaiteurs ne me paraît pas si mystérieux...

— Et ces mots : « Nous sommes arrivés trop tard »?

— Mais ils sont très naturels. Ils se désolaient de ne pas être passés plus tôt, pour empêcher la blessure...

— Et comment savaient-ils qui j'étais?

— Vous n'êtes plus un inconnu. On vous voyait toujours avec la duchesse... Quelqu'un vous a certainement reconnu...

— Quelqu'un qui savait que j'étais chez vous ?

— Il est fort possible que quelque voisin...

— Et excusez-moi, mais pourquoi étaient-ils masqués, ces sauveurs ?

— Bah ! ce n'est pas une nouveauté d'aller masqué, de nuit, pour ne pas être reconnu... Il y a tant de raisons à cela...

— Vous trouvez tout très naturel alors qu'à moi, il me semble qu'il y a quelque mystère...

— Pourquoi vous en préoccuper ?

— Parce que je voudrais savoir à qui je dois la vie...

— Mais à ces braves personnes qui vous ont donné l'hospitalité, à ce qu'il paraît...

— Ce sont aussi des personnages bien mystérieux...

— Hum ! Vous voyez du mystère partout ! Laissons cela... Parlons d'autre chose. Vous ne pouvez imaginer le remords que j'ai éprouvé et que j'éprouve encore, pour ce qui vous est arrivé !

— Et en quoi seriez-vous coupable ?

— Parbleu ! Si je n'étais pas parti, si j'étais resté avec vous, on ne vous aurait certainement pas blessé...

— Ils m'ont blessé à l'épaule, par traîtrise et ils l'auraient fait de même, si vous étiez resté. Vous n'y êtes pour rien, Coriolano...

— Peut-être, mais je n'aurais jamais dû vous laisser seul ; d'autant que hier, au palais Lungarini, il y avait le prince d'Iraci.

— Quoi ? Vous croyez donc... ?

— Ne vous ai-je pas dit une fois que vous avez contracté une dette auprès du prince et de la duchesse et qu'on vous la ferait payer ?

— Par un assassinat si lâche ?... Oh, non, non : je ne vous crois pas !

Coriolano haussa les épaules.

— Qui pouvait avoir intérêt à vous supprimer ?

Blasco ferma les yeux ; sur son visage se lisait combien il lui répugnait de croire que le prince d'Iraci et une dame belle et gracieuse comme la duchesse eussent pu tramer un assassinat : mais les paroles de Coriolano avaient une telle assurance, que l'idée demeurait en dépit de ses efforts pour la repousser.

Peu après survint le chirurgien, vieillard vêtu de noir. Coriolano lui demanda :

— Croyez-vous que le blessé peut être transporté en chaise chez moi ?

Le chirurgien s'inclina respectueusement et répondit :

— Sauf votre respect, Excellence, je dirais que non, au moins pour quatre ou cinq jours... la blessure n'est pas mortelle, mais elle est grave. L'attaque fut portée trop haut et la pointe a glissé le long de l'os, qui a dévié le coup et empêché la lame de pénéter plus profondément...

— Vous l'avez échappé belle !... Merci, seigneur chirurgien...

Quand l'homme de l'art, ayant examiné les pansements, s'en fut allé, Coriolano prit à son tour congé :

— Gardez courage, dit-il, je viendrai vous retrouver plus tard ; si vous désirez quelque chose, un livre... pour mieux passer le temps...

— Merci, faites comme il vous semblera... Mais, pardon, ôtez-moi d'un doute. Si ces gens me connaissaient, pourquoi ne m'ont-ils pas transporté chez vous ?

Coriolano parut frappé par cette demande si simple mais il retrouva aussitôt son léger sourire et son aspect serein.

— Que voulez-vous que je vous dise ? Ce sont des choses auxquelles on ne songe pas sur le moment. Ils ont craint de m'effrayer... Que sais-je ? Du reste, pourquoi vous tourmenter ? L'important est que vous guérissiez rapidement ; puis nous chercherons ensemble à éclaircir ce que vous croyez être un mystère. Au revoir.

XI

Ce matin-là, à table, Don Raimondo annonça la nouvelle à son épouse.

La duchesse blêmit et balbutia :

— Comment ?... Qui ?...

— Un guet-apens, selon toute apparence ; mais ce jeune homme a la peau dure ce me semble ; on a trouvé un homme mort et un autre grièvement blessé gisant sur le pavé ; mais de Blasco, point ! Il en aura probablement réchappé : il doit pourtant y avoir un autre blessé car on a découvert une flaque de sang dans les parages.

S'efforçant de surmonter son désarroi, la duchesse demanda :

— Comment sait-on qu'il s'agit du seigneur Blasco ?

— On le tient de la bouche du blessé.

— Et... a-t-il donné des explications ?

— Non, mais avec un peu de flair, on devrait découvrir sans mal d'où vient le coup.

— Vous soupçonnez quelqu'un ?

— Non, dit le duc de la Motta avec son sourire froid avant de détourner la conversation.

Donna Gabriella fit bonne contenance mais de retour dans ses appartements après le déjeuner, elle s'abandonna à une vive agitation. Les insinuations, les menaces voilées du prince d'Iraci accusaient celui-ci d'évidence et, cédant à la haine et à un violent désir de vengeance elle commença par éprouver un irrépressible dépit en songeant que son entreprise n'avait pas entièrement réussi. Mais des souvenirs plus tendres se superposant à ceux qui la torturaient vinrent la tourmenter, le remords s'insinua doucement en elle : n'était-elle pas complice du crime ? L'idée que le beau jeune homme dont elle était encore éprise au fond de son âme (et sa haine n'était engendrée que par la passion) allait peut-être mourir la bouleversait.

Tout comme elle avait incité le prince à se venger et sans se soucier de son inconstance, voilà qu'elle formait des vœux pour que Blasco eût la vie sauve.

Elle se demandait où il se trouvait ; chez le chevalier de la Floresta peut-être ? Si elle envoyait quelqu'un demander de ses nouvelles ? Mais non ! A quoi bon ? Tout était fini entre eux : on l'avait frappé ? Ma foi tant pis pour lui ! Pourquoi se soucierait-elle de son sort ?

Et pourquoi s'accuserait-elle de complicité ? Elle n'avait jamais dit un seul mot au prince, moins encore l'avait-elle encouragé... Elle avait exprimé son mépris, certes, mais... du reste, le prince et lui se haïssaient pour des raisons qui ne tenaient point à elle et un jour où l'autre les choses en seraient arrivées là... Pourtant, elle devait en convenir, Blasco valait beaucoup mieux que le prince d'Iraci. Il avait plus de prestance, plus de courage et de témérité, et un certain je ne sais quoi... Ah, ils auraient pu être si heureux ! Heureux !... Mais le bonheur s'était enfui à l'instant même où elle croyait l'atteindre, il s'était évanoui en fumée !... évanoui ?

Elle demeura quelque temps la tête entre les mains, profondément absorbée dans de multiples pensées et ne bougea pas quand sa femme de chambre vint lui demander quelle tenue elle souhaitait porter pour sortir. Elle se souvint alors qu'elle devait aller rendre visite à sa belle-fille au monastère de Montevergini. Elle n'y allait pas très fréquemment à vrai dire, une fois par semaine tout au plus. Et ce n'était ni l'affection qu'elle portait à sa belle-fille ni une quelconque attirance pour la vie conventuelle qui la menaient là-bas mais plutôt les convenances et la force de l'habitude.

Du reste, ce genre de visites comptait en ce temps-là parmi les occupations d'une grande dame : elle s'y rendait avec tout le faste que requérait sa fortune et son rang, en chaise à porteurs dorée, peinte et empanachée, suivie de laquais en riche livrée, accompagnée parfois d'un chevalier servant qui, penché à la portière, bavardait avec elle au long du chemin pour la distraire. Elle était assurée de rencontrer au parloir une autre dame, ce qui transformait la visite en réunion mondaine, à laquelle les rafraîchissements même ne manquaient pas car l'abbesse, se rappelant qu'elle était elle aussi fille de seigneur, manifestait à l'endroit des nobles visiteuses toutes les attentions qui convenaient à leur rang et à la réputation du monastère.

Il y avait monastère et monastère. La maison de Dieu n'était pas la même pour tous. Le raisonnement était le suivant : puisque le bon Dieu avait accordé à certains le rang et la fortune, il était tout naturel qu'une jeune fille de la noblesse pût se retirer dans un établissement religieux où la pureté de sa naissance fût préservée du contact avec la plèbe. Celle-ci était présente, certes, mais pour la servir, rôle auquel le Seigneur l'avait destinée et que nul ne songeait à mettre en doute.

Il existait donc des monastères réservés à la noblesse et d'autres à la roture : pour le petit peuple, il y avait les couvents réservés aux femmes de mauvaise vie. Le monastère de Montevergini s'était fait une tradition de l'éducation des jeunes filles et un pensionnat s'élevait à ses côtés.

Violante Albamonte de Branciforti était élève au couvent de Montevergini. Oubliant, ou s'efforçant d'oublier l'objet de son tourment, Donna Gabriella désigna une robe au hasard et le rouge lui monta au front car elle lui rappelait l'un des instants les plus doux de son existence; elle l'avait choisie sans réfléchir et on eût dit que le hasard voulait la ramener en arrière.

Elle se confia aux mains habiles de sa femme de chambre qui semblait mourir d'envie de parler. Comme la duchesse ne lui prêtait pas la moindre attention, elle commença timidement :

— Votre Excellence sait peut-être...

Donna Gabriella fit volte face; comprenant que sa camériste allait aborder le sujet qui devait alimenter ce jour-là toutes les conversations elle feignit l'ignorance :

— Quoi donc? demanda-t-elle.

— Ce qui est arrivé au seigneur chevalier Don Blasco...

— Oui, je sais. Dépêche-toi! l'interrompit-elle, craignant d'entendre des ragots, mais la curiosité la tenaillait. Quant à la femme de chambre, n'étant pas fille d'Ève pour rien, elle était tout à fait incapable de garder pour elle ce qu'elle savait.

— Le pauvre!... un si courageux, si valeureux jeune homme!

— Il n'est pas mort, fit Donna Gabriella pour confronter les dires de son époux à ce qu'on s'apprêtait à lui apprendre.

— Hier soir, non, grâce à Dieu, il ne l'était point! Mais comment en être sûr, désormais?

— Que veux-tu dire?

— Je dis qu'on ne peut pas savoir aujourd'hui s'il est mort ou vivant, puisqu'il a disparu.

— Comment cela, disparu?

— Comme je vous le dis, Votre Excellence... on ne sait pas où on l'a transporté...

— On l'a emmené au palais de la Floresta...

— Non, Excellence; il n'y est pas...

— Comment peux-tu l'affirmer?

— Nous autres domestiques, nous sommes les premiers au courant de ces choses...

La duchesse regarda avec étonnement sa servante, tandis qu'elle agraffait son corset sur ses hanches et sur sa poitrine.

— Pietro... poursuivit la femme de chambre, s'est renseigné. Le chevalier Don Blasco devait partir ce matin, je crois... et on ne l'a plus vu depuis hier soir. On l'a forcément emmené quelque part, mais pourquoi, ça, c'est ce qu'on se demande.

Donna Gabriella était comme terrassée par cette nouvelle. Elle se posait elle aussi la même question. Cette disparition était mystérieuse et ne laissait pas de l'alarmer : elle songeait avec horreur que les assassins eux-mêmes avaient dû emporter leur victime pour ne laisser aucune trace de leur crime et qu'à l'heure qu'il était Don Blasco était bel et bien mort. Ces pensées lui mettaient les nerfs à vif. Elle pressa sa servante d'en finir et sortit. Une chaise à porteurs l'attendait au pied du grand escalier.

Le monastère de Montevergini n'était pas très loin. Il suffisait pour s'y rendre d'emprunter la rue San Cosmo et la rue de la Guilla puis de tourner dans la rue du Celso. Devant la porte du parloir d'autres chaises à porteurs attendaient et une foule de serviteurs, portant des livrées variées éclaboussaient de couleurs vives et de reflets d'or et d'argent la petite place de l'église enveloppée d'ombres grises.

Le parloir était animé ; des dames dont les noms, pareils à ceux de divinités, symbolisaient la grandeur, la puissance et le faste ; la grande salle avec le Christ au mur, les figures de cire de Notre Dame des Sept Douleurs et de l'Immaculée Conception dans les vitrines, entourées de lampes à huile allumées et de fleurs de cire, les tableaux sacrés, un peu ternes dans leurs riches cadres dorés, la grande salle si sévère se ravivait en de tels moments du scintillement de la soie et du satin aux tons délicats ; de la blancheur des dentelles et des plumes qui frémissaient sur les grands chapeaux ; du rose tendre des cous et des bras nus. Un souffle de mondanité envahissait l'austère simplicité du parloir, formant un singulier contraste avec les uniformes noirs des pensionnaires et des sœurs professes : ces dernières, les cheveux courts dissimulés sous la guimpe encadrant un visage d'une pâleur claustrale, semblaient surveiller les conversations, prêtant en réalité l'oreille aux dernières nouvelles de la vie mondaine.

Les sujets étaient en fait légers et frivoles mais on sauvait les apparences par des réprimandes et des sermons que les jeunes pensionnaires accueillaient de l'ébauche d'un sourire.

Parmi les grandes, il en était de superbes dont l'amour transperçait déjà le cœur de ses flèches ; d'autres, qu'un usage cruel vouait à une existence cloîtrée, avaient déjà acquis la gravité glaciale des religieuses, en apparence, du moins ; il y avait aussi les petites, pareilles à des oiseaux en cage, qui débordaient de vitalité, incapables de rester en place malgré le règlement exigeant une attitude réservée et respecteuse en présence des mères. Les visiteuses, oubliant parfois les pensionnaires, se mettaient à deviser entre elles comme dans un salon ; les sœurs professes prenaient part aux conversations et le parloir s'emplissait alors de charmants babillages et de rires argentins. Des confesseurs et du dernier miracle on passait aux prochains mariages ou au petit scandale du jour, chuchotant derrière les éventails et usant de métaphores que les jeunes filles ne devaient pas comprendre, avec des clins d'œil et des sourires ambigus.

L'arrivée de Donna Gabriella fit diversion ; les dames se levèrent, exécutant l'une après l'autre une gracieuse révérence, pour répondre à celle de Donna Gabriella, respectant le cérémonial des salutations qui était d'usage en public, même entre époux ou entre amis intimes. Puis une question fusa :

— Eh bien, Votre Excellence a-t-elle des nouvelles du jeune homme ?

Comme il n'avait pas de titre, on appelait Blasco « le jeune homme ». Elle prit l'air de quelqu'un qui ne souhaite pas être importuné, non sans respecter les formes :

— Mon Dieu ! Comme je regrette de ne pouvoir vous donner de nouvelles, Mesdames, mais en vérité je ne sais rien.

Violante vint alors fort à propos la tirer d'embarras ; la jeune fille s'approcha timidement et, après avoir fait la révérence, le pied droit en arrière et les genoux pliés, elle baisa la main que lui tendait Donna Gabriella.

— Eh bien ma petite, comment vas-tu ? s'enquit Donna Gabriella.

— Bien, Votre Excellence, pour vous servir.

C'était la réponse qu'exigeaient les bonnes manières. Violante approchait de ses treize ans et elle était déjà plutôt développée même si l'uniforme du couvent semblait fait pour dissimuler, voire effacer toute trace de la femme qui commençait à éclore sous la tendre enveloppe enfantine. Son visage d'un ovale très pur avait une teinte d'ivoire — chose courante en Sicile — qui mettait en valeur le velours noir des yeux, sous l'ombre des longs cils. Ses cheveux bruns, épais, ondulés et brillants encadraient merveilleusement son visage où la gaîté enfantine contrastait avec la gravité mystérieuse, indéfinissable de l'âge nubile et sa vitalité rebelle à toute contrainte avec la timidité que lui inspiraient la grande dame et la discipline du couvent. Deux natures se disputaient encore cette jeune personne vive, aux formes gracieuses, pleine de charme et de séduction ingénue.

Son regard exprimait une foule de pensées et son sourire rayonnait comme un soleil.

Donna Gabriella la regardait avec une admiration qui n'était pas exempte de dépit. Elle aussi était belle mais la beauté de sa belle-fille était à la fois plus noble et plus envoûtante ; son intuition féminine lui faisait pressentir les forces encore latentes qui donneraient à cette enfant son pouvoir sur les hommes et son cœur se serra, comme si l'entrée de la jeune fille dans le monde qu'elle avait jusque-là dominé devait la rejeter dans l'ombre. Elle voyait déjà une rivale en elle et aucun lien de sang ne pourrait lui rendre son triomphe pardonnable.

Violante attendait sans mot dire que sa belle-mère lui donnât la parole ; puis elle dit :

— Savez-vous, mère, qui j'ai vu l'autre jour, en rentrant de Bagheria ?

La duchesse leva vers elle des yeux interrogateurs.

— Qui donc ?

— Le seigneur Don Blasco... le chevalier qui accompagnait Votre Excellence...

Donna Gabriella sentit le sang lui affluer au visage : même cette petite ramenait ses pensées vers celui qu'elle tentait d'oublier, mais d'entendre prononcer son nom par ces lèvres charmantes la remua d'un trouble indéfinissable. Elle fronça les sourcils. Blasco l'avait peut-être accompagnée deux ou trois fois lors de ses visites au monastère mais il était toujours resté dehors ; comment Violante avait-elle bien pu l'apercevoir ? les suppositions les plus variées et les plus contradictoires lui traversaient l'esprit à une vitesse vertigineuse. Elle demanda :

— Où l'as-tu vu ?

— Je ne saurais le dire exactement... dans la campagne... Ah, si ! un peu avant d'entrer en ville... avant le pont... vous savez, Votre Excellence, le pont antique... Il était arrêté ; je l'ai bien reconnu, mais pas lui...

— Il ne t'a pas reconnue ?

— Il ne m'a jamais vue !...

— Et toi, quand l'as-tu vu ?

— Quand il est venu avec Votre Excellence...

— Il n'est pas entré...

Violante rougit de honte.

— Je l'ai vu à travers la grille... c'est peut-être mal ?...Nous regardons souvent à la grille... bien que la mère supérieure...

— Cela est peu convenable, observa Donna Gabriella non sans une certaine âpreté, et après un silence, le regard dur, elle ajouta :

— Mais cela n'arrivera plus ; le seigneur Blasco est mort.

— Mort ! s'écria Violante d'un ton plein de regret. Il est mort !

— Assassiné, précisa Donna Gabriella de plus en plus acerbe. C'était, à ce qu'il paraît, un triste personnage... je ne le connaissais pas... il m'accompagnait, car ainsi le souhaitait ton père.

— Le pauvre !... quel dommage ! Il était si beau !

— Hum ! fit Donna Gabriella d'un ton réprobateur ; que signifie... ?

Violante baissa la tête, rougissante :

— Pardonnez-moi.

Elle avait envie de pleurer, mais n'aurait su dire si c'était à cause de la réprimande ou de la nouvelle si brutalement annoncée. Elle ne pouvait s'empêcher d'éprouver des regrets en songeant à Blasco, car au fond de son âme, elle ne comprenait pas comment un si beau jeune homme, et un ami de son père, pût être quelqu'un de mauvais.

Donna Gabriella échangea quelques mots avec la religieuse, devisa encore un peu avec les autres dames puis prit congé.

Le cœur gonflé de dépit, de tristesse et de mille sentiments indéfinissables, mais par-dessus tout d'une sorte d'appréhension qu'elle ne parvenait pas très bien à définir, elle avait besoin d'air, aussi ordonna-t-elle aux porteurs de l'emmener au bord de la mer.

Ils descendirent le Cassaro, salués au passage par les cavaliers qui reconnaissaient la noble et belle dame mais Donna Gabriella, absorbée par ses pensées leur répondait d'un simple signe de tête, parfois à peine ébauché...

Près de la place Marina elle vit le prince d'Iraci à cheval ; elle sortit la tête pour se montrer en espérant qu'il s'approcherait mais à peine l'eut-il reconnue que le prince s'éloigna. Il la fuyait ? Pourquoi ? Le remords ? La peur ? Elle se rejeta en arrière, serrant les dents, les traits crispés par la douleur et la colère. Elle s'était montrée et avait cherché à attirer l'attention du prince dans le seul but d'apprendre quelque chose. Car si, comme elle en était sûre, le prince était l'instigateur du guet-apens, il devait pouvoir lui donner des renseignements plus précis ; et voilà qu'au contraire il se dérobait. L'aversion, le mépris que lui avait toujours inspiré cet être inconsistant, incapable d'un sentiment noble, rejeton dégénéré d'une noble souche ayant décliné au cours des siècles, lui glaça le cœur.

Elle donna l'ordre de rebrousser chemin et se fit ramener chez elle. En chemin d'autres pensées la tourmentèrent ; et particulièrement l'image de Violante, si belle et séduisante, dont les lèvres prononçaient avec une grâce exquise et un imperceptible tremblement (qu'elle éprouvait aussi au fond d'elle-même) un nom, son nom à lui, « le seigneur Blasco ». Elle se rappelait les paroles du chevalier de la Floresta, la nuit de Noël, au palais Trabia, et qui lui avaient semblées receler une mystérieuse allusion à un amour.

Sa belle-fille et la petite pensionnaire s'estompaient devant ses yeux pour laisser place à une femme, une rivale redoutable et invincible.

« Cette jeune personne ne doit plus jamais sortir du couvent, songea-t-elle, non, plus jamais ! »

A table, Don Raimondo lui apporta d'autres nouvelles : le blessé ramassé rue Lattarini avait fait sa déposition qui, de toute évidence, ainsi que l'affirmait le duc en se fondant sur son expérience, n'était qu'un tissu de mensonges. Son compagnon et lui étaient deux misérables repris de justice qui vivaient de larcins et de filouteries sur le marché. Dans sa déposition, il racontait qu'un soir, partant avec son compagnon à la recherche de chiffons dans les ordures, ils étaient tombés tous deux par hasard sur un groupe de seigneurs ou de roturiers, ils n'avaient pas bien vu car il faisait sombre. L'un d'eux lui avait donné une gifle et son compagnon avait riposté par un coup de couteau; l'homme, poignardé, était tombé et les autres s'étaient alors précipités sur eux, tirant épées et pistolets. Ils les avaient mis en pièce avant de s'éloigner en emportant le blessé avec eux. Ils ne savaient ni de qui il s'agissait ni où ils étaient allés.

— Il n'y a pas un mot de vrai dans tout cela, conclut Don Raimondo, car s'ils allaient vraiment chercher des chiffons, il auraient dû avoir un sac pour les mettre dedans. Et on n'en a pas trouvé trace. La seule chose qui soit vraie, c'est que quelqu'un a emporté le seigneur Blasco... et là est le vrai mystère. Il est sorti seul du palais Lungarini, il est passé seul devant la file de carrosses et de chaises à porteurs. Un peu de flair devrait permettre... mais passons.

Il haussa les épaules comme pour dire : « que m'importe » et conclut :

— N'oubliez pas, ma chère, que dans deux jours vous partez avec la reine : le roi me l'a appris ce matin, daignant me l'annoncer à l'avance...

Il tendit une lettre que la duchesse ouvrit machinalement, tandis que le duc poursuivait, galant :

— Et je le dois en partie à votre gracieux concours...

Elle rougit, esquissa un geste de dédain et lui rendit la feuille de papier en disant d'un ton sec :

— Je ne partirai pas...

— Plaît-il? s'exclama Don Raimondo, stupéfait, en blêmissant.

— Je vous dis que je ne partirai pas. J'irai remercier le roi mais je le prierai de bien vouloir me dispenser du service de la Cour. Je n'ai pas semblable ambition...

— Vous déraisonnez, dit le duc en s'efforçant de ne pas la prendre au sérieux.

— Détrompez-vous. Je suis sérieuse. Je ne par-ti-rai pas.

Don Raimondo crispa les mâchoires comme il faisait quand il rugissait de colère intérieurement et le sang se retira de ses lèvres minces. Il dit d'une voix sourde et menaçante :

— Donna Gabriella, vous semblez oublier qu'une femme de votre rang ne peut manquer à ses devoirs envers le roi et qu'ayant accepté une charge, elle doit s'acquitter de toutes les obligations qui y sont attachées... et vous semblez oublier que je suis le maître chez moi...

— Vous ne pouvez m'obliger à devenir la favorite du roi!...

— Parce que vous aimeriez mieux, naturellement, être la maîtresse d'un bâtard!

— Don Raimondo! s'écria la duchesse en se levant, les yeux étincelants de mépris.

— Ah! poursuivit le duc, aveuglé par la rage. Vous croyiez donc que j'ignorais tout ? Vous croyez que j'étais dupe ? Qu'il n'était pas en mon pouvoir de vous faire enfermer dans un couvent pour adultère ?...

— Qu'attendez-vous pour le faire ? lui lança au visage Donna Gabriella d'un air de défi. Qu'attendez vous donc ?

— Je ne veux pas de scandale.

— Ah, vous avez peur ?

— Ne m'obligez pas à prendre une décision qui me fait horreur ! Prenez garde, Donna Gabriella ! Vous ne me connaissez pas !

— Je ne vous connais que trop !...

— Alors prenez garde à vous !... et restons-en là ! Assez de paroles inutiles. Vous obéirez au roi...

— Non !...

— Vous voulez anéantir toutes mes entreprises ?

— Je ne veux rien anéantir du tout. Ce que vous vouliez, vous l'avez obtenu ; vous avez désormais entre les mains tous les pouvoirs que vous souhaitiez et vous n'avez plus rien à craindre de vos ennemis ; vous pouvez les faire pendre sans avoir de comptes à rendre à quiconque ; vous pouvez poster des gardes tout autour de votre maison, vous faire accompagner ou suivre par des grenadiers, des cavaliers, par qui vous voulez... et vous voudriez que je paye de ma personne les faveurs que le roi vous a accordées ? C'est bien ce que vous voulez ? Alors ayez au moins le courage de m'accompagner dans le lit de Sa Majesté !...

— Duchesse !...

— Pourquoi vous offenser ?

— Taisez-vous ! Vous perdez jusqu'au respect de vous-même !...

— Ah, assez de belles phrases ! En résumé : je n'ai pas l'intention de devenir la favorite du roi, pour vous complaire...

— Toutefois... insinua Don Raimondo d'un ton ironique.

— Toutefois j'ai accordé au roi un entretien qui n'a pas dépassé les limites d'une tendre amitié... c'est ainsi. J'ai trouvé le roi plus galant que vous ne l'imaginez... voilà tout. Et je ne compte pas aller plus loin : mettez-vous bien cela en tête.

— Mais qui vous dit le contraire ?... Vous interprétez mes pensées d'une manière fort injurieuse...

— Non pas, je vous ai parfaitement compris. Et c'est pourquoi je refuse...

— Et vous me jugez assez stupide pour attribuer à un noble sentiment ce revirement inattendu ? Vous me cachez quelque chose, et je saurai bientôt quoi ; mais prenez garde à vous !...

— Vous ne me faites pas peur !

— Vous me défiez ?

— Oui !...

Don Raimondo serra les poings dans un accès de colère et s'approcha de Donna Gabriella qui, sans se troubler, tendit la main vers le cordon de la sonnette qu'elle tira... le duc blêmit et s'arrêta net. Un laquais se présenta à la porte.

— Ma voiture ! ordonna calmement Donna Gabriella.

— Où allez-vous ? Je vous interdis de sortir !

— La reine tient salon ce soir ; je vais aller la remercier et la prier de me dispenser du service de la Cour...

Sur quoi elle franchit rapidement la pièce pour gagner sa chambre, dont elle referma la porte derrière elle.

Don Raimondo la suivit, les yeux brillants de haine et de colère et, levant le poing d'un geste menaçant marmonna entre ses dents :

— Ah c'est ainsi ! C'est ainsi !... Mais je t'écraserai !

XII

Le 19 avril au matin, Vittorio Amedeo et Anne d'Orléans prirent la route de Messine. Le cortège royal sortit par la Porte Neuve, empruntant la route qui longeait les douves ; le roi était à cheval, précédé, entouré et suivi de la garde, des dignitaires de la Cour, du Conseil et de la noblesse ; la reine, dans une litière, accompagnée de ses suivantes.

Donna Gabriella ne se trouvait pas parmi elles : brusquement souffrante, elle avait sollicité de la reine l'autorisation de l'attendre à Palerme ou de la rejoindre à Messine quelques jours plus tard ; ce qu'Anne d'Orléans lui avait volontiers accordé, car elle était terriblement jalouse à l'égard du roi et se méfiait de la duchesse. Mais Vittorio Amedeo en avait éprouvé quelque dépit et supposant que Don Raimondo était pour quelque chose dans son désistement inopiné, il n'avait su lui cacher son mécontentement et lui avait manifesté une certaine froideur. Le roi, sur les conseils de San Tommaso, et un peu dans son intérêt personnel, avait investi Don Raimondo de la charge de vicaire général du royaume, afin de purger celui-ci de tous les brigands qui sévissaient dans les villes et les campagnes, le dispensant de l'accompagner à Messine comme il l'avait prévu auparavant. Il ne regrettait pas sa décision mais songeait pourtant que s'il avait contraint le duc à l'accompagner la duchesse n'aurait pu se dispenser de ses obligations.

Le cortège passait au milieu d'une foule rassemblée pour assister au spectacle. Les bastions de la Porte Montaldo et de la Porte Sant' Agata et la courtine qui les reliaient l'une à l'autre, étaient noirs de badauds. Des applaudissements éclataient ça et là, point trop enthousiastes mais spontanés et obligeants.

Au pont de l'Amiral, le roi congédia le Conseil et la noblesse et seuls demeurèrent les gentilshommes et les dignitaires de la Cour. La première étape était Bagheria. Le prince de Butera y avait fait construire peu auparavant une maison magnifique et il avait convié le roi à s'y arrêter afin de se restaurer. La princesse et lui avaient devancé les souverains afin de les recevoir avec le faste royal qu'exigeaient les circonstances. Le prince avait pensé à tout ; en plus de la table du roi et de la reine, il avait fait dresser dans d'autres salles, conformément à leur titre et à leur rang, des tables pour les dignitaires, les gentilshommes, les officiers de l'État, les suivantes de la reine et jusqu'aux domestiques, selon l'ordre hiérarchique. A l'extérieur, sur une esplanade, il avait fait dresser les tables des gardes. Partout se déployait le luxe et la magnificence, mais la table royale, de par la profusion et la beauté de l'argenterie, dont chaque pièce était une œuvre d'art de grand prix, certaines de la Renaissance, donnait le vertige.

Le voyage jusqu'à Bagheria se déroula sans événement notable ; le cœur réjoui au spectacle des paysages fertiles, où la végétation luxuriante et variée exhalait en cette saison une diversité infinie de parfums, émerveillé par tant de beauté, le roi exprima ses impressions en ces termes à ceux qui l'entouraient :

— Qu'en dites-vous, Messieurs : si ces terres étaient aux mains de paysans aussi courageux et habiles que nos Piémontais, ce pays ne serait-il pas le premier du monde ?

— Il faudrait avant toute chose en faire un endroit sûr. La campagne est infestée de brigands. Votre Majesté a déjà pris de judicieuses dispositions et, dans sa sagesse paternelle, elle sera le sauveur du royaume.

— Dommage que nous soyons si loin de Turin !...

Bagheria n'avait rien d'un village en ce temps-là ; c'était un lieu de délices, où des seigneurs s'étaient fait construire des palais dans le style baroque et qui était en vogue dans les premières années du XVIIe siècle. La population se composait donc de paysans et des serviteurs de ces villas seigneuriales et tous ces gens, bien que peu nombreux, s'étaient assemblés dans l'allée qui menait au palais sous les arcs de triomphe formés par les frondaisons.

Devant le premier arc se tenaient le prince et la princesse de Butera et deux files de miliciens tirant des salves de leurs arquebuses tandis que la foule applaudissait et que les cloches de la petite chapelle sonnaient à toute volée.

Mais le roi n'avait pas encore franchi le premier arc qu'une jeune fille se jeta à genoux au milieu de l'allée, agitant à bout de bras une liasse de feuilles de papier en criant :

— Grâce ! Majesté, grâce !...

Vittorio Amedeo retint son cheval ; tout le cortège s'immobilisa brusquement dans un mouvement désordonné ; sur un signe du roi le capitaine de la garde se baissa pour prendre la liasse de papiers des mains de la jeune fille avant de la tendre au roi ; entre-temps le prince de Butera, stupéfait et furieux qu'une personne étrangère eût osé pénétrer dans son domaine pour troubler la solennité de la réception qu'il avait préparée, s'approcha de la jeune fille avec l'intention manifeste de la faire bastonner par ses laquais.

— Qui es-tu ? Qui t'a permis ? Saisissez-vous d'elle et donnez lui une leçon !

Et se tournant vers le roi qui avait remis les papiers à son aumônier il ajouta, sur le ton du plus profond regret :

— Que Votre Majesté pardonne l'impudence de cette jeune fille, qui n'est pas de la région. J'ignore d'où elle vient. Je vais lui apprendre les devoirs qui...

— Laissez, laissez-la partir ; quelque malheureuse sollicitant notre protection. Ma maison n'a jamais repoussé les pauvres gens...

Mais la jeune fille qui s'était relevée, le rouge au front, se hâta de répondre :

— Ce n'est pas pour moi que je suis venue, Majesté ; je n'ai besoin de rien ; c'est pour d'autres que moi que j'implore votre clémence... que Sa Majesté me pardonne, et que Son Excellence me pardonne tant d'audace mais...

— Comment t'appelles-tu ? lui demanda le roi en souriant, ravi de la gracieuse vivacité de la jeune fille, assez belle, dont le trouble rehaussait la beauté.

— Pellegra Bongiovanni, répondit-elle, je suis la fille du peintre et mon père est ici, le voici...

Elle désignait, au milieu d'un groupe de gens du peuple, un homme vêtu comme à la ville qui souriait d'un sourire imbécile et faisait de profondes révérences. Il parut vouloir s'élancer à son tour mais les autres le retinrent. Le prince le reconnut :

— Don Vincenzo Bongiovanni ?

Que lui était-il arrivé ? La grâce de qui sollicitait-il ? Il eût été plus adroit, voire bienséant, de s'adresser à lui, le maître de maison, et peut-être eût-il alors jugé opportun d'en référer au roi sous forme de supplique... on disait que le peintre était un peu simplet et cela seulement permettait d'excuser sa témérité. Quoi qu'il en fût, puisque le roi s'était montré indulgent envers la jeune fille, le prince refoula son dépit et, interrompant là ses réflexions, prononça le discours de bienvenue qu'il avait préparé pour la circonstance, suppliant leurs Majestés de daigner accepter son hospitalité, et honorer la maison de leur humble serviteur.

Le roi écouta le discours, truffé des formules flatteuses qui étaient d'usage à cette époque, avec une dignitié hautaine appropriée aux circonstances mais qui contrastait avec la bienveillance spontanée qu'il avait exprimée à Pellegra quelques instants plus tôt.

Pendant ce temps, la jeune fille s'était écartée pour rejoindre son père et ses compagnons qui, profitant de la confusion provoquée par l'entrée du roi dans la maison, se dispersèrent à travers les orangers qui couvraient la vallée.

Tout à la joie de la réception, chacun eut tôt fait d'oublier l'incident qui n'avait tout compte fait rien de très nouveau ni d'exceptionnel.

Cependant, l'aumônier avait lu la supplique présentée par Pellegra et son visage était passé par toutes les expressions de la stupeur. S'approchant du marquis de San Tommaso il lui dit :

— Cette affaire ne me regarde pas et il me semble qu'elle concerne plutôt Votre Seigneurie ; mais il s'agit d'une chose extraordinaire.

Jetant un coup d'œil sur les papiers, le marquis comprit aussitôt de quoi il s'agissait :

— Je connais cette affaire, dit-il. C'est la deuxième supplique ; mais...

Un mot ayant plus spécialement attiré son attention il s'absorba dans sa lecture et la plus grande stupeur se peignit sur son visage...

— Diantre ! Voilà qui semble tout bonnement incroyable !...

Lorsqu'il reprit son voyage à travers la campagne, le roi, oubliant l'étiquette, se mit à bavarder familièrement avec les dignitaires de sa suite. Il demanda à l'aumônier :

— Alors, monseigneur, que demandait cette jeune fille ?

— Votre Majesté, les faits évoqués dans cette lettre relèvent des attributions de Sa Seigneurie le marquis de San Tommaso plutôt que des miennes ; il ne s'agit pas de charité mais de faits concernant la justice de Votre Majesté... si cette lettre dit vrai...

— Et qu'en pense le marquis de San Tommaso ?

— Je pense, Votre Majesté, que si l'on en croit les auteurs de cette lettre, Votre Majesté doit retirer sa confiance à quelqu'un à qui elle l'accordait en vertu de sa droiture et de son zèle.

— Vous piquez ma curiosité : de qui s'agit-il donc ?

— On accuse le duc de la Motta des crimes les plus noirs...

— Le duc ?

— Oui, Majesté ; il aurait détourné le patrimoine d'héritiers légitimes... et de plus il serait coupable de la mort de la duchesse, de la disparition de l'héritier légitime, d'autres crimes encore. C'est pour couvrir tout cela qu'il aurait fait emprisonner et condamner diverses personnes et que hier matin, en vertu des pleins pouvoirs accordés par Votre Majesté, il aurait fait arrêter l'épouse et le neveu d'un certain Ammirata, lui aussi recherché par la justice ou, selon la supplique, victime de la persécution du duc de la Motta. Voilà ce que dit la supplique, mais...

— Voilà qui m'abasourdit !... Qu'y a-t-il donc d'autre ?

— Mais je dois confesser à Votre Majesté que j'ai déjà reçu une supplique de l'épouse de cet Ammirata, qui demandait une audience. Je n'ai pas cru devoir en parler à Votre Majesté, parce que je crois savoir que le dit Ammirata est un des chefs de cette association secrète des Beati Paoli, qui a commis et commet tant de scélératesses... et contre laquelle le duc de la Motta a rassemblé toutes ses forces...

— Et qu'en pensez-vous ?

— Je pense, Sire, que le duc de la Motta est un homme habile et qu'il peut rendre de grands services à Votre Majesté, en particulier quand nous avons sur les bras la querelle avec Rome. Son inflexibilité lui a attiré de nombreux ennemis...

— Vous croyez donc qu'il s'agit de calomnies...

— Elles sont fréquentes contre les ministres, et l'on peut retenir que dans les accusations contre le duc il doit y avoir pour le moins des exagérations et des fabulations ; mais il ne serait pas mauvais, peut-être, d'enquêter un peu...

Le roi garda un instant le silence, puis demanda ·

— De qui est signée la supplique ?

— Francesca Ammirata...

— Et cette enfant, la fille du peintre, est parente de l'Ammirata ?

— Je ne saurais le dire...

— Eh bien, marquis, vous m'informerez de tout.

— Dès que nous serons à Termini, je donnerai les ordres nécessaires...

— Et vous ferez auparavant interroger cette Ammirata...

— Votre Majesté sera obéie.

Comme l'avait expliqué le marquis de San Tommaso, la veille, Francesca Ammirata et Emanuele avaient été arrêtés sur l'ordre de Don Raimondo et on les avait mis au secret à Castelammare. Le duc pensait que c'était la manière la plus sûre de mettre la main sur Don Girolamo et Andrea, en particulier sur ce dernier, dont il avait une peur terrible. L'arrestation avait mis le quartier du Capo sens dessus dessous, et ce qui avait encore plus ému c'était le lieu où avaient été conduits les arrêtés, car outre les nobles qui y avaient des quartiers privilégiés, on ne conduisait au Château que les coupables de crimes très graves et sur lesquels il était nécessaire d'exercer une surveillance spéciale. Mais celle qui parut la plus désolée fut Pellegra. La pauvre enfant, en voyant Emanuele les poignets liés, au milieu des sbires, éclata en sanglots ; mais le jeune homme la réprimanda :

— Que signifient ces pleurs ?... Je ne suis pas un gamin et je n'ai peur de rien !

Il s'en alla fièrement, la tête droite, l'air effronté, dédaigneux, en réconfortant la dame Francesca qui, pâle, les lèvres serrées, refrénait son émotion ; mais quand il se vit seul, enfermé dans une pièce sombre, humide, fétide, alors seulement il eut peur et son cœur se serra.

La même journée la nouvelle de cette arrestation parvint à Don Girolamo. Il en fut atterré. Il se donna un coup de poing sur le front, en poussant un cri désespéré :

— Par ma faute !... J'aurais dû m'y attendre !... Je devais la mettre en sécurité !... Et maintenant ? Et maintenant ? Que va-t-il arriver ?... Il faut agir ! il faut agir !...

Andrea n'était pas moins consterné : les poings serrés, pâle mais l'air sombre et menaçant, il allait et venait sans dire une parole.

Cette nuit-là les ruelles adjacentes à l'église de Santa Maruzza virent des ombres mystérieuses frôler les murs des maisons et disparaître brusquement. Il y avait une assemblée extraordinaire, à laquelle ne manquaient ni Don Girolamo, ni Andrea. Que s'y dit-il ? Sur quoi délibéra le mystérieux tribunal ?

Le lendemain Pellegra allait attendre le roi à Bagheria. Mais tandis qu'elle criait : « Grâce ! Grâce ! », Don Raimondo, accompagné de l'auditeur fiscal, se rendait au Château, dans la salle des juges, et ordonnait que soit conduite devant lui la dame Francesca.

XIII

Cédant à l'inconstance de son caractère, Donna Gabriella avait obtenu de rester encore à Palerme. Mais après le départ du roi, elle se repentit. La vanité et l'ambition l'emportèrent sur la jalousie. Au fond, que lui importait Blasco ? elle ne l'aimait plus, et même le haïssait ; et si elle avait pris cette résolution impromptue, cela avait été dans l'intention de nuire à Blasco ou mieux de lui jouer quelque méchant tour, car elle avait imaginé, avec beaucoup trop d'ardeur, que sa belle-fille était amoureuse du beau jeune homme. Mais en reprenant ses esprits, elle fut saisie de regrets et s'irrita en reconnaissant qu'elle avait laissé trop de champ à son imagination et qu'elle avait vu des montagnes là où il n'y avait qu'une ombre fantasmagorique. Ses inquiétudes étaient sottes. La belle-fille était enfermée dans un monastère ; et le cas échéant, elle disposait d'un moyen encore plus radical pour empêcher toute communication entre elle et Blasco. Elle pouvait l'emmener avec elle à Turin, où elle la marierait à un seigneur de la Cour. Pourquoi pas ? Pourquoi cette idée ne lui était-elle pas venue d'abord à l'esprit ? Elle s'indignait en cherchant comment réparer le mal fait, bien qu'elle reconnût qu'il n'était pas facile de reprendre un service dont l'abandon signifiait un renoncement, d'une part, et une chute dans la disgrâce de l'autre. Disgrâce ?

Le miroir dans lequel elle se voyait jusqu'à mi-corps paraissait contredire cette prédiction. Elle sourit. Ne possédait-elle pas les armes les plus puissantes pour affronter l'étiquette aussi bien que les rigueurs de l'austérité ? pour arrêter le bras du châtiment comme pour ouvrir la main de la générosité ? pour donner et retrancher ? Ignorait-elle que les rois les plus puissants se dépouillaient de toute royauté, de leur splendeur divine devant les lèvres frémissantes d'une bouche aimée ?

Il ne manquait que le prétexte, une raison plausible qui lui permettrait de se rapprocher de la Cour ou qui, pour le moins, justifierait sa présence à Messine.

Après sa dispute avec Don Raimondo, elle n'avait plus revu son époux, pas même à table : il dînait dans son cabinet de travail. Les deux premiers jours, cette séparation ne fut pas pour lui déplaire. Elle la laissait plus libre et lui épargnait l'ennui des explications, mais le troisième jour, Donna Gabriella commença à s'en irriter. La duchesse y voyait une espèce de mépris qui blessait son amour-propre.

Le quatrième jour Don Raimondo, sans même se faire annoncer, vint s'asseoir à sa place habituelle. Très pâle, il ne mangea pas, son visage demeurant immobile sous le froid sourire qui glaçait la ligne mince de ses lèvres.

Donna Gabriella en fut surprise et d'une certaine manière préoccupée : il devait être survenu quelque événement que, probablement, son époux voulait lui confier en dehors de la présence des domestiques. D'un geste, elle congédia la chambrière qui la servait et demanda :

— Qu'avez-vous donc ? Vous êtes pâle comme la mort.

Don Raimondo lui lança un regard amer, plein d'une espèce de rancœur et répliqua :

— Je récolte les fruits de votre trahison.

— Ma trahison ?

Ce mot, qui pouvait se prêter à différentes interprétations, la fit rougir.

— Que voulez-vous dire ?

— Que votre décision de ne pas accompagner les souverains, votre désertion du poste qu'avec tant de soin et contre tant d'envies nous avions conquis, a laissé le champ libre à nos ennemis.

— Dites plutôt aux vôtres...

— Vous vous trompez : je ne serai pas seul frappé...

— Peut-être ; mais je ne parviens pas à concevoir en quoi a pu vous nuire une résolution dont vous devriez aussi vous réjouir par attachement à votre bon renom.

Le duc eut un imperceptible haussement d'épaule ironique.

— Il y a des choses plus importantes au monde... l'État et la vie.

Le silence s'installa un instant entre eux puis Don Raimondo reprit :

— J'étais arrivé à mettre la main sur mes ennemis, je les avais découverts et j'étais quasi certain de parvenir à dévoiler leurs desseins les plus secrets. Eh bien, ce matin, un décret du roi a suspendu tout interrogatoire, jusqu'à nouvel ordre.

— Et que veut dire cela ?

— Qu'on m'ôte des mains le procès pour le donner à d'autres...

— Et s'ils sont vraiment coupables de ce que vous redoutez ?

— Et si...

Il se tut : son front se mouillait de sueur. Sans répondre à l'observation de Donna Gabriella, il murmura comme pour lui-même :

— Il faut absolument que l'ordre du roi soit annulé ; il faut que personne hors moi ne s'occupe de ce procès ; il faut que cette femme ne parle pas ou qu'elle dise seulement ce que je veux... Il faut avant tout savoir pourquoi le roi a donné cet ordre et si je suis tombé en disgrâce... Si c'est bien le cas, Donna Gabriella, comme ce sera de votre faute, je vous jure que je saurai vous entraîner dans ma ruine. Je ne vous ai jamais demandé de comptes sur votre conduite ; j'ai même fermé les yeux sur vos légèretés... Oh ! Il est inutile de feindre avec moi. Ne croyez pas que je sois idiot et qu'il soit facile de m'abuser... Si je n'ai pas provoqué un scandale quand cela était possible, c'est parce qu'il m'a paru plus convenable d'affecter l'ignorance... Mais je vous ai demandé votre aide, j'avais besoin d'une personne sûre qui pût avoir autant d'intérêt que moi à servir ou à accroître le prestige et la puissance de ma maison ; et nul mieux que vous n'aurait réussi.

Mon rang m'avait mis au contact des souverains ; vôtre grâce m'avait gagné la sympathie. Vous, première dame de la Cour, moi, premier magistrat du royaume, personne n'aurait osé nous attaquer. J'aurais pu, avec les moyens dont j'aurais disposé, détruire cette secte scélérate qui semait des embûches sur mon chemin et qui... fabriquait les accusations les plus invraisemblables contre moi... Mon œuvre était commencée : deux membres de la secte avaient été pendus ; j'avais fait arrêter la femme de l'Ammirata, un des chefs, pour me saisir de lui. Et puis, soudain, on arrête mon bras. Pourquoi ? Qui s'est interposé ? Qui est à l'origine de l'ordre royal ? Si vous aviez accompagné la reine, ceci ne serait pas arrivé, vous auriez pu éventer le complot... Au lieu de quoi, par pur caprice, par une lubie inqualifiable et inexplicable, vous avez perdu votre place, vous m'avez désarmé et avez volé au secours de mes ennemis...

Il s'était levé de table et arpentait lentement la salle. Donna Gabriella était pensive ; l'ombre enveloppait ses yeux noirs perdus dans le vide. Les paroles de Don Raimondo et plus encore la terreur qu'il n'avouait pas mais que révélaient sa pâleur, ses efforts pour conserver un certain calme, la sueur qui lui baignait le front, éveillaient des doutes en elle, ouvraient son esprit à des peurs inconnues, à des interrogations qu'elle formulait pour la première fois. Elle ne s'était jamais résolue à fouiller le passé et à réfléchir à la conduite de son époux ; elle l'avait connu austère, d'une moralité irréprochable, presque rigide, riche, respecté ; elle n'avait jamais imaginé qu'il pût avoir quelque chose à dissimuler ou à craindre. L'agitation présente, la préoccupation vive, la terreur angoissée d'événements à venir la ramenaient à présent vers le passé de son époux. Elle se demandait :

« De qui a-t-il peur ? Pourquoi a-t-il peur ? Quel secret cache sa vie ? »

Et en le regardant, il lui apparaissait sous une lumière louche, avec un aspect de méduse, qui lui faisait courir de la glace dans les veines. Qu'avait donc cet homme ? Quelles taches souillaient ces mains ? Quels stigmates sur ce front ? D'une voix basse, altérée, elle lui demanda :

— Qu'y a-t-il donc de si terrible pour vous faire trembler ?

Ces mots vagues, indéterminés prenaient un sens précis et pénétrant et il les entendit. Il fit un effort sur lui-même et répondit d'une voix basse et lugubre :

— Je ne vous ai jamais rien dit, parce qu'en vérité il était inutile de troubler votre âme mais il est temps que vous sachiez tout... Après la mort de mon frère, ma belle-sœur et son fils ont disparu et sa chambrière a été assassinée...

— Oui, oui... j'étais encore une enfant, mais il me semble que l'affaire fit grand bruit.

— Ceux qui l'ont enlevée devaient avoir un complice chez les domestiques... On a trouvé au balcon de la chambre une corde formée de langes de nouveau-né liés ensemble. Les ravisseurs, que je n'hésite pas à qualifier d'assassins, se sont enfuis par là... On n'a jamais retrouvé trace d'eux. Ni de ma belle-sœur... Et pourtant j'ai passé deux années à les rechercher partout, et pas seulement à Palerme... Avec tout cela on m'accuse.. écoutez-bien, on m'accuse d'avoir supprimé ma belle-sœur et mon neveu pour m'emparer de leur patrimoine...

Donna Gabriella regarda son époux et frémit. En cet instant, il lui semblait percevoir chez lui quelque chose d'épouvantablement bestial.

— Je vous jure, poursuivit-il, sur la tête de ma fille que j'ignore comment la duchesse de la Motta a disparu et ce qui lui est arrivé.

Cette fois, il ne mentait pas ; car en vérité, il n'avait jamais pu percer le mystère de cette disparition.

— Et alors ? demanda Donna Gabriella, encore submergée par ses impressions.

— Eh bien, quelqu'un que je ne connais pas, un ennemi occulte et implacable a cherché, je ne sais pour quelles fins, à accumuler des témoignages contre moi, pour démontrer que je suis... un assassin et un usurpateur ; des lettres mystérieuses ont pénétré dans cette maison, je ne sais comment, à travers portes et fenêtres closes ; des lettres pleines de menaces, d'allusions insidieuses... Je suis entouré de toutes parts d'ennemis invisibles qui se proclament vengeurs de ce que j'aurais usurpé et qui au contraire me revient de droit... Trouver des témoins, parmi ces gens, n'est pas difficile ; peut-être sont-ce les assassins eux-mêmes. Il est évident que quelqu'un a intérêt à tout cela, quelqu'un qui ambitionne la couronne ducale de la Motta. Qui ? La clé du mystère est cet Ammirata... Et voici qu'à présent, ils m'échappent. « Ils » sont arrivés jusqu'au roi... Quand une armée de témoins que je ne connais pas accumuleront les accusations les plus invraisemblables en leur ajoutant ces manigances qui, je le sais d'expérience, permettent de bâtir de graves procès, comment me disculperai-je ? Où trouverai-je les témoignages en ma faveur ? Il est plus facile de faire apparaître un homme comme coupable, que de persuader de son innocence... Je suis désormais à la merci de mes ennemis !...

Donna Gabriella se demandait :

« Est-il scélérat ? Est-il victime ? Si c'est un scélérat, dois-je me faire sa complice ? Et s'il est victime de manigances, pourrai-je l'abandonner ? »

— Quand même je saurais montrer l'invraisemblance de ces accusations, le scandale qu'elles soulèveraient ne justifierait-il pas ma préoccupation ? Et ne donnerait-il pas aux envieux l'occasion de multiplier à nos dépens tout ce que la malveillance peut suggérer ?... Et, puisqu'il faut envisager toutes les possibilités, si la voix de l'innocence ne parvenait pas à détruire ces accusations mensongères, imaginez-vous quelle catastrophe s'ensuivrait ?

Pâle, terrifié, il tremblait, au bord de la convulsion, comme s'il avait vu briller devant ses yeux la hache du bourreau. Il était à la fois terrifiant et pitoyable. Mais en cet instant ni la terreur ni la pitié n'étaient dans l'âme de Donna Gabriella ; elle pensait qu'en vérité son état, sa richesse, cette domination qu'elle exerçait sur la société aristocratique étaient compromis et qu'il fallait sauver son époux pour conserver ces conditions de vie qui donnaient un sens à son existence.

— Dites-moi ce qu'il faut faire.

— Reconquérir la faveur royale. Le roi est en route pour Catane, d'où il se rendra ensuite à Messine. En mettant les choses au mieux, il ne pourra y arriver avant la fin du mois ; vous au contraire, vous y serez d'ici deux jours : un brigantin appareille demain pour Messine. Vous vous y trouverez à son entrée dans la ville...

— Très bien, je partirai.

— Merci, Donna Gabriella ; pensez qu'en éventant le complot, ce n'est pas seulement moi que vous soustrayez aux pièges de mes ennemis, mais vous aussi.

Restée seule Donna Gabriella s'abandonna au tumulte de ses pensées. Réfléchissant sur ce qu'elle avait entendu et plus encore sur ce qu'elle avait deviné et supposé, elle éprouva pour Don Raimondo un mélange de dégoût, de mépris et de terreur ; il lui apparaissait cruel et lâche. Innocent, il ne manifestait pas une forte confiance en son innocence. Coupable, il n'avait ni le courage ni l'audace qui, quelquefois, donnent un attrait esthétique à la culpabilité même. Il tremblait et suppliait comme une femmelette. Lâche ! Lâche ! Oh oui, elle le sauverait pour elle-même, pour son honneur mais ensuite... Elle ne voulait plus rien avoir de commun avec un homme dont elle reconnaissait à présent toute la vilénie : elle partirait, elle tenterait de reconquérir la place perdue mais pour son seul profit.

Pendant ce temps, Don Raimondo, le cœur transporté par ce qu'il avait obtenu, entra dans son cabinet de travail en ramenant ses pensées sur d'autres sujets. Au fond s'il lui était interdit pour l'heure de procéder au jugement d'une personne, on lui laissait la charge de vicaire et les larges pouvoirs d'arrestation qui y étaient attachés ; par ailleurs la dame Francesca et Emanuele restaient enfermés au Château, ce qui d'une certaine manière répondait à ses desseins.

Il manda aussitôt Matteo Lo Vecchio, le seul homme qui possédât une piste sûre pour dénicher la secte sinistre et mettre la main sur ces chefs inconnus qui le remplissaient de terreur.

« Récapitulons : Donna Gabriella à Messine découvrira d'où et de qui est venu ce dernier coup, et elle en paralysera les effets. Si, comme je crois, elle déploie toutes ses forces, je suis tout à fait tranquille. La femme et le neveu de Don Girolamo sont des otages précieux grâce auxquels on pourra lui tendre un piège ; Matteo Lo Vecchio a déjà suffisamment d'indices pour prendre les autres dans ses rets. A présent, il convient de se hâter. Il faut agir avec une rapidité foudroyante. Assuré de mes arrières du côté du roi, je me sens fort et audacieux... Mais il faut isoler le roi, il faut l'isoler ! »

Et il se demanda s'il ne serait pas utile qu'il accompagnât son épouse à Messine et, par un mouvement d'audace, qu'il demandât au roi les raisons de cet ordre qui l'avait empli de terreur. A force de réfléchir et de calculer, il recouvrait son sang-froid ; la peur originelle se dissipait et son esprit, en reprenant courage, pénétrait dans le champ des projets les plus hardis.

Matteo Lo Vecchio le trouva plongé dans ces pensées.

Il avait fallu un peu de temps car le sbire, en se remettant de la pendaison qui avait failli lui coûter la vie, s'était trouvé d'humeur à sortir de chez lui. La haine, le dépit, l'acre désir de vengeance insatisfait avaient ajouté une note de plus aux souffrances qui lui marquaient le visage. Don Raimondo s'étonna de le voir, presque méconnaissable.

— Eh bien, lui demanda-t-il, vous sentez-vous mieux ?

— Oui, Excellence ; je suis mal en point, n'est-ce-pas ? Mais peu importe, cela me sert.

— Pouvez-vous reprendre la campagne ?

— Je l'ai déjà reprise...

— Ah ! Depuis quand ?

— Depuis deux jours...

— Bravo !...

— Vous comprendrez, Excellence, qu'outre le service du roi et de Votre Excellence, j'ai aussi désormais un compte personnel à régler...

— Je ne vous donne pas tort. Et avez-vous trouvé une autre piste ?

— Peut-être. Mais il convient d'agir avec prudence. Ces maudits démons ont des yeux et des oreilles partout et il faut nous méfier de nous-mêmes ; c'est pourquoi, que Votre Excellence me pardonne mais je ne lui dirai pas ce que j'ai découvert ; je le lui communiquerai quand je n'aurai plus peur que notre secret soit dévoilé et nos pas prévenus.

— Vous soupçonnez ?

— Certes pas Votre Excellence, mais les murs... Je sais bien que sans avoir des yeux ni des oreilles, ils entendent et ils voient.

Don Raimondo pensa à la manière mystérieuse dont entraient dans sa maison ces lettres pleines de symboles et de menaces. Il jeta des regards autour de lui, saisi d'une peur superstitieuse.

— Vous avez raison, murmura-t-il, et je ne vous demande rien...

— Votre Excellence a des ordres à me donner ?

— Savez-vous que le roi m'a nommé vicaire général pour purger le royaume des malfaiteurs ?

— Je le sais.

— J'ai donc les pleins pouvoirs...

— Je le sais ; mais en même temps on vous a empêché d'interroger dame Francesca Ammirata...

— Vous le savez ?

— Oui, Excellence ; et je sais aussi d'où vient le coup.

— Ah !... Et cela aussi est un secret ?

— Non, puisque c'est du passé. L'ordre du roi est la conséquence d'une dénonciation de Votre Excellence présentée au roi, à Bagheria, par la fille du peintre Bongiovanni, cette petite garce qui paraît très liée au neveu de l'Ammirata...

Don Raimondo en fut ébahi. De quoi se mêlait cette jeune fille et que contenait cette dénonciation ? Il balbutia :

— Quel intérêt peut avoir cette enfant ?

— Elle, personnellement, aucun ; elle n'était que la main qui a présenté la supplique ; le bras qui la poussait en avant était celui des Beati Paoli...

— Comment le savez-vous ? demanda Don Raimondo d'une voix altérée.

— Cela fait partie de mon secret et je vous le dirai plus tard. Du reste, Votre Excellence ne doit pas s'en préoccuper : je sais ce que je dois faire... avant tout il ne faut pas se laisser effrayer.

Le duc leva la tête, honteux de s'être montré faible devant le sbire.

— Oh, non ! dit-il en s'efforçant de prendre un air dégagé.

— Cela va bien, approuva Matteo.

Il prit congé et s'en fut. Depuis deux jours, comme il avait dit, il avait repris sa chasse et sans être vu, il avait assisté à l'arrestation de la dame Francesca ; mais cette arrestation avait révélé à ses yeux perçants de nouveaux éléments et de nouvelles pistes. Nul n'avait prêté attention à un vagabond aux haillons crasseux qui s'était assis par terre devant une taverne en demandant l'aumône aux passants. Mais ce malheureux qui paraissait réduit aux extrêmités de la faim tenait à l'œil la maison de l'Ammirata, située à peu près en face de la taverne. Ainsi avait-il vu venir les sbires et la litière et avait-il vu accomplir l'arrestation. Comme beaucoup de gens s'étaient attroupés en échangeant leurs observations, lui aussi s'était approché pour voir et recueillir en même temps l'opinion populaire sur l'événement, qui soulevait une grande émotion dans le quartier.

Deux mots d'argot attirèrent son attention. Feignant de revenir à sa place, devant la taverne, il se retourna pour chercher qui les avait prononcés et vit deux jeunes gens qui semblaient être des commis de boutique ; après qu'ils eurent discuté encore quelques instants, l'un d'eux s'était éloigné en hâte par la rue de la Guilla ; l'autre était entré dans la taverne.

« Bien, ici est le point de rencontre, conclut-il. Attention... »

Il pénétra à son tour dans la gargotte et, s'asseyant dans un coin, tira de sa poche un morceau de pain et se fit porter un verre de vin. Le commis était allé s'asseoir au milieu d'un groupe de joueurs, et les regardait faire en bavardant tantôt avec l'un tantôt avec l'autre. Ainsi passa près d'une demi-heure, après laquelle il vit entrer dans la taverne l'autre commis qui échangea avec lui un regard d'intelligence.

Alors tous deux sortirent sur le seuil. Matteo paya et retourna à son tour dans la rue. En passant devant eux d'un air indifférent, il entendit le nom « Don Antonino ». Qui était-ce? Pour ne pas éveiller le soupçon, il s'éloigna un peu de la taverne en s'arrêtant de temps à autre, sous le prétexte de demander la charité, en réalité pour ne pas perdre de vue les deux jeunes suspects. Ils se séparèrent de nouveau et celui qui avait disparu une première fois se remit en route vers la Guilla.

— Il faut le suivre.

Il se tint derrière lui jusqu'à l'Albergheria, où le jeune homme s'arrêta devant une petite porte et frappa.

« Voyez-moi cela, murmura Matteo non sans étonnement, voilà qui est Don Antonino !... Mais très bien !... Mon cher Matteo, je te l'ai dit, tu es un homme de génie. Maintenant attendons un peu de voir ce que fera le sieur Don Antonino Bucolaro !... »

Et en fait, peu après, le jeune homme sortit avec un homme trapu qui semblait appartenir à ce qu'à Palerme on appelait les demi-bourgeois, classe intermédiaire entre les artisans et la grande bourgeoisie, et qui comprenait les petits commerçants, les courtiers, les petits employés, les trafiquants. Ils entrèrent dans une remise jouxtant la maison et en ressortirent peu après avec un de ces chariots à un banc, précurseurs des charrettes, *chars-à-banc* * ou *curriculi,* auquel était attaché un bel âne de Pantelleria haut comme une mule.

— Diantre ! pensa Matteo ; ils vont loin. Où ? Comment les suivre ?

* En français dans le texte (N.d.T.).

La carriole passa devant lui à vive allure et prit la rue conduisant à la Porte Sant'Agata. Matteo la suivit du regard.

« Ils vont hors les murs. Compris. Ils vont porter la nouvelle à Don Girolamo. C'est normal. Donc Don Antonino sait où il se trouve et lui aussi participe au complot... »

Tout à coup le visage du sbire s'illumina de joie. Il se frappa le front :

— Parbleu ! Don Antonino a une petite terre à Falsomiele. Voilà donc où est caché Don Girolamo et probablement aussi son compère Andrea !... Maintenant attendons le retour des messagers. Il ne faut pas abandonner mon poste. »

Il calcula qu'il leur faudrait bien une heure et demie et qu'il avait donc le temps d'aller se débarrasser de son déguisement chez lui. Il n'habitait pas loin. Les choses se passèrent comme prévu ; moins de deux heures plus tard, Don Antonino Bucolaro revint avec le jeune homme, ramena la carriole dans la remise et ils ressortirent, Matteo dans leur sillage. Ils remontèrent la rue conduisant à la petite place de San Cosmo, à la maison de Don Girolamo Ammirata.

« Ou bien ils vont prendre quelque chose qui appartient au rationnel ou ils y attendent quelqu'un, sinon... »

Mais les deux hommes montèrent à l'étage et entrèrent chez Bongiovanni. Matteo Lo Vecchio se précipita vers l'entrée et tendit l'oreille. Au bout de vingt minutes, il entendit le bruit d'une porte qu'on ouvrait et la fin d'une conversation :

— Demain matin à douze heures.

— Demain matin.

Une de ces voix était féminine.

— Compris, pensa-t-il en s'éloignant rapidement pour ne pas être surpris sur le seuil.

Il attendit la sortie d'Antonino Bucolaro et du jeune homme. Lorsqu'ils furent partis, il laissa passer quelques minutes et alla frapper à la porte.

Le soir était déjà tombé et le ciel s'assombrissait. Matteo entra dans la maison du peintre en parlant avec l'accent d'un provincial :

— C'est ici qu'habite le peintre Don Vincenzo Bongiovanni, n'est-ce-pas ?

— Oui, c'est ici, répondit Pellegra qui était venue lui ouvrir.

- J'en suis fort aise. Et puis-je lui parler ?

— Me voilà, dit le peintre en s'approchant. Entrez donc, sans plus de manières. Que puis-je pour vous ?

— Je viens de... Baucina... oui, de Baucina et il faudrait faire le portrait du curé de la paroisse, qui est vieux et qui peut mourir d'un moment à l'autre, alors nous et ses neveux, vous comprenez...

— Oui, oui, je comprends...

— Ce serait pressé. Quand pouvez-vous commencer ?

— Hum!... demain je ne crois pas... demain, je suis pris, je vais à Bagheria.

Matteo sourit.

— J'ai compris. Vous voulez assister à l'arrivée du roi...

— Précisément. J'irai avec ma fille et un ami.

« ... avec Antonino Bucolaro », précisa mentalement Matteo Lo Vecchio, avant de dire à voix haute :

— Je ne voudrais pas remettre à plus tard : ce sera donc après-demain ; je viendrai avec le neveu du curé et vous vous mettrez d'accord sur tout. Cela va bien ?

— Très bien, très bien !... Merci, mes respects.

Matteo en savait déjà assez : il avait seulement besoin de savoir ce qu'il irait faire à Bagheria. Ce n'était certes pas pour voir le roi, qu'il pouvait regarder passer à la Porte des Vicaires. Cette excursion avait un rapport avec l'autre, à Falsomiele : lequel ?

Le lendemain matin, Matteo, déguisé en abbé, monté sur un petit âne, attendit près du pont de l'Amiral la carriole de Antonino Bucolaro.

C'est ainsi qu'il avait vu remettre la supplique et plus tard partir le courrier avec l'ordre royal.

Il possédait à présent une autre piste et avait la certitude de connaître le refuge de Don Girolamo. Pour ne pas éveiller de soupçons et prendre dans ses rets le rationnel et Andrea, il convenait de tirer ce nouveau fil : Pellegra et Don Antonino Bucolaro. Pour abuser la première, il possédait le meilleur des appâts : l'amour incarné sous les traits d'Emanuele ; pour tromper le second il fallait pénétrer plus profondément dans les secrets de la secte, dont il ne connaissait que quelques signes et quelques mots de passe, connaissance à laquelle il ne pouvait se fier, puisque, probablement les adeptes avaient changé tout cela.

Deux jours durant il avait donc espionné et étudié la vie et les habitudes de Don Antonino. A présent, sortant du palais de la Motta, il récapitulait tout ce qu'il avait découvert et il lui semblait que le moment était venu de frapper un coup décisif.

Sous ce déguisement d'abbé qui le rendait méconnaissable, et muni de l'ordre qui lui donnait d'amples pouvoirs, il se rendit au Château et en se faisant reconnaître du commandant, obtint de voir la dame Ammirata. Il la trouva dans une cellule fort sombre, assise sur un petit banc de pierre fixé à la muraille humide et lépreuse. Quand le gardien eut refermé la porte, Matteo Lo Vecchio s'inclina et dit rapidement à voix basse :

— Je viens de la part de Don Antonino...

La dame Francesca tressaillit mais feignit de ne pas comprendre.

— Quel Don Antonino ?

— Allons ! Que veut dire cela ? Don Antonino Bucolaro. Faut-il vous dire qui m'envoie ? Je lui ai parlé... Je suis un ami du chapelain du

Château, mais Don Antonino est aussi pour moi un bon ami et un frère... Vous comprenez qu'ici il n'est pas facile d'entrer, mais à moi la chose est moins difficile... J'ai dit que j'étais votre confesseur ; nous nous sommes entendus avec Don Antonino... Et ainsi, me voilà. Votre mari m'envoie vous dire de garder courage et de ne pas avoir peur. Il a fait porter au roi, à Bagheria, une supplique de cette chère enfant, la fille du peintre Bongiovanni... j'y étais ! Quel coup !... La supplique a fait son effet... Comme vous voyez aucun juge n'est venu vous interroger ; tout est suspendu... Eh ! Il a fallu un peu de travail ; entre Don Girolamo, Andrea, Don Antonino Bucolaro et moi, nous y sommes parvenus !..

Au début dame Francesca l'avait écouté avec méfiance mais peu à peu elle s'était laissée convaincre : tous les détails et la nouvelle d'une supplique présentée au roi par Pellegra, la suspension du procès, tout cela avait peu à peu emporté sa conviction et elle finit par croire tout à fait que l'abbé venait de la part de son époux. Alors elle lui demanda comment allait celui-ci et s'il lui avait dit autre chose.

— Oh, il va très bien ! répondit le faux abbé, aussi bien qu'on peut aller quand on est loin de chez soi. Il vous recommande le jeune garçon et veut savoir si vous avez quelque chose à lui faire savoir.

Dame Francesca hésita une minute puis :

— Voilà, dites-lui qu'ayant été arrêtée à l'improviste, je n'ai pu envoyer à temps ces papiers à Antonino... ils sont encore à la maison. Il faudrait les enlever.

— C'est noté. Avant ce soir, il aura le message. Et maintenant, soyez tranquille, je reviendrai vous voir.

Il s'en fut, jubilant. Des papiers importants se trouvaient donc encore chez Ammirata. Il fallait les voir et peut-être, les faire disparaître.

Entrer dans la maison n'était pas une chose difficile ; il suffisait de prendre l'empreinte de la serrure. En sortant du Château, il s'empressa de se munir d'un peu de cire et, feignant d'aller chez le peintre Bongiovanni, il monta résolument l'escalier. Peu après il se rendit chez un serrurier.

— Excusez-moi. J'ai perdu les clés, et ne puis rentrer : j'ai pris l'empreinte. Voyons un peu si vous en avez une qui correspond.

Dans un gros trousseau de clés rouillées, le serrurier en trouva une quasi semblable :

— Avec deux coups de lime, celle-là sera très bien.

Et sitôt dit, sitôt fait, il la serra dans un étau et la travailla. Une demi-heure après, l'abbé retournait à pas rapides vers la petite place de San Cosmo et entrait dans la maison du rationnel. Mais quand il eut refermé et verrouillé la porte derrière lui, une vive émotion fit battre violemment son cœur.

Il s'arrêta au milieu de la pièce en regardant autour de lui.

— Voyons un peu : dame Francesca n'a pas eu le temps d'emporter les clés des tiroirs... Voilà un coffret. Je ne voudrais pas le crocheter.

Il commença à fouiller, dans les corbeilles, les caisses... rien, glissa les mains sous les oreillers, rien ; puis sous les matelas, rien. Il tripota la laine et la chaume des matelas et tout à coup poussa un cri : il avait touché un corps étranger et senti un bruissement de papier. Tirant de sa poche un petit couteau, il défit les coutures du matelas, introduisit la main à l'intérieur, fouilla, en retira des liasses de papiers enroulés et liés par un ruban.

— Ce doit être cela.

Le ruban défait, il déroula la liasse et prenant la première feuille, lut : « *Séance du 21 novembre 1713, relation d'Andrea Lo Bianco, ancien serviteur de feu le très illustre seigneur duc Emanuele Albamonte de la Motta.* »

— Très bien, voyons cela.

Au fur et à mesure qu'il lisait, la stupeur, l'étonnement, la joie alternaient sur son visage. Il prit le deuxième feuillet, ainsi titré :

« *Séance du 18 mars 1714 : déposition du dénommé Giuseppico ancien serviteur du seigneur Don Raimondo actuel duc de la Motta et de Peppa la Sarda, sorcière, avec le témoigagne des susdits.* »

Il lut aussi ces papiers, dont il connaissait déjà en partie le contenu par la confession du sacristain, mais en y trouvant de nouveaux détails qui l'emplirent d'une stupeur encore plus grande. Puis il prit un autre rouleau mais aussitôt qu'il l'eût ouvert, il jeta un cri d'effarement et d'épouvante. Le premier papier qui lui était venu sous les yeux était un petit feuillet carré portant le sceau de la paroisse de Sant'Ippolito et sur lequel au milieu des formules latines imprimées, était écrite à la main une date : « *Le XVI janvier 1698* » et puis un nom : « *Emanuel de Albimontis genere, filius olim Emanuelis ducis Mottae et illustris dominae Aloysiae Vigintimilliae* ».

— Emanuele ? se récria le sbire. Emanuele ? Lui, le fils du duc ? Le garçon disparu ?... Je rêve ? Ceci est le sceau de la paroisse, il n'y a aucun doute !... Mais comment ? Comment ?

Il tremblait d'émotion devant cette découverte qui lui mettait entre les mains les clés de la mystérieuse persécution des Beati Paoli et qui le rendait arbitre et maître du jeu tout entier. Avec la même fébrilité, il prit un autre papier. C'était l'acte d'inhumation d'une certaine Rosa Matranga, enterrée sous l'autel principal de l'église de San Cristoforo al Capo.

« Qui est celle-là ? » se demanda le sbire en repliant la feuille. Mais ce faisant, il vit au revers un inscription et s'écria :

— Elle !

« *Notez que sous ce nom est enterrée madame la duchesse de la Motta* ».

Matteo Lo Vecchio resta un moment silencieux, absorbé dans la contemplation de ces papiers, irrésolu et pensif. Puis il les enroula de nouveau, les rattacha avec le ruban et se les glissa dans la poche.

« Le duc donnerait sa vie pour posséder ces papiers, mais il vaut mieux que je les conserve moi . Ils seront plus en sécurité. En attendant, remplaçons-les. »

Il chercha d'autres feuilles dont il fit un rouleau de la même dimension que celui qu'il avait soustrait et le glissa dans le matelas. Il trouva une aiguille et du fil dans un panier, recousit le drap, rangea soigneusement chaque objet et s'en fut tranquillement ; mais au lieu de se rendre chez lui, il s'arrêta devant la porte de la maison de Bucolaro et frappa.

XIV

Le prince d'Iraci s'était attardé jusqu'à la mi-nuit au palais de Pietraperzia, derrière l'église de Santa Cita et il se rendait chez lui, en chaise à porteurs. Il avait perdu au jeu et se trouvait de fort mauvaise humeur, mais le premier événement n'était pas cause du second. Il était trop grand seigneur pour se préoccuper d'un tas d'écus jetés sur le tapis. Son mécontentement avait d'autres raisons. Avant tout, il y avait la disparition de Blasco, survenue d'une manière si peu explicable et si extraordinaire, et donc l'incertitude de son sort, assortie de la question : savait-il qui avait ordonné et organisé l'agression nocturne ? En vérité aucun des assaillants ne connaissait le prince, aucun ne pouvait dire avoir reçu de lui une tâche de ce genre.

Le coup avait été tenté par quelques malandrins recrutés dans les bas-fonds de la ville par un de ses vassaux, vieux gibier de potence qu'il gardait dans son palais comme exécuteur de ses caprices et de ses vengeances privées. Ce sicaire l'accompagnait toujours la nuit, armé d'une carabine, et le soir du spectacle au palais Lungarini, il l'attendait près de la chaise.

Il avait suffi de quelques paroles comprises à demi-mot pour qu'il courût au vieux marché, non loin de là, où il avait enrôlé quatre larrons pour quelques taris. Après le coup, le prince avait jugé plus prudent d'envoyer le mercenaire dans ses terres. De ce côté-là, il était donc tranquille. Mais le secours inattendu dont avait bénéficié Blasco, sa disparition soudaine lui faisaient soupçonner que quelqu'un avait prévenu son dessein. Qui donc ? Et Blasco était-il mort ou vif ?

L'impossibilité de répondre à cette question, le mystère qui régnait autour du jeune chevalier éveillaient chez lui une appréhension qui le rendait nerveux et irascible.

L'autre raison de sa mauvaise humeur était le départ de Donna

Gabriella qui, depuis la nuit du spectacle, ne s'était plus fait voir de lui et était partie sans le lui faire savoir. Au fond, il n'avait jamais rien obtenu de la duchesse ; leurs relations passaient d'espérances inattendues et illusoires en échecs sans raisons ; tantôt elle caressait sa vanité et tantôt elle manifestait une répulsion qui le faisait pleurer de dépit, mais il ne s'était pas encore persuadé d'être un jouet entre les mains de Donna Gabriella : un jouet dont elle se servait en certaines occasions et à certaines fins, et qu'elle jetait quand il devenait inutile. Sa vanité lui interdisant cette lucidité, il était furieux du départ de la duchesse. D'autant qu'un jeune patricien auquel il avait ostensiblement fait croire à sa bonne fortune, lui avait demandé sur un ton railleur en quelle phase était entrée leur lune de miel.

Et cette même nuit, à propos de sa malchance au jeu, on l'avait moqué sur son bonheur en amour, et les allusions piquantes avaient exacerbé son humeur.

Il rentrait donc chez lui, en chaise à porteurs, accompagné de deux palefreniers tenant les torches allumées et de deux esclaves armés et avait traversé la place San Domenico, où débouchait la rue de la Bandiera, quand, presqu'à l'angle de la ruelle de San Basilio, un vagabond, attiré peut-être par la lumière des flambeaux, se présenta devant la chaise en demandant d'une voix geignarde :

— La charité, Excellence ; donnez-moi un sou, je meurs de faim.

Le porteur de tête chercha à l'éviter, mais l'homme se jeta devant lui, comme pour l'arrêter en répétant ses lamentations :

— Un sou, Excellence !

— Débarrassez-moi de ce fainéant ! cria le prince, furieux.

Les deux esclaves se jetèrent sur le vagabond, mais avant d'avoir pu lui mettre la main au collet, ils sentirent qu'on leur entravait les jambes et furent précipités à terre, tandis que de la rue de San Basilio, d'une ruelle en face, de quelques porches sombres, une foule mystérieuse s'élançait sur les porteurs, les palefreniers, les jetait au sol, les bâillonnait, les liait, les menaçait de mort.

Les torches s'éteignirent et les ténèbres enveloppèrent toute chose.

Le prince avait lui aussi bondi hors de la chaise en tentant de dégainer son épée, mais d'autres bras l'avaient promptement serré et désarmé.

— C'est inutile, seigneur, dit à voix basse un homme dont le prince ne put voir le visage, toute résistance est inutile. Regardez bien autour de vous.

D'un regard circulaire, il constata qu'il était tombé au milieu d'une véritable bande et que ses hommes étaient réduits à l'impuissance.

— Qui êtes-vous ? Que voulez-vous ? De l'argent ?

— Que diantre, monsieur, nous ne sommes pas des voleurs ! riposta l'homme qui avait parlé. Nous avons seulement une tâche à accomplir : vous donner un petit avertissement...

Et se penchant à son oreille, il ajouta :

— Pour vous apprendre qu'un gentilhomme, tel que vous devriez l'être, ne doit pas faire assassiner les gens la nuit, par traîtrise.

Le prince d'Iraci réagit avec superbe.

— Prenez garde à ce que vous dites, et n'oubliez pas qui je suis !

L'autre répliqua par un éclat de rire et se tournant vers ses hommes, leur lança d'un air joyeux :

— Allons, le garnement est à vous !

Deux robustes gaillards retournèrent le principulet, le prirent par les bras et les jambes et le posèrent en travers des genoux d'un troisième en le tenant fermement, dos et fondement découverts, pendant qu'un quatrième, armé d'un nerf de bœuf se mit en devoir de lui cingler les parties charnues, en comptant les coups au milieu des rires de ses compagnons et des rugissements du prince.

— Un, deux, trois, quatre...

C'était la punition qu'on administrait dans les écoles aux gamins négligents ou indisciplinés et quelquefois aux coupables de contraventions, comme un châtiment ignominieux ; on ne pouvait imaginer pire humiliation pour un noble et plus encore pour un noble de la trempe du prince d'Iraci.

— Cinq, six, sept, huit...

Le prince se débattait, hululant, rugissant ; plus que les coups qui lui brûlaient les fesses, la honte de ce châtiment le faisait crier. La bouche pleine d'écume, les yeux exorbités, le visage congestionné, il ne pouvait articuler un mot...

Le nerf s'abattait à un rythme régulier, implacable, sifflant, et la voix comptait :

— ... neuf, dix...

Les autres riaient. La chaise à porteurs immobile, avec sa portière entrebâillée, paraissait attendre. Ils comptèrent jusqu'à vingt.

— Suffit, dit celui qui paraissait être le chef. Cela peut suffire.

Ils déposèrent à terre le prince, qui ne donnait plus signe de vie et sur un geste du chef, toute cette bande noire et mystérieuse se fondit dans l'ombre. Passant devant un des palefreniers, l'un des hommes lui donna un coup de pied en lui lançant :

— Toi, misérable, tu diras à ton maître que ce sont les Beati Paoli qui lui donnent cet avertissement. Pour l'instant, ils se limitent à cela. Qu'il se le tienne pour dit, désormais, et qu'il laisse en paix le seigneur Blasco de Castiglione, s'il ne veut pas subir de pires châtiments. Tu as compris ?

Lui aussi s'en fut, et dans la rue restaient allongés, immobiles, sous le coup de l'épouvante, les porteurs, les esclaves et les palefreniers, comme si au-dessus d'eux était suspendue la menace formidable de ce nerf sifflant. Puis, au bout d'une demi-heure, quand dans le silence nocturne on n'entendit plus aucun bruit et qu'ils eurent le sentiment d'être seuls, l'un d'eux redressa la tête, regarda timidement autour de lui, se rassura, tenta de se délier. Et ainsi, un à un, ils se levèrent, se libérèrent de leurs entraves en jetant autour d'eux des regards inquiets, tremblant au moindre bruit ; ils soulevèrent le prince hébêté de douleur, le reposèrent dans la chaise et reprirent le chemin, dans la nuit, en silence, doucement d'abord, presque sur la pointe des pieds, puis très vite, comme de peur d'être suivis.

Le lendemain, peu avant midi, Don Raimondo, prié par une lettre pressante du prince, accourut au palais Iraci. Il trouva le jeune homme au lit, le teint jauni par un transport de bile, avec un air à faire peur.

— Eh bien ? lui demanda-t-il avec empressement. Qu'avez-vous ?

— Je vous demande pardon si je vous ai causé quelque dérangement, mais comme vous voyez, je ne suis pas en état de me déplacer... Cette nuit, monsieur, j'ai été assailli et battu... et pas la moindre ronde ne s'est montrée !

— Assailli ?

— Oui, rue de la Bandiera... Votre Seigneurie a été nommée vicaire général pour lutter contre les brigands ; je lui dénonce l'outrage dont j'ai été victime et lui en réclame satisfaction. Mes pairs peuvent exiger du gouvernement la garantie que soient préservés leur personne et l'honneur de leur maison.

Il parlait avec âpreté et l'on sentait à son accent que la bile le suffoquait ; le duc fronça le sourcil et, à ces paroles hautaines répliqua avec une froide hauteur :

— Est-ce l'ami de votre maison que vous avez fait appeler ou bien le vicaire général ? L'ami peut compatir à ce qui vous est arrivé et se mettre à votre disposition, mais le vicaire général, seigneur prince, ne reçoit des plaintes et des doléances qu'en son office, et il répond comme il croit convenable.

Le prince rougit, ravala sa bile et répondit sans humilité ni repentir :

— Vous avez raison... cela va bien. Je dirai cependant que l'agression est l'œuvre des Beati Paoli, et qu'ils ont été envoyés par ce monsieur Blasco de Castiglione qui était protégé de votre seigneurie !

— Les Beati Paoli ? Blasco de Castiglione ? répéta Don Raimondo en écarquillant les yeux. Mais vous en êtes sûr ?

— Votre Seigneurie douterait-elle, en me trouvant dans cet état ?

— Et que peuvent avoir de commun Blasco de Castiglione et les Beati Paoli ?

— Cela, je l'ignore, et ce serait à vous de le savoir, en votre qualité de vicaire général. Je sais qu'eux-mêmes me l'ont formellement et clairement déclaré.

Le duc, stupéfait, ne savait que dire et regardait le prince d'Iraci dans son lit comme s'il l'apercevait dans la brume du rêve. « Quel rapport ? » répétait-il.

— J'espère, ajouta le prince sur le même ton furieux et frémissant du désir de revanche, que le vicaire général me vengera, et vengera à travers moi la noblesse tout entière, offensée par un aventurier et par les malandrins qui forment sa bande...

Mais Don Raimondo suivait une pensée qui lui était venue à l'instant. Ne pouvant mettre en doute les paroles du prince d'Iraci, qui n'étaient que trop confirmées par la seule vue de son état, et donc contraint d'envisager une relation secrète entre Blasco de Castiglione et les Beati Paoli, il se demandait si la disparition du jeune homme dans l'attentat de la rue Lattarini, n'avait pas été l'œuvre des Beati Paoli, et de quelle manière celui-ci avait réussi à se mettre sous leur protection. Et songeant à la brusquerie avec laquelle Blasco s'était éloigné de sa maison, où il l'avait reçu justement pour sa défense personnelle, il se demandait encore si cet éloignement n'avait pas été un effet des nouvelles amitiés de ce bâtard de son propre sang, ou si ses relations avec la secte étaient postérieures à sa sortie de la maison de la Motta. Son œil inquisiteur de magistrat cherchait à pénétrer dans ce nouveau mystère qui se présentait pour lui comme un nouveau péril. Il promit au prince de pousser ses investigations pour venir à bout de tout cela, mais ajouta qu'il lui fallait en même temps recueillir auprès de lui d'autres informations (et il accentua ces derniers mots) sur la tentative, réussie ou non, d'assassinat de Blasco de Castiglione ; il y avait là aussi un mystère que le prince pouvait dissiper.

— Cela, si c'est un peu le vicaire qui vous le demande, c'est le duc de la Motta votre ami et presque votre parent qui l'écoutera.

Le prince rougit et prit un air insolent.

— De cela je ne sais rien. Si, comme j'ai entendu dire, moi aussi, on a tenté d'assassiner ce jeune homme, il s'agit sûrement d'une personne qui s'est vengée de son impudence... Un aventurier de son acabit...

— Peut-être, murmura le duc, mais la vérité pourrait apparaître dans le procès, si l'avocat fiscal a du flair ; et alors, cher prince, je vous avouerai que votre réponse ne suffira pas...

— Que croit donc Votre Seigneurie ?

— Oh, moi ?... rien qui n'entre dans les événements ordinaires de la vie, cher jeune ami ! Mais nous en reparlerons peut-être ; je ferai durer l'instruction, pour m'occuper plutôt de ce qui vous est arrivé...

— Qui n'est pas seulement une offense à mon encontre, l'interrompit le jeune homme, en répétant une idée déjà exprimée, mais sur laquelle il croyait devoir insister — mais une offense et une menace pour la noblesse...

Cela Don Raimondo ne le savait que trop bien. En sortant de la chambre du jeune seigneur, il tomba sur le prince son père et la princesse qui, eux aussi, réclamèrent satisfaction avec un ressentiment qui faisait remonter les raisons du malheur jusqu'au roi.

— Palsambleu ! La maison Iraci n'est pas celle d'un citoyen quelconque, et de tels affronts ne sauraient être tolérés. Je ferai venir les milices de mes terres !...

Don Raimondo s'irritait intérieurement tout en conservant des dehors dignes et réservés. Si ces seigneurs avaient su quelle guerre il menait, pour son propre compte, contre la secte, ils n'auraient pas crié si fort ; ils auraient au contraire vu l'amertume qui lui emplissait l'âme.

Cet événement dressa contre lui toute la noblesse ; si un coup de carabine ou d'épée avait fait passer le prince de vie à trépas, on aurait certes réclamé vengeance à la justice mais la chose n'aurait rien eu de déshonorant pour les patriciens. Au contraire, la bastonnade subvertissait tout l'ordre des classes, c'était comme une usurpation de prérogatives qui mettait la noblesse au même rang et à la merci du peuple ; ce qui constituait un crime si grave que toute réclamation et toute volonté de satisfaction, si véhémente fut-elle, serait toujours inadéquate.

Don Raimondo se vit donc accablé de remontrances et de sollicitations et le capitaine de justice qui avait vu, non sans jalousie, confier au duc le pouvoir exceptionnel de purger le royaume des malfaiteurs, ce qui, d'une certaine manière était une réduction de ses attributions, le capitaine de justice, donc, déclara que si Don Raimondo ne réussissait pas à donner satisfaction à la maison Iraci, il ne tiendrait pas compte de l'ordre du roi et mettrait lui-même la secte en déroute.

Le duc n'y tint plus.

— Je suis étonné ! dit-il, je suis étonné qu'aujourd'hui seulement vous vous sentiez capable d'anéantir les Beati Paoli alors que depuis plusieurs années ils sont maîtres de la ville ! C'est moi, et nul autre, qui ai réussi à en arrêter quelques-uns et à découvrir la trace des chefs. Vous ne pouvez en dire autant.

Vers le soir, il reçut une visite de Matteo Lo Vecchio, qui ne prononça que ces quelques mots :

— Cette nuit, gros gibier. J'ai besoin d'une vingtaine de soldats ; je ne me fie pas aux sbires.

La joie étincela dans le regard de Don Raimondo qui répondit :

— Je vous en donnerai quarante. Mais dites-m'en un peu plus...

Le sbire hésita un instant puis, en jetant des regards autour de lui :

— Votre Excellence me permettra de lui parler à l'oreille.

Et quand le duc se fut incliné, il lui chuchota :

— Je crois avoir découvert un grand secret de la secte et j'ai attiré dans un piège Don Girolamo Ammirata et Andrea. Ils ne m'échapperont pas.

Le duc ne put dissimuler son émotion.

— Quel secret ? demanda-t-il.

— Cela, je ne puis encore le dire. Je vous le communiquerai quand j'aurai mis la main sur l'Ammirata et son compagnon. Votre Excellence doit avoir un peu de patience et me faire confiance.

Matteo Lo Vecchio promettait avec tant d'assurance que Don Raimondo, quand il fut seul, sentit le besoin de s'abandonner à sa joie.

— Ah, enfin !

XV

— A présent que vous êtes guéri, annonça Coriolano de la Floresta le jour même où les ennuis s'abattaient sur Don Raimondo, vous pouvez revenir chez moi. J'enverrai un carrosse vous chercher à la tombée de la nuit afin de vous soustraire à la curiosité.

— Vous me ferez grand plaisir, répondit Blasco, je dois vous avouer que je ne me suis guère senti à mon aise ici.

— Vous manquiez de quelque chose ?

— Non...

— Ces braves gens se seraient-ils montrés trop empressés, voire indiscrets, dans le soin qu'ils ont pris à veiller sur vous ?

— Pas le moins du monde. Je n'ai bien au contraire qu'à me louer d'eux... Or justement, ils n'ont pas voulu accepter un sou de dédommagement ; je leur ai offert ce que j'avais mais ils m'ont opposé un refus si catégorique que je n'ai pas eu la force d'insister ; de sorte que j'ai seulement été une gêne pour ces braves gens, qui semblent pourtant peu aptes à s'offrir le luxe de garder quelqu'un en pension chez eux.

Coroliano sourit.

— Cessez de vous tourmenter. Vous n'avez pas occasionné la moindre gêne à vos hôtes et vous ne leur devez rien d'autre que la plus vive gratitude pour leur dévouement. Mais ils n'ont pas eu à faire de dépenses...

— Vous voulez dire que vous...

D'un geste impulsif, Blasco, ému, lui pressa les mains.

— Mon cher ami, comment pourrais-je jamais m'acquitter envers vous ?

— Que diantre me racontez-vous là ? Vous n'aviez jamais proféré pareilles sottises : allez-vous commencer ?

— Vous ne pouvez m'empêcher d'être reconnaissant...

— C'est une chose qui regarde votre conscience.

— Ni de chercher le moyen de vous l'exprimer.

— Mais cela n'est point à vous d'en juger. Morbleu, si j'ai besoin de vous, je n'attendrai pas que vous le deviniez ; je ferai en sorte que vous me remboursiez, avec usure, du service inouï que je vous ai rendu. Ainsi nous serons quittes ! Attendez donc un peu pour en parler !

Blasco sourit.

— Vous êtes un homme singulier et magnifique, parole d'honneur ! Mais je dois dire, ajouta-t-il, changeant de ton, qu'une autre raison m'a poussé, pour ainsi dire, à solliciter mon départ...

— Mais encore ?

— Eh bien, il flotte dans cette maison une vague odeur de mystère, et vous savez combien m'est insupportable tout ce qui s'entoure de mystère.

— De quel mystère parlez-vous donc ? s'enquit Coriolano d'un air indifférent.

— Tenez... par exemple, je n'ai jamais vu le visage de Baldassare, le fils de tante Nora...

— La belle affaire ! Il travaille toute la journée !... et sort aussi pour se distraire, quoi de plus naturel ?

— Sans doute, mais le soir il rentre chez lui...

— Il n'aura pas voulu vous déranger, ou peut-être est-il timide...

— Non, non, c'est autre chose. Tenez : il m'est arrivé à plusieurs reprises d'entendre chuchoter la nuit dans une pièce de la maison. Parfois c'étaient des allers et venues... La nuit dernière, on aurait dit tout un détachement de soldats... ils ne faisaient pas de vacarme. Au contraire, ils prenaient soin de parler à voix basse et de marcher sur la pointe des pieds, mais on devinait qu'ils étaient nombreux. Je dois vous avouer que la curiosité fut la plus forte. Je quittai mon lit à pas feutrés pour aller voir ce qui se passait...

Coriolano le regardait avec attention.

— Et qu'avez-vous vu ?

— Rien du tout. La porte était fermée, le trou de la serrure masqué et la lumière éteinte. On m'entendit sûrement essayer d'ouvrir la porte car il se fit aussitôt un profond silence et j'eus beau coller mon oreille contre l'huis je n'entendis plus rien.

— Vous voyez bien ! Vous aurez été la proie d'une hallucination...

— Je n'avais pas la fièvre...

— Que voulez-vous dire ? Mais laissons cela. Quoi qu'il en soit, dès ce soir vous serez de retour chez moi et vous n'aurez plus rien à craindre.

Blasco n'avait pas encore tout dit. Ses soupçons dataient déjà de quelque temps et ils reposaient sur plus d'un indice.

Au cours de la deuxième nuit qu'il avait passée dans cette maison, il avait cru voir, dans un demi-sommeil, d'étranges silhouettes, dont les visages lui étaient inconnus, évoluer autour de son lit. Elles s'étaient évanouies quand il avait bougé, comme dans un rêve. Mais ces hommes étaient restés gravés dans sa mémoire et lui rappelaient ceux qui l'avaient emporté quand il était blessé. Une autre nuit il s'était réveillé en sursaut, comme si on l'avait appelé, et il avait entendu dans l'autre pièce une voix qui ne lui était pas inconnue. Il avait réfléchi toute la nuit pour se souvenir où il l'avait déjà entendue, mais en vain. Il n'avait jamais pu savoir, de surcroît, où se trouvait la maison où on le soignait. Tante Nora n'avait pas voulu le lui dire.

Ni elle ni d'autres, d'ailleurs. Chaque fois qu'il posait la question, son interlocuteur détournait la conversation ou s'éloignait sous un quelconque prétexte. Tout cela n'avait fait qu'amplifier l'impression de mystère et augmenter le malaise qu'éprouvait le jeune homme. La proposition de Coriolano lui fit donc l'effet d'une délivrance et il attendit le soir avec la plus grande impatience. Il pensait avoir enfin l'occasion de voir la façade de la maison et l'aspect de la rue afin de pouvoir les retrouver pour percer le mystère. Mais ses espoirs furent déçus car, lorsque le chevalier de la Floresta vint le chercher, Blasco découvrit le carrosse arrêté quasiment contre la porte, les rideaux baissés devant les vitres pour masquer la vue.

— Pourquoi n'ouvrez-vous pas les rideaux ? demanda-t-il, visiblement contrarié, à Coriolano.

— Parce que le carrosse a déjà été suffisamment remarqué et je ne tiens pas à ce que l'on vous voie. Quand nous approcherons de chez moi, naturellement, nous n'aurons plus besoin de vous soustraire à la curiosité. Ce n'est pas la même chose. Chez moi, comme on vous savait parti, on croira que je vous ai rencontré par hasard dans la rue...

L'explication était si plausible que Blasco demeura à court d'arguments. Pendant le trajet Coriolano lui fit le récit de ce qui s'était passé en son absence. La duchesse de la Motta était partie pour Messine après s'être fait dispenser du service de la Cour et ce départ avait fait beaucoup jaser ; mais il s'agissait peut-être d'une mission diplomatique, observa en riant le chevalier de la Floresta. Le prince d'Iraci avait été bastonné, une nuit, en rentrant d'une réception.

— Bastonné ? Comment ? Pour quelle raison ?

— J'ignore la raison mais je puis vous dire comment. De la manière la plus humiliante qui soit pour un noble, et pour quelqu'un d'aussi vaniteux que le prince ; on lui a administré une fessée comme à un enfant récalcitrant. Toute la ville en parle. La famille pousse de hauts cris et demande réparation. La noblesse tout entière, outragée par l'affront comme si elle l'avait subi elle-même, hurle au scandale. Et le pauvre duc de la Motta, qui a été nommé vicaire général pour débarrasser le pays des malfaiteurs, est en butte à l'hostilité générale, sans venir à bout de rien.

— Mais qui a mis en scène cette bastonnade ?

— On accuse, du moins le duc le fait, les Beati Paoli.

— Oh !... encore eux !

— Ma foi !...

Les nouvelles étaient si étonnantes et réjouissantes que Blasco en oublia de jeter un coup d'œil dans l'entrebâillement des rideaux. Ils arrivèrent bientôt devant chez le chevalier de la Floresta et Blasco eut l'impression de rentrer chez lui après un long voyage. Il retrouva sa chambre telle qu'il l'avait laissée, comme s'il l'avait quittée quelques heures seulement auparavant.

Le dîner, qui les attendait, fut plein d'entrain. Ils se restaurèrent en bavardant à bâtons rompus, puis Blasco lança l'idée de son voyage.

— Que voulez-vous que je fasse à Palerme, pour le moment du moins ?

— Ma foi je conçois que vous n'ayez pas l'habitude de l'oisiveté mais que font, en somme, les jeunes chevaliers palermitains ?... les vieux aussi, d'ailleurs. Ils devisent, remplissent leurs devoirs religieux, courtisent quelque jolie demoiselle, pratiquent l'escrime, bastonnent les pauvres gens et vont de temps en temps à la chasse. Chaque après-midi ils se promènent de l'autre côté de la Porte Neuve ou à la Marina, et le restant de la journée se contentent de bâiller aux corneilles. Voilà comment ils passent leur temps à Palerme et c'est la même chose ailleurs. Je me demande si sur les petits domaines, dans les châteaux, ils ont d'autres occupations, peut-être font-ils main basse sur les filles et les épouses de leurs vassaux et font-ils bastonner les pauvres diables qui osent protester humblement. Car à quoi pourraient-ils bien s'occuper d'autre ? Ils n'ont qu'un seul devoir : manger tranquillement les revenus de leur patrimoine...

— Ce n'est pas une vie...

— Je sais ; mais il ne nous est point donné d'en décider. A la rigueur, nous est-il encore loisible d'apprendre à composer un sonnet, avec l'aide d'un abbé ou d'un vieux maître, pour le réciter en quelque occasion à l'Académie, et passer pour un homme d'esprit... et si vous avez vécu différemment jusqu'ici, mon cher Blasco, c'est que vous n'avez pas connu vos parents et que vous vous êtes trouvé livré à vous-même. Sans quoi vous mèneriez vous aussi cette existence dépourvue d'intérêt...

— Vous êtes un homme singulier, Coriolano. Vous jugez cette vie dérisoire et méprisable et pourtant vous...

— Je la mène moi aussi comme les autres, c'est cela ? Certes, mais j'ai trouvé une distraction qui convient à mes goûts et à mes habitudes : j'étudie.

— Vous étudiez ?

— Pas dans les livres, il est vrai, et je comprends votre étonnement. J'étudie les hommes, dans un grand livre inépuisable où la nature a écrit et continue d'écrire les choses les plus inimaginables, leur découverte est une source d'étonnement et d'amusement permanents. Ainsi, tout en menant en apparence la vie des autres chevaliers, j'exerce sans cesse mon esprit par une occupation distrayante.

— Vous êtes philosophe.

— Non. Observateur et critique. Pas davantage. Mais revenons à vous. Ainsi vous souhaitez partir. Vous passerez par Messine ?

— Voici une question insidieuse et perverse.

— Pardonnez-moi. Vous auriez pu être tenté vous aussi par la curiosité et vouloir observer...

— Sûrement pas ! Cela me rendrait trop mélancolique. Je suis né pour bouger, pour agir, pas pour observer. Je veux vivre et je veux vivre dans l'instant. Je n'ai donc pas le temps de m'arrêter pour contempler le monde, comme vous vous plaisez à le faire... N'est-ce pas étrange ? Nous sommes aux antipodes l'un de l'autre et pourtant nous nous entendons et nous éprouvons l'un pour l'autre une grande sympathie...

— Voilà qui ne me surprend guère au contraire. Nous nous complétons ; vous avez quelque chose que je n'ai pas. Et j'ai de mon côté quelque chose qui vous manque.

Ils échangèrent encore quelques mots avant de se séparer. Coriolano avait des visites à faire. Blasco ne demandait pas mieux à vrai dire que de se retrouver un peu seul, afin de flâner par les rues au hasard, et de prendre l'air en toute liberté. Il prit donc son épée, fourra deux petits pistolets dans les poches de sa soubreveste et sortit sans but précis. Mais à peine eut-il mis le pied dehors qu'il se demanda :

« Par où suis-je arrivé ? Par la droite, ce me semble. Et avant ? »

Il remonta donc la rue qu'il supposait avoir empruntée quelques heures plus tôt et s'immobilisa soudain, indécis. Il se souvenait que le carrosse avait tourné mais devant lui s'ouvraient trois rues parallèles et il n'avait nul moyen de savoir par laquelle il était venu. Il en prit une au hasard. Elle débouchait sur le Cassaro, ce qui l'embrouilla encore davantage. Tout bien considéré, il renonça provisoirement à chercher l'endroit où il s'était remis de ses blessures et partit à l'aventure. Il devait être aux environs de trois heures de la nuit. La ville pénétrait dans le grand silence du sommeil, troublé par quelques carrosses seigneuriaux, des chiffonniers fouillant dans les ordures et des miséreux qui ignoraient encore où ils trouveraient un abri pour la nuit.

Blasco avançait, bifurquant au hasard au coin des rues. Sans savoir comment, il se retrouva sur la petite place du Mont de Piété, où une patrouille de soldats venait apparemment de s'arrêter pour écouter les instructions que leur donnait un homme vêtu de noir. Intrigué, Blasco s'immobilisa à quelque distance. Dans l'ombre, nul ne pouvait le voir. Il vit la patrouille se diviser en quatre groupes dont trois empruntèrent trois directions différentes, mais, bien entendu, pour converger à partir d'un vaste cercle vers le même point. Les soldats ne portaient pas de lanternes, à moins qu'elles ne fussent hermétiquement masquées : il ne s'agissait donc pas d'une simple ronde mais bien d'un événement extraordinaire. Le quatrième groupe s'engagea dans la rue menant à la place San Cosmo, mais les soldats qui le composaient avançaient en ordre dispersé, rasant les murs, presque invisibles dans l'ombre.

« Il doit s'agir d'un gros gibier », se dit Blasco qui commençait à flairer l'aventure.

Il emboîta donc le pas du dernier soldat, avançant dans l'ombre lui aussi, et s'arrêta à une certaine distance, d'où il pouvait suivre les opérations sans être vu. La nuit, sans lune, était sereine et la clarté qui tombait des étoiles permettait de voir jusqu'à vingt pas.

Blasco comprit que le centre des opérations était une petite maison à deux étages située sur la place.

Il vit en effet quatre soldats pénétrer sous le porche et peu après la porte donnant sur l'un des balcons s'ouvrit brusquement, laissant le passage à un homme qui gesticulait violemment suivi d'une jeune fille. Mais les soldats se jetèrent sur eux, les tirant à l'intérieur avant de refermer la porte.

Un soldat demeura sur le balcon et s'aplatit au sol pour faire le guet. Au bout d'une ruelle près de la maison, Blasco vit soudain briller les baïonnettes d'un autre détachement qui changeait peut-être de position. Les autres soldats s'étaient dissimulés sous un porche. Parmi eux se trouvait l'homme en noir qui les commandait.

« Ils attendent quelqu'un, pas de doute », songea Blasco qui se mit à attendre lui aussi, curieux de connaître le dénouement.

Près de deux heures s'écoulèrent. Un homme du peuple, pieds nus, venant de la Guilla apparut, regarda la place, et disparut. Presque en même temps, du côté du Mont de Piété, un autre homme d'aspect identique arriva sur la place, regarda autour de lui et disparut à son tour. Il réapparut quelques instants plus tard suivi de deux hommes. Bien que leur démarche fût désinvolte, ils jetaient alentour des regards circonspects. Ils s'arrêtèrent à quelques pas de Blasco ; l'un des deux nouveaux venus dit au manant :

— Toi, reste ici, et si tu sens que cela tourne mal...

— Votre Seigneurie peut partir, je sais ce que je dois faire...

Blasco songea :

« Votre Seigneurie ! Celui-là n'est pas un homme du peuple... »

Le va-nu-pieds demeura à son poste de guet cependant que les deux autres se dirigeaient vers la maison. A l'instant où ils passaient devant Blasco, ce dernier, obéissant à une impulsion subite, attira leur attention avec un léger :

— Psst !

Les deux hommes s'arrêtèrent, stupéfaits, en jetant autour d'eux des regards inquiets. Mais Blasco était invisible. Pour les mettre sur la voie, ce dernier émit de nouveau un petit :

— Psst !... avant d'ajouter à voix basse : Par ici... venez par ici.

Les deux autres ne bougeaient pas. Quand Blasco les vit porter la main sous leur vêtement comme pour chercher une arme, il sortit un peu de l'ombre et dit :

— Ne faites point tant de bruit, la place est infestée de soldats...

Les deux hommes firent volte face, pris de peur.

Blasco poursuivit d'un ton rapide :

— Si vous preniez la direction de cette maison faites demi-tour; des soldats l'occupent.

A ces mots, les deux hommes tressaillirent et se rapprochèrent de Blasco, l'un d'eux lui demanda à mi-voix :

— Comment le savez-vous?

— Je les ai vus. Voilà deux heures que j'assiste à leurs manœuvres. Ils ont encerclé la maison; certains sont entrés. Il y en a un qui fait le guet sur le balcon du deuxième étage; regardez bien et vous le verrez.

Ils se retournèrent pour regarder et virent, ou du moins crurent voir, quelque chose de noir et d'informe. Une expression de stupeur et de frayeur mêlées se peignit sur leurs visages et ils s'interrogèrent mutuellement du regard, au comble de l'étonnement.

— Merci, Monsieur, vous nous avez rendu un fier service, dont nous vous sommes extrêmement obligés et dont vous n'aurez jamais à vous repentir.

— Oh, il n'y a pas de quoi me remercier; n'importe qui aurait agi de même à ma place, mais partez maintenant...

Ils ne se le firent pas répéter deux fois et rebroussèrent chemin en toute hâte. Blasco les vit se fondre dans l'obscurité et, satisfait du tour qu'il venait de jouer à l'homme en noir, sortit de sa cachette pour faire le tour de la place. Mais à peine eut-il fait quelques pas qu'il se trouva nez à nez avec l'homme en noir qui, ayant quitté lui aussi sa cachette, s'arrêta avec un geste irrité, stupéfait de cette rencontre inopinée.

— Ne bougez pas! ordonna-t-il et tirant de sa casaque une lanterne sourde il éclaira le jeune homme avant d'ajouter d'un ton impérieux : Passez votre chemin!

— C'est que, mon bon Monsieur, dès lors que vous avez eu la... disons la bonté de m'interpeller, sur un ton plutôt curieux je dois dire, je crois avoir le droit de savoir qui vous êtes et de qui vous tenez l'autorisation de donner des ordres à un chevalier...

— Justice du roi. Allez...

— Vous? Impossible! La justice du roi n'est certainement ni aussi discourtoise ni aussi mal faite. J'en conclus donc que vous êtes un fripon et un malappris et je vais vous apprendre à traiter de la sorte les gens de bien.

Il s'approcha pour le saisir au collet mais le sbire recula et tirant une courte épée se mit en garde en criant :

— Je vous ferai arrêter!

— Je serai curieux de voir ça, coquin!

Mais au bruit qu'ils faisaient des soldats jaillirent du porche, et braquant sur Blasco leurs fusils lancèrent :

— Rends-toi ou tu es mort!

A ce cri des autres coins sombres et de la maison d'autres soldats surgirent en criant eux aussi. Le sbire, au désespoir, les bras levés, s'exclama :

— Non ! non ! Que faites-vous ? Qui vous a appelés ? Ah, malédiction !... tout est perdu !

Blasco, imperturbable, les bras croisés et l'air satisfait, se contenta d'observer :

— Eh bien ? Qu'arrive-t-il à ces vaillants guerriers ?

— Vous me le paierez !... Parbleu vous me le paierez !... Arrêtez-le !

— Ha ! ha !... encore ? faquin !

Blasco fit un bond en arrière en dégainant, menaçant de pourfendre le premier qui s'aviserait de porter la main sur lui. Mais ce ne fut pas nécessaire. Un soldat poussa un cri de douleur et tous les autres se retournèrent ; un autre cri retentit ; deux gros cailloux roulèrent à terre. Aussitôt, surgis mystérieusement de l'ombre, d'autres s'abattirent au milieu des soldats, en touchant quelques-uns et semant la panique.

On ne voyait pas qui lançait les pierres. C'étaient des mains anonymes, invisibles, dont le nombre allait grandissant. De chaque angle obscur jaillissait désormais une grêle de cailloux. Blasco lui-même, qui était resté figé, bouche bée, l'épée à la main, faillit bien en recevoir.

Trois ou quatre soldats furent blessés. Les autres, désemparés sous cette averse de pierres silencieuse et serrée qui semblait tomber du ciel, pris d'une terreur folle, s'enfuirent en débandade, suivis du sbire, non moins terrifié, qui tout en courant menaçait Blasco du poing. Celui-ci, une fois la surprise passée, éclata d'un rire tonitruant.

Une demi-heure plus tard la place était déserte. Blasco rengaina mais il était devenu brusquement sérieux et pensif. Qui avait lancé les pierres ? D'où lui venait cette aide imprévue ?

Il rentra chez le chevalier de la Floresta la tête pleine de ces réflexions et ne remarqua pas en passant, autour de la place, des silhouettes d'hommes du peuple pareilles aux premiers qu'il avait vus, qui se rencognaient sur le seuil des portes et sous les comptoirs des échoppes, dissimulés dans l'ombre.

XVI

Quand la place fut rendue au vide et au silence, un de ces hommes du peuple s'approcha de la maison qui avait été occupée par les soldats, et dont ils avaient laissé la porte ouverte. Peu après, il s'avança sur le balcon et siffla d'une manière particulière. Alors d'autres ombres émergèrent des ruelles et de l'embrasure des portes tandis que du fond de la rue revenaient les deux hommes que Blasco avait sauvés des griffes de la justice.

C'étaient Don Girolamo Ammirata et Andrea. Ils pénétrèrent rapidement dans la maison, où l'homme qui les avait précédés avait allumé une lampe à huile ; Don Girolamo se rendit dans la chambre à coucher, retourna les matelas et, ouvrant la housse de l'un d'eux au moyen d'un couteau, y introduisit la main avec une vive satisfaction. Mais à peine en avait-il retiré un pli, qu'il poussait un cri de douleur :

— Les papiers ! les papiers !...

Il rompit le ruban qui retenait les feuillets, les déroula : c'étaient des feuilles sans valeur.

— Les papiers !... les papiers !... balbutia-t-il d'une voix étouffée, en se laissant tomber sur une chaise.

Andrea s'approcha, étonné.

— Que se passe-t-il ?

— Volés ! s'exclama Don Girolamo. Volés, volés !...

Un silence de mort tomba dans la pièce ; les deux hommes échangaient des regards d'angoisse et d'épouvante, frappés par le mystère de cette disparition qui leur révélait tout à coup la présence d'un espion, d'un traître, d'un être invisible et fort qui anéantissait tous leurs plans, ruinait l'édifice construit au prix de tant de patience, de sacrifices, de luttes obstinées. Qui avait pu surprendre ce secret et voler le pli dont seul Don Girolamo et sa femme connaissaient la cachette ? Où était le traître ? Le rationnel avait été prévenu par un message de son épouse, transmis par Antonino Bucolaro. Qui l'avait fait parvenir à ce dernier ? Le traître ne pouvait se trouver que parmi les intermédiaires. Douter d'Antonino Bucolaro ? Mais il ignorait le contenu et l'emplacement de ces papiers. Celui qui les avait dérobés devait avoir une clé de l'appartement et connaître sa disposition. Y avait-il trace de désordre ?

Ils se mirent à fouiller : de fait il semblait que les tiroirs et l'armoire eussent été visités mais cela pouvait être dame Francesca qui, surprise par l'ordre d'arrestation, avait déplacé des affaires en toute hâte pour emporter un peu de linge, et laissé un peu de désordre derrière elle.

Il fallait s'informer et avant tout demander à dame Francesca ; mais comment la joindre ?

Un coup de sifflet dans la rue leur annonça qu'il était temps de partir, car l'aube approchait.

Don Girolamo et Andrea sortirent, fermèrent la maison et, après avoir échangé quelques mots avec l'homme qui montait la garde, se fondirent dans l'ombre de la place.

— Allons chez Antonino Bucolaro, dit Don Girolamo, il va bien falloir qu'il nous donne quelques explications, et si elles ne sont pas satisfaisantes...

Il serra le poing dans un geste de menace et son regard eut une lueur sinistre. Andrea se taisait ; il tenait les yeux baissés, sous le coup de ce vol qui était comme une seconde élimination d'Emanuele. Son rêve de serviteur fidèle à la mémoire de son maître, qui s'était consacré à venger la duchesse et à restituer son patrimoine à Emanuele, paraissait s'évanouir à jamais. Il songeait : donc ce n'est pas vrai que Dieu protège les innocents et que le crime, les scélératesses reçoivent toujours la punition méritée ! Ce n'est pas vrai que la vérité triomphe, ce n'est absolument pas vrai !... A présent c'était Don Raimondo qui triomphait ! Il avait peu à peu dispersé, étouffé toutes les voix qui pouvaient l'accuser ; voilà qu'il détruisait ces documents, voix surgies du sépulcre pour crier vengeance et réclamer justice !...

Dans l'esprit de Don Girolamo, bouillonnaient sans doute aussi de telles pensées. Le passé tout entier se présentait à sa mémoire, depuis cette tragique nuit de janvier où il avait recueilli dans la rue Donna Aloisia de la Motta, folle de terreur et mourant de froid, et où il l'avait ramenée chez lui. Seize ans étaient passés, seize ans de sacrifices, de labeur secret, de recherches. Leur fillette était morte et Emanuele avait occupé la maison pour deux : pour lui et pour sa sœur de lait ; les époux avaient concentré sur lui leur affection. Don Girolamo avait obtenu que l'enfant fût reçu au collège des Turchini ; il l'avait aussi envoyé chez les pères jésuites, mais ses études avaient été peu fructueuses, en raison de la nature rebelle du garçon. Et tous deux, mari et femme, rêvaient au jour où ils verraient le jeune homme maître de son patrimoine, même s'ils tremblaient à l'idée que cette richesse creuserait un abîme entre Emanuele et ses parents adoptifs. Oh, pour cela, rien ne pressait. Ils ne voulaient certes pas se débarrasser de ce bel enfant ; ils attendraient qu'il atteigne vingt et un ans pour contraindre Don Raimondo à restituer à son neveu l'héritage usurpé... Don Girolamo pensait aux dernières années, pleines d'événements imprévus, à l'instruction — on pouvait bien dire ainsi — du procès contre le duc, à la chance qu'ils avaient eue de recueillir des témoignages inattendus. Il songeait à toutes les armes rassemblées pour assurer le triomphe de la justice, et la voilà qui tombait sous les coups inexorables du crime !

Quand ils arrivèrent chez Antonino Bucolaro, l'aube n'était pas encore venue. Les rues étaient toujours désertes et silencieuses et le coup de marteau frappé par Don Girolamo résonna dans les environs. Il fit suivre ce bruit d'un coup de sifflet spécial. Un instant après une fenêtre s'entrouvrit et une voix demanda :

— Qui est-ce ?

— *Confraternité.*

— *Gardien ?*

— Oui, fais vite !...

— Tout de suite.

La porte s'ouvrit.

— Tu es seul ? demanda Don Girolamo.

— Oui, enfin, avec ma femme...

— Nous devons te parler seul à seul.

— Entrons ici.

C'était une salle en rez-de-chaussée, où étaient disposées des vasques de pierre pour la lessive. Dans un coin, on apercevait le trou noir d'un fenestron.

— Sur quoi donne cette fenêtre ? demanda l'Ammirata.

— Un puits de lumière.

— Il faut la fermer.

Antonino Bucolaro chercha, trouva un de ces blocs carrés de tuf employés dans la construction et que quelqu'un avait placé comme une marche devant l'une des vasques ; il la posa devant la fenêtre et boucha l'espace restant avec des chiffons.

— Eh bien ? demanda-t-il enfin.

— Qui est venu te parler des *tables* que ma femme avait laissées à la *cuba ?*

— Le *gros estomac de l'auberge salée.*

— Qui est-ce, tu le connais ?

— Je ne l'avais jamais vu avant...

— Que t'a-t-il dit ?

— Voici ses paroles : « Je viens du Château, je suis le confesseur de dame Francesca, qui m'a chargé de vous dire d'avertir Don Girolamo de prendre les papiers qu'il sait, parce que je n'ai pas eu le temps de les remettre à quelqu'un d'autre. » Ni plus, ni moins. Pourquoi me posez-vous cette question ?

— Les *tables se sont envolées.*

— Comment ?

— *Elles se sont envolées,* je te dis ! et elles étaient de très grande importance, c'était un véritable trésor. Elles valaient peut-être deux cent mille onces, tu comprends ? Quelqu'un les a emportées !

— Comment est-ce possible ?

— Je viens de la *cuba.* Elles étaient *bouchées dans le ventre des cheveux d'ange...* et à la place, j'ai retrouvé ce tas de vieux papiers !... Mais allons chez le confesseur de ma femme...

— Où est-il ?

— C'est le père Nigri, prébendier de la cathédrale ; il habite ici aux Benfratelli...

— Attends ici, Nino.

D'un saut, Don Girolamo et Andrea furent chez le père Nigri et le réveillèrent :

— Que se passe-t-il ? cria le prêtre, effrayé, en se montrant à la fenêtre.

— Un mourant...

— Qui ? Il est de mes pénitents ?

— C'est moi, vous me reconnaissez ? demanda Don Girolamo.

— Attendez.

Le prêtre lui éclaira le visage avec une lampe et s'étonna :

— Vous !...

— Oui, oui ; ouvrez ! Que diantre !

Le prêtre, rassuré, descendit en chemise et en pantoufles pour ouvrir la porte et demanda :

— Que se passe-t-il ?

— Deux mots, père ; et pardonnez-moi... Votre Seigneurie sait qu'on a arrêté mon épouse ?

— Francesca ? On l'a arrêtée ? Mais pourquoi ?

— Vous ne le saviez pas ?

— Non...

— Vous n'êtes pas allé au Château ?

— Et comment l'aurais-je fait, si je ne savais rien ? Pourquoi me le demandez-vous ?

— Pour rien !... C'est une affaire terrible !

La lanterne à la main, le prêtre l'examinait, l'air ébahi, ne s'expliquant pas l'urgence de ces questions et l'effroi de Don Girolamo.

— Voulez-vous que je rende visite à Francesca ? Comme confesseur, on m'y autorisera...

Don Girolamo réfléchit une seconde et répondit :

— Oui, je vous en serai reconnaissant et demandez-lui qui était le prêtre par le truchement duquel elle m'a envoyé le message qu'elle sait...

— Cela va bien ; à quatorze heures, j'irai. Comptez sur moi. Mais ne commettez pas d'imprudence ; allez-vous-en, ne vous faites pas voir.

— Vous avez raison. Que Votre Seigneurie me bénisse, et me pardonne pour le dérangement... c'est une affaire très grave !... très grave !... J'enverrai Nino Bucolaro chercher la réponse...

Ils retournèrent chez ce dernier, tandis que le prêtre remontait chez lui, encore abasourdi, en murmurant :

« Pauvre Francesca !... Mais vraiment, ce n'est pas une raison pour me réveiller à cette heure !... Recommandons-nous à Dieu ! »

Antonino Bucolaro attendait le retour de Don Girolamo dans une vive agitation.

— Nino, lui dit Don Girolamo en le prenant par le bras, ce n'était pas le père Nigri ! Il ne savait pas même que Francesca avait été arrêtée !

— Non ! s'exclama Antonino, en faisant traîner le monosyllabe, sous l'effet de l'étonnement.

— Non ! Non, il ne le savait pas. Nino, poursuivit Don Girolamo entre ses dents serrées, en lui lançant un regard torve, jure-moi qu'*un gros estomac* est venu chez toi...

— Vous en doutez ?

— Jure-le !... Prends garde à ton serment !... Je t'accuserai...

— Don Girolamo, vous me prenez donc pour un traître ?

— A moins que tu n'aies inventé ce *gros estomac*...

— Et comment savais-je, pour les papiers ?

— Alors, ou toi, ou le *gros estomac,* vous avez *escamoté les tables !*

Antonino Bucolaro bondit sur ses pieds, le visage empourpré :

— Moi ? Don Girolamo !...

— Ou le *gros estomac,* répéta sur le même ton l'Ammirata. En dehors de moi, de ma femme et d'Andrea, vous deux, et vous deux seuls, saviez que dans cette maison, il y avait des *tables.*

— Et vous doutez de moi ? J'ai donné des preuves de trahison, moi ?

— Non ; mais le fait est là : à toi de t'en débrouiller... Je dois retrouver ces *tables,* tu comprends ? Je dois savoir qui les a *escamotées,* et où elles sont !...

— Cherchons le *gros estomac.*

— C'est ton affaire. A midi, je t'attends à la Guadagna.

Resté seul, Antonino Bucolaro se passa la main dans les cheveux comme pour se concentrer sur une pensée. L'aube était venue ; il remonta dans sa chambre, se vêtit, s'arma et partit. Son métier l'obligeait souvent à sortir au point du jour, pour se rendre à la Porte Termini, où étaient déchargés les sacs de froment. Mais au lieu de prendre la rue qui y menait, il se dirigea vers le Château, pour y chercher le confesseur qui s'était présenté à lui de la part de dame Francesca. A cette heure le prêtre devait s'y trouver, car la messe des prisonniers se disait fort tôt.

Il demanda au geôlier si le chapelain était là et s'il pouvait lui parler, car il s'agissait d'une affaire d'une très grande importance.

— Il n'est pas encore arrivé, mais il ne devrait pas tarder. Quant à lui parler, ce ne sera pas difficile ; vous pouvez l'attendre ici, près de la grille... asseyez-vous donc.

Antonino s'installa sur un banc de bois, dans le passage qui menait de la porte du Château à une cour intérieure, et attendit en bavardant avec le geôlier des nouvelles du jour ; à la fin, celui-ci lui dit :

— Voilà le père.

Antonino Bucolaro regarda au-dehors ; un prêtre petit et rond franchissait à ce moment le pont-levis.

— Mais ce n'est pas lui que je cherche.

— Vous ne voulez pas le père chapelain ?

— Je ne sais s'il est chapelain, je cherche le confesseur...

— C'est tout un.

— Mais j'en cherche un autre...

— Alors, ce doit être celui de la Vicaria.

— Mais non ! Il est venu chez moi et m'a dit clairement qu'il arrivait du Château... Et puis, excusez-moi, c'est bien ici qu'est enfermée Francesca Ammirata ?

— En effet...

— Et donc il s'agissait du confesseur du Château...

— Et c'est celui-là.

Le prêtre passa devant Antonino Bucolaro qui le regarda fixement en secouant la tête.

— Ce n'est pas lui ! Ce n'est pas lui !... Mais excusez-moi, il n'y a pas d'autres prêtres au Château ?

— Aucun...

— Et qui est donc venu chez moi ?

— Comment voulez-vous que je le sache ? Demandez au père. Peut-être sait-il quelque chose.

Antonino alla voir le chapelain, qui s'habillait pour la messe mais il ne savait rien ; il n'avait jamais vu ni confessé dame Francesca et encore moins transmis de message ; lui aussi affirma qu'il était le seul prêtre du Château. Antonino Bucolaro ne savait que penser. Qui donc était venu chez lui ? A qui dame Francesca avait-elle confié son message ? Qui leur avait tendu un piège, à elle et à lui ?

A midi, quand il se rendit à la Guadagna, dans une petite taverne au milieu des roseaux près du pont de pierre sur l'Oretto, Don Girolamo n'en fut pas moins atterré. Il était donc certain qu'un mouchard avait surpris la bonne foi de son épouse et qu'après avoir volé les papiers, il avait tenté d'attirer Don Girolamo dans un piège ; mais qui était-ce ?

— Un abbé... dit Don Antonino Bucolaro. J'irai les voir les uns après les autres, jusqu'à ce que je le trouve, par la Madonne !

— Un abbé ? reprit Andrea ; et si c'était le même qui a tenté de m'arrêter à la Milicia ?

Tous trois s'entre-regardèrent, frappés par ce rappel qui les mettait subitement sur la voie.

— Lui !... Matteo Lo Vecchio !, s'écria Don Girolamo.

— Il en est bien capable, remarqua Antonino Bucolaro.

Une autre pensée traversa l'esprit de Don Girolamo.

— Et s'il les a détruits ?

— Mais par Dieu!... Qu'attendons-nous pour le condamner? Il me semble qu'il est temps...

— Et s'il les a remis au duc?

Cette idée parut plus terrible que les autres; certes le duc qui avait supprimé des individus ne conserverait pas les papiers accusateurs. Ils restèrent un moment sans parole.

Puis Don Girolamo dit à Antonino :

— Il faut *pincer la vieille au réfectoire.*

— Bien. *Je sonnerai la cloche.*

XVII

En s'éveillant un peu avant midi, Blasco de Castiglione ne fut pas peu surpris de trouver sur sa table de chevet une lettre scellée d'un cachet mystérieux : une main armée d'un poignard brandi pour porter un coup et autour, la devise suivante : *Et iniquitates non prevalebunt.* Il l'ouvrit en proie à la plus vive curiosité et lut :

« *Monsieur, vous avez sans le savoir rendu un service inestimable à la cause d'un innocent. Ceux qui veillent sur lui vous en seront éternellement reconnaissants. Vous pouvez désormais compter sur eux.* »

Pas de signature.

Il tournait et retournait la lettre entre ses doigts, au comble de l'étonnement. Puis il sonna. Au serviteur aussitôt accouru il demanda :

— Qui a apporté cette lettre?

— Quelle lettre, Excellence?

— Celle-ci.

— Personne, Excellence; Personne n'a apporté de lettre ici...

— Mais je l'ai trouvée sur la table de nuit.

— Je vous assure qu'il n'est arrivé aucun pli depuis deux ou trois jours et que personne n'est entré dans votre chambre en votre absence ni pendant que vous dormiez.

— Diantre! Elle n'est pourtant pas venue toute seule! As-tu déjà vu une lettre venir à pied toute seule ou avec des ailes?

— Non, sans doute.

— Eh bien alors?...

— Que voulez-vous que je vous dise, Excellence? La seule chose que je peux affirmer avec certitude c'est que personne n'est venu et que personne n'est entré dans votre chambre.

— C'est bon. Tu peux aller !... Non, attends ! Où est ton maître ?

— Il est là. Il attend Votre Excellence pour déjeuner.

— J'arrive tout de suite. Va !

Il demeura pensif. Le mystère qu'il croyait élucider en interrogeant le serviteur s'épaississait au contraire et le plongeait dans la plus grande perplexité. Il gagna la salle à manger où l'attendait Coriolano de la Floresta.

— Est-il possible que dans votre maison, dit-il en plaisantant, des lettres arrivent sans que personne ne les ait apportées ?

— Si elles ont des ailes, elles n'ont besoin de personne.

— Trêve de plaisanterie. A mon réveil, j'ai trouvé une lettre sur ma table de nuit et personne n'a été capable de me dire comment elle était venue. Le serviteur m'a assuré que nul ne l'avait apportée...

— C'est une lettre d'amour ? Si c'en est une, Cupidon l'aura expédiée avec une de ses flèches...

— Regardez.

Il tendit la lettre. Coriolano jeta un bref coup d'œil au cachet avant de la lui rendre en disant :

— Avec un sceau comme celui-ci, ce n'est sûrement pas une lettre d'amour...

— Lisez-la : vous savez que je n'ai pas de secrets pour vous.

— Si cela vous fait plaisir...

Et Coriolano lut rapidement :

— Eh bien ? demanda Blasco.

— Eh bien, dit Coriolano en rendant la lettre, vous voilà dans les meilleurs termes avec les Beati Paoli, auxquels vous semblez avoir rendu un grand service !

— Moi ? Aux Beati Paoli ? Ah !

— Cela semble évident.

— Il est temps que je vous raconte.

Il lui fit alors le récit des événements de la nuit précédente et raconta comment il avait agi en cédant à une impulsion qu'il regrettait à présent : car s'il se réjouissait d'avoir empêché l'arrestation de deux hommes, il s'était peut-être en revanche rendu complice de quelque mauvaise action.

Coriolano l'écouta en silence et sans s'émouvoir.

— Vous avez bien dit, demanda-t-il enfin, que la maison assiégée se trouvait place San Cosmo ?

— C'est cela.

— Alors soyez tranquille. Il s'agit de la maison du rationnel Don Girolamo Ammirata, qui n'a rien commis dans sa vie qui puisse encourir la réprobation d'un homme de bien.

— Mais alors ?
— Alors pourquoi voulait-on l'arrêter ? Mais... du reste vous lui avez rendu un autre service...
— Moi ?
— Oui, vous. Quand vous avez bastonné les serviteurs du duc de la Motta qui voulaient assommer le jeune neveu de Don Girolamo...
— Oh !... Il s'agirait du même Ammirata, alors ?
— Qui est peut-être aussi l'innocent que les Beati Paoli ont pris sous leur protection...
La conversation s'éteignit. Blasco songeait au curieux hasard qui avait d'abord failli le mettre au service du duc de la Motta quand il avait fait appel à lui pour l'aider à déjouer les pièges des Beati Paoli et qui faisait de lui désormais quasiment leur complice puisqu'il avait empêché l'application d'une décision de justice. Ce qui, malgré tout, le réconciliait avec sa conscience, c'était que cette décision fît partie de ces actions violentes que la loi autorisait à l'encontre du peuple et de la bourgeoisie, et que l'homme qu'il avait sauvé était innocent. Il sentait naître en lui le désir de percer le secret de cette société mystérieuse que tout le monde craignait tant. Mais une remarque de Coriolano donna un tout autre cours à ses réflexions :
— Et votre voyage, Blasco ?
Il avait failli l'oublier tant il était absorbé dans ses pensées. Pourtant, il avait bel et bien décidé de partir le matin même. Mais il regarda Coriolano avec un certain étonnement. Pourquoi se préoccupait-il de son départ ? Le visage de son ami ne trahissait nulle intention secrète, cependant, étant donné son caractère, sa question cachait peut-être le souhait de le voir s'en aller. Et comme il ne s'agissait certainement pas de lui refuser l'hospitalité, idée qui d'ailleurs, n'effleura même pas l'esprit de Blasco, Coriolano devait avoir quelque raison secrète.
Blasco demanda, sur le ton de la plaisanterie :
— Vous avez donc intérêt à me voir partir ?
D'un air parfaitement détaché, Coriolano dit :
— Eh, ma foi, qui sait... j'ai l'impression que le moment est venu pour vous de changer d'air.
Blasco écarquilla les yeux.
— Pourquoi donc ?
— Une réconcilation avec la belle Donna Gabriella, duchesse de la Motta, ne serait peut-être pas inutile.
— Ah ? Et pourquoi ?
— Parce que vous y auriez peut-être avantage !
— Comment cela ?
— Croyez-vous être à l'abri de la justice, après ce que vous avez fait ?
— Qui peut savoir que c'était moi ?

— Ceux qui sont chargés d'appliquer la justice le sauront bientôt, s'ils ne le savent déjà...

— Et après ?

— Après ? Monsieur le duc de la Motta, détenteur des pleins pouvoirs et à qui vous n'êtes pas particulièrement sympathique vous fera arrêter et jeter aux oubliettes, comme Francesca Ammirata, et vous n'en sortirez jamais plus : je ne pense pas que vous aspiriez particulièrement à un pareil sort.

— Certes.

— Mourir en accomplissant une action honorable après avoir expédié une douzaine de coquins dans l'autre monde reste tolérable, mais pourrir dans un cachot, enterré vivant, et assister, impuissant, à sa propre agonie... voilà, vous en conviendrez, qui est épouvantable.

— Morbleu ! Vous me donnez la chair de poule.

— C'est le seul désagrément que je vous souhaite...

Après un instant de silence, Blasco dit :

— Je reconnais que s'il en va comme vous dites, il serait en effet plus prudent de m'éloigner... mais d'un autre côté, vous savez que le danger exerce sur moi une sorte de fascination...

— Si vous deviez affronter un danger dont vous puissiez vous tirer avec honneur, je ne vous conseillerais pas de partir ! Du reste, faites comme bon vous semble ! Je ne voudrais pas que mes paroles puissent être mal interprétées...

— Mais non ! Et pour vous donner une preuve de l'estime que je vous porte et de l'influence qu'ont sur moi vos conseils, je les suivrai.

— Fort bien.

— Mais je ne me rendrai pas à Messine, je ne verrai pas la duchesse...

— Pourquoi ?

— Pour plusieurs raisons. Je ne voudrais pas avoir l'air de regretter d'avoir rompu cette relation, je ne veux pas feindre des sentiments que je n'éprouve pas, je ne veux pas d'une réconciliation dont je tirerais avantage ; ce serait pire encore, si cette réconciliation était une comédie...

— Vos scrupules vous honorent... je vous en félicite et je vous admire. Je ne saurais vous conseiller meilleure attitude, mais enfin, cher ami, il ne faut point exagérer... et il est bon parfois, d'obéir à une politique. Or la politique est une science, mon cher ami, qui ne s'embarrasse guère de subtilités pour choisir les moyens de parvenir au but qu'elle se donne.

Mais Blasco secouait la tête.

— Non, non !... Vous ne réussirez pas à me convaincre. Je ne suis pas fait pour la politique et surtout pas pour celle-ci. Je suis fait pour la guerre. Je reconnais que vous êtes un grand diplomate et que le roi devrait vous nommer ambassadeur mais sur ce terrain, je ne rendrais personnellement que de mauvais services.

Coriolano de la Floresta eut un sourire incrédule.

— Chaque homme peut être un bon diplomate pour ses propres affaires... mais faites comme bon vous semble... et pardonnez je vous prie mon insistance. Je ne songe qu'à votre intérêt...

Il termina là son discours. Blasco pria Coriolano de la Floresta de lui faire préparer son cheval et des provisions de voyage ainsi que, dans la mesure du possible, des lettres de recommandation pour tout seigneur de sa connaissance sur les terres duquel il passerait durant son voyage.

— Je vous ferai rassembler tout cela demain matin. A quelle heure comptez-vous vous mettre en route ?

— Dès l'aube.

— Nous ne nous reverrons donc vraisemblablement pas avant votre départ. Venez que je vous embrasse pour vous souhaiter bonne route.

Il serra tendrement Blasco sur son cœur, lui souhaita le bonsoir et regagna ses appartements.

Blasco sortit pour aller rendre visite au père Bonaventura. Comment le projet de cette visite lui était-il venu à l'esprit il n'aurait su le dire : peut-être par une association d'idées qui ne l'avait pas frappé sur l'instant. Le voyage qu'il envisageait avait fait surgir du fond de sa mémoire des souvenirs d'enfance et l'image du père Bonaventura lui était passée à plusieurs reprises devant les yeux. Il se reprochait d'avoir abandonné cet homme auquel le liaient les souvenirs les plus douloureux de son existence et il avait donc pris la décision d'aller lui rendre visite.

A cette heure, le père Bonaventura devait se trouver à la chapelle et Blasco se préparait à l'attendre quand le frère portier s'approcha de lui :

— Votre Seigneurie est venue voir le père Bonaventura ? Mais il n'est plus ici.

— Comment cela, plus ici ?

— Mais non. On l'a envoyé au couvent de Caccamo.

Blasco regarda le moine avec effarement.

— Au couvent de Caccamo ? répéta-t-il.

— Oui, Votre Seigneurie.

— Et depuis quand ?

— Depuis trois mois...

— Et vous ne m'avez pas averti... ?

— Je ne sais...

— Mais pourquoi est-il parti ?

— Comment le saurais-je ? Nous autres moines nous ne demandons pas les raisons des ordres de nos supérieurs. Un jour ou l'autre nous trouvons l'*obbedienza*... et nous obéissons. Le père Bonaventura n'aura vraisemblablement pas eu le temps de prévenir Votre Seigneurie ; il aura trouvé l'*obbedienza* un jour et sera parti le lendemain.

Blasco quitta le couvent la tête basse, comme s'il venait d'essuyer une défaite, troublé par le départ impromptu du père dont il n'avait pas eu de nouvelles depuis trois mois. Mais lui-même n'avait-il pas cessé d'aller le voir ? Ne l'avait-il pas pour ainsi dire oublié ? Alors de quel droit se plaignait-il qu'on ne lui eût point écrit pour le prévenir ? Sans compter que le père devait être malheureux de sa conduite. Il décida donc de faire un petit crochet pendant son voyage et, longeant le littoral jusqu'à Trabia, de se rendre ensuite à Caccamo. De là, en suivant les sentiers de montagne à travers les Madonie, il rejoindrait la route de Catane.

Ce dessein rendit visiblement la paix à sa conscience car il releva la tête et continua d'avancer d'une allure plus dégagée. En chemin, il se demanda quelle faute avait bien pu commettre le père Bonaventura pour mériter une punition : car l'*obbedienza* qui éloignait un moine de son couvent équivalait à une punition ; c'était du moins le signe qu'il s'était rendu indésirable en ce lieu. Or la chose semblait impossible car tous les autres moines du couvent de Palerme l'aimaient et nul au sein de la congrégation ne pouvait être responsable de son départ. Par conséquent, la demande était venue de l'extérieur, de quelqu'un avec qui le père Bonaventura s'était peut-être querellé et qui avait obtenu du père Provincial l'ordre de l'éloigner. Il ne voyait pas d'autre explication plausible. Mais de qui s'agissait-il ?

Il marchait ainsi plongé dans ses pensées quand il entendit quelqu'un le saluer :

— Illustre Seigneur Chevalier, permettez que je vous baise les mains. .

Il vit un petit homme plonger en avant en une profonde révérence et regarda autour de lui pour voir qui il saluait ainsi, incapable de croire qu'il pût être l'objet d'une telle déférence.

— C'est à moi que vous parlez, mon brave ?

— Comment ? Votre Excellence ne me reconnaît pas ? Je suis Michele Barabino... Michele...

— Ah, c'est vous ? Je ne vous reconnaissais pas !... Il fait si sombre...

— Et je dois être méconnaissable, je sais...

— Mais non... ! Pourquoi dites-vous cela ?

— Ainsi Votre Seigneurie ne sait rien ?...

— Non. Que vous est-il arrivé ?

— Des ennuis à n'en plus finir !... Le monde est plein de scélérats. Sachez que j'ai été dénoncé au capitaine de la justice pour avoir aidé Votre Seigneurie à s'enfuir de l'auberge du Messinois...

— Et ensuite ?

— Ensuite, j'ai été arrêté et emprisonné à la Carbonera. Et comme j'étais enfermé, je n'ai pas payé mon loyer et on a vendu tous mes biens. Et me voilà, Votre Seigneurie, dépouillé de tout, nu comme Job ! Une infamie !

— Oh, pauvre Maître Michele ! Et à cause de moi !

— A cause de ces misérables dont le monde est plein, voulez-vous dire ! Et Votre Seigneurie se porte bien ? Apparemment. Voilà qui me console. Pardonnez-moi de vous avoir arrêté. Je ne voulais pas manquer de vous saluer... mais je m'en vais... si jamais vous avez besoin de moi... je ne vous dis pas de venir me chercher chez moi puisque je n'ai plus de logis, mais vous pouvez vous rendre à la chapelle de San Bonomo...

Blasco revit par la pensée la petite église où Michele Barabino l'avait abrité et il éprouva une douce émotion à ce souvenir. Mais le pauvre diable payait aujourd'hui bien cher sa générosité.

— Ne vous offensez pas, Maître Michele — dit-il en lui glissant dans la main deux écus d'argent. Je crois que cela pourra vous rendre service dans un moment aussi difficile...

Maître Michele parut indécis puis il prit les pièces en disant :

— Ce n'est pas pour moi, illustre Seigneur, pas pour moi qui suis un homme, après tout, mais pour ma famille...

— Votre famille ? Où est votre famille ?

— Oh, Votre Seigneurie... ma femme est chez ses parents, et mes fils sont chez leurs oncles. Un ici, l'autre là. Ils ont un toit et de quoi manger, mais vous comprendrez que ce n'est pas une vie... Ah, c'est que je vais me mettre à pleurer ! Quel idiot !... Pardonnez-moi ! Bonne nuit, je vous baise les mains et que Dieu vous le rende...

Blasco s'éloigna le cœur serré d'un douloureux remords. Il venait de voir un pauvre homme qui avait une maison, une famille, un métier, et vivait tranquillement sans faire de mal à quiconque. Et un geste généreux l'avait mis à la merci du pouvoir. On lui avait tout pris, on l'avait jeté à la rue et il se retrouvait seul, abandonné, dans la misère ! Et qui avait permis, sans le vouloir ces représailles féroces et inhumaines ? C'était lui !... Il lui avait donné deux écus... mais qu'étaient deux écus pour quelqu'un qui avait tout perdu ? Il aurait dû lui rendre son échoppe. Oui, là était son devoir Seulement il était pauvre lui aussi. Et vu l'état de sa bourse, ces deux écus représentaient déjà une somme énorme, une folie.

Il continua à marcher sans but précis, comme il lui arrivait souvent, vaguement mélancolique. Il croisait de temps en temps une chaise à porteurs, entourée de flambeaux, qui illuminaient quelques instants les ténèbres dans un jaillissement d'or et de splendeur, portée, précédée et suivie de laquais en livrée de soie et à l'intérieur de laquelle on apercevait un homme, parfois un petit monstre tout scintillant d'or et de pierres précieuses, avec sur le visage l'expression de quelqu'un qui exerce un droit et sur le passage de qui on se bousculait. Puis il croisa une autre chaise, toute noire, sans torches, sans cortège, humble et discrète, précédée seulement d'un homme portant une lanterne : un médecin, songea-t-il. Un peu plus loin, une autre chaise, noire elle aussi, entourée de soldats baïonnette au canon et précédée d'un porteur de lanterne : un prisonnier que l'on emmène à la Vicaria ou au Château !... et parfois, ici et là, au coin des ruelles, immobiles ou errants, assis sur des marches ou sur le seuil d'une porte, étendus sur les comptoirs devant les échoppes ou sous le porche des églises, il découvrait des hommes, des femmes à demi-nus, hirsutes, mais aussi des enfants et des jeunes gens que la misère disséminait à travers la métropole du royaume, dans les rues où les immenses palais se dressaient, superbes et grandioses. Dans un coin, une vieille chantait d'une voix rauque une complainte — celle du chevalier dévot :

E c'era un cavaleri, lu mischinu,
ca era ciuncu di manu et peri.*

La voix s'élevait au-dessus de la rumeur de la vie nocturne, tentant de se faire entendre pour recueillir quelques sous.

*'Nsonnu cci accumpariu Sant'Antuninu**.*

Hélas ! le bon saint franciscain ne venait consoler les pauvres gens que dans la légende et il ne voyait pas la vermine qui pullulait la nuit à travers la ville. Blasco apercevait çà et là des gens sinistres, dans les yeux desquels luisait le crime, et qui se dissimulaient dans l'ombre des ruelles ou s'attardaient sur le seuil de quelque taverne enfumée : en vérité c'étaient des femmes jeunes ou vieilles, sans âge, dont les lèvres formaient la répugnante grimace d'un sourire lascif. Crasseuses, en haillons, pieds nus ou en savates, elles pensaient pourtant posséder encore quelques capacités de séduction, et pouvoir exciter les sens des passants : spectacle ignoble, affreux. Puis, à grand fracas, comme dans un roulement de tonnerre, passait à toute allure un carrosse que les torches des volants et des palefreniers nimbaient d'une auréole, comme le char d'un dieu. La vive lueur des flambeaux jetait son éclat sur ces misères ; des visages émaciés, des chevelures ébouriffées, des guenilles apparaissaient, que l'ombre aussitôt reprenait.

Plus loin, dans le silence de la rue, une commère s'arrêtait devant un petit monument et criait :

— Dévots, la Madone est dans le noir !...

D'une fenêtre tombait un sou pour acheter l'huile de la lampe de la Vierge.

Blasco observait cela dans des dispositions d'esprit qui l'inclinaient à la pitié ; toute cette misère se révélait à ses yeux sous un aspect nouveau, comme le produit d'une société nettement divisée en deux grandes classes, celle des privilégiés, sur lesquels le ciel et la terre avaient concentré toutes leurs faveurs, riche, puissante, omnipotente, capable de faire et de défaire, oisive, assurée de l'impunité : dieux olympiens, à qui tout était accordé : l'amour, la joie, l'insouciance, les belles folies, jeter l'argent par les fenêtres, envoyer des gens en prison, faire bastonner, pendre par ses juges ou assassiner par ses sicaires, et auxquels les aumônes, les messes, les dons aux couvents et aux églises, assuraient, ultime privilège, le paradis ; l'autre, misérable, obscure, écrasée, perdue, à qui le ciel et la terre étaient refusés.

Une ronde passa, le sergent, en voyant Blasco, ôta respectueusement

* Et il y avait un chevalier, le malheureux, qui n'avait ni pieds ni mains.
** En rêve lui apparut Saint Antoine.

son couvre-chef ; puis il colla sa lanterne sur le visage d'un gueux qui s'approchait pour demander peut-être la charité, lui donna un coup de pied en le menaçant de la bastonnade, assortissant son discours de l'apostrophe :

— Gibier de potence ! Laisse passer le seigneur chevalier !

Voilà le symbole de la justice de ce temps.

Blasco erra une grande partie de la nuit, comme pris du désir de découvrir dans sa réalité la capitale du royaume, non celle qu'il avait vue jusqu'alors et qui l'avait attiré et fasciné, non celle des salons, d'une société qui ne posait plus le pied sur la terre des mortels, mais celle du peuple, de la misère et des souffrances invisibles et muettes ; celle d'une population qui ne connaissait de la vie que la nécessité d'obéir et de servir et ne demandait en échange qu'un peu de pain à bon prix ; celle qui supportait tout le poids de la richesse. Le prix de chacun de ces carrosses, de chacune de ces chaises à porteurs resplendissantes d'or et de soie aurait suffi à nourrir pour un an une de ces familles de misérables sur lesquelles s'abattaient toutes les rigueurs de la loi, l'ignominie et les menaces de l'Église, les terreurs de l'outre-tombe ; ces gens qui grouillaient dans des ruelles sombres, humides, au milieu des immondices amoncelés malgré les interdictions, des rigoles d'eau sale, des flaques stagnantes dans les dépressions d'un terrain mal asséché, ces gens qui vivaient sans air et sans soleil dans les *catodi.*

Ayant vécu sur les mers et dans les montagnes, tour à tour berger, marin, corsaire, esclave, capitaine d'armes, chevalier errant, courtisan, amant d'une grande dame ; ayant surmonté toutes les adversités de la vie, né noble, élevé parmi les religieux, ayant partagé la vie du peuple avant de retourner dans la noblesse, il n'avait aucun des préjugés de la société aristocratique et aucune des bassesses du peuple ; il avait trempé son âme, s'était formé une conscience libre et franche, qui lui permettait de vivre dans une indépendance entière et de juger sereinement, suivant ses propres critères.

Les contrastes rencontrés sur son chemin lui avaient donné l'envie de pénétrer dans ces obscurs labyrinthes de ruelles où mugissait le Minotaure de la misère et où, par peur ou par orgueil, nul de ses semblables ne pénétrait jamais.

Flânant ainsi, il s'était retrouvé sans le savoir dans la rue du Capo, devant l'église de San Cosmo.

« Tiens ! Voilà la maison de Don Girolamo Ammirata. Quand on pense qu'à cette heure le pauvre homme serait en prison ! »

La nuit était sombre, sans lune et sans étoiles. Une petite lanterne accrochée au fronton de l'église de Santa Maruzza, devant une image sainte, répandait une lumière parcimonieuse sur une partie de la façade et laissait apercevoir l'angle du passage adjacent, qui se perdait dans les ténèbres profondes. La maison de l'Ammirata était là, volets fermés, plongée dans le silence, avec l'aspect d'une maison vide ; à la rambarde d'un des balcons pendait un chiffon, peut-être un mouchoir abandonné, que la brise nocturne agitait doucement.

Blasco resta une minute absorbé dans la contemplation de la maison. Pas âme qui vive sur la place ; seuls des chiens et des chats errants se poursuivaient en grognant ou en crachant. Blasco vit du côté de San Cosmo une ombre noire raser le mur et disparaître dans la ruelle contiguë à l'église de Santa Maruzza. Peu après, une autre ombre suivit le même chemin, tout aussi mystérieusement ; une minute plus tard, une troisième, venant de l'autre côté, disparut dans le passage ; une quatrième la suivit.

« Où diable vont-ils ? » se demanda-t-il.

Presqu'au même instant, deux ombres passèrent devant lui sans le voir ; il tressaillit, car il lui sembla reconnaître leur allure. Un soupçon lui vint, illuminant son visage de joie. Il attendit encore ; l'une après l'autre d'autres ombres passèrent et disparurent ; toutes avaient le même aspect : on eut dit les membres d'une confraternité vêtus d'une tunique. Plus aucun doute n'était possible ; une grande curiosité le saisit, un désir de les suivre dans ce ténébreux repaire d'où partaient des avertissements, des punitions, des vengeances qui dans la conscience du peuple étaient autant d'actes de justice !... Pouvoir surprendre cette congrégation dans son féroce travail d'exécuteur public, voilà qui lui plairait fort !

Il emboîta le pas de la dernière ombre ; il n'était pas loin d'elle et ne la quittait pas des yeux, mais soudain elle s'évanouit, comme si la muraille l'avait engloutie. Surpris, il allongea le pas ; il s'aperçut qu'il existait au ras du mur une porte, dont la couleur se confondait avec celle de la pierre. L'ombre ne pouvait avoir disparu que là ; il tenta de pousser l'huis, mais celui-ci résista. Il palpa le chambranle, le battant, l'imposte, en long et en large, cherchant la trace d'une serrure. Pas même un trou. Aucun doute, pourtant : l'ombre était bien entrée là ; il n'y avait pas d'autre porte ; plus loin, s'ouvrait un petit porche, mais il était sûr que l'homme n'était pas arrivé jusque-là. Par acquis de conscience, il voulut aller vérifier ; mais c'est alors qu'il perçut un bruit sourd dans son dos. Il se retourna brusquement : deux de ces ombres, surgies d'il ne savait où, se tenaient près de lui. Elles avaient le visage couvert d'un masque.

« Ah ! ah ! pensa Blasco, nous y voilà. »

— Monsieur, lui dit l'une des ombres, vous êtes un gentilhomme et nous vous devons de la reconnaissance pour certaines de vos actions. Ce que vous faites là n'est pas digne de vous. Ne croyez pas avoir découvert une piste avec facilité : nous savions que vous étiez en train de nous épier depuis la place et nous nous sommes laissés suivre, pour vous attirer ici. Nous pourrions vous faire disparaître sans que rien ne subsiste de vous. La nuit est profonde, l'endroit désert. Au-dessus, au-dessous, autour de vous, il n'y a que le mystère. Cent mains, invisibles, peuvent vous faire disparaître...

Blasco regarda autour de lui avec un frisson.

— Inutile de chercher, poursuivit l'ombre, vous ne verrez jamais les mains qui puniraient votre audace, comme serait vaine toute tentative d'agir contre nous... Nous venons à vous pour vous dire ceci : Abandonnez toute idée de pénétrer dans notre repaire secret ; ces choses-là ne vous regardent pas. De votre part, il ne s'agit que de curiosité. Allez-vous-en. On ne touchera pas à un seul de vos cheveux, nous n'avons aucune prévention contre vous ; pourquoi voudriez-vous devenir notre ennemi ?

Blasco ne savait que répondre : tout cela était si inattendu qu'il ne trouvait rien à dire pour justifier sa curiosité. Cet homme avait raison, et ses paroles lui faisaient l'effet d'une remontrance d'autant plus cuisante que la forme était aimable, dans sa sévérité, et recelait une prière. Cependant il éprouvait une espèce de dépit pour la tournure inopinée de son aventure : il aurait préféré risquer la mort dans un affrontement avec ces personnages que de subir ce raisonnement qui le blessait sans lui laisser la possibilité de se défendre. Il tenta de répliquer.

— Palsambleu, messieurs, je n'imaginais pas me trouver confronté à des orateurs !

— Pourquoi ? Vous supposez peut-être que vous êtes cerné par des assassins ?

— Oh, je ne dis pas cela, mais...

— Mais presque... Comme vous voyez, au contraire, nous n'usons d'autre arme que de la parole... Alors, bonne nuit, seigneur Blasco...

Mais le chevalier ne bougea pas ; il se gratta l'oreille d'un air embarrassé et, en souriant, demanda :

— Et si, par exemple, je ne me rendais pas à votre invitation à m'en aller ?

L'ombre ne manifesta ni colère ni étonnement et répondit sur le même ton égal :

— Nous vous ferions partir, de toutes façons, et sans que vous puissiez opposer de résistance...

— Oh ! oh !... Ce serait la première fois...

— Pas pour nous...

— Et si je voulais tenter ma chance ?

— Nous regretterions d'avoir à recourir à la violence envers vous, monsieur. Mais je vous prie de m'épargner une conversation inutile, et puisque vous devez partir à l'aube...

— Qui vous l'a dit ?

— Peu importe, nous savons tout ; il ne serait pas mauvais que vous alliez vous reposer.

Blasco s'étonnait. Qui était cet homme ? Comment était-il au courant de son départ ? Il fit un pas en avant, comme pour reconnaître au regard et à la forme de la bouche celui qui lui parlait mais à peine eut-il esquissé son geste, qu'il fut enveloppé dans une espèce de cape ou de manteau noir, qui l'enserra, l'entrava, le recouvrit ; il se retrouva réduit à l'impuissance, sentit qu'on le soulevait, qu'on le transportait, sans qu'il pût rien voir. A travers cette ample étoffe, il n'éprouvait le contact d'aucune main et ne percevait aucun bruit de pas. Il avait la sensation d'être déplacé, de planer dans l'espace et rien d'autre. S'il avait été superstitieux, il se serait cru transporté dans le monde des esprits.

Combien de temps dura ce voyage ? Il n'eut pu le dire. Au bout d'un moment, il sentit qu'on le déposait à terre. Étaient-ils fatigués ? Étaient-ils arrivés au but ? Il attendit. Il entendit sonner les horloges des églises et aucun autre bruit près de lui ; à un moment, il lui sembla qu'on le flairait longuement et qu'une gueule tiède était tout près de lui, ce qui fut suivit d'un grognement rauque et d'un aboiement furieux auquel répondirent d'autres chiens, plus ou moins éloignés. Blasco eut peur d'être mordu, sans pouvoir se défendre ; il chercha à se dégager et le mouvement effraya le chien, qui n'osant s'approcher, et ne voulant pas abandonner cette proie inconnue, tournait autour de lui en aboyant et en tentant de le mordre. Blasco se défendait de son mieux, en agitant les jambes. Le chien réussit à agripper un bout de tissu et à tirer. Il y eut une grande déchirure et Blasco pensa, non être délivré, mais offrir un côté vulnérable. Il se répandit en imprécations, faisant des efforts désespérés, mais, il entendit une voix qui menaçait les chiens.

Blasco rugit.

— Va t'en !... Que diable est-ce là ?

— Par la croix du Christ, tirez-moi de ce pétrin, j'étouffe !

— Oh, qui vous a arrangé ainsi ? Attendez, ne bougez pas... que diantre... Mais regardez-moi cet embrouillamini. C'est comme si on vous avait enveloppé dans un filet.... Attendez, je vous dis... Vous êtes bien pressé !...

— Eh, parbleu !... il me semble qu'il y a de quoi...

— Oui, je comprends... Mais il faut un peu de patience. Voilà, doucement... C'est fait...

Blasco bondit sur ses pieds, le visage écarlate. En s'ébrouant, il regarda autour de lui, le poing serré. L'homme qui l'avait libéré le contempla avec un grand étonnement :

— Votre Seigneurie ?

Blasco le dévisagea ; le connaissait-il ?

— Comment se fait-il que Votre Seigneurie se retrouve serrée là-dedans comme un ver dans son cocon ? On vous avait bien enveloppé, dites-moi !

Blasco serra le poing dans un geste de menace. Il aurait pu pardonner un coup d'épée, mais cette plaisanterie de très mauvais goût, qui le couvrait de ridicule aux yeux d'un inconnu qui, en racontant l'affaire, ferait rire à ses dépens toute la ville, l'emplissait de colère. La honte d'avoir été reconnu dans cet état si comique était telle qu'elle lui ôta jusqu'à la conscience de la reconnaissance qu'il aurait dû éprouver pour celui qui l'avait libéré. Au contraire, l'homme lui apparaissait sous un jour odieux, car il voyait en lui non un libérateur mais un témoin importun.

— Écoutez-moi, dit-il, je ne sais qui vous êtes ; vous m'avez tiré de ce guêpier et je vous en remercie, mais vous avez eu le tort de me reconnaître, et cela n'est pas bon pour vous... Si vous dites un mot de cette aventure, parole d'honneur, je vous coupe les oreilles !...

L'homme s'esclaffa, ce qui déconcerta Blasco.

— Votre Seigneurie ne me reconnaît donc pas ?

— Qui êtes-vous ?

— Je suis le Messinois, le patron de l'auberge qui a eu l'honneur de loger Votre Seigneurie...

— Vous ? De fait... C'est Dieu qui vous envoie !...

— Votre Seigneurie peut donc être tranquille. Nul ne saura rien de ma bouche... Mais il faudrait que cette recommandation soit aussi adressée à ceux qui vous ont ainsi emballé. Votre Seigneurie désire que je l'accompagne ?

— Merci, brave homme, c'est inutile...

— Alors, bien le bonjour... Bientôt, ce sera l'aube. Je vais à Termini acheter de l'huile pour mon auberge. Je ne me fie pas aux négociants... Si je puis être utile en quelque chose à Votre Seigneurie...

— Merci ! merci !

Le Messinois lui tira une belle révérence et s'éloigna en hâte tandis que Blasco, mortifié, se mordant la lèvre de dépit, rentra chez lui : mais au lieu de monter dans sa chambre et de voir Coriolano de la Floresta, il entra dans l'écurie et sella le cheval.

L'aube pointait quand le tablier du pont de l'Amiral résonna sous le sabot ferré de sa monture.

Devant lui trottait un petit âne.

« Tiens ! se dit Blasco, voilà le Messinois qui va à Termini. »

XVIII

Enfin Don Raimondo pouvait croire son triomphe complet. S'il ignorait que Matteo Lo Vecchio avait mis la main sur les précieux documents, cependant le ton de sa voix et la joie qui brillait dans les yeux du sbire lui donnaient la quasi certitude de ne plus rien avoir à craindre des Beati Paoli.

Matteo Lo Vecchio lui avait promis pour la nuit même la capture de Don Girolamo et d'Andrea, les deux hommes dangereux, les derniers détenteurs de son terrible secret. Dès qu'il se serait emparé d'eux, il les enverrait à l'échafaud avec dame Francesca et Emanuele, et d'un coup détruirait cette hydre aux cent têtes.

Il ne doutait pas du pouvoir de séduction de Donna Gabriella, pour laquelle le roi avait manifesté une si vive sympathie : à cette heure, elle devait être arrivée à Messine, précédant le roi lui-même, et d'ici deux semaines elle saurait quelles raisons avaient poussé le souverain à interrompre le procès de la femme de l'Ammirata.

Il s'attendait à ce que la même nuit Matteo Lo Vecchio lui apportât la nouvelle de la capture tant attendue et désirée, et avait donné l'ordre que l'on fît entrer le sbire à n'importe quelle heure, même s'il fallait le réveiller.

Mais il ne dormit pas. L'anxiété de l'attente, le goût de la vengeance, la fièvre du désir, tourmentaient son âme. Les yeux ouverts dans le vide de la vaste chambre, étendu sur son lit, mais appuyé sur un coude, il suivait le cours de ses pensées et de ses désirs, en replongeant dans son ténébreux passé.

La nuit tomba ; les horloges sonnèrent l'une après l'autre, le silence se fit toujours plus profond, mais le sbire ne venait pas. Une vague appréhension s'empara de l'esprit de Don Raimondo. Pourquoi tardait-il tant ? Il essayait de s'expliquer ce retard par la distance qui séparait la place San Cosmo du Château, où il avait dû conduire les deux hommes arrêtés et il faisait le chemin mentalement, en se demandant : « Qui sait quelle diablerie aura inventé ce gibier de potence de Matteo Lo Vecchio pour attirer Don Girolamo et Andrea ! »

Au milieu de ces pensées, un laquais endormi vint lui annoncer Matteo Lo Vecchio.

— Tout de suite !... Fais-le entrer !...

Pour mieux écouter, il s'assit sur le lit, mais la mine du sbire lui fit l'effet d'un seau d'eau froide. Matteo Lo Vecchio avait l'air d'un général obligé de confesser qu'il a été battu honteusement, sans même sauver l'honneur !

— Eh bien ? demanda avec anxiété le duc. Comment cela s'est-il passé ?

— Que Votre Excellence m'examine bien.

Le sbire se plaça en pleine lumière et Don Raimondo put voir sur sa pommette une formidable ecchymose rouge qui le défigurait.

— Qu'est-il arrivé ?

— Excellence, ils ont les démons à leurs ordres. Le piège était disposé. J'avais envoyé dire par l'entremise d'Antonino Bucolaro...

— Qui est celui-là ?

— Un membre de la secte... Je me suis assuré son concours...

— Il est des nôtres ?

— Non, Excellence. Mais je me suis présenté sous le déguisement du confesseur de dame Francesca... Donc nous avons envoyé dire par son truchement qu'ils devaient venir à minuit pour... une chose très grave, chez lui, sur la placette de San Cosmo, où le dit Bucolaro l'attendrait... En fait de Bucolaro, dans la maison se trouvaient cinq soldats parmi les plus braves ; d'autres étaient postés dans la maison du peintre, d'autres occupaient les diverses issues de la place, la fermant parfaitement... L'effet devait être sûr. Je surveillais avec un groupe de soldats... Et voilà qu'à minuit surgissent les deux brigands ; mais avant d'entrer sur la placette, ils s'arrêtent. Je perçois un murmure ; je fouille l'ombre du regard et il me semble distinguer un autre personnage. Je me dis à part moi : « Sans doute Nino Bucolaro ; tant mieux, nous en saisirons trois ! ». J'attends, mais...

— Mais ?

— Mais Girolamo Ammirata et Andrea nous tournent le dos et s'éloignent rapidement ; je me secoue, je veux les empêcher de fuir, me jette sur le troisième personnage pour l'arrêter, il se met en garde... Mais du sein de l'obscurité s'abat une grêle de pierres... des cailloux, Excellence, qui ressemblaient à des boulets de canon !... qui pleuvaient drus, serrés, terribles, et tombaient juste, comme le voit Votre Excellence !

— Et vous vous êtes enfuis ?

Que pouvait-on faire ?

Les arrêter tous, les tuer, pardi ! se récria le duc, furibond.

— Les tuer ? Il aurait fallu les voir. Je vous ai dit, Excellence, que ces pierres tombaient du ciel... vraiment du ciel. On ne les voyait ni ne les entendait !...

— Mais l'autre, le troisième ? Vous ne l'avez pas saisi, celui-là ?

— Naturellement, dans la confusion de cette lapidation inattendue, il a disparu !... Les soldats pensaient à sauver leur peau, évidemment ! Je ne pouvais prendre garde à tout... D'autant que ce n'était pas un gibier facile à saisir !... Votre Excellence le connaît.

— Moi ?

— Ce troisième personnage n'était pas Nino Bucolaro...

— Qui était-il donc ?

— Le seigneur Don Blasco de Castiglione...

— Lui ! s'écria Don Raimondo, qui bondit sur ses pieds en oubliant qu'il était en chemise de nuit. Lui ? Mais celui-là se mettra donc toujours en travers de ma route ?... C'est donc vrai, ce que disait le prince d'Iraci ?

— Et que disait le seigneur prince ?

— Le prince d'Iraci en sait plus que vous, qui avez l'obligation d'enquêter et de me faire part de vos découvertes... Le prince d'Iraci sait qu'il existe des relations entre Blasco de Castiglione et les Beati Paoli !

Matteo Lo Vecchio écarquilla les yeux, rougissant de dépit et de rage. Comment le prince pouvait-il le savoir et le dire ? Que lui, Matteo Lo

Vecchio, eût subi une défaite, il le reconnaissait, mais que ce fat en sût plus que lui, ce n'était pas admissible.

Le duc s'était rassis sur le lit. Ils s'étaient enfuis, ces deux brigands, ils s'étaient enfuis ! De plus, ils étaient en rapport avec ce bâtard que le diable avait mis sur son chemin et ce bâtard était un Albamonte !... Une pensée lui traversa l'esprit ; il lui sembla avoir la clé de cette guerre sourde, continue, implacable des Beati Paoli. Ils n'étaient que les alliés du bâtard ; la guerre n'avait qu'un but : lui arracher quelque chose de l'héritage. Et c'était assurément les Beati Paoli qui avaient placé le bâtard chez lui pour passer à l'attaque !... Tout cela lui apparaissait clair, évident...

Et cependant le sbire, alors qu'il avait entre les mains Blasco de Castiglione, qu'il pouvait l'arrêter en flagrant délit, sans avoir besoin d'ordres, le laissait fuir !

— Vous vous êtes conduit comme un imbécile ! s'exclama-t-il, serrant les dents pour contenir sa colère. Vous vous êtes conduit comme un imbécile ! Avec vingt soldats, vous n'avez pas été capable d'arrêter trois bandits et vous les avez laissés fuir !... C'est une honte pour le service de Sa Majesté ! Une honte pour moi, qui me suis engagé dans cette affaire, une honte pour vous que j'avais présenté et pris pour le plus habile et le plus sûr des sbires, le plus apte à cette mission...

— Je remercie Votre Excellence de sa bonne opinion, répondit avec humilité Matteo Lo Vecchio, sous le nez duquel frémissait un sourire ironique ; mais enfin même Roland qui était le preux que chacun sait, a quelquefois été battu !... Ce qui ne veut pas dire que Roland fut un bon à rien !... Cette fois, j'ai été battu à cause de cet intrus et une autre fois, je saurai prendre ma revanche. Pourquoi Votre Excellence perdrait-elle confiance en moi ? Il me semble lui avoir donné des preuves de mon savoir-faire et qu'elle me dise si les découvertes faites par moi ont été de peu d'importance !...

C'était vrai : et dans son cœur Don Raimondo devait confesser que sans Matteo Lo Vecchio, il n'aurait pu se débarrasser de Peppa la Sarda, de Giuseppico, de l'oncle Rosario et du sacristain de San Matteo ; il n'aurait pu découvrir la piste de la secte, ni su que Don Girolamo Ammirata et Andrea étaient les organisateurs de cette conspiration, ni que le contrordre royal qui l'avait tant effrayé, était l'effet de la supplique de Pellegra Bongiovanni. Cependant son désir d'en finir une bonne fois, d'être bientôt débarrassé de cet épouvantable cauchemar était si fort que la désillusion l'emportait sur la raison. Il lui semblait que ce coup manqué avait pour ainsi dire annulé les victoires précédentes ; il était comme le général d'une armée victorieuse dans une série de batailles qui, au sortir d'une journée où elle a été malmenée, décide d'abandonner le terrain.

Il renvoya Matteo Lo Vecchio en lui ordonnant de revenir l'après midi, car il désirait rester seul pour mettre de l'ordre dans ses idées et étudier un nouveau plan.

Le fil qu'il avait cru découvrir et qui lui semblait parfaitement logique et naturel donnait un nouveau cours à ses pensées ; il fallait frapper Blasco qui, selon lui, était l'axe autour duquel se formait tout l'écheveau des intrigues : il avait contre lui la dénonciation du prince d'Iraci pour la bastonnade mais il pensait que le procès de Blasco en entraînerait probablement un autre pour tentative d'assassinat du bâtard, et donc la découverte des auteurs, ce qui produirait un énorme scandale ; que ce procès ferait apparaître les origines de Blasco, ce que le duc redoutait.

Il écarta donc l'idée d'une arrestation et d'un procès : il fallait le frapper d'une manière plus sûre, rapide et silencieuse, à l'insu de tout le monde. Et il y avait tant de moyens d'éliminer quelqu'un !... Nul ne l'accuserait lui, qui, du moins pour le public, n'avait aucun ressentiment ni aucune vengeance à exercer. Les soupçons, si soupçons il y avait, retomberaient sur le prince d'Iraci.

A cette idée un sourire infernal erra sur ses lèvres pâles et minces et il éprouva une espèce de soulagement ; il se coucha en ruminant ces pensées et s'endormit avec l'image du prince d'Iraci sur l'échafaud, jeté devant le billot par le bourreau, comme coupable d'assassinat ou pour le moins, poursuivi et tourmenté par la justice, contraint de racheter sa liberté contre une grosse somme, mais certes pas lavé de l'accusation.

Pendant ce temps, Matteo Lo Vecchio rentrait chez lui, irrité contre le duc.

« Voyez donc cette espèce de... gentilhomme ! », marmonnait-il, « Que prétendrait-il ? Que je perde la vie pour sa bonne mine ? Mais s'il y a quelqu'un qui devrait y laisser la peau, c'est bien vous, Excellence ! Savez-vous que j'ai en main de quoi envoyer Votre Excellence là où elle veut envoyer Don Girolamo ? Ah, seigneur duc, seigneur duc !... il faut être prudent et ne pas pousser les gens à bout !... Cependant le duc est en colère contre moi et n'a probablement plus confiance dans mes œuvres, mais parole d'honneur, il a tort. Des ordres ? Quels ordres peut-il me donner ?... D'arrêter Don Girolamo ? Peuh ! Arrêtez-le vous-même Don Girolamo !... »

Avec beaucoup d'énergie, comme si le duc avait été en face de lui, il fit un geste obscène mais aussitôt après jeta des regards autour de lui, de peur d'avoir été vu. A présent, sa pommette lui faisait mal et il y plaqua un mouchoir.

« Cela, je l'ai gagné par amour de Votre Excellence ! Et vous voulez le reste, peut-être ? Ah non, monseigneur ! Matteo Lo Vecchio ne se laisse pas transporter par l'enthousiasme de servir jusqu'à se rompre le cou !... »

A peine arrivé chez lui, il alluma une bougie et sa première pensée fut pour vérifier que ces précieux papiers qui représentaient pour lui un véritable trésor, étaient toujours à leur place.

Il les avait déposés dans un petit placard dissimulé dans le mur. Il les en retira, s'assit à la table, les déroula et les examina un à un, les relut, les dégusta, les commenta! Mais en les rangeant, une idée lui traversa l'esprit : étaient-ils bien en sécurité? Et si, durant son absence, les Beati Paoli étaient venus fouiller sa maison? Ils en étaient capables. Alors, il aurait tout perdu. Où donc les cacher?

Pour commencer, il ne fallait pas les dissimuler dans sa maison, mais trouver un dépositaire fidèle et sûr qui, sans demander ce que contenait le pli et sans chercher à le lire, accepte, sous sa responsabilité, de le garder et de ne le rendre qu'à lui, seulement et uniquement à lui. Dans sa mémoire défilèrent les visages de ses amis et collaborateurs, chacun étant soumis à un rapide procès. Un à un, il les rejetait; le sbire se méfiait de ses connaissances. Il ne lui restait plus qu'à les déposer en un lieu connu de lui seul, où nul ne risquait d'aller, pour aucune raison. Qu'à trouver cet endroit! Et y aller sans crainte d'être épié!

Il s'endormit avec cette idée en tête et rêva de cachettes, de fuites et de redécouvertes, de dragons qui vomissaient des flammes, de ces papiers, des fameux papiers, qui se multipliaient, grandissaient, prenaient des dimensions effrayantes, paraissaient sur le point de l'envelopper et d'un coup se transformaient en un fleuve d'or, qui par endroit prenait la couleur du sang. Puis il se vit dans une grotte, en train de creuser une fosse pour y enterrer Don Raimondo avec tous ces papiers et tout à coup une bande d'hommes masqués l'assaillaient, qui ressemblaient à Don Girolamo Ammirata ; et ils se jetaient sur lui et le tuaient. Il sentait qu'il était mort et pensait que s'il avait enterré Don Raimondo, il serait encore en vie ; et il s'en repentait. Mais voilà, tout disparaissait et il se trouvait devant une fournaise ardente.

Il s'éveilla. Le soleil lui chauffait le visage.

L'esprit toujours occupé par la nécessité de cacher ces papiers, il se leva ; les images du rêve lui revenaient confusément en mémoire, mais par-dessus tout s'imposait celle de la grotte et de la cachette.

Aux alentours de Palerme, ce n'étaient pas les grottes qui manquaient mais les bergers les utilisaient et les chiens, en grattant le sol, pouvaient bien découvrir les papiers. Il fallait trouver une autre cachette! Et s'il les dissimulait dans le cimetière de Sant'Antoniello al Secco, le petit cimetière désert des suppliciés, qui se trouvait non loin de l'église de Saint Antoine de Padoue, sur le sentier qui conduisait à l'Oreto? Là nul n'allait jamais ; il y avait une petite chapelle où personne ne disait la messe et un gardien, un frère lai, maintenait une lampe allumée sur l'unique autel ; au-dessous de celui-ci, on pouvait bien enterrer un trésor, avec la certitude que nul n'irait y fouiller.

S'étant arrêté à cette idée, à midi il se rendit auprès du duc de la Motta qui lui tendit un pli en disant :

— Vous partez pour Messine...

– Moi ?

— Oui, vous irez porter ce pli au marquis de San Tommaso et employez-vous à obtenir une audience du roi...

— Bien Excellence.

— Vous demanderez au marquis de démontrer à Sa Majesté ce que nous avons fait pour la tranquillité du royaume et de la persuader de la nécessité d'avoir pleine confiance en moi, et de lui faire comprendre que si l'on ne pousse pas plus avant le procès contre la famille de l'Ammirata, nous ne parviendrons à rien... expliquez-lui de quelle manière inattendue l'arrestation des principaux coupables a tourné court. En somme, de votre entrevue avec le marquis dépendra la reconquête de ma confiance et votre fortune.

— Je ferai au mieux, Excellence.

— Vous partez aujourd'hui même. Voici un ordre pour tous les capitaines d'armes du royaume, pour qu'ils vous prêtent main-forte et protègent votre voyage.

— Oui, Excellence.

— Faites en sorte que nul ne connaisse votre mission.

— Que Votre Excellence n'ait aucune crainte.

— A Messine vous trouverez la duchesse mon épouse, vous vous présenterez pour lui baiser la main de ma part et vous mettrez à sa disposition durant votre séjour.

— Servir Son Excellence sera pour moi un plaisir et un devoir.

— Voici de l'argent...

Il lui remit une bourse pleine. Matteo sortit en pensant qu'après tout, ce voyage tombait à point, puisqu'il emportait loin, avec lui, ces documents, sans les laisser nulle part ni à quiconque.

Une heure plus tard, déguisé comme à son habitude en abbé, il franchit lui aussi le pont de l'Amiral, en suivant la même route que celle prise six heures plus tôt par Blasco de Castiglione et le Messinois.

XIX

Ce Messinois était un homme si plaisant, savait tant d'historiettes sur les familles nobles de Palerme que Blasco, au lieu de s'arrêter à Trabia, poursuivit sa route jusqu'à la ville toute proche de Termini. A mi-chemin, ils s'étaient arrêtés quelques heures, à l'auberge de la Milicia, pour donner de l'avoine à leurs bêtes et se restaurer; cela les avait quelque peu retardés de sorte qu'ils arrivèrent à Termini, en allant au pas, peu avant l'Ave.

A Trabia, Blasco voulut prendre le sentier qui conduisait à Caccamo, mais le Messinois le persuada de passer la nuit à Termini.

— Votre Seigneurie voyagerait et arriverait de nuit à Caccamo; au lieu de quoi, si elle passe la nuit à Termini, cette ville offre davantage de commodités, parce qu'il s'y trouve de grandes auberges; vous pourrez partir demain pour Caccamo. On y va d'ici en quelques heures.

Le Messinois n'avait pas tort et Blasco se laissa persuader. Ils mirent pied à terre devant un relais qui, pour l'époque, pouvait aussi être considéré comme une hôtellerie, car il disposait de quelques chambres bien aérées et avait tout près, comme un appendice naturel, une taverne.

Peu avant minuit, le Messinois, qui dormait sur une paillasse, dans la même chambre que Blasco, se réveilla et tendit l'oreille.

« Quelqu'un doit être arrivé », pensa-t-il, « parbleu, il est pourtant bien tard!... Voilà un voyageur bien pressé ».

Il entendit l'hôte qui disait :

— Que Votre Révérence me pardonne, mais il faut qu'elle s'accommode au mieux; deux voyageurs sont arrivés... l'un est un chevalier et ils ont occupé la chambre... Je vous préparerai un lit qui...

— Peu importe, peu importe... Je repartirai à l'aube. Si j'étais arrivé plus tôt, je serais allé au couvent de San Domenico tout proche, mais je n'ai pas voulu déranger ces frères.

Il prononça encore quelques mots et le Messinois pensa : « Un prêtre ».

Et il se rendormit. A l'aube Blasco se leva pour partir, et fit seller un cheval : le Messinois se leva à son tour.

— Cette nuit, dit-il, est arrivé un autre voyageur qui va repartir bientôt; ce doit être un prêtre. Voilà sans doute sa mule.

Il indiquait une bête robuste que sellait un petit valet. Pendant ce temps, dans la salle déjeunait un abbé, qui, en apercevant Blasco, ne put retenir un léger mouvement de surprise. Le Messinois le regarda à son tour avec une expression d'étonnement qu'il dissimula bientôt sous la plus parfaite indifférence. Mais un observateur attentif aurait deviné qu'il était pris d'une grande curiosité et d'un vif désir de parler. Tandis qu'il aidait Blasco à monter à cheval, et l'accompagnait hors de l'hôtellerie, il lui chuchotta rapidement :

— Que Votre Seigneurie ne se retourne pas, et fasse comme si je ne lui parlais pas. Vous savez qui est l'abbé ?

— Cet abbé qui se restaure? Non...

— C'est Matteo Lo Vecchio, le chef des argousins...

— Oh!

— S'il est déguisé ainsi, c'est qu'il a une grosse affaire en train...

— Palsambleu ! J'aimerais le voir...

— Arrêtons-nous sous le prétexte de prendre congé, et Votre Seigneurie le verra passer ; il arrive.

Ils s'immobilisèrent ; le Messinois dit à voix haute :

— Bon voyage, donc, Excellence ; je resterai ici toute la journée de demain ; si vous revenez ce soir, j'aurai le plaisir de vous servir...

— Oh ! Je ne resterai pas plus de quelques heures. La route n'est pas longue... Adieu...

— Je baise les mains de Votre Excellence...

En passant devant eux, Matteo Lo Vecchio feignit une grande indifférence, mais du coin de l'œil, il observait Blasco et son oreille recueillit avec attention les paroles prononcées. Le chevalier fit mine de rien. Pour feindre de ne pas l'avoir reconnu, le Messinois le salua comme il était d'usage quand on rencontrait un religieux :

— Que Votre Seigneurie me bénisse.

Quand Blasco s'engagea sur la route conduisant à Caccamo, Matteo Lo Vecchio, qui prenait la descente du Chargeur, qui menait à la mer et à la porte de Messine, se retourna.

« Par là on va à Caccamo, à Ciminna. Il a dit que le chemin n'était pas long, le village le plus près est Caccamo... que diable va-t-il faire là-bas ? Ce beau monsieur, il ne serait pas inutile de le tenir à l'œil... Entre lui et l'Ammirata, il y a quelque chose, cela est sûr. Serait-il des Beati Paoli ?... Il revient ce soir... Il faudrait faire bavarder le Messinois. »

Un instant, il hésita puis, prenant une brusque résolution, il mit pied à terre et souleva le sabot de sa mule, la déferra avec un couteau puis le fer à la main, revint au relais en se traînant derrière la mule, avec une expression de dépit et de regret sur le visage.

— Voyez donc ce qui advient lorsqu'on est trop pressé ! s'exclama-t-il en montrant le fer au garçon d'écurie. Rendez-moi un service, emmenez la mule chez un maréchal-ferrant.

Il souleva la besace, la posa sur un banc et s'assit auprès d'elle, tandis que le valet prenait les rênes de la monture et se dirigeait vers la boutique voisine d'un maréchal-ferrant. Le Messinois se trouvait sur le seuil du relais, en train d'examiner dans la lumière un carafon d'huile en parlant avec un petit homme osseux au visage de renard.

— De l'huile ? demanda Matteo Lo Vecchio.

— Oui, de l'huile, répondit le Messinois.

— Bonne...

— Moyenne...

— Que dites-vous ? Excellence, elle est de première qualité ! corrigea le petit homme.

— Et Votre Révérence est déjà de retour ? s'enquit à son tour le Messinois, après avoir goûté l'huile avec un petit clapement de lèvres.

— Ma foi !... Incident de voyage : ma mule est déferrée...

— Voyez-vous cela !

Le valet d'écurie revenait.

— Votre Révérence, le maréchal-ferrant dit que le fer est cassé et que les autres aussi sont abîmés et que vous les perdrez en route. Il dit qu'il vaut mieux les changer tous les quatre...

« Voleur ! » pensa le sbire, indigné.

— Abîmés ? Mais ils sont bons !... Oh Dieu du ciel, il ne manquait plus que cela !... Va, dis-lui de se dépêcher !

Il feignit de se désoler ; ce qui était une véritable escroquerie lui donnait le moyen de s'attarder un peu plus. Se tournant vers le Messinois, il le prit à témoin :

— Vous avez vu ce qui arrive quand on est trop pressé ?

— Que voulez-vous, mon père !... Vous allez loin ?

— A Messine...

— Tiens ! je suis Messinois.

— Vraiment ? Alors vous pourrez m'indiquer une auberge.

— Si ce n'est que cela, Sa Révérence peut descendre à l'auberge du Géant, derrière la cathédrale. Elle y trouvera un lit propre...

— Merci...

Le sbire laissa passer une minute avant de demander :

— Heureusement pour ce chevalier qu'il ne lui est pas arrivé la même chose... Où va-t-il ? Loin ?

— Oh non, à Caccamo... chez un prêtre de San Francesco...

— Trois heures de route, aller et retour... Un beau jeune homme : comment s'appelle-t-il ?

Le Messinois se dit :

« Vieux renard, tu veux savoir ce que je sais du seigneur chevalier : peine perdue ! »

La pensée fut si rapide qu'elle ne retarda pas la réponse :

— Je l'ignore. Nous nous sommes rencontrés en chemin.

A son tour, Matteo Lo Vecchio songea : « Tu mens, brigand ; tu le connais bien, puisque le seigneur Blasco est descendu à ton auberge. Et si tu mens, cela veut dire qu'il y a anguille sous roche. Ouvre l'œil, Matteo ! »

— Je l'ai déjà rencontré à Palerme, assura-t-il à haute voix. Je ne me souviens plus où... Mais je suis sûr de l'avoir rencontré...

« Je le crois bien », pensa le Messinois.

— Et ce père franciscain est de ses parents ?

— Je ne sais, répondit le Messinois, l'air innocent.

Matteo Lo Vecchio se mordit la lèvre en l'invectivant mentalement : « Tu es un fieffé gredin ; mais tu auras à faire à moi... »

Sans plus rien dire, il attendit qu'on lui ramenât la mule, se remit en selle et, saluant le Messinois, reprit la route. Mais au lieu de descendre par la route du Chargeur, il tourna vers le Château, qui se dressait formidable, menaçant, au-dessus de la roche à pic qui dominait les deux parties de la ville : la haute et la basse. Le pont-levis était baissé, il demanda le commandant et lui montra l'ordre du vicaire général. Un quart d'heure après, un soldat partit à bride abattue dans la direction de Caccamo.

Vers le soir, Matteo Lo Vecchio sut que Blasco de Castiglione était allé rendre visite au père Bonaventura ; mais rien de plus. Comme il n'était plus temps de se remettre en route, car le soir tombait et les routes n'étaient pas sûres, il passa la nuit au Château. Blasco, de son côté, de retour de Caccamo, descendit au magasin où l'attendait le Messinois qui l'informa des questions du sbire. Blasco accueillit l'information avec un médiocre intérêt : il était revenu attristé de sa visite au père Bonaventura, ayant trouvé le bon religieux allité, consumé par une douleur silencieuse. La visite inopinée du jeune homme avait fait briller dans ses yeux une lueur de joie.

— Que Dieu soit béni, je craignais de mourir sans t'avoir revu !...

— Pourquoi mourir ? Que dites-vous là ?

— Je suis parti si brusquement, sans prévenir !...

— Le tort me revient à moi qui ne me suis plus montré...

— Ne dis pas cela ; peut-être moi aussi ai-je eu tort... Je me suis illusionné et en fait...

— Illusionné sur quoi ?

— Oh, sur rien, je m'entends. Je ne parle pas de toi, mais de ces hommes qui ne sont jamais ce que l'on croit.

— Mais pourquoi êtes-vous parti ?

— Dieu seul le sait !

Blasco comprit que le père Bonaventura désirait conserver le secret sur les raisons de son transfert de Palerme à Caccamo et n'insista pas. Mais il estimait assez le religieux pour ne pas croire qu'il eût commis une faute et il ne doutait donc pas qu'il eût été victime d'un abus de pouvoir. Avant qu'il ne parte, le père Bonaventura lui dit :

— Je ne sais, mon fils, si nous nous reverrons ; mais si je meurs, je demanderai qu'on t'en prévienne et alors, écoute-moi bien, alors seulement, adresse-toi au père abbé de San Francesco, le frère Serafino de Montemaggiore ; il te remettra quelque chose de ma part.

Blasco s'en alla fort ému, après avoir embrassé le vieux père et baisé sa main. En rentrant à Termini, il était obsédé par trois pensées : les raisons mystérieuses de la relégation du religieux, son dépérissement, ce qui devait lui être remis après sa mort. Et toutes ces choses, nimbées de mystère, l'emplissaient de tristesse. Il songeait que si le père Bonaventura était rendu à son couvent de Palerme, il guérirait peut-être ; et que s'il avait pu obtenir ce retour, il aurait ainsi payé une petite partie de sa dette envers ses bienfaiteurs.

Alors lui revint à l'esprit le conseil de Coriolano de la Floresta :

« Allez à Messine, et voyez la duchesse. »

Peut-être le ferait-il. Certes pas pour lui, mais pour le pauvre religieux.

A l'aube, il partit pour Messine. Il n'avait pas encore franchi la porte de la ville que, dans la pénombre, devant lui, il vit l'abbé qui trottait sur sa mule, suivi de deux hommes d'armes de la compagnie rurale de Termini.

« Voilà le sbire, se dit-il, il va donc lui aussi à Messine ? Palsambleu ! Voilà un compagnon de voyage qui me met en appétit. »

Et feignant d'ignorer à qui il avait affaire, il donna de l'éperon pour rejoindre la compagnie.

— Bonjour, seigneur abbé !... Je ne croyais pas vous revoir, car je vous supposais parti depuis hier.

Surpris, Matteo Lo Vecchio s'était retourné à ces mots, sans pouvoir réprimer une sensation de plaisir en voyant Blasco. D'un ton courtois, il répondit :

— J'ai dû m'attarder... Votre Seigneurie va à Cefalù ?

— Plus loin, seigneur abbé : à Messine.

— Tiens donc ! Voilà une heureuse coïncidence. J'y vais moi aussi.

— Alors, si cela ne vous déplaît, nous ferons le voyage ensemble...

— Mais tout le plaisir sera pour moi... Cependant, je voyage à petites étapes ; les routes ne sont guères sûres même si je puis me faire accompagner, comme le voit Votre Seigneurie...

Ils chevauchèrent de conserve ; comme ils se trouvaient en rase campagne, sur la route qui passait au pied du menaçant nid de bandits qu'était la haute montagne de San Callogero, l'un des deux hommes d'armes avait pris la tête, le fusil en travers de l'arçon ; l'autre fermait la marche, tandis que les deux voyageurs échangeaient des compliments comme de braves personnes qui se voient pour la première fois.

Matteo Lo Vecchio croyait fermement que son déguisement n'avait pas été percé à jour et dans cette conviction, comptait bien circonvenir le jeune homme et lui arracher quelque confidence ; Blasco de son côté se tenait en garde en même temps qu'il se proposait de déterminer ce que le sbire allait faire à Messine. En se livrant ainsi à une joute de bavardage qui finit par éveiller le soupçon entre eux, ils couvrirent la première étape jusqu'à Cefalù, où Matteo Lo Vecchio renvoya les deux hommes d'armes, puisque jusqu'à Patti, il se ferait escorter par des gens de la compagnie de Cefalù.

Le lendemain matin, en fait, l'escorte était prête devant la porte de l'auberge, mais Blasco nota que cette fois, les miliciens étaient quatre.

« Fort bien ! se dit-il, ou bien l'abbé a peur de moi, ou bien il subodore quelque chose de louche. Tant mieux ; j'aurai de la distraction pendant le voyage. »

Mais il n'y avait pas d'abbé. L'aubergiste lui dit qu'il était allé baiser la main de l'évêque mais Blasco l'aperçut au fond d'une ruelle, du côté opposé à l'évêché, en train de parler avec une espèce de voiturier qui se tenait près de son cheval.

« Celui-là n'est certes pas l'évêque, ni son secrétaire », pensa Blasco, en feignant de ne rien voir.

Ils se remirent en selle et reprirent le voyage, qui se poursuivit sans incident pendant quelques heures. Ils s'arrêtèrent pour se restaurer dans une de ces tavernes perdues dans les montagnes, que l'on rencontrait à l'époque le long des routes, pour le repos des voyageurs et des voituriers. Blasco remarqua que chaque fois que Matteo Lo Vecchio mettait pied à terre, il emportait sa besace et la tenait serrée entre ses jambes. La nuit, à l'auberge, il s'en servait comme oreiller.

« Le gredin aura là son trésor, pensa Blasco, un trésor pris sur les larmes d'autrui. »

Même à présent qu'ils s'étaient arrêtés devant l'auberge et avaient leurs montures à portée de main, Matteo Lo Vecchio n'avait pas lâché sa besace. Palsambleu ! Il devait y avoir là des joyaux précieux pour les garder avec tant de jalousie ! Les hommes d'armes eux-mêmes jetaient à présent des regards étonnés sur le sbire, et murmuraient entre eux.

On reprit la route, en silence cette fois, comme si chacun suivait le cours de ses propres pensées. Ils allaient d'un bon pas, laissant à droite San Stefano di Camastra ; ils pénétraient à présent dans les épais maquis qui descendaient des contreforts des Madonie et couvraient le bord de mer jusqu'aux plages. A la bonne saison, les charbonniers taillaient les bosquets et entassaient leurs piles de bois ; à la tombée du jour, ces êtres noirs comme des fantômes entouraient les meules rouges et enfumées de leurs charbonnières, augmentant l'horreur de la forêt. On racontait des histoires de bandits qui incitaient les voyageurs à suivre des routes détournées mais plus sûres.

Pour plus de sécurité, Blasco voulut éviter qu'en restant groupés, ils permissent à l'une de ces bandes de détrousseurs qui couraient la campagne de les surprendre et de les encercler. Le chevalier fit donc observer le même ordre de marche que la veille : il envoya à cinquante pas en avant deux des hommes d'armes et les deux autres à vingt pas derrière lui et Matteo Lo Vecchio. Au cas où des bandits les attendraient, couchés à plat-ventre, l'avant-garde les découvrirait et en tout cas cette manière d'avancer permettait à chacun des petits groupes de se porter au secours des autres.

Ainsi pénétrèrent-ils dans les bois par un sentier semé de traces d'animaux. Les chevaux tendaient l'oreille et de temps en temps, hennissaient faiblement ; sous leurs fers, les cailloux roulaient et scintillaient ; au-dessus de leur tête, des bruissements traversaient tout à coup les frondaisons.

Soudain, les deux hommes de tête s'arrêtèrent, se retournèrent et revinrent en arrière de quelques pas. Blasco et Matteo Lo Vecchio, ne se doutant de rien, retinrent leurs chevaux ; mais les deux miliciens, sans crier gare, pointèrent les fusils sur eux et firent feu. Cela se passa en un éclair mais Blasco, prompt à prévenir le coup, se laissa tomber du cheval et, profitant de la confusion, plongea dans le bois. Matteo Lo Vecchio n'eut pas autant de présence d'esprit ; et il le vit qui s'effondrait en hurlant avec sa monture dans un fourré. Alors, avec des grands cris, les deux hommes d'armes se précipitèrent sur lui pour l'achever mais Blasco, à l'abri d'un tronc, tira son fusil et abattit un des malandrins. Tout cela se déroula avec tant de rapidité que les deux hommes de l'arrière-garde, attirés par les coups de feu, n'avaient pas encore eu le temps d'arriver. Le soldat comprit qu'il n'y avait pas de temps à perdre et que si Blasco rechargeait son fusil ou tirait de ses fontes un pistolet, il était perdu. Alors, il se baissa, saisit sur la selle de Matteo Lo Vecchio la besace qui avait éveillé leur cupidité et la jeta en criant à ses compagnons qui survenaient :

— Emportez-la ! emportez-la... Je me charge de l'autre !...

Les deux soldats prirent la besace, étonnés, ne sachant encore que faire, tandis que Matteo Lo Vecchio déployait des efforts surhumains pour se libérer de la mule blessée, qui râlait sur lui.

— Ma besace ! Ma besace ! criait-il désespérément.

Blasco avait déjà compris que les malandrins, flairant un gros butin, avaient tenté d'assassiner le faux abbé pour le voler ; un tel acte de brigandage n'était pas rare parmi les hommes d'armes de l'époque, car, recrutés presque toujours dans la crème des scélérats, lorsqu'ils étaient assurés de l'impunité, ils se déchargeaient de leurs crimes sur les bandits. Les hurlements du faux abbé impressionnaient Blasco. Que faire ? Les ennemis étaient trois et le quatrième, blessé, pouvait, en se traînant, constituer encore une menace. Il était seul et ces coupe-jarrets avaient à présent tout intérêt à se débarrasser de lui, unique témoin de leur crime, sans compter qu'ils tueraient ce pauvre abbé qui paraissait ne pouvoir se relever. D'un seul regard, il embrassa sa situation et celle des soldats. Le sentier était plutôt étroit et la mule de Matteo Lo Vecchio le barrait ; son cheval, arrêté derrière les arbres, lui faisait une espèce de barricade ; la monture du milicien blessé piaffait près de lui et obstruait le chemin un peu plus haut. Blasco était donc en grande partie à l'abri. C'était l'abbé qui se trouvait vraiment exposé : d'un coup de fusil, on pouvait l'abattre. Du fait de l'exiguïté des lieux, les hommes d'armes ne pouvaient manœuvrer tous ensemble, mais seulement un par un ; de sorte que Blasco, en réalité, n'avait qu'un ennemi à affronter à la fois.

Cet examen fut l'affaire d'une seconde. Tandis que l'homme d'armes tentait de le mettre en joue, Blasco tirait des fontes de son cheval un de ces pistolets d'arçon qui avaient le canon presque aussi long que celui d'un mousquet et il fit feu. La mâchoire fracassée, l'homme n'eut pas le temps de gémir et tomba en avant dans un flot de sang ; son cheval, épouvanté par l'éclair du pistolet, recula, se jeta contre les montures des deux autres hommes, semant le désordre et la confusion. Blasco en profita ; prenant l'autre pistolet, il s'élança entre les arbres et tira de nouveau : le soldat visé, une épaule fracassée, s'effondra sur son cheval qui, déjà effarouché, s'enfuit à travers la forêt. Il ne restait plus que le quatrième milicien ;

Blasco dégaina son épée et lui courut sus mais celui-ci, qui tenait la précieuse besace, voyant ses compagnons terrassés, pris d'une peur folle de mourir, fit furieusement volter son cheval et le lança au galop.

— La besace !... Il emporte la besace ! hurla Matteo Lo Vecchio qui avait suivi avec admiration, anxiété, l'héroïque et rapide bataille.

Blasco n'avait pas perdu de temps ; ayant tiré les pistolets des arçons de Matteo Lo Vecchio, il avait bondi sur son cheval et s'était lancé à la poursuite du malandrin qui fuyait devant lui, en lui criant :

— Arrête ! arrête !...

Ils galopèrent sans but à travers le maquis. L'homme d'armes semblait avoir la mort aux trousses : il lançait son cheval sur tous les sentiers qui se présentaient à lui, sans autre souci que d'échapper à son poursuivant, mais Blasco ne le perdait pas de vue ; il avait en vérité un noble animal, qui filait comme un genet, sautait les obstacles, piétinant, cassant les branches. Il était à peine à une demi-longueur de la croupe du cheval du milicien ; celui-ci se mit sur le côté et brandit le fusil. Blasco se baissa, la balle emporta son chapeau ; à son tour, il leva le pistolet qu'il avait au poing et tira, mais le coup manqua. Alors, il lança son cheval en donnant de l'épée. Le milicien se laissa choir à terre pour échapper à l'estocade de Blasco et ce dernier, se laissant tomber à son tour, s'élança dans une charge furieuse et lui planta son épée dans la gorge.

L'homme tomba en râlant. Blasco contempla un instant son agonie avec une expression de douleur, puis essuya son épée sur la selle, prit la besace qui était tombée, la mit en travers de l'arçon de son cheval. Il caressa la bête qui frémissait, écumante, et se remit en selle. Il était fatigué et ne savait plus où il était. La nuit tombait.

XX

Où était l'abbé ? De quel côté aller pour le retrouver ? La poursuite n'avait duré que quelques minutes, mais elle avait été si follement désordonnée que Blasco n'avait pu graver dans son esprit aucun détail permettant de reconnaître le chemin du retour. Il erra un moment au hasard puis s'arrêta devant un réseau de sentiers ou de passages ouverts dans la broussaille. Ravinés et retournés, s'entrecroisant peut-être entre les arbres, ils semblaient avoir été piétinés dans tous les sens. Lequel prendre ?

Comme il réfléchissait, ses yeux tombèrent sur la besace de Matteo Lo Vecchio. Un doute lui traversa l'esprit. Il était sûr d'avoir récupéré ce à quoi le sbire tenait le plus, ce qui était, supposait-il, un trésor. Il palpa le sac et s'aperçut qu'il ne contenait rien de dur. S'il s'était agi de pièces, il l'aurait senti. La besace ne semblait contenir que du tissu.

— Les malandrins auraient-ils enlevé l'argent ?

Il glissa la main à l'intérieur, en fouillant dans les tissus. Ses doigts rencontrèrent le coin d'un objet ; ils s'enfoncèrent davantage et tirèrent du sac un mouchoir coloré enserrant un objet rectangulaire.

— C'est donc cela son trésor ?

Poussé par la curiosité, il défit le mouchoir et trouva le pli que Matteo Lo Vecchio avait soigneusement enveloppé dans une autre feuille de papier.

« Voyez-vous ça ! se dit-il, je parie qu'il y a là dedans le secret du déguisement et de la mission de Matteo Lo Vecchio. »

Il balança un instant : au fond ce secret ne lui appartenait pas. Mais si en le surprenant, il pouvait sauver quelqu'un ? Matteo Lo Vecchio était l'instrument de la justice, spécialement contre les Beati Paoli, et allait à Messine après une tentative d'arrestation de l'Ammirata qui avait tourné court justement à cause de lui, Blasco. Rejetant tout scrupule, il défit le cordon qui liait le pli.

Jamais visage ne refléta une stupeur aussi profonde que celle qui se peignit sur les traits de Blasco à cette heure solennelle du crépuscule, dans le silence de la forêt. Il reposa les feuillets, les rattacha avec leur cordon, les enveloppa dans le mouchoir ; mais au lieu de les remettre dans la besace, il les glissa sous son justaucorps et éperonnant son cheval, partit à l'aventure.

Cependant Matteo Lo Vecchio avait réussi à se libérer de son cheval et s'était relevé, fort mal en point, incapable de se mouvoir. Il était seul ; autour de lui, la mule gémissait, un milicien blessé jurait et essayait de se traîner, un mort présentait un visage épouvantablement ensanglanté. Plus loin, entre les racines tortueuses d'un arbre, gisait un autre milicien, immobile, inconscient. Le sbire contemplait ce spectacle sanglant en pensant au péril qu'il avait encouru, en proie à une haineuse et sourde fureur contre cette canaille. Et Blasco ne revenait pas ; il entendit les deux coups de feu dans le lointain mais attendit vainement. Avait-il récupéré la besace ? Était-elle tombée ? Une vive appréhension le tourmentait et aggravait son ressentiment contre ces bandits auxquels il s'était fie pour faire un coup contre Blasco. Au lieu de quoi, la fortune avait interverti les camps ; ces malandrins avaient tenté de l'assassiner, lui avaient volé la besace et lui, au moins jusqu'à ce point, devait la vie à Blasco !... Mais celui-ci ne revenait pas.

L'homme d'armes blessé s'efforçait de se traîner vers lui ; au milieu des gémissements que lui arrachait sa plaie, il parvint à articuler une prière :

— Votre Révérence... par pitié !... Je suis chrétien !... Les sacrements ! Les sacrements !...

La colère du sbire déborda :

— Ah, chien ! cria-t-il, tu as l'audace de me demander les sacrements ?... Je vais te les donner, moi, les sacrements !

Et il fit un effort, traîna sa jambe endolorie, se baissa, ramassa le fusil du mort et s'approchant du blessé qui le regardait avec des yeux épouvantés, lui brûla la cervelle à bout portant.

— Tiens ! Voilà l'Esprit Saint, gibier de potence !...

Le coup permit à Blasco de s'orienter ; peu après, il arrivait sur les lieux, accueilli par un cri de joie de Matteo Lo Vecchio, qui désespérait déjà.

— Ah, Dieu soit loué ! Vous voilà ! Eh bien ?

Blasco souleva la besace sur son arçon.

— La voici.

Matteo Lo Vecchio tendit vivement le bras, oubliant la douleur de sa jambe.

— Ah !...

Il plongea la main dans le sac, fouilla et la retira avec un hurlement de désespoir et de terreur.

— Volé ! volé !...

— Quoi donc ? demanda Blasco en feignant la surprise.

— Mes papiers !... Mes papiers !... Mes papiers !... hurlait le sbire en se frappant les cuisses du poing.

Blasco songeait : « Aboie tout ton saoûl, chien que tu es ! Les papiers sont bien rangés maintenant. Oh, comme j'ai bien fait de te les enlever et de t'ôter le moyen de commettre quelque autre friponnerie ! ».

Matteo Lo Vecchio paraissait inconsolable. Sa douleur se mua en férocité impie. Un mouvement de haine inhumaine et sacrilège le fit s'emporter contre les cadavres qui les entouraient.

— Par votre faute ! Par votre faute !

Prenant le fusil par le canon, il fit mine de frapper les corps sanguinolents. Blasco pâlit et lui cria :

— Ah, palsambleu ! Ne faites pas cela, ou je vous abats comme un chien !..

La peur fit retomber le bras du sbire.

— Quelle honte ! lui dit Blasco. Ce sont là des vilénies que ne commettent même pas les sauvages ! Et avec votre habit !

— Que voulez-vous ? Vous ne savez pas ce qu'ils m'ont pris ; vous ne pouvez le savoir.

Que disait-il là ?... Mais le soir tombait.

— Il vaut mieux ne pas passer la nuit dans les bois, observa Blasco.

Il avait raison. Un des chevaux abandonnés par les hommes d'armes paissait tout près de là les feuilles d'une ronce. Blasco le prit, aida Matteo Lo Vecchio à monter, et se remit en route. Une heure après ils arrivaient à Sant'Agata di Mittello, où ils passèrent la nuit.

Jusqu'à Messine, il n'y eut plus d'incident. Matteo Lo Vecchio, inconsolable de sa perte, s'était renfermé dans un silence sombre et soupçonneux. Il se demandait ce que ces malandrins avaient fait des papiers qui pour eux n'avaient certainement pas la même importance que pour lui. Où étaient-ils à cette heure ? Les avaient-ils détruits ? Il se repentait de ne pas les avoir enterrés sous l'autel de Sant'Antoniello, comme il l'avait d'abord envisagé, et d'avoir cru plus sûr de les emporter avec lui : et en fait ! ! !... Et ce Blasco qui certes avait fait des prodiges, il en convenait, qui l'avait sauvé, comment avait-il été assez imbécile pour se faire prendre ce trésor ? Comment ne s'était-il pas aperçu que des brigands avaient enlevé quelque chose de la besace ? Il était donc aussi vaillant qu'imbécile ?

Le dépit l'emplissait aussi d'amertume contre son jeune sauveur. Sauveur ? Jusqu'à un certain point ; parce qu'au fond, il s'était défendu lui-même, pour ne pas être assommé par les bandits. De temps en temps, il lui demandait :

— Mais vous n'avez pas vu si ces malandrins avaient les papiers ?

— Non, du reste qu'en savais-je ? Vous ne m'aviez pas dit que ce qui comptait, c'étaient les papiers. Vous n'avez crié que pour la besace et je me suis employé à la récupérer.

— Mais enfin, Dieu tout puissant. Vous en avez tué trois, comment avez-vous fait pour laisser fuir le quatrième... justement le quatrième !..

— Que voulez-vous que je vous dise ? Il avait des ailes et je ne pouvais lui courir sus toute la nuit. Du reste, du moment que j'avais repris la fameuse besace, quelle raison avais-je de le poursuivre ?

Ce furent les seules paroles qu'ils échangèrent, de temps à autre, durant le voyage. Au vrai, Matteo Lo Vecchio suspectait Blasco de lui avoir pris les papiers. N'était-il pas en rapport avec les Beati Paoli ? N'avait-il pas fait bastonner le prince d'Iraci ? Il n'était donc nullement invraisemblable que, ayant la besace entre les mains, il eut subtilisé le pli. Mais il n'osait exprimer ses soupçons.

Il fallait fouiller dans ses bagages, quand il dormirait.

A Patti, où ils dormirent à l'évêché, il put les examiner, mais sans résultat. La peur de réveiller Blasco le retint de chercher dans ses habits, mais même s'il l'avait fait, il n'aurait rien trouvé. Craignant les entreprises du sbire, Blasco avait attaché le pli au cordon de reliques qu'il portait au cou, sous la chemise, et là nul n'irait les chercher.

Du reste à force d'avoir débattu mentalement de la question, il en était arrivé à exclure que Blasco eût pris les documents. Et s'il le surveillait encore du coin de l'œil, c'était par un reste de suspicion infondée.

Ainsi arrivèrent-ils à Messine, où ils se séparèrent. Matteo Lo Vecchio descendit à l'auberge du Géant derrière la cathédrale ; Blasco, qui n'avait nullement l'intention de séjourner à Messine et voulait poursuivre jusqu'à Catane, s'enquit d'une hôtellerie où il pourrait mettre son cheval à l'écurie ; il en trouva une près de la Porte Impériale, où les Catanais et les habitants de la côte de l'Etna avaient coutume de descendre.

On annonçait l'arrivée pour le lendemain du roi et de la reine et la route de la Porte Impériale au Palais Royal était décorée de toutes sortes d'ornements et de quelques arcs de triomphe érigés aux frais des colonies ou des « nations » catalane, florentine, génoise. A l'instar des autres citoyens, le magistrat municipal qui, depuis la révolution de 1674, avait été dépouillé de sa magnificence et de ses anciennes prérogatives, ne s'était pas trop échiné pour l'arrivée des souverains : premièrement parce du nouveau roi ils n'avaient reçu aucune de ces marques de bienveillance qui auraient gagné la sympathie d'un peuple point encore remis des vexations et des vengeances espagnoles ; et secondement parce que Vittorio Amedeo avait débarqué à Palerme et s'y était fait couronner, ce qui reconfirmait à la rivale le titre et les privilèges de capitale que les Messinois jugeaient devoir revenir à leur ville. Encouragée depuis plus de deux cents ans par une monarchie espagnole soucieuse de maintenir les divisions entre les deux grandes villes du royaume, la vieille rivalité ressurgissait et rendait les citoyens de Messine sinon hostiles, du moins réservés et froids envers le souverain.

Blasco put donc constater, non sans étonnement, la grande différence entre les préparatifs de cette ville et ceux de Palerme ; mais comme il ne s'intéressait guère à ces stupides querelles de vanité, il songea plutôt à se reposer des fatigues d'un voyage long et plein d'incidents. Il repartirait après l'entrée du roi.

Cependant, comme il n'avait rien de mieux à faire, après déjeuner, il s'en fut promener à pied le long de la Palazzata, en admirant la superbe partie maritime, comme l'appelaient les Messinois, et en s'arrêtant devant la fontaine de Montorsoli, qui se dressait sur la mer.

Des carrosses de seigneurs, non moins riches que ceux de Palerme, des chaises dorées et empanachées parcouraient en tous sens la vaste rue, qui offrait un double et antique spectacle : d'un côté, la promenade de la Palazzata s'étendait dans toute son aristocratique splendeur ; de l'autre, les bâtiments, amarrés et à l'ancre, unis à la rive par de longues planches jetées en guise de pont. Les cordages, les caisses, les barils, les ordures, les piles de sacs, les marins et les gardes transformaient cette rue en un port de commerce. Le contraste était si fort que Blasco en fut frappé même s'il était déjà venu à Messine, mais en d'autres dispositions d'esprit.

En s'attardant devant le Neptune de Montorsoli, Blasco suivait du regard les carrosses précédés de volants, et jugeait les chevaux, qui étaient presque tous de race frisonne, comme le voulait la mode du temps, avec des jambes velues, des crinières bouclées et de longues queues ondulantes.

Ainsi occupait-il son esprit oisif, qui n'avait pas d'objet de réflexion plus grave et plus sérieux. Plongé dans ses observations, il vit, pour son plus grand trouble, passer Donna Gabriella de la Motta.

La duchesse était plutôt pâle et il semblait qu'une ombre de tristesse obscurcît son front et son regard ; elle était si préoccupée qu'elle n'aperçut Blasco qu'en passant devant la statue.

Ses joues se colorèrent d'un rouge vif et ses yeux s'allumèrent. Blasco remarqua sa réaction mais ne négligea pas son devoir de gentilhomme. Il exécuta une profonde révérence à l'adresse de la très belle dame.

Pourquoi Donna Gabriella fit-elle arrêter le carrosse ? Elle n'aurait su s'expliquer cet ordre impulsif, dont elle se repentit bientôt : peut-être la vue d'un visage connu, qui lui rappelait Palerme, peut-être un mélange de sentiments indéfinis et de souvenirs fit-il monter à ses lèvres l'injonction qu'elle adressa au cocher. Blasco s'approcha rapidement et baisa la main que tendit à la portière une Donna Gabriella qui avait repris ses dehors de froide courtoisie.

Vous voilà à Messine ?

De passage pour un jour, répondit-il, mais heureux d'avoir pu vous baiser la main et vous confirmer que je suis à votre service.

Elle échangea quelques mots avec lui et le congédia sans toutefois l'avoir invité à venir la trouver, ni avoir manifesté d'intérêt à le revoir. Ayant repris son empire sur elle-même, elle réparait sa légèreté instinctive et oublieuse par une attitude d'une courtoisie irréprochable mais glaciale. Au fond de lui, à présent qu'il connaissait le secret du duc de la Motta, Blasco éprouvait une espèce de compassion pour cette femme si belle, unie pour la vie avec un homme dont elle ignorait certainement la scélératesse.

« Si elle savait ce que je porte sur mon sein !... Si elle savait que ce noble seigneur, si puissant et si respecté, est un assassin et un pillard, plus méprisable qu'un brigand de grand chemin !... Pauvre duchesse !... »

Cette nuit-là, en rentrant à l'hôtellerie, il songeait à la diversité et à la multiplicité des événements, aux infâmies ignorées et impunies, aux mystères de la vie ; et il pensa à cette secte terrible, qui avait accumulé toutes ces preuves contre le duc, et à ce serviteur, cet Andrea si opiniâtre dans sa haine comme dans sa fidélité à la mémoire de son maître ; à Don Girolamo qui grandissait dans son esprit pour assumer la stature d'un justicier ; et à cet enfant abandonné au hasard, à cet orphelin, ce sans-nom dont le destin avait quelques points communs avec le sien. Comme lui, le petit Emanuele avait été recueilli sur le sein de sa mère moribonde, élevé grâce à la charité d'étrangers, ignorant son nom, son origine, alors qu'il était si près de la richesse !

XXI

Le roi Vittorio était entré dans la ville de Faro depuis près d'une semaine, quand Blasco revint de Catane à Messine, après avoir revu Randazzo, Castiglione et les lieux de son enfance, sans avoir par ailleurs rien retrouvé qui l'éclairât sur son origine et ses premières années. Le souvenir même des pères Giovanni et Bonaventura s'était perdu, et du terrible tremblement de terre qui avait détruit Catane plus aucune trace ne demeurait. Il était revenu à Messine songeur, l'âme attristée de tant de souvenirs et se demandait s'il était toujours ce Blasco de Castiglione sans passé et sans avenir, qui vivait dans l'instant, plaisantait avec la mort, et que sa nature portait à rire de tout.

Non. Quelque chose était entré dans son âme, qui l'emplissait de cette mélancolie indistincte et vague comme l'écume de douleurs secrètes. Tout ce qu'il avait découvert sans le vouloir, cette connaissance d'un monde que jusque-là il contemplait de l'extérieur, l'épouvantait. Une foule de personnes s'agitaient autour de lui et chacune paraissait avoir en elle un élément de mystère, d'obscurité, un signe du destin : le duc d'Albamonte, ce Giuseppico, qu'il avait connu et dont il avait ignoré la complicité dans les scélératesses du duc, Donna Gabriella, qui ignorait tout de ses devoirs, le père Bonaventura si refermé sur sa pensée secrète, Coriolano si fin et quelquefois si peu compréhensible, Matteo Lo Vecchio, fieffé canaille, Girolamo Ammirata, Andrea, ce pauvre Michele Barabino, le Messinois, le prince d'Iraci qui, quoique valeureux, riche, point laid, de grande famille, ne parvenait pas à s'imposer... et puis ce neveu de l'Ammirata qui croisait sans cesse sa route et aussi la petite élève des sœurs dont il voyait toujours dans l'intimité de son cœur les grands yeux étincelants, tous ces hommes masqués, enfin... toutes ces personnes qui en peu de temps étaient entrées dans sa vie, qui l'avaient attiré, repoussé, heurté, parmi lesquelles il s'en trouvait dont il avait, sans le vouloir, pénétré le secret, un secret qui s'était gravé dans sa conscience. Tous le troublaient, comme si chacun d'eux versait dans son âme quelque chose de son propre mystère et de sa propre tristesse.

Oh non ! Il était un autre Blasco et il n'aurait pas été étonné de découvrir dans ses cheveux de précoces fils d'argent. Mais ce qui lui pesait le plus lourdement était le terrible secret qu'il avait découvert. Plusieurs fois, il s'était demandé s'il ne valait pas mieux détruire ces preuves accablantes qui pouvaient faire rouler sur l'échafaud la tête de Don Raimondo mais une pensée l'avait retenu : comment anéantirait-il des documents qui pouvaient restituer un innocent dans ses droits ? Sa générosité envers un scélérat ne serait-elle pas un crime ? Et ne l'en rendrait-elle pas complice ?

A moins... qu'il ne les restituât aux Beati Paoli ? Ce serait son devoir, puisque ces papiers leur appartenaient et qu'à l'évidence Matteo Lo Vecchio les avait volés à Don Girolamo Ammirata. Il fallait les rendre à ceux à qui ils appartenaient, à qui ils avaient coûté sans doute bien des sacrifices ; mais il comprenait que la secte en ferait un usage terrible et il lui répugnait d'aider ce terrible tribunal à porter ses coups obscurs. Une autre idée lui était venue : tout confier dans une lettre à Coriolano de la Floresta, l'ami auquel il n'avait jamais rien caché, mais il avait rejeté sans hésitation cette possibilité, en considérant que ce secret ne lui appartenait pas.

Ainsi garda-t-il par devers lui ces documents, qui le préoccupaient de plus en plus et dont il regrettait d'être devenu le dépositaire par la force des événements. Il était revenu à Messine sans avoir vraiment formulé les raisons de sa décision. Peut-être était-ce le pressentiment vague de périls qui pourraient menacer Donna Gabriella ? Peut-être voulait-il découvrir ce que Matteo Lo Vecchio était venu faire à Messine ? A moins que ce ne fût cet instinct qui le poussait toujours vers de nouvelles aventures ? Sans doute tous ces motifs entraient-ils dans sa résolution.

Voilà en quel état d'esprit il se trouvait, sur la route du bord de mer, du côté d'Acireale, comme si quelqu'un l'avait conduit là.

Il retrouvait Messine pleine de gardes royaux, de gentilshommes, de seigneurs piémontais, qui semblaient les maîtres de la ville, à voir leurs manières insolentes. Peut-être les événements passés leur faisaient-ils encore considérer la région comme un pays de rebelles envers lequel aucun respect n'était dû. Il y avait dans l'air comme un parfum de méfiance, et quelquefois aussi d'hostilité.

Sur la promenade de la Pallazzata, les chevaliers de la Cour passaient sur leurs montures avec une certaine insolence soldatesque, en lançant des galanteries à l'adresse des femmes qui, enveloppées dans leurs manteaux, venaient respirer l'air de la mer et jouir du spectacle du Détroit et des monts calabrais nimbés d'une lumière violine ; et ils regardaient avec une certaine pétulance les dames dans leurs carrosses.

Donna Gabriella se trouvait elle aussi sur la promenade, en carrosse, mais cette fois, elle n'était pas seule ; à sa portière chevauchait un cavalier dans lequel Blasco reconnut le marquis de San Tommaso : il remarqua, en homme expert, que l'attitude du vieux chevalier était celle d'un homme qui a des raisons d'espérer un peu plus qu'une simple amitié, et que Donna Gabriella souriait et le regardait avec cette coquetterie qui encourage les grandes entreprises.

Quand elle passa devant Blasco, et qu'elle l'aperçut, le jeune homme eut l'impression qu'elle redoublait de coquetterie. Loin d'éprouver de la jalousie, il ressentit de la commisération, pour cette belle dame qui s'abaissait à ces jeux.

Tandis que le carrosse repassait, le marquis de San Tommaso se retourna et regarda Blasco, comme si la duchesse lui avait signalé sa présence.

« Ils parlent de moi », pensa-t-il ; piqué par cette idée, au lieu de rester sur sa réserve, il fit en sorte de rencontrer le carrosse et, après un regard dédaigneux au marquis de San Tommaso, il salua Donna Gabriella avec cet air railleur qu'il savait si bien prendre quelquefois.

Blasco était loin de deviner quels changements étaient survenus durant son voyage à Catane. Il ignorait qu'il y avait eu des entrevues entre Matteo Lo Vecchio et la duchesse, et entre la duchesse et le marquis de San Tommaso.

Donna Gabriella figurait parmi les quelques dames venues accueillir les souverains à la Porte Impériale et ces derniers avaient été un peu surpris de la trouver là ; mais le roi et la reine, chacun pour ses propres raisons, s'étaient montrés si froids que la duchesse n'eut pas le courage de se présenter au palais, où elle comprit qu'elle ne serait pas reçue. Cependant la lettre de son époux qui, comme celle directement adressée au marquis de San Tommaso, avait miraculeusement échappé à la fouille de Blasco, était si pressante, qu'elle demanda une audience au marquis de San Tommaso en espérant s'en faire un allié et trouver en lui un moyen pour arriver au roi.

Le marquis n'était plus un jeune homme ; peut-être entrait-il dans l'époque du démon de midi, qui lui donnait des velléités galantes. A Palerme, il avait rencontré la duchesse et entendu quelques histoires sur son compte ; elle lui avait semblé belle et désirable, mais ayant dès le début compris qu'elle était chasse gardée du roi, le fin courtisan s'était retiré. Mais à présent que le roi semblait autoriser de nouveau la chasse, il accueillit avec une joie visible la prière de Donna Gabriella et lui répondit dans un billet aimable qu'il serait heureux de lui faire l'hommage de ses services.

Elle se montra gracieuse diplomate et sut gagner l'esprit et se ménager la coopération du marquis, qui promit d'obtenir une audience royale à Matteo Lo Vecchio après, bien entendu, une première entrevue avec le sbire, pour mettre au point les circonstances de ladite audience. Fut-ce l'effet des sourires et de la gracieuse coquetterie de Donna Gabriella ? Ou bien fut-il convaincu par les sombres couleurs du tableau brossé par Matteo Lo Vecchio, qui s'employa à démontrer que le temps de l'indulgence était passé et qu'il fallait agir avec fermeté contre la secte ? Toujours est-il que le marquis profita de ses contacts quotidiens avec le roi pour lui parler de Don Raimondo et lui remettre la lettre apportée par Matteo Lo Vecchio qui, s'il plaisait à Sa Majesté, pourrait lui révéler des détails précieux sur les efforts et les succès du duc de la Motta, et sur les fils innombrables tissés par l'infâme secte, fils dont il fallait, pour la tranquillité du royaume et l'honneur du trône, trancher au plus tôt la trame.

Le roi parut ébranlé par ces informations. Il lut la lettre du duc qui, tout en exposant ce qu'il avait fait et où il en était arrivé, démontrait avec la respectueuse soumission du susdit tout le mal qu'avait causé l'interruption du procès. Le souverain ne prit aucune décision mais accorda l'audience. Le marquis ajouta alors :

— Il y a une dame de qualité qui désirerait présenter sa dévotion aux pieds de Votre Majesté...

Le roi comprit et dit avec indifférence :

— Ah, la duchesse ?

— Laquelle est profondément navrée de ne pas avoir pu jouir des bontés de ses vrais maîtres...

Vittorio Amedeo ne répondit pas et changea de sujet. Mais le soir, comme on se réunissait au Palais Royal, Donna Gabriella se présenta, éblouissante de beauté et rayonnante de toutes les séductions qu'une savante coquetterie pouvait lui suggérer. Elle sut simuler une douleur si vive et si sincère, une timidité si vraie, une mortification si profonde que la reine Anna parut s'en émouvoir et que le roi ne douta plus que si la duchesse n'avait pas suivi la Cour, c'était pour une raison de force majeure.

Après quoi, la duchesse ne se montra plus de quelque temps au palais, devinant qu'alors sa disparition serait remarquée et qu'on l'inviterait. De fait, le marquis de San Tommaso lui demanda pourquoi on ne la voyait plus à la Cour, et lui avoua que la reine elle-même avait eu la bonté de demander de ses nouvelles. Il était assez épris de Donna Gabriella, dont il espérait encore obtenir un peu plus que des sourires et des promesses muettes, pour remarquer le fin sourire qui erra sur les lèvres de la duchesse quand elle entendit ces paroles. Elle pouvait considérer qu'elle avait reconquis, sinon la faveur, du moins la bienveillance de la Cour.

Cependant le roi avait reçu le sbire, auquel il avait montré sa satisfaction en lui remettant de l'argent en récompense de ses bons et loyaux services. Matteo Lo Vecchio s'était bien gardé de parler au souverain des documents disparus et de l'aventure survenue durant le voyage ; soit par scrupule, soit par ruse, il avait tu aussi la part qu'avait prise Blasco de Castiglione et seulement fait allusion à un chevalier que protégeaient les Beati Paoli, et qu'il surveillait pour obtenir des preuves permettant de l'arrêter.

Les choses en étaient là quand Blasco, de retour de Catane rencontra Donna Gabriella qui n'aima guère revoir le jeune homme, non seulement parce qu'elle craignait qu'il la compromît, mais aussi parce que Matteo Lo Vecchio lui avait raconté que le chevalier avait empêché l'arrestation des chefs des Beati Paoli et que, très certainement, lui-même appartenait à la secte.

Elle ignorait les raisons de la présence de Blasco à Messine ; sa vanité et aussi — pourquoi le nier ? — un peu de la passion qu'elle avait éprouvée pour le jeune homme, de cette passion si violemment et soudainement brisée, d'une manière qui l'avait profondément blessée dans son amour propre, dans ses désirs, dans ses espérances, ce résidu de l'ancienne flamme, lui avait fait supposer que le chevalier était venu pour elle. A présent le récit de Matteo Lo Vecchio orientait diversement ses suppositions. Blasco était peut-être un agent de la secte venu la surveiller. En tous les cas, il devenait un personnage embarrassant sinon dangereux, et elle aurait voulu l'éloigner. Certes, elle n'éprouvait plus pour lui de haine ; le temps avait, sinon guéri, du moins apaisé la brûlure ; elle n'éprouvait plus qu'un grand regret amer pour son rêve enfui. Peut-être la tentative d'assassinat à laquelle Blasco avait échappé, avait-elle contribué à atténuer son ressentiment ; et la jalousie qu'elle avait éprouvée envers sa belle-fille avait réveillé quelque peu ses désirs anciens. Mais ces sentiments pour l'heure s'effilochaient, se transformaient, cédaient la place à d'autres, dans cet esprit impressionnable et versatile ; puisqu'elle s'était fixée un but et que Blasco pouvait constituer un obstacle, il convenait de s'en débarrasser.

Comment ? L'envoyer au loin, par exemple, loin, loin... Elle n'osait penser à d'autres méthodes, si sûres et décisives qu'elles parussent. Dans un mouvement de colère, poussée par le désir de vengeance, elle avait pu prêter une oreille indulgente au prince d'Iraci et l'encourager dans ses desseins mais elle s'en était ensuite repentie, et de sang-froid elle était incapable d'envisager de semblables expédients.

En désignant Blasco au marquis de San Tommaso, elle l'avait présenté comme un aventurier qu'il faudrait envoyer combattre contre les corsaires barbaresques ou dans les guerres de l'empire... Mais le marquis, qui n'ignorait pas les relations passées entre la duchesse et Blasco de Castiglione avait vu en lui un ancien rival et, pire encore, un redoutable concurrent. En homme du monde, il savait que rien n'est plus périlleux qu'un ancien amant qui revient. Il jugea donc qu'il serait bon de prendre les paroles de la duchesse pour un désir formel et répondit :

— Nous verrons. Cela ne devrait pas être difficile.

Blasco s'éloigna avec un peu de tristesse dans le cœur, mais du pas d'un homme sûr de lui. Par une des nombreuses portes ou passages ouverts sous la Palazzata, il gagna la rue de la Maestranza ou des Banchi, flânant un peu, plongé dans ses pensées. Ainsi distrait, sans le vouloir, il entra en collision avec un chevalier qui à cet instant sortait d'un porche.

— Malotru ! lui cria celui-ci en rajustant sa veste.

Blasco s'immobilisa, pâlissant et répondit :

— Je croyais avoir heurté un gentilhomme et m'apprêtais, monsieur, à vous présenter mes excuses; mais à présent que je sais qui vous êtes, je trouve parfaitement inutile de le faire...

Et il lui tourna le dos; mais l'autre le rattrapa et le regardant de haut :

— Monsieur, je ne n'ai pas l'habitude de tolérer...

— Vous m'en voyez enchanté, l'interrompit Blasco.

— Vous m'en rendrez raison...

— Quand vous voudrez...

— Cherchez-vous un témoin; je vous attendrai à quatre heures sur l'esplanade des Capucins...

— Fort bien.

Blasco s'en fut en pensant :

« Voilà quelque chose à faire; un garde du roi, ce n'est pas mal! »

En fait, c'était un de ces gardes du corps, jeunes gentilshommes dont le comportement à la vérité n'était pas à l'abri de tout reproche et qui avaient provoqué, à Palerme comme à Turin quelques protestations. Il fallait trouver un témoin. Où? Il ne connaissait personne à Messine, hors la duchesse, laquelle ne pouvait certes pas l'assister dans ce moment difficile.

« Je demanderai cette faveur au premier chevalier que je rencontrerai, j'en trouverai bien un dans cette rue ou vers la place de la cathédrale. »

Il prit cette direction. A l'angle de la place, une taverne avait quelques chambres à l'étage, où se retrouvaient d'ordinaire les voyageurs, fort nombreux alors, en raison de l'importance du port. Sur le seuil de l'auberge, se tenaient un autre garde du corps et un gentilhomme étranger et tous deux, bien campés sur leurs jambes, l'air arrogant, paraissaient se divertir en raillant insolemment les citadins qui passaient. Au moment où Blasco arrivait devant l'hôtellerie, une jeune fille du peuple, enveloppée dans le manteau qui ne lui découvrait que les yeux, passait en trottinant, tête basse. Le gentilhomme lui barra le passage, bras ouverts :

— Oh, petite sarrasine!... fais-nous voir au moins si tu es belle, *parbleu!* *

Et il tenta de lui découvrir le visage. La jeune fille poussa un cri d'épouvante, tenta de se dégager mais le garde lui coupa la retraite :

— Eh, ne t'enfuis pas, sauvageonne!...

En riant, les deux hommes essayaient de lui enlever son manteau, la serraient de près, la raillaient, en lui récitant le poème du petit oiseau épouvanté. Mais Blasco retint le bras du gentilhomme :

— Monsieur, ce n'est pas digne de votre...

L'autre se retourna, furieux. La jeune fille en profita pour s'enfuir.

— Qui vous donne le droit de vous immiscer? cria le gentilhomme avec un fort accent étranger.

— Le respect qu'on doit aux dames, monsieur, et auquel nul bon chevalier ne doit manquer!...

* En français dans le texte (N.d.T.).

Alors le garde royal s'avança et demanda avec insolence :

— Vous voulez nous apprendre, à nous, les devoirs d'un chevalier?

— Si j'avais l'habitude d'enseigner, monsieur, riposta Blasco sans perdre son calme, je ne serais pas démuni de ce qui est le plus utile à un maître : le fouet.

— Que voulez-vous dire?...

— Rien de plus et rien de moins que ce qu'il vous plaira d'entendre.

Le gentilhomme le considéra avec hauteur :

— Monsieur, s'exclama-t-il, peut-être ne tenez-vous pas à votre vie? Vous voulez la risquer? Je suis à votre disposition...

— Vous me devez à moi aussi une explication, ajouta l'autre.

— Je ne vous la refuserai pas. Quand vous voudrez... rétorqua Blasco.

— Aujourd'hui à quatre heures...

— Je vous demande pardon; à quatre heures, j'ai un rendez-vous avec un autre chevalier de la garde royale sur l'esplanade des Capucins. Je vous prie de vous trouver là vers quatre heures et demie.

Il s'en fut, laissant ses deux adversaires qui échangeaient des regards surpris, en pensant : « Maintenant, j'en ai trois sur les bras : allons chercher ce précieux témoin ».

XXII

N'ayant rencontré personne de sa connaissance, et ne voulant pas s'exposer à une rebuffade en s'adressant au premier venu, Blasco s'en fut donc seul aux Capucins. Un témoin! A quoi bon? Il y avait celui de l'adversaire, cela suffirait. Arrivé le premier, il s'arrêta au pied de la grossière croix de bois qui se dressait à peu de distance de l'édifice religieux et se plongea dans la contemplation du magnifique panorama qui s'étendait devant ses yeux : à partir de la droite, sur une pente, la ville avec ses châteaux, ses tours, ses clochers, la grande porte en forme de croissant; la nouvelle forteresse érigée sur le bras de terre de San Raineri par Charles II, cette formidable citadelle qui devait tenir en lisière une ville prompte à la rébellion; au-delà du bras, le détroit d'azur serein, limité d'un côté par des collines verdoyantes qui s'étendaient en s'abaissant, jusqu'à Faro et de l'autre, par les contreforts des monts Peloritani, qui paraissaient tomber à pic sur la mer : au fond la longue ligne violette des Appenins calabrais, au bord de laquelle on distinguait Reggio, San Giovanni et le haut rocher de Scilla.

« Bel endroit pour se faire tuer ! » se dit Blasco en respirant à pleins poumons l'air marin qui lui caressait le visage. Peu après il aperçut son adversaire en compagnie d'un autre garde royal. Leurs uniformes scintillants de rubans et de galons d'or attirèrent l'attention de Blasco qui songea : « Quel dommage que la pointe de ma lame doive abîmer ces tenues ».

Les saluts à peine échangés, l'adversaire lui dit :

— Monsieur, nous n'avons pas eu le temps de nous présenter ; je suis le vicomte de Croixvert...

— Blasco de Castiglione, répondit le jeune homme en s'inclinant, et il ajouta : Je vous demande bien pardon si je me présente sans témoin ; mais je suis depuis peu à Messine et je ne connais personne. Je prierai ce seigneur d'avoir l'amabilité de m'assister aussi...

Le vicomte le présenta :

— Le chevalier de Cambiano.

— Alors, reprit Blasco, je voudrais vous prier de vous hâter, parce que d'ici une demi-heure, j'ai un autre rendez-vous avec un de vos compagnons d'armes.

— Vous comptez donc m'occire ?

— Non point... je n'ai nulle raison de vous faire passer de vie à trépas, mais j'ai l'intention de vous mettre hors de combat.

Cependant le chevalier de Cambiano avait choisi le terrain : un large espace derrière le mur de la « forêt », fermé par des arbres et abrité du soleil. Les deux adversaires ôtèrent la tunique, la soubreveste et gardèrent la chemise ; Blasco rejeta dans son dos le sachet de reliques et le pli. Ces préparatifs lui avaient rendu sa bonne humeur. En croisant, sur un signe du témoin, son épée avec celle de Croixvert, il sentit l'allégresse courir dans son sang et lui donner une élasticité et une rapidité de mouvement vraiment extraordinaires.

Le vicomte (il appartenait à une de ces petites familles de vassaux de la Savoie, où l'on faisait la carrière des armes, et croyait se débarrasser en deux coups d'épée de ce jeune homme) comprit tout de suite qu'il avait affaire à un adversaire redoutable et qu'il ne fallait pas prendre la chose à la légère.

Blasco opéra une vigoureuse entrée en matière, mais sans perdre cette maîtrise de soi qui était peut-être la principale source de ses succès. Le vicomte réussit tant bien que mal à parer le coup, mais sans pouvoir contre-attaquer.

— Parbleu ! s'exclama-t-il, vous êtes donc bien pressé ?

— Ne vous l'ai-je pas dit ? rétorqua Blasco sans ralentir l'action. Un autre chevalier, garde royal comme vous, m'a fait l'honneur de me donner un rendez-vous ici... à quatre heures et demie. Vous comprendrez qu'il n'est pas correct de le faire attendre... et je ne manquerai pas à mon devoir...

— Si je vous le permets!... répliqua le vicomte entre ses dents, en refrénant mal sa colère devant tant d'assurance ; et profitant d'un instant où il lui sembla que Blasco faiblissait ou voulait changer de tactique, il se lança furieusement à l'attaque.

— Ah! ah! nous y sommes donc, monsieur! s'écria Blasco, cela va bien; mais prenez garde de ne pas vous fendre trop, car je vous embrocherais comme une grive... A propos, aimez-vous les grives? Moi, beaucoup... Donc, je disais que je vous embrocherais, alors que je ne veux pas vous trucider, je vous l'ai dit, et puis... il me semblerait peu humain de faire trouver un mort à mon deuxième adversaire... Cela pourrait l'impressionner!... Et mon troisième adversaire... Vous ai-je dit qu'ils sont deux? Seigneur! Je vais être obligé de me battre jusqu'au soir!... Mais ce n'est pas ma faute... Doucement!... Qui est votre maître d'armes? J'aimerais lui faire mon compliment... mais, diantre! vous voulez vraiment que je vous tue?... Oui, mes compliments... mais maintenant, cela suffit... Comptez un... C'est une de mes habitudes de frapper à trois!... Attention donc... un... avez-vous un saint protecteur?... deux... Attention à votre bras, maintenant... Trois! en avant...

D'un mouvement fulgurant, il enveloppa l'épée de l'adversaire, le contraignit à découvrir son épaule et lui décocha une estocade si violente que le vicomte vacilla et serait tombé si le chevalier de Cambiano ne s'était promptement porté à son secours. L'épée lui échappa des mains et une large tache de sang rougit sa chemise.

Comme si de rien n'était, Blasco prit une poignée d'herbe et nettoya son épée; puis il en examina la pointe et en éprouva la flexibilité et la résistance avant de se la glisser sous le bras et de recommencer à se promener.

A ce point, l'horloge des Capucins sonna l'heure et sur l'esplanade quatre chevaliers apparurent, dont trois portaient l'uniforme des gardes royaux.

« Palsambleu! s'exclama Blasco à part lui, des gardes du roi! »

Il s'avança, salua ses deux adversaires qui s'étonnèrent de le voir en cette tenue, et plus encore en apercevant le chevalier de Cambiano qui s'efforçait de bander le mieux possible la blessure du vicomte de Croixvert.

— Messeigneurs, dit Blasco, je n'ai pas de témoins, je vous prie d'inviter les vôtres à me faire l'honneur de m'assister aussi. Je suis Blasco de Castiglione.

Le gentilhomme se présenta sous le nom de baron de Castellamonte, garde royal comme le vicomte de Champaux, lui aussi savoyard; les deux témoins étaient le comte de Vaudebelle et le chevalier d'Aglié. Les présentations furent faites rapidement, car tous quatre avaient hâte de s'approcher du vicomte de Croixvert.

— Prenez garde, dit ce dernier, vous avez là un os dur à ronger.

Bonne lame, Croixvert n'était toutefois pas de la force de Castellamonte et du vicomte de Champaux, les deux meilleures épées de la compagnie, et ses pires têtes brûlées.

Ils tirèrent au sort celui qui se battrait le premier en jetant en l'air une pièce d'argent.

— Face ! cria le baron.

La monnaie rebondit avant de retomber sur pile.

— A vous.

Une minute plus tard, le vicomte de Champaux se lançait dans une attaque impétueuse contre Blasco, qui eut à peine le temps d'esquiver une feinte et de déployer une défense qui était en même temps une menace pour l'adversaire.

— Ah ! ah ! s'exclama-t-il, tactique différente. Cela me plaît et je vous en suis reconnaissant... Il y a toujours quelque chose à apprendre. Par exemple... en ce moment j'apprends... que vous avez un œil plus grand que l'autre... et plus rond... chose qui vous donne, excusez-moi, un aspect un peu comique.

Le vicomte s'irritait de ces paroles qui semblaient vouloir le tourner en ridicule, et il marmonna quelques mots.

— Seigneur Dieu ! poursuivit Blasco, j'ai eu la disgrâce de vous mettre en colère ?... Vous m'en voyez fort marri... Mais prenez garde, car la colère est mauvaise conseillère... En particulier dans les conditions où vous vous trouvez... Vous êtes du pays de la Savoie, n'est-ce-pas ?... Quel délice le gâteau de Savoie ! Maintenant, je vais vous faire goûter un délice de ma façon, sur la joue gauche ; faites attention... bien sûr, je ne vous ferai pas saigner... Un léger soufflet... Là ! voilà !...

Du plat de la lame, il lui donna une tape sur la joue, qui lui laissa une marque rouge.

Le vicomte de Champaux poussa un rugissement de bête fauve et se jeta furieusement sur Blasco pour en finir mais le jeune homme qui s'y attendait, d'un mouvement très rapide, leva l'épée de l'adversaire et se pressa contre lui, torse contre torse. Avant que le vicomte ait pu se libérer de cette contre-attaque et reprendre la mesure, du pommeau de l'épée, Blasco lui assena un coup si violent dans la poitrine, qu'il vacilla et tomba à la renverse. Blasco se remit en garde, agile et nerveux comme un félin et, voyant le baron de Castellamonte qui attendait son tour, l'épée au poing, il lui donna du plat de la lame en lui criant :

— Que faites-vous là, mammelouk ?... Remplacez le vicomte !

Il n'avait pas achevé ces mots que le baron se lançait à l'attaque, mais au même moment, le vicomte se levait et s'avançait, en soufflant et criant :

— Il est à moi ! Il est à moi !

Le baron, furieux de ce coup humiliant, ne l'entendit pas ; Blasco se trouva face à deux adversaires. Les deux témoins s'avancèrent alors pour empêcher ce combat si inégal, mais Blasco :

— Non, non, messeigneurs, je vous en prie, j'ai du jeu pour tout le monde ! laissez-les faire... Nous en terminerons plus vite...

Blasco s'était presque adossé à un arbre, pour ne pas se laisser tourner et il se tenait en garde, ramassé sur lui-même, le bras légèrement baissé. La lame de son épée avait la rapidité de l'éclair et ses deux adversaires la voyaient toujours fulgurer devant leurs yeux et loin de l'attaquer, ils devaient se limiter à se défendre.

Dans un mouvement foudroyant qui ne laissa même pas au baron de Castellamonte le temps de réagir, Blasco écarta son arme et donna à fond. Castellamonte n'était pas encore tombé à terre que Blasco se jetait sur le vicomte de Champaux en lui disant :

— Et ceci est pour vous, de la part de la dame !

La pointe de son épée pénétra dans la poitrine du vicomte qui poussa un cri :

— Vous êtes donc le diable...

— Non, mais peut-être son cousin, rétorqua Blasco qui, faisant une révérence au groupe formé par les trois gentilshommes accourus pour secourir les blessés, reprit ses habits, rengaina son épée et s'en retourna en sifflotant une rengaine, comme quelqu'un qui revient de la promenade. Il n'avait subi que quelques éraflures insignifiantes.

Peu après les citadins virent des valets porter sur des chaises les trois blessés, bandés tant bien que mal, et accompagnés de leurs témoins. Comme il est de coutume en pareille circonstance, une foule de curieux emboîta le pas au cortège qui suscitait les suppositions les plus extravagantes et les commentaires les plus variés. C'est ainsi qu'arriva au Palais Royal une procession si bruyante que les valets accoururent aux balcons et aux fenêtres. La foule, les gardes blessés, firent croire à quelque chose comme une vengeance populaire ; de salle en salle, ce ne fut qu'un cri, qui se propagea dans tout le palais ; le marquis de Tournon, capitaine des gardes, accourut et demanda :

— Que se passe-t-il ? Quels gardes ? Qui sont les blessés ?

— Le vicomte de Croixvert, le vicomte de Champaux et le baron de Castellamonte, courrier secret de Sa Majesté.

— Croixvert et Champaux ? Comment ? Par qui ?... Dites plutôt qu'ils ont été assassinés.

— Oh, non, blessés en duel, dans un bon duel... avec un chevalier sicilien. Ils les a battus tous les trois !

— Croixvert et Champaux ! Les meilleures lames des gardes !... Mais ce serait une défaite honteuse, un déshonneur ! Oh non, ce n'est pas possible !...

Le marquis de Tournon était inconsolable ; les gardes du roi s'indignaient et menaçaient. Puisqu'il n'était pas possible de battre ces trois-là, qui pouvaient être considérés comme le symbole vivant de la valeur et de l'invincibilité, ils en déduisaient que ce gentilhomme n'avait pu les vaincre sans quelque diablerie, et qu'il fallait donc le dépecer, le brûler vif. Ils réclamèrent auprès de leur capitaine, qui chercha à les calmer. Certes, il convenait de donner une satisfaction aux gardes. En vérité, les trois blessés, interrogés, avaient rendu justice à la valeur de leur adversaire, et déclaré qu'il s'était conduit en parfait chevalier ; et les témoins avaient rapporté la même chose ; mais ces loyales déclarations ne parvinrent pas à calmer les esprits.

Le même soir, le marquis de Tournon informa le roi qui, étonné et peiné, voulut lui aussi demander des détails aux témoins ; mais quand il entendit le nom du vainqueur : Blasco de Castiglione, il fronça le sourcil et lança un regard entendu au marquis de San Tommaso qui se trouvait là.

En fait, un instant auparavant, celui-ci l'avait informé de la présence à Messine de l'un des chefs des Beati Paoli, ce Blasco de Castiglione, aventurier dont nul n'aurait su dire les origines ; un querelleur dont les états de service faisaient une de ces personnes dangereuses, dont il serait bon de débarrasser le royaume, sans plus de complications.

— Votre Majesté pourra en apprendre davantage auprès de ce Matteo Lo Vecchio, qui a eu l'honneur de vous apporter les lettres du duc d'Albamonte. Il semble avéré que ce Blasco est l'un des ennemis les plus acharnés du duc ; c'est ce qu'affirme la duchesse...

A ces nouvelles s'ajoutaient à présent celle de ce bruyant duel, qui laissait Vittorio Amedeo pensif.

La même nuit, recherché dans toutes les auberges et les hôtelleries, Blasco fut retrouvé tranquillement endormi dans son petit et modeste logement. Arrêté par ordre du roi, il fut conduit à la Roche Guelfonia, vulgairement appelée Roche de Mattagriffone, pour, disait l'ordre, avoir transgressé l'édit de Sa Majesté contre les duels.

Et Matteo Lo Vecchio courut chez la duchesse pour lui dire :

— Nous l'avons mis en cage !... Maintenant, laissez-moi agir.

— Qu'avez-vous l'intention de faire ? demanda Donna Gabriella en frissonnant devant le perfide sourire du sbire.

— Oh, répondit-il en haussant les épaules, Votre Seigneurie ne saurait croire que je veux le faire échapper... Je vais lui rendre visite pour me lamenter sur son malheur... Rien d'autre.

Il riait avec une expression si féroce que la duchesse pâlit. Elle savait Matteo Lo Vecchio capable de tout. A présent, il était bon que Blasco de Castiglione fût arrêté, cela l'empêchait de nuire à son époux, selon ce que lui avait expliqué le sbire et ce que lui avait révélé la lettre de Don Raimondo. C'est pour cela qu'elle avait dépeint le jeune homme sous les plus sombres couleurs au marquis de San Tommaso. Ce fameux duel, dont la légende courait déjà dans tout Messine, était venu fort à propos pour soutenir ses volontés. Il lui avait permis d'éviter l'odieuse nécessité de le faire arrêter sans raison apparente ; et elle en avait été satisfaite, même si dans son cœur, elle ne pouvait contenir un sentiment d'admiration pour la vaillance du jeune homme, vaillance que même les gardes du roi étaient contraints de reconnaître.

Mais Donna Gabriella estimait qu'il suffisait de réduire Blasco à l'impuissance, en l'enfermant sur une roche inaccessible et formidable comme celle de Mattagriffone ; aller plus loin que des arrêts dans un château, habituel châtiment pour le délit de duel, lui paraissait pousser trop loin la férocité contre Blasco. Il lui répugnait de se rendre complice de machinations qui outrepassaient la pure et simple défense des intérêts de sa maison. Ignorant, quant à elle, les crimes de son époux, elle n'imaginait pas leur gravité, leur scélératesse, et ne connaissait pas non plus les raisons pour lesquelles son époux considérait le chevalier comme un ennemi féroce et implacable. Il lui avait fallu faire un effort, en s'appuyant sur ses désirs de vengeance, pour voir en Blasco le chef de cette secte épouvantable dont le duc avait si peur, et pour soutenir son époux.

Les paroles ambiguës, et plus encore le sourire entendu et féroce du sbire, éveillaient à présent ses soupçons.

A l'évidence, il se tramait quelque chose. Don Raimondo avait dû donner au sbire des instructions qu'elle ignorait.

Qu'est-ce que Matteo Lo Vecchio avait l'intention de faire ?

Elle résolut de le surveiller.

Quand le sbire s'en fut allé, elle écrivit à son époux pour l'aviser de tout ce qui était advenu.

Matteo Lo Vecchio pensait toujours que Blasco ne le connaissait pas et qu'il pouvait compter sur son déguisement pour mener à bien son plan. Il se rendit à la Rocca Guelfonia pour visiter le jeune prisonnier ; ce qui ne lui fut pas difficile, en un temps où les prêtres et les religieux avaient partout libre accès et jouissaient d'un grand ascendant sur la vie publique.

Blasco ne put contenir un mouvement de surprise en le voyant apparaître dans la cellule étroite et obscure où on l'avait reclus.

— Oh, mon bon sauveur ! s'exclama le faux abbé en joignant les mains, en quel lieu je vous retrouve !... J'ai appris votre disgrâce, et pour la reconnaissance que je vous dois, j'ai voulu vous exprimer de vive voix ma douleur et me mettre à votre disposition, si je puis être utile à quelque chose...

— Merci, merci...

— Tout Messine parle de vous. C'est une chose merveilleuse ! On dit que ces trois gentilshommes sont les meilleures lames de la Cour... Si je ne savais pas par expérience de quoi vous êtes capable, je n'arriverais pas à y croire... Parbleu !... Et n'avez-vous besoin de rien ? Me permettez-vous de vous envoyer à dîner ? Je veux vous rendre ce service, non pas pour m'acquitter de ma dette, mais pour vous donner un signe de ma gratitude...

— Oh, ne vous mettez point en peine : je n'ai besoin de rien.

— Non, non, acceptez quelques attentions.. Vous me feriez tort... Mais comment diantre est-ce possible ?

— Que voulez-vous que je vous dise ? Ce sont des choses qui arrivent.

Matteo Lo Vecchio s'attarda encore quelques instants à bavarder de tout et de rien avant de repartir en promettant qu'il reviendrait le voir et qu'il parlerait à un personnage puissant pour l'intéresser au sort de Blasco et lui obtenir la grâce du roi.

Il fut si expansif et si insistant que Blasco se demanda par moments s'il ne s'était pas trompé sur son compte et si le sbire n'était pas sincère : cependant, connaissant la vie, il se mit en garde contre cette bonté même qui constituait le fond de son âme.

Cependant il s'étonnait de la tournure inattendue prise par cette aventure car, s'agissant de soldats, il ne croyait pas que le duel fût un délit passible de la prison et estimait au fond être dans son droit. Si quelqu'un devait être puni, c'étaient ses provocateurs, mais peut-être ceux-ci avaient-ils été assez punis par lui.

Qu'était-il advenu des blessés ? L'un ou l'autre était-il mort ? Le commandant de la Roche Guelfonia, vieil officier sicilien qui avait été au service de l'Espagne avant d'être aux ordres du prince savoyard, s'entretenait volontiers avec Blasco, dont la valeur suscitait sa sympathie. Il l'informa qu'aucun de ses adversaires n'était mort, mais la guérison serait difficile et longue.

— Quels coups !... Sacrédié ! Si j'étais le roi, je vous aurais fait capitaine de mes gardes... Savez-vous qu'en ville on ne parle plus que de vous et qu'on vous y porterait en triomphe, si l'on pouvait ? Quand j'étais jeune...

Il conta une longue histoire pleine de hauts faits accomplis durant le siège de Messine, autoglorification que Blasco n'écoutait pas. Le chevalier se demandait si on le jugerait et si on le reléguerait dans une forteresse, ce qui entraîna bien d'autres réflexions : il pensa à ces papiers qu'il possédait, au devoir qu'il s'était fait, de pénétrer dans les mystères de cette usurpation, à Don Raimondo, à Donna Gabriella. Une idée lui traversa l'esprit : s'il écrivait à la duchesse pour qu'elle intercède en sa faveur ? Il était sur le point de demander un service au commandant quand celui-ci fut appelé par un des gardiens, qui faisait des signes mystérieux au prisonnier. Le vieil homme sortit ; le gardien ferma la porte de la cellule mais son supérieur à peine éloigné, il rouvrit et lui remit un billet. Blasco ouvrit le papier où il lut ces simples mots : « *Prenez garde à vous* ».

Pas de signature, pas de sceau. L'écriture lui était inconnue. Qui lui avait envoyé cet avertissement ? Qui était le mystérieux ami qui le mettait en garde contre des périls futurs ? Et quels étaient-ils ? Et celui qui le prévenait, comment pouvait-il déjà connaître ces dangers ? Son esprit se mit à battre la campagne, de suppositions en hypothèses que l'examen critique détruisait l'une après l'autre. Les Beati Paoli ? Ses adversaires ? Impossible... Cependant, il devait prendre garde.

Ces pensées occupèrent sa journée ; à l'heure du dîner, le gardien revint avec un panier.

— Votre Seigneurie doit avoir de grandes amitiés... Voilà un repas qui ferait venir l'eau à la bouche...

Blasco jeta un coup d'œil au panier dont le gardien, après avoir déposé sa lanterne sur la table, tirait une salade de choux-fleurs, un peu de poulet, du jambon, du fromage et des oranges parfumées.

— Excusez-moi, dit le prisonnier, qui vous a donné ce billet ?

— Un serviteur...

— En livrée ?

— Je n'y ai pas prêté attention, mais je crois que oui...

— Vous ne vous rappelez pas la couleur de la livrée ?

— Non, non...

— Faites un effort...

— Je ne m'en souviens pas. Il était vêtu de sombre, cela oui...

— De sombre !... Il ne vous a pas dit qui l'avait envoyé ?

— Non, seulement : « Ce billet est pour le seigneur Blasco de Castiglione » et il m'a donné un écu. Mais...

— Mais ?

— Je suis un peu curieux...

— Et alors ?

— J'ai voulu voir d'où il venait et j'ai passé la tête hors de la porte.

— Et qu'avez-vous vu ?

— Un peu plus loin, il y avait un carrosse. Le serviteur s'est approché de la portière, pour parler avec quelqu'un et j'ai vu aussi...

— Quoi donc ?

— J'ai vu que ce quelqu'un était une dame.

Blasco sentit une onde de chaleur lui monter au visage et son esprit bondit vers Donna Gabriella. Ce ne pouvait être qu'elle.

— Et ce dîner vient de la même main ?

— Oh non !... cela, c'est le seigneur abbé venu vous voir ce matin qui vous l'envoie.

— Ah, lui ?... Bien. Merci ; mettez tout là...

— Eh ! eh !... dit le gardien. Je comprends que si le repas venait de l'autre personne, Votre Seigneurie serait plus contente, mais...

Blasco ne l'écoutait plus. Donna Gabriella lui écrivait de prendre garde, Matteo Lo Vecchio lui envoyait à dîner ; le sbire était le bras droit du duc de la Motta et on pouvait présumer qu'il se trouvait en contact avec la duchesse. Envoyait-il ce dîner sur ordre de Donna Gabriella ? A moins que...

Un soupçon lui vint et lui fit regarder avec une expression de terreur ces plats, ce pain, ce vin. Il congédia le gardien, mais quand il fut seul, il n'osa s'approcher de la table. Il regardait fixement ces victuailles comme pour y découvrir quelque chose. Puis il prit du pain, le trempa dans l'huile et le vinaigre qui assaisonnaient les choux-fleurs et le jeta à terre. Ensuite il s'étendit sur la couchette et attendit.

Peu après il entendit un léger grattement de petites pattes puis un autre. Un troisième, un quatrième rat pénétrèrent dans la cellule et tous se jetèrent voracement sur le pain, poussant des cris, se poursuivant, se disputant la pitance. Spectacle curieux qui aurait certainement diverti Blasco s'il n'avait eu l'esprit occupé d'une attente anxieuse. Cette bande de pillards eut bientôt consommé son butin. Un rat plus audacieux que les autres se risqua sur la table pour attaquer le reste du repas. Mais tout à coup l'une des bêtes poussa un cri désespéré qui jeta l'alarme parmi les autres et les fit bondir en tous sens ; presqu'aussitôt deux autres cris se firent entendre. Blasco vit trois des immondes bêtes se rouler à terre, se contorsionner, grinçant des dents dans un spasme de douleur ; puis la dernière se joignit à eux. Blasco fit du bruit mais les quatre bestioles ne s'enfuirent pas. Elles essayèrent de se traîner, tombèrent l'une sur l'autre en se mordant rageusement, en se tordant dans une agonie affreuse. Quelques instants plus tard, elles étaient mortes.

Blasco était blême ; une sueur glacée lui baignait le front. Désormais, il ne doutait plus que Matteo Lo Vecchio eût tenté de l'empoisonner : le pourquoi de cette tentative lui échappait. Quelles raisons avait le duc de la Motta, dont le sbire était la créature, pour vouloir se débarrasser de lui ? Par ailleurs, s'il avait réussi cette fois à échapper à la mort, qui pouvait lui garantir qu'il y échapperait une autre fois ? Cette pensée l'épouvanta. Tout pouvait se révéler empoisonné ; l'eau du broc que lui portait le geôlier, qui l'assurait qu'elle ne serait pas transformée en substance mortelle par l'une de ces drogues qui avaient rendu célèbres les empoisonneuses siciliennes du siècle précédent ? Ne plus manger, ni boire, oui, il n'y avait rien d'autre à faire ; mais ensuite ? Comment pourrait-il résister, en particulier à la soif ?

Cette pensée le tourmenta ; la peur de ce piège inconnu, d'une mort terrible, d'une agonie épouvantable comme celle des rats, lui donnait des sueurs froides. Avec l'image des contorsions des rats devant les yeux, il ne put dormir de la nuit. Au matin, quand le gardien entra, Blasco, qui avait pris une décision, l'accueillit d'un air menaçant qui effara le geôlier :

— Regardez ! lui dit-il en lui montrant les cadavres. Ces rats ont mangé le repas que moi je n'ai pas touché.

Le gardien baissa les yeux et faillit s'évanouir.

— Comment ? Qu'est-ce que... ?

— Le dîner était empoisonné !... Et vous êtes complice de mes empoisonneurs...

— Moi, seigneur ?... Moi ?... Que dites-vous là, Votre Seigneurie ? Moi ?

— Oui, vous !... Quand le commandant l'apprendra, il vous fera pendre !

— Seigneur ! seigneur Je ne sais rien, je suis innocent... Je le jure sur l'hostie consacrée... sur le salut de mes fils. Je suis innocent !... Oh, quelle infâmie ; pour me perdre, pour me perdre moi et ma famille... Oh, pauvre de moi !...

Il joignait désespérément les mains, les larmes aux yeux, et il y avait tant de sincérité dans ses paroles que Blasco se persuada de son innocence.

— Ecoutez, lui dit-il, je me tairai, mais à une condition...

— Que Votre Seigneurie parle... répondit le gardien, encore tremblant.

— Il est probable que celui qui a envoyé ce repas viendra d'ici quelques heures prendre de mes nouvelles. Dites-lui que je suis mort subitement...

— Je le dirai ; mais je veux le dénoncer, le faire écarteler...

— Vous ne direz rien, parce que cela vous accuserait vous aussi... Il faut se taire, ne rien laisser paraître. Dites seulement que je suis mort...

— Cela va bien... je dirai cela, si Votre Seigneurie croit que c'est mieux. Je ferai tout ce que vous voudrez.

— Et à présent, apportez-moi de quoi écrire.

Le gardien s'empressa de lui apporter le nécessaire et Blasco traça sur un feuillet ces quelques mots : « *Merci, je vous dois la vie* ».

Il replia la feuille, la scella et la remit au gardien.

— Il faut porter cela à la dame de hier.

— Et qui la connaît ?

— C'est la duchesse de la Motta, de Palerme. Tout le monde vous dira où elle loge...

— Votre Seigneurie sera servie.

— Et par-dessus tout attention à ne pas vous trahir...

Le gardien se mit une main sur le cœur ; après avoir nettoyé la cellule, emporté toute chose, il s'en alla exécuter sa commission.

A la porte du château, il rencontra Matteo Lo Vecchio.

— Ah, seigneur abbé ! chuchota-t-il, quel malheur !

— Quoi donc ? demanda le sbire.

— Ce chevalier !... Ce jeune homme si cher au cœur de Votre Seigneurie...

— Eh bien ? Qu'est-il arrivé ? Il s'est enfui ?

— Il est mort ! Mort cette nuit !

Et il lui tourna le dos, ce qui l'empêcha de voir resplendir la joie sur le visage de Matteo Lo Vecchio.

XXIII

Comme il ne doutait pas que son coup réussirait, le sbire, en attendant la nouvelle, avait tout préparé pour son départ, car il n'avait plus rien à faire à Messine. Il avait pris congé de la duchesse. Ayant reçu de la bouche du geôlier la nouvelle officielle de la mort de Blasco, il s'empressa de monter à cheval et de s'éloigner de Messine, dans la crainte que cette mort subite ne lui attirât quelqu'ennui.

Il sortit donc par la Porte Royale, dans l'intention de gagner la route du bord de mer et de s'embarquer à Milazzo sur une tartane ou une felouque en partance pour Palerme, et faire perdre toute trace de son passage. Il avait donc pensé qu'en arrivant à Spatafora ou à un autre village, il déposerait son déguisement d'abbé pour reprendre une tenue de villageois.

Pendant qu'il quittait la ville, le gardien remettait aux domestiques de Donna Gabriella le billet de Blasco, dont la lecture mit le tumulte dans l'âme de la duchesse ; d'abord elle tressaillit de joie puis se repentit de son intervention. Par-dessus la joie et le repentir s'imposa une curiosité inquiète. Ses pressentiments étaient donc fondés ; que s'était-il passé ? Son premier mouvement fut d'envoyer demander des nouvelles, mais à la réflexion, elle y renonça ; la prudence lui présentait les inconvénients qui pouvaient naître de cette démarche. D'abord, Blasco était prisonnier par ordre du roi et alors qu'elle faisait tout pour regagner la bienveillance du souverain, elle risquait de la perdre par un comportement qui pouvait lui déplaire ; en outre, elle avait dépeint Blasco sous les plus sombres couleurs et se préoccuper de lui passerait pour une contradiction injustifiable.

Que faire ?

Sous un prétexte quelconque, elle manda près d'elle le geôlier de Mattagriffone, pour savoir, au moins, quelque chose au sujet des périls encourus par Blasco et elle ne fut pas moins épouvantée que celui-ci quand elle apprit l'épisode du dîner empoisonné par cet abbé que le gardien croyait bon ami du prisonnier. Ah, il aurait voulu l'avoir entre les mains ce corbeau du démon, pour lui faire passer, à jamais, la volonté d'expérimenter ses poisons sur les chevaliers ! Mais il le retrouverait ! Donna Gabriella trembla à cette idée et remercia mentalement le ciel que Matteo Lo Vecchio fût parti. Si le sbire était retrouvé, qui pouvait prévoir ce qu'on découvrirait ?

La duchesse donna une bourse pleine au gardien en lui recommandant d'observer le plus profond secret sur ce qui était arrivé et de ne pas remettre au prisonnier d'autres mets que ceux qui viendraient de sa maison, portés par ses serviteurs. Elle pensait ainsi éviter que d'autres entreprises fussent menées contre la vie de Blasco, et croyait ainsi mettre sa conscience à l'abri des remords qui de temps à autre la tenaillaient. En prison, cela allait bien, mais le tuer par une trahison de ce genre, non ! Son cœur se rebellait.

Elle n'osait sonder les profondeurs de son âme, où s'agitaient et se heurtaient des sentiments contradictoires.

Le gardien était retourné au château heureux comme un roi, car il avait compris qu'entre le chevalier et la dame devait exister quelque secret et qu'il était dans leur intérêt d'obtenir que ce secret fût parfaitement préservé ; ce qui constituait pour lui, unique témoin, une petite rente. Il convenait de savoir en profiter.

A midi, il porta le déjeuner au prisonnier.

Blasco le regarda d'un air soupçonneux. Mais le geôlier sourit et dit :

— Celui-là, Votre Seigneurie peut le manger sans craindre de mauvaise surprise. Il vient d'une certaine personne...

Disait-il vrai ? Et s'il s'agissait d'un nouveau piège ? Blasco versa du vin dans un verre et dit au gardien :

— Buvez.

L'autre, sans hésiter, vida le verre d'un trait.

— Êtes-vous satisfait ? Voulez-vous que je goûte un peu de tout ?

— Non. Vous pouvez aller.

En vérité, Blasco avait une faim de loup et le repas était alléchant ; l'assurance du gardien, sa mine tranquille, lui ôtèrent ses derniers doutes, de sorte qu'il se mit à table.

Les jours se succédèrent ainsi, sans rien qui tranchât sur leur monotonie. Blasco attendait un jugement qui ne venait pas ; on eut dit que le roi l'avait oublié et le marquis de San Tommaso n'en parlait plus, car Donna Gabriella, de son côté évitait de faire allusion au jeune homme. Au contraire, parmi les gardes du roi, s'était manifesté un courant en sa faveur. Les trois blessés, qui guérissaient lentement et étaient en état de parler, avaient pris la défense de Blasco qui s'était comporté avec une loyauté chevaleresque et avait montré une exceptionnelle valeur. Il leur semblait mortifiant et déshonorant qu'un chevalier fût puni pour le seul fait d'avoir battu des gardes du roi ; c'était pour eux comme un affront, une intrusion qui violait les lois de la chevalerie, un renfort qu'ils n'avaient pas demandé et dont ils rougissaient.

Le marquis de Tournon lui-même, leur capitaine, avait dû confesser qu'enfermer en prison comme un malfaiteur un chevalier comme Blasco de Castiglione était un acte qui ne faisait pas honneur à la justice du roi et il s'en était ouvert au marquis de San Tommaso, mais celui-ci avait haussé les épaules. Il n'y avait pas d'exceptions aux édits ; même le roi admirait la vaillance du jeune homme, mais il fallait faire des exemples.

La réponse ne fut pas du goût des gardes. Champaux, qui était le moins gravement blessé en même temps que le plus intrépide et le plus résolu, s'écria :

— Pardieu ! pour sortir d'un château, il n'est pas indispensable d'avoir une feuille de papier avec le sceau de Sa Majesté... Occupons-nous en !

Ils formèrent une petite conjuration sur laquelle ils jurèrent de garder le plus profond silence. Avant tout il fallait se mettre en relation avec le prisonnier, ce qui pour eux, qui n'étaient ni prêtres ni religieux, était un peu plus difficile. Mais devant les difficultés, Champaux s'obstinait.

Un matin, Blasco vit arriver un billet mystérieux d'une écriture différente de celle du premier et d'un contenu fort dissemblable.

« *Monsieur,*

Votre emprisonnement afflige et mortifie des personnes qui honorent votre valeur. Ayez confiance et espérez. »

Ce billet qui enveloppait une pierre tomba sur les genoux de Blasco pendant qu'il dormait et le réveilla en sursaut. Il leva les yeux vers la fenêtre par où le message était arrivé, en s'étonnant de ne s'être encore jamais demandé laquelle donnait sur une rue. Pour arriver à cette ouverture garnie de barreaux, il lui fallut tirer la table, y poser le tabouret et se hisser jusque-là. Il découvrit qu'elle donnait sur le mur externe de la forteresse, dont il apercevait les créneaux. Il jugea qu'il devait se trouver dans une tour et que la fenêtre s'élevait sans doute d'au moins vingt empans au-dessus du chemin de ronde sur la muraille. Il ne comprenait pas bien si entre la tour et le mur s'étendait une cour, ou si ce qui lui paraissait un étage ou un passage était en fait une terrasse qui arrivait sous la tour. Pendant que Blasco regardait, il aperçut sur un côté un soldat, le fusil à l'épaule, qui marchait lentement. Parvenu sous la fenêtre, il leva les yeux vers elle puis se retourna et repartit dans l'autre sens.

Si la pierre était entrée par cette ouverture, on avait dû la lancer précisément de cette terrasse ou de ce passage, et naturellement le garde ne pouvait être étranger à la chose. Il était au moins consentant. Blasco attendit que le soldat revînt vers la fenêtre et glissant son visage entre les barres, il l'appela avec un *psssit* si fort que l'autre leva vivement la tête vers lui.

Blasco sortit la main et lui fit un geste qui pouvait être un salut ou un remerciement. Le soldat répondit en haussant les épaules, comme pour dire :

« Je ne sais rien, et je ne m'en mêle pas ! »

A midi, le gardien lui apporta comme d'habitude le déjeuner ; Blasco était de bonne humeur et se mit à table avec l'intention de faire honneur au repas. Il prit un pain pour le couper ; mais le couteau heurta quelque chose de dur et de résistant. Étonné, il ouvrit la miche et y trouva une petite lime triangulaire.

Sa stupeur se mua en une grande joie ; cette lime représentait sa libération. Il la dissimula sous sa paillasse et se mit à manger, mais l'allégresse lui coupait l'appétit.

Son cerveau commençait à bâtir des projets d'évasion. Il scierait les barreaux et sauterait sur la terrasse. Le soldat était certainement un ami qui fermerait un œil et même les deux, il n'y avait donc pas à hésiter. Il retournerait à Palerme, où il s'estimait en sécurité ; il reprendrait la mer, s'il le jugeait nécessaire, mais avant de s'éloigner, il accourrait aux pieds de Donna Gabriella pour la remercier, car il ne doutait pas de lui devoir cet envoi miraculeux et providentiel. Il fallait attendre la nuit pour se mettre au travail.

Le gardien remarqua que Blasco avait peu mangé et qu'il n'était pourtant pas triste, et qu'il avait même dans le regard une lueur particulière.

— Je viens vous annoncer une nouvelle, dit-il.

— Qu'est-ce donc ?

— Le seigneur commandant vient de recevoir l'ordre de faire conduire Votre Seigneurie au château de Termini, aujourd'hui, par une felouque armée qui part dans une heure...

Blasco pâlit. Ses projets de fuite s'effondraient. Le château de Termini était une forteresse formidable, dressée à pic au-dessus de la mer, d'où nul ne pouvait fuir s'il n'était muni d'ailes. Cela signifiait une relégation dont on ne pouvait prévoir la fin.

Que faire ?

Cette lime, qui avait ouvert son cœur aux plus vives espérances, lui devenait à présent un instrument inutile, mais la personne qui avait eu soin de lui envoyer la lettre et la lime pouvait encore être précieuse. Qui était-ce ? Donna Gabriella ? Il n'en doutait pas : la différence d'écriture et la voie différente empruntée par le billet, la forme de celui-ci, n'excluaient pas que la dame fût la secrète inspiratrice de l'entreprise.

Il se fit donner de quoi écrire et rédigea un message très simple :

« *Dans une heure, je pars au château de Termini, où je suis relégué. Je vous remercie pour tout, et vous suis dévoué et reconnaissant pour la vie.* »

— Portez cette lettre à la dame que vous savez, dit-il au geôlier.

Peu après, enfermé dans une chaise à porteurs, entouré de soldats, Blasco fut transporté au port pour être embarqué sur la felouque qui, amarrée là, voile déployée, était prête à prendre la mer.

La nouvelle de ce départ s'était tout de suite répandue et à la porte de la forteresse s'était assemblée une foule de curieux désireux de voir le jeune et beau chevalier qui avait battu ces gardes du roi qui, par leur arrogance, leur insolence, s'étaient rendus odieux aux citadins. Le jeune chevalier était devenu dans l'imagination populaire une espèce de vengeur sur lequel s'étaient concentrées la sympathie et l'admiration universelles. A la nouvelle qu'on le reléguait dans un château, avec une rigueur inhabituelle dont nul ne connaissait la raison, on se désola et l'on s'indigna, prenant cette punition quasiment comme un défi aux citoyens, une offense aux sentiments publics. L'on commença à murmurer et la foule suivit, grossissant toujours davantage, de sorte qu'en arrivant à la porte, elle serrait et pressait de toutes parts les soldats qui durent donner de la pique pour ouvrir la chaise et en faire sortir le jeune homme.

Entre les rideaux, Blasco avait entrevu la multitude et, entendant ses murmures, deviné ses sentiments mais il n'imaginait pas qu'elle fût si dense. Il aperçut des visages menaçants et il lui sembla sentir le parfum de l'émeute. Un sourire et une espérance errèrent sur son visage.

— Le voilà ! Le voilà... crièrent quelques voix.

— Qu'il est beau ! s'exclamèrent quelques personnes du sexe.

— Relâchez-le ! Relâchez-le !

Ce fut comme un signal, un mot d'ordre attendu ; des centaines, des milliers de voix répétèrent, menaçantes :

— Relâchez-le ! Relâchez-le !...

Un mouvement instinctif, comme le flux de la marée, souleva et poussa cette foule sur les soldats, dont les piques devinrent inutiles. Ils criaient :

— En arrière !... en arrière !... Ordre du roi !...

Mais qui leur prêtait attention ? Qui pouvait arrêter l'onde puissante gonflée par la tempête ?

— Relâchez-le !... Relâchez-le !...

Blasco était radieux ; les bras croisés, il attendait le dénouement de ce soudain tumulte populaire. Les soldats avaient pâli et se mordaient la lèvre, sous l'effet d'une colère impuissante. Profitant de leur embarras, la foule les entoura, les sépara les uns des autres, les désarma, les entraîna, les repoussa. Blasco resta seul.

— Fuis ! fuis ! lui cria-t-on de tout côté et l'on joignit le geste à la parole : une vague populaire le transporta à travers le bourg de Terranova, à demi détruit par la construction de la citadelle, et en suivant la rue des murs, le conduisit jusqu'à la porte Impériale, d'où partaient les ruelles de la cathédrale.

— Votre Seigneurie doit fuir !...

Blasco se retourna, envoya un baiser à la foule qui l'avait sauvé et un « merci » qui venait du fond du cœur. Il se lança à travers les sentiers qui, depuis les ruelles pénétraient à travers les orangeraies et les oliveraies, en montant à l'assaut des collines.

XXIV

Don Raimondo avait repris le procès contre dame Francesca. « Considérant que pour la sécurité du royaume, il était nécessaire de procéder avec promptitude, que les informations présentées et les explications fournies sur l'opportunité de poursuivre dame Francesca étaient suffisantes pour la remettre à la justice, reconfirmant le pouvoir de vicaire général donné au seigneur duc de la Motta », un nouvel ordre du roi lui confiait la poursuite du procès. C'était une première victoire, qu'il se promettait de faire suivre de bien d'autres. Il avait commencé de tortueux interrogatoires, enveloppant la pauvre femme dans des contradictions, des surprises, des suggestions, pour tenter de lui arracher ce qu'il croyait être le fondement des persécutions dont il était l'objet et il insistait sur le nom de Blasco de Castiglione, qui en fait était totalement inconnu de dame Francesca.

Mais ses réponses négatives ne parurent pas sincères à Don Raimondo, qui recourut à la menace de la torture et, pour plus de cruauté, lui montra à la fin les différents instruments en usage à l'époque : la corde, le chevalet, les aiguilles pour les ongles, les coins, l'étau, le brasier, l'entonnoir ; épouvantables instruments qui criaient chacun une histoire de larmes et de souffrances. La pauvre femme pâlit, trembla, se tordit les mains de désespoir et hurla :

— Mais pourquoi ? Pourquoi ? Mais je ne sais rien !... Pourquoi voulez-vous tuer une pauvre femme qui n'a rien fait ? Mais il n'y a donc pas de Dieu pour vous émouvoir ?

Ces paroles furent saisies au vol par le fourbe duc qui affecta de s'en scandaliser.

— Vous blasphémez !... Vous avancez des propositions hérétiques !... je vous remettrai au Saint Office, cette affaire sort de ma compétence.

C'était un prétexte. En vérité, il n'avait rien trouvé pour incriminer la malheureuse et prononcer un verdict contre elle. Il craignait donc que, en interjetant appel devant la Cour criminelle, elle obtînt son absolution. Mais le Saint Office ? Existait-il une juridiction supérieure ? Et quelle autorité pouvait arracher une victime aux oubliettes de ce terrible tribunal ? Et qui mettrait en doute la dénonciation d'un homme de qualité, fort influent comme le duc de la Motta ?

Il formula son accusation et le lendemain dame Francesca fut remise aux serviteurs et aux gardes du Saint Office et transférée dans les oubliettes de Castellammare et celles de l'Inquisition, où gisaient d'autres enterrés vivants, victimes d'exagérations superstitieuses ou de vengeances privées. Ce fut un extraordinaire déchirement pour dame Francesca que de quitter le château où elle abandonnait le pauvre Emanuele, à la merci de perfides magistrats. Elle se jeta à genoux, pria, supplia, cria qu'elle était une bonne catholique, qu'elle accomplissait toutes les pratiques religieuses, qu'elle n'avait jamais juré : mais on ne l'écouta pas. On la souleva et on la jeta dans une chaise à porteurs, après l'avoir bâillonnée pour l'empêcher de crier dans la rue, et on l'emmena.

Elle fut enfermée dans une étroite cellule sans autre ouverture qu'une porte qui donnait sur un corridor ténébreux ; un banc de pierre fixé au mur devait aussi lui servir de lit ; dans un coin, un broc de terre cuite contenait de l'eau puante. Un trou dans un angle servait de lieu immonde et empestait la cellule. Quand la pauvre femme réussit à reconnaître l'horreur de l'oubliette, elle fondit en larmes et, s'effondrant sur un siège, elle s'exclama :

— Oh, Dieu ! Dieu !... Prenez-moi auprès de vous... Je n'en puis plus !

Emanuele était resté seul ; jusqu'à ce jour il avait ignoré pourquoi on l'avait enfermé au Château avec sa mère adoptive, et nul ne l'avait interrogé. Soit de propos délibéré, soit parce qu'il se réservait de sonder le jeune homme après avoir arraché un aveu à dame Francesca, Don Raimondo l'avait pour ainsi dire oublié. Il avait fait arrêter le garçon pour avoir un otage et obliger Don Girolamo à se présenter ou à se laisser prendre ; et le duc pensait que l'enfant pouvait lui fournir un indice sur le refuge de son oncle, sur ses relations, mais ignorait certainement tout du secret qu'il voulait découvrir.

Néanmoins, quand il fut sûr d'avoir enterré dame Francesca dans les oubliettes du Saint Office, il voulut interroger le jeune homme.

Emanuele savait que le duc de la Motta était le maître de ces serviteurs avec lesquels il s'était pris de bec et sans le connaître, il avait conçu pour lui une aversion qui confinait à la haine, sentiment qui s'était exacerbé depuis qu'il le savait à l'origine de son arrestation. Quand il se vit en présence du duc, ses yeux étincelèrent de haine.

Don Raimondo le considéra avec l'œil du loup en présence de l'agneau.

— Comment t'appelles-tu ? lui demanda-t-il d'une voix cassante.

— Pourquoi vous le dirais-je ? répondit le jeune homme en soutenant fièrement son regard.

— Parce que je te l'ordonne

— Vous m'avez fait arrêter, donc vous savez comment je m'appelle. Il est inutile de vous le répéter.

— Sais-tu que tu es insolent ?... Et que je pourrais t'en faire repentir ?

Emanuele haussa les épaules avec une expression de mépris qui fit serrer les mâchoires de Don Raimondo.

— Je te ferai fouetter, grinça-t-il.

— Croyez-vous m'effrayer ?

Don Raimondo fit un signe au greffier qui sortit de la pièce et revint peu après suivi de trois personnes à la mine féroce et repoussante.

— Réponds, lui dit Don Raimondo, ou je te ferai fouetter.

— Voilà ma réponse, dit Emanuele en lui crachant au visage.

Le duc se releva d'un bond et s'écria, en serrant les poings :

— Palsambleu ! Fouettez-le jusqu'au sang.

Ces trois canailles se jetèrent sur Emanuele. Avant qu'ils eussent posé la main sur lui, le jeune homme, d'un coup de tête dans la poitrine envoya rouler à terre le premier qui se présenta et à coups de poing, de pied, de dents, il se défendit contre les deux autres comme un taurillon furieux. Durant une minute on vit ce groupe déchaîné se débattre à travers la pièce et il fallut faire entrer les soldats pour parvenir à lier les bras et les jambes d'Emanuele, et à le retourner à plat-ventre sur un chevalet.

— Arrachez-lui la chair ! hurla Don Raimondo.

Ils lui dénudèrent le torse et se mirent à frapper chacun leur tour. Les fouets sifflaient comme des serpents et laissaient des traces rouges sur les chairs, qui gonflaient, qui craquaient, se déchiraient. Emanuele se débattait, mugissait de douleur, de rage, mordant le bois auquel il était lié et ses spasmes paraissaient gonfler de satisfaction le cœur de Don Raimondo. Jamais il ne s'était révélé aussi féroce qu'en ce moment ; son masque froid et réservé était tombé, révélant sa vraie nature. A chaque coup de fouet, il accompagnait le geste du bourreau d'un encouragement :

— Plus fort ! Plus fort !

Emanuele s'évanouit. Le greffier observa timidement :

— Très Illustre Seigneur, le garçon va mourir...

Don Raimondo, rappelé à lui par ces paroles, retrouva son sang-froid et fit signe au bourreau de s'arrêter.

— Assez ! Ramenez-le dans sa cellule !

Les deux aides, tout habitués qu'ils fussent à administrer la torture, étaient cette fois dégoûtés, parce qu'il s'agissait d'un jeune garçon et que la fraîcheur de l'âge pousse toujours à la pitié, et aussi parce que jamais peut-être ils n'avaient vu chez un magistrat si ardent désir de faire souffrir. Ils ramenèrent Emanuele avec certains égards et lui laissèrent de quoi se restaurer sur sa paillasse ; pendant qu'il était encore évanoui, ils appliquèrent sur ses plaies un onguent et des bandages.

— Pauvre garçon ! murmurèrent-ils.

Ils lui firent respirer du vinaigre, lui humectèrent les tempes, lui aspergèrent le visage. Emanuele gémit et ouvrit les yeux mais en voyant les visages de ses tourmenteurs, ignorant le pieux devoir qu'ils avaient rempli, il prit une mine farouche qui contrastait avec la pâleur et les contractions spasmodiques de son visage.

Une fièvre violente l'assaillit.

Cependant le récit de cette torture inutile, nullement imposée par les rites judiciaires, et qui avait tous les caractères d'une vengeance, avait ému les autres prisonniers dont la plus grande partie était composée de seigneurs, enfermés là pour s'être acoquinés avec des bandits, pour avoir battu quelque argousin ou contracté une union contre la volonté de leurs parents, avec une femme de basse condition.

Ils commencèrent à murmurer, à protester auprès du gouverneur, et à menacer d'en référer au roi contre l'inhumanité du procédé, parce qu'on ne devait pas abandonner un jeune homme dans ces conditions. Il fallait un médecin, qui empêchât aussi cette bête fauve de vicaire de recommencer ses tortures.

Grâce à ces protestations, Emanuele eut un médecin qui, indigné lui aussi de cette barbarie, ordonna que le garçon fût au moins placé dans une meilleure cellule. Dans les prisons on ne trouvait pas alors d'infirmerie et les détenus qui tombaient malades étaient transportés dans une salle spéciale de l'Hôpital général. Mais Don Raimondo s'opposa résolument à ce qu'Emanuele y fut transféré, en invoquant de graves raisons de sécurité connues de lui seul et qu'il ne pouvait ni ne devait communiquer. En réalité il craignait qu'à l'Hôpital, où l'on ne pouvait pratiquer une ségrégation aussi rigoureuse qu'au Château, les Beati Paoli ne réussissent quelque coup de main et libérassent le jeune homme, lui enlevant ainsi un otage précieux. Il consentit seulement à ce qu'on le déplaçât dans une autre cellule, qui offrirait toutes les garanties de sécurité.

Emanuele fut soigné avec affection par les gardiens et par le commandant lui-même. De temps en temps, un seigneur obtenait de passer une petite heure avec le jeune homme, auquel l'on offrait régulièrement des douceurs et des fruits, de la part des chevaliers incarcérés. Il se remit, mais son humeur devint sombre, son cœur se ferma : il semblait qu'une pensée obsédante et douloureuse se fut nichée dans son esprit.

Un beau jour, un chevalier lui dit à mi-voix :

— J'ai des nouvelles de ton oncle... Il t'embrasse et te fait dire de ne pas perdre courage, car il pense à toi.

— Merci, seigneur, merci de la bonne nouvelle... murmura Emanuele.

Don Girolamo avait été averti du transfert de son épouse dans les prisons du Saint Office, ainsi que de la torture infligée à Emanuele, il en était empli de terreur et pleurait de douleur et de colère.

Ce soir-là, les habituelles ombres mystérieuses, l'une après l'autre, apparurent et disparurent dans la ruelle des Orfani.

XXV

Matteo Lo Vecchio, de retour de Messine, apporta à Don Raimondo de la Motta la nouvelle de la mort de Blasco, qui parut aux yeux du duc achever sa victoire.

Il voulut savoir comment la chose était arrivée et le sbire commença par conter son voyage périlleux, la tentative des hommes d'armes qui l'avaient dépouillé de « tout son bien », l'arrivée à Messine, les duels de Blasco, l'emprisonnement et ce repas mystérieux qui avait provoqué une colique mortelle.

— Je n'ai même pas pu le revoir, avant de partir ! Pauvre diable ! A peine étais-je arrivé à la porte de la forteresse, que le gardien me donnait la nouvelle de la mort du seigneur Blasco.

Il arborait une expression si sérieuse que le duc sourit. Désormais il n'avait plus rien à craindre ; avec la mort de Blasco disparaissait, croyait-il, le principal auteur de la guerre entamée contre lui par les Beati Paoli ; il lui serait plus facile de s'emparer de Don Girolamo et d'Andrea, pour se venger d'eux. Il fallait les attirer dans un traquenard ; il fallait se gagner un des sectaires.

Un nom se présenta à l'esprit de Matteo Lo Vecchio : celui d'Antonino Bucolaro. Ne connaissant pas d'autres affidés et ayant expérimenté que celui-là n'était pas très circonspect, il lui semblait pouvoir obtenir sa confiance.

Il se mit donc sur la piste de Bucolaro, pour se renseigner sur ses habitudes, sur ses connaissances et relations et Don Raimondo fut si assuré de venir par cette voie à bout de ses ennemis, qu'il n'estima plus nécessaire de continuer le procès contre Emanuele. A quoi bon ? Mieux valait abandonner le jeune homme dans les oubliettes du Château, comme était abandonnée désormais la dame Francesca dans les cellules du Saint Office.

Ainsi passèrent les jours. Matteo Lo Vecchio venait de temps à autre lui rendre compte de ce qu'il avait fait et vu. Il avait récolté quelques indices. Il semblait que les Beati Paoli se fussent dispersés, ou que les défaites subies et la crainte d'autres plus grandes encore les eussent épouvantés et obligés à abandonner leur entreprise.

Nino Bucolaro était parti on ne savait où ; Don Girolamo Ammirata et Andrea avaient disparu. Peut-être avaient-ils quitté le royaume. En fait, les compagnies rurales, les sbires du capitaine de justice, les détachements d'infanterie et de cavalerie avaient quadrillé et fouillé la campagne, les villages, les collines, les grottes du territoire palermitain ; ils n'avaient pas pu découvrir non plus les deux fuyards ou, comme on disait, les *prévenus*.

Aucun des habituels billets menaçants n'était venu rappeler à Don Raimondo l'existence de la secte ! Il écrivit à son épouse que désormais tout était tranquille et que, si elle estimait ne plus avoir d'obligation à la Cour, elle pouvait rentrer à Palerme, où l'attendait le vice-roi. Ce dernier devait assumer le gouvernement de l'île après le départ du souverain, dont la date approchait.

Une seule personne avait cherché à rompre la tranquillité du duc : Pellegra. La jeune fille, accompagnée de son père dont la faiblesse d'esprit s'aggravait, osa se présenter au duc pour intercéder en faveur d'Emanuele. Depuis qu'on l'avait arrêté, elle ne connaissait plus la paix ; elle s'était prêtée volontiers à la tentative de Bagheria, mais n'avait vu aucun résultat. Bien loin de supposer les vraies raisons pour lesquelles dame Francesca et Emanuele avaient été emprisonnés, elle croyait que la cause en était l'incident avec les serviteurs, que donc ce long emprisonnement suffirait à satisfaire le duc de la Motta, et que ses prières parviendraient à l'émouvoir.

Le duc était dans son cabinet de travail, occupé à lire les relations des capitaines des compagnies rurales et seigneuriales, quand il lui fut annoncé la visite de Bongiovanni. Il devina aussitôt l'objet de cette visite et décida d'effrayer le peintre dès qu'il aurait franchi le seuil.

Multipliant les courbettes, balbutiant à chaque pas : « Très humble serviteur de Votre Excellence ! », le peintre entra en se traînant derrière Pellegra un peu timide et effrayée.

Mais le duc l'accueillit d'un air renfrogné :

— Vous êtes le peintre Bongiovanni ? Et vous, choisi pour peindre les hauts faits de la vie de Sa Majesté, que Dieu le garde, vous osez avoir des relations et trafiquer avec des malfaiteurs ?

Bongiovanni le regarda d'un air hébété, sans savoir que dire.

— Des malfaiteurs ? Quels malfaiteurs ? Où ?

Mais Pellegra, suivant toujours ses suppositions, osa une défense :

— Excellence, il est encore si jeune... Et puis, il fut provoqué !...

Don Raimondo la fit taire.

— Je ne te parle pas !... Je vous dis seulement : prenez garde ! Prenez garde à vous ! Je vous enverrai à la Vicaria ; et toi, je t'enfermerai dans un couvent ! Allez-vous-en ! Allez-vous-en ! Je n'ai rien à vous dire !...

Le peintre, effaré par ces invectives inattendues, tremblait à l'idée d'être enfermé en prison. Tirant sa fille par le bras, il s'en fut en disant :

— Allons... Son Excellence est en colère... Nous l'avons offensée ; c'est sûr, nous l'avons offensée !... Que Votre Excellence nous pardonne... Je ne voulais pas venir, c'est elle, ma fille. Elle m'a dit : allons voir Son Excellence... Mais non, j'ai dit : pourquoi déranger ce bon seigneur ?... Que Votre Excellence pardonne... pardonne !... Allons, Pellegra, demande pardon toi aussi... La prison, tu comprends ? La prison ! Et pour toi, un couvent : le couvent est moins terrible que la prison... Mais la Vicaria !... Oh, c'est une chose horrible !...

Avec mille révérences, tirant sa fille derrière lui, il sortit du cabinet. Pellegra le suivit, confuse, tentant encore de prononcer quelques mots d'excuses qui se perdaient dans le déluge de paroles paternelles ; et ainsi se retirèrent-ils tous deux, sans même avoir eu le temps de prononcer une phrase ; et ils n'osèrent tenter davantage ; au contraire, à peine Pellegra fit-elle allusion à dame Francesca, que Don Vincenzo qui avait une peur effoyable des prisons, poussa de hauts cris et l'empêcha de continuer.

— Non, non, pardieu ! Je ne veux plus en entendre parler !... Des malfaiteurs, tu comprends ? La Vicaria, tu comprends ?... Eh, non, non ! mieux vaut partir ; mieux vaut s'en aller. Nous irons à Rome, où sont tes parents. Oui, oui, à Rome !

Pellegra le suivait en pleurant, tête basse. Hélas, c'était le dernier espoir qui lui restait et cet homme le détruisait ; le pauvre Emanuele restait en prison et elle ne le reverrait peut-être jamais plus ! Cette pensée torturante lui arrachait des sanglots.

Les gens qui les rencontraient, lui possédé par la peur, gesticulant comme un fou et criant des phrases décousues, elle silencieuse et en pleurs, s'arrêtaient pour les regarder. Une femme du peuple, émue, demanda :

— Qu'est-il arrivé, ma petite demoiselle ?

Mais Bongiovanni répondit :

— La Vicaria, vous comprenez ? La Vicaria et le couvent... Oh ! non, je partirai à Rome... Oui, à Rome, à Rome, à Rome !

Peu après leur retour chez eux, un argousin vint menacer le peintre et la jeune fille en les avertissant de ne plus se présenter devant Son Excellence le duc de la Motta, sauf, et uniquement, s'ils avaient des nouvelles de Don Girolamo Ammirata à lui transmettre.

— Ah ? fit le peintre comme s'il avait bien compris, des nouvelles ? Mais bien sûr, que je lui en donnerai... du moment qu'on ne parle pas de la Vicaria !

Pellegra eut peur ; de ce jour elle séquestra son père à la maison et ne lui permit plus de sortir seul. Et Don Raimondo ne le vit plus. Mais quelquefois, sous un prétexte ou sous un autre, Matteo Lo Vecchio venait le voir, et avec des récits terribles de châtiments, de prison, de torture et de mort, il cherchait à soutirer un indice au peintre.

Efforts inutiles. En réalité, Bongiovanni ne savait rien. Son esprit s'était à ce point affaibli que Don Girolamo lui avait certainement retiré sa confiance, quand bien même il la lui eût jamais accordée.

Vers la fin de juillet, Donna Gabriella rentra à Palerme. Le roi séjournerait encore un mois à Messine, puis reviendrait un jour ou deux dans la capitale du royaume avant de repartir pour ses États de terre ferme, en laissant la Sicile au vice-roi. Ce qui n'avait été d'abord que des rumeurs se confirmait donc, suscitant désillusions et mauvaise humeur ; le rêve de ceux qui avaient cru à une restauration de la monarchie, qui avaient imaginé voir le roi s'installer dans ce palais qui, comme le disait la pierre gravée apposée dans la cathédrale, avait orné de la couronne royale d'augustes chevelures, ce rêve s'était évanoui. Car il était évident que sous le prince savoyard, le royaume resterait dans les mêmes conditions politiques que sous la domination espagnole, avec cette différence qu'alors, il était au moins réuni à une grande monarchie, à un État qui, par son étendue, sa puissance et sa tradition historique était bien plus important que le royaume de Sicile ; à présent, au contraire, ce dernier devenait l'appendice d'une monarchie de rang inférieur : ce qui blessait l'amour-propre des Siciliens.

Le mécontement était aggravé par les méthodes de gouvernement introduites par Vittorio Amedeo, qui étaient plus rigides et visaient à améliorer les conditions sociales et politiques et à poser des limites à l'énorme puissance des barons. Mais on voyait dans cette démarche une violation des privilèges, ou pour le moins, une interruption des vieilles habitudes camoristes, qui s'étaient imposées dans les différentes branches de l'administration et avaient pris force de loi, grâce à la tolérance des gouvernants espagnols, qui ne manquaient jamais une occasion de dire que sous la couronne d'Espagne, tout allait bien mieux. Ces propos réveillaient d'anciennes amours et formaient un courant d'aspirations envers le vieux régime.

A quoi s'ajoutaient les insinuations du clergé, en raison du différend avec Rome, qui s'envenimait toujours plus et que l'on présentait comme une guerre contre l'autorité spirituelle du pape et comme une offense à la religion. L'interdit pesait déjà sur deux provinces, celle de Catane et celle de Girgenti, où l'on n'administrait plus les sacrements, et où l'on ne célébrait plus le culte. Les quelques prêtres et les quelques religieux qui, jaloux de l'antique autonomie de l'Église sicilienne, restaient fidèles à l'État, étaient frappés d'excommunication et le peuple ne s'adressait pas à eux ; les autres, la grande majorité, restés fidèles au pape, étaient exilés et chassés de leurs paroisses, ce qui les faisait apparaître comme des martyrs et permettait au clergé de démontrer que la Cour d'Espagne se serait comportée envers l'Église avec beaucoup plus de respect que la monarchie piémontaise.

Cependant celle-ci ne manquait pas de partisans. Il y avait des hommes nouveaux, des hommes de savoir qui auraient voulu rénover le vieux royaume décrépit : Giacomo Longo, Nicolò Pensabene, Ignazio Perlongo, le marquis de Giarratana, Francesco d'Aguirre, Giambattista Caruso et d'autres, jaloux de la prééminence de l'autorité civile sur les affaires de l'État. Et il y avait ceux qui visaient les postes les plus élevés, les ambitieux, parmi lesquels Don Raimondo Albamonte.

Donna Gabriella, de retour de Messine avait ramené la belle promesse que le marquis de San Tommaso avait inclus le nom du duc parmi ceux des personnages que le roi avait l'intention d'emmener avec lui à Turin.

C'est peu dire que la nouvelle réjouit Don Raimondo ; suivre le roi à Turin signifiait deux choses : entrer dans les grâces de la Cour, et donc accéder aux plus hautes charges et se libérer, sans paraître fuir, des éventuelles vexations des Beati Paoli, dont il redoutait un retour plus violent et plus périlleux. Jamais comme en ce jour où elle lui apporta la nouvelle, il ne fut aussi aimable envers Donna Gabriella. Il serra les mains de sa femme, lui témoigna sa reconnaissance et dit qu'elle n'était pas seulement la plus belle dame du royaume, mais aussi la plus fine et la plus brillante diplomate.

— A Turin, vous éclipserez toutes les dames de la capitale. Je veux vous offrir d'autres joyaux et ferai transporter votre carrosse doré et votre litière de gala...

Donna Gabriella ne répondit pas. A cette déclaration, une légère pâleur s'était répandue sur son visage. A Turin ? Pourquoi ? elle n'appartenait pas à la suite royale, et à présent qu'elle croyait avoir sauvé son époux, qu'elle avait éloigné le danger de sa maison, elle pensait n'avoir plus rien à faire avec la Cour ; elle n'avait pas non plus l'intention de devenir la maîtresse du marquis de San Tommaso, elle qui un instant avait rêvé d'être la seconde reine de Sicile ! D'autres idées étaient entrées dans son esprit mobile et contradictoire : des désirs occultes, d'une douloureuse acuité et peut-être le départ de son époux servait-il ces secrètes aspirations. Peut-être y voyait-elle comme une libération, la libération d'une pensée sombre, opprimante et grave comme un cauchemar. Doute, soupçon, répugnance : tous ces sentiments s'éveillaient en elle quand elle regardait le duc.

Don Raimondo était trop à ses projets ambitieux pour s'apercevoir que sa proposition n'avait suscité aucune joie chez son épouse : il interpréta son silence comme une acceptation ou en tout cas, comme une soumission et de ce jour, se consacra aux préparatifs de départ.

Avec deux galères, sept vaisseaux anglais et quatre de Malte, Vittorio Amedeo appareilla de Messine le 29 août et arriva à Palerme le 2 septembre. La veille le comte Maffei, nommé par lui vice-roi de Sicile, était arrivé de Messine. Ni le souverain, si son représentant ne débarquèrent ; le roi ne descendit à terre que dans la matinée du 3 pour entendre la messe à la cathédrale et donner sa main à baiser.

Deux jours plus tard, accompagné d'une flotte de douze vaisseaux, salué par les salves des bastions, il partit.

Don Raimondo, nommé conseiller de Sicile au conseil du roi à Turin, suivit Sa Majesté.

Avant de partir, en prenant congé du comte de Maffei, il lui exposa ce qu'il avait fait pour détruire la secte et conclut qu'il fallait encore se saisir de deux affidés : Don Girolamo Ammirata et Andrea Lo Bianco. Il lui recommanda Matteo Lo Vecchio.

Il partait seul ; Donna Gabriella, fiction ou réalité, se dit malade et refusa d'aller à Turin, avec une obstination qui alla jusqu'aux menaces de rupture. Don Raimondo eut peur et se contentant d'une vague promesse, il la laissa à Palerme. Leur séparation ne suscita ni larmes ni baisers. Il ne lui fit qu'une seule recommandation :

— Tenez-vous près du vice-roi, puisque vous restez, et guidez-le sans cesse dans les poursuites contre ces malandrins. Vous savez combien cela est important.

TROISIÈME PARTIE

I

L'après-midi de ce 24 octobre de l'an 1714, il y avait spectacle du Saint Office. La veille était sortie du palais du Steri la première procession pour l'ouverture de l'acte de foi. Un cortège de chevaliers venait en tête, suivi par l'étendard rouge de la Sainte Foi tenu par le prince de la Cattolica, la compagnie de l'Assunta portant les flambeaux, les hospices des enfants abandonnés et des orphelins, les paroisses, la Congrégation de la Pescagione dont l'étendard était confié au prince de Montevago, et la croix blanche au chevalier Filingeri. Venaient ensuite les porteurs du Saint Office, les officiels en corps, les musiciens, la croix verte que brandissait un prêtre en chape au milieu des torches.

La procession remonta lentement le Cassaro jusqu'à la place de la Cathédrale, où, sur une haute éminence de terre entourée de huit palmiers avaient été construits les estrades et les bancs nécessaires à la cérémonie. Ici, la tribune des inquisiteurs, plus haute que les autres ; là celle du Sénat ; au milieu le banc des accusés ; dans l'espace entre les deux, l'autel, le pupitre ; d'autres estrades étaient destinées aux magistrats du royaume.

La procession monta sur le tertre, tourna jusqu'à ce que le prêtre eût placé la croix verte sur l'autel et repartit par le même chemin.

Telle était la première fonction de l'acte de foi : consacrer cette espèce de théâtre et en prendre possession.

Le jour du spectacle la procession se répéta, mais avec quelques variantes. La compagnie de l'Assunta allait devant sans torches, tout comme les religieux et les prêtres. Après eux venait l'alcade à cheval. Les frères de la Pescagione, au lieu de flambeaux, portaient des armes, et parmi eux avançaient les accusés, au nombre de vingt, derrière lesquels chevauchait le capitaine du Saint Office, puis lui succédaient les conseillers, les avocats, les membres du tribunal, le licencié de Lorenzo avec l'étendard cramoisi et enfin, majestueux et solennels sur leurs mules, les trois inquisiteurs, l'un derrière l'autre, flanqués de nobles et de sénateurs et escortés par les hallebardiers du vice-roi.

Sur le Cassaro s'était amassée une foule grouillante qui voulait voir les accusés : ceux-ci étaient de pauvres gens, pour la plupart originaires des provinces, ignorants, superstitieux, épileptiques, hystériques. L'esplanade de la cathédrale était elle aussi couverte de monde, et aux balcons, aux fenêtres donnant sur la place une autre foule rutilait de soie et de joyaux :

la noblesse se montrait, suivant les chroniqueurs de l'époque, « dans ses plus exquis atours, pour célébrer le triomphe de la foi ».

L'esplanade du Palais Royal, la rue derrière la cathédrale, étaient pleines de carrosses et de chaises.

Quand la procession arriva sur la place de la cathédrale et monta sur le tertre, elle offrit au regard un imposant spectacle. Du haut de leur tribune, qui paraissait un trône, les trois inquisiteurs du royaume surplombaient la foule et il semblait en vérité que dans leurs mains fût concentré le pouvoir suprême, l'autorité ultime. Autour d'eux les fronts s'inclinaient sous le poids de la peur; le Sénat lui-même, qui quelquefois osait contester l'autorité du vice-roi, se soumettait devant la solennelle et redoutable majesté du sombre tribunal.

Les accusés s'assirent sur le banc contre le pupitre; les frères de la Pescagione les y accompagnèrent un à un. Les malheureux jetaient autour d'eux des regards étonnés et confus. Quelques-uns avaient honte, tous manifestaient une certaine anxiété devant tant d'apparat.

D'abord, on fit asseoir les hommes : parmi eux, deux ou trois portaient l'habit religieux; puis les femmes : une bigote, une religieuse, quatre paysannes. La dernière était une citadine, vêtue de noir, très pâle, qui baissait la tête. Mais quand elle eut pris place, elle leva les yeux sur la foule, comme pour y chercher un visage connu, avant de ramener à terre son regard noyé de larmes. C'était dame Francesca.

Le prêche commença. Un frère dominicain, le geste et la voix emphatiques, après une apostrophe laudative à la majesté du tribunal et un éloge de la « très grande dévotion et de l'exemplarité de la noblesse accourue », traita de la foi chrétienne et de la miséricorde divine qui inspiraient le saint tribunal, lequel ne se montrait terrible et redoutable qu'avec la dépravation et l'obstination hérétiques. Durant une heure, il poursuivit sur ce ton, avec de grandes phrases, en simulant beaucoup d'émotion, en lançant des invectives contre les coupables, dont les crimes, s'ils ne méritaient pas les plus graves châtiments, étaient néanmoins des offenses gravissimes à la sainteté de la religion, et des sacrilèges commis à la face de Dieu...

L'on s'émouvait à la description des peines infernales, certains pleuraient; dame Francesca paraissait pétrifiée par la douleur et ne donnait plus signe de vie. Elle semblait chercher pour quelle raison elle se trouvait sur cette estrade et en quoi ces paroles véhémentes la regardaient.

Après la prédication, un autre religieux lut les attendus, appelant l'un après l'autre les accusés qui allaient écouter la lecture sous le pupitre et à la fin confirmeraient leur déclaration de soumission à la sentence du tribunal sacré. Quatre de ces malheureux poursuivis pour jurons hérétiques, qui avaient abjuré *de levi,* étaient condamnés au transport par les rues avec la muselière infamante et à l'exil de leurs villages et environs, pour un, deux ou trois ans. Un cinquième, frère augustinien de Caltagirone « jeteur de sort et blasphémateur hérétique » fut condamné à la réclusion dans un couvent. Ensuite vinrent deux bigames, un de Girgenti, l'autre de Patti ; ils furent condamnés à la flagellation publique et à trois ans de galère ; les autres frères et diacres, étaient coupables de sortilège, de commerce avec le démon et de propositions hérétiques ; le Saint Office leur infligeait cinq ans de réclusion, les uns dans des couvents, les autres dans les cachots du Saint Office. Puis vint le tour des femmes. Des vieilles ignorantes furent condamnées, pour commerce avec le démon et sorcellerie, au fouet sur la voie publique et au cachot. La sentence la plus grave fut prononcée contre une certaine Barbara, jeteuse de sort, hérétique, sorcière : portée pour sa grande honte à travers les rues, elle recevrait deux cents coups de fouet et subirait cinq ans de prison.

La lecture des attendus et des verdicts produisait une sensation de froide et pesante monotonie ; ces peines honteuses, ces châtiments publics, évoquaient de tristes spectacles point rares à cette époque, qui laissaient une marque infamante sur ceux qui les subissaient. L'habitude interdisait la pitié et dans les regards ne se lisait que la curiosité ; peut-être certains, dans le secret de leur cœur, plaignaient-ils les victimes, mais nul n'osait exprimer un tel sentiment, par peur de passer pour un piètre catholique.

Quand vint le tour de dame Francesca, on remarqua dans une partie de la foule un mouvement d'intérêt : le nom de l'Ammirata, qui était accusé d'appartenir à la secte des Beati Paoli, attirait l'attention sur son épouse Tous la scrutaient pour voir si les femmes des affidés présentaient quelque signe, quelque stigmate particulier, qui fût comme le sceau du mystère qui entourait la congrégation.

Elle se leva en vacillant, écouta les attendus qui, à grand renfort de formules latines mêlant les invocations religieuses et les tournures juridiques barbares, exposaient que, par preuves manifestes, il apparaissait que la dénommée Francesca Ammirata était convaincue d'avoir blasphémé et proféré des propositions hérétiques, en doutant de Dieu et de sa Divine Providence ; que durant le procès, loin de reconnaître la justice divine et le caractère sacré de la Sainte Inquisition, elle avait obstinément prononcé des paroles offensantes et montré un esprit enclin à la dépravation, et enfin qu'elle avait donné de fortes raisons de croire qu'elle appartenait à la secte des Beati Paoli, laquelle usurpait un qualificatif propre à l'église et usait de rites qui portaient préjudice à la Sainte Foi.

Toutefois, persuadée par l'éloquence des pères spirituels qui lui avaient été dépêchés pour la convertir, dame Francesca Ammirata avait abjuré ses erreurs et s'était remise entre les prudentes mains de la justice du tribunal sacré, qui la condamnait à la honte publique de cinquante coups de fouet à administrer dans les lieux désignés, suivant le rite habituel, et à trois ans de réclusion dans les prisons du Saint Office.

A la lecture de l'ignoble sentence, dame Francesca tomba à genoux et levant les mains au ciel, s'écria :

— Je jure devant Dieu qui me voit que je suis innocente ! Je suis innocente !

Et d'un angle de la place, une voix lança :

— Ceci est une infâmie !

Mais ce cri, entendu par les voisins de celui qui l'avait poussé, ne se répandit pas ; il provoqua un mouvement de surprise dans le coin d'où il était parti ; les gardes du Saint Office s'y précipitèrent, scandalisés que quelqu'un osât offenser la majesté du moment.

Cependant, la lecture finie, les coupables ayant été remis au capitaine pour l'exécution de la sentence, la procession reprit le chemin du Steri, où elle se défit.

Il était environ vingt-deux heures et demie, et les exécutions commencèrent. Les coupables, placés sur des charrettes, une mitre sur la tête, le dos dénudé, les bras liés derrière les reins, étaient flagellés par le bourreau et ses aides. Chaque charrette s'arrêta successivement devant l'archevêché, place de Bologna, aux Quatre Coins, devant la Vicaria, devant le palais du Saint Office où les condamnés étaient déposés. A tous les arrêts la trompe résonna et le bourreau fouetta. La voiture était suivie par une foule de curieux, pour la plupart très jeunes, chez qui le spectacle éveillait les instincts les plus bestiaux. De la fange, des trognons, des immondices atterrissaient sur le torse, le visage de ces malheureux, accompagnés des injures et des ricanements de la populace qui prenait particulièrement pour cible les vieilles condamnées pour sortilège et sorcellerie.

Le soir tombait et le triste spectacle se poursuivait le long du Cassaro : dame Francesca, dernière appelée sur l'estrade, fut aussi la dernière à accomplir ce douloureux chemin de croix. Debout sur la charrette, la tête droite, les yeux secs et comme luisant de fièvre, elle posait son regard de temps en temps dans la foule comme si elle cherchait quelqu'un. Le premier son de trompe avait retenti à l'angle du palais archiépiscopal ; les premiers coups de fouet étaient tombés sur les épaules de la pauvre femme, et la charrette s'était mise en mouvement vers la place de Bologna quand, à peine passé l'angle du monastère des Settangeli, les bœufs qui tiraient la voiture furent précipités à terre, comme frappés par la foudre ; dame Francesca et le bourreau vacillèrent, tombèrent sur un faisceau de verges. Il y eut un moment de confusion : les gardes du Saint Office s'élancèrent aussitôt vers la charrette, l'entourèrent et se mirent en garde, pour s'assurer de la condamnée : dans ce remue-ménage, un homme jaillit de sous les roues du chariot et disparut dans la foule.

Les conducteurs cherchèrent à relever les bêtes, mais ils s'aperçurent qu'on leur avait tranché le jarret ; la stupeur de la découverte accrut la confusion ; quelques personnes tentèrent de s'approcher de la voiture ; des mains se tendirent, mais les pointes des hallebardes étincelèrent ; des cris d'alarme retentirent ; alors le capitaine galopa à la rescousse avec quelques cavaliers, les gardes urbains du palais prétorien tout proche accoururent ;

on repoussa vigoureusement la foule, dame Francesca prise, enlevée de la charrette, jetée sur la croupe d'un cheval et entourée de gardes, fut transportée jusqu'au palais du Steri sans avoir été fouettée. On eût dit, non point une condamnée reconduite en prison, mais une dame enlevée.

La foule se rapprocha du chariot abandonné et des bœufs aux pattes ensanglantées qui mugissaient douloureusement et dans toutes les bouches couraient des commentaires étonnés et apeurés.

Au palais du Saint Office, on ne fut pas peu impressionné par cet événement inattendu, jamais vu dans les annales de l'Inquisition de Sicile. Il était évident qu'on avait cherché à soustraire dame Francesca à la honte publique et au supplice du fouet, et que les auteurs de cet attentat, qui apparaissait comme une très grave et très sacrilège offense à la majesté du tribunal sacré, ne pouvaient être que des complices du mari, ces Beati Paoli qui donnaient là une preuve de leur arrogance.

Mais cela ne sauva pas dame Francesca du supplice, car la condamnation devait être pleinement exécutée. Les inquisiteurs la refirent sortir de son cachot le lendemain, et limitèrent la démonstration publique à la place Marina, en faisant entourer la victime d'une véritable armée de gardes.

Le bourreau la fouetta ; mais les curieux, avides de spectacles tragiques, notèrent encore que l'exécuteur jetait de temps à autre sur la foule des regards soupçonneux et inquiets.

Et de fait, parmi la multitude, des yeux l'observaient, sombres et menaçants.

II

Depuis leurs balcons couverts, les sœurs de Montevergini et leurs élèves, comme celles de tous les autres monastères, avaient assisté aux processions des accusés du Saint Office et à présent, elles rentraient pour les vêpres et le dîner.

Encore sous le coup de ce spectacle, la belle Violante ne parlait pas avec ses compagnes ; les accusées et particulièrement celles qui étaient coupables de commerce avec le démon leur inspiraient une espèce de terreur qui les faisait trembler. Mille effrayantes histoires d'apparitions diaboliques, les descriptions de démon entendues pendant les sermons, dans les récits des vieilles sœurs, dans les lectures pieuses, leur revenaient à la mémoire : et elles jetaient des regards autour d'elles, comme si à chaque instant elles risquaient de voir se soulever une brique et apparaître la corne ou les yeux flamboyants des monstrueux esprits infernaux.

A la sortie du chœur, après la récitation du rosaire, dans l'ombre à peine trouée çà et là par les lanternes, les terreurs augmentèrent. Dans la nuit les couloirs devenaient effrayants, gorges béantes qui se prolongeaient à l'infini. Le bruit des pas provoqua la même inquiétude que celui des voix, tout à l'heure, dans l'église sombre et déserte. Elles se serraient l'une contre l'autre en tremblant, se donnaient la main. Les plus hardies cependant disaient à haute voix :

— Je suis fille de Marie, et je n'ai pas peur de « l'ennemi ».

Et elles se signaient. Le diable fuyait toujours devant le signe de la croix.

Le monastère prolongeait la façade de l'église et l'enserrait en partie ; il s'étendait de l'autre côté de la rue, dans une annexe reliée au corps principal par un large passage suspendu. Le pensionnat et le noviciat étaient situés dans cet édifice, dans deux ailes séparées enserrant un jardin.

Comme dans tous les monastères de l'époque et dans les maisons d'éducation aujourd'hui, les élèves étaient divisées en classes d'âge. Violante appartenait à celle des grandes. Elle partageait une chambre avec trois compagnes et une sœur. Chacune avait son petit lit fermé de rideaux blancs ; celui de Violante était près de la fenêtre qui donnait sur le jardin. Comme celui-ci était à l'intérieur du bâtiment et que par ailleurs les locaux se trouvaient hors de la clôture monastique, la baie était dépourvue de grillages.

La chambre sentait la chaux fraîche car dans la journée des maçons avaient été mandés par l'intendante pour des réparations qui en fait s'étaient prolongées quasiment jusqu'à l'Ave. Les fillettes firent la grimace en remarquant l'odeur.

— Ma mère, dirent-elles à la religieuse, laisserons-nous les fenêtres ouvertes cette nuit ?... Cette odeur nous donne mal à la tête...

Quoiqu'on fût en octobre, il faisait encore assez chaud pour justifier cette demande : quelquefois dans les nuits étouffantes, on laissait les fenêtres des dortoirs ouvertes. Ce soir-là, à la chaleur s'ajoutait une autre raison plus forte.

Mais la sœur ne fut pas convaincue :

— Non, non : les nuits sont fraîches, maintenant, et j'ai peur que l'une de vous tombe malade.

Puis, cédant aux récriminations des fillettes, elle accepta d'entrebâiller un volet.

— Allons, récitons les oraisons. Au nom du Père, du Fils et du Saint-Esprit...

Elle s'agenouilla et commença de réciter des prières en latin qui subissaient des tranformations originales et curieuses dont ni la bonne sœur ni les pensionnaires n'avaient conscience ; agenouillées devant la religieuse, celles-ci répétaient en cœur la monotone cantilène que suivirent des invocations, des prières en vers, en dialecte :

Iu mi curcu 'nta stu lettu
cu Gesuzzu 'nta lu pettu
iu dormu e iddu vigghia
si cc'è cosa m'arrispigghia
Cu Gesù mi curcu
Cuesù mi staiu
essenu cu Gesù
paura non haiu :
essennu chi haiu
st'amici fidili
mi fazzu la cruci
e vaju a durmiri... *

Et puis venaient d'interminables recommandations à la Vierge, à Saint Joseph, à Saint Michel Archange, à Sainte Rosalie, à Saint Dominique, à Saint François... Une pensionnaire dormait et répétait ces prières par la force de l'habitude, une autre laissait se perdre les dernières syllables de chaque mot. Enfin, plus fort que les autres et comme un soupir de soulagement, résonna le mot : *Amen.* Alors les fillettes se levèrent, baisèrent la main de la sœur et chacune disparut entre les tentures de son lit.

Durant quelques minutes un pépiement d'oisillons courut d'un lit à l'autre ; puis l'une après l'autre les bouches se fermèrent, et les yeux à leur suite ; dans le silence on n'entendit plus que le rythme des respirations, comme le souffle léger du vent à travers les feuillages.

La salle, plutôt grande, avec ses cinq lits disposés symétriquement, était plongée dans l'ombre. En haut du mur, entre les deux fenêtres qui donnaient sur le jardin, devant une image de la Madone, brûlait la petite flamme rouge d'une bobèche qui parvenait tout juste à tirer du fond noir le visage de la Vierge.

* Je me couche dans ce lit
Avec le petit Jésus dans le cœur
Je dors et il veille
S'il y a quelque chose, il me réveille
Avec Jésus je me couche
Avec Jésus je demeure
Étant avec Jésus
Je n'ai pas peur
Étant celui qui a
Cet ami fidèle
Je fais le signe de la croix
et je vais dormir..

Minuit sonna.

Violante dormait profondément, dans la position où elle avait cédé au sommeil, le visage caché sous les couvertures, par peur du démon. Les autres pensionnaires et la sœur elle-même avaient eu un frisson de peur et s'étaient instinctivement recouvert la tête, comme si elles avaient dû véritablement voir la « vilaine bête ».

Nonobstant les prières, le Crucifix accroché au-dessus de leur lit, l'eau bénite que chacune avait à son chevet, les reliques et les médailles pendues à leur cou, la peur provoquée par les discours et par la vision des sorcières fouettées persistait en elles, mais pas au point d'empêcher le sommeil de s'emparer de ces corps gracieux.

Lentement une fenêtre s'entrouvrit sans bruit. Une ombre noire se pencha à l'intérieur et attendit une minute, dans l'attitude de quelqu'un qui épie ; puis quand elle fut sûre que tout le monde dormait, elle repoussa la vitre et se glissa à l'intérieur.

Une deuxième ombre suivit la première. Toutes deux étaient noires et dissimulaient leurs visages ; pieds nus, elles se déplaçaient sans produire le moindre son.

Elles s'approchèrent d'un lit, soulevèrent doucement les couvertures et regardèrent. Apparemment, ce n'était pas la personne qu'elles cherchaient. Elles passèrent au lit suivant : c'était celui de Violante. S'inclinant pour examiner la fillette, elles eurent un geste comme pour dire : « C'est elle ».

Alors une des ombres tira de son sein quelque chose comme une écharpe ou un grand mouchoir ; l'autre d'un geste vif enveloppa l'enfant de toutes les couvertures et la souleva entre ses bras. Violante, brusquement réveillée, voulut pousser un cri, mais elle fut suffoquée par un bâillon qui lui ferma la bouche : ses yeux écarquillés d'épouvante ne virent rien, car elle avait le visage recouvert par les couvertures. La jeune fille était serrée dans l'étau de deux bras.

La pauvre enfant fut submergée par la terreur. Les diables étaient venus la prendre. La peur fut si forte qu'elle s'évanouit.

Les deux ombres s'approchèrent de la fenêtre. L'une escalada le rebord et descendit : ses mains reçurent le petit corps inerte, qui disparut dans l'obscurité, où s'évanouit à son tour la deuxième ombre.

Quoique cette scène se fût déroulée sans le moindre bruit, avec une rapidité et une précision extraordinaires, une des pensionnaires, peut-être sous l'effet de ces vibrations des sens qui s'effacent mais qui ont la même énergie que les impressions conscientes, s'éveilla et se dressa dans son lit. Elle vit cette ombre noire près de la fenêtre et fut prise d'une terreur superstitieuse qui lui glaça le sang et lui serra la gorge ; tremblante, d'une voix étouffée, pleine de larmes, terrifiée, elle réussit à crier :

— Ma mère ! Ma mère ! Jésus Marie Joseph ! Ma mère !

La sœur se réveilla en balbutiant :
— Quoi ? Qu'est-ce qu'il y a ?

Mais la fillette ne pouvait plus articuler un mot : on eût dit qu'un nœud d'angoisse la suffoquait. En montrant la fenêtre, elle faisait le signe de croix :

— Le diable !... le diable...

La sœur eut peur. Elle ouvrit les yeux, regarda autour d'elle, ne vit rien hormis sur le mur un grand carré noir, mais dans son affolement, elle ne comprit pas que la fenêtre était ouverte. Avec un gros effort, elle décrocha le crucifix et le brandit pour effrayer l'esprit malin. En se recommandant à Dieu, en récitant des versets, elle descendit du lit et s'approcha de la petite fille.

— Qu'y a-t-il ? lui demanda-t-elle, au bord des larmes.

— Là... là... le diable... je l'ai vu !

La sœur regarda avec épouvante :

— Où ?... Quoi ?...

Elle n'osa pas s'approcher de la fenêtre. Les autres pensionnaires s'étaient réveillées, ahuries, sans comprendre ce qui se passait, mais elles devinaient quelque chose de terrible, et n'osaient bouger. L'une d'elle balbutia :

— Jésus !... Jésus !... Qu'y a-t-il ?

Pétrifiées de terreur, pâles, les yeux fixes et exorbités, elles demeurèrent ainsi, dans l'attente, à marmonner des prières. La sœur demanda à la fillette :

— Qu'as-tu vu ?... Dis-moi...

Mais l'enfant claquait des dents, prise d'un tremblement nerveux, incapable de répondre ; ses yeux s'attachaient à la fenêtre. Qui l'avait ouverte ainsi ? Il n'y avait pas de vent. Alors elle s'aperçut du désordre dans le lit de Violante ; à l'épouvante s'ajouta la stupeur. Où était-elle ?

Elles l'appelèrent :

— Violante ! Violante !...

Mais Violante ne pouvait répondre ; le lit était vide, sans couverture. Elles s'entre-regardèrent, interdites, un sanglot dans la gorge.

— Violante !... Violante !... Violante !...

La pensionnaire qui s'était éveillée la première balbutia :

— Les démons l'ont emportée...

Alors s'éleva un cri de terreur et d'horreur et toutes fondirent en larmes. La sœur saisit la poignée d'une clochette et, sonnant désespérément, ouvrit la porte et sortit dans le couloir ; les compagnes de Violante la suivirent ; tout le pensionnat s'éveilla ; le corridor s'emplit de fillettes en chemise, pieds nus, qui se demandaient, apeurées :

— Qu'est-ce qu'il y a ? Qu'est-ce qui s'est passé ?

Elles craignaient un tremblement de terre, un incendie, une catastrophe; quand se répandit le bruit que les démons avaient emporté Violante, elles éclatèrent en sanglots épouvantés. Elles coururent au monastère, réveillèrent l'abbesse et les sœurs.

— La relique!... Prenons la relique.

L'abbesse se munit d'une relique de Sainte Rosalie : un minuscle éclat d'os fixé à un morceau d'étoffe cramoisi et enfermé dans un riche étui d'or. Les religieuses allumèrent des petites torches, se mirent en procession et, suivies par l'abbesse, gagnèrent le pensionnat par le passage suspendu et entrèrent dans la salle en récitant des prières.

Une sœur, plus courageuse que les autres, jeta un coup d'œil pardessus le rebord de la fenêtre et aperçut l'extrémité d'une échelle. Elle se pencha.

— Il y a une échelle! s'exclama-t-elle.

— Une échelle! Une échelle!...

Toutes, sœurs et pensionnaires, accoururent, frappées par cette découverte qui les déconcertait et désorientait le cours de leurs pensées.

Une échelle? Mais le diable n'a pas besoin d'échelle, puisqu'il a des ailes de chauve-souris; une échelle, c'est bon pour les hommes. Donc Violante s'était enfuie!... Toutes se rassurèrent; la terreur superstitieuse s'évanouit comme par enchantement; un démon! Quelle idée... la fillette avait eu la berlue... Des ombres noires! Mais non... Violante s'était enfuie!... Un nouvel étonnement, différent du premier, mais lui aussi fort douloureux succéda à la première épouvante. Toutes voulurent voir l'échelle. L'abbesse ordonna :

— Sonnez la cloche!...

Au bout d'un instant, dans le silence de la nuit les carillons battirent à toute volée : leur bruit se propagea, réveillant les voisins. Balcons et fenêtres s'ouvrirent, des visages effrayés et soupçonneux se regardèrent. On se demandait :

— Qu'est-ce que c'est?

— Où?

— Ce sont les cloches de Montevergini.

— Des voleurs?

— Le feu?

Les sœurs des monastères voisins du Salvatorio et du Cancelliere, réveillées elles aussi par les cloches, se mirent à carillonner à leur tour, sans savoir ce qui s'était passé; et la ville s'éveilla étonnée, inquiète. Des citoyens en armes, à demi vêtus, des gardes accoururent; la petite place de Montevergini s'emplit de gens qui s'attroupèrent à la porte de l'église et des parloirs, stupéfaits de ne voir aucun indice de feu, aucune porte forcée. Du monastère leur parvint une voix :

— Au jardin!... une échelle dans le jardin!...

La foule se rua dans la ruelle adjacente à l'église où était un petit parloir; d'autres personnes pénétrèrent dans la ruelle de San Biagio, montèrent dans des maisons de particuliers, pour chercher à pénétrer dans le jardin. Une voix cria soudain :

— C'est là ! C'est là !

— Quoi ? Quoi ?

On trouva un passage qui partait de la ruelle de San Biagio vers le bâtiment de Montevergini, une porte ouverte, au-delà de laquelle se dressait quelque chose qui ressemblait à des plantes. Empoignant leurs armes, brandissant leurs lanternes, les plus courageux s'avancèrent et débouchèrent dans le jardin du pensionnat. A l'évidence, quelqu'un était déjà passé par là. Aux premiers entrés succédèrent d'autres ; le jardin fut envahi par une foule qui se mit à fouiller partout, dans les buissons, dans les bosquets, dans les coins : ils arrivèrent ainsi à l'échelle posée contre le mur, dont s'étaient servis les ravisseurs de Violante.

Au pied de l'échelle gisaient les couvertures de son lit.

La découverte était si parlante que tous ces hommes qui croyaient devoir d'un moment à l'autre affronter des hommes armés, en furent déconfits ; puis ils prirent la chose du bon côté, se répandirent en railleries, en plaisanteries douteuses, non dépourvues d'une pointe d'irrévérence envers le couvent

— Une moinillone s'est enfuie !...

— Une moinillone s'est enfuie avec un moinillon !

— Moinillone et moinillon !

— Et c'est pour cela qu'on nous a réveillés !...

— Ces bonnes sœurs !...

— Qu'elles aillent au diable !

Quelques gros mots volèrent ; suivit un coup de sifflet, un autre ; le jardin se transforma bientôt en une assourdissante volière : des hurlements, des sifflements, des risées firent trembler l'édifice. Les sœurs et les pensionnaires eurent peur, barricadèrent les portes, craignant de les voir tomber d'un moment à l'autre sous les coups de cette foule qui, accourue pour défendre le monastère, se transformait tout à coup en une horde insolente et dépitée.

Ce fut une chance que les parents des sœurs et des pensionnaires, réveillés eux aussi par les cloches, pris d'appréhension, eussent accouru avec serviteurs et voisins. Ils parvinrent à libérer le couvent, non sans peine ni un peu de violence, de cette foule qui déjà commençait à s'échauffer et à prendre goût au jeu.

III

L'une après l'autre, précautionneusement, les deux ombres noires qui avaient emporté Violante descendirent de l'échelle en portant la fillette évanouie. Dès qu'elles eurent touché le sol, elles la libérèrent des couvertures qui l'enveloppaient, de peur qu'elle ne suffoquât.

— Nous n'avons pas de manteaux?

Ils traversèrent sans bruit le jardin, franchirent une porte au-delà de laquelle, près d'une chaise à porteurS, les attendaient d'autres hommes, eux aussi en noir et le visage dissimulé. L'un d'eux couvrit la fillette d'un manteau et la plaça dans la chaise en la liant avec une ceinture de cuir, comme un cadavre. Par précaution, ils lui attachèrent les mains et la bâillonnèrent.

La chaise fut soulevée ; ils l'entourèrent et s'éloignèrent rapidement. A travers des ruelles sombres, étroites et tortueuses, ils débouchèrent sur l'esplanade du Cancelliere; quelques minutes après résonnèrent les premiers sons de cloche.

— Allons, dépêchons... Ces idiotes vont mettre la ville sens dessus dessous...

Ils traversèrent l'esplanade en moins de temps qu'il n'en faut pour le dire, remontèrent la rue du Celso, et par la montée de Santa Agata et d'autres ruelles, aboutirent dans la rue de l'Incoronata, près de la Cathédrale. Là, ils marquèrent un arrêt. Violante avait peu à peu repris conscience. Elle ouvrit des yeux effarés, s'attendant à voir autour d'elle des démons, des vampires, des monstres épouvantables et se vit seule, attachée dans cette grosse boîte dont la nature d'abord lui échappa Elle remarqua le mouvement rythmique du pas des porteurs et une peur différente s'empara d'elle. Quelque chose lui obstruait la bouche. Elle essaya de se lever et ne put. Elle s'agita, et, tremblant de tous ses membres, se contorsionna pour essayer de se libérer.

Où était-elle ? Avec qui ? Était-ce là l'enfer ? Était-elle emportée par les démons ?

Une voix menaçante lui dit à la portière :

— Garde-toi bien de bouger et de crier. Sinon, nous te tuons

Devant ses yeux brilla quelque chose qui pouvait être la lame d'un poignard ou le canon d'un pistolet. Alors elle fondit en larmes. Pourquoi voulaient-ils l'assassiner? Qu'avait-elle fait? Où l'emmenaient-ils? Ce n'étaient donc pas des démons ; des magiciens, peut-être ? Ne connaissait-elle pas des histoires de sorciers qui enlevaient les fillettes et les découpaient en morceaux pour les mettre dans la salaison ? La découverte de la réalité que lui avaient révélée cette voix et cet éclair métallique, la pétrifiait... Que faire ? Comment se défendre ? Se libérer ? Elle était attachée et les hommes qui l'emportaient étaient nombreux. Avait-elle affaire à des sorciers, ou bien à ces « Grecs du Levant » dont les scélératesses étaient si redoutées ? A moins qu'il ne s'agît de corsaires barbaresques qui l'emmenaient en esclavage chez Mahomet ?

Elle se mit à réciter mentalement des prières et à se recommander à la Madone. Tandis qu'elle priait, son cœur se brisait, des sanglots lui montaient à la gorge, et se résorbaient en gémissements étouffés.

La même voix s'efforça de la calmer mais sur un ton si menaçant, qu'elle n'en fut pas rassurée.

— Tais-toi, nous ne te ferons pas de mal ! Tais-toi... N'aie pas peur !...

Mais elle se mourait de peur !

La chaise reprit sa route, passa devant l'église de l'hôpital des Sacerdoti et par un passage aujourd'hui fermé, déboucha sur l'esplanade du Palais Royal, qui était sombre et silencieuse, avant de se perdre dans l'ombre immense.

Où allait-on ? A présent on entrait dans une rue où les pas ne résonnaient plus sur le pavé de la même manière, et où le son des cloches s'affaiblissait : puis tout à coup, Violante sentit une bouffée d'air froid sur son visage et ses jambes.

Cependant le bâillon l'étouffait : qu'on la libère au moins de ce supplice ! Elle gémit plus fort et se débattit dans la chaise. La même voix, cassante, lui lança :

— Tu ne veux donc pas comprendre que nous ne te ferons rien ? Reste tranquille.

Mais Violante continuait de se démener, de gémir, de taper du pied sur le sol de la chaise. La voix ordonna :

— Arrêtez.

Le rideau s'écarta et un homme masqué se pencha à l'intérieur. Brandissant une lanterne au-dessus d'elle, il lui demanda :

— Qu'y a-t-il ? Pourquoi ne veux-tu pas rester tranquille ? Prends garde !...

Mais devant la souffrance qu'exprimait son visage congestionné, l'homme comprit.

— Le bâillon te gêne ?... Eh bien, je vais te l'enlever ; mais prends garde à toi !... Si tu cries, je te transperce la gorge avec cela.

Joignant le geste à la parole, il lui toucha la gorge de la pointe scintillante du poignard.

— Tu promets de te taire ? lui demanda l'homme.

Violante fit signe que oui : l'homme lui ôta le bâillon et la fillette aspira violemment. Comme si un barrage se rompait, des hoquets de peur, irrépressibles et convulsifs, soulevèrent sa poitrine.

— N'aie crainte, nous n'allons pas te manger, que diable !

La chaise repartit. Par l'entrebâillement des rideaux, à la lueur de la lanterne, Violante aperçut un instant un muret de grosses pierres par-dessus lequel passaient des branches. Elle était donc dans la campagne. Alors, elle crut comprendre et une nouvelle épouvante la fit claquer des dents et trembler de tout son corps. A cette époque, on entendait raconter tant d'histoires sur les malandrins qui enlevaient des gens pour les rendre contre de fortes rançons, qu'elle ne douta pas d'être victime de ces perfides criminels. « Seigneur, aidez-moi !... » Pourquoi la prendre elle, pauvre enfant sans défense ? Où l'emmenaient-ils ? Peut-être dans une grotte affreuse, pleine de loups et de serpents. Oh, mieux valait mourir !

Elle essaya de les apitoyer.

— Monsieur, mon bon monsieur... murmura-t-elle d'une voix larmoyante.

— Que veux-tu ?

— Ayez pitié de moi !... Ramenez-moi chez moi !... Je vous en conjure ! Je n'ai rien fait... Pourquoi voulez-vous me tuer ?

— Ne dis pas de bêtises !

— Si je vous ai offensé, je vous en demande pardon ; je vous le demande à genoux... je vous baiserai les pieds !... Mais laissez-moi partir !...

— Ne dis pas de bêtises !

— Je ne vous connais pas, je ne sais qui vous êtes... mais je sais que vous avez des enfants... si j'étais votre fille...

— Ne dis pas de bêtises ! répliqua pour la troisième fois l'homme masqué, d'une voix cassante.

— Oh, mon Dieu ! mon Dieu ! Ayez pitié de moi !...

Elle pleurait désespérément. L'homme n'y fit pas attention et la laissa pleurer mais tout à coup, écartant le rideau, il glissa la tête à l'intérieur et dit entre ses dents serrés :

— Tais-toi, par le Christ, ou je t'égorge !

Elle étouffa un sanglot, affolée. Dans le moment de silence qui suivit, le sabot d'un cheval sonna sur le pavé et une espérance subite naquit dans le cœur de l'enfant. Elle s'aperçut que la chaise s'était arrêtée comme pour laisser passer quelqu'un ou éviter sa rencontre. Le bruit de sabots se rapprocha, le cheval hennit et s'ébroua. Alors Violante rassembla toutes ses forces pour crier :

— Au secours !

Mais l'homme se précipita à la portière, glissa le bras à l'intérieur et lui plaqua la main contre la bouche en jurant.

— Ohé ! lança une voix masculine hardie. Qu'est ceci ?

Sortie de la ville par la Porte de Montalto, aujourd'hui détruite, la chaise était parvenue, à travers la campagne, jusqu'au pont de l'Amiral. Venant de l'autre rive, un cavalier avançait vers eux. Avec une curiosité étonnée, il avait scruté dans l'obscurité de la nuit ce cortège composé de quatre hommes et de deux chaises, dont la présence était fort incongrue à cette heure et en ce lieu. Ce n'était pas un viatique qu'on transportait, puisqu'il n'était pas accompagné de torches et de lampes ; il ne s'agissait ni d'un médecin, ni d'une sage-femme, car il y avait trop de monde. Ce n'était pas davantage une arrestation puisque ces gens n'allaient pas à la ville mais s'en éloignaient. Il y avait là ou bien un seigneur rentrant sur ses terres, et à cette heure et de cette manière, il fallait qu'il fût fou, ou bien quelque chose de suspect. L'appel à l'aide poussé par la voix tremblante d'une femme le fit s'arrêter et apostropher le cortège.

— Qu'est ceci ? répéta-t-il en retenant sa monture.

Mais les hommes lui barrèrent le passage et de sous leurs manteaux, tirèrent leur carabine ; l'un d'eux menaça :

— Allez à vos affaires, ou... par la Madone !

— Oh ! oh ! oh ! riposta la voix, palsambleu ! messieurs les malandrins, vous vous donnez trop de mal... en outre, si vous croyez me faire peur avec ces tromblons, vous vous trompez d'adresse !

Violante se débattait pour dégager sa bouche et crier ; l'homme qui la bâillonnait lui lança à mi-voix :

— Tais-toi, tais-toi, ou je te tue !

La chaise vibrait. Le cavalier n'était qu'à huit ou dix empans du groupe. Que faire ? Son cheval frémissait. Il parut vouloir parlementer.

— Ma demande, reprit-il, est peut-être une indiscrétion, mais n'est pas une offense.

— Finissons-en ! Et allez-vous en !... cria un des hommes.

Celui qui empêchait Violante de crier s'exclama :

— Mais hâtez-vous, parbleu !... Chassez-le !

Il n'avait pas fini de parler quand le cheval se cabra et sauta au milieu des hommes qui pour se protéger contre cette attaque inattendue se jetèrent sur les côtés ; et ils n'avaient pas encore retrouvé leurs esprits, ni repris l'offensive, qu'ils sentirent s'abattre sur eux une grêle de coups formidables. Tenant par le canon le fusil qu'il avait saisi sur son arçon, le cavalier le maniait comme une masse d'arme. Il avait déjà frappé les deux hommes les plus proches.

Deux coups de fusil partirent ; une balle emporta le chapeau du cavalier, une autre s'écrasa sur la plaque métallique de la bandoulière à laquelle était suspendue sa giberne. Tout cela se passa si rapidement que l'homme qui tenait Violante ne s'en rendit pas compte sur le champ. Mais quand il s'aperçut que deux des siens gisaient à terre et que le cavalier s'était jeté vigoureusement, flamberge au vent, contre les trois autres, il défit la courroie qui enserrait la fillette et la prit dans ses bras, en criant :

— A moi, Andrea ! et courut vers le fleuve.

L'un des hommes le suivit.

— A l'aide ! A l'aide ! criait Violante.

Le cavalier l'entendit, les vit et harcelant les deux adversaires qui lui barraient encore la route, les rouant de coups, il les contraignit à battre en retraite et lança son cheval derrière les ravisseurs de la fillette qui étaient entrés dans le fleuve.

A cet endroit l'Oreto n'était pas large au point d'interdire à un homme de le passer à gué et les pluies n'étaient pas encore tombées. Les ravisseurs, tenant fermement la fillette, allaient contre le courant, avec une prodigieuse rapidité, pour rejoindre l'autre rive. Mais le cavalier avait l'avantage d'être à cheval.

— Palsambleu ! Vous ne m'échapperez pas ! cria-t-il.

Il était déjà sur eux. Alors un des hommes leva haut son bras armé d'un poignard et menaçant la fillette, rétorqua :

— Un seul pas et je l'égorge là, comme un agneau !

Il n'avait pas fini sa phrase que le cavalier, s'allongeant sur le cou de sa monture, lui donnait un violent coup d'épée sur le poignet, faisant voltiger le coutelas.

— Malédiction ! hurla l'homme, en cherchant quelque chose pour se défendre.

— Emmenez la fille, je m'occuperai de lui, lui suggéra vivement son compagnon.

Il brandit un pistolet pendant que son complice prenait la pensionnaire sur ses épaules mais Violante, à qui ce secours inattendu avait donné courage et espérance, se contorsionna, pour se dégager, embarrassant son ravisseur et ralentissant son élan. Le pistolet, peut-être parce qu'il était mouillé, ne tira pas : alors l'homme s'agrippa à la bride du cheval, le forçant à plonger la tête dans l'eau, mais le cavalier lui donna sur les doigts une série de coups, dont certains se perdirent dans l'eau mais dont d'autres portèrent. L'homme dut lâcher prise en jurant. Le cavalier en profita : il le prit par le col, le secoua terriblement, le rejeta en arrière ; l'autre perdit l'équilibre, tomba dans l'eau.

— Hardi, Biondello, lança le cavalier à sa monture, en la lançant à la poursuite de l'homme qui fuyait avec Violante.

Il parvint à agripper la chevelure défaite et embrouillée de la fillette, tandis qu'il envoyait un coup d'épée à son ravisseur, qui poussa un cri de douleur désespéré et laissa tomber sa charge. Le cavalier eut tôt fait de rattraper la jeune fille et de la tirer sur l'arçon. Comme s'il avait deviné qu'il fallait se dépêcher, le cheval rejoignit la berge en deux bonds vigoureux.

— Allez ! dit le cavalier en l'éperonnant.

L'animal secoua sa croupe pour se débarrasser de l'eau, hennit et se lança sur la pente herbeuse. Violante avait les yeux pleins de larmes et ne savait que dire ; le cavalier la regarda encore : il s'était retourné pour voir les deux ravisseurs qui reprenaient leurs esprits et lui couraient sus. Il donna de l'éperon, encouragea la bête qui, une fois regagné le bord de la route, prit le trot.

— Ah ! nous voilà libres ! s'exclama le sauveur et il baissa les yeux sur la fillette, étonné de la voir si belle au milieu de son épouvante et de ses larmes. Il lui délia les bras, l'installa mieux devant lui sur la selle et ajouta :

— Nous voilà trempés jusqu'aux os. Il va falloir trouver un endroit pour se sécher.

Il s'aperçut que l'enfant était à peine couverte d'un manteau et qu'elle avait les pieds nus :

— Et puis... Comment se fait-il que vous soyez quasi nue ?

Il la dévisagea avec une curiosité pleine d'intérêt et un étonnement toujours croissant.

Violante lui rendit son regard. Mais sur son visage se peignait une grande joie. Avec un accent inexprimable, elle murmura :

— Le seigneur Don Blasco !...

Le jeune homme tressaillit ; il regarda mieux la rescapée et, profondément ému :

— Ah, ces yeux !... Qui êtes-vous ? Comment me connaissez-vous ?

— Je suis Violante... Violante de la Motta... Je vous ai vu tant de fois au monastère !...

— Vous ?... Ah, la pensionnaire ?... Vous ! Et ces hommes ?... Ah !

La vérité se révélait tout à coup à lui et frappé par une peur presque superstitieuse, il donna de l'éperon dans le ventre du cheval et le lança au galop.

— Agrippez-vous bien fort à moi et n'ayez pas peur.

De ses deux bras, elle se suspendit à son cou, en se serrant contre sa poitrine avec l'abandon confiant de l'innocence, sans remarquer le frémissement qui parcourait la chair du chevalier. Elle murmura avec une ferme conviction :

— Oh non, je n'ai plus peur, maintenant !...

Ils traversèrent de chétifs et misérables villages sur lesquels la lune répandait une lumière miséricordieuse, déclenchant les aboiements des chiens, qui se propageaient de loin en loin, toujours plus faibles : ils étaient seuls, dans la nuit. Ils galopaient au pied de la sombre montagne, dont les saillies rocheuses jetaient de grandes ombres, noires comme les abysses. Haute, sombre, pleine d'ombre et de mystères, elle inspirait une horreur sacrée.

Ils ne parlaient pas : le cheval était au pas, car ils n'avaient plus à craindre d'être suivis. Où allaient-ils ?

Il ne le savait pas : maintenant qu'ils étaient sauvés, il cherchait une maison, un abri : il fallait que l'enfant se remît et se reposât.

Dans la lumière de la lune, entre les feuillages des arbres, il vit un de ces édifices champêtres qui tiennent le milieu entre la maison et la tour, comme il s'en trouve encore dans les domaines des grandes familles seigneuriales. Là, ils trouveraient sans doute le *curatolo,* l'intendant qui ne leur refuserait pas l'hospitalité et offrirait une chambre convenable pour la fillette.

Faisant volter son cheval, il l'engagea dans un sentier, au fond duquel, entre deux piliers roses, se dressait un portail de fer battu. Le chevalier installa Violante sur la selle et mit pied à terre. Le portail était fermé : il introduisit la main entre les barreaux, chercha le verrou et le tira. Des chiens accoururent avec des aboiements furieux. Blasco les menaça mais pour ne pas s'exposer aux coups de dents de ces vigilants gardiens, il se mit à frapper avec une pierre contre le portail en criant :

— Ola ! Ohé !

Un instant plus tard, du fond de l'allée, une voix demanda :

— Qui est-ce ?

— Rappelez les chiens... je suis un ami !

— Quel ami ?

— Je suis un chevalier... J'ai besoin d'un service... Faites-moi le plaisir de venir m'ouvrir !...

Une lanterne avança en se balançant le long de l'allée ; un homme armé d'une arquebuse sortit de l'obscurité. Il s'arrêta à une certaine distance, leva la lanterne jusqu'à éclairer tout à fait le visage de Blasco, la posa par terre et demanda :

— Que voulez-vous ?

— Rien d'autre que la faveur de nous reposer quelques heures, jusqu'à demain matin... Je saurai vous récompenser... Vous êtes l'intendant ?

— Oui monsieur.

Il chassa les chiens qui grognaient et aboyaient. L'air encore suspicieux, il s'approcha du portail pour mieux voir. Blasco lui dit :

— Écoutez, mon ami, si vous avez des doutes, dites-le donc ; je ne vous dérangerai pas davantage et trouverai quelque brave personne dans les alentours. J'ai frappé ici parce que j'ai vu une villa décente pour faire reposer la demoiselle... Vous voyez que nous sommes trempés... Et comme je suppose que vous êtes un chrétien...

Le *curatolo* vit le cheval, la demoiselle, reconnut qu'il avait à faire à des gens de qualité, ouvrit le portail et dit :

— Je vous en prie, Votre Seigneurie. Ce domaine appartient au seigneur prince de Trabia...

— Don Ottavio ? répondit Blasco. Tant mieux. Il est de mes amis.

Blasco prit le cheval par les rênes et le tira dans l'allée ; il aida Violante à descendre et, l'ayant prise dans ses bras, l'enveloppa au mieux, la porta à l'intérieur, en disant à l'intendant :

— Maintenant, mon ami, il faut s'occuper de cette pauvre petite qui a été sauvée par un miracle divin. Comme vous voyez, elle est pieds nus et trempée...

Il lui raconta brièvement ce qui s'était passé, en taisant son nom et celui de l'enfant. Le *curatolo* l'écoutait, stupéfait, mais avec une arrière-pensée légèrement soupçonneuse et malicieuse.

— Je regrette, dit-il, de ne pas avoir de femme à la maison ; mais nous nous arrangerons. Au-dessus il y a la chambre de Son Excellence... pour quand Elle vient au domaine... et un bon lit.

La lanterne à la main, il conduisit les deux jeunes gens dans une belle chambre ; d'un coffre, il tira du linge et prépara le lit en fer forgé, à décor de feuillage teint en rouge et turquin, avec dorures : une de ces magnifiques couches de l'industrie paysanne qui aujourd'hui ne se trouvent plus que dans les musées d'Allemagne et d'Angleterre où la délicatesse de leur travail et de leur dessin fait l'admiration des visiteurs.

— Mettez-vous au lit et reposez-vous tranquillement, dit Blasco à la jeune fille, qui à présent se montrait honteuse et intimidée. Je resterai à côté.

Mais Violante, reprise par la terreur s'agrippa à son cou en lui disant :

— Non, non ; ne me laissez pas, Don Blasco ; ne me laissez pas... j'ai peur... je ne veux pas rester seule...

Blasco se sentit défaillir et balbutia :

— Mais ma petite fille, je ne vais pas vous laisser... Simplement le temps que vous vous changiez... vous en avez besoin... il faut sécher aussi la chemise...

L'intendant parut embarrassé.

— Et où vais-je prendre une chemise de femme ?...

— Il n'est pas nécessaire qu'elle soit de femme... vous en avez bien une d'homme...

Peu après Violante, affublée d'une chemise de grosse toile qui sentait le propre, se glissa sous les couvertures en souriant de son déguisement et appela :

— Don Blasco ! Don Blasco !

IV

Blasco passa le reste de la nuit au chevet de la fillette, à lui tenir la main. Exigeant que son sauveur restât auprès d'elle, elle lui avait agrippé les poignets et s'était recroquevillée dans le lit de manière que sa tête se trouvât presqu'au contact de l'épaule de Blasco. Et ainsi s'était-elle endormie ; la fatigue, les terribles émotions des heures précédentes l'avaient épuisée. A présent, dans son sommeil, une vive fièvre lui allumait le sang et lui faisait battre les artères. Plusieurs fois, Blasco avait tenté de sortir de la chambre, mais Violante, brusquement réveillée, lui avait serré les mains en murmurant :

— Non, non... j'ai peur !

C'était visible. Durant son sommeil, la pauvre enfant sursautait dans le lit et balbutiait des paroles incompréhensibles. Blasco la veillait avec un zèle affectueux, une tendresse qui le mettait au bord des larmes. A présent il la reconnaissait et se souvenait de cet après-midi où, près du pont sur lequel il venait de la sauver, il l'avait vue passer dans son habit noir de pensionnaire ; et ses grands yeux noirs et sa bouche rieuse lui étaient restés gravés dans la mémoire. Il ignorait alors qui elle était. Et la voilà contre lui, à sa merci ; il observait l'ovale pur et pâle comme l'ivoire, empreint de cet air de souffrance qui souvent donne une saveur ineffable à un beau visage. La chemise trop grande laissait voir son cou jusqu'à la naissance de la gorge qui se soulevait et s'abaissait doucement.

Caprices du destin ! La vision fugitive s'était incarnée, étendue près de lui et il n'avait plus qu'à se baisser pour qu'elle lui appartînt. Peut-être cette pensée lui traversa-t-elle l'esprit ; sa tête s'inclina vers celle de la jeune fille et sa bouche allait déflorer la bouche ardente de l'enfant mais un tremblement soudain, le remords de profaner ces lèvres encore vertes et candides, de violer l'intangible innocence et la tendresse des jeunes années, de manquer à ce respect réservé que sa condition lui imposait envers celle qui, avec une puérile inconscience, se fiait à lui, tout cela l'arrêta et fit monter à son front le rouge de la honte. Et le révéla à lui-même.

Effaré, il se demanda : « Tu aimerais donc cette enfant ? »

Violante lui apparaissait à présent sous un aspect nouveau et une foule de sentiments neufs fit irruption dans son cœur comme une bande de poulains auxquels on ouvre soudain l'écurie, et qui se dispersent au galop dans la campagne. Les scélératesses du duc, la justice de la cause pour laquelle combattaient les Beati Paoli, tout cela s'effaça dans son âme, pour n'y plus laisser qu'une pensée : « Pourquoi frappent-ils cette innocente ? » et un sentiment : la haine. Il pouvait accepter la guerre incessante, acerbe, féroce, menée contre Don Raimondo, mais ne comprenait pas que, faute d'atteindre le père, on dût immoler cette pauvre créature sans défense.

Sans défense ? Et ne l'avait-elle pas lui, à présent ? Dieu, la providence, le destin, ne l'avaient-ils pas guidé cette nuit, sur cette route, à cette heure, pour libérer la jeune fille d'une sombre vengeance ?

Trois mois durant, il avait erré dans les montagnes, en se cachant pour éviter d'être arrêté. Sa fuite avait provoqué trop de clameurs pour être oubliée ou prise à la légère et le marquis de San Tommaso avait donné des ordres rigoureux pour qu'on l'interpellât. De véritables armées de sbires et de fantassins, des escouades de cavalerie et des détachements des compagnies rurales avaient été envoyés dans toutes les directions pour traquer ce jeune chevalier devenu par suite des événements un personnage dangereux. Non point que le marquis le jugeât déjà ainsi, mais il sentait une sourde jalousie pour ce jeune homme qui peut-être avait bénéficié des faveurs de Donna Gabriella et occupait encore son âme. Au fond de son cœur, la duchesse avait été satisfaite de la fuite de Blasco mais elle n'avait osé adoucir les rigueurs de la justice, parce qu'elle ne voulait pas éveiller les soupçons et qu'elle voulait soutenir son époux.

Les gardes du corps français s'étaient plaints de cette rigueur et en avaient fait la remontrance à leur capitaine, le marquis de Tournon, mais en vain. Le marquis de San Tommaso répondit à celui-ci que dans les affaires de justice de Sa Majesté messieurs les gardes n'avaient rien à voir. Ces derniers s'irritèrent de cette réponse : Champaux, qui était le maître d'œuvre des tentatives et des manifestations en faveur de Blasco, s'exclama :

— Par ma foi, j'en fais un point d'honneur !

Il alla à l'auberge où Blasco avait pris une chambre et y trouva encore ses affaires et son cheval. L'aubergiste se plaignit d'avoir fait des dépenses et offrit le cheval au jeune gentilhomme ; mais celui-ci, sans lui répondre, paya la dette de Blasco et emmena affaires et monture, car il lui paraissait que l'endroit n'avait pas d'écurie digne d'un animal si beau et si fier.

— Si jamais, dit-il à l'aubergiste, le seigneur vient pour reprendre le cheval, dites-lui que je l'ai emmené moi, vicomte de Champaux et que je le lui amènerai où il voudra.

Blasco l'apprit deux jours plus tard, de la bouche de l'hôtelier, auprès duquel il s'était rendu nuitamment pour récupérer sa monture ; il prit les paroles du vicomte comme un défi, une invite au duel. Il craignit un piège, mais repoussant cette idée, il songea à se servir d'un de ces chevriers qui le matin menaient leurs bêtes en ville pour y vendre du lait. Et le lendemain matin, Champaux reçut un billet ainsi libellé : « *Demain, à quatorze heures, derrière le château de Bauso.* »

Blasco y fut un peu en avance ; l'heure du rendez-vous avait à peine sonné quand il vit un cavalier venir au galop en tirant derrière lui un autre cheval : c'était le sien.

Il lui sembla revoir un ami. Le cavalier était le vicomte de Champaux. Sans mettre pied à terre, il tendit les rênes de sa monture à Blasco en lui disant :

— Monsieur, mes compagnons et moi sommes fort marris de ce qui s'est passé et aurions voulu vous être utiles, car avec des chevaliers comme vous les affaires ne se règlent pas devant des hommes de loi. Nous aurons bien le temps de nous ouvrir la gorge, quand nous pourrons le faire librement Aujourd'hui j'ai voulu vous avertir de ne pas vous faire voir et de vous mettre à l'abri, parce que vous êtes recherché. J'ai cru de mon devoir de prendre soin de votre cheval et de vous le ramener. Adieu.

Blasco, surpris et ému, lui tendit la main :

— Vous êtes un cœur généreux, et vous faites de moi votre obligé ; permettez que je vous embrasse...

Le vicomte fronça le sourcil, hésita un instant avant de répondre :

— Certes, vous ne dites pas cela par crainte... Vous êtes un héros antique.

Et mettant pied à terre, il l'étreignit avec effusion ; puis le repoussa :

— Allons, montez en selle et partez. Si dans vos voyages vous passez par la Savoie et que nul ne m'a encore trucidé, venez me trouver au château de Champaux !

Il bondit en selle, lui fit un geste d'adieu et fila comme l'éclair. Blasco attendit de le voir disparaître ; il avait les yeux humides et le cœur débordant d'émotion. Après avoir caressé son cheval et constaté avec plaisir que toutes ses affaires étaient dans les besaces, ainsi que des munitions, et que pistolets et fusil étaient chargés, il enfourcha sa monture et prit la route des montagnes. A partir de ce jour, il vécut en errant de-ci et de-là à travers la campagne ; les nouvelles qu'il recueillait l'incitaient à rester à l'écart des villes soumises à un prince et des grands domaines féodaux. On avait retrouvé les quatre hommes d'armes, dont l'un, encore vivant, avait raconté qu'ils avaient été attaqués par un abbé et un chevalier qui allaient à Messine et qui les accompagnaient. Il n'avait pas été difficile d'identifier les deux présumés coupables, ce qui avait donné de nouvelles raisons de recherches et de persécutions aux hommes d'armes, désireux de venger leurs compagnons. Blasco se sentait entouré de menaces et de pièges. La nuit, il pourvoyait à sa sécurité en recherchant le gîte des couvents, lieux sacrés et inviolables, qui bénéficiaient encore du droit d'asile, ou en dormant dans des masures perdues dans l'immensité de domaines incultes et déserts.

Après quinze ou vingt jours de vagabondage d'un lieu à un autre, il apprit que le roi était parti et songea alors que le plus gros danger était passé, puisqu'avec le souverain s'éloignait son principal ennemi, le marquis de San Tommaso et que l'aiguillon venant à manquer, la justice retournerait à ses habitudes de tiédeur, de lenteur et d'indolence.

Dans son errance de village en village, il était arrivé à Caccamo. Où pourrait-il s'estimer plus en sécurité qu'auprès du père Bonaventura ? Le religieux était gravement malade et les médecins désespéraient de le sauver. Le couvent était plongé dans l'inquiétude. Blasco arriva à temps pour susciter un regain de forces. Il se mit au chevet du père et voulut l'assister, en se souvenant des jours de son enfance, où le religieux avait fait de même pour lui. Il demeura plus de trois semaines au couvent de Caccamo et eut la consolation de fermer les yeux du père Bonaventura. Celui-ci mourut le 18 octobre, sans aucune plainte, dans la plus grande sérénité.

Il donna un baiser à Blasco qui pleurait, le bénit et lui dit :

— Souviens-toi de ce que je t'ai dit...

Blasco assista à l'office et à l'enterrement ; il s'attarda encore quelques jours au couvent puis partit pour Palerme, à petites étapes, en voyageant de nuit pour ne pas rencontrer les gardes et les soldats des campagnes, et en empruntant les chemins de traverse. C'est ainsi que cette nuit-là, aux portes de la capitale, en traversant le pont de l'Amiral, il avait pu empêcher l'enlèvement de Violante et la libérer.

Toute cette histoire lui passait rapidement par l'esprit, dans une succession de tableaux, tandis qu'il observait la jeune fille que le hasard lui jetait dans les bras ; puis peu à peu lui aussi céda au sommeil, et posant la tête sur l'oreiller, de sorte que ses cheveux se confondaient avec ceux de Violante, et que sa joue éprouvait la chaleur fiévreuse du visage enfantin, il s'assoupit doucement.

La lumière du soleil, qui entrait par la fenêtre et dardait ses rayons sur le visage de Blasco, le réveilla. En soulevant ses paupières, il vit suspendus au-dessus de lui, les grands yeux intenses et brillants de Violante. La jeune fille s'était réveillée la première, en proie à la fièvre, et s'étant à demi soulevée sur le lit, elle contemplait avec un vif plaisir le jeune homme qui dormait. Oh ! comme il était beau ! et comme il était valeureux !... Mais Blasco ouvrit les yeux, elle rougit de honte, se glissa sous les couvertures et n'osa plus se montrer. Le chevalier sourit, mais ne voulut pas la troubler par des questions embarrassantes.

— Maintenant, nous allons prévenir madame la duchesse pour qu'elle vienne vous chercher avec une litière. Vous êtes contente ?

Violante fit signe que oui ; mais elle pensa presqu'aussitôt et non sans regret qu'en partant avec sa marâtre, elle ne verrait plus Blasco, alors qu'elle était si heureuse de le voir et de le sentir près d'elle !...

Au bout d'un moment, elle releva la tête. Blasco avait sombré dans une profonde mélancolie et gardait les yeux fixés à terre, sans rien voir. Violante l'appela timidement, avec un tremblement dans la voix :

— Seigneur Blasco... J'ai soif...

Il se secoua, alla prendre un verre d'eau et le porta à Violante, qui but avidement.

— Merci, seigneur Blasco !... Oh, je vous dois tant... Je vous dois tant...

— Que dites-vous ! Peut-être est-ce moi qui...

Il n'osa terminer. Le rouge lui monta au front et son cœur battit violemment. Violante attendit la fin de la phrase mais Blasco secoua la tête et ajouta :

— Je suis idiot, excusez-moi. Mais quant à vous, vous ne me devez rien, mon enfant !... Pensons à vous. Je crois que vous avez un peu de fièvre.. Donnez-moi votre poignet.

Elle sortit un bras, que Blasco toucha avec anxiété, tâtant le pouls.

— Oui, oui, un peu de fièvre, mais ce n'est rien. La peur... Vous avez eu bien peur, n'est-ce-pas ?

— Oh, beaucoup... à mourir !... C'est le Seigneur qui vous a envoyé !... Comment aurais-je fait sans vous ?...

Ce ne fut pas seulement elle, mais aussi Blasco, qui frissonna à l'idée de ce qui aurait pu lui arriver.

— Pauvre petite ! murmura-t-il. Mais maintenant, n'ayez pas peur ; je veillerai sur vous...

— Oh, comme je suis contente !...

Mais tout à coup, comme frappée d'un souvenir, elle lui demanda :

— Pourquoi m'a-t-on dit que vous étiez mort ?

— Qui vous l'a dit ?

— Ma maman.

— La duchesse ?

– Oui...

– Quand ?

— Un matin, au parloir ; je lui disais vous avoir rencontré près du pont... Vous rappelez-vous cet après-midi, quand nous revenions de Bagheria ?... Je vous ai souri...

— Oh, si je m'en souviens ! soupira Blasco, je ne vous connaissais pas, parce que je ne vous avais jamais vue, mais je n'ai plus jamais oublié vos yeux et votre sourire.

Violante rougit ; elle sentit à ces paroles un trouble et une langueur se répandre dans son cœur. Blasco lui demanda :

— Et donc la duchesse vous a dit que j'étais mort ?

— Oui... et même qu'on vous avait tué !... Et ce n'est pas vrai, puisque vous êtes là !... et il n'est pas vrai, en fait que vous soyez méchant, puisque vous m'avez sauvée...

— La duchesse vous a dit que j'étais un homme méchant ?

Violante hésita un instant avant d'acquiescer :

— En vérité, oui... Pourquoi m'a-t-elle dit cela?

— Mais... pour plaisanter, peut-être...

— Oh, non, elle ne plaisantait pas. Mère paraissait en colère et elle m'a réprimandée.

Blasco la regardait avec étonnement. Ces révélations lui semblaient inconcevables. Il chercha à en obtenir d'autres mais Violante ne savait plus rien. Sous l'effet de la fièvre, de l'émotion ou de l'épuisement, elle éprouva une grande pesanteur sur les paupières et les ferma.

Alors le jeune chevalier se leva, traversa la chambre sur la pointe des pieds et sortit pour appeler l'intendant.

V

Donna Gabriella s'apprêtait à se coucher quand elle découvrit un billet sur son oreiller. Elle le prit avec une certaine émotion et lut, stupéfaite, ces quelques mots :

« Œil pour œil, dent pour dent ; les coups des pères tombent sur les enfants. Écrivez ceci à votre époux. »

Propos qui lui parurent incompréhensibles. Elle les méditait, inquiète, quand sa chambrière entra en poussant des cris d'épouvante :

— Excellence ! Excellence ! Quel malheur ! Quelle catastrophe !

— Que se passe-t-il ? Mon dieu ?... Qu'y a-t-il ? demanda Donna Gabriella, affolée par cette irruption et ces cris.

— On a enlevé la demoiselle !

— Violante ?

— Donna Violante !... Oui, Excellence, oui, ils l'ont enlevée !

— Violante ? Qui ? Comment ? Qui vous l'a dit ?

— La « maman » du couvent est venue l'annoncer... elle est là.

— Faites-la entrer ! Tout de suite !... Je veux savoir !

La duchesse, éperdue, ne savait que penser ; la nouvelle l'emplissait d'effroi, la bouleversait. L'intendante du couvent survint, elle aussi sens dessus dessous et au milieu des sanglots confirma ce qu'avait annoncé la femme de chambre, en racontant par bribes, ce qu'on disait ou supposait au monastère. La jeune fille avait été emportée par des gens qui avaient pénétré dans le jardin. La moitié de Palerme était accourue : quelle peur ! quelle peur !

Donna Gabriella ne savait que dire ; elle se levait, se rasseyait, allait et venait, en murmurant :

— Mon Dieu ! Que faire ?... Que faire ? Mon Dieu ! Quel malheur !.. Mais qui ? Qui ?

Ses yeux tombèrent sur la lettre et un souvenir lui fit dresser les cheveux sur la tête : cette missive était la clé du mystère. Les Beati Paoli exécutaient une audacieuse action de représailles. La situation n'en devenait que plus terrible. Où étaient-ils ? Comment se saisir d'eux ? Comment libérer Violante ?

— Ma chaise ! ordonna-t-elle.

— Que va faire Votre Excellence ? demanda la chambrière.

Mais la duchesse répéta d'une voix plus impérieuse :

— La chaise !

Vingt minutes plus tard, elle arrivait au monastère, au moment où la foule en sortait en sifflant, chahutant et lançant des quolibets sur la « moinillone enfuie avec le moinillon ».

L'abbesse, les sœurs, les sœurs professes l'accueillirent les larmes aux yeux : aucune ne pouvait s'expliquer ce qui s'était passé. L'abbesse était inconsolable ; un monastère qui jouissait d'une si bonne réputation !... Où rien de semblable ne s'était jamais passé ! Oui, en vérité, des fugues, des enlèvements, cela arrivait ; des pensionnaires qui prenaient leur envol, il y en avait toujours, et même des sœurs professes !... Mais à Montevergini !... Ah ! c'était un malheur pour le monastère ! C'était là sa plus grande douleur. Donna Gabriella recueillit le maximum de renseignements et comprenant qu'elle n'avait plus rien à faire là, s'en fut.

— Au Palais Royal ! ordonna-t-elle aux domestiques.

Que voulait-elle faire ? Réveiller le vice-roi ? Envoyer les gardes à la recherche des ravisseurs ? Appeler la cavalerie sous les armes ? Elle l'ignorait. Elle s'adressait au vice-roi comme au chef de l'État, à celui qui pouvait tout. Mais à cette heure, il dormait ; les portes du palais étaient closes, la sentinelle ne permit pas qu'on y frappât. Son Excellence le comte Annibale Maffei, vice-roi de Sicile au nom de Sa Majesté Vittorio Amedeo, avait fixé des jours et des heures pour les audiences ; et nul n'y dérogeait. Le monde pouvait s'effondrer, si le règlement ne l'avait pas prévu, nul ne s'en aviserait. Toute la discipline administrative consistait en cette rigide et pédantesque adoration des règlements, qui fut et qui est encore, le glorieux *panache* * de toutes les administrations, de tous les administrateurs et chefs de bureaux piémontais.

Donna Gabriella dut retourner chez elle, l'esprit en ébullition, plein d'amertume, et passa la nuit sans pouvoir dormir, tourmentée de mille sinistres visions. Elle se souvint du récit mutilé que lui avait fait son époux sur les origines de la persécution des Beati Paoli et sur les accusations qu'ils

* En français dans le texte. (N.d.T.)

portaient contre lui. A l'évidence, le rapt était une représaille : Violante payait, sans doute, pour cet enfant disparu, mort, peut-être assassiné peu après avoir vu le jour? Mais qui pouvait avoir intérêt à cette tardive vengeance? A moins qu'elle ne payât, ce qui lui paraissait plus probable, pour la famille de l'Ammirata dont le neveu gémissait dans les cachots de Castellammare et dont la femme avait été soumise à cet ignoble supplice?

Il devait en être ainsi. Mais pourquoi l'Ammirata s'était-il fait le vengeur de la duchesse et de cet enfant disparu voilà seize ans? Mystère!... Cependant, à présent que son époux s'était éloigné, c'était elle qui était exposée à cette guerre implacable et terrible.

Ainsi passèrent les premières heures du jour, jusqu'au moment où arriva l'intendant envoyé par Blasco.

— J'ai une nouvelle importante à donner à Son Excellence, et à elle seule, annonça-t-il.

La duchesse qui demeurait plongée dans de continuelles appréhensions ordonna aussitôt qu'on le fît entrer.

— Eh bien, mon brave, d'où venez-vous?

— De la Grazia, Excellence.

— Et vous avez des nouvelles?

— Oui, Excellence. Que Votre Excellence veuille bien commander son carrosse pour venir prendre la demoiselle..

— Violante! s'écria la duchesse en bondissant sur ses pieds, avec une joie indicible.

— Oui, Excellence...

— Mais comment? Dites?

— Je ne sais rien, Excellence. On m'a dit de venir ici pour aviser Votre Excellence que la demoiselle est saine et sauve par la grâce de Dieu et de la Bonne Mère!

Mille questions assaillaient l'esprit de Donna Gabriella pendant qu'elle tirait furieusement le cordon de la sonnette :

— La grande litière, avec les mules, ordonna-t-elle, et les hommes d'escorte; tout de suite!

Avec une hâte convulsive, elle jeta un manteau sur ses épaules, plaça sur sa tête un de ces chapeaux à trois pointes, surmonté de plumes blanches, dont la mode venait d'être introduite et lança :

— Allons-y!

Un serviteur aux revers gallonnés se présenta sur le seuil, s'inclina et tendit le bras, poing à la hanche. Donna Gabriella posa la main sur ce bras et descendit le grand escalier de marbre, au pied duquel se trouvait la litière portée par deux mules empanachées. Derrière elle se tenaient deux serviteurs à cheval, armés d'arquebuses et de pistolets.

Dans tout le palais s'était répandue la nouvelle que la petite duchesse avait été retrouvée et que la maîtresse allait la chercher. Toute la domesticité s'était attroupée, pleine d'intérêt, sur l'escalier, au balcon de la cour, et accompagnait la duchesse de ses vœux et de ses souhaits.

La litière sortit. Le *curatolo*, venu à cheval, allait à côté de la portière, pour répondre aux questions de Donna Gabriella. Le tintement des grelots faisait retourner les passants qui, reconnaissant la duchesse la saluaient :

— Esclave de votre Excellence...

A travers les rues se répandit aussi la nouvelle que la duchesse allait chercher sa belle-fille et les gens du peuple la saluaient en ajoutant :

— Que la Bonne Mère de la Lumière vous aide !

Le cortège sortit par la Porte d'Ossuna, longea le mur de la ville et entra dans la campagne. Donna Gabriella trouvait les mules un peu lentes, mais en vérité les pauvres bêtes, sollicitées par les conducteurs, allaient d'un pas rapide. Elles ne pouvaient certes pas trotter, ce qui eut risqué de ballotter Donna Gabriella.

Midi était déjà passé quand ils arrivèrent devant la villa.

— C'est là, dit l'intendant, en mettant pied à terre et en repoussant le portail.

Donna Gabriella voulut descendre et remonter l'allée à pied ; quand elle fut près de la maison, elle cria :

— Violante ! Violante !...

Et une voix pleine de joie lui répondit :

— Madame ma mère !

Donna Gabriella la vit venir fagottée dans un manteau fermé par une ceinture de cuir et les bras perdus dans deux amples manches turquines mais elle ne s'aperçut pas d'abord de cette étrange tenue, en serrant sa belle-fille avec une émotion sincère qui lui ôtait jusqu'à la parole.

Après un moment durant lequel il parut que ces deux cœurs s'abandonnaient, libres de toute frayeur, la duchesse prit place sur un siège de pierre et considéra avec stupeur sa belle-fille :

— Oh, comme te voilà mise ! s'exclama-t-elle. Comment t'es-tu retrouvée ainsi ?

— Si Votre Seigneurie savait, madame ma mère !

— Allons, raconte-moi donc comment cela s'est passé, comment tu es arrivée ici et pourquoi tu es vêtue ainsi.

Violante s'assit à ses côtés sur le banc et se passa les mains sur le visage, comme reprise par la terreur du péril encouru.

— Ah, madame ma mère, quel effroi ! quel effroi !... J'ai l'impression de mourir à seulement y repenser !... Ce fut un miracle, un vrai miracle !... Parce que certainement, c'est Dieu qui l'a envoyé...

— Qui donc ?

— Mon libérateur... lui...

— Lui qui ?

— Oh, je ne vous l'ai donc pas dit ? Que je suis étourdie ! Et j'aurais dû commencer par vous en parler, pour lui rendre grâce !... Celui qui m'a libérée de mes ravisseurs, ce fut lui, le seigneur Blasco de Castiglione...

— Blasco de Castiglione ! s'exclama Donna Gabriella en se redressant brusquement, avec une expression où se confondaient mille sentiments tumultueux. Et tu... ?

Une foule de pensées et de soupçons l'envahit, lui embruma le cerveau, lui troubla l'âme : comment donc le jeune homme s'était-il trouvé là pour sauver Violante ? Cette intervention miraculeuse n'était-elle pas par hasard, combinée d'avance ? Où était-il ?

— Raconte-moi donc, lui dit-elle d'une voix tremblante, raconte !

Violante lui narra sa terrible mésaventure avec cette vivacité, cette chaleur propre à l'adolescence, en exagérant même, s'il était possible, le péril encouru, l'intensité de ses impressions, la beauté de l'héroïsme de son jeune sauveur. Donna Gabriella l'écoutait, mais son esprit s'attachait moins aux dangers auxquels avait été exposée sa belle-fille et aux angoisses qu'elle avait éprouvées, qu'à ce qui regardait Blasco. Quand la fillette eut terminé son récit par l'arrivée dans cette maison et par son changement de tenue, Donna Gabriella lui demanda :

— Et puis ?

— Et puis ?... je me suis endormie.

— Et le seigneur Blasco ?

— Ah ! le seigneur Blasco, le pauvre, il m'a veillée toute la nuit. Et c'est peut-être pour cela que j'ai pu dormir..

— Et puis ?

— Et puis rien... Votre Excellence est arrivée...

— Et... il ne t'a rien dit le seigneur Blasco ? Aucune parole ?

— Des paroles d'encouragement, bien sûr.

— Je ne parle pas de cela... je te demande s'il t'a dit une de ces paroles que les hommes ont l'habitude de dire aux femmes...

— Quelles paroles, mère ?

La duchesse se mordit la lèvre. L'ingénuité de sa belle-fille la déconcerta : faisait-elle semblant ? Elle garda un moment le silence, tourmentée par des pensées secrètes.

Violante sourit avec malice et observa :

— Votre Excellence m'avait dit que le seigneur Blasco avait été tué... et en fait !

Donna Gabriella ne répondit pas ; peut-être ne se souvenait-elle même plus d'avoir inventé ce mensonge. Violante, avec le même sourire et sur un ton qui voulait exprimer l'incrédulité et en même temps le reproche, ajouta :

— Et vous m'aviez dit aussi que c'était un homme méchant... alors qu'il est si bon !

La louange arracha la duchesse à ses pensées. Elle demanda tout à trac :

— Et... cette nuit, il est resté toujours près de toi ?

— Toujours ! répondit Violante avec intensité.
— Et il ne t'a rien fait ?
— Quoi donc ?
— Il ne t'a pas caressée ?
Violante rougit jusqu'à la racine des cheveux en répondant :
— Non, madame ma mère.
Donna Gabriella la dévisagea avec incrédulité et peut-être interpréta-t-elle cette rougeur à sa manière ; pâle, d'une voix étouffée par la jalousie et la colère, elle s'enquit :
— Et où est ton sauveur, à présent ? Il faut que je le remercie.
— Je crois qu'il est par là... il est intimidé, il me semble... il ne voulait pas être remercié, à ce qu'il m'a dit ; mais je vais l'appeler... Oui, il est juste que vous aussi, madame ma mère, vous lui disiez quelques mots... Il le mérite bien !
Elle se leva, se plaça au pied de l'escalier externe et appela :
— Seigneur Blasco !... seigneur Blasco !...
Blasco de Castiglione apparut en haut de l'escalier, souriant, un peu pâle. Il fit une révérence à l'adresse de la duchesse et descendit. Donna Gabriella le regardait, dominant son émotion, mais point assez pour empêcher son visage de devenir tour à tour rouge puis pâle, et pour interdire à ses narines et à sa bouche de trembler. Belle et droite, dans une attitude qui voulait exprimer la reconnaissance et en fait manifestait le dépit, le dédain, la colère, la jalousie, elle oublia de tendre la main à Blasco qui parvenu en bas, s'était de nouveau incliné. Elle balbutia :
— Je vous suis reconnaissante, monsieur, de tout ce que vous avez fait, et je l'écrirai au duc mon époux.
Ses paroles étaient si glaciales, que Blasco en resta stupéfait ; il répondit néanmoins :
— Oh, madame la duchesse, si j'ai pu vous rendre quelque service, c'est plutôt un remerciement, qui n'égale pas les bienfaits reçus... C'est moi qui vous dois beaucoup, et je rends grâce à Dieu qui m'a donné l'occasion de vous exprimer ma reconnaissance.
Tous deux se turent, embarrassés ; Donna Gabriella, tourmentée par son idée fixe, Blasco frappé par cet accueil si froid et presque hostile dont il ne devinait pas les raisons. Il espérait être salué avec cordialité et pouvoir nouer avec Donna Gabriella un lien de douce amitié fondé sur une gratitude mutuelle, et il s'y sentait porté, à présent qu'il était en possession de ces papiers, par cette pente de son cœur qui l'entraînait à défendre les faibles et à prendre le parti de ceux que menacent de grands périls. Il pressentait que les Beati Paoli, n'ayant pu ou n'ayant osé frapper Don Raimondo, voulaient accomplir leur vengeance sur ces deux femmes innocentes, étrangères aux crimes du duc, sans défense. Et il lui paraissait de son strict devoir de les protéger. Mais la froideur de Donna Gabriella le déconcertait. Était-ce le dépit d'avoir été abandonnée ? La haine ? Non : si

elle l'avait haï, elle l'aurait laissé mourir empoisonné. Quoi donc alors? Blasco, en ces choses, n'avait pas l'œil perspicace et il ne pouvait concevoir que la duchesse fût jalouse de sa belle-fille; Violante était presqu'une enfant et s'il éprouvait pour elle un sentiment de vive sympathie et de tendresse, il ne pouvait encore dire qu'il l'aimât, parce que cette fillette encore verte, il redoutait d'en profaner la candeur et l'inconscience en l'aimant d'amour. Aussi ses sentiments se coloraient-ils d'une réserve, d'un respect, d'une religiosité qui l'enivraient presque et lui infusaient une joie pure et profonde. Il n'imaginait donc pas que la duchesse pût éprouver de la jalousie.

Mais elle en sentait la morsure dans son âme. Elle l'aimait. Elle l'aimait toujours, avec toute la violence d'une passion que l'orgueil, l'amour-propre, le dépit, le goût de la vengeance, repoussaient et voulaient déguiser en haine. Elle avait pour ainsi dire armé le bras du prince d'Iraci, c'était vrai, mais justement parce que la passion la brûlait. Le désir de se venger naissait de l'abandon. La tentative d'assassinat et le danger de mort lui avaient presque fermé le cœur à tout sentiment de haine et y avait laissé un dépit furieux et un désir coléreux : elle s'était sentie, presque sans le vouloir, poussée à le protéger. Et ce sentiment s'était fait plus fort à Messine, quand elle avait compris que Matteo Lo Vecchio avait tenté d'empoisonner Blasco. Comme elle avait deviné que le sbire avait agi sur les ordres du duc, elle s'était bien gardée de dire à ce dernier qu'elle avait revu le jeune homme et lui avait sauvé la vie. Elle s'était sentie presque heureuse de le savoir de nouveau libre : peut-être au fond de son cœur une espérance lointaine se réveillait-elle; peut-être un rêve avait-il rendu ses nuits plus légères; peut-être, quand le dégoût de sa complicité avec son époux lui avait tourmenté l'âme, avait-elle songé au jeune homme comme à une libération... Et voilà qu'une nouvelle pensée venait réveiller les flammes de la jalousie; son esprit suspicieux avait plongé dans l'intimité du cœur de la fillette et y avait trouvé gravée l'image de Blasco. Dans son imagination, elle voyait alors des scènes qui l'emplisssaient de douleur et lui gonflaient les yeux de larmes brûlantes. Elle soupçonnait, elle était même certaine qu'entre Blasco et Violante s'étaient noués de bien autres rapports que ceux, fraternels et innocents qui transparaissaient dans les paroles de la fillette. L'âpre désir d'enquêter, de savoir, se répandait dans ses veines; elle fixait les yeux sur Blasco comme pour découvrir sur son visage les traces d'une nuit d'amour. Et elle ne voyait rien; mais cela ne la rassurait pas.

— Va, dit-elle à Violante, et veille à mettre un peu d'ordre dans tes habits. Il faudrait te procurer une autre tenue... Tu ne peux certes pas rentrer en ville ainsi vêtue.

Elle appela l'intendant.

— Il doit bien y avoir dans les alentours une paysanne disposée à céder quelques vêtements propres. Procurez-m'en. Voilà de l'argent.

Le *curatolo* partit. Donna Gabriella, restée seule avec Blasco, croisa les bras et fixant sur lui des yeux étincelants, lui dit :

— Monsieur, vous ne me croyez pas sotte au point de croire le récit de Violante.

— Comment cela, madame la duchesse ?

— Je dis, monsieur, que votre intervention si opportune et miraculeuse donne prise à toutes les suppositions, y compris à l'idée que vous n'êtes pas étranger au rapt de Violante.

— Madame la duchesse ! s'exclama Blasco, le visage empourpré, je ne crois pas qu'il y ait un seul acte de ma vie qui vous donne le droit de penser une telle vilénie...

Les paupières de Donna Gabriella n'eurent pas un frémissement.

— Il est vain de vous scandaliser : tout est contre vous. Je sais que ce n'est pas d'aujourd'hui que vous avez posé les yeux sur la fille du duc de la Motta !...

— Moi ?... Duchesse, mais que dites-vous ? En vérité vous supposez...

— Plût à Dieu que ce ne fussent que des suppositions !... cria Donna Gabriella au désespoir, en donnant libre cours à sa jalousie.

Ce cri fut une révélation pour Blasco qui sentit faiblir son indignation et d'une voix plus indulgente :

— Madame, sur quoi voulez-vous que je vous jure ?... Voilà, dit-il en tirant une médaille d'argent et d'une voix émue, il poursuivit : « Cette médaille est l'unique héritage que m'a laissé ma mère, et pour moi, c'est la plus sacrée des reliques ; eh bien, je vous jure sur cette médaille bénie que je ne connaissais pas jusqu'à aujourd'hui la petite duchesse, que je suis totalement étranger à cet enlèvement scélérat, que seul le hasard ou la chance m'ont permis d'empêcher ce crime !... »

Donna Gabriella ne parut pas rassurée ; au fond, il ne lui importait pas tant que Blasco eût ou non pris part au rapt, ni qu'il eût des rapports avec les Beati Paoli. Ce qui comptait, c'était la conviction que Blasco aimait Violante. A ses yeux s'offrait la vision des deux jeunes gens unis dans une étreinte, ivres d'une joie qu'elle avait connue et dont elle conservait la brûlure.

— Vous niez, dit-elle d'une voix altérée, vous niez avoir voulu... avoir passé la nuit... avoir abusé de votre position !... Niez-le, si vous le pouvez !

— Mais oui, je le nie ! Nulle petite sœur n'a jamais été aussi en sécurité près de son frère, nulle enfant n'a jamais pu dormir avec tant de confiance dans les bras de sa mère, que Donna Violante, cette nuit, dans cette maison, près de moi. Madame, sachez que Blasco de Castiglione n'a ni blason ni famille, qu'il n'a même pas de nom, mais qu'il peut écrire sur son front la devise du chevalier Bayard : « Sans peur et sans reproche ».

Donna Gabriella ne se tint pas quitte. D'une voix assombrie par la jalousie, elle reprit :

— Violante est si belle !..

— Oui... Elle est belle !...

— Elle est si séduisante...

— Oui... elle est séduisante !

— Toute sa personne est charmante...

— Oui, c'est vrai...

— Vous avouez donc, que vous l'aimez ! cria Donna Gabriella en pointant vers sa poitrine un doigt tremblant.

Et elle attendit anxieusement la réponse.

Blasco demeura un peu déconcerté par cette question posée à brûle-pourpoint, qui éveillait d'un coup mille sensations d'une douloureuse douceur et il ne sut trouver immédiatement une réponse, mais balbutia :

— Moi, l'aimer ?... Donna Violante ?

La duchesse goûtait toute la saveur amère de son triomphe.

— Oui, vous l'aimez !... Jurez-moi que ce n'est pas vrai ; jurez-le sur cette relique.

— Je ne jure pas, murmura Blasco. Je ne puis jurer. Je ne sais pas : je l'aime, peut-être, ou je l'aimerai : mais ce n'est pas un amour qui peut se nourrir d'espérances et je suis assez honnête pour savoir et pouvoir renfermer au plus profond de mon cœur un sentiment qui serait non une joie, mais une torture !...

La duchesse parut foudroyée par ces paroles : la douleur qui enflait dans sa poitrine la submergea ; dans sa nature si mobile, où les sentiments n'avaient que la durée de leur premier élan, la jalousie se défaisait pour laisser place à la douleur. Elle se laissa tomber sur le banc, pâle, la bouche sèche, en murmurant :

« Il l'aime ! Il l'aime !... »

La voix de l'intendant qui revenait avec un paquet de vêtements la fit sursauter ; elle se reprit, fit bonne figure ; saisissant les vêtements que lui tendait le *curatolo,* elle monta rapidement dans la chambre de Violante, sans mot dire.

Blasco demeura là, immobile, triste, le cœur serré dans un étau, en proie à l'épouvante, comme si de ce bref dialogue, et surtout de ces dernières répliques, surgissait une menace obscure et lointaine, qui pesait non seulement sur lui, mais aussi sur Violante.

VI

Blasco attendit la nuit pour rentrer en ville : il mit pied à terre au palais de la Floresta, où il fut accueilli par les démonstrations de joie des domestiques.

— Le maître n'est pas là, dit le chef des valets, mais il sera heureux d'apprendre votre arrivée... Votre Excellence a fait bon voyage ?

Blasco se fit accompagner dans sa chambre et dit au valet :

— Dès que le maître de céans sera là, faites-moi la faveur de m'avertir.

— Votre Excellence veut dîner ?

— Non.

Il n'avait pas faim. Toute la journée, il était resté sous l'effet de la scène qui s'était déroulée entre lui et Donna Gabriella, et il était obsédé plus encore par l'image de Violante, qui dans sa tenue paysanne, un peu gauche et empêtrée, était délicieuse à voir. Il pensait à cette nuit passée près de la fillette ; cette nuit qui demeurerait à jamais inoubliable, unique, et il sentait encore vibrer dans son âme les sensations très douces et très profondes qu'il avait éprouvées en écoutant la suave respiration de l'enfant, en la regardant dormir là, si belle et si sereine, dans le désordre inconscient du sommeil. Il songeait à cette nuit de désirs, de rêves, de renonciation, si chaste, si pure et cependant si dense d'émotions, si vibrante de passions, dans laquelle il avait, si l'on peut dire, vécu cent vies et s'était senti transporté hors de la réalité de sa vie.

Mais qui était-il pour s'abandonner ainsi ?

Oh, il savait bien qu'il était fou de nourrir une quelconque espérance et que lui, pauvre et sans nom, était promis à une vie sans joie ; mais pouvait-il empêcher son cœur de battre, son cerveau de rêver ?

Il se jeta sur son lit pour s'abandonner aux fantaisies de son imagination, mais peu à peu le sommeil lui vint et il ne se réveilla que lorsqu'une main frappa à la porte et qu'une voix lui demanda :

— Êtes-vous réveillé, mon ami ?

Il bondit sur ses pieds et courut à la porte, les bras ouverts, en criant :

— Oh, Coriolano, mon frère !...

C'était bien le chevalier de la Floresta. Leurs premiers mots furent naturellement ceux que dicte l'amitié entre deux êtres qui ne se sont vus depuis quelque temps. Coriolano voulut savoir tout ce que Blasco avait fait et il lui raconta ses aventures, la rencontre avec l'abbé, le duel avec les gardes du roi, l'arrestation, la tentative d'empoisonnement, l'intervention de la duchesse.

— Vous voyez ? l'interrompit Coriolano. Vous voyez que j'ai eu raison de vous conseiller d'aller à Messine ?

— Oui, c'est vrai, et je vous en suis reconnaissant. Mais je ne vous ai pas encore tout dit. J'ai eu aussi des aventures au retour ; la dernière, en particulier, que vous ne sauriez imaginer ! Cher ami, je suis porté à croire que le hasard est le grand ordonnateur des événements humains et que les philosophes qui s'épuisent à nous enseigner qu'il convient d'agir de telle ou telle manière, pour parvenir à tel ou tel effet, sont de vrais charlatans. La vie est imprévisible. Écoutez donc.

Et il lui conta comment il avait libéré Violante, enlevée par des hommes masqués qui étaient certainement des émissaires ou des affidés de la secte.

Coriolano lui prêta l'oreille sans manifester d'étonnement, comme s'il s'était agi d'un événement ordinaire de la vie. Il se leva en disant :

— A présent, reposez-vous, je vous ai dérangé, mais je voulais vous embrasser. Ne sortez pas de la maison. Le vice-roi déploie toutes ses forces pour poursuivre et arrêter ceux qui ont été mis au ban, injustement ou non. Vous pourriez être reconnu et ne pas réussir à fuir. Souvenez-vous de Matteo Lo Vecchio.

— Ah, si ce fripon me tombait entre les mains !

— Vous voudriez donc le hausser jusqu'à l'honneur d'être votre adversaire ?

— Oh non !...

— L'assassiner, alors ?

— Vous m'en croyez capable ?

— Pas même en rêve... J'ai dit cela pour vous montrer l'inutilité de certaines conjectures. Laissez faire, et cachez-vous...

— Mais il faut que je voie le père Serafino.

— Vous le verrez, mais avec prudence et quand vous serez sûr d'échapper aux regards indiscrets. Je m'en charge.

— Je vous ai toujours dit que vous étiez un homme précieux !

— Bonne nuit.

— Bonne nuit.

Le lendemain matin, en s'éveillant, Blasco vit sur la table de nuit une lettre ; il ne tarda pas à reconnaître qu'elle était du même type que celle qu'il avait reçue plusieurs mois auparavant.

— Oh, oh ! fit-il, il y a donc du neuf ?

La lettre était ainsi rédigée :

« *Vous êtes un homme courageux mais vous avez eu le tort de vous opposer à une œuvre de justice. Attendez à minuit devant la porte du palais. Un passant vous dira : Vous avez l'hameçon ? Vous répondrez : Donnez-moi la torche, et vous suivrez l'homme. N'ayez aucune crainte et fiez-vous à nous.* »

Pas de signature, mais le sceau de la main armée, qui frappe. Blasco sourit.

« Mais oui, parbleu ! d'une aventure à l'autre, voilà ce qui rend la vie un peu amusante. Curieux, ces Beati Paoli qui, au lieu de me tirer un coup de carabine ou de me poignarder, m'écrivent des petits billets, qui pourraient passer pour des mots d'amour ! »

Il se demanda s'il convenait de demander conseil à l'ami Coriolano, mais résolut que non. Lui montrer ce billet serait le mettre dans un secret qui ne lui appartenait pas. Il garda donc le silence et attendit la nuit avec l'anxiété des enfants à qui on a promis un cadeau. A minuit pile, il se plaça devant la grande porte, adossé à l'un des piliers qui l'encadraient. Il avait deux pistolets en poche et un poignard à la ceinture, au cas où il ne pourrait se défendre avec son épée, s'il fallait se défendre. Si sûr de lui qu'il fût, il ne pouvait se défendre contre un certain frémissement en présence de l'inconnu, de ce mystère qu'il allait peut-être pénétrer.

L'homme passa, le lorgna, lui donna le mot de passe. Blasco lui répondit comme convenu et lui emboîta le pas. Il marchèrent un moment. Au coin de la rue de San Cosmo, l'homme s'arrêta, tira de sa poche un mouchoir de soie et lui dit :

— Que Votre Seigneurie me pardonne, mais il faut qu'elle se laisse mettre un bandeau et promette de ne pas l'enlever.

— Faites donc, je vous le promets.

Quand il fut ainsi aveuglé, l'homme le prit par la main et le guida. Blasco comprit que pour le désorienter on lui faisait faire des tours et des détours, et puis sous ses pas la rue fut en pente. Tout à coup, on le fit arrêter. Il entendit le bruit d'une clé et sentit sur son visage une bouffée d'air humide qui sentait le renfermé.

— Venez avec moi.

Derrière lui, la porte se referma. Ils passèrent encore un seuil, puis il eut l'impression de sortir dans un lieu découvert. En fait ils étaient entrés dans une petite cour sur laquelle un arbre étendait sa frondaison. La tête de Blasco frôla un rameau et il supposa qu'ils traversaient un petit jardin. Puis on redescendit et on le fit s'immobiliser une nouvelle fois. Une main le désarma rapidement de son épée, en accompagnant le geste d'une excuse :

— Que Votre Seigneurie me pardonne, mais il le faut.

Sous le bandeau, Blasco fronça le sourcil, dépité : mais il pensa qu'il se trouvait au siège de cette ténébreuse société et qu'enfin ce qui était pour les autres un mystère devenait pour lui une réalité. Outre que son courage confinait à la témérité, il avait confiance dans la lettre des Beati Paoli. Quand ils voulaient se débarrasser de quelqu'un, ils le supprimaient d'un coup de carabine, puisqu'ils tenaient à éviter de donner de la publicité à leurs punitions.

Blasco entendit un échange à voix basse au terme duquel la même voix lui dit :

— Entrez.

L'air lui parut plus chaud et il eut le sentiment d'être entouré de près par d'autres personnes. Une voix qui le fit tressaillir dit :

— Asseyez-vous, monsieur.

Deux mains le guidèrent doucement et il prit place sur un siège. La même voix ordonna :

— Enlevez-lui son bandeau.

Blasco fut contraint de refermer les yeux en passant de la plus profonde obscurité à la lumière vive de quatre torches qui étaient fixées à la muraille de la pièce où il se trouvait ; cela lui interdit d'examiner tout de suite les lieux. En rouvrant les yeux, il vit qu'il était dans une espèce de rotonde, à l'évidence une ancienne crypte taillée dans la roche, d'où partaient deux couloirs qui se perdaient dans les ténèbres. Le long de la muraille étaient creusées des niches. Au milieu, sur une espèce d'autel de pierre étaient posés un crucifix, deux cierges et l'Évangile ouvert ; derrière l'autel, sur un haut siège austère, se tenait un homme masqué ; à ses côtés deux autres, masqués de même. Le long du mur, des hommes étaient assis, qui tous avaient le masque sur le visage. Blasco regarda à ses côtés, derrière lui. Quatre hommes le surveillaient, qui avaient eux aussi le visage dissimulé. Tous étaient vêtus d'une tunique noire, longue, semblable à une chasuble de pénitent, mais à leur ceinture brillait un long poignard.

Un silence grave et solennel régnait dans la salle : Blasco vit étinceler des yeux derrière les masques et sentit tous les regards sur lui. Saisi par un mélange de stupeur et de curiosité, il attendait. Le chef prit la parole :

— Blasco de Castiglione, vous vous trouvez devant le tribunal des Beati Paoli. Nous avons dû une première fois nous opposer aux initiatives de votre curiosité. A présent la voilà satisfaite. Mais nous, monsieur, nous avons le droit de vous demander pourquoi vous voulez vous opposer à notre œuvre.

Blasco ouvrit la bouche, mais le chef le prévint :

— Attendez ; ce n'est pas encore à vous de parler. Pour l'instant, vous devez écouter. Ce tribunal vous a donné plus d'une preuve de bienveillance ; il vous a sauvé d'une tentative d'assassinat, il a puni un de vos ennemis en le couvrant de ridicule ; vous, sans le vouloir, et sans le savoir, avez empêché l'arrestation de deux de nos fidèles compagnons, mais vous avez aussi empêché ce tribunal d'accomplir un acte de justice...

— De lâcheté ! corrigea Blasco.

Un murmure menaçant parcourut la crypte ; sans se montrer offensé, le chef reprit gravement :

— De justice ! Vous ne savez pas ce que vous dites.

— Je sais qu'une pauvre jeune fille sans défense était au pouvoir d'hommes armés qui l'emportaient, en la menaçant de mort ; et je sais qu'user de la force et de la violence contre les faibles est la pire des lâchetés...

— Œil pour œil, dent pour dent !... Ceci est écrit dans les livres saints : et la sagesse populaire dit « l'arbre pèche et la branche est punie ». Une femme a été tuée et son enfant nouveau-né a été sauvé par miracle : il a grandi dans l'ombre, parce que son nom, sa richesse, son avenir avaient été usurpés. Il a vécu dans l'obscurité et ignore qui il est, parce que s'il tentait de reprendre son nom, s'il exigeait de reprendre son rang dans la société, l'homme qui a tué sa mère et qui a usurpé son nom et son état, lui ôterait la vie. Ce scélérat, découvert, a, l'un après l'autre, fait mourir les témoins de ses crimes : l'une est morte empoisonnée, d'autres pendus, un autre assassiné. La femme généreuse qui a recueilli l'enfant persécuté a été jetée dans les cachots du Saint Office. Le garçon, qui est aujourd'hui un jeune homme, gémit dans les souterrains du Château. Le bourreau a fouetté sur la place publique cette femme innocente, et flagellé jusqu'au sang le jeune homme.

Ainsi donc, pour empêcher que celui-ci meure dans un cul-de-basse-fosse, pour qu'il vive et puisse retrouver son nom, sa richesse, son rang, pour accomplir cette œuvre de justice et de piété, il n'y avait qu'un moyen : prendre en otage la fille de cet homme, l'obliger, par amour de son sang, à cesser une persécution féroce et à remettre ses victimes en liberté ! Blasco de Castiglione, vous avez empêché cet acte de justice, et vous êtes fait complice de ce scélérat !... Don Raimondo de la Motta vous a accusé d'être un des chefs de cette société, il vous a fait arrêter à Messine, a tenté de vous faire empoisonner et vous lui prêtez votre bras, votre vaillance, pourqu'il poursuive son œuvre sanguinaire... Vous, un cœur loyal et généreux, vous avez muré l'antre obscur et mortifère dans lequel gémit Emanuele Albamonte, le vrai duc de la Motta ! Vous l'avez muré pour le compte d'un voleur, d'un assassin, la honte du genre humain. Blasco de Castiglione, vous êtes coupable et le tribunal va juger votre œuvre...

— Vous avez autre chose à me dire ? demanda Blasco.

Tout ce que le chef avait déclaré sur le compte de Don Raimondo ne pouvait étonner Blasco, qui avait lu les fameux documents soustraits à Matteo Lo Vecchio ; pendant le discours de son accusateur, il songeait, avec un sourire intérieur : « S'ils savaient que j'ai sur moi les minutes du procès qu'ils ont intenté à Don Raimondo !... »

Il ignorait jusque-là le supplice infligé à Emanuele et à dame Francesca. Il ne connaissait pas l'épouse de l'Ammirata et n'avait du jeune homme qu'un vague souvenir mais il n'en était pas moins indigné par la cruauté avec laquelle ils avaient été traités et il trouvait odieux d'être accusé de complicité avec cette ignominie.

— Vous avez autre chose à me dire ? répéta-t-il. Laissez-moi donc vous répondre qu'il n'est pas juste de m'accuser de connivence avec le duc de la Motta. Je ne suis pas plus son complice que je ne fus le vôtre quand je me suis opposé à l'arrestation de Girolamo Ammirata. Vous pouvez faire ce que vous voulez de moi, mais ne touchez pas à l'intégrité de mes pensées et de ma conscience... Et maintenant dites-moi si vous m'avez invité pour entendre vos réprimandes paternelles...

— Blasco de Castiglione, dit sévèrement le chef, ne plaisantez pas. Ici personne ne rit.

— Je commencerai donc...

— Et vous finirez !

Blasco vit des mains plonger vers la poignée de leur coutelas et des yeux se tourner vers le chef, comme pour lui demander ce qu'il fallait faire. Mais celui-ci se contenta de poursuivre :

— Blasco de Castiglione, nous vous demandons de ne plus vous mettre sur notre route...

Derrière cet ordre, Blasco perçut la menace qui pesait sur la tête de Violante ; il pressentit un nouveau péril, auquel peut-être elle ne saurait se soustraire et il lui parut de son devoir, à cette heure, de ne pas abandonner la fillette. Levant fièrement la tête, il répondit :

— Et si je m'y mettais ? Si je tentais, de toutes mes forces, de m'opposer à vos représailles ?

— Nous serions contraints d'employer la violence contre vous.

— Et alors, tuez-moi ; parce que je vous jure sur la mémoire de ma mère que pour poser la main sur Violante de la Motta, il vous faudra passer sur mon cadavre !

Le chef éclata de rire.

Sur un signe qu'il fit, d'un seul mouvement, vingt bras se détendirent, vingt lames menacèrent la poitrine de Blasco. Il pâlit légèrement, mais ne bougea pas, n'eut pas un geste de crainte. Le chef poursuivit :

— Je n'aurais qu'une parole à prononcer pour que vous tombiez ici, criblé de coups, et nul n'en saurait rien. Votre cadavre ne nous embarrasserait pas : si nous ne choisissons pas de l'enterrer ici, nous pourrions le faire retrouver sur quelque route de campagne, pour le plus grand plaisir de la justice qui vous recherche. Mais votre mort n'apporterait rien à notre cause ; nous ne voulons que votre neutralité absolue... Consentez-vous à nous la promettre ?

Au fond de son cœur, Blasco voyait toujours Violante ; il répondit :

— Je ne promets que ce que je puis tenir.

— Prenez garde, Blasco de Castiglione ; sans vous tuer, je peux aussi vous empêcher d'agir, en vous laissant ici, d'où vous ne sauriez sortir. Pourquoi voulez-vous me contraindre à pareille mesure ?...

— Faites. Je préfère rester ici, enfermé, que dehors, libre, mais réduit à l'impuissance par un serment.

— C'est votre dernier mot ?

— Oui...

— Pensez que, enfermé ici, vous ne pourrez plus jamais défendre ou protéger ceux qui vous tiennent à cœur...

Blasco ne répondit rien.

Le chef reprit :

— Vous ne pourrez jamais nous accuser d'avoir été intolérants et violents. Frères, enfermez-le dans la « réfléxion ».

En un éclair, Blasco fut enveloppé dans une espèce de cape qui l'immobilisa, et il fut soulevé par des bras robustes, transporté, déposé. Avant d'avoir pu se débarrasser de l'encombrant tissu, il entendit une porte se refermer. Une obscurité profonde régnait dans ce lieu dont il ignorait tout. Il voulut mesurer sa cage : à peine eut-il fait deux pas en avant qu'il heurtait une muraille humide et rugueuse ; du côté opposé, il tâtonna un moment dans le vide puis toucha une surface de bois : il reconnut la porte. Ses doigts en parcoururent toute la surface sans trouver trace de serrure ; elle devait être verrouillée de l'extérieur. Il chercha la jointure de la porte et du chambranle, et tira son poignard, dans le dessein de repérer l'emplacement des verrous, mais la lame ne put pénétrer. Il songea à s'en servir pour creuser un trou dans le bois et se mit au travail mais au bout de peu de temps, il sentit la pointe grincer contre une surface métallique. La porte était recouverte à l'extérieur de plaques de fer. Il était dans une vraie prison. Il ne pouvait marcher, car il n'était pas sûr du terrain et ne voulait pas s'aventurer dans l'obscurité. S'asseoir lui répugnait, car il n'y avait pas de siège à portée de ses prudentes investigations.

Il était donc, comme le lui avait dit le chef, réduit à l'impuissance. Il songea à Violante. Qui veillerait désormais sur la fillette ? Elle était à la merci de la secte, dont les intentions ne faisaient pas de doute. Il pensa aussi à la duchesse, à la révélation de sa jalousie qui l'avait rempli d'étonnement et d'appréhension. Jalouse, une femme de cette condition et de ce caractère, n'était pas moins redoutable que les Beati Paoli. La pauvre enfant était donc prise entre deux feux, sans que nulle main pitoyable pût la secourir ; le duc, son père, le seul qui aurait pu la défendre était trop loin. Pourquoi donc s'être obstiné à refuser une promesse de neutralité, quand cette obstination ne profitait à personne ? N'eût-il pas mieux valu transiger un peu, recourir à une de ces restrictions mentales que la morale de l'époque autorisait ? La fin honnête et sainte n'aurait-elle pas justifié un manquement à son serment ? Et un engagement arraché par la violence méritait-il d'être respecté ? Il s'injuriait ; son imagination lui peignait aux plus sombres couleurs les périls que courait Violante et il en inventait d'autres. La jeune fille payait pour Emanuele, pour cette autre jeune vie innocente condamnée à s'étioler au fond d'un cachot : deux êtres sacrifiés à l'ambition et à l'orgueil d'un homme, Don Raimondo.

Il songea à ces documents terribles tombés entre ses mains et trembla à l'idée qu'ils pourraient lui être enlevés par les Beati Paoli, à présent qu'il se trouvait à leur merci. Violante, enfant si pure et si confiante, ignorait qui était son père et à quel prix infâme il avait acquis la richesse dont elle était l'héritière ! Que dirait-elle, le jour où il lui révèlerait ce terrible secret ? Ne valait-il pas mieux tout dissimuler ?

Il était plongé dans ces pensées, quand il entendit le bruit des verrous et vit la porte s'ouvir. La lumière vive d'une lanterne se répandit dans la caverne où il était enfermé. La lampe se déplaça et fut accrochée à un mur ; Blasco aperçut alors dans celui-ci des niches horizontales que l'obscurité rendait plus noires et mystérieuses. Du cône d'ombre qui le dissimulait jusque-là, surgit un de ces hommes masqués, au milieu desquels il s'était trouvé un moment plus tôt.

Un instant, ils se regardèrent en silence. Blasco avait croisé les bras sur sa poitrine, serrant toujours le poignard dont la lame scintillait. L'homme masqué avait fait refermer la porte derrière lui : il était seul et n'avait aucune arme à la main. En voyant l'éclair de la lame, il interpréta la chose à sa manière :

— N'ayez pas peur ; on ne touchera pas à un seul de vos cheveux. Je vous répète que si nous avions voulu nous débarrasser de vous, nous l'aurions fait.

Blasco reconnut la voix du chef. Il jeta le poignard sans répondre. L'autre reprit :

— Avez-vous réfléchi ? Avez-vous compris que vous êtes en notre pouvoir ?

Par esprit de contradiction, par dépit peut-être, ou par amour-propre, parce qu'il lui semblait que céder serait pris pour un signe de crainte. Blasco répondit :

— Je n'ai qu'une parole. Inutile de me tenter.

— Mais vous ne sortirez plus d'ici jusqu'à ce que notre œuvre soit accomplie...

Le jeune homme frissonna mais ne montra pas son émotion ; sur un ton sec, agacé, il répliqua :

— Faites comme il vous plaira.

Il y eut un autre bref silence. Le chef reprit avec une voix qui trahissait sa tristesse :

— Vous avez tort et vous vous laissez plus guider par un faux amour-propre que par la raison. Vous ne vous rendez pas compte que je m'intéresse à vous et que je veux vous soustraire au danger auquel vous vous exposez inutilement. Quelque effort que vous fassiez, quelle que soit votre valeur, vous ne réussirez jamais à soustraire Don Raimondo de la Motta à notre punition...

— Et que m'importe Don Raimondo ? rétorqua Blasco.

— Et pourquoi alors voulez-vous faire obstacle à notre entreprise ?

— Il ne s'agit pas de lui, mais d'une innocente. Pourquoi persécuter quelqu'un qui ne nous a nui en rien, qui n'a jamais fait de mal à personne ?

— C'est un moyen.

— Scélérat et répugnant. Vous avez eu si longtemps le duc de la Motta à portée de la main, pourquoi ne l'avez-vous occis ?

VII

Le chef des Beati Paoli eut un sourire de commisération :

— Vous êtes jeune, et à bien des égards inexpérimenté, même si vous avez traversé avec enthousiasme les aléas de la vie. Nous ne voulons pas la mort du duc de la Motta ; qu'il meure ou qu'il vive nous est tout à fait indifférent. Nous voulons que le titre et le patrimoine soient restitués à leur possesseur légitime. S'il tombait sous l'épée de notre justice, sans que nous lui ayons arraché ce dont il s'est emparé par l'assassinat, tout le patrimoine reviendrait de droit à sa fille, Violante, et échapperait à Emanuele. Celui-ci resterait civilement mort ; il ne serait rien d'autre que le neveu anonyme de Don Girolamo Ammirata et le vol, la rapine sanguinaire, seraient récompensés par une injustice, qui revêtirait toutes les formes légales. Non, non ! Nous avons respecté la vie de Don Raimondo uniquement pour qu'en reconnaisant Emanuele, il lui restitue son bien...

Blasco pensait à Violante. En lui-même, il ne pouvait nier que cet homme ne voulait que la plus stricte et rigoureuse justice.

Un orphelin avait été dépouillé et il fallait lui rendre ce qui lui revenait. Cela était juste ; mais Blasco pensait aussi que cette restitution entraînait la spoliation et la honte publique pour une autre innocente, Violante, et il voyait en cela une injustice. Quelle faute avait donc commise la pauvre Violante en naissant de cet homme ? Quelle faute avait-elle commise pour être privée d'une richesse sur laquelle de par sa naissance elle avait acquis un droit, pour être contrainte à expier l'infâmie de son père ? Cette idée éveillait en lui un sourd sentiment de rébellion.

— Nul besoin d'être injuste par amour de la justice...

— Injuste envers qui ?

— Envers qui n'a commis aucune faute...

— Qu'est-ce qu'un homme devant un droit violé ? Qu'est-ce qu'une vie humaine devant la justice qui va droit son chemin ? Tant pis pour ceux qui tentent de lui barrer la route. Elle doit poursuivre sa marche et broyer ceux qu'elle rencontre. Un innocent pleure ? Ses larmes compensent celles d'autres innocents qui ont pleuré avant. La justice ne doit pas être pitoyable et ne doit pas prendre garde aux conséquences. Trop de larmes ont été versées : une femme jeune, belle, riche, après avoir été privée de son époux au moment où elle mettait au monde le fruit de leur union, a été poussée au désespoir, et est morte de terreur dans un lit qui n'était pas le sien, sous un toit où elle avait été recueillie par charité ; une servante fidèle et dévouée a été assassinée ; ceux qui ont pieusement recueilli l'enfant doublement orphelin, qui l'ont arraché et soustrait à la mort, qui ont accompli cet acte admirable de charité, vivent en fuyant comme des loups, en se dissimulant, contraints à défendre leur vie jour après jour ; d'autres gémissent en prison, subissent l'infâmie d'un supplice non mérité ; deux hommes, coupables seulement d'avoir recueilli les terribles témoignages de l'assassinat, sont pendus au gibet, comme deux malandrins. Que sont donc les larmes d'une victime innocente devant le sang de huit autres tout aussi innocentes ? Il faut que la justice suive son cours. Nul ne l'arrêtera et vous, Blasco de Castiglione, vous moins que les autres !...

Blasco entendait tomber ces paroles l'une après l'autre, froides et implacables et sa raison les approuvait, mais son cœur se rebellait.

— Pourquoi, si vous êtes si persuadé de la justesse de votre cause, vous cachez-vous ? Pourquoi ne combattez-vous pas à visage découvert ? Les nobles causes ont-elles besoin de se dissimuler dans l'ombre ? Il y a donc quelque chose de moins noble qui vous contraint à vous cacher ; vous n'osez affronter la lumière parce que vous sentez vaciller la foi en votre justice !

— Ah non ! l'interrompit vivement le chef des Beati Paoli, seule vacille notre foi en la justice légale, ou plutôt devriez-vous dire que nous en sommes tout à fait dépourvus. L'obscurité ? Elle nous est nécessaire. C'est notre force et notre sécurité. La justice du roi est administrée par des hommes qui voient en elle non la source de leurs devoirs, mais celle de leurs revenus. Qui s'emploient non à reconnaître les droits de chacun, mais à garantir ceux des plus forts contre les plus faibles. Les forts sont les féodaux, les officiers de l'État, le clergé. Jouissant de l'immunité, bardés de privilèges, couverts de parchemins, ils ont pour eux un droit qui n'est pas celui des autres, des faibles. Les magistrats et les lois défendent donc ce droit particulier et privilégié, qui est en fait une injure et une injustice pour la grande masse. Un chevalier qui tue, trouve dans ce droit et dans ces magistrats une complaisance et une tolérance inébranlables ; un plébéien qui commet le même crime meurt sur l'échafaud !... Un noble peut voler son vassal, simplement parce qu'il est vassal, il peut s'emparer de ses bêtes, de ses armes, de son cheval, avec la bénédiction du droit ; ce même droit qui envoie sur l'échafaud le vassal qui prend une gerbe de blé ou un agneau à son maître. Et l'on appelle cela la justice !...

Une pauvre veuve doit de l'argent : son créancier peut lui prendre sa maison et la jeter à la rue, la justice lui prêtera main-forte ; un noble, au contraire, fera bastonner et emprisonner ses créanciers, et il se trouvera des magistrats qui jugeront cela conforme au droit. Et cela aussi, s'appelle la justice ! Don Raimondo peut tuer, voler, supprimer et mériter des éloges, des récompenses, être nommé administrateur de la justice ; Don Girolamo Ammirata qui défend un faible doit se cacher pour ne pas perdre la vie ; et voilà encore ce qu'on appelle la justice !... C'est la justice de l'État ; la justice selon les lois écrites au bénéfice des plus forts... Mais cette justice-là est la plus monstrueuse des iniquités !...

La nôtre n'est écrite dans aucune constitution, mais elle est gravée dans nos cœurs : nous l'observons et contraignons les autres à l'observer. Nous n'avons ni soldats, ni gardes, ni argousins, ni caporaux ; nous ne payons pas de juges ; nous ne cherchons pas dans les codes des arguties justifiant l'injustice. Nous prêtons l'oreille et ouvrons notre cœur à la voix des faibles, à ceux qui n'ont pas la force de rompre les mailles serrées de ce réseau de pouvoirs arbitraires, à ceux qui ont soif de justice et la réclament en vain, et qui souffrent.

Qui reconnaît notre autorité ? Personne. Qui nous reconnaît le droit d'exercer la justice ? Personne. Eh bien, nous devons imposer cette autorité et ce droit et nous n'avons qu'une arme : la terreur et qu'un moyen : le mystère. Nous ne nous dissimulons pas par lâcheté, mais par nécessité. L'ombre multiplie notre armée et suscite la confiance de ceux qui invoquent notre protection. Celui qui n'oserait faire appel à un magistrat légal pour se défendre, pour défendre sa maison, l'honneur de son épouse, parce que ce recours l'exposerait aux représailles des barons ou des abbés, confie volontiers dans l'ombre sa douleur, la violence subie ; un homme qu'il ne voit ni ne connaît recueille sa plainte. Nous déterminons s'il a raison. Un avertissement mystérieux arrive à l'usurpateur dans son palais, au magistrat complice dans son prétoire ; ils en tiennent compte ? Nous ne cherchons pas plus loin. Ils le méprisent et l'abus se poursuit ? Nous punissons et vengeons. Nul ne voit le bras vengeur, nul ne peut donc s'y soustraire... Voilà notre justice. Elle n'a jamais puni un innocent et elle a essuyé bien des larmes.

Blasco l'écoutait avec une stupeur toujours croissante ; l'homme s'enflammait au fur et à mesure qu'il parlait ; on eût dit que sous ses yeux passaient des visions de toutes les injustices qu'autorisait une vieille organisation sociale dans laquelle l'arbitraire avait remplacé la justice, et que permettait une jurisprudence incertaine, embarrassée par les prérogatives, les privilèges, les exemptions, la diversité des magistrats ou des tribunaux. L'homme poursuivit, d'une voix émue :

— Pourquoi vous, preux, valeureux, loyal, généreux, n'allez-vous pas dans les profondeurs de la vie citadine et des terres féodales ? Vous verriez tant de larmes, tant de sang, tant d'infâmies, que vous en viendriez à conclure que non point un, mais cent tribunaux comme celui-ci seraient nécessaires, pour empêcher les vexations, les violences, les scélératesses des puissants. Je connais toutes les misères de la vie ; j'ai pénétré dans les tanières des paysans, j'ai connu ces troupeaux d'esclaves courbés sous le bâton ; je suis entré dans les maisons des artisans qui vivent petitement ; j'ai vu la misère qui se cache de honte et attend la nuit pour chercher parmi les immondices un quignon de pain dur, un os, un trognon de pomme ; j'ai vu toutes les souffrances humaines et cent, mille, dix mille bouches sangloter et demander justice ! Et alors j'ai rassemblé autour de moi les hommes de bonne volonté et je leur ai dit : « Nous sommes les défenseurs des faibles et des malheureux. »

Tant que le monde n'aura pas changé et qu'il y aura d'un côté des privilégiés à qui tout est permis, et au bénéfice desquels les lois sont faites, et de l'autre côté des hommes condamnés à souffrir de tous les abus et de toutes les violences, il sera nécessaire de maintenir une puissance qui s'oppose aux actes arbitraires ; ce sera comme un équilibrage des forces. Vous croyez peut-être que les Beati Paoli sont nés d'aujourd'hui ? Connaissez-vous l'histoire ? Au temps de l'empereur Frédéric, Adinolfo de Ponte Corvo fonda la société des Vengeurs : elle n'avait pas un but différent des nôtres. Les Beati Paoli descendent de ces *Vendicosi*. Les Beati Paoli sont vieux comme les siècles. Quelquefois ils se mettent en sommeil ; et soudain quand la misère est à son comble, ils se réveillent. Nous mourrons et d'autres après nous viendront, parce que les faibles ont toujours besoin d'être protégés et défendus. Vous-même, Blasco de Castiglione, avec tout votre courage, toute votre vaillance, vous êtes un faible...

— Moi ?...

— Vous êtes seul, et donc vous êtes faible : vous êtes un fétu abandonné au vent, livré aux caprices et aux exactions des barons ; sans nom, sans avenir ; exposé par votre nature aux persécutions, contraint de vous cacher comme un bandit... Peut-être à cette heure seriez-vous mort, si une surveillance occulte n'avait été exercée pour vous protéger, si nous n'avions vu en vous quelqu'un qui pourrait devenir l'un des plus solides piliers de la secte...

— Oh non, cela, jamais ! cria Blasco.

— Ne vous hâtez pas tant de répondre, rétorqua froidement le chef des Beati Paoli. Sans le savoir, vous avez rendu plus d'un service à notre tribunal ; même si quelquefois nous avons dû faire preuve de sévérité. Aujourd'hui encore, malgré votre refus, vous nous avez servis...

— Moi ?...

— Oui, en acceptant notre invitation...

— Comment cela ?...

— Mais vous ne voyez donc pas que nous vous avons éliminé ? Que vous nous avez laissé le champ libre ?

Tirant une montre de sous sa soubreveste, il ajouta :

Déjà huit heures de la nuit ; à cette heure, la duchesse de la Motta et Violante sont parties pour un voyage lointain...

— Ah, morbleu ! hurla Blasco en brandissant un des pistolets qu'il avait dans ses poches, dites que vous avez menti !...

— Je n'ai pas menti !... Sur mon ordre, la duchesse et sa fille ont été embarquées voilà une heure...

— Misérable, cria Blasco, et il tira.

Le coup résonna dans la caverne ; la fumée la remplit. Un rire lui répondit. Stupéfait, Blasco entendit le chef des Beati Paoli crier en direction de la porte :

— Ce n'est rien ! Allez-vous-en, tous !

Puis il se baissa, ramassa un objet à terre et le tendit au jeune homme en lui disant d'un ton apaisant :

— Mon brave jeune ami, une autre fois, choisissez mieux vos balles ; celles-là, vous voyez ? Elles se cabossent... Adieu !...

Il esquissa un mouvement pour sortir, mais Blasco lui barra le passage :

— Vous ne sortirez pas d'ici, que vous n'ayez ôté votre masque... Quand je vous dirai que vous êtes un lâche, je veux que mes paroles giflent votre chair et ne se brisent pas sur ce visage postiche...

— En vérité, vous tenez à me connaître ?

— Oui !...

— Je pourrais m'épargner l'ennui de m'enlever ce masque, mais c'est inutile. Vous me connaissez...

— Le masque ! Le masque !...

— Fort bien. C'est mieux ainsi. Voilà.

D'un geste rapide, il ôta le faux visage de cuir.

— Coriolano ! cria Blasco, Coriolano !...

Les bras lui tombèrent le long du corps, sa voix s'affaiblit, ses genoux se dérobèrent.

— Vous !... vous !... vous !... répétait-il avec l'accent du désespoir.

— Oui, moi. Cela vous étonne ? Vous auriez dû vous en douter. C'est moi, que vous avez mis en joue et contre qui vous avez tiré !

Blasco baissa la tête, ne sachant que répondre : son cœur était divisé et tourmenté par deux pensées différentes et opposées, qui se résumaient à deux noms : Violante et Coriolano.

— Qu'avez-vous fait ! Et qu'ai-je fait ! murmura-t-il, en proie à une inexprimable douleur ; puis, changeant de ton, il tendit l'autre pistolet à Coriolano en ajoutant, avec une excitation fébrile : tuez-moi, je vous en prie, tuez-moi !

— Pourquoi ? Quelle mouche vous pique ? Ce que vous avez fait est, ce me semble, légitime, comme ce que je fais moi. Je ne vous en tiens pas rigueur et à votre place, j'aurais agi de même... Donnez-moi la main.

Il la lui prit de force. Alors Blasco, vaincu par l'émotion, éclata en sanglots, en murmurant :

— Oh, Violante ! Violante !...

Il y avait dans ce gémissement une douleur si profonde que Coriolano de la Floresta en fut ému.

— Que craignez-vous ? lui dit-il. Sur mon honneur, je vous jure qu'elle ne court aucun danger, qu'on ne touchera pas à un seul cheveu de sa tête mais il le faut. Il faut qu'Emanuele soit libéré et mis à l'abri de tou attentat : nous n'obtiendrons cela qu'en gardant en otages l'épouse et la fille de Don Raimondo.

— Et s'il ne cède pas ? demanda Blasco avec anxiété.

Coriolano garda le silence.

— Vous ne répondez pas ?

— Ce serait une chose très grave, répondit le chevalier de la Floresta.

— Ah, vous voyez donc que votre promesse est subordonnée...

— Non ; je vous ai juré sur mon honneur que ni la jeune fille ni la duchesse ne souffriront de la moindre violence, hors la limitation de leur liberté. Elles resteront enfermées dans un château, mais traitées avec tous les égards qui leur sont dus.

Blasco paraissait tourmenté par une pensée ; il se tut un instant, puis .

— Si je vous garantissais non seulement la libération d'Emanuele, mais aussi la reconnaissance de son rang et la restitution de son titre et de son patrimoine ?

— Vous, Blasco ? s'exclama, étonné, le chevalier de la Floresta.

— Oui, moi... si je vous garantis cela, verriez-vous quelque difficulté à me confier les deux femmes de la maison Albamonte ?

— Songez à l'entreprise dans laquelle vous vous lancez, Blasco !

— Je sais ce que je dis...

— Vous avez donc ce pouvoir ? demanda Coriolano avec un regard pénétrant.

— Je l'ai.

Il y avait tant d'assurance dans ses paroles, que Coriolano le considéra avec une stupeur croissante. Qu'est-ce qui pouvait le rendre si sûr de lui ? Peut-être s'était-il raccommodé avec la duchesse et comptait-il se servir de celle-ci pour parvenir à ses fins ? Cela ne lui semblait pas suffisant pour donner au jeune homme tant de certitude : Don Raimondo ne s'était jamais laissé faire par son épouse. Qu'était-ce donc ? Il valait mieux ne pas repousser la proposition de Blasco, mais on ne pouvait non plus l'accepter entièrement.

Il n'y avait qu'une voie possible.

— Voulez-vous une trêve ? demanda-t-il.

— Soit, faisons une trêve...

— De quelle durée ?

— Le temps d'aller à Turin et de revenir..

— Épargnez-vous ce voyage, puisque le duc de la Motta sera bientôt ici...

— Comment cela ?

— D'ici quinze jours, vingt tout au plus, il saura que sa famille est en notre pouvoir.

— Et pendant tout ce temps, cette pauvre créature... ?

— Elle ne souffrira pas le moindre désagrément, je vous l'ai dit.

Blasco baissa la tête en pensant à Violante et un effroi douloureux lui poigna le cœur. Avec un mélange de regret, de colère et de souffrance, il murmura :

— Ah ! pourquoi, pourquoi est-ce vous qui vous trouvez devant moi, comme un inconnu, comme un ennemi ?

Coriolano sourit et remit son masque, en répondant gravement :

— Blasco, ici deux hommes seulement ont vu mon visage : vous et Don Girolamo Ammirata. Personne d'autre. Les vingt frères qui se trouvaient dans la salle ont beau être les principaux membres de la société, ils ne connaissent que ce masque ; pour les autres affidés, je suis un mythe. Que ce soit ici ou dehors, et même quand nous sommes seuls, il ne faut pas laisser transparaître quoi que ce soit, en ce qui me concerne !

— Voulez-vous que je vous promette le plus scrupuleux silence ?

— Non, je vous connais. Et maintenant, attendez que j'envoie quelqu'un vous chercher et obéissez-moi en tout.

Il sortit, en laissant le jeune homme plongé dans mille pensées, mille sentiments, qui tourbillonnaient dans son esprit. Le tribunal des Beati Paoli était encore réuni ; ces hommes avaient déposé un moment leurs masques et parlaient entre eux ; quelques-uns rassemblés autour de l'Ammirata se faisaient raconter les détails de l'échec de la tentative de rapt de Violante. Don Girolamo l'avait échappé belle ; mais Andrea avait reçu un coup d'épée qui, à un doigt près, aurait pu l'expédier *ad patres*.

— Ce jeune homme est un démon, je vous dis.

Coriolano rentra dans la crypte à ce moment et aussitôt se fit un grand silence. Tous remirent le masque et reprirent leur place. Le chevalier de la Floresta dit :

— Nous avons un nouveau frère. Que chacun de vous l'aide et le protège s'il le voit en danger.

Un moment plus tard, Blasco fut introduit dans la salle et, pris au dépourvu par Coriolano, dut jurer, selon la formule suggérée, fidélité et silence. Chacun des frères, à son tour, s'approcha, l'embrassa, se piqua le bras et avec une goutte de son sang lui fit une croix sur le front. Lorsque tous eurent repris leur place, on commença la relation des événements et des plaintes recueillies. La misère criait par la bouche de ces hommes, auxquels le masque donnait une immobilité et une impassibilité de marbre : les principales doléances portaient sur la collecte du « don » fixé par le parlement, impôt qui, comme à l'accoutumée, pesait uniquement sur le peuple. Cent mille écus devaient être prélevés sur la mouture du blé ; cent mille autres sur les bois domaniaux de la ville ; quarante mille sur la ville de Palerme, cent trente mille sur les marchands ; vingt mille sur les employés ; tandis que les barons ne devaient verser que cinquante mille écus, et l'Église moins de sept mille ; de sorte que le tribut des détenteurs de toute la terre et de toute la richesse, noblesse et clergé, représentait moins d'un tiers de la somme que devaient fournir les autres ; et cette faible contribution, les privilégiés l'arrachaient aux paysans par le truchement de leurs officiers, de leurs secrétaires, de leurs argousins, avec force vexations. Dans cette crypte qui paraissait coupée du monde défilaient de lugubres histoires d'extorsions, de saisies, de ventes forcées, qui jetaient sur le pavé les pauvres gens incapables de payer pour eux comme pour les seigneurs et les couvents dont ils étaient vassaux. On entendit aussi les griefs contre ces sangsues d'usuriers, contre les juges qui servaient leurs amis ou se laissaient corrompre, contre les commis de l'État, inhumains et avides, qui cherchaient à arracher encore quelque chose aux victimes, pour leur propre compte.

Blasco écoutait et sentait un vide s'élargir dans sa poitrine : la vie lui apparaissait sous un aspect assez différent et tout un monde insoupçonné se révélait à ses yeux. Quant au Parlement, qui se réunissait en grande pompe et se posait en défenseur et garant du royaume, à cette Assemblée dont tous étaient jaloux, elle lui apparaissait à présent comme complice de ces spoliations.

L'aube approchait quand la séance fut levée. Les Beati Paoli se retirèrent l'un après l'autre, absorbés par l'ombre mystérieuse d'un couloir. Quand tous furent sortis, Coriolano dit à Blasco :

— Allons-y.

Mais au lieu de suivre le chemin emprunté par les autres, il conduisit Blasco à une porte secrète qui donnait sur un escalier, sur le palier duquel, devant une Madone peinte sur l'ardoise, brûlait une lampe à huile. Blasco nota que la première fois, en entrant, il avait dû descendre et que cette fois, au lieu de remonter, ils descendaient encore. L'escalier se terminait dans un large vestibule fermé par une petite porte basse. Coriolano tira de sa poche une clé et l'ouvrit, sortit, fit sortir Blasco et referma :

— Vous voyez, dit-il en souriant. Nous sommes sous la protection de la loi ; cette maison d'où nous venons d'émerger appartient à un juge.

C'était la maison du juge Baldi, dans la rue qui mène de San Cosmo au Capo.

VIII

En revenant à Palerme avec Violante, encore émue et fiévreuse, Donna Gabriella était la proie d'un profond abattement, au fond duquel fermentait un mélange de colère, de dépit, d'amour-propre blessé, de jalousie et de haine. Une haine qui enveloppait ensemble Violante et Blasco.

Elle ne pouvait croire qu'un homme amoureux, en présence de la femme aimée, pût s'imposer le plus grand des sacrifices, celui du silence. Elle était sûre que Blasco avait parlé ; qu'il avait ouvert une brèche dans le cœur de la jeune fille, déjà bien disposée envers lui. Mais elle aurait voulu recevoir de leurs deux bouches une confirmation précise et détaillée ; elle aurait voulu goûter l'amère joie de tourmenter sa jalousie et d'alimenter sa haine grâce à un récit minutieux. Que Blasco aimât Violante, elle en était sûre désormais ; l'aspect du chevalier, le ton de ses paroles, son trouble, cette rougeur subite : autant de signes révélateurs qui dissipaient jusqu'au dernier doute.

Tout au long de la route, dans le balancement de la litière, la duchesse ne prononça pas un mot. Mais dès leur arrivée au palais, elle s'enferma avec sa belle-fille. La saisissant violemment par le poignet, elle planta son regard dans les yeux de Violante :

— C'est ainsi, demanda-t-elle durement, que tu préserves l'honneur de ta maison ?

Violante la dévisagea, stupéfaite, épouvantée : elle ne comprenait pas mais l'aspect de Donna Gabriella et la véhémence du geste lui inspiraient une terreur éperdue. Que signifiait cette question ? De quel honneur parlait-elle ? Quel mal avait-elle fait ?

— Madame ma mère, balbutia-t-elle, je ne comprends pas !

Avec un ricanement convulsif, la duchesse répliqua :

— Tu ne comprends pas ? A ton âge, tu ne comprends pas ?... Je te le ferai comprendre, moi !

Elle observa un instant de silence, comme pour goûter par avance les plaisirs de l'inquisition qu'elle voulait mener ; puis, la bouche amère, elle demanda :

— Quand le seigneur Blasco t'a mise en selle, devant lui... il t'a mise en selle devant lui, n'est-ce-pas ?

— Oui...

— Eh bien, il t'a étreinte ? Il t'a tenue par la taille... comme cela ?

Elle la serra contre elle, en lui pressant le sein ; et sa main tremblait...

— Non, madame ma mère, répondit Violante avec simplicité, il m'a dit en fait : « Accrochez-vous à moi » et c'est moi qui me suis accrochée à lui pour ne pas tomber...

— Et... et cela t'a plu de te serrer contre lui ? Tu en as éprouvé de la joie ?

Violante rougit, sa pudeur se révoltait.

— Allons, parle !

— Je ne sais... je ne saurais dire, balbutia la jeune fille, j'avais si peur !

— Tu ne le trouves pas beau, le seigneur Blasco ?

Violante rougit encore, puis pâlit et ses lèvres devinrent blêmes. Sa poitrine se souleva. D'une voix suppliante, elle bredouilla :

— Pourquoi me posez-vous ces questions qui me font mourir de honte ?

Sa voix tremblait, pleine de larmes contenues. Mais Donna Gabriella sentit qu'il lui fallait être impitoyable, féroce :

— Avoue, dit-elle d'une voix altérée par la colère, que tu aimes le seigneur Blasco !

Violante poussa un cri et se cacha le visage dans les mains. Aimer ? Que voulait dire sa marâtre ? Voilà que cette parole éveillait au fond de sa conscience d'obscurs instincts qui, se révélant tout à coup, la troublaient profondément. Ce mot : aimer, qu'elle avait prononcé tant de fois dans les prières, prenait un sens nouveau, plein de mystères, de peurs, de menaces, et se chargeait aussi d'une autre signification, comme s'il lui indiquait quelque chose à quoi elle devait tendre... avec un homme... Un homme !... Le seigneur Blasco ! Le voile qui, dans son esprit, enveloppait le chevalier, soudain se déchirait ; cette obscure sympathie ; ce doux sentiment d'attraction qui ne lui semblait rien avoir d'extraordinaire, ni de différent de ce qu'elle éprouvait pour d'autres personnes dont la vue lui faisait plaisir ; cette admiration, cette confiance, cet abandon, cette joie de le voir près d'elle, de se savoir sauvée par lui, de parler de lui ; tout cela était donc de l'amour !... Elle aimait Blasco !

Alors seulement, elle trembla à la pensée qu'il l'avait serrée contre lui, qu'elle avait dormi, son visage tout près de celui du jeune homme, les mains dans ses mains à lui. Un frisson la prit, une douleur et une langueur mêlées coururent dans ses veines, un sanglot lui souleva la poitrine. Elle aimait Blasco !...

Penchée sur elle, Donna Gabriella la scrutait ; son regard descendait dans les replis secrets de ce cœur sans expérience qui, ignorant le mensonge, se dévoilait.

— Tu l'aimes donc ? insista-t-elle.

Elle lui ôta violemment les mains du visage. Violante crut avoir commis une grande faute ; l'aspect menaçant de sa marâtre lui faisait apparaître ce qu'elle avait appelé de l'amour, comme une chose monstrueuse. Elle se jeta à genoux, devant Donna Gabriella, en sanglotant :

— Pardon ! Pardon !

Pardon pour quoi ? De quoi s'accusait-elle ? Qu'avait-elle fait ? Pardon !... Donna Gabriella prit ce mot pour un aveu. La colère et la jalousie l'aveuglèrent ; elle frappa sa belle-fille, la jeta par terre, en s'exclamant entre ses dents serrées :

— Tu ne le reverras jamais plus !... Non, jamais !... Plus jamais !...

Elle sortit en refermant la porte derrière elle, laissant la pauvre enfant à terre, sanglotante et atterrée.

La duchesse était assoiffée de vengeance. Elle fit aussitôt atteler son carrosse et se rendit au Palais Royal pour demander une audience extraordinaire au vice-roi.

A la vérité, ce n'était pas un jour d'audience et le vestibule était vide de solliciteurs ; du reste, celui-ci n'avait rien de commun avec l'antichambre des vice-rois espagnols, à laquelle les Siciliens étaient accoutumés.

Les habitudes de parcimonie que le roi avait cherché à imposer à la noblesse du royaume étaient rigidement observées à la Cour de son représentant. S'il y avait le contingent strictement nécessaire de laquais, de valets, de pages, d'huissiers, de chambrières, de secrétaires et d'officiels, on ne voyait pas la cohorte de chevaliers et de parasites qui remplissaient les salles du Palais Royal au temps de la vice-royauté espagnole, et qui formaient par eux-mêmes une Cour somptueuse et véritablement royale. Les livrées n'avaient pas le luxe de galons et de broderies auxquels s'étaient habitués les yeux des citadins, et dont ils s'enorgueillissaient, y voyant une espèce de respect envers eux-mêmes, une preuve de la considération dans laquelle les tenait le représentant du roi.

L'antichambre du vice-roi avait la modestie d'un lieu où l'on allait droit au fait, où l'on n'avait cure de l'apparat et des vanités. Comme les vice-rois espagnols, le comte Maffei avait accepté le don de mille onces pour lui et de deux cents pour son majordome, mais il n'en avait pas pour autant changé son train de vie, ni placé la Cour de la vice-royauté sur un pied plus somptueux.

Quand la duchesse arriva au Palais Royal, le comte était encore dans son cabinet de travail, avec son secrétaire, occupé à préparer le courrier ordinaire du roi, et à tenter de s'orienter dans le labyrinthe de lois, de coutumes, de constitutions, de privilèges, de règlements, de juridictions qui formait la législation du royaume. En outre, il lui fallait se préoccuper de la querelle avec Rome.

Cependant, l'aspect égaré de la duchesse, son nom, incitèrent le majordome à présenter la requête à Son Excellence. Celle-ci daigna recevoir la duchesse, dans une pièce voisine. Le comte fut lui aussi impressionné en voyant Donna Gabriella, et craignit que de Turin lui fût parvenue quelque douloureuse nouvelle.

— Je viens implorer la justice de Votre Excellence, lui dit Donna Gabriella.

— Je suis ici précisément pour remplir cet office, madame ; parlez donc...

— Votre Excellence sait qu'une pensionnaire fut enlevée l'autre nuit au monastère de Montevirgini.

— Oui, eh bien ?

— Votre Excellence n'ignore pas que la pensionnaire est la fille du duc de la Motta... ma belle-fille...

— Oui, et j'ai donné les ordres les plus rigoureux pour qu'on la recherche et qu'on punisse les coupables...

— Il est inutile de la rechercher, elle est chez moi !

— Comment cela ? On ne l'avait donc pas enlevée ?

— Si, Excellence ; et ce matin, prévenue par la pauvre enfant, je suis allée la rechercher à la campagne, où ils l'avaient à peu près abandonnée... et en quel état !...

— Madame, j'en suis stupéfait... Où cela ?

— A la Grazia... Je connais les coupables, ou plutôt le coupable...

— Et de qui s'agit-il ?

— D'un aventurier, que, dans sa générosité, mon seigneur et époux le duc avait admis sous notre toit ; un certain Blasco de Castiglione, qui peut-être voulait attenter au patrimoine de la jeune fille, cohéritière du duc...

— Blasco de Castiglione ?... Un instant, madame, n'est-ce point un jeune homme qui fut arrêté à Messine et qui s'est évadé ?

— Précisément !

— Mais il est recherché par la justice !

— Eh bien, il s'en moque, puisqu'il peut venir à Palerme et, en dépit de tout, mener à bien une entreprise comme le rapt d'une pensionnaire.

— Mais on a accusé les Beati Paoli.

— Il doit être un de leurs chefs.

— Madame peut me donner des indications sur le coupable ?

— A ce qu'il semble, il rôde dans les campagnes. Le lieu où j'ai trouvé ma belle-fille appartient au prince de Trabia...

— Fort bien. Je vous remercie de ces renseignements.

— Mais on ne saurait exclure, Excellence, qu'il soit venu à Palerme et qu'à cette heure, peut-être, il s'y trouve...

— On lui connaît des amis, autres que ceux de la secte ?

— Un, à ce que je sais... le chevalier de la Floresta.

— Un seigneur ?

— Oui, il est connu...

— Son protecteur ?

— Peut-être...

— Je donnerai les ordres convenables...

— Votre Excellence doit considérer que, depuis ce rapt, la jeune fille, si elle n'a pas perdu la vie dans l'aventure, y a laissé au moins sa réputation.

— Madame, laissez-moi faire...

Ces mots semblaient clore l'entretien mais la duchesse ajouta :
— A présent, je ne me sens plus en sécurité dans mon palais : je supplie Votre Excellence de m'abriter dans une forteresse du royaume, avec ma belle-fille, pour ma tranquilité... jusqu'au retour du duc mon mari..
Le vice-roi réfléchit une minute avant de répondre :
— L'idée n'est pas mauvaise. Le château de Termini vous conviendrait-il? Si je ne m'abuse, la famille du vice-roi s'y réfugia durant les troubles de 1709...
— Cela me convient et je remercie Votre Excellence de tant de bonté. Je voudrais vous supplier de donner les ordres nécessaires, parce que je partirai vite...
— Vous voulez partir par voie de terre? Je ne vous le conseillerais pas : on m'a signalé une bande de brigands de grands chemins, qui rôdent sur la route de Termini.
— Je partirai par mer; je commanderai une felouque...
— Je la ferai accompagner d'un sergent d'armes.
— Oh, Excellence, je vous en suis très reconnaissante et j'écrirai à mon époux quelles bontés vous m'avez témoignées...
Cette fois, Donna Gabriella se leva, baisa la main de Son Excellence, et retourna au palais. A peine entrée, elle appela le majordome :
— Allez tout de suite à la Cala louer une felouque pour Termini. Nous partons dans deux heures, trois au plus tard, et faites préparer les malles pour moi et la demoiselle.
L'ordre mit en ébullition le palais, qui était déjà sens dessus dessous du fait des événements extraordinaires des derniers jours. Les chambrières s'affairaient à remplir les malles et les sacs de vêtements, de linge et de joyaux, et de tout ce qui pouvait composer l'habillement de la maîtresse. Des serviteurs allaient et venaient pour avertir l'avoué, le rationnel ou *contatore* comme on disait alors, et les parents. Durant ces deux heures, on se démena, on courut, des carrosses et des chaises défilèrent devant la maison. Les domestiques semblaient avoir perdu la tête. Dans la rue, où durant toute la journée, les bavardages et les commentaires sur le rapt et le retour de la jeune fille avaient occupé toutes les conversations, des attroupements se formaient. La nouvelle que la duchesse partait pour Termini avec sa belle-fille courut de bouche en bouche. Chacun expliquait la chose à sa manière. Certains voyaient même dans ce départ une punition pour ne pas avoir assez bien surveillé l'enfant.
Quand, à vingt et une heures d'Italie, la duchesse sortit du palais, en carrosse, avec sa belle-fille à ses côtés, suivie par une autre voiture transportant sa femme de chambre et un serviteur, elle trouva la rue presque barrée par la foule et eut du mal à s'ouvrir un chemin.
Les parents les plus proches l'accompagnèrent jusqu'à la Cala, où la

felouque était amarrée, près de l'église de Piedigrotta. Durant tout ce temps, la duchesse n'adressa pas une parole à sa belle-fille. Les seuls mots qu'elle lui avait dits, à son retour du Palais Royal, avaient été :

— Les jeunes filles comme vous, on les enferme dans un château. Préparez-vous à partir...

Violante fut comme pétrifiée par cette nouvelle et plus encore par la dureté avec laquelle elle lui fut annoncée : elle obéit et durant le trajet, se tint dans un coin du carrosse, comme pour se soustraire aux regards des passants, la tête basse pour ne rien voir et n'être pas vue. Elle croyait vraiment avoir commis une faute grave, et que cela se lisait sur son visage. Cependant, depuis que les paroles de Donna Gabriella avaient dissipé la brume de son inconscience et lui avaient révélé, sans le vouloir, les profondeurs de son cœur, Violante ne pensait plus qu'à Blasco. L'image du jeune homme la hantait : elle le revoyait dans cette attitude où elle l'avait longuement regardé, son beau visage posé sur l'oreiller, plongé dans la douce paix du sommeil.

IX

La splendeur d'un ciel automnal s'étendait sur l'après-midi et la mer, à travers l'immensité du golfe et jusqu'aux limites de l'horizon, formait un grand pan d'azur à peine ridé. Baigné de lumière, le cap Zaferano était un bloc de rose et de violet tandis que le Mont Pellegrino semblait une ombre grise.

La felouque avait déployé ses ailes et semblait frétiller sur les ondes, légère comme un grand oiseau. Le capitaine, debout à la poupe, réglait la manœuvre et adressait ses ordres par signes au timonier. Donna Gabriella et Violante avaient pris place sur des coussins disposés dans la cabine ; les deux domestiques s'étaient installés à côté, sous une tente. Un grand chien noir s'était approché d'eux puis avait flairé la cabine, taciturne et sérieux, avant de retourner se blottir aux pieds du capitaine. L'équipage de six hommes, mousse compris, s'employait à mettre le navire au vent. Un petit pavillon blanc et rouge, hissé à la cime du mât, produisait un bruissement égal et continu. Le sergent d'armes qui accompagnait les femmes arpentait le pont.

Tandis que le navire gagnait le large, la côte se déployait devant les yeux de Donna Gabriella, et la ville se découvrait nettement, du bastion de

Gonzaga au flanc méridional des bastions du Tuono et de Vega, à la Porte Heureuse, jusqu'au fort de la Garita qui gardait l'entrée de la Cala et au Château, qui se dressait de l'autre côté. Au-delà des bastions surgissaient les clochers et les coupoles; on reconnaissait ceux de la cathédrale, jaunes et pointus. Au-delà, l'esplanade de Sant'Erasmo avec les forts de la Tonnarazza et du Sagramento, puis le vert des jardins; au fond, la couronne des monts, un amphithéâtre vaste et magnifique, et la ville de Monreale étendue sur un col, avec devant elle le petit village de Parco et au-dessus les ruines du Castellacio. Puis, comme le soleil descendait peu à peu derrière la cime aiguë du mont Cuccio, toute la scène se couvrait d'une ombre cendreuse, de laquelle émergeait un sommet, une pointe rose, qui devenait couleur de cuivre rougissant, puis s'effaçait, rentrait dans l'obscurité. Une grande mélancolie enveloppait toute chose. Le soir tombait. De la ville désormais éloignée parvenait le son des cloches, lointain et doux. D'autres navires, qui rentraient au port, passaient devant la felouque en silence.

Celle-ci avait déjà rejoint la hauteur du cap Zafferano et à présent en doublait l'extrême pointe, au-delà de laquelle s'ouvrait, plus vaste et moins tranquille, l'ample baie où se dressaient Termini et Cefalù. L'entrée en était marquée par l'extrême saillie du mont Catalfano, dont les bords étaient dentelés de baies et de rochers qui formaient autant de cachettes. Une galère pouvait s'y dissimuler à la vue et les barbaresques s'y plaçaient souvent, échappant à la vigilance des gardes de la marine, répartis le long du littoral, dans les tours de guet dont demeurent encore quelques ruines.

La felouque avait dépassé ces espèces d'îlots rocheux qui forment l'extrême pointe du cap et entrait, en longeant la côte, dans la grande baie palermitaine. En prenant un nouveau cap, le capitaine avait fait amener des voiles et allumer le fanal de la proue, quoique les dernières lueurs du jour dominassent encore dans le ciel. Et certain désormais de la route, il s'était assis sur le gaillard d'avant, où les marins, ayant fait un feu dans un petit fourneau de terre cuite, cuisinaient une soupe de poisson. Sur la demande de Donna Gabriella, une lampe de poterie émaillée éclairait la cabine et la duchesse récitait le rosaire, tandis que Violante restait recroquevillée dans un coin, sans bouger ni souffler, apeurée et intimidée par sa marâtre.

Tout à coup leur parvint une grande rumeur de rames et une barque surgit de derrière un îlot, en se déplaçant sur la même ligne que la felouque. C'était une de ces balancelles de haute mer, longues et rapides. Le capitaine fouilla la pénombre du regard et dit :

— Huit rameurs et beaucoup de monde à bord... Sans doute des soldats... On dirait que nous suivons le même cap...

La barque, qui voguait à bâbord de la felouque, l'avait dépassée d'une quarantaine de brasses quand tout à coup, elle s'arrêta, vira de bord et se plaça sur la même route que la felouque, comme pour la serrer bord à bord.

Le capitaine se leva et vint se placer au bastingage mais tout à coup brillèrent les canons des fusils, des lampes percèrent les ténèbres, des balles sifflèrent, trouant et déchirant la voile, et la brûlant en quatre ou cinq points.

— Ohé ! cria le capitaine en empoignant un fusil. Le sergent le lui prit des mains et fit feu, mais une deuxième décharge déchiqueta encore la voile, frappa le mât, blessant sergent et marins. La lueur de la fusillade éclairait les hommes de la barque.

— Nous sommes attaqués par les corsaires ! s'exclama le capitaine.

Une odeur de roussi annonçait que la voile brûlait.

— Les rames ! Les rames ! ordonna le commandant de la felouque.

Mais la barque l'avait abordée ; des bras munis de gaffes et de harpons l'immobilisèrent. Douze hommes, dont certains vêtus à la mode barbaresque et d'autres d'une étrange manière, mais armés de fusils et de haches fondirent sur la felouque, en se jetant sur le capitaine et les marins, que la peur de cet assaut avait cloués sur leur bâtiment.

La fusillade avait glacé le sang de Donna Gabriella et de Violante. Elles ne savaient pas ce qui se passait, mais redoutaient quelque catastrophe. A l'époque, les captures de navires étaient assez fréquentes pour qu'on redoutât de faire une mauvaise rencontre et le capitaine avait préféré naviguer de nuit le long de la côte parce que l'obscurité était plus sûre. Donna Gabriella songea donc aussitôt au terrible danger de tomber entre les mains des barbaresques et la terreur qu'elle en eut fut si grande, qu'elle manqua s'évanouir. Elle savait quel sort était réservé aux femmes jeunes et belles : le harem. Oui, elle savait qu'on vendait des fillettes et des femmes sur les marchés de Constantinople, d'Alger ou de Tunis et qu'elles étaient ensuite revendues au sultan ou au Bey.

D'instinct, elle se réfugia au fond de la cabine en se recroquevillant pour se cacher mais deux hommes se présentèrent à la porte en criant :

— Pas un geste, ou vous êtes mortes !

Mais elles ne pouvaient bouger ; la terreur leur avait paralysé la langue et engourdi les membres. Deux hommes les saisirent et les transportèrent dans leur barque : les autres, après avoir bâtonné et attaché les marins, le valet et la femme de chambre, fouillèrent la felouque, rassemblèrent les armes, une tente, les coussins, le bagage des dames et retournèrent avec leur butin sur la balancelle.

Les deux femmes s'étaient recroquevillées, muettes, terrorisées ; dans le péril commun elles se serraient l'une contre l'autre pour se réconforter. Les corsaires plantèrent la tente au-dessus des bancs de poupe, y placèrent les coussins et y installèrent leurs prisonnières. Puis, empoignant les rames, ils refirent le chemin inverse de celui qu'avait suivi la felouque, qu'ils abandonnèrent à la merci du vent et des ondes, avec ses hommes garrottés sur le pont.

A ce moment la lune pointa derrière les monts et répandit sa douce lumière sur toute chose.

Ayant passé le cap Zafferano, au lieu de retourner vers la ville, comme une espérance stupide l'avait fait croire à Donna Gabriella, la barque gagna vivement le large ; les huit rames fendaient sur un rythme régulier les ondes qui se brisaient en mille reflets, comme des étincelles blanches emprisonnées dans un brasier qu'on tisonne.

Au fond de la balancelle, sous la tente, les deux femmes se tenaient serrées, en regardant les rameurs qui se baissaient dans un mouvement uniforme, et les hommes armés qui, le fusil sur le bras, surveillaient la mer. Donna Gabriella ne pouvait voir leurs visages ; certains avaient un masque noir, d'autres se dissimulaient sous une espèce de capuchon. Le soin qu'ils prenaient de se cacher le visage éveilla le soupçon de la duchesse : était-ce là des manières de corsaires ? D'ailleurs, leur bateau était une barque de pêcheur, et non un navire de course, une de ces galères ou un de ces brigantins à trois mâts dont, nulle part sur le vaste miroir de la mer, on n'apercevait la silhouette. Qui étaient donc leurs ravisseurs ? Ces vestes orientales dont certains s'étaient revêtus n'étaient-elles qu'un travestissement ? Ainsi, d'une pensée à l'autre, de doutes en soupçons, elle parvint à une conclusion qui lui parut certaine et la fit frissonner : c'étaient les Beati Paoli ! Leur première tentative avait échoué à cause de l'intervention de Blasco, ils réussissaient à présent, ils faisaient même mieux, en s'emparant de deux personnes au lieu d'une ! Une terreur insensée l'envahit et la fit trembler de tous ses membres ; elle commença à claquer des dents, avec un grincement convulsif qui épouvanta la fillette.

— Que se passe-t-il donc, madame ma mère ? bredouilla-t-elle, éperdue.

La duchesse ne répondit pas. Elle regardait ces hommes, s'attendant d'un moment à l'autre à être massacrée. Il lui revenait en mémoire les paroles de son époux, le récit des persécutions que, pour venger les fautes dont ils l'accusaient, ils lui infligeaient sans trêve et elle imaginait que si la haine de la secte était si grande, l'épouse de Don Raimondo lui serait certainement immolée. Mais en quoi cela la regardait-elle ? Pourquoi lui faire payer à elle, qui n'y avait aucune part, les crimes dont ils accusaient Don Raimondo ? Violante... mais Violante était sa fille à lui, et jusqu'à un certain point, il était compréhensible qu'on punît le père à travers son enfant. Mais elle, Donna Gabriella, n'était pas de leur sang ; des raisons de convenance plus que de sympathie l'avaient liée à lui, et elle pouvait aussi dire que jusqu'à une époque récente, sa vie et celle de Don Raimondo étaient restées séparées. Elle se repentait de s'être associée à lui et d'avoir assumé, en le défendant, une part des responsabilités de son mari : les Beati Paoli savaient certainement ce qu'elle avait fait à Messine et se vengeraient. Cette idée lui emplissait la poitrine de sanglots.

Violante ne disait rien. Le surcroît d'épouvante soudain manifesté par sa marâtre la terrorisait d'autant plus qu'elle en ignorait le motif.

Cependant, la barque filait. La côte paraissait lointaine et la masse du mont Pellegrino, noire et découpée, découvrait à présent derrière elle, plus bas, à pic sur la mer, le mont Gallo. A présent, au fond de l'horizon, apparaissaient les contours incertains d'une montagne isolée vers laquelle la balancelle semblait se diriger. Donna Gabriella reconnut Ustica.

Ils allaient donc sur cette île solitaire, ce nid de pirates ? Là, on pourrait la tuer et abandonner son corps aux rapaces sans que nul n'en sût jamais rien. Elle regarda les lointains rivages déchiquetés de la Sicile et songea qu'à quelques milles, au fond d'une large baie, sur une colline, il y avait le château de Carini, où nul n'aurait songé à lui nuire, parce qu'elle y aurait été défendue par des vassaux de sa maison. Comment n'avait-elle pas pensé à s'y réfugier? Alors lui revinrent à l'esprit les raisons pour lesquelles elle était partie pour Termini, et elle vit en sa belle-fille la source de ses malheurs ; et la haine éteinte par la peur se ralluma. Avec une joie féroce, elle pensa que la jeune fille aussi allait être tuée, et qu'avant de l'assassiner, ces hommes abuseraient certainement de ce fruit encore vert ; Violante passerait de bras en bras, humiliée, souillée de baisers obscènes, avant de mourir : et personne ne viendrait la sauver, personne !

Ainsi passa la nuit ; la lune était déjà haute dans le ciel et répandait partout sa clarté. Ustica apparaissait clairement, avec ses vallées profondes et noires, ses rochers à fleur d'eau, ses rives ourlées d'une écume qui dans la blancheur lunaire brillait comme de l'argent.

La barque enfin s'arrêta dans une petite rade naturelle abritée du vent par des roches. Alors, un des hommes se présenta sur le seuil de la tente :

— Levez-vous, dit-il, nous sommes arrivés.

Donna Gabriella joignit les mains :

— Messieurs, messieurs ! supplia-t-elle, ayez pitié de moi. Je vous donnerai tout ce que vous voulez, mais ne me faites rien... Je n'ai rien fait... Je ne vous connais pas... Ayez pitié !

L'homme la rassura :

— N'ayez crainte. Il ne vous sera pas fait le moindre mal et nul ne vous manquera de respect... Mais il faut débarquer...

— Vous m'abandonnez dans cette île ?

— Non, madame... Mais dépêchons-nous.

Violante suivait ce dialogue dans l'angoisse, en espérant une parole de réconfort. Comme un agneau devant le couteau qui va l'égorger, elle attendait, tremblant à l'idée d'être abandonnée à la merci des hommes qui l'avaient enlevée la première fois. Il fallait obéir. Ces hommes armés s'étaient placés devant et derrière elles, comme pour empêcher même un acte de folie. Ils les aidèrent à mettre pied à terre et les emmenèrent sur la côte, au milieu des roches, où ils s'arrêtèrent. Quatre hommes s'assirent, le fusil entre les jambes, le masque sur le visage, taciturnes et rigides. Donna Gabriella vit que sur le bateau, ceux qui avaient des tenues barbaresques s'en débarrassaient, les roulaient et les cachaient à la poupe tandis que les autres, se fiant à l'éloignement pour rendre leurs traits indistincts, ôtaient masques et capuchons. Avec un serrement de cœur, elle regarda la barque s'éloigner de la rive et prendre le large. Peu après, l'aube pointait et une brise fraîche souffla, qui donnait la chair de poule.

Un des quatre hommes restés pour les garder, s'aperçut que les deux femmes avaient froid et leur tendit des manteaux sans mot dire. Vers midi, un petit deux-mâts aux voiles déployées s'approcha de la côte. Donna Gabriella et Violante se regardèrent. Elles se demandaient si c'était un secours inespéré. Mais bientôt, désillusionnées, elles tremblaient à l'idée d'un nouveau péril.

En fait, le navire avait hissé à plusieurs reprises une espèce d'oriflamme rouge en haut d'un mât; un des gardiens tira de sa poche un mouchoir rouge, le lia au canon de son fusil et debout sur une roche, il le brandit par trois fois. Il n'était pas bien difficile de comprendre que le navire et les hommes échangeaient des signaux.

— Ils viennent nous prendre, annonça sèchement un des hommes masqués à Donna Gabriella.

— Pour aller où?

— Nous ne le savons pas...

— Comment cela?

— Nous ne le savons pas, répéta l'homme sur un ton sans réplique.

Peu après le bâtiment aborda à faible distance de la côte et mit à la mer un caïque avec un rameur. Il prit les deux femmes avec un des gardiens masqués, qui les accompagna à bord. Le caïque retourna à terre pour embarquer les trois autres et une heure plus tard, le bâtiment virait de bord, prenait le vent et filait comme une flèche.

Donna Gabriella et Violante furent introduites dans la cabine du commandant, au château de poupe, où étaient disposés une espèce de lit et une petite table. Elles ne voyaient personne, mais comprirent vite que les hommes masqués et ceux qui manœuvraient le navire appartenaient tous à la même bande. En fait, un homme qu'elles n'avaient pas remarqué jusque-là, mais qui avait lui aussi un masque sur le visage, s'était approché de la cabine et après avoir fait déposer sur la table une corbeille, avait dit à Donna Gabriella, sur un ton courtois :

— Votre Seigneurie a probablement faim; il y a là quelques plats froids... Que Votre Seigneurie se restaure et soit tranquille.

Mais elle n'avait pas faim : la peur sans doute. Elle s'étonna de ces manières courtoises, qui donnaient l'impression qu'elle était non une prisonnière mais une dame voyageant pour son plaisir. Un marin, le bonnet à la main, lui avait dit :

— Si Votre Seigneurie a besoin de quelque chose, qu'elle m'appelle en tapant sur les parois.

Oh ! elle n'avait qu'un seul besoin, unique et impératif : savoir où ils l'emmenaient et pourquoi ils l'avaient capturée. Elle frappa. Le marin parut sur le seuil :

— A vos ordres ?

— Appelez-moi le capitaine, le maître, celui qui commande, en somme.

— Tout de suite.

Un vieux loup de mer au crâne rasé, au rude visage hâlé, vint peu après, le chapeau sur la tête et les manches retroussées.

— Votre Seigneurie m'a demandé ?

— Excusez-moi, brave homme. Vous êtes le capitaine ?...

— Oui, Illustrissime.

— Eh bien, je vous prie de me dire où nous allons...

— Je ne sais, ils ont loué mon bâtiment... je commande la chiourme, je sais quelle route je dois faire, mais j'ignore encore en quel point il faudra débarquer.

— Mais où sommes-nous ?

— A la hauteur du Cap San Vito.

— Comment se fait-il, si vous êtes le capitaine, que vous ignoriez où nous devons débarquer ?... Il y a donc quelqu'un d'autre qui commande ?

— Oui, Illustrissime.

— Vous êtes un brave homme et je me souviendrai de vous ; je vous supplie de m'appeler celui qui commande...

— Si ce n'est que cela, je vais le faire tout de suite.

Elle attendit, anxieuse de connaître ce chef et de savoir les raisons de leur capture. Violante ne parlait pas mais la regardait faire, l'âme pleine de terreurs mystérieuses. Mais la duchesse fut bientôt déçue en voyant entrer dans la cabine l'homme masqué qui les avait invitées à se restaurer.

— Votre Seigneurie désire me parler ?

Donna Gabriella joignit les mains :

— Si vous êtes le chef, monsieur, je vous prie sur ce que vous avez de plus sacré de me dire pourquoi vous m'avez séquestrée, où vous me conduisez... Ce que vous voulez de moi...

— Rien, madame : nous ne voulons rien. Nous avons l'ordre de vous retenir, avec tous les égards dus à votre condition et de vous débarquer dans la marine de Girgenti...

— Ce n'est donc pas vous qui commandez ?

— Non, madame.

— Et qui donc ?

— Dieu seul le sait.

— Oh, monsieur, ne vous moquez pas de moi ; je vous en prie, par les âmes de vos morts... Qui vous a ordonné d'agir ainsi ?

— Je vous l'ai dit, notre chef...

— Mais...

— Je croyais que Votre Seigneurie avait compris entre quelles mains elle se trouvait...

— Les Beati Paoli, balbutia-t-elle en tremblant.

— Pour vous servir, confirma-t-il en s'inclinant, un sourire ironique aux lèvres.

— Les Beati Paoli, répéta Violante, qui se sentait défaillir au souvenir de son premier rapt.

Cette fois elle était entre leurs mains, sans espoir d'être sauvée par quiconque. Du fond de son cœur émergea l'image du preux et valeureux Blasco : où était-il donc ? Et pourquoi n'avait-il pas veillé sur elle ?...

Un silence oppressant tomba sur les deux femmes, qui ne savaient que dire et que faire et leur terreur était si vive que l'homme masqué parut s'en émouvoir.

— Que Votre Seigneurie se rassure. Il ne sera pas touché à un seul cheveu de sa tête. Rien ne lui manquera de ce qu'il convient de fournir à une dame de son rang ; et la chose vaut pour la demoiselle... Ayez confiance. Les ordres sont rigoureux et précis : ni vos personnes, ni vos biens, ni votre honneur n'auront à souffrir. Vous serez seulement retenues, et donc obligées de n'opposer aucun acte de résistance, de n'éveiller aucun soupçon, car en ce cas, nous avons pour consigne de vous tuer sur le champ...

Ces derniers mots eurent une intonation d'une cruelle dureté, que renforçait la vue d'un pistolet porté par l'homme à la ceinture.

— Mais je suis certain, ajouta-t-il plus doucement, que nous ne serons pas contraints à pareille extrémité. Du reste, pourquoi Votre Seigneurie se lamenterait-elle ? Vous vouliez vous rendre au château de Termini ; eh bien, nous vous conduisons dans une autre forteresse, où vous serez mieux servie et plus en sécurité...

— Mais c'est une prison !... une prison perpétuelle ! se récria désespérément Donna Gabriella.

— Oh non, madame ; elle ne durera que le temps qu'il plaira à Votre Seigneurie et à l'Illustrissime seigneur duc de la Motta, votre époux.

Le lendemain, Donna Gabriella et Violante débarquèrent en un point éloigné de la côte méridionale, sur un site sablonneux, qui s'élevait en collines jaunâtres, çà et là parsemées de lentisques et de bruyère, îles de verdure dans une mer jaune. La plage était déserte, et aucun chemin n'y était visible. Cinq hommes débarquèrent avec les femmes et les encadrèrent. Ils portaient des barbes et des perruques postiches qui les rendaient méconnaissables ; un seul gardait le masque sur le visage, c'était le chef avec lequel Donna Gabriella avait parlé.

Ils gravirent lentement la colline, au sommet de laquelle ils découvrirent à terre de grandes masses et des troncs de colonnes démesurées, au-dessus desquelles surgissait encore, comme un naufragé qui tend la main hors de l'eau, un pilier tronqué. C'étaient les vestiges de Selinonte, en grande partie encore enterrés. Près de ces ruines, ils rencontrèrent un voiturier qui emmenait liés l'un à l'autre, cinq chevaux et deux mules, harnachés et sellés.

Donna Gabriella et Violante furent hissées sur les mules, et placées entre les hommes qui étaient déjà en selle. Tout autour s'étendait une campagne uniforme, dépourvue de végétation, déserte, qui semblait n'avoir pas de fin. Dans les extrêmes lointains, derrière des côteaux et des collines arides ou couvertes de lentisques et d'herbes folles, on distinguait la ligne céruléenne des montagnes. Ils rencontrèrent des bergers qui surveillaient leurs moutons éparpillés dans les buissons en jouant d'un pipeau de roseau, appuyés sur un bâton. Le piaffement des montures leur faisait tourner la tête ; ils ôtaient leur bonnet en imaginant avoir affaire à deux dames qui regagnaient leurs terres, accompagnées de leurs gardes privés. Ce furent leurs seules rencontres ; les terres étaient désertes : pas une ferme, pas une maison, pas un verger, pas une citerne. Le latifundium, la grande propriété seigneuriale dans toute sa misère.

Sur une colline, on apercevait les tours de guet construites sur tout le littoral depuis le XVe siècle, et qui servaient principalement à prévenir de l'arrivée des galères barbaresques.

Ils galopaient en silence à travers cette vaste solitude ; le voiturier ne trouvait certes pas ce silence opprimant, puisqu'il entonna une de ces pathétiques chansons siciliennes qui semblent un gémissement de passion et de douleur.

Ce chant descendait dans l'âme de Violante comme une invite à pleurer : dans ces solitudes, au milieu de ces gens, devant l'incertitude du sort qui l'attendait, dans une région inconnue qui pouvait aussi bien être l'Afrique que la Sicile, privée d'un cœur dans lequel s'épancher, d'un sein sur lequel se réfugier, près de cette marâtre qui lui faisait peur, elle se sentait toujours plus transportée d'amour pour Blasco, dont l'image lui apportait comme un soulagement.

Donna Gabriella, au contraire, gardait le silence, le sourcil relevé, pâle, suspendue entre deux sentiments, la peur d'une vengeance préméditée depuis longtemps contre Don Raimondo, qui s'abattrait sur sa tête à elle, et l'espérance que lui inspiraient les manières respectueuses de ces hommes.

Elle pensait seulement à elle et ne se préoccupait pas de sa belle-fille. Songeant que ces représailles étaient dirigées contre Don Raimondo, elle trouvait presque raisonnable que Violante les subît. Du reste le danger n'avait pas relâché dans son âme la morsure de la jalousie. Elle pensait avec une féroce complaisance que peut-être Violante sortirait de cette aventure défigurée et enlaidie. Ah, si cela pouvait arriver!... Cela signifierait la disparition d'une rivale odieuse et dangereuse.

Ils chevauchèrent toute la journée en ne s'accordant qu'un peu de repos à l'ombre d'un arbre solitaire, pour se restaurer frugalement. Ils avaient rejoint la ligne des montagnes et tantôt par des gorges profondes et boisées, tantôt sur des pentes abruptes, ou des sentiers au bord de vertigineux précipices, ils avançaient sans jamais rencontrer un village, un hameau, un château. Quelquefois, au pied ou sur les flancs d'une montagne, ils distinguaient dans le lointain la masse confuse d'une ville; les deux femmes croyaient que c'était là le but du voyage mais après un nouveau groupe de collines, la ville disparaissait à leurs yeux.

Finalement, sur la crête d'un rocher, ils virent un château, comme perché sur une estrade, aux murs crénelés et aux murailles massives.

En le montrant du doigt au chef du groupe, le guide dit :

— Le voilà.

Donna Gabriella entendit et regarda elle aussi, en se demandant comment ils allaient monter en haut de cette roche, sur laquelle nul sentier n'était visible.

Mais il y en avait bel et bien un, qui tournait, qui serpentait; les bêtes, un peu fatiguées, le suivirent avec peine; au bout d'une demi-heure, ils arrivèrent à la porte où d'autres hommes armés les attendaient.

Au pied de l'escalier extérieur qui courait le long du mur de la cour, une humble petite vieille vint recevoir les femmes avec des manières pleines d'humilité. Sa mine honnête était rassurante mais celle des hommes, si respectueuse qu'elle fût, paraissait annoncer : « Prenez garde, d'ici nul ne s'évade ».

X

Matteo Lo Vecchio était revenu à Palerme et s'était présenté à Don Raimondo avec l'assurance que Blasco était mort et enterré. On peut donc imaginer sa stupeur et, on peut dire aussi, son sentiment d'épouvante, quand il entendit proclamer l'édit qui frappait le jeune homme, qui fuyait la justice, comme coupable, entre autres, d'avoir tué quatre hommes d'armes.

« Tués tous les quatre? Mais il m'avait juré que le dernier s'était échappé! »

Alors la pensée qui l'avait tourmenté durant son bref séjour à Messine et qui l'avait accompagné à Palerme, lui revint. Les doutes, les soupçons qui l'avaient assailli depuis le début se réveillèrent, plus vifs que jamais.

Il se hâta de demander une nouvelle autorisation « pour affaire de justice » et sans plus se faire voir de Don Raimondo, repartit pour Cefalù. Puisque les quatre hommes d'armes dont il s'était fait accompagner appartenaient à cette compagnie rurale, c'est là qu'il devait aller chercher des informations plus précises. Cette fois, il ne recourut à aucun déguisement : son vêtement noir d'argousin, et plus encore l'ordre dont il était muni, étaient les moyens les plus efficaces pour une enquête qu'on pouvait croire ordonnée par le gouvernement.

Mais les informations recueillies à Cefalù confirmèrent celles parvenues à Palerme. Les quatre hommes étaient bel et bien morts : deux avaient été découverts encore vivants et transportés au village le plus proche où, à peine arrivé, l'un d'eux était décédé. L'autre avait survécu cinq ou six jours puis lui aussi avait succombé, mais il avait eu le temps de faire son récit.

A Cefalù, il y avait les veuves et les mères; Matteo Lo Vecchio alla les trouver. Ces femmes s'arrachèrent les cheveux et entonnèrent les louanges des défunts avec un accent si dramatique qu'il semblait que le mort fût encore sur sa couche funèbre. Il demanda si l'on avait trouvé près des soldats des papiers pliés, enveloppés dans une feuille et liés par un ruban. Mais on n'en avait point découvert. Quels papiers? Ces malheureux ne savaient même pas lire, et n'avaient jamais eu entre les mains ni écrits ni imprimés.

Matteo Lo Vecchio s'en désola : si l'on n'avait rien vu près des corps, il était clair que quelqu'un avait emporté ses papiers et ce quelqu'un ne pouvait être que Blasco de Castiglione.

« Le brigand! Il a eu le courage de me donner la besace après l'avoir vidée! Brigand! Il les a certainement donnés à ses compagnons... Il m'a volé!... Il m'a assassiné! »

Il se sentait vraiment volé, parce qu'avec ces papiers en sa possession, il comptait bien se livrer à une grande offensive contre le duc de la Motta qui, c'était sûr, pour s'emparer de ces témoignages et les détruire, aurait donné la moitié de son patrimoine. Cette richesse à présent lui glissait entre les doigts. L'espérance de reprendre ses papiers à l'un des hommes d'armes s'évanouissait, celle de les enlever aux Beati Paoli, qui les avaient certainement récupérés, ou même à Blasco, était si lointaine qu'elle paraissait irréalisable.

« Si ce brigand les a, il ne se les laissera pas enlever. Et puis où est-il? Où est-il allé se fourrer? Le malandrin a beau être audacieux, il ne se laissera pas repérer... Occupons-nous un peu, ajouta-t-il pour se donner du courage, occupons-nous un peu, Matteo, de bien ordonner nos idées et de trouver le moyen de nous remettre sur la piste. Oh là, aurais-tu perdu ton flair, ton fameux flair ? ».

Il revint à Palerme en vaincu. Cependant, il se promettait de retrouver Blasco ou de découvrir, au moins, où étaient les papiers et ce but lui faisait oublier la revanche qu'il voulait prendre sur les Beati Paoli. La vengeance viendrait après.

En entrant par la Porte Sant'Agata, la plus proche de chez lui, il passa devant chez Antonino Bucolaro, qu'il avait commencé à suivre et à surveiller.

« Il faut serrer celui-là de près. Il me semble que c'est un gros poisson et qu'il doit savoir quelque chose. »

Antonino Bucolaro n'était pas docteur *in utroque,* parce qu'il n'était jamais allé à l'université de Catane, et n'avait pas non plus suivi les cours de droit de l'école des jésuites. Il fréquentait pourtant les prétoires, en solliciteur et défenseur des petites causes des pauvres gens.

Il ne connaissait pas les institutions judiciaires, ni le droit séculier, mais était expert en chicanes et en manigances et cultivait l'amitié de plusieurs juges, sur lesquels il exerçait un ascendant qui étonnait des avocats de plus grand renom.

On était certain de le rencontrer, le matin, au palais prétorien, devant la porte prétorienne, ou au Palais Royal, dans les salles du rez-de-chaussée, où se réunissaient les tribunaux ; et quelquefois au palais épiscopal, qui avait lui aussi une cour jugeant certains délits de son ressort. Car il y avait alors à Palerme un grand nombre de « fori », comme on disait, dont chacun défendait des privilèges et des droits concédés par les rois. Outre le magistrat royal, dont l'autorité s'étendait à tout le pays, il y avait le « foro » du Saint Office, qui avait le pouvoir d'enquêter non seulement en matière de foi et de mœurs, mais qui exerçait aussi une juridiction sur ses « foristi », c'est-à-dire ceux qui, par dévotion ou par obligation liée à leur charge, dépendaient du sombre tribunal ; il y avait le foro archépiscopal, qui avait des compétences spéciales, associées aussi à ses territoires féodaux, pouvoir que symbolisait, sur la porte de l'archevêché, une garde d'épée, qui est encore aujourd'hui source de bien des légendes. Il y avait aussi la cour prétorienne, qui jugeait les citoyens palermitains, et le Tribunal de la Monarchie qui jugeait spécialement les questions concernant les églises du royaume et certaines affaires canoniques.

Souvent les droits de l'un contredisaient ou bousculaient les droits de l'autre, d'où des conflits, qui assez souvent aboutissaient à soustraire le coupable à la justice, en particulier à celle du vice-roi. Quelquefois, il s'en suivait des excommunications, des querelles, des interdits, vraiment ridicules.

Antonino Bucolaro fréquentait donc ces *fori,* où les misères et les injustices humaines se révélaient dans toute leur nudité, et où il y avait toujours quelque client à tondre, quelque plaideur à qui extorquer, au pire, deux poulets ou un demi-baril de vin de Partinico. S'il n'était pas dans ces salles, on était certain de le rencontrer à la taverne de la « Percée », à l'extrémité de la place Ballar, lieu fréquenté par tous ces avocaillons de... basse-cour, comme Bucolaro.

Matteo Lo Vecchio était trop connu dans tout le quartier de l'Albergheria pour feindre d'avoir besoin de l'assistance et des lumières juridiques d'Antonino Bucolaro et ne pouvait cette fois recourir à son déguisement d'abbé qui, il en était sûr, lui attirerait la vengeance dudit Bucolaro et peut-être, le ferait tomber entre les mains des Beati Paoli. Il fallait l'aborder d'une manière différente. Laquelle ?

Il enquêta pour savoir si Bucolaro avait quelque vieux compte à régler avec la justice, ce qui n'était pas difficile à l'époque. En même temps, il exerçait sur lui une surveillance rigoureuse et assidue, pour le prendre sur le fait, en contravention avec les édits. Il y avait l'interdiction de porter des armes, le règlement royal proscrivant les jeux...

Mais Antonino Bucolaro était apparemment le modèle des sujets. On ne le voyait jamais porter d'autre arme que l'épée, à laquelle il avait droit, n'appartenant point à la plèbe à laquelle même la rapière était interdite ; et on ne le voyait jamais avec des cartes ou des dés en main... Et cependant, dans la taverne de la Percée, on jouait à la *zecchinetta* ou à prime, dans une arrière-salle dont une sortie donnait dans la ruelle qui portait le nom du célèbre comte de Cagliostro. C'est cette issue quasi secrète qui avait décidé de l'enseigne de la taverne.

Antonino Bucolaro jouait lui aussi quelquefois : une petite partie, sans plus. Mais la plupart du temps, il se contentait de regarder les parties des autres, en entrant chaque fois dans les controverses des joueurs pour rendre son jugement.

Un matin qu'il avait eu beaucoup à faire et qu'il était de bonne humeur, il alla, comme d'habitude, boire un verre de vin à la taverne et faire un petit tour dans l'arrière-salle. Cinq ou six hommes étaient rassemblés autour de la table, absorbés par le jeu. Un autre, assis, tenait dans la main gauche un paquet de cartes, qu'il battait de la main droite. Sur la table, trois cartes disparaissaient sous les enjeux.

— A vous, Don Antonino ! s'exclama celui qui tenait la banque, en le voyant. Voilà un valet... Vous ne pariez pas ? Dame, valet et roi, je parie quand il y en a... As... cinq... roi... cinq... deux ... sept... valet... Eh bien ! Vous l'avez échappé belle... vous auriez perdu...

Antonino Bucolaro paria sur une des deux cartes et perdit ; il paria une deuxième fois et perdit. Ce qui l'irrita, et l'irritation le fit se prendre au jeu.

— Vous ne sauriez me battre à prime, défia-t-il.

— Je vous prends au mot.

Ils commencèrent la partie. Antonino Bucolaro gagna et sa satisfaction fut si grande qu'il prit l'air d'un vainqueur au soir d'une rude journée.

— Vous me devez une revanche, lui dit son adversaire.

— Pas maintenant ; il est tard et je dois aller au tribunal du Consistoire pour prendre quelques informations mais si vous voulez, ce soir ou demain...

— Va pour ce soir.

Écrivain public, l'adversaire d'Antonino Bucolaro était aussi un mouchard acoquiné avec Matteo Lo Vecchio. Le sbire eut vent de la partie prévue pour le soir et prit ses mesures. Il alla trouver le chef de la patrouille du quartier de l'Albergheria et le prévint, mais avec une attitude ambiguë et pleine de sous-entendus, que l'excellent caporal comprit parfaitement.

— En somme, vous savez ce que vous devez faire. Rigueur, inflexibilité, etc, etc...

— Mais qui... ? demanda le soldat se frottant le pouce contre l'index dans un geste qui voulait dire : « et l'argent ? »

— N'y pensez pas. J'en réponds.

— Très bien.

De fait, à une heure de la nuit, la ronde fit irruption dans la taverne de la Percée, se rua dans l'arrière-salle pour surprendre les joueurs ; il y eut un peu de bousculade et le caporal cria :

— Je vous prends la main dans le sac... Le règlement royal est assez clair !...

Les joueurs protestèrent ; certains offrirent de l'argent mais contre l'habitude, le caporal fut inflexible ; au milieu du tumulte, apparut Matteo Lo Vecchio, *deus ex machina.* La mine ébahie, il demanda ce qui se passait, feignit d'écouter le caporal, regarda Antonino Bucolaro et l'écrivain, en pinçant les lèvres, en secouant la tête, comme pour manifester que la chose était grave, et affecta de s'entremettre.

— Voyons un peu, dit-il, il s'agit de gens de bien. Ce sont des personnes de mon voisinage. La chose peut s'arranger... Un peu de bonne volonté, et n'en parlons plus...

— Mais la contravention... Les hommes de la ronde ont le droit...

— Qui vous parle de droit ? J'en réponds... Laissons faire : pour une fois, on peut fermer les yeux. Don Antonino n'est pas homme à se soustraire à ses obligations...

Le caporal fit mine de résister puis céda enfin, promit de tout effacer, menaça pour les cas de récidive et s'en fut. L'écrivain public dit alors :

— Si vous n'aviez pas été là, Don Matteo, cet abruti nous emmenait à la prison de la Cour...

— Oh, se récria le sbire, ce n'est pas pour toi, qui n'en es pas à ton coup d'essai, que je l'ai fait, mais bien par égard pour Don Antonino qui mérite mieux...

— Je vous remercie et vous en serai reconnaissant, dit Bucolaro, étonné de la courtoisie de Matteo Lo Vecchio. J'espère que vous accepterez de prendre un verre.

Il commanda une bouteille et ils burent.

— Vous me direz ce qu'il faut donner à la patrouille...

— A la patrouille ? Mais rien, pas un sou !

— Diable ! Ils ont perdu l'amende qu'ils espéraient tirer de nous...

— Peu importe... Je m'en occupe... N'y songez pas. Que diable, il y a différentes sortes de contrevenants, il faut un peu de flair. S'ils veulent, ils pourront se refaire.

Il baissa la voix.

— Les seigneurs se moquent de la réglementation royale, confia-t-il, en soulignant la chose d'un geste obscène. Si le caporal veut tirer un bénéfice de sa nuit, il n'a qu'à interpeller le premier comte ou le premier baron de rencontre et fouiller son carrosse ou ses vêtements... Il en trouvera, des contraventions... et de jolis pots-de-vin pour le faire taire !... Je sais comment va la vie.

— En attendant, vous nous avez ôté une épine du pied ! s'exclama Antonino Bucolaro encore sous le coup du « geste d'amitié » combiné par le sbire.

— Et vous nous avez fait économiser quelques onces ! ajouta l'écrivain public.

— A toi, je les aurais volontiers fait payer ; remercie Sant'Antonio.

C'était une allusion à Bucolaro. Ils sortirent de la taverne et prirent congé mais Matteo Lo Vecchio s'était à peine éloigné d'un pas qu'il se retournait et appelait :

— Don Antonino, excusez-moi, j'ai un mot à vous dire.

L'écrivain dit alors :

— Faites comme vous l'entendez, j'ai une petite affaire à régler. Je vous laisse.

Quand ils furent seuls, Matteo Lo Vecchio jeta des regards suspicieux autour de lui et dit à voix basse :

— Don Antonino, soyez prudent... on sait où vous allez certaines nuits...

Bucolaro fit l'imbécile.

— Je ne comprends pas...

— Si cela vous arrange de feindre de ne pas comprendre, faites donc. Mais je vous dis que... En somme, moi, de par ma charge, je ne devrais pas vous avertir, mais vous cueillir à l'improviste, vous ne pourriez vous échapper... C'est moi qui vous le dis...

— Mais de quoi parlez-vous ?

— Quand je vous dirai deux noms, vous comprendrez : Girolamo Ammirata et Andrea Lo Biancho.

Antonino Bucolaro resta impassible, mais dans ses yeux passa un éclair qui n'échappa pas au sbire.

— Je ne les connais pas, dit-il froidement.

— Sans doute, mais on vous a vu dans une certaine taverne au carrefour de Brancaccio... Ma foi, je vous ai averti. Faites comme vous l'entendez. J'aurais pu me taire, parce que, à la fin des fins, avec mon avertissement, je fais obstacle au cours de la justice... Mais nous sommes voisins... Et j'ai toujours eu de l'estime pour vous. Faites comme si je n'avais rien dit... Mais si vous voulez m'écouter... ne sortez pas la nuit...

— La nuit, moi ? Mais la nuit, je dors...

— Oui, oui, comme vous voulez. Moi, je le vois bien, je ne vous demande pas ce que vous faites et où vous allez... Je vous dis seulement : *prenez garde à vous.* Il me déplairait d'avoir à vous arrêter. Bonne nuit !

Il le laissa fort ébranlé. Antonino Bucolaro ne savait s'il devait croire à la sincérité du sbire ; il reconnaissait que Matteo Lo Vecchio devait en savoir plus qu'il ne le disait et qu'il avait parfaitement le droit de garder le silence, car il n'avait envers lui, Bucolaro, aucune obligation. Et quand bien même il en aurait eue, depuis quand les sbires se sentaient-ils les obligés de quiconque ? Peut-être était-ce une astuce pour lui tirer des secrets ? Matteo Lo Vecchio était capable de tout.

« Je prendrai garde à moi, pensa-t-il, oui, mais je prendrai aussi garde à toi ; tu n'es pas l'empereur des sbires pour rien !... »

Ainsi conclut-il ses réflexions, mais en même temps que le soupçon, la curiosité et l'intérêt étaient entrés dans son esprit, et par un mouvement très naturel, de ce jour-là, il se sentit poussé à fréquenter le sbire, avec l'arrière-pensée d'en savoir davantage. Matteo Lo Vecchio le regardait manœuvrer avec un ricanement intérieur et quand il était seul, il se frottait les mains :

« Bien ! Bien ! Tu mordras à l'hameçon, cher Don Antonino ! »

Enfin, un matin, Matteo lui dit en toute hâte :

— Si vous avez quelque chose à cacher ou à faire disparaître, c'est le moment... Tout à l'heure les argousins vont venir perquisitionner votre maison. Je viens de l'apprendre et j'ai couru vous avertir.

— Merci, merci !... répondit Antonino Bucolaro, mais je n'ai rien à cacher.

Néanmoins, il se précipita chez lui ; une heure plus tard, un argousin et quelques sbires vinrent fouiller et mettre sens dessus dessous la maison ; il pensa :

« Matteo Lo Vecchio avait raison ! Il faut que je le tienne pour un ami, parce qu'au fond, c'est un brave homme, quoi qu'on dise !... En tout cas, pour ce qui me concerne. »

Quelques jours plus tard, le sbire le fit arrêter la nuit par une ronde, qui l'attendait en un point soigneusement choisi. Il était sûr que Bucolaro avait des armes à feu, en dépit de l'interdiction, et qu'on le prendrait sur le fait. Ce fut ce qui se passa. Antonino Bucolaro tenta de corrompre le chef de la patrouille, suivant l'habitude en de telles occurences, mais cette fois, le caporal tint bon. Par chance, tandis qu'ils traversaient la rue Neuve pour conduire le coupable dans les prisons du Prétoire, ils rencontrèrent Matteo Lo Vecchio. En le voyant, Antonino Bucolaro fut pris d'une espérance soudaine et l'appela :

— Don Matteo !

Le sbire, qui feignait de ne pas les avoir remarqués, se retourna, simulant une certaine stupeur :

— Don Antonino ? Vous ?... Qu'est-il arrivé ?...

Il s'informe, s'entremet, parle à l'oreille du caporal, se fait remettre les armes et tout finit devant un bon verre de vin, bu fraternellement, dans une taverne de la ruelle des Mori, qui à la voix de Matteo Lo Vecchio s'ouvre malgré l'heure tardive.

Quand ils sortirent du débit de boisson, avant de se séparer, Matteo Lo Vecchio chuchota à l'oreille d'Antonino Bucolaro :

— Prenez garde à vous, je vous l'ai déjà dit. On nourrit de graves soupçons à votre endroit et vous êtes surveillé de près. . Je ne pourrai pas toujours intervenir...

Cette nouvelle preuve d'amitié eut raison de ses derniers doutes ; entre Antonino Bucolaro et Matteo Lo Vecchio se nouèrent des relations amicales que le sbire ne semblait nullement vouloir pousser jusqu'au partage des secrets.

— Don Antonino, dit-il, vous savez quelle estime je vous porte, mais ne faites pas voir que nous sommes bons amis, parce que l'on vous soupçonnerait... Vous comprenez, de par ma profession. . Et vos amis ne me voient pas d'un bon œil...

— Mais de quels amis parlez-vous ?

— Eh ? me prenez-vous pour un faible d'esprit ?... Mais brisons là : je vous invite seulement à faire attention à vous.

De fait, Antonino Bucolaro se gardait du côté de la justice et devenait soupçonneux, mais il ne se méfiait pas des Beati Paoli, auxquels il n'avait pas échappé que Matteo Lo Vecchio fréquentait Bucolaro et que ce dernier avait été tiré d'embarras par le sbire. La secte commença donc à le surveiller, à son insu, et à le traiter avec une certaine réserve.

Don Girolamo Ammirata qui était l'un de ses chefs, retourna à ses premiers soupçons en apprenant ces petits événements. Il n'avait pas oublié la disparition des fameux documents, et Andrea partageait sa suspicion. Coriolano, avec lequel seul Don Girolamo communiquait, sous l'abbaye du Parco, fut frappé par ces nouvelles. On décida de confier à l'un des frères les plus habiles, dont Bucolaro ignorait l'appartenance aux Beati Paoli, la tâche de le surveiller et de vérifier s'il avait volé ces documents et à qui il les avait remis.

Ainsi, par deux voies opposées, Antonino Bucolaro se trouva l'objet d'investigations et d'espionnage. Matteo Lo Vecchio cherchait à savoir si la secte était rentrée en possession des papiers ; celle-ci, de son côté, voulait découvrir quelle voie avaient suivi ces documents et si cet affidé était un traître. Inconscient de ce qui se passait, Antonino Bucolaro s'avançait sur ces sables mouvants.

Un matin, en passant devant la maison de ce dernier, Matteo Lo Vecchio vit à la porte un gros attroupement ; il s'approcha pour s'informer et apprit que les argousins étaient venus saisir les biens de Bucolaro, qui n'avait pas payé l'impôt qui pesait sur sa maison. Alors le sbire entra, profitant de cette occasion pour rendre un autre service et il parvint à persuader ses collègues de suspendre les poursuites parce qu'on trouverait bien un accommodement.

Bucolaro était écrasé de honte et restait recroquevillé dans un coin. Pareille chose ne lui était jamais arrivée ! Une série de désastres économiques s'étaient abattus sur lui, qui l'avaient contraint de manquer à tous ses engagements, et aussi, pourquoi le nier ? à connaître la pauvreté. A présent, il rougissait de cette invasion d'argousins qui paraissait proclamer publiquement sa misère.

— Allons, du courage ! lui dit Matteo Lo Vecchio. Ce sont des choses qui peuvent arriver même à un noble du royaume !

Et après un instant de silence, il murmura, comme en se parlant à lui-même :

— Et puis, la richesse, il l'a à portée de la main !... Il suffit de vouloir !...

Antonino Bucolaro se secoua et regarda Matteo Lo Vecchio, lequel n'ajouta rien et la discussion pour cette fois s'arrêta là. Mais ces mots pénétrèrent dans sa tête et s'y frayèrent un chemin : de quelle manière la richesse était-elle à portée de sa main ? Et que suffisait-il de vouloir ? Ces questions l'obsédèrent toute la journée. Le lendemain matin, le sbire s'arrangea pour le rencontrer comme par hasard ; il lui demanda comment allaient ses affaires, poussa un soupir de regret et fit une lointaine allusion à cette richesse qu'il serait si facile d'acquérir. Antonino Bucolaro se rongeait de curiosité.

— Eh, fit-il, si je savais comment devenir riche, je ne serais pas niais au point de le refuser !...

Mais cette fois encore, le sbire n'en dit pas plus.

Quelques jours plus tard, Matteo Lo Vecchio s'en fut à la taverne de la Percée et y attendit Antonino Bucolaro.

— J'ai pensé à vous, lui annonça-t-il quand il arriva, et je voudrais vous parler...

— Cet endroit ne me semble pas le meilleur... Je vous attends d'ici une heure dans l'église de l'Annunziata à la Porte Montalto... Dans le cloître nous pourrons parler plus librement.

Quand ils se retrouvèrent sous le portique entourant le petit jardin de l'Annunziata, Matteo Lo Vecchio déclara

— Je sais tout, Don Antonino...

— Quoi donc ?

— Je sais tout ce que les Beati Paoli ont recueilli contre le duc de la Motta...

Antonino Bucolaro tressaillit et ne put dominer une réaction de stupeur et de crainte.

— Je ne comprends pas de quoi vous parlez, avança-t-il.

— Avec moi, vous perdez votre temps en feignant ne rien savoir. Vous connaissez le proverbe : *ce n'est pas à un vieux singe... ;* je sais qu'on a recueilli les témoignages de Giuseppico, de Peppa la Sarda, d'Andrea Lo Bianco et de Don Girolamo, et je sais qui est Emanuele, le soi-disant neveu de Don Girolamo... Je sais aussi quelle part vous avez eue... Et si cela ne vous suffit pas, je vous dirai que je sais aussi que les documents recueillis par... la société, le tribunal, comme vous voulez, ont été volés...

Antonino Bucolaro pâlit, rougit, jaunit ; il contemplait le sbire avec une stupeur toujours croissante et ne savait que répondre, ne pouvant s'expliquer comment Matteo Lo Vecchio pouvait être au courant de tout. Le sbire poursuivit :

— Comme vous voyez, j'ai largement assez de preuves en main pour, aujourd'hui ou plus tard, vous arrêter et vous envoyer à l'échafaud, comme l'oncle Rosario et le sacristain de San Matteo. Je ne l'ai pas fait parce que j'ai pour vous une grande sympathie, et je ne le ferai pas... Mais en échange de mon silence et de ma générosité, je vous demande de vous associer avec moi...

Antonino Bucolaro eut un mouvement d'indignation.

— Oh, ne vous offensez pas si vite, reprit le sbire. Je ne vous propose pas de faire le mouchard et de dénoncer vos compagnons, que du reste je connais. Je vous offre seulement de devenir riche ; nous deviendrons riches... aux dépens du duc de la Motta... Je m'explique. Il faut s'emparer de ces papiers et les vendre au duc, qui les paiera de la moitié de son patrimoine... vous pouvez l'imaginer !

L'indignation et la colère réprimées assombrissaient le visage d'Antonino Bucolaro.

— Don Matteo, répondit-il, si je n'avais quelques obligations envers vous, vous ne sortiriez pas vivant de ce couvent... Vous avez l'audace de me proposer à moi, Nino Bucolaro, une chose pareille ?

— Ah bah ! Je vous ai peut-être invité à venir chez le capitaine de justice dénoncer vos compagnons ?

— Je n'ai pas de compagnons et je ne sais pas de quoi vous parlez.

Le sbire eut un geste de dépit.

— Faites-moi le plaisir d'abandonner ces simagrées...

— Et si j'avais des compagnons, me croyez-vous capable d'une trahison ?

— Mais où est-il question de trahison ? Il ne s'agit que de quelques morceaux de papier... Ce qu'ils contiennent, au fond vous le savez, Don Girolamo le sait, ainsi qu'Andrea Lo Bianco, d'autres encore le savent certainement. Avoir ces papiers ou pas, au fond, c'est tout un ; ce qu'ils veulent faire, nul ne saura l'empêcher... Et cependant avec ces bouts de papier, nous pourrions nous enrichir. Vous comprenez ces mots ? S'enrichir ! Avoir de l'argent à la pelle, des serviteurs, des carrosses... Être autant de ducs de la Motta, avoir ce seigneur à notre merci... Que vous faut-il de plus ?... Voilà qui est plus intéressant que de vivre dans la peur des argousins qui viendront prendre vos affaires et vous jeter à la rue !

Antonino Bucolaro se taisait : cette richesse qui brillait devant ses yeux lui faisait tourner la tête ; en se répétant le raisonnement du sbire, il convenait que la chose n'avait rien d'extraordinaire. En vérité les Beati Paoli pouvaient « travailler » contre le duc sans ces papiers. Mais n'avaient-ils pas été volés ?

Un grand malaise pesait sur sa poitrine. Il tenta encore de résister :

— Finissons-en avec ces discours !

— Comme vous voulez. Mais j'ai voulu vous faire comprendre que je ne voulais pas vous pousser à commettre une trahison. N'oubliez pas que la société ne possède plus ces papiers... Quels scrupules vous empêchent de vous en servir, si vous les trouvez ?... Répondez...

Certes, quels scrupules aurait-il ? Mais où étaient-ils ? S'il pouvait mettre la main sur eux !

— Vous voyez bien, donc, que j'ai raison ? Allons, Don Antonino, parlons sérieusement ! Certains scrupules sont stupides, ils ne sont pas dignes de vous...

— Mais qui a ces papiers ?

— Comment, qui les a ?

— Vous savez qu'on les a volés, vous l'avez dit...

— Oui, oui, je le sais, comme vous le savez... Mais vous ne les avez pas repris ?

— Non, non.

— Et alors, je sais qui les a. Ou plutôt, je le suppose.

— Ah bon ?

— Oui, vous voyez bien que j'en sais plus que vous et vos amis.

— Vous connaissez celui qui les a ?

— L'un des vôtres...

— Qui donc ?

— Ma foi, du moment que vous refusez l'affaire que je vous propose, il est inutile que je vous donne son nom.

Antonino Bucolaro se tut ; entraîné, fasciné par le sbire, il avait répondu d'une façon qui avouait implicitement ce qu'il avait d'abord nié et il s'en apercevait maintenant, trop tard pour revenir en arrière. Il se repentait d'avoir nié, de s'être laissé prendre, mais par-dessus tout, il regrettait de ne pas savoir qui possédait ces documents.

— Excusez-moi de vous avoir dérangé ; faites comme si nous ne nous étions pas vus. Je vous salue, je vais là-haut rendre visite au père gardien. Ainsi, nous sortirons séparément... Au revoir...

Il fit quelques pas vers l'escalier. Antonino Bucolaro se secoua. Quelque chose se passa dans sa tête.

— Don Matteo, dit-il, attendez un peu ; ne partez pas si vite... Que diable !... Venez là, et causons.

XI

Le lendemain du jour où Blasco fut admis dans le sein des Beati Paoli sans l'avoir demandé, il se leva le cœur étreint d'une grande tristesse. Les paroles rassurantes de Coriolano n'avaient pas réussi à lui ôter toute appréhension : il ne doutait pas que les deux femmes seraient respectées, mais comment éviter d'épouvanter ces malheureuses, de terroriser Violante ? Ah, Violante ! Violante ! Dans l'impuissance où il était, son âme criait désespérément le nom de la jeune fille qu'il ne pouvait secourir. Où était-elle ? Où l'avaient-ils conduite ? Il avait beaucoup insisté pour le savoir, mais n'avait pu tirer la moindre indication de Coriolano.

— Que vous importe ? lui rétorqua le chevalier de la Floresta. Vous ne pourrez rien faire ; du reste, le moment venu, non seulement je vous le dirai mais, poursuivit le chevalier avec un sourire, vous vous y rendrez en libérateur et ajouterez une nouvelle page à votre roman.

Blasco se voyait donc réduit à balancer entre douleurs et désirs, mais il ne pouvait empêcher son cerveau de penser. Qu'allait-il faire ? Comment passerait-il ces jours d'attente pénible ? Il n'était pas question de sortir, en raison de l'édit qui le frappait : cela revenait à se faire arrêter et jeter en quelque cul-de-basse-fosse alors qu'il avait besoin, plus que jamais, d'être libre et maître de lui-même. Mais la nuit, sortir était chose plus aisée, car après le coucher du soleil, la justice n'était plus aussi ardente dans ses recherches. Blasco comptait bien en profiter pour faire quelques pas à l'extérieur, en attendant le jour où Violante ayant été libérée et mise à l'abri de tout péril, il partirait du royaume pour se soustraire aux poursuites et chercher fortune.

La nuit suivante, avant la cloche des morts, Blasco se rendit au couvent de San Francesco pour demander le père Serafino de Montemaggiore. Il était très curieux de savoir ce que lui donnerait le religieux, de la part du père Bonaventura. Peut-être de l'argent, qui tomberait fort à-propos. En tous les cas, ce serait l'occasion d'un doux souvenir. Il attendit à la conciergerie, où le père Serafino vint le trouver en traînant les pieds. Très vieux, il avait le cheveu blanc et la jambe faible. Blasco lui baisa la main et annonça :

— Je suis allé à Caccamo, où j'ai fermé les yeux de mon bon père Bonaventura et me voilà de sa part... D'après ce qu'il m'a dit, Votre Éminence a quelque chose à me remettre.

— Oui, en effet... Et si vous ne vous étiez pas pressé, qui sait si j'aurais pu exécuter la tâche que m'a confiée mon frère en religion. J'ai quatre-vingt-sept ans, mon fils, et la mort est déjà sur le seuil... Oui, j'ai bien quelque chose à vous donner !... Pauvre frère Bonaventura !... il était de mes pénitents. Un saint homme, vraiment un saint homme !... *Requiescat in pace.* Ce fut un coup pour lui... Il était si attaché au couvent !... Ce fut un coup ! Mais...

Il sortit de la conciergerie en répétant ces paroles, avec l'insistance des vieillards. Blasco croisa les mains sur son giron et se plongea dans ses souvenirs. Quand il était enfant et que le soir le surprenait à la conciergerie ou dans l'église, entouré des sombres images des tableaux, il éprouvait une espèce de terreur religieuse, un sentiment de l'infini. Il voyait quasiment les mêmes tableaux, les mêmes chaises de paille, la même lampe et il songeait à son enfance, qui lui paraissait si lointaine, si différente de lui, comme une chose qui n'avait jamais existé. Il ignorait alors ce qu'était la tristesse, parce qu'il n'avait jamais sondé les replis intimes de son cœur ; il était audacieux, téméraire, bruyant, prompt au rire ; il revenait toujours au couvent avec une écorchure au bras ou une déchirure à la veste. Le père Giovanni le grondait et il s'en moquait. Où étaient ses amis d'alors ? Où était son chien, le brave Éclair qui l'avait sauvé du loup ? Où était la tendre Elisabetta, qui avait offert son sein aux coups des sarrasins, pour le sauver ? Tous morts, tous !... Des souvenirs, des noms, et rien d'autre. Rien d'autre ? Oh, non ; ils vivaient encore dans le douloureux chagrin qui lui gonflait le cœur.

Il entendit le pas traînant de frère Serafino qui revenait à la conciergerie avec un petit sac à la main.

« De l'argent ! » pensa Blasco avec amertume. Il aurait aimé quelque chose de moins prosaïque et de plus cher à son cœur.

Le religieux s'assit, posa le sac sur ses genoux et en tira une lettre un peu froissée, soigneusement scellée.

— Voici un message pour vous, dit-il, et dans le sac, il y a quarante onces, que j'ai l'ordre de vous remettre. Les voilà, elles sont toutes doubles... Vingt pièces d'or.

Blasco regardait la lettre, avec l'obscur pressentiment qu'elle contenait quelque chose qui l'intéressait grandement. Il glissa les objets sous son manteau, prit congé du père et rentra chez lui, pour lire tout à son aise. Quand il fut enfermé dans sa chambre, sous la lumière d'une lampe à deux becs, il rompit le sceau d'une main frémissante. Mais le pli à peine défait, un autre feuillet jauni et replié tomba sur la table. Il l'ouvrit, le lut et poussa un cri de stupeur. Dans le barbare latin paroissial, le feuillet disait :

I.M.I.

Fidem facio, die vigesimo mensis novembris A. D. MDCLXXXVIII in hac ecclesia metropolitana baptizzatum esse infantum, cui positum nomen Blascus, filius ill.mi magnifici domini Emanuelis Albimontis ducis Mottae, et Cristinae Giurlandae, Padrini m. Agostinus et Maria Magadalena Russus, coniuges.

D. Joseph Cutellius parochus.

A côté de la signature, il y avait le sceau de la paroisse, imprimé à sec sur un bout de papier collé par une hostie sur le feuillet.

Sous le poids de cette révélation, Blasco se tut un moment, le feuillet dans les mains, plongé dans une immobilité de statue. Un Albamonte !... Il était un Albamonte ! Il était le fils bâtard de Don Emanuele de la Motta ; et le petit Emanuele qui gisait dans les cachots de Castellamare, était son demi-frère, et Violante sa cousine !... Voilà une chose qui sortait de l'ordinaire. Une révolution d'idées, de sentiments, lui mettait l'âme sens dessus dessous.

— Moi !... s'exclamait-il, moi !...

Il posa sur la table ce certificat paroissial et jeta un coup d'œil à la signature de la lettre : « *Frère Bonaventura da Licodia* ». Elle n'était pas longue ; après la formule d'invocation, qui consistait dans les trois initiales I.M.I., c'est-à-dire Iesus, Maria, Ioseph, le frère écrivait :

« *Mon cher fils en Jésus Christ, Blasco,*

Avant de partir de ce couvent, par la volonté de Dieu, je laisse au père Serafino de Montemaggiore ton certificat de naissance, pour qu'il te le remette à ma mort, que j'espère prochaine. Je ne veux pas descendre au sépulcre avec un secret que j'ai gardé jusqu'aujourd'hui par égard envers des personnes puissantes que tu connais ; mais il ne serait pas juste de l'enterrer avec moi. Je ne sais s'il pourra te servir ; je l'espère, je prie et prierai Dieu de tenir au-dessus de toi Ses Saintes Mains.

Le père Serafino te donnera aussi un peu d'argent : c'est tout ce que je possède. Je n'ai pas de parents ; je te le laisse à toi que j'ai aimé comme un fils, même si ce fut peu de temps. Prie le seigneur pour moi, et sois un bon chrétien, selon les enseignements de Notre Sainte Mère l'Église. Je te bénis au nom de Jésus Notre Seigneur. »

Les yeux de Blasco s'emplirent de larmes ; une foule de souvenirs et de sentiments emplissaient son âme. Sa mère morte les jambes écrasées, dans une maison qui n'était pas la sienne, recueillie par pitié par deux frères, sur les ruines d'une ville ; le frère Giovanni, le couvent de Catane, son enfance, sa fuite à travers les montagnes. Oh, mère ! pauvre mère !...

Puis il songea au tableau devant lequel il s'était arrêté, au palais de Don

Raimondo : il représentait Don Emanuele, dont la ressemblance avec lui-même l'avait frappé. Il était donc le portrait vivant de son père, il avait sur le visage l'empreinte de ses origines ; puisque la loi ne lui reconnaissait pas le droit de porter le nom des Albamonte, la nature l'avait imprimé sur ses traits en traces indélébiles. Et ce n'était pas seulement par l'apparence qu'il ressemblait à son père ; il en avait aussi l'humeur aventureuse, le courage, l'audace, le gai naturel, la vaillance ; mais à sa mère, à cette pauvre et douce créature, il avait pris ce fond de pitié, ce désir vague d'affection sereine, de suaves abandons, cette espèce de pudeur et de gentillesse qui donnait une saveur spéciale à son amour.

Et il songea aussi à Emanuele, son frère, son cadet. Selon la loi, il était, ou aurait dû être le chef de la maison, puisque sur sa naissance ne pesait pas la honte de la bâtardise. Mais il était son frère et la méchanceté d'un scélérat le martyrisait dans le fond obscur d'une prison, et ce scélérat était son oncle : cet homme capable de tous les crimes était le frère du duc, qui lui, avait affronté ses ennemis à visage découvert ; cet homme vil et cruel était le père de la créature la plus douce que Blasco eût jamais rencontrée !

« Que vais-je faire maintenant ? se demanda-t-il, que faire maintenant que je sais qui je suis ? »

Avait-il seulement le choix ? Sa vie était déjà tracée et ne serait pas différente de ce qu'elle était. Il serait toujours Blasco de Castiglione ; un homme sorti de l'ombre, sans maison, sans parents, qui se suffisait à lui-même. Un sourire ironique erra sur ses lèvres : « Oh, que voilà une révélation inutile ! »... Que lui importait ? Qu'avait espéré le bon père Bonaventura ?

Il se trouvait dans ces dispositions d'esprit quand il entendit des coups frappés à la porte et la voix de Coriolano qui lui disait :

— Vous êtes couché ? Je peux entrer ?

Il alla lui ouvrir.

— Je ne suis pas couché, démentit-il avec dans la voix ce timbre spécial qui manifeste les plus grandes passions. Entrez : vous n'imaginez pas ce qui m'arrive... Je suis allé voir le père Serafino et je suis revenu avec une somme d'argent et un nom. Vous comprenez ? J'ai un nom qui ne me sert à rien et une somme d'argent que je n'hérite pas de mon père mais de la charité d'un religieux...

Coriolano le considérait avec stupéfaction.

— Vous vous étonnez ? poursuivit Blasco avec un peu d'exaltation. Eh bien, je vais vous ébahir !... Savez-vous qui je suis ? Je suis un Albamonte ; je suis le fils aîné, du moins je le suppose, bien qu'enfant naturel, de feu Don Emanuele Albamonte, duc de la Motta !... Et, palsambleu !... Maintenant que je le sais, que je connais le nom de celui qui a arraché une jeune fille de l'ombre pudique de sa modeste demeure pour en faire son amante et la mère d'un fils sans nom légal, ne croyez-vous pas que j'ai ajouté un autre fil d'or à ma vie ?... Vous qui êtes si juste, dites-moi donc :

pensez-vous que le bâtard d'un roi a quelque chose de plus ou de moins que le bâtard d'un muletier? Croyez-vous que la honte qui pèse sur la naissance de l'un diffère de celle qui entoure la venue au monde de l'autre ; que les angoisses des deux mères devant le berceau sans nom ne se ressemblent pas ?... Ah, je suis un Albamonte ! Voyez donc si dans ma situation cette découverte devrait m'apporter un surcroît de bonheur !... Désormais, je pourrai faire peindre sur mon carrosse, quand j'en aurai un, l'écu écartelé de vert et de rouge avec les faisceaux verts et noirs alternés... mais comme signe de bâtardise !...

Coriolano se taisait. Blasco arpentait la pièce et son regard tombant sur le certificat paroissial qu'il avait posé sur la table, il l'indiqua à son ami :

— Voilà le bout de papier qui consacre mes origines, Coriolano ; voilà mon diplôme de noblesse, qui n'a pas suffi à sauver ma mère, je ne dis pas de la mort, mais au moins de la pauvreté. Le château de la Motta s'est ouvert pour y faire entrer la jeune fille enlevée, il a accueilli mes premiers vagissements, mais on s'est débarrassé de la mère et du fils quand on a su que le père de la malheureuse était mort de chagrin.

Considérez le destin singulier que partagent les deux fils de Don Emanuele de la Motta, le légitime et l'illégitime ; tous deux furent recueillis par charité sur le sein de leur mère mourante, ils ne connurent pas les sourires et les soins maternels, ils n'eurent pas droit à la protection de la maison paternelle et grandirent en ignorant leurs origines ; tous deux persécutés par la même haine, victimes de l'arbitraire ; tous deux poussés, sans se connaître, sur le même chemin... Le même sort ! Oh ! vraiment, en cela je me reconnais comme un Albamonte. Cela, Coriolano, est l'héritage transmis par mon père, en parts égales et sans fidéicommis !

Il s'assit, frémissant et pâle, quoique souriant. Mais c'était un sourire amer et après une minute de silence, il murmura :

— Dommage que monsieur le duc, mon procréateur, soit mort !... Mais peut-être a-t-il déjà été puni ; ce qui est arrivé à la duchesse Aloisia et au petit Emanuele est sans doute le châtiment de ce qu'ont souffert Cristina Giorlanda et son nouveau-né ?

De nouveau il sombra dans le silence ; Coriolano lui aussi se taisait, comme oppressé par cette révélation, et plus encore par la douleur profonde qu'il lisait dans les propos de Blasco. Ce dernier se leva, secoua sa belle tête fière dans un mouvement qui fit onduler les longues boucles de sa chevelure et éclata de rire :

— Parbleu !... Il me semble que j'ai pris la chose au tragique ; quelle sottise, mon ami !... La vie ne mérite pas d'être prise ainsi au sérieux... Voyez-vous, je me souviens de votre magnifique discours de l'autre soir, qui fut consacré à la glorification de votre œuvre ! Poésie, cher ami, poésie : vous voulez corriger les abus, abattre les injustices ?... Vous voulez aussi étendre votre protection sur moi ?... Poésie ! poésie !... Allons, corrigez ce qui fait de moi, fils aîné de Don Emanuele Albamonte, un étranger à la maison à laquelle j'appartiens par le sang, presqu'un être ignoble marqué d'une infâmie commise par un autre!... La vie? Une bouffonnerie... La justice? Un masque tragique sur le visage d'un bouffon...

— Et pourquoi, demanda gravement Coriolano, êtes-vous si prompt à réagir, avec tant d'audace, quand il vous semble qu'on s'apprête à commettre une violence contre quelqu'un? .. Pourquoi vous rebellez-vous devant ce qui vous apparaît comme des abus et des injustices aux dépens des faibles?... Vous avez bâtonné les serviteurs de... votre oncle, quand ils allaient s'en prendre à Emanuele; vous avez compromis votre liberté, pour empêcher l'arrestation de Girolamo Ammirata; vous avez exposé votre vie pour restituer sa besace à Matteo Lo Vecchio; finalement, vous avez libéré Violante... Vous voyez donc que votre cœur généreux bat pour la défense de la justice, ou de ce qui vous semble la justice!...

— Je suis un imbécile, Coriolano!... Je suis un imbécile qui se laisse porter par ses impulsions... Ah! Violante, pauvre créature innocente!... Mais voyez donc, Coriolano : votre justice n'existe pas sans injustice; et Violante en est l'exemple... Mais de quoi parlons-nous? Vous réveillez des pensées et des douleurs que j'ai repoussées au fond de mon âme et ce n'est pas le moment... l'heure est à rire de cette longue plaisanterie qu'est la vie. Allons. Y a-t-il quelque part des horions à recevoir et à rendre? La probabilité de se faire étriper? Me voilà. J'ai besoin de faire quelque chose, de casser une tête ou de me la faire casser... Riez! Je ne suis pas pour rien le fils de Don Emanuele de La Motta!...

Blasco prit son épée et son chapeau; Coriolano se leva et le suivit. Il devait être trois heures de la nuit et hormis les habituels groupes de misérables qui dormaient sous les porches et sur les parvis des églises, les rues étaient désertes.

Ils débouchèrent sur la rue Toledo et descendirent vers la Porte Heureuse. De temps en temps l'attelage d'un seigneur passait à grand fracas, précédé de volants brandissant les torches; on eût dit le char du tonnerre entouré de lumières; puis, la dernière lueur et le dernier écho éteints, la rue retournait aux ténèbres et au silence.

Blasco et Coriolano se taisaient; chacun semblait suivre le cours de ses pensées.

On voyait peu de rondes à cette heure et du reste elles n'arrêtaient pas les gentilshommes ou si elles le faisaient, il suffisait qu'ils prononçassent leur nom pour que le caporal ôtât humblement son béret. Ils arrivèrent à la place Marina au milieu de laquelle, dans l'ombre, le lugubre gibet étendait ses bras noirs. Ils y virent avec horreur une forme humaine suspendue, tournant sur elle-même au gré du vent. Un malandrin avait été pendu dans l'après-midi et laissé sur l'échafaud pour l'exemple. Il ne serait décroché que le lendemain matin.

Au fond de la place se dressait, sombre et sévère, le palais du Saint

Office, l'ancienne maison véritablement royale des Chiaramonte, non plus demeure de magnificence et de courtoisie, mais antre lugubre des tourments et des souffrances.

Pendant que Blasco et Coriolano traversaient la place, l'horloge, avec laquelle les religieux avaient défiguré ce beau palais, sonna les trois coups qui résonnèrent comme des gémissements d'angoisse.

— Venez, allons de ce côté, dit Coriolano.

Ils entrèrent dans la ruelle obscure qui longeait le palais ; Coriolano montra de l'index le sommet de l'édifice :

— Vous voyez ces fenêtres ? De ce côté, il y a les *Filippine*. Vous ignorez ce que c'est, n'est-ce-pas ? Ce sont les prisons les plus étroites et les plus horribles du Saint Office et elles furent construites au temps de Philippe III, pour y enfermer les coupables de félonies. Aujourd'hui on y fait languir ceux sur qui s'abat la cruauté du tribunal... Là est enfermée une femme coupable d'un acte de charité. Que diriez-vous et que feriez-vous, Blasco, si l'on avait pris frère Giovanni de Randazzo et frère Bonaventura de Licodia pour les jeter là, pour les y faire mourir dans les rigueurs et les tortures ?

Blasco leva des yeux effrayés et serra le poing : cette hypothèse allumait dans son âme toutes les colères et tous les désirs de vengeance.

— Allons, dit Coriolano. Quelquefois, au cœur du silence nocturne résonnent derrière ces fenêtres de longs gémissements de gens qui souffrent mille morts.

Ils suivirent la ruelle, passèrent devant l'église de San Nicolò de la Kalsa et comme la Porte Heureuse était ouverte, ils sortirent. Coriolano tourna à gauche, longeant la Cala. Le vieux port défendu par la Garita et le Château était encombré de galères et de bâtiments de petit tonnage, dans lesquels les fanals allumés se reflétaient sous l'eau en zigzags rouges allongés et mobiles. Ils parcoururent la courbe de la Cala sur toute la longueur, jusqu'au pied de l'église de Piedigrotta. Le Château se dressait, hérissé de canons, dont les bouches apparaissaient entre les glacis. La mer battait les vieux murs sarrasins, entrait dans les fossés qui entouraient la forteresse, passait sous le pont. Quelques soldats allaient et venaient sur les terre-pleins, le mousquet à l'épaule. Coriolano s'arrêta et là encore tendit le doigt vers la porte, close par le pont-levis relevé.

— Et là, dans un souterrain, est enfermé votre frère Emanuele ! Allons, Blasco.

Il l'entraîna dans la rue de San Sebastiano.

— Pourquoi n'avez-vous pas tenté, demanda son jeune compagnon, de faire évader ces prisonniers ?

— Parce que leurs cellules n'ont pas de fenêtres extérieures.

— Malgré tout, ce serait peut-être la solution la plus rapide.

— Mais non la plus sûre. Il faut au contraire hâter l'arrivée du jour de la justice.

Blasco songeait à ces deux prisons si épouvantables et avait un frisson d'horreur, en même temps qu'un sentiment de honte. De quoi se plaignait-il? Qu'étaient ses mésaventures, en comparaison de celles de son frère? Lui, au fond, n'avait pas de droits à faire valoir devant la société; Emanuele si, et cependant ils lui étaient ôtés et déniés. Il était seul et nul ne souffrait pour lui; mais Emanuele avait une famille d'adoption dispersée, torturée à cause de lui... Il y avait trois victimes. Trois? Violante, et aussi dans une certaine mesure, Donna Gabriella, ne subissaient-elles pas la même fatalité que les autres?

« Ah, Don Raimondo!... Don Raimondo!... »

Il se palpa le torse, comme pour vérifier que le fameux pli était encore là, sous la chemise. Il songea que c'était peut-être la perte de ces papiers qui avait contrarié l'entreprise des Beati Paoli et qui les avait contraints à enlever Violante et Donna Gabriella; peut-être aurait-il dû composer, remettre les documents en échange de la liberté et de la vie de Violante. Cette idée lui parut en cet instant si bonne, qu'il fut vraiment sur le point de tirer le pli de sa cachette et de le tendre à Coriolano, en disant : « Prenez, voilà votre procès : servez-vous-en pour libérer Emanuele et la femme de l'Ammirata, et donnez-moi Violante!... »

Mais sa main resta sur le revers de sa chemise, arrêtée par un doute :

« Et s'ils gardaient Violante comme gage, malgré la restitution des documents? »

Et puis une autre pensée lui vint : « Et si Coriolano remettait ces documents au vice-roi? ».

La voix de Coriolano l'arracha à ses réflexions. Comme s'il avait deviné cette bataille intérieure, le chevalier de la Floresta lui dit gravement :

— Songez, Blasco, que tout fils naturel que vous soyez, vous êtes l'aîné d'Emanuele et que vous lui devez protection et assistance.

Lui, frère aîné! Oui, c'était vrai. Mais il n'avait vu ce garçon que deux fois; la première, il s'était dressé contre lui comme un petit coq menaçant et la seconde, il s'était montré arrogant et presque fâché de l'intervention de Blasco. A présent, en y repensant, il lui semblait deviner dans cette attitude, une de ces antipathies instinctives et indomptables. Quant à lui, en interrogeant son cœur, il n'y trouvait pas l'ombre d'un sentiment fraternel. Ce garçon lui faisait pitié et réveillait en lui des impulsions généreuses, mais ni plus ni moins que tout autre enfant. Blasco ignorait les liens du sang; c'était pour lui des mots, mais qui n'en incarnaient pas moins des obligations et le sort qu'il partageait avec son frère leur conférait un caractère d'extrême gravité.

Il se rappelait avoir promis à Coriolano de contraindre Don Raimondo à donner la liberté aux deux prisonniers. Quand il avait fait cette promesse, Don Raimondo n'était pour lui qu'un étranger mais à présent que le duc se révélait son parent, cette découverte l'effrayait au lieu de l'encourager. Sous la figure d'un oncle, Don Raimondo lui inspirait une horreur invincible, comme celle qu'on éprouve pour un reptile répugnant.

Ainsi, plongé dans ses pensées, Blasco marchait en silence avec Coriolano. Ils étaient revenus sur le Cassaro et le remontaient. Comme pour répondre à une question muette, Coriolano dit :

— Il ne faut pas seulement qu'Emanuele soit vite libéré, mais aussi qu'il retrouve son rang et son patrimoine. Il doit penser à vous, vous reconnaître et s'occuper de votre état.

— Moi ? Ah, non, Coriolano, vous vous trompez. Il n'a aucun devoir envers moi, et je n'accepterai jamais d'aumône de la maison Albamonte...

— Comment ? Pourquoi parlez-vous ainsi ? se récria le chevalier de la Floresta.

— Chacun a son orgueil ; j'en ai un moi aussi. Mon père m'a fait naître voilà vingt-six ans, pauvre et « fils de personne ». Emanuele ne saura jamais, en tout cas de ma bouche, que je suis son frère. Quand j'aurai accompli mon devoir en vous aidant à faire justice, je m'en irai au loin, je reprendrai ma vie de chevalier errant jusqu'à ce qu'une balle m'expédie dans l'autre monde.

Coriolano le regardait en souriant et, sur un ton de plaisanterie non dépourvu d'intention, il lui demanda :

— Et Violante ?

— Violante ? répéta Blasco avec une voix qui trahissait une émotion amère, eh !... quand je serai tranquille pour son avenir, que voulez-vous que je fasse ? Et que voulez-vous que je sois pour elle ? Un souvenir que les baisers d'un autre homme effaceront de son cœur.

Et jusqu'au palais, ils ne dirent plus rien.

XII

Donna Gabriella et Violante passaient leurs journées dans l'attente d'un événement inconnu qui n'arrivait jamais. Elles avaient demandé le nom du lieu où on les avait conduites, mais la vieille domestique avait répondu sur un ton sec en avançant les lèvres d'une manière caractéristique :

— Qui sait ?...

Et nul ne savait. Il était clair qu'un ordre sévère avait été donné pour que les deux femmes ignorassent où elles se trouvaient. Mais Donna

Gabriella avait cherché à reconnaître les alentours, en s'efforçant d'attribuer au moins un nom à la montagne sur la cime de laquelle elles se trouvaient et d'avoir une idée de la campagne environnante.

Elles se trouvaient dans un château dont les hauts murs paraissaient infranchissables et se dressaient sur une roche qu'on pouvait voir de certaines fenêtres, et qui donnait le vertige tant elle était haute et raide. Plus loin s'étendaient des fourrés au milieu desquels serpentait un ruban argenté. Les collines succédaient aux collines et au-delà de tout côté s'étiraient les chaînes de montagne, qui, les unes derrière les autres, se perdaient dans un azur plus ténu, comme sur la toile d'un décor.

On ne découvrait pas trace de village à l'entour : cependant, quand l'air était serein et que le vent tournait, l'écho d'une cloche parvenait au château. Il y avait donc aux environs un village ou quelque domaine seigneurial dissimulé au milieu des bois. Elle s'était aperçue qu'une partie du château n'était pas habitable ; certaines pièces n'avaient plus de toit, les créneaux et une partie du sommet de certaines tours étaient détruits ; çà et là les courtines présentaient des failles. Les deux femmes étaient logées dans une tour qui se dressait dans une cour encore bien conservée et surplombait tout l'édifice. Cette solide forteresse quadrangulaire devait être le donjon.

Impossible de traverser la cour et d'accéder aux autres ailes du château. Les portes étaient fermées et verrouillées, certaines même murées. Les écuries installées dans la cour n'abritaient que les deux mules et les trois chevaux de leurs ravisseurs. Comme domestiques, on ne voyait en tout que la petite vieille propre et maniérée, une espèce d'intendant et deux paysans qui s'efforçaient de jouer le rôle de valets, de palefreniers, de pages. Chaque nuit l'un d'eux dormait derrière la porte de la chambre des femmes, avec le fusil entre les jambes.

Hormis les limites imposées à leur liberté, Donna Gabriella et Violante ne pouvaient se plaindre de la manière dont elles étaient traitées et servies. Leur boudoir était pourvu de tout ce qu'une dame pouvait estimer nécessaire ; on y sentait la main prévoyante et avisée d'une personne habituée aux mœurs aristocratiques et aux raffinements vestimentaires des seigneurs. Violante avait été stupéfaite en découvrant toute une batterie de fers pour onduler, boucler, friser les cheveux ; des petits ciseaux, des peignes, des coupelles de pommade, des pots de fard, des poudres et des eaux aromatiques : toutes choses qui ne se trouvaient pas dans un monastère.

La garde-robe était fournie en robes de chambres, peignoirs et pantoufles brodées ; les deux lits et la table étaient garnis de drap fin ; les couverts et la vaisselle étaient d'argent. Donna Gabriella pouvait véritablement se croire en villégiature dans une de ses terres, parmi ses vassaux.

La première terreur qui s'était emparée d'elle et de Violante, s'était peu à peu évanouie ; elles se demandaient maintenant quand prendrait fin cet emprisonnement qui les isolait du monde. La solitude et le mutisme des serviteurs avaient contraint Donna Gabriella à rechercher la compagnie de sa belle-fille mais ne lui avaient nullement suggéré des sentiments de bienveillance et de compassion : au contraire, toutes les fois qu'elle surprenait la jeune fille plongée dans ses pensées, l'œil vague, une idée, un nom lui couraient dans la tête tandis que son regard s'assombrissait et lançait des éclairs. Elle était sûre que Violante pensait à Blasco. Elle ne se trompait pas.

Depuis que les paroles de sa marâtre avaient fait la lumière dans son cœur, Violante avait perdu la chère inconscience des aubes heureuses de sa jeunesse. Mais cette lumière, en pénétrant dans le monde encore endormi des sensations et des instincts, les avait réveillés et ils s'agitaient confusément, en la troublant de désirs indéfinis qui quelquefois lui arrachaient des larmes.

L'image de Blasco restait devant ses yeux et elle en éprouvait un sentiment de joie qu'elle ne savait exprimer mais parfois des rougeurs inattendues lui montaient au visage et ses yeux lui brûlaient. Elle croyait que l'amour était tout entier dans cette pensée de chaque instant, dans ce mystérieux besoin de le voir, de l'entendre, d'être près de lui ; et cela lui paraissait une chose si audacieuse, qu'elle en éprouvait une grande honte.

« Oh, oui, c'est vrai, pensait-elle souvent, je l'aime, je l'aime. »

Mais la peur la prenait à l'improviste. Elle voyait au-dessus d'elle le regard ombrageux de Donna Gabriella et se sentait défaillir.

Pourquoi ? Pourquoi me regarde-t-elle ainsi ? Quel mal lui ai-je fait ? »

— Tu penses à lui ? lui demanda Donna Gabriella.

Un mensonge lui monta aux lèvres, elle voulut répondre non, mais elle n'était pas habituée à mentir et se tut, mais son visage écarlate et son embarras répondirent pour elle. Cette révélation emplit le cœur de Donna Gabriella d'une sourde et amère colère, et réveilla cette hostilité envers sa belle-fille, cette soif de représailles et de tortures que les émotions du rapt avaient assoupies.

De ce jour, dans tous les moments où elles étaient obligées d'être ensemble, elle se montra plus âpre, plus tourmenteuse, éprouvant une satisfaction féroce à lancer des piques et à dénigrer Blasco.

— Qu'espères-tu ? lui dit-elle une fois. Qu'espères-tu ? L'épouser ? Tant que je vivrai, cela ne se fera pas et si je meurs, ton père ne sera pas assez sot pour consentir, je te le promets.

Ce fut une autre idée, qui n'était encore jamais venue à l'esprit de Violante, et que Donna Gabriella mit dans le cœur de l'enfant, y créant de nouveaux troubles. L'épouser ? Rester toujours auprès de Blasco, demeurer seuls tous deux, à l'abri des soupçons ?

Cette idée la remplissait de confusion, de terreur et de joie. Jusque-là elle n'avait jamais pensé au mariage ; à présent c'était à ses yeux la voie la plus naturelle à suivre, puisqu'elle aimait Blasco. Mais cela la faisait trembler, par une peur instinctive devant une réalité inconnue, terrible et mystérieuse, dont elle sentait comme les vibrations lointaines.

— Quelle honte ! lui dit une autre fois Donna Gabriella. Quelle honte, à ton âge, de penser à ces saletés !

Mais de quelles saletés parlait-elle ? Aimer un homme, l'épouser, était donc une chose indigne ? Et pourquoi ? Beaucoup de ses compagnes de pensionnat étaient sorties du monastère pour se marier et elle avait entendu plusieurs fois raconter les grandes fêtes que célébraient les familles des époux ; nouvelles occasions de liesses pour la cité, ces festivités étaient même célébrées dans des sonnets imprimés et Violante n'avait jamais entendu de jugement aussi affreux exprimé par quiconque, pas même par sœur Maria Cristina, qui avait pourtant une répugnance formidable pour le monde.

— Beau mariage, avec un aventurier, échappé au gibet ! Tu ne sais donc pas qu'il est recherché par la justice, que c'est un bandit ? Tu ignores donc qu'il a assassiné des hommes d'armes et qu'à Messine, il a même tué des gardes du roi ? Qui sait combien de meurtres et de vols il a commis !... Qui est-il ? D'où vient-il ?... Nul ne le sait. Il n'appartient pas à notre monde... Sans doute quelque fils de paysan qui s'est enfui ! L'échafaud l'attend. Quand on l'aura pendu, on le découpera en morceaux qu'on accrochera au Sperone. Je t'emmènerai voir les morceaux du seigneur Blasco de Castiglione !!!

Violante pâlit et avec un cri d'horreur ferma les yeux devant la vision des restes sanguinolents accrochés au gibet du Sperone. Spectacle de cruauté et de terreur point rare à l'époque. Puis elle se demanda si ce que disait sa marâtre était vrai et son cœur lui répondait par la négative. Il lui répugnait de croire qu'un homme si beau, si généreux, si loyal, si preux, pût être un aventurier, un bandit, digne de mourir sur la potence.

Cependant le soupçon, le doute, la peur s'étaient insinués dans son âme.

Ainsi la pauvre enfant passait-elle ses journées dans la tristesse, et Donna Gabriella se rongeait, devenait, elle aussi, pâle et triste ; et les jours succédaient aux jours, sans aucune nouveauté, toujours semblables, avec les mêmes piques, les mêmes haines. Quelquefois, quand les nerfs lâchaient, la duchesse invectivait Don Raimondo et Violante.

— Tout cela par la faute de ton père !... Ton père est un scélérat ; et je souffre par sa faute. Qu'ai-je à faire, moi, des friponneries qu'il a commises ? Pourquoi ne les règlent-ils pas avec lui et avec toi ?... Oh, comme je voudrais me venger ! Comme je voudrais me venger !...

Violante se rebellait ; elle ne pouvait entendre injurier son père, qu'elle croyait d'une intégrité sans tâche.

— Pourquoi, madame ma mère, offensez-vous aussi mon père ? Qu'a-t-il fait ? Il est pourtant votre époux !...

— Tais-toi, tu n'as pas droit à la parole. Tu es de la même race. Race de vipère !... Ton père ?... Je sais ce qu'il vaut !...

Ses invectives contre Blasco, contre Don Raimondo, contre Violante devenaient plus âcres et plus âpres quand la prison qui l'empêchait de réaliser quelque désir ou quelque caprice, lui paraissait particulièrement insupportable. Ce qui lui semblait encore plus insoutenable était de ne pas savoir quand finirait leur réclusion et ce que l'on voulait précisément d'elle. Elle avait interrogé la petite vieille plusieurs fois, mais n'avait pu en tirer aucune explication.

La duchesse lui avait demandé son nom.

— Nora, avait-elle répondu avec une révérence, pour vous servir. Je suis la tante Nora, mère de Baldassare le stucateur.

— Au service de qui êtes-vous ?

— De Votre Excellence.

La réponse était ambiguë.

— Qui est votre maître ?

— Mais Votre Excellence, qui voulez-vous que ce soit ?

Donna Gabriella ne put en obtenir davantage. Une autre fois, elle posa la question :

— Qu'attendons-nous ?

Elle voulait au moins savoir si en ce château, on attendait quelqu'un pour avoir la clé du mystère qui enveloppait non pas tant sa capture que son séjour en ce lieu inconnu, isolé, coupé du monde. Mais la tante Nora rétorqua :

— La grâce de Dieu !...

— Nous allons rester longtemps ici ?

— Le temps qu'il plaira à Dieu !

C'étaient des réponses qui auraient désespéré l'âme la plus tranquille. Donna Gabriella se sentait sur le point d'exploser : l'aspect fermé, impénétrable de cette petite vieille, qui paraissait modelée sur l'image du dieu Secret allumait en elle mille colères, et lui donnait quelquefois des envies de frapper.

Quarante jours passèrent ainsi ; l'hiver approchait et sur les cols soufflaient des vents froids ; dans les chambres, le soir, on s'en ressentait. La perspective de passer l'hiver dans ces murs lépreux était vraiment épouvantable. Donna Gabriella ne put s'empêcher de songer qu'on se trouvait dans la saison des réceptions, des bals, où les autres dames s'amusaient, entourées de courtisans, trônant dans ces petits Olympes qu'étaient les salles des grands palais seigneuriaux, scintillantes de miroirs et de lumières ; et alors ses yeux s'emplissaient de larmes de douleur et de rage et dans un élan irrépressible, elle agrippait sa belle-fille par les cheveux en criant :

— Je voudrais vous voir morts, toi et ton père !...

Son effroi s'accrut quand un matin elle vit entrer un des paysans avec une caisse dont la tante Nora tira de lourdes couvertures et des manteaux. Cela lui parut le signe certain que leur emprisonnement ne cesserait pas de sitôt et la brûlure du désespoir fut si vive qu'elle se donna des coups de poing sur les tempes. Violante ne parut pas aussi malheureuse, et même une certaine joie lui illuminait le visage.

En entrant dans sa chambre pour mettre les couvertures sur le lit, la tante Nora lui avait dit :

— J'ai un message pour Votre Excellence.

— Pour moi ?

— Chut... C'est une chose que nul ne doit savoir...

Violante rougit et la regarda avec une curiosité inquiète.

— Le seigneur Blasco vous envoie son salut et vous dit que d'ici quelques jours... Mais, silence !...

Violante ne put ni la remercier, ni prononcer aucune promesse. Au seul nom du jeune homme, son cœur se mit à battre avec une telle violence que la respiration lui manqua. Une bouffée de chaleur lui monta au visage, si forte que les oreilles lui brûlaient. Blasco ! Blasco savait où elle était, Blasco viendrait la trouver. Peut-être la libérer.

Il pensait donc à elle... Peut-être parce qu'il l'aimait ? Dans son cœur, d'après ce qu'elle-même sentait et éprouvait, elle devinait ce que devaient être les sentiments du jeune homme et cette idée, tout en lui empourprant le visage, lui procurait une joie extraordinaire, jamais éprouvée, une consolation pleine de douceur. Elle avait l'impression de n'être plus seule, d'avoir un protecteur, d'être en sécurité. Blasco la tirerait de cette prison et la soustrairait aussi aux vexations de sa marâtre. Elle repoussait fièrement les insinuations de Donna Gabriella contre le chevalier : pures calomnies. Elle demanderait à Blasco ce qui était vrai dans ce que disait la duchesse. N'avait-elle pas déjà une fois raconté que Blasco avait été assassiné ? Pourquoi avait-elle inventé cela ? Et pourquoi tant de rancœur ? Pourquoi cet acharnement ? Était-ce l'expression d'une haine profonde ? Peut-être. Mais cette haine qui les enveloppait ensemble, elle et Blasco, qui n'avaient rien fait à la duchesse, devait venir d'autre chose qui échappait encore à la jeune fille. Inexperte dans les choses de la vie autant que dans les réalités de l'amour, elle ignorait qu'il pût exister des affections inavouables.

Cependant dans son cœur s'était insinuée une espèce de peur suspicieuse qui lui faisait apparaître sa marâtre sous un jour sombre. Elle la craignit ; son instinct lui souffla de cacher sa joie : pour la première fois Violante dissimula ses pensées et cette dissimulation lui donna un plaisir particulier, comme si elle avait exercé des représailles ou remporté une victoire sur la duchesse.

Mais Donna Gabriella avait le regard inquisiteur et perçant de la jalousie ; sous la comédie de Violante, elle découvrit que quelque chose de nouveau était entré dans le cœur de la jeune fille. Elle commença à la harceler :

— Combien de jours sont passés depuis que grâce à ton père nous sommes recluses ici ?

— C'est peut-être monsieur mon père qui a ordonné notre emprisonnement ?

— Ne fais pas d'observations ; cela ne t'est pas permis... Je sais ce que je dis. Si ton père n'avait pas commis des scélératesses, je ne serais pas ici...

Elle revenait à cet argument qui, elle le savait, déplaisait à Violante, mais la jeune fille se taisait. Elle avait compris que la duchesse recommençait ses provocations, et décidé de ne pas y répondre. Donna Gabriella, qui s'attendait à un mouvement de révolte, fut étonnée par le silence de la jeune fille.

— Tu ne réponds pas ?

— Je ne sais que dire, madame ma mère.

— Eh ! Je vois bien que tu ne sais que dire : tu es bien du même sang... Mais cette vie, je ne veux pas la supporter, tu m'as comprise ? Qu'ils te gardent toi, qui es sa fille, peu m'importe, de toutes façons, tu finiras mal. Mais qu'ils me laissent partir moi !...

Violante se taisait. Un imperceptible sourire errait sur ses lèvres. La garder elle !... C'était au contraire elle, justement elle, qui possédait l'assurance de sortir bientôt de cette prison. Donna Gabriella commençait à trouver provoquant le silence de la jeune fille et ses nerfs vibrèrent, son cerveau s'obscurcit. Elle éprouva des fureurs sourdes qui lui donnaient une grande envie de pleurer, de s'arracher les cheveux. Sa bouche s'emplit de bile. Elle eut une crise, éclata en sanglots qui semblaient devoir véritablement lui rompre la poitrine. Violante en fut effrayée et émue. Elle n'avait jamais vu pleurer la duchesse et ces sanglots désespérés réveillaient sa pitié.

Elle joignit les mains en criant :

— Madame ma mère !... Madame ma mère ! Qu'y a-t-il ?

Elle s'approcha en lui demandant :

— C'est peut-être par ma faute que vous pleurez ? Je vous ai fait pleurer ?... Si c'est le cas, je vous demande bien pardon !...

Elle tenta timidement de lui prendre la main, mais à ce contact Donna Gabriella poussa un cri comme si un serpent l'avait mordue.

— Écarte-toi !... Écarte-toi !... Ne me touche pas !... Je ne veux pas que tu me touches !... Tu m'es odieuse !...

Violante recula d'un pas en la regardant avec une stupeur douloureuse.

— Mais qu'ai-je fait pour mériter cela ? demanda-t-elle doucement, sous le coup de l'émotion.

— Tu me le demandes ? lui rétorqua vivement la duchesse. Tu me le demandes ?...

Sa voix grinçait comme du métal rouillé. Tout son aspect exprimait la violence et la douleur. Dans ses yeux noirs un sarcasme féroce faisait frissonner Violante. Elle ajouta seulement :

— Va-t-en ! Laisse-moi seule !

Violante sortit en silence et se retira dans sa chambre. La tante Nora, qui paraissait l'attendre dans le couloir, l'accompagna et au moment de refermer la porte, lui dit :

— N'ayez pas peur, Excellence !... N'ayez pas peur. Nous sommes là.

Violante lui répondit par un regard étonné. La vieille femme avait peut-être vu et entendu ? Et que savait-elle, qu'avait-elle compris pour l'encourager ainsi ?

XIII

Antonino Bucolaro n'avait pu fermer l'œil de la nuit, en songeant à ces documents dont il avait jusque-là ignoré le contenu. S'il comptait parmi les membres les plus actifs des Beati Paoli, il n'était pas encore parvenu au plus haut degré, celui des juges pour qui rien n'était secret, hormis l'identité du chef suprême, dont seul le secrétaire général, Don Girolamo Ammirata, connaissait le visage. Les autres vingt juges, qui discutaient et délibéraient sur les plaintes qu'on leur présentait, étaient choisis après un noviciat au cours duquel ils se révélaient dignes de la charge, et quand une place était vacante.

Antonino Bucolaro avait été initié par Don Girolamo Ammirata, dont il était devenu ami, à travers des relations d'affaires. Il était membre de la secte depuis quelques années et s'était fait remarquer par son zèle et son efficacité ; il était devenu « exécuteur » puis « rapporteur ». Don Girolamo Ammirata avait pour lui de l'affection et de la confiance et l'avait choisi pour confident. Les « rapporteurs » connaissaient les exécuteurs, recevaient les dénonciations et les réclamations et vérifiaient les informations ; ils faisaient les premiers actes de la procédure et remettaient leur rapport au secrétaire. Souvent, ils étaient appelés à fournir des éclaircissements verbaux aux vingt membres du haut tribunal, qui gardaient cependant le visage masqué.

Dans de telles circonstances, Don Girolamo avait eu recours à Bucolaro et s'en était bien trouvé. Il pensait avoir fait une bonne recrue pour la secte et en parlait souvent à Coriolano, qu'il rencontrait autrefois à San Matteo, le matin. A présent qu'un édit frappait le rationnel, ils se voyaient la nuit dans une maisonnette solitaire hors la Porte d'Ossuna, là même où l'on avait porté Blasco blessé par les sicaires du prince d'Iraci.

Antonino Bucolaro savait où se cachait l'Ammirata ; il était le seul dans ce cas et servait de messager entre lui et les « exécuteurs ». Chaque matin, à l'aube, il prenait son fusil, sifflait son chien et allait chasser sur les rives, alors fort giboyeuses, de l'Oreto. C'était du moins ce qu'il prétendait : en réalité, quand il était sûr que nul ne prêtait attention à lui, il bifurquait dans des sentiers qui le conduisaient vers San Ciro ; devant une maison, au pied de la colline, il trouvait Don Girolamo et Andrea qui l'attendaient, le fusil entre les jambes. Antonino leur apprenait les événements du jour ; il recevait les ordres du secrétaire, les communiquait aux autres rapporteurs et s'il fallait exécuter une mission quelconque, il convoquait une réunion extraordinaire par un moyen très simple : un crieur, suivi d'un gamin qui portait soit du pain, soit des macaronis, allait par les rues en criant que dans la pasteria du Capo, on vendait des macaronis de la meilleure qualité à tant le *rotolo* ou qu'il y avait une baisse d'un tiers de denier sur un pain d'un bon poids, chez le boulanger près de Sant'Agostino. Ces deux boutiques étaient connues des affidés qui s'y rendaient sous le prétexte de donner un coup d'œil rapide et indifférent à la marchandise. S'ils voyaient trois lampes allumées devant trois images sacrées : l'Immaculée chassant le serpent, Saints Pierre et Paul avec leurs emblèmes, Saint Michel Archange une balance dans une main et l'épée flamboyante dans l'autre, cela signifiait qu'à minuit, il y avait assemblée dans la grotte. Hormis les sectaires, nul n'entendait ce langage, à une époque où les boutiques étaient pleines d'images illuminées. Quand il n'y avait que deux lampes, une devant l'Immaculée et une autre devant Saints Pierre et Paul, la réunion était réservée aux rapporteurs : les exécuteurs ne comprenaient pas ce signal. Quand une seule lampe brillait devant Saint Michel Archange, seul le haut tribunal se réunissait, et ni exécuteurs, ni rapporteurs ne saisissaient le message. Le boulanger et le fabriquant de pâtes figuraient parmi les vingt juges. On aura compris que le crieur ignorait quel rôle on lui faisait jouer.

Il existait un autre moyen très simple, auquel recouraient les exécuteurs et les rapporteurs, quand ils avaient besoin de conférer avec l'un de leurs supérieurs immédiats : car les premiers ne communiquaient qu'avec les seconds, et ceux-ci avec les juges, les juges avec Don Girolamo Ammirata qui, par ailleurs, les connaissait tous en sa qualité de secrétaire.

Avant l'arrestation du sacristain de San Matteo, cette église servait de bureau des déclarations. Un affilié jetait quelque chose dans le tronc des *Mali oblati,* placé près de la porte de l'église. Une fois l'église fermée, le sacristain ouvrait la cassette ; s'il trouvait une monnaie d'un tiers de denier avec un trou au milieu et des bosselures, cela signifiait qu'un rapporteur de tel quartier voulait s'entretenir avec un des juges de celui-ci ; s'il n'y avait pas de trou, mais seulement des bosses, c'était un exécuteur qui demandait une entrevue à un rapporteur. A chaque quartier — ils étaient au nombre de six : quatre citadins et deux ruraux — correspondait un nombre particulier de bosselures sur la pièce. Celui du Capo, où se trouvait la grotte, était indiqué par le numéro un. Le sacristain portait les pièces à l'oncle Rosario, qui les transmettait à Don Girolamo, lequel les envoyait aussitôt, dans un sachet, mêlées à d'autres, à un des juges ou des rapporteurs du quartier concerné. Celui à qui on avait ainsi demandé audience, à une certaine heure du jour, allait s'asseoir dans l'une des tavernes convenues.

Après l'arrestation du sacristain et de l'oncle Rosario, on allait au marché aux fruits de la Magione, avec un panier de citrons, en criant :

— *Choix de citrons, choix !*

Antonino Bucolaro se rendait là tous les jours, s'approchait du vendeur, échangeait avec lui un signe de reconnaissance, convenait d'un rendez-vous et en référait à Don Girolamo. Tout cela, qui se déroulait au grand jour, et suivant des moyens qui ressortaient de la vie ordinaire, n'éveillait aucun soupçon de la part des mouchards.

Bien qu'il fût déjà corrompu par des perspectives d'enrichissement, Bucolaro n'avait pas révélé le secret de ces moyens de communication à Matteo Lo Vecchio qui, du reste, pour ne pas avoir l'air de vouloir l'utiliser à des fins d'espionnage, se limitait à discuter avec lui du chantage qu'ils voulaient exercer sur le duc de la Motta et n'avait pas cherché à en savoir davantage. En lui-même Antonino faisait un raisonnement qu'il trouvait parfaitement logique :

« Les papiers ont été volés et, comme le dit Matteo Lo Vecchio, c'est probablement ce Don Blasco qui les a, lui qui était l'ami du duc de la Motta, qui a été arrêté à Messine et qui se trouve à l'heure actuelle Dieu sait où. Donc la société ne détient plus ces fameux documents. En fait le haut tribunal connaît leur contenu et peut procéder sans ces bouts de papier. Quel mal y aurait-il à les soustraire au seigneur Don Blasco pour les vendre au duc ? En faisant cela, je n'empêche certes pas qu'on punisse le duc. Tout au contraire. S'il faut lui tirer un coup de carabine, une nuit, je m'en chargerai moi-même... C'est un filou, qu'il vaut mieux expédier en enfer. Donc ?... »

Quand il raisonnait ainsi, il était loin de se douter que Blasco avait été admis dans le sein du tribunal. Il ne savait pas que le chevalier se trouvait à Palerme, chez Coriolano de la Floresta, ni que ce dernier était le chef occulte qui tramait les fils ténébreux de la société à laquelle il avait prêté serment d'obéissance aveugle et de fidélité absolue. Pour lui, Blasco était un ennemi dont il fallait se défaire, s'il était vrai qu'il possédât les documents. Mais où était-il ? Où le trouver ? Certes, il pouvait le dénoncer à la société qui, pensait-il, en lançant des espions aux trousses du chevalier, ne manquerait pas de le dénicher. Mais cela ne lui paraissait pas prudent : il risquait d'y perdre ces papiers devenus son idée fixe, un rêve de richesse sans limite. Où était Blasco de Castiglione ?

Au cours d'une deuxième entrevue, Matteo Lo Vecchio s'étonna de cette question. Comment? Il le lui demandait à lui?

— Mais il est des vôtres!...

— Qui?

— Don Blasco, cet aventurier!

— Comment le savez-vous?

— Je le sais. Je suis étonné en fait que vous l'ignoriez...

— Je ne sais pas... vous vous trompez peut-être.

— Et moi je vous dis qu'il est de votre secte.

L'assurance de Matteo Lo Vecchio surprit Antonino Bucolaro; comment pouvait-il en être si sûr? Le sbire lui rappela la tentative d'arrestation de Don Girolamo et d'Andrea :

— Qui les a avertis? Qui espionnait? Qui était le chef secret des Beati Paoli? Lui, tout simplement lui. Je l'ai vu de mes propres yeux.

Antonino Bucolaro se taisait; l'argument, pour lui qui savait comment était organisée la secte, n'était guère convaincant, mais suffisait à jeter dans son esprit le germe d'un doute ou d'une perplexité.

« Et si c'était vrai? »

Il éprouva une allégresse intérieure lorsqu'une pensée maligne l'effleura : « Et si j'essayais le coup seul, et que je fasse cadeau à Matteo Lo Vecchio de quelques onces de plomb dans la panse? »

Ce serait voler le voleur. Il contacterait directement le duc et tout le bénéfice lui reviendrait. L'appétit éveillé par le sbire tournait à une avarice avide et perfide.

Si Blasco appartenait vraiment à la secte, Don Girolamo devait certainement le savoir; il fallait donc commencer par là. Le matin, en partant comme d'habitude à la chasse, il alla trouver l'Ammirata, à sa place accoutumée, pour faire la relation des événements de la journée. Quand il eut fini, il lui demanda comme à chaque fois ·

— Rien à faire?

Les soupçons contre lui étaient déjà éveillés et depuis quelques jours le rationnel répondait toujours : *Rien.* Cette fois, après un bref silence, il ajouta :

— Et demain, ne venez pas...

— Pourquoi? s'enquit Bucolaro, soudain inquiet.

— Parce que je m'en vais. Pour affaire. Attendez que je vous mande.

Dans la nuit devait s'accomplir l'enlèvement de Violante au monastère de Montevergini; en d'autres temps, Don Girolamo l'aurait chargé de lui procurer le nécessaire : échelles, cordes, hommes; mais cette fois, il ne croyait pas devoir le mettre dans le secret. Le lendemain, Bucolaro apprit de la bouche d'un des exécuteurs la tentative de rapt interrompue par l'intervention miraculeuse d'un homme inconnu de son informateur. Don Antonino comprit alors que le « gardien » n'avait plus confiance en lui, et s'effraya. Il attendit quelques jours, mais Don Girolamo ne l'envoyait pas chercher.

— Ne nous voyons plus, dit-il à Matteo Lo Vecchio, j'ai grand peur qu'ils nous espionnent... Du reste, jusqu'à présent, je n'ai rien pu savoir. Non, Don Blasco n'appartient pas à la société.

Il se décourageait. Matteo Lo Vecchio s'en émut, craignant qu'Antonino Bucolaro lui échappât, ce qui ne manquerait pas de lui attirer de gros ennuis, à présent que son secret était connu d'un autre. Oui, il fallait faire preuve de beaucoup de prudence, mais ne pas laisser échapper le Beato Paolo qui pouvait lui être utile pour d'autres entreprises : par exemple, pour dénicher le repaire de la secte.

Quelques jours plus tard, la nouvelle se répandit dans la ville qu'un bâtiment barbaresque avait attaqué la felouque dans laquelle voyageait la duchesse de la Motta et sa belle-fille, et que les deux femmes avaient été emmenées en esclavage. Dans les eaux de Solunto, une barque de pêche avait trouvé la felouque voguant au gré des flots et sans un homme sur le pont, comme un navire fantôme. Les pêcheurs l'avaient abordée et avaient découvert avec stupeur les marins garrottés et jetés au fond du bateau. Ils les avaient libérés et c'est ainsi que la felouque avait ramené la nouvelle à Palerme. On poussa des cris d'effroi, on courut aux nouvelles ; le vice-roi fut effaré et fort marri mais ni lui ni Matteo Lo Vecchio ne crurent que les deux femmes fussent tombées aux mains des corsaires. Ceux-ci n'auraient pas abandonné la felouque et les hommes de l'équipage, qu'on pouvait vendre un bon prix comme esclaves ou employer sur les galères barbaresques. Il s'agissait sans aucun doute d'une deuxième tentative d'enlèvement, réussie cette fois. C'était une gifle pour le vice-roi, qui était transporté de fureur. Il dépêcha des courriers et des ordres à travers le royaume, menaçant de rigueurs extraordinaires les capitaines dont le zèle faiblirait, et envoya deux galères explorer les côtes, en quête d'indices et de renseignements.

Antonino Bucolaro comprit lui aussi qu'il ne s'agissait pas de corsaires et devina la main des Beati Paoli derrière l'événement. On le lui confirma et il fut profondément mortifié. On le mettait donc hors de toute délibération ? Qu'ils prennent garde : il n'avait qu'un pas à faire et tous seraient perdus !...

Matteo Lo Vecchio alla le trouver chez lui.

— Le vice-roi promet une récompense de deux cents écus à qui pourra indiquer où ont été emmenées les deux dames...

— Et comment voulez-vous que je le sache ?

— Vous pourriez certainement le savoir mieux que moi. Vous y croyez aux corsaires, vous ? Ne plaisantons pas. Cent écus pour vous, cent écus pour moi. C'est une somme ! Cette affaire n'exclut pas l'autre, plus grosse.

Antonino Bucolaro ne promit rien. Comment découvrir le lieu de détention de ces dames ? Chacun de ses pas avait éveillé les soupçons. Il lui fallait se fier au hasard. Le lendemain matin, il partit à la chasse, mais chercha en vain Don Girolamo à l'endroit habituel. Il poussa jusqu'à la crête de la montagne, visita même les grottes. Ni Don Girolamo ni Andrea ne s'y trouvaient. Étaient-ils partis ? Comptaient-ils au nombre des ravisseurs des femmes ? Se cachaient-ils ailleurs parce qu'ils le craignaient ?

« Ah sacrédié ! S'ils me mettent le dos au mur, je vends la mèche ! »

Cependant, il continuait de fréquenter les réunions nocturnes des Beati Paoli, sans pouvoir dire qu'il était traité avec défiance et on lui confiait des tâches de moindre importance, à l'évidence pour ne pas lui donner de soupçons. Enfin, lors d'une réunion, il vit Don Girolamo.

— Nous ne nous voyons plus, lui dit-il.

— Nous nous voyons maintenant.

Et après une minute de silence, le rationnel l'attira à part dans un couloir de la grotte :

— Prends garde à toi, Bucolaro !, lui dit-il à mi-voix. Je t'ai toujours estimé ; prends garde...

Antonino tressaillit mais sut se contenir et répondit avec une tranquillité suffisante :

— Mais quel discours me tenez-vous là ? C'est la deuxième fois, Don Girolamo. Si vous doutez de moi, appelez-moi devant le tribunal...

— Non, je ne te ferai pas comparaître ; si le soupçon devient certitude, je te tuerai de mes mains...

— Faites donc. Que voulez-vous que je vous dise ? Seulement, je veux vous avertir d'une chose : qu'en me tuant, vous mettrez toute la société en péril... parce que vous ne saurez pas ce que je sais, que je suis en train de vérifier, dans votre intérêt, et dans l'intérêt de tous...

Don Girolamo eut une moue dubitative.

— Vous ne me croyez pas ? Eh bien, il s'agit de ces papiers que l'on vous a volés et d'autres renseignements que petit à petit je recueille pour notre sécurité. Vous n'avez donc pas compris que je suis le mouchard du mouchard ?

— Comment cela ? Les papiers ? questionna vivement Don Girolamo.

— Précisément. L'*ami* sait ce qu'ils contiennent ; vérifiez au moins si ce que je dis correspond à leur contenu.

— Et que dis-tu ?

Antonino Bucolaro lui livra le résumé que Matteo Lo Vecchio lui avait fait. Don Girolamo en fut ébahi, mais son visage paraissait fermé à toute impression. Il répondait et commentait par monosyllabes. Cependant, il se demandait comment le sbire pouvait bien savoir le contenu de ces papiers, connu seulement de lui, du tribunal, et d'Andrea. Même Antonino l'avait ignoré.

— Alors s'il n'ignore rien de tout cela, il faut en conclure qu'il sait où sont ces papiers... Et j'essaie de le lui arracher...

Girolamo Ammirata le regarda dans les yeux et lui demanda lentement :

— Et toi, qu'est-ce que tu lui donnes, en échange ?

— Oh! répondit Bucolaro en souriant finement, rien de compromettant... Des informations sans importance et qui l'éloignent de la vérité...

— Fais attention. Le sbire est rusé. Il te piégera.

— N'ayez crainte!...

Ils en restèrent là. En s'éloignant, Antonino Bucolaro se passa la main sur le front et le trouva couvert de sueur froide. Il avait gagné une bataille. mais pas encore la guerre!

Quand ils sortirent, avant de se séparer, Don Girolamo lui dit :

— Sois prudent, et cherche à savoir où sont ces papiers. Je crains que ce ne soit le sbire qui les ait; c'est même certain!

— Où voulez-vous que je vous retrouve?

— Nulle part. Si cela est nécessaire, je te contacterai..

En rentrant chez lui, Antonino se disait : « Il croit que c'est Matteo Lo Vecchio qui a les papiers; donc la société ne les détient pas : et si c'est le seigneur Blasco qui les a, ou bien il n'est pas de nos frères, ou bien c'est un traître! Don Girolamo ne veut pas que j'aille le voir. Donc il a changé de retraite et doute de moi. »

Il allait ouvrir la porte de chez lui quand une ombre surgit de l'obscurité d'un porche voisin, Antonino dégaina son épée mais une voix connue le rassura :

— C'est moi; soyez tranquille!

— Don Matteo...

— Oui. J'ai appris que cette nuit il y avait une assemblée et je vous ai attendu. Entrons, car la nuit est humide...

— Vous avez quelque chose à me dire?

— Une chose très intéressante. J'ai rencontré à trois heures de la nuit le seigneur Blasco de Castiglione...

— Ah!?

— Il sortait du palais du chevalier de la Floresta... un seigneur...

— Entrons! entrons! dit vivement Antonino Bucolaro en poussant le sbire à l'intérieur.

XIV

Don Raimondo Albamonte, duc de la Motta, était arrivé depuis quelques heures, après un long voyage fort agité, de Gênes à Palerme, sur une galère de la République. Il ne s'était accordé qu'un peu de repos avant de courir au Palais Royal pour obtenir du vice-roi quelques nouvelles des deux femmes.

De Turin à Gênes, de Gênes à Palerme, ce cœur fermé à tout sentiment avait été torturé des pensées et des peurs les plus terribles : non tant pour le sort de Donna Gabriella, qu'il n'avait jamais aimée et dont il s'était assez peu inquiété, que pour celui de sa fille. Dans ses entrailles froides et cruelles, devant le danger de perdre son unique fille, celle en qui se perpétuerait sa lignée, qui hériterait de sa richesse, devant l'image de la mort flottant au-dessus de cette innocente créature, l'amour paternel, qu'il paraissait ignorer jusque-là, s'était réveillé.

Chaque obstacle rencontré sur la route, les bonaces soudaines, les bourrasques inattendues qui ralentissaient l'allure ou déviaient le cap de la galère le perçaient de mille piqûres. On n'arriverait donc jamais? Turin était donc si loin de la Sicile?

Chaque instant qui passait lui paraissait un nouveau degré dans la descente de Violante vers la mort. Chaque jour, au coucher du soleil sur l'immensité du ciel et de la mer, il se demandait : « Arriverai-je à temps? La trouverai-je encore en vie?... »

Et dans son cœur la douleur hurlait. Il allait du capitaine au maître d'équipage, du maître d'équipage au timonier et au chef de la chiourme, en demandant anxieusement :

— Encore combien de jours? Aurons-nous la tempête? Des vents favorables? Pourquoi ne faites-vous pas ramer avec plus d'ardeur?... Ah, si j'étais le surveillant! A cette heure, je leur aurais rompu les côtes! Faites-les ramer plus vite... Mettez toutes les voiles!...

Il aurait fini par vouloir commander la galère. Si à l'horizon surgissait une voile, il s'emparait de la lunette et surveillait le bâtiment, frémissant de soupçon.

— Peut-être un navire de course? Sommes-nous en danger? Combien de canons avons-nous à bord? Sacrebleu, il ne faut pas se laisser prendre!... Nous devons arriver à Palerme à tout prix, et le plus vite possible. Je vous donnerai deux cents écus de plus!

A tout instant, il relisait la lettre mystérieuse qui l'avait fait partir précipitamment de Turin. Elle était brève, laconique, signée des habituels emblèmes. Le jour où il l'avait trouvée sur sa table, il avait reconnu l'écriture et la forme, et avait blêmi. « Même ici, ils me persécutent? »

Il pâlissait encore, et la même terreur s'emparait de lui chaque fois qu'il prenait la lettre pour la relire.

« *Monsieur, vous avez jeté en prison une pauvre femme et un enfant, un homme fuit la justice impie armée par vous. Votre femme et votre fille répondront pour eux. Elles sont en notre pouvoir. Hâtez-vous de revenir. Il ne tient qu'à vous de les revoir.* »

D'abord, il n'avait pas voulu accorder de créance à cette lettre.

Comment les Beati Paoli auraient-ils pu s'emparer de Donna Gabriella et de Violante ?

Il avait couru au palais de la Consulta, en quête de Nicolò Pensabene, de Don Francisco Aguirre ou de l'un ou l'autre des Siciliens que le roi avait emmenés avec lui à Turin, pour savoir si l'on avait reçu des nouvelles de Palerme. La mine consternée de ses compatriotes l'avait confirmé dans ses pires craintes. De fait, par le même courrier, était arrivée une relation du vice-roi qui, sur la base des premiers éléments, attribuait le rapt des femmes à des corsaires et demandait une flottille pour assurer la sécurité du royaume, les galères de Sicile, peu nombreuses et en mauvais état, n'y suffisant pas.

— Les corsaires ? Les corsaires ? Vous croyez que ce sont des corsaires ?... s'était-il récrié, exaspéré.

Il s'emportait contre le vice-roi qui depuis si longtemps, un mois et demi, n'avait rien fait. S'il s'était agi de corsaires, passe encore, mais ce n'était pas le cas.

— C'est l'œuvre des Beati Paoli !... Voilà leur lettre. Comprenez-vous, Votre Excellence ? Et par Dieu ! les Beati Paoli ne les auront certes pas dévorées. Où est donc la justice ? Où sont, que font les compagnies rurales ? J'avais presque mis cette secte en déroute, je l'avais presque détruite !... Cependant, si ma fille était morte ?

Cette idée lui emplissait le cœur, la voix, le geste d'une douleur ineffable. Une anxiété, une terreur, un besoin de courir, de faire, de dire...

On devinait derrière cette affaire la main de l'Ammirata : qui donc pouvait avoir intérêt à commettre cet enlèvement pour obtenir la libération de dame Francesca et d'Emanuele ? Les libérer ? Mais oui ! Il le ferait pour sauver, mettre sa fille en sécurité ; ensuite... Ah, ensuite viendrait la vengeance !...

Le vice-roi lui promit de mettre à sa disposition les compagnies rurales et aussi celles des terres seigneuriales. Mais il pensait qu'il lui fallait bien davantage. Il retourna chez lui abattu, insatisfait, et se jeta sur un divan de son cabinet de travail, pour coordonner ses idées et étudier un plan de bataille, quand un serviteur lui annonça une visite.

— Excellence, le seigneur Blasco de Castiglione...

— Je ne reçois pas, je ne veux voir personne ! cria-t-il.

— Et Votre Très Illustre Seigneurie aurait tort, dit froidement Blasco en se présentant sur le seuil, le chapeau à la main, dans une attitude solennelle.

Don Raimondo le considéra avec une stupéfaction qui se transforma bientôt en terreur. Dans l'embrasure, soulevant la portière d'une main, immobile, Blasco semblait la reproduction vivante du portrait de Don Emanuele. Don Raimondo aurait pu croire que son frère était descendu du tableau, ou était sorti du sépulcre pour lui demander des comptes sur Donna Aloisia et le petit Emanuele.

— Que voulez-vous ? balbutia-t-il.

D'un geste, Blasco congédia le serviteur, referma la porte et s'avançant jusqu'au siège de Don Raimondo, lui répondit simplement :

— Parler avec vous, monsieur le duc... mon oncle !...

Comme il se tournait pour prendre place sur un siège, il ne vit pas l'éclair qui, à ce dernier mot, passa dans les yeux de Don Raimondo.

Blasco posa son chapeau, s'assit et contempla le duc ; comprenant à son expression l'effet qu'avait eu l'annonce brusque de sa parenté, il dit :

— Votre Seigneurie s'étonne, n'est-ce-pas ? Mais c'est ainsi . j'ai l'honneur d'être né directement de l'illustre semence de Don Emanuele Albamonte, et d'avoir vu le jour au château de la Motta. Si je n'étais pas venu vous trouver pour débattre de choses graves et très sérieuses, nous aurions pu rire un peu de cette parenté, mais...

— Mais moi, l'interrompit âprement Don Raimondo, je n'ai nul désir de rire, ni de temps à perdre, monsieur ; et quant à votre naissance et à votre prétendue origine...

— Oh là ! fit Blasco, élevant la voix. Prétendue ? Je ne prétends rien ; ce qui m'attribue ce nom et cette origine, c'est un petit certificat de baptême, mais pour vous dire le fond de ma pensée, si je puis me trouver flatté par l'honneur d'être un bâtard de monsieur votre frère, je ne me sens point flatté d'être parent d'un homme... comme Votre Seigneurie... Il y a trop... de différences. Mais ce n'est pas de cela que je suis venu vous parler... monsieur le duc. Je vous ai dit qu'il s'agit de choses graves et sérieuses.

Don Raimondo pensa que Blasco voulait de l'argent ; il se leva pour couper court :

— Monsieur, en ces heures j'ai bien d'autres affaires graves dont je dois m'occuper...

Blasco ne bougea pas ; du geste, il invita Don Raimondo à se rasseoir.

— Je suppose, monsieur le duc, qu'il ne saurait y avoir pour vous de chose plus grave que le sort de Donna Violante et de madame la duchesse...

D'un coup, Don Raimondo changea de mine et de ton.

— Quoi ? Ma fille ? Vous savez quelque chose sur ma fille ?

— Oui...

— Elle est vivante ?

— Elle est vivante...

— Oh, mon Dieu !

Ses yeux exprimaient une demande anxieuse que révélait son visage convulsé.

— Elle est vivante, bredouilla-t-il, et elle va bien, mais ?

— Elle est pure comme le jour qui l'a vue naître, et honorée comme une sainte.

Alors, cet homme qui avait semé la mort et avait étouffé tout sentiment de pitié, d'humanité, sentit ses jambes se dérober, tomba à genoux et, joignant les mains, éclata en sanglots :

— Oh mon Dieu ! répétait-il, oh mon Dieu !... Je vous remercie !...

Puis il prit les mains de Blasco et dans un élan de joie, de reconnaissance, de tendresse, il balbutia :

— Merci !... Merci !...

Blasco en fut ému. Il attendit la fin de la crise nerveuse pour reprendre :

— Il est inutile, et il serait trop long, de vous expliquer de quelle manière j'ai appris pourquoi et par qui ont été enlevées la duchesse et Donna Violante ; et peu vous importe, ce qui compte aujourd'hui, c'est de sauver, ou mieux de libérer les deux femmes...

— Oh, vous êtes l'homme le plus valeureux que j'aie jamais connu. Voulez-vous une, deux compagnies de soldats, un escadron de cavalerie ?... Je vous ferai avoir tout ce que vous voudrez...

— Vous vous trompez, monsieur. Avant tout, il faudrait savoir où elles sont...

— Comment ? Vous l'ignorez ?

— En effet. En second lieu, Votre Seigneurie devrait se douter qu'à l'apparition d'une telle force armée, et à la seule idée que nous voulons reprendre les deux dames par la violence, ceux qui les gardent ne les épargneront pas... Non ! non ! aucun dispositif de force...

— Et que faut-il faire alors ?

— Passer un accord avec les ravisseurs...

— Qui les connais ?

— Moi peut-être...

— Et cet accord ?

— Avant tout, il convient de libérer la femme de Girolamo Ammirata et le... neveu de celui-ci, et de faire révoquer l'édit contre le rationnel.

— Et qui le peut ?

— Votre Seigneurie...

— Mais ce sont des choses qui dépendent de la justice...

— C'est ce que l'on pourrait croire mais Votre Seigneurie sait que c'est elle qui fait la justice...

— Je ne peux rien sur le Saint Office.

— Alors, s'il en est ainsi, je n'ai plus rien à faire. Cela veut dire que vous abandonnez votre fille unique à son tragique destin.

— Mais non, non... Je ne dis pas cela. Nous allons voir. Je ne sais quelles accusations pèsent sur ces personnes, ni quels sont les procès entamés contre elles...

— Il n'y a pas de procès ; et celui qui a été ébauché contre dame Francesca Ammirata n'est qu'un tissu de mensonges... Mais ne perdons pas de temps en discours inutiles. Chaque heure qui passe est précieuse. Votre Seigneurie peut tout. N'oubliez pas qu'il s'agit de la vie de Donna Violante.

Don Raimondo se prit la tête dans les mains; en lui, l'amour paternel combattait la haine et la peur. Blasco poursuivit froidement, en pesant ses mots :

— Et prenez garde, Votre Seigneurie, que la vengeance des Beati Paoli – puisque désormais, vous savez bien qu'il s'agit d'eux – ne s'arrêtera pas à l'emprisonnement des dames; elle s'abattra impitoyablement sur vous, en vous traînant devant la justice de Sa Majesté comme coupable d'incroyables scélératesses...

Don Raimondo blêmit, les muscles de son visage se contractèrent, il voulut jouer l'indignation et le défi :

— Des menaces!... Ah! les infâmies habituelles, les éternelles calomnies.

— Des vérités! l'interrompit Blasco.

— Je vous mets au défi!... Vous êtes donc de ces Beati Paoli? Eh bien, je commencerai par vous; je vous ferai arrêter, mettre à la question, infliger les tourments les plus atroces, je vous arracherai tous vos secrets!...

— Faites-le donc, et demain vous recevrez dans un sac les têtes de Donna Gabriella et de Donna Violante; et le vice-roi aura entre les mains une déclaration formelle vous accusant d'avoir fait assassiner par un mercenaire une certaine Maddalena, chambrière de Donna Aloisia de la Motta, votre belle-sœur, qui relevait de couches; d'avoir tenté d'empoisonner celle-ci à deux reprises, avec des poudres fournies par la sorcière Peppa la Sarda; d'avoir fait disparaître Donna Aloisia et le petit Emanuele, unique et véritable héritier du titre et des terres de la maison Albamonte; d'avoir fait tuer votre sicaire Giuseppico, empoisonné Peppa la Sarda, fait étrangler en prison, sans les avoir fait juger dans les formes, deux pauvres diables, d'avoir chargé le sbire Matteo Lo Vecchio de m'empoisonner; et enfin d'être l'usurpateur frauduleux du patrimoine qui devait revenir à l'héritier légitime!... Il y aurait là, monsieur le duc, largement de quoi vous faire couper dix fois la tête s'il se pouvait, sur la place Marina!

Don Raimondo avait écouté ce réquisitoire tandis que son teint, plus que blême, devenait plombé. Au fur et à mesure que Blasco parlait, autour de lui surgissaient les images des victimes qui l'oppressaient et le suffoquaient; d'un geste convulsif, il cherchait à faire taire le jeune homme; l'épouvante l'empêchait de parler. Quand Blasco eut fini, sur cette vision d'un supplice qu'il voyait et sentait presque, il rassembla ses forces pour tenter une défense :

— Ce n'est pas vrai!... Ce n'est pas vrai!...

— Prenez garde, seigneur duc, à ne pas nier l'évidence.

— Les preuves... où sont les preuves?

— Ils les ont. Ils ont tout un procès en bonne et due forme; avec les dépositions de ceux-là mêmes qui furent les instruments du crime, des dépositions écrites, contresignées par des témoins qui vivent encore et viendront demain fournir d'autres détails précieux. J'ai lu ce procès.

— Vous ? Vous l'avez lu ? Où ? Comment ? Quand ?...

— Par hasard, par un pur hasard. Il m'a horrifié... Et maintenant, Votre Seigneurie sait ce qu'elle doit faire...

Don Raimondo était prostré, avili, vaincu ; son secret était entre les mains de beaucoup de monde, désormais, et ce procès représentait sa condamnation. Il croyait avoir fermé pour toujours les bouches accusatrices et celles-ci avaient déjà parlé devant des témoins encore vivants qu'il ne connaissait pas et ne pouvait atteindre ; il croyait avoir presque détruit la secte, en la frappant au cœur, et elle, au contraire, se dressait contre lui, formidablement armée, plus puissante et terrible que jamais ; il croyait pouvoir vivre tranquille, honoré, entouré, dominateur et dans son esprit se levaient la vision d'un procès scandaleux, l'infâmie, l'échafaud et la hache du bourreau, la confiscation de ses biens, la misère et le déshonneur éternel de sa fille, de sa Violante. Il était sous le pouvoir de cette secte mystérieuse et implacable ! Une épouvante s'emparait de son esprit ; il n'avait plus la force de défier, de se défendre, de nier. Il pensa qu'il ne se sauverait qu'en s'appropriant ces papiers. En les détruisant, il ôterait le fondement des témoignages, ce qui, dans un procès, lui assurerait la victoire ou, en tout cas, lui permettrait de déployer toutes ses forces et de combattre avec une chance de vaincre, ou de gagner les juges à force d'intrigues et de corruption.

— Blasco, dit-il d'une voix cassée par l'émotion, en prenant le ton de la confidence, Blasco, vous êtes en somme mon parent... vous êtes mon neveu... du sang de mon frère... vous êtes un Albamonte... Je vous reconnaîtrai bientôt... je vous donnerai un apanage, un quartier dans ce palais... je ferai votre fortune. Voulez-vous un grade de colonel dans les armées de Sa Majesté ? Je vous l'obtiendrai... Je ferai révoquer l'édit contre vous et contre l'Ammirata, libérer sa famille... Je ferai tout ce qui est en mon pouvoir, mais à une condition.

Blasco l'interrogea du regard. Don Raimondo conclut :

— Je veux ces papiers !

— Impossible, monsieur...

— Pourquoi, impossible, pourquoi ? A quoi serviront-ils, quand j'aurai consenti à tout, quand j'aurai libéré les prisonniers ? Vous devez le faire, Blasco... pour vous aussi... Je vous en supplie... Promettez-le moi.

— Mais je ne puis promettre ce que je ne saurais tenir... Ces papiers ne m'appartiennent pas, ils sont la propriété d'Emanuele Albamonte, duc de la Motta, que vous avez cherché à supprimer et qui vit toujours !

— Qui donc ? Emanuele ?... Il vit toujours ?... Mais je suis perdu !... perdu !...

— Vous pouvez vous sauver...

— Comment le savez-vous ?... C'est donc lui qui vous a chargé de cette mission ? C'est lui qui commande aux Beati Paoli ?... Comment se fait-il qu'il vive ? Ah !...

Tout à coup la lumière se fit dans son esprit, son visage prit une expression terrible de stupéfaction, de haine et de joie mêlées.

— Ah, c'est lui, lui, ce garçon qui passe pour le neveu de l'Ammirata ? C'est lui, Emanuele ?... Mais je l'ai donc en mon pouvoir !... Ah !... Fort bien, monsieur, maintenant, à nous ; Emanuele répondra sur sa tête du sort de ma fille. Si d'ici trois jours, on ne l'a pas restituée, Emanuele est mort.

Blasco ne put réprimer un mouvement de stupeur : le courage du désespoir... le duc s'accrochait à cet expédient de toutes ses forces, sa volonté tendue dans une audacieuse contre-attaque qui, croyait-il, allait le sauver.

Blasco comprit qu'il avait commis une erreur, mais ne s'effraya pas pour autant ; il se leva, prit son chapeau et salua le duc :

— Je vous demande bien pardon, monsieur le duc, je n'ai plus rien à faire ici... Mais prenez garde à ce que je dis : devant moi, vous assumez la responsabilité de la vie et de la liberté d'Emanuele Albamonte... en sortant d'ici, j'irai chez son Excellence le vice-roi pour mettre mon frère sous sa protection et quant à la vie de Donna Violante... Elle saura que son père ne l'estime pas assez précieuse pour lui sacrifier ses haines et ses crimes. Adieu, monsieur.

Il se dirigea vers la porte ; Don Raimondo bondit et l'arrêta par le bras :

— Où allez-vous ? Attendez ! lui dit-il d'une voix sombre. Pardonnez-moi. Que voulez-vous ! la douleur, la déception, m'ont fait perdre la mesure... Vous avez raison, oui, vous avez raison. Je suis stupide. Mettons-nous d'accord... Avec qui dois-je me mettre d'accord ? Avec vous ?

— J'ai voulu spontanément m'entremettre pour éviter un scandale qui vous aurait emportés, vous et votre fille... Et votre fille est innocente ! Voilà tout. J'ai pensé que vous deviez préserver la vie d'un ange, qui vous croit le meilleur des pères... J'ai pensé qu'on pouvait trouver un moyen pour que le silence s'étende sur le passé et qu'Emanuele soit reconnu, qu'il trouve en vous non un ennemi, mais un père ; vous-même, homme de loi, vous trouverez comment vous y prendre... Je n'ai pas cherché mon intérêt, monsieur le duc ; je serai heureux quand j'aurai assuré l'avenir de mon frère et de Donna Violante et détruit pour toujours les raisons qui poussent la secte contre vous... Quand tout sera définitivement arrangé, je vous jure que vous aurez ces papiers, pour qu'il ne demeure aucune trace d'un passé sombre et sanguinaire !...

A présent, je laisse entre vos mains la possibilité de réaliser mon désir, qui vise à la tranquillité et au bonheur de tous. Le voulez-vous ? Je suis là. Vous ne le voulez pas ? J'irai voir le vice-roi et que le destin s'accomplisse.

— Le vice-roi vous fera arrêter...

— Peu importe. Croyez-vous donc que je tienne à la vie? Si c'était le cas, je ne la risquerais pas... Mon arrestation ne vous sauvera pas, et votre fille pas davantage...

Don Raimondo tremblait, claquait des dents, s'agitait comme s'il avait la fièvre ; il sentait qu'il ne pouvait se soustraire à la main de fer qui l'avait saisi par les cheveux et que ce n'était plus le moment de tergiverser. Il céda.

— Que voulez-vous que je fasse?

— Je vous l'ai dit ; il faut commencer par la libération d'Emanuele, de dame Francesca et de Don Girolamo Ammirata...

— Je m'efforcerai de l'obtenir.

— Non pas : « je m'efforcerai », mais « je l'obtiendrai ».

— Je l'obtiendrai.

— Le jour même où ils seront revenus chez eux, Votre Seigneurie embrassera madame la duchesse et Donna Violante.

— Qui me le garantit?

— Moi.

— Vous pouvez donc beaucoup sur les Beati Paoli? lui demanda Don Raimondo tandis qu'un éclair lui passait dans les yeux et que ses narines se dilataient comme celles d'un chien sur la piste.

— En ce moment, oui... et uniquement pour la sauver... Oh, ne croyez pas que j'aie de l'estime pour vous, bien au contraire. Ce n'est pas non plus parce que j'ai le droit de porter, par hasard, un nom que de toute manière je n'utiliserai pas. Mais si j'agis ainsi, c'est pour votre fille, pour cette pauvre et innocente créature que j'ai libérée une première fois par la force et que je veux libérer encore aujourd'hui, que je veux sauver même ; car ce n'est pas seulement sa vie qu'il convient de préserver, mais aussi son nom, monsieur le duc, son nom et sa richesse !... Elle doit ignorer que son père est un scélérat et que la richesse dans laquelle elle vit est usurpée ; elle ne doit pas voir son père monter sur l'échafaud, au milieu des pénitents blancs, le voir poser sa tête sur le billot... Elle ne doit pas maudire la vie et celui qui la lui a donnée!

Don Raimondo frissonna.

— Taisez-vous! Assez!... Il est superflu de discourir davantage là-dessus ; je cours tout de suite auprès du vice-roi... Pourvu qu'il consente! Voulez-vous m'accompagner?

— Non. Je me fie à vous. Du reste, il y va de votre intérêt.

Quelques minutes plus tard, Don Raimondo descendit l'escalier de son palais pour entrer dans le carrosse déjà prêt, tandis que Blasco montait dans une chaise à porteurs modeste comme celle d'un médecin. En le quittant, le chevalier dit au duc :

— Inutile de m'envoyer une réponse. Si Emanuele et la dame Francesca sont sortis, je le saurai.

L'heure de l'audience était passée, mais pour un haut magistrat qui arrivait de Turin en raison des graves événements qui occupaient le gouvernement — l'enlèvement de deux dames et l'échec de la justice —, il n'y avait ni interdictions ni règlements. Don Raimondo entra dans le cabinet de travail du vice-roi, le comte Maffei, qui l'interrogea sur un ton pressant :

— Eh bien ? Avez-vous des nouvelles ?

— Oui, Excellence...

— Sait-on où sont les dames ?

— On l'ignore. J'ai la confirmation qu'elles sont aux mains des Beati Paoli... La mort est suspendue au-dessus de leurs têtes, si l'on ne cède pas...

— Céder ? Nous devons céder ? Sur quoi ? demanda le comte en haussant le sourcil.

— Écoutez, Excellence, je pourrais agir et donner des ordres de ma propre initiative car j'ai toujours le brevet de Sa Majesté, qui me donne les pleins pouvoirs pour agir contre la secte et les malandrins, mais par respect pour l'autorité de Votre Excellence, je ne l'utiliserai qu'avec votre assentiment.

Sans entrer dans les détails, ni prononcer le nom de Blasco, il lui démontra la nécessité d'annuler un procès qui, n'ayant pas permis de retenir des charges contre Emanuele, devait nécessairement finir par un ordre d'élargissement, à moins que, pour presser les choses et faire davantage honneur à la magnanimité de Son Excellence, on ne décidât de gracier le jeune homme et d'ordonner sa libération.

Le comte Maffei s'étonna. S'il n'y avait rien contre le jeune homme, s'il avait été arrêté, emprisonné, torturé sur un simple soupçon, ou pire encore, par représailles, pourquoi l'avait-on gardé si longtemps en prison ? Quelle justice était-ce là ? Il fallait réparer. Il envoya un secrétaire dans les salles du Tribunal, pour lire les minutes du procès, mais celles-ci ne contenaient que le « verbal », comme on disait alors, de la torture infligée au jeune homme.

— Mais quelles étranges procédures ! se récria le comte, indigné.

Il ordonna aussitôt qu'Emanuele fut remis en liberté. Don Raimondo se fit remettre l'ordre.

— Si vous permettez, j'irai moi-même apporter cette consolation au garçon.

En sortant du Palais Royal, Don Raimondo pensait : « De ce côté-là, ce fut facile, mais il n'en ira pas de même avec le Saint Office... du reste, pour l'instant nous composons mais ensuite, nous réfléchirons. Ils auront affaire à moi ! »

Un sourire perfide erra sur ses lèvres minces. L'inquisiteur général qui présidait le Saint Office était Monseigneur Don Giovanni Ferrer, Espagnol avide, fanatique, plein de suffisance, qui se désolait de n'avoir encore pu célébrer un autodafé complet, avec un beau bûcher allumé à la gloire de

Dieu. Lui arracher une victime était une entreprise difficile ; peut-être n'y avait-il qu'un moyen : jouer sur son avarice, sous le prétexte de faire une donation au saint tribunal. C'est à quoi, de mauvais gré, Don Raimondo se résolut.

La cloche des morts sonnait dans le ciel nocturne quand dame Francesca, ébahie, se retrouva dans le carrosse du duc de la Motta, au pied du Château, en train de serrer dans ses bras le jeune Emanuele, non moins abasourdi de cette seconde libération, et de voir sa deuxième mère dans ce carrosse. Mais quand il s'aperçut que Don Raimondo se tenait dans un angle de la voiture, et qu'il le reconnut, son visage s'empourpra et ses yeux étincelèrent.

— Ah !... lui !... lui !...

Le lionceau grinça des dents, flairant l'odeur de la vengeance, mais le masque froid et calme de Don Raimondo se fendit d'un sourire bienveillant :

— C'est peut-être une chose bien étrange qu'après avoir été, par devoir, votre juge, je sois par conscience et par charité chrétienne, votre libérateur ? Donnez-moi donc la main et soyez assuré de ma protection...

Le duc lui tendit la main ; dame Francesca, dont le cœur vibrait encore d'émotion implora du regard Emanuele. Le jeune homme lentement tendit ses doigts mais au contact de ceux, froids et humides, du duc, il eut un frisson d'horreur. Était-ce la main d'un mort ou le corps d'un reptile ? En cet instant ses yeux rencontrèrent ceux de Don Raimondo. La haine les éclairait d'une lueur sinistre.

XV

Don Raimondo était rentré dans son palais, frémissant de haine, assoiffé de vengeance, ruminant sa rage impuissante. Sous la menace de ces révélations qui risquaient de le détruire, il avait passé un accord avec Blasco mais cela avait allumé dans son âme un brasier de ressentiment contre le bâtard. Il en oubliait même Violante, dans l'emportement de la colère à laquelle il s'abandonnait, seul dans son cabinet de travail. Où étaient ces papiers ? Il fallait les récupérer, et puis, un coup de poignard ou de carabine, de nuit, serait plus efficace que de le faire interpeller en vertu de l'édit qui pesait sur lui... Si on l'arrêtait, les Beati Paoli essaieraient encore de le libérer en brandissant d'autres menaces, et la vengeance lui échapperait.

Il ruminait plans et contre-plans, quand le serviteur vint lui annoncer la visite de Matteo Lo Vecchio.

— Faites entrer ! cria-t-il. Faites entrer !

Le sbire s'inclina sur le seuil ; Don Raimondo l'apostropha :

— Eh bien, les bandits peuvent donc ressusciter et se promener impunément à travers Palerme, maintenant que je ne suis plus vicaire général !

— Eh !... voilà qui ne devrait point étonner Votre Illustrissime Seigneurie, quand s'ouvrent les portes du Saint Office ! rétorqua le sbire avec quelque insolence et, changeant de ton, il ajouta : du reste, Votre Illustrissime Seigneurie m'a appris que quelquefois il vaut mieux laisser circuler un bandit et le laisser accroire avec une quasi-certitude que nul ne le gêne... Comment fait le chat ? Il laisse courir la souris ; quand il la voit s'éloigner, paf ! un saut et un coup de patte... Je sais de qui veut parler Votre Seigneurie... Je le suis et le tiens à l'œil pour d'autres raisons... Il faudrait raconter une longue histoire à Votre Seigneurie, mais peu importe : je dirai seulement que le seigneur Don Blasco...

— Lequel, à vous en croire, était mort et enterré.

— C'est ainsi : est-ce de ma faute si les rats sont morts à sa place ? Le malandrin en sait plus que nous ; il l'a échappé belle, mais il n'en sera pas toujours ainsi...

— Vous êtes un imbécile...

— S'il plaît à Votre Seigneurie de me traiter ainsi, fort bien, mais si je vous disais que c'est précisément en faisant l'imbécile que j'ai découvert quelque chose qui regarde Votre Illustrissime Seigneurie ?

Don Raimondo tressaillit ; ces paroles avaient quelque chose de sarcastique. Que voulait sous-entendre le sbire ?

— Qui me regarde moi ? Qu'est-ce qui peut bien me regarder ?

— Certains bouts de papier qui sont entre les mains du seigneur Blasco de Castiglione.

Don Raimondo pâlit ; il n'eut aucun doute sur ce qu'étaient les papiers ; l'allusion était évidente. Pourtant, il feignit l'étonnement et demanda :

— Quels papiers ?

— Des papiers qui suffiraient à remettre un homme à la vénérable compagnie des pénitents blancs...

Le duc sentit son sang se glacer dans ses veines mais il repoussa son émotion au plus profond de son âme et son masque impénétrable ne s'autorisa qu'une contraction de la mâchoire.

— Et que m'importent ces papiers ?

— Il importe plus que Votre Seigneurie ne l'imagine.... parce qu'ils font référence à Votre Excellence... Non que je croie à ce qu'ils contiennent, bien entendu ! Ce ne sont que mensonges et calomnies qui devraient valoir des coups de bâton à ceux qui les ont écrits... Cependant, ils pourraient être lourds de conséquences ...

Le duc de la Motta sentait une main de fer serrer sa gorge. Qui avait fait connaître au sbire l'existence de ces documents? Et qu'en savait-il? Les avait-il lus? Avait-il lui aussi connaissance du secret que Don Raimondo croyait enterré avec les dernières victimes? Le duc tenta de prendre les choses à la légère, pour mieux se renseigner.

— Ah! ah! Ce que vous dites a tout l'air d'une chose fort sérieuse... Et il y aurait de quoi s'épouvanter... On dirait que vous connaissez le contenu de ces papiers!...

— C'est en effet le cas, Très Illustre Seigneur...

— Vous le connaissez? Comment cela?

— Je les ai eus entre les mains...

— Vous les avez eus... et vous ne les avez pas gardés?

La colère enflait sa voix. Ainsi donc le sbire avait détenu ces documents terribles et écrasants; il savait ce qu'ils contenaient, donc Matteo Lo Vecchio devenait un nouvel ennemi en puissance, dont il faudrait se défendre un jour, dont il devrait se défaire.

— Comment vous les êtes-vous fait reprendre? demanda Don Raimondo, affectant de ne pas croire la déclaration de Matteo Lo Vecchio.

— Votre Seigneurie en doute peut-être? Croyez-vous que j'invente? Celui qui m'a dérobé les papiers n'est autre que le seigneur Blasco.

— Blasco de Castiglione?

— Lui-même. Je m'étais emparé des documents, et je suis le seul à savoir à quel point j'ai exposé ma vie, pour ce faire... Je comptais les remettre à Votre Illustrissime Seigneurie, pour lui montrer mon dévouement, mon attachement, mais ce malandrin me les a pris... Comment a-t-il fait pour les découvrir? Je n'ai pas encore pu le savoir. Cependant, il est certain que c'est lui qui les a... Alors, Votre Excellence comprendra pourquoi, ayant la possibilité d'arrêter le seigneur Blasco, je l'ai laissé aller librement...

— Il fallait l'arrêter et perquisitionner sa maison...

— Encore faudrait-il qu'il eût une maison...

— Dormirait-il à la belle étoile?

— Il est hébergé par le seigneur chevalier Don Coriolano de la Floresta...

Don Raimondo ouvrit de grands yeux. « Don Coriolano donne l'hospitalité à des hommes de cette espèce? Il offre donc un asile aux malandrins? Parbleu! Il n'a donc tiré aucune leçon du cas du prince de Mezzojuso, qui a été arrêté et jeté dans les cellules du Château pour avoir aidé des bandits? Voilà un homme à dénoncer au vice-roi... Peut-être est-il complice, peut-être lui aussi connaît-il le contenu de ces terribles documents; lui aussi est un ennemi dont il faut se défendre. » Il voulut voir si vraiment Matteo Lo Vecchio connaissait le contenu de ces papiers, et vérifier en même temps ce que lui avait dit Blasco. Il interrogea le sbire qui lui exposa dans les moindres détails ce qu'il avait lu dans les minutes du procès instruit par les Beati Paoli, en parsemant sa déposition de protestations et de manifestations d'estime envers un seigneur aussi illustre que le duc de la Motta.

— On voit que tout cela est une manigance de gens qui veulent exercer quelque chantage aux dépens de Votre Illustrissime Seigneurie.

— Oui, c'est cela ! dit Don Raimondo, saisissant l'hypothèse au vol.

Il en savait assez. Le sbire était au courant de tout. C'était un personnage très dangereux qu'il devait soit lier à lui de manière indissoluble, soit supprimer. Mais d'abord, il fallait récupérer ces documents devenus son cauchemar.

— Je serais curieux, dit-il, de voir ces vilains papiers !...

— Je pense les avoir à portée de la main, si Votre Excellence consent à m'aider...

— Tiens donc !... Êtes-vous sûr de réussir ?...

— J'ai une piste...

— Mais encore ?

— J'ai pu mettre de mon côté un membre des Beati Paoli, un ami de Don Girolamo Ammirata...

— Ah !...

— Avec lui, nous suivons pas à pas ce que fait la secte... Mais il faudrait fouiller dans la chambre du seigneur Don Blasco... et pour le faire, il conviendrait de corrompre les serviteurs... Vous comprenez...

Don Raimondo comprit ; il tira d'un bonheur-du-jour une bourse qu'il glissa entre les mains avides du sbire :

— Voilà de l'argent...

— Merci. Je me mets tout de suite à l'œuvre...

— N'éveillez pas le soupçon... Ces papiers ne me font pas peur, ce ne sont que sottises, mais occupez-vous tout de même de les récupérer ; je vous les paierai à prix d'or.

Mentalement Don Raimondo ajouta : « Et je te ferai disparaître de la face de la terre une heure après ».

Il congédia le sbire et, resté seul, s'abandonna au désespoir que jusqu'alors il avait refoulé au plus profond de son cœur.

« Tous ! Tous ! cria-t-il furieusement en se frappant la tête du poing. Ils le savent donc tous ? Tous ? Mon secret ne m'appartient plus ! De toute part, de chaque ombre surgissent des témoins et des dénonciateurs ; et je suis à leur merci ; je suis à la merci des plus misérables !... J'ai donc semé ma route de morts, j'ai répandu les larmes et le sang autour de moi et derrière moi pour ensevelir mon secret dans les ténèbres, et dans la terre, dans l'air, partout, mille bouches le crient et le divulguent ! Je ne pourrai donc jamais faire régner l'oubli et le silence autour de moi ? »

Dans son esprit débordant de fureur courut l'idée d'une vengeance gigantesque, avec laquelle il pourrait supprimer d'un coup tous ces ennemis occultes ou déclarés qui l'entouraient, l'investissaient, l'opprimaient. Les supprimer ! De toutes ces têtes pouvoir faire une tête unique et la trancher d'un seul coup d'une hache gigantesque ! « Ah, toi tu es le bâtard de Don Emanuele de la Motta et toi le fils légitime ? Allez donc rejoindre la chère ombre paternelle ! Et vous êtes les Beati Paoli ? Allez donc goûter la béatitude céleste ! »

Les narines dilatées, il rêvait d'une vengeance impitoyable, d'autant plus cruelle et épouvantable, qu'était grande la terreur qui le faisait trembler.

Se venger ? Oh oui ! il le désirait ardemment, mais en attendant, « ceux-là » étaient les plus forts, ils le tenaient en leur pouvoir et, s'il déviait d'un pouce de la ligne qu'ils lui avaient tracée, ils pouvaient le jeter dans les bras du bourreau. Ils étaient les plus forts, et leur force venait du mystère qui les entourait : combien étaient-ils ? Derrière ceux qu'il connaissait, combien d'autres demeuraient inconnus et d'autant plus redoutables ?

Cette pensée lui faisait apparaître la vengeance lointaine et douteuse : peut-être qu'après les premières victimes surgiraient de nouveaux vengeurs ; peut-être aussi, son désir de vengeance et ses tentatives risqueraient de susciter contre lui de nouvelles représailles plus graves encore.

Au milieu de ces angoisses, il avait presque oublié sa fille ; ce regain de sentiment paternel, qui l'avait fait voler de Turin à Palerme et se jeter aux pieds de Blasco de Castiglione, paraissait s'être évaporé depuis qu'il avait appris que l'honneur de Violante avait été respecté et qu'on la lui rendrait. Elle serait là dans un ou deux jours, mais mieux vaudrait l'envoyer au loin, en sécurité, pour qu'elle demeurât libre et pour empêcher qu'elle apprît les crimes de son père. Par un sentiment de délicatesse ou de vanité, il tenait à demeurer aux yeux de son enfant l'homme intègre qu'elle croyait.

Ainsi passa-t-il la nuit, d'une pensée tourmentante à une autre.

Cependant, au sortir du palais des Albamonte, Matteo Lo Vecchio s'était mis en quête d'Antonino Bucolaro. Il lui semblait que le moment était venu d'agir, car il craignait que, profitant de circonstances favorables comme l'arrivée de Don Raimondo à Palerme, Blasco ne tirât pour lui tout l'avantage de la restitution de ces papiers. Pour mettre la main sur eux, le sbire pouvait agir seul, Antonino Bucolaro s'étant révélé de très faible utilité. Mais tant de nouveautés étaient advenues, tant d'événements imprévisibles pouvaient encore arriver, qu'il était prudent de serrer de près Bucolaro et de le contraindre à l'espionnage et à la trahison.

En traversant la place de San Cosmo, il leva les yeux sur la maison de Girolamo Ammirata, dont les balcons étaient fermés. Mais un filet de lumière passait par certaines fentes, signe évident que, malgré l'heure tardive, on veillait.

« Naturellement, il y a fête là-dedans. Don Girolamo et Andrea doivent se trouver là. Quel coup !... Si une ronde passait !... Mais à cette heure les gardes dorment béatement. Et si j'allais au quartier de San Giacomo ? Ce n'est pas loin... Oui, c'est vrai, mais le temps que j'aille quérir quelqu'un, ils auront disparu... il y a tant d'espions !... Et puis, peut-être vaut-il mieux les laisser courir pour l'instant !... »

Le sbire se rappela avec quelle stupéfaction croissante, il avait vu le carrosse du duc qu'il croyait à Turin, et, l'ayant suivi, il avait assisté à la libération de dame Francesca et d'Emanuele.

« Il doit y avoir de grandes nouveautés ! s'était-il exclamé, l'homme est rusé et s'il agit ainsi, c'est qu'assurément, il y trouve son compte. »

En passant devant cette maison, il faisait la même observation : « il doit y trouver avantage ! ». Et de vagues pressentiments lui faisaient craindre pour ses propres desseins.

« Nino Bucolaro sait sûrement quelque chose. Diantre, ils l'ont certainement invité !... Une fête de famille pareille ! »

Il était arrivé à la place du Ballara, quand il lui sembla entendre des pas devant lui mais l'obscurité de la rue lui interdisait de distinguer ceux qui marchaient. Sans bruit, il alla plus vite et il lui sembla surprendre deux ombres dont l'une qu'il crut reconnaître, à son allure.

« Est-ce lui ? N'est-ce pas lui ?... Et l'autre ? »

Après avoir traversé la place, les deux ombres se dirigèrent vers l'Albergheria et s'arrêtèrent à l'angle de la rue. L'avaient-ils entendu ? Vu ? Peut-être, et il n'était pas prudent de s'immobiliser ou de retourner en arrière, parce que cela éveillerait les soupçons. Il fallait continuer, comme quelqu'un qui va à ses affaires, et il passa devant les deux hommes, enveloppés dans leurs manteaux.

Matteo Lo Vecchio reconnut en l'un d'eux Bucolaro. Il ne s'était pas trompé. Mais l'autre ? Il poursuivit sa route vers sa maison et au bout d'une vingtaine de pas, il se retourna, protégé par les ténèbres. Les deux ombres avaient disparu.

Retournant en arrière, sur la pointe des pieds, il arriva juste à temps pour entendre fermer une porte dans une ruelle, derrière l'église du Carmine et il n'eut plus aucun doute. C'était Antonino.

Il attendit près d'une heure, mais la porte resta close ; alors, il émit un coup de sifflet particulier et attendit. Le balcon resta vide ; il attendit encore, en vain. Il rentra chez lui. A l'aube, il fut réveillé par un coup de sifflet semblable au sien : il se leva et en chemise et bonnet de nuit se mit à la fenêtre. Antonino Bucolaro était sous le balcon, enveloppé dans un manteau, le nez en l'air. Matteo Lo Vecchio lui fit signe de monter et tira le cordon du loquet.

— Que diable aviez-vous en tête pour m'appeler quand je suis en compagnie ? lui demanda Bucolaro, irrité.

— J'avais besoin de vous voir...

— Moi aussi...

— Qui était avec vous cette nuit ?

— Vous ne l'avez pas reconnu ? Andrea Lo Bianco.

— Ah, diable!... Si je l'avais reconnu, je lui aurais tendu un piège...

— Du temps perdu... cher ami!... Don Girolamo et Andrea vous passeront sous le nez sans que vous puissiez intervenir... ils ont un sauf-conduit, qui sera suivi d'une grâce...

— Et ce miracle, naturellement, n'est pas sans rapport avec la libération d'Emanuele et de dame Francesca...

— Précisément...

— Les choses se précipitent, Don Antonino, il faut faire le coup...

— Je crois que ce malandrin de Don Blasco l'a fait...

— Comment?

— Il a eu une entrevue ce matin avec le duc... et puis tout le reste est arrivé...

— Ah, le brigand!

— A cette heure, le duc aura brûlé les papiers...

— Non, il m'a chargé de les récupérer...

— Comédie!

— Eh non! Vous croyez que je me laisserais prendre à une comédie? Ce brigand ne les a sans doute pas encore rendus... Ce soir, il faut les lui prendre. Je vais m'occuper de lui; il faudra que vous vous chargiez de son ami, le chevalier de la Floresta...

— Ce n'est pas possible.

— Pourquoi?

— Parce que Don Blasco est parti...

— Où cela?

— Cette nuit, il est allé chercher la duchesse et sa belle-fille pour les ramener saines et sauves à Don Raimondo.

Matteo Lo Vecchio eut un éclair de génie qui lui illumina le visage d'une joie féroce.

— Il me vient une idée...

— Voyons cela.

Le sbire se baissa et parla à voix basse. Antonino Bucolaro manifesta d'abord de l'étonnement, puis de l'admiration, mais à contre-cœur; finalement, persuadé par les arguments de Matteo Lo Vecchio, il conclut :

— Cela va bien. Je ferai comme vous dites.

— D'ici deux heures, j'irai voir le duc; vous, procurez-moi ces informations. Nous nous voyons à midi...

— Où?

— Chez vous.

— Mais vous êtes fou? Vous voulez me perdre?

— N'ayez crainte. Nul ne me reconnaîtra.

De fait, à midi, Antonino Bucolaro vit surgir sur le seuil de sa maison un abbé de province et il poussa un cri de surprise :

— Ah! l'abbé du Château!... le confesseur de dame Francesca!... Maintenant, je vous reconnais!

Mais en entendant rire Matteo Lo Vecchio, il fut abasourdi :

— Vous ! Donc ce jour-là aussi... ?

— Oui, oui, nous en parlerons plus tard, mais entrons, vous me feriez reconnaître. Je suis un pauvre abbé venu du fond du royaume pour traiter d'une affaire avec vous... du vin à placer... Je m'explique ? Entrons donc.

XVI

Assise à la fenêtre de sa chambre, d'où elle dominait la vallée, Violante contemplait la succession de chaînes de montagnes qui disparaissaient au loin, dans les vapeurs humides de la terre. De gros cirrus de brume ondulaient sur les cimes âpres et dénudées. Au pied des montagnes, de larges étendues paraissaient abandonnées, parsemées de plantes sauvages, petites, rares, et l'on ne voyait pas un arbre, pas une maison, pas une cabane. Quelquefois une tour solitaire, un enclos de pierres pour abriter les troupeaux pendant la nuit ; entre deux collines, ou au pied d'un massif, la tache obscure d'un bois ou celle, blanchâtre, d'un bourg ou d'une ville.

Violante apercevait aussi un bout de sentier qui conduisait sur la roche au sommet de laquelle se dressait sa prison. Ce chemin, sortant d'entre deux blocs de pierre, tournait peu après. Depuis que la tante Nora lui avait adressé des paroles encourageantes en faisant allusion à Blasco, Violante se mettait à la fenêtre pour épier cette portion de sentier, par où elle voyait de temps à autre monter la mule qui apportait les provisions, et par où viendrait nécessairement le chevalier.

Elle préférait passer les journées dans cette douce attente, qui la tenait éloignée de sa marâtre et lui épargnait des scènes odieuses et violentes qui ouvraient des blessures dans son cœur, et elle limitait ses contacts aux moments point trop longs des repas, durant lesquels elle ne pouvait éviter de se trouver confrontée à Donna Gabriella ; toutefois, de temps à autre, soit parce que la solitude lui pesait, soit parce que de voir sa belle-fille la fuir excitait tous les mauvais sentiments nichés dans son cœur, la duchesse entrait dans la chambre de l'enfant et trouvait à chaque fois un prétexte pour la tourmenter.

Un soir qu'elle lui préparait la chambre pour la nuit, la tante Nora dit à Violante :

— Il sera là demain.

Le cœur de la jeune fille battit avec violence ; il était inutile de demander, mais elle l'interrogea, rougissante et confuse :

— Qui ?

— Le seigneur Don Blasco...

Blasco !... Il arrivait enfin ; il n'y avait plus qu'une nuit à passer, mais comme elle serait longue ! Et à quelle heure se présenterait-il ? A l'aube, lui promettait son désir ; le soir, lui assurait sa crainte ; ainsi les heures s'écoulèrent-elles, entre ces deux voix qui se disputaient. Mais demeurait cette grande certitude, qui avait nom demain. « Pourquoi n'est-il pas venu plus tôt ? » La question demeurait sans réponse ; le Blasco qu'elle voyait avec les yeux de l'esprit ne parlait pas et se contentait de la regarder. Comment viendrait-il ? A cette nouvelle question, une épouvante s'emparait d'elle. Les hommes qui la gardaient, qui lui interdisaient de sortir, qui ne laissaient personne s'approcher du château, ces hommes qui, tout en se montrant serviables et respectueux, avaient quelque chose de dur et d'inflexiblement menaçant, laisseraient-ils Blasco les emmener, sa marâtre et elle, sans opposer de résistance ? Et s'ils le tuaient ? Cette idée l'effraya tant qu'elle crut voir vraiment Blasco tué ; et alors elle se sentit capable de se sacrifier pour le sauver.

« Qu'il ne vienne pas, que je ne le voie pas, que je reste ici, à jamais, pourvu qu'il soit épargné. »

Mais une autre voix l'encourageait. De quoi avait-elle peur ? Existait-il quelqu'un d'aussi valeureux que lui ? Il renverserait tous les obstacles et nul ne résisterait à son bras. La foi dans l'invincibilité de son libérateur, dont elle avait eu de solides preuves, atténuait ses angoisses.

Elle ne ferma pas l'œil de la nuit, et au matin elle se leva avec une impatience fébrile. A la tante Nora, venue refaire la chambre, elle demanda d'une voix tremblante :

— A quelle heure arrivera le seigneur Blasco ?

— Je ne sais pas. Cela, je l'ignore.

Violante réfléchit une minute et demanda encore :

— Madame la duchesse est-elle prévenue de l'arrivée de Don Blasco ?

— Oh non, il n'était pas nécessaire de le lui dire. Et puis on ne m'a pas ordonné de le lui annoncer.

— Vous deviez me le dire, à moi ?

— En effet.

— Qui vous l'a ordonné ?

La tante Nora haussa les épaules, comme pour dire : « Quelle question !... »

Et elle en resta là. Violante se remit à la fenêtre, les yeux fixés sur le sentier.

Donna Gabriella aussi était nerveuse et impatiente. La tante Nora l'avait prévenue de l'arrivée prochaine de quelqu'un mais avait ajouté, en apparence pour la réconforter, en réalité pour la préparer :

— Espérons que vous ne resterez pas ici plus d'une semaine et que vous passerez la Sainte Nativité dans votre palais.

— Que savez-vous là-dessus ? avait demandé la duchesse avec vivacité.

— Je ne sais rien... mais j'ai entendu quelques mots...

— Quels mots ?... Qu'avez-vous entendu ?... Dites-le... Je le veux...

— Oh, Excellence, des mots... que sais-je ? Ils disaient : « Cet exil ne va plus durer très longtemps, après nous retournerons à Palerme ». Voilà !

— Qui le disait ?

— Oh !... les hommes.

De ces quelques bribes de paroles, Donna Gabriella déduisait qu'une nouveauté était en vue et elle l'attendait avec impatience. Ce long emprisonnement l'avait désespérée. Mais une nouvelle pensée la rendait plus inquiète et nerveuse : « Si ces hommes ne parlaient que pour eux-mêmes ? Si la libération ne concernait qu'eux ? S'il ne s'agissait que d'un changement de gardiens ? » C'est pourquoi elle attendait elle aussi, non un libérateur, mais le jour du départ de ses geôliers, pour en savoir plus sur son sort : et ce matin-là, postée derrière la fenêtre, sans rien à faire, elle regardait le bout de sentier en contrebas.

C'est ainsi qu'en même temps Violante et Donna Gabriella virent apparaître entre les rochers deux cavaliers qui passèrent sur la portion de chemin visible et disparurent de nouveau derrière les hautes masses minérales : toutes deux suivirent les deux cavaliers l'âme frémissante, sans les reconnaître, car ils étaient enveloppés dans leurs manteaux. Mais Violante connaissait déjà l'identité de l'un d'eux. Toutes deux, en les apercevant, eurent un sursaut de joie.

« C'est lui », pensa Violante.

« Ce n'est pas la relève de nos gardiens, songea Donna Gabriella, donc, ils viennent nous chercher ! »

Et en même temps, par ce besoin qu'à l'esprit de s'épancher et de communiquer ses joies, elles sortirent de leurs chambres, se rencontrèrent sur le seuil de la porte commune avec la même parole à la bouche, qui exprimait l'espérance, le soulagement, l'allégresse, un mélange de sentiments :

— Des gens arrivent !

La duchesse lui demanda tout de suite :

— Comment le sais-tu ?

— Je les ai vus de la fenêtre.

« Donc, elle aussi guettait, elle aussi savait quelque chose ! »

Et elles attendirent. Dans cette solitude, l'arrivée de ces deux cavaliers constituait pour Donna Gabriella un événement bouleversant, par sa part d'inconnu ; pour Violante, l'émotion tenait à ce qu'elle savait : l'un des deux cavaliers était Blasco.

— Qui sont donc ces gens ? se demandait la duchesse.

Violante fut sur le point de répondre qu'elle ne l'ignorait pas.

Mais elle se tut. Après ce qui s'était passé entre elles, elle craignait de se trahir et de s'attirer la colère impétueuse de Donna Gabriella. Elle se tut et attendit. La tante Nora entra dans la chambre de la duchesse, sourire aux lèvres, les mains sur les hanches :

— Votre Excellence doit se préparer à partir ; et la demoiselle aussi... On vient les chercher. Soyez heureuses... Les hommes aussi s'en vont...

Donna Gabriella pensa que si les hommes partaient avec elles, c'était peut-être parce qu'on les changeait simplement de prison et cette réflexion mit une ombre sur son front et fit courir à la surface de son âme une onde de soupçons. D'un ton âpre et impérieux, elle ordonna à sa belle-fille :

— Va te préparer...

Elle aussi, aidée de la tante Nora, commença à rassembler ses affaires.

— Les messieurs que j'ai vus par la fenêtre sont arrivés ? demanda-t-elle à la vieille, à brûle-pourpoint.

— Oui, Excellence... Mais il n'y a qu'un monsieur, l'autre est un garde privé...

— A qui appartient-il ?

— Bah !... Peut-être à ce seigneur...

— Où est-il, ce seigneur ?

— Dans la salle à manger...

— Allez l'avertir que je désire lui parler et qu'il s'apprête à me recevoir...

La tante Nora fit un geste de la tête, qui pouvait signifier : « Entendez-moi ce ton ! » et elle sortit.

Une minute après, Donna Gabriella entrait dans la salle du dîner, avec un air de défi, tandis que Violante appelait la tante Nora et lui demandait rapidement à mi-voix :

— Eh bien, tante Nora, il est arrivé ?

— Oui, madame... Il est dans la salle à manger, avec madame la duchesse.

Sans savoir pourquoi, Violante en eut un coup au cœur. En entendant que sa marâtre se trouvait avec Blasco, elle aurait volontiers couru écouter leur conversation, si les règles de la bonne éducation ne le lui avaient interdit.

— Que se disent-ils ? demanda-t-elle.

— Qui sait ?

En pénétrant dans la pièce, Donna Gabriella n'avait pas vu d'abord l'homme, qui était tourné vers la fenêtre et celui-ci ne semblait pas avoir entendu le bruit des pas de la duchesse, qui dut l'appeler :

— Monsieur.

Mais comme Blasco, sursautant à cette voix, pivotait sur ses talons, Donna Gabriella poussa un cri de stupeur :

— C'est vous ?... Don Blasco ?

En bon chevalier, le jeune homme s'avança pour lui baiser la main mais il ne sembla pas étonné, ce qui montrait qu'il s'attendait à cette rencontre ; seulement, il ne pouvait dissimuler une légère rougeur.

— C'est moi, duchesse, moi qui suis si heureux de vous rendre un service...

Donna Gabriella le dévisagea avec des yeux sombres et d'une voix pleine d'une ironie amère, lui demanda :

— Est-ce vraiment à moi que vous rendez un service ?... Est-ce pour moi que vous avez affronté les fatigues d'un long voyage ?... Cela me confond et me flatte, monsieur, car je n'étais pas habituée à vos sacrifices...

Blasco la considéra avec une douceur fraternelle et sa voix parut se remplir d'une compassion tendre et profonde :

— Vous croyez peut-être que votre vie, votre personne ne me tiennent pas à cœur ? Certes, je ne suis pas seulement venu pour vous, je manquerais à mes devoirs de loyauté si je vous disais le contraire mais, croyez-moi, s'il ne s'était agi que de vous, je serais venu de même, pour vous libérer d'une prison...

— Mystérieuse pour moi, non pour vous, à ce qu'il semble, puisque vous saviez où nous avons été reléguées et que vous pouviez nous ouvrir la porte sans aucun péril...

L'ironie du ton fut si vive que Blasco demanda :

— Qu'entendez-vous par là ?

— Allons, lança la duchesse d'une voix dure, ôtez donc votre masque, monsieur !... et ayez la loyauté ou la franchise de me dire dans quel but vous nous avez fait capturer...

— Moi ? Vous croyez donc que c'est moi qui vous ai fait enlever ?

— Oh, il est inutile de jouer la comédie, mais mettez-vous bien en tête que, tant que je serai vivante, vous ne parviendrez jamais à vos fins !

— Duchesse, je crois que vous vous abusez...De quelles fins parlez-vous ? Je n'en ai jamais poursuivi qu'une seule. Vous rendre la liberté. Dans ce château, dont voilà trois jours j'ignorais encore l'existence, se trouvent cinq hommes dévoués jusqu'à la mort qui, à partir d'aujourd'hui dépendent de moi... et de moi seul. Or donc, madame, je vais mettre ces hommes à vos ordres et partir immédiatement, en renonçant au plaisir de vous accompagner et de vous servir.

Se mettant à la fenêtre qui donnait sur la cour, il cria :

— Cristiano !...

Un instant après un homme, portant la veste courte et les bottes hautes, un pistolet à la ceinture, se présenta sur le seuil :

— Cristiano, interrogea Blasco, quels ordres as-tu reçus ?

— D'obéir aveuglément à Votre Seigneurie en toute chose.

— Fort bien. Écoute-moi donc. A partir de cet instant, vous ne recevrez d'ordres que de la duchesse. Vous ne reconnaîtrez d'autre chef qu'elle...

— Si Son Excellence nous ordonne à moi et à mes hommes de nous jeter du haut de cette forteresse, nous le ferons sans barguigner.

— Merci Cristiano, va, et attends.

Avec sa main, Cristiano mima un baise-main à l'intention des seigneurs, et se retira. A peine la porte refermée, Blasco se tourna vers Donna Gabriella :

— Ma présence est désormais inutile. Je vous laisse...

Il s'inclina respectueusement et esquissa une retraite. La duchesse qui, jusque-là était restée muette, immobile et sombre, se secoua et cria :

— Où allez-vous ? Restez !...

— Pourquoi ?

— Parce que je ne crois pas à cette comédie... Vous, ou ce Cristiano, c'est la même chose ; je suis toujours votre prisonnière et je sais bien que je sors d'ici pour entrer dans une autre geôle... seulement dites-moi, je vous prie, quelles sont vos intentions...

— Moi ? Quelles intentions voulez-vous que j'aie ? Ce que je désire, et ce pour quoi je suis venu, je vous l'ai dit. Dois-je vous le répéter ? Vous ne me croyez pas ; et je ne puis vous contraindre à me croire... Mais, pardonnez ma franchise, vous avez tort... Si je pouvais vous dire pour quelles raisons Donna Violante et vous avez été capturées et comment j'ai appris, après tant de temps, où vous étiez recluses, et comment j'ai obtenu votre liberté, certes, vous me croiriez ; mais je devrais vous révéler des secrets qui ne m'appartiennent pas. Le duc votre époux, auquel j'ai promis de vous remettre, pourra, s'il le veut, vous en dire davantage...

— Mon époux ? Il est donc de retour ?

— Depuis quatre jours...

— Et il est à Palerme ?

— Où il vous attend, vous et votre fille..

— Il savait donc ce qui m'est arrivé ?

— Il en a été informé.

— Par vous ?

— Non, d'autres ont prévenu mes désirs...

— Ces « autres »-là, quel intérêt avaient-ils de prévenir Don Raimondo ?

— Je l'ignore et ne saurais vous le dire... Du reste, que vous importe ? Durant votre emprisonnement, je suis sûr qu'on n'a pas touché un cheveu de vos têtes, et qu'on ne vous a pas manqué de respect ; à présent la liberté va vous être restituée et vous serez accompagnée avec le maximum d'égards jusqu'au lieu où votre époux vous recevra... De cet épisode, il ne restera pas d'autre trace qu'un souvenir, comme un mauvais rêve... J'aurais voulu vous ramener au duc, comme je le lui avais promis, mais vous aurez la courtoisie de m'excuser auprès de lui de mon absence. Avez-vous des ordres à me donner ?

— Je vous ai prié de rester, dit Donna Gabriella d'une voix sombre, puisque mon époux nous a confiées à vous, vous nous accompagnerez

— Comme il vous plaira...

Donna Gabriella observa une minute de silence, puis avec un sourire plein d'amertume, elle reprit :

— Vous ne vous plaindrez certainement pas de la compagnie puisque... ce n'est pas seulement moi que vous accompagnez...

Blasco sentit une bouffée de chaleur lui monter au visage, mais il ne répondit pas. Donna Gabriella s'en aperçut et pâlit, ses lèvres perdirent toute couleur et frémirent de colère. Ne se contenant plus, elle le saisit par le bras et le couvant d'un regard ardent, d'une voix pleine de sanglots, elle lui demanda :

— Pourquoi m'avoir dit que vous m'aimiez ? Pourquoi vous être fait le maître de mon âme ? Pourquoi avez-vous allumé dans mon cœur une passion qui me dévore, qui me détruit ? Pourquoi m'avoir fait sentir la volupté de vos baisers ? Pourquoi une nuit, une nuit ardente, dont le souvenir me brûle le sang, me trouble le cerveau, une nuit inoubliable, m'avez-vous fait boire à la coupe de la joie, m'avez-vous fait croire que je vous possédais tout entier, corps et âme, pour toujours, jusqu'à la mort, et au-delà ? Pourquoi m'avez-vous abandonnée ? Que vous ai-je fait ? Que t'ai-je fait, Blasco ? Ne m'as-tu pas eue toute entière, ne me suis-je pas donnée à toi, mon seigneur magnifique ? Et tu m'as rejetée sous un prétexte... Tu m'as rempli le cœur de tous les tourments, toutes les angoisses, toutes les fureurs, toutes les désespérances ; tu m'as abreuvée de fiel et d'absinthe ; tu m'as fait et tu me fais encore brûler de haine... Rien que de haine ; et je vis aujourd'hui pour cette haine et dans cette haine, je vous enveloppe tous deux, toi et *elle !*... Et, écoute-moi bien : pour parvenir jusqu'à elle, il faudra d'abord que tu me tues !

Blasco avait écouté ce déferlement de paroles avec douleur, pitié, étonnement, en cherchant du geste à l'arrêter, en l'interrompant d'un mot :

— Duchesse... Duchesse...

Elle éclata d'un rire plein d'angoisse :

— Duchesse !... Voilà donc mon nom, désormais ; mais quand ta bouche cherchait la mienne et que tes mains frémissaient de caresses, tu m'appellais Gabriella !... à présent ce nom s'est effacé de ton âme sous l'empreinte d'un autre nom... Mais je déterrerai ce nom et la nuit je le ferai flamber et brûler, implacable, tenace comme ma haine, comme ma vengeance !..

— Gabriella !... au nom de Dieu !...

— Dieu ? Pourquoi invoques-tu Dieu ? Qu'espères-tu ? Il ne te sauvera pas !...

— Gabriella !...

Mais la duchesse, épuisée, éclata en sanglots et s'abandonna sur un siège. Blasco était bouleversé ; l'évocation du passé, la passion toujours indomptée, sa douleur, lui emplissaient le cœur de tendresse.

Il prit la main de Donna Gabriella, en l'appelant doucement, en la suppliant :

— Gabriella, ayez donc pitié de vous et de moi !...

Il s'était penché sur elle et ses paroles lui effleuraient les cheveux. En cet instant la porte s'ouvrit et Violante apparut :

— Madame ma mère !...

Mais en voyant Blasco dans cette attitude, elle poussa un cri aigu et vacilla :

— Violante ! s'exclama Blasco avec un accent intraduisible.

— Ah ! Elle ! hurla Donna Gabriella, en bondissant sur ses pieds, aveuglée par la douleur, la jalousie, la haine ; et saisissant, sur la table encore mise, un petit couteau à fruit, à lame courbe, elle s'élança sur Violante en rugissant :

— Ah !... tu vas mourir !

Blasco vit, devina et bondit entre la duchesse et Violante qui était tombée à genoux. Le couteau s'abattit, taillada la soubreveste de Blasco, effleura la peau. Le chevalier agrippa fermement le poignet de Donna Gabriella, la désarma, jeta le couteau au loin.

— Malheureuse ! dit-il sur le ton du reproche. Que faites-vous là ?

La duchesse écarquilla les yeux, vit Blasco devant elle et sur sa soubreveste claire, une large tache rougissante ; l'horreur se peignit sur son visage ; elle fit un pas en arrière, bredouillant :

— Vous !... Du sang !... Moi !...

Blasco la lâcha et alors, dans un geste machinal, Donna Gabriella se passa une main sur les yeux et sur le front, puis dans un élan forcené, poussa un cri strident et courut à la fenêtre.

— Madame ma mère ! hurla Violante, effondrée à terre.

Mais déjà Blasco s'était élancé, avait pris la duchesse par la taille, et l'avait déposée sur un fauteuil, frémissante, épouvantée.

— Gabriella ! Gabriella !...

La duchesse cria encore et fut prise de convulsions, tandis que Violante, effarée, demandait :

— Seigneur Blasco ! Seigneur Blasco !... Qu'y a-t-il donc ?

XVII

Le voyage vers Palerme fut triste et silencieux. Blasco avait fait apprêter deux litières, qui attendaient au pied des rochers. Donna Gabriella était montée dans l'une d'elles, et Donna Violante dans l'autre, en compagnie de la tante Nora. Les hommes armés, à cheval, précédaient et suivaient en deux groupes les deux litières. Blasco chevauchait à côté de celle de Donna Gabriella et Cristiano, à côté de l'autre.

Après cette crise qui avait failli la conduire jusqu'au meurtre et au suicide, la duchesse s'était enfermée dans un silence sombre et désespéré. Blasco avait risqué quelques mots de réconfort mais elle n'avait pas répondu. Une seule fois, elle fixa intensément sur lui son regard profond et sinistre et une autre fois, elle avait levé les yeux vers la roche sur laquelle se dressait le château, en partie détruit, dont elle ignorait encore le nom et l'emplacement. C'était l'antique manoir de Pietra, dont les ruines se voient encore, qui avait donné son nom à Alessandria, cité voisine construite en 1570 par Blasco Barresi, seigneur du château.

Le sentier parcourait les pentes des hautes montagnes, couvertes çà et là d'épais fourrés ; il laissait à droite San Stefano di Quisquina et plongeait au pied du mont Carcaci. Ils passèrent la nuit à Prizzi d'où ils partirent à l'aube pour Mezzojuso. On eut dit une compagnie de seigneurs revenant de leurs terres. Les colliers de grelots des mules attachées aux litières éveillaient des échos, comme si d'autres groupes voyageaient par des voies inconnues et mystérieuses. Rocca Busambra enveloppa les voyageurs dans l'ombre de ses hautes crêtes, qui traversaient la province de Godrano, sur laquelle la forêt de Ficuzza mettait une large tache noire et effrayante. La nuit suivante, ils firent halte à Marineo ; tous dormirent, exceptés Blasco et Donna Gabriella. Ils avaient été reçus au château du marquis mais Blasco avait séparé les femmes et craignant que la duchesse n'attentât à ses jours, ou se laissât emporter par sa jalousie contre Violante, il s'était installé dans son antichambre. Mais la duchesse s'était transformée en automate et se laissait guider partout, sans manifester de volonté propre. De toute la nuit, on ne l'entendit point.

Quand, le lendemain matin, la tante Nora frappa à la porte pour offrir ses services, elle fut étonnée de la voir belle et toute habillée, comme le jour précédant, assise près de la fenêtre, le front dans la paume de la main, dans l'attitude où elle l'avait laissée la veille.

Ils repartirent au point du jour. Le voyage se poursuivit vers Misilmeri, en silence. Ils approchaient de la ville, où ils arriveraient dans quelques heures, car Misilmeri n'est pas à plus de neuf milles de la capitale. La route suivait une gorge, dite de la Portella, nid de brigands et de voleurs de grands chemins, qui attaquaient presque toujours les voyageurs et les voituriers pour les dépouiller.

La troupe avait traversé bien des régions et des campagnes infestées de malandrins, mais, évitant soigneusement la route habituelle qu'affectionnaient les bandits pour accomplir leur fructueux office, elle avait emprunté des sentiers peu fréquentés. Jusque-là, donc, le groupe avait voyagé sans aucun incident susceptible d'effrayer ou de compromettre l'intégrité personnelle des femmes. Mais là, on n'avait pas le choix : même si l'on avait voulu prendre un raccourci, il aurait fallu d'abord passer ce seuil. Dans la crainte de quelque mauvaise rencontre, Blasco envoya Cristiano et un autre homme en avant-garde. Avec un cavalier, il se plaça devant les litières, tandis que le reste de la troupe fermait la marche.

C'étaient six hommes résolus, qui n'auraient pas reculé devant un bataillon.

Cristiano et son compagnon mirent leurs montures au trot mais ils n'avaient pas fait un tiers de mille qu'ils tombaient sur une compagnie rurale, avec son capitaine et son argousin. L'argousin n'était autre que Matteo Lo Vecchio.

Ils arrêtèrent Cristiano, en les saluant à la manière des paysans :

— Jésus et Marie !

Le capitaine demanda :

— Vous êtes des gardes privés ?

— Oui monsieur.

— De qui ?

— Du Très Illustre chevalier de la Floresta.

— Bien. Avez-vous remarqué une personne suspecte sur la route ?

— Personne, seigneur capitaine...

Pendant cet échange, les hommes d'armes avaient entouré les deux gardes, interposant entre eux et les litières une double file de montures. Sur un signe de leur chef, ils braquèrent les fusils sur les deux cavaliers.

— A terre ! ordonna le capitaine.

Cristiano pâlit et se mordit le poing en jurant grossièrement. Puis, sans crier gare, il se laissa tomber du cheval et tirant un pistolet des fontes, voulut faire feu sur le capitaine mais un des hommes d'armes poussa son cheval contre lui et le fit tomber. En bref, Cristiano et son compagnon, quoiqu'ils se défendissent à coups de poing et de pied, furent garrottés, bastonnés, jetés en travers de leurs chevaux comme deux paquets et emportés par quelques hommes d'armes.

— Ce n'est qu'un début, dit Matteo Lo Vecchio, nous allons entrer dans le vif du sujet. Allez devant, je veillerai de loin ; mais prenez garde, le fauve est sauvage.

Le capitaine fit un geste comme pour dire qu'il aurait affaire à lui. C'était un de ces êtres qui, tout en n'étant point de naissance roturière, se lançaient dans la vie déshonnête, volaient, enlevaient, abusaient, tuaient avant de finir au service de la justice ; les compagnies rurales étaient en fait recrutées parmi la fleur des malandrins. Souvent elles étaient complices des bandes de brigands, spécialement quand elles étaient laissées à elles-mêmes ; et quand un seigneur intéressé à l'entreprise leur promettait une récompense, elles exerçaient une police féroce.

La compagnie s'éloigna au pas, pendant que Matteo Lo Vecchio, descendu de cheval, s'asseyait sur un rocher. Les hommes d'armes se donnaient une allure humble et tranquille pour ne pas éveiller le soupçon. En tournant à l'angle que la route formait sur la pente de la colline, ils se trouvèrent en face du groupe de voyageurs.

Blasco frémit intérieurement et continua à avancer d'un air paisible. Le sentier n'était pas assez large pour permettre le passage simultané des litières et de l'escadron des compagnies rurales. Le capitaine salua respectueusement Blasco et donna l'ordre à ses hommes de s'écarter pour laisser passer : ceux-ci se divisèrent en deux ailes qui s'alignèrent de part et d'autre du groupe. Ils avaient le fusil en travers de l'arçon, sur les cuisses : et Blasco, en jetant un coup d'œil au soldat le plus proche, s'aperçut que le chien de son arme était relevé. Un soupçon lui traversa l'esprit ; soupçon qui se transforma en certitude quand il vit deux cavaliers se placer au milieu du chemin, lui coupant la route, tandis que les autres levaient leurs fusils et les mettaient en joue, lui et ses trois gardes.

— Arrêtez ! cria le capitaine. Que personne ne bouge, s'il tient à la vie !

Blasco pâlit, non pour lui mais pour les femmes qui à ce cri avaient mis le nez à la portière, effrayées, en se demandant ce qui se passait ; Blasco dit au capitaine :

— Monsieur, il y a peut-être un malentendu...

— Je vais t'en donner, moi, du malentendu ! rétorqua avec arrogance le capitaine et se tournant vers ses hommes, il ajouta : s'il bouge, faites-lui faire la danse de l'ours.

Blasco sentit ses nerfs se tendre et la colère lui crisper la mâchoire.

— Le premier qui ose poser un doigt sur moi, je l'abats comme un chien !... Que voulez-vous ?

— Rien d'autre que t'arrêter, t'attacher et te conduire au Château...

— Moi ?

— Ordre du roi...

— Moi en particulier ?

— Toi en particulier, le dénommé Blasco de Castiglione.

Il y eut une minute de silence ; Blasco, frémissant, regarda ses trois gardes qui restaient immobiles, impassibles, et les hommes d'armes avec leurs fusils braqués; il regarda les litières; des pensées opposées se bousculaient dans son esprit. Certes, s'il n'y avait pas eu les dames qui risquaient d'être blessées dans un affrontement, il n'aurait pas trop débattu sur le parti à prendre, mais d'autre part, se laisser saisir ainsi...

Il vécut un instant si intense et vertigineux qu'il lui parut durer dix ans : une sueur froide lui mouilla le front. Il considéra sa position d'un point de vue stratégique. Il était entouré sur trois côté par les hommes d'armes, les litières fermant le quatrième : il ne pouvait s'ouvrir un passage sur les bords du chemin, qui était valonné, ni sur l'arrière, où il y avait les litières, ses gardes et d'autres hommes d'armes; peut-être pourrait-il faire une tentative vers l'avant, la route n'étant coupée que par un soldat et le capitaine. Forcer le passage ? C'était à tenter, car les hommes d'armes, qui se faisaient face, courraient le risque de s'entretuer s'il se soustrayait à la menace de leurs armes par un mouvement fulgurant. Mais en ce cas, comment ferait-il pour ne pas laisser les dames à la merci de cette horde ? Toutes ces réflexions se succédèrent presque dans un seul instant, avec la même rapidité que les monstrueux fantômes de la nuit se découpant dans le ciel noir à la lueur de l'éclair.

— Excusez, seigneur capitaine, dit-il avec une bonne volonté qui recélait une légère pointe d'ironie. Pour m'arrêter et me conduire au Château, vous aurez certainement un ordre...

— Je l'ai, et si je ne l'avais pas, ce serait la même chose...

— Bravo ! On voit que vous êtes un homme au vrai sens du mot. Et j'ai quasiment plaisir à être arrêté par vous. Mais faites-moi la faveur, au moins, de me dire si ces dames qui m'accompagnent, et ces gardes, qui ne m'appartiennent pas, doivent être arrêtés...

Le capitaine gonfla un peu les joues :

— Les dames, non... Quant aux gardes... on verra !

— Et alors, ayez la bonté de faire accompagner à leur palais l'illustrissime duchesse de la Motta et sa belle-fille, car je devais, précisément sur la consigne de monsieur le duc, remplir cet office... Ce qui veut dire que ces dames m'excuseront auprès de monsieur le duc et que le duc songera ensuite à vous... récompenser de ce que vous faites.

Ces paroles mirent un peu dans l'embarras le capitaine; Matteo Lo Vecchio avait l'ordre et lui avait promis, outre la prime prévue, une grosse récompense de la part d'un seigneur; mais les deux dames qui étaient apparentées à un des plus grands personnages du royaume... il fallait non seulement les laisser libres, mais encore les servir avec une attention respectueuse, et les faire accompagner jusqu'au palais du duc.

— C'est juste, dit-il, et se tournant vers ses hommes, il ajouta : vous avez entendu.

— Et alors, monsieur le capitaine, s'il ne vous déplaît, faites passer en premier les dames, pour qu'elles ne semblent pas accompagner un homme arrêté.

Le capitaine trouva la proposition raisonnable et, ordonnant d'un signe à deux hommes d'armes de serrer de près Blasco :

— Barrez-lui le passage et s'il tente de s'échapper, tuez-le.

Et pendant que l'un d'eux prenait par la bride le cheval de Blasco, le capitaine ordonnait à ceux qui bloquaient la route de la dégager pour laisser passer les litières.

Mais Donna Gabriella qui, de sa portière, avait assisté, pâle et muette, à cette scène, cria aux conducteurs des litières :

— Arrêtez !

Le capitaine fut ébahi par ce contre-ordre mais la duchesse, ayant ouvert la portière, se montra dans toute sa sombre beauté et lança :

— Ma litière ne reçoit d'ordre que de moi... Et quant au seigneur, je vous avertis que je ne retournerai pas dans mon palais si je ne suis pas reconduite auprès du duc de la Motta, mon époux, par monsieur Blasco de Castiglione. Prenez garde à ce que vous faites...

Le capitaine aurait voulu répondre avec son arrogance habituelle mais s'agissant du duc de la Motta, il préféra se montrer prudent :

— Très Illustre Dame, ce sont les ordres...

— De qui les avez-vous reçus ? Du vice-roi ?... De mon époux ?

De sa litière, Violante, les mains jointes, le visage empreint d'épouvante, assistait à la scène en silence ; le cœur lui battait violemment dans la poitrine et sa voix intérieure invoquait avec ferveur l'aide divine. En ces instants où elle voyait sa marâtre défendre Blasco, elle oubliait tout ce qu'elle lui avait fait souffrir et dans son cœur la bénissait.

Mais pendant que le capitaine, embarrassé par la crainte de déplaire à Donna Gabriella dont il pouvait espérer quelque avantage, hésitait, et que ses hommes considéraient avec curiosité leur échange, un fait étonnant survint.

Blasco avait tourmenté de l'éperon son cheval en le retenant par le mors, et des frissons couraient sur tous les muscles de sa monture. Profitant de cet instant d'inattention, et trouvant ouvert le passage devant lui, le chevalier se baissa sur le cou du généreux animal, donna un coup de poing formidable à l'homme d'armes qui tenait la bride, et envoya un violent coup d'éperon dans les flancs du cheval.

L'homme relâcha son étreinte et la bête libérée, impatiente, excitée, fit un bond, franchit le passage et se lança en avant avec un hennissement terrible.

Des cris d'effroi, de stupeur, de rage lui répondirent, suivis immédiatement d'une épouvantable fusillade et d'un nuage qui enveloppa les litières.

— Sus !... sus ! cria le capitaine, l'écume à la bouche. Reprenez-le à tout prix !...

La salve avait été tirée au moment où Blasco disparaissait dans le virage du sentier et aucun tir ne le toucha ; seule une balle ricocha sur un rocher et s'écrasa mollement sur sa jambe. Dans le tohu-bohu, les hommes d'armes s'élancèrent pour interrompre cette fuite audacieuse et inattendue, oubliant les gardes. Ceux-ci, profitant de la confusion, s'enfuirent dans la direction opposée, vers Misilmeri, non sans avoir tiré trois coups de feu contre les soldats, ce qui augmenta la confusion, en éveillant la crainte d'une contre-attaque sur l'arrière.

Au bruit, Matteo Lo Vecchio avait bondi sur ses pieds. Craignant quelque diablerie — et de Blasco, il s'attendait à en voir de toutes les couleurs — il saisit son fusil, fixa le sentier et reconnut le chevalier. Il devina ce qui s'était passé ; se jeta de côté, pointa l'arme et au moment où Blasco passait, tira presqu'à bout portant. Le rugissement du jeune homme lui fit croire qu'il avait fait mouche ; en fait, il avait blessé à une épaule le pauvre cheval qui, deux pas plus loin, s'effondra. Avec un cri de triomphe, le sbire courut, mais Blasco était déjà debout, fusil au poing ; il vit Matteo Lo Vecchio à portée de sa main et cria :

— Ah, chien ! Tu es là ?...

Et il abattit la crosse de son arme sur la tête de son ennemi.

Le sbire tomba sans même dire : ah !

Un bruit de cavalcade fit se retourner Blasco qui vit venir sur lui, au galop, cinq ou six hommes d'armes. Son cheval barrait le chemin ; en abattre un autre revenait à dresser une barricade entre lui et les attaquants. Le chevalier visa celui qui allait en tête et fit feu : la monture se cabra et tomba à terre avec son cavalier. Blasco s'élança alors sur la pente de la colline, hérissée de roches et de broussailles, où lui, piéton pouvait fuir en zig-zaguant pour éviter les balles ; les chevaux, de leur côté, avaient du mal à grimper en sautant des obstacles à chaque pas... En tirant sur Blasco, les hommes d'armes éperonnaient leurs bêtes mais le jeune homme avait sur eux l'avantage de son avance et de son agilité décuplée par l'instinct de conservation. Donna Gabriella avait poussé un cri de joie en voyant Blasco s'enfuir et elle avait bondi de sa litière, frémissante ; Violante l'avait suivie. Toutes deux, en entendant les coups de feu s'étaient senties submergées par l'épouvante. La jeune fille s'était jetée à terre en criant :

— Oh Dieu ! oh, Dieu !...

Elle ne trouvait pas d'autre mot.

Donna Gabriella, elle, s'était mise à crier :

— Capitaine !... Capitaine !... Ne faites pas tirer !...

Mais le capitaine, qui voyait s'enfuir sa proie, ne l'écoutait pas.

En un instant, les hommes d'armes se dispersèrent.

Certains, effarés par la surprise des trois coups de fusil tirés par les gardes enfuis, s'étaient élancés sur le sentier, vers la vallée ; les autres s'étaient mis, sous la direction du capitaine, à suivre Blasco. L'étroitesse du sentier les empêchait de galoper tous ensemble. Les deux chevaux et leur compagnon tombés à terre formaient une barrière qui les retarda.

En bref, Donna Gabriella et Violante se retrouvèrent seules, avec la tante Nora, les conducteurs des litières et les mules qui, au milieu de tout ce fracas, après avoir dressé l'oreille, étaient restées le museau baissé, rêvant peut-être au sac d'avoine et de son. La duchesse parcourut du regard les alentours et s'arrêta sur Violante, dont l'aspect exprimait une foule de sentiments ; ses yeux lancèrent un éclair sombre et menaçant avant de reprendre leur expression de tristesse. D'un ton impérieux, elle ordonna à sa belle-fille :

— Remonte dans ta litière.

Violante obéit sans prononcer un mot.

La duchesse grimpa dans la sienne mais ne donna pas l'ordre du départ, parce que de l'autre côté de la colline, où avaient disparu les hommes d'armes, résonnaient des coups de fusil, et la peur la retenait.

Peu après, elle vit revenir deux hommes d'armes qui emmenaient, étendu sur le dos d'un cheval, Matteo Lo Vecchio, le visage et le crâne horriblement couverts de sang, immobile, sans vie.

Cette vision sanglante emplit les femmes d'horreur et elles se replièrent dans leurs litières en fermant les yeux. Donna Gabriella craignit de rencontrer d'autres blessés, d'autres morts, de voir encore du sang, de devoir traverser un champ de bataille ; sa peur s'accrut, elle ordonna aux conducteurs :

— Revenons en arrière !... Retournons à Misilmeri !...

Mais Violante pensa à Blasco. S'il était blessé, mourant, au milieu de la route, à la merci des malandrins ?

— Madame ma mère, dit-elle timidement en avançant la tête hors de la litière, vous voulez abandonner le seigneur Blasco ? Et si quelque malheur lui était arrivé ?

Donna Gabriella pâlit et reprit son expression sombre, éclairée d'une lueur ironique et jalouse :

— Tu voudrais courir le sauver ?

Un des conducteurs intervint :

— Si Votre Excellence est pressée d'arriver à Palerme, on pourrait prendre une autre route, au lieu de revenir en arrière.

— Quelle route ?

— Un raccourci. Un sentier difficile, mais on n'y fera pas de rencontres...

Donna Gabriella réfléchit une minute et dit :

— Allons-y !

Les mules, secouant les grelots, poussées par les conducteurs, refirent une portion de la route parcourue, puis prirent par un petit sentier ménagé entre les roches et les broussailles par les paysans qui traversaient la montagne. Le chemin serpentait sur une côte plutôt raide, et la montée fut longue. Vers vingt-deux heures, Donna Gabriella et Violante rentraient dans le palais de la Motta.

La tante Nora était descendue à la porte de Termini et s'était enfoncée, à pied, dans l'une des ruelles.

XVIII

Traqué comme un loup, courant en zig-zag entre les buissons et les rochers, transportant dans sa fuite son fusil et tirant contre ses poursuivants les plus proches, Blasco gagna la cime de la colline.

Derrière lui s'essoufflaient les hommes d'armes ; d'abord ils s'étaient jetés tous ensemble à sa poursuite, en file indienne, mais le capitaine, aux premiers coups tirés par Blasco, déploya ses hommes en chaîne et en envoya une partie sur la route, et une autre du côté opposé, pour contourner la colline et couper la route du jeune homme. Mais pour pouvoir vraiment l'enfermer dans un cercle et s'emparer de lui, il aurait fallu disposer de forces trois fois supérieures à celles qu'il avait sous son commandement. Un des soldats était tombé ; deux avaient recueilli Matteo Lo Vecchio pour l'emmener à Misilmeri ; il en avait auparavant détaché quatre autres pour escorter Cristiano et son compagnon. Il lui manquait donc sept hommes sur vingt-quatre, il devenait difficile de prendre Blasco vivant. Il ordonna d'avancer en tirant, pour faire croire au fugitif qu'il était menacé de tous côtés.

De loin, la fréquence des coups donnait à penser qu'un véritable combat s'était engagé et en deux points opposés deux groupes différents, en entendant l'écho, le crurent.

Cristiano, son compagnon et les quatre hommes d'armes pensèrent que le gros de la patrouille était aux prises avec les autres gardes privés. Ceux-ci, qui fuyaient, imaginèrent au contraire que Blasco avait trouvé une maison ou un abri quelconque, d'où il se défendait.

— Le laisserons-nous seul ? s'écria l'un d'eux.

— Allons-y ! riposta un autre.

Guidés par les coups de feu, ils lancèrent leurs chevaux, rencontrèrent les deux litières, recueillirent quelques informations et, leur décision prise, éperonnèrent les montures et se lancèrent au galop le long du sentier, par où les prisonniers et leur escorte arrivaient. Ils eurent tôt fait de les rencontrer. Les hommes d'armes s'étaient arrêtés et tendaient l'oreille pour s'orienter et, dans cette attitude, essuyèrent tout à coup trois coups de feu, tandis qu'on leur criait :

— Laissez-les ! Laissez-les !...

Surpris par cette grêle de plomb qui leur sifflait aux oreilles, les soldats s'enfuirent, abandonnant Cristiano et son compagnon garrottés sur leurs chevaux ; leur fuite produisit un contre-coup dans le gros de l'escadron qui donnait la chasse à Blasco sur la colline ; en entendant de là-haut cette fusillade et en voyant s'enfuir ses hommes, le capitaine crut à une contre-attaque. Estimant prudent de s'y opposer, il rassembla les soldats les plus proches et se prépara. Les deux prisonniers une fois libérés, les gardes avaient commencé à tirer en direction de la colline, ce qui produisit naturellement une diversion et ralentit la chasse ; en tirant toujours, et en reculant, les gardes attirèrent à eux les hommes d'armes, puis ils s'échappèrent, en se laissant suivre.

Pendant que tous s'éloignaient de ce lieu, Blasco franchissant les cols et les côteaux, descendait vers la ville. Les vêtements déchirés, légèrement blessé à la cuisse, contusionné, hors d'haleine, couvert de débris, il ne pouvait qu'attirer l'attention et s'exposer à de nouveaux périls. Il demanda asile à la taverne d'où il avait vu passer pour la première fois Violante vêtue en pensionnaire ; il lui suffit d'un clin d'œil expressif pour se faire comprendre du tavernier. Là, il attendit le soir, caché dans une soupente d'où il vit sans être vu les hommes d'armes de retour de leur infructueuse expédition, s'arrêter pour boire et parler, avec force jurons et malédictions. Et il entendit que Matteo Lo Vecchio était mort.

Quand il fut sûr de pouvoir sortir, Blasco s'en alla, camouflé sous un manteau et un mauvais chapeau de feutre rond. En le voyant surgir dans cette tenue, peu après l'Avemaria, Coriolano fut stupéfait.

— Eh bien ? le pressa-t-il. Que vous est-il arrivé ?

— Cher ami, riposta gaiement le jeune homme, je crois avoir reçu de monsieur mon père un don, pour lequel je ne sais si je dois être reconnaissant ; il ne m'a laissé ni un patrimoine, ni un régiment, mais un brevet d'immortalité.

Il lui narra l'affaire en plaisantant, mais sous le ton léger perça l'amertume, quand il raconta son arrivée au château de la Pietra et la suite. Coriolano passait d'un étonnement à l'autre, interrompant parfois le récit de son ami d'une exclamation ; à la fin, il demeura pensif.

— Pour l'heure, ce que j'ai hâte de savoir, dit Blasco, c'est si les dames sont arrivées chez elles sans autre incident...

— Elles sont arrivées, saines et sauves. Mais, pardonnez-moi, ce n'est pas pour elles qu'il faut se préoccuper...

— Et pour qui donc ?

— Pour nous...

— Que voulez-vous dire ?

— Eh, il n'est pas difficile de comprendre ce qui va suivre : un nouvel édit, encore plus féroce, contre vous, qui donnera la faculté à tout un chacun de vous trucider, si cela lui chante, et de gagner une solide récompense ; et une série d'ennuis pour moi, en raison de l'aide que vous ont apportée mes gardes. Mais c'est ce qu'il y a de moins grave, je saurai me tirer d'embarras...

— Au contraire, ce qui me navre le plus est le dérangement que je vous procure. Quant à moi, je n'y pense pas. Ne vous ai-je pas dit que j'étais immortel ? Et puis j'ai déjà pris ma décision.

— Quelle est-elle ?

— Je pars.

— Pourquoi ?

— Et que voulez-vous que je fasse ? Je n'avais pris que deux engagements : la libération d'Emanuele et de ses bienfaiteurs, et celle des dames de la Motta. A présent, je n'ai plus rien à faire...

— Croyez-vous ?

— Pourquoi ne le croirais-je pas ?

— Vous abandonneriez donc Violante à la haine jalouse de Donna Gabriella ?

— Et de qui sera-t-elle jalouse si je ne suis pas là ?

— Mais justement parce que vous vous éloignerez, la duchesse, perdant toute espérance de vous reconquérir, donnera libre cours à sa rage contre l'enfant...

— De fait, ce que vous dites est vrai, mais...

— Mais vous devez mettre Violante à l'abri de tout attentat...

— Il y a son père...

— Un père n'est pas un amant... ou un époux...

— Oh !... Vous voudriez peut-être que j'épouse Donna Violante Albamonte ?

— Pourquoi pas ? répliqua tranquillement Coriolano.

Blasco partit d'un grand rire bruyant qui résonnait comme un sanglot.

— Ah, palsambleu, le beau mariage : la fille du duc de la Motta, une Albamonte avec un certain Blasco de Castiglione !

— Eh, non ! Ce serait au contraire Donna Violante Albamonte, fille du chevalier de la Motta, qui deviendrait épouse légitime de son cousin, Don Blasco Albamonte...

— Cher ami, d'ici quatre jours, j'espère partir pour l'Espagne. J'irai servir les vieux rois que servirent les Albamonte ; pour ma sécurité, trouvez-moi un vaisseau anglais ou français, ce sera la dernière faveur que je vous demanderai... Et parlons d'autre chose... Avez-vous vu Emanuele, mon frère ?

— Je l'ai vu. Don Girolamo l'a conduit chez moi...

— Il ignore encore ses origines ?

— Je crois qu'il ne sait rien, et pour l'heure, il ne me semble pas opportun de le mettre au courant... Mieux vaut attendre sa vingt-et-unième année. Quand il sera majeur et pourra administrer son patrimoine, je vous l'ai déjà dit, alors il sera temps de tout lui révéler. En attendant, allez vous rafraîchir, mon ami ; je vous attends pour dîner et à minuit, vous sortirez avec moi...

— Il y a donc une assemblée ?

— Oui...
— Et vous intervenez ?
— Oui...
— Il y a donc une grosse affaire ?
— Très grosse... et qui peut vous concerner..
— Vous éveillez ma curiosité.
— Allez donc vous préparer, cher Blasco.

Celui-ci gagna sa chambre, se déshabilla, soigna au mieux sa blessure et se jeta sur le lit, un peu fatigué et l'esprit encore agité de tant d'émotions intenses et différentes. L'idée que Coriolano avançait comme une solution l'emplissait d'une douleur désespérée et profonde qui lui faisait sentir toute la cruauté de sa condition. Mais la jeunesse et la nature furent plus fortes que la douleur et il s'endormit profondément.

Coriolano était demeuré seul et pensif dans la grande salle du dîner, assis sur un siège de cuir clouté ; il avait près de lui un sac de cuir dont il tirait de temps en temps des feuilles qu'il lisait attentivement, en notant quelques mots avec un crayon.

Trois coups, à intervalles égaux, résonnèrent contre un mur. Il s'approcha d'un petit miroir entouré d'un cadre en écaille de tortue incrustée de rosaces d'ivoire et appuya un doigt sur l'une de celles-ci. Une porte, parfaitement dissimulée, s'ouvrit dans la paroi et Don Girolamo Ammirata apparut.

— Entrez, lui dit Coriolano, avant d'aller fermer à clé la porte de l'antichambre.

Sur un signe du chevalier de la Floresta, Don Girolamo s'assit.

— Eh bien ? lui demanda Coriolano.
— Tout est prêt.
— Vous avez averti notre notaire ?
— Oui, monseigneur.
— Les témoins ?
— Ils sont prêts.
— Très bien. Autre chose ?
— J'ai les preuves que Nino Bucolaro nous trahit... Il a expédié Matteo Lo Vecchio et la compagnie rurale du capitaine Magialocchi contre les gardes et le seigneur Blasco...
— Vous êtes sûr que c'est lui ?
— Très sûr : j'avais mis l'*Aveugle* aux trousses du sbire. Il a vu celui-ci entrer de nuit dans la maison d'Antonino Bucolaro...
— Et puis ?
— Et puis, le lendemain, Antonino est venu me trouver chez moi, pour me parler...
— Et que vous a-t-il dit ?
— Il a commencé à bavarder de choses et d'autres ; puis il m'a affirmé que Blasco possède nos documents et que c'est un traître, puisqu'au lieu

d'obéir à nos ordres et à nos statuts, il agit pour son propre compte. J'ai feint de le croire. j'ai ordonné à l'*Aveugle* de le tenir lui aussi à l'œil. Eh bien, le soir du départ du seigneur Blasco, il a vu Antonino Bucolaro et Matteo Lo Vecchio, déguisés, se rendre à la taverne de l'oncle Alessio, sous Santa Cristina la Vecchia, où peu après s'est arrêté un carrosse sans écu, et sans serviteurs. Antonino Bucolaro et Matteo Lo Vecchio y sont montés et la voiture s'est éloignée au pas par la rue du Papyrus. Près de la Mura, tous deux sont redescendus. L'*Aveugle,* qui s'était juché sur le marchepied arrière les a laissés aller et a suivi le carrosse jusqu'au palais de la Motta...

— Eh?

— Dans le carrosse, il y avait le duc. Le lendemain, Matteo Lo Vecchio a été vu en compagnie du capitaine Mangialocchi et ce matin ils sont partis par la route de l'Abbé, évidemment, vers Misilmeri, par où devait arriver le seigneur Blasco...

Coriolano écoutait en silence, sourcil froncé : c'était le seul signe d'émotion visible sur son visage. Quand Don Girolamo se tut :

— Nino Bucolaro a été lui aussi prévenu pour cette nuit?

— Oui, monseigneur.

— Très bien. Il faudra préparer les *soufflants* et se tenir prêts à faire face à toute éventualité.

— J'ai compris.

— Vous pouvez aller.

Girolamo Ammirata sortit par où il était entré; la paroi se remit en place; Coriolano alla tourner la clé de la porte et nul, en pénétrant dans la pièce, n'aurait pu imaginer qu'une minute auparavant s'y trouvait une autre personne.

Peu après, Blasco s'éveilla et se rappelant qu'il était attendu, se vêtit en hâte et descendit rejoindre Coriolano qui étendu sur un divan, dormait ou feignait de dormir, devant le brasero qui brûlait sur une plaque de cuivre.

Au bruit que le jeune homme fit en entrant, Coriolano ouvrit les yeux sans bouger.

— Ah bah! c'est vous! je ne vous attendais plus : asseyez-vous.

— Je me suis endormi : j'étais si fatigué... Et j'avais aussi une petite blessure à soigner.

— Comment? Vous êtes blessé et vous ne me l'avez pas dit?

— Oh, cela n'en valait pas la peine; une brûlure à la cuisse et une contusion...

— Tant mieux; pas de quoi, j'espère, vous ôter l'appétit...

— Au contraire : j'ai une faim de loup...

— J'en suis enchanté.

Il sonna et ordonna le dîner : un potage, un poulet rôti, du fromage, des fruits secs et une paire de bouteilles de vin vieux de Castelvetrano.

— Il est bon, ce vin, apprécia Blasco.

— Il vous plaît ?... Quand vous aurez une maison, je vous en enverrai quelques tonneaux.

— Alors, je n'en aurai jamais !

— Pourquoi ? Il ne tient qu'à vous...

— A moi ? Ah ! ah ! je comprends ! en devenant Don Blasco Albamonte et en épousant... etc, etc !... Excusez-moi, Coriolano, vous seriez-vous mis en tête de jouer les entremetteurs ?

— Pour vous, oui... Parlons sérieusement, Blasco...

— Vous voulez véritablement que je prenne au sérieux ces choses ?

— Pourquoi pas ? Il suffit que vous me laissiez faire, que vous vous en remettiez entièrement à moi.

— Vous éveillez ma curiosité et me poussez à me placer sous votre protection.

— Soyez sincère, Blasco, mais pardonnez-moi si je vous interroge sur des détails que, naturellement, vous préférez garder au fond de votre âme. Me promettez-vous de répondre en toute sincérité ?

— Je vous le promets, bien que le préambule soit de nature à me mettre en garde...

— Aimez-vous Donna Violante ?

Blasco rougit et chercha à éluder :

— Quelle question !

— Répondez par oui ou par nom, sacrebleu ! Vous n'êtes pas une demoiselle échappée d'un couvent...

— Eh bien, si je l'aime. Que voulez-vous ? C'est un amour étrange, fait de tendresse, qui a aussi quelque chose de paternel et qui en même temps entraîne tous les dévouements d'une dévotion sans fin.

— Je ne vous demande pas l'apologie de votre amour, que je sais loyal, pur, chevaleresque... Dites-moi plutôt, sincèrement, si vous aimeriez l'épouser. Ne discutons pas la probabilité, dites oui ou non...

— Oui, oui, oui !

— Enfin ! Ne dirait-on que vous allez à la confession pour la première fois de votre vie ? Bon, alors je vous dis qu'il ne tient qu'à vous et à moi que vous épousiez Donna Violante...

— A vous et à moi ?

— Oui. La chose est très simple... Vous, Blasco, commencerez par me remettre le pli volé par Matteo Lo Vecchio à Don Girolamo Ammirata et que vous avez retiré d'une besace, tombée entre vos mains, dans des circonstances que nous connaissons ; pli qui contient des écrits qui ne vous concernent pas ; que vous auriez dû restituer, pardonnez-moi, à ceux auxquels il appartient, et que chaque jour, j'espérais vous voir restituer... Quant à persuader qui de droit de la nécessité des noces que je lui proposerai, j'en fais mon affaire...

Blasco avait écouté, étonné, rougissant, et se mordait les lèvres. Si le ton sur lequel Coriolano s'était exprimé était celui de son habituelle et froide courtoisie, on percevait dans ses paroles et dans son aspect une volonté de fer, dont le jeune homme sentait le poids. En vérité, il se sentait dans une position difficile : hôte, protégé, obligé de Coriolano, envers lequel il se sentait lié par mille titres de reconnaissance, il ne pourrait prendre à son égard une attitude hostile ; détenteur d'un objet qui au fond ne lui appartenait pas, il n'avait aucun droit à faire prévaloir pour le garder ; affilié à la société et lié par un serment d'obéissance, il ne pouvait refuser d'obéir à son chef. Et cependant, par un instinct secret et indéfinissable, il éprouvait une immense répugnance à remettre ces papiers, comme si, par cet acte, il faisait surgir un grave péril pour Violante.

Le mirage d'une union avec la jeune fille ne lui souriait pas : la posséder, l'avoir à lui pour la vie, liée par l'amour et les liens indissolubles du mariage, était son rêve le plus ardent, mais, pour lui, c'était en même temps un rêve fou et irréalisable.

— Ainsi donc, répondit-il, si j'avais détruit ces papiers, que vous croyez en mon pouvoir, ce beau rêve de mariage s'évanouirait ?

— Vous ne les avez pas détruits, dit froidement Coriolano.

— Ce qui ne signifie pas que je ne pourrais le faire, rétorqua Blasco avec la même froideur.

Il se passa alors une chose inattendue. Coriolano se leva ; son visage, d'ordinaire si plaisamment courtois et d'une immuable sérénité, s'altéra terriblement, ses yeux étincelèrent d'une colère insoutenable, ses mâchoires se serrèrent avec un grincement de bête fauve ; tout son aspect sentait la foudre. Blasco ne put dominer sa stupeur, mais il ne broncha pas, bien que la fixité du regard de Coriolano lui troublât le sang.

— Blasco de Castiglione, lança le chevalier de la Floresta d'une voix méconnaissable, prends garde !

Dans un coin, derrière les volets de la fenêtre, il prit une des bâcles de fer, assez solides, qui se mettaient en travers des battants par mesure de sécurité et l'empoignant aux deux extrêmités, il ajouta :

— Tu ne serais pas plus fort entre mes mains que cette barre !

Ses mains se raidirent, les manches parurent sur le point d'éclater sous le gonflement des muscles du bras, la barre se plia en deux comme une brindille et Coriolano la jeta à terre avec fracas.

— Je pourrais te prendre la vie, et te briser plus facilement que ce fer, reprit-il en regardant fixement Blasco, qui semblait pétrifié par la stupeur et par un sentiment indéfini de malaise qui l'engourdissait. Je pourrais te briser ainsi, Blasco de Castiglione, mais tu es mon hôte et j'ai eu pour toi, depuis le premier jour, une tendresse plus que fraternelle, mais toi... tu me donneras ces papiers...

— Jamais ! Jamais ! balbutia Blasco en reculant et il murmura :

— Ne me regardez pas ainsi !

Tandis qu'il battait en retraite, Coriolano marchait sur lui, en le fixant toujours du même regard impérieux. Blasco trébucha contre un tabouret et tomba ; sa chute l'arracha à la fascination singulière de ces yeux et lui permit de reprendre son sang-froid. Mais Coriolano fut au-dessus de lui, le prit par le bras, le souleva et d'une voix radoucie :

— Pourquoi, lui demanda-t-il, pourquoi voulez-vous me contraindre à la violence ? Même si tu étais mon frère, mon père, je ne t'épargnerais pas ; au-dessus de moi, plus haut que moi, il y a une idée de la justice, dont je ne suis que l'instrument et à laquelle je me suis voué tout entier : si la justice m'imposait d'abattre ma main sur mon père, sur mon fils même, je le ferais sans hésiter. Ne me contrains pas à la violence. Obéis. Tu as prêté serment... Veux-tu y manquer ? Veux-tu être considéré comme un traître ? Veux-tu que je te dénonce moi-même ?

— Oui, j'aime mieux mourir, mais ces papiers, qui recèlent toute l'infâmie qui s'abattra inexorablement sur le nom d'une enfant innocente, ces papiers, je ne vous les remettrai jamais... Plutôt les détruire !

— Ne fais pas cela, Blasco !...

Mais le jeune homme s'était exalté. Il avait perdu la conscience exacte de ce qu'il disait et faisait. Humilié par la supériorité de cet homme mystérieux qui lui apparaissait démesurément grand, il avait honte et se rebellait. Dans ses paroles, dans son geste il y avait aussi de l'amour-propre offensé, la rébellion de son âme contre ce qui lui semblait une vexation, un abus. D'une main frémissante, il ouvrit sa chemise, tira le petit sac qui contenait le pli, l'arracha, déchira la toile et, tirant les papiers pliés, les jeta dans le feu. Coriolano poussa un cri terrible :

— Malheureux !

Et il se jeta sur le brasero. Blasco, tirant un petit pistolet de sa poche, lui barra le chemin :

— Pas un pas, Coriolano !...

Mais le chevalier de la Floresta, avec une agilité de félin, lui agrippa le poignet et le serrant comme dans un étau, le contraignit à ouvrir la main et à lâcher l'arme. Puis il le repoussa et se pencha sur le feu où déjà les angles des feuilles se racornissaient et fumaient.

— Non, Coriolano, non !... hurla Blasco, en cherchant à le retenir.

Le chevalier s'était déjà emparé des papiers et en les pressant contre son habit, il éteignit le début de flamme qui leur tordait les bords. Encore quelques secondes, et ils n'étaient plus que cendres. Blasco se sentit submergé de colère, de honte, de passion : les yeux pleins de larmes brûlantes, la voix étouffée, l'âme convulsée par mille pensées et sentiments divers, il se recula en lançant :

— Monsieur, ce que vous avez fait est une vilénie ; avant d'être le chef d'une secte scélérate, vous étiez un gentilhomme. Si l'épée que vous ceignez n'est pas pour vous un signe de honte, tirez-la, au nom de Dieu ! Seul l'un de nous deux sortira vivant de cette pièce.

Coriolano haussa les épaules en souriant. Il avait repris son masque froid et serein :

— Enfant ! dit-il.

A cet instant, trois coups résonnèrent à la paroi ; une étrange gaieté passa sur le visage de Coriolano. Il alla presser le bouton secret du cadre d'écaille en criant :

— *Mettez la lanterne !*

La paroi glissa ; un homme apparut dans l'ombre, qui était en train de se plaquer un masque sur le visage.

— C'est l'heure ? lui demanda Coriolano.

L'autre acquiesça d'un signe.

— *Le grand Caifasso ?*

— Dans le *panier.*

— Fort bien. Blasco de Castiglione, vous voyez cette porte secrète ? De là, si je voulais, je pourrais faire venir, sans être vu de personne, une légion, qui ne laisserait aucune trace. Mais un devoir solennel m'appelle ; prenez votre chapeau et venez. Ce qui va se passer ce soir vous concerne de près.

D'un geste impérieux, il montra l'ouverture dans la muraille et dit à l'homme masqué :

— Allez devant, et découvrez la lanterne.

L'homme masqué obéit. Blasco saisit son chapeau sans dire un mot, mais avant d'entrer dans le boyau obscur, il lança à Coriolano avec hauteur :

— J'espère, monsieur, que nous terminerons notre partie au plus tôt...

— N'en doutez pas ; plus tôt que vous ne croyez...

Ils entrèrent dans le corridor que la lanterne de l'homme éclairait devant eux, et les murailles se refermèrent.

XIX

Le soir où dame Francesca et Emanuele rentrèrent chez eux, tout le quartier fut en fête. Les voisins accoururent en foule ; l'on baisait la main de la dame, on demandait des nouvelles et tous leur assuraient qu'ils avaient éprouvé une grande peine de leur arrestation et plus encore de cette condamnation imméritée. Oh ! si on leur avait demandé des informations à eux, la bonne dame n'aurait pas eu tant à souffrir. Et que de choses étaient arrivées depuis qu'on l'avait arrêtée !... Les sbires avaient envahi le quartier : une véritable bataille, vraiment ! jusque dans les escaliers de la maison !

Dame Francesca regardait autour d'elle. Elle voyait les traces de cette invasion dans le désordre qui régnait à l'intérieur de la maison. Elle pria une voisine de monter chez le peintre Bongiovanni pour le mettre au courant de son arrivée. Pellegra descendit en courant, avec un cri de jubilation et dans son élan embrassa Emanuele, croyant étreindre dame Francesca ; le jeune homme profita de ce quiproquo pour baiser la fillette sur la bouche, et le malentendu se dissipa dans un cri, qui n'était peut-être pas de joie mais pas non plus de déplaisir.

Le peintre descendit sans se presser en répétant pour lui-même un discours qu'il s'était préparé :

— Bienvenue ! Bienvenue !... Mais savez-vous, la chose est grave !... grave ! La Vicaria, vous savez ; on ne plaisante pas ! La Vicaria ; il me l'a dit à moi, si je m'immisce dans certaines choses... C'est pourquoi, dame Francesca, je me réjouis... mais de loin. Vous comprenez, la Vicaria ne me plaît pas, à moi, elle ne me plaît pas !...

Il souriait en cherchant l'approbation de chacun. Sa démence croissait et le rendait ridicule. Pellegra le laissait parler, en le réprimandant parfois et en l'empêchant, quand elle le pouvait, de dire et de faire des sottises. Mais à présent nul ne lui prêtait attention. Dame Francesca et Pellegra, en bonnes ménagères, s'affairaient à ranger la maison, époussetant, balayant, et Emanuele, tantôt les aidait, et tantôt taquinait Don Vincenzo, qui répétait sa lamentation :

— Ah ! la Vicaria, c'est une chose grave ! Tu viens de là, mon fils, tu peux le dire... Crois-tu que je pourrais subir une peine pareille ? J'en mourrais, j'en mourrais... Et Pellegra ? La pauvre fille ? Ah, ma malheureuse fille ! ma malheureuse fille !

Il se mettait à gémir comme si réellement il devait être arrêté et jeté en prison. Alors, Emanuele, qui se moquait de lui, le tranquilisait.

— Mais non, n'ayez pas peur, tout est fini, vous savez ; imaginez, c'est le duc lui-même qui est venu me prendre en carrosse...

— Le duc ? Lui, vraiment ? En carrosse ?... répétait Don Vincenzo, bouche bée. Mais alors, nous sommes tous amis ? Oh, parbleu ! pourquoi ne me l'as-tu pas dit tout de suite ?... Il faut boire, faire la fête ! Pellegra, ma fille, va prendre deux bouteilles... deux de vin vieux !... Celui que m'a envoyé le père Messana de Partinico... Vous me goûterez ce vin ! Vive la joie !... Oh, oh !... Mais cette affaire de la Vicaria, cette affaire ! celle-là, non !... Pas de prison.

Sur ces entrefaites survinrent Don Girolamo et Andrea et alors toute la maison fut en fête. Le peintre se mit à danser et à crier :

— Le vin, Pellegra, va prendre le vin. Je veux m'enivrer, par la barbe de Michel-Ange !

— Certes, il faut bien fêter notre arrivée ! dit Don Girolamo, de bonne humeur.

Ils improvisèrent un dîner avec des fritures achetées au marchand de la place du Capo et restèrent ensemble jusqu'à la nuit noire, en riant des bêtises du peintre. Pellegra et Emanuele s'étaient assis côte à côte. Le jeune homme était sorti du Château assez changé : il avait pris des allures d'homme qui connaît le monde, et sous la table serrait la main de la fillette d'une manière qui la faisait rougir.

Don Girolamo proposa une partie de *tressette* à Andrea et au peintre. Don Vincenzo accueillit l'idée en battant des mains. Ils se réunirent donc d'un côté de la table, tandis que dame Francesca débarrassait et qu'à l'autre bout, Pellegra et Emanuele restaient isolés dans une espèce de demi-lune d'ombre où se confondaient leurs contours. Nul ne leur prêtait attention, les joueurs étaient tout à leurs cartes, dame Francesca faisait la vaisselle et rangeait. Ils pouvaient donc se considérer comme seuls. Emanuele regardait Pellegra en dilatant les narines, comme un poulain lâché dans la pâture parmi les juments ; des désirs nouveaux lui fouettaient le sang et le poussaient à des audaces qui faisaient monter des vapeurs au visage de la jeune fille.

— Tu sais, disait-il à mi-voix, je t'aime, mais pas comme avant : je t'aime mieux et plus... Si nous pouvions nous parler seuls, je te donnerais beaucoup, beaucoup de baisers sur la bouche...

Pellegra rougissait et pâlissait ; l'idée de ces baisers qu'elle avait l'impression de sentir sur ses lèvres, la troublait.

— Tais-toi, bredouillait-elle, confuse. Tais-toi, ne dis pas ces choses...

Mais il insistait :

— Oh, cela se voit que tu ne m'aimes pas !

— Moi ?... Je ne t'aime pas ?... Si tu savais combien de larmes j'ai versées pour toi, et ce que j'ai fait !...

— Et alors, pourquoi ne veux-tu pas ?

— Quoi ?

— Que je te donne des baisers...

— Parce que... parce que ce n'est pas bien...

— Et alors, qu'est-ce que c'est que cet amour ? Quand on s'aime, on désire rester ensemble avec la personne aimée, la serrer contre sa poitrine, lui donner des baisers... J'ai tous ces désirs, et j'en meurs !...

— Oh, Emanuele !

— Non, non ; ne m'appelle pas ainsi... Maintenant, je suis sûr que tu ne m'aimes pas...

Dame Francesca s'approcha et les deux jeunes gens se turent mais dès qu'elle s'éloigna, ils reprirent leur discussion.

— Mon père, dit Pellegra, veut me conduire à Rome chez des parents ; il dit que je suis grande maintenant et ne veut plus que je reste seule...

— Et tu partirais ?

— Comment faire ? Je peux refuser ?

— Tu vois que tu ne m'aimes pas ?

— Mon Dieu ! Que veux-tu donc que je fasse pour que tu croies que je t'aime ?

De nouveau dame Francesca se rapprocha et ils se turent. Emanuele en fut agacé. Quand sa mère adoptive se fut éloignée, il lui dit :

— Tu vois ? On ne peut même pas se dire un mot !

— En quoi est-ce de ma faute ?

— En rien, je le sais, cependant, nous ne pouvons parler et il faut que je te parle... j'ai tant de choses à te dire...

— Mon Dieu, que faire ?

— Ce n'est pas bien difficile. Quand ton père dormira...

— Oh, mais que dis-tu ?

— Et alors, ne pense plus à moi !

Emanuele se leva et se rapprocha des joueurs, laissant Pellegra pâle, au bord des larmes. La jeune fille aimait Emanuele avec tous les dévouements et toutes les soumissions d'un premier amour ; le geste du jeune homme lui mit au cœur un étrange sentiment de culpabilité et abattit les résistances que l'instinct de pudeur élevait contre les entreprises du garçon. Elle le regardait, en espérant qu'il poserait les yeux sur elle, et qu'elle pourrait par une prière muette l'inviter à revenir près d'elle ; mais il s'obstinait à contempler les joueurs, ce qui exacerbait la douleur de la fillette.

Enfin, il la considéra distraitement ; elle le pria, le supplia de ses yeux humides, avec un signe de tête. D'un air plein de condescendance, Emanuele s'approcha et s'assit.

— Eh bien ? demanda-t-il.

— Je ferai comme tu veux, répondit Pellegra.

— Alors cette nuit...

— Mais non, pas cette nuit. Comment pourrai-je ? La porte est fermée à clé, et la clé, c'est mon père qui la garde.

Emanuele vit lui aussi surgir devant lui un grand obstacle. Don Girolamo et dame Francesca avaient l'habitude de fermer à clé : il n'était donc pas question d'insister.

— Plutôt demain matin, suggéra Pellegra, je monterai tôt sur le belvédère... tu pourrais venir sur le balcon.

— Laisse-moi faire. Oh, comme je t'aime !

Le lendemain matin, ils se virent seuls, sous un ciel brumeux tandis que chez eux l'on dormait encore. Le belvédère de la maison Bongiovanni s'élevait d'à peine deux brasses au-dessus des toits et d'un côté dominait une terrasse, plus basse que les toits d'au moins trois brasses, qui était donc encastrée entre les murs de trois maisons et ceux du belvédère. Pour accéder à ce dernier, il fallait disposer d'une échelle ou posséder des dons pour l'escalade, et savoir profiter des trous et des proéminences d'un mur non plâtré. En vérité, Pellegra ne pensait pas qu'Emanuele grimperait : ils pouvaient aussi bien se parler chacun à sa place, mais le jeune homme avait d'autres idées en tête.

Durant son séjour au Château, il avait acquis quelques connaissances pratiques. Il étudia le mur et sourit ; une minute plus tard, Pellegra le vit surgir sur le belvédère et elle n'était pas encore revenue de sa surprise, qu'Emanuele la serrait à l'étouffer entre ses bras puissants et qu'elle sentait la bouche du jeune homme sur la sienne.

Elle en éprouva un désarroi, une confusion, une peur indicibles.

— Oh, non Emanuele, non ! Laisse-moi ! pas comme cela !

Elle fondit en larmes, ce qui effara le jeune homme :

— Pourquoi ? Pourquoi pleures-tu ? Que t'ai-je fait ? Mon Dieu, c'est donc ainsi que tu m'aimes ?...

Il s'efforça de la calmer, la caressa, lui dit des mots doux, qui contrastaient avec la violence de ses manières, et la persuada de s'asseoir par terre, en se serrant contre elle pour lui parler. Ils se dirent les choses les plus insignifiantes et les plus futiles, et quelquefois les plus sottes : ils parlaient de s'épouser et de ne plus jamais se quitter.

Peu à peu, Pellegra, émue par ces rêves d'avenir et par les paroles d'Emanuele, et peut-être aussi par son contact, sa chaleur, le chatouillement de ses cheveux, se laissa aller et abandonna sa bouche. Ils se baisèrent longuement, intensément, dans ce premier élan de sensualité qu'ils prenaient pour de la passion.

La voix du peintre qui appelait Pellegra les tira de ces douces effusions : ils se promirent de se revoir le lendemain à la même heure. Emanuele rentra chez lui, comme ivre ; à midi, à table, il dit une fois encore à Don Girolamo :

— J'aime Pellegra, et je ne veux pas d'autre femme qu'elle.

— Si on te pressait le nez, il en sortirait encore du lait, lui répondit Don Girolamo.

— Moi ? Mais je suis un homme, à la fin ; je ne suis plus un gamin !

— Oh, écoutez-moi cela ! mais en vérité, tu sais que tu as pris de drôles d'airs ? Mais tais-toi ! Ce ne sont pas des discours à faire à ton âge. Du reste, tu n'es pas libre d'épouser qui tu veux. Il y a tant de choses à considérer... Et mets-toi en tête, une fois pour toute, que Pellegra ne sera jamais, ne pourra jamais être ta femme...

— Pourquoi ? demanda Emanuele, étonné et vexé.

— Tu sauras le pourquoi quand le moment sera venu...

— Et pourquoi pas maintenant ?

Don Girolamo dévisagea avec stupeur ce petit coq qui sans crier gare relevait la tête et gonflait ses plumes.

— Mais sais-tu que tu es sorti du Château un peu impertinent ? Qu'est-ce que cette nouveauté ? Cela me déplaît !...

— Mais...

— Tais-toi maintenant ; tu n'as pas le droit de parler.

Emanuele rougit et ses yeux étincelèrent de colère. Les fixant sur Don Girolamo, il lui lança une phrase qui le blessa au plus profond du cœur :

— A la fin, dit-il, vous n'êtes pas mon père, mais mon oncle ; je n'ai jamais su comment et pourquoi vous êtes mon oncle, ni qui vous a donné autorité sur moi.

Don Girolamo pâlit, dame Francesca, le visage altéré par la douleur, poussa un cri et joignit les mains. Était-ce vraiment Emanuele qui parlait avec tant de hauteur et d'ingratitude ? Lui, le petit qu'elle avait recueilli et nourri de son lait ? Qu'elle avait aimé comme un fils ? Il les regardait par en-dessous, la mine revêche, étonné peut-être de sa propre audace. Peut-être se repentait-il de s'être laissé emporter, mais il était résolu à ne pas céder d'un pouce et à ne pas se dédire.

— C'est vrai ! murmura Don Girolamo, le cœur gros. Tu as raison , je ne suis pas ton père et je ne t'ai jamais expliqué ce qu'était notre lien de parenté... Tu as raison. Notre lien ? Mais qui peut dire si nous sommes apparentés à toi ? Peut-être ne le sommes-nous pas du tout... De l'autorité ? Je n'en ai pas légalement, la Grande Cour Civile ne m'a pas confié ta tutelle ; mais une nuit, une froide nuit d'hiver, je t'ai recueilli au milieu de la rue et tu étais né depuis quelques jours... je vous ai recueillis, toi et ta mère mourante, et je vous ai portés chez moi ; et cette femme-là, Francesca, était mon épouse depuis quelques années, et nous avions un bébé. Ta mère se mourait, ne pouvait te donner une goutte de son lait et ma femme a partagé le sien entre toi et mon enfant ; et au bout de six mois, tu étais fort et vigoureux, et mon bébé est mort... peut-être parce que tu étais plus fort et plus exigeant et que tu prenais tout pour toi ; et alors tu es devenu notre fils unique... D'autorité légale, je n'en ai certes pas, mais j'ai sur toi un autre droit, que peut-être tu ne comprends pas encore... Va, va ! Tes paroles te révèlent... Je sais de quoi je parle. Toutefois, fais bien attention à ce que je te dis : je t'empêcherai d'épouser la fille du peintre, comme je t'empêcherai d'épouser n'importe quelle jeune fille de notre rang. Je t'en empêcherai... Et cela suffit maintenant, tais-toi. Jusqu'à ce que tu aies vingt-et-un ans, tu resteras ici, et dans cette maison, c'est moi qui commande...

Emanuele avait écouté ce discours d'abord avec mauvaise humeur, puis avec une stupéfaction qui s'était muée en confusion, pour finir par un sourd ressentiment contre lui et contre tous, qui aux derniers mots de Don Girolamo, se transforma en un sentiment de rébellion. Mais il se tut. Cette révélation inattendue, inimaginable, lui avait fermé la bouche. Il était donc un enfant trouvé, un orphelin d'on ne savait qui, une espèce d'anonyme ! Voilà pourquoi ils l'avaient mis au collège des Turchini !... Et alors ce nom qu'on lui avait donné et cette histoire d'une mère morte en couches ? Pourquoi lui avoir menti ? Et pourquoi toutes ces réticences qu'il percevait dans les propos de Don Girolamo ? Il y avait donc un mystère dans sa naissance ? Et ce que lui disait maintenant le rationnel, était-ce la vérité, ou bien un autre mensonge ? Une chose était certaine, entre lui et le sieur Ammirata, il n'y avait aucun lien de parenté. Donc, il pouvait agir comme il l'entendait.

Le soir il se coucha la tête pleine de ces idées, qui donnaient à sa vie une nouvelle direction. Dame Francesca savait certainement de qui il était le fils ; elle pouvait, devait même le lui dire. Elle l'aimait tant qu'elle ne lui refuserait pas cette confidence. Le dilemme était clair : ou savoir qui il était et comment il s'était retrouvé chez les Ammirata, ou partir pour toujours. Sa mère adoptive devrait choisir.

Tout cela n'empêcha pas Emanuele, le lendemain matin, de voir Pellegra sur le belvédère. Gardant le silence sur ce qu'il avait appris et sur les obstacles qui se dressaient contre leur mariage, il continua de l'enivrer de baisers et de caresses.

Mais Don Girolamo alla trouver le peintre et lui déclara sans ambage que leur amitié ne durerait qu'autant qu'il surveillerait sa fille. Et il dit cela avec tant d'âpreté, sur un ton presque menaçant que Don Vincenzo eut peur.

— N'en doutez pas ! N'en doutez pas !... Je ferai comme vous voulez. Bien sûr, que je le ferai. Nous sommes bons amis, parbleu !... Vous allez voir ce que je vais faire... Pellegra ? Ah oui ? Je vais m'en occuper !... Je l'enverrai à Rome, à Rome, à Rome.

La peur le rendait féroce ; il cria, menaça sa fille et voulut même la frapper.

— Tu en fait de belles !... ah oui, tu en fais de belles !... Et tu veux m'attirer dans ce guêpier ? Moi ? Avec Don Girolamo ?... Pour qu'il me flanque un coup de fusil ? Tu te rends compte ?... Dans le dos, il me tuera !... Tu veux me faire tuer, toi ! Mais je te tuerai moi, d'abord !

Don Girolamo lui avait ordonné de surveiller Pellegra et il ne la lâchait plus d'un pouce ; la nuit il l'enfermait à clé dans sa chambre pour qu'au matin, elle ne pût monter sur le belvédère. Emanuele non plus ne put agir à sa guise, car Don Girolamo l'obligea à le suivre à l'hôpital de la ville.

Le jeune homme se rebella.

— Mais que voulez-vous que je fasse à l'hôpital ?

— Rien ; tu resteras avec moi.

Don Girolamo fut inébranlable et Emanuele dut obéir. Quand il revint à la maison, le garçon fut pris d'un accès de colère si violent, qu'il déchira ses vêtements, et dame Francesca en fut si épouvantée qu'elle se jeta à genoux à ses pieds et l'étreignit, le conjura en sanglotant :

— Emanuele ! Emanuele !... par pitié !

Le jeune homme semblait hors de lui et ne lui prêtait pas attention ; le visage empourpré et les yeux pleins de larmes, il se frappait les tempes, grinçait des dents. Quand il put parler, il demanda à sa mère adoptive :

— Pourquoi ? Pourquoi ?

Il faisait naturellement allusion à ces interdictions qui lui paraissaient violemment arbitraires.

— Dites-le moi, vous ? Pourquoi ? Si vous ne me dites pas, je me jette du balcon !

Dame Francesca voulut le calmer, mais Emanuele ne voulait pas céder, plusieurs fois, il fit mine de s'élancer vers le balcon ; à la fin, la pauvre femme qui sentait se déchirer ses entrailles, lui dit :

— Je te le dirai ; reste tranquille, obéis, et je te le dirai.

— Alors ?

Dame Francesca parut perplexe mais Emanuele menaça.

— Alors, ton oncle a raison... Tu ne peux épouser une fille de la bourgeoisie, parce que... parce qu'elle n'est pas de ton rang !

— Et que suis-je ? Un prince ?

— Presque... Jusqu'à présent, il a fallu le tenir caché, mais le jour où tu seras reconnu n'est pas loin... et tu auras tes titres, un grand palais, des serviteurs, des terres... Et alors, tu épouseras une dame... Voilà, c'est tout !

Emanuele la dévisageait avec stupeur : lui fils et héritier d'un grand seigneur aux riches domaines ? Mais dans ce cas, comment avait-il pu être retrouvé dans la rue ? Comment sa mère avait-elle pu mourir dans cette modeste maison ? Quel mystère pesait sur sa naissance ? Mais peut-être tout cela n'était-il qu'un conte !

— Ce n'est pas vrai, allez donc raconter ces histoires à d'autres.

— Ce n'est pas vrai ? gémit dame Francesca, ah, plût au ciel !.. Pourquoi crois-tu que ton oncle a été persécuté et que j'ai été jetée en prison ? Simplement parce que Don Girolamo a cherché à te rendre ton rang et à te faire restituer la richesse qui t'appartient, et qui t'a été usurpée !... Sois bon, donc, et obéissant... Ce que nous faisons, c'est pour ton bien. Quand tu ne seras plus le pauvre Emanuele, pupille de Don Girolamo Ammirata, et que tu seras comte, marquis, duc, quoi que tu sois. tu épouseras une dame de qualité !... Tu ne peux épouser d'autre femme, parce que cela créerait un scandale et que le vice-roi ne te le permettrait pas... Il te reléguerait dans une forteresse du royaume, à Trapani ou à Termini, et elle, il l'enfermerait dans un monastère. C'est ainsi. Chacun à sa place... Telle est la sacro-sainte vérité devant Dieu qui nous voit et nous écoute !

Emanuele était abasourdi par cette révélation, dont à présent, il ne doutait plus ; il opposa une ultime résistance, plutôt pour ne pas céder immédiatement et pour satisfaire sa curiosité :

— Je vous croirai quand vous me direz mon nom...

— Ah non ! j'en ai déjà trop dit... et si Don Girolamo l'apprenait... Dieu, que de douleurs pour moi ! Tu veux m'exposer à ces douleurs ? Pour l'instant, tu ne peux et tu ne dois le savoir... pour l'instant tu ne dois être rien d'autre que le neveu de l'Ammirata... Gare à toi, si cela se savait !... Tu ne sais pas... et je ne puis t'en dire plus ; je te dis seulement que tu as échappé à la mort par miracle... N'insiste pas davantage, pour l'instant... Et puis, peut-être que les choses iront vite, tu sauras tout...

Le jeune homme demeura pensif. Ses réflexions prirent une autre direction et de nouvelles aspirations, de grandeur et de puissance, germèrent au fond de sa conscience. Noble, riche, il pourrait faire tout ce qui lui plairait ; nul ne lui opposerait d'interdit.

Pellegra ? Elle lui plaisait, il l'aimait, l'aimerait toujours. Quant à l'épouser... il l'épouserait aussi, secrètement. Que lui importait ? Le vice-roi, la forteresse, le monastère... Des contes ! Il serait noble et riche !... Il se sentait une démangeaison de commandement. En réalité, du moment qu'il était un seigneur, il était le seul à avoir le droit d'imposer sa volonté. De la reconnaissance ? Oh, oui. Il logerait dans son palais ses bienfaiteurs, il leur donnerait une somme, et ainsi solderait-il sa dette. Ces pensées et d'autres semblables se bousculaient dans sa tête. Il promit à dame Francesca de rester tranquille et ne plus parler de mariage ; mais il fit cette promesse avec un certain air de petit maître qui sait non obéir, mais concéder.

« Mais en attendant, songea-t-il, pourquoi ne pas continuer à voir Pellegra ? »

Le sang de sa race se révélait et la concupiscence passa sur ce visage de jeune homme encore imberbe, qui était sorti de la Vicaria expert dans les mystères de la vie, et corrompu.

XX

A son arrivée au palais, Donna Gabriella avait à peine échangé quelques mots avec son époux et répondu à quelques questions avant d'aller s'enfermer dans ses appartements. La profonde émotion du voyage l'avait troublée jusqu'aux tréfonds de son âme, déjà affectée par ce qui s'était passé au château de la Pietra et elle éprouvait un besoin pressant de se trouver seule avec elle-même.

Violante, au contraire, demeura avec son père. Renonçant à la gravité et à l'austérité qu'il avait coutume d'affecter en présence de sa fille, Don Raimondo s'était laissé vaincre par l'affection paternelle et après avoir embrassé son enfant avec emportement, il l'avait fait tendrement asseoir sur ses genoux, comme une gamine et l'avait bombardée de questions. Il voulut savoir dans les moindres détails l'histoire de cet emprisonnement et dans sa curiosité légitime s'insinuait un doute atroce.

Les caresses paternelles, auxquelles Violante n'était pas accoutumee et qui ne la ravissaient pas peu, les questions qui la stimulaient, le zèle affectueux avec lequel le duc l'encourageait, firent fondre ses réticences et ses timidités. La jeune fille se sentit heureuse de pouvoir narrer à son père la singulière aventure qui lui était arrivée et qui lui était toujours inexplicable.

L'on pouvait même parler d'aventures au pluriel : elle commença par son enlèvement au monastère et par la miraculeuse intervention de son libérateur. Sans le vouloir, elle invoquait toujours le « seigneur Blasco », tandis que sa voix prenait des intonations douces et affectueuses qui valaient des adjectifs mais elle ne s'apercevait pas qu'à chaque fois qu'elle nommait le chevalier, les yeux de son père flamboyaient de haine.

— Oh, disait-elle, sans le seigneur Blasco, je serais morte, monsieur mon père !

Elle tut seulement la scène avec sa marâtre, par réserve, par peur ou par cet instinct de pudeur qui l'incitait à faire le silence sur un épisode qui équivalait à une révélation ou à une confession.

— A présent, dit Don Raimondo, quand elle eut fini, va te reposer, tu dois être bien fatiguée ; nul ne touchera plus à un seul de tes cheveux, et du reste, d'ici quelques jours, je t'emmènerai avec moi à Turin par le premier grand vaisseau anglais...

— Je partirai ? gémit Violante, épouvantée à l'idée de ne plus revoir Blasco. Pourquoi ? Pourquoi ?

— Parce que je dois retourner à la Cour et que je ne te laisserai certainement pas exposée à d'autres périls.

Ces mots furent prononcés sur un ton assez dur. Voyant revenir sur le visage de son père le vieux masque sévère et froid, Violante baissa la tête et ne dit plus rien. Elle lui baisa la main et se retira dans sa chambre. En vérité, elle aussi éprouvait un grand besoin d'être seule. Seule ? Oh non ; il y avait une image et un nom qui demeuraient toujours devant ses yeux et dans son cœur, et elle désirait s'enfermer pour s'abandonner à sa contemplation.

Mais quelle foule de pensées et de sentiments ! Où était Blasco ? Elle l'avait vu, dans un mouvement audacieux, échapper aux hommes d'armes ; ensuite, il avait disparu à ses regards mais elle ne doutait pas qu'il fût sain et sauf. La grande confiance dans l'invincibilité de son héros la tranquillisait sur son sort. Dans sa tête, il était un de ces merveilleux personnages de fables qui renversent tous les obstacles, abattent les géants et les monstres, invulnérables et protégés par un destin bienveillant. Il possédait certainement un pouvoir secret pour réussir à se tirer de tant de périls, indemne et victorieux. Mais où était-il ? Que faisait-il ?

Abîmée dans ces réflexions, elle vit surgir, derrière ses pensées, une figure trouble et menaçante : celle de sa marâtre ; elle la revoyait armée d'un couteau et prête à le lancer, non point sur elle, mais sur Blasco. Une terreur froide la prit ; son illusion fut si vive qu'elle lui ôta la perception de la réalité, qu'il lui sembla que la porte de sa chambre s'ouvrait et que

Donna Gabriella entrait et s'approchait lentement d'elle. Le silence lui scellait les lèvres.

La duchesse avait vraiment ouvert et s'était avancée vers la jeune fille. Quand elle fut toute proche, en voyant Violante immobile et les yeux écarquillés, elle la secoua par le bras :

— Eh bien, fit-elle, tu ne te lèves pas?

La jeune fille poussa un cri et bondit sur ses pieds en se passant la main sur les yeux.

— Oh, mon Dieu! Quelle peur!

— Pourquoi as-tu peur? lui demanda Donna Gabriella d'une voix stridente. Pourquoi, tu as donc quelque faute à te reprocher?

— Oh, madame ma mère, moi?

Elle essayait de reprendre son sang-froid. Madame de la Motta se tenait devant elle et son regard inquisiteur la fouillait jusqu'aux tréfonds de l'âme. Après un instant de silence, elle s'enquit :

— Ton père ne t'a rien demandé?

— Que devait-il me demander?

— Ne fais pas l'idiote. Il a certainement voulu savoir ce qui s'est passé.

— Oui, madame ma mère.

— Tout?

Le ton de la question était assez significatif pour ne laisser aucune place au doute et Violante, souriant avec une douce tristesse, répondit :

— Non pas tout... J'ai tu certaines choses...

— Quoi donc?

— Ce qui pourrait donner une grande douleur à monsieur mon père.

Donna Gabriella observa un instant de silence, son regard errant sur la chambre sans la voir; puis elle dit :

— Prends garde à toi! Un seul mot de toi sur cet incident, et je te tue!... Nul ne te sauvera. Je te tuerai une nuit, dans ton sommeil, pour que personne ne puisse venir à ton secours!...

Elle grinçait des dents avec une férocité bestiale, serrant les poings, goûtant l'épouvante qui se peignait sur le visage de la jeune fille.

— Et avant de te tuer, je dirai à ton père que tu es l'amante de Blasco de Castiglione!...

— Madame ma mère!...

Joignant les mains, le visage écarlate, elle la supplia de se taire.

— Tu as donc peur que je parle? poursuivit la duchesse, impitoyable.

— Mais qu'ai-je fait, madame ma mère, pour mériter votre colère? Qu'ai-je fait?

— Tais-toi! Je t'interdis de parler... Tais-toi! Ce que tu as fait? A moi, rien. C'est à ton père que tu as fait honte, c'est la maison que tu as couverte d'opprobre... Oh, il est inutile de nier, je sais tout...

— Quoi donc, madame ma mère? Quoi?

— Oh ! l'innocente !

— Je vous jure, madame, je n'ai rien fait de mal !

— Tais-toi !... tais-toi !... Tu es du sang de ton père et tu ne peux manquer de lui obéir.

Elle éprouvait le besoin de se répandre en injures et en invectives pour vider de son venin son âme insatisfaite, aride et avide. Elle n'ignorait pas que Violante fût pure mais qu'importait ? Il lui suffisait de savoir que la jeune fille aimait Blasco, et que cet amour était partagé, tandis qu'elle, pleine de tous les désirs, tous les élans, toutes les ardeurs, avait été abandonnée et méprisée. Tout cela était plus que suffisant pour réveiller dans son cœur un volcan de haine contre sa rivale... Cette idée l'obsédait férocement ; dans cet instant, elle eut la vision nette de cet amour et tous ses nerfs vibrèrent.

Elle s'approcha de Violante, la prit par le poignet et en la secouant rudement, cria :

— Tu ne dois pas l'aimer !... Tu comprends ?... Tu ne dois pas l'aimer !... je ne veux pas, je ne veux pas !

Sa voix était gonflée de sanglots.

Éperdue, Violante suppliait :

— Madame ma mère, par pitié !

Mais tout à coup, une voix résonna au fond de la chambre :

— Gabriella, que faites-vous ?

C'était Don Raimondo. Il s'avança en hâte et serra dans ses bras la jeune fille que Donna Gabriella avait lâchée.

— Ce que je fais ? répéta-t-elle en le regardant de haut, comme une femme blessée dans sa dignité. Ce que je fais ? et montrant du doigt Violante elle rétorqua : je veille sur vos intérêts et votre honneur que celle-ci avilit.

— Qui ? Violante ? se récria le duc, et changeant de ton il ajouta : Mais vous déraisonnez !

— Ah, je déraisonne ! Mais demandez-lui si elle n'est pas l'amante de Blasco de Castiglione !

Don Raimondo parut frappé par la foudre.

— Elle ? Elle ?

Et s'approchant de nouveau de Violante, il lui releva le visage en criant, avec une stupeur mêlée d'incrédulité et de haine :

— Toi ? toi ? C'est vrai ?

Violante soutint fièrement le regard de son père :

— Non, ce n'est pas vrai !

— Elle ment, elle ment, l'effrontée !

— Taisez-vous ! hurla Don Raimondo.

— Je ne mens pas.

— Nie donc, cria la duchesse, nie, si tu peux, que tu aimes Blasco de Castiglione. Là, devant le Crucifix, jure-le !

— Oui, je l'aime, s'exclama la jeune fille, en se dressant de toute sa petite personne, avec la dignité d'une femme mûre. Je l'aime, mais je ne suis pas son amante.

— Elle a dormi dans les bras de cet homme ! répliqua Donna Gabriella, venimeuse.

Don Raimondo se pencha sur sa fille :

— C'est donc vrai ?

— Oui, c'est vrai, il a dormi près de moi, à mon chevet, mais je n'ai jamais été aussi en sécurité, même dans les bras de ma mère.

Le regard du duc allait de son épouse à sa fille, ballotté entre l'accusation et la défense ; tantôt prêt à croire, tantôt non ; il lui répugnait d'admettre que sa fille fût coupable mais il était pourtant bien vrai que Violante aimait le haïssable bâtard et qu'elle s'était trouvée une nuit à sa merci. Dans son premier récit, Violante, par pudeur, avait tu l'épisode idyllique que la duchesse, à présent, révélait haineusement, en le transformant et en l'aggravant.

« Est-elle pure ? Est-ce possible ? » se demandait Don Raimondo. Un doute atroce s'emparait de son cœur. Les poings serrés, presque menaçant, il cria à sa fille :

— Défends-toi donc ! Disculpe-toi, si tu le peux !

— Se disculper ! Mais elle s'est confessée ! cria Donna Gabriella.

Alors Don Raimondo se tourna vers son épouse et son visage frémit de haine et de douleur.

— Taisez-vous ! cria-t-il. Je sais bien ce qui vous pousse à accuser ma fille ; je vous connais assez, Donna Gabriella, et vous n'êtes pas la mieux placée pour prendre soin de mon honneur. Sortez ! Quant à ma fille, je m'en occuperai moi-même.

Donna Gabriella devint livide. La colère la prit.

— Oui, je sors, et non seulement de cette chambre, mais aussi de votre maison. Je suis restée trop longtemps ici et je ne veux plus être complice de vos scélératesses.

— Malheureuse ! s'exclama Don Raimondo, qui resta un instant interdit.

Puis dans un mouvement de rage et de peur, il dégaina son épée et fit mine de se précipiter ; mais Violante bondit sur ses pieds et s'accrochant à son cou, supplia :

— Non, mon père, non !

Donna Gabriella ne parut pas s'inquiéter ; elle se retira sans se presser et sur le seuil se retourna pour lancer sa flèche du Parthe :

— Voilà qui n'est pas pour m'étonner. Ces murs sont habitués au sang ; c'est ici, en fait, que fut assassinée Maddalena !

— Ah, tu ne vivras pas longtemps ! cria Don Raimondo, exaspéré, et il s'élança. Mais Donna Gabriella était sortie et avait verrouillé la porte derrière elle, tandis que Violante se suspendait au bras du duc. A cet instant, un serviteur frappa à l'autre porte, qui donnait sur le couloir :

— Qu'est-ce ? cria Don Raimondo en rengainant promptement son épée.

— Excellence, l'Illustrissime capitaine de justice est là.

— Me voici.

Posant un regard trouble sur sa fille, il lui dit :

— Mets ton manteau et suis-moi.

En sortant, Don Raimondo ordonna au domestique :

— Faites préparer tout de suite mon carrosse.

Puis il entra dans le cabinet de travail, où l'attendait le capitaine de justice, en laissant Violante dans l'antichambre avec une vieille servante :

— Attends-moi là.

Le dialogue entre le duc et le capitaine fut bref. Don Raimondo l'accompagna jusqu'au grand escalier et il le quitta en disant :

— Je vous attendrai donc ici.

Le serviteur lui annonça que le carrosse était prêt.

— Venez, dit-il sombrement à Violante.

Au bas du perron, un petit homme borgne ôta son béret et tendit la main, en geignant :

— La charité, Excellence, pour l'amour de Dieu !

Don Raimondo se retourna rudement et allait le chasser quand le borgne ajouta :

— C'est Don Antonino qui m'envoie.

Don Raimondo sursauta et s'approcha du mendiant.

— Quel Don Antonino ?

— Bucolaro... pour cette affaire.

Le duc jeta un coup d'œil soupçonneux alentour, mit une piécette d'argent dans la main du borgne et demanda :

— Eh bien ?

— A minuit, chez l'oncle Alesio.

— Prenez, brave homme, dit à voix forte le duc en opinant du chef, et allez en paix avec Dieu.

Le mendiant s'éloigna et Don Raimondo, montant dans le carrosse où l'attendait Violante, ordonna :

— A Santa Caterina.

XXI

Les religieuses du noble et magnifique monastère de Santa Caterina sortaient du chœur où elles avaient récité l'office du soir, quand survint le carrosse de Don Raimondo, au grand étonnement de la sœur tourière et de l'intendante, la « maman ». Quoique le monastère abritât ses deux sœurs aînées, le duc de la Motta ne le fréquentait guère; hors les grandes solennités religieuses ou à l'occasion d'une prise de voile, on ne le voyait jamais au parloir du monastère. Sa venue, à cette heure insolite suscita immanquablement la stupeur des sœurs.

Il pria celle qui était accourue à la grille au son de la cloche, de demander à la mère abbesse d'avoir l'obligeance de se rendre au parloir avec sœur Clémentine et sœur Rosaria — ses aînées.

— Que se passe-t-il donc? s'étonnaient les trois religieuses en accourant.

Don Raimondo ne perdit pas de temps en vains discours : après avoir loué le monastère et la sagesse de la supérieure qui le gouvernait, et avoir rappelé le danger encouru par sa fille, libérée par un vrai miracle de la Vierge, il les pria de la prendre le soir-même au couvent.

— Elle est revenue voilà quelques heures, mais je ne veux pas la garder à la maison, ni la ramener au pensionnat de Montevergini : je veux qu'elle se consacre à Dieu et prononce les vœux, et il ne saurait y avoir de meilleur monastère que le vôtre.

Violante n'ouvrit pas la bouche ; pâle, tête baissée, elle laissait couler ses larmes en silence ; les derniers mots de son père lui avaient douloureusement serré le cœur mais elle ne pouvait que pleurer et se taire. A cette époque, on ne rêvait pas même à se rebeller contre pareille coercition, contre cette négation de la volonté et de la liberté individuelles, et les fillettes savaient depuis leur âge le plus tendre qu'elles étaient promises au monastère.

Elle entra dans la nuit du cloître comme les anciennes vestales coupables entraient dans la tombe. Son père ne lui donna pas un baiser, ne prononça pas une parole affectueuse ; dur, froid, impassible, il l'accompagna jusqu'à la porte de la clôture, la poussa sur le seuil et retourna à son carrosse sans montrer aucun signe d'émotion.

D'autres idées, pour lui bien plus graves, occupaient son esprit. Les allusions et les révoltes de Donna Gabriella lui révélaient un autre ennemi, redoutable non seulement parce que, sous les dehors de la dénégation, le duc lui avait autrefois avoué sa culpabilité, mais encore parce qu'il comprenait quel sentiment poussait son épouse : la jalousie. Que valaient pour elle les intérêts de la famille, l'honneur du nom, quand un tel ver lui rongeait le cœur? Et revenant à l'origine de ses inquiétudes, il sentait croître sa haine de Blasco.

Des obligations envers lui, pour lui avoir rendu sa fille ? Il ne s'en sentait aucune. Cette libération n'était que le prix d'un accord ; il avait échangé les deux femmes contre ses ennemis. Au reste, à cette heure, on devait s'être assuré de la personne de Blasco ; il s'étonnait que Matteo Lo Vecchio et le capitaine Mangialocchi ne se fussent pas encore présentés. Peut-être étaient-ils restés à Misilmeri ou, qui sait pour quelle raison, s'attardaient-ils pour arriver de nuit. Il ne doutait pas que Blasco eût été pris au piège. A peine arrivée, Donna Gabriella lui avait rapporté la rencontre faite sur le chemin du retour et s'était plainte vivement que ce gueux de capitaine d'armes ne se fût pas rendu à ses injonctions, car elle supposait que Don Raimondo n'aurait pas toléré une injure faite à une personne envoyée par lui. Ensuite, Violante avait ajouté qu'elle avait éprouvé une grande peur, à cause des coups de feu. Donc Blasco était tombé entre les mains des hommes d'armes, et mort ou vif, on l'amènerait à Palerme. Peut-être, songeait le duc, le chevalier est-il mort, ou blessé gravement. Cependant Matteo Lo Vecchio devrait être arrivé.

Blasco mort ou prisonnier, les fameux papiers entre ses mains, et la secte surprise dans sa tanière, conformément aux plans qu'il avait tramés... Que pourrait-il craindre ? Il avait tout préparé pour cette dernière partie, la plus grosse de toutes, et dans son cœur, il éprouvait une confiance aveugle en la victoire, puisque de cette secte, de ses buts, des causes de la guerre impitoyable, implacable, incessante qu'elle menait contre lui, plus rien ne lui demeurait secret.

Cependant Antonino Bucolaro voulait lui parler, à minuit, devant la gargote de l'oncle Alesio, au-dessous de Santa Cristina la Vecchia. Pourquoi ? Il y avait donc du neuf ? On n'avait peut-être pas convenu de tout ?

Il arriva au palais ; son fidèle valet de chambre lui apprit que madame la duchesse était sortie depuis un quart d'heure dans sa chaise et qu'elle s'était fait conduire au palais des La Grua, en ordonnant aux chambrières de lui apporter, au plus tard le lendemain matin, sa garde-robe et tout ce qui lui appartenait.

— Très bien, fit-il sèchement. Il croyait qu'on lui annoncerait que quelqu'un était venu le demander, mais son attente fut déçue.

« Que diable fait Matteo Lo Vecchio ? » s'inquiétait-il ; et à cet inexplicable retard, il associait l'entrevue demandée par Antonino Bucolaro. Peut-être y avait-il une relation ? Ce démon de bâtard aurait-il échappé à l'embuscade et tout anéanti ?

Le doute le faisait frissonner. Il attendit minuit avec impatience, comptant les heures à l'horloge du Mont de Piété.

Quand il lui parut que le moment était venu, il sortit, armé, en se faisant accompagner de deux serviteurs dévoués, armés eux aussi. Il n'avait à parcourir que la dernière partie de la rue de Sant'Agostino et prendre par la descente de l'Ange Gardien, jusqu'à la rue du Papyrus.

Hormis les maisons qui se dressent encore le long de cette dernière rue, il n'y avait alors entre la descente de l'Ange Gardien et la cathédrale pas d'autres habitations et ce lieu désert conservait encore les traces de l'ancien marais asséché. La colline, aujourd'hui réduite au stéréobate sur lequel se dresse l'hôpital des *sacerdoti,* s'élevait, sauvage, sur l'ancien bassin parsemé de minuscules bosquets de roseaux. Quelques rues débouchaient là, à peu près perpendiculairement à l'esplanade. Au fond de l'une d'elles, derrière l'historique chapelle du Couronnement, était la petite église de Santa Cristina la Vecchia, édifice normand qui conserve encore les arcs et les ogives de ses origines. Un jardinet jouxtait alors l'église, limité par une ruelle qui descendait vers une rue à l'angle de laquelle s'ouvrait la taverne de l'oncle Alesio : lieu assez célèbre pour donner son nom à la rue.

La nuit était horriblement sombre, pas une étoile, mais une voûte dense de brume noire et impénétrable. Pas la moindre lampe. On ne voyait pas à un pas de distance.

Don Raimondo descendit par la rue de l'Ange Gardien, mal pavée, rendue glissante par l'humidité de la nuit et par la fange que la pluie fabriquait avec les ordures des citadins. Un serviteur le précédait avec une petite lanterne pour éviter au maître de trébucher dans les immondices qu'à la nuit les ménagères jetaient du haut des balcons ou par les fenêtres, les maisons étant presque toutes dépourvues de lieux d'aisance.

L'ampleur de la plaine inculte et misérable, dont la nuit semblait effacer les confins, rendait les ténèbres encore plus effrayantes.

Lorsqu'ils furent à l'entrée de la rue de l'oncle Alesio, Don Raimondo ordonna aux serviteurs de s'arrêter.

— Attendez-moi ici et voilez la lanterne.

Il entra seul dans la rue et la suivit d'un pas pressé jusqu'à la taverne. Il se retourna pour vérifier que les domestiques pouvaient le voir mais l'ombre était si épaisse qu'il n'aperçut même pas le bout de la rue.

La porte de la gargote était fermée ; il s'approcha et frappa doucement ; nul ne répondit ; il frappa un peu plus fort mais, comme il tendait l'oreille pour écouter, il se sentit comme emporté par un tourbillon, une furie, quelque chose d'inconcevable qui lui couvrit les yeux et la bouche, lui entoura bras et jambes, le souleva de terre, le précipita dans le vide. Il n'eut pas le temps d'être surpris, de bouger, de crier. Il ne put non plus comprendre quelle force inconnue et mystérieuse l'emportait.

Il se débattit pour se libérer et alors seulement reconnut qu'il était enveloppé dans une espèce d'épais filet, enserré de mille fines lanières ; il ne sentait aucun contact de mains ; il n'était ni debout ni allongé, et ne saisissait pas non plus comment il était recroquevillé. Certes, on le transportait. Où ? Comment ? Qui ? Il voulut crier et ne le put. Sa bouche était serrée. Qui l'avait bâillonné ? Il était donc tombé dans une embuscade ? Cet aveugle venu lui transmettre un message de Don Antonino Bucolaro était peut-être parmi ses agresseurs ; peut-être Antonino Bucolaro lui-même l'avait-il attiré dans ce piège... Il se vit perdu.

Autour de lui, il ne percevait aucun bruit de pas. Ceux qui le transportaient avaient dû ôter leurs chaussures. Mais il se rendait compte qu'ils suivaient des rues un peu en pente et tournaient à deux ou trois reprises. De la taverne de l'oncle Alesio à la place de San Cosmo, la route n'était pas longue ; comme depuis le début, il avait compris entre quelles mains il était tombé, il calcula combien de temps il faudrait pour rejoindre la grotte des Beati Paoli. Il était pressé d'arriver pour se dégager de cette position.

Au bout d'un quart d'heure, à la difficulté et à l'irrégularité des pas, il sentit qu'ils passaient une porte. Ils étaient arrivés. Il attendit qu'on vînt le libérer de ce filet et de fait, peu après, on lui rendait sa liberté de mouvement, on lui ôtait son bandeau et son bâillon.

Ses yeux se refermèrent, frappés par la vive lumière de quelques lanternes qui éclairait un lieu qu'il connaissait déjà. C'était la rotonde souterraine où il avait été conduit une nuit, avec son comptoir de pierre, ses couloirs latéraux, la coupole, les niches. Debout, armés, vêtus d'une casaque noire, le visage dissimulé derrière un masque, il y avait une vingtaine d'hommes. Deux autres étaient assis derrière le comptoir. Au milieu de la salle, près d'une table, une tablette supportait un nécessaire pour écrire. Don Raimondo ne fut pas étonné par cet appareil qu'il avait déjà vu, et auquel il s'attendait ; mais il ne sut dominer un sentiment de peur en face de ces inconnus immobiles et menaçants dans leur attitude taciturne.

Après quelques instants nécessaires pour que chacun prît sa place et se préparât, le chef, de derrière son comptoir, fit un geste, et commença, avec une pointe d'ironie :

— Duc de la Motta, le moyen choisi pour vous faire venir cette nuit parmi nous n'est certes pas le mieux adapté à votre personne et à vos mérites. Veuillez le pardonner, mais nous étions sûrs que si nous vous avions invité d'une manière courtoise vous n'auriez pas cru devoir venir. *Necessitas non habet legem ;* et pour nous, c'était une nécessité inéluctable de vous avoir ici cette nuit.

Don Raimondo ne répondit pas. Il avait soudain repris son masque impénétrable et froid et serrait ses lèvres minces pour empêcher une contraction nerveuse de le trahir.

— Duc de la Motta, reprit le chef en abandonnant l'amabilité ironique pour un ton âpre et impérieux, vous avez eu la preuve évidente que nous pouvions tout, et que nous tenons nos promesses. Il faut aujourd'hui achever l'œuvre commencée.

Il prit sur le comptoir quelques feuilles, dont les bords étaient brûlés par endroits, et poursuivit :

— Ces documents contiennent le procès que notre tribunal a instruit contre vous...

Don Raimondo ne put empêcher une sensation de froid de se répandre dans ses veines. Comment ? Ces papiers qu'il espérait aux mains de Matteo Lo Vecchio étaient maintenant dans celles du terrible tribunal ? Il s'était abusé ?

— Vous connaissez leur contenu, au moins dans leur ensemble, puisque quelqu'un vous l'a communiqué et il est inutile de vous dire à vous, homme de loi, quelles conséquences en découleraient, pour vous, s'ils étaient présentés à la justice du roi... Votre tête, monsieur, n'est plus assurée de demeurer sur vos épaules.

Le duc sentit le frisson glacé de la hache sur son cou.

— Mais nous sommes généreux. Nous ne remettrons pas ces papiers à Sa Majesté, à moins que vous nous y contraigniez. Demain un vaisseau partira pour Gênes. Vous conviendrez avec nous qu'il sera facile d'y faire embarquer un chevalier ou un homme de loi ou un procurateur, qui se rendra à Turin et présentera au roi Emanuele Albamonte et ces documents... Cet homme pourrait en outre vous accuser d'avoir fait assassiner Giuseppico par Matteo Lo Vecchio ; d'avoir empoisonné Peppa la Sarda dans sa cellule ; d'avoir fait étrangler en prison, sans procès régulier, deux présumés coupables ; d'avoir tenté de faire assassiner dans la prison de Messine Blasco de Castiglione, par l'entremise de Matteo Lo Vecchio ; d'avoir tenté de faire assassiner ce matin, sur la route de Misilmeri, par la compagnie du capitaine Mangialocchi...

— Ce n'est pas vrai, balbutia Don Raimondo.

— Ne niez pas ! répliqua sévèrement le chef. Ne niez pas ce dont nous possédons les preuves... Le mensonge aggrave votre condition... Don Raimondo Albamonte, êtes-vous disposé à reconnaître devant nous vos fautes ?

Le duc tenta une contre-attaque :

— Je ne vous reconnais pas le droit de juger, parvint-il à dire.

Le chef regarda une montre posée sur le comptoir.

— Je vous accorde cinq minutes pour réfléchir sur votre situation. Prenez garde à vous. Vous êtes entre nos mains et si vous persistez, vous ne sortirez d'ici que lorsque sera venu le moment de vous remettre à la justice.

Un grand silence suivit, durant lequel on n'entendit que le tic-tac de la montre ; nul ne bougeait, mais Don Raimondo sentait sur lui tous ces regards qui brillaient dans les trous des masques. Il ne réfléchissait pas ; il semblait compter les minutes, tendant l'oreille, comme s'il attendait un signe, un bruit. Mais le temps passait et rien ne venait troubler le silence.

— Eh bien, dit le chef, les cinq minutes sont passées. Votre réponse, Don Raimondo Albamonte ?

Le duc sursauta, eut un nouveau frisson, sentit vaciller une espérance. Il s'agrippa au seul expédient qu'il eût trouvé : gagner du temps.

— Que voulez-vous que je fasse ?

— Rien de plus ni de moins que votre devoir : reconnaître Emanuele Albamonte, votre neveu, duc de la Motta.

— Moi ? Reconnaître un enfant de je ne sais qui ? Quelle preuve a-t-il qu'il est mon neveu ?

— Don Raimondo, ne cherchez pas à vous réfugier dans les discours : il y a vingt personnes ici qui vous le prouveront, mais souvenez-vous que voilà seize ans, lorsque feignant d'être atterré par la disparition de votre neveu, vous avez promis par édit public une grosse récompense à qui le trouverait, vous avez fourni, sur la foi des déclarations de la sage-femme Maria, un indice sûr : l'enfant avait une petite tâche brune en forme de cœur sur l'omoplate gauche. Les édits de cette époque existent encore : en voici un, imprimé, avec vos armes. Et le jeune Emanuele présente ce signe révélateur... Quelle preuve supplémentaire voulez-vous ?

Don Raimondo se sentit perdu. L'acte que le chef lui demandait avec tant de simplicité impliquait la confession de ses crimes et équivalait à se suicider ou à offrir volontairement sa tête au sacrifice. Très vite, il vit défiler devant lui toutes les horreurs de la misère, du déshonneur, de l'échafaud.

— Non !... Non !... Ce ne sont qu'impostures !

— Prenez garde, nous ne sommes pas là pour perdre inutilement du temps, mais pour faire justice. Voulez-vous, par un acte régulier signé par vous et par des témoins, reconnaître Emanuele pour votre neveu et le réintégrer dans son rang et son patrimoine ?

— Non !

— Eh bien, demain, Don Girolamo Ammirata portera au vice-roi votre édit et le certificat de naissance d'Emanuele et lui présentera votre neveu, tandis que quelqu'un partira pour Turin. Vous attendrez ici...

Et se tournant vers ces hommes taciturnes et immobiles, il ajouta :

— Ouvrez la fosse.

Ils se penchèrent vers le sol et, attachant une corde à un gros anneau de fer, soulevèrent une dalle. Un vide carré, noir et putride se découvrit aux yeux de Don Raimondo qui eut un mouvement de recul épouvanté.

— Descendez-le ! ordonna le chef.

Les deux Beati Paoli le soulevèrent, en dépit de ses tentatives de résistance.

— Un moment ! Un moment ! hurla-t-il désespérément.

— Descendez-le !

Les exécuteurs le tinrent au-dessus du vide ; il en perdit presque la raison ; cet abîme sous ses pieds lui donnait l'impression que l'infini s'ouvrait pour l'engloutir ; il lui semblait que la mort l'avait saisi aux cheveux pour le jeter dans ce gouffre noir et sans fond. La terreur, la peur de mourir, le désespoir éteignirent en lui tout autre désir que celui de vivre.

— Je consens ! lança-t-il d'une voix étouffée. Je consens !..

Le chef fit un geste et les deux exécuteurs ramenèrent Don Raimondo sur la terre ferme. Durant cette brève scène, un des hommes masqués avait manifesté une impatience et une indignation mal réprimées et visibles au frémissement de ses mains.

— Si... je consens, demanda Don Raimondo, vous me donnerez ces documents ?

— Nous verrons. Ce n'est pas le moment de poser des conditions. Du reste, ne craignez rien, la déclaration que vous écrirez et signerez, et qui sera ratifiée par un notaire et des témoins, ne vous compromettra en rien ; elle vous attirera même des louanges pour votre magnanimité, et votre masque ajoutera une hypocrisie de plus à celles qui le composent. Faites entrer le notaire de monsieur le duc.

Un Beato Paolo sortit et rentra presqu'aussitôt en tirant par la main un homme pâle et tremblant dans lequel Don Raimondo reconnut, avec stupeur et colère, le notaire de sa maison.

— Écrivez, Don Raimondo, ordonna le chef.

Le duc se plaça devant la tablette, prit la plume et écrivit sous la dictée du chef :

« *Au nom de Dieu béni et de la Sainte Vierge, je, soussigné Don Raimondo Albamonte, actuel duc de la Motta, déclare avoir la joie de reconnaître sur la foi de preuves non douteuses et d'indices connus, le jeune Emanuele, orphelin recueilli et élevé par Don Girolamo Ammirata, comme mon cher, aimé et recherché neveu Emanuele Albamonte, fils légitime de feu le duc Emanuele, mon frère, et de feu la duchesse Aloisia Ventimiglia ; et déclare et reconnais qu'à lui seulement, comme légitime héritier, en vertu des règles coutumières et de notre constitution, revient le titre et l'investiture du duché de la Motta et des autres terres et fiefs appartenant à la maison Albamonte ; et en renonçant formellement à la possession desdits fiefs et terres indûment gardés par moi, en faveur de mon neveu Emanuele, je le reconnais pour chef et seigneur de la maison. Et je remercie la Divine Providence de m'avoir accordé la grâce singulière d'avoir retrouvé mon neveu tant pleuré, et de pouvoir lui restituer son patrimoine. Ce que faisant, outre que je pourvoirai au salut de mon âme, j'entends aussi réjouir celle de mon frère bien-aimé Don Emanuele et celle de feu Donna Aloisia. Aujourd'hui, jour de la glorieuse vierge Santa Lucia, qui s'est plu à m'éclairer, je confie cette déclaration, écrite et signée de ma main, au maître notaire Don Antonino Di Bello, pour qu'il la conserve dans ses actes, et veille à l'exécution de tous les actes légaux qui en découlent.*

A Palerme, le 13 décembre 1714.

Don Raimondo Albamonte, de la maison des ducs de la Motta. »

— A vous, maître notaire, ordonna le chef.

L'homme de loi s'assit à son tour devant la tablette pour apposer au bas de la déclaration de Don Raimondo les formules juridiques nécessaires. Quatre des hommes masqués signèrent le document, sur lequel le notaire mit sa signature et son sceau.

— Apportez-moi cet acte, ordonna le chef et l'ayant lu, il fit un signe d'approbation et le posa sur le comptoir.

— Fort bien, dit-il, à présent, voyons autre chose, Don Raimondo.

Le duc leva la tête d'un air épouvanté. En vérité, il était méconnaissable, terrifiant : la tête de Méduse ne devait pas produire un effet différent.

— Quoi encore ? gémit-il d'une voix éteinte.

— Une chose très simple, répondit le chef d'une voix où perçait la gaieté, vous avez des obligations envers un autre parent : Blasco de Castiglione. Si nous nous limitons à vous demander une déclaration au lieu de vous livrer au bourreau, c'est uniquement par égard envers ce jeune homme loyal et généreux, que vous n'avez pas su apprécier ni reconnaître. Don Raimondo Albamonte, je vous demande la main de votre fille pour Blasco de Castiglione.

Alors cet homme tremblant et terrorisé eut un frémissement impétueux de toute sa personne, se dressa, les yeux exorbités et s'exclama :

— Non !... Cela non. Ma fille est à moi ! A moi !...

Un homme se détacha du cercle des hommes noirs et masqués et tendant la main dans un geste solennel, il dit :

— Blasco de Castiglione renonce.

Tous les regards s'étaient tournés vers lui et un mouvement de stupeur parcourut l'assemblée ; Don Raimondo lui-même ne put réprimer une certaine émotion. L'homme poursuivit :

— Blasco de Castiglione renonce et vous dit à vous, du tribunal : que la justice soit faite ! et que l'orphelin retrouve son nom et sa fortune, mais ne dépouillez pas une innocente pour en vêtir un autre !... Devant vous, juges, Blasco de Castiglione vous dit, à vous Don Raimondo Albamonte : donnez votre fille à Emanuele, pour que la couronne ducale reste sur la tête de cette innocente !...

Un murmure d'approbation courut sous les masques : Don Raimondo sembla illuminé par un rayon de lumière ; il vit en un éclair tout l'avantage qu'il pouvait retirer d'une proposition dans laquelle la générosité et l'abnégation écrasaient le froid jugement et obscurcissaient la perception de l'avenir. Il joignit les mains dans un geste d'approbation et de gratitude mais à cet instant, un coup de pistolet résonna au dehors et une voix cria :

— *Abbara ! Abbara !*

XXII

Antonino Bucolaro avait ce soir-là décidé de franchir le Rubicon; compromis par Matteo Lo Vecchio aux yeux du duc de la Motta, poussé par lui, il s'était placé entièrement au service de la Justice et avait instruit le capitaine de la ville. Peu avant l'aube une demi-douzaine de soldats se dissimula dans la maison du juge Baldi; d'autres, au point du jour, se cachèrent dans l'église des Canceddi; une troupe plus grande se glissa dans le couvent voisin de San Cosmo et une autre demi-douzaine d'hommes déguisés occupa une maison vide dans la cour de l'Ecce Homo, près de la ruelle des Orfani. Et ils y demeurèrent toute la journée, sans se faire voir de quiconque, attendant la nuit, au cours de laquelle une autre demi-compagnie viendrait en ordre de bataille.

Cas rare, presque unique dans les traditions de la Justice, ces opérations furent conduites sans éveiller aucun soupçon, avec le maximum de circonspection, de sorte que les extrémités de la ruelle des Orfani, et les deux issues du souterrain des Beati Paoli furent surveillées par une véritable armée invisible.

La minuit était passée depuis plus d'une heure, quand ces soldats commencèrent à sortir de leurs cachettes et à se placer aux postes qui leur avaient été assignés, tandis qu'une demi-compagnie arrivait silencieusement du Papyrus.

Ils formèrent méticuleusement un cercle qui allait en se refermant : deux grosses patrouilles s'avancèrent des deux bouts de la ruelle des Orfani; une autre occupa la cour de la maison Baldi; des réserves furent disposées sur la place San Cosmo, au Capo, et devant la maison Baldi.

Les deux guetteurs des Beati Paoli, postés aux extrémités de la ruelle, furent ainsi pris par surprise; l'un tomba aux mains des soldats, l'autre parvint à gagner la porte du souterrain, en tirant un coup de pistolet et en lançant un cri d'alarme.

Ce cri, en se répercutant entre les voûtes du souterrain, produisit un moment de confusion, et même de désordre. Don Raimondo ne put contenir sa joie et cria :

— Enfin!

Mais ce cri fut une révélation.

— *Attachez le bébé!*, ordonna le chef.

Des Beati Paoli se lancèrent sur le duc, le jetèrent à terre, lui lièrent les bras et les pieds, en un instant, avec une telle maestria que Don Raimondo n'était pas encore remis de sa surprise qu'il était déjà ficelé comme un saucisson.

Cependant, à la porte du vestibule et à celle de la ruelle des Orfani, on entendait des coups vigoureux, de hache ou d'épieu, dont l'écho résonnait dans le souterrain ; d'autres coups retentissaient aussi dans le couloir qui menait à la porte de la maison Baldi.

Le maître de la secte lança ses consignes.

— *Couvrez le rouge et laissez un œil.*

Ils éteignirent les torches, à l'exception d'une seule. Les coups redoublaient. Don Raimondo attendait avec un espoir anxieux, épiant les mouvements de ceux qui le tenaient. Chaque coup porté contre la porte faisait battre son cœur plus fort dans sa poitrine, il pensait : « Maintenant, ils renversent les portes ; maintenant, ils entrent et ils les prennent tous ». Le craquement du bois, le grincement des charnières l'emplissaient de joie, comme autant de pas vers sa libération.

— *Plantez les soufflants. Sortez les fumeux et roulez-les dans les tubes.*

Des Beati Paoli se baissèrent et tirèrent de sous les sièges des carabines, pendant que d'autres prenaient des fagots, du bois à brûler et l'accumulaient au fond des couloirs, près des portes où l'on entendait les coups.

— Suivez-moi, dit le chef.

Dans un coin de la salle, il se glissa à l'intérieur d'une niche et poussa des deux mains sur une roche. Une ouverture assez large pour laisser passer une personne apparut, au moment précis où l'une des deux portes cédait à l'assaut des haches.

— *Ardez,* lança le maître de la secte.

Deux hommes coururent allumer les fagots : tout d'un coup un gros nuage de fumée et des langues de flammes s'élevèrent, qui dressèrent une barrière de feu entre la porte et le couloir. Des coups de fusil retentirent et des balles perdues éraflèrent les murs ; les couloirs et la salle commencèrent à se remplir d'une fumée suffoquante.

Cependant un homme auquel nul ne prêtait attention se mit à gémir : le chef se retourna vivement, aperçut le notaire qui au bruit de la fusillade avait été foudroyé de terreur et suppliait à genoux qu'on le sauvât. Sur un signe de son supérieur, un homme muni d'une torche passa dans l'ouverture ; un autre le suivit ; on y poussa le notaire :

— Ne pleurez pas, que diable ! et passez...

Un à un les Beati Paoli se glissèrent dans le trou et disparurent, cependant que de la porte abattue on tirait un feu roulant sur les flammes pour les étouffer, et que des cris intimaient :

— Rendez-vous !

Immobilisé dans ses liens, dévoré de colère et d'angoisse, Don Raimondo reprit courage en entendant ce cri et tenta d'attirer l'attention sur lui :

— Au secours ! Au secours !...

— Faites-le taire ! intima la voix qui commandait.

On entendit s'écrouler l'autre porte ; d'autres cris, d'autres coups de feu retentirent. Le duc eut un sursaut de joie et s'exclama :

— Vous êtes pris au piège !

— Pas encore, rétorqua le chef, en rejetant sa casaque et en tirant deux pistolets de sa ceinture. Il fit un geste à ses hommes :

— Emballez-moi ce saucisson !

Don Raimondo se vit d'un coup soulevé dans les airs, tiré, poussé par l'ouverture sans avoir eu le temps de se défendre, de protester, d'appeler au secours.

Devant la niche ne restaient plus que le maître de la secte, et un homme, lui aussi sans casaque, et armé. A travers les trous du masque, ils se regardèrent un instant en silence ; puis le chef :

— Passez !

— Après vous !...

— Passez, il n'y a pas de temps à perdre...

Dans les nuages de fumée qui avaient déjà empli le souterrain, les flammes faiblissaient, pâlissaient, baissaient : au fond du couloir on entendait les pas des soldats qui entraient en tirant.

— Je reste.

— Voulez-vous que je vous fasse passer de force, Blasco ?

— Ne me touchez pas, Coriolano, ne me touchez pas !...

Une voix lança ·

— Rendez-vous !

Coriolano fit un pas en avant et déchargea ses deux pistolets, puis d'un geste rapide, il poussa Blasco vers l'orifice en murmurant :

— Vous ne voulez certainement pas vous faire prendre !

Lui aussi passa et remit en place la pierre. Ils se trouvaient dans un couloir étroit, bas, humide ; un boyau qui semblait s'enfoncer à l'infini dans des ténèbres où la lanterne ne mettait aucune lumière, mais paraissait une simple tâche rouge.

Les Beati Paoli attendaient, en file ; le notaire au milieu d'eux, tremblant, Don Raimondo livide, muet, terrifié.

— En avant, commanda Coriolano.

Tous, précédés de la lanterne, marchèrent en silence dans ce couloir enveloppé d'ombre et de mystère ; en dernier venait Blasco, la tête basse, la poitrine gonflée de colère, de dépit, de douleur ; cent pensées, cent sentiments divers s'affrontaient en lui. Ils avancèrent un moment, jusqu'au point où le corridor parut s'élargir : en fait ils étaient parvenus à un croisement.

— Halte ! lança Coriolano Et appelant auprès de lui le porteur de lanterne, il fit éclairer un des bras du carrefour. Il y avait là un escalier creusé dans le tuf. Il appela deux affidés :

— Faites monter le notaire et accompagnez-le. Vous verrez vite où mène cet escalier... Allez, monsieur ; vos services seront largement récompensés.

Le notaire suivit les Beati Paoli dans l'escalier pentu et difficile qui pénétrait dans la voûte et disparaissait à la vue. Le cortège reprit son chemin. Le couloir était maintenant plus large, flanqué de niches ; c'était une ramification des anciennes catacombes, dont la grotte des Beati Paoli n'était qu'une partie.

Au bout d'une quarantaine de pas, une salle circulaire aux parois humides s'ouvrit devant eux. Des flaques d'eau sur le sol indiquaient une infiltration qui venait du plafond.

Coriolano commanda à tous de s'arrêter. Don Raimondo regardait, il ignorait encore quel sort lui était réservé mais avait perdu toute espérance ; la peur l'avilissait ; il avait espéré dans le surgissement de la justice et quand il avait entendu céder les portes, avait cru que nul ne pourrait s'enfuir ; au lieu de quoi tous étaient saufs et lui demeurait à leur merci. Qu'est-ce que c'était que ces soldats qui avaient peur d'un peu de feu et de deux coups de pistolet ? Était-ce ainsi qu'on servait l'État ? L'attente de la mort le mettait en fureur contre le capitaine de justice, contre les soldats, contre le vice-roi lui-même, et dans son cœur il les accusait tous de sa fin prochaine.

« Les lâches ! les lâches ! m'abandonner ainsi ! » répétait-il dans son esprit ; mais sa voix ne faisait rien entendre ; il avait les lèvres serrées, la gorge nouée. Quand, sur un signe, les Beati Paoli le déposèrent, debout, ses jambes se dérobèrent et il tomba dans la fange, comme une loque, claquant des dents.

La terreur le rendait encore plus misérable.

Autour de lui un cercle se forma ; la lanterne tenue haut par un des Beati Paoli – c'était Andrea – jetait une lumière parcimonieuse et sanglante qui éclairait par instants çà et là un menton, et s'épuisait sur les masques noirs ; et parmi les vêtements bruns, dans l'espace ténébreux, ces mentons entrevus dans la lueur ténue rougeâtre paraissaient coupés, et rendaient la scène encore plus fantastique.

Un silence profond régnait, rompu seulement par le grincement des dents de Don Raimondo. D'une voix sombre, en détachant chaque mot, Coriolano dit :

— Duc de la Motta, vous avez préparé une embuscade pour vous emparer de nous ! Vous à qui jusqu'alors nous avions épargné l'infâmie, vous à qui, voilà quelques minutes, nous voulions encore généreusement conserver un rang et un nom, vous escomptiez remettre nos têtes à la justice !... Raimondo Albamonte, vous avez perdu tout droit au pardon et à la miséricorde !...

— Pitié !... Ayez pitié de moi !... bredouillait le malheureux.

— Savez-vous où nous nous trouvons ? Là, au-dessus de nos têtes.

s'élève le palais de la Motta ; nous vous avons reconduit chez vous, car il n'est pas juste que vos semblables meurent ailleurs. Vous mourrez ici et le palais que vous avez désiré avec tant d'avidité, que vous avez empli de deuil et de sang, pèsera sur votre tête, immense et inamovible couvercle de la tombe qui vous reçoit vivant !

Don Raimondo ne comprenait pas encore quel genre de mort lui était réservée ; il n'avait rien compris et lançait des regards apeurés, avec l'air de quelqu'un qui veut surprendre une parole, un signe, un geste. Mais sous les masques les visages étaient impénétrables et dans son oreille ces mots se mêlaient confusément : *mort, palais, avidité, sang, deuil, tombe.*

Coriolano tendit une clé à Don Girolamo Ammirata qui se tenait près de lui, en disant :

— *Dégagez ; plantez l'œil ; les bonshommes de la roue se serrent.*

La plus grande partie des présents repartirent, guidés par Don Girolamo.

Coriolano les avertit :

— *Évanouissez-vous* tout de suite.

Dans la rotonde ne restaient plus qu'Andrea avec la lanterne, deux Beati Paoli, Coriolano et Blasco et au milieu d'eux, les bras liés, accroupi à terre, pétrifié par la terreur, Don Raimondo.

Coriolano demanda sèchement à Blasco :

— Pourquoi êtes-vous resté ? Allez, allez-vous-en !

— Je ne m'en irai qu'avec vous... Vous le savez.

— Votre place n'est pas ici...

— Dites-moi ce que vous avez l'intention de faire de cet homme.

— Ce que la justice commande !

— Prenez garde !... Je ne permettrai pas que s'accomplisse la moindre violence sur lui !

Coriolano serra les mâchoires, dans un effort pour se contenir, et les autres Beati Paoli firent entendre un murmure hostile. Blasco répéta ce qu'il avait dit.

— Vous voulez frapper un homme, ainsi garrotté, incapable de se défendre, défait par la terreur ?... Oh non, je ne puis donner mon consentement à un assassinat !

Don Raimondo se sentit éclairé d'un filet d'espoir ; il contemplait avec stupeur cet homme qui surgissait à l'improviste pour le défendre. C'était la même voix qui dans la salle du tribunal avait au nom de Blasco renoncé à la main de Violante. Qui était-il donc ? Peut-être le bâtard qu'il avait injustement tenté de faire mourir ? Il tremblait, haletait, les yeux exorbités, oppressé par mille sentiments qui s'agitaient dans son âme éperdue. Coriolano avait croisé les mains sur sa poitrine dans un geste plein de colère contenue.

— Vous voulez donc faire obstacle au cours de la justice ?

— Je veux empêcher une vilénie !

— Prenez garde !... Nous vous frapperons vous aussi, inexorablement !

— Essayez donc ! Mais je ne vous laisserai pas tuer cet homme que la peur rabaisse au niveau d'un chiffon jeté dans les ordures !

Se rejetant en arrière, il arracha son masque, l'envoya à terre, et s'écria :

— Voilà ! Ouvertement, et sans masque !

— Blasco ! bredouilla Don Raimondo.

Il y eut un bref instant de silence ; Andrea, qui avait posé la lanterne dans une petite niche, se défit de la casaque et tira de sa ceinture un long poignard ; les autres l'imitèrent ; dans ce geste, les lames étincelèrent sanguinairement. Coriolano d'un geste les arrêta et se tourna vers Blasco ; dans sa voix perçait l'effort qu'il faisait pour se maîtriser :

— Ne gaspillez pas votre générosité, monsieur ; cela n'en vaut pas la peine... Vous ne le sauverez pas, et sa vie ne compte certes pas autant que celle de ses victimes. La justice suivra son cours, même si elle doit passer sur votre corps. Conservez votre vie pour des causes plus généreuses, Blasco de Castiglione... Et vous accomplirez votre œuvre !

Les deux Beati Paoli s'avancèrent vers Don Raimondo, mais Blasco se jeta entre eux et la victime, et dégainant les pistolets, cria :

— Un pas et je vous tue.

Alors Coriolano poussa un rugissement de bête fauve et à son tour s'interposa entre les Beati Paoli et Blasco, en s'exclamant :

— Ah, parbleu ! C'en est trop !

Il s'élança sur Blasco. Un coup de feu résonna ; une voix dit dans la fumée :

— Ce n'est rien !

On entendit le bruit d'un corps à corps bref et violent. A la lueur ténue de la lanterne, dans les fumées qui se défaisaient, on vit deux corps emmêlés et des mains qui cherchaient et frappaient férocement. Ces deux hommes qui étaient si amis paraissaient transformés en deux bêtes furieuses. Coriolano avait dévié le coup de feu mais pas assez pour que la balle ne lui effleurât l'épaule et il avait réussi à saisir le poignet de Blasco, pour le désarmer ; le jeune homme, reconnaissant la force musculaire de son adversaire, avait bondi sur lui et l'avait agrippé par le col, enroulant une jambe autour de celle de Coriolano pour le faire tomber. Ils se débattirent rageusement, en haletant, avec des exclamations gutturales, des rugissements hachés, des sortes de râles.

— Faites votre devoir, hurla le chevalier de la Floresta, tandis qu'il cherchait à emprisonner Blasco dans ses bras pour lui interdire tout mouvement.

— Non !... Non !... fit désespérément Blasco.

Mais à cet instant on entendit un cri, puis un gémissement, un bruit sourd.

— C'est fait, dit Andrea.

Alors Coriolano, rassemblant ses forces, secoua violemment Blasco et le plia en deux, en demandant à ses compagnons :

— Aidez-moi à l'emmener.

Ils l'entourèrent ; l'un d'eux lui jeta une corde autour des bras pour l'empêcher de se débattre et ainsi ils le soulevèrent et l'emportèrent.

En passant, Blasco, qui avait les yeux pleins de larmes de rage, vit dans la lueur qui éclairait le sol, replié sur lui-même, le corps de Don Raimondo, comme un fardeau abandonné. Il vit, ou il lui sembla voir, qu'un frisson parcourait ce corps et il tressaillit : l'indignation lui monta au visage, il rassembla toutes ses forces dans une ultime imprécation qu'il cracha au visage du plus proche :

— Lâche ! lâche ! lâche !...

Ils ne lui répondirent pas. Ils avancèrent, à la lueur de la lanterne, dans ce souterrain mystérieux, en laissant derrière eux le corps qui râlait. Au bout de deux cents pas, ils montèrent une échelle ; Blasco ne réagissait plus, s'abandonnant à sa douleur ; il sentit qu'on ouvrait une porte et une bouffée d'air frais lui caressa le visage.

— Laissez-moi, dit-il. Laissez-moi !... Je n'ai plus rien en commun avec vous !...

Ils ne lui prêtèrent pas attention. Il regarda autour de lui et dans l'obscurité nocturne, il lui sembla qu'il se trouvait dans la campagne. Où était-il donc ? Enfin, il sentit qu'on le posait à terre.

— Laissez-le là, ordonna la voix de Coriolano, et *du vent !*

Blasco regarda autour de lui : il était seul.

XXIII

Blasco demeura à terre, les coudes sur les genoux, la tête dans les mains, silencieux, les yeux brûlants de larmes de rage et de douleur, en proie à un profond abattement. Ses efforts n'avaient pas sauvé l'homme que par ailleurs il méprisait, et l'avaient détaché de la secte et de Coriolano ; entre le chevalier et lui s'était ouvert un abîme, même s'il devait reconnaître que Coriolano avait manifesté à son endroit une grande tolérance et l'avait épargné. Il était isolé et perdu dans le monde : la nuit l'entourait et cernait son âme.

La pluie commença à tomber ; de grosses gouttes froides heurtèrent son cou, glissèrent sous sa chemise, qui, dans cette position, restait entrebâillée. La sensation de froid l'arracha à sa léthargie ; il leva la tête et regarda autour de lui. L'aube pointait, répandant une lueur pleine de tristesse, qui éclairait les larmes tombant des arbres. Blasco se trouvait dans un jardin encastré entre un côteau et le mur de la ville. Après un moment de réflexion, il reconnut un de ces jardins qui s'étendaient hors la Porte d'Ossuna, dans l'ancien lit du marais du Papyrus. Il se releva et s'aperçut qu'il n'avait plus ni chapeau, ni armes et que ses vêtements étaient en désordre ; rentrer en ville dans cette tenue signifiait se faire remarquer et peut-être, remettre à la justice. Il savait qu'il était encore sous le coup d'un édit et ne pouvait plus compter sur l'aide de personne ; il n'entrait pas dans ses intentions de tomber entre les mains des gardes. Il fallait donc se hâter, trouver un abri et un moyen de retirer ses affaires du palais de la Floresta avant de songer à l'avenir.

Lentement, il prit une allée pour sortir du jardin, en s'efforçant de mettre de l'ordre dans ses idées. La première pensée qui lui vint à l'esprit fut celle qu'il avait déjà caressée plusieurs fois : trouver un vaisseau et partir, aller en France ou en Espagne, se jeter dans les aventures de la guerre, reprendre sa vie vagabonde, au jour le jour, jusqu'à ce qu'un coup d'épée ou une balle l'emportât dans l'autre monde mais à peine cette idée l'effleura-t-elle, qu'une question jaillit, impérieuse : « Et Violante ? »

Et derrière le nom de la jeune fille, lui apparut l'image de Don Raimondo : un amas de vêtements entassés à terre, dans l'immobilité lugubre et affreuse de la mort. Déçu, mortifié, furieux contre lui-même, il se reprochait de ne pas avoir su défendre assez ce misérable que sa propre lâcheté et l'inhumanité inflexible de ses juges lui faisaient apparaître digne de commisération. En outre, il lui semblait impie d'abandonner là ce cadavre sanglant, soustrait aux larmes et à la piété filiale. La mort effaçait ses délits et le rendait sacré. Oh, s'il pouvait au moins rendre à Violante cette dépouille, puisqu'il n'avait pas su garder en vie son père !

Cette idée le travaillait, le tourmentait.

Le palais Albamonte n'était pas loin et il faisait encore sombre quand il y arriva, mais il trouva le portail ouvert et les domestiques plongés dans une grande consternation. Après avoir attendu plus d'une heure au coin de la rue, les deux porteurs, ne voyant pas revenir leur maître, avaient commencé à éprouver un peu d'appréhension, et leur inquiétude n'avait fait que croître au fur et à mesure que le temps passait. Ils s'étaient avancés, avaient regardé les portes des maisons, tendant l'oreille, mais celles-ci étaient plongées dans le profond silence du sommeil. Ils parcoururent la montée de Santa Cristina, la ruelle des Pèlerins, puis la descente de la Cathédrale. De toute part, la même solitude, le même silence.

— Qu'est-ce que cela veut dire ?

Ils ne trouvèrent pas d'explications. Si Don Raimondo avait eu des habitudes galantes, ils auraient pris la chose en riant mais de ce côté-là il n'avait jamais donné prise au moindre soupçon et menait une vie d'une austère chasteté ; il fallait donc que quelque malheur fût survenu.

— Il est peut-être retourné à la maison ?

Ils s'attardèrent encore un peu, en bons serviteurs, obéissant à la consigne. Un coup de pistolet, qui résonna bruyamment dans la nuit, les fit sursauter ; ils craignirent pour leur maître et se mirent à le chercher, en appelant :

— Excellence ! Excellence !...

Ils se rapprochèrent de la place de San Cosmo, où ils virent des lanternes et des gens armés. Ils s'avancèrent vers eux en tremblant mais à peine les eut-on aperçus, qu'ils se retrouvèrent arrêtés et garrottés.

— Qui êtes-vous ? Que cherchez-vous ?

Les livrées les sauvèrent : l'officier reconnut à la lueur de la lanterne l'écu aux bandes vertes. Ils expliquèrent qu'ils avaient laissé leur maître au coin de la rue sous Santa Cristina et qu'ils ne l'avaient plus vu. Ils désiraient retourner au palais : qui sait, peut-être était-il rentré par une autre voie ? L'officier les retint encore un peu, puis se résolut à les laisser aller, accompagnés d'un sbire.

A la tour de Montalbano nul n'avait revu le duc ; l'arrivée des deux serviteurs, leur trouble, les coups de pistolet ou de fusil qui avaient rompu le silence nocturne, plongèrent les domestiques dans un état de surexcitation. Ils se répandirent dans les rues les plus proches, craignant que des malandrins eussent assassiné leur maître pour le voler. Et durant tout le reste de la nuit, ils quadrillèrent le quartier, en s'arrêtant devant l'endroit où s'était déroulé le duel souterrain entre les gardes et les Beati Paoli, sans imaginer que là, précisément, au-dessous d'eux, dans les ténèbres et dans le mystère, se décidait le sort de celui qu'ils cherchaient et que pendant qu'ils erraient ici et là, Don Raimondo agonisait sous leurs pieds.

De la rue de San Cosmo, de la ruelle des Orfani, les gardes sortaient, noirs de fumée, sales, furieux de l'inutilité de leurs recherches, invectivant les domestiques et les curieux qui affluaient de toute part. Ils avaient fouillé la rotonde, les deux couloirs et les niches, sans parvenir à deviner où ces hommes en noir avaient disparu. Dans le faible reflet des flammes, à travers la fumée, ils les avaient vus se déplacer comme des fantômes et disparaître dans le fond, un à un. Spectacle effrayant qui, dans ces âmes grossières et superstitieuses évoquait des visions infernales.

Ils n'avaient rien trouvé ; le souterrain était court et il ne fallait pas beaucoup de temps pour le fouiller. Ils mirent sens dessus dessous la maison Baldi, firent ouvrir les pauvres masures sans étages des alentours. En vain. Étaient-ce des démons ? Des esprits ? Des sorciers ? On racontait tant de choses extraordinaires sur les esprits qui se dérobaient quand on tentait de les toucher. Cette croyance commençait de s'insinuer dans la tête de chacun et ce souterrain qui était peut-être une bouche de l'enfer, leur parut si redoutable dans son mystère, qu'ils jugèrent inutile de poursuivre leurs recherches.

Ils abandonnèrent donc l'entreprise, en laissant des gardes aux deux issues, celle de la ruelle et celle de la maison Baldi, et se regroupèrent sur la place de San Cosmo, en attendant les ordres du capitaine de la ville.

Les domestiques retournèrent au palais Albamonte découragés, atterrés, ne sachant que penser ; le jour qui se levait, mélancolique et pluvieux les trouva plongés dans cette douleur silencieuse, pleine d'étonnement, qu'on a presque peur de heurter en parlant à voix haute. Ils s'entre-regardaient et chuchotaient, dans ce grand palais d'où tous les maîtres étaient absents, comme si un châtiment terrible était tombé sur la famille pour la disperser et l'anéantir.

Ainsi les trouva Blasco en se présentant dans le désordre où il était lui-même, pâle et troublé. Son apparition dans cet état suscita des appréhensions et des craintes ; ils s'attroupèrent autour de lui ; ignorant tout de la scène qui s'était déroulée entre Don Raimondo et Donna Gabriella, il dit :

— Réveillez la duchesse ; dites-lui que je dois la voir tout de suite !

— Le maître ?... le duc ?... Son Excellence ? lui demandèrent-ils, anxieux.

— Allez avertir la duchesse ! insista Blasco.

— Mais madame la duchesse est partie cette nuit !

— Partie ! Pour où ?

— Chez son parent, le prince de Carini...

— Et... Donna Violante ?

— Au monastère... Mais le maître ?

Blasco se prit la tête entre les mains.

— Donnez-moi un chapeau et une épée ! Et que deux hommes de bonne volonté viennent avec moi !

Plusieurs s'offrirent. Blasco en choisit deux, avec lesquels il gagna la ruelle des Orfani, mais il trouva la porte gardée. Il tourna par la rue de San Cosmo, mais là encore la porte de la maison Baldi était gardée. Il revint en arrière, déconfit. Les serviteurs le suivaient en silence en se demandant ce que signifiaient ces allées et venues. En chemin, Blasco se souvint de quelques paroles entendues dans le souterrain. Don Raimondo avait été assassiné sous sa propre maison... Voilà un moyen. Mais où exactement et comment descendre ?

Il se souvint aussi que le sol sur lequel s'était déroulée la rapide et lugubre scène était boueux et que de la voûte s'égouttait de l'eau inflitrée à travers les failles du tuf. Cela devait donc correspondre à un bassin ou à des sources. Il entra dans la cour. Au fond, contre un mur, un tuyau de bronze déversait dans une vasque de l'eau qui débordait sur le sol. Le mur et le terrain étaient couverts d'une couche verte, gluante, dans laquelle croissaient quelques brins de cheveux-de-Vénus.

« Là, peut-être », songea Blasco et se tournant vers les serviteurs :

— Fermez le portail, et ne laissez entrer personne, ordonna-t-il. Procurez-vous des pics et des pelles.

Une minute après, les domestiques et lui creusaient furieusement autour du bassin, et après avoir retiré dalles et cailloux, attaquaient la terre. Une heure durant, ils travaillèrent : le jour était venu et éclairait les visages fiévreux. Les pics heurtèrent le tuf ; un coup résonna sombrement, et se répercuta dans l'âme de chacun. Le sang de Blasco ne fit qu'un tour. Il y avait du vide au-dessous d'eux.

Le chevalier entreprit de tâter le terrain, pour chercher où la résonnance était la plus forte ; entre le coin de la cour et le bassin, ses coups éveillèrent un écho plus sonore, et il attaqua furieusement le tuf, pour ouvrir une issue ; un de ses coups se perdit dans le terreau, un second coup détacha des pierres qui s'enfoncèrent.

Blasco poussa un cri de joie et se remit fébrilement au travail, aidé par les serviteurs. Un large trou s'ouvrit brusquement, quand des cailloux et de la terre tombèrent avec un bruit sinistre de panier de ferraille qui se renverse. C'était peut-être une ancienne ouverture qui donnait de la lumière au souterrain, dans des temps très anciens, et qu'on avait murée puis enterrée sous les détritus, la terre et les cailloux.

— Une corde et une lanterne ! réclama Blasco.

Les valets étaient stupéfaits de ce qu'ils voyaient ; ils accouraient et obéissaient au moindre signe. Ils se précipitèrent aux écuries et revinrent avec ce qu'il leur avait demandé. Blasco s'inclina vers le sol et plongea la lanterne allumée dans le trou pour observer. Il donnait effectivement sur une vaste cavité dont les ténèbres ne laissaient apercevoir ni le fond ni les parois. Un puits ? Une citerne ? Le souterrain ? Il n'en douta pas ; il plaça un long pieu en travers de l'ouverture, y attacha au milieu une extrémité de la corde, et laissa tomber l'autre à l'intérieur. Le fond n'était pas si bas.

— Faites attention à ce que je vous ordonnerai, dit-il.

Et, prenant la lanterne, il descendit dans le trou en se tenant à la corde. Il toucha terre et mesura la hauteur : guère plus de deux empans. Alors il éclaira autour de lui et une grande joie lui gonfla le cœur : il reconnaissait le souterrain, et précisément la rotonde où s'était déroulée la féroce scène : Don Raimondo devait être là, ou non loin. En baissant la lanterne vers le sol, il le vit, encore recroquevillé, immobile, comme il l'avait laissé. Il se leva, lui souleva les bras, lui tourna le visage, essayant de le mettre sur le dos. Le corps, qui n'avait pas encore la rigidité des cadavres, céda. Quoiqu'il eût passé cinq heures dans ce souterrain, il n'avait pas le froid glacial de la mort.

Posant une oreille contre son cœur, Blasco se releva en s'exclamant :

— Oh, mon Dieu ! Il vit encore !...

Alors il le souleva pour le porter sous l'orifice et le prenant aux aisselles, il s'efforça de le remettre debout, pour pouvoir le transporter ; à ce mouvement la tête de Don Raimondo pencha sur le côté et le chevalier découvrit deux blessures profondes au cou et à la nuque et une autre, longue, superficielle, sur le crâne.

Blasco fit un effort et en l'emportant dans ses bras, il s'approcha du trou et cria :

— Une autre corde et un drap.

Ils les lui jetèrent. Ayant disposé le corps de Don Raimondo sur le drap, il lia fortement entre eux les quatre coins, comme pour former un sac ; il y passa en travers la corde qu'ils lui avaient jetée et accrochant l'autre extrémité à sa ceinture, il grimpa par le premier filin, surgit dans la cour, retira le pieu et, empoignant le bout de la deuxième corde qu'il avait montée avec lui, fixée à sa ceinture, il dit aux serviteurs :

— Allons, doucement, il faut tirer... Il est là !

Ils frissonnèrent ; là ? Leur maître était là ? Qui l'y avait conduit ? Comment l'avait-il trouvé ? Était-il mort ou vivant ? Ils commencèrent à tirer à quatre, doucement, sans secousses, jusqu'à ce que le lugubre sac, déjà taché de boue et de sang, arrivât au bord de l'ouverture, trop étroite pour laisser passer le volumineux fardeau.

— Tenez bon, ordonna Blasco.

Un autre serviteur et lui s'agenouillèrent de chaque côté du trou. Ils s'inclinèrent sur le sac, et glissèrent leurs mains dans l'ouverture d'où s'échappaient les cheveux de Don Raimondo et, le prenant par les aisselles, le tirèrent au dehors. Un moment plus tard, le corps était étendu sur un lit, déshabillé et lavé.

— Il vit encore, annonça Blasco. Allez quérir un chirurgien.

De fait, sous l'effet peut-être des mouvements subits, la poitrine semblait bouger doucement.

— Maintenant que je vous l'ai rendu, je n'ai plus rien à faire ici ; allez prévenir la duchesse et Donna Violante ; adieu.

Il prit son chapeau et s'enveloppa d'un manteau trouvé dans l'antichambre, en relevant le col sur ses yeux et sortit. Mais au lieu de se diriger vers l'intérieur de la ville, il prit la direction des murs, qu'il franchit à la Porte d'Ossuna, et gagna la campagne. Où aller ? Où se reposer après tant d'émotions et de fatigues ? Il se sentait accablé et aspirait à la solitude. Une grande douleur lui serrait l'âme dans une morsure de glace et il voulait lui donner libre cours.

En tirant Don Raimondo du fond du souterrain et en le restituant à sa fille pour qu'elle pût lui rendre un dernier et pieux hommage, il lui semblait avoir accompli tout ce qui était en son pouvoir.

Il était battu ; ses espérances, son rêve s'étaient effondrés devant plus fort que lui. Il n'avait plus rien à faire.

Rien ?

Dans son imagination passa l'image de Violante rejetée comme une étrangère de la maison où elle était née, couverte de l'infâmie des crimes de son père, dont la révélation lui paraissait inévitable. Au fond, la jeune fille n'était-elle pas, elle aussi, une Albamonte? Et n'avait-il pas le droit et le devoir de la défendre et de la protéger, maintenant qu'elle était orpheline?

Il songea que ce serait peut-être une consolation pour la jeune fille de lui faire parvenir un mot, un signe et cette idée l'attendrit. Elle aussi, à cette heure, pleurait et se sentait seule, perdue dans le monde; elle qui en ce moment versait des larmes sur le cadavre paternel, songeait peut-être aussi à lui et cherchait une consolation dans son image.

Plongé dans ces réflexions, il traversa jardins et chemins, et arriva au couvent des Capucins. Il lui sembla que la main de Dieu l'avait guidé. Il entra sous les petites arcades, dont les murs étaient couverts de nombreux ex-votos, de bras et de jambes de cire barbouillés de rouge et s'assit sur le muret entre les piliers, en attendant vaguement la venue d'un religieux. Peu à peu le sommeil lui vint; il allongea les jambes et s'endormit; un capucin, qui s'apprêtait à fermer la porte de l'église, le vit et s'approchant, le secoua doucement, puis un peu plus fort :

— Monsieur!... Monsieur!

Blasco ouvrit les yeux.

— Si vous avez besoin de quelque chose, dit le religieux, vous pouvez entrer à la conciergerie.

— Eh, à cette heure, en vérité, la seule chose dont j'aurais besoin, c'est d'un lit, mon père...

— Il n'en manque pas à l'hôtellerie. Si Votre Seigneurie... (En le regardant bien il s'était aperçu qu'il avait affaire à un gentilhomme.) Si Votre Seigneurie a besoin... je ne sais si je me fais comprendre... Quelquefois, cela arrive... Ici, c'est un lieu sacré, qui bénéficie du droit d'asile.

— Oui, très bien, mais ce n'est pas le cas. Seulement, je suis un peu fatigué, voilà tout.

— Nous serons heureux d'accueillir Votre Seigneurie dans l'hôtellerie. Vous venez de loin?

— Oui...

— A pied?

— Pour honorer un vœu à la Madone, répondit un peu rudement Blasco, irrité par la curiosité du religieux.

— Ah, c'est un vœu?... A la Bienheureuse Vierge de l'Assomption!... Je suppose que vous avez porté la torche; n'est-ce-pas?

— Je l'achèterai...

Ils étaient arrivés devant une chambre, le frère l'ouvrit.

— Installez-vous, Votre Seigneurie, je vais avertir le père gardien.

Blasco entra et se laissa tomber sur un siège. Il pourrait rester dans le couvent sans être dérangé, au moins jusqu'au moment où la justice le repèrerait et inviterait le gardien à l'expulser ; du reste il ne comptait pas y demeurer longtemps. Quelques jours pour se reposer, récupérer ses affaires, avant de trouver un vaisseau et de partir.

« Le frère quêteur me rendra ce service. »

Il s'agissait d'aller d'abord au palais de la Motta et puis à celui du chevalier de la Floresta ; un autre lieu lui vint à l'esprit, mais il n'osa pas s'attarder à cette idée.

« Quel besoin a-t-elle vraiment de moi ? Du côté de sa mère, elle est apparentée aux Branciforti et c'est une grande famille puissante, riche d'amitiés et de fiefs ; ils ne laisseront pas Violante à la merci du hasard, et en prendront soin... Ils la défendront... Certes, ils la défendront !... »

Le père gardien était en train de vérifier ses comptes et ne crut pas devoir se déranger pour cet étranger : il ordonna qu'on lui fournît le gîte et le couvert, comme le voulait la coutume, et s'informa s'il s'agissait d'un seigneur ; peut-être faudrait-il en ce cas lui faire quelque autre courtoisie. Ainsi Blasco eut-il le bonheur d'être laissé tranquille, dans ces moments où l'âme est agitée de pensées et de sentiments divers et contrastés ; il put se reposer quelques heures et dormit profondément.

Le religieux le réveilla.

— Si Votre Seigneurie a quelque course à me faire faire, je vais en ville...

Mais comment donc ! Il avait bien des choses à lui demander. Il y avait ses affaires à retirer et il fallait demander des nouvelles de Violante. En hâte, il écrivit une lettre brève et sèche, dans laquelle il priait Coriolano de lui faire porter ce qui lui appartenait à la grotte de Denisinni, à une certaine heure. Pas un mot de plus, pas un salut, ni plus d'indication sur sa retraite.

— Puisque vous êtes si aimable, vous me rendriez un insigne service en portant cette lettre au seigneur chevalier de la Floresta...

— Ah, le chevalier ? Je le connais ; c'est un des bienfaiteurs du couvent.

— Tant mieux mais... je désire que vous laissiez cette missive sans dire que c'est moi qui l'envoie... Il ne doit pas savoir non plus que je suis ici... Puis-je l'espérer ?

— Que Votre Seigneurie n'en doute pas.

— Et il y a une autre petite commission... Allez au palais de la Motta.

— Oui. Au Capo.

— Très bien. Ayez la courtoisie de demander des nouvelles de monsieur le duc, et si la petite duchesse Donna Violante se trouve déjà au palais.

— Votre Seigneurie sera obéie. Autre chose ?

— Ce sera tout, merci.

Le frère partit et Blasco le suivit en pensée le long des rues, calculant le temps qu'il lui faudrait pour arriver en ville, exécuter ses commissions, régler ses propres affaires et revenir. De tout l'après-midi, il ne voulut pas quitter la cellule, attendant et errant d'une pensée à l'autre, et ne trouvant plus dans sa vie ni but, ni rêve, ni espérance qui illuminât l'avenir. Tout était donc fini ?

« Bah ! fit-il en haussant les épaules, que m'étais-je mis en tête, à la fin ? Mais voyez donc, j'étais plus sage lorsqu'on me croyait fou. Folies ! folies !... Reprends-toi, Blasco. Tu ne vivais pas bien, peut-être, avant de connaître le chevalier de la Floresta et la duchesse de la Motta, et Donna Violante, et tout ce monde plein de mystères, d'artifices, de vilénies, de crimes, de scélératesses, d'hypocrisie ? Pourquoi as-tu eu l'idée de venir dans cette ville, qui est le nid de toutes les fourberies ? Tu es peut-être quelque chose de plus maintenant que tu sais que tu es le fils illégitime, oui, mais le fils aîné du duc de la Motta ? Aîné ? Et qui sait si tout à coup n'en surgira pas un autre, en supposant que monsieur mon père a semé des rejetons sur terre et sur mer ? Laissons faire. La vie est une chose assez triste pour ne pas augmenter les raisons de tristesse. Prends-la comme une bouffonnerie, mon vieux Blasco et tu t'en trouveras mieux !... »

Mais toute cette philosophie s'effondra quand vers l'Ave Maria, le frère revint. Il avait laissé la lettre au palais de la Floresta – mais cela n'avait qu'une importance relative pour Blasco – il était allé au palais de la Tour Albamonte... Ah quel malheur ! monsieur le duc était entre la vie et la mort : on l'avait assassiné, de nuit, de trois coups de poignard !... terribles... une chose extraordinaire ! Le palais était plein de monde ; toute la Cour, toute la noblesse, le capitaine de justice, et même le vice-roi, même le vice-roi !... Dans tout Palerme on ne parlait que de cela. Ce qui étonnait le plus était le lieu où on l'avait miraculeusement retrouvé ! Tous voulaient voir le trou, le puits, ou la grotte : et il avait fallu fermer le portail, car la cour était envahie par la foule. Une chose extraordinaire, incroyable... qui l'avait transporté là ? Et comment l'avait-on su ?

Blasco le laissait parler ; ce qui l'intéressait, c'était de savoir si Violante se trouvait au palais. La raison de cet intérêt n'était pas très clair dans son esprit. Peut-être y avait-il plusieurs raisons ; peut-être de vagues espérances, des intuitions indéterminées occupaient-elles son âme.

Quand le religieux eut terminé sa litanie, Blasco dit :

— A présent, rendez-moi un service.

— Dites-moi.

— Il me faudrait un homme sûr...

— Je l'ai... Le voiturier qui...

— On peut s'y fier ?

— Comme à Votre Seigneurie elle-même...

— Appelez-le, je vous prie.

Le religieux s'exécuta. Blasco donna des instructions au charretier, qui avait l'aspect caractéristique d'un homme qui sait s'imposer. Et deux heures après, il recevait son bagage, ses armes et ses vêtements.

Alors, il se débarrassa de ses habits boueux et abîmés durant les événements de la nuit et reprenant une tenue plus convenable, il ceignit son épée, s'enveloppa dans son manteau et sortit.

XXIV

De fait, la nouvelle de l'assassinat de Don Raimondo de la Motta, aussi bien que les circonstances qui l'entouraient, avait rempli la ville d'une stupeur extraordinaire. Le mystère de ce puits où il avait pénétré sans qu'on sût comment et par où, apparaissait si inexplicable, qu'à l'étonnement se mêlait un sentiment vague de terreur.

Les premières à accourir furent Donna Gabriella et Violante. A dire vrai, la duchesse n'éprouva pas une profonde douleur; elle ne pleura ni ne désespéra; elle était quelque peu ébahie mais ne douta pas d'où était venu le coup. La vue de son époux inerte, pâle, encore couvert de sang séché, cadavérique, lui inspira une certaine compassion mêlée de peur. Il lui semblait voir la main armée qui avait frappé le duc se relever et se suspendre, menaçante, au-dessus des têtes des autres membres de la famille.

Mais Violante poussa de grands cris, fondit en larmes et il fallut l'éloigner du lit paternel. Ses cris fatiguaient la duchesse comme s'ils avaient éveillé dans son esprit des remords ou des reproches.

— Tais-toi, lui lança-t-elle, tais-toi! Ce n'est pas le moment de crier, tes cris nous dérangent...

On avait appelé deux médecins, et tous deux étudiaient les blessures, en secouant la tête.

A grand renfort d'eaux aromatiques et d'autres excitants, ils avaient pu secouer la léthargie dans laquelle était plongé Don Raimondo, qui avait repris conscience et s'était mis à regarder autour de lui avec une grande épouvante dans ses yeux encore embués; puis il les avait refermés et à présent, il gémissait doucement, tandis que les hommes de l'art, après avoir étendu certains baumes sur les écorchures, le soignaient et le pansaient.

Pendant ce temps, les seigneurs et les officiers du gouvernement affluaient; le capitaine de justice qui devait porter la nouvelle de la capture des Beati Paoli et qui en fait n'avait pas osé aller confesser son échec, se dépêcha de venir recueillir les premiers détails; et peu après, il fut rejoint par le capitaine des hallebardiers du vice-roi, qui était surpris non seulement de la qualité de la victime mais encore de l'audace des assassins.

Les Branciforti, les La Grua, les Ventimiglia, toutes les grandes maisons apparentées aux Albamonte, s'émurent et le palais s'emplit de monde.

Tous cherchaient à obtenir de Donna Gabriella une information, un indice donnant la clé du mystère et permettant de découvrir les assassins. Mais la duchesse était perplexe, craignant les conséquences des révélations qu'elle pourrait faire. En ces moments, elle ne pensait pas aux vengeances et aux représailles. Cet homme blessé, moribond, était son époux et elle avait le devoir de le défendre et de défendre en lui le nom qu'il avait reçu.

Plusieurs fois le nom des Beati Paoli lui était venu aux lèvres, mais comment aurait-elle expliqué cette indication ?

Elle ne révéla rien et déclara n'avoir aucun soupçon, mais son silence fut vain. Les premières investigations firent apparaître des indices de très grande importance, qui donnèrent aux magistrats un fil conducteur : le nom de Blasco de Castiglione, qui « savait », et le fait qu'il eût d'abord conduit les deux serviteurs aux entrées de ce souterrain, le siège des Beati Paoli désormais découvert. Donc le coup avait été fait par la secte et le chevalier avait dû y assister et connaître les lieux. Troisième point intéressant : la grotte des Beati Paoli devait s'étendre jusque sous le palais Albamonte et avoir une issue par laquelle les sectaires s'étaient enfuis.

Il fallait mettre la main sur Blasco de Castiglione, mais là commençaient les difficultés car, étant déjà l'objet d'un édit, il se cachait certainement. S'ajoutait un autre fait qui compliquait les choses.

Le capitaine Mangialocchi, qui, honteux de son fiasco, avait attendu la nuit pour rentrer, avait rapporté que Blasco, échappant à l'arrestation, avait assommé Matteo Lo Vecchio et tué un homme d'armes. Fuyant la justice, le chevalier était donc entré à Palerme et avait assisté à cette réunion, où le duc de la Motta, qui avait ordonné l'arrestation, avait été assassiné. C'était donc une vengeance de Blasco ? Mais alors pourquoi avait-il sauvé Don Raimondo ? Telle était l'énigme que la justice ne savait résoudre.

Le vice-roi chargea Don Francesco Cavallaro, juge de la Grande Cour, d'instruire le procès et la première mesure fut la confirmation de l'édit concernant Blasco de Castiglione, assorti d'une grosse prime pour quiconque le remettrait vivant à la justice ou indiquerait sa cachette.

Capitaines, argousins, gardes, miliciens des compagnies rurales furent mis en branle ; on fouilla la grotte des Beati Paoli sans découvrir le passage secret ; et pour parer à toute éventualité et empêcher une invasion de curieux, les deux issues furent le même jour solidement murées.

De tout cela, Blasco ne savait rien. Mais, ayant quitté à la faveur de la nuit le couvent des Capucins, il avait pu passer la Porte d'Ossuna sans être dérangé par les gabelous, qui occupaient le temps à jouer aux cartes et à boire, et ne regardaient jamais sous le nez les gentilshommes ; et, en remontant la rue de Sant'Agostino, il cueillait au vol, dans les conversations des groupes qui s'attardaient aux alentours du palais Albamonte, les informations qui l'intéressaient.

Il s'arrêta sur la placette de la Merci, et observa le palais. Derrière les fenêtres illuminées, on voyait aller et venir les grandes ombres des gens qui se trouvaient là. Il ne lui parut pas prudent d'entrer. Pourquoi, du reste, l'aurait-il fait ? A quel titre ? A quelle fin ? En vérité, il trouvait presque invraisemblable de s'être rendu auprès de ce palais, où il n'avait plus rien à faire. Mais dans l'ombre, la figure de Violante flottait devant ses yeux et son cœur fatigué de tant d'émotions s'attendrissait. Il attendit longtemps ; il vit sortir de la tour Albamonte des chaises et des carrosses ; aux couleurs des livrées, il reconnut à qui ils appartenaient. Une chaise plus simple, aux porteurs de location, lui fit deviner un médecin ; alors il s'approcha et passant la tête à l'intérieur, il demanda :

— Votre Seigneurie me pardonne, mais voulez-vous me donner des nouvelles du Très Illustre Seigneur Duc ?

— Ah, c'est grave ! C'est très grave ! Nous espérons dans les bontés du Seigneur !

La mort n'était donc pas venue et le médecin ne désespérait pas. Il attendit encore. La nuit enveloppait tout, mais en raison des circonstances, on avait fixé de part et d'autres du portail deux torches pour illuminer cette portion de rue et Blasco pouvait voir ceux qui entraient et sortaient, sans être vu. Peu à peu, les ombres derrière les vitres diminuèrent en nombre et apparurent moins souvent ; carrosses et chaises se firent rares. Puis on ne vit plus sortir personne. Sans doute ne restait-il plus dans le palais que quelque parent des plus proches, ou quelque ami, pour tenir compagnie aux femmes.

Un serviteur sortit avec une bouteille. Sans doute se rendait-il chez l'apothicaire le plus proche. Blasco le reconnut et l'appela.

— Oh, Votre Seigneurie ? s'exclama le valet épouvanté.

— Oui, c'est moi, je suis venu m'informer. J'ai eu des nouvelles par le médecin. Il y a du monde en haut ?

— Monsieur le marquis de Regalmici, frère de madame la duchesse.

— Ah, bien ! rendez-moi un service. Allez dire à madame la duchesse de bien vouloir accepter ma visite.

— Tout de suite, mais...

— Mais quoi ?

— Votre Seigneurie est au courant de l'édit ?

— Quel édit ?

— Je ne sais... je ne voudrais pas...

— Dites-moi donc, sans barguigner.

— Comme vous voulez, à la fin, je ne suis pas un mouchard, un

« infâme »; voilà, il y a un édit et une grosse récompense contre Votre Seigneurie... Prenez garde. Si quelqu'un vous voyait...

— Merci. Ne vous inquiétez pas; vous, vous ne me trahirez certainement pas...

— Moi?...

Le serviteur remonta l'escalier du palais et revint peu après.

— Madame la duchesse vous attend.

— Qu'a-t-elle dit?

— Elle a pâli et m'a paru d'abord vouloir refuser...

— Il y a quelqu'un près d'elle?

— En ce moment, elle est seule...

— Bien, merci.

Il laissa le domestique et se glissa par la grande porte ; ce faisant, il eut le temps de voir qu'une chaise venait de la place du Capo et se dirigeait vers le palais, précédée de deux volants avec leurs torches. En entrant dans la salle où Donna Gabriella recevait les visites, il ne put dominer une profonde émotion. Elle était là, debout, près d'un siège à dossier droit, si belle, alors que tant de sentiments divers et contradictoires lui passaient sur le visage comme des nuages poussés par le vent dans l'azur céleste. Douleur, colère, haine, jalousie, désir, alternaient sur ses beaux traits qui reprirent cependant la gravité requise par les circonstances. Mais elle ne tendit pas la main à Blasco, conservant une attitude pleine de dignité et de douleur qui pendant un moment embarrassa le jeune homme. Avant qu'il ait pu trouver ses mots, Donna Gabriella lui dit :

— Je sais que c'est à vous qu'on doit la découverte de ce noir délit et je vous en suis reconnaissante, quoique je ne m'explique toujours pas comment vous avez pu savoir que le duc avait été assassiné.

Frappé par le ton froid et piqué par l'allusion des derniers mots, Blasco sentit un regain d'énergie, car pour le tirer d'embarras, rien ne valait la nécessité d'une attitude pugnace. Avec la même froideur, il rétorqua :

— Je suis venu seulement pour m'informer de l'état de votre époux, et pour vous exprimer ma peine, non pour recevoir des remerciements, ni pour donner des explications qui, pardonnez-moi, sont hors de propos, au moins pour l'instant. Je suis venu aussi pour constater si monsieur le duc était assisté par sa famille... que je savais dispersée...

Donna Gabriella se mordit la lèvre inférieure, avec une moue de dépit.

— Vous voyez, monsieur, que je suis à mon poste.

Elle accentua ce « je », comme pour dire : « inutile de demander des nouvelles de quelqu'un d'autre ». Il y avait entre eux une hostilité sourde, à peine refrénée. Des reproches violents leur venaient à la bouche et dans leurs poitrines s'accumulaient les nuages d'une tempête qui paraissait sur le point d'éclater, quand un laquais annonça :

— Le seigneur chevalier de la Floresta désire baiser les mains de Votre Excellence.

Blasco eut un mouvement de grande stupeur, mais Donna Gabriella acquiesça d'un signe de tête et peu après Coriolano entra avec son air de sérénité froide, son sourire fin et courtois, ses manières parfaites, tenant dans la même main son bâton au long ruban et son chapeau. Il s'approcha de la duchesse, lui baisa galamment la main et d'un signe amical et familier, salua Blasco qui le contemplait, abasourdi, avec un mélange d'indignation et de colère.

— Croyez, duchesse, dit doucement, d'une voix affectée, le chevalier de la Floresta, que j'ai été terriblement surpris et peiné du malheur arrivé à monsieur le duc... C'est une chose inouïe, qui a frappé toute la ville !

Donna Gabriella s'assit et invita du geste Coriolano à l'imiter. Blasco resta debout, une main à la hanche ; pâle, menaçant, il contenait tant bien que mal sa colère et serrait les dents pour ne pas laisser échapper les paroles qui lui venaient aux lèvres, et pour retenir l'ouragan qui lui gonflait la poitrine.

Coriolano s'informa de l'état du blessé.

— Trois blessures ! s'exclama-t-il avec une expression d'horreur, mais c'est une chose affreuse !... Quel médecin avez-vous appelé ?

— Don Francesco Pignocco, le protomédecin du royaume...

— Vous avez bien fait ; et l'on espère...

— Fort peu...

— Mon Dieu !... Quand on pense qu'il aurait pu être foudroyé !... et que sans l'intervention miraculeuse de monsieur Blasco de Castiglione, le pauvre duc à cette heure, serait mort...

Blasco serra les poings, enfonçant ses ongles dans la chair ; sous l'apparente émotion, ces derniers mots se tintaient d'une ironie qui échappait entièrement à Donna Gabriella. Elle murmura, avec une amère conviction :

— De fait, c'est ainsi !...

— Et l'on a des soupçons ? s'enquit Coriolano.

— Il semble que la justice ait une piste...

— Ah ? Voilà qui me fait plaisir.

En disant ces derniers mots, le chevalier de la Floresta posa un regard scrutateur sur Blasco qui, devinant la pensée de Coriolano, fronça le sourcil avec une expression de colère et de mépris. Il y eut un instant de silence, durant lequel Donna Gabriella put s'apercevoir que ces deux hommes qu'elle savait très amis se traitaient avec beaucoup de froideur et de réserve. Cette découverte lui procura un certain plaisir, non parce qu'elle répondait à ses intérêts, mais par pure malice. Privé de cette amitié, Blasco resterait seul, sans protection aucune face aux graves périls qui menaçaient sa liberté et sa vie. Une idée perfide lui traversa l'esprit : celle de mander secrètement le capitaine de justice pour lui remettre le jeune homme. Mais elle ne bougea pas. Au désir de vengeance succédait le sentiment de répugnance pour une action vile, et en même temps –

pourquoi le nier? – elle éprouvait un vague désir intime de le reconquérir, non point tant parce qu'elle l'aimait mais par dépit et jalousie. Coriolano reprit son chapeau, dit encore quelques paroles de circonstances, baisa la main de Donna Gabriella et s'apprêta à sortir; mais, saluant Blasco d'un signe, il lui dit :

— On m'a dit que vous partiez, monsieur. Est-ce vrai?

La phrase avait une forme interrogative, mais avec un sens caché que Blasco perçut parfaitement : c'était presqu'un ordre.

— Pas encore, monsieur, rétorqua le jeune homme. J'ai encore quelques tâches à accomplir, ici...

— Ah!... C'est juste : vous ne pouvez abandonner votre bonne œuvre de sauveur. Je souhaite de tout cœur que vos efforts soient récompensés mais... prenez garde, car la justice est sur vos traces.

— Je ne la crains pas.

Coriolano sortit. Alors Blasco s'approcha de la duchesse et lui dit rapidement :

— Permettez-moi de revenir... je vous dirai pourquoi plus tard, mais je vous avertis qu'il y va de la vie du duc.

La duchesse eut un mouvement de peur.

— Ne craignez rien, je reviens tout de suite.

Il sortit, sans laisser à Donna Gabriella le temps de dire un mot. Dans l'antichambre, il demanda aux domestiques si le chevalier de la Floresta était déjà parti.

— Non, Illustrissime, il est allé voir monsieur le duc...

— Ah!

Blasco n'entra pas, il jaillit dans la chambre, une grande salle simple et presque austère, au milieu de laquelle on avait placé le lit de Don Raimondo. Celui-ci gisait, immobile, la tête bandée, les yeux exorbités, fixés sur le plafond, pâle : on eut dit une statue de cire plutôt qu'un être vivant. A ce moment, à son chevet, il y avait le marquis de Regalmici et le rationnel de la maison. Debout sur le seuil, deux laquais attendaient les ordres. Coriolano s'approcha du lit, en considérant froidement ce corps au-dessus duquel était suspendue la faux de la mort. Son visage ne trahit pas la moindre émotion.

Blasco s'approcha du chevalier de la Floresta et murmura dans un rugissement contenu :

— Monsieur, ne croyez-vous pas qu'il serait bon de laisser en paix le blessé, maintenant?

Coriolano fit mine de ne pas comprendre le sens de cette observation et répondit avec une apparente tranquillité :

— De fait... Il y a trop de monde ici...

Ces paroles aussi avaient un double sens qui n'échappa pas à Blasco.

— Je vous accompagne, dit-il.

Ils sortirent, mais au portail, Blasco, n'y tenant plus, lança, les dents serrées :

— Monsieur, votre conduite est infâme!...

— Croyez-vous? répondit froidement Coriolano.

— Et si j'ai une douleur, un remords, une honte dans ma vie, c'est de vous avoir connu et de vous avoir serré la main!

— Ce qui signifierait?

— Que cette place est solitaire, la nuit profonde et que deux personnes de bonne volonté peuvent s'y battre...

— Un duel?... Avec vous?... Ici?... Mais si vous avez envie de vous battre avec moi, laissez-moi au moins, suivant le bon usage, le choix du lieu et de l'heure. Pour l'instant, j'ai à faire... Adieu, seigneur Blasco...

— Vous ne partirez pas, par Dieu!

— Écoutez-moi, Blasco de Castiglione, je veux vous donner encore la preuve de ma tolérance et de mon amitié, quoi que vous disiez... Vous ne savez pas ce que vous faites. Mais prenez bien garde toutefois (et il baissa la voix) vous êtes condamné et vous savez pourquoi... et si vous vous trouvez ici, vous le devez à la chance et à l'intérêt que je vous porte. Vous voulez vous battre avec moi? Je vous contenterai, et vous attendrai demain à vingt-deux heures à la Colona Rota, dans le jardin où vous vous êtes retrouvé à l'aube. Mais prenez garde, car au palais Albamonte, vous êtes plus près que vous ne croyez, de l'échafaud de la Marina. Et mettez-vous en tête qui ni le duel, ni quoi que ce soit d'autre que vous ferez n'arrêtera le cours de la justice!... A demain, Blasco de Castiglione, à demain...

Le jeune homme allait répondre, mais Coriolano montra du doigt le coin du Capo, où apparaissait la lueur dansante d'une lanterne.

— Regardez : voilà la ronde! Partez, si vous ne voulez pas être pris comme un rat.

Et profitant d'un mouvement instinctif de Blasco qui se retira dans l'ombre, le chevalier de la Floresta entra dans sa chaise à porteurs et s'éloigna rapidement. Blasco lui cria :

— A demain, vous pouvez y compter, je n'y manquerai pas! et il rentra au palais, à temps pour ne pas être vu de la ronde qui se dirigeait vers le Noviziato, au pas cadencé, les piques battant sur le pavé.

Blasco remonta dans la salle où il retrouva Donna Gabriella encore étonnée et curieuse.

— Madame la duchesse, lui dit-il, permettez-moi de passer ici la nuit et de veiller sur votre époux...

— Pourquoi? Nous ne suffisons pas? Les domestiques ne suffisent pas?

— Peut-être pas. Laissez-moi veiller... Je ne vous causerai aucune gêne... Peut-être même que je vous rendrai service...

— Vous m'effrayez. Qu'y a-t-il de nouveau?

— Rien, mais mon désir de conduire à son terme l'œuvre commencée n'est-il pas légitime?

Donna Gabriella ne parut pas satisfaite de la réponse ; le désir et l'insistance de Blasco avaient un sens caché qui l'emplissait de terreur. Puis un soupçon lui traversa l'esprit : Violante. C'était son idée fixe, son tourment : une vague de jalousie succéda à celle de la peur de l'inconnu, lui passa sur le visage, emplit sa bouche d'amertume et ses yeux de rancœur.

— Alors, dit-elle, je veillerai avec vous.

— Pourquoi vous fatiguer ?

— Pourquoi voulez-vous être laissé seul ?

Cette réponse révéla à Blasco quels soupçons hantaient le cœur de la duchesse. Il sourit tristement et d'une voix où tremblait la douleur :

— Pourquoi voulez-vous vous tourmenter ? Vous me croyez donc capable de profiter de ce malheur pour satisfaire un désir, au cas où j'en aurais un ? Je croyais au contraire vous avoir donné des preuves de désintéressement, vous avoir montré que, face à un grand devoir, je savais renoncer aux joies de la vie... Allez vous reposer et soyez plus juste... Quand viendra le jour, peut-être point trop lointain, où vous saurez le terrible secret de la nuit passée, et pourquoi votre époux gît sur ce lit, et ce que j'ai entrepris, oh ! alors, Donna Gabriella, vous me rendrez justice et reconnaîtrez que dans cette poitrine bat un cœur honnête et désintéressé, et par-dessus tout amant de la justice... même contre lui-même, contre lui-même plus que contre tout autre.

Il se tut un instant et enferma son visage dans ses mains, comme pour ne pas laisser transparaître sa douleur, ou pour se recueillir ; puis il releva sa belle tête et, secouant sa chevelure, reprit avec un sourire amer :

— Savez-vous qui je suis ? Savez-vous qu'outre le sentiment d'humanité, j'ai des obligations envers cette maison ?... Peut-être le duc de la Motta vous l'a-t-il tu, mais pourquoi vous laisser dans l'ignorance ?... A quoi bon garder la chose secrète, alors qu'elle ne l'est plus pour d'autres ?... Je m'étonne que vous n'ayez jamais regardé le portrait de Don Emanuele, le duc mort... Rappelez-vous... et regardez-moi, Donna Gabriella !

La duchesse le dévisagea et alors, pour la première fois, elle parut remarquer la ressemblance avec le grand tableau ; la stupeur lui ouvrit les yeux et la bouche et elle murmura :

— Comment ?... Vous ?

— Cela vous surprend ? De fait, nul n'aurait jamais soupçonné que, par un caprice du noble seigneur Don Emanuele, ce Blasco sans nom avait dans les veines le sang des Albamonte. Même moi, je l'ignorais encore voilà quelques mois... Oui, un bâtard ! Voilà ce que je suis, mais puisque mon certificat de naissance ne tait pas le nom de mon père, et me donne le droit – si je le veux – de porter le nom des Albamonte, vous me reconnaîtrez le droit de veiller et de défendre cette maison...

Donna Gabriella n'était pas encore revenue de son étonnement. Elle murmurait toujours :

— Vous ?... De fait, c'est vrai !... Le même visage... la même allure !... Oh mon Dieu !

— Oui, mon seigneur et père a voulu en fait me léguer un gage de son amour, de sa prévoyance, en me laissant ses traits en héritage... pour que, en les transportant partout, je révèle au monde la honte faite à une pauvre enfant et l'opprobe de ma naissance !... Et vous craignez... Vous m'attribuez de fabuleuses ambitions ! Quelles ambitions voulez-vous que j'aie ? Quels rêves puis-je caresser ?... L'amour, la richesse, la puissance ? Ces dons appartiennent au jeune homme, au fils légitime de Don Emanuele de la Motta, son héritier, l'héritier de son titre et de sa fortune !

— Quoi ? s'écria Donna Gabriella en se relevant brusquement, encore plus stupéfaite. Que dites-vous ?... Le petit Emanuele... L'enfant disparu ? Il vit ?

— Il vit !

— Où ? Comment ?

— C'est une longue histoire. Vous tenez à la connaître ? Elle est pleine de sang et de douleur ; cet enfant a vécu et vit peut-être encore dans l'ignorance de son origine, mais demain, conduit par ceux qui l'ont élevé, il entrera ici, avec son nom, et son titre de duc de la Motta...

La duchesse fixait Blasco, frappée par cette révélation inattendue, dont elle avait rapidement comblé les lacunes grâce aux demi-confessions de son époux, qui lui revenaient à la mémoire sous un jour sinistre. Le jeune garçon disparu vivait encore et l'homme qui gisait dans la pièce à côté était un usurpateur parvenu à ses fins par le crime... Ce n'était donc pas la victime de la haine, mais le coupable puni par la justice divine, infaillible et inexorable.

Ainsi du fond de l'oubli remontait toute une histoire de scélératesses, qui emportait celui qui avait été jusqu'à ce jour l'arbitre de la cité ! Combien de victimes verrait-elle se lever dans les recoins obscurs de ce palais, tendant leurs mains implacables vers le lit de cet homme ?

Elle eut peur. Certes, non pour elle qui n'était mêlée en rien au passé de Don Raimondo, mais pour la maison tout entière, sur laquelle pesait une menace inconnue et terrible, dont elle avait vu, dans la pièce voisine, une des premières et épouvantables manifestations. Et ce bâtard ? Que voulait-il ? Précédait-il son frère légitime, ou s'opposait-il à lui ?

Mais pourquoi, au lieu de se tenir à ses côtés, se plaçait-il dans la position de défenseur de l'homme qu'il aurait dû au contraire abhorrer ? Par intérêt pour Don Raimondo ? Oh non, certes pas !... Pour elle ? Elle était étrangère aux Albamonte et ni sa vie ni ses biens ne pouvaient souffrir d'outrage. Violante, donc ?... Oui ! elle le sentait dans le silence même de Blasco, dans ses efforts continus pour se dominer. La jalousie de la duchesse renaissait ; son âme impressionnable passait d'un sentiment à l'autre, avec le même emportement de passion. Pourquoi Blasco irait-il se plaindre que l'usurpateur fût chassé et que le nouveau maître de la maison s'y installât ? Un tel événement ne répondrait donc pas à ses aspirations ? Violante seule, orpheline, exposée à tous les périls, ne se jetterait-elle pas, par nécessité aussi, dans les bras de son cousin qui apparaîtrait comme son défenseur naturel ?

Sa gorge se nouait. D'une voix étouffée, elle dit :

— Mais vous n'êtes pas ici pour lui... pour Don Raimondo, ni pour votre frère... Avouez-le...

— Non, je ne suis pas là pour eux...

— Ni pour moi...

Blasco ne répondit pas tout de suite ; sa loyauté lui avait suggéré une parole que les convenances et la délicatesse lui interdisaient.

— Si je vous savais exposée à un péril, je ne manquerais pas de vous offrir mon bras et ma vie...

— C'est donc... pour Violante !...

— Oui, pourquoi le nierais-je ? Don Raimondo expie la mort de Donna Aloisia ; j'ai tenté de le sauver non pour lui, mais pour sa fille. Violante restera seule... et peut-être couverte d'infâmie par le souvenir paternel. Il faut qu'elle ignore qui fut son père, qu'elle ne soit pas chassée de la maison où elle est née, qu'elle reste duchesse de la Motta...

Donna Gabriella lui lança un regard stupéfait.

— Que voulez-vous dire ?

— Vous avez tort, Donna Gabriella ; vous devriez m'aider à empêcher que l'expiation des crimes du père se poursuive à travers la pauvre enfant.

La duchesse haussa les épaules. Que lui importait ? Ces mots n'apaisèrent pas son tourment.

— Vous l'aimez ! murmura-elle d'une voix sombre, vous l'aimez !... Voilà la vérité !... Vous voulez en faire la duchesse de la Motta ! Et qu'est-ce que cela signifie ? Cela vous empêchera peut-être de la prendre pour maîtresse ?

— Oh !... Donna Gabriella !

Leurs regards se rencontrèrent et chacun lut dans les yeux de l'autre le souvenir du passé. D'une voix plus basse et dolente, Blasco reprit :

— D'ici trois ou quatre jours, je partirai... et pour toujours !... Vos soupçons sont donc injustes.

— Vous partez ?

— Que voulez-vous que je fasse ?

Donna Gabriella jeta un rapide coup d'œil dans la chambre de Don Raimondo et peut-être une pensée perfide lui traversa-t-elle l'esprit. Il y eut un court silence ; puis, comme se répondant à elle-même, elle murmura : « Seulement moi, je resterai seule et abandonnée... ! »

Il y avait dans ces paroles une douleur telle que Blasco en fut ému mais il ne répondit pas. Il baissa la tête en soupirant, avec peut-être un regret pour le passé et un sentiment de désespoir pour le présent. Au bout d'un instant, il se leva et s'approcha de la chambre du duc ; les valets dormaient sur des sièges, le rationnel s'était étendu sur un canapé et ronflait doucement. Le blessé avait les yeux mi-clos et un aspect si épouvantable que Blasco craignit une catastrophe et se précipita vers le lit pour l'observer. Comme il se relevait, rassuré, son regard se posa sur la croisée et il lui sembla voir à travers les vitres une ombre qui disparaissait rapidement. Il courut ouvrir la fenêtre ; elle donnait sur la cour. Dans l'obscurité, cette ombre lui parut s'enfoncer dans la terre. Il se retira, referma la fenêtre, et barricada toutes les issues.

Donna Gabriella le vit revenir le visage pâle et le front humide de sueur.

— Qu'y a-t-il ? lui demanda-t-elle, épouvantée.

— Rien !

— Le duc ?

— Il se repose. Allez dormir, je vous en prie. Je veillerai.

Mais Donna Gabriella lui demanda doucement :

— Vous ne voulez donc pas que je reste auprès de vous ? Je vous suis devenue si odieuse ?

Blasco ne sut comment refuser ; il s'assit près d'une table au milieu de la pièce, à un endroit d'où il voyait, par l'embrasure de la porte, le lit de Don Raimondo. La duchesse s'installa près de lui, sur un fauteuil, en le contemplant en silence. Puis, humble et soumise, elle murmura, comme se parlant à elle-même :

— Si tu pars, je te suivrai.

XXV

Un volant avait couru porter la grande nouvelle aux deux sœurs de Don Raimondo, au monastère de Santa Caterina et il avait prié d'envoyer la jeune Violante auprès de son père. Elle n'avait pas été avertie de l'état de Don Raimondo. En le voyant, elle l'avait cru mort et s'était laissée tomber à ses pieds en sanglotant. Seule la présence de Donna Gabriella qui, surgie à ce moment, l'avait réprimandée pour ses manifestations trop violentes de chagrin, put l'obliger à se modérer et à réprimer ses larmes. Ce fut encore sa marâtre qui vint le soir lui ordonner d'aller dormir ; et elle obéit, soit parce qu'elle était sous l'empire de l'émotion, soit parce que depuis la soirée précédente, l'aspect et la voix de cette femme lui glaçaient le sang.

Mais maintenant, elle se relevait et, pensant reprendre son poste auprès du lit paternel, elle venait sur la pointe des pieds. Pour se rendre de sa chambre à celle de Don Raimondo, elle devait nécessairement traverser la salle où Blasco et Donna Gabriella avaient passé la nuit.

Sur la petite table brûlait encore un des becs de la lampe de cuivre ; l'autre s'était éteint. La lumière affaiblie par le manque d'huile éclairait chichement un espace réduit, dans lequel les choses confondaient leurs contours ou se devinaient à quelque touche plus lumineuse. Violante aperçut près de la table une masse humaine qui lui tournait le dos, et dont l'immobilité, la respiration lente et profonde montraient que le personnage dormait. En traversant la salle, légère comme une créature impalpable, la jeune fille tourna la tête et reconnut Blasco. Le jeune homme s'était endormi, la tête renversée sur le dossier bas d'un siège, la bouche à peine entrouverte, le visage empreint d'une tristesse profonde. Violante s'arrêta un instant en joignant les mains, mais ses yeux descendirent le long du corps du jeune homme, enfoui dans la pénombre, où quelque chose de trop volumineux avait attiré son regard...

Elle étouffa un cri de douleur et d'étonnement et, se sentant au bord de l'évanouissement, elle s'appuya lourdement à la table.

Près de Blasco, mais beaucoup plus bas, elle avait vu, la tête posée sur un des accoudoirs du siège, ses cheveux effleurant la poitrine du chevalier, Donna Gabriella endormie, dans une attitude pleine de douce intimité. Le sommeil avait dû la prendre dans cette pose d'abandon et de dévotion.

Violante sentit son cœur déchiré par une lame de glace ; un sentiment d'horreur, une peine ineffable, une envie de pleurer lui gonflèrent la poitrine. Elle ne pouvait détacher ses regards de ce spectacle. Elle fit un effort pour entrer dans la chambre et peut-être n'eut-elle pas la force d'atténuer le bruit de ses pas et d'éviter de heurter les objets. Donna Gabriella se réveilla, vit, sans la reconnaître, l'ombre de l'enfant, bondit sur ses pieds, troublée, et s'approcha. Alors à sa confusion s'ajouta la colère, le dépit, la jalousie :

— Toi ! cria-t-elle ! Tu viens espionner ?

Le cri réveilla Blasco qui, craignant quelque malheur, bondit lui aussi sur ses pieds en empoignant l'épée qu'il avait posée sur la table à portée de la main. Mais en se retrouvant devant les deux femmes, il resta pétrifié, ne s'expliquant pas ce qui s'était passé et ce qui, à cette heure, les dressait encore une fois l'une contre l'autre.

Vaincu par le sommeil, il n'avait pas entendu Donna Gabriella s'approcher de lui et s'endormir pour ainsi dire sur sa poitrine ; il s'étonnait de la voir ainsi troublée et menaçante contre la fillette.

La duchesse répéta en grinçant des dents :

— Tu es venue espionner ?

Violante ravala ses larmes, leva la tête et avec une dignité au-dessus de son âge, rétorqua :

— Non, madame, je viens assister mon père.

Et, entrant dans la chambre, elle alla reprendre sa place auprès du lit, sans se retourner, sans baisser la tête, sans trahir la moindre émotion. Mais Donna Gabriella, à qui les tourments de la jalousie faisaient oublier toute prudence, la suivit et ordonna :

— Ta présence est inutile quand je suis là...

— Vous madame ? demanda Violante, en la regardant dans les yeux.

— Retourne dans ta chambre...

— J'espère que vous me reconnaîtrez le droit de rester ici !...

Les domestiques et le rationnel, réveillés par cet échange, honteux de s'être ainsi laissés surprendre par le sommeil, bredouillèrent des paroles d'excuses ; mais Violante les congédia :

— Allez vous reposer ; vous êtes trop fatigués. Je resterai moi, allez !

Les domestiques et le comptable se tournèrent vers la duchesse d'un air indécis, comme pour demander s'ils devaient obéir, mais Violante insista, impérieuse :

— Eh bien ? Il me semble vous avoir dispensé de veiller. Allez donc...

Quoique l'attitude de la jeune fille l'eût d'abord prise au dépourvu, Donna Gabriella reconnut cependant que son autorité s'en trouvait diminuée et bafouée devant les domestiques.

— Oublies-tu qui je suis ? demanda-t-elle avec hauteur.

— Non, madame, répondit Violante, je n'oublie rien. Mais je vous épargne la fatigue de vous occuper de mon père, et je crois que s'il pouvait exprimer son désir, il ne voudrait personne d'autre à son chevet...

Et se retournant vers les valets et le rationnel qui attendaient, figés, embarrassés, elle ajouta :

— Allez, madame la duchesse trouve aussi plus convenable que vous alliez vous reposer.

Ils s'inclinèrent et sortirent. Le rationnel crut devoir renouveler ses offres :

— Si jamais, Excellence... je suis au secrétariat... faites- moi appeler sans hésiter.

Quand tous furent partis, la jeune fille plaça un fauteuil près du lit paternel et s'y installa sans dire un mot. La duchesse se sentait dévorée par le dépit, la haine, le besoin de mettre cette enfant à ses pieds. Se souvenant des calomnies qu'elle avait proférées contre Violante devant Don Raimondo, elle s'irritait, mortifiée d'avoir été découverte dans une attitude qui donnait à sa belle-fille le droit de la gifler de paroles vengeresses. Il fallait à tout prix qu'elle l'écrasât, qu'elle retournât contre elle sa propre défaite, qu'elle martyrisât ce cœur deux fois brisé.

— Tu ne prétendras certes pas, dit-elle, que je te laisse seule...

— Que craint Votre Seigneurie ? répondit la jeune fille en se tournant à demi sur son fauteuil. Ne serez-vous point dans l'autre pièce... avec le seigneur Blasco ? Vous y serez plus à l'aise, qu'auprès de ce lit...

Donna Gabriella se mordit la lèvre et Blasco, qui ne comprenait pas les raisons de l'ironie douloureuse de ces dernières paroles, murmura doucement, mais sur un ton de regret voisin du reproche :

— Violante !

— Que veux-tu dire ? demanda la duchesse.

— Rien, madame... mais je pense... avec satisfaction que..., à présent, vous ne pourrez plus m'accuser d'être l'amante de ce monsieur...

— Malheureuse ! s'écria Donna Gabriella en s'élançant, les mains tendues vers la jeune fille.

Mais Blasco s'interposa :

— Que faites-vous là ?

Violante, qui s'était levée, montra du doigt le blessé ; et tous trois le virent à cet instant ouvrir les yeux et les regarder avec une souffrance que sa voix ne parvenait pas à exprimer. Ce regard pétrifia Donna Gabriella, glaça le sang de Blasco, ferma les bouches dans un silence que chacun, suivant les dispositions particulières de son âme, remplissait de pensées, d'effroi ou de pitié. Violante s'approcha du lit et demanda doucement :

— Désirez-vous quelque chose, monsieur mon père ?

Don Raimondo tourna les yeux vers elle et la regarda longuement ; ses lèvres eurent un mouvement presque imperceptible mais pas un gémissement ne les franchit. La jeune fille le contemplait, les yeux pleins de larmes puis, suivant la direction du regard paternel, elle vit qu'il se posait sur la duchesse et Blasco. Elle crut pouvoir l'interpréter :

— Monsieur, dit-elle à Blasco, je vous en prie, laissez-le se reposer...

L'invitation était adressée au jeune homme, mais à l'évidence elle concernait aussi la duchesse. Donna Gabriella haussa les épaules d'un air dédaigneux.

— Accompagnez-moi, monsieur, demanda-t-elle, impérieuse, en tendant la main pour la poser sur le poignet de Blasco, qui ne lui offrait pas encore le bras.

Le chevalier était cloué sur place ; son cerveau bouillonnait de pensées ; dans l'attitude dure, altière, rigide, de Violante, comme dans la confusion de Donna Gabriella, il y avait un mystère qu'il ne parvenait pas à déchiffrer. Il aurait voulu interroger la jeune fille, obtenir quelques explications ; s'il le fallait, se disculper et se défendre, mais la duchesse l'attendait, et s'irritait :

— Monsieur, je vous ai prié de m'accompagner...

— Pardonnez-moi, répondit Blasco, mais tout ce qui se passe ici est si étrange que j'éprouve une espèce d'embarras, de sorte qu'il me semble légitime de demander des explications...

D'une voix froide, mais non dépourvue d'amertume, Violante répliqua :

— Madame la duchesse peut vous expliquer mieux que moi... Ayez la bonté de la suivre...

Elle l'obligeait à sortir. Pourquoi ? De quoi donc était-il coupable ? Il regarda la duchesse qui l'attendait, dans une pause pleine d'une dignité seigneuriale et avec une lueur de satisfaction malveillante. Violante leur avait tourné le dos et avait repris son poste auprès de son père, qui avec des yeux sans vie suivait les gestes des uns et des autres, au fur et à mesure qu'ils parlaient, comme s'il n'entendait pas les paroles et ne comprenait pas ce qui se passait. Donna Gabriella fut agacée par l'irrésolution de Blasco.

— Je vous attends !

Alors, tête basse, le cœur en tumulte, il lui tendit lentement le bras, sur lequel la duchesse posa la main. Il l'accompagna dans la salle où ils avaient passé la nuit.

Donna Gabriella eut un instant d'hésitation puis reprit sa place devant la table et indiqua à Blasco un siège au fond de la pièce, d'où il ne pouvait voir dans la chambre ni être vu :

— Asseyez-vous.

Elle donnait des ordres d'un air impérieux, comme si elle avait surpris les autres en faute, par besoin de prendre une revanche sur quelqu'un. Mais Blasco n'obtempéra pas ; il éprouvait une indignation, un sentiment de sourde rébellion contre cette femme dépourvue de respect au point de s'abandonner à ses instincts aveugles dans la chambre de son époux agonisant ; il ne voulut pas obéir à ce geste déraisonnable et dit :

— Je n'ai plus rien à faire ici. J'espère que Don Raimondo guérira. Pour accomplir ma tâche, je n'ai pas besoin de rester dans cette maison, où du reste, le va-et-vient de visiteurs me mettrait en danger. Il ne fait pas encore jour ; les rues sont assez sombres pour que je puisse m'y glisser...

— Vous partez ? Comment ? Pourquoi ? demanda précipitamment la duchesse.

— Parce qu'il le faut.

— Je ne vous laisserai pas sortir...

— Vous ne vous y opposerez pas ! riposta Blasco avec fermeté, en la dominant de sa volonté.

Alors, elle sentit son cœur se briser et ses yeux se remplirent de larmes.

— Pourquoi voulez-vous me laisser ? gémit-elle.

— Je dois partir. D'autres tâches m'attendent. Je ne puis laisser mon œuvre à mi-chemin... Cette nuit peut-être, reviendrai-je... si la chose est possible... En tous les cas, vous recevrez de mes nouvelles, n'en doutez pas ; et croyez que je veillerai sur cette maison...

— Que m'importe à moi cette maison ! s'exclama douloureusement Donna Gabriella.

Mais Blasco ne tint pas compte de l'interruption ; il prit son manteau, son épée, son chapeau et la salua :

— Adieu ! Soyez plus juste et plus humaine ; et souvenez-vous qu'en un tel moment vous avez une grande tâche à accomplir, parce que pour l'heure, vous seule représentez la maison des Albamonte.

Il lui baisa la main avec une froide courtoisie et sortit. Donna Gabriella ne sut pas le retenir, ne sut dire un mot ; à la tension nerveuse de ses emportements avait succédé par réaction naturelle une faiblesse de la volonté et une prostration de ses forces, qui ne lui laissait d'autre refuge que les larmes.

Enveloppé dans son manteau, le col relevé sur le nez, Blasco prit la rue de la Porte Carini pour sortir au plus vite de la ville. Il faisait déjà jour ; aux fenêtres, des rideaux s'écartaient, révélant des visages ensommeillés. Les boutiques s'ouvraient. Les douaniers avaient déjà ouvert la porte, derrière laquelle attendaient les voituriers avec une *redine,* convoi de mules attachées ensemble, chargées de barils ou de sacs, et des chariots tirés par des bœufs. Blasco se mêla à eux et suivant la ligne des bastions à gauche, rejoignit bientôt les jardins et par un sentier regagna le couvent des Capucins où il attendrait l'heure de sa rencontre.

En répondant évasivement au frère qui l'accompagnait, il entra dans la cellule et se jeta sur le lit, décidé à mettre de l'ordre dans ses idées. Il fallait protéger Violante contre les pièges et les violences de la duchesse, et pourvoir en même temps à son avenir. Il n'y avait qu'un moyen : tout révéler aux Ventimiglia et aux Branciforti, aux parents d'Emanuele et de la jeune fille, et placer ces deux orphelins sous leur protection. Il écrivit deux missives en signant : « Blasco Albamonte » et les remit au frère qui était sur le point de partir pour sa quête, en le priant de les porter à l'adresse indiquée.

— Je comprends ! Ce sont des seigneurs, parmi les premiers du royaume ! s'exclama le religieux. Des amis de Votre Seigneurie Illustrissime ?

— En effet.

Le frère mit les lettres dans sa besace et s'en fut. Blasco demandait à chacun des deux seigneurs un rendez-vous pour traiter d'affaires très graves concernant leurs familles ; il les pria d'excuser son audace s'il ne se rendait pas lui-même en leur palais, comme il aurait dû. Mais la chose lui était impossible, pour des raisons indépendantes de sa volonté. Il leur donnait rendez-vous à des heures différentes, dans la « forêt » des capucins.

A l'heure dite, les deux seigneurs arrivèrent en carrosse. L'un et l'autre ne furent pas peu surpris en découvrant que ce Blasco Albamonte qui les avait mandés et qu'ils croyaient ne pas connaître, n'était autre que le jeune Blasco de Castiglione, qui passait pour être d'origine inconnue. A son grand déplaisir, Blasco dut à deux reprises révéler ses origines ; ce qui emplit de stupeur les deux seigneurs qui, sachant enfin que le chevalier avait du sang noble dans les veines, parurent se réconcilier avec lui et le regarder avec une plus grande bienveillance. Mais leur stupeur fut à son comble quand ils apprirent que l'héritier de Don Emanuele, duc de la Motta, le duc légitime, le fils de Donna Aloisia, vivait, miraculeusement sauvé, et qu'il fallait le retirer désormais de la tutelle de ses sauveurs et lui rendre son nom, d'autant qu'il existait un acte, par lequel Don Raimondo le reconnaissait pour son neveu, et que cet acte se trouvait entre les mains du notaire Di Bello. A présent que Don Raimondo se trouvait entre la vie et la mort, il fallait que les parents maternels du jeune homme missent tout en œuvre pour lui rendre son rang ; cependant, par égard pour la maison, et pour éviter tout inconvénient et ne pas disperser le patrimoine, Blasco proposait de marier Emanuele avec Violante. Étant donné la gravité de l'état de Don Raimondo, il revenait aux parents des deux jeunes gens, leurs tuteurs naturels, de régler par un accord leur union future. Toutes ces nouvelles, ces propositions plongèrent dans la stupéfaction le marquis de Geraci, grand-père d'Emanuele, qui éprouva une douce émotion à l'idée que le fils de sa pauvre Aloisia vivait. Le discours de Blasco n'étonna pas moins le prince de Butera, auquel la solution proposée parut la plus logique et la plus convenable. Sur le moment, ils ne prirent aucune résolution ; il fallait avoir en mains l'acte confié au notaire Di Bello et rassembler tous les éléments ; en tout cas, il fallait attendre d'être fixé, d'une manière ou d'une autre, sur l'état de santé de Don Raimondo.

Dans ses révélations, Blasco avait tu autant qu'il le pouvait ce qui risquait d'entacher l'honneur de Don Raimondo, et la part qu'avaient prise les Beati Paoli dans les événements ; il dit une seule chose à l'oreille du prince de Butera : qu'il convenait de protéger sa nièce Violante, menacée de graves dangers dans la maison paternelle.

Au moment où les deux seigneurs, qui avaient fini par se retrouver ensemble, s'apprêtaient à prendre congé, le prince de Branciforti demanda à Blasco :

— Mais vous, mon fils, avec cet édit qui pèse sur vous, quelles diableries avez-vous commises ?

— Aucune, prince, j'ai voulu bien faire, on m'a fait du mal et j'ai dû me défendre. Voilà, en résumé ce que j'ai commis. Si je suis frappé d'un édit, je le dois à Don Raimondo que j'ai sauvé. Mais peu importe. Votre Excellence me procurera un passage sur un vaisseau. L'édit concerne Blasco de Castiglione et je suis en fait Blasco Albamonte, de la maison des ducs de la Motta. Blasco de Castiglione est mort, pour la justice...

— Diable ! Voilà une idée qui me plaît. Laissez-moi faire.

Blasco les raccompagna à leur carrosse. Quand ils furent partis, il sentit un poids s'envoler de sa poitrine et respira, mais il fut surpris par une larme qui lui était venue au bord de l'œil, et par un sanglot douloureux qui montait.

XXVI

Après avoir déposé Blasco à terre, dans les jardins qui s'étendaient sur le lit de l'ancien marais du Papyrus, Coriolano, Don Girolamo et Andrea s'éloignèrent à travers champs, et par un long détour parvinrent à la route bordée d'arbres hors de la Porte Neuve. Ils longèrent le mur jusqu'à la Porte Termini et attendirent jusqu'au point du jour l'ouverture de celle-ci. En se mêlant aux voituriers qui venaient de Messine, ils entrèrent sans se faire remarquer. Coriolano n'avait pas ôté son masque ; quand le moment fut venu d'entrer en ville, il échangea à mi-voix quelques mots avec Don Girolamo qui fit un léger signe de tête et dit à Andrea :

— Va à la maison de Nino Bucolaro, donne-lui le signal et attends-moi avec lui devant San Michele Arcangelo...

Andrea parti, Coriolano ôta son masque.

A la Fieravecchia, il quitta le rationnel et rentra chez lui. Don Girolamo s'en fut à San Michele Arcangelo où il ne trouva qu'Andrea.

— Eh bien ?

— J'ai fait trois fois le signal, mais je n'ai pas reçu de réponse ; je n'ai vu âme qui vive.

Le visage de Don Girolamo se rembrunit.

— Le malandrin ne devait pas être chez lui. Où peut-il être allé ?

D'un pas tranquille, ils se dirigeaient vers San Cosmo, sans savoir que la place était pour ainsi dire en état de siège mais quand, en descendant de la Guilla, ils virent aux fenêtres et sur les seuils des gens qui regardaient avec curiosité vers la place et qu'ils aperçurent des gardes et des soldats près de l'église, ils s'arrêtèrent, inquiets.

— Diantre ! s'exclama Don Girolamo. L'affaire est sérieuse. Allons à la place du Mont de Piété.

Ils prirent la rue sous l'arche de Sant'Isidoro, et de la place du Mont, par la rue des Lettighieri – dite aujourd'hui des chaises à porteurs – ils retournèrent vers San Cosmo, mais là aussi il y avait une escouade de soldats derrière lesquels s'attroupaient les curieux. Don Girolamo et Andrea se mêlèrent à eux et donnèrent un coup d'œil à la place, sur laquelle brûlait encore une torche, dont la lumière s'effaçait dans la clarté du jour. Ils virent la ruelle des Orfani, l'église des Canceddi, l'entrée de la rue San Cosmo et de la Porte Carini, gardées par des soldats. Il semblait que toute la garnison fût descendue dans la rue ; des officiers, des argousins, allaient et venaient ; au milieu de la place, le capitaine de la cité, dans une fureur extrême, passait sa colère sur tous ceux qui se trouvaient à sa portée.

Don Girolamo recueillait les impressions, les commentaires, les cancans de la foule.

— Ils ont trouvé les Beati Paoli !

— Mais non, ils sont gros-jean comme devant !

— C'est moi qui vous le dis !

— Mais vous ne savez rien.

— Ils sont entrés dans la grotte !

— Vraiment ?

— Où est la grotte ?

— Vous vous rendez compte ! Ils l'avaient sous le nez !

— Dans la rue des Orfani...

— Mais non, sous la maison du juge Baldi.

— Elle est là, dans la rue !

— Je vous dis qu'il y a deux entrées !

— Qui aurait imaginé ?

— Mon Dieu ! Mon Dieu ! Et ils les ont trouvés ?

— Vous avez entendu, ces coups de feu ?

— Une bataille !...

— Pauvres petits !

— Vous ne pouvez imaginer la terreur. Je dormais, quand tout d'un coup : *boum ! boum !;* je me suis réveillé et j'ai voulu sortir, mais ma femme me disait : mais non, Peppe, ne bouge pas ; ce sont sûrement des bandits... les balles n'ont pas d'yeux, vous savez !

— Et il y a des morts ?

— Qui sait ?

— Quelqu'un a mouchardé, certainement !

— Eh, même notre Seigneur a été trahi !

— S'ils le prennent, ils lui feront sa fête...

— Vous pouvez y compter...

— Mais on ne peut pas passer ?

— Monsieur le caporal, excusez-moi, on peut passer ?

— Ordre du capitaine ! Vous me la baillez belle ! Et si j'habite de l'autre côté ?

— Mais quel ordre à la noix !

Survinrent alors des maraîchers avec leurs ânes chargés de *zimmili** pleins de choux-fleurs et de salades, des voituriers avec leurs convois de mules ; les églises sonnèrent la messe ; les habitants sortaient des maisons pour aller à leurs affaires ; sans que nul ordre eût été donné, le cordon de

* Mot d'origine arabe désignant une espèce de grande besace en feuilles de palmier nain tressées (d'après une note de l'édition italienne).

soldats se défit et la place se remplit de gens qui allaient et venaient. Les commentaires se mirent à pleuvoir et ils n'étaient certes pas favorables au seigneur capitaine de la ville qui était cette année-là le duc Don Luigi Gaetani.

— Joli tour qu'ils lui ont joué !

— Ils croyaient donc avoir affaire à des gamins ?

— Les Beati Paoli sont comme des esprits ; on les voit, on les entend, et ils n'apparaissent jamais !

La secte avait la sympathie des gens du peuple, qui étaient prompts à admirer tout ce qui avait un caractère de merveilleux ou qui était signe de rébellion contre l'autorité, dont on ne connaissait que les rigueurs et les violences. A leurs yeux, les Beati Paoli exerçaient une œuvre de justice vengeresse en faveur des faibles, et étaient donc leurs défenseurs naturels et légitimes. On comprendra donc que la satisfaction fut générale quand on apprit que la force publique avait complètement échoué : elle avait trouvé l'étable, mais les bœufs étaient partis ; on prit grand plaisir à brocarder la stupidité du seigneur capitaine.

— Il a bonne mine !

L'exclamation, répétée avec des ricanements et des rires ironiques, et l'inutilité de toute recherche, poussèrent le capitaine à ordonner la retraite des soldats. Il laissa des piquets aux deux entrées de la grotte et abandonna le champ de bataille, sans gloire et sans succès.

Don Girolamo et Andrea entrèrent chez le rationnel, où dame Francesca les attendait dans une grande appréhension. Elle ne s'était pas couchée, pour attendre son mari. Elle avait entendu les coups de fusil et s'était précipitée, épouvantée, au balcon, d'où elle avait vu à la lumière des torches ce remue-ménage de soldats. Tremblante, elle s'était mise à prier, craignant de voir arriver au bout de la rue, d'un moment à l'autre, son mari mort ou arrêté. Elle avait passé la nuit dans cette anxiété, en sursautant à chaque bruit, épiant chaque groupe, cherchant à deviner ce qui se passait.

Elle avait éprouvé un premier soulagement en voyant les gardes et les soldats se retirer sous les rires et les plaisanteries de la foule, mais quand elle vit son époux, des larmes de joie lui montèrent aux yeux.

— Que s'est-il passé ?

— Rien, rien du tout. Emanuele ?

— Je crois qu'il dort... Je n'y ai pas pris garde. Je ne pensais qu'à vous. Quelle peur !... Mais comment est-ce arrivé ?

— Comment savoir ? Quelqu'un a dû guider la justice...

— Est-ce qu'un malheur est arrivé ?

— Non, aucun.

– Que Dieu soit loué...

Dame Francesca ignorait de quoi avait débattu cette nuit-là le tribunal des Beati Paoli. Quoiqu'elle sût la part qu'y avait son mari et connût quelques secrets, notamment ce qui concernait Emanuele, Don Girolamo ne lui faisait jamais de confidences sur les affaires que traitait le tribunal, et ne lui avait jamais dit qui étaient les compagnons. Tout juste savait-elle qu'Andrea et Antonino Bucolaro appartenaient à la secte. La présence de l'ancien valet, insolite à cette heure et l'aspect des deux hommes suffisaient à lui faire comprendre qu'il s'était passé de grandes choses, mais habituée à rester à l'écart, soumise à son époux, elle n'osa rien demander et en bonne ménagère se disposa à ranger la maison.

— On peut dire que j'ai achevé ma tâche, dit Andrea. Ce que je me suis juré d'accomplir est fait et maintenant je vais pouvoir baiser la main de mon petit maître. Même si la foudre s'abattait sur moi, ou si l'on m'envoyait au gibet, je mourrais content.

— Nous n'avons pas peur de mourir sur l'échafaud.

— Nous l'avons échappé belle... Et, excusez-moi, maintenant que nous avons l'acte, qu'allons-nous faire ?

— Parbleu, nous le porterons... au vice-roi ou à la Grande Cour Civile... je ne sais pas ; le chef en décidera. Il sait tout...

— Je n'ai qu'une hâte ; celle de voir mon petit maître dans son palais, de chasser l'intrus...

— Qui sait ? N'oubliez pas qu'il y a le bâtard...

— Ah ! S'il n'était pas du sang de mon bon maître, à cette heure, j'en aurais débarrassé le terrain ! Que veut-il ? Que prétend-il ? Avez-vous vu comment il a défendu cette canaille ? Il faut du courage...

— Motus !

— Vous avez raison.

Don Girolamo se leva et alla dans la chambre d'Emanuele. Mais à peine eut-il franchi le seuil qu'on entendit sa voix stupéfaite :

— Francesca, où est Emanuele ?

— Comment, où il est, répondit, étonnée, dame Francesca. Il dort dans sa chambre.

— Il n'y est pas...

— Comment ? Comment ?

Et la bonne dame, délaissant son travail, courut voir elle aussi. Le lit était vide, la couverture en désordre.

Don Girolamo fronça le sourcil, jeta un regard circulaire et s'aperçut que la fenêtre du balcon, qui au premier coup d'œil, paraissait fermée, était seulement tirée. Ce balcon donnait sur une terrasse intérieure, qui formait une espèce de puits de lumière, sur lequel s'ouvraient les fenêtres de l'étage supérieur et il y avait là une échelle permettant d'accéder à la soupente de la cuisine. Elle avait été placée sous une fenêtre de l'étage supérieur, et le rationnel vit que les derniers échelons étaient assez haut pour qu'un jeune homme de la stature d'Emanuele pût se hisser par ladite fenêtre. Il comprit tout.

— Cette fois, cria-t-il, je vais l'attraper, moi, et parole d'honneur, je vais lui donner une leçon.

Il rentra, prit une clé, ouvrit une petite porte et s'élança dans un escalier de bois, à la grande stupeur de sa femme et d'Andrea. Peu après, on entendit un brouhaha et un bruit de dégringolade et ils virent surgir Emanuele rouge de colère et de dépit, suivi de Don Girolamo qui criait :

— Je te l'ai interdit, grand Dieu!... Je te l'ai interdit!!... C'est une chose indigne... Je t'enfermerai dans un couvent!

La vue d'Andrea, au lieu de mortifier le jeune homme, l'excita.

— Qui? Qui allez-vous enfermer? Mais taisez-vous donc à la fin!

— Ah! mécréant!

— Prenez garde à vous! lui lança Emanuele dans un accès de colère orgueilleuse, prenez garde à vous!

— Tu me menaces? se récria Don Girolamo, furieux et stupéfait. Tu oses aussi cela?

— Je ne vous menace pas, mais à la fin, vous devez rester à votre place!...

— Tu me parles ainsi, à moi? Ma place! Je vais t'en donner de la place!

Au mur, il décrocha une férule et s'avança vers Emanuele pour le frapper mais Andrea s'interposa, dans une attitude de défense résolue :

— Cela non!... Je ne vous le permettrai pas!...

— Vous!... enlevez-vous de là, palsambleu! Qui êtes-vous? Enlevez-vous!

— Enlevez-vous! répéta Emanuele, dans un accès de jactance orgueilleuse. Je n'ai pas besoin de vous!... Laissez-le venir, s'il a du cœur!...

Le rationnel écumait de rage.

— Corbleu! tant que tu seras sous mon toit, tu es toujours mon fils adoptif et je te battrai!

Il leva la main, mais Andrea tenta d'arrêter son bras :

— Ne frappez pas, Don Girolamo!

— Vous voulez donc que je passe ma fureur sur vous? ... Mais allez-vous-en, partez!... Ici, c'est moi le maître!... sortez, avant que je me repente de ce que j'ai fait!

Dame Francesca s'entremit, cherchant à calmer son époux.

— Vous avez raison, Don Girolamo, mais pardonnez-lui; il ne sait ce qu'il dit. Et vous verrez qu'il le regrettera...

— Moi? Point du tout! l'interrompit Emanuele en ricanant. Je n'ai rien à regretter!

— Vous l'entendez... mais que je perde mon nom si...

Repoussant sur le côté Andrea, Don Girolamo expédia un coup que l'ancien valet fut prompt à bloquer avec le coude, saisissant en même temps la férule, pour empêcher le rationnel de frapper le jeune homme. Dame Francesca s'était jetée au milieu d'eux en criant. Mais Emanuele conservait une attitude de défi. Don Girolamo voyait rouge ; il s'en prit à Andrea.

— Sortez ! hurla-t-il, sortez ! hors d'ici !

— Don Girolamo ! suppliait sa femme.

— Oui, je vais sortir, répondit Andrea, mais pas seul. Parbleu ! avez-vous perdu l'esprit ?

— Oui, je vais faire des choses folles !... Cet ingrat, cette vipère que j'ai réchauffé dans mon sein, que j'ai nourri !

— Si vous m'avez nourri, ne craignez rien : vous serez remboursé de vos frais, dès que je serai rentré en possession de mon patrimoine !

En entendant cette réponse orgueilleuse d'Emanuele, Don Girolamo demeura interdit. Sa colère fut comme étouffée par ce coup inattendu ; il y avait dans cette réponse pleine de suffisance et de cruauté toute une révélation.

— Quoi ? Patrimoine ?... Qu'a-t-il dit ?

Dame Francesca se troubla ; Andrea, comprenant peut-être plus que ce que signifiaient ces paroles, s'exclama :

— Comment ? Il sait donc tout !

— Oui, dit Emanuele sur le ton du triomphe : je sais que j'ai grandi dans cette maison, humblement, je sais aussi que je suis un seigneur et que j'attends d'avoir un autre état. Et je sais que vous me devez le respect, et que si quelqu'un doit commander, c'est moi !

— Ah ! enfin ! s'écria joyeusement Andrea ; enfin je peux me débarrasser du poids de ce secret ! Oh, Excellence, mon maître !

Il se jeta à genoux devant Emanuele et lui prit la main pour la baiser, au grand plaisir étonné du jeune homme, tandis que Don Girolamo répétait, abasourdi :

— Comment le sait-il ?... Qui le lui a dit ?

Dame Francesca tremblait. Emanuele, qui au fond ne savait rien de plus que ce que lui avait raconté sa mère adoptive, mourait d'envie d'apprendre ce qu'Andrea et le rationnel croyaient qu'il connaissait déjà. Cet Andrea qui lui baisait la main, lui donnait de l'*Excellence* et l'appelait maître, qui semblait la proie d'une grande émotion, s'offrit alors à lui comme le détenteur du fin mot de l'énigme. Cependant la réaction de chacun le confirmait dans l'idée qu'il était le descendant d'une grande famille, augmentant cette arrogance, cette suffisance, cette vanité qui le rendaient odieux.

Don Girolamo se reprit.

— Ah ! me payer ! répéta-t-il amèrement, Votre Seigneurie veut me payer de ce que j'ai dépensé ?... Mais si tu me donnais tout ton héritage, tu ne réussirais jamais à me rembourser de ce que j'ai fait pour toi, des périls que j'ai encourus et de toutes les fois où j'ai exposé ma vie... Mais même ta vie ne suffirait pas à me rembourser !... Va ! Ton sang ne ment pas ! Et tu as raison ; toi seul as le droit de commander... Nous sommes, c'est vrai, ceux qui t'ont sauvé et qui ont lutté pour ne pas te laisser dépouiller de ton bien, néanmoins, nous sommes de pauvres gens et c'est à nous d'obéir!... C'est juste. Demain je t'accompagnerai chez les parents de ta mère; je ne puis plus rien faire pour toi. Et quand tu sortiras, je fermerai cette porte, pour que ne te vienne jamais la tentation d'entrer... Ton argent! Peuh! Si j'avais voulu en avoir des sacs gros comme cela, je t'aurais livré... à qui je sais, qui t'aurait acheté à prix d'or.

— Don Girolamo! supplia encore dame Francesca.

— Don Girolamo, ajouta Andrea, entre la prière et le reproche, il me semble que ce n'est pas là un ton digne de vous...

— Laissez-moi parler, au moins!... Son argent! Le posséderait-il, peut-être, si je ne l'avais pas soustrait à la mort? Si je ne l'avais pas caché et si je n'avais pas affronté les périls que j'ai encourus? Mais garde-le!... Qu'en ferais-je? Il me brûlerait les doigts... Aujourd'hui ici, demain ailleurs, et si je te rencontre, je ferai comme si je ne te connaissais pas!... Mais jusque-là, tu m'obéiras. Si tes parents veulent te donner la fille d'un ramasseur d'ordures, peu m'importe : s'ils sont contents, tant mieux; mais que moi je te permette de t'acoquiner avec une jeune fille quelconque, n'y pense pas!... Et je dirai tout à tes parents; les scrupules sont inutiles... En attendant, tu resteras ici, dans cette chambre... Tu vas voir que tes parents te feront passer ces lubies. Dans un couvent! Ou quelques mois dans un château, et tu sais comme on y est bien!

Il se tut. Il avait la bouche amère et la poitrine gonflée de douleur et de colère. Les autres aussi se taisaient, subjugués par la justesse de cette sortie; seul Emanuele était resté troublé, hargneux, hautain, comme s'il avait fait un grand effort pour supporter ces paroles. Au bout d'un instant, il demanda froidement :

— Pourquoi ne me conduisez-vous pas chez mes parents? A la fin, cela fait trop longtemps que je suis ici; vous auriez dû le faire plus tôt...

— Vous l'entendez? demanda Don Girolamo, vous l'entendez, vous aussi, Francesca, vous qui l'avez allaité? Vous qui n'avez pas voulu le porter au marquis de Geraci...

— Ah! s'exclama Emanuele avec un sursaut de plaisir, je suis donc le fils du prince de Geraci?

— Toi?... Mais comment? Tu ne sais donc pas de qui tu es le fils?

— Il ne le sait pas? dit Andrea, stupéfait. Mais alors...

— Mais pourquoi as-tu dit...

— Non je ne sais pas tout, mais maintenant, vous me le direz... Je dois enfin le savoir. Vous me le direz, vous, ajouta le jeune homme, en se tournant, l'air impérieux, vers Andrea.

— Oui, Excellence.

— Non, Andrea, lança Don Girolamo, hargneux, pas encore.

— Pourquoi? Il me semble inutile de le lui cacher, désormais. Et puis, c'est mon maître et je ne puis lui désobéir... Votre Excellence est le fils de feu mon maître, au souvenir toujours béni, Don Emanuele Albamonte, duc de la Motta.

— Albamonte ! s'exclama Emanuele, avec un étonnement mêlé d'un certain regret de ne pas être prince. Alors, je suis un Albamonte !

Il se souvint de Don Raimondo, de ses laquais, du supplice infligé au Château, et ses narines palpitaient de haine et du désir de vengeance. Comment cet homme s'était-il fait duc ? Comment avait-il usurpé son nom, son rang, ses richesses ?... Si le duc, c'était lui, Emanuele, Don Raimondo devrait donc laisser son palais, lui remettre le patrimoine et retourner dans l'ombre !... Cela était évident ; et il jouirait de cette magnifique vengeance : le faire chasser par les domestiques qui l'avaient servi auparavant ! Cette pensée l'emplit de tant de joie, qu'il ne regretta plus d'être duc plutôt que prince.

— Ah ! je suis donc le duc de la Motta !

Ses yeux brillaient d'allégresse et il regardait autour de lui avec un air de dédain, en s'étonnant d'avoir pu vivre dans cette pauvre maison, parmi des gens inférieurs qui l'avaient tutoyé. Autour de lui s'était fait le silence et, il semblait qu'une grande distance se fût interposée entre Emanuele et les trois personnes qui avaient risqué leurs vies pour lui. La différence de rang avait brisé tout lien et élevé une grande barrière entre eux. Chacun prenait conscience de sa place et il sentait que les anciens rapports finissaient là, avec ce nom et ce titre.

— J'espère que vous avez averti mes parents de mon existence, dit froidement Emanuele à Don Girolamo.

Le rationnel fit non de la tête. Il était un peu embarrassé, ne sachant quelle attitude il devait prendre devant son ancien fils adoptif, et recourait à des gestes qui se passaient des formes de l'étiquette.

— Je crois qu'à présent il faut le leur faire savoir, reprit Emanuele. Il avait adopté, non sans ostentation, les manières d'un grand seigneur et donnait des ordres comme si cette petite famille avait eu l'obligation de l'élever, de le protéger, et à présent, de lui obéir. Mais l'embarras de Don Girolamo ne dura pas longtemps. Il reprit ses esprits et répliqua avec rudesse :

— Je le ferai quand le moment sera venu. En attendant Votre Seigneurie Très Illustre se contentera d'être ce qu'elle a été ; et ton monsieur Andrea, qui n'a plus rien à faire ici, me fera le plaisir de s'en aller et de ne revenir dans cette maison que quand je le lui demanderai...

Emanuele rougit de honte et de dépit ; Andrea fut mortifié.

— Vous me chassez, Don Girolamo ?

— Prends-le comme tu veux !

— Mais je veux être servi par mes domestiques, s'écria Emanuele.

— Et qu'avons-nous été, et que sommes nous, sinon tes très humbles serviteurs ? répliqua ironiquement le rationnel. Inutile d'en avoir d'autres dans cette maison...

Andrea prit son chapeau, le tourna entre ses mains comme quelqu'un qui n'arrive pas à se décider puis, marmonnant un peu, il prit congé :

— Il suffit... Je ferai comme vous voulez... Vous êtes chez vous et je ne puis rien dire... Je vous salue. Nous nous reverrons... et que Votre Excellence ne doute pas que, comme j'ai servi jusqu'à la fin, fidèlement, votre père le duc — que sa mémoire soit bénie — je vous servirai vous aussi. Je vous baise la main.

— Un peu de patience, je vous prie, lui dit Don Girolamo, et quant à Emanuele, ne craignez rien... je l'ai eu pour fils !

Le jeune homme ne sut comment retenir Andrea ; il le suivit du regard et quand il le vit disparaître, il sentit son audace faiblir. Il regarda Don Girolamo, comme s'il attendait qu'il parlât, mais le rationnel jeta la férule sur la table et dit :

— Il n'est plus question de cela, mais en attendant, va dans ma chambre. Tu y dormiras... Et plus un mot !... Pour l'instant, le maître, c'est moi. Va !...

Le jeune homme sentit le rouge lui monter au visage ; il aurait voulu réagir, mais le regard de Don Girolamo l'incita à la prudence. Sans se défaire de son air de petit maître, et plus comme un homme qui consent à une faveur que comme un gamin qui obéit, il entra dans la chambre. Don Girolamo l'y enferma à clé et la glissa dans sa poche. Puis, encore tout habillé, alla se jeter sur le lit du jeune homme et s'endormit.

XXVII

Vers midi, Don Girolamo se rendit chez Coriolano ; par l'habituel passage secret, nul ne pouvait le voir entrer. Il trouva le chevalier de la Floresta dans une colère qui se manifestait à la contraction des mâchoires.

— Eh bien, dit-il entre ses dents, au rationnel qui venait d'arriver, *le Caifasso est déboutonné...*

— Quoi ! s'exclama Don Girolamo, stupéfait.

— Et il est encore *allumé.*

— Ce n'est pas possible !... Trois *saignées !*

— Vous avez de la ricotta dans les bras !... C'est une honte !

Il y eut une minute de silence. Puis le rationnel demanda :

— Mais comment s'est-il *déboutonné?* Tout seul?
— Ils l'ont sorti...
— Quoi?... Ils sont entrés là-dessous? Ils ont trouvé le passage?
— Non. Ils sont entrés par la cour du palais de la Motta, en creusant...
— Et comment le savaient-ils? Qui pouvait le leur dire?
Coriolano haussa les épaules et Don Girolamo devina ce qui s'était passé.
— J'ai compris! C'est certainement ce maudit bâtard!... Je l'avais bien dit à Votre Seigneurie, qu'il nous porterait malheur, qu'il nous créerait des embarras!... Votre Seigneurie n'a pas voulu m'écouter. Voilà que nous sommes ramenés au point de départ... Pourquoi ne pas me laisser faire? Un coup de carabine, de nuit, et l'affaire sera réglée!
— Ne levez pas le petit doigt sans un ordre de moi. Lui aussi est victime d'injustices.
Don Girolamo marmonna quelques paroles incompréhensibles et se tut un instant, inquiet de ces nouvelles qui semblaient bouleverser leurs plans. Coriolano se taisait; les mains dans les poches de la soubreveste, il fixait le plafond, comme s'il cherchait quelque chose ou se concentrait sur une idée.
Enfin, le rationnel demanda :
— Et que faisons-nous à présent pour le *Caifasso?*
— Rien. Il faut voir et étudier la question. Maintenant, plus que jamais, il faut lui *étouffer la lanterne.* S'il se met à *chanter,* cela peut nous créer des complications... Je sais que nous possédons toutes les armes, mais l'un de nous pourrait le payer... J'irai lui rendre visite. Vous pendant ce temps, rendez-vous chez le notaire Di Bello, attardez-vous dans son étude et surveillez-le...
— Oh, de ce côté, nous sommes tranquilles. Le malheureux a eu si peur qu'il n'osera plus se montrer.
— Raison de plus pour le surveiller. La peur est très mauvaise conseillère. Pendant ce temps, mettez l'*Aveugle* aux trousses de Nino Bucolaro...
— C'est déjà fait...
— J'ai des nouvelles de Matteo Lo Vecchio.
— Ah? Il est mort, n'est-ce-pas?
— Ce malandrin vit encore : il se trouve au château du prince, entouré de tous les soins et il semble guérir.
— Bien. Nous lui casserons les dents pour qu'il ne morde pas.
— Nous en parlerons plus tard. Pour l'instant, laissons faire. Il peut nous servir. C'est un témoin. Vous n'avez rien d'autre à me dire?
Don Girolamo lui conta alors ce qui s'était passé entre Emanuele et lui, et comment le jeune homme avait eu connaissance de sa situation. Coriolano l'écouta en silence, sourcils froncés.
— Le monde est plein d'ingrats, dit-il ensuite. Emanuele a les vices de

son père et l'âme de son oncle, sans aucune de leurs vertus. Mais cela le regarde ; cela n'affectera assurément pas notre conduite. Il va peut-être falloir nous dépêcher...

Il le congédia d'un geste ; Don Girolamo lui demanda :

— Va-t-on *piquer la vieille au réfectoire ?*

— Pas encore.

— Votre Seigneurie me dira quand il faudra *sonner la cloche...* Mais, en tous les cas, où ?

— Hors la Porte d'Ossuna.

— Bien.

Quand Don Girolamo fut parti, Coriolano commanda son carrosse et s'en fut rendre visite à la duchesse de la Motta, où il rencontra Blasco et où, après une brève querelle, ce dernier lui lança un défi qui, malgré le masque de froideur sous lequel le chevalier de la Floresta savait celer ses émotions, lui labourait le cœur.

Désormais, entre lui et Blasco, tous les liens étaient brisés. Il avait fait confiance au jeune homme, et aurait voulu qu'il lui succédât à la tête de ce royaume ténébreux dans lequel ses gestes étaient obéis sans la moindre hésitation. Jeune, solitaire, sans avenir, rejeté par la société, rebelle par habitude et par instinct, courageux, beau, intrépide, il avait toutes les qualités pour conduire une armée, exceptée la prudence ; Coriolano espérait la lui faire acquérir en le recrutant pour la secte, en l'habituant à cette lutte masquée ; certain de réussir à faire de Blasco le plus terrible ennemi de l'autorité légale...

Et voilà qu'en fait ce jeune homme lui échappait, et même qu'il se plaçait résolument en travers de sa route, pour le combattre, arrêter son bras vengeur ; il lui arrachait les condamnés ; il révélait, peut-être sans le vouloir, le secret de la secte ; il devenait un ennemi contre lequel les Beati Paoli devaient affûter leurs poignards. C'était un péril que les intérêts suprêmes de la secte lui commandaient d'éliminer.

Sa froide raison ne trouvait aucune justification à la conduite de Blasco, et ne lui dissimulait ni n'atténuait les conséquences désastreuses qui en découlaient, cependant un reste de vieille sympathie lui rendait difficile et douloureux de prononcer le jugement ; et si l'ancienne affection ne lui fournissait aucune excuse ni de raison de s'apitoyer, il n'en souffrait pas moins. Son cœur inflexible et cruel éprouvait peut-être un besoin de tendresse, et, insensible aux femmes, le cherchait dans l'amitié qu'il éprouvait pour Blasco, dont les qualités l'avaient frappé dès le premier jour. Et voilà que ce jeune homme qu'il aimait, et auquel il avait, sans qu'il s'en aperçût, accordé la protection de la secte, auquel il avait tenté de rendre son rang, le défiait l'épée à la main, dans l'attitude rigide et sévère d'un justicier.

« Quelle pitié ! » murmurait son cœur dolent.

« Il doit mourir ! arrêtait sa raison inflexible, il a failli à son serment, il a trahi ; il doit mourir, comme sont morts, comme mourront les traîtres ! C'est la loi !... »

Ce soir-là, il convoqua le tribunal. Don Girolamo alla personnellement prévenir les compagnons, y compris Andrea.

— Au-dehors, et où que nous nous rencontrerons, lui dit Don Girolamo, nous ne nous connaissons plus, et je ne veux plus rien savoir de vous, mais pour ce qui regarde la société, c'est autre chose. Du reste, il est bon que le tribunal décide entre nous deux, et qui a eu tort paiera.

— Comme vous voulez, répondit Andrea.

Les Beati Paoli se réunirent dans les catacombes de la Porte d'Ossuna, dont jusqu'à cette nuit terrible, tous avaient ignoré l'existence, hormis Coriolano et Don Girolamo. Découvertes et explorées depuis plus d'un demi-siècle, et aujourd'hui visibles, ces catacombes n'étaient pas isolées. Par des galeries que le temps avait recouvertes et effacées, elles se reliaient à un autre groupe de catacombes qui s'étendaient sous le Capo, et dont la grotte de la rue des Orfani n'était qu'une extrêmité, peut-être le point d'entrée, détaché du corps principal par les bâtiments qui avaient surgi au-dessus, dont les fondations avaient coupé ou obstrué les boyaux. En explorant ces souterrains, Coriolano avait découvert qu'on pouvait mettre en communication la grotte des Beati Paoli avec les catacombes du Capo ; et en creusant une niche, il avait trouvé un passage qu'il avait ensuite masqué, pour qu'il demeurât secret même aux membres de la secte.

Puis, avec Don Girolamo, il avait exploré ces souterrains, et découvert un escalier creusé dans le tuf, qui aboutissait à une trappe que le temps, la fange, avaient presque collée à son chambranle. Avec prudence d'abord, il l'avait poussée, puis rassuré de ne rien entendre, avait insisté. Coriolano avait utilisé toute sa force pour repousser la planche avec ses épaules, et elle s'était relevée dans un craquement de bois pourri. Ils s'étaient retrouvés dans une pièce qui avait l'air d'une cave, d'un magasin abandonné, plein de toiles d'araignées et de saletés. C'était une maison en ruine qui donnait derrière l'église du Noviziato des pères jésuites, consacrée depuis peu au culte. Ces ruines avaient apparemment échappé aux démolitions rendues nécessaires par la construction du nouveau temple. La découverte avait plu à Coriolano, qui y avait vu une espèce d'issue secrète, pour parer à toute éventualité. Ils redescendirent sous terre, et reprenant leur chemin dans les étroits méandres, semblables à des égouts, ils rejoignirent bientôt un autre groupe de catacombes. Un trou dans la voûte, obturé de cailloux et d'humus, leur indiqua une ouverture. Cela suffisait. Ils la libérèrent et se retrouvèrent à l'air libre, au milieu des jardins qui occupaient le bord de l'ancien marais du Papyrus.

Ce fut là, donc, que Coriolano convoqua le tribunal. Ils avaient ménagé une entrée qui paraissait une simple faille dans le tertre de tuf qui se levait presqu'à pic au bord de l'ancien marais, et qui masquait si bien l'issue que nul ne la remarquait.

La séance fut grave. Coriolano exposa la nouvelle situation de la secte. Un édit avait été promulgué le matin même, qui promettait de fortes récompenses à qui découvrirait, révélerait ou indiquerait à la justice les membres de cette « pernicieuse secte » ; d'autres édits avaient suivi. Le siège avait été muré ; les mouchards, les gardes, les tribunaux, le Saint Office, tout était en branle. La justice connaissait quelques noms ; des arrestations insignifiantes avaient été opérées et peut-être que par la torture, par la corruption, on pourrait arracher des noms de chefs. On avait ordonné l'arrestation de Blasco de Castiglione, de Don Girolamo et d'Andrea.

Ces derniers avaient eu le temps de se cacher ; mais il convenait de leur trouver un moyen de quitter le royaume, de parvenir en Toscane ou à Rome, ou peut-être valait-il mieux les envoyer en Espagne, où ils seraient plus en sécurité. Quant à la société, il était prudent, jusqu'à ce que la furie fût passée, de se taire, de se cacher, de faire croire qu'elle s'était dissoute et dispersée. Il fallait effacer toute trace de son existence. Celui qui aurait besoin de transmettre une nouvelle au chef pourrait placer, le matin à quinze heures, devant la statue de l'Ecce Homo des Biscotari, un cierge allumé, avec une croix dessinée au bas. Il suffirait ensuite d'attendre à minuit devant l'entrée de ce souterrain.

Quelqu'un demanda la parole. C'était Don Girolamo.

— La vie errante recommence pour moi. Mais cette fois, je vais appareiller, je m'en irai avec ma famille hors du royaume, pour vivre plus tranquille. Ici, il ne me reste plus rien à faire... Mais avant de nous séparer, je demande que soient déclarés traîtres et que soient abandonnés à la vengeance de la société, deux hommes que nous avions considérés jusqu'à hier comme nos compagnons et qui avaient notre protection. Je les dénonce formellement : ce sont le seigneur Blasco de Castiglione, dont tous ont vu l'attitude et la rébellion, et Antonino Bucolaro qui a trahi ses frères et est devenu mouchard de Matteo Lo Vecchio. Et de ce que j'affirme, j'ai des preuves sûres.

Un murmure d'approbation et de menace accueillit ces paroles. Tous les yeux, à travers les masques, se tournèrent vers le chef, mais Coriolano restait immobile, silencieux, comme une statue de divinité, sans manifester ni accord ni désaccord.

Un des Beati Paoli prit la parole :

— Si Antonino Bucolaro a trahi, et que le frère Beato Paolo qui l'accuse en fournit la preuve, il sera jugé et puni ; mais quant au seigneur Blasco de Castiglione, je prie mes frères de ne pas se précipiter. Il est vrai qu'il a cherché à s'opposer à notre justice et a désobéi aux lois de notre sainte société, mais a-t-il mouchardé ? A-t-il trahi notre secret ?... Peut-être a-t-il agi par bonté d'âme, par pitié, sans considérer ce qu'il faisait; mais je nie qu'il ait trahi : il ne me semble pas, à moi, qu'il doive être puni comme Bucolaro...

Un autre affidé intervint :

— Nos statuts, que nous avons juré sur le saint Crucifix de respecter et de faire respecter, sont clairs et précis, et il n'y a pas d'excuses qui tiennent. Celui qui désobéit mérite la mort. Il a désobéi et s'est rebellé à main armée... de plus, il a creusé jusqu'au souterrain de Don Raimondo et révélé notre secret.

Andrea dit :

— Écoutons la parole de la Sagesse.

La « Sagesse », c'était le chef, Coriolano. Il dit :

— Que la Loi soit appliquée !

Il fallait nommer des exécuteurs, et le chevalier de la Floresta précisa :

— J'appliquerai la justice.

L'assemblée était terminée; les Beati Paoli sortirent un à un, en se fondant dans la nuit; les derniers à franchir le seuil furent Coriolano et Don Girolamo.

— Que comptez-vous faire ? demanda le premier au second.

— Je remettrai Emanuele à ses parents. Maintenant que je ne peux plus le surveiller et que je ne puis plus passer chez moi, même brièvement, c'est la seule issue qui me reste. Le laisser avec mon épouse, maintenant qu'il connaît ses origines et qu'il devient si arrogant, reviendrait à faire mourir cette pauvre femme de chagrin... Je le remettrai, ou plutôt le ferai remettre à ses parents et partirai avec Francesca pour l'Espagne.

— Fort bien. Je vous en procurerai les moyens. Quant à Antonino Bucolaro, je m'en occuperai... Avant que vous ne partiez, nous nous reverrons.

Ils se séparèrent. Coriolano rentra chez lui pensif. Il s'était chargé d'une lourde tâche pour soustraire Blasco aux entreprises des Beati Paoli, mais il en sentait à présent tout le poids et toute la responsabilité. Punir; la loi le voulait et il était inévitable d'armer son bras; il avait condamné et s'était proposé lui-même pour exécuter, il ne pouvait se soustraire à son devoir. Cependant, à vingt-deux heures du jour, il devait se battre avec Blasco, devant le nouveau siège des Beati Paoli. Voilà : se battre, tuer en duel, était un expédient qui ôtait à la vengeance de la secte son caractère odieux. Blasco aurait la possibilité de se défendre; Coriolano le tuerait ou le blesserait gravement (de cela, il ne doutait pas) en toute loyauté. Cette pensée le tranquillisa et lui permit de dormir presque jusqu'à midi.

Il attendit l'heure convenue, en s'occupant comme à l'accoutumée de ses affaires et de la sécurité de ses complices; puis, quand il lui parut que le moment était venu, il glissa une paire de pistolets dans sa soubreveste, prit une épée, la meilleure, flexible et légère, s'enveloppa dans son manteau et partit en chaise à porteurs.

Il passa devant le palais de la Motta et s'informa de la santé du duc, avec sa courtoisie habituelle, se réjouit de ce qu'il eût repris connaissance, souhaita une prompte guérison et pria que l'on avisât la duchesse qu'il reviendrait bientôt.

Il sortit par la Porte d'Ossuna, et, ayant fait arrêter la chaise, il la congédia, en disant qu'il reviendrait à pied. Quand il se fut assuré que les domestiques ne pouvaient plus le voir, il fit un large tour et par un trou dans une haie, s'introduisit dans les jardins. Après avoir marché un moment, il aperçut Blasco qui attendait, assis sur un rocher, les bras croisés. Au bruit de pas, le jeune homme leva la tête, reconnut Coriolano et se leva, le saluant froidement, mais non sans une certaine émotion qu'il ne sut maîtriser.

Coriolano tira de sa poche une montre.

— Vingt-deux heures précises, monsieur ; j'espère que je ne vous ai pas fait attendre.

— Non, monsieur, répondit Blasco, je viens juste d'arriver.

— Comme la question que nous devons régler est, de par les circonstances qui l'ont déterminée, de nature confidentielle, je n'ai pas cru devoir déranger un ami pour qu'il soit mon témoin ; je constate que vous avez pris la même résolution.

— En effet.

— Ainsi donc, quand vous voudrez, je suis à vos ordres...

— Moi aussi, rétorqua Blasco, en retirant son chapeau, sa redingote et sa soubreveste.

Coriolano en fit autant. Quand, tous deux furent en manches de chemise, et eurent choisi le terrain, ils se placèrent l'un en face de l'autre, l'épée au poing, et Coriolano dit :

— Je vous avertis, monsieur, que je ferai de mon mieux pour vous tuer. Vous avez été condamné comme rebelle et parjure. J'ai voulu vous épargner une mort indigne de vous, d'un coup de poignard ou de carabine dans le dos et je me suis réservé la tâche d'exécuter la décision de justice. Ainsi ne mourrez-vous pas ignoblement, mais en chevalier. Vous ne direz pas que je vous assassine mais que je vous tue loyalement en vous laissant tous les moyens de vous défendre. Ce sont les derniers égards que j'ai voulu avoir, en raison de la considération que j'ai pour vous.

— Faites votre devoir, monsieur, répondit Blasco sombrement, et croyez que je vous suis reconnaissant de votre déférence. Mais je dois loyalement vous avertir que j'ai révélé au prince de Butera et au marquis de Geraci l'existence d'Emanuele.

— Vous avez bien fait ; je vous dirai que vous avez prévenu mon propre projet. En garde, donc.

Ils croisèrent leurs lames, qui grincèrent l'une contre l'autre, avec un bruit qui faisait frissonner ; Coriolano chercha à deviner le jeu de Blasco, mais il s'aperçut tout de suite que celui-ci n'en avait aucun, et n'offrait qu'une faible et passive résistance. Le connaissant, il s'étonna et baissa sa garde.

— Monsieur, dit-il, je ne suis pas venu pour jouer...

— Je le sais bien, riposta Blasco, ce n'est pas mon intention...

— Il me semble que vous ne voulez ni attaquer, ni vous défendre !...

— Que vous importe ? Je ne vous invite certes pas à en m'imiter... Faites votre devoir.

— Mais battez-vous donc, palsambleu !..

— Je fais ce que je veux...

— Je dois donc vous contraindre à vous battre sérieusement ?

— Non. Pourquoi voudriez-vous me contraindre ? Vous avez le devoir de me tuer ; je vous facilite la tâche. Vous croyez peut-être que la vie m'est si chère que je la défende quand je sais qu'il vaut mieux m'en débarrasser ?... Allons, en garde !

— Mais je veux me battre de manière tout à fait régulière ; vous-même avez désiré cette rencontre et je l'ai accueillie comme un moyen, digne de nous, de sortir d'une situation embarrassante et ambiguë pour vous et pour moi...

— Eh bien ? Et cela ne va pas ? Il y a quelques jours encore, nous étions comme deux frères... La fatalité a voulu nous jeter l'un contre l'autre. Maintenant, vous êtes le justicier et moi le coupable. Je reconnais avoir été en faute envers votre société et je ne cherche pas à atténuer ma culpabilité, car je n'ai pas l'habitude de m'excuser ; aussi je vous confirme que, si je devais recommencer depuis le début, je referais ce que j'ai fait. Je le regrette pour vous. Je sais moi, combien j'ai souffert d'avoir brisé notre amitié et de paraître un ingrat envers vous. Mais souvenez-vous d'une leçon que vous m'avez donnée... Vous m'avez dit que vous aviez une idée de la justice et que si pour la réaliser, il fallait passer sur la tête de votre frère, vous n'auriez pas hésité. J'ai eu une haute idée de la pitié due à un vaincu et je n'ai pas hésité à briser un lien d'amitié... J'ai failli envers vous, je le répète, et j'ai désobéi à la société. Punissez-moi : mourir d'un coup d'épée ou d'un coup de carabine, pour moi, cela revient au même. J'ai fait mon temps et n'ai plus rien à accomplir en ce monde. Si vous me faites la faveur de m'expédier au Père Éternel, j'aurai pour vous une dernière pensée de gratitude, et je considérerai cela comme un acte d'amitié fraternelle. Convenez que, pour moi, recevoir cette faveur de vos mains, plutôt que de celles d'un inconnu, est plus agréable... je dirai même, plus beau. Allons, donc, que voulez-vous de plus ? Vous avez une tâche, un devoir à accomplir ? Accomplissez-le sans tergiverser !

Coriolano l'écoutait et son sourcil froncé, ses mâchoires serrées montraient sa colère sourde, à peine refrénée. Il était furieux contre Blasco et contre lui-même ; contre Blasco parce qu'avec cette conduite et ce discours, il l'empêchait de s'échauffer et de trouver dans un combat acharné une raison de le tuer ; contre lui-même, parce qu'il ne trouvait rien à opposer aux propos de Blasco et s'accusait de faiblesse.

— Fort bien, dit-il. Je ferai comme vous voulez ; mettez-vous en garde.

Ils recroisèrent le fer.

Mais un cri les arrêta inopinément.

— Messeigneurs ! Messeigneurs !

Ils se retournèrent ; au sommet du tertre qui dominait les jardins et dissimulait l'entrée des catacombes, se tenait un homme petit et chétif, qui agitait nerveusement les mains, avec un air épouvanté :

— Messeigneurs ! Messeigneurs ! Rhabillez-vous... Une compagnie rurale arrive... elle vous arrêtera...

Blasco regardait avec stupeur ce bonhomme, dans lequel il reconnaissait Michele Barabino, le petit tailleur qui l'avait sauvé une première fois des sbires ; en cherchant un passage, il descendait en hâte, en répétant :

— Il y a une compagnie rurale qui bat la campagne... vite, ils arrivent !... Oh ! Votre Seigneurie ? cria-t-il en reconnaissant Blasco ; vite, cachez-vous, cachez-vous !

Coriolano dit sombrement :

— Remettez votre habit, monsieur, et feignons de rester ici à observer...

Ils se rhabillèrent promptement, rengainèrent l'épée et se mirent à regarder, pendant que Don Michele, près de Blasco, lui demandait à mi-voix :

— Que Votre Seigneurie me pardonne, mais que se passe-t-il ?... Un bon seigneur comme vous... Et le seigneur chevalier de la Floresta... Vous étiez si bons amis... Quelle peine cela me fait ! Si je puis vous être utile... Vous entendez ?

Il se tut et tendit l'oreille. Effectivement, on entendait un bruit de cavalcade. Coriolano se retourna : entre les arbres qui couronnaient le tertre, il lui sembla voir passer des hommes à cheval, qu'il distinguait mal à travers les feuillages.

— C'est le Bon Dieu qui m'a envoyé, reprit le tailleur, j'allais chez les Capucins pour prendre un peu de soupe... (il avait de fait une petite marmite de terre cuite sous le bras)... j'y vais après le déjeuner, parce qu'à midi, il y a trop de monde... et j'ai honte, je ne suis pas habitué à cela... Assez. Je passe toujours par là. J'ai entendu parler et je me suis penché... Les hommes d'armes, je les ai vus qui fouillaient entre les maisons... Il faut que Votre Seigneurie se cache... vous savez qu'il y a un édit ?

— Cet homme a raison, dit Coriolano à Blasco. Vous savez où vous pouvez vous dissimuler à tous les regards.

— Merci, permettez-moi de ne pas en profiter... si vous croyez devoir vous en aller... nous aurons le temps de nous revoir ; je vous ferai savoir où nous pourrons nous retrouver... Éloignez-vous.

Le petit tailleur était allé observer la compagnie et revenait épouvanté.

— Vite, vite, ils viennent par ici...

Coriolano s'enveloppa dans son manteau et se dirigea vers la crête, puisqu'il n'avait pas besoin de fuir ni de se cacher ; il pouvait aller à la rencontre de la compagnie, sûr d'être salué plutôt que molesté. A peine arrivé au sommet du tertre, il vit la compagnie qui venait vers lui, à travers les arbres. C'était celle du capitaine Mangialocchi.

— Bonsoir, Illustrissime, dit le capitaine qui allait devant, le mousquet sur les cuisses. Votre Seigneurie aurait-elle vu quelqu'un de ce côté ?

— Quelqu'un, de quel genre ? demanda Coriolano, avec un peu de malice.

— Du genre dangereux...

— Oh !... J'ai vu un couple, capitaine, mais il n'était pas dangereux... Je vous conseillerais de ne pas le troubler, si vous ne voulez pas vous attirer la colère de Vénus, déesse des amours... Pour le reste, il n'y a personne. Bonsoir, à votre service.

— Je baise les mains de Votre Seigneurie.

Le capitaine s'arrêta et embrassa les lieux du regard puis fixa le jardin silencieux et désert. Il parut rassuré et dit :

— Il n'y a rien, allons. Inutile de descendre.

En sifflotant, il fit tourner son cheval et la compagnie s'éloigna lentement en direction des jardins de San Francesco de Paola.

En bas, dans une espèce de grotte creusée peut-être en des temps très anciens par le ressac de la mer, le tailleur retenait fermement Blasco, qui aurait voulu sortir, en le suppliant :

— Votre Seigneurie, ne bougez pas. Sainte Vierge ! Vous ne les entendez pas qui parlent ? Si nous bougeons, si nous faisons un pas, ils nous verront et *boum ! boum !* avec deux coups de fusil, nous jouerons la mort du lapin... Par san Bonomo ! Je sais que Votre Seigneurie en a assez de la vie... mais mourir ici comme un rat !... Laissez-moi faire... Laissez-vous guider... Attendez... il me semble qu'ils s'en vont... Oui... maintenant nous allons...

Il attendit encore une minute, l'oreille tendue, comme pour saisir la plus légère rumeur, puis sortit tout doucement de la cachette, grimpa sans bruit et regarda.

— Ils sont partis ! Ils sont partis !... Votre Seigneurie peut sortir. Ah, par Diane ! Quelle peur j'ai eue !...

Tous deux retournèrent dans le jardin.

— Où Votre Seigneurie compte-t-elle aller ?

— Au couvent des Capucins...

— Votre Seigneurie est sûre de trouver la route libre, de pouvoir rentrer ? Toute la campagne est envahie de gardes, de sbires, de compagnies... Il faut prendre des précautions... Nous ferons comme cela : j'irai devant, et je ferai le rabatteur, le chien de chasse : s'il y a quelque chose, je chanterai, par exemple... l'histoire de Saltaleviti... Allons...

Ils montèrent sur le tertre et se mirent en marche sur un sentier. Michele Barbarino allait devant, sa marmite sous le bras, dans laquelle de temps à autre, il plongeait deux doigts pour prendre certaines herbes cuites qu'il mangeait avidement, en s'essuyant les lèvres du dos de la main. Blasco marchait derrière, la tête pleine de pensées. A un certain moment, Michele Barabino se mit à chanter.

Blasco s'arrêta et leva les yeux; il vit Michele Barabino qui, chantant toujours, tournait à droite, à travers les jardins. Lui aussi dévia sa route, de manière à couper la route du tailleur. Il le rejoignit.

— Il y avait des sbires, dit Michele Barabino. Il faudrait prendre une autre route... Mais je crains que le couvent soit cerné... A qui Votre Seigneurie a-t-elle dit qu'elle se trouvait dans le couvent?

— A personne...

— Vraiment à personne?... Et vous n'avez envoyé aucun message, aucune lettre?

— Si, au prince de Butera et au marquis de Geraci...

— Par l'entremise de qui?

— De frère Rosario...

— N'en dites pas davantage. C'est un bavard. Sans vouloir mal faire, il aura laissé échapper quelques paroles... Il y a tant de mouchards... et, avec cette bénie question de Rome, les couvents sont espionnés!... Il ne faut plus penser aux capucins...

Blasco réfléchissait et se taisait, en contemplant ce petit homme déguenillé, maigrelet, avec sa marmite sous le bras, qui trottinait vivement, sans s'inquiéter davantage. Le soir tombait, et dans le ciel derrière le Monte Cuccio, des nuages chauffés au rouge par les derniers rayons, peu à peu devenaient gris.

Tout d'un coup, Michele Barabino s'arrêta, comme frappé d'une idée :

— Voulons-nous jouer un tour à la justice? Je vais me procurer pour vous un habit de prêtre grec, de *papas,* une fausse barbe et une paire de boucles d'oreille et Votre Seigneurie entrera à Palerme comme si elle était venue de Piana ou de Contessa, sans que personne ne la reconnaisse. Je vous le garantis, moi... Cela vous va? Oui?... Alors, cela va bien. Voyons un peu, où m'attendrez-vous?... Là-bas, il faut retourner là-bas, dans le ravin où nous étions... A une heure de la nuit, je reviendrai et avant que ne sonnent les cinquante-deux coups de la « Castellana » *, nous serons en ville, chez moi... Ce n'est pas grand chose, chez moi : un trou, une tanière,

* Quand les horloges de San Nicoló all'Albergheria, de San Antonio Abate et de Santa Lucia al Borgo avaient sonné la *castiddana,* les artisans devaient fermer boutique, les rondes de nuit commençaient et les citoyens ne pouvaient plus sortir qu'avec un permis spécial des magistrats de la ville (note de l'édition italienne).

et puis... mais à la guerre comme à la guerre !... San Bonomo !... C'est une bonne idée. Allons, il n'y a pas de temps à perdre ; Votre Seigneurie ne va pas passer la nuit à se promener...

Il traîna, plus qu'il ne conduisit Blasco ; il le laissa dans le jardin, s'en fut en ville de son petit pas pressé de bonhomme affairé. Blasco songeait à la singularité du sort qui, pour la troisième fois, lui envoyait ce pauvre homme pour le sauver.

Plus d'une heure après, le bon Michele Barabino revint avec un fardeau. Il fit rapidement endosser à Blasco, par-dessus ses vêtements, l'habit et la simarre des prêtres albanais, lui ceignit les flancs de l'écharpe pourpre, lui dissimula le visage sous une grosse barbe, et, en l'examinant, il s'écria :

— Parbleu !... j'aimerais bien voir qui vous reconnaîtrait !...

Il se mit sur le dos le manteau de Blasco, sous lequel il cacha son épée et son chapeau et lança avec allégresse :

— Allons-y, *papas !*

XXVIII

Dans la chambre de Don Raimondo le prince de Butera et le marquis de Geraci étaient réunis par un effroi silencieux ; Violante, près du lit paternel, présentait un visage angoissé et Donna Gabriella, presqu'à part, à côté de son frère le marquis de Regalmici, ne paraissait pas affligée, mais stupéfaite. Près du marquis de Geraci, son grand-père, Emanuele bombait le torse, dans sa tenue élégante, une main posée sur la poignée de sa petite épée, et de temps à autre, il baissait les yeux sur les riches dentelles de ses manches. Quelquefois son regard se posait sur le duc et il croyait alors plus convenable de prendre une mine de circonstance.

Depuis cinq jours il se trouvait dans le palais de son aïeul, dont la magnificence l'avait émerveillé. Il avait cru entrer au paradis, mais il lui avait suffi de deux ou trois jours pour se familiariser avec ce monde et pour prendre ces poses de demi-dieu qui lui semblaient indispensables à sa nouvelle condition.

Le lendemain de sa rencontre avec Blasco, le marquis de Geraci était allé à l'étude du notaire Di Bello. Mais l'homme de loi était malade : l'épouvante de cette nuit, et plus encore la crainte d'être arrêté comme complice des Beati Paoli lui avait altéré le sang ; et seule la nouvelle que Don Raimondo, dont il redoutait par-dessus tout les réactions, était gravement blessé et pouvait être considéré comme mort, l'avait, égoïstement, quelque peu réconforté.

La nouvelle que Geraci lui réclamait l'acte, avait failli tuer le pauvre notaire qui avait cru voir fondre sur lui la justice du capitaine de la ville ; et il avait fallu beaucoup d'efforts pour calmer sa terreur, qui demeura inexplicable pour le vieux seigneur. Après avoir lu le précieux document et s'en être fait dresser copie, en qualité de grand-père du jeune homme dont il réclamerait la tutelle, il s'était empressé de courir à la maison Ammirata pour embrasser le fils de sa pauvre Aloisia. Dame Francesca, qui avait déjà reçu de son époux les instructions nécessaires, raconta au marquis comment son mari avait recueilli la duchesse de la Motta avec son bébé, et comment elle était morte, sans avoir rien pu dire. Quand la nouvelle de l'assassinat de Maddalena s'était répandue dans la ville, et qu'on avait su que des tueurs inconnus avaient enlevé Donna Aloisia et son fils, ils s'étaient tus par peur d'être considérés comme complices ou auteurs de ce méfait ; et ils s'étaient tus ensuite, quand ils avaient eu de fortes raisons de craindre pour la vie de l'enfant, qu'ils avaient élevé comme leur fils. A présent que le mystère était levé, que le duc, Don Raimondo, avait reconnu son neveu, la bonne dame, non sans douleur, le remettait à ses parents beau, fort, en bonne santé.

Ému par ce récit et par la vue d'Emanuele, dans le visage duquel il croyait reconnaître certains traits de sa fille, le marquis de Geraci dit à dame Francesca :

— Chère madame, ne vous séparez pas de ce jeune homme que vous avez élevé comme votre enfant ; au palais des Geraci, il y aura des appartements pour vous...

Mais dame Francesca refusa. Le marquis lui offrit une belle somme, pour la dédommager de ses peines, mais elle refusa avec un peu plus de vivacité :

— Si j'avais voulu en profiter, j'aurais pu m'enrichir et nous n'aurions pas eu d'ennuis, et Don Girolamo ne serait pas de nouveau recherché et persécuté.

— Vous accepterez au moins ma protection, dit le marquis.

Il emmena Emanuele dans son carrosse. Le jeune homme embrassa dame Francesca sans émotion, ennuyé de ses larmes et de la véhémence de ses étreintes, alors qu'il lui tardait de monter dans ce grand carrosse doré dont la présence devant la modeste maison du rationnel, avait excité la curiosité et les bavardages des voisins. La nouvelle qu'Emanuele était fils, neveu ou de quelque autre manière, parent de grands seigneurs s'était répandue et tous accouraient pour le voir partir avec la satisfaction que l'on éprouve lorsqu'un bonheur arrive à des gens que l'on aime. Mais Emanuele regarda avec tant de mépris ces pauvres gens, qu'il refroidit tout sentiment de sympathie.

Il ne leva pas non plus la tête vers un balcon du second étage, où une jeune fille, des larmes plein les yeux, le regardait entrer dans le carrosse et partir sans un adieu, sans un signe de sympathie.

Le marquis de Geraci avait déjà annoncé à Donna Gabriella qu'il avait retrouvé le neveu « vrai et légitime duc de la Motta » mais que pour l'instant, eu égard à l'état de santé de Don Raimondo, il ne ferait aucune démarche légale pour la reconnaissance des droits du jeune homme et pour obtenir l'investiture de ses fiefs. Le duc allait mieux : c'est du moins ce qu'affirmait Don Francesco Pignocco, qui le soignait. Le grand médecin, qui était aussi président de l'académie de médecine, avait réuni un conseil pour débattre de la situation du blessé et l'avis des praticiens avait été unanime. Don Raimondo guérirait de ses blessures, aucune ne paraissant avoir atteint les organes vitaux. Seule la blessure à la tête inquiétait. Quoiqu'elle n'eût pas pénétré la boîte crânienne, elle maintenait le patient dans un état d'hébétude. Il regardait autour de lui, sans parler, ou bredouillait du bout des lèvres des paroles incompréhensibles : quelquefois il semblait qu'une lueur d'intelligence brillât dans ses yeux et qu'il reconnût les personnes, et alors un sentiment de terreur, une vive anxiété se peignait sur son visage, mais plus souvent, il retombait dans un état d'apathie ou de stupeur, sans conscience du monde extérieur, sans manifestation de son monde intérieur.

Jugeant que le moment était venu, le marquis de Geraci avait conduit ce jour-là Emanuele au palais où il était né, et duquel il était le maître véritable et absolu. Quand il entra, Don Raimondo, le dos appuyé à un amoncellement d'oreillers qui le tenaient assis, se trouvait dans un de ses moments de conscience, et avait balbutié quelques mots intelligibles, à voix plus forte. Il sembla reconnaître monsieur de Geraci, et se troubler à sa vue. Le marquis s'approcha du lit et lui présentant son neveu, lui dit :

— Don Raimondo, ne le reconnaissez-vous pas ? C'est Emanuele, notre neveu Emanuele, le fils de Donna Aloisia...

Le duc écarquilla les yeux d'un air épouvanté ; il regarda le jeune homme ; un vif tremblement naquit sur son visage, se propagea dans ses membres, sa bouche pâle et mince eut des contractions nerveuses, ses pupilles se dilatèrent, exprimant une terreur qui se transmit aux spectateurs ; puis, d'un coup, il poussa un hurlement épouvantable, terrifiant, qui brisa le silence, se répercuta dans les cœurs avec un frisson indéfinissable. Il se tut un instant et, gardant les yeux fixés sur le jeune homme, il hurla de nouveau, d'une manière plus effroyable encore. Levant ses mains tremblantes, comme pour se défendre, avec un effort dans lequel paraissaient s'être unies toutes ses terreurs, toutes ses épouvantes, il cria :

— Non !... non !...

Effrayée, Violante se plaça devant lui :

— Monsieur mon père, lui demanda-t-elle, monsieur mon père... qu'y a-t-il ?

Donna Gabriella frissonna ; elle seule devinait ce qui se passait dans l'âme de son époux et son cœur commença à battre avec violence. Elle craignait que dans cet état, il laissât échapper quelques mots. Le marquis de Geraci, qui ne comprenait pas bien, interrogea Don Raimondo :

— Que se passe-t-il ?... Vous ne le connaissez pas ?... Il veut vous baiser la main.

Mais le duc, la pupille dilatée, fixait peut-être une vision qui lui remontait du fond de la mémoire. Une sueur froide brillait sur son front et ses mains se débattaient dans le vide !... Sa bouche s'ouvrit, il cria d'une voix brisée, dans une espèce de sanglot :

— Non !... Assez... Assez !... Pitié !...

— Monsieur mon père !... suppliait Violante.

— Ne me touchez pas ! hurla encore Don Raimondo, dont la langue se déliait. Ne me touchez pas !

Tous se regardaient avec un sentiment d'angoisse. Le prince de Butera demanda :

— Qu'est-ce qui vous arrive ?... Don Raimondo, qu'est-ce qui vous arrive ?

Mais il ne regardait plus personne ; il fixait le fond de la pièce et son visage exprimait l'horreur.

— Ils viennent !... balbutia-t-il d'une voix éteinte. Ils viennent !... là...

— Qui ?

— Les Beati Paoli !... Ils sont là... Les poignards !... Ah !...

De nouveau le cri qui glaçait le sang blessa, brisa les âmes. Tous éprouvèrent un sentiment de froid et de vide dans les entrailles. Le nom de la secte, cette terreur significative révélaient la tragédie dont il était victime. Violante parcourait du regard l'assemblée, comme pour quémander de l'aide. Elle tenta de prendre la main de son père pour le rassurer, mais à ce contact, Don Raimondo sursauta et poussa un autre cri de douleur :

— Giuseppico !... Giuseppico !... Ne le laissez pas fuir !

Ce nom était un mystère pour tous. Donna Gabriella, inquiète, observa :

— Je crains que la vue de ce jeune homme n'ait trop ému le duc...

— Oui, il doit en être ainsi, convint le marquis.

Il fit mine de s'éloigner du lit ; ce mouvement se mêla peut-être dans le cerveau du duc avec d'autres images et accrut sa frayeur. Il bondit sur sa couche, mit un pied à terre, comme pour se lever et griffant le vide, il cria :

— Attrape-la !... Tu ne vois pas qu'elle descend du balcon ?... Tue-la... Où est-elle ? Où est-elle passée ?... Non, non !... Ne me tuez pas !... L'autre ?... oui... Emanuele !... Où est Emanuele ?

— Le voilà, Don Raimondo, calmez-vous.

Ils crurent qu'il cherchait son neveu, mais les yeux du duc ne voyaient pas le jeune homme qu'ils avaient poussé devant lui, et ses oreilles n'entendaient pas.

— Où est Emanuele ? cria-t-il, la bouche pleine d'écume.

Puis, après une minute de silence, il émit un ricanement lugubre et déchirant :

— Ah ! ah ! ah ! vous voulez m'attraper ?... Capitaine !... Capitaine !... Capitaine !... les voilà, ils sont là !... Capitaine !... Capitaine !...

Sa voix était reprise par la terreur et les larmes :

— Capitaine !

Il appela encore, dans un hurlement désespéré qui anéantissait toutes les âmes, vidait les veines de leur sang, suspendait la vie. Il y eut un autre instant de silence et, en poussant un autre hurlement, plus aigu, plus torturant, il retomba d'un coup sur les oreillers, la bouche pleine de bave, les yeux exorbités.

Avec des cris d'épouvante et de douleur, Violante se précipita sur son père ; Donna Gabriella et les autres restaient immobiles, interdits, comme écrasés par une chose horrible, monstrueuse qui se dérobait à leur perception.

A ce moment survint Don Francesco Pignocco qui, en apercevant le blessé, ne put retenir un mouvement de surprise.

— Qu'y a-t-il ? Pourquoi est-il dans un tel désordre ?

Il prit le pouls du patient, en le dévisageant avec une stupeur croissante ; Violante sanglotait. Le prince de Geraci exposa brièvement ce que Don Raimondo avait fait, et l'incohérence de ses propos, sa terreur, sa poussée de délire.

— Le pouls est en véritable révolution, dit le médecin.

Il tenta de soulever le duc, dont la tête était enfoncée dans les oreillers et qui râlait comme un fauve blessé, mais à peine Don Raimondo eut-il levé le visage et regardé le médecin, qu'une fureur animale illumina ses yeux. Il saisit le praticien par le bras, et, en essayant rageusement de le mordre, il rugit :

— Ah ! tu es là !... Je te tiens !... Assassin !... Il ne faut pas écrire !...

Le pauvre médecin, épouvanté, se libéra à grand peine, en laissant entre les mains du malade un lambeau de vêtement que celui-ci mordit, lacéra avec un acharnement vengeur.

— Voilà ce que j'en fais !... voilà ! voilà !...

Don Francesco, encore effrayé, le contemplait, stupéfait, en murmurant :

— Ce sont des accès de folie !... Oui, de folie !

Dans cette agitation, les pansements de la tête et des épaules s'étaient défaits ; les plaies s'étaient rouvertes ; un filet de sang lui coula par-dessus l'oreille, lui tacha le torse ; machinalement, Don Raimondo porta les mains à son cou et à sa poitrine et les retira ensanglantées. Il regarda ses doigts avec horreur ; les traits de son visage se décomposèrent. De la terreur, il passa à la prière.

— Le sang ! Le sang !... Mes mains sont pleines de sang !... Enlevez-moi ce sang ; emportez ces morts !... Pitié ! pitié !... ils m'oppressent... il me déchirent le cœur... Ah !... Que de sang ! J'étouffe !... J'étouffe !... J'étouffe !...

Sa voix s'éteignait dans les sanglots qui lui secouaient la poitrine et rien n'était plus déchirant que de voir cet homme souillé de sang, les mains tendues comme pour éloigner une chose terrible, qui gémissait, les yeux secs, effarés.

Don Francesco s'approcha pour lui refaire ses pansements, mais Don Raimondo poussa un cri aigu et reprit ses lamentations :

— Ne me touchez pas !... Ne me touchez pas ! Tout saigne !... Le sang est partout... Un fleuve !... Et il y en a encore. Ils ont des poignards et ils tuent... Ils tuent !... Ils tuent !... Où est Blasco ?... Il y a lui aussi !... Voilà, ils l'on tué !... Sang !... Il y a du sang !... toujours du sang !... toujours du sang !...

Don Francesco, le marquis de Geraci et le prince de Butera cherchaient à le réconforter de quelques bonnes paroles ; ils lui assuraient qu'il n'y avait rien, qu'il se trouvait au milieu des siens, qu'il devait se calmer.

— Don Raimondo, regardez votre fille ! Regardez Violante, la pauvre petite !

Le duc se tut une minute, parcourant la pièce d'un regard stupide qu'il posa enfin sur Violante. Elle était devant lui et pleurait.

— Violante !... sanglota-t-il, Violante ! Où est Violante ?

— Elle est là, vous ne la voyez pas ?

— Où est Violante ? continua-t-il, en s'irritant de plus en plus. Je veux Violante !... Je veux ma fille !... Rendez-moi ma fille !... Violante !...

— Père, mon père ! suppliait-elle.

— Violante ! hurla désespérément Don Raimondo, qui se releva au milieu du lit, les yeux perdus dans le vide, sans reconnaître personne, sans entendre un mot, obsédé par une vision intérieure.

Il fondit en larmes. Alors le médecin dit :

— Je ne m'aventurerai pas à refaire les pansements, si des gens robustes ne le tiennent pas fermement pour parer à toute éventualité.

Donna Gabriella sonna et ordonna qu'on fît venir quatre porteurs de chaise. Rassuré par leur présence, Don Francesco Pignocco se mit à l'œuvre. Le blessé continuait de pleurer, à mi-voix à présent, et se laissa faire docilement en suivant inconsciemment, avec de légers mouvements de la tête, ou du bras, le travail du médecin. Ils lavèrent les blessures, lui remirent la charpie et le pansèrent de nouveau, plus solidement, puis, en le repoussant avec douceur, ils l'obligèrent à s'adosser aux oreillers.

— Il vaudrait mieux, dit Don Francesco à Donna Gabriella, l'attacher au lit avec des bandes, pour l'empêcher de bouger : nous avons à peu près perdu tout ce que nous avions regagné...

— Faites ce que vous conseille votre art... répondit la duchesse.

Violante, à qui ces précautions faisaient une impression douloureuse, se risqua à bredouiller :

— Mais il est calme, maintenant...

— Maintenant, oui, mais les accès reviendront... ils risquent d'être encore plus furieux.

Il prit le pouls du blessé.

— Il a la fièvre ! constata-t-il, contrarié. Une forte fièvre.

Cependant un valet apportait de longues bandes qui furent entrecroisées sur le corps de Don Raimondo, et attachées aux montants du lit, pour l'empêcher de se débattre. Don Francesco prescrivit des potions calmantes et s'en fut.

— Allons, mon fils, dit alors le marquis de Geraci à Emanuele, qui se taisait, frappé de tout ce qu'il avait vu, mais non pas au point de perdre son attitude hautaine, et d'oublier de regarder tous les meubles et les décorations de la salle, en pensant que cela lui appartenait.

Emanuele baisa la main de cette tante si jeune et si belle, vêtue avec tant d'élégance, et suivit son grand-père, en se demandant pourquoi on ne lui avait pas encore remis cette maison, ou au moins permis de l'habiter.

Le prince de Butera dit à Violante :

— Tu devrais aller te reposer, ma fille ; tu ne peux rester ici jour et nuit... voilà cinq nuits que tu n'as pas fermé l'œil ; tu vas tomber malade...

— Oh, que Votre Excellence me pardonne, mais je n'abandonnerai pas mon père !

— Ce que tu dis est bien... et tu ne l'abandonneras pas, mais il faut que tu te reposes si tu veux l'assister.

— Attendez !... Excusez-moi... Il dit quelque chose !

De fait, Don Raimondo bougeait les lèvres, comme pour essayer de parler. Le poil raide de sa barbe, qui avait poussé de manière inégale, lui mettait sur les joues des marques noires, qui rendaient plus effrayants son aspect et les cernes livides de ses yeux enfoncés dans leurs orbites et démesurément élargis.

Le prince et Violante s'étaient penchés pour écouter, croyant qu'il demandait quelque chose.

— Que dites-vous ?

Mais il ne répondait pas, continuait de marmonner ; puis peu à peu, ses paroles devinrent plus intelligibles.

— Tous ! Tuez-les tous !.. Il faut tous les tuer... Même Blasco ! Oui, même Blasco. Mon neveu ? Qu'importe ?... Un bâtard !... Même Emanuele !... Tout est à moi ! Tout est à moi !... Non, ne me touchez pas, je brûle !... C'est une torture... Tenez-moi la tête, qu'ils ne me l'emportent !... Ils me l'emportent !...

Toute sa personne tremblait dans les bandes, secouant le lit qui rendait un sourd bruit métallique ; une grande angoisse lui altérait le visage, et il semblait que toutes ses énergies se fussent accumulées en cet ultime cri de désespoir pour retenir son cerveau qui lui échappait.

— Tenez-moi la tête !... Ne me la faites pas enlever !... Ne me la faites pas enlever !...

Tout le jour, et toute la nuit, il s'éveilla par moments de sa somnolence, en poussant un cri informe et bestial. Il tenait des propos incohérents, qui exprimaient par bribes les images qui défilaient dans sa tête.

Ce martyre dura deux jours ; pendant deux jours Don Raimondo, brûlant de fièvre, les plaies gangrenées, se débattit dans ses accès de folie, déchiré par ses visions sanglantes, emplissant la maison d'épouvante et d'horreur. Une idée par-dessus tout dominait son esprit exalté. Souvent, il se contorsionnait dans ses liens en poussant un cri désespéré :

— Les Beati Paoli ! Sauvez-moi ! Les Beati Paoli !

Le troisième jour, après un long assoupissement, dans lequel il sembla que ses forces vitales fussent en train de se défaire, il s'éveilla, sans donner aucun signe d'agitation. Son aspect exprimait au contraire une douleur ineffable et muette, comme s'il avait senti approcher la mort. En voulant bouger la main, il s'aperçut qu'il était lié. Regardant autour de lui, il aperçut Violante et demanda d'une voix fiévreuse :

— Pourquoi m'a-t-on attaché ?... Faites-moi détacher ! Quelle chaleur !

Il y avait une prière si intense dans ses paroles et son aspect paraissait s'être si bien amélioré, qu'après s'être interrogés du regard, les serviteurs libérèrent le duc et Violante lui donna à boire.

Autour du lit, il n'y avait alors que sa fille, Donna Gabriella et deux valets ; mais bientôt arrivèrent le prince de Geraci et Emanuele. Don Raimondo les vit entrer, il aperçut le jeune homme et eut l'impression de connaître ce visage ; mais la richesse de la tenue, et le fait qu'il accompagnât le marquis l'empêchèrent de le reconnaître. Mais quand Geraci s'approcha du lit pour prendre de ses nouvelles et lui présenter le jeune homme, en l'appelant par son prénom, Don Raimondo, avec une rapidité et une lucidité d'esprit extraordinaires, se souvint, comprit, sut tout ce qui s'était passé. Il pâlit encore plus, et la terreur reprit possession de son visage.

— Emanuele ! balbutia-t-il ! Emanuele !... Oh, mon Dieu !

— Oui, c'est lui, dit le marquis, il veut vous baiser la main...

— Non... non...

Il frémit, dans un mouvement de suprême répulsion.

— Non, ayez pitié de moi... Quelle horreur, quelle horreur !...

Il ferma les yeux un instant, puis les rouvrit, regarda autour de lui et, claquant des dents, terrorisé, il s'écria :

— Un prêtre !... Un prêtre !... Ayez pitié de moi !... Un prêtre, je meurs !...

Un domestique se précipita au-dehors. Don Raimondo fixait sur son neveu un regard effaré, en gémissant :

— Pourquoi ?... Pourquoi l'avez-vous amené ?... Enlevez-le moi de là!... je ne veux pas le voir... Je ne peux pas. Ah quelle brûlure là-dedans! Quelle brûlure!

Il s'enfonçait désespérément les ongles dans la poitrine; sous les couvertures on voyait son corps secoué de frissons convulsifs et son visage avait des crispations rapides et torturantes.

— Un prêtre, supplia-t-il, un prêtre.

A ce moment, le serviteur revint, poussant devant lui un prêtre albanais, qui résistait.

— J'ai trouvé celui-là, dit-il, il a fallu que je le traîne; enfin, les prêtres grecs sont des prêtres comme les autres!

Mais le *papas* refusait :

— Non, non, je ne suis pas confesseur... Allez en chercher un autre.

Sa voix fit sursauter Donna Gabriella et Violante, et Don Raimondo ouvrit de grands yeux. Tous trois regardaient le prêtre qui était resté planté devant le lit, frappé par l'aspect misérable du duc. Celui-ci, en le voyant, recommença à trembler et à se plaindre :

— Quelle brûlure!... Quelle brûlure!... Aidez-moi... Père, aidez-moi!...

Le *papas* s'approcha, et une vive pitié se peignit sur son visage. Il s'inclina sur Don Raimondo, le regarda et lui murmura doucement, de manière à n'être pas entendu des autres :

— Que Dieu vous pardonne toutes les scélératesses que vous avez commises, comme je vous pardonne celles que vous m'avez faites!

Don Raimondo le regarda avec stupeur et balbutia :

— Confession!... Confession!

— Je ne puis vous confesser; un prêtre va venir.

Il se leva et s'écarta du lit, tandis que les ongles de Don Raimondo griffaient les couvertures. Donna Gabriella et Violante regardaient le prêtre; elles reconnaissaient ces yeux, ce nez, cette voix, et dans la tenue, dans le geste, elles ne voyaient pas ce je ne sais quoi de hiératique qu'imprime le sacerdoce. Le *papas* fut embarrassé par ces regards inquisiteurs et s'inclinant légèrement, il s'apprêta à sortir.

— Vous partez? lui demanda le marquis de Geraci. Il ne me semble pas digne d'un chrétien d'abandonner un homme dans ces conditions; si vous n'êtes pas confesseur, vous pouvez lui donner un peu de réconfort...

Le prêtre s'arrêta, hésita un instant, puis d'un seul mouvement, ôta sa barbe longue et folle.

— Don Blasco! s'exclama le prince.

— Blasco! répéta Donna Gabriella.

Violante pâlit et lui tourna le dos; Emanuele le regarda d'un air hautain, en se demandant qui était ce Blasco qui se déguisait en prêtre grec et suscitait tant d'étonnement, et dont le visage ne lui était pas inconnu.

— Oui, c'est moi, répondit avec tristesse Blasco. Vous comprenez pourquoi j'ai dû recourir à ce déguissement : pour m'informer de la santé du duc.

Don Raimondo, en entendant le nom prononcé par le marquis, avait regardé le jeune homme et avait été pris d'un tremblement plus fort.

— Tous, grinça-t-il entre ses dents, tous sortent de terre !...

Et il reprit son cri désespéré :

— Je brûle !... Envoyez chercher un prêtre !... Pourquoi... me faites-vous mourir damné ?... Pourquoi ?... Vous ne voyez pas tous ces crimes !... Je les vois tous sortir du sépulcre... je les vois venir vers moi... je les sens qui m'agrippent... qui me tirent !... Un prêtre !... Un prêtre !...

Ce furent ses dernières paroles. Un râle convulsif étouffa sa voix. Quand, quelques minutes plus tard, arriva le chapelain de Santo Ippolito, il le trouva les yeux mi-clos, la poitrine oppressée de ce râle qui, à chaque respiration, se transformait en sanglot déchirant ; il lui prit une main et Don Raimondo poussa un hurlement, sans donner aucun autre signe d'intelligence ; le prêtre l'appela et le duc ne répondit pas ; le râle et les sanglots emplissaient la pièce.

Ainsi passèrent la journée et la nuit entières. D'abord, il criait, dès qu'on le touchait, puis même ces cris s'éteignaient, mais on voyait qu'il était agité de spasmes terribles. Le râle était devenu plus fort, il ressemblait par moments à un gargouillement, à d'autres, il évoquait le roulement d'un corps pesant ; puis il s'affaiblit de nouveau et devint plus long, avec de plus grands intervalles de silence, et les mouvements convulsifs cessèrent.

A l'aube, il mourut.

QUATRIÈME PARTIE

I

Au matin du premier juillet 1718, l'annonce d'un grand événement, dont on avait eu les prodromes durant la nuit, mit la population de la ville en émoi. Les « fani », les feux des tours de garde, avaient transmis la nouvelle qu'une immense flotte sillonnait les mers siciliennes, et un huissier du prince de Carini avait peu après porté au vice-roi, le comte Maffei, une lettre dans laquelle ledit prince s'empressait de faire savoir que cette escadre traversait le golfe de Castellammare.

Au matin, la flotte était apparue en vue de la cité ; elle était si nombreuse qu'elle remplissait l'horizon. Il ne faisait aucun doute qu'il s'agissait de l'armada espagnole que l'on savait concentrée en Sardaigne et qui était forte de quatre cent trente-deux bâtiments, navires de combat et de transport qui avaient embarqué vingt-deux mille hommes et cinquante mille cavaliers, avec l'artillerie, le ravitaillement et tout ce qui était nécessaire à une invasion, l'ensemble étant placé sous les ordres du marquis de Lede, capitaine expérimenté.

Mais l'on ne savait pas si cette armée venait pacifiquement ou non en Sicile ; la majorité des citoyens avait une préférence pour la deuxième hypothèse, car elle les débarrasserait d'une domination savoyarde qui avait visé à améliorer l'état du royaume et à rétablir la pleine et entière autonomie et préséance de l'autorité laïque sur le pouvoir ecclésiastique, comme aux temps bénis de l'ancienne monarchie. Mais la couronne de Savoie n'avait peut-être pas su adapter ses moyens ; elle avait cru pouvoir changer d'un coup et par la violence, des préjugés, des privilèges, des avantages matériels extravagants et avait, de plus, spolié les régnicoles de leurs charges et dignités au profit de Piémontais.

Que ce fût à cause de la longue et âpre discorde avec Rome, qui troublait les consciences, ou de la fiscalité rigide mise en œuvre par les gens du gouvernement, la Sicile traversait une passe difficile qui suscitait un vif mécontentement ; au point que quelqu'un avait tiré du nom *Victorius Amadeus* l'anagramme *Cor eius est avidum* — son cœur est avide — et que dans une chanson populaire le nom de la maison de Savoie servait à représenter les dévastations et les désolations :

Pari ca cci passó Casa Savoia

On dirait que la maison de Savoie est passée par là

A cet accès de mauvaise humeur n'était pas étranger un clergé qui, à quelques exceptions près, avait pris ouvertement le parti du pape dans le conflit entre l'Église et l'État, et s'était opposé aux droits séculaires de la monarchie, autrefois vaillamment défendus par ce même clergé. Mais peut-être celui-ci était-il moins attaché au pape pour des raisons hiérarchiques et spirituelles, qu'hostile au roi savoyard, dont le gouvernement ne paraissait pas disposé à déverser sur les couvents et les églises prérogatives, privilèges, exemptions, legs... avec autant de largesses que le gouvernement espagnol.

Toutes ces choses, et les revers de fortune que le changement de monarchie devait inévitablement entraîner, avaient fait désirer ce gouvernement espagnol dont l'œuvre en Sicile se résumait en une formule simple : faire de l'argent, enrichir le clergé et la noblesse, pendre le plus de monde possible et ne se préoccuper de rien d'autre. Comme à cette époque ceux qui commandaient étaient libres de faire ce qu'ils voulaient, que le peuple avait des fêtes, des spectacles, des actes de foi, des processions, des divertissements carnavalesques, et que les malandrins pouvaient infester les campagnes et grouiller dans la ville, comment ne pas regretter amèrement la domination espagnole ?

C'est pourquoi l'annonce de l'arrivée de cette armée qu'on savait battre pavillon espagnol, en se propageant dans la cité, l'avait émue et avait attiré à la Marina une foule de curieux, parmi lesquels certains nourrissaient quelques craintes, non pas tant d'une invasion étrangère, mais des dangers qu'un conflit ferait courir à la ville. Cependant, on ne s'étonnait pas peu de la tranquillité d'esprit du vice-roi, et de voir les soldats piémontais se mêler à la foule pour regarder défiler les navires espagnols.

Aux seigneurs venus comme à l'accoutumée présenter leurs respects à Son Excellence, le vice-roi avait dit des paroles rassurantes.

— N'ayez aucune crainte, messieurs ; le roi notre seigneur, que Dieu l'ait en sa sainte garde, m'avait déjà averti par son courrier du passage de cette flotte, qui va à Naples ; j'ai aussi l'ordre d'offrir à cette armée des rafraîchissements et tout ce qui pourrait être utile. Soyez tranquilles.

Mais vers l'Ave Maria arrivèrent d'autres nouvelles, qui semèrent une grande appréhension dans la ville. Le prince Lanza était revenu en hâte de sa villégiature dans le village de l'Aspra, en annonçant que des navires débarquaient des soldats sur le pied de guerre et que son frère abbé, s'étant approché d'un officier supérieur, et lui ayant demandé ce que cela signifiait, s'était entendu répondre que Sa Majesté Philippe V reprenait le royaume puisque le roi Vittorio n'avait pas respecté les traités. Presqu'au même moment, un garde du prince de la Catolica avait rapporté la même information à son seigneur, et le prince s'était empressé d'en informer le comte de San Marco, prêteur, lequel avait couru sans tarder au Palais Royal.

Le pauvre comte Maffei tomba des nues. Comment ? Un débarquement ? Une invasion ? Comme cela, par surprise, par traîtrise, sans déclaration de guerre, contre le bon usage ? Il n'y avait rien d'autre à faire que de se préparer promptement à fortifier la ville.

— Je n'ai pas suffisamment de troupes pour repousser l'attaque ; il faut que la cité s'arme.

— Mais, Excellence, une défense contre une armée possédant une artillerie, cela ne s'improvise pas.

— Alors, il ne me reste plus qu'un parti à prendre. Votre Seigneurie Illustrissime négociera une reddition honorable de la ville pendant que j'organiserai la défense du royaume.

— Fort bien ; mais je souhaiterais que Votre Excellence me donne cette consigne par écrit.

Le soir-même le préteur sillonna la ville à cheval pour donner ses ordres aux consuls des corporations : elles devaient aller occuper dans l'ordre les remparts. La cité se remplit du son des tambours qui battaient la générale, et répandaient l'anxiété et l'effroi des grands événements.

Le lendemain matin, les bastions étaient tenus et garnis par les corporations, les canons prêts, mais plus pour une mise en scène que par réelle volonté de défense. Dans la nuit, une reconnaisance avait été ordonnée par le vice-roi mais les troupes ne l'avaient exécutée que dans la matinée avant de battre en retraite en désordre pour venir annoncer que toute résistance serait inutile, les Espagnols étant très nombreux. Les rumeurs les plus étranges et les plus diverses couraient ; les langues se délièrent, parmi tous ceux qui avaient autrefois tiré bénéfice du gouvernement espagnol et ceux qui jusque-là n'avaient pas osé exprimer leurs sentiments hostiles envers la domination savoyarde ; on compara le marquis de Ledc à Gédéon.

— Les trompes sonnent, et aussitôt Jéricho s'écroule !

— Et Don Gaspare Narbona ? Où est-il, où est Don Gaspare Narbona ?

— Celui-là ? Mais il a décampé. Il savait tout, lui, ce vieux renard !

Don Gaspare Narbona était le procurateur du roi Philippe V pour le comté de Modica ; car, conformément aux accords du traité d'Utrecht, le roi d'Espagne, en cédant la Sicile à Vittorio Amedeo, gardait pour lui l'ancien et vaste fief et y conservait une garnison et un représentant. L'année précédente, un grand litige était né d'un différend fiscal ; Narbona soutenait que le comté était exempté de quelque obligation que ce fût envers la Sicile ; l'avocat fiscal Don Igazio Perlongo, au contraire, prétendait que le comté étant fief du royaume, le roi Philippe, comte de Modica, était vassal de la couronne de Sicile et lui devait toutes les obligations afférentes. Il fallut donc y envoyer une troupe savoyarde mais les habitants de Modica se révoltèrent ; d'où l'ire du vice-roi contre Narbona.

La journée se passa dans une grande agitation. Le vice-roi convoqua la noblesse en son palais pour se justifier en montrant la lettre du roi et proposer un plan de défense, que tous refusèrent, parce qu'il était déjà trop tard. Un audacieux murmura que tout cela sentait l'hypocrisie.

— C'est une comédie, de bout en bout, pour nous prendre à l'improviste ; croyez-vous sérieusement que le roi Vittorio et le roi Philippe ne sont pas d'accord ? L'un dit : je feins de venir en ami et je débarque mes troupes ; toi tu feins de ne rien savoir et d'avoir été abusé ; quatre coups de canon, et puis nous nous mettrons d'accord !... Et nous sommes les dindons de la farce !... Défense ? Qui parle de défense ?

Le vice-roi n'obtint pas de meilleur résultat avec un édit par lequel, le même jour « eu égard à la nécessité imminente de défendre le royaume » il ordonnait « que tous les barons et feudataires soumis au service militaire rassemblent hommes, armes et chevaux à la mesure de leurs obligations, d'ici douze jours, impérativement » se concentrent à Piazza Armerina armés de « deux pistolets et d'épée et d'une carabine ou d'une escopette » en menaçant les récalcitrants de « l'indignation de Sa Majesté ». On fit la sourde oreille car, avant même que l'édit eût été publié, des courriers avaient été expédiés de toute part dans le camp espagnol pour annoncer que dorénavant on n'obéirait plus qu'au roi Philippe ; et aussi parce que personne n'avait envie de combattre les Espagnols étant donné que les chefs s'étaient concertés au Sénat pour accorder la reddition de la capitale et avaient formulé la proposition de capitulation à soumettre au marquis de Lede.

C'est pourquoi l'agitation de la ville perdait sa tonalité inquiète, née de l'incertitude et la curiosité, plus que tout autre sentiment, suscitait ce bruit insolite, ce bavardage, cet échange d'informations. Car le peuple, qui ne tirait aucun avantage des changements dynastiques, ne s'intéressait alors qu'au double spectacle de la sortie des troupes savoyardes et du vice-roi, et de l'entrée des troupes espagnoles.

La Marina était pleine de gens venus voir si l'armée entrait dans le golfe et s'approchait de la ville. Gens du peuple avec femme et enfants, dames en carrosses et en chaises, seigneurs à cheval ; humbles vêtements et habits de soie, vestes des petites gens et livrées des laquais ; froc des religieux et habit court des abbés ; carrioles de transport et magnifiques carrosses tirés par de puissants frisons se croisaient, se confondaient, se séparaient de nouveau.

Trois jeunes seigneurs, dont le plus vieux pouvait avoir vingt-deux ans, faisaient bizarrement caracoler leurs chevaux qui, tantôt reculant, tantôt s'enfonçant dans la foule des piétons, semaient l'affolement chez les femmes qui s'éparpillaient et fuyaient en poussant de grands cris. La scène paraissait divertir énormément les trois cavaliers qui, au lieu de passer sur la large chaussée, sous prétexte de regarder les vaisseaux qui appareillaient et évoluaient vers le cap Zafferano, poussaient leurs montures au milieu des gens.

— Eh bien, demanda l'un d'eux en caressant le col de son beau cheval saure, eh bien, Emanuele, quand mangerons-nous ces dragées ?

Emanuele Albamonte, duc de la Motta, qui était le plus jeune des trois, répondit avec un air mécontent :

— En ce qui me concerne, le plus tard sera le mieux.

— Ton grand-père n'est pas de cet avis.

— Ce n'est pas tant mon grand-père que le sien, qui y tient.

— On dit qu'elle est belle, avança le troisième.

Emanuele haussa les épaules.

— Je l'ai vue quelques fois, deux ou trois je crois, quand son père est mort... Oui, elle est peut-être belle et elle devrait plaire ; à moi, elle ne me plaît pas.

— Elle a une belle dot.

— Je le sais. C'est une Branciforti, voilà tout.

— Maintenant, il faudra voir comment s'arrangeront les choses de la guerre...

— Voyez-vous, dit Emanuele, mon grand-père a rejeté l'édit du vice-roi pour le service militaire mais si j'avais été majeur, j'aurais levé pour mon propre compte les milices de mes fiefs... Parce que cela m'aurait plu, de faire la guerre. On dit que mon père avait le même naturel...

— Tu servirais le roi Vittorio ?

— Lui comme un autre ; c'est la guerre en elle-même qui me plaît !

— Cela se voit. Sur le champ clos, tu es le meilleur...

— Mais, là, c'est une guerre pour rire. Il me plaîrait bien davantage de la faire sérieusement. Qui sait ? si tout ce qui se dit est vrai, les occasions ne devraient pas manquer !... Ah !, avoir vingt ans, être libre et maître de soi, pouvoir administrer ses propres rentes sans avoir besoin de demander un tari à son tuteur... Il s'en faut encore de beaucoup : six mois et quatorze jours !

— Parbleu ! tu paies un rationnel pour qu'il te fasse le compte jour par jour ?

— Je le fais moi-même. Chaque jour qui passe, j'en soustrais un à mon compte, mais je pense qu'il en reste encore trop ; cent quatre-vingt-dix-sept jours !

Tout en bavardant, ils poussaient leurs chevaux deçà et delà, riaient de la peur de la foule et raillaient, avec l'insolence des fils de familles riches et puissantes, ceux qui grommelaient.

Emanuele avait grandi en taille et en force, et semblait plus vieux que son âge ; son grand-père lui avait fait donner une éducation conforme à son rang : équitation, escrime, danse ; de culture littéraire, il n'en était pas question, soit parce que Don Girolamo y avait déjà pourvu, soit parce qu'Emanuele n'éprouvait pas une grande prédilection pour les livres... Le seul savoir qu'Emanuele désirât acquérir était la connaissance de son patrimoine.

Aussitôt après la mort de Don Raimondo, les actes de reconnaissance et son droit à l'héritage furent validés, et la tutelle et l'administration du vaste patrimoine furent confiées au prince de Geraci, qui était le grand-père et jouissait d'une grande autorité. Mais les biens apportés en dot par la première épouse, mère de Violante, avaient été aussi reconnus, de même que ceux de Donna Gabriella ; et pour éviter les litiges, tant avec les Branciforti qu'avec les La Grua, on avait passé des accords amicaux.

Par un excès de galanterie, le prince avait déclaré que Donna Gabriella pouvait, si cela lui convenait, continuer d'habiter au palais de la Motta mais elle refusa d'être l'hôte de la maison dont elle avait été la maîtresse et se retira provisoirement au château de son frère. Elle ne tarda pas à acquérir un petit palais derrière le couvent de San Domenico, où elle alla cacher son veuvage et ses tourments. Sa dot et une rente annuelle versée par sa famille suffisaient à la faire vivre dans la prospérité que requérait son rang.

Placée sous la tutelle du prince de Branciforti, Violante retourna au monastère. Les deux grands seigneurs avaient trouvé très naturel que ces deux cousins, tous deux orphelins, et dont la richesse avait été jusqu'alors concentrée dans les mains de Don Raimondo, s'épousassent, de manière à maintenir intacte ladite richesse.

Dans ces tractations et dans le projet de mariage, les deux jeunes gens n'eurent pas leur mot à dire ; et ce n'était pas nécessaire. En effet, quoiqu'ils fussent concernés plus que quiconque, la coutume ne permettait pas qu'ils s'en occupassent ou qu'il fût tenu compte de leurs inclinations avant de faire le grand pas. Dans la noblesse, les mariages d'amour étaient rares ; les unions se concluaient suivant les intérêts des parents et l'usage n'autorisait pas les fiancés à se voir, ni à entretenir aucune relation. La future épouse demeurait ordinairement dans un monastère où l'on complétait son éducation, et d'où elle sortait quelques jours avant ses noces, pour passer tout à trac de la vie claustrale aux tempêtes du monde.

D'un commun accord, les deux seigneurs avaient établi que les noces seraient célébrées quand Emanuele aurait atteint sa majorité et que Violante attendrait ce jour au monastère. La dot de Violante était constituée, outre l'héritage maternel, par le patrimoine personnel de Don Raimondo, fruit de son travail, de son économie, de quelques spéculations avantageuses, et de l'usure qu'il avait pratiquée discrètement sous forme de prêts hypothécaires à des seigneurs : et c'était une dot considérable, digne d'une princesse, qui ferait d'Emanuele un des nobles les plus riches de la ville.

Le jeune homme ne s'était pas d'abord opposé à ces projets : sa cousine n'avait aucun attrait particulier à ses yeux et n'éveillait en lui aucune sympathie, mais l'idée d'un mariage avec une dame d'une richesse et d'une noblesse égales à la sienne lui parut la chose la plus naturelle du monde. Peu à peu, le goût de sa nouvelle vie, les entreprises galantes auxquelles il s'était consacré avec l'avidité d'un petit satyre, et plus encore un sentiment de rébellion, d'autoritarisme, de despotisme, lui avait fait apparaître ce mariage, concerté sans le consulter, comme une chose pesante et antipathique, pour laquelle il éprouvait une aversion définitive. Il n'éprouvait aucune sympathie pour cette cousine dont l'aspect froid et réservé l'avait heurté

Au printemps il avait voulu visiter ses domaines. Les élus et les magistrats des grandes terres, les secrétaires des bourgs, les capitaines, étaient venus à sa rencontre, et l'avaient reçu sous des arcs de triomphe de feuillages, avec des salves de fusils et de pétards ; dans les paroisses, les curés l'avaient accueilli avec le Saint Sacrement et l'avaient béni après un petit discours dans lequel ils souhaitaient, ils étaient même sûrs, qu'il montrerait pour la religion le même zèle que ses aînés. Dans les grandes salles du château, il avait reçu les hommages de la magistrature des terres feudataires et le baise-main ne finissait jamais ; ses vassaux improvisaient des courses de taureaux et des feux d'artifice et quelque lettré du lieu improvisait des vers latins dans lesquels Emanuele était comparé à Hercule ou à quelqu'autre héros antique, à moins qu'en jouant sur l'étymologie de son nom, on ne le déclarât sans hésiter envoyé de Dieu, comme un autre Messie.

Toutes ces fêtes — qui lui donnaient la mesure de sa puissance et lui faisaient découvrir une population entière qui dépendait de lui, avait le devoir de travailler pour lui, devait le vénérer comme un dieu et dont il pouvait faire pendre les membres par des magistrats choisis par lui — l'avaient enivré. Pourquoi donc, s'il était si puissant et maître de faire et défaire, pourquoi donc devait-il obéir à son grand-père et accepter ce mariage non désiré ?

Il n'avait plus songé à Pellegra, sinon comme à une aventure plaisante qui n'avait laissé aucune trace de passion dans son cœur. Simplement, en la comparant à Violante, si froide et si réservée, il la trouvait délicieuse et désirable.

La pauvre enfant avait en vain attendu son prince. La fortune soudaine qui avait transformé à ses yeux, d'un instant à l'autre, le pauvre neveu du rationnel en héritier du duc de la Motta, lui avait poigné le cœur et anéanti ses espoirs en l'avenir.

Du haut de son balcon, elle avait regardé partir le jeune homme dans le carrosse de son grand-père et avait espéré un regard, un signe. En vain. Il était parti sans se rappeler qu'il y avait là-haut un cœur qui souffrait.

Cependant, elle l'attendait. Espérait-elle ? En vérité, non, mais elle ne savait pas se résigner à l'abandon et ne voulait croire qu'Emanuele l'eût tout à fait oubliée. En fait, il ne se montra plus.

Quelquefois, en sortant avec son père déjà à moitié gâteux, qui se traînait sur ses pieds vacillants, elle le voyait en carrosse ou à cheval en compagnie de son aïeul ou d'autres jeunes gens ; son cœur battait tumultueusement, mais vainement. Il passait sans même la regarder.

Au bout de deux ans, et l'état de son père s'aggravant, Pellegra fut envoyée à Rome par la famille de sa mère, et confiée aux soins d'une lointaine parente, contre pension mensuelle. Dans la ville sainte, Pellegra se consacra à l'étude et à la poésie. Elle commença à épancher son âme dans des sonnets où elle se peignait en Laure répondant à Pétrarque. Ces vers plurent à un prélat de ses parents. Plus tard, ils devaient lui ouvrir les portes de l'académie de l'Arcadia, lui obtenir la main d'un avocat romain et, complétés d'autres poèmes, ils seraient publiés et portés aux nues comme un miracle poétique.

Après son départ, Emanuele pensa parfois à elle, mais seulement pour la comparer à Violante. D'autres aspirations s'étaient désormais emparées de son cœur ou plutôt de sa vanité, et il voyait bien des belles dames dans la nouvelle société où il était entré. Cette tante, par exemple, si jeune, si belle, restée seule... Oh, pourquoi donc avait-elle voulu abandonner le palais de la Motta ?

Ils ne se voyaient presque jamais, en dehors des occasions solennelles, comme le jour de l'an, la Nativité et Pâques, et en général dans les circonstances où il avait l'obligation de baiser la main des parents plus âgés et de ses supérieurs pour leur souhaiter une bonne fête. C'étaient des visites brèves qui n'outrepassaient pas les plus strictes limites de la bonne éducation, et cela de par la volonté de Donna Gabriella, qui s'était enfermée dans une réserve et une solitude vraiment singulières, et qui peut-être trouvait antipathique et creux ce jeune homme grand et fort dont le visage lui rappelait un peu Blasco. Il y avait l'air de famille, l'empreinte de la lignée ; mais quelle différence entre Blasco et lui ! Elle ne pouvait faire moins que reconnaître que le bâtard valait mieux que le fils légitime et que dans la comparaison le second perdait ce que le premier gagnait. Peut-être cette confrontation l'empêchait-elle d'accueillir Emanuele avec la sympathie et la cordialité qui ouvrent la voie à l'intimité et à la confiance. Aussi le jeune homme s'abstenait-il de fréquenter la maison de sa tante, bien qu'il la trouvât belle et plaisante, et qu'en outre, la place fût libre.

C'est dans ces conditions que se trouvait Emanuele à la veille de sa majorité et l'ennui de ces noces qui menaçaient d'emprisonner sa jeunesse le reprenait, quand il chevauchait avec ses amis.

II

Le 3 juillet, la capitulation de la ville, formulée en six courts articles, était conclue entre le marquis de Lede et les ambassadeurs du Sénat, Don Francesco Gravina, prince de Palagonia et Don Girolamo Gravina, prince de Montevago ; le même jour, le comte de Mattei, vice-roi, avec la vice-reine et ses familiers, les employés de la Cour, et les conseillers, quitta la ville en sortant par la Porte Neuve, où l'attendaient la cavalerie et l'infanterie avec lesquelles il se dirigea vers la Piana dei Greci. Aucun seigneur ne l'accompagna un moment par courtoisie, aucun ne lui donna un salut poli : les âmes s'étaient tournées vers le nouveau soleil qui revenait après cinq années d'absence.

Les corporations, sur l'ordre du préteur, prirent possession du Palais Royal, où l'on ne trouva aucune pièce d'archive, le comte Maffei les ayant toutes fait brûler, y compris les exemplaires de l'ouvrage *Parlamenti di Sicilia,* écrit par Mongitore.

La place du Palais Royal, encombrée de soldats depuis le départ de la Cour, ressemblait à un village abandonné. Le quartier de San Giacomo était désert ; le matin, toutes les familles des employés et des soldats piémontais avaient été envoyées au loin avec leurs affaires : exode triste, qui n'avait soulevé aucune compassion.

Ne restait plus, au Château, qu'une garnison de quatre cents soldats, qui avait l'ordre de ne pas s'en prendre à la ville, mais de défendre le drapeau royal et de ne céder que lorsque la défense serait impossible. Six soldats tentèrent de déserter ; deux furent repris et mis à mort.

L'armée espagnole entra à Palerme le matin du 4, suivie de la cohorte des familles de soldats, au milieu des acclamations des habitants saluant ceux qui, comme on disait emphatiquement, venaient les délivrer « de la tyrannie du Pharaon savoyard ». Ils ignoraient que leurs hosannas préparaient à la patrie la plus néfaste des servitudes.

La flotte, suivant le mouvement des troupes, entra dans le golfe disposée en ordre de bataille et, entre la garnison du Château et les navires, éclata un violent duel d'artillerie qui incita la population à venir à la Marina et sur les remparts admirer le spectacle de la canonnade qui résonnait dans toute la ville, éveillant anxiétés et inquiétudes.

Cependant les troupes espagnoles, pour assiéger le Château, disposaient leur campement à Santa Oliva et pour se défendre d'éventuelles agressions et couper toute communication aux défenseurs de la forteresse, étendaient leurs lignes jusque sous le couvent de Baida. Et de ces points d'appui peu à peu, les forces du marquis de Lede avancèrent, resserrant toujours leurs lignes, jusqu'à établir leurs batteries dans les jardins hors la Porte San Giorgio, où s'étendent aujourd'hui des quartiers populeux.

Le soir de ce 4 juillet, un jeune soldat des dragons espagnols, probablement muni d'une autorisation de son capitaine, entra en ville par la Porte Carini, se dirigea vers le Capo et, prenant par la place de la Merci, s'arrêta une minute pour contempler le palais de la Motta.

Les balcons étaient fermés, le portail clos ; il y avait dans l'aspect de la maison quelque chose de sinistre et de sombre, comme le signe extérieur d'une histoire trouble et obscure. De là, il descendit sans se presser vers San Cosmo et s'arrêta de nouveau pour examiner le portail de la maison Baldi ; puis, contournant la place, il remonta la ruelle des Orfani et s'arrêta encore devant une petite porte murée. Il secoua la tête et reprit son chemin : on eût dit que sur son visage, tous les souvenirs qui se réveillaient laissaient une trace de leur passage.

De la rue de la Guilla, il déboucha, par celle des Sept Anges, sur le Cassaro, qui paraissait en fête. Çà et là on voyait le portrait du roi Philippe V, et des prêtres parlaient avec animation, d'un air rassuré, comme des gens qui voient arriver la fin de leurs tribulations. Ils espéraient, en fait, dans le retour de l'ancien régime, pour voir cesser l'interdit et les persécutions dont ils se croyaient victimes. Une foule où se mêlaient toutes les classes de la société accourait à la Marina pour assister au spectacle du duel d'artillerie entre le Château et les bâtiments espagnols. Quelques vieux disaient que c'était là un jeu d'enfant en comparaison de la fameuse bataille navale qui s'était déroulée quarante ans plus tôt dans le golfe, entre Hollandais et Espagnols d'une part, et Français de l'autre. Cela avait été un spectacle grandiose. Le golfe était couvert de vaisseaux enveloppés par des nuages de fumée déchirés à chaque instant par la canonnade ; des navires grands comme des montagnes brûlaient, se transformaient en d'immenses cratères, ou explosaient dans un fracas qui faisait trembler la ville ; et quels massacres, que de morts, que de destructions ! Qu'est-ce que c'était que ce duel ? Une sorte de feu d'artifice !... Ce n'en était pas moins un spectacle à admirer. On pouvait suivre la trajectoire des bombes et s'amuser à deviner où elles tomberaient. Les projectiles expédiés par les deux partis, tombaient souvent dans l'eau, soulevant des colonnes d'écume et de fumée, pour la plus grande joie des spectateurs.

Le dragon remonta le Cassaro, admiré par tous ceux qui voyaient en lui un libérateur, mais il s'aperçut que beaucoup d'yeux s'arrêtaient avec insistance sur lui, avec cette expression particulière qui signifie : « Il me semble le connaître ». Arrivé aux Quatre Coins, il s'arrêta, donna un coup d'œil aux quatre rues qui lui paraissaient si belles, mais tandis qu'il était plongé dans cette admiration muette, il tressaillit brusquement et une vive rougeur lui monta au visage. Une voix bien connue de lui, cria tout près ·

— Arrêtez!

Du fond d'un carrosse tiré par deux chevaux qui, à cet ordre, s'immobilisa dans un grand grincement de fers sur le pavé, un visage masculin apparut, qui fixait le dragon avec une expression de stupeur. Un instant, les deux hommes s'entre-regardèrent en se reconnaissant, sans un mot, sans un geste, mais non sans émotion ; et il semblait qu'ils fussent la proie de sentiments divers, que dominait une espèce de réserve qui peut-être les empêchait de se montrer cordiaux.

Le seigneur descendit du carrosse et s'approchant du dragon, lui dit avec gravité :

— Je ne m'abuse donc pas en reconnaissant Don Blasco Albamonte?

— C'est moi, en effet, répondit Blasco avec une froideur ostensible.

— Eh bien, puisque le hasard nous permet de nous rencontrer après quatre ans, si vous voulez reprendre cette partie que nous avons interrompue dans les jardins, je suis à votre disposition.

Coriolano parlait ainsi, mais un léger sourire effleurait ses lèvres et dans ses yeux brillaient des désirs bien différents de ceux qu'exprimaient ses paroles.

Le dragon, ou plutôt Blasco, car c'était lui, ne répondit pas tout de suite, mais soudain, ôtant son chapeau, il rétorqua, le visage radieux :

— Blasco de Castiglione avait avec vous quelques comptes à régler, mais Blasco Albamonte, dragon de l'armée de Sa Majesté Catholique vous tend la main, fraternellement, comme autrefois, sans rancœur, sans ressentiment, Coriolano.

— Ah, bravo! Je vous reconnais bien là. Embrassez-moi donc, mon vieil ami.

Et toute réticence vaincue, ils se jetèrent dans les bras l'un de l'autre, se serrant avec affection et se baisant sur les joues.

— Où allez-vous? s'enquit le chevalier de la Floresta.

— Nulle part... je flâne.

— Venez donc dans mon carrosse, nous parlerons plus librement.

— Volontiers.

Ils montèrent dans la voiture qui se mit en route sur le Cassaro. Coriolano regardait Blasco avec plaisir et stupeur.

— Voyez-moi cela! je n'aurais jamais imaginé vous rencontrer... Comment se fait-il que je vous retrouve dans cet habit?

— La nostalgie, mon cher. J'ai éprouvé un grand besoin de venir à Palerme, et la seule manière d'y venir sans craindre de mauvaises surprises était cet uniforme...

— Vous étiez donc bien sûrs de reprendre la Sicile?

— Tout à fait sûrs... Quoique je ne sois qu'un simple soldat, j'ai quelques amis à la Cour, qui m'ont communiqué certains des plus grands secrets. C'est ainsi que je puis vous affirmer en toute certitude que j'étais le seul dans l'armée à connaître depuis le début le but de l'expédition ; le marquis de Lede lui-même ne l'a su qu'en haute mer, quand il a ouvert le pli secret qui lui avait été remis...

— Diantre ! vous avez donc des connaissances si profondes en politique ?

— Oh, non... Mais j'étais, et je suis, bon ami de Son Éminence le cardinal Alberoni, premier ministre du roi.

— Ah, bravo !... Maintenant, je comprends tout... Et où logez-vous ?

— Mon régiment est cantonné au casino du prince de Sperlinga, où se trouve le quartier général...

— J'espère que vous viendrez chez moi ; vous retrouverez votre chambre

— Merci, cependant, oubliez-vous que je ne suis plus Blasco de Castiglione, mais un dragon, qui ne peut s'éloigner de son camp ? Et puis, ajouta-t-il en souriant, oubliez-vous l'article deux de la Capitulation qui, entre autres, interdit aux soldats de prendre « logement dans les maisons des citoyens, ou d'autres particuliers » ?

— Allons, voyons ; cela n'interdit certainement pas à deux bons amis... Nous sommes amis, n'est-ce-pas ?

— Comme aux premiers jours...

— Bien ! je disais donc que la Capitulation n'interdit pas à deux bons amis de dîner ensemble... Vous me ferez au moins cette grâce. Nous aurons tant de choses à nous raconter, car je suppose que vous voudrez savoir ce qui est arrivé durant les quatre années de votre absence.

— Imaginez !... Si vous saviez la promenade que j'ai faite...

— Je l'imagine. Vous êtes sans doute allé regarder les fenêtes du monastère de Santa Caterina !

— Le monastère de Santa Caterina ?

— Certes, mais seulement les fenêtres, puisqu'*elle* est la promise de votre frère, comme vous l'avez voulu.

Blasco pâlit mais reprit tout aussitôt sa bonne humeur :

— Oh, non, vous vous trompez. Santa Caterina ?... Je n'y pensais pas et j'ignorais même qu'*elle* fût là... J'ai voulu au contraire revoir d'autres lieux... Et je suis allé à la ruelle des Orfani...

— Ah !... On l'a murée.

— J'ai vu. De sorte que vous êtes dispersés comme les Juifs !

— Non. Les repaires ne manquent pas et les âmes sont les mêmes... Mais parlons d'autre chose. N'avez-vous vu personne de connaissance ?

— Personne. Je ne suis en ville que depuis une heure...

— Tiens ! Regardez...

Deux jeunes chevaliers montés sur de magnifiques chevaux et suivis de laquais venaient à leur rencontre. Coriolano en montra un du doigt.

— Voilà votre frère.

Blasco ne put retenir un cri d'étonnement.

— Celui-là ? Comme il a grandi ! Je ne l'aurais pas reconnu... Et c'est aussi un beau garçon...

— Oui, c'est ce que tout le monde dit. Je crois qu'il va au champ clos de Villafranca pour s'exercer. C'est un bon cavalier et un bon jouteur.

— En vérité ?... J'en suis content.

— Vous irez le trouver ?

Blasco se rembrunit un peu.

— Non, fit-il sèchement.

— Vous avez raison, peut-être y a-t-il un peu trop d'orgueil dans votre non ; mais vous avez raison... Et vous ne comptez revoir personne de vos anciennes connaissances ?

— Personne. Pourquoi devrais-je les revoir ? Mon cher, à présent je ne suis qu'un pauvre soldat des dragons qui vit sur sa solde, quand on la lui verse, ou de ce qu'il trouve, et fait la guerre avec allégresse, en attendant qu'un boulet de canon lui emporte cette tête qu'il n'a jamais eue bien solide !... Allons !... J'ai pris mon nom de baptême seulement par commodité et parce qu'aux yeux de tous Blasco de Castiglione est mort, banni et persécuté comme Saltaleviti ou quelqu'autre malandrin du même acabit ; mais quand je suis seul avec moi-même, alors je me sens et je suis le même Blasco de Castiglione, celui qui est entré à Palerme monté sur une rossinante à faire rougir celle de Don Quichotte, et qui a cherché noise au prince d'Iraci !... Ah ! comme j'aimerais revenir en arrière et annuler ces deux années de vie !... A propos, que devient le prince d'Iraci ?

— Je crois qu'il est à Rome, à l'ambassade du roi Vittorio. Vous pouvez compter qu'il reviendra...

— Pauvre diable ! Et la duchesse, Donna Gabriella ?

— Elle supporte avec beaucoup d'honneur son veuvage.

— Une Madeleine repentie ?

— Peut-être...

— Et vos amis ?... Don Girolamo ?

— Il vit à Naples sous un autre nom ; son épouse est morte de douleur. La pauvre femme aimait profondément son fils adoptif et s'est tant affligée de la séparation qu'elle est tombée malade. Emanuele ne l'a plus jamais revue, ne lui pas même envoyé un salut.

— Oh ! Comment est-ce possible ?

— C'est ainsi, malheureusement... Andrea est au service d'Emanuele ; il l'a pris avec lui, non par gratitude ou pour tout autre sentiment, mais pour faire un geste de grand seigneur.

En bavardant ainsi, ils étaient arrivés au palais de la Floresta, où ils descendirent. On entendait encore, du côté de la mer, le grondement des canons, fréquent et menaçant. Les deux parties ne paraissaient pas disposées à céder, bien que la garnison savoyarde fût étique et reconnût que sa résistance serait plutôt *pro forma* que réelle. Elle ne pouvait pas compter sur des secours, car le comte Mattei, avec ses quelques milliers de soldats, s'était retiré au-dessus de Caltanisseta, en laissant ces quelques trente mille Espagnols avaler la petite troupe du Château.

Durant le dîner les deux amis devisèrent en écoutant la canonnade. Blasco donnait des informations sur les forces de l'armée, sur le généralissime, sur les officiers, sur le régiment d'étrangers, la plupart italiens. Les artilleurs avaient creusé leurs tranchées dans les jardins jusqu'à la Porte San Giorgio. Après l'entrée officielle du vice-roi du royaume de Sicile représentant Philippe V, on en viendrait à une action décisive pour s'emparer du Château.

Ces nouvelles, qui paraissaient intéresser Coriolano étaient entremêlées avec d'autres détails sur la vie de Blasco depuis quatre ans. Il avait vécu quelque temps à Gênes, où il s'était embarqué pour Barcelone. Puis il s'était rendu à Madrid, et ne s'en était plus éloigné jusqu'au jour où le cardinal Alberoni avait décidé de reconquérir le royaume de Sicile, en arguant que le roi Vittorio Amedeo n'avait pas respecté les obligations qui assortissaient la cession dudit royaume, selon les termes du traité d'Utrecht. Blasco avait gagné sa vie comme maître d'armes et en formant le très jeune fils d'une dame, amie du cardinal, il était entré dans les bonnes grâces de cette dernière au point qu'il avait dû recourir à la ruse pour partir et suivre l'armée espagnole.

Coriolano de la Floresta donna lui aussi des nouvelles de la vie citadine, en lui fournissant des détails intéressants et singuliers sur les habitudes de tel ou tel.

Une heure après, Blasco prit congé ; il s'était peut-être un peu attardé et s'attendait à une punition. Il reprit le chemin du camp, en se dirigeant cette fois vers la Porte Maqueda pour prendre au plus court. Sur la rue qui devait prendre plus tard le nom du marquis de Regalmici, puis celui de Ruggero Settimo, il recroisa le chemin de ces deux cavaliers dont l'un était, comme Coriolano le lui avait appris, Emanuele.

Il le regarda attentivement non sans une certaine tristesse et l'âme oppressée de toutes ces pensées que la rencontre et la conversation du chevalier de la Floresta avaient réveillées, il rentra au camp.

III

Après huit jours de résistance, la garnison savoyarde du Château se rendit sans condition et la cité resta alors tout entière au pouvoir du marquis de Lede, qui avait déjà fait son entrée solennelle de vice-roi, dans le carrosse du Sénat, au milieu des salves des mousquets et de l'artillerie et avait réorganisé le gouvernement. Les Savoyards s'étaient concentrés dans les villes fortifiées comme Termini, Messine, Castel Mola, Syracuse, où s'était retiré, après mille péripéties, le comte Maffei.

Les fêtes de Santa Rosalia, qui tombèrent à ce moment, n'eurent donc rien de très frappant et furent en outre réduites du fait d'une violente averse qui empêcha la procession et aussi en raison de l'interdit. En fait, la lutte qui avait éclaté pour une poignée de pois chiches, comme nous l'avons raconté, entre la curie pontificale et la monarchie de Sicile, cette lutte s'était, en quatre années, tellement exacerbée qu'une grande partie du clergé qui soutenait le pape, était mise au ban, contre tout droit. Vittorio Amedeo avait fait appel à des hommes, remarquables par leurs connaissances doctrinales et l'inflexibilité de leur caractère, pour instituer une Commission qui imposa au clergé de choisir entre la soumission à l'autorité civile et l'exil. Acquérir la palme du martyre avec une punition relativement légère, et en tout cas sans verser son sang, parut une chose belle et facile ; la plupart des prêtres, pour ne pas encourir de châtiments canoniques, préférèrent l'exil. Le principal instrument de la Commission fut Matteo Lo Vecchio.

Remis du coup que lui avait donné Blasco sur la route de Misilmeri, le sbire était retourné à Palerme en février 1715 et n'avait plus trouvé aucun des personnages auxquels il avait eu affaire. Don Raimondo était mort, Blasco parti, ainsi que Don Girolamo, Andrea était passé au service de l'héritier de la Motta et donc à l'ombre d'une famille doublement puissante. Antonino Bucolaro lui-même s'était éclipsé et l'on ne savait plus rien de lui ; les Beati Paoli paraissaient dispersés et l'on n'entendait plus parler d'eux. Seul Coriolano de la Floresta continuait comme auparavant de vivre une vie irréprochable et à l'abri de tout soupçon.

Matteo Lo Vecchio perdit donc tout espoir de s'enrichir et le secret dont il était possesseur lui devint parfaitement inutile : Emanuele avait été reconnu et Donna Gabriella n'était guère concernée. Une seule personne pouvait être intéressée à ce que la mémoire de Don Raimondo ne pâtît pas d'éventuelles révélations : Violante. Mais la jeune fiancée d'Emanuele se trouvait encore dans un monastère et n'aurait pas eu un denier à donner au sbire.

Mis en fureur par ces contrariétés, Matteo Lo Vecchio se jeta à corps perdu dans la discorde entre l'Église et l'État. Nul n'était plus habile que lui à découvrir les prêtres qui, pour ne pas encourir l'excommunication, se refusaient à célébrer le service religieux ; il avait dressé la liste de tous les membres du clergé régulier et séculier ; il s'informait pour savoir s'ils allaient au chœur, s'ils participaient aux processions. Comme celles-ci étaient très fréquentes, il était facile de repérer les absents ; alors il s'abattait comme un épervier sur leur maison, les menaçait d'arrestation ; si ceux-ci, pour préserver leur tranquillité, lui donnaient de l'argent, il s'en allait ; s'ils refusaient, il les frappait d'exil, les arrêtait, les conduisait à travers les rues les plus populeuses pour les embarquer de force sur une tartane ou les chasser hors des murs. Souvent ceux qui avaient payé étaient arrêtés le lendemain et subissaient une double perte.

Matteo Lo Vecchio avait toujours les poches pleines d'ordres d'expulsion, d'arrestation, d'emprisonnement et il s'en servait largement, trouvant dans les plaintes et les lamentations de ses victimes une satisfaction pour son esprit. Et pendant ce temps, il amassait les gains et menait la belle vie.

La venue de l'armée espagnole, la capitulation de Palerme, l'installation du nouveau gouvernement avaient interrompu cette prospère carrière. La Commission avait été dissoute par le nouveau vice-roi et les persécutions avaient cessé. Matteo Lo Vecchio retourna à ses tâches d'argousin en perdant non seulement une source de revenus illicites mais encore la puissance à laquelle il avait atteint par la terreur et la violence. Il était donc fort hostile au retour de la domination espagnole, par laquelle il s'estimait lésé, mais n'osa pas le montrer ni prendre ouvertement parti pour le roi savoyard. Il se consacra à son travail sans enthousiasme, en attendant de trouver dans le nouvel ordre des choses des occasions de s'enrichir.

Cependant, par habitude, et pour ne pas perdre de vue *ses* personnages, il regardait vivre Emanuele, Donna Gabriella, Andrea, Coriolano de la Floresta.

Le jour de l'entrée de Don Giovanni Francesco Bette marquis de Lede et vice-roi d'Espagne, Matteo Lo Vecchio avait eu beaucoup à faire et se trouvait, pour motif de service, à la Porte Neuve, quand entra le cortège, à la tête duquel chevauchait un détachement de dragons, épée au poing. Dans le cavalier placé à l'extrémité de la première rangée, et qui lui passa quasiment sur les pieds, le sbire reconnut, à sa grande stupeur, Blasco.

« Tiens, tiens !... Qui revoilà !... Ah, tu es de retour, mon beau monsieur ?... Nous allons faire les comptes. Je veux te rendre le cadeau que tu m'as fait... Diantre, il y a des dettes qu'il faut savoir payer !... »

Il s'informa et apprit que ces soldats appartenaient au premier escadron de dragons de Numance.

— Il y en a trois de cette région, six de Lusitanie, trois de Batavie, trois de Tarragone...

— Suffit, merci ! interrompit Matteo, épouvanté par cette énumération qui s'annonçait interminable. Votre Seigneurie sait comment est composée l'armée, à ce qu'il semble...

— Eh ! eh !, si je le sais ! répondit l'informateur du sbire, trente-cinq bataillons d'infanterie, dont huit de gardes, un d'artillerie, vingt-quatre escadrons de cavalerie, vingt-quatre de dragons, une compagnie de quatre cents canonniers et bombardiers, une de sapeurs, une du génie et cinquante ingénieurs...

— Miséricorde !... Mais comment savez-vous toutes ces choses ?

— Eh ! eh !... Comment je le sais ? Je suis le secrétaire du maître rationnel de l'armée.

— Ah ! Et... Votre Seigneurie connaît les soldats ? Elle les connaît tous ?

— Tous ? C'est une autre affaire ; ils sont trente mille. Les chefs, oui, je les connais bien...

— Mais les étrangers par exemple... ils ne sont pas si nombreux...

— Oh... Il y en a... même des Siciliens. L'Illustrissime seigneur Don Domenico Lucchisi, maréchal du camp, n'est-il pas palermitain ?

— Oui, c'est vrai, mais les soldats ?

— Il doit y en avoir une bonne cinquantaine.

— Même chez les dragons ? Il m'a semblé en reconnaître un.

— Oui, chez les dragons aussi. Le premier à droite, qui est passé tout à l'heure, est de Palerme, c'est le seigneur Blasco Albamonte...

— Ah tiens ? répéta Matteo Lo Vecchio, étonné, je le connais sous un autre nom.

— Que dites-vous ? demanda le secrétaire

— Vous m'avez bien compris.

— Mais c'est donc un banni ?

— Eh ! Eh !...

— Excusez-moi, vous dites eh ! eh ! avec un certain air...

— Quel air ? demanda le sbire en prenant une mine ingénue, mais saisissant au vol l'avantage qu'il pouvait tirer de la tournure prise par cet échange.

— L'air de quelqu'un qui sait beaucoup de choses et veut les cacher.

— Moi ?... Je ne sais rien, cher monsieur... monsieur...

— Alonso Apuente, pour vous servir. Et vous ?

— Matteo Lo Vecchio, caporal des argousins, à vos ordres... répondit le sbire avec un sourire malicieux.

— Très bien !... Ainsi donc vous devez savoir beaucoup de choses. Cher monsieur, quand il s'agit du service de Sa Majesté, que Dieu l'ait en sa sainte garde, il ne faut pas se taire... Ce pourrait être un malandrin recherché par la justice...

— Non, ce n'est pas cela mais... En somme, cher monsieur Alonso, ce ne sont pas des choses que je puis vous dire à vous...

— Alors, peut-être, à Son Excellence...

— Oui, oui, chaque chose en son temps : vous, gardez-le, ou faites-le garder à l'œil, à tout hasard... Il doit avoir des relations, il doit certainement avoir des relations... Je le surveillerai de mon côté, n'en doutez pas. Vous, informez-vous de tout ce qu'il fait, et s'il le faut, nous irons voir Son Excellence ; vous m'obtiendrez une audience spéciale... Et ne craignez rien, je saurai me montrer reconnaissant... Diantre, quand on peut gagner honnêtement de l'argent, au service du roi, que Dieu couvre de ses bénédictions, l'argent est bienvenu. N'est-ce-pas vrai, seigneur Alonso ?

— Très vrai. Dites-moi où vous habitez, si je veux vous trouver...

— A l'Albergheria. Demandez-moi et on vous indiquera tout de suite ma maison.

— Alors, adieu, seigneur Matteo.

— Au revoir, seigneur Alonso.

Quand le secrétaire fut parti, le sbire se frappa dans les mains, exultant. Il suivit le cortège, en apparence pour profiter du spectacle de la cérémonie, en réalité pour revoir Blasco. Il savait que le vice-roi devait aller à la cathédrale pour prendre possession du royaume et jurer de respecter les constitutions de celui-ci, ainsi que les privilèges de la ville, comme le voulaient le rite et lesdites constitutions ; il se hâta donc pour ne pas rester en arrière de la foule qui grossissait et se serrait sur l'esplanade de la cathédrale, derrière le cordon d'infanterie qui gardait un passage libre pour le cortège et le carrosse du Sénat, dans lequel se trouvait le vice-roi. Matteo Lo Vecchio arriva au moment même où le roi jurait, où les soldats tiraient une salve. Des bastions du Palais Royal, l'artillerie leur fit écho, et sur les remparts de la ville et les vaisseaux de l'escadre, la canonnade courut, emplissant l'air d'un terrible fracas.

« Ah ! se disait le sbire, ainsi donc Votre Seigneurie a changé de nom, et revêtu la veste turquoise des dragons de Sa Majesté, et elle a le courage de revenir à Palerme, comme si de rien n'était... Je vais m'occuper de toi. Pour commencer, il convient de te retirer ce nom qui ne t'appartient pas, et nous allons nous y employer tout de suite !... Pour le reste, nous y penserons ensuite... N'en doute pas... Dieu soit béni ! Enfin une chasse amusante ! »

Monologuant ainsi, Matteo Lo Vecchio laissa passer la vague populaire qui suivait, en l'acclamant, le vice-roi en route pour la réception officielle au Palais Royal, et descendit le Cassaro jusqu'à la place de Bologna, où se dressait le palais Geraci.

Le prince, son fils et son petit-fils, c'est-à-dire Don Emanuele Albamonte, étaient allés baiser la main de Son Excellence, et ne tarderaient guère, car d'ici quelques minutes ce serait l'Ave Maria.

— J'attendrai donc... Je désire parler à l'Illustrissime seigneur prince d'affaires qui le concernent.

Le palais n'avait pas encore le très noble aspect qu'il devait prendre dans les dernières années du siècle. Le sbire s'adossa à l'un de ses piliers. L'Ave sonna ; il ôta son chapeau, se signa et récita dévotement les salutations des anges, comme le faisaient les passants. Peu après un magnifique carrosse précédé de volants et de palefreniers, et suivi de deux esclaves maures, franchit le portail. Matteo exécuta une profonde révérence et, après avoir laissé aux seigneurs le temps de rentrer, il demanda la permission de présenter ses respects à monsieur le prince et de lui communiquer une affaire très importante.

— A moi ? se récria le prince. Que me veut cet excommunié ? Il ignore donc que celui qui a des relations avec lui encourt des peines canoniques ? Je ne le recevrai pas.

En raison de la part active qu'il avait prise dans les vexations infligées au clergé, Matteo Lo Vecchio avait été frappé d'une excommunication *vitanda,* qui interdisait aux fidèles tout rapport avec lui, sous peine d'encourir le même châtiment.

Le sbire fut fort mécontent de ce refus, mais conserva son aspect humble et benoît :

— Comme il plaira à Sa Seigneurie. Mais dites-lui que je venais pour lui rendre un grand service, pour la protection de l'honneur de sa famille et particulièrement de son neveu Don Emanuele.

Il s'en alla fort courroucé, mais sans renoncer à son dessein. Puisque le prince ne voulait pas le recevoir, il irait se promener du côté du champ clos de Villafranca pour aviser le petit duc de la Motta de l'usurpation de son nom, et celui-ci porterait la nouvelle à son grand-père qui irait, furieux, protester auprès du vice-roi.

Blasco était loin de soupçonner ce qui se tramait contre lui et ce ne fut pas sans surprise que le lendemain, il vit le seigneur Alonso Apuente, secrétaire du comptable de l'armée, l'interpeller à trois reprises, sous un prétexte ou sous un autre, et bourdonner sans cesse autour de lui ; et sa surprise s'accrut encore quand le capitaine de son escadron lui demanda s'il avait des parents à Palerme.

— Non... ils sont tous retournés dans le sein du Seigneur.

— Des amis, du moins, ou des connaissances...

— Peut-être... J'en ai partout... J'en ai aussi à Palerme.

— Occupez-vous donc de faire venir au camp quelqu'un qui vous connaisse.

— Pourquoi donc?

— Je n'ai pas à vous le dire. Vous êtes soldat, obéissez.

Blasco ne dit plus rien. Il exécuta le salut militaire et retourna sous sa tente où ses camarades lui demandèrent ce qui se passait.

— Rien... Ils voulaient me nommer sergent.

— Et vous?

— J'ai refusé, palsambleu!

— Oh! oh!

— Si j'avais accepté, j'aurais dû renoncer à notre partie quotidienne de calabresella! C'est évident.

Ils comprirent qu'il ne voulait pas parler et se mirent à jouer sur un tambour mais Blasco était distrait. Des connaissances? Il n'en manquait pas. Il les énuméra mentalement : le prince de Butera, celui de Geraci, Coriolano, cent autres seigneurs, et Donna Gabriella : mais devait-il sérieusement les déranger, sans savoir ce qu'on lui voulait, et si c'était une raison compatible avec sa dignité?

Le lendemain, le capitaine le fit venir et lui demanda s'il avait averti un ami.

— Écoutez, seigneur capitaine, répondit Blasco sur un ton respectueux mais ferme, je suis aussi bon gentilhomme que tant de chevaliers qui servent sous de hauts grades dans la milice de Sa Majesté; et si j'avais eu la somme nécessaire, au lieu de m'enrôler comme simple dragon, j'aurais acheté une compagnie ou un escadron, et je serais votre égal... C'est pourquoi, je vous dis avec tout le respect que je vous dois, que je ne dérangerai aucune connaissance ni ami, si je ne sais ce qu'on leur demandera à mon sujet.

Le capitaine fronça le sourcil.

— Savez-vous, lui dit-il, que votre réponse m'oblige à vous mettre aux arrêts pour insubordination?

— Je ne pourrai que subir en silence la punition, seigneur capitaine, mais cela ne changera pas ma décision...

— Fort bien; retournez dans votre tente et pour aujourd'hui vous ne sortirez pas du camp. Allez!

Blasco s'exécuta et retrouva ses compagnons qui le questionnèrent de nouveau :

— Eh bien? Ils voulaient encore vous promouvoir sergent?

— Fi donc! Sergent? Capitaine, mes amis, directement capitaine!

— Et vous avez encore refusé?

— Certes, il m'aurait fallu traiter mes camarades en subordonnés! Imaginez-vous?

Vers le soir, comme on ne disposait pas de salle pouvant servir de prison, Blasco fut mis aux fers, sous sa tente, et gardé par une sentinelle armée d'un mousquet. Ce qui surprit un peu tout l'escadron, qui aimait Blasco pour sa gaieté, son courage et les deux ou trois coups d'épée qu'il avait su donner le jour de son enrôlement, pour se présenter à ses compagnons. Cette arrestation était inexplicable. On supposa que Blasco avait joué un vilain tour au capitaine mais, tout de même, en temps de guerre, se priver d'un soldat de sa trempe ! Allons, c'était trop de rigueur.

Blasco prit la chose philosophiquement ; comme cela ne lui était pas interdit, il se fit porter une cruche de vin, un jeu de cartes et le nécessaire pour écrire ; il but, s'amusa un peu à tirer les cartes comme un gitan le lui avait appris et puis écrivit un billet à Coriolano de la Floresta pour s'excuser de ne pas se montrer, un ordre supérieur l'ayant inopinément rendu podagre.

Son gardien était un pauvre catalan ivrogne et obligeant qui couvait la cruche d'un œil amoureux et sentait son cœur se serrer en voyant le niveau baisser. Pour entamer la conversation, il demanda à Blasco :

— Vous écrivez à votre amante, *señor hidalgo ?*

— Oui.

— Elle est *hermosa ?*

— Très belle.

— *Bueno !...* J'imagine que vous avez bu à sa santé...

— C'est vrai et, palsambleu ! j'ai oublié de t'inviter... En vérité, j'aurais dû partager.

— On peut réparer cet oubli...

— Voilà une idée.

Blasco lui offrit la cruche, encore à moitié pleine.

— Je la bois toute ? demanda le Catalan.

— Mais oui ! Que diable !

Le soldat fit gargouiller le vin dans sa gorge et avala jusqu'à la dernière goutte ; puis, déposant la cruche, il poussa un soupir de satisfaction et s'essuya la bouche pour remercier. Blasco le laissa à son bonheur un moment puis lui demanda :

— Quand finit ton tour de garde ?

— Dans une heure.

— Tu me rendras bien un service. Il faudrait porter cette lettre à un de mes créanciers...

— Voulez-vous que je le bastonne ?

— Non point. C'est une personne fort méritante. Mais comment porteras-tu ce message ? Tu ne connais pas Palerme...

— Allons ! J'étais en Sicile avant que la Savoie ne s'empare du royaume. Je connais la ville.

— Alors, tu trouveras sans mal. Demande le palais de la Floresta...

Moins d'une heure plus tard, le Catalan fut relevé et il partit en adressant un sourire rassurant à Blasco.

Ce dernier était loin de se douter que le même jour Emanuele s'était rendu au quartier général pour présenter ses respects au marquis de Lede et se plaindre que quelqu'un usurpât le nom des Albamonte qui n'appartenait qu'à lui. Celui qui dissimulait ainsi sa véritable identité avait peut-être ses raisons, mais n'avait pas le droit de s'attribuer un patronyme illustre que son père avait splendidement illustré au service de Leurs Majestés Philippe IV et Charles II.

Le marquis de Lede approuva le légitime ressentiment du jeune homme ; il promit de mener une enquête et congédia le jeune homme qui partit en bombant le torse et passa au milieu des soldats le poing sur la hanche, l'air d'un monarque en colère. Le vice-roi ayant fait demander dans les services d'intendance s'il existait parmi les Siciliens de l'armée un Albamonte, le seigneur Alonso crut devoir demander une audience et rapporter sa conversation avec le sbire. Ce n'était pas beaucoup, mais cela suffit à entraîner l'arrestation de Blasco.

— Vous m'amènerez ce Matteo Lo Vecchio, dit le marquis. Je veux l'interroger moi-même.

Blasco s'était endormi, oubliant ses fers, qui se rappelaient à lui seulement quand il changeait de position. Alors il s'éveillait un instant et suivait les pensées qu'appelaient le silence et la solitude. Depuis que Coriolano lui avait donné des nouvelles des personnages qui avaient fait partie de sa vie, il pensait à Violante recluse et à Emanuele ; et l'idée de leurs noces, qu'il avait lui-même préparées, lui serrait le cœur. Il songeait alors avec amertume à sa condition. Mais il repoussait promptement ces idées. « Je deviens donc imbécile ». Et il s'efforçait de replonger dans le sommeil.

Le lendemain, le Catalan se présenta sur le seuil de la tente, avec un visage navré qui en toute autre occasion aurait fait rire Blasco.

— Eh bien ? lui demanda ce dernier.

— Excusez-moi, *señor hidalgo*... mais je ne me souviens pas bien si vous m'avez donné une lettre hier soir...

— Comment, si je te l'ai donnée ? Mais bien sûr !

— Vraiment ?...

— Si je te le dis, palsambleu !

Le Catalan fit la grimace et secoua la tête.

— Vous devez avoir raison... Mais alors, où diable est passée cette lettre ?

— Tu ne l'as pas portée ?

— Ne vous mettez pas en colère, *señor hidalgo*... En effet, je ne l'ai pas portée... Mais cet aubergiste avait un vin maudit...

— Quel aubergiste ?

— Excusez-moi ! J'avais la gorge sèche et je suis allé boire, et plus je buvais... plus elle était sèche... Si j'avais la lettre, j'ai dû la perdre... Vous ne pouvez la refaire ?

— Va-t-en, je n'ai pas besoin de toi. Quand on m'enlèvera les fers, je te taillerai les oreilles ! Va-t-en !

Le Catalan parti, Blasco s'en prit à sa mauvaise étoile.

— Il faudrait que j'en trouve un moins ivrogne.

A midi, un sergent vint lui ôter les fers sans prononcer un mot.

— Enfin ! s'exclama Blasco.

Mais l'autre :

— Excusez-moi, j'ai l'ordre de vous lier les mains.

— Comment cela ?

— Regardez !

Il lui indiqua l'entrée de la tente et alors seulement Blasco aperçut un piquet armé de hallebardes qui attendait au-dehors.

— Je suis donc en état d'arrestation ?

— On dirait. Ordre de son Excellence. Qu'avez-vous donc fait ?

— Moi ? si je le savais !

— Allons, on n'arrête pas un soldat pour rien, corps d'une bombe !

Ce que disant, il lui avait solidement lié les poignets et, prenant un bout de la chaînette, il ajouta :

— Allons-y ! Et n'opposez pas de résistance...

Mais Blasco était si ébahi qu'il n'y songeait guère. Et puis, mieux valait obéir pour avoir la clé du mystère. Il vit qu'on le conduisait au casino Sperlinga, où était le commandement général. On le mit au cachot. Un peu plus tard, à la grille de la fenêtre apparurent trois visages et sur le sien se peignit une stupeur, un ébahissement immenses. Il avait devant lui le capitaine de l'escadron, Alonso Apuente et Matteo Lo Vecchio, qu'il croyait mort.

— Lui, s'exclama-t-il, lui !

Le capitaine demanda au sbire :

— Vous reconnaissez donc ce soldat ?

— Oui, Illustrissime. C'est un certain Blasco de Castiglione, dont la tête est mise à prix, et fort cher. C'est un affidé de la secte des Beati Paoli, et il est coupable de divers crimes...

— Ah chien ! s'écria Blasco, à qui ces paroles révélaient l'origine de ses malheurs.

Puis tout à coup, il éclata d'un grand rire qui déconcerta le capitaine et Matteo Lo Vecchio.

— Taisez-vous, lui ordonna l'officier. Et songez à vous défendre. Qu'avez-vous à dire ?

— Rien, seigneur capitaine, sinon que je suis Don Blasco Albamonte, de la maison des ducs de la Motta et que ce maroufle est un brigand pour lequel la potence serait encore un trop grand honneur.

— Rira bien qui rira le dernier, mon beau ! dit le sbire en se précipitant sur la grille.

Mais le capitaine le repoussa et le tança vertement :

— Taisez-vous, goujat. Après tout, cet homme est encore un soldat de Sa Majesté.

Ils s'en furent, en laissant Blasco entre la stupeur, la colère et le dépit. Une journée passa. Plus d'une fois, il songea à attaquer le soldat qui lui portait ses repas, à le lier et le bâillonner, lui prendre les clés, ouvrir la porte, se jeter sur la sentinelle pour la désarmer, avant de s'enfuir dans la campagne. Mais il lui semblait qu'un tel acte en temps de guerre pourrait le déshonorer et il repoussa la tentation.

« Attendons encore ! » Mais on paraissait l'avoir oublié. Le vice-roi, occupé par l'assaut du Château et par les nouvelles qui lui arrivaient de Caltanissetta et de Girgenta, ne pensait plus à Blasco. Mais il y avait quelqu'un qui y pensait beaucoup, en revanche : Alonso Apuente qui était pressé de toucher la récompense.

Le lendemain, il se présenta à la fenêtre du cachot de Blasco, en affectant d'être vivement intéressé par le sort du chevalier.

— Pauvre jeune homme ! vous ne pouvez imaginer combien je suis navré de vous voir ainsi.

Blasco haussa les épaules et lui demanda s'il savait où en était l'assaut.

— Ils ont placé les batteries à la Porte San Giorgio, mais ce n'est pas cela qui devrait vous inquiéter. Savez-vous que vous avez joué un bien vilain tour ?

— Quoi donc ? Vous savez, vous, ce que j'ai fait ? Moi, je l'ignore.

— Allons, on ne ment pas sur son nom par caprice. Avez-vous entendu ? Beati Paoli, récompense, édit !... Il y en a assez pour vous faire fusiller !... Il faudrait trouver un moyen de vous sauver, Sainte Vierge de Pilar !

— Et qui vous dit que j'ai menti sur mon nom ?

— Bah ! vous n'avez pas entendu ? Cet argousin connaît votre vrai patronyme, et puis le duc de la Motta n'est-il pas venu protester qu'il n'y a pas d'autre Albamonte que lui ?

— Ah, le petit duc ?

— Précisément !... Vous voyez bien que tout est contre vous...

Blasco ne répondit pas. Son cœur se serrait : son frère était donc venu le désavouer, peut-être sans le savoir, en ignorant ce qu'entraînerait sa protestation. La désillusion était si amère qu'il se tut un moment, triste et pensif. Alonso, qui se croyait fort perspicace, interpréta ce silence comme l'épouvante de celui qui se voit pris la main dans le sac. Il s'en réjouit et poursuivit :

— On vous administrera la torture pour savoir quels crimes vous avez commis... C'est une chose horrible ! Vous pourriez l'éviter en vous confessant spontanément... Pardonnez-moi si je vous donne ce conseil, mais il est inspiré par l'intérêt que je vous porte.

— Merci, j'en tirerais profit, si j'avais des crimes à avouer, mais ce n'est pas le cas. Cependant...

— Cependant... ?

— Vous êtes pour moi un bon ami, n'est-ce-pas ?

— N'en doutez pas. Si vous avez besoin de quelque chose, parlez sans crainte.

— S'il y avait une taverne dans les environs, j'aimerais commander un dîner à mon goût.

— Je puis m'en occuper... Il y en a au moins une demi-douzaine qui ont construit des baraques au camp... vous les avez vues...

— C'est vrai. Alors, avec la permission du seigneur capitaine, rendez-moi le service de m'envoyer un tavernier, celui qui vous paraîtra le plus propre...

— Vous serez servi. Que Dieu vous garde, monsieur le dragon.

— Que Dieu vous accompagne, monsieur le secrétaire.

Une heure plus tard, un soldat espagnol introduisit un jeune homme, dont le tablier entortillé autour de la taille révélait tout de suite le métier. Le soldat annonça en espagnol :

— Une taverne vous envoie un serveur, comme vous l'avez demandé.

Blasco dévisagea le garçon avec curiosité et ses paupières eurent un mouvement imperceptible, pendant qu'il se touchait le front. Il lui sembla que le jeune homme réagissait, et il lui demanda :

— De quel quartier êtes-vous ?

— Du Capo.

— Ah !... et, *il y a des pois chiches au port ?* demanda le chevalier en dialecte sicilien.

L'étonnement se lut sur le visage du jeune homme, qui répondit :

— *Calia.* Où est née Votre Seigneurie ?

— A la *Cuncuma.* Donc, nous disons : un plat de macaronis... et va chez le *Gardien*... une tranche de bœuf... tu lui diras qu'il y a quelqu'un de la *colleganza* qui est *ferré*... du fromage, des pêches et du bon vin... mais, dépêche-toi, et du pain avec la *musique sourde.*

— Votre Seigneurie sera servie comme il convient.

Quand le jeune homme fut parti, Blasco, resté seul, exécuta des sauts de cabri en battant des mains. Le bruit attira l'attention de la sentinelle qui, ne sachant ce qui se passait, appela le sergent. Celui-ci ouvrit et étonné de voir Blasco si joyeux, lui demanda :

— Qu'y a-t-il ? Qu'est-ce qui vous prend ?

— Rien, sergent. J'essaie un nouveau pas de danse paysan, très surprenant et fort gracieux. Jugez par vous-même...

— Vous êtes joliment fou !

Quand le garçon revint peu après midi avec un panier d'où montaient des parfums alléchants, il lui suffit d'un clin d'œil pour se faire comprendre de Blasco, qui attendit que le soldat et le serveur fussent partis pour briser le pain. Une petite lime triangulaire y était inserée, qu'il alla dissimuler derrière sa paillasse. Satisfait et joyeux, il mangea de grand appétit, en attendant le résultat du message confié au garçon.

« Nous verrons bien comment cela finira ; en tout cas, cher vice-roi, Blasco ne se laissera prendre ni par vous, ni par personne. »

IV

Plusieurs jours de suite, Coriolano ne vit pas Blasco. D'abord, il avait supposé qu'il était retenu par les nécessités de la guerre, mais son silence prolongé lui fit soupçonner qu'un malheur lui était arrivé et il avait tenté d'obtenir des renseignements, mais des ordres rigoureux l'empêchèrent d'entrer dans le camp.

Il avait eu au moins l'assurance, en visitant les hôpitaux, que Blasco n'était pas blessé. Et il avait pu aussi savoir que le premier escadron de dragons de Numance n'avait pas bougé du camp.

Il n'y avait plus qu'une voie à suivre : demander des informations au maréchal Lucchesi, qui habitait le palais de ses parents, au Spasimo, mais comme il s'apprêtait à s'y rendre, il reçut la nouvelle qu'« *un de la Cuncuma, as de pique au bouquet des trois fleurs, était ferré dans une cuba* ». Il ne douta pas qu'il s'agît de son ami et sans plus tarder alla visiter le maréchal du camp.

La réaction de ce dernier, lorsqu'il eut mentionné Blasco, étonna Coriolano.

— Mentir sur son nom ? se récria le chevalier de la Floresta, comment aurait-il menti ?

Le maréchal lui rapporta ce qu'il savait des accusations de Matteo Lo Vecchio et de la protestation d'Emanuele. Coriolano l'écouta le sourire aux lèvres et répondit :

— Je puis assurer à Votre Très Illustre Seigneurie que le dragon, mon vieil ami, s'appelle effectivement Don Blasco Albamonte et qu'il est le fils naturel de feu le duc Emanuele...

— Comment ? Que dit Votre Seigneurie ?

— La vérité. A l'appui de ce que je dis là, je peux invoquer l'autorité des princes de Butera et de Geraci...

— Mais ce dragon est donc un vrai gentilhomme ?

— Parfaitement...

— Oh, alors, laissez-moi faire... Pour l'heure, en attendant que l'affaire de l'édit soit réglée, il convient de lui donner une prison correspondant à son rang. Au fond, il n'a rien commis contre l'honneur militaire et contre notre seigneur, Sa Majesté Philippe V... Il s'agit de vieilles accusations et d'édits de l'ancien gouvernement, qui ne me regardent pas...

— Très bien. Votre Seigneurie a posé la question dans les termes qui convenaient. Et puis, je vous assure que dans toute l'armée, vous ne trouverez ni soldat, ni officier qui puisse se mesurer à Don Blasco Albamonte... Mettez-le à l'épreuve dans une entreprise risquée et vous verrez.

— Je suis content de ce que vous me dites, et vous remercie de votre visite.

Le soir de ce jour, alors que le jeune chevalier, sifflotant pour masquer le bruit de la lime, s'affairait sur la grille, la porte de sa prison s'ouvrit et un sergent l'appela.

— Allons, dragon, nous changeons de logis... On peut dire que vous avez des connaissances. Allons !

— Où cela ?

— En ville...

— Comment ?

— Oui monsieur. Le seigneur dragon va loger au quartier de San Giacomo.

Blasco crut qu'il plaisantait, mais quand il vit à la porte d'entrée une chaise entourée de gardes armés de mousquets il craignit que la plaisanterie ne fût un féroce sarcasme.

« Qui sait où ils me conduisent », se dit-il, songeur. Et il regarda autour de lui pour voir s'il avait la possiblité de tenter un coup, mais il aperçut le garçon de la taverne qui lui adressait un clin d'œil significatif, comme pour dire : « Va donc et sois tranquille, ceci est notre œuvre ».

Effectivement, après avoir rejoint la Porte Neuve par les rues hors les murs, la chaise à porteurs se dirigea vers le quartier des Espagnols, appelé San Giacomo, où se trouvaient les appartements des officiers et une bonne garnison. Au rez-de-chaussée d'un édifice jouxtant l'église se trouvait la prison des soldats, et aux étages, celle des officiers, dans lesquelles les détenus disposaient de certaines commodités qui adoucissaient les rigueurs de leur incarcération. Blasco y fut conduit.

— Tant mieux, pensa-t-il, ici je pourrai plus facilement voir une tête chrétienne.

Il passa la nuit tranquillement, attendant quelque nouveauté et confiant dans sa bonne fortune.

Cependant Coriolano était allé exposer les malheurs de son ami aux princes de Butera et de Geraci. Ce dernier s'étonna de la démarche qu'Emanuele avait faite à son insu et lui demanda des explications. Le jeune homme confirma.

— Votre Seigneurie croit-elle compatible avec mon honneur qu'un aventurier recherché par la justice pour je ne sais quelles friponneries se permette d'usurper le nom des Albamonte ?

— Et s'il n'usurpait rien ? S'il avait le droit de porter ce patronyme ?

— Il y aurait peut-être d'autres Albamonte ?

— Il y a ton frère, mon garçon. Un enfant naturel, mais qui n'en est pas moins ton frère, et ton aîné ; c'est précisément Don Blasco qui cependant ne se sert pas de son nom pour te demander, en souvenir de ton père, les miettes qui tombent de ta table...

Emanuele dévisageait son grand-père avec stupéfaction ; il n'aurait jamais imaginé qu'il eût un frère, mais n'éprouvait ni regret ni remords de son geste.

— En tout cas, risqua-t-il, ce n'est pas un fils légitime et il ne saurait être reconnu comme un vrai Albamonte, et il a commis des crimes.

— Tais-toi, tu ne sais pas ce que tu dis ; tu es un ingrat. Tu aurais beaucoup à apprendre de ton frère.

Le vieux seigneur se rendit auprès de vice-roi en se servant de sa qualité de Grand d'Espagne, pour éviter non seulement de faire antichambre, mais encore de garder le chapeau à la main. Il témoigna en faveur de Blasco. Ayant déjà reçu un premier rapport du maréchal Lucchesi, le vice-roi fut impressionné.

— Mais, objecta-t-il pourtant, il y a la dénonciation de ce sbire, Lo Vecchio, si je ne m'abuse, et un édit...

— L'édit, observa subtilement le prince, frappe Blasco de Castiglione et non Blasco Albamonte, qui a l'honneur de servir dans les armées de Sa Majesté. Et quant au sbire en question, j'ai le devoir d'avertir Votre Excellence qu'il est frappé d'une excommunication *vitanda.*

— Comment ! s'exclama le marquis de Lede, c'est un excommunié, et je l'ai reçu ?

— Vous voyez, Votre Excellence ? Il ne peut ni témoigner, ni jurer, ni être admis dans la communauté chrétienne... Un fieffé gredin !

Dans sa conscience superstitieuse d'Espagnol fanatique, le vice-roi était fortement impressionné de cette nouvelle qui avait bien plus de pouvoir sur son âme que les assurances en faveur de Blasco.

— Merci, prince, merci. Je donnerai les ordres opportuns ; je l'avais déjà fait changer de prison. Je le remettrai en liberté et suivrai le conseil du maréchal : on l'enverra à l'assaut du château de Termini s'il est véritablement valeureux et accomplit quelque bel exploit, il obtiendra la grâce de toutes ses fautes ; s'il tombe, il ne sera plus besoin de fouiller son passé. Le sort aura fait justice. Qu'en dit Votre Excellence ?

— Je ne puis qu'admirer et louer votre sagesse.

Ainsi se termina la détention de Blasco qui, à peine franchi le seuil de sa geôle, courut embrasser et remercier Coriolano.

Le jour même de sa sortie, le Château, vigoureusement canonné par les Espagnols et faiblement défendu, hissa le drapeau blanc et dut se rendre sans condition ; c'était le 13 juillet, premier jour des fêtes de Santa Rosalia.

Le lendemain, durant le défilé à cheval que les seigneurs faisaient sur le Cassaro, en l'honneur de la « Sainte », avec la participation du vice-roi, Matteo Lo Vecchio aperçut Blasco en compagnie de Coriolano et n'en crut pas ses yeux.

« Comment ? Libre ? Sorti ? Qu'est-ce que cela signifie ? »

Mais sa stupeur s'accrut encore quand il se précipita pour avoir une entrevue avec le seigneur Alonso Apuente et qu'il s'entendit répondre que Son Excellence, ayant appris qu'il était excommunié *vitanda* avait donné l'ordre que nul ne le reçût. Le sbire s'en retourna, en se mordant les mains de dépit, chassé comme un chien, jurant dans son cœur qu'il le leur ferait payer cher.

« Cela, c'est entièrement l'œuvre du chevalier de la Floresta ! Il faut commencer par lui. Ah ! c'est ainsi ? Mais nous allons nous occuper de vous !... seigneur chevalier, nous allons nous occuper de vous... »

Le même jour un décret du vice-roi abolissait la Commission créée par le roi Vittorio dans la controverse avec Rome. Une nouvelle orientation de la politique ecclésiastique se dessinait. Ce fut un nouveau coup pour Matteo Lo Vecchio. Tous désormais se tournaient vers le nouveau soleil et cherchaient à faire oublier les services rendus à la monarchie savoyarde, pour obtenir la levée de leur excommunication et rentrer dans les grâces du gouvernement espagnol restauré. Et le sbire se sentit seul, sans appui, sans protection. Il n'avait d'autre choix que de s'enrôler sous le nouveau drapeau : chose qui ne lui répugnait en rien car, en sa qualité de sbire, comme tous les sbires, en tous temps et en tous lieux, il s'adaptait aisément à n'importe quel régime et à n'importe quelle politique ; il se déchaînerait contre les membres de la Commission aussi férocement qu'il s'était attaqué aux prêtres rebelles.

Le vice-roi partit le 16 avec l'armée à destination de Messine, pour réduire cette place-forte. Avant son départ, il prit des dispositions pour l'assaut du château de Termini, auquel il réserva entre autres le premier escadron de dragons de Numance, le commandement de cette opération étant confié au lieutenant général comte de Montemar.

Le départ de ces troupes n'aurait lieu que dans huit jours et Blasco en profita pour revivre un peu la vie de cette cité dans laquelle il avait éprouvé tant d'émotions.

Libérée des bruits de la guerre, la ville avait repris son aspect ordinaire ; le soir la Marina s'emplissait de carrosses et de chaises à porteurs et sur la belle tribune érigée en 1681, les musiciens jouaient les airs en vogue. La promenade conservait alors les somptueuses décorations réalisées en 1687 sous le vice-roi comte de San Stefano, par le prince de Valguarnera, prêteur. De part et d'autre du « théâtre » des musiciens, d'un baroque grâcieux, se dressaient deux fontaines. L'une avait été transportée de la Fieravecchia, l'autre avait été construite par le vice-roi Marcantonio Colonna, qui avait voulu que la Sirène eût les traits de son amante, la très belle Eufrosina Corbera, baronne de Misilindino. La courtine qui s'étendait entre la Porte Heureuse et le bastion du Tuono, près de la Porte des Grecs, avait été peinte et on avait adjoint des arcades aux colonnes de marbre. Sous chaque arc, une statue représentait une vertu ou une divinité dont le nom était inscrit au pied. Au nombre de trente-neuf, elles commençaient par *la Prodigalité* et finissaient par les trois vertus théologales.

Sur le faîte de la courtine fut construite une balustrade de pierre, interrompue de plinthes qui servaient de base à vingt statues de calcaire blanchi, représentant vingt rois de Sicile, de Guillaume II à Philippe V. Roger II et Guillaume Ier avaient été exclus. Entre chaque roi se dressait une petite pyramide encadrée de deux boules et surmontée d'une boule de moindre taille. Entre la fontaine de Marcantonio Colonna et la Porte Heureuse avait été dressée la statue de Charles II, et peut-être y aurait-on aussi dressé celle de Vittorio Amedeo, si son règne avait été plus long et plus prospère.

Assurément, cette partie de la ville entre la très belle porte monumentale et le bastion, ainsi décorée et ornée, devait donner du côté de la mer une impression de magnificence et ceux qui l'avaient imaginée ne pensaient certes pas que la furie dévastatrice des hommes s'unissant à celle du temps, on substituerait sans raison aux peintures un mur à balèvres de stuc, qu'on laisserait les statues tomber en poussière et qu'après avoir transporté ailleurs la fontaine de Marcantonio Colonna, on la vendrait pour en faire du gravier... Nul n'imaginait qu'on enlèverait à la promenade ce caractère monumental et somptueux qui la rendait, à l'époque, véritablement unique.

L'été, la population s'y retrouvait, toutes origines confondues. On y venait, comme aujourd'hui encore, goûter la fraîcheur de la mer et écouter la musique ; et ce jour-là, comme pour se rattraper de l'abstinence imposée par le bombardement du Château, la foule était plus nombreuse qu'à l'ordinaire. Blasco s'y était rendu et, s'arrêtant devant la grille qui entourait la statue de Charles II, il observait les magnifiques équipages qui, venant de la Porte Heureuse, passaient devant lui. Aux livrées des volants et des laquais, aux couleurs des écus, il devinait à qui elles appartenaient ; parfois, il s'agissait de personnes de sa connaissance et il les saluait avec une belle amabilité, souriant de leur stupeur quand ils le reconnaissaient sous l'uniforme turquin des dragons. Des seigneurs à cheval, suivis de leurs palefreniers, passaient ; Blasco les nommait les uns après les autres ; il y avait parmi eux de vieilles connaissances, qu'il avait rencontrées dans les grands salons ou aux tables de jeux, au temps où il accompagnait Donna Gabriella. Et cette époque lui paraissait si lointaine, qu'elle lui revenait à présent à la mémoire avec ce sentiment de mélancolie qui est pourtant une des douceurs de la vie.

Et il songeait à son état. Qu'était-il donc ? Un pauvre soldat, sans avenir, sans espérances, à peine digne d'un regard. Il était vrai que, de par les habitudes prises, son uniforme n'était pas déchiré et sale comme celui de ses camarades et dans son allure, quelque chose le distinguait et révélait ses origines ; il n'en était pas moins un soldat, rien d'autre qu'un soldat sans nom, sur lequel les seigneurs ne posaient même pas les yeux.

Il ne s'en plaignait pas, n'en éprouvait aucune envie, mais ne pouvait empêcher une certaine amertume de lui venir à la bouche et il était quelque peu mécontent de lui-même. Oh, il était bien plus heureux au début quand, ignorant ses origines, et n'ayant pas encore goûté la vie de cette société riche et galante, il menait une existence joyeuse, comme un oiseau cherchant sa pitance dans les prés ; et il ne savait pas ce que c'était que les larmes ! Il avait voulu redevenir ce qu'il avait été, mais en vain. Une nouvelle couche de souvenirs, de douleurs, de désirs, de joies, avait recouvert l'ancienne, et elle était si hermétique qu'il n'avait pas réussi à la briser pour retrouver son esprit d'autrefois.

Le spectacle qu'il avait sous les yeux faisait resurgir des images...

Donna Gabriella !

Oh, les promenades à deux en carrosse ! Et cette course nocturne, par les rues hors les murs, quand elle s'était jetée dans ses bras, palpitante de passion et frémissante de désir !... Mais derrière elle apparaissait le visage pensif et grave de Violante. S'il s'était efforcé de ne plus penser à elle, il ne l'avait jamais oubliée ; et il ne pouvait s'en souvenir sans regret. Quelquefois il se demandait quel démon lui avait inspiré la très mauvaise idée de proposer et d'organiser le mariage de Violante et d'Emanuele, au lieu de suivre le conseil et l'idée de Coriolano de la Floresta : peut-être à cette heure ne serait-il pas là, dragon en uniforme turquoise, seul, appuyé à un des fers de grille. Il aurait été heureux.

Il se rappelait avoir quitté la fillette sans une parole, sans même un salut : elle devait avoir dix-huit ans, à présent, et certainement, était devenue femme et plus belle... Ah oui, elle devait être encore plus belle ! Le secret désir de la revoir le tourmentait, mais la loi qu'il s'était imposée lui interdisait la démarche qui contenterait son cœur.

Tandis que son âme souffrait de ces images, ses yeux suivaient le va-et-vient des carrosses et des chaises à porteurs ; il espérait apercevoir quelqu'un, Coriolano par exemple. En fait, il vit passer le prince d'Iraci, qui avait forci, était devenu presque grassouillet. Dans son carrosse, près de lui, se tenait une jeune dame qu'il regardait peut-être avec une certaine condescendance. Puis Blasco remarqua, toujours plus petit, toujours plus chétif, dans une redingote élimée, un bâton à la main, Michele Barabino. Et il n'osa pas l'appeler, parce qu'il avait tant pitié de lui, si pauvre et si avili, et ne pouvait lui être d'aucun secours. Et presque au même moment, ses yeux se posèrent sur Emanuele, son frère. Il allait à cheval, le poing à la hanche, la tête haute, plein de superbe, vêtu d'une étoffe de soie fort élégante, de riches dentelles aux poignets, des pierres précieuses étincelant sur les boutons de ses habits, et des diamants scintillant aux boucles de ses chaussures. Le palefrenier qui le suivait à cheval portait la livrée de la maison Albamonte, verte à galons d'or, avec l'écu à deux quartiers vert et noir, et des bandes vertes et noires alternées.

Si l'indignation, la douleur, le regret gonflèrent le cœur de Blasco en le voyant, il ne sut se l'expliquer. Il n'aimait pas ce jeune homme, auquel nulle habitude, nul doux souvenir, nulle obligation ne le liaient. Il l'avait défendu, il l'avait protégé, lui avait aussi préparé ce bonheur qu'il supposait ineffable et insurpassable, le mariage avec Violante, mais plus par idéal, par respect pour le nom, peut-être aussi par une espèce de vanité inconsciente, que par amour. Il ne haïssait pas Emanuele, mais éprouvait pour lui une certaine répulsion.

Il le perdit de vue dans la foule.

Le ciel était devenu gris et le Cap Zafferano paraissait couvert de cendres. L'eau de la mer avait pris une couleur de soie bleu acier, avec des reflets changeants. La nuit approchait. Tout à coup sonnèrent les cloches de l'Ave et de cent points différents des carillons répondirent, entrecroisant leurs appels, de sorte que toute la ville parut s'incliner sous ces sonneries. La foule entière, piétons, cavaliers et carrosses s'immobilisèrent, les têtes se découvrirent, se baissèrent, dans l'air courut le murmure de mille bouches qui récitaient la prière ; puis on échangea des saluts : « *Bonne nuit, sainte nuit, bénissez-moi* » et, après cette brève interruption, la vie reprit son cours tumultueux.

Déjà les musiciens, qui avaient rempli leur devoir (à l'époque le concert avait lieu aux heures vespérales) rentraient chez eux leur instrument sous le bras et, fleuve humain se déversant par l'étroit passage de la Porte Heureuse, la foule de bourgeois et de gens du peuple les suivait, dispersée, repoussée, bousculée par les voix des volants qui précédaient les carrosses dans le fracas des énormes roues ferrées, qui semblaient crier : « Place aux seigneurs !... »

Blasco ne bougea pas : l'ombre l'enveloppait et rendait confus et incertains les contours de son visage ; à la lumière des torches que les laquais allumaient et brandissaient au-dessus de la foule, il reconnaissait les seigneurs qu'il avait vus se promener, il revit le prince d'Iraci, il revit son frère, il les revit tous ; Michele Barabino passa tout près de lui, de son petit pas de pauvre résigné. Et enfin la grande et belle voie resta à peu près déserte, avec ses vingt rois blanchis sur la courtine, qui se découpaient sur le ciel obscur, ses fontaines murmurantes, son « théâtre » à musique vide. Alors lui aussi bougea, mais non pour rentrer en ville : il s'approcha de la mer, s'arrêta devant le parapet garni de bancs et contempla les eaux sur lesquelles la lune rousse, apparue derrière le cap Zafferano, plongeait un rayon de braise, ondulant et mouvant. Et les yeux fixés sur l'onde, sans savoir pourquoi, Blasco se demanda :

« Pourquoi suis-je revenu ? »

V

Blasco remontait la rue Toledo, sans se hâter, pour rentrer au quartier de San Giacomo et il avait dépassé de peu la place de Bologna, quand un attroupement et des cris aux abords du palais Geraci attirèrent son attention. En s'approchant, il vit deux palefreniers qui rudoyaient un pauvre diable et l'éloignaient avec force bourrades. Le malheureux criait :

— Un peu de charité... laissez-moi !... Un peu de charité !

On s'arrêtait pour regarder, en se demandant ce qui se passait ; le spectacle de serviteurs maltraitant un pauvre n'avait rien de nouveau ni d'extraordinaire ; c'était presque un signe de la puissance des seigneurs ; mais nul ne prenait le parti de cet homme petit mais courageux qui résistait à sa manière, passivement, aux bourrades et aux coups de poing de ces despostes galonnés.

— Va-t-en ! Va-t-en de là ! Le seigneur duc ne veut pas de mendiants !

— Ne me touchez pas, je vous dis !

— Oh !... Vois donc comme il proteste !

Blasco s'approcha mais l'indignation qui l'avait saisi se mua en colère quand il reconnut dans le malheureux malmené Michele Barabino. Il se fraya un chemin et, retenant par le bras les deux serviteurs, il leur ordonna :

— Laissez cet homme tranquille !

Ensemble l'ancien tailleur et les serviteurs le regardèrent avec étonnement ; le vieux Michele eut une expression de stupeur, écarquilla les yeux en s'exclamant :

— Le seigneur Don Blasco !... le seigneur Don Blasco !...

Et prenant la main du jeune homme, il la lui baisa avec transport, mais les domestiques le dévisagèrent avec hauteur :

— Savez-vous à qui vous parlez ? Allez à vos affaires !... Et quant à toi, sale va-nu-pieds...

Mais Blasco, agrippant par le bras le valet le plus proche, le secoua avec violence, en lui disant entre ses dents serrées :

— Je n'ai pas l'habitude de me répéter. Laisse-le et va-t-en, maraud !

Les deux palefreniers se retournèrent, furieux, contre Blasco, en criant :

— Nous sommes de la maison du duc de la Motta et nous allons te faire passer le goût de te mêler des affaires des seigneurs napolitains !

Aux cris, d'autres serviteurs sortirent, certains armés de bâtons.

— Ah oui ? répliqua Blasco. Fort bien ! Ce ne sera pas la première fois que j'apprendrai la politesse aux domestiques de la maison de la Motta !

Et arrachant vivement son bâton des mains de Michele Barabino, sans laisser le temps aux quatre ou cinq valets de prendre l'offensive, avec des moulinets vertigineux, il fit pleuvoir sur eux une pluie sifflante de coups. C'était du bon bois de noyer, dur et noueux, qui dans les mains du chevalier se transformait en masse d'armes.

Dispersés par cet assaut impétueux, les serviteurs eurent honte d'être ainsi rossés devant la foule, en dépit de leur nombre. Ils resserrèrent les rangs, brandissant leurs triques ; l'un d'eux courut dans le palais et revint avec une dague, mais Blasco, les jambes écartées, la main gauche sur la poignée de l'épée pour l'empêcher de battre entre ses jambes, passait de l'un à l'autre en le tenant à distance, frappait sur la tête et les bras, avec une rapidité fulgurante, de sorte que ses adversaires ne parvenaient pas à lui échapper.

La foule applaudissait et riait. Elle avait tout de suite penché pour le pauvre maltraité par les odieux serviteurs et suivi avec sympathie l'intervention du dragon. A présent, assurée de sa vaillance, emportée par l'admiration, elle l'encourageait de ses applaudissements qui tout en lui donnant du cœur à l'ouvrage, décourageaient les domestiques.

Les cris, le vacarme, attirèrent les voisins aux balcons. A celui de son palais, Emanuele, qui à ce moment se trouvait en compagnie du prince d'Iraci et du comte de Gisia, se pencha pour voir ce qui se passait ; l'obscurité ne lui permit de reconnaître personne mais il lui sembla entendre les voix de ses serviteurs. Il rentra aussitôt, appela pour demander quelle était la cause de ce vacarme. En apprenant qu'il s'agissait bien de ses domestiques et que tous étaient indignés contre ce soldat, il s'emporta :

— Ah, par Dieu ! Un tel affront à ma maison ?

Et il sortit précipitamment, suivi des deux seigneurs et des autres serviteurs tenant des flambeaux. Il cria aux palefreniers :

— Poltrons, lâches !... Allez-vous-en ! Allez-vous-en !

Confus et humiliés, les serviteurs se retirèrent. Blasco abaissa son formidable bâton et le rendit à Michele Barabino qui se frottait les mains en répétant à ses voisins :

— Qu'est-ce que je vous disais, hein ? Qu'est-ce que je vous disais ?

Emanuele s'approcha de Blasco, la tête haute, les yeux flamboyant de colère.

— Qui vous a donné l'ordre de battre mes serviteurs, les serviteurs de la maison Albamonte ?

Blasco, qui en le voyant venir à lui, n'avait pu retenir une certaine émotion, au ton arrogant leva la tête et regarda son frère dans les yeux.

— D'ordinaire, répondit-il paisiblement, je ne demande à personne la permission d'enseigner aux despotes la charité chrétienne envers les pauvres et les faibles...

— Savez-vous qui je suis ? rétorqua Emanuele, auquel ce calme faisait monter l'écume à la bouche.

— Je le sais, vous êtes le duc de la Motta...

— Eh bien, vous apprendrez que je ne souffre pas les outrages de je ne sais qui...

— Bravo ! Voilà qui me plaît...

— Et remerciez votre saint de n'être pas un gentilhomme de mon rang, parce que je vous enseignerais moi, le respect que vous me devez !... Mais je vous ferai bâtonner par vos supérieurs !...

— Ah, en cela, vous vous trompez, mon garçon !

A ce « mon garçon », non seulement Emanuele, mais aussi les deux seigneurs qui s'étaient approchés, s'emportèrent et entourèrent Blasco, qui ne leur avait pas prêté attention.

— Malotru, insolent !

Mais le prince d'Iraci, en le voyant de plus près à la lueur des torches, s'écria avec un mélange de surprise et de haine :

— Blasco de Castiglione !

— Ah ! Voilà enfin un seigneur qui me connaît, dit le jeune homme en reconnaissant le prince et ôtant son chapeau pour exécuter un salut burlesque, il ajouta : bonne nuit, prince, comment allez-vous ?

Emanuele était pétrifié ; il regardait le dragon avec dépit et une colère mal refrénée, en répétant

— Blasco ! Blasco !

— Avez-vous entendu ? Le seigneur me connaît ; nous avons eu le plaisir de nous voir en d'autres occasions, quand je n'étais pas encore dragon de Sa Majesté et vous aussi vous m'avez vu... Que voulez-vous, il semble que le destin me condamne à bâtonner toujours les serviteurs de la maison Albamonte... et dans ces parages...

Emanuele rougit, en se rappelant que précisément sur la place de Bologna, six ans plus tôt, Blasco l'avait arraché aux laquais de Don Raimondo, comme aujourd'hui il soustrayait un autre pauvre à ses serviteurs. Ce propos qui le ramenait à un passé qu'il aurait voulu oublier, l'irrita. Il voulut feindre d'ignorer les rapports de sang entre Blasco et lui et ravalant l'amertume des souvenirs, il rétorqua :

— Quoi que vous disiez, monsieur, je ne puis tolérer un affront à ma maison... A moins que vous ne présentiez des excuses...

— Pardonnez-moi, je n'ai pas bien entendu; qu'avez-vous dit? demanda Blasco avec un visage ingénu.

— Présentez des excuses! répéta Emanuele, furieux.

— Vous avez raison, répondit son frère et, se tournant vers Michele Barabino, il le prit par la main et l'attirant au milieu d'eux, il reprit : « Brave homme, le duc de la Motta me prie de vous présenter des excuses en son nom, pour ce que vous ont fait ses serviteurs. »

Un hurlement de joie, un formidable éclat de rire, des applaudissements ébranlèrent les maisons, saluant les paroles de Blasco, auquel Michele Barabino baisait la main en tremblant;

— Que dit Votre Seigneurie! Que dit-elle! répétait-il.

Emanuele et ses deux amis sentirent tout le ridicule de leur situation; tous trois firent un pas vers Blasco, menaçants :

— Monsieur!

Le comte de Gisia, plus irréfléchi que les autres, dégaina son épée, haletant de rage :

— Il est temps d'en finir!...

Mais Blasco, qui n'avait pas de raison de montrer des égards envers le nouveau venu, éleva lui aussi la voix :

— Oh là, petit monsieur! vous désirez peut-être une bonne fessée?

— Cela, je ne puis le tolérer, hurla le comte en s'élançant sur le chevalier mais celui-ci, sans perdre de temps, se rejeta en arrière, reprit vivement le bâton des mains du tailleur et se mit en garde :

— Me voilà, mon garçon!

Le comte de Gisia recula et baissa l'épée, rougissant de rage, au milieu des risées de la foule :

— Le bâton? rugit-il. Le bâton? Un homme de ma qualité vous fait l'honneur de se battre... et vous brandissez un bâton?... Une telle insulte à moi?... Une telle honte, à moi?

— Mon Dieu! rétorqua Blasco avec une mine comiquement navrée, je ne croyais pas vous déplaire, mon petit seigneur... J'avais l'arme qui me paraissait le plus convenable... pour vous!... D'ordinaire je tire mon épée pour des choses plus sérieuses...

Le prince d'Iraci et Emanuele s'interposèrent, en tirant en arrière le comte de Gisia, qui, convulsé, pleurait de rage. Ils s'efforcèrent de le calmer.

— Laissez, dit le prince, cela n'en vaut pas la peine. C'est un intrigant, je le connais; ne faites pas attention à lui, rentrez... Nous le ferons battre par les serviteurs... il ne mérite pas mieux.

Emanuele le réconfortait aussi.

— Venez, venez voyons... Il ne perd rien pour attendre... Les occasions ne manqueront pas de lui apprendre les bonnes manières...

Mais le comte se débattait.

— Son nom! Je veux savoir son nom! haletait-il, la bouche pleine d'écume.

— Mon nom, monsieur? Je crois que le seigneur duc de la Motta ne l'ignore pas, mais s'il vous plaît de l'entendre de ma bouche, à votre service : je suis Blasco Albamonte, dragon du premier régiment de Numance...

— Albamonte! s'exclama le prince d'Iraci, stupéfait.

— Précisément; je comprends que cela déplaise au seigneur Emanuele, mais ce n'est pas de ma faute si je suis né au château de la Motta et si j'y ai reçu ce nom.. Maintenant que vous savez qui je suis et où on me trouve, je vous salue, messieurs!

Le comte de Gisia et le prince d'Iraci se retournèrent vers Emanuele qui se mordait les lèvres, pendant que Blasco s'en allait tranquillement, suivi par la foule qui commentait l'événement et se trouvait bien près de porter le jeune homme en triomphe.

— Il est donc de vos parents? s'enquit le prince.

Emanuele eut un haussement d'épaules méprisant :

— Fi! Un bâtard!

— De votre oncle Don Raimondo?

— Non... de mon père, à ce qu'il paraît.

— C'est donc votre frère? s'exclamèrent-ils, de plus en plus étonnés.

— A ce qu'il dit... Mais qui peut l'affirmer?

Ainsi parlant ils étaient rentrés au palais où les serviteurs encore armés de dagues et de pistolets, attendaient les ordres de leur maître pour se jeter sur Blasco, mais les trois jeunes gens ne leur prêtèrent pas attention, aveuglés qu'ils étaient par la rage, la mortification, par cette révélation qui les déconcertait.

Cependant Blasco, emmenant avec lui Michele Barabino, avait traversé la foule; et comme quelques-uns restaient pendus à ses basques, il se retourna et les congédia aimablement :

— Chers amis, à présent, rendez-moi le service de me laisser seul avec ce brave vieux. Je ne suis pas le Saint Sacrement pour que vous défiliez derrière moi... Je vous remercie, mais...

Ce *mais,* si courtois qu'il fût, pouvait signifier tant de choses si convaincantes, qu'on le laissa. Cependant le tailleur et lui n'avaient pas fait six pas qu'il entendit quelqu'un marcher derrière lui et une voix bien connue l'interpeller :

— Palsambleu! Vous êtes bien toujours le même!

— Tiens! Vous êtes là, Coriolano?

— J'ai tout vu. Voilà qui est bien. Je vous avais perdu, j'avais perdu le Blasco d'autrefois, et enfin je le retrouve!

— Croyez-vous? demanda le chevalier, amer.

Il était sur le point d'ajouter autre chose quand, s'apercevant que Michele Barabino restait près de lui, il lui demanda.

— Que faisiez-vous au palais Geraci?

— Oh, Illustrissime, ce que font les pauvres comme moi!... Je demandais la charité... voilà...

Blasco fouilla ses poches, trouva quelques piécettes de bronze et les glissa dans les mains du vieux tailleur en lui disant à mi-voix :

— Je n'ai que cela sur moi, pour ce soir, il faudra vous en contenter, mais demain matin venez au quartier... Maintenant, laissez-nous.

Le pauvre vieux baisa la main de Blasco, se confondit en remerciements et s'en alla en s'exclamant avec émotion :

— Quel cœur! Quel cœur!... Si tout le monde était comme lui!...

Pendant un moment, Blasco et Coriolano cheminèrent de conserve sans mot dire. Le chevalier de la Floresta rompit le premier le silence :

— Où allez-vous?

— Au quartier, comme vous voyez...

— Il est peut-être obligatoire d'y dormir?

— Obligatoire non, vous le savez bien. Nous y sommes d'ailleurs un peu à l'étroit, parce que les logis ont été envahis par les familles des soldats et des employés...

— Et alors, venez avec moi, sacrebleu! Je ne vois pas de raison pour que vous refusiez mon hospitalité, ou plutôt que vous n'acceptiez pas de revenir dans votre ancien domicile... Venez, nous dînerons ensemble...

— Mais j'ai invité Michele Barabino à se rendre demain matin au quartier.

— Oh! nous le préviendrons que vous êtes chez moi...

— Comment ferons-nous?

— N'y pensez pas... je m'en occupe... Allons.

Il le prit par le bras et ils refirent la rue en sens inverse, vers les Quatre Coins, en repassant devant le palais Geraci.

Un carrosse qui sortait de la place de Bologna, tiré par deux chevaux frisons et précédé de deux volants tenant les torches, les contraignit à s'arrêter. Ils jetèrent un coup d'œil à l'intérieur et Blasco ne put retenir un cri de surprise : il avait reconnu Donna Gabriella mais elle ne semblait pas les avoir remarqués.

— Elle vient peut-être du palais de Villafranca, dit Coriolano.

Son ami ne lui répondit pas; la tristesse l'avait envahi sous l'effet des images qui s'étaient réveillées dans sa mémoire avec une rapidité telle qu'elles se fondaient en un tout monstrueux. Il était retombé dans le silence. Coriolano le rompit une nouvelle fois.

— Eh bien, à quoi pensez-vous? Allons! je ne veux pas vous voir ce visage funèbre; après dîner nous irons à la « conversation ».

— Vous croyez? Dans ce pauvre uniforme?

— Mais non, vous avez presque ma taille. Vous choisirez une tenue dans ma garde-robe. C'est décidé. Nous irons chez une de vos connaissances : Butera.

Ils se rendirent donc après dîner chez le prince qui depuis quelques années avait laissé son ancienne demeure derrière Santa Cita pour habiter celle des Branciforti, au-dessus des murs de la ville, à la Porte Heureuse. Il y avait là une belle terrasse sur laquelle on projetait de construire un théâtre, mais ensuite, les pièces contiguës ayant été utilisées à d'autres fins, on la transforma jusqu'à ce qu'elle fût intégrée dans l'hôtel Trinacia. Le palais n'était pas alors aussi vaste qu'aujourd'hui, et n'avait pas la même distribution. La terrasse était attenante à une belle salle de réception, et le prince l'avait transformée en une espèce de jardin suspendu avec des arbres plantés dans de très grands pots, taillés suivant la mode, et dans le feuillage desquels une grande quantité de lampions et de lanternes diffusaient une belle lumière. Au centre, murmurait une fontaine. Le prince recevait durant les nuits d'été sereines et, sauf ceux qui préféraient jouer, les invités se pressaient sur la terrasse pour jouir de la fraîcheur de l'air marin. La qualité des Branciforti, premiers seigneurs du royaume, la noblesse et la magnificence habituelle de leur maison rendaient fréquentes ces « conversations », au cours desquelles intervenait souvent quelque virtuose à peine sorti du conservatoire des Dispersi ou du Buon Pastore, dont on disait le plus grand bien.

Le prince de Butera accueillit Blasco avec affabilité, en se déclarant heureux que ses ennuis fussent terminés. Le chevalier le remercia, échangea encore quelques paroles et se mêla aux invités avec Coriolano qui, en le présentant à ses connaissances sous le nom de Blasco Albamonte, excitait la curiosité. Être fils naturel d'un grand seigneur, surtout quand on était reconnu et qu'on portait le nom de plein droit, n'était pas alors un titre d'infâmie ou de honte : dans les successions féodales, il n'était pas rare qu'un fils illégitime, en l'absence d'autres héritiers, reçût le patrimoine et les droits de la maison ; et d'illustres familles ne dédaignaient pas d'unir leurs rejetons à des enfants naturels de haut lignage. Les plus scrupuleux demandèrent à Coriolano si la mère de Blasco était une dame, ce qui aurait naturellement beaucoup atténué la tache originale. Mais le chevalier de la Floresta esquivait la question : ce n'était pas une grande dame, mais point non plus une plébéienne ; de petits propriétaires de province, maîtres de leurs terres, pas encore barons, mais bien près de l'être. Une telle réponse atténuait les scrupules et rendait ces seigneurs moins méfiants à l'égard de Blasco.

Ainsi, après quatre années d'absence, rentra-t-il dans cette société dont il s'était détaché et peut-être n'était-il point mécontent. La scène qui s'était déroulée deux ou trois heures plus tôt lui faisait encore un peu vibrer les nerfs et lui donnait un certain désir de revoir ces deux jeunes seigneurs, et aussi son frère, qui viendraient certainement à la « conversation ».

Près d'une des grandes baies donnant sur la terrasse, il échangeait quelques propos avec d'anciennes connaissances qui lui demandaient des détails sur son état de militaire et s'étonnaient qu'il n'eût pas au moins demandé à commander un demi-escadron, quand, sous les rameaux courbes d'un palmier, il vit venir le Prince d'Iraci et le comte de Gisia qui, en l'apercevant, s'arrêtèrent, stupéfaits. Blasco posa sur eux un regard d'une suprême indifférence et les deux jeunes seigneurs passèrent devant lui d'un air hautain, en lui lançant un coup d'œil plein de défi et de haine.

Un instant après, Donna Gabriella entrait elle aussi dans la salle pour s'approcher de la terrasse, le bout de ses doigts à peine posé sur la main que lui tendait galamment Emanuele.

Trois ou quatre seigneurs s'étaient précipités à sa rencontre, se confondant en courbettes avant de lui baiser une main qu'elle tendait dans un geste royal. Elle était vêtue d'une soie noire qui faisait ressortir sa pâle beauté enchanteresse. Ces quatre années avaient donné à son visage une certaine sérénité austère et à son corps une plus grande plénitude, mais non pas au point de rompre l'harmonie et l'élégance qui formaient pour ainsi dire l'essence, le parfum de sa féminité. Blasco était pétrifié, ému par cette apparition dont il ne pouvait détacher les yeux, sans oser s'approcher pour lui présenter ses respects.

Elle ne l'avait pas encore aperçu et approchait de son pas souple et grâcieux, répondant aux saluts ; mais quand elle arriva près de la baie, et que son regard tomba sur Blasco, elle ne put retenir un cri de stupeur, pâlit et fut au bord de l'évanouissement. Deux ou trois jeunes gens se précipitèrent pour la soutenir, en lui demandant si elle se trouvait mal ; l'un d'eux tira de son gilet un flacon de sels et le présenta à la dame ; ce déploiement de zèle permit à Donna Gabriella de retrouver son empire sur ses émotions.

— Ce n'est rien, merci !

Mais ses regards revinrent à Blasco et naturellement les curieux s'en aperçurent. On se rappela qu'il avait été son chevalier servant, et beaucoup disaient même son amant. Il sentit que sa position devenait par trop embarrassante et se détachant de son poste, il s'approcha de Donna Gabriella et, s'agenouillant avec dévotion, il lui dit, avec un léger tremblement :

— Madame la duchesse m'accordera-t-elle la grâce de lui présenter mes respects ?

Donna Gabriella lui tendit la main et réussit à balbutier :

— Vous... vous êtes revenu !

Elle ne put rien ajouter et, pour ne pas céder à la tourmente de pensées et de sentiments qui se bousculaient dans son cœur, elle passa outre, pour aller saluer la princesse maîtresse de céans.

Malgré la froideur des propos et la brièveté du dialogue, l'incident fut remarqué.

Mais le plus étonné fut Emanuele qui, ignorant tout des anciens rapports entre le chevalier et la duchesse, ne pouvait s'expliquer l'émotion de celle-ci. Il n'adressa même pas un signe de tête à Blasco. Les deux frères se regardaient froidement, au grand étonnement de ceux qui connaissaient leurs liens de sang. Quelqu'un demanda à mi-voix à Coriolano :

— Dites-moi, le petit duc de la Motta ignore qu'il est son frère naturel ?

Coriolano s'excusa de n'en rien savoir.

— Peut-être se connaissent-ils, mais sans savoir qu'ils sont frères. Peut-être pas.

Il mentait pour tirer Blasco de la situation humiliante où l'avait mis Emanuele, et son mensonge parut convenir à tout le monde, car l'idée de ces deux frères qui ne se connaissaient pas et qui se trouvaient soudain ensemble avait pour les spectateurs une saveur piquante de roman et de comédie. Quelle coïncidence !

Emanuele était venu avec la duchesse. Après avoir salué les autres dames, il était retourné dans la salle auprès de ses amis le comte de Gisia et le prince d'Iraci. Tous trois semblaient avoir quelque chose d'urgent et d'extraordinaire à se dire, tant les émotions se bousculaient sur leurs visages. Ils se mirent dans un coin et le comte s'exclama :

— C'est une provocation ! Une véritable provocation !

— Silence ! intima le prince d'Iraci, ne faisons pas de scandale ici, parlons à mi-voix, pour ne pas montrer que nous nous occupons de lui. Je le connais bien, moi...

— Vous le connaissez ? demanda Emanuele. Depuis longtemps ?

— Malheureusement, oui... Voilà quatre ou cinq ans je l'ai rencontré, quand il n'était encore, excusez-moi, qu'un aventurier...

— Et il connaît la duchesse de la Motta depuis ce temps ?

— Eh ! Vous ne le saviez donc pas ? On prétend aussi qu'il y a eu entre eux un peu plus qu'une amitié !

— Que dites-vous ? se récria Emanuele, en pâlissant de dépit.

— Ce que tout le monde sait, cher ami !

— Mais ne perdons pas de temps sur des détails qui ne nous intéressent pas, objecta le comte de Gisia. Ce n'est certes pas cela qui nous préoccupe. J'affirme que ce monsieur est venu nous défier... et nous ne devons pas nous laisser maltraiter ainsi. Pardonnez-moi, duc, si c'est votre frère, mais les choses sont ainsi.

— Oh, ne vous inquiétez pas d'une parenté à laquelle, parole d'honneur, je ne prête aucune importance ! Si monsieur mon père a eu quelques caprices dans sa jeunesse, cela ne veut pas dire que j'ai des obligations envers les conséquences desdits caprices. N'est-ce-pas ?

Il sourit de cette argutie, en guettant l'approbation de ses amis, mais tous deux se contentèrent d'un léger signe de tête et dirent :

— Il faut le défier.

— Du moment qu'il est gentilhomme, même illégitime, nous pouvons nous battre avec lui.

— Formulons le billet de défi, dit Emanuele avec suffisance. Vous comprendrez que, pour des raisons de convenance, je ne puis participer à sa rédaction... Je m'éloigne donc un instant...

Il mentait. Ce qui lui importait le plus était de savoir que Blasco avait été l'amant de cette très belle et très désirée duchesse de la Motta qui montrait envers lui une froideur proche du dédain. Elle lui apparaissait sous un autre jour et il lui semblait qu'il pourrait tirer profit de la connaissance de ce détail intime. Il ne s'agissait pas de sa part d'une jalousie amoureuse, mais d'un sentiment plus bas et plus vulgaire : sa vanité blessée de beau jeune homme noble et riche, confronté à un bâtard. Ce sentiment s'exacerba quand il vit Donna Gabriella s'approcher de son frère et lui adresser la parole.

Passé le premier moment d'émotion, elle avait commencé à brûler du désir de savoir ce que Blasco était venu faire à Palerme, après tant d'années d'éloignement. Elle ignorait qu'il servait dans l'armée espagnole. Ne voulant pas avoir l'air de l'appeler, elle se déplaça de groupe en groupe, distribuant des saluts, et se rapprochant du chevalier. Elle se trouva donc à deux pas de Blasco et quand elle se tourna distraitement ses yeux rencontrèrent ceux du jeune homme, le contraignant ainsi à sourire et à dire :

— Madame la duchesse s'est donc étonnée de ma présence ?

— Mon Dieu, oui ; je n'aurais jamais imaginé vous revoir après tant de temps.

Il se rapprocha. Donna Gabriella, profitant que nul ne pouvait l'entendre, lui dit rapidement :

— Libérez-moi, je vous prie, de cet ennuyeux et prétentieux petit duc... votre frère. Quand il sera parti, accompagnez-moi à mon carrosse...

Blasco n'avait pas eu le temps de formuler la moindre question ni objection, que la duchesse s'était déjà éloignée. Il se trouva donc engagé, sans avoir pu éluder, ce qui était, il le voyait bien, une invite. Comme Coriolano s'apprêtait à s'en aller, il lui conta son aventure.

— Je vous assure que je regrette de devoir vous laisser partir seul, mais que faire ? Je vous rejoindrai au palais.

— Faites donc, mais prenez garde. Vous connaissez la légende de Circé ?

— Je serai Ulysse, ne craignez rien.

Ils allaient se séparer quand deux jeunes seigneurs s'approchèrent de Blasco et le saluant avec une gravité cérémonieuse, lui dirent :

— Si Votre Seigneurie voulait nous accorder une minute d'audience, nous aurions quelque chose à lui dire, de la part de monsieur le comte de Gisia.

— Pardonnez-moi, messeigneurs, mais je ne crois pas avoir le plaisir de connaître le comte de Gisia, hormis le fait que c'est un jeune homme un peu vif...

— Nous ne pouvons consentir, de par notre qualité, aucun jugement sur le compte de notre ami, qui nous a honorés d'une tâche.

— Ah ! Il vous a honorés d'une tâche ? Fort bien ; je m'en réjouis avec vous... Vous disiez donc..

— Il ne semble pas que ce soit le lieu le mieux adapté...

— Ce n'est que trop juste... Alors, voilà : je prie mon ami de la Floresta de me représenter, ou si Vos Seigneuries préfèrent, je le charge de recevoir la charge dont vous êtes chargés...

Et s'inclinant, il les planta là pendant que Coriolano, avec son habituel sourire, leur disait :

— Je suis à votre disposition, messieurs.

VI

Donna Gabriella prit congé peu après et Emanuele, qui s'offrait à l'accompagner, s'entendit répondre :

— Merci, duc, mais j'en avais déjà prié le seigneur Don Blasco (et là, elle changea de ton en baissant la voix), votre frère.

Le visage d'Emanuele s'empourpra et considéra d'un œil plein de fureur jalouse Blasco qui, s'approchant de la duchesse, lui avait offert son bras et répondait par un fin sourire au regard torve de son cadet.

— Si vous préférez la compagnie de monsieur le duc, dit-il à Donna Gabriella, ne vous inquiétez pas pour moi.

— Je vous remercie, monsieur, répondit Emanuele, hautain.

— Monsieur ? se récria la duchesse, étonnée, en regardant les deux frères. Comment ? Vous vous donnez du « monsieur » ?

— Je ne saurais en fait comment l'appeler autrement, dit Emanuele.

Blasco, qui avait pâli, haussa les épaules et se contenta d'avertir la duchesse :

— Quand vous voudrez...

Elle posa sa main sur le bras de Blasco et traversa la salle, pendant que le petit duc la suivait d'un œil flamboyant, en se mordant les lèvres. En descendant l'escalier, Donna Gabriella laissa tomber :

— Mais savez-vous que votre frère m'a positivement ébahie ?

— Pourquoi, madame ? Il n'a aucune raison de m'aimer, comme moi je ne sais vraiment pour quelles raisons nous devons nous considérer comme des frères...

Le laquais ouvrit la large portière et abaissa le marchepied. La duchesse monta d'un pas souple, visiblement heureuse, en disant, non sans une certaine fatuité :

— Ce garçon n'a pas de cervelle.

Blasco ne répondit pas, baisa la main de Donna Gabriella, et referma la portière en lui souhaitant bonne nuit.

— Vous ne viendrez pas me rendre visite ? Vous êtes toujours en colère contre moi ? A présent vous n'avez certainement plus de motifs de l'être... Et j'ai beaucoup souffert... beaucoup. Nous parlerons de tant de choses...

— Merci de votre invitation, mais d'ici quelques jours, je pars...

— Vous repartez ? Encore ? Pourquoi ?

— Mais je ne vous ai donc pas dit que je suis dragon dans le premier régiment de Numance ?... Je vais participer au siège de Termini.

— Oh, mon dieu ! A la guerre ?... Mais alors, à plus forte raison...

Elle baissa la voix et dit rapidement :

— Allez m'attendre à l'angle de l'église de la Chaîne, je mettrai le carrosse au pas. J'ai beaucoup de choses à vous dire... Allez...

Blasco se rembrunit quelque peu, mais un refus eût été discourtois ; il s'inclina et sortit en hâte du palais, cependant que les volants de Donna Gabriella allumaient leurs torches devant le portail. Le carrosse se mit effectivement au pas et tourna dans la rue de l'Alloro, en faisant résonner le pavé sous les sabots ferrés des deux chevaux. Près de l'église de Santa Maria de la Chaîne — précieux joyau d'art sicilien du XVe siècle — il rejoignit Blasco et s'arrêta. La rue était déserte, les maisons verrouillées derrière leurs volets, l'ombre à peine trouée par les torches des deux volants ; hormis les serviteurs, nul ne pouvait voir Blasco monter dans le carrosse, sur un appel de la duchesse. Ainsi les apparences étaient sauves, comme l'exigeait son veuvage. Les domestiques étaient, comme le croyaient ordinairement les maîtres, des personnes discrètes et du reste la duchesse ne rêvait pas de franchir la limite de la porte de son palais : le chemin était assez long et ils auraient donc tout loisir de bavarder librement.

Blasco prit donc place à côté d'elle et garda le silence un instant. Donna Gabriella s'était assise dans un coin plein d'ombre mais, à la lueur que projetait par moments les torches des volants, on voyait ses yeux briller. Si le bruit des roues sur le pavé du Cassaro qui n'était pas alors dallé, n'avait résonné aux oreilles de Blasco, il aurait peut-être entendu les battements tumultueux de ce cœur féminin ; mais il voyait luire les yeux et devinait ce que le silence exprimait.

Elle semblait espérer une parole, mais lui aussi attendait qu'elle lui dît ce qu'elle avait à lui dire. Enfin, elle soupira :

— Que de temps a passé !

Et une minute plus tard :

— Nous nous sommes quittés en colère... et j'ai toujours craint d'être haïe de vous... Dites-moi avant tout si je me trompe...

— Oui, vous vous trompez. Peut-être ai-je eu moi aussi quelques torts envers vous et j'ai pu me laisser emporter par les ressentiments... mais le temps a passé, comme vous l'avez dit... Je ne suis donc pas en colère contre vous, et ne vous hais point. Je vous en donne la preuve, il me semble...

— Merci, c'est vrai... Mais ne parlons plus des torts... J'en ai eu plus que ma part... Je pense toujours à nous, savez-vous ? Mais... j'étais si aveuglée par la douleur... par la jalousie ! N'en parlons plus... Si vous saviez comme j'ai vécu durant ces quatre années ! Veuve oui, dans un veuvage rigoureux que presque tous interprétèrent comme une manifestation de fidélité et de respect à la mémoire de Don Raimondo... mais c'était en fait, de mes rêves, de mes espérances, que j'étais veuve...

Sa voix tremblait d'émotion et ses yeux humides brillaient encore davantage dans l'ombre. Blasco se taisait : il pensait à Circé... Une question brûlait les lèvres de Donna Gabriella, mais elle n'osait la formuler ; elle laissa passer un instant de silence et demanda, avec une fausse indifférence :

— Et... avez-vous vu... votre cousine ?

Blasco tressaillit et le nom de la jeune fille lui vint aux lèvres, mais il ne le prononça pas.

— Non, répondit-il d'une voix altérée, je ne l'ai pas vue...

— Vous désirez le faire ? insista-t-elle et dans cette question, son âme frémissait.

— Non.

— Vous avez raison... Savez-vous qu'elle est fiancée ?

— Oui, c'était du reste ce que je désirais.

— Saviez-vous que les noces auront lieu vers la fin de janvier ?

— Non, fit Blasco avec une émotion à peine dominée. Je l'ignorais.

Donna Gabriella l'étudiait ; elle sentait au fond de ces mots un tremblement de douleur et de passion qui éveillait dans son cœur tourments, jalousies, haines, qui s'étaient assoupis mais non éteints. Elle se tut encore un moment, froissant les magnifiques dentelles de ses manches, dans un geste nerveux. Elle n'avait donc plus d'attrait ? Sa beauté qui avait remporté tant de triomphes n'avait donc plus aucun pouvoir ? Elle s'approcha un peu et d'une voix doucement insinuante :

— Vous souffrez ?

— Non ; pourquoi devrais-je souffrir ? Et de quoi ? Vous avez voulu imaginer des choses qui n'ont jamais eu lieu, vous avez fabriqué un roman de votre invention, vous l'avez pris pour une histoire réelle et vous avez troublé une innocente puberté, vous avez empoisonné trois existences, vous avez éloigné de vous ceux qui auraient été vos meilleurs et vos plus sincères amis... Oh ! quand je pense à tout ce que vous avez fait, Donna Gabriella, je me sens submergé d'une douleur si vive et si profonde, que je devrais vous haïr...

— Et vous me haïssez ?

— Non, je ne vous hais pas, parce que je ne suis pas né pour haïr ; mon père a vraiment dû m'engendrer dans un moment de grande bonté et d'amour pour me donner un cœur ainsi fait!... Je ne vous hais pas; mais assurément, Donna Gabriella, vous avez déchiré quelque chose en moi, et c'est irréparable!

Elle se laissa tomber à genoux sur le tapis devant le siège, en murmurant avec une expression de douleur :

— Pardon! Pardon!

Et, lui prenant les mains, elle les lui baisa timidement. Blasco les retira, confus, troublé :

— Que faites-vous? Non, non... relevez-vous! je vous en prie... je le veux.

Comme elle ne bougeait pas, il se pencha pour la prendre par la taille et la contraindre à se dresser mais la duchesse était si émue qu'elle se serra contre sa poitrine et qu'il la sentit frémissante et agitée dans ce transport d'émotions.

— Donna Gabriella, murmura Blasco, éperdu. Je vous en prie... faites-le aussi par égard pour vous-même.

Elle secouait la tête en signe de refus, secouée de sanglots et les larmes qui coulaient de ses yeux mouillaient les mains de Blasco. Il lui sembla que ces gouttes brûlantes pénétraient dans son sang, gonflaient comme une vague qui lui montait au cœur et le submergeait. La pitié, la tendresse, les doux souvenirs, la jeunesse, et par-dessus tout ce désir ineffable de confondre son cœur avec un autre, firent fondre sa cuirasse; la cire avec laquelle Ulysse avait cru boucher ses oreilles se liquéfiait.

Elle continuait de secouer la tête, ses yeux étincelant au milieu des larmes, comme deux étoiles aperçues à travers la pluie, et ses lèvres trouvaient des paroles ardentes :

— Voilà cinq ans, depuis que je vous ai rencontré, que mon cœur s'est fermé et ne s'est plus ouvert à un sentiment, comme si vous aviez emporté les clés; il est resté rigoureusement clos... et durant ces quatre années de veuvage, aucun de ceux qui m'ont courtisée n'ont obtenu un seul sourire de moi, parce que dans mon cœur, il y avait la douleur, la douleur de vous avoir perdu, peut-être pour toujours : une douleur sans espoir... J'ai senti sur moi votre haine, comme une malédiction, et j'aurais voulu savoir où vous étiez, pour fuir ce pays plein de souvenirs angoissants, venir vous trouver, me jeter dans vos bras en vous disant : « Voilà, je suis libre à présent, et je t'aime pour toujours. Prends-moi! », et vous arracher un mot, un mot si doux dont mon âme est assoiffée!... Et maintenant que je vous ai là, Blasco, près de moi, je vous sens : j'ai votre main dans les miennes, votre bouche là, près de la mienne, ainsi...

Tout en parlant, elle s'était serrée contre lui et au fur et à mesure que les paroles jaillissaient dans ce vertige du désir, elle rapprochait son visage de celui de Blasco, les yeux dans les yeux, jusqu'à l'instant où, dans un élan fou, ses lèvres frémissantes cherchèrent celles du chevalier...

— Donna Gabriella ! supplia-t-il, les tempes battantes. Donna Gabriella !

Mais il ne se déroba pas, s'abandonnant à la jeunesse triomphante, heureux d'être vaincu.

Cependant le carrosse, ayant dépassé les Quatre Coins et parcouru la rue Neuve, prenait par celle de la Bandiera. Sur ordre de la duchesse, il avait fait un long détour, pour qu'elle pût avoir Blasco à elle le plus longtemps possible. A présent, comme ils approchaient de la maison, elle trembla à l'idée que Blasco allait la laisser. Et dans l'anxiété de ce moment, dans l'ivresse qui lui courait dans le sang, elle reprit d'une voix plus douce, insinuante, avec une pudeur presque virginale :

— Durant ces quatre années, j'ai fait le vœu de me réserver pour vous, sans vous attendre. Car je n'ai encore jamais rencontré d'homme qui vous ressemblât et qui fût digne de vous être comparé... Jai voulu vous dédier ma vie, ma jeunesse, ma solitude et je n'espérais plus vous revoir, vous, unique et vrai amour de ma vie... A présent, je vous regarde, je vous sens, j'ai senti vos baisers et il me semble rêver... Je rêve ?... Ne me réveillez pas, je vous en supplie... Laissez-moi rêver, là sur votre bouche !

Elle l'attira à elle ; leurs corps serrés parurent ne faire qu'un ; et bénis furent les pavés qui, dans la rue étroite, rendaient les roues si bruyantes, couvrant le bruit de leurs baisers.

Le ralentissement des chevaux arracha Donna Gabriella à cette étreinte. Elle chuchota rapidement :

— Je t'attends... Mais ne viens pas tout de suite. Il ne faut pas qu'on te voie entrer. Reviens dans une demi-heure, là, dans cette ruelle...

Elle la lui montra : c'était une voie étroite, entre son palais et celui du prince de Pantaleria.

— Fais semblant de t'en aller, ajouta-t-elle.

Le carrosse entrait dans le vestibule ; un des laquais ouvrit la portière. Blasco bondit à terre, tendit la main à Donna Gabriella et l'accompagna au pied de l'escalier où il baisa galamment, mais non sans désir, la belle main que lui tendait la dame. Et, lui ayant souhaité bonne nuit, il disparut aussitôt au coin de la rue qui descend vers San Giacomo de la Marina. Mais à peine eut-il entendu le portail se refermer, qu'il revint en arrière et se glissa dans la ruelle. Il était si plein de cette aventure qui éclairait de rose sa nuit, qu'il ne s'aperçut pas qu'à l'angle de la rue des Crocifissari — aujourd'hui dite des Bambinai — on l'épiait. Mais au bout d'un moment, il entendit une porte s'ouvrir sur un balcon, et une voix l'appeler doucement :

— Blasco !...

Presque en même temps, quelque chose fila devant ses yeux et heurta ses genoux en oscillant : une corde. Il la saisit, l'éprouva, sentit qu'elle était solidement attachée et alors d'un bond, commença à grimper

De ses années de marin, il avait gardé quelques talents ; un instant plus tard, il enjambait la rambarde du balcon et trouvait les bras quasi nus de Donna Gabriella qui, frémissante, l'attendait.

VII

Emanuele avait assisté avec une rage jalouse au départ de Donna Gabriella et de Blasco ; cédant à une impulsion, il prit congé de ses amis sous un prétexte quelconque, sortit du palais et, au lieu de monter en carrosse, il le renvoya avec ses domestiques, ne gardant que son serviteur dévoué, une espèce de mercenaire.

Voyant Blasco s'éloigner en hâte et le carrosse de la duchesse aller au pas, il marcha derrière celui-ci, en restant à une certaine distance, sans avoir vraiment de dessein particulier, mais en ruminant des pensées de vengeance.

Rien ne lui paraissait plus mortifiant que d'avoir été repoussé au profit de Blasco ; son dépit aurait peut-être été moindre si Donna Gabriella avait choisi un autre chevalier. Il eût pu le provoquer, le défier en duel, l'expédier dans l'autre monde sans que nul n'intervînt. Mais Blasco était son frère ; s'il n'avait aucun respect pour lui, il craignait le jugement du monde ; et du reste il ne se cachait pas que son rival ne lui avait jamais cherché querelle. Cependant, il était heureux, recherché, désiré par cette très belle femme qui depuis deux années avait allumé les instincts du jeune poulain. En voyant le carrosse aller au pas, Emanuele se demandait ce que cela signifiait : mais la réponse ne se fit pas attendre. La voiture s'arrêta près de l'église de la Chaîne et il vit monter un homme qu'il reconnut, à sa taille, comme étant Blasco.

Emanuele serra le poing, furieux. Et comme les chevaux avaient pris une allure plus soutenue, il supposa qu'ils allaient à San Domenico et prit par des rues de traverse pour les retrouver plus loin. Il déboucha de la rue de Porto Salvo qui l'avait conduit jusqu'à la place où s'ouvrait le portail de la maison de Donna Gabriella. Sous ses yeux, Blasco entra dans la rue des Crocifissari.

« Elle l'a congédié ; elle reste donc seule. Fort bien. »

Mais il n'avait pas fini de se consoler avec cette pensée que Blasco s'arrêtait dans l'ombre de la rue, comme s'il attendait quelque chose. Emanuele craignit alors d'être découvert et se recroquevilla sur des escaliers où des pauvres gens ronflaient. Il vit Blasco revenir en arrière et entrer dans la ruelle ; alors il descendit prudemment, sans bruit, épiant l'ombre. Une porte s'ouvrit sur un balcon, et une forme blanche apparut. C'était elle !

« Que fait-elle ? », se demanda-t-il, le cœur dévoré de jalousie et de colère.

Une faible lumière irradiait de la chambre et illuminait le dos de la duchesse. Il la vit rentrer puis tendre les bras et dans la lumière de la lune qui baignait la rampe de fer du balcon, il aperçut Blasco qui enjambait celle-ci, et qui entrait...

Alors, il éclata en imprécations, levant le poing vers le balcon. Dans un élan de fureur, il lui vint l'idée d'aller frapper au portail, de le fracasser même, de faire irruption dans cette maison pour révéler la honte de cette femme, mais l'image de Blasco l'arrêta. Une pensée perfide lui traversa l'esprit. Frémissant, la bouche amère, il murmura quelques mots à l'oreille de son serviteur :

— Tu as bien compris ? Va, cours !

Le domestique ne se le fit pas répéter. Emanuele se retira dans la rue des Crocifissari, qu'il arpenta, menaçant, humant le fumet de la vengeance. Comme le temps passait lentement ! il lui paraisait très long, interminable et il tremblait d'impatience, battant du pied et lançant des imprécations contre son serviteur.

De temps en temps, il levait les yeux vers le balcon du palais et des visions torturantes lui emplissaient la tête, gonflant son cœur d'une tempête de haine, et plus le temps passait, plus son tourment croissait. Moins d'une heure plus tard, il entendit une rumeur de gens qui s'approchaient et peu après, au fond de la place, apparut un groupe de personnes précédé d'une lanterne.

— Ah ! Enfin !

C'était une bande de mendiants, jeunes gueux ramassés entre les comptoirs du marché voisin, armés d'écuelles, qui riaient grassement. Devant eux marchait le serviteur qui, montrant la maison de Donna Gabriella, leur dit :

— C'est là. Nous sommes d'accord : criez, frappez vos écuelles, tout ce que vous voudrez. Inutile de répéter les noms.

— Laissez-moi faire, dit l'un de ces malandrins, qui paraissait être le chef.

Ils entrèrent dans la ruelle et après s'être disposés sous les balcons de Donna Gabriella, ils se lancèrent dans une horrible sérénade, en frappant leurs écuelles et en imitant le son des trompes. Puis tout d'un coup, ils se turent et l'un d'eux, d'une voix de stentor, entonna :

Nenti a stu munnu, bedda, si po' fari
ca tutti cosi si vennu a sapiri ;
quannu la cosa cchiù cilata pari

tantu si lassa di tutti vidiri.
Iu sacciu cu cui stati a cuntrastari,
ca ddocu susu l'aju vistu trasiri.
E mi consolu! sicutati a fari,
ca pri'na donna nun si po' muriri... *

Et tout de suite après, les gamelles reprirent leur horrible concert fracassant qui, se répercutant dans la rue, la transformaient en enfer. Puis ils se turent et la voix reprit :

Bedda a lu to iardinu cci haju statu
mi l'hé pigghiatu li spassi e piaciri;
di punta in punta l'haju firriatu
ci sunnu belli cosi di vidiri.
E di li frutti toi nn'haiu manciatu,
prunnida et varcuchedda damaschini;
Na troffa di cutugna cc'è lassatu
cu veni appressu si l'havi a cugghiri!... **

Et le concert de gamelles reprit, assorti de rires, de sifflets et de railleries obscènes. Une plaisanterie plébéienne résonna :

— Ohé ! Ohé !... Qui veut prendre les paris ?... Allez duchesse ! Allez, dragon ! Au galop !

Et de grands éclats de rires succédèrent à ce cri.

Une fenêtre s'ouvrit, un visage ensommeillé et curieux apparut et l'on demanda :

— Qu'est-ce qui se passe ? Un vieil imbécile qui a épousé une jeunesse ?

Puis on apprit à qui était adressée la sérénade, on vit, devina, s'étonna, goûta la farce, et l'on rit. Peu à peu toute la ruelle se réveillait ; les gueux s'enhardissaient au fur et à mesure que le nombre de leurs spectateurs augmentait, et les allusions devenaient plus précises, plus audacieuses.

* En ce monde, ma beauté, on ne peut rien faire
car toutes choses viennent à se savoir
plus la chose semble cachée
plus elle se dévoile à tous
Je sais avec qui en ce moment vous avez un débat
car je l'ai vu entrer là-haut
Et je me console ! poursuivez votre affaire,
car pour une femme on ne peut mourir

* Ma beauté, j'ai été dans ton jardin
où j'ai déjà pris mon plaisir et mon divertissement
je me suis promené dans tous ses recoins
il y a des belles choses à voir.
Et j'ai mangé de tes fruits
petites prunes et abricots damasquins
Il y a encore un panier de coings
le prenne, qui vient après moi !

Tout le quartier se réveillait pour assister à ces viles bacchanales de la calomnie.

Emanuele était heureux ; il regardait tour à tour les fenêtres et ces étranges chahuteurs, auxquels il expédiait de temps à autre son serviteur, pour les inciter à poursuivre, incitations qu'il appuyait de quelques piécettes de bronze.

Un carrosse, qui revenait d'une soirée, s'arrêta ; des visages se présentèrent à la portière. Les passagers observèrent et s'étonnèrent ; une chaise s'arrêta à son tour.

Un chevalier en sortit, qui s'approcha d'Emanuele et lui demanda ce qui se passait.

— Bah ! fit le jeune homme, je n'en sais rien. On dirait qu'ils en ont après la duchesse.

— Donna Gabriella ?...

— A ce qu'il semble... C'est une chose indigne, n'est-ce pas ?

— Indigne, en vérité !... Mais pourquoi ?

— Ah, comment savoir ?

Si indigne qu'il fût, ce vacarme était divertissant et après cette constatation, chacun reprit sa route ; et Emanuele feignit de s'éloigner avant de revenir en arrière pour jouir du spectacle. Mais tout à coup, alors que cette populace frappait sur ses gamelles en ricanant, le portail s'ouvrit et un homme s'élança, épée au poing, faisant pleuvoir sur les gueux une véritable tempête de coups, si soudaine et si furieuse que les rires se muèrent en cris de terreur et que les vilains se débandèrent, sans même chercher d'où venait cette tempête. Blasco les suivit en abattant le plat de la lame à droite et à gauche :

— Malandrins !... Lâches !

Deux de ces formidables coups atteignirent le serviteur d'Emanuele qui, moins par peur que pour ne pas être reconnu, se recula, recroquevillé contre le mur. Blasco s'en approcha mais en le frappant, il s'aperçut que l'homme n'était pas vêtu de haillons comme ces canailles et devina dans l'ombre qu'il portait une livrée. Il bondit sur lui et l'agrippa par le col. Le domestique tenta de se libérer, plongea la main dans sa poche et en tira un poignard mais Blasco fut prompt à lui saisir le poignet et il le lui tordit si violemment que le serviteur poussa un hurlement de douleur. Tombant à terre, prostré, il supplia :

— Ah !... il m'a brisé l'os !... Monsieur mon maître !

Emanuele était livide ; il aurait bien volé au secours de son valet qu'il lui semblait fort lâche d'abandonner à la vengeance de Blasco, mais il ne voulait pas être reconnu ; puis la rancœur, la jalousie, la honte l'emportèrent sur ses réticences et il s'approcha, comme attiré par ces cris, et demanda en affectant la surprise :

— Que se passe-t-il ? Que t'arrive-t-il ? Où es-tu ?

Il se trouva devant le domestique qui gémissait à terre, le poignet serré dans la main de Blasco, lequel s'apprêtait peut-être à lui donner une leçon. En entendant la voix d'Emanuele, qu'il reconnut, le chevalier s immobilisa.

— Emanuele !

Le petit duc, qui voulait feindre de ne rien savoir, se trouva embarrassé :

— Vous ? balbutia-t-il.

Mais reprenant son ton arrogant :

— Laissez mon serviteur !... Je ne vous ai pas donné la permission de battre mes domestiques.

— Ah, c'est un de vos valets ? Parbleu, monsieur le duc de la Motta, je n'aurais jamais supposé que vos serviteurs fussent recrutés parmi la canaille du marché. C'est un de vos valets ? Eh bien, du moment que vous ne leur enseignez pas les bonnes manières, je le ferai moi. Prends, maroufle, et va te faire pendre ailleurs !

Et à la parole il joignit un coup de pied au bas du dos si violent, que le malheureux roula cinq pas plus loin, sans pouvoir se relever. Emanuele vit rouge. Dégainant son épée, il cria :

— Ah ! c'en est trop !

Il s'élança sur Blasco qui, dans un mouvement foudroyant, lui administra sa botte. L'épée du jeune duc voltigea et le saisissant aux bras, avant qu'il fût revenu de sa stupeur, Blasco le souleva et le secouant comme un prunier à chaque mot, lui dit, d'une voix étouffée par la colère :

— Remercie ton saint d'être né du même père que moi, parce que je t'aurais abattu comme un chien enragé, mais si je ne suis pas Caïn, je ne suis pas non plus Abel. Maintenant que je comprends toute la vilénie de tes entreprises et que j'ai honte pour toi, tu vas demander pardon à genoux pour avoir déshonoré le nom de ton père...

Et, le portant et le secouant toujours, il repassa le portail, monta les escaliers, traversa les salles au milieu des serviteurs ébahis et entra dans la chambre où Donna Gabriella pleurait de douleur, de honte et de rage, et jeta le jeune homme à ses pieds :

— Donna Gabriella, le duc de la Motta, mon frère, me prie de vous supplier de lui pardonner...

La duchesse leva des yeux épouvantés, regarda Blasco, regarda Emanuele et se couvrit le visage. A terre, le petit duc était livide, raide comme un cadavre.

Cependant une foule de domestiques curieux et étonnés s'était rassemblée sur le seuil ; quelques-uns, remarquant la tenue de la duchesse et le désordre du lit, souriaient malignement ; mais Blasco, prenant la main de Donna Gabriella, soutint tous les regards et avec une noble fierté, déclara :

— Écoutez-moi bien, vous ; madame la duchesse m'a fait l'honneur de me concéder sa main. A partir de ce soir, je suis votre maître... Portez audehors le seigneur duc, avec tous les égards qui lui sont dus ; et fermez les portes...

Deux laquais s'élancèrent et soulevèrent Emanuele ; ils l'emportèrent, et lorsqu'ils furent de nouveau seuls, dans un murmure plein de stupeur, la duchesse leva vers lui un visage mouillé de larmes mais radieux et joignant les mains, elle balbutia :

— Qu'avez-vous dit ?

— Ce que je devais... Pouvais-je abandonner votre réputation aux commérages ? Pouvais-je vous laisser sans défense ?

Dans un fol élan de reconnaissance et d'amour, elle se jeta aux pieds de Blasco, lui prit la main, la baisant comme dans un délire, en murmurant :

— Merci !... Merci !...

Mais brusquement son visage se rembrunit. Elle s'aperçut que Blasco ne répondait pas à son délire, et semblait absorbé par une pensée grave et triste. Son enthousiasme se refroidit. Une onde glacée lui traversa le corps ; elle se leva d'abord timidement, recula vers un siège. Puis une idée s'empara de son esprit et une sinistre lueur passa dans ses yeux.

— Pourquoi, demanda-t-elle avec une angoisse inexprimable, pourquoi me trompez-vous ?

Ses paroles firent sursauter Blasco qui leva les yeux sur Donna Gabriella et voyant son visage ainsi altéré, répondit :

— Qui vous trompe ?... Vous parlez de moi ?

— Oui... de vous... vous avez dit quelque chose devant les domestiques... qui n'est pas possible. C'était un mensonge ; pour me sauver... vous l'avez dit vous-même... mais c'est une tromperie !

— Oh non, ne pensez pas cela, Gabriella.

— Oui, oui, une tromperie. Je le sens... Vous ne pouvez et ne devez m'épouser... Je sais pourquoi... C'est une chose horrible... Pourquoi ? Pourquoi ?

Elle se tordait les mains de douleur.

— Gabriella ! Gabriella ! répéta Blasco avec une pitié infinie. Vous vous méprenez... Ce n'est pas ce que vous pensez...

Mais elle secoua la tête, s'abandonnant au délire de la douleur et de la jalousie, qui la reprenait.

— Je ne me méprends pas. Je me connais... Je ne suis pas comme je devrais être pour venir à vous, pour croire que vous êtes tout à moi, que vos paroles, si solennelles, étaient dictées par l'amour plutôt que par la générosité...

Sa voix tremblait, amère.

— Non, je ne veux pas de votre générosité !... Que m'importe ?... C'est votre âme que je veux... et votre âme, je ne l'ai pas... Elle est ailleurs !...

— Non, Gabriella !...

— Elle est ailleurs, je te dis !... Je le sens. Ton âme est près d'elle. *Elle* est pure, c'est encore une jeune fille et moi je suis fanée... Je suis une femme que tous accusent de frivolité... et c'est vrai... j'ai été légère, tu le sais!... Tu me prends, tu m'enivres de baisers, mais ton cœur... ta vie ne sont pas avec moi! Non! Non!

Blasco éprouvait une immense pitié pour cette femme que la passion rendait trop injuste envers elle-même; il lui prit les mains, l'attira à lui en lui murmurant à l'oreille de douces paroles :

— Oh, Gabriella, pourquoi te tourmenter? Mais que suis-je, moi, pauvre bâtard sans avenir, sans fortune, pour aspirer à ta main?... J'ai peut-être été trop présomptueux, voilà ce que je me disais, pour m'expliquer ma présence ici... telle est la vérité... Il y a une minute je pensais à Emanuele, ce misérable... Je pensais à des choses assez tristes, Gabriella... qui me poignaient l'âme... Pourquoi veux-tu te déchirer le cœur avec des fantômes qui désormais se sont dispersés et enfuis?... Ne gâche pas cette nuit. Ne vois-tu pas qu'ils attentent à notre bonheur?... Tu m'as voulu près de toi, tu m'as ouvert les bras, pourquoi donc les fermer?... Tu ne veux donc plus de moi?

Donna Gabriella posa sur lui un regard profond, plein d'une intense passion puis d'un coup, écarta les bras et dans un sanglot :

— Viens!

Leurs lèvres se cherchèrent encore; mais il semblait qu'une présence inerte et glacée se fut insinuée entre eux.

VIII

Au matin, après le déjeuner, Blasco se rendit chez Coriolano. Son aspect était si grave qu'il arrêta sur les lèvres de son ami la plaisanterie qui y était montée si facilement.

— Que vous arrive-t-il?... Vous avez une tête d'enterrement!

— Mon cher, je vous défie de trouver un homme auquel le sort joue des tours plus perfides qu'à moi!

— Vous êtes donc tombé dans les filets de Circé?

— Ce n'est pas de cela que je me lamente; je sens que j'ai encore pour Donna Gabriella l'estime et la dévotion que j'ai toujours eues pour elle!

— Voilà une chose qui ne m'étonne pas, mais qui en dit déjà beaucoup, à condition qu'à l'égard de la duchesse vous ne perdiez pas le respect que vous avez manifesté envers toutes les dames. C'est donc une chose sérieuse, cette fois?

— Oui, j'avoue aussi l'avoir mal jugée... son amour pour moi est aujourd'hui égal à ce qu'il fut voilà cinq ans, profond et inaltéré... Elle m'a ému...

— Elle vous a vaincu !

— Peut-être ? Qu'importe ? Ma défaite est de celles qui ne déplaisent à aucun des deux partis...

— Vous l'aimez ? Dites la vérité.

— Je ne sais. A certains moments, oui, il me semble l'aimer profondément, avec tendresse. A d'autres, non, ou mieux, je sens quelque chose qui m'opprime, une espèce d'effroi... Mais ce n'est pas cela qui me donne une tête d'enterrement, comme vous dites ; et ce n'est pas de cela que j'accuse le sort...

— Eh bien, que vous est-il donc arrivé ?

Blasco raconta ce qui s'était passé durant la nuit et la scène violente avec Emanuele : sa voix exprimait l'amertume qui lui emplissait le cœur.

— Vous comprenez, mon ami ?... C'est mon frère, je ne puis l'attraper par les pieds et lui fracasser la tête contre le mur !... Je n'aurais aucune dette envers lui, et peut-être en le supprimant, débarrasserais-je la société d'un reptile qui l'empoisonnera si je le laisse grandir... ce serait aussi libérer une pauvre créature que je lui ai destinée, moi qui avais, qui ai encore une vraie affection pour elle ! Et cependant, c'est un Albamonte, et le chef de la maison, le chef reconnu !

Coriolano, qui avait écouté ce récit avec la plus grande stupeur, ne savait que dire ; un léger frémissement des narines et un froncement des sourcils étaient le seul indice de son dégoût et de sa colère. Peu après, il demanda :

— Que voulez-vous que je fasse ?

— Rien.

— Emanuele ne me semble pas disposé à se résigner ; il pensera à la revanche...

— Je le sais ; je m'y attends...

— Et ce n'est pas seulement de vous qu'il voudra se venger...

— Je ne l'ignore pas ; c'est ce qui m'inquiète, car comme vous le savez, je vais devoir partir...

— Si ce n'est que cela, inutile de vous dire que vous pouvez être tranquille : Donna Gabriella sera gardée et défendue...

— Merci, Coriolano ; vous soulagez mon âme d'un grand poids... Oh, vous ne pouvez croire combien j'ai souffert cette nuit et comme cet incident m'a gelé le sang.

— Je le crois ; mais que voulez-vous y faire ? Vous êtes désormais habitué aux coups de la fortune et vous devrez vous attendre à subir toutes sortes de tours. Soyez un peu philosophe, mon ami. Et plutôt qu'à ce qui est arrivé, pensez à ce qui doit arriver. Je dis *doit,* parce qu'il me semble que vous oubliez avoir un compte à régler avec le seigneur comte de Gisia.

— Tiens ! c'est vrai...

— Derrière lequel, comme vous l'imaginez, il y a une autre vieille connaissance : le petit prince d'Iraci...

— Je m'en doutais. Eh bien, vous êtes-vous mis d'accord ?

— Parfaitement...

— Et nous nous battrons ?

— Quand la guerre sera finie...

— Comment cela ?

— Mais si, tudieu ! voudriez-vous que je me mêle de soustraire à Sa Majesté Catholique un soldat de votre trempe ? Ce serait une erreur ; et les témoins du seigneur comte, qui sont des sujets très fidèles, ont convenu avec moi, qu'il est juste de remettre ce duel. .

— Mais pourquoi avez-vous fait cela ?

— Pourquoi ? Mais... pour me divertir un peu aux dépens de ces messieurs. Quand je vois des personnages si gonflés de suffisance et de despotisme, j'éprouve une certaine satisfaction à les tourner en dérision. Laissez, après ce que vous avez fait, ils n'iront pas croire que vous manquez de courage. Mettons-les au frais. Quand le moment sera venu, nous les ressortirons pour leur donner la fessée, et voilà tout. Vous avez là une préoccupation de moins. Vous êtes mécontent ?

— Du moment que c'est vous qui l'avez fait, je n'ai pas à m'en plaindre. J'aurais peut-être préféré en finir plus vite... Et puis, imaginez qu'une balle m'expédie dans l'autre monde ; je m'en irais avec une dette envers cet aimable comte...

— Mais en ce cas, que je ne vous souhaite ni n'envisage, je m'occuperai pour vous de ces messieurs ; n'y pensez plus. Dînez-vous avec moi, aujourd'hui ?

— Non, je vous remercie ; je ne puis...

— J'ai compris ; repas de noces !

— Peut-être dites-vous plus vrai que vous ne croyez, Coriolano.

— Ah ? Que me chantez-vous là ?

— Je ne vous ai pas encore raconté qu'après ce qui s'est passé cette nuit, je me suis senti poussé, par un ensemble de sentiments, à une promesse solennelle. Seulement, pour mon honneur, je ne passerai pas l'anneau nuptial à son doigt avant d'avoir au moins une compagnie à mes ordres...

— Diable ! diable !... Donc la chose est plus sérieuse que ce que je pensais. Mais si vous avez cru, en bon gentilhomme, devoir faire cette démarche, je ne vous en blâmerai pas et vous en fais même mon compliment. Allez donc, je ne voudrais pas encourir la colère de la duchesse.

Ayant repris son uniforme, Blasco quitta son ami pour aller au quartier et en remontant le Cassaro, il passa devant le palais du prince de Geraci. A côté du portail, deux serviteurs parlaient d'un air excité, comme si un événement extraordinaire fût advenu et il ne put se retenir d'un mouvement de curiosité. Mais il pensa qu'une question aux domestiques risquait d'être prise comme une provocation.

A ce moment les portes du palais s'ouvrirent devant une chaise de cuir dont les barres étaient tenues par des porteurs de louage. Blasco devina qu'elle appartenait à un médecin.

Il s'en approcha et demanda aimablement au vieux docteur si quelqu'un était malade dans la maison Geraci.

— Le jeune prince... Un transport de bile.

— Est-ce grave ?

— Eh !...

Cette exclamation avait un sens suffisamment clair pour que le chevalier n'en demandât pas plus. Il remercia le médecin et s'en fut, un peu rembruni.

« Il l'a voulu. Pourquoi m'avoir poussé jusque-là ? »

Il tut à Donna Gabriella cette nouvelle et peut-être l'aurait-il tue sans en avoir l'intention, car la duchesse ce jour-là était si merveilleusement belle et attirante qu'en entrant, il ne put retenir un cri d'admiration :

— Que vous êtes belle !

Oh oui ; même elle s'en était aperçue, à sa toilette. Son visage avait une douce pâleur de perle, avec de très légères nuances rosées et azur, une langueur humide et pleine d'éclat, de désirs, de promesses ; et il y avait dans toute sa personne un certain abandon enchanteur, plein d'une joie sereine et profonde. Ce matin-là, elle s'était armée de toutes les séductions, choisissant un vêtement de légère soie parme, riche de dentelles et de voiles qui celaient comme dans un nuage léger et candide le haut de son sein blanc, sur lequel une veine plus indiscrète traçait des lignes à peine visibles. Elle n'avait mis aucun collier, laissant son col dénudé, dans la beauté de ses lignes charnues. Il y avait en tout cela une telle harmonie de couleurs et de formes, et dans son geste un peu lent tant de grâce, dans ses yeux et son sourire tant d'invincibles charmes, que Blasco en fut subjugué jusqu'aux tréfonds de lui et après avoir poussé cette exclamation, il baisa la main de Donna Gabriella avec la chaleur de la passion.

— Je te plais ? demanda-t-elle d'une voix frémissante de bonheur.

Il lui répondit par des baisers.

— Oh, tu ne sais pas, lui dit-elle plus tard, tandis qu'ils dînaient en tête à tête, en se souriant et en se prenant les mains, tu ne sais pas combien ton amour m'a transformée. Je me sens bonne, disposée à la pitié pour tous, même pour ceux qui m'ont fait du mal ; je me sens presque une envie de tous les embrasser, de dispenser à chacun une part de la joie qui m'inonde... Tu le crois, dis, que tu es mon seul et unique amour ?

— Oui, oui, je le crois, répondait Blasco, enivré.

Devant cette femme admirable qui paraissait créée par l'amour, il oubliait tout : Violante, Emanuele, la guerre... Il se trouvait au bord d'une vie tressée de joies par les mains de la volupté sur la trame des rêves ; une vie encore nouvelle pour lui, qui pourtant approchait de la trentaine. Dans un moment de suprême bonheur, il lui dit :

— Toute ma vie, Gabriella, ne suffirait pas à payer de tels moments !

Mais quelques heures plus tard, on entendit dans les rues les tambours qui battaient la générale. Blasco se leva.

— Qu'est-ce-donc ? demanda Donna Gabriella en pâlissant.

— Tu n'entends pas ? La générale. Nous devons nous séparer...

— Si vite ? Comment ?

— Hélas. Ce soir, mon escadron part pour Termini.

— Vous partez ?... Toi... Mais non, ce n'est pas possible ! je ne veux pas !... Tu dois rester avec moi...

— Impossible ! Je suis un soldat !

— Mais j'irai voir ton capitaine, ton colonel... je parlerai au général... Qui est-ce ? Lucchese ? Montemar ?... Je dirai que tu es malade... Je ne veux pas, comprends-tu ? Je ne veux pas... Je t'ai trouvé, je t'ai reconquis, et tu veux que je te perde de nouveau ? Maintenant ?

— Mais non, Gabriella, tu ne me perds pas... Au fond, je ne vais pas loin ; en quatre heures on revient très bien de Termini, et je viendrai... je viendrai... mais il faut que je parte. Écoute-moi, je t'ai fait une promesse solennelle... Je dois la tenir... Mais j'ai aussi mon orgueil... Je n'ai ni titre, ni nom... je suis un soldat obscur ! Laisse-moi gagner mon écharpe de capitaine.

— Que m'importe ? Que m'importe tout cela ? Je t'aime toi !... N'es-tu pas un Albamonte ? Que m'importe le reste ? Non, non... Ne pars pas, je t'en supplie !... je t'en conjure... J'en mourrai !...

Elle s'accrocha à son cou en sanglotant. Blasco souffrait, mais résistait.

— Si j'étais un lâche, me croirais-tu digne de toi ?

Elle le contemplait d'un air éperdu, ne sachant que répondre.

— Tu vois ? reprit-il. Et tu ne veux pas que je passe pour un lâche aux yeux de tous, et que je sois couvert de honte et accusé de désertion...

— Mais si je te perds ! Si je te perds !... sanglota-t-elle.

— N'aie crainte... tu sais bien que les balles n'ont pas encore trouvé le chemin pour m'atteindre... Et puis, entouré et défendu par ton amour, je me sens invulnérable.

Donna Gabriella tenta encore un peu de retenir Blasco, mais il se libéra doucement du tendre lien qui le retenait, lui donna un long baiser, l'encouragea et partit. Avant de s'en aller, la duchesse lui demanda :

— Permets au moins que je te salue de loin, quand tu partiras. Mon carrosse sera au pont de l'Amiral...

Blasco à peine parti, elle se laissa tomber sur un fauteuil en sanglotant violemment et cette crise ne s'interrompit que vers le soir, quand, l'heure du départ approchant, elle commanda son carrosse et s'en fut attendre le passage des dragons en route pour Termini.

Elle vit Blasco et sa main émergea de derrière le rideau, pour un dernier salut. Mais lui s'approcha du carrosse pour la lui baiser.

— Quoi qu'il puisse t'arriver durant mon absence, fie-toi à mon seul et unique ami...

— Le chevalier de la Floresta ?

— Oui. Coriolano.

L'escadron avançait en désordre, suivi de chariots et de curieux. Sous les fers des chevaux et les roues des voitures le pont résonnait bruyamment. Donna Gabriella regardait avec curiosité et aussi un certain regret cette foule bigarrée, qui n'avait plus rien de commun avec la cavalerie des siècles passés, dont elle avait tant entendu parler. Uniformes déchirés et réparés tant bien que mal, visages émaciés, rapaces, mines de brigands : les allures de gentilhomme étaient rares, hormis parmi les officiers.

Le cœur serré, elle regardait s'éloigner Blasco au milieu de ces gens et songeait qu'il conviendrait de l'en tirer. Qui plus que lui était digne de commander un escadron ? N'était-il pas un Albamonte ? Oh ! c'était lui qui aurait dû ceindre la couronne ducale qui ornait le front d'Emanuele !

Quand la distance et la poussière lui eurent fait perdre de vue l'escadron, elle s'en retourna, songeuse et triste, ruminant une idée qui s'était logée dans son cerveau.

Rentrée en son palais, elle donna des ordres rigoureux : elle ne recevrait personne, pas même des amis, ni ce jour-là, ni le lendemain, ni les jours suivants : hormis les personnes qu'elle nommerait expressément. Elle s'enferma dans sa chambre, qui lui paraissait encore pleine des doux mots et du parfum de son amour. Elle passa ces jours dans une solitude encore plus rigoureuse, s'interdisant même d'aller à la Marina pour prendre un peu d'air ; elle sortait seulement pour se rendre à la messe de bonne heure, dans l'église voisine de San Domenico. Sa solitude n'était égayée que par les lettres qui lui arrivaient du camp de Termini, par lesquelles Blasco l'informait de ce qui s'y passait ; elle les lisait et les relisait, émue et heureuse des tendres paroles par lesquelles Blasco épanchait son cœur. En vérité, il lui semblait naître à une vie nouvelle.

IX

Au bout de trois ou quatre jours, Emanuele, sorti de la phase aiguë de son mal, entra en convalescence. Dans un carrosse aux rideaux tirés, il quitta la maison, la mine inquiétante et sombre, le cœur débordant de désirs de vengeance. Nul n'avait pu lui arracher un mot sur ce qui s'était passé ; il n'avait ni blessures, ni ecchymoses, et ne présentait quand on l'avait retrouvé, aucune trace de violence, hormis ses vêtements en désordre. Quand son serviteur s'était relevé et ne l'avait plus vu, il avait cru que son maître était rentré. Le valet avait couru au palais mais en apprenant qu'il n'y était pas, il était revenu sur ses pas avec d'autres domestiques et ils l'avaient découvert devant le parvis de San Domenico. Emanuele était évanoui, au milieu de vagabonds occupés à le dépouiller de tout ce qu'il avait sur lui. Les valets étaient arrivés à temps pour empêcher Dieu sait quelle autre diablerie. Ils avaient transporté le duc au palais qui fut mis sens dessus dessous par ce retour.

Des médecins accoururent, des apothicaires furent réveillés, tous les remèdes furent utilisés. Emanuele revint à lui, mais fut assailli de violentes convulsions qui durèrent toute la nuit.

Le prince de Geraci, son grand-père, en fut navré ; le serviteur, interrogé, s'en tira en déclarant qu'il ne savait rien.

— Des voleurs l'ont peut-être attaqué.

Mais ces explications ne convainquirent pas le prince, d'autant que le silence d'Emanuele avait quelque chose de trouble, de volontaire ; comme si un sentiment ou un désir lui imposait de garder le secret. Cependant, quelques rumeurs commencèrent à sourdre : deux ruisseaux de médisance. L'un était alimenté par le récit, diffusé avec beaucoup de malignité et force détails, de l'indécente sérénade jouée de nuit sous les fenêtres de Donna Gabriella et l'on comprend que, se prêtant aux plus audacieuses interprétations, l'histoire se propagea rapidement dans les salons, provoquant des rires et des commentaires salaces, en particulier de la part de ceux qui avaient en vain tenté de prendre cette place-forte. On ignorait qui était l'aventureux conquérant du cœur que la dame avait jusque-là tenu fermé, comme était inconnue l'identité de l'envieux et féroce amant déçu, qui avait ordonné ce charivari.

L'autre courant de rumeurs sortit, comme on le devine, de la bouche des serviteurs de Donna Gabriella. On parlait de l'aventure arrivée au petit duc de la Motta qui avait été contraint de demander pardon à genoux à la duchesse ; et par une de ces métamorphoses qui transmuent les faits vrais en légende, ce qui avait été une promesse était devenu un fait, et on disait que Donna Gabriella s'était mariée secrètement avec un chevalier qui s'appelait Don Blasco Albamonte. Les rajouts et les altérations profitèrent à la dame, remplaçant les raisons de la blâmer par des motifs de louange.

Les deux ruisseaux se rejoignirent ; les deux histoires se complétèrent. Emanuele se trouva d'un coup objet de réprobation et cible de railleries qui le remplissaient de honte et de colère. Son malheur fut à son comble quand le vieux prince, son grand-père, que ces nouvelles blessaient atrocement, le réprimanda et menaça de l'enfermer dans un couvent d'où il ne sortirait qu'au moment du mariage.

— Dans notre maison, personne n'a jamais commis une vilénie pareille, et ton père, Don Emanuele, était un vrai et parfait chevalier... Vergogne ! De telles bassesses, je ne dis pas seulement qu'on doit les épargner à une dame, mais on ne les fait même pas aux dépens de la dernière petite femme du vulgaire !... Et s'il est vrai, comme je l'espère, que Don Blasco t'a obligé à lui demander pardon, il a fort bien fait, par Dieu ! Et quand il reviendra de la guerre, j'irai le visiter pour lui faire mon compliment... Oui, oui, moi, le prince de Geraci... Ce bâtard est bien plus gentilhomme que toi et il a bien fait de te donner une leçon. Elle était bien méritée, parbleu, bien méritée !

La réprimande irrita Emanuele, exacerbant son désir de vengeance. Ah, il lui fallait prendre une revanche sur le bâtard et sur la dame, une revanche assez éclatante pour faire oublier l'affront subi. Pendant plusieurs jours, il évita ses amis ; il sortait en carrosse ou à cheval mais pour se rendre hors les murs, en suivant une de ces routes qui conduisaient aux villages ou aux hameaux qui surgissaient déjà aux alentours de la ville. Au palais, il passait de longues heures en compagnie de son maître d'armes, célèbre à Palerme pour certaines bottes particulières.

Vers la fin du mois d'août, un soir, il allait se promener hors de la Porte Neuve en chaise à porteurs et avait à peine dépassé le palais de la Ginestra qu'un homme qui était pour lui un parfait inconnu le salua.

C'était Matteo Lo Vecchio.

Il répondit à peine à son salut mais le sbire s'appuya à la portière :

— Que Votre Seigneurie Illustrissime me pardonne si j'ose m'approcher... mais c'est pour servir Votre Seigneurie... Au palais, on ne veut pas me laisser entrer... cependant, si j'avais pu vous offrir mes services, il ne vous serait pas arrivé... ce qui vous est arrivé... Peut-être Votre Seigneurie ne se souvient-elle plus de moi...

Emanuele fronça le sourcil et s'apprêtait à le chasser, mais les derniers mots ranimèrent ses souvenirs et, regardant le sbire d'un air agacé, il lui demanda :

— Que voulez-vous ?

— Votre Seigneurie Illustrissime se souvient que moi, de par les obligations que je crois devoir à votre noble maison, et en vertu du respect que j'ai eu pour l'illustrissime seigneur Don Raimondo, que sa mémoire soit bénie, je me suis empressé de vous révéler qu'un certain soldat des dragons...

— Oui, oui, je m'en souviens bien ! Que voulez-vous, maintenant ?

— J'aurais tant de choses à vous dire... Je pourrais donner à Votre Seigneurie des informations sur son compte à lui... et à elle... Votre Seigneurie Illustrissime sait que je suis caporal des argousins ? N'avez-vous jamais entendu parler de Matteo Lo Vecchio ?

— Ah !... C'est vous ! Mais vous avez été excommunié !

— Non, Illustrissime, j'ai été absous par le vicaire général. Vous pouvez vous informer. Ce matin, par exemple, je me suis confessé... Vous voyez qu'il n'y a pas de péril à me recevoir...

— Donc vous dites ? s'enquit Emanuele après un instant de silence.

— Que je suis entièrement au service de Votre Seigneurie... Mais ce ne sont pas des choses qui se discutent dans la rue.

— Bien, venez ce soir à une heure de la nuit. Je donnerai des ordres pour qu'on vous laisse passer.

Matteo Lo Vecchio qui suivait Blasco, pour étudier ses habitudes et considérer la possibilité de le frapper en toute impunité avait assisté à la scène entre le chevalier et les amis d'Emanuele, et il avait ensuite appris ce qui s'était passé entre le petit duc et son frère à cause de Donna Gabriella. Il en fut fort satisfait. Il devinait là l'*ubi consistam,* le point d'appui qui lui permettrait de se défaire de l'ennemi haï.

« Emanuele est amoureux, pensait-il, qu'est-ce qui peut rendre un homme plus bête que l'amour ? » Il fallait travailler ce terrain. Maintenant Blasco était parti pour la guerre et Donna Gabriella était seule : il devait en profiter. Il imagina un projet diabolique pour donner à Emanuele une victoire qui devait creuser l'abîme dans lequel Blasco disparaîtrait pour toujours Mais il fallait attirer Donna Gabriella dans un piège.

Durant cette période, on recevait fréquemment des nouvelles du siège de Termini, qui se prolongeait sans parvenir à une issue décisive, en raison de la valeureuse résistance de la garnison savoyarde, qui était très avantagée par l'inexpugnabilité de la forteresse.

Au milieu de l'émotion populaire, la garnison s'était retirée dans le château en obligeant les citoyens à lui fournir ce dont elle avait besoin ; elle accueillit à coups de canons les premières compagnies de dragons, qui avaient tenté d'occuper la ville, les contraignant à opérer un large détour pour s'installer à un mille et demi des murs, en un lieu dit Impalistrato. Mais lorsque d'autres troupes arrivèrent et que l'on débarqua l'artillerie et les mortiers, le camp se transporta près du couvent des Capucins et l'on plaça les batteries : les mortiers à l'abattoir et les canons à la Porte

Heureuse. Du château, les Savoyards, par quelques coups ajustés, empêchèrent les constructions et l'on dut édifier d'urgence une route couverte, pour protéger les batteries. Blasco fut chargé, avec un détachement de dragons, de harceler les Savoyards, pour gagner le temps de construire la route.

Comme ces derniers, utilisant les particularités du site pouvaient, sans péril, gêner les Espagnols en contrebas, Blasco imagina de détourner leur attention en les attaquant sur un autre point. Contournant les collines méridionales et pénétrant dans les parties hautes de la ville, il longea les murailles entre la Porte de Girgenti et celle de Palerme, passa entre les maisons et atteignit la place de la Cathédrale où, après avoir disposé ses hommes, il commença, par une fusillade soutenue, à semer le désorde dans les troupes disposées sur les glacis.

Cette attaque imprévue terrorisa les habitants, déjà effrayés par les explosions fréquentes de grenades et de bombes : il s'ensuivit une fuite générale, qui fournit à Blasco l'occasion de conduire une action plus audacieuse.

Il s'élança à cheval, seul, à découvert, la carabine au poing, en suivant la ligne de front, dans un superbe acte de défi qui stupéfia les Savoyards.

De tous côtés, des coups de feu le visèrent ; il semblait en rire. Ôtant son chapeau pour saluer le sifflement des balles, il criait :

— Messieurs de la Savoie !... Sortez de votre cage, palsambleu !

Ses compagnons le rappelaient :

— Mettez-vous à couvert !

Puis deux, trois, cinq dragons, honteux de le laisser seul, poussèrent leurs chevaux à côté de lui et se mirent tous ensemble à galoper sous la courtine, tirant, criant, dans une folie inutile, héroïque. Deux tombèrent. Deux balles touchèrent Blasco ; une lui effleura la tête sous l'oreille, emportant une mèche de cheveux, l'autre lui rompit la boucle du baudrier qui tenait la giberne et lui infligea une blessure sans gravité au sternum.

— Ce n'est rien ! hurla-t-il. Messieurs de la Savoie, vos balles sont de ricotta !

Mais les autres dragons prirent les rênes de son cheval et le contraignirent à se mettre à couvert.

Le 29 août, les batteries commencèrent à opérer ; ce fut de part et d'autre un duel soutenu de bombes et de grenades, d'autant plus admirable que les Savoyards n'étaient guère plus de trois cents, contre des forces dix fois supérieures.

Quoique blessé, Blasco n'avait pas voulu abandonner le combat ; il sollicitait et remplissait les missions les plus risquées ; il s'était juré de conquérir son écharpe de capitaine dans les ruines fumantes du château ou de mourir. Il attendait que s'ouvrît une brèche pour s'élancer le premier à l'assaut et suivait fébrilement le pilonnage de la courtine par les terribles mortiers espagnols.

Ces informations arrivaient à Palerme. Matteo Lo Vecchio, qui depuis quelques jours épiait la maison de Donna Gabriella, s'était aperçu qu'un voiturier y venait tous les deux jours et il avait compris que c'était un messager de Blasco. Il le surveilla de près et le jour où, suivant ses calculs, le voiturier devait revenir, il l'attendit à l'angle de la rue des Materassai et, dès qu'il le vit, l'interpella :

— Excusez-moi... Vous venez de Termini, n'est-ce-pas ?

— Oui, monsieur.

— C'est Blasco Albamonte, dragon de Numance qui vous envoie...

— Exactement... Comment le savez-vous ?

— Vous me la baillez belle ! Je vous attends exprès !... Vous venez porter une lettre à madame la duchesse, ma maîtresse...

— Ah !

— Je suis le majordome... Madame la duchesse, que j'ai pour ainsi dire vue naître, puisque j'étais au service de son père, m'a appelé voilà une heure et m'a dit : « Cosimo, fais-moi une faveur (une faveur ! c'est ce qu'elle a dit, dans sa bonté), je dois aller chez le marquis mon frère et je ne puis attendre ; aujourd'hui devrait arriver la lettre de Don Blasco. Tu attendras le voiturier et te feras remettre la lettre ; je lui enverrai la réponse aujourd'hui même. » Et me voilà. Je vous ai déjà vu venir trois fois...

Le voiturier n'eut pas le moindre soupçon ; Matteo Lo Vecchio avait un visage si honnête et connaissait si bien les affaires de la maison, qu'il lui était impossible de ne pas le croire.

Il n'hésita pas à lui confier la missive que le sbire enveloppa dans un mouchoir et glissa dans sa poche.

— Venez boire un verre, lui dit-il en le conduisant vers San Giacomo La Marina, où étaient des tavernes.

Une heure plus tard, le voiturier, à moitié saoul, remonta sur sa mule et s'en fut au relais où Matteo Lo Vecchio lui avait promis de lui apporter la réponse.

Dès qu'il fut seul, Matteo tira la lettre de sa poche et fut sur le point de rompre le sceau, mais il réfléchit et la remit dans sa poche et se dirigea en hâte vers le palais Geraci.

Un peu plus tard, Emanuele, d'une main tremblante, prenait la missive que lui tendait le sbire. Mais la vue du sceau intact le retint.

— Que Votre Seigneurie l'ouvre, que diable ! il nous faut connaître son contenu... pour réaliser mon plan...

— Quel plan ?

Matteo Lo Vecchio parut agacé.

— Enfin, Votre Seigneurie veut avoir en son pouvoir madame la duchesse ? Si vous voulez, laissez-moi faire, et demain elle sera dans vos bras...

Le visage d'Emanuele s'empourpra et ses narines eurent une palpitation féline.

— Donnez-la moi, dit le sbire, je n'ai pas de scrupules et ainsi il ne sera pas dit que Votre Seigneurie a rompu le sceau.

Il prit la lettre, l'ouvrit, la lut et la tendit au jeune duc :

— Lisez, Votre Seigneurie.

Elle commençait par « *Cher soupir de mon cœur* » et se terminait ainsi : « *Votre esclave qui aspire à vous — Blasco* ». Emanuele la parcourut avec une colère sourde, comme un mari ou un amant trahi, avec une rancœur envieuse et une convoitise d'affamé.

— Eh bien, demanda-t-il, quand il en eut achevé la lecture, qu'avez-vous l'intention de faire maintenant ?

— Vous ne le devinez pas ? Le seigneur Blasco a été légèrement blessé ; il ne le dit pas dans la lettre, mais je l'ai appris de la bouche du voiturier ; ainsi donc, quel mal y a-t-il à ce que nous supposions sa blessure plus grave ?

— Et ensuite ?

— Et ensuite ?... La blessure est grave, il est seul... On comprend qu'il manifestera le désir d'avoir près de lui madame la duchesse, laquelle, épouvantée, ne balancera pas longtemps avant de partir avec sa litière sur la route de Termini... Les routes ne sont pas sûres, en particulier à la Portella sous San Nicola et...

Les yeux d'Emanuele brillaient ; plus que les paroles, les silences et les mimiques du sbire lui révélaient son plan plein d'invention.

— Sacrebleu ! s'exclama-t-il, joyeux ; vous êtes un coquin de génie !... Faisons donc cette lettre... Mais qui la portera ?

— Je m'en charge... Donna Gabriella connaît-elle votre écriture ?

— Non...

— Et donc Votre Seigneurie l'écrira ; imaginez que vous êtes un compagnon d'armes ou l'aumônier des escadrons... Si Votre Seigneurie me le permet, je lui dicterai la lettre ...

Emanuele s'enthousiasmait pour cette gredinerie, dans laquelle il voyait seulement sa vengeance ; il prit une feuille de papier et sous la dictée du sbire qui gardait un œil sur la lettre de Blasco, il écrivit :

« *Cher soupir de mon cœur,*

Ne vous effrayez pas, ma joie, si cette lettre est écrite d'une autre main ; il m'est arrivé un accident de guerre, une blessure qui m'empêche de me servir de ma main. Ne vous effrayez pas, mon cœur, ce n'est pas une chose bien grave, même si je suis obligé de garder le lit... Votre dernière lettre, si pleine de tendresse, m'a enchanté, et m'a fait oublier les souffrances de la blessure. J'imagine l'effet que me feraient vos blanches mains, qui la caresseraient amoureusement !... Quant à ce que vous m'écrivez, ne doutez pas de moi : j'aspire ardemment à la fin de cette campagne pour passer le reste de ma vie à vos genoux, tout à vous. Je vous remercie des mouchoirs et de l'écharpe, que j'ai attachée à mon flanc comme un talisman.

Je vous baise les mains avec tout mon amour, et je suis,
votre esclave qui aspire à vous.
A Termini, le 1er août 1718.
Blasco. »

— Très bien ! s'exclama le sbire. Maintenant, il faut la sceller. Si Votre Seigneurie, qui a meilleure vue que moi, veut bien examiner le sceau...

— Ce ne sont pas des armes, remarqua Emanuele. Je crois que c'est l'empreinte d'une crosse de pistolet... ou de bouton...

Matteo Lo Vecchio considéra aussi la cire avec attention puis il tira de sa poche un pistolet court et compara le bouton métallique qui ornait la crosse avec l'empreinte.

— A moi aussi, il me semble que c'est un bouton ; pas le même que celui-ci, mais il y ressemble, cela fera l'affaire.

Quand ce fut terminé, le sbire dit à Emanuele :

— Que Votre Seigneurie se procure pour demain une demi-douzaine d'hommes résolus... Je reviendrai ce soir... avec la réponse de Donna Gabriella.

Il s'en fut, laissant Emanuele étourdi de ce qu'il avait vu, entendu et fait, et par-dessus tout effaré par cet homme si fourbe, si ingénieux, si malin, plein d'expédients et d'énergie, dont il ne savait pas encore ce qui le poussait à agir.

Une demi-heure plus tard, Donna Gabriella reçut la lettre, qui l'emplit de terreur. Elle voulut voir l'homme qui l'avait apportée et s'étonna de ne pas reconnaître l'habituel voiturier. Que signifiait donc cette nouveauté ? L'homme lui expliqua tout de suite que le messager s'était senti mal. Un coup de soleil, peut-être. Il avait dû se coucher en arrivant au relais et l'avait prié de porter la lettre et de reprendre la réponse que lui, voiturier, ramènerait au seigneur.

Donna Gabriella s'assit à son écritoire et, d'une main nerveuse, le cœur en émoi, elle traça deux ou trois lignes, ferma la feuille, la scella et remit le pli à l'homme avec deux tari :

— Porte tout de suite cette lettre au voiturier, dis-lui de repartir immédiatement, je lui ferai un cadeau demain, dès que je saurai qu'il a exécuté mon ordre avec promptitude.

Elle ne se dominait plus. Agitée et inquiète, elle soupçonnait que la blessure était beaucoup plus grave que ce que Blasco s'efforçait de lui faire croire. Elle aurait voulu partir sur le champ, prendre avec elle le cher blessé, le sauver à force de soins et d'amour, et son imagination s'exaltait à peindre ce rôle de douce infirmière, dans une série de scènes émouvantes. Ah ! comme la nuit serait longue ! Elle ordonna de préparer sa litière de voyage pour un départ à l'aube et se fit prêter par son frère deux serviteurs qui l'accompagneraient, armés. Elle affirma à ses parents qu'elle se rendait à sa villa de Bagheria pour y séjourner une quinzaine de jours.

Le voyage se déroula de fait sans incident jusqu'à Bagheria, où elle fit une brève halte devant une taverne dans laquelle les conducteurs de la litière prirent une rustique collation cependant que Donna Gabriella, à qui cet arrêt paraissait trop long, battait du pied au fond de la cabine et les pressait de repartir.

On reprit la route ou plutôt le sentier qui, à présent, gravissait les collines, dans une campagne déserte, où alternaient les figuiers de Barbarie et les pruniers, au milieu de roches qui semblaient tombées des montagnes. La solitude sauvage inspirait un sentiment d'horreur.

Tout d'un coup, les conducteurs s'arrêtèrent.

Donna Gabriella mit la tête à la portière et découvrit sur les bords de l'étroit sentier des hommes au visage masqué d'un mouchoir, qui braquaient leurs fusils. Les deux serviteurs qui l'accompagnaient, vaincus par le nombre, avaient dû renoncer à l'usage des armes pour ne pas se faire tuer inutilement. Elle était donc à la merci des malfaiteurs. Ceux-ci, sans se départir de leur attitude menaçante, avaient obligé les conducteurs et les serviteurs à jeter leurs armes à terre et à s'agenouiller tous ensemble.

Alors un homme au visage masqué sortit d'un épais taillis et s'approchant de la litière, ouvrit la portière et d'une voix qui trahissait une certaine émotion :

— N'ayez crainte, madame, dit-il. Il ne sera pas touché à un cheveu de votre tête, si vous nous suivez.

Donna Gabriella joignit les mains dans un geste de prière. Elle perdait la tête à l'idée de ne pouvoir poursuivre son voyage.

— Prenez tout ce que vous voulez, je vous promets de vous envoyer ce que vous demanderez, mais je vous en supplie, laissez-moi aller !

L'homme masqué éclata d'un grand rire :

— Ah ! ah ! ah ! Vous nous prenez donc pour des brigands de grand chemin ? Merci pour cet honneur ! Ce n'est pas votre argent que nous voulons, mais votre compagnie... Taisez-vous et obéissez ; vous ne pouvez nous opposer aucune résistance.

Refermant la portière, il se plaça à côté de la litière un pistolet au poing et ordonna aux conducteurs de reprendre les rênes des mules qui attendaient, tête basse. Et à ses hommes, il montra les serviteurs :

— Liez-moi ces deux-là et conduisez-les où vous savez ; au plus léger signe de résistance, abattez-les sans autre forme de procès.

Étroitement garrottés par ces malandrins, les domestiques furent poussés en avant sur le sentier à coups de crosse, tandis que les conducteurs reprenaient les rênes en tremblant et, suivant les ordres de l'homme masqué, tournaient à gauche, où la campagne descendait vers la mer.

Donna Gabriella suppliait vainement, alternant les menaces aux prières. Elle évoquait ses parents, qui ne toléreraient pas une offense pareille, mais l'homme masqué riait. Entre deux prières, elle le regardait attentivement ; cette complexion vigoureuse, ces attitudes, ce geste, le ton même de la voix que le masque altérait pourtant, tout cela ne lui paraissait pas étranger et réveillait en elle des réminiscences confuses.

Malgré l'habit paysan, l'homme masqué ne semblait pas appartenir au vulgaire et ne devait pas être un de ces bandits qui couraient les campagnes. Il y avait de la délicatesse dans ses mains et son linge était fin. Mais ces découvertes augmentaient la terreur de Donna Gabriella : cet homme était probablement un gentilhomme persécuté par la justice qui voulait s'offrir une journée d'amour.

Comment se défendre ?

Éperdue, elle contemplait la route et songeait à Blasco. Un spasme cruel lui déchirait le cœur, à la pensée que peut-être il agonisait au loin, en désirant la sentir près de lui, tandis qu'elle était la proie d'un autre, qui userait des dernières violences pour la posséder et l'arracher pour toujours à Blasco.

La vue de la mer, dont elle entendit battre le flot, la fit tressaillir et lui glaça le sang. Allait-on l'embarquer ? Elle se souvint du jour où elle avait été enlevée par les Beati Paoli : alors elle avait été entourée de respect, et jamais peut-être son corps n'avait été aussi protégé que parmi ces gens. Mais à cette époque ce n'était pas elle la coupable, c'était Don Raimondo ; Violante et elle n'étaient que des otages sacrés. Mais à présent ? Elle sentait près d'elle les élans brutaux de l'homme qui avait attendu son passage pour l'attaquer et la conquérir. La situation était différente : il y avait quelque chose de plus délicat, de plus sacré qui était menacé et qu'elle voyait déjà exposé à un péril imminent.

L'amour de Blasco avait éveillé un sentiment profond de fidélité : une pudeur nouvelle, douce et forte en même temps ; une chasteté conjugale qui avait rénové son âme et sa vie. A présent tout cela lui paraissait près d'être détruit, sous la violente rupture des barrières que l'amour avait élevées entre elle et les autres hommes.

Derrière cette violation apparaissait le spectre de la mort de tout ce qu'elle aimait, de ses raisons de vivre ! L'abandon, le mépris et la solitude, le désespoir sans fin !

Comment se défendre ?

La mer était à quelques pas, une petite barque se balançait doucement, dissimulée dans une petite crique cernée de roches. On n'apercevait aucun navire. Sur ces roches se dressait un petit château, avec un beau donjon rond. On la conduisait donc là ?

C'était le château de San Nicola, construit au XVe siècle par Tomaso Crispo et possédé à présent par un certain Gastone, ami et compagnon d'Emanuele dans ses aventures galantes.

Le ravisseur était donc le petit baron de San Nicola ? Il avait été lui aussi de ses adorateurs, il l'avait lui aussi désirée et recherchée, mais l'homme masqué n'avait pas sa corpulence.

La litière entra dans le château ; les deux conducteurs furent enfermés dans une chambre du rez-de-chaussée, avec des barreaux aux fenêtres ; Donna Gabriella fut tirée presque de force de la litière et transportée à l'étage. Le château paraissait abandonné. On la déposa sur un canapé, dans une chambre au milieu de laquelle un lit de fer trônait sous un baldaquin, entre des tentures de damas rouge. Sur un signe de l'homme masqué, les serviteurs se retirèrent et il resta seul avec elle.

— Voilà, dit-il, vous êtes en mon pouvoir !

Mais le danger imminent donna à Donna Gabriella le courage qui jusqu'alors lui manquait ; elle mesura rapidement ses forces et ses possibilités de résister à l'homme jeune et vigoureux et devina qu'elle ne tiendrait pas longtemps, qu'il lui faudrait céder. Il fallait recourir à l'astuce. Tremblant intérieurement, elle s'arma de toutes ses séductions. La peur qui secouait tout son corps ajoutait un charme grâcieux à l'expression de terreur que son visage prit volontairement.

Avec une indignation vraie et profonde, elle dit :

— Monsieur, je pourrais comprendre toutes les audaces, mais non pas celle de commettre une violence digne des brigands de grand chemin !... Votre conduite est ce qui peut être de plus ignoble et une dame bien née ne peut éprouver qu'une sensation de répugnance au contact de vos mains.

A cette réaction qu'il n'attendait pas, Emanuele parut un peu déconcerté ; si rompu qu'il fût aux entreprises galantes, il ne s'était jamais trouvé dans des conditions aussi singulières et en compagnie d'une dame comme Donna Gabriella ; l'émotion qui l'avait envahi en se retrouvant maître de la situation l'avait un peu désarmé.

— Madame, dit-il, croyez que si je ne vous aimais pas avec toute la passion dont est capable un cœur fervent, je ne vous aurais pas enlevée... Pardonnez à un cœur qui bat pour vous !

— Vous pardonner ? Vous voulez que je vous pardonne ? Qui êtes-vous ? Je ne vous connais pas, je ne puis pardonner une action ignoble et pour le moins déshonorante, à une personne dont j'ignore si elle est digne, je ne dis pas que je lui pardonne, mais qu'au moins je lui adresse la parole.

Emanuele eut un instant d'hésitation ; il se sentit défié et du reste ne demandait pas mieux que de se faire connaître.

Donna Gabriella s'aperçut de son irrésolution et insista :

— Un gentilhomme, même s'il poussait comme vous son audace jusqu'à la violence, n'hésiterait pas un instant à se faire connaître... et à assumer loyalement et ouvertement la responsabilité de ses actes.

Alors Emanuele, d'un geste rapide, ôta son masque et s'agenouilla aux pieds de la duchesse, stupéfaite et frémissante d'indignation.

— Me voilà ! s'exclama-t-il. C'est moi ! Pardonnez-moi !

Mais l'indignation de Donna Gabriella n'était pas, cette fois, simulée.

— Vous ! s'exclama-t-elle, vous !

Entre toutes les suppositions qui lui étaient venues à l'esprit, seule celle-là, pourtant si évidente, ne s'était pas présentée. Elle savait Emanuele autoritaire et violent ; elle avait été assiégée, ennuyée par lui ; elle avait souffert de ses injures publiques, et pourtant elle n'avait pas songé un instant à lui, peut-être parce que, le croyant honteux de ce qu'il avait fait, elle ne l'avait pas imaginé capable de ce rapt si romanesque.

Mais l'indignation fut plus forte que la surprise. C'était donc Emanuele qui envahissait le camp de son frère ; lui qui plus que tout autre aurait dû tenir pour son devoir le plus sacré de la respecter. Lui, l'auteur de ce vil et ignominieux hourvari sous ses fenêtres.

— Vous ! répétait-elle, incapable de se dominer, vous !

Tous ses projets de ruse et de comédie s'effaçaient devant cette réalité qui lui rappelait, avec un pincement de haine, l'épisode injurieux, diffamatoire, qui lui avait fait verser tant de larmes de douleur et de rage. Elle oublia sa faiblesse, elle oublia qu'elle était à la merci d'un jeune homme capable de toutes les violences, les plus vulgaires et les plus laides.

— Et vous osez comparaître devant moi ! s'exclama-t-elle.

Debout, les yeux étincelant de toutes les tempêtes de la colère et de la haine, le doigt tendu, comme si elle avait voulu par ce geste foudroyer l'audacieux, vibrant dans toute sa personne d'une énergie nouvelle, imaginant presque être la plus forte, elle cria :

— Sortez ! Sortez !... J'ai honte de me trouver devant une âme abjecte comme la vôtre !... Vous me répugnez ! Sortez !

Emanuele avait pâli, rougi, comme giflé par ces paroles. Sa nature violente et batailleuse se réveilla, son visage prit une expression bestiale. Les veines gonflées, les yeux ardents, les poings serrés, il parut au bord de l'apoplexie.

— A moi ? Vous dites cela à moi ? Ah ! vous avez honte ! Vous !... Vous !... Oubliez-vous donc que vous êtes en mon pouvoir et qu'ici je suis seul à commander ?... Ah, madame la duchesse ! vous avez cru qu'un homme de mon rang, un Albamonte, tolérerait votre mépris ?... Je vous aurai, non par amour, parce que je serais aussi épris de vous que vous l'avez cru, mais pour vous apprendre à vous et à votre amant, comment on se conduit avec mes pairs !... C'est ma revanche, madame la duchesse, et je n'y renonce pas...

— Lâche ! lui cracha au visage Donna Gabriella. Lâche ! vous voulez vous venger sur une femme faible et sans défense, entourée de canailles de votre espèce ; mais si Blasco était là...

— Je serais doublement heureux de vous voir tous deux à mes pieds... et j'aurais la joie suprême de vous posséder sous ses yeux... C'est la seule vengeance qui pourrait laver l'affront subi...

— Lâche ! lâche ! lâche !

— Peut-être... peu m'importe. Mais je plierai votre orgueil.

Il s'élança pour se saisir d'elle mais Donna Gabriella, plus leste, lui glissa entre les doigts et interposa entre elle et Emanuele un siège, comme pour s'en faire un rempart et les yeux pleins de larmes brûlantes, elle le menaça :

— Prenez garde à ce que vous faites!... Prenez garde à vous!... Vous payerez fort cher toutes vos violences...

Mais Emanuele n'entendait plus ; sa raison était vaincue par ses pulsions de fauve concupiscent. D'un bond il fut sur la duchesse, lui serra les poignets dans l'étau de ses mains pour la contraindre à pencher son buste en arrière.

Elle se débattit désespérément, cherchant à mordre les mains qui la tiraient, à dresser son genou contre ce corps qui se pressait contre elle ; la haine, la répulsion multipliaient ses forces mais dans la lutte le jeune homme avait perdu tout sentiment de respect et d'humanité et elle sentait peu à peu que sa supériorité musculaire l'emportait.

Il y eut un instant durant lequel elle trembla.

Elle sentit que sa résistance diminuait.

En cet instant, elle vit toutes les douleurs et les désespoirs et son cœur rugit, ses yeux s'emplirent de larmes ardentes, sa respiration devint un râle, un sanglot...

Encore une minute et elle subirait la honte... encore un instant.

Un coup de fusil retentit dans la cour ; les vitres explosèrent.

Emanuele s'arrêta, se leva, regarda autour de lui avec un étonnement furibond. Un autre coup de fusil résonna ; d'autres carreaux furent fracassés.

— Malédiction ! s'écria Emanuele en se précipitant à la fenêtre.

Donna Gabriella bondit sur ses pieds, le visage illuminé d'une grande espérance, pressant sa poitrine comme pour comprimer les battements de son cœur, elle murmura avec un accent inexprimable :

— Dieu ! Dieu !

Presque au même moment, des coups violents furent frappés à la porte. Emanuele, hors de lui, se précipita, l'épée à la main.

— Qui est là ?

D'autres coups furieux lui répondirent, sous lesquels la porte céda et s'ouvrit en grand. Le visage couvert d'un masque, pistolet et poignard à la ceinture, trois hommes apparurent sur le seuil, braquant leurs fusils. Derrière eux, celui qui paraissait être leur chef dit d'une voix sarcastique :

— Il me semble que monsieur le duc s'amuse et que nous le dérangeons... Je le regrette mais nous sommes sûrs que madame la duchesse ne trouve pas à son goût les divertissements de monsieur le duc, ce pourquoi nous nous faisons un devoir de vous prier amicalement de libérer la dame...

Donna Gabriella joignit les mains dans un mouvement de joie et s'écria :

— Merci ! Merci !... Ah ! je suis sauvée !

— Qui êtes-vous ? Que voulez-vous ? hurla Emanuele, livide de rage, dans l'impossibilité de réagir face aux gueules noires et terribles des fusils. Comment osez-vous pénétrer chez moi ?

— Doucement, mon petit seigneur ; je parie que quand le seigneur

Gastone, qui après tout n'a pas des habitudes de brigand, saura quel usage vous vouliez faire de son château, il aura sûrement quelques remarques à formuler sur l'expression « chez moi ». Quant à ce que nous osons, monsieur le duc sait que nous entrons partout... C'est notre devoir en même temps que notre droit...

Et se tournant vers Donna Gabriella, l'homme masqué ajouta :

— Si madame la duchesse le veut, sa litière l'attend à la porte.

— Vous ne sortirez pas vivante ! ni moi, ni personne !

Emanuele fit mine de la transpercer de son épée mais, agile comme un léopard, le chef se jeta sur lui, lui saisit le bras, et le désarma sans lui laisser le temps d'esquisser un geste de résistance.

— Vous êtes un grossier et méchant garnement !

Emanuele se débattit pour se libérer de l'étreinte de ce bras rigide et dur comme l'acier. L'homme le tira au milieu de ses trois compagnons.

— Mettez-vous bien en tête, dit-il en souriant sous son masque, que les femmes des autres doivent être respectées.

En un instant, Emanuele qui se débattait comme un fauve pris au piège, fut enveloppé dans un réseau de cordes. Cette espèce de filet le mettant dans l'impossibilité de bouger bras et jambes, il fut transporté dans la cour où il vit, étouffant de colère, ses hommes attachés par les pieds et les mains aux anneaux prévus pour les rênes des chevaux. Devant eux se tenaient d'autres hommes masqués et armés.

Il s'emporta violemment contre ses hommes ; il ne put exprimer autrement la fureur qui rugissait en lui, qu'en crachant vers eux, et en criant :

— Misérables lâches !

Mais ceux qui le transportaient ne lui laissèrent pas le loisir d'en dire davantage. Ils passèrent le bout d'une des cordes qui le liaient dans un des gros anneaux qui servaient autrefois à bloquer les chaînes du pont-levis, le soulevèrent et le laissèrent suspendu par les bras à la porte de la forteresse, riant de lui et le couvrant de sarcasmes.

Emanuele hurlait, gémissait, blasphémait, la bouche pleine d'écume, livide, secoué de sursauts féroces. Son visage n'avait plus rien d'humain.

Il vit sortir du château la litière de Donna Gabriella. Le chef de ces hommes masqués chevauchait à sa portière. En passant devant Emanuele, il leva la tête, le regarda avec un sourire moqueur et avec un salut burlesque de son chapeau, lui lança :

— Bien le bonjour, et bon séjour, Don Emanuele !

La litière s'éloigna et disparut entre les roches, suivie par les hommes armés. Dans le château silencieux ne restaient plus, attachés aux anneaux, que les mercenaires débordant de colère et jaunes de peur. Et Emanuele suspendu au-dessus de la porte, comme un supplicié.

Le prince de Geraci le vit rentrer ce soir-là sur une espèce de civière portée par des paysans. Il avait les épaules luxées.

Au même moment, un serviteur lui remit une lettre mystérieuse :

« *Très Illustre Prince*

Ce n'est que par égard pour votre personne que nous nous limitons à un petit avertissement à votre petit-fils. Persuadez-le que le temps des violences et des abus est fini. »

Nulle signature, mais un petit sceau : une croix traversée en diagonale par deux épées grossières.

Le prince lut, regarda avec stupeur et murmura, atterré :

— Les Beati Paoli !

X

L'après-midi du 8 août, Blasco revint de Termini.

Le château s'était rendu sans condition, et à présent ses trois cents défenseurs, désarmés et entourés par les dragons et les fantassins espagnols, revenaient prisonniers dans la ville où ils étaient entrés quatre années plus tôt en triomphateurs.

Blasco courut chez Donna Gabriella.

La belle dame ne s'était pas encore remise de la profonde émotion de son rapt et gardait le lit. Le chevalier, qui ignorait ce qui s'était passé, n'en fut pas peu étonné.

— Pourquoi ne pas m'avoir averti ? Qu'avez-vous ?... Méchante, si j'avais su, j'aurais volé jusqu'ici, pour me tenir à vos côtés.

Elle ne put répondre ; elle serra Blasco contre elle, avec un tremblement de toute sa personne, comme si l'épouvante du danger encouru lui revenait. La joie de voir son Blasco et la peur revenue lui liaient la langue.

— Qu'avez-vous ? Pourquoi ne dites-vous rien ?

— J'ai été si malade et j'ai eu peur de vous perdre... pour toujours !

— Vous avez pu penser cela ?

— Oui...

Un tremblement parcourut sa personne. Elle revoyait les images qui six jours plus tôt l'avaient tourmentée et dans un grand élan de passion, elle serra dans ses bras son aimé, comme si elle avait voulu se cramponner à lui pour ne plus jamais s'en détacher.

— Vous êtes une enfant, dit Blasco en la caressant, puis il reprit en plaisantant : et pourquoi me perdiez-vous ? C'était moi qui vous abandonnais ?

Cette question tira Donna Gabriella d'embarras.

— Oui, oui, s'empressa-t-elle de répondre. Vous m'abandonniez pour courir dans l'ombre d'une autre femme plus belle que moi.

Ainsi échappait-elle à des questions qu'elle voulait éviter et n'imaginait pas ouvrir dans le cœur de Blasco une porte fermée par la volonté d'oublier. Une ombre passa dans son esprit, descendit sur son visage comme un nuage. Il voyait une grille derrière laquelle se devinait un visage sévère et triste : celui de Violante, seule, perdue dans l'immense monastère, sans amour, sans protection, promise au sacrifice par des volontés égoïstes, comme un agneau innocent ; Violante que lui-même avait offert au couteau du sacrificateur, par une aberration de sa conscience, par un scrupule ou par une illusion d'agir au mieux ; Violante qu'il avait aimée comme une douce vision de joie pure et sereine, comme un rêve, comme une réalité surhumaine : un ravissement, un enchantement de toute la vie.

Pourquoi Donna Gabriella lui ouvrait-elle la porte du temple creusé dans son cœur, où il conservait les images de Violante ? Pourquoi ?

Elle sentit peut-être le poids de ce souvenir, leva la tête et scruta Blasco.

— J'ai dit quelque chose qui vous a déplu ? lui demanda-t-elle avec tendresse.

— Non, non, quelle idée !

Et il se tut encore un instant. Donna Gabriella devina-t-elle qu'elle avait commis une erreur ? Craignit-elle d'avoir évoqué un fantôme qu'elle croyait oublié ? Elle se mit à genoux sur son lit, sa fine chemise en désordre et, serrant le cou de Blasco de ses beaux bras nus, dans un frémissement de jalousie, elle lui demanda, lèvres contre lèvres :

— Dis-moi que tu m'aimes, que tu n'aimes que moi, et que tu m'aimeras toujours... Dis-le moi !

— Oui, oui, je n'aime que toi ! répondit Blasco en s'accrochant à cette réponse comme un noyé à une corde, pour sortir de ces ondes de visions douloureuses.

Dans ses lettres, Donna Gabriella n'avait jamais fait allusion à sa périlleuse aventure ; en sortant du château de San Nicola, l'homme masqué lui avait dit :

— Madame la duchesse, je vous prie de ne rien écrire à ce sujet au seigneur Blasco et de garder aussi le silence quand vous le verrez...

Comme elle lui jetait un regard étonné, l'homme masqué avait ajouté en souriant :

— Nous sommes ses meilleurs amis et nous avons le plaisir et le bonheur de vous protéger et de vous défendre... Vous en avez eu la preuve... peut-être aurions-nous dû survenir plus tôt, mais ce n'est point notre faute ; en tout cas nous sommes arrivés à temps...

— Oh, monsieur, qui que vous soyez, vous et vos compagnons, croyez que je vous suis infiniment reconnaissante. Mais je vous prie de me faire accompagner à Termini...

— Quel besoin avez-vous d'aller là-bas ?
— Mais ignorez-vous que Blasco est gravement blessé et se meurt ?
— Blasco blessé ? Mourant ? Mais non !... Qui vous l'a dit ?
— Il me l'a écrit...
— Ce n'est pas possible !...
— J'ai là sa lettre... Regardez !
Elle la tira de son sein, et la tendit. Il suffit à son sauveur d'un coup d'œil sur la missive pour tout comprendre.
— Mais ne voyez-vous pas que cette lettre est fausse, et qu'elle a été écrite pour vous attirer dans un guet-apens ?
— Que dites-vous ?
— Mais c'est évident, Seigneur Dieu !... Blasco n'a rien, j'ai reçu une lettre hier...
— Ah !
Une vive joie illumina le visage de Donna Gabriella et considérant avec plus d'attention son interlocuteur, elle s'exclama :
— Je vous reconnais, vous êtes...
— Silence !... Peu importe qui je suis, qu'il vous suffise de savoir que vous avez près de vous un ami fidèle, qui ne manquera pas d'exercer sur vous la surveillance la plus sûre. Mais je vous prie de taire tout cela à Blasco. Quant à ce misérable, vous avez vu quelle leçon nous lui avons donnée...
Donna Gabriella eut un dernier doute :
— Je vous crois, mais pourquoi Blasco vous a-t-il écrit à vous, et non à moi ?
— Voilà un mystère qu'il faudra déchiffrer...
— Cette lettre que je vous ai montrée répond même à certaines choses que je lui avais écrites... et elle utilise les mêmes formules que Blasco...
— Ne cherchez plus. Elle a dû être calquée sur la lettre de Blasco qui a été certainement interceptée par Emanuele. Laissez-moi faire...
Ensuite, il lui avait raconté comment il avait pu voler à son secours, en taisant naturellement ce qu'il fallait taire. Un serviteur qu'il avait envoyé, suivant son habitude, pour demander dans le voisinage si la nuit s'était passée tranquillement, lui avait rapporté que la duchesse partait pour Termini ; et alors, avec quelques serviteurs, il était monté à cheval pour la rejoindre et l'accompagner sur ces routes infestées de bandits. Presque à la hauteur de la gorge de San Nicola, il avait rencontré les deux domestiques attachés et escortés par les malandrins. Il avait reconnu les valets, les avait libérés et avait tout appris de leur bouche.
Revenant à ses recommandations, il ajouta que les raisons en étaient évidentes.
— La haine entre les deux frères en serait accrue, et je ne le veux pas, avait conclu Coriolano. Il faut au contraire qu'Emanuele recon-

naisse son aîné et lui garantisse un état honorable, à lui, Blasco, qui serait bien plus digne de porter la couronne ducale.

— Oh, oui ! c'est vrai ! Il mériterait un royaume !

Coriolano, souriant de cette exagération dictée par l'amour, avait donc incité Donna Gabriella à retourner à Palerme et elle lui avait obéi, d'autant qu'elle se sentait mal.

Durant sa maladie, le prince de Geraci était venu lui rendre visite mais la duchesse avait donné des ordres sévères interdisant sa chambre à tout autre que le fidèle valet du chevalier de la Floresta. Comme ses parents s'étaient étonnés de la revoir si vite, elle avait invoqué son malaise. Et les hommes qui l'avaient accompagnée avaient juré, contre espèces sonnantes et trébuchantes de taire ce qui s'était passé. Ce qui n'était pas difficile à obtenir de personnes auxquelles seule la torture pouvait arracher une confession.

Ainsi rien n'avait transpiré du côté de Donna Gabriella et rien non plus du côté d'Emanuele, car les mercenaires qu'il avait recrutés s'étaient dispersés, par peur de tomber dans les mains de la justice ou sous les coups de la vengeance du duc. Ils avaient tout intérêt à se taire.

Emanuele ne dit mot. Soit parce que le grave mal qui l'avait affecté avait mis sa vie en péril, soit de propos délibéré, il s'était obstinément refusé à révéler ce qui s'était passé. La lumière ne pouvait venir que de cette mystérieuse lettre des Beati Paoli, qui avait rempli de terreur le prince de Geraci. Mais c'était une lumière assez faible !

Il était allé trouver le prince de Carini, vicaire général pour le Val de Mazara. Et, en lui montrant la lettre, il lui avait rapporté le grand crime que la société avait commis sur la personne de son petit-fils.

— Comme le voit Votre Seigneurie Illustrissime, la secte est loin d'être anéantie ainsi qu'on l'avait cru ; et à cette heure elle ose non seulement assassiner nos fils, mais encore répandre ses principes de rébellion contre notre autorité et notre condition.

Le prince de Carini voulut obtenir quelques informations d'Emanuele. Il n'imaginait pas qu'il aurait suffi de demander à sa nièce, Donna Gabriella, pour avoir la clé du mystère et remercier les Beati Paoli au lieu de chercher à les punir.

— Je n'ai pas besoin de la justice ! rétorqua Emanuele, un duc de la Motta peut l'exercer lui-même.

« Il a bien dû l'exercer sur une femme », pensa son grand-père. Il savait Emanuele assez licencieux et n'avait pas un grand effort d'intelligence à faire pour bâtir un petit drame de vengeance de mari offensé. Comme son petit-fils était manifestement déterminé à se venger, le prince ne vit qu'un moyen pour éviter qu'il s'exposât à des périls plus grands encore : le faire partir quelque temps et à son retour, le marier à Violante. Il en parla au prince de Butera, qui approuva ; les deux aïeuls, persuadés d'agir au mieux, fixèrent la date du mariage au 8 décembre, fête de l'Immaculée.

Dès qu'il serait rétabli, Emanuele irait porter l'anneau de fiançailles à Violante, au monastère de Santa Caterina, et partirait.

— Envoyez-le à Naples ou à Rome, suggéra le prince de Butera. Je le recommanderai à l'ambassadeur de Sa Majesté. Vous êtes Grand d'Espagne.

Mais Emanuele tardait à guérir.

Dans cette période arrivèrent des nouvelles du soulèvement populaire de Messine contre le prince de Lardaria, et du siège du Forte Salvatore, citadelle encore au pouvoir des Savoyards. Devant mener les opérations contre Milazzo, le marquis de Lede, vice-roi, réclama l'escadron qui avait participé à la prise de Termini et Blasco reçut l'ordre de partir.

— Oh, je ne te laisserai pas partir seul, lui dit Donna Gabriella, sur un ton résolu. Je viendrai aussi...

— Mais non, ma chère, objecta Blasco, j'aurais peur pour toi...

— Et je ne veux pas rester ici, seule et loin de toi. Mon seigneur le comprend-il?... Non, non! J'aurais peur. Tu sais comme j'ai été effrayée... Emmène-moi avec toi. Tu verras, je ne te gênerai en rien, je ne serai pas une charge... Et tu auras une amie pour prendre soin de toi. Je me sentirai plus courageuse...

Il dut céder.

L'escadron partit par voie de terre, la mer n'étant plus sûre, après le combat de Messine, dans lequel les navires espagnols, attaqués par les vaisseaux anglais, avaient eu le dessous.

L'Angleterre était entrée à l'improviste en action contre l'Espagne qui, poussée par le turbulent cardinal Alberoni, mettait en danger la paix de l'Europe. La quadruple alliance s'était formée contre le royaume hispanique; et tandis que l'escadre anglaise, forte de vingt-huit navires sous les ordres de l'amiral Bing appareillait de Naples pour la Sicile, des régiments autrichiens pénétraient dans la citadelle pour aider les Savoyards.

La flotte anglaise était venue devant Faro, sans manifester d'intentions hostiles mais après un échange de questions et de réponses, elle avait déclaré avoir l'ordre de garantir la neutralité de la péninsule et le maintien des accords d'Utrecht, ce qui équivalait à une déclaration de guerre. Alors l'escadre espagnole se déploya. Elle était forte de trente-sept bâtiments, huit de plus que les Anglais, mais les Espagnols disposaient de 7142 hommes et de 1038 canons, les Anglais, de 9063 hommes et de 1440 canons; la supériorité numérique et tactique était de leur côté. L'armada était commandée par l'amiral Castadegno qui se laissa attaquer et battre à plate couture. Pour toute excuse, il accusa les Anglais de s'être conduits comme des *assassins, hors de toutes les règles des armées nationales.* Les vaisseaux espagnols qui étaient parvenus à s'échapper se réfugièrent à Palerme et la maîtrise des mers revint à l'ennemi. Aventurer des galères chargées de soldats revenait à offrir des prisonniers aux

Anglais. De là l'ordre de faire partir les troupes espagnoles par voie de terre, plus longue mais plus sûre.

Les voituriers qui devaient suivre cette route et se rendre dans un des villages entre Palerme et Messine, profitèrent de la circonstance pour voyager en sécurité, de sorte qu'une espèce de caravane étrangère à l'armée suivit les escadrons d'infanterie. La litière de Donna Gabriella ne fut donc pas isolée ; et elle n'eut pas besoin de se faire accompagner de valets. Comme nul ne savait où l'on allait au juste, elle loua une litière publique et n'emmena avec elle que sa fidèle camérière.

Chez elle, elle fit savoir et dire qu'elle allait passer l'automne sur une de ses terres, près du château de Brucato.

Ainsi, quand Emanuele fut assez remis pour pouvoir sortir de chez lui, nourrissant encore et toujours des projets de vengeance, il apprit de la bouche de Matteo Lo Vecchio que Donna Gabriella était partie.

— Comment ? s'écria-t-il, furieux. Où ? Comment ?

— Eh ! On comprend que l'amoureux ne l'a pas laissée seule. Elle est partie avec le seigneur Blasco pour Messine où il ne sera pas aussi facile ni à Votre Seigneurie, ni à moi-même, de la rejoindre.

— Oh ! nous verrons !

Il ignorait alors ce que son grand-père et tuteur avait arrêté à son sujet.

XI

Le premier dimanche d'octobre, fête de la Madone du Rosaire, la rue de Butera était pleine de carrosses, de chaises à porteurs et de serviteurs en riches livrées à galons, qui s'étaient regroupés près du portail et tenaient des propos plus ou moins aimables sur leurs maîtres.

A chaque carrosse qui arrivait, précédé de volants, ils s'ouvraient sur deux rangées, pour le laisser passer, échangeaient des clins d'œil, murmuraient des commentaires tout en se confondant en révérences profondes. Le plus au fait de la chronique du jour donnait des explications et des nouvelles à ses pairs.

— Un mariage de convenance...

— On dit que quand ils sont allés prendre la mariée au couvent, la pauvre petite était pâle comme une morte.

— Ce n'est pas un bon mari...

— Pourquoi donc ? C'est un beau jeune homme...

— Riche..
— Un gibier de potence.
— Vous avez su ce qui s'est passé ?
— Ah oui !... Il a été bastonné...
— Comment ! ils l'ont à moitié pendu..
— Les Beati Paoli.
— Il avait fait une friponnerie..
— Qui sait avec qui ?
— Quelque pauvre fillette...
— Il rafle tout ce qu'il voit...
— Il finira assassiné.
— Pauvre mariée.
— Elle est belle ?
— Une Madone !...
— Un beau morceau, sacrédié !
— Pas pour nous...
— Va ! si elle voulait changer, je suis tout prêt...

Les duels verbaux commencèrent, assortis d'allusions salaces et de rires, qui s'éteignaient aussitôt qu'apparaissait un nouveau carrosse.

Les salles du palais étaient pleines de dames. Le prince de Butera, que ce fût simplement par la naturelle générosité de sa maison, ou le désir de montrer qu'il ne traitait pas moins bien une petite-fille orpheline qu'il n'eût fait avec sa propre fille, avait voulu conférer à la promesse des épousailles la plus grande solennité, digne de son rang et de la famille du fiancé.

Mais ce déploiement de luxe et de faste formait un terrible contraste avec la contenance de Violante.

Dans sa chambre, au milieu des tantes mariées, la pauvre enfant attendait le moment de sortir et d'être présentée à la société, avec le visage de ces condamnés qui attendent à la chapelle en tremblant, entourés des prêtres qui les assistent, le moment fatal où les portes s'ouvriront pour marcher à l'échafaud.

Elle était sortie du monastère le matin même pour recevoir l'anneau ; elle avait appris la veille qu'elle devait se préparer au sacrifice.

Son grand-père était venu le lui annoncer.

A ses premiers mots, Violante avait pris une pâleur mortelle et manqué s'évanouir.

— Pourquoi si vite ? demanda-t-elle.

— Oh, ce n'est pas si tôt que tu dis. A ton âge, tu devrais déjà être mariée. Nous avons tardé à te donner un état, mais à présent, il est temps, ma fille. Tu ne peux rester recluse ici.

— Mais je suis bien ici, je ne désire rien, je me suis prise d'affection pour ces chères sœurs... Pourquoi Votre Seigneurie veut-elle me donner un époux ?

— Palsambleu ! Mais tu y es quasiment obligée. Tu as un héritage considérable, qu'on ne peut et qu'on ne doit abandonner à d'autres mains que celles de tes enfants...

— Oh, monsieur, je vous en supplie... attendons encore un an, laissez-moi du temps... C'est une affaire sérieuse...

— Enfantillages ! que signifient ces prières ? La chose est entendue. Je suis sûr d'exécuter les volontés de ton père.

— Mais si j'avais une vocation pour le voile ?

— Cela te passera...

— Si je n'avais pas de vocation pour le mariage ?

— Cela te viendra...

— Prince, cela ne viendra pas... Je jure que c'est une chose qui m'épouvante... Laissez-moi dans ce monastère avec mes tantes.

— Oh, rompons là ! Depuis quand une enfant se mêle-t-elle de ces choses ? Demain matin, je viendrai te prendre et demain soir je te ramènerai ici, où tu resteras jusqu'au moment de ton mariage. N'en parlons plus.

Le prince la laissa pâle comme une morte et s'en fut en répétant avec indifférence :

— Enfantillages ! Enfantillages !

Violante le suivit des yeux à travers la grille puis tout à coup fondit en larmes et s'enfuit, à la recherche de ses tantes, pour réclamer leur aide. Elle se jeta dans leurs bras en sanglotant et en suppliant :

— Mère Rosalia, mère Concezione, sauvez-moi ! sauvez-moi !

— Que t'arrive-t-il ? demandèrent les deux sœurs, effrayées.

— Je suis perdue, si vous ne me sauvez pas, mes bonnes tantes !... Faites-le en mémoire de mon père !

— Mais dis-nous, parle ! Sainte Vierge du Rosaire !... Que se passe-t-il ?

Secouée de sanglots, pâle, éperdue, elle leur rapporta son entretien avec son grand-père.

— Je ne veux pas l'épouser ! Je ne veux pas ! répéta-t-elle énergiquement en appuyant sa dénégation d'un signe de tête.

Les deux sœurs s'inquiétèrent.

— Ma fille, il faut obéir... si le Seigneur a voulu que tu entres dans le monde, qu'il en soit selon sa volonté. Ton grand-père ne veut que ton bien !

— Ah, vous aussi, vous m'abandonnez ?

— Mais non, nous ne t'abandonnons pas, ma fille. Il faut être raisonnable. Recommande-toi à Dieu et à la Sainte Vierge et tu t'en trouveras plus heureuse...

— Oh ! Mon Dieu ! Mon Dieu !... Pourquoi voulez-vous me faire mourir ?

Les sœurs tentèrent de la consoler ; elles étaient fort marries mais qu'y pouvaient-elles ? Elles n'avaient aucune autorité pour empêcher ce mariage voulu par le grand-père.

— Je veux prendre le voile ! sanglotait Violante. Je ne veux plus sortir du monastère... Je veux prendre le voile !

Pour ce qui les concernait, elles auraient éte heureuses d'avoir avec elles leur nièce ; elles se seraient réjouies de la voir célébrer ses vœux avec tout le faste qu'une telle cérémonie méritait, mais comment combattre la volonté du prince de Butera qui, quand il se mettait une chose en tête, n'était pas prêt à l'en ôter ?

Pour la consoler, elles lui promirent de plaider sa cause et adressèrent un billet au prince mais ce dernier répondit avec beaucoup de courtoisie qu'il ne fallait pas prêter attention à des enfantillages.

Violante passa la nuit dans le plus profond désespoir ; le passé remontait du fond de sa mémoire et les images qu'elle avait cherché à oublier se présentaient de nouveau à elle. Oh, comme les rêves d'autrefois lui paraissaient proches et bien vivants ! Et comme ils tourmentaient son âme !... Quelque faible espoir persistait donc dans son cœur, pour que ce mariage l'emplît d'épouvante et de douleur, comme la menace d'une mort prématurée et violente ?

Emanuele ? Mais elle le détestait. Elle l'avait aperçu fugitivement et avait ressenti pour lui une répugnance invincible. Ce seigneur qui avait dormi une nuit à son chevet, en posant la tête tout près de la sienne, ce chevalier qui avait eu pour elle tant de délicate tendresse et qu'elle avait quasiment surpris dans les bras de sa marâtre, ce Blasco, elle avait eu beau se jurer de l'oublier, son image n'en jaillissait pas moins dans son esprit, comme celle d'un bonheur intensément désiré et irréparablement perdu.

Où était-il ? Que devenait-il ? Elle ne savait plus rien de lui. Depuis quatre années, elle conservait jalousement le secret de sa prime jeunesse et n'avait ni osé ni voulu demander des nouvelles de Blasco. Le jour où le marquis de Lede, vice-roi, fit son entrée solennelle à Palerme, elle avait contemplé, depuis la loge suspendue qui donnait sur la rue Toledo, le défilé des dragons et avait tressailli parce que l'un d'eux ressemblait à Blasco, mais elle était loin de supposer que le beau cavalier fût un soldat étranger et avait cru à une de ces ressemblances extraordinaires qui sont plus fréquentes qu'on ne croit.

Où était-il ? Que faisait-il ? Était-il vivant ?

Ah ! Elle ignorait, et peut-être était-ce mieux ainsi, que pendant qu'elle se désespérait dans l'ombre de sa cellule, pour ce mariage qui creusait une tombe profonde à ses derniers fantômes d'espoir, Blasco était entre les bras d'une autre femme, de sa marâtre !...

Ainsi, ramenée à son vieux rêve, Violante passa la nuit, tendant idéalement les bras vers son libérateur.

Elle reconnut qu'elle était seule : seule au monde !

Le matin les grands-parents vinrent la chercher en carrosse et la conduisirent au palais. Violante était épouvantablement pâle.

Le prince la plaisanta un peu là-dessus mais sous le voile de la moquerie, on pressentait une détermination impérieuse qui ôta à la jeune fille toute espérance et tout courage.

Elle se laissa habiller passivement, froide et raide comme une poupée.

Les chambrières et les tantes Butera ne purent lui arracher une parole et attribuèrent son silence à l'émotion de la cérémonie. Elle était certes émue, mais par la douleur, et ses pupilles qui fixaient le vide paraissaient se perdre dans les profondeurs de son destin obscur et tragique.

Quand, conduite par sa grand-mère, elle entra dans le salon rempli d'invités, sa pâleur avait des reflets livides, qui lui donnaient un aspect si cadavérique qu'un murmure de stupeur et de compassion effleura la bouche des spectateurs.

Violante faisait des efforts surhumains pour ne pas s'évanouir et conserver une contenance calme et digne.

Elle fut tout de suite assaillie de compliments et de vœux, dont chacun lui perçait le cœur. Seule la vue d'Emanuele la ranima, par un brusque regain de son besoin d'espérer, qui était prêt à s'accrocher au plus faible détail.

Emanuele, qui avançait de même entre ses grands-parents, était lui aussi horriblement pâle et son visage exprimait une invincible répugnance.

A sa mine, elle comprit qu'il éprouvait autant d'aversion pour elle, qu'elle pour lui. Donc lui aussi subissait la volonté d'autrui ! Emanuele avançait vers ses noces comme vers un sacrifice.

Il ne l'aimait pas. Le cœur de Violante en eut une palpitation de joie. S'il la détestait, il serait son meilleur allié. Une idée folle lui passa en tête : demander à ce jeune homme qu'on lui destinait comme compagnon pour le reste de sa vie, s'il ne valait pas mieux, pour l'un comme pour l'autre, refuser ce mariage par un acte de volonté énergique.

Mais son cousin approchait.

Quand il fut devant elle, le prince de Geraci le prit par la main et le présenta au prince de Butera, le pria de lui faire l'honneur de concéder la main de sa nièce et pupille, Violante Albamonte, à son neveu et pupille, Don Emanuele, duc de la Motta.

Ayant obtenu une réponse pleine de suffisance et de courtoisie étudiée, il lui demanda de prier Donna Violante de daigner recevoir le gage de la foi jurée, l'anneau de fiançailles, qu'exigeait la coutume.

Violante dut tendre l'annulaire droit pour enfiler l'anneau. Son front était devenu moite et ses mains glacées. L'orgueil l'empêcha de s'abandonner à sa douleur sous les centaines d'yeux qui l'observaient. Mais elle ne prononça pas un mot, ne répondit ni aux grâces des futurs parents, ni aux souhaits qu'on lui présentait de toutes parts.

Une armée de valets en grande livrée vert sombre brodée d'or dans une profusion de richesse stupéfiante, servit des rafraîchissements, cependant que dans une salle voisine le notaire de la maison rédigeait le contrat de mariage en présence des grands-parents et des témoins. Emanuele restait plongé dans un silence lugubre au milieu des compliments.

— Vous êtes un homme heureux ! La beauté et la richesse sont à vous !

— Je ne connaissais pas encore Donna Violante et elle est vraiment belle ! Je vous en fait mon compliment...

— Vous formerez un couple digne d'envie.

— Bravo ! bravo !

Toutes ces phrases, dictées en grande partie par les convenances, fatiguaient Emanuele. Il regardait par moments la jeune fille pour découvrir ces beautés que les autres chantaient et reconnaissait qu'en vérité, elle était belle, mais pour lui, aucunement attirante. Toutefois ce n'était pas tant envers sa fiancée qu'il éprouvait de l'aversion, qu'envers le mariage lui-même, qui lui semblait une espèce de prison.

Il était encore si jeune ! Et il voulait jouir de la vie. Son père n'avait pris femme qu'après quarante ans ; pourquoi voulait-on attacher sa jeunesse à un joug non désiré, qu'aucun rêve, aucun élan idéal n'allégeait ?

Lui aussi, comme Violante, ne s'était guère préoccupé jusque-là de ce mariage. Il avait encore le temps ! Tant de choses pouvaient arriver d'ici là ! Mais le temps avait passé si vite...

Une seule pensée le réconfortait : son départ pour Rome. Outre qu'il le dispensait des visites officielles qu'il aurait dû faire à son épouse, au parloir du monastère, ce voyage pouvait avoir des conséquences inattendues.

Sur l'insistance de son grand-père, il s'était approché de Donna Violante pour lui adresser la parole mais la jeune fille était restée immobile, les yeux fixés à terre, comme une statue funèbre. Cette attitude agaça Emanuele et comme d'habitude, excita chez lui sa rudesse discourtoise, substrat d'une éducation reçue chez des petites gens.

— Il me semble, dit-il, que ces noces ne sont pas de votre goût...

La jeune fille ne répondit pas, comme si elle n'avait pas entendu.

Son silence excita le dépit d'Emanuele et le mit en colère.

— Du reste, elles ne sont pas plus à mon goût !

Et il lui tourna le dos, satisfait de ces paroles injurieuses qui avaient en fait excité de nouvelles espérances dans le cœur de Violante. Du plus profond de son âme, elle murmura un *merci* qui exprimait tous les sentiments qui la tourmentaient.

Ceux qui virent ses joues rougir, imaginèrent en souriant que la pudeur de la jeune fille s'était effarouchée en entendant quelques phrases de son fiancé et nul n'imagina que c'était la joie de savoir qu'elle n'était ni aimée, ni désirée par cet homme si odieux.

Elle rentra au monastère le lendemain matin, le cœur ballotté entre le faible espoir qu'Emanuele romprait ce lien, la douleur d'avoir noué ce dernier, le soulagement de savoir que pendant quelque temps, elle ne verrait pas son fiancé qui allait à Rome.

De fait, il partit le soir-même, avec deux galères toscanes qui ralliaient Civitavecchia d'où il gagnerait la Ville Éternelle par voie de terre. Trois serviteurs l'accompagnaient et il emmenait avec lui quatre chevaux, et des lettres de recommandation adressées à l'ambassadeur d'Espagne, à son éminence le vicaire et au père Antonino Inguaggiato, l'un de ces prêtres exilés sous le gouvernement savoyard qui, comme la plupart de ses semblables, vivait à Rome.

Le père Inguaggiato serait le confesseur d'Emanuele pour la durée de son séjour dans la ville sainte.

XII

La citadelle de Messine s'était rendue aux Espagnols le 29 septembre et dans tout le royaume l'événement donna lieu à des manifestations d'allégresse. Quelques places fortes de moindre importance comme Syracuse et Milazzo restaient cependant aux mains des Savoyards et il devenait crucial de prendre cette dernière afin de libérer une ligne stratégique entre les deux grands centres de l'île.

Le vice-roi, marquis de Lede, fit donc converger toutes les troupes dont il put disposer vers la place, les garnisons qui l'assiégeaient depuis la fin du mois de juillet s'étant révélées trop peu nombreuses pour empêcher la ville de recevoir de nouveaux renforts.

Au début du mois d'octobre, l'armée espagnole se mit donc en route en plusieurs détachements et par étapes successives. Des renforts germaniques arrivèrent par la mer, tant il semblait que le sort du royaume dût se jouer à Milazzo.

Les Espagnols commencèrent à dresser les batteries, qui n'auraient certainement pas manqué d'endommager le fort si elles avaient eu l'occcasion d'entrer en action. Ce que comprenant, les commandants des troupes savoyardes et germaniques décidèrent de lancer l'offensive contre les Espagnols en les détruisant.

L'armée de Milazzo ne pouvait plus guère se dire savoyarde, puisque les Savoyards n'en constituaient désormais qu'une toute petite fraction. Sur onze régiments d'infanterie, dix étaient germaniques. Sous prétexte d'aider Vittorio Amedeo à faire respecter les engagements du traité d'Utrecht, l'empereur Charles VI, qui était déjà maître de Naples, souhaitait étendre ses pouvoirs et annexer toute la Sicile.

Le 14 octobre, à l'aube, les onze régiments d'infanterie austro-savoyards et six escadrons de cavalerie, sous les ordres du général Caraffa, sortirent de Milazzo pour prendre d'assaut par la gauche les tranchées espagnoles, défendues par moins de quatre mille hommes.

L'infériorité des Espagnols était manifeste. Ils durent abandonner les tranchées mais se retiraient en bon ordre et sans cesser de se battre, quand un mouvement se propagea au long des rangs comme un torrent et, entraînant tout dans un formidable élan, renvoya les Espagnols à l'offensive.

Le vice-roi, marquis de Lede, entra dans la bataille avec sept bataillons de fantassins et deux régiments de cavaliers.

Le marquis de Lede avait quitté Messine le 13 et établi son camp à San Pietro. En entendant la canonnade de quatre galères de Naples qui soutenaient l'avancée des troupes germaniques, il avait pressenti le combat et aussitôt lancé ses troupes, qui arrivaient juste à temps pour arrêter la retraite des Espagnols et reprendre l'offensive.

Le choc fut rude et la bataille terrible.

Un escadron de cavalerie allemand qui soutenait le régiment piémontais Susa, fit de grands ravages parmi les Espagnols en les attaquant sur leur droite. Le marquis de Lede ordonna alors à deux escadrons de Numance de repousser la cavalerie allemande et d'encercler les fantassins.

Les deux escadrons chargèrent sabre au clair, en rangs serrés et redoutables.

Blasco était en première ligne, à l'extrémité.

Les narines dilatées, couché sur le col de sa monture, il visait l'endroit où il heurterait l'adversaire.

En face arrivait au grand galop la cavalerie allemande. Le choc fut d'une violence inouïe. Dans son élan, Blasco dépassa la ligne ennemie et fut aussitôt entouré par quatre cavaliers germaniques. Il en expédia un à terre d'un coup de pistolet, un autre d'un coup d'épée. Deux dragons volèrent à son secours. Le combat se déchaîna : les hommes et les chevaux semblaient animés d'une véritable rage destructrice ; les coups d'épée alternaient avec les coups de feu ; à travers la fumée qui enveloppait tout, l'éclair des lames, le rougeoiement des flammes, une hécatombe de chevaux et de cavaliers, des cris et des gémissements...

L'escadron allemand vaincu, décimé, se replia, mais l'infanterie piémontaise arrêta un instant les dragons sous son feu.

« Ici, se dit Blasco, ou je meurs ou je gagne mon écharpe de capitaine. »

Il s'élança. Une balle blessa son cheval qui s'affaissa, le contraignant à sauter à terre. Un autre cheval sans cavalier passait, il en saisit le mors, bondit en selle et reprit sa course. Tout l'escadron, après ce premier instant d'hésitation, s'était jeté à la poursuite de l'infanterie.

Blasco s'était avancé jusqu'au drapeau que défendait âprement un groupe de cavaliers et de fantassins et le combat qui se livrait là était plus féroce que jamais. Meurtri, blessé, en loques et couvert de sang, il maniait l'épée avec une rage qui semait la panique parmi ses adversaires et lui ouvrait la route.

L'infanterie céda ; seul un groupe de cavaliers et d'officiers résistait encore. Blasco vit un officier savoyard qui se défendait avec un courage désespéré. Plusieurs fois blessé, il n'allait pas tarder à succomber.

« Castellamonte ! » s'écria-t-il en se ruant de l'avant.

Car c'était bien l'ancien garde du roi, désormais capitaine d'une compagnie de fantassins. Le Chevalier de Castellamonte leva la tête et se trouva nez à nez avec Blasco. Il parut le reconnaître et, s'arrêtant dans son élan, lui remit son épée.

— Emmenez-le au camp ; et traitez-le avec les plus grands égards ; c'est un chevalier loyal et valeureux.

Puis il continua d'avancer sus au drapeau.

Au bout de quatre heures de combat sans merci, les Allemands et les Piémontais, vaincus, repoussés jusqu'au pied des remparts, se réfugièrent à Milazzo ; les Espagnols reprirent les tranchées. Blasco fut transporté à San Pietro sur une civière de fortune ; mais il serrait dans son poing le drapeau arraché aux Piémontais.

Il avait le corps percé de deux coups d'épée et une balle logée dans le mollet droit.

Après avoir provisoirement pansé ses blessures, on le transporta avec les autres blessés à Barcellona où Donna Gabriella, avertie, accourut à son chevet.

A cause de la saison ou de par la nature des blessures, la guérison fut lente et la convalescence de longue durée. Pendant cette période, Blasco fut promu au rang de lieutenant des dragons de Numance et se vit accorder un congé illimité jusqu'à ce que sa guérison fût complète.

Il en profita pour regagner Palerme au début du mois de février de l'année suivante, tandis que son escadron demeurait en garnison sous les fortifications de Milazzo qui, ravitaillée en effectifs et en vivres résistait encore au bout de cinq mois de siège.

Craignant, au début de cette période, que ses jours ne fussent comptés, il manifesta à Donna Gabriella le désir de remplir la promesse funeste, mais elle refusa :

— Pas maintenant, dit-elle, je ne veux pas que notre mariage soit célébré dans la tristesse. Attendons que tu guérisses...

— Et si je meurs ?

— Tu ne vas pas mourir ! Je le sens, j'en suis sûre !

C'est pourquoi, quand ils débarquèrent de la felouque qui les amenait de Messine à Palerme, Donna Gabriella descendit la première et se rendit chez elle dans son carrosse ; une demi-heure plus tard, Blasco rejoignit Coriolano qui était venu le chercher. En arrivant au palais de la Floresta, il ne put s'empêcher, malgré sa fatigue, de raconter ses aventures à son ami. Il éprouvait pour Donna Gabriella une douce tendresse et un sentiment de gratitude qui n'était pas très éloigné de l'amour, mais ne ressentait pas cet état indéfinissable, entre le rêve et l'oubli de soi et de toute chose, cette manière d'élévation de l'esprit, cette mystérieuse mélancolie et ce doux envoûtement de l'être qui sont les symptômes de l'amour.

Coriolano l'écouta non sans quelque pitié. Célibataire impénitent, certains mystères du cœur humain lui étaient étrangers. Quand Blasco se tut, il dit en souriant :

— Vous ne croiriez pas combien ma joie est grande de vous savoir heureux ! Et j'en suis profondément reconnaissant à madame la duchesse, à qui vous voudrez bien présenter mes hommages... et ma joie est d'autant plus grande, que je dois vous apprendre une nouvelle qui ne manquera pas de vous troubler.

— Une nouvelle ?

— Qui ne devrait pas vous surprendre.

— Mais encore ?

— Le mariage d'Emanuele...

— Est-il déjà célébré ?

— Pas encore, non ; mais il aura lieu dans quelques jours, le dernier dimanche du carnaval, c'est-à-dire le 19 de ce mois.

Blasco ne répondit pas, mais ses yeux se voilèrent de tristesse.

— Ils devaient se marier plus tôt, pour la fête de la Vierge, mais Emanuele a contracté une maladie... qui l'en a empêché... J'ignore d'ailleurs s'il est en état de le faire aujourd'hui sans danger...

— Quelle maladie ? s'enquit Blasco pour dire quelque chose, sans manifester d'intérêt véritable.

Coroliano la lui nomma.

— Rien de plus facile à attraper à Rome ; c'est la ville la plus dépravée d'Italie. Je crois qu'Emanuele n'a pas été épargné, ce qui n'a rien d'étonnant étant donné l'existence qu'il y a menée, d'après ce qu'on raconte. Courtisanes, tables de jeu, duels... Enfermé à deux reprises au château Saint Ange... Le prince de Geraci a dû délier plus d'une fois les cordons de sa bourse avant d'en venir à rappeler son petit-fils à Palerme. Et le garçon est arrivé dans un tel état de santé qu'il n'a même pas eu besoin d'appliquer de sanctions. Ce qui, du reste, n'aurait servi de rien puisque Emanuele est majeur..

— Ah ?

— Le prince lui a confié les comptes et l'a mis en possession de son patrimoine...

— Ce qui le place donc à la tête de la maison Albamonte ! s'écria Blasco non sans une légère amertume.

— Parfaitement !

Suivit un silence, puis Blasco demanda, d'une voix non dénuée d'émotion :

— Et Violante est satisfaite de cette union ?

— Si je répondais oui, je mentirais.

— La pauvre petite ! murmura Blasco.

— Vous avez raison !

Entre les deux amis un autre silence s'installa, que Blasco fut cette fois le premier à rompre.

— Oh, mon ami, je n'avais pas tort de défendre Violante, même contre Emanuele... votre justice rigoureuse a protégé un fripon et fait une victime...

— Qui aurait pu prévoir que le jeune orphelin rejeté de tous, démuni, persécuté, menacé de mort, se montrerait indigne de notre protection ? Et d'autre part, la justice mesure-t-elle le droit dans la balance de la dignité ? La justice ne voit pas les êtres mais les faits et là où apparaît une violation du droit, elle intervient pour le protéger et le défendre... Elle a pu se tromper et aller jusqu'à défendre un homme comme Emanuele, mais celui qui bénéficie aujourd'hui de sa protection, peut aussi bien être puni demain.

— Mais entre-temps la victime demeure...

— C'est la fatalité. Soyez certain pourtant que je veille sur elle.

Et il ajouta en souriant :

— Vous ne serez pas jaloux si, ce faisant, je me substitue à vous ?

— Jaloux ? Pourquoi ? fit Blasco non sans amertume. Tout est fini désormais. Le destin a tracé à chacun sa route ; je parcours la mienne et ne m'en plains pas car je serais ingrat envers une dame qui par une vie de dévouement et de passion s'est rachetée à mes yeux et à laquelle je suis désormais lié, plus que par une promesse, par la gratitude et l'affection... Là n'était certes pas mon rêve... mais un pauvre bâtard comme moi avait-il le droit de rêver ? Aujourd'hui, vous comprendrez que par délicatesse je doive renoncer à aider Violante. Aussi, vous serai-je reconnaissant pour tout ce que vous entreprendrez en sa faveur.

— Soyez tranquille. Vous avez ma parole...

Tout le jour, Blasco fut triste et préoccupé. L'image de Violante, contrainte à de telles noces, avec un jeune homme au corps et à l'âme dépravés, ne le quittait pas. Donna Gabriella vit sa tristesse, sans oser l'interroger à ce sujet. Elle aussi sentait comme une ombre autour d'elle et quelque chose lui pesait, qu'il lui fallait garder pour elle.

Elle avait appris la nouvelle du prochain mariage de Violante auquel, en sa qualité de veuve de Don Raimondo Albamonte, elle était quasiment contrainte d'assister. La nouvelle l'avait troublée, car elle ravivait l'image de la jeune fille qu'elle n'avait pas oubliée. Durant ses quatre années de veuvage, elle n'était allée la voir qu'aux occasions les plus solennelles, plus par devoir que par affection. Depuis qu'elle s'était rapprochée de Blasco, depuis que l'amour prenait tant de place dans sa vie, elle ne lui avait plus rendu visite, ni à la Pentecôte, ni à Noël, ni au nouvel-an. La distance avait pu l'excuser quelque temps mais elle était retournée à Palerme et rien n'aurait dû l'empêcher d'accomplir son devoir. Son attitude risquait d'attirer l'attention et d'entacher sa réputation.

A vrai dire, elle se réjouissait en secret du mariage de Violante. Et plus encore qu'Emanuele fût celui qui allait devenir son époux. Il entrait de la méchanceté dans cette satisfaction, car elle savait que les deux jeunes gens ne s'aimaient point ; qu'Emanuele était prématurément vieilli par une vie de débauche et que, pour l'un et l'autre, cette union serait un joug insupportable. Ainsi se trouvait-elle vengée sans avoir eu besoin d'agir, sans même l'avoir cherché.

Pourtant, en dépit de cette satisfaction égoïste et empreinte de méchanceté, quelque chose la troublait : et la tristesse silencieuse de Blasco ne laissait pas de la tourmenter.

Ils soupèrent en silence ce soir-là. Blasco ne l'enlaça pas avec la fièvre qui l'avait fait trembler la fois précédente. Elle sentit ses yeux s'emplir de larmes.

— Pourquoi es-tu triste ? lui demanda-t-elle.

— Je ne suis pas triste, répondit Blasco, fatigué, peut-être.

Donna Gabriella n'insista pas. Elle s'assit sur ses genoux, lui passa les bras autour du cou avec une tendresse et un abandon charmants et posa la tête sur son épaule en sanglotant.

— Tu ne m'aimes pas...

Les jours suivants passèrent rapidement et le dernier dimanche de carnaval approchait. Donna Gabriella avait reçu un carton imprimé dont le texte, encadré d'une frise, disait :

« A l'occasion du mariage qui sera conclu entre Monsieur le duc de la Motta et Mademoiselle Donna Violante Albamonte Branciforti, vous êtes conviée à honorer de votre présence la cérémonie qui aura lieu en grandes pompes le dimanche 10 février, et soyez assurée de notre humble dévouement. »

Ce carton vint à point la tirer d'embarras. Elle répondit aussitôt en exprimant le plaisir qui avait été sien en recevant cette gracieuse invitation mais hélas ! son état de santé ne lui permettait pas de manifester par sa présence ses « devoirs affectueux » et, rappelant l'honneur qu'on lui avait fait en la conviant, réitérait son « dévouement empressé ».

Quand elle eut expédié cette missive elle se sentit plus légère, comme si on lui avait ôté un grand poids de la poitrine car en vérité, sa présence au mariage en eût embarrassé plus d'un, nul n'ignorant ce qui s'était passé entre elle et Emanuele.

Elle ne dit rien à Blasco. Elle avait lu au fond de son âme et son cœur d'amante avait deviné la cause d'une agitation mal réprimée. Elle se gardait bien de montrer sa douleur mais parfois, l'ancienne flamme étincelait dans ses yeux et la haine faisait naître en elle des idées de vengeance qui lui obscurcissaient la raison.

Les jours qui précédèrent le mariage furent marqués pour tous deux par l'anxiété. Chacun cachant à l'autre ses pensées, ils évitaient de s'interroger sur les raisons de leur silence mélancolique et éloquent, comme s'ils craignaient d'entendre ce qu'ils savaient pourtant fort bien.

Et le dimanche arriva.

Donna Gabriella était d'une grande fébrilité.

« Quand elle sera mariée, il ne pensera plus à elle, se disait-elle. Il faudra qu'il l'oublie. Alors il sera à moi, à moi tout entier... »

Mais tandis qu'elle songeait ainsi, une voix intérieure lui répondait, douloureuse :

« Non, non, jamais il ne sera entièrement tien, jamais !... »

Et cette voix sinistre et secrète, qu'elle seule entendait, lui glaçait le cœur et lui serrait la gorge.

Elle fit atteler son carrosse comme pour aller se promener ou jouir du spectacle des masques qui déambulaient au long du Cassaro, mais en réalité, pour entendre des nouvelles de la noce.

Le Cassarro était rempli de gens qui attendaient le passage des chars. Des masques burlesques s'insinuaient dans la foule, provoquant des rires et des chahuts. Ils arrivaient en courant, d'un bond, sautaient sur les épaules des gens, détalaient, revenaient... Un roulement de tambour faisait tourner toutes les têtes d'un côté. Un Espagnol vêtu à la mode du XVIe siècle, coiffé d'un béret de velours orné d'une plume, une cape jetée sur les épaules et brandissant une épée de bois, gravissait une échelle avec mille facéties et se précipitait sur la foule hilare. C'était le « Mastro di Campo », l'un des masques les plus anciens que le peuple chérissait tout particulièrement, même si son origine historique était depuis longtemps oubliée. Le personnage du « Mastro di Campo » était issu de la légende des amours du vieux Bernardo de Cabrera, comte de Modica, et l'échelle rappelait le jour où le comte avait escaladé les murailles du château pour enlever la jeune et belle reine Bianca.

D'autres tambours accompagnés de fifres débouchèrent d'une rue adjacente dans le Cassaro et la foule s'ouvrit pour laisser le passage à un bataillon de fantassins d'une époque indéterminée, vêtus de cuirasses et de casques de carton argenté, armés de férules et sous le commandement de généraux. Ils se divisèrent en deux troupes qui se mirent à se battre et à se poursuivre en faisant grand tapage. Çà et là on voyait des « danses d'esclaves » : le visage barbouillé de suie, ils couraient, tout en dansant, derrière un spectateur ou un autre, pour l'embrasser en lui laissant une empreinte charbonneuse sur la joue. Les victimes, cherchant à esquiver le baiser, provoquaient des épisodes comiques et l'allégresse était à son comble.

Mais les masques qui déchaînaient la joie la plus débridée étaient les « Maman Lucie », des hommes travestis en courtisanes, qui dansaient en roulant des hanches et en s'accompagnant de gestes lubriques, enlaçant les hommes dans la foule, et provoquant des plaisanteries, des gestes et des remarques grivoises qui suscitaient l'hilarité générale.

Partout, résonnaient les tambours, les notes stridentes des pipeaux et le crépitement des castagnettes, et il en résultait une cacophonie endiablée ; et de toute part, on lançait des oranges, des trognons et des œufs bourrés de poudre ou de craie. De temps en temps, un bâton brandi s'abattait, des cris fusaient et la foule effrayée se dispersait, cent voix hurlaient à l'unisson, du sang giclait et l'on emportait un blessé. Puis l'espace se refermait et la joie et l'insouciance reprenaient le dessus ; le carnaval entraînait dans l'oubli cet épisode sanglant.

Le carrosse de Donna Gabriella devait souvent s'arrêter et elle en profitait pour regarder les pantomimes, se penchant à la portière avec la liberté que confèrent un morceau de carton-pâte et un bout de voile sur le visage et récitant un des refrains du carnaval.

Donna Gabriella rentra au fond de son carrosse tandis que ses volants tentaient d'éloigner les importuns qui, leur maîtresse disparue, s'attaquaient à eux en leur faisant éclater à l'oreille des vessies gonflées d'air.

Le carrosse eut du mal à parcourir le Cassaro jusqu'à l'hôpital San Bartolomeo non loin de la Porte Heureuse ; là, il s'arrêta près de l'église San Nicolò aujourd'hui détruite et Donna Gabriella pencha un peu la tête à la portière pour regarder au fond de la rue Butera et tenter d'apercevoir quelque chose.

Elle vit la rue encombrée de carrosses et de chaises à porteurs et une expression satisfaite se peignit sur son visage. « Ah, se dit-elle, le mariage a lieu en ce moment même... à la bonne heure ! »

Comme elle aurait aimé se trouver dans un coin du palais à cet instant précis pour voir les deux époux. Et dans ce souhait se cachait le plaisir cruel de la vengeance, car elle n'imaginait point d'union plus triste et plus funèbre que celle qui liait ces deux existences.

Elle allait donner l'ordre de rebrousser chemin par le Cassaro quand elle vit arriver un char qui ressemblait à un bateau, doté d'un mât central, une grande voile déployée et une dizaine de marins richement parés à la turque sur le pont, qui lançaient des poignées de dragées dans la foule et vers les balcons des cornets de dragées en carton doré. Des nuées de gamins se les disputaient, accompagnés des rires et des cris de la foule alentour.

Donna Gabriella s'enfonça à l'intérieur de son carrosse pour ne pas être vue et se rendit compte, à sa grande stupeur, qu'au lieu de retourner vers le Cassaro ou Toledo, le char s'engagea à droite dans la rue Butera.

« Où peut-il bien aller ? » se demanda-t-elle.

Le navire s'arrêta sous les balcons du palais Butera. Des musiciens jusque-là dissimulés au fond du char entonnèrent une chanson en s'accompagnant au violon et à la guitare, attirant des spectateurs aux balcons. Mais pendant que les musiciens jouaient et chantaient, les Turcs sautèrent à bas du navire et, sabre au clair, gravirent le grand escalier recouvert de riches tapis.

D'abord vaguement surprise, en voyant des dames et des chevaliers masqués descendre de carrosses et de chaises à porteurs au pied de l'escalier, Donna Gabriella comprit que le prince donnait un bal costumé. C'est alors qu'une idée lui traversa l'esprit et un sourire passa sur ses lèvres. Elle ordonna au cocher de rentrer sur-le-champ en évitant la foule, afin de gagner du temps.

Trois quarts d'heure plus tard, un domino bleu descendait d'une somptueuse chaise, une grande écharpe blanche jetée sur les épaules et le visage dissimulé derrière un loup noir qui laissait découvertes des lèvres roses au dessin exquis.

Elle monta prestement le grand escalier mais sur le seuil de la grande salle s'arrêta, indécise. Le prince s'avança à sa rencontre, la main tendue Les mains gantées et les petits pieds du domino lui avaient révélé une dame de qualité mais la curiosité légitime du maître de maison le poussait à la regarder avec une certaine insistance pour tenter de mettre un nom sur sa silhouette.

— Votre Seigneurie, lui dit le domino, me permettra de garder l'anonymat, même avec elle...

— Même moi, madame, je n'aurais l'audace de vous demander d'ôter votre masque. Je sens d'autre part que vous devez être l'une des plus adorables personnes de notre ville...

Elle le remercia du geste et s'éloigna à travers la foule des invités qui se pressait dans les salons ; dans l'un desquels on dansait.

Violante était là, dans sa robe de mariée, son long voile retenu sur sa tête par un petit diadème. Son visage était plus blanc que son voile et seuls ses yeux noirs mettaient une tache sombre dans tant de blancheur.

A ses côté, Emanuele, vêtu lui aussi de satin blanc brodé d'or et de pierres précieuses, se rengorgeait dans une attitude artificielle et ostentatoire ; mais son visage était rouge, comme si le col de son habit, trop serré, le congestionnait. On lisait du courroux et de la méchanceté sur ses traits, un désir d'utiliser son pouvoir, d'exercer des représailles, de laisser éclater sa colère : et pas le moindre signe de joie, pas la moindre trace de sensualité.

Les époux, après avoir ouvert le bal, s'étaient retirés au fond du grand salon. Ils avaient dansé sans plaisir, sans enthousiasme et sans joie mais il était trop tôt encore pour quitter la réception et on eût dit que les violons mettaient leurs nerfs à vif.

Les masques s'abandonnèrent à une allégresse pétillante comme un vin mousseux, taquinant dames et chevaliers, bondissant, riant, offrant des dragées à la ronde. Ils prenaient les jeunes époux pour cible, et particulièrement Emanuele, à qui ils susurraient à l'oreille des plaisanteries grivoises ou à double sens et des conseils plus ou moins licencieux.

Emanuele avait commencé par se défendre mais peu à peu, craignant que son attitude hautaine ne le rendît ridicule, il se laissa entraîner, plaisantant à son tour en dépit de son humeur.

Pour finir, il sollicita de Violante, qui du reste ne demandait que cela, l'autorisation d'aller se mêler à la foule en liesse, non point pour se distraire mais pour échapper à la situation fâcheuse dans laquelle il se trouvait, aux côtés d'une épouse qui n'avait pas fait mine jusque-là de s'apercevoir de sa présence ; le domino s'approcha de Violante : il l'examina de la tête aux pieds et se penchant vers elle lui dit tout doucement, d'une voix de fausset :

— Pauvre petite !... Comme je te plains !

Violante tressaillit. Elle avait quelqu'un devant elle qui lisait dans son cœur. Ce domino était le premier invité qui, au lieu de lui chuchoter un compliment ou des vœux de bonheur à l'oreille, plaignait son sort. Se penchant plus près, le domino baissa encore la voix et lui murmura à l'oreille :

— Pour ce mariage vous devez remercier deux personnes : votre père, que Dieu lui pardonne, et Don Blasco de Castiglione...

Ce nom fit monter un peu de rose aux joues de Violante qui sursauta, et examina avec attention le domino comme pour deviner d'après les yeux qui brillaient sous le masque, le reste du visage. Que savait-il ? Comment pouvait-il dire une chose pareille ? Comment connaissait-il Blasco ?

La curiosité mais plus encore un élan du cœur colorait son visage. Un souffle de vie parut ranimer la statue ; son cœur, qui semblait fermé, s'ouvrit à une multitude de sentiments. Elle aurait voulu demander, mais elle n'osait pas : qui était ce domino bleu ?... Pourquoi lui avait-il parlé ainsi ? Le domino l'observait. On ne pouvait deviner à quelle impulsion perverse il avait cédé car son attitude était impénétrable et il eût fallu une grande finesse d'observation pour déceler, dans la courbe des lèvres, un sourire de cruelle satisfaction.

— Tu t'interroges ? lui susurra encore le domino d'une voix mielleuse, légèrement frémissante, mais c'est la vérité : sans les fautes de ton père et sans la générosité du seigneur Blasco, qui a décidé ce mariage, tu serais heureuse...

Ces paroles étaient plus obscures encore que les précédentes mais lui serrèrent le cœur d'une étreinte glacée. Le domino bleu, parvenu à ses fins, s'éloigna.

Violante tenta de le retenir.

— Attendez... Écoutez-moi...

Mais le domino secoua la tête et disparut dans la foule des invités, la laissant effarée et profondément troublée. Blasco était l'instigateur de ce mariage ? Pourquoi l'avait-il jetée dans les bras d'Emanuele ? Quel intérêt avait-il à le faire ?... Elle n'ignorait point que Blasco était un Albamonte. Une idée lui traversa l'esprit : ce mariage était-il un service que rendait le bâtard au fils légitime, en guise de compensation ? Et celui qu'elle avait aimé d'un amour qui avait la pureté de la jeunesse était-il un être vil ? Et Emanuele ? Il lui faisait horreur ; jamais cet homme ne lui était apparu aussi ignoble qu'en cet instant.

Le domino bleu avait fini par retrouver Emanuele, aux prises avec ses amis.

— Laissez-le tranquille, le duc est très préoccupé.

— Ah oui ? Préoccupé de quoi ? Gentil masque, nous voulons savoir ce qui le préoccupe...

— Je ne peux rien vous dire, hélas ! car il s'agit d'un secret que je ne puis trahir.

Emanuele, se contraignant à sourire, demanda :

— Et je ne puis l'apprendre non plus ?

— Vous ?... Connaître le secret de ma bouche ? Mais c'est le vôtre ! Ah ! Ah ! Ah !

Il s'éloigna en riant. Emanuele, qui ne comprenait rien, demeura perplexe mais sa stupeur fut prise pour un aveu et on l'entoura, le harcelant pour qu'il révélât son secret.

Il se dégagea brutalement pour s'élancer à la poursuite du domino et le rejoignit à l'instant où ce dernier, voyant passer Coriolano de la Floresta, lui disait :

— Offrez-moi votre bras, Seigneur, et défendez-moi contre le duc de la Motta.

Emanuele esquissa un sourire et dit :

— Gentil masque, je ne m'attaque pas aux belles dames.

— Vous êtes sûr que nulle ne pourrait vous démentir ?

Emanuele se mordit les lèvres.

— Qui êtes-vous ? demanda-t-il. Vous avez piqué ma curiosité...

Mais le domino éluda la question.

— Mon Dieu, comment pouvez-vous laisser seule votre adorable petite épouse ? Regardez, votre absence la fait tant souffrir qu'elle est d'une pâleur cadavérique. Allez donc la consoler, je ne voudrais pas lui voler son époux...

— N'ayez crainte...

— Elle risquerait d'être jalouse...

— Sûrement pas...

— Elle n'est donc pas jalouse de vous ?

— Mais non !

— Non ? Mais alors elle ne vous aime pas ? Pauvre duc !... Comme je vous plains ! Prenez garde, elle est fille de Don Raimondo... Demandez à Girolamo Ammirata qui a tué votre mère...

— Qui êtes-vous ? insista Emanuele qui parvenait mal à réprimer sa colère et quelque chose qui ressemblait à de la peur.

Mais le domino entraîna le chevalier de la Floresta et il s'éloignèrent de nouveau en direction de Violante. Le chevalier de la Floresta avait entendu les derniers mots échangés et n'avait pu s'empêcher de manifester une certaine surprise. Il regarda les lèvres et les mains du domino bleu et un soupçon lui traversant brusquement l'esprit, il se pencha et murmura d'une voix à peine audible :

— Attention, duchesse, on pourrait vous reconnaître.

Ce fut au tour du domino de frémir.

— Taisez-vous !

Le domino se trouvait de nouveau près de Violante :

— Adieu petite, tu ne me verras plus mais je vais te donner un conseil.

Et se penchant à son oreille elle murmura :

— Méfie-toi surtout des amis, et n'oublie pas que ton père a été assassiné.

Il s'enfuit plus qu'il ne partit, abandonnant Violante, affreusement anxieuse, revoyant son père sur son lit d'agonie.

Emanuele, qui la suivait des yeux, appela un serviteur quand il la vit sortir.

— Dix écus pour toi, si tu suis ce domino, et me dit qui il est.

Une demi-heure plus tard, le serviteur était de retour. Emanuele, qui l'attendait avec impatience, vint à sa rencontre.

— Alors ?

— Excellence, il s'agit de la duchesse de la Motta.

— Donna Gabriella ! Elle ! s'écria Emanuele avec un accent dans lequel se fondaient la haine, la colère, la honte et l'esprit de vengeance, comme les tourbillons d'un ouragan.

XIII

Les fêtes du mariage d'Emanuele durèrent deux jours. Le deuxième jour elles se déroulèrent dans le palais du prince de Geraci, qui ne voulait pas faire moins bien que son illustre parent. Le peuple en eut sa part. Selon la tradition de leurs maisons, les deux seigneurs souhaitaient que le peuple participât à leur joie et il y eut sur la place de Bologna comme au Mur des Captives, des fontaines improvisées d'où coulait du vin, et des mâts de cocagne garnis de paniers pleins à ras bords pour que les derniers jours du carnaval, même les pauvres hères fissent bombance. On jetait des balcons de l'argent sur la foule qui se le disputait à coups de poing, à la grande joie des nobles seigneurs et à la gloire des époux.

Rien de tout cela ne semblait cependant émouvoir ces derniers, ni les repas d'une délicatesse exquise, ni les bals princiers, ni les pugilats populaires.

Violante voyait non sans effroi arriver le moment où toutes ces fêtes seraient finies. Emanuele était encore agité par les paroles audacieuses de Donna Gabriella. L'apparition de la duchesse avait réveillé en lui le désir cupide de possession, de revanche, de vengeance, en ravivant sa haine.

Deux heures après minuit, le lundi, les deux époux furent accompagnés au palais de la Motta qui était demeuré fermé si longtemps et on les quitta avec les vœux les plus fervents.

Violante rentrait donc dans ce palais qui lui revenait de droit en qualité d'épouse du nouveau maître de céans. Elle rentrait en ces lieux qui lui rappelaient tant de souvenirs douloureux, dans ce palais où son père était mort. Nul n'avait modifié l'ancien agencement des salles ni la disposition du mobilier. La grande chambre nuptiale, avec l'alcôve encadrée de stuc, le grand lit de fer forgé émaillé de bleu, de rose et d'or, les rideaux de damas cramoisi, le grand reliquaire à filigrane d'argent dans son précieux écrin d'écaille et d'or, le coffret marqueté aux poignées de bronze doré, le bureau fermé, le petit canapé de damas, le miroir ovale dans son cadre doré, le tableau de la Vierge, un peu noirci... tout était là, comme dans son enfance et depuis deux ou trois générations, et de chaque objet émanait pour elle un souvenir.

Elle était née dans ce lit et dans ce lit sa mère était morte, sa mère dont il ne lui restait rien qu'une petite miniature.

En un instant toute sa vie se déroula devant ses yeux comme une de ces toiles des peintres de jadis où, autour du sujet principal, sont relatés dans des petits tableaux tous les événements importants de son existence, de sa naissance jusqu'à sa mort. Son enfance candide et heureuse au monastère de Montevergini ; sa marâtre, l'enlèvement, la miraculeuse intervention de Blasco ; le château où elle et Donna Gabriella avaient été séquestrées ; la mort de son père, assassiné... et chacun des cadres de ce récit plaçait devant ses yeux Blasco et sa marâtre ; elle revoyait le couteau dans la main de Donna Gabriella, puis celle-ci s'abandonnant contre la poitrine de Blasco... Une vive douleur lui transperça le cœur. Il lui semblait pourtant s'être habituée au cours des quatre années passées, à l'idée que tout était fini et oublié. La blessure qu'elle croyait guérie se rouvrait, sanglante, dans cette chambre, devant ce lit où elle croyait distinguer deux visages, celui de Donna Gabriella et celui de Blasco assoupis joue contre joue, comme elle-même s'était retrouvée un matin, le plus doux matin de sa vie...

Et voilà qu'elle entrait elle aussi dans cette chambre mais accompagnée d'un autre et la main qui l'y poussait était celle de Blasco !... Blasco qu'elle avait aimé, Blasco qui l'avait trahie. L'avait-il vendue ? Vendue à Emanuele, peut-être, pour avoir le droit de porter le nom d'Albamonte ? Les paroles du domino lui résonnaient encore à l'oreille : les fautes de son père et la volonté de Blasco l'avaient jetée dans les bras d'Emanuele. Quelles fautes ? De quoi son père s'était-il rendu coupable ? Des bribes de phrases entendues çà et là se mélangeaient dans sa tête. Elle se souvenait de tout ce qu'on avait dit quand Emanuele était apparu sur la scène de la société aristocratique, ce rejeton légitime tiré brusquement de l'ombre le jour de l'assassinat de son père. Les mots usurpation, crime, Beati Paoli, auxquels elle n'avait guère prêté attention et dont elle n'avait pas compris la signification lui revenaient désormais à l'esprit, et lui glaçaient le sang. Il lui semblait que ni Emanuele, ni Blasco n'étaient étrangers à ces événements épouvantables qui le même jour avaient fait d'elle une orpheline et l'avaient chassée de ce palais où elle rentrait aujourd'hui au bras de l'un d'eux, à l'instigation de l'autre.

Elle était oppressée de douleur et de désespoir. Son mariage lui semblait plus odieux que jamais et toute la révolte qu'elle avait refrénée pour se résigner éclatait à présent avec une violence qui lui donnait de l'audace.

Emanuele était là, sur le seuil de la chambre où elle s'était arrêtée, surprise par toutes ces pensées ; il était derrière elle, si près qu'ils se touchaient presque. Jamais il ne lui avait paru plus répugnant, plus ignoble qu'en cet instant.

Elle lui lança un regard plein de rancune.

Lui aussi semblait réfléchir à quelque chose. Il appréhendait soudain de devoir passer sa vie avec une jeune femme qui n'éprouvait pas le moindre frisson de sensualité en sa présence. Et l'idée de franchir le seuil pour la prendre dans ses bras, parce qu'il le fallait, au moins la première fois, lui semblait au-dessus de ses forces.

Il ne parvenait pas à surmonter son aversion. Cette maison, dans laquelle il entrait en maître et qu'il n'avait jamais habitée, conservait encore le souvenir de Donna Gabriella et il éprouvait encore une sorte de rage contre celle qu'il n'avait pas réussi à posséder.

Il regardait lui aussi Violante et, incapable de réprimer les sentiments qui l'agitaient il lui adressa un regard plein de rancœur.

Emanuele fut le premier à rompre le silence :

— Il est superflu, j'imagine, de vous dire que je n'ai pas voulu de ce mariage, et que seule la volonté de nos parents en est la cause.

— Je ne l'ignore point, répondit Violante, soulagée par la tournure que semblaient prendre les choses, mais à qui les mots « volonté de nos parents » évoquaient ceux du domino : « la volonté de Blasco ».

— Je m'en réjouis, car cela m'évitera des explications... Nous ne sommes liés par aucun sentiment et je regrette d'avoir à le dire mais je n'éprouve point à votre égard ce que l'on nomme amour et je tiens à vous avertir que nos rapports se réduiront à la stricte nécessité afin que la lignée des Albamonte ne s'éteigne pas...

Violante ne comprit pas. Elle ignorait tout de ce que pouvaient être les rapports dont il parlait, et elle le regarda d'un air stupéfait :

— J'ignore de quoi vous voulez parler, dit-elle, mais je dois vous dire que moi non plus je ne vous aime pas et que je ne vous aimerai jamais...

Emanuele rougit, piqué dans son amour-propre. Il voulait pour lui seul le droit de repousser la jeune femme et sa déclaration ne laissait pas de l'irriter.

— Peu m'importe, dit-il, je ne recherche point — et ne le rechercherai jamais — votre amour. D'ailleurs, en dehors de ces rapports précis, nous vivrons comme deux étrangers. J'ai l'intention de jouir de toute ma liberté sans que vous veniez vous en plaindre ou le regretter...

— Mais je n'ai qu'un regret, monsieur : celui d'être unie à vous pour toujours... et si nous devons vivre comme deux étrangers, soit, croyez que c'est mon souhait le plus cher. Je vous prierai de me faire préparer ma chambre d'enfant ; je vous cède volontiers celle-ci, qui réveillerait en moi trop de souvenirs douloureux...

Emanuele fit un signe de tête.

— Cela m'est indifférent. Encore que celle-ci me semble plus appropriée pour vous. Mais nous en reparlerons plus tard. Maintenant que l'affaire est entendue et que je ne pense pas que vous souhaitiez passer toute la nuit à discourir sur le seuil de cette chambre, je vous prie de vous dévêtir et de vous coucher.

Violante rougit de honte. Un pan de réalité lui apparut soudain.

— Mais je n'ai pas sommeil, monsieur et...

— Il n'est pas question de sommeil, dit-il avec un sourire grivois.

Il attendit un instant une réponse qui ne vint pas et répéta :

— Nous ne pouvons pas rester toute la nuit assis à bavarder...

Violante sentit le danger imminent. Dissimulant sous l'apparence de la pudeur sa répugnance et son dégoût, elle s'écria :

— Mais je ne comprends pas pourquoi je ne puis...

— Vous ne tarderez pas à le comprendre, sacrebleu !... d'ailleurs on ne parle pas de ces choses-là... Allez vous coucher !

Violante se rembrunit mais il lui vint une idée.

— Alors, je vous prie de sortir, Monsieur...

Emanuele sourit, haussa les épaules et dit :

— C'est stupide mais soit, je vous l'accorde.

Il sortit, non sans ajouter :

— Hâtez-vous. Ne me faites pas attendre...

Mais Violante ferma la porte au verrou.

Craignant les pièges des Beati Paoli, Don Raimondo avait muni les portes des chambres et les fenêtres de barres de fer. Violante plaça les bâcles devant la porte en rendant grâce au ciel et se sentit en sécurité.

Emanuele entendit d'abord le bruit de la clé et du verrou et ne s'en alarma point mais quand Violante plaça la barre de fer il demanda :

— Que faites-vous ?

Elle ne répondit pas. Il attendit encore un peu puis lança à travers la porte :

— Donna Violante... que se passe-t-il ? Pourquoi n'ouvrez-vous pas ?

Mais il n'obtint nulle réponse. La jeune fille s'était blottie dans un coin de la chambre, les mains serrées sur sa poitrine pour calmer les battements de son cœur. La porte était solide, les fenêtres étaient fermées elles aussi ; pour entrer il eût fallu briser l'huis à coups de hache et le palais entier eût été ameuté.

Emanuele attendit encore un instant, secoua en vain la porte puis cria d'un ton irrité :

— Donna Violante ! Donna Violante ! Mais ouvrez à la fin !

Elle répondit alors :

— Laissez-moi en paix, je n'ouvrirai pas. Inutile de hurler et de réveiller les serviteurs. Ne faites pas de scandale.

Il serra les poings en jurant et allait expédier dans la porte deux ou trois coups de pied auxquels elle n'eût pas résisté mais il se ravisa, comprenant qu'il s'exposerait ainsi au ridicule : les serviteurs accourraient, et saisissant la situation, feraient de lui un objet de risée. Toute la ville en parlerait et on ajouterait cette mésaventure à celle qui lui était arrivée avec Donna Gabriella.

Il n'avait qu'une solution : s'en aller. Au lieu du mari repoussé, il deviendrait ainsi le mari qui repousse. Il sauvait sa réputation et la situation se retournerait contre Donna Violante. Mais la vanité et la colère qui remplaçaient tout autre sentiment raisonnable en cet instant l'empêchaient de bouger et il demeurait derrière la porte, en proie à toutes sortes de tergiversations.

Il insista encore un peu puis il prit une résolution : la plus discrète possible, afin de ne pas donner lieu aux remarques des domestiques. Il traversa à pas feutrés une ou deux pièces et pénétra dans l'ancien bureau de Don Raimondo plongé dans le silence austère de la science, au milieu des étagères pleines de livres, et se laissa tomber dans un profond fauteuil, devant la table, comme s'il venait d'avoir une idée importante qu'il souhaitait coucher sans attendre sur le papier.

La lampe à trois becs, qu'il avait posée sur la table, répandait une lumière rougeâtre au milieu de la pièce, tandis que le reste du cabinet de travail était plongé dans une pénombre incertaine. Au plafond, entourées d'une grande bordure de stuc, étaient peintes les armes des Albamonte ; devant la table, entre les rayonnages, était accroché le portrait de Don Raimondo, dans la toge de président de la Grande Cour Criminelle, une main posée sur un livre, peut-être les constitutions du royaume, l'autre sur la hanche, dans un geste dominateur. La pénombre effaçait les traits mais on devinait, à la ligne mince de la bouche et à l'angle de la mâchoire, un je ne sais quoi de félin et de perfide qui glaçait le sang.

Il le reconnaissait. C'était l'homme qui l'avait fait honteusement jeter dans les cachots du Château et dont, par un tour du hasard, il avait épousé la fille. Emanuele n'avait jamais oublié cette « fessée » ignominieuse, et chaque fois qu'il y repensait, il sentait le sang lui monter a la tête. A présent l'image de cet homme qu'il avait devant les yeux s'associait à celle de la fille qui lui infligeait un traitement non moins injurieux à ses yeux, que le supplice. Et il enveloppait dans une même haine le père et la fille.

En comparant l'aspect triste et froid de Violante avec celui de Don Raimondo, il lui semblait découvrir entre eux quelque chose de commun : la même expression orgueilleuse et menaçante. La jeune fille avait donc hérité de son père ? Serait-elle capable de lui planter un poignard dans les reins en feignant de l'embrasser ?

« Demain, pensa-t-il, je ferai enlever ce portrait. Comment ont-ils pu le laisser ? Pourquoi ne m'en ont-ils pas parlé ? »

Mais il se mentait à lui-même. Deux jours auparavant, invité à voir si tout était bien en ordre dans le palais qu'il allait habiter, il avait aperçu le tableau et n'avait fait aucune observation. Peut-être avait-il posé sur lui un regard distrait, préoccupé qu'il était par ces noces prochaines et non désirées.

« Je le donnerai à ronger aux rats. »

Telle était la seule revanche qu'il pouvait prendre sur cet homme. Mais son épouse ? Que ferait-elle ? En vérité, il s'étonnait de ne sentir au fond de son cœur qu'un bouillonnement de haine pour la personne, mais nulle rancœur pour son acte. Elle ne voulait pas de lui ? Mais ils étaient deux dans ce cas. Lui non plus ne voulait pas d'elle. Ce qui l'offensait, c'était l'échec qu'elle lui avait fait subir. Il voulait, il *devait,* pour maintes raisons, en tirer vengeance, une vengeance complète, totale, publique.

Cependant, il fallait que rien de ce qui s'était passé durant cette nuit de noces ne transpirât parmi les domestiques. Ou en tout cas, faire croire tout l'opposé de la vérité. Il se plongea dans la recherche des moyens pour y parvenir et finit par s'endormir sur le siège à dossier droit, sous le regard fixe du portrait qui semblait le surveiller.

Les clochettes des chèvres qui venaient de bon matin en ville porter leur lait le réveillèrent en sursaut. Il craignit d'être découvert par un valet et de laisser deviner qu'il avait passé la nuit hors de la chambre nuptiale. Il retourna dans l'antichambre, et, comme s'il quittait à l'instant ses appartements, il tira le cordon.

Son valet personnel accourut, en s'étonnant de voir le maître en tenue de soirée mais encore plus ébahi de s'entendre commander une chaise à porteurs

— Votre Excellence sort ? A cette heure ?

— Chut !... susurra Emanuele avec un sourire entendu, madame la duchesse dort. Inutile de la réveiller... Fais préparer la chaise ordinaire. .

Un quart d'heure plus tard, il sortait du palais et se faisait conduire chez madame Nina Manfredi, célèbre prima donna qui durant le carnaval avait chanté au théâtre de Santa Lucia des Travaglini — comme s'appelait alors le Bellini — lequel, s'il ne pouvait rivaliser avec Santa Cecilia, le théâtre principal, donnait de beaux spectacles.

Habitué des théâtres, Emanuele avait fait une cour assidue à la prima donna, qui ne lui avait pas été cruelle. Jusqu'à la veille de ses noces, il était allé passer quelques heures agréables avec elle. En plaisantant, elle lui avait dit :

— Je paierais cher pour voir Votre Seigneurie Illustrissime dans son habit de noces !

Emanuele avait laissé échapper une promesse :

— Pourquoi pas ?

Il s'en était soudain souvenu et y avait vu un moyen de se sauver. On le jugerait débauché, mais il échapperait au ridicule et peut-être pourrait-on trouver une excuse à cette étourderie.

Durant la saison, la beauté et la voix de madame Manfredi avaient plongé dans l'extase les jeunes Palermitains ; et plusieurs s'étaient disputés ses grâces. Mais Emanuele avait sur eux l'avantage de l'avoir connue à Rome et avait été pour cette raison choisi comme le protecteur naturel de la cantatrice.

Le succès avait satisfait la vanité d'Emanuele qui avait couvert la belle Manfredi de cadeaux, à la grande satisfaction du mari, qui d'abord ne s'était pas montré heureux du choix de son épouse.

La relation devait s'interrompre avec le mariage d'Emanuele, lequel coïncidait avec la dernière représentation des *Iganni felici*, de Scarlati, spectacle dans lequel la Manfredi excellait, et qui constituait la dernière représentation de la saison. Celle-ci, à l'époque, ne durait — du moins à Palerme — que le temps du carnaval.

Le dernier soir où Emanuele avait vu la cantatrice, celle-ci avait versé d'abondantes larmes, qui auraient ému un cœur de pierre, et avaient excité la vanité du jeune homme. Ce fut au milieu de ces larmes et de cette émotion que la promesse avait échappé à Emanuele.

Madame Nina dormait, quand des coups résonnèrent à sa porte. Elle ne fut pas peu surprise, ensommeillée comme elle était, en voyant apparaître devant elle Emanuele qui lui tendait les bras en souriant :

— Me voilà, je suis à vous dans mon habit de noces...

Elle parut s'émouvoir de cette attention, qui eut le pouvoir de clore la bouche du brave mari, lequel, en vérité, ne s'était pas volontiers éveillé pour présenter ses hommages au mécène de son épouse.

Quand on sut que le duc de la Motta avait passé la nuit chez la belle cantatrice après avoir enfermé à clé sa femme, la stupeur des domestiques n'eut pas de limite. La femme de chambre faillit pleurer le mauvais sort de sa maîtresse. Mais l'étonnement s'accrut quand, voyant qu'elle ne l'appelait pas, la chambrière s'aperçut que Violante s'était enfermée de l'intérieur et qu'elle refusait d'ouvrir.

Cependant les parents les plus proches commençaient à arriver, pour présenter aux époux leur bonjour du matin et leurs vœux de progéniture masculine. Alors seulement, en entendant la voix de ses grands-parents, Violante ouvrit la porte. Sans attendre que ces derniers lui eussent demandé des explications sur cette nouveauté, elle s'écria :

— Ramenez-moi au monastère, je vous en conjure !

Le prince rit, interprétant à sa manière l'épouvante et la prière de la jeune fille.

— Allons, qu'est-ce que ces enfantillages ? Il fallait en passer par là, comprends-tu... Mais maintenant, tout est fini...

La princesse l'embrassa en souriant elle aussi, en lui susurrant quelques mots à l'oreille, mais devant la mine surprise de Violante, qui n'y comprenait goutte, et ne savait que répondre, sa grand-mère s'étonna :

— Mais où est ton époux ? lui demanda-t-elle.

— Mon époux ? Mais je ne l'ai pas vu ; il n'a pas dormi là ; je ne le veux pas.

— Oh !...

Elle s'aperçut que le lit était intact.

— Que veut dire ceci ?

XIV

Avec l'accord d'Emanuele de la Motta, un procès en annulation de mariage fut entamé par le prince de Butera. En attendant, Violante alla habiter chez son grand-père. Ces événements avaient si bien ébranlé sa santé, qu'elle en était tombée malade et que les médecins n'avaient pas cru opportun de la laisser rentrer au monastère, comme elle le voulait

Emanuele ne demandait pas mieux. Désormais maître de lui-même, il n'obéissait plus qu'à sa propre volonté. L'annulation de ces noces lui rendait sa pleine et entière liberté. Il en usa et abusa. Il s'était de nouveau acoquiné avec Matteo Lo Vecchio, dont il comptait utiliser la perspicacité et le talent inquisiteur pour savoir dans le détail comment Blasco était lié aux Beati Paoli, et comment était survenue la mort de Don Raimondo.

Le sbire lui raconta ce qu'il savait ; il arrangea naturellement l'histoire à sa façon, en présentant comme des certitudes ses intuitions et ses hypothèses.

— Votre Excellence, conclut-il non sans malignité, doit être reconnaissante aux Beati Paoli et à monsieur son frère bâtard, parce que sans eux, qui sait ce qu'elle serait !...Vous seriez simplement resté le fils de ce gueux de Girolamo Ammirata...

Au lieu de lui ouvrir le cœur à la bienveillance, ces paroles piquèrent Emanuele qui dit avec âpreté :

— Je serais tout autant duc.

— Que Votre Excellence me permette d'en douter. La secte avait préparé un grave procès contre Don Raimondo et c'est devant la menace du billot qui était au bout, que le duc a signé l'acte de reconnaissance qui a servi de base pour remettre Votre Excellence en possession de son héritage et obtenir l'investiture...

— Ce procès contenait donc des choses terribles ?

— Tout simplement le témoignage de plusieurs personnes qui connaissaient ou étaient mêlées aux crimes que Don Raimondo avait commis pour s'emparer du patrimoine des Albamonte et de la couronne ducale...

— Comment ? Comment ?

— C'est la pure vérité...

— Ainsi donc, moi. . ?

— Votre Excellence, vous savez que vous fûtes recueilli dans la rue mais ce que vous ignorez peut-être, c'est que madame votre mère, pour échapper à deux tentatives d'empoisonnement et sauver Votre Excellence, qui était un nouveau-né, madame votre mère s'enfuit par le balcon. Elle erra dans la nuit, se perdit, fut recueillie par Girolamo Ammirata. Si celui-ci n'était intervenu à temps, vous seriez tombé aux mains de Don Raimondo qui vous aurait occis tous deux...

Emanuele frissonna et dit :

— Et moi, pauvre imbécile, je devrais restituer à la fille la propriété ou l'usage de ce que le père m'a volé !... Mais peut-on imaginer pire situation ? Pourquoi ne m'avez-vous pas raconté tout de suite ces choses ?

— Votre Excellence ne m'a jamais fait l'honneur de me le demander...

— Et ce procès...

— Le seigneur Don Blasco en possédait les pièces... Je ne saurais dire s'il les a encore... Mais ce sera lui, ou quelqu'un de la société...

— Matteo Lo Vecchio, je donnerais un œil pour mettre la main sur ces documents...

— Un œil, c'est trop pour Votre Excellence, et ce n'est rien pour moi. Il faudrait savoir avec certitude qui les détient. Si Girolamo Ammirata était là, nous pourrions en savoir davantage. Mais il est à Naples. Je crois qu'en raison de l'affection qu'il porte à Votre Excellence, il se montrerait fort utile. Il faudrait que Votre Excellence demande sa grâce. On ne vous la refuserait pas, et vous n'auriez pas à vous en justifier, eu égard à vos rapports d'autrefois...

Cette fois-là, le sbire n'eut pas assez de tact. Peut-être n'avait-il pas soupçonné qu'Emanuele s'efforçait d'oublier le passé, et qu'il n'éprouvait aucun sentiment de reconnaissance envers le rationnel de l'hôpital général.

En fait, le jeune homme avait rougi en entendant la proposition du sbire. L'idée lui répugnait mais l'intérêt fut le plus fort et il répondit évasivement « J'essaierai » avant de renvoyer le sbire avec une bourse pleine en lui recommandant d'enquêter pour son compte.

Matteo Lo Vecchio rentra chez lui en se creusant la cervelle. On ne lui ôterait pas de la tête que Blasco avait remis ces fameux papiers aux Beati Paoli et que selon toute probabilité, ils devaient être entre les mains de Don Girolamo Ammirata ou de Coriolano de la Floresta, car il ne mettait pas en doute que le chevalier fût lié à la secte. Comme il n'en avait pas de preuves, il ne pouvait le dénoncer, mais il en était fermement persuadé. Son amitié avec Blasco lui semblait le plus bel argument en faveur de son intuition.

Comment parvenir jusqu'aux deux amis ? Il était trop connu, s'était trop exposé dans cette affaire pour agir directement et s'il avait suggéré le nom de l'ancien rationnel, c'était parce qu'il lui semblait représenter le moyen le plus direct. Mais chemin faisant, une autre physionomie se dessina dans son esprit : Andrea. Comment n'y avait-il pas pensé plus tôt ?

Chose qui n'avait rien d'extraordinaire, à une époque où un serviteur était sûr de mourir dans la maison où il était né et où il avait commencé à servir au sortir de l'enfance, Andrea était encore au service d'Emanuele. Mais il n'en était nullement satisfait.

De par sa qualité d'ancien valet personnel de feu le duc, et en raison des services qu'il avait rendus, il avait espéré qu'Emanuele le nommerait majordome, lui donnant la possibilité d'acquérir une certaine aisance. Mais le jeune homme, en le gardant dans sa maison, avait cru avoir accompli un grand geste et Andrea était resté au même niveau que les autres serviteurs. Ce qui l'avait rendu amer, un peu sournois et adepte de la fainéantise.

Il grossissait et trouvait toujours des prétextes pour sortir du palais et flâner dans les rues, ne dédaignant pas non plus de s'arrêter dans une taverne pour boire avec des porte-faix ou des artisans.

Dans les premiers jours de son entrée dans le palais, fort de son passé et des dangers encourus, il avait cru pouvoir faire peser son autorité sur les autres domestiques mais, le soutien de son maître lui ayant fait défaut, il se retrouva isolé, entouré de haine. Il laissa de côté ses velléités autoritaires et prit le parti de ne plus se préoccuper de rien et de travailler le moins possible.

Mais la dévotion illimitée, jusqu'au sacrifice suprême, qu'il avait jurée à son maître moribond, et avec laquelle il s'était jeté dans ses entreprises, s'était éteinte dans son âme.

Cet amour idéal se réveillait quelquefois, lorsqu'Emanuele avait quelque mésaventure. Alors, il s'irritait :

— Pourquoi m'en exclut-il ? Pourquoi ne se fait-il pas accompagner par moi ? Je ne suis pas de ceux qui fuient ! J'ai combattu contre les Turcs.

Son dépit toucha à son comble quand Emanuele partit pour Rome et ne le choisit pas pour l'accompagner.

« C'en est donc fini ! Et bien fini. Si je pouvais trouver une autre maison, je m'en irais... Mais où aller, quand je suis attaché à celle-là ? »

Dans une des tavernes où il avait ses habitudes, il avait fait la connaissance de Michele Barabino, toujours pauvre, mais non plus mendiant. Il commençait à tailler des habits pour les pauvres gens, puisqu'il n'avait pas assez d'argent pour rouvrir une boutique et aspirer à une meilleure clientèle. Un jour, voyant passer Blasco, il entonna ses louanges.

— Quel homme ! Quel homme !

— Je le connais, dit sèchement Andrea.

— Ah, vous le connaissez ? J'en suis content. Quel homme ! Quel cœur ! Si vous saviez ce qu'il m'a fait !...

Il entama le récit des différents épisodes dont il avait été à la fois l'objet et l'acteur, et dans ses paroles vibrait une vive admiration.

— Croyez-moi, c'est lui qui aurait mérité d'être le duc de la Motta et non pas ce bouffon de Don Emanuele !... Oui, lui ! Il est plus beau, plus grand, généreux, vaillant... Que désirer de plus ?

De ce jour, le bon petit vieux fut si content qu'Andrea connût Blasco qu'il trouvait toujours le moyen d'en parler, racontant toujours la même chose avec le même enthousiasme.

— Eh oui, écoutez : son premier habit, c'est moi qui le lui ai vendu !

Andrea commença à partager le sentiment du tailleur quant à l'héritage de la maison Albamonte. Blasco était tout son père : la même vaillance, la même nature généreuse et chevaleresque, le même noble désintéressement, la même audace.

Il se rappelait qu'au début, quand il s'était lancé éperdument dans la lutte contre Don Raimondo, il avait éprouvé une méfiance jalouse et une espèce d'antipathie envers Blasco : il l'aurait volontiers tué. Cependant, les récits du tailleur et ce qu'il savait lui-même le rendaient dubitatif. Il avait égorgé Don Raimondo pour faire d'Emanuele ce qu'il était devenu. Cela valait-il la peine ?

Matteo Lo Vecchio aperçut Andrea qui buvait dans une taverne, au Capo, en compagnie de Michele Barabino mais il ne l'accosta pas. Il entra, s'accouda au comptoir, demanda un verre de vin et feignit de ne pas avoir remarqué le valet.

Andrea le désigna d'un coup d'œil à son compagnon.

— Voilà l'empereur des sbires ! dit-il à mi-voix.

— *Libera nos domo !* dit le vieux tailleur qui se piquait d'orner sa conversation de quelques citations latines.

Matteo Lo Vecchio savoura son vin puis en se tournant vers la salle d'un air indifférent, affecta de la parcourir d'un regard circulaire. Il feignit de s'apercevoir à ce moment seulement de la présence d'Andrea et fit un mouvement du menton qui semblait dire : « Mon Dieu ! Voilà ce joli monsieur ! »

Il paya et sortit.

Le lendemain, il revint, refit la même mimique qui éveilla le soupçon d'Andrea : « Que diable me veut ce fils de chien ? »

Et quand le sbire s'en fut allé, il sortit en jurant et en menaçant.

— Sang de... on finira par lui *découdre le sac à m...*

Et il prononça un mot répugnant.

La troisième fois qu'ils se virent, en fait, Andrea le regarda d'un air de défi et lui demanda :

— Alors, vous avez quelque chose à me dire ?

Matteo Lo Vecchio haussa les épaules avec une expression qui voulait signifier : « Quel imbécile !... »

— Moi ? rien, répondit-il à voix haute. Si j'avais eu quelque chose à vous dire, mon cher, à cette heure-ci, vous ne seriez pas là à boire.

— Qu'entendez-vous par là ?

— Rien, mon ami ; vous êtes si intelligent !... Portez-vous bien.

Il sortit, mais Andrea se leva et se lança à ses trousses, tandis que Michele Barabino essayait de le retenir.

— Laissez... Vous savez qui il est, vous perdez votre temps.

Mais Andrea ne lui prêta pas attention. Il retint le sbire, en répétant sa question :

— Je veux savoir ce que vous avez à me dire...

Matteo Lo Vecchio prit une expression sarcastique :

— Si vous voulez vraiment le savoir, je pourrais vous le faire notifier par le seigneur capitaine de justice, ou mieux par l'auditeur fiscal... Inutile de rouler les yeux et de mettre la main à votre poche, mon ami, parce que vous devriez comprendre que si j'avais voulu, à cette heure vous ne seriez pas là à discourir avec moi... vous auriez déjà fait connaissance avec la « *vieille qui file* ».

Andrea pâlit et sur un ton plus accommodant, il objecta :

— Je crois que vous vous trompez...

— Eh non, parbleu !... Il serait fort étonnant que je ne vous connaisse pas, Andrea Lo Bianco. Si j'avais des comptes à régler avec vous, des comptes personnels, gare à la Grande Cour Criminelle, mais vous avez dû noter que je vous ai regardé en souriant... Ce qui est la preuve la plus évidente que je n'ai pas d'idée hostile envers vous... Bien au contraire ! Et puis... Vous avez dû me voir au palais, puisque l'Illustrissime seigneur duc, votre maître bien-aimé, m'a fait plusieurs fois l'honneur de m'appeler.

Andrea avait eu tout le temps de se tranquilliser et de se rendre à ses raisons. « C'est vrai, s'il avait voulu me dénoncer, ce serait fait depuis longtemps. » Mais pour tenir son rôle, il affirma encore :

— Je ne sais de quoi vous voulez parler : je n'ai aucun compte avec vous, et je ne vous ai pas vu au palais.

— Ah, menteur ! s'exclaffa Matteo Lo Vecchio en lui donnant une tape dans le dos. Mais laissons cela. Venez boire un verre. Pas ici. Il y a cette pie bavarde de tailleur... Je le connais.

Il l'entraîna vers la place de San Cosmo, dans une taverne de laquelle on voyait la vieille maison de Don Girolamo Ammirata et la ruelle des Orfani. Comme par hasard, il le fit asseoir devant la porte, de manière à voir au-dehors. Tout en buvant, le sbire montra la maison et dit :

— Vous vous souvenez, hein ?... Pauvre Don Girolamo Ammirata ! Il est veuf, je crois ; n'est-ce-pas ?

Andrea hocha la tête, troublé par ce souvenir.

— Vraiment, poursuivit le sbire, je n'aurais jamais supposé que monsieur le duc ne prendrait pas avec lui son sauveur ou ne pourvoirait pas au moins à sa fortune.

Andrea tressaillit. Comment le savait-il ? Matteo Lo Vecchio continua avec une apparente bonhommie :

— Parce qu'enfin, non seulement il lui doit son état, mais Don Girolamo a failli y laisser sa peau... il s'en est fallu de peu. Et vous aussi, Andrea. Don Raimondo savait tout... ce sont des choses dont aujourd'hui on peut parler. De l'eau est passée sous les ponts. Mais alors !... vous vous souvenez de cette ruelle ? Une nuit, j'ai manqué de peu votre arrestation. C'est le bâtard, Don Blasco qui vous a sauvés... Vous devez vous en souvenir... Je vous avais à ma merci et Don Raimondo savait tout... même l'existence du procès, que vous aviez fait avec tous les témoignages. Peppa, Giuseppico...

Embarrassé, Andrea ne savait plus que répondre.

— J'étais obligé de vous rechercher et de vous persécuter, continua Matteo Lo Vecchio, mais, parole d'honneur, j'ignorais quel scélérat était Don Raimondo. Je le prenais pour une victime. Mais quand j'ai lu le procès...

Andrea sursauta sur son siège, blanc comme un linge.

— Vous l'avez lu ? Comment l'avez-vous lu ?

— Je l'ai eu en main...

— Ah !... vous ? Voilà pourquoi il a disparu !... Vous l'avez donc encore ?

— Moi ? Non.

— Don Raimondo l'avait, alors ?

— Mais non, voyons ! Il aurait payé un million d'écus pour mettre la main dessus !... Je suppose que c'est Don Girolamo Ammirata, qui l'a...

— Non, ce n'est pas lui ! Nous ne l'avons plus revu ! gémit Andrea.

Il s'effraya. Ce procès rendait évidente son appartenance passée à la secte des Beati Paoli. Quoique cela remontât à quatre années, il avait pourtant raison de craindre la justice. Si elle se procurait ces documents, elle pourrait le poursuivre pour l'assassinat de Don Raimondo et d'autres crimes restés dans l'ombre. Une pensée lui traversa l'esprit : Matteo Lo Vecchio l'avait habilement embobiné pour lui arracher l'aveu qui lui avait échappé. En dévisageant le sbire, il lut sur ses traits une stupeur et un regret si sincères qu'il en fut un peu rassuré.

— Et qui donc a les minutes de ce procès ? demanda Matteo Lo Vecchio.

— Je n'en sais rien, mais il faudrait le trouver, à tout prix ! dit Andrea.

Le sbire réfléchit un instant puis avança :

— J'ai des soupçons, mais je ne puis les approfondir...

— C'est-à-dire ?

— Je parierais que c'est Don Blasco qui les conserve...

— Pourquoi cela ?

— Parce que je sais de source sûre qu'il les a eues en main. Il les a restituées à Don Girolamo Ammirata ou il les a gardées, à moins qu'il ne les ait détruites... ce qui serait préférable... vous devriez vérifier...

De ce jour, Andrea n'eut plus la paix. Malgré lui, il cherchait à rencontrer Matteo Lo Vecchio, dont les investigations l'inquiétaient. Le sbire ne se départissait pas de cet air de bonté et presque de protection qu'il avait adopté avec lui. Il ne parlait plus du passé. Il s'informa du procès en annulation de mariage, qui passionnait la ville.

— Il faut de l'argent, mon cher. Il faut aller à Rome avec un sac gros comme cela, ainsi que le dit le « roi de bronze » de la place de Bologna. Les monseigneurs ont de grandes mains et des poches comme des besaces.

Mais le silence de Matteo Lo Vecchio et le soin qu'il mettait à éviter le sujet des fameux documents rendait Andrea toujours plus suspicieux. « Le sbire est en train de machiner quelque friponnerie de grande envergure. »

Ses soupçons ne firent que croître le jour où Don Girolamo Ammirata se présenta devant lui.

— Vous ?

— Oui, c'est moi !... Je suis arrivé ce matin.

— Grâcié ?

— Grâcié !

— Oh, quel plaisir !... En fait, mon cher ami, je ne sais s'il convient de se réjouir ou s'il n'aurait pas mieux valu que vous restiez à Naples !

— Tiens donc ! Pourquoi dites-vous cela ?

— Savez-vous qui vous a fait grâcier ?

— Bien sûr, et je viens justement remercier Em... monsieur le duc d'avoir eu la bonté de se souvenir de moi.

— Êtes-vous sûr que c'est le duc qui s'est rappelé votre existence ?

— Qui diable voulez-vous que ce soit ?

— Qui ? Matteo Lo Vecchio...

— Quoi ?

— Comme je vous le dis. Nous sommes dans ses mains. Le gredin est au courant du procès que nous fîmes à Don Raimondo... Et dans ces documents sont nos noms et prénoms... Il nous réunit pour tout remettre entre les mains de la justice. Écoutez-moi : il faut se mettre à l'abri.

Don Girolamo fut d'abord déconcerté par cette nouvelle mais en y réfléchissant, elle ne lui sembla guère sérieuse. Qu'il appartînt à la secte, nul ne l'ignorait. C'était justement pourquoi il avait dû fuir. Et si on l'avait grâcié, il était absous... Le meilleur moyen de s'en assurer était encore de voir Emanuele.

Ce dernier était sorti. Don Girolamo l'attendit dans la salle des serviteurs en bavardant avec Andrea. Celui-ci lui parla du mariage d'Emanuele, du scandale qui l'avait suivi, du procès, mais à chacune de ses paroles, Don Girolamo Ammirata lui disait : « Je le sais ». Toutes ces nouvelles étaient parvenues jusqu'à Naples.

Un bruit de carrosse dans le vestibule, l'agitation soudaine des serviteurs et l'attitude respectueuse qu'ils prirent en s'alignant dans la salle l'avertirent que le duc arrivait. Andrea courut se mettre en rang en disant :

— Voilà le maître.

Don Girolamo se leva, vivement ému. S'il s'était séparé d'Emanuele dans l'amertume, si ce dernier ne lui avait plus adressé ni un mot ni un salut, il ne pouvait effacer de son âme les seize années durant lesquelles il l'avait regardé comme son fils et la pauvre dame Francesca l'avait considéré comme la pupille de ses yeux. Des souvenirs doux et tristes surgissaient des profondeurs de son âme. Son cœur battit plus fort et ses yeux se mouillèrent.

L'ancien rationnel vit deux valets qui le précédaient, la torche à la main, comme s'ils accompagnaient le viatique et derrière eux, raide, hautain, la tête haute, le pas rigide, Emanuele, dans un vêtement très riche et très élégant, suivi de deux autres laquais, dont l'un portait religieusement sur ses bras tendus le manteau du maître et l'autre une ombrelle de soie rose.

Il traversa la salle entre les deux files de ses serviteurs qui s'inclinaient dans un mouvement qui semblait plus d'adoration que de soumission ; il passa devant Don Girolamo Ammirata en lui accordant à peine un regard et entra dans les appartements dont les portes se refermèrent derrière son dos.

Le cœur de Don Girolamo se serra. Un regard, et rien d'autre ! Il ne l'avait donc pas reconnu ? Ou bien la superbe et la vanité avaient desséché chez lui tout autre sentiment ? Il attendit qu'on lui accordât d'être mis en présence de monsieur le duc mais après avoir patienté trois quarts d'heure, un valet vint lui dire que Son Excellence appréciait l'attention de Don Girolamo mais ne pouvait pour le moment le recevoir car elle devait changer de tenue pour aller à la conversation.

Don Girolamo descendit l'escalier la tête basse, plein d'une douloureuse indignation, et se rendit au palais de la Floresta.

Il conta la chose à Coriolano et conclut en soupirant avec un regret profond :

— Et voilà pour qui nous avons exercé la justice !

XV

Le mariage de Violante avait rendu Blasco taciturne et le jour des noces, sous un prétexte quelconque, il s'était soustrait à la compagnie de Coriolano et même à celle de Donna Gabriella, en partant à la campagne. Il ne revint que le mercredi des Cendres quand dans la ville se répandait la nouvelle que ce jeune débauché d'Emanuele avait passé sa nuit de noces avec la prima donna de Santa Lucia.

Il en fut indigné et en même temps ne put se dissimuler sa propre joie. Il voulut savoir de Coriolano les détails qui n'étaient pas du domaine public.

Sa joie augmenta quand il apprit que Violante avait interdit à l'époux l'accès de sa chambre.

— Qu'y faire ? conclut Coriolano en souriant. Emanuele avait faim, et ne trouvant pas la table mise chez lui, il est allé se rassasier ailleurs : c'est compréhensible, et je crois qu'il a agi avec esprit...

— Très bien ! très bien ! s'exclama Blasco qui, certes, ne pensait pas à la faim d'Emanuele. Mais savez-vous que cette jeune fille a du caractère ? Je ne l'aurais jamais deviné !... J'en suis fort content !

— Excusez-moi, mais de quoi êtes-vous content ? Du caractère, s'il vous plaît de l'appeler ainsi, ou des barres qui interdisaient la porte ?

Blasco rougit un peu. Coriolano le regardait de son œil serein et doux, mais en même temps investigateur.

— C'est une consolation éphémère, lui dit-il. Ces sortes de sièges se terminent toujours par une reddition sans condition. Si cela devait s'éterniser, les acteurs se couvriraient de ridicule, et le ridicule retomberait aussi sur les auteurs de ce mariage. Il est donc naturel que les barres tombent, que les portes s'ouvrent...

— Croyez-vous ? demanda Blasco en pâlissant.

— Diantre !... Mais excusez-moi, pourquoi pâlissez-vous ?

— Moi ? Mais non...

— Mais si !... Dites-moi la vérité, vous êtes toujours amoureux de Donna Violante ?

Blasco fit non de la tête, mais n'osa pas le dire. Les paroles de Coriolano réveillaient trop de souvenirs et de sentiments assoupis pour qu'il pût affirmer le contraire de ce qui était. Mais il ne voulait pas l'avouer. Désormais, il ne s'appartenait plus : il avait lié son destin à celui de Donna Gabriella et ce serait à ses yeux une vilénie indigne et déshonorante que de manquer à la promesse que, dans un moment critique, il avait faite à Donna Gabriella. Si la duchesse n'était pas encore sa femme, c'était uniquement parce qu'elle n'avait pas voulu.

« Je veux être aimée de toi librement, hors de tout lien, de toute obligation qui ne soit pas celle du cœur... Je crains, mon ami, que le jour où je serai ton épouse, je gagne le droit de sortir à ton bras sans encourir le blâme, mais au prix de ton amour, et ce que je veux, c'est ton amour. »

Ces paroles l'avaient lié à Donna Gabriella encore plus étroitement que ne l'aurait fait la bénédiction d'un prêtre.

Mais elle sentait qu'une partie du cœur de Blasco lui était interdite. Lui aussi, à présent, le voyait nettement : il avait fermé les chambres les plus éloignées de son âme, parce que dans ces chambres, il y avait l'image de Violante avec les rêves, les espérances, les douleurs d'un amour solitaire.

Coriolano secoua la tête en murmurant :

— Hélas ! Comme vous avez changé ! Où est mon Blasco, le Blasco que j'ai rencontré, un jour sur l'avenue Colonna, en tête à tête avec le prince d'Iraci ?

Blasco lui aussi sourit à cette évocation, mais d'un sourire triste. En vérité, il n'était plus lui-même ; un fleuve trouble avait débordé, inondant les vertes prairies de son insouciance.

— Je vieillis, mon ami.

— A trente ans ? Allons ! même vous, vous ne le pensez pas... Je sais moi, de quel genre est votre vieillesse. Mais parlons d'autre chose.

Quelques jours plus tard la nouvelle de l'annulation du mariage courut dans les conversations et Coriolano la communiqua à Blasco.

Celui-ci ne put dissimuler la profonde émotion que lui donnait cette nouvelle ; son visage avait repris, comme par enchantement, son ancienne gaieté. Violante reprenait sa liberté, Violante encore jeune fille, intacte, pure !

— Mais savez-vous, dit-il, que c'est une chose extraordinaire ?

Il ne trouva pas d'autres paroles que celles-là, bien sottes. Mais que lui importait ? Certes, il n'osait nourrir ou formuler aucune espérance, mais la seule idée qu'Emanuele ne possèderait pas Violante, qu'il n'aurait jamais aucun droit sur elle, suffisait à le rendre heureux.

En le voyant ce jour-là comme elle ne l'avait pas vu depuis longtemps, plus expansif, plus gai, presque fébrile, Donna Gabriella s'étonna d'abord, puis se rembrunit, soupçonnant la vérité. Ce fut alors son tour de devenir sombre et renfermée. A l'évidence, si la nouvelle de la séparation de Violante le remplissait de joie, c'était qu'il l'aimait encore. Ce qui n'avait été que soupçons vagues se muait en réalité et lui gonflait la poitrine de jalousie. Elle se demandait si la conduite des deux époux, la nuit de leurs noces, n'avait pas été l'effet du venin qu'elle avait distillé dans leurs âmes ; et exagérant la portée de ses paroles, elle s'accusait d'avoir, par son désir violent d'exercer quelques petites représailles, provoqué ce qui rendait Violante libre, désirable et de nouveau dangereuse.

Elle voyait pâlir l'étoile de son bonheur. Il y avait donc quelque chose de fatal, d'inéluctable, qui détruisait *tout* son pouvoir sur l'homme aimé ? Tôt ou tard ne s'arracherait-il pas à ses bras, pour suivre un fantôme ? Que faire pour l'en empêcher ? Peut-être en finir avec cette cause de nullité et raccommoder les époux !

Le printemps fut cette année-là tiède et serein. En mars, on se serait cru au mois de mai. La promenade du Cassaro était fréquentée tout comme celle hors la Porte Neuve. L'après-midi, des carrosses poussaient jusqu'à la Marina ; il y avait des âmes solitaires qui, laissant le fracas de la rue principale, préféraient la tranquillité de cette vaste place au bord de la mer, sur l'immensité de laquelle le bruit de quelques carrosses se perdait. Et sur le terre-plein qui courait le long de la courtine du mur entre la Porte Heureuse et le palais Butera, avec ses terrasses sur le Mur des Captives, ainsi appelé parce qu'il offrait une promenade à l'écart aux veuves, on voyait quelques silhouettes sombres ou quelques chaises à panaches, franges et rideaux noirs.

Un jour, après déjeuner, Donna Gabriella, inquiète et triste, se fit porter jusqu'au Mur des Captives. Elle était encore vêtue de sombre mais les signes du deuil avaient déjà été enlevés de sa chaise. Au milieu du terre-plein, elle la fit arrêter et en descendit pour jouir du très beau spectacle de la mer qui sous ses yeux, s'élargissait dans toute l'étendue du golfe. A sa droite s'avançait l'éperon du bastion du Tuono, avec les grosses pièces d'artillerie ; derrière, à vingt pas, se dressait la longue façade du palais Butera.

Donna Gabriella y ramena son regard et tressaillit ; elle avait aperçu Violante. La jeune fille, accoudée au parapet de la terrasse, enveloppée dans une mantille, regardait elle aussi la mer, le cap Zafferano, et les nuages semblables à des bouquets gigantesques de roses et de violettes, répandus dans le ciel qui prenait une légère teinte d'améthyste.

Elle observa un peu la jeune fille absorbée dans ses pensées, ce qui parut attirer son attention, car Violante baissa les yeux et eut un mouvement de stupeur en la découvrant ; alors elle la salua de la main, en esquissant un sourire.

Il lui en avait coûté de se montrer aimable, car son cœur se gonflait d'amertume en la voyant encore plus belle, et avec une attitude qui, dans un genre mélancolique, avait un attrait mystérieux.

Violante parut s'étonner de ce salut inattendu mais, obéissant aux habitudes de l'éducation, elle lui répondit par une révérence cérémonieuse et pleine de réserve. Quand la jeune fille s'aperçut que Donna Gabriella ne se décidait pas à lui dire un mot, Violante, pour se soustraire à une situation qui lui coûtait, s'inclina à nouveau et rentra.

La duchesse eut un mouvement de dépit contre elle-même et contre la jeune fille. Son dessein n'était pas encore très clair dans son esprit, mais il lui sembla que l'attitude de Violante lui ôtait la possibilité d'un succès.

Elle n'osa revenir le lendemain. Mais elle désirait la revoir, avec le vague espoir qu'une rencontre avec elle l'aiderait à regagner le cœur de Blasco Au bout de deux ou trois jours, elle retourna au Mur des Captives, mais elle ne revit pas Violante. Elle y croisa au contraire Matteo Lo Vecchio qui la salua profondément. La vue du sbire lui donna un frisson ; elle se souvint qu'il avait tenté d'empoisonner Blasco au château de Messine et elle eut soudain envie de le faire arrêter, en dépit des cinq années écoulées.

Le sbire parvint à l'extrémité du terre-plein et retourna en arrière, et, en repassant devant la chaise, il s'inclina avec un sourire malin. Il avait remarqué les coups d'œil impatients de Donna Gabriella vers la terrasse du palais Butera.

Le soir Emanuele fut mis au courant.

« Que diable va-t-elle faire là ? » se demanda-t-il.

Qu'elle allât voir Violante ne lui venait pas même à l'esprit. Il lui supposa une toute autre motivation et une sourde colère jalouse lui fouetta le sang. Il couvrit mentalement d'injures la duchesse, car il ne lui avait jamais pardonné les humiliations qu'elle lui avait infligées sans lui avoir jamais accordé la satisfaction de l'embrasser ; il caressait toujours l'idée d'une revanche fracassante qui ferait de Donna Gabriella la fable de toute la ville. Croyant que les promenades de la duchesse dissimulaient un nouveau caprice amoureux, il se réjouit à l'idée que Blasco ferait piètre figure.

« Parbleu ! c'est ton tour, bâtard du diable ! Voilà qui me plaît. Nous le mettrons sous la protection de San Pasquale ! Ah, si je pouvais avoir un indice, une preuve... »

— Matteo Lo Vecchio, je veux savoir ce que la duchesse va faire au Mur des Captives.

— Votre Excellence le saura.

Le lendemain, le sbire vint le lui dire.

— Madame la duchesse a une intrigue...

— Ah ! je le pensais bien...

— Mais ce n'est pas avec un homme...

— Comment ?

— Elle a une intrigue avec sa belle-fille.

— Donna Violante ?

— Exactement.

— Vous plaisantez.

— Moi ? Je n'ai jamais parlé aussi sérieusement... J'ai vu de mes yeux madame la duchesse parler avec Donna Violante... Donna Gabriella depuis le Mur des Captives et sa belle-fille de la terrasse du palais Butera.

Emanuele n'en fut pas convaincu ; peut-être cette fois-là s'étaient-elles rencontrées par hasard, mais Donna Gabriella ne perdrait certes pas son temps à aller jusque-là pour les beaux yeux d'une jeune fille envers laquelle elle n'éprouvait aucune sympathie. Il fallait y retourner.

Le sbire s'inclina .

— Si Votre Excellence me l'ordonne, j'obéirai, mais je vous assure que les promenades de la duchesse n'ont pas d'autre but...

Deux ou trois jours plus tard, son rapport fut le même. La duchesse demandait à sa belle-fille si elle rentrait au monastère, ou si elle allait rendre visite à ses tantes ; elle voulait la voir de près, et parler de mille choses...

Emanuele en fut étonné. Elles étaient donc en bons rapports ? Alors il se rappela le domino bleu et ses paroles vénéneuses : une comédie pour empêcher son entrée dans la chambre nuptiale, pour provoquer ce scandale de l'annulation. C'était une vengeance de Donna Gabriella. La conclusion lui paraissait si claire, si logique, qu'il n'eut plus aucun doute.

— Ah ! madame la duchesse n'est donc pas satisfaite ? Après m'avoir exposé au ridicule, elle m'enlève ma femme ? Ah, c'est donc elle qui est à l'origine de tout ce qui s'est passé ? Mais très bien, madame, très bien ! Nous veillerons à vous donner une leçon dont vous vous souviendrez pour le restant de vos jours... malgré toute la protection des Beati Paoli !...

Matteo Lo Vecchio tendait l'oreille : la protection de qui ? Il y avait donc des éléments qu'il ne connaissait pas ? Ainsi donc, même madame la duchesse serait une affidée ? Aie l'œil, Matteo !

Emanuele arpentait la pièce, en s'échauffant ; tout d'un coup il s'arrêta devant le sbire :

— Et vous ? Que faites-vous ? J'ai fait venir Girolamo Ammirata, je vous ai donné carte blanche, mais ces fameux papiers... C'est maintenant qu'ils me seraient utiles pour cette garce de Donna Violante !... Je pourrais les lui jeter à la face : « Votre père était un malfaiteur, et je le ferai savoir aux quatre vents ; je couvrirai d'infâmie sa mémoire et je nous vengerai, ma mère et moi !... » Voilà ce que je voudrais lui dire !... Que faites-vous ? Où sont les papiers ? Je veux humilier, couvrir de honte ces deux femmes, je veux les avoir à mes pieds, les avoir et les jeter aux chiens !... Vous avez entendu ? Je vous ferai riche si vous réussissez à me venger, mais je vous ferai assassiner si vous me trompez... si vous croyez pouvoir vous jouer de moi...

Matteo Lo Vecchio le laissa se déchaîner, affectant de l'écouter dans une attitude humble qui laissait percer une légère ironie. Quand Emanuele eut fini, il lui demanda :

— Votre Excellence me permet-elle de dire un mot ?

— Que pourriez-vous dire ?

— Que nous finirons par mettre la main sur ces papiers. Prenez patience. Inutile de risquer d'être pris pour des voleurs : ce serait tout compromettre et spécialement Votre Excellence. Laissez-moi faire. J'ai moi aussi un certain compte à régler avec les Beati Paoli, et en vous vengeant, je me vengerai de même.

« La duchesse, pensait-il, est protégée par les Beati Paoli ; affidée, elle ne l'est sans doute pas, mais cette protection lui vient certainement du bâtard. Elle doit savoir bien des choses sur cette secte du diable, y compris où sont ces papiers. Peut-être même les a-t-elle en dépôt, comme un précieux souvenir de son illustre époux, que le diable ait son âme ! Il faut donc travailler la duchesse et lui arracher le secret. Comment ? Pour faire ce qu'on veut d'une femme amoureuse, rien ne vaut la jalousie. Nous rendrons jalouse madame la duchesse au point de lui faire faire des folies. Voyons un peu... »

Le sbire à l'imagination féconde élaborait un vaste plan de vengeance, dans lequel il voulait attirer Don Girolamo, Blasco et Coriolano. Donna Gabriella et Violante seraient certainement impliquées, mais ce n'était pas pour tracasser Matteo Lo Vecchio. Quant à Emanuele, qu'il réussît à humilier les deux dames ne lui importait pas le moins du monde ; pour le sbire, le jeune duc n'était qu'un drapeau destiné à le protéger et qu'il saurait si nécessaire jeter au feu.

Un plan diabolique, qu'il fallait étudier, mais dont la réussite ne faisait pour lui aucun doute.

Tout en rassurant Emanuele, il lui suggéra un beau coup. Andrea, par exemple, était un homme auquel on pouvait confier des tâches scabreuses. En plein jour, à l'angle de la ruelle de Sant'Antonio, il avait tiré un coup de pistolet sur Don Raimondo. Oh, il le connaissait bien ! Pour manier le couteau, il y en avait peu qui soutenaient la comparaison avec lui. Il ne pouvait sentir Blasco : il avait déjà voulu le tuer et était bien capable de le faire..

Emanuele écoutait et réfléchissait.

« Diantre ! Et pourquoi alors, l'ai-je écarté ? Et si maintenant... »

Ce *maintenant* resta suspendu dans une réticence lourde de mille idées.

— Très bien ! très bien ! dit-il en congédiant Matteo Lo Vecchio.

Dans l'antichambre, le sbire rencontra Andrea et, l'attirant amicalement jusque sous le porche, il lui murmura à l'oreille :

— J'ai parlé de vous à Son Excellence. Vous verrez que désormais il reconnaîtra vos mérites.

Andrea le remercia. Un observateur attentif aurait perçu sur le visage du vieux serviteur de la maison Albamonte une méfiance ironique, mais Matteo Lo Vecchio surveillait du coin de l'œil Don Girolamo Ammirata qui se tenait sur un balcon en face. Le sbire ne remarqua rien et s'en fut.

Don Girolamo sortit presque aussitôt et le fila, tandis qu'Emanuele appelait Andrea.

XVI

Comme par hasard, Donna Gabriella rencontra, au parloir de Santa Caterina, Violante qui rendait visite à ses tantes, accompagnée par le prince de Butera. A l'approche de Pâques, la duchesse était, elle aussi, venue voir ses deux vieilles belles-sœurs.

Il y avait longtemps que la marâtre et sa belle-fille ne s'étaient vues. Elles se saluèrent cérémonieusement, avec amabilité mais aussi avec froideur. Elles échangèrent quelques paroles insignifiantes, puis Donna Gabriella entra dans le vif du sujet en demandant des informations sur l'état de la procédure de nullité.

— Nous espérons aboutir d'ici quatre ou cinq mois, annonça le prince.

Donna Gabriella parut s'en désoler.

— Mais la réconciliation est donc impossible ?

Le prince et Violante eurent une expression qui semblait dire : « Quelle question stupide ! ». Mais Donna Gabriella ne se démonta pas et se lança dans un prêche édifiant, rendue éloquente par le motif secret qui la poussait. Elle fit les louanges d'Emanuele qui était riche, beau, valeureux, avait toutes les qualités d'un époux enviable... Ils ne s'aimaient pas ? L'amour viendrait certainement par la suite. Mieux valait éviter d'autres bavardages ; il y en avait eu beaucoup et point tous bienveillants. Et puis Emanuele ne le laissait pas voir, mais il était très amoureux de Violante et commettrait peut-être quelque folie...

La jeune fille l'écoutait avec une stupeur toujours plus grande et en songeant aux promenades de Donna Gabriella sous le Mur des Captives, elle se demandait si elle n'avait pas reçu une mission d'Emanuele. Elle était froide. Elle devint soupçonneuse. Mais le prince de Butera intervint. Le procès était entamé et il n'était plus temps de revenir en arrière. Tant pis pour Don Emanuele. Au lieu d'aller passer la nuit dans la maison d'une dame de cette espèce, il aurait dû rester chez lui. Allons ! C'était un sujet sur lequel on ne pouvait s'étendre sans manquer au respect qu'on doit à une dame de qualité. Il pria Donna Gabriella d'abandonner une conversation pénible pour tous.

La duchesse manifesta un certain déplaisir. Mais au fond d'elle-même, elle entendait rugir sa colère. Ces derniers jours elle avait reçu des lettres anonymes qui l'invitaient à garder les yeux ouverts, parce que venait le temps de grandes douleurs ; une lettre faisait allusion à l'infidélité, aux trahisons de personnes chères et très proches.

Le refus de Violante, les paroles du prince résonnaient à son oreille comme le résultat d'autres suggestions, derrière lesquelles son esprit soupçonneux voyait Blasco.

Elle tenta une contre-attaque, en murmurant à l'oreille de la jeune fille :

— Ne serais-tu pas... amoureuse de quelqu'un ?... Dis-moi la vérité.

Violante, écarlate, la fixa.

— Non, fit-elle sèchement, et elle se plongea dans un sombre silence.

Elles s'étaient comprises. Mais au regard avide, furieux, tempétueux de Donna Gabriella, Violante opposa un regard de dédain altier.

— Madame, dit-elle en accentuant chaque syllabe, quand mon mariage sera annulé, je viendrai demander à ces murs la paix que je n'ai plus connue depuis la mort de mon père !

La duchesse s'attarda encore une minute puis prit congé et s'en fut, le cœur en pleine tourmente. Quand elle se fut enfermée dans son carrosse, derrière les rideaux tirés, elle versa des larmes de dépit, de colère, de jalousie, de haine. Nul ne pouvait lui ôter de la tête qu'entre Blasco et Violante devait exister une entente.

« Mais je la découvrirai ! sanglotait-elle, je la découvrirai ! »

Rien ne la rendait plus déraisonnable, obstinée, féroce que ces accès de jalousie.

Le soir, elle se planta devant Blasco, avec des yeux qui semblaient lancer des éclairs et le menaça :

— Prends garde ! j'ai la preuve que tu ne m'aimes pas, que tu ne peux m'aimer... Inutile de nier. Je ne pourrais te croire... Mais prends garde, je te le répète. J'ai tout piétiné pour me donner à toi, entièrement !... J'ai vécu et je vis pour toi. Eh bien, je te tuerai de mes mains !

Sur cette déclaration, elle fondit en larmes et Blasco dut recourir à toutes ses ressources de pitié et de tendresse pour la calmer. Mais pour elle commença une vie de soupçons, d'anxiété, de peurs, d'élans de folie, dans lesquels s'usaient et se perdaient la gaieté et la passion qui étaient ses principaux attraits.

Une autre lettre anonyme qu'elle reçut à cette époque lui disait :

« *Une personne dévouée, qui ne veut pas être vue, pourrait vous donner une nouvelle importante concernant ce qui intéresse principalement votre cœur. Ne mentionnez à personne cette lettre ; et si vous voulez du moins avoir la clé de ce qui vous fait le plus souffrir, veuillez aller en carrosse sur la Colonna ; un homme qui se tiendra près de la fontaine s'approchera et vous demandera l'aumône pour les Âmes saintes du Purgatoire. Silence et prudence.* »

Cette lettre ne la laissa pas en paix. Elle fut agitée jusqu'au lendemain après-midi, où elle se rendit à la Marina. A peine eut-elle franchi la Porte Heureuse, qu'un homme portant la chasuble d'une confraternité, la capuche sur les yeux, s'approcha d'elle en secouant une sébile :

— Âmes saintes ! gémit-il.

Donna Gabriella feignit de vouloir lui donner l'aumône. En tendant la sébile, l'homme murmura :

— Votre Seigneurie Illustrissime veut savoir si le seigneur Don Blasco lui est fidèle ? Il faudrait d'abord savoir où il a caché un pli qui contient de vieux écrits appartenant à un abbé, et qui sont très précieux... Ce sont des papiers pliés en quatre, enveloppés dans un feuillet et liés par un cordon...

— De quoi s'agit-il ?

— Je ne pourrais le dire... mais il s'agit d'écrits... magiques. Ce sont des conjurations et des oraisons terribles, qui rendent maître de la vie d'autrui.

Donna Gabriella frémit et la peur courut dans son sang mais, craignant une tromperie, elle ne voulut pas se montrer trop crédule. Feignant le désintérêt, elle répondit, hautaine :

— Monsieur, je ne vois pas en quoi ces papiers du seigneur Blasco me concernent...

Et elle ordonna à son carrosse de repartir mais l'homme la supplia :

— Un moment, Illustrissime. Ne me chassez pas ainsi. Je ne veux que votre bien, et aucune récompense pour moi. Grâce au ciel, j'ai ce qu'il me faut. J'ai de la peine à vous voir dépérir ainsi !... Ces papiers ont « lié » d'autres personnes...

« Violante ! » pensa la duchesse avec un frémissement de haine.

— Si Votre Seigneurie Illustrissime, poursuivit l'encapuché, veut se venger et reprendre Don Blasco, employez-vous à savoir où il les conserve...

Donna Gabriella s'interrogeait : « Quel intérêt a ce personnage à s'occuper de moi ? »

Le doute dut se lire dans son regard, car l'homme reprit :

— Il y a une autre personne qui souffre aussi et dont la guérison dépendrait de l'annulation de ce « lien ». Votre Seigneurie Illustrissime voit donc qu'il lui appartient de défendre la paix de son âme et celle d'autres personnes. Après-demain, à la même heure, je passerai avec ma sébile devant le bastion. Venez. Je supplie Votre Seigneurie Illustrissime de n'y pas manquer.

Il fit une révérence et s'éloigna, en secouant la sébile et en criant d'une voix lamentable :

— Âmes saintes !

Donna Gabriella demeura pensive : ces papiers, ces « charmes », cette intervention du surnaturel encombraient son esprit. Elle y croyait et n'y croyait pas : la jalousie lui rendait crédibles les choses les plus invraisemblables. Mais comment faire ? Demander directement à Blasco éveillerait ses soupçons. Un nom lui vint à l'esprit : Coriolano. N'était-il pas l'unique et grand ami de son amant ? Ne connaissait-il pas tous ses secrets ?

Rentrée chez elle, elle se dépêcha de lui faire demander de bien vouloir lui rendre visite. Une telle requête n'étonna pas peu le chevalier de la Floresta, qui obtempéra sans tarder.

Aux premiers mots que Donna Gabriella, après un détour compliqué et difficile, prononça sur le sujet d'un pli mystérieux, soustrait à un abbé par Blasco, Coriolano se fit sérieux. Mais quand elle lui affirma que ces papiers contenaient des conjurations et des oraisons pour « tourmenter » des personnes, il ne put s'empêcher de rire.

— Excusez-moi, mais d'où tenez-vous cela ?

Donna Gabriella hésita puis sur les instances du chevalier, elle lui révéla tout.

— Où est cette lettre ?

Elle alla la chercher et la lui remit. Coriolano y jeta un coup d'œil, passa un doigt sur le papier, le flaira et glissa la missive dans sa poche.

— Que faites-vous ? demanda la duchesse.

— Permettez ; cela me sert à savoir qui l'a écrite.

— Vous pouvez le savoir ?

— Oui. C'est mon affaire, ne vous en préoccupez pas. A présent je vous dirai que Blasco ne possède aucun pli...

— Comment pouvez-vous l'affirmer ?

— J'en suis tout à fait sûr. Il n'en a jamais possédé qu'un et il n'est plus entre ses mains...

— Ah, vous voyez !

— Oui, mais ces papiers contenaient bien autre chose que des conjurations ; c'étaient des révélations très graves sur le compte d'une personne qui aujourd'hui est morte, et ils ne servent plus à rien...

— Vous parlez avec une assurance qui me rend perplexe.

— Le fait est que ces documents appartenaient à des personnes de ma connaissance, et qu'ils ont été volés à un être méprisable...

— Ce n'était donc pas un abbé ?

— ... à un être méprisable qui s'était justement déguisé en abbé pour accomplir ses canailleries. Blasco les a pris à ce gredin et les a rendus à leurs propriétaires... Voilà tout.

Donna Gabriella le regardait, bouche bée : ce qu'il lui disait était si précis et circonstancié qu'elle ne pouvait mettre sa parole en doute.

— Mais pourquoi, objecta-t-elle, ce frère des Âmes saintes m'a-t-il trompée ?

— Cela je le saurai, comptez sur moi.

Le soir-même, vers minuit, des ombres rasèrent les murs de la place des Santi Quaranta Martiri del Casaloto, derrière la Casa Professa, et disparurent derrière une petite porte qui s'ouvrit mystérieusement près de l'entrée de l'église.

La duchesse avait ce soir-là prié Blasco de rester ; il avait résisté à un grand déploiement de séductions, en invoquant des raisons impérieuses qui rendirent la duchesse suspicieuse. Elle s'agita et se tourmenta en songeant à la fable des conjurations et des incantations. Elle brûlait d'inquiétude.

Donna Gabriella avait entendu s'égrener les heures. Elle s'était persuadée d'une chose, qui lui paraissait une vérité, et qui pourtant ne s'appuyait sur aucun fait nouveau, une chose qui n'en était pas moins terrible et réelle : Blasco était parti parce qu'il avait promis à une autre femme de passer avec elle la soirée. Il ne pouvait en être autrement. Cette construction imaginaire l'oppressa tant qu'elle se mit à pleurer. Et puis, avec une résolution soudaine, elle appela sa femme de chambre et lui ordonna de faire préparer la chaise demi-deuil et deux volants sans livrée.

La chambrière s'étonna. Qu'avait donc la maîtresse ? Peut-être était-elle malade ? Donna Gabriella dut répéter son ordre.

Un instant plus tard, elle sortait du palais. Elle avait ordonné qu'on la conduisît chez Coriolano. Elle voulait se persuader que Blasco était chez lui, elle voulait la preuve matérielle de son innocence.

Le portail du palais de la Floresta était fermé mais au moment où la chaise arrivait, il s'entrouvrit pour laisser passer deux hommes. Ils passèrent devant les torches des volants et du fond de la chaise, Donna Gabriella reconnut Coriolano et Blasco. A peine eurent-ils disparu, qu'elle donna l'ordre de revenir en arrière. Elle appela l'un des valets :

— Tu as reconnu les messieurs qui sont passés ?

— Oui, Excellence.

— Bien, il faut les suivre, mais sans se faire remarquer.

— Votre Excellence sera servie.

Cette chaise si modeste ne pouvait éveiller le soupçon. La nuit, médecins, sages-femmes, pères confesseurs n'employaient pas d'autres moyens de transport et il y avait toujours des gens qui naissaient et qui mouraient. Les deux amis ne lui prêtèrent donc pas attention.

En outre, quand ils eurent dépassé l'église de Santa Orsola, ils disparurent dans l'ombre et les volants ne surent indiquer où ils étaient entrés. La placette était déserte et silencieuse, et les maisons qui entouraient la vieille tour du palais Marchese aux belles fenêtres ornées d'arabesques, étaient fermées et ne laissaient transparaître aucun signe de vie.

Donna Gabriella se désola. Où était allé Blasco ? Les valets étaient-ils sûrs qu'il eut pénétré sur la place ? Et pouvaient-ils affirmer qu'il n'était pas ressorti de l'autre côté, par la ruelle qui conduisait vers la Casa Professa ?

— Retournons à la maison, ordonna-t-elle d'une voix altérée par le dépit et la douleur.

Ils reprirent leur chemin en direction des Quatre Coins ; la nuit était déjà fort avancée et Donna Gabriella eut peur. La frayeur lui fit recouvrer la raison et lui montra l'absurdité de cette expédition nocturne.

Après les Quatre Coins, ils poursuivirent vers la rue Toledo. Un carrosse précédé de quatre volants qui venait au trot à leur rencontre, réveilla sa peur. Instinctivement, elle se recroquevilla au fond de la chaise et à la lumière des torches, elle reconnut la livrée de la maison de la Motta.

« Emanuele ! Mon Dieu ! S'il me voyait ! Je serais perdue ! »

Mais peu après le fracas des roues s'éteignit presque d'un coup : la voiture avait dû prendre par une rue latérale. Dès qu'elle fut rentrée chez elle, Donna Gabriella appela un des valets.

— Va, lui dit-elle, au palais de la Floresta et surveille pour voir à quelle heure le chevalier Albamonte revient et avec qui. Ne bouge pas avant de l'avoir vu rentrer... Et avant tout, ne te fais pas voir. Prends-y bien garde. Quelle que soit l'heure à laquelle tu rentres, fais-moi réveiller.

Le volant partit.

Il se posta sous un porche et attendit. Minuit sonnèrent, puis une, puis deux heures. Le volant vit sortir des ténèbres deux ombres qui s'approchèrent du palais de la Floresta ; il aiguisa ses regards et tenta de les reconnaître ; il lui sembla reconnaître Blasco ; qui d'autre pouvait entrer au palais de la Floresta à cette heure sinon le maître de céans ou son hôte ? Il patienta encore une minute pour voir si le portail se rouvrait. Quand il fut persuadé qu'il était inutile d'attendre plus longtemps, il décida de rentrer

Une voix l'arrêta dans son mouvement.

Faisant volte-face, il vit tout près de lui Matteo Lo Vecchio qui souriait d'un sourire diabolique.

— Que voulez-vous ?

— Rien, mon fils, j'étais là, je t'ai vu et comme je suis curieux, j'ai voulu voir à quoi tu t'occupais..

— Et vous n'avez rien d'autre à faire que de vous mêler des affaires des autres ?

— Un instant, mon jeune ami. Parfois il est bon de s'en mêler... Par exemple, que fais-tu ici ?

— Ce qui me plaît.

— La réponse est bonne, mais dangereuse, parce que...

Le sbire tira brusquement de sa poche un pistolet et en le pointant sur la poitrine du valet, il l'agrippa par un bras :

— ... parce que si tu bouges, si tu cries, je t'abats comme un chien.

Le volant n'était pas poltron, mais pas non plus audacieux. Devant un pistolet, son impertinence s'évanouit.

— Mais qui êtes-vous ? balbutia-t-il. Que voulez-vous ?

— Tu n'as pas besoin de savoir qui je suis ; ce que je veux est vite dit : que fais-tu là ? et prends garde de me dire la vérité, parce qu'il y a toujours moyen de te faire tâter du nerf de bœuf à la Corbonara ou à la Vicaria. A toi de choisir.

— Ce que je faisais ?... Mais vous l'avez vu... Je regardais...

— Tu es très probablement un petit voleur qui manigançait quelque coup contre le seigneur de la Floresta.

— Moi ? Voleur, moi ?... Oh, à qui croyez-vous avoir affaire ?

— Ne crie pas tant. Comment t'appeles-tu ? Quel est ton métier ?

— Oh, mais, en somme...

— Tu ne veux pas répondre ? Prends garde, je te remettrai à la ronde pour qu'on te fustige...

Le volant cherchait à se dégager pour s'enfuir, mais Matteo Lo Vecchio le tenait serré et à chaque mouvement relevait le pistolet ; ce geste calmait le malheureux comme par enchantement.

— Tu ne me reconnais donc pas ? Regarde-moi mieux...

Le volant le dévisagea et tout à coup s'exclama :

— Matteo Lo Vecchio !

— Alors, tu vas parler, j'espère...

— Je suis valet... de madame la duchesse de la Motta.

— Ah !

Le sbire était troublé. En vérité, il avait été imprudent de se faire reconnaître. Il devina promptement pourquoi la duchesse avait expédié ce domestique faire le pied de grue devant chez Blasco et il songea à l'avantage qu'il pourrait tirer de la situation.

— Viens avec moi, allons !

— Où ?

— Viens avec moi, et tais-toi.

Il le poussa en avant, sans le lâcher, et au débouché de la rue du Bosco, ils rencontrèrent une ronde. Matteo Lo Vecchio émit un sifflement particulier qui les fit accourir.

— Prenez ce malandrin, dit-il. Il répand des fausses nouvelles contre Sa Majesté. Il a prétendu que les Impériaux avaient débarqué à Milazzo et venaient reprendre Palerme.

Stupéfait, le volant se récria :

— Mais ce n'est pas vrai ! ce n'est pas vrai !...

— Tais-toi, goujat... c'est un ennemi du roi ! Conduisez-le à la Vicaria et ne le laissez pas s'échapper.

Dans cette période, les hasards de la guerre étaient défavorables aux armées espagnoles ; les secours allemands entrés dans Milazzo rendaient le siège vain ; la nouvelle qu'à la fin du mois de janvier l'empereur Charles V avait nommé le comte de Mercy général en chef commandant des troupes allemandes en Sicile et qu'une expédition se préparait — les uns parlaient de trente, les autres de quarante mille hommes — cette nouvelle s'était répandue dans la cité et effrayait les âmes, et plus encore le gouvernement, qui avait donné des ordres très sévères contre la propagation des nouvelles.

Ce qui explique l'accusation de Matteo Lo Vecchio et la terreur du pauvre volant qui fut ficelé comme un saucisson et emporté.

Matteo Lo Vecchio s'éloigna en se frottant les mains : « Chère madame la duchesse, je suis navré pour Votre Seigneurie, mais le tour est grâcieux ! »

XVII

Donna Gabriella attendit vainement son valet toute la nuit et toute la journée du lendemain. Elle ne savait comment s'expliquer sa disparition. Un autre billet anonyme lui parvint, qui la bouleversa.

« *Inutile d'attendre votre volant. Des personnes intéressées à supprimer votre espionnage l'ont fait disparaître. Souvenez-vous de ce que vous savez et fiez-vous à quelqu'un qui est votre ami, et prie pour vous les... Âmes saintes.* »

C'était la même main qui avait écrit la première missive. Dans l'après-midi, la duchesse se prépara à sortir en carrosse pour se rendre au rendez-vous de l'homme au capuchon et elle était en haut de l'escalier quand se présenta Coriolano.

— Vous sortez ? Je le regrette... Je venais vous demander la permission de vous baiser la main...

Donna Gabriella était embarrassée ; l'œil du chevalier la scrutait comme s'il lisait dans son esprit. Elle n'osa ni le congédier ni l'inviter à entrer. Alors, avec un sourire aimable, Coriolano lui dit :

— Je m'aperçois que je tombe mal, mais j'avais quelque chose à vous dire... Si vous me le permettez, je vous accompagnerai en carrosse... à moins que je ne vous dérange...

— Point du tout... balbutia-t-elle, un peu confuse, ne voulant pas se montrer impolie, mais fort peu satisfaite de la situation.

Quand ils furent dans la voiture, Coriolano demanda :

— Pardonnez, duchesse, mon indiscrétion, mais c'est dans votre intérêt... Où allez-vous ?

Donna Gabriella rougit sans répondre.

— Je vous le dirai moi, alors : vous allez au rendez-vous du frère des Âmes saintes...

— Qu'est-ce qui vous le fait supposer ?

— Votre embarras même... et le digne frère vous attend...

— Oh, comment le savez-vous ?

— Je le sais. Peu importe comment. Je sais beaucoup de choses. Par exemple que vous avez fait arrêter votre pauvre volant...

— Pietro arrêté ? se récria Donna Gabriella.

— J'ignore s'il s'appelle Pietro, mais il se trouve à la Vicaria, accusé de cris séditieux !

— Lui, Pietro !

— Et cela parce qu'on l'a envoyé surveiller à quelle heure le seigneur Don Blasco rentrait chez lui, après avoir échoué à le suivre pour voir où il allait en compagnie de monsieur le chevalier de la Floresta.

Donna Gabriella rougit, pâlit, lança des regards effarés à Coriolano qui arborait son fin et doux sourire, plein de correction et de mesure dans le geste, l'attitude, l'expression.

— Qui vous a dit tout cela ? murmura-t-elle en tremblant.

— Je le sais, madame la duchesse ; je vous avais promis de m'informer de ce qui vous intéresse et comme vous voyez, j'ai recueilli quelques nouvelles dont je puis vous garantir la vérité...

Donna Gabriella considérait avec une crainte superstitieuse cet homme qui parlait si tranquillement.

— Eh bien, poursuivit-il, je puis vous dire qui est le frère des Âmes saintes.

— Qui ? demanda vivement la duchesse.

— Matteo Lo Vecchio !

— Lui ! s'exclama-t-elle, atterrée.

— Et je vous dirai aussi qui a fait arrêter votre valet, cette nuit, par la ronde, sous une accusation stupide...

— Qui donc ?

— Matteo Lo Vecchio.

Il s'en fallut de peu que la duchesse ne s'évanouît. Avec un effarement qui fit sourire Coriolano, elle balbutia :

— Matteo Lo Vecchio... Matteo Lo Vecchio !

Elle était donc à la merci du sbire ! Que voulait-il d'elle ? Pourquoi lui avait-il dit tant de contes sur Blasco ? Pourquoi avoir arrêté le domestique ? Elle était perdue ! Joignant les mains dans un geste suppliant et désespéré à la fois, elle murmura :

— Je suis folle ! Je suis folle !

Puis, comme prise d'un doute, elle demanda :

— Mais êtes-vous sûr de ce que vous dites ?

— Vous doutez encore ? Alors je vais vous narrer tout ce que vous avez fait hier soir...

— Non, je vous crois... Oh, mon Dieu ! mon Dieu !... je me perds.

— N'ayez crainte, je suis là pour vous aider.

— Et Blasco sait tout ?

— Tout.

— Oh, mon Dieu ! que dira-t-il ?... Est-il en colère ? Malheureux ? Dites-moi la vérité.

— En colère, non. Malheureux, oui.

Donna Gabriella se tut un moment. Cependant le carrosse sortait par la Porte Heureuse et la vue de la mer rappela le rendez-vous à la duchesse.

« Que dois-je faire et que dois-je dire ? » s'interrogea la duchesse à voix haute.

— Feindre d'ignorer qui est le frère et vous entendre avec lui...

— Et s'il me demande les papiers ?

— Les voilà.

Il tira de sa poche une enveloppe liée par un ruban, et la remit à la duchesse :

— Donnez-lui cela ; ce sont précisément des formules d'envoûtement et de conjuration. Vous lui direz que vous les avez prises à Blasco pendant qu'il dormait. Quand vous les lui aurez remises, demandez-lui ce que vous devez faire. Ensuite, je viendrai m'informer, si vous me le permettez...

Donna Gabriella prit le pli. En vérité, elle était inquiète en pensant à sa rencontre avec Matteo Lo Vecchio et au rôle qu'elle devait jouer.

Le sbire était là, sous le bastion, la tête couverte du capuchon, secouant la sébile en criant :

— Âmes saintes !

Dès qu'il vit approcher le carrosse, il alla à sa rencontre :

— Âmes saintes !

En tendant la main, il ajouta sur un ton compatissant :

— Votre Seigneurie a eu un malheur!... Pauvre jeune homme! Je l'ai vu ce matin...

— De qui parlez-vous?

— De votre volant... le pauvre petit, cela me faisait bien de la peine!

— Où l'avez-vous vu?

— A la Vicaria. Je suis allé faire mes dévotions et je l'ai reconnu. Le malheureux venait de subir la torture... Dix coups de corde! on ne plaisante pas...

— Que dites-vous là?

— La vérité!... Il se débattait le pauvre petit!... Mais cela devait finir ainsi... Vous ne devinez pas d'où vient le coup?

Malgré elle, Donna Gabriella tressaillit : Blasco? Et si le sbire ne mentait pas? Elle douta un instant. Matteo Lo Vecchio ajouta :

— Mais maintenant arrangeons nos affaires. Votre Seigneurie n'a rien appris au sujet des papiers?

— Si, répondit Donna Gabriella, rappelée au rôle qu'elle devait jouer. Et même je les ai...

— Vraiment? s'exclama le sbire, dans un sursaut de joie.

— Oui, oui, j'ai pu les prendre, par hasard. Il les portait sur lui...

— Ah, voilà! Que vous disais-je!... Eh bien, si Votre Seigneurie veut bien me les remettre nous ferons un désenvoûtement.

— Les voilà.

Matteo Lo Vecchio reconnut le ruban, l'enveloppe, tout en notant que les coins étaient un peu brûlés. Un vif plaisir se peignit sur son visage. Il glissa le pli contre sa poitrine et dit :

— Si Votre Seigneurie me le permet, je lui apporterai les autres oraisons et je saurai lui dire qui est la personne aimée du seigneur Blasco, et ce qu'il convient de faire.

— Venez demain soir chez moi, dit Donna Gabriella.

Si la capuche n'avait dissimulé le visage de Matteo Lo Vecchio, elle aurait vu la grimace comique que fit le sbire à cette proposition.

— Excellence, dit-il, ces choses ne se disent pas à la maison. Les murs ont des oreilles. Si Votre Seigneurie daigne plutôt se faire voir ici, ou à Mezzo Monreale, ou en tout autre lieu qu'elle ordonnera, je lui apporterai ce dont elle a besoin...

— On est chez moi comme dans une église, mais je vous contenterai : demain, à la même heure, j'irai aux Terres Rouges...

— Va pour les Terres Rouges. Très bien. Je baise les mains de Votre Seigneurie.

Tandis que le carrosse s'éloignait dans une direction, Matteo Lo Vecchio pressait le pas dans l'autre. Il prit la grande route de la Porte de Termini — comme s'appelait alors celle qui de la Marina, le long du mur, allait à ladite porte, et qui s'appelle aujourd'hui la rue Lincoln. Parvenu sous l'arche de l'entrée monumentale, il tira le pli, impatient de revoir les papiers tant recherchés. De l'enveloppe, il tira la première feuille.

Elle était couverte de signes cabalistiques, triangles, cerles, yeux écarquillés, animaux monstrueux, croix et formules consignées d'une écriture illisible dans un latin ridicule.

Après l'avoir longuement contemplée, il replia lentement la feuille, en prit une autre, ornée de dessins encore plus comiques que les premiers.

Cela lui suffit. Rageusement, il remit les feuilles dans l'enveloppe en marmonnant : « Elle s'est moquée de moi ! Elle s'est moquée de moi !... Mais cette farce a été manigancée par quelqu'un d'autre. Qui ? Don Blasco ? Le chevalier de la Floresta ? Qui ? Mais, par le Christ ! ils auront affaire à moi ! Que je ne m'appelle pas Matteo Lo Vecchio si je ne lui fais pas avaler quelque potion bien amère ! »

Et il s'en fut au palais de la Motta.

Le soir, Blasco demanda à Donna Gabriella :

— Pourquoi donc te méfies-tu de moi ? Est-il possible que tu t'exposes aux manigances d'une canaille qui cherche à prendre sa revanche ? Et pendant ce temps, ce pauvre diable de valet...

Donna Gabriella se laissa tomber sur un tabouret en murmurant :

— Pardonne-moi ! je suis folle... mais je t'aime tant !...

— Je veux que tu voies à quel point tu t'es défiée à tort.. Ces papiers que le sbire t'avait demandés n'appartiennent ni à toi, ni a moi, ni à personne d'autre. Matteo Lo Vecchio les avait soustraits à un homme qui avait consacré sa vie à rendre à Emanuele, recueilli par lui, son rang et son patrimoine...

— Don Girolamo Ammirata !

— En effet. Ils contiennent l'histoire des crimes...

Donna Gabriella baissa la tête :

— Je les connais, dit-elle sombrement.

Blasco se tut un instant, sous le poids du passé.

— En tentant de reprendre ces papiers par ton entremise, ce sbire t'aurait certainement rendue complice d'une infâmie. Tu souhaites cette complicité ?

Donna Gabriella releva la tête avec une expression de fierté dédaigneuse.

— Je le savais bien, reprit le chevalier. Les voilà, ces papiers, détruis-les, toi !

— Oh non !... fit-elle avec une expression d'horreur.

Alors Blasco s'approcha d'une chandelle et enflamma un coin de la feuille, en le tenant de manière à ce que le feu l'enveloppât.

La duchesse eut envie de se jeter sur ces documents pour les sauver. Une voix intérieure lui chuchotait : « Ces papiers sont une arme contre

Violante » mais quelque chose d'indéfini, d'obscur, de plus fort, l'empêcha de bouger et la même voix lui murmura avec un accent de regret : « Tu sauves Violante et tu te perds toi-même ! »

Quand les flammes eurent achevé leur œuvre, Blasco laissa tomber à terre une feuille carbonisée, très légère, qui se défit dans un souffle. Le chevalier se passa les mains sur le visage comme pour chasser un fantôme et arborant un air joyeux, il s'approcha de Donna Gabriella, lui serra les mains et, de sa belle voix vibrante d'allégresse juvénile, il lui demanda :

— Eh bien ? Pourquoi ne me souris-tu pas ? Et pourquoi te tais-tu ?

Donna Gabriella entendit la triste voix intérieure qui murmurait : « Il est heureux parce qu'il a sauvé Violante ! ». Son cœur se serra et ses yeux se mouillèrent et tout à coup, dans un sauvage élan de passion, elle enlaça Blasco, et l'attira à elle en criant :

— Non !... Tu es à moi ! seulement à moi !

XVIII

Furieux du tour que lui avait joué, à ce qu'il croyait, Donna Gabriella, mais dissimulateur expert, Matteo Lo Vecchio avait supporté avec une apparente soumission le déchaînement de colère d'Emanuele qui, croyant que le sbire s'était joué de lui, avait failli l'envoyer rouler au bas de l'escalier.

Matteo Lo Vecchio descendit en toute hâte les marches, en esquivant les coups de pied d'Emanuele, et en répétant : « Votre Excellence a raison, mais j'ai été abusé par ce démon de femme ». Et dans son cœur, il se jurait de prendre une revanche féroce sur Donna Gabriella.

La duchesse ne s'était pas présentée le lendemain au rendez-vous, ni le jour suivant. Elle semblait ne plus oser sortir de chez elle. Cette disparition reconfirma le sbire dans l'idée que la duchesse avait agi sur la suggestion de Blasco et de Coriolano et que l'un ou l'autre avait confectionné ces fascicules de stupidités cabalistiques. Et il ne discutait pas non plus le fait que Donna Gabriella eût pu agir de bonne foi.

« A ce point, il va falloir frapper un grand coup. Voyons un peu. Il y a deux ou trois jours, le procureur fiscal du prince de Belsito a été abattu : deux coups de carabine, de nuit, suivant l'habitude des Beati Paoli ; hier soir le chevalier de Sant'Aliesso a été bastonné parce qu'il tentait de s'introduire de force dans la maison de Casurello, le tambour, qui a une belle-fille de dix-sept ans et on ne sait qui furent les exécuteurs, et là aussi c'est bien dans la manière de ces démons. Cette fois-ci, c'est le chevalier qui a servi de tambour... Donc la secte a repris de la vigueur. Et il fallait s'y attendre, maintenant que les Espagnols sont de retour... Le chevalier de la Floresta et son ami bâtard ont disparu d'un coup du côté de la placette des Santi Quaranta. Où sont-ils entrés ? Dans la tour ? Dans l'église ? Quand j'étais gamin, j'ai entendu raconter qu'il y avait là un souterrain où le Saint Office avait autrefois ses prisons... Voyons, voyons !... Si cela est vrai, il ne fait pas de doute que ces démons y nichent. Nous allons le savoir. »

Mu par l'intérêt et la curiosité, le sbire se rendit au Saint Office pour y chercher un serviteur de ses amis et à la vérité, son souvenir d'enfance n'était pas infondé.

Environ deux siècles plus tôt, avant que le tribunal de la Sainte Inquisition n'eût établi son siège d'abord au Château et ensuite au palais du Steri, il avait séjourné quelques années au palais Marchese, dont la tour n'avait pas encore été transformée en clocher. Et on disait que dans les grottes ou les catacombes sous l'église de la Casa Professa et sous la placette avaient existé des prisons.

Pour Matteo Lo Vecchio, il était donc évident que les Beati Paoli avaient transféré leur siège dans ce souterrain et que, d'un seul coup, mieux préparé que le précédent, sans mettre en branle trop de monde, on pouvait les prendre tous au nid. Ce qui le remplissait de joie c'était d'avoir découvert que Blasco était revenu dans le sein de la secte ; cela lui permettrait de prendre une revanche aux yeux du vice-roi.

« Cela, en ce qui concerne ces grands amis ; mais quand à la duchesse, il faut trouver un coup qui en vaille cent. Voyons un peu. Puisqu'elle ne vient pas, si je l'attirais... Mais ce diable d'Andrea me fait un visage si soupçonneux ! Je parie que lui aussi est retourné parmi ses compagnons. Il faut mettre en garde Don Emanuele. »

Deux jours plus tard, Andrea fut licencié.

Il osa demander le pourquoi de ce congé qui le chassait de la maison où il avait grandi mais le majordome lui rétorqua sèchement :

— Ordre de Son Excellence, qui n'a plus besoin de tes services...

Andrea baissa la tête avec une expression de douleur qui se transforma en indignation et en haine.

— Très bien, dit-il, mais un jour il me cherchera... et alors !

Sur cette parole en suspens comme une menace, il alla trouver Don Girolamo qui avait repris sa charge de rationnel de l'hôpital et lui raconta sa mésaventure.

— Il fallait s'y attendre, mon cher ; cette petite canaille n'est pas le fils de feu Don Emanuele, mais de l'ingratitude même.

— Tout cela est l'œuvre du sbire, je vous le dis ; mais par la Madone...

— Chut !... *Panse-la !*

Ils se mirent à surveiller le sbire. Ils lancèrent à ses trousses une meute de limiers à l'odorat fin, insoupçonnables sous l'habit des frères des Âmes du Purgatoire ou de l'Ecce Homo ou bien déguisés en marchands ambulants.

Ceux-ci purent affirmer que Matteo Lo Vecchio avait de fréquents rapports avec Emanuele, non plus au palais de la Motta, mais dans des villages des environs, et chaque fois à un endroit différent. Une de ces entrevues, la plus longue, eut lieu près de la Zisa, dans une maisonnette solitaire. Cette nouvelle fit redoubler la surveillance. Coriolano soupçonnait quelque machination et transmit les ordres opportuns par l'entremise de Don Girolamo. Quelques jours passèrent ainsi. Matteo Lo Vecchio était devenu plus prudent et Emanuele menait une vie qui ne donnait pas prise à la suspicion. Le sbire s'était sans doute aperçu qu'il était surveillé.

Un matin, dans l'église de San Domenico, une vieille femme, qui se traînait, courbée sur son bâton, en récitant le rosaire, s'approcha de Donna Gabriella qui était assise sur une chaise à bras devant la chapelle du Crucifix, pour lui demander l'aumône. Les deux laquais qui se tenaient à distance respectueuse, s'avancèrent pour chasser l'importune mais la vieille, indignée, dit :

— Oh là ! Nous sommes dans la maison de Dieu et nous sommes tous ses enfants... et puis, poursuivit-elle en baissant la voix pour que seule Donna Gabriella pût l'entendre, Votre Excellence pourrait apprendre une chose qui l'intéresse. Je viens du monastère de Santa Caterina...

— Ah !

— Donnez-lui quelques tari, dit la duchesse, et laissez-la.

La vieille se signa avec les pièces, s'agenouilla, baisa la terre et murmura :

— Que le saint patriarche San Domenico et la Madone du Rosaire vous donne le salut du corps et de l'âme, et que Dieu vous récompense, aujourd'hui et à l'heure de votre mort, ainsi soit-il. Sainte Marie, mère de Dieu...

Mais Donna Gabriella s'impatienta.

— Qu'avez-vous à me dire ?

— Voilà, Excellence : je vais souvent au monastère de Santa Caterina, où l'on me fait la charité... et je me suis prise d'affection, Votre Bonté, pour la petite-fille de monsieur le prince de Butera, qui est votre parente. Hier, à la fermeture de l'église, elle m'a appelée à l'un des parloirs du chapelain. « Anna, m'a-t-elle dit — je m'appelle ainsi, pour servir Votre Excellence — Anna, me rendriez-vous un service ? » « Je suis aux ordres de Votre Excellence », « Allez trouver madame la duchesse de la Motta qui vous fera l'aumône, dites-lui que je lui envoie mon salut ». Et me voilà, Excellence.

Donna Gabriella fut déçue ; ce salut ne valait pas la peine qu'elle avait prise, d'écouter cette vieille. Elle la congédia d'un geste et celle-ci s'en alla en se traînant et en marmonnant le rosaire.

Le lendemain matin, la vieille alla au monastère de Santa Caterina, et ayant fait appeler Violante Albamonte, elle lui conta la même histoire, en lui transmettant les salutations de la duchesse ; et ainsi, pendant quelques jours, de San Domenico à Santa Caterina, et vice-versa. Mais au bout de quatre jours, elle ne trouva plus Violante : la jeune fille, remise de son chagrin, avait quitté le monastère et comme la saison n'était pas encore très chaude, le prince de Butera l'avait conduite dans sa villa de Bagheria, pour se refaire une santé.

La vieille en parut désolée, mais en sortant du monastère, elle se frotta les mains, avec une joie visible :

« Parfait ! cela ne pourrait aller mieux ! Si je connaissais le médecin, j'irais lui donner un petit baiser !... »

Ce soir-là, Matteo Lo Vecchio attendit Emanuele à la sortie du champ clos de Villafranca.

— Il faut tout changer, lui glissa-t-il. Que Votre Excellence en juge.

Et en quelques mots, il lui expliqua ce qu'il avait manigancé.

Le visage d'Emanuele s'illumina d'une joie vive.

— Merveilleux ! Vous êtes un génie !

L'œil soupçonneux de Donna Gabriella nota ce jour-là un je ne sais quoi d'insolite et de fébrile dans le regard et dans tout l'aspect de Blasco mais elle garda pour elle sa curiosité douloureuse, craignant de provoquer le ressentiment de son amant. Pour cette raison, et aussi parce qu'elle espérait ainsi surprendre un indice qui la mettrait sur la bonne voie, elle s'efforça de se montrer tranquille et gaie.

Elle vivait désormais dans une appréhension continuelle, se tourmentant pour des riens, donnant de la consistance aux ombres, grossissant les périls, voyant dans les paroles les plus innocentes et les actes les plus simples, des révélations d'infidélité et de trahison, percevant toujours un sens caché sous les mots. Blasco était joyeux ? Elle se demandait : « Pourquoi est-il joyeux ? il a peut-être obtenu un avantage ? » Il était triste ? « Peut-être ne l'a-t-il pas vue » se disait-elle. Son naturel allègre, la gaieté de son esprit, ses grâces infantiles se flétrissaient, s'éteignaient ; elle passait des heures dans une humeur sombre de misanthrope, à contempler le ciel avec une douleur profonde, cherchant en vain des motifs de consolation.

Cependant ces journées de juin s'écoulaient, douces et odorantes, comme une prolongation du printemps. La campagne verdoyait et dans les prés ondulaient encore les blés hauts et blonds qui attendaient la faux. Les fêtes du *Corpus Christi,* avaient été célébrées au milieu d'un plus grand concours de fidèles, en raison du retour des prêtres et du regain de bienveillance dans les relations entre la Cour et la curie, et cette fête avait répandu une gaieté lumineuse jusque dans le petit village surgi aux abords des villas de seigneurs.

Violante éprouvait un grand soulagement dans cette campagne, entre les collines sauvages, les prés féconds, la mer d'un azur serein. Des bosquets qui entouraient le petit palais (qui avait encore quelque chose d'un château), montaient matin et soir les saluts impertinents et vifs des moineaux et ceux, tendres et mélancoliques, des rossignols. Mais, quelquefois, le grand silence était interrompu par un croassement lointain et dans la douce quiétude de son esprit, cet appel du corbeau semblait à Violante une voix triste, porteuse des plus funestes présages.

Après avoir passé une semaine dans la villa en compagnie de sa nièce, le prince de Butera était rentré à Palerme, laissant Violante en compagnie de deux vieilles dames de ses cousines qui, restées vieilles filles et entretenues par la famille, avaient l'habitude de passer quelques mois à la campagne. Toutes trois étaient confiées à la garde de l'intendant, gouverneur de ces biens et des vassaux du prince.

D'autres villas se dressaient dans les alentours : sur la colline trônait celle des Valguarnera, bâtie à la fin de 1709 ; plus loin le prince de Palagonia avait construit la sienne, qu'un neveu devait plus tard rendre célèbre par ses décorations ; celle de Santa Flavia et celle du prince Furnari, plus anciennes, conservaient encore une tour ou un mur crénelé. Toute la région était parsemée de maisons de campagne et de villas, peuplées de gens dévoués à leurs maîtres. Le prince de Butera pouvait donc considérer que ces dames étaient en parfaite sécurité dans la villa, plus encore qu'en son palais urbain.

Un beau jour Violante entendit depuis sa chambre le bruit d'une fusillade plus ou moins lointaine, que l'épaisseur des bois étouffait. Elle se demanda ce que c'était ; elle savait que des seigneurs palermitains étaient venus chasser. Les lapins couraient dans la colline et, sur le fleuve proche, le vieil Eleuterion, pas encore asséché par l'été, il y avait des canards sauvages.

La chasse devait être fructueuse et pleine d'attraits ; de fait, après une interruption (sans doute pour déjeuner), les chasseurs se firent de nouveau entendre et les coups de feu se rapprochèrent.

Violante se mit à la fenêtre. Elle vit les deux dames qui, appuyées chacune au bras d'un valet, s'avançaient sur un chemin conduisant au bois. Elles allaient probablement assister à la chasse. D'abord, elle eut un mouvement de curiosité juvénile et fut sur le point de dire : « Attendez-moi, je viens ! »

Mais elle ne dit rien ; une espèce de réticence inconsciente l'en empêcha. Du reste, elle était si bien dans la solitude !... Et à cette heure, il semblait que la rumeur de la chasse, attirant vers elle la curiosité, eut créé le silence autour de la villa. Violante ne voyait personne. Quand les dames eurent disparu dans les bois, le lieu lui parut désert.

Elle se rassit pour s'abandonner, comme toujours, à cet état d'esprit inerte et vague où l'on semble penser mais où en vérité l'on ne saurait dire à quoi est occupé l'esprit ; c'est une succession d'idées fugaces qui glissent et se dérobent.

Les coups de feu paraissaient s'éloigner mais se faire plus fréquents et Violante n'y prêta plus attention.

Peu à peu ses pensées se rassemblaient, prenaient corps, s'identifiaient à une seule. C'était sa pensée dominante, qu'en vain elle repoussait ; en vain elle tentait de l'étouffer sous d'autres idées, d'autres images : elle resurgissait toujours plus forte, plus torturante, s'insinuant dans son sang, occupant son cœur, s'emparant de toute sa personne, la soumettant à sa loi. Alors Violante abandonnait et son cerveau n'avait plus qu'une seule, unique et tremblante pensée : Blasco.

Elle ne se tourmentait pas d'inutiles questions, ni ne souffrait sous la morsure de la jalousie, mais songeait à lui comme on se tourne vers un bien perdu sans espoir, perdu pour toujours ! Douleur fermée, sans à-coups, sans gémissements, sans trêve ; profonde, désespérée !

La chambre où elle logeait était comme les autres, peu élevée par rapport au sol : un homme monté sur une chaise ou sur une pierre pouvait sans effort atteindre le rebord de la fenêtre. Celle-ci était ouverte. Violante s'était approchée d'une table pour y prendre un livre de prières, seul réconfort dans sa solitude.

Tout à coup, il lui sembla que quelque chose s'était interposé entre la lumière et elle ; elle se retourna vivement et poussa un cri d'épouvante, mais elle n'avait pas eu le temps de se reprendre, qu'un homme bondissait dans la pièce et courait verrouiller la porte.

C'était Emanuele.

Violante se vit prisonnière, avec une seule issue : la fenêtre. Elle y courut mais au-dessous elle aperçut un homme armé, à la sinistre face de galérien. Elle se vit perdue.

— Que voulez-vous ? demanda-t-elle en tremblant, en s'efforçant de maîtriser la peur qui faisait se dérober ses jambes sous elle. Que voulez-vous ?

Emanuele était lui aussi bouleversé mais son trouble lui conférait un aspect sauvage, féroce, bestial.

— Ce que je veux ? Oh, presque rien, madame, seulement régler un compte avec vous, s'il ne vous déplaît...

— Je n'ai pas de comptes... Ce qui s'est passé entre nous, maintenant, est entre les mains de monseigneur le juge de la Monarchie... Allez vous-en !... Je vais appeler !

— Oh, oh... je comprends, ma chère Donna Violante, que la façon d'entrer que j'ai choisie n'est pas la plus correcte, mais elle est certainement plus rapide et épargne bien des complications... D'autre part, je vous avertis qu'il est parfaitement inutile de vous mettre à la fenêtre pour appeler, car nul ne vous entendra. La villa est déserte; vos paysans assistent à la magnifique chasse que j'ai organisée depuis ce matin... en votre honneur... Vous êtes donc entièrement en mon pouvoir et j'ai certainement, envers moi-même, l'obligation de prendre une revanche sur le ridicule dont vous m'avez couvert..

Violante ne comprenait pas bien; dans l'état où elle se trouvait, ces paroles résonnaient confusément à son oreille et elle en retenait une impression de grande menace. Elle observait Emanuele pour surprendre ses intentions avant qu'il les traduisît par le geste et regardait la fenêtre, qui aurait pu être sa seule issue et qui en fait n'était qu'un piège de plus.

Il lui sembla apercevoir entre les arbres une silhouette menaçante ; elle supposa que la villa était cernée et qu'elle y était enfermée. Elle en fut découragée. Une sueur froide lui mouilla le front, elle se sentit au bord de l'évanouissement et la conscience de cette faiblesse accrut son effroi.

Elle tenta une défense.

— Je ne vous ai rien fait... Je suis une pauvre orpheline !... Ce que vous dites est une chose scélérate, monstrueuse !... Laissez-moi, je vous en supplie !...

Emanuele prit une chaise, s'y assit à l'envers, posant les bras sur le dossier, avec un air de défi et de raillerie.

— Ah ! ah ! ah !... Vous me suppliez ? Voilà qui est charmant !... Mais je suis bon, je suis généreux... Allons, venez ici, approchez vous... Asseyez-vous près de moi, tenez, je m'installe mieux, je vous offre mes genoux comme le plus beau siège qu'il se puisse trouver... Mais venez !... Je ne suis pas un monstre, et vous êtes raisonnable... Non ? Vous ne bougez pas ? Vous ne voulez pas venir ? Alors je viendrai à vous, comme a dit Mahomet à la montagne. Le temps passe et... j'attends... une autre gracieuse visite... voilà !

Il se redressa et s'approcha de Violante. Elle sentit ses jambes se dérober sous elle et s'appuya au rebord de la fenêtre, en se laissant tomber par terre avec une expression de terreur et de prière :

— Par pitié !... Faites-le pour la mémoire de votre mère !

Une ombre passa sur le visage d'Emanuele ; son aspect s'altéra, sa voix se fit sombre et vindicative.

— Pourquoi évoquez-vous ma mère en cet instant ?... Vous me rappelez, sans le vouloir, que ma mère aussi a droit à une revanche... Savez-vous, Donna Violante qui a tué ma mère et voulait aussi me supprimer ? Vous l'ignorez ? Eh bien, je vous le dirai moi : c'est l'homme qui a usurpé mon nom et mon bien ; c'est Don Raimondo... votre père !

Violante rougit d'indignation : ses pupilles brillèrent d'une belle flamme qui parut redonner de la vigueur à son sang.

— Ce n'est pas vrai ! Vous mentez !

Mais Emanuele haussa les épaules, méprisant.

— Il faudrait bien autre chose que votre indignation mal à propos, Donna Violante, pour détruire la vérité. En vous, je nous venge, ma mère et moi... Oh, ne craignez rien, je ne vous tuerai pas : ce serait un péché... Au contraire...

Il s'approcha et avec une agilité féline saisit les poignets de la jeune fille. L'attirant à lui, il lui murmura :

— Vous êtes si belle et si désirable que la seule arme qu'on puisse diriger contre vous, ce sont les baisers...

Violante tenta de se défendre, de libérer ses poignets mais en vain : sa faiblesse la reprenait, l'effort de volonté ne suffisait pas à lui insuffler de la force. Elle sentit l'haleine d'Emanuele qui effleurait son visage et la lueur trouble du regard du duc la transperça, obscurcissant sa vue.

— Au secours ! cria-t-elle désespérément.

Le bruit d'un carrosse qui arrivait résonna dans l'allée. Un fouet claqua trois fois. Emanuele compta les coups et dit férocement :

— Voilà l'autre !... Mais trop tôt...

Violante n'entendit pas ces mots parce que son cœur, ranimé par une subite espérance, battait si furieusement dans sa poitrine que ses perceptions se brouillaient. Qui venait ? Du secours ? Elle fixa Emanuele : son visage exprimait une joie cruelle. Il n'était ni contrarié ni inquiet. La personne qui arrivait était certainement de ses amis ; peut-être un de ses compagnons de scélératesse.

— Allons ! cria Emanuele, ne perdons pas inutilement notre temps !...

Et il attira violemment la jeune fille à lui, la poussa, la renversa sur le lit. Dans l'imminence du péril, Violante rassembla toutes ses énergies ; elle se débattit mais Emanuele était fort et la tenait solidement.

— Ne soyez pas stupide. Vous n'arriverez à rien...

Un coup violent fut frappé à la porte.

Violante pensa soudain que s'il s'agissait vraiment d'un renfort pour Emanuele, elle était irrémédiablement perdue et que si elle pouvait encore opposer une résistance, peut-être donnerait-elle le temps aux gens de la villa de revenir. En faisant de son mieux pour empêcher Emanuele de la maîtriser, elle haletait :

— Laissez-moi ! Vous êtes un lâche !... lâche !

Deux autres coups résonnèrent à la porte, puis il sembla qu'on tentait de la défoncer. Cependant Emanuele avait réussi à s'emparer d'une serviette et à la passer autour des bras et de la taille de Violante ; il l'avait liée si solidement qu'elle ne pouvait se servir de ses mains. Alors, il lui fut plus facile de la soulever de terre et de la jeter sur le lit, pour empêcher la jeune fille, qui avait déjà mis les pieds à terre, de s'enfuir.

La porte s'ouvrit violemment et une femme se précipita dans la chambre, telle une furie ; mais elle s'arrêta brusquement en voyant Violante et Emanuele.

— Où est-il ? cria-t-elle.

Violante la reconnut ; une faible espérance éclaira son visage et elle supplia :

— Madame !... Sauvez-moi !

XIX

C'était Donna Gabriella.

Le visage altéré par la colère, la jalousie, la stupeur, elle fouillait la pièce du regard, en répétant sa question :

— Où est-il ?... Que signifie cela ?

Mais Emanuele, qui avait déjà refermé la porte au verrou, répondit en ricanant :

— En vérité, je ne vous attendais pas de sitôt. Vous avez certainement tué vos chevaux !

— Je ne vous comprends pas...

— Madame, madame ma mère, sauvez-moi, suppliait Violante.

En vérité, Donna Gabriella ne comprenait rien. Quelques heures plus tôt, une lettre lui était arrivée, qui lui avait fait perdre la raison. Elle était ainsi rédigée .

« *Madame, un ami qui désire votre bonheur et s'indigne des affronts que vous subissez vous avise que vous êtes lâchement trahie : si vous en voulez la preuve, faites atteler votre carrosse, courez à Bagheria, vous trouverez le seigneur Blasco dans les bras de Violante.* »

Comme une folle, elle avait commandé son carrosse.

— Crevez les chevaux ! avait-elle ordonné au cocher.

La route lui avait semblé interminable et les chevaux bien lents. Dans son cerveau, elle martelait une pensée sombre et féroce :

— Je les tuerai ! je les tuerai tous les deux d'un coup !

A peine arrivée, elle avait bondi hors de la voiture, sans remarquer qu'aucun domestique n'accourait pour la recevoir, elle était entrée, ouvrant l'une après l'autre les portes des chambres jusqu'à ce qu'un cri confus l'eût guidée à la chambre de Violante. Mais pas de Blasco. Et les paroles d'Emanuele, obscures, pleines d'un sens que son esprit embrumé ne pénétrait pas, la plongèrent dans une irrésolution suspicieuse.

Elle regarda Violante à genoux, les bras liés, éperdue d'angoisse ; elle regarda Emanuele qui ricanait, l'air effronté et féroce. C'était un piège.

Mais pourquoi l'avoir attirée elle aussi, si la victime, comme il paraissait, était Violante ?

— Que se passe-t-il ? demanda-t-elle encore.

Alors Emanuele s'approcha et, sans cesser de ricaner, il dit :

— Madame la duchesse s'attendait peut-être à trouver ici une autre personne ; je regrette de la décevoir, mais cette personne m'a pour l'instant cédé sa place. Donna Gabriella, l'heure de la revanche a sonné. Et j'ai voulu vous faire participer aussi à la joie de ma vengeance. Vous serez témoin à mes noces !

Donna Gabriella fit un pas en arrière, en rougissant ; elle voyait bien qu'elle avait été trompée, mais ne soupçonnait pas qu'Emanuele tramât quelque chose contre elle. Elle n'apercevait qu'une victime : Violante qui la regardait, pâle, terrifiée, avec toutes les prières, toutes les espérances, toutes les frayeurs. Violante qui épiait, anxieuse, chaque geste, chaque regard, chaque frémissement de celle qui avait été la femme de son père, qui était l'amante de l'homme aimé, sa plus féroce ennemie.

Il y a des moments dans lesquels les idées s'associent et les souvenirs se succèdent avec une prodigieuse abondance qui contient toute une vie. Violante et Donna Gabriella vivaient un tel moment.

Un sentiment perfide s'insinua dans le cœur de la duchesse et elle goûta un instant la volupté d'une vengeance inespérée, mais désirée et réalisée par d'autres. Cela se vit sur son visage. La jeune fille gémit. Dans son esprit affleura cette pensée : « Ils sont d'accord ; et je suis perdue !... »

Satisfait de ses paroles, Emanuele s'inclina vers Violante, la souleva et la reposa sur le lit.

— Madame ! madame ! cria la jeune fille, au désespoir.

Donna Gabriella souffrait et, cédant à un nouvel élan de son cœur, lança :

— Ce que vous faites n'est pas digne d'un gentilhomme... Je n'ai rien à faire ici... Laissez-moi au moins partir...

Mais Emanuele l'arrêta :

— Vous en aller ? se récria-t-il avec un rire gras. Fi donc !... Mais vous aussi, vous êtes mon esclave, maintenant ! Ah, parbleu ! madame, j'ai souffert trop d'affronts pour, à cette heure, renoncer à la vengeance. Vous êtes toutes deux en mon pouvoir et je vous possèderai...

Alors ce qui était encore obscur dans l'esprit de Donna Gabriella se révéla soudain dans toute sa répugnante saleté. Elle vit Emanuele regarder autour de lui dans la chambre, comme s'il cherchait quelque chose. Elle eut peur pour elle, s'élança à la fenêtre et aperçut au-dessous un homme ; croyant trouver de l'aide, elle cria :

— Au secours ! Accourez !

Mais l'homme leva un bras armé d'un fusil et la menaça :

— Taisez-vous, ou je vous abats !

L'instinct de la vie la rejeta en arrière. Emanuele la reçut et l'enveloppa de ses bras, pour la réduire à l'impuissance. Donna Gabriella perçut le danger auquel elle était exposée, devina que si Emanuele réussissait à l'emprisonner, à l'attacher comme il l'avait fait avec Violante, toutes deux seraient soumises à un infâme outrage ; son imagination lui exagéra le péril et la colère qui brûlait encore dans ses veines, flamboya.

Emanuele, victorieux, la tira vers le lit :

— Voilà... Vous êtes raisonnable, chère duchesse !... Donnez l'exemple à votre belle-fille !...

Mais au moment où il se baissait pour l'embrasser, il poussa un hurlement et recula, vacillant, en se pressant le torse. Rapide comme l'éclair, Donna Gabriella avait tiré un poignard de son sein, et le lui avait plongé dans la poitrine.

— Vous m'avez assassiné ! balbutia Emanuele dans un gargouillis et il tomba lourdement. Je meurs ! gémit-il.

Donna Gabriella parut stupéfaite et épouvantée par sa propre audace.

Atterrée, en larmes, Violante s'exclama :

— Mon Dieu ! Mon Dieu ! Madame ma mère, qu'avez-vous fait ?

Ces paroles secouèrent la duchesse : pâle, les cheveux ébouriffés, tenant encore le poignard ensanglanté, une minute durant elle regarda Violante ; puis, soudain, elle jeta l'arme, défit la serviette qui liait la jeune fille, la prit violemment par la main et l'entraîna en criant :

— Viens, fuyons !

Un bruit confus se fit entendre sous la fenêtre et remplit de terreur les deux femmes : elles se précipitèrent dans le couloir et parvinrent à la grande porte devant laquelle piaffaient les chevaux attelés au carrosse. Donna Gabriella poussa Violante à l'intérieur, y monta et cria au cocher :

— Fouette, tue les chevaux !... Mais vole !

A son palefrenier qui l'avait accompagnée, elle ordonna :

— Tue quiconque tente de nous arrêter.

La voiture partit dans un grand fracas, tandis qu'autour de la demeure s'élevait une extraordinaire clameur et que résonnaient des coups de fusil.

A la sortie de la villa, un homme s'élança vers le carrosse en criant : « Excellence !... Excellence !... »

Mais comme le palefrenier, conformément aux ordres braquait sur lui sa carabine, il s'était rejeté en arrière et caché derrière un arbre.

— Qui était-ce ? demanda de l'intérieur Donna Gabriella.

— Matteo Lo Vecchio, Excellence.

— Ah !

C'était effectivement le sbire qui faisait le guet, en attendant Emanuele, sûr que le coup réussirait. Mais en voyant revenir au grand galop le carrosse, il s'était étonné. Ne sachant à quoi attribuer ce qui était manifestement une fuite, et n'ayant pas bien vu qui se trouvait à l'intérieur, il chercha à s'informer. Matteo Lo Vecchio se dirigea vers la villa mais il n'avait pas fait dix pas qu'il vit venir trois ou quatre hommes qui fuyaient, poursuivis par des cris. Dans leur hâte, ils jetèrent leurs armes et sortirent de la villa, en se dispersant à travers champs.

« Ah, il a dû y avoir une bagarre » pensa le sbire et comme un de ces hommes passait devant lui, il le reconnut, l'appela :

— Ohé... Attendez... Que se passe-t-il ?

— Ils ont tué le maître !

— Quoi ?

Presque au même moment résonnèrent deux nouveaux coups de fusil. Matteo Lo Vecchio vit apparaître d'autres hommes au fond de l'allée.

« C'est le moment, pensa-t-il, de se recommander à ses saints pieds ! »

Et il s'enfuit lui aussi, en s'enfonçant parmi les orangeraies pour se soustraire à la vue des poursuivants.

A l'intérieur de la villa régnaient une confusion, un remue-ménage de gens qui allaient, venaient, appelaient, se bousculaient, bouleversés par l'événement, incertains du parti à prendre.

La plainte d'Emanuele avait attiré l'attention de l'homme qui se tenait sous la fenêtre, qui, après avoir fait un signe à un compagnon posté entre les arbres, s'était hissé jusqu'au rebord et, à la vue du maître qui râlait, avait poussé un cri de terreur. Presque au même moment deux coups de fusil avaient été tirés ; les sicaires postés sur l'esplanade de la villa s'étaient enfuis.

Leur panique s'était communiquée aux deux autres et sans savoir pourquoi ni où était le danger, ils s'étaient débandés. Derrière eux, l'intendant et un paysan avaient surgi et tiré encore, puis ils étaient rentrés dans la maison, où arrivaient aussi les deux vieilles dames, effrayées par les coups de feu.

Comme la chasse se prolongeait et que les chasseurs avaient formé une chaîne, empêchant les dames de rentrer à la villa, l'intendant, pris de soupçons, avait fait un signe à ses hommes et rappelé respectueusement aux dames qu'il était tard et que la demoiselle était seule à la maison. Ainsi se mirent-ils en route ; l'homme de confiance du prince et un autre paysan en tête, les dames derrière, les autres villageois en queue. En débouchant des bois, l'intendant vit un homme qui grimpait à la fenêtre de la chambre de Violante et tira en criant. L'effet de ce coup de feu fut étonnant. Pris à l'improviste, les malandrins se crurent assaillis et s'enfuirent. Les paysans et les dames se précipitèrent dans la maison, craignant une catastrophe. Un spectacle pitoyable se présenta à leurs yeux : le jeune homme à terre, un caillot de sang à la bouche, les yeux exorbités, secoué de spasmes.

Ce moribond, le désordre de la chambre, l'absence de Violante, remplirent d'épouvante les deux vieilles dames qui se mirent à crier : on se dispersa à la recherche de la jeune fille pendant que l'intendant et quelques paysans continuaient à tirer sur les fugitifs.

— Violante ! Violante !

— Excellence !

Nul ne répondit. Une angoisse indicible s'empara des cœurs ; les yeux qui avaient fouillé en vain la maison, se regardaient avec une stupeur pleine d'épouvante ; les vieilles dames pleuraient et ce jeune homme à terre, inconnu de tous, immobile dans son tragique et horrible abandon, dont on ignorait tout, — pourquoi était-il entré ? et pourquoi l'avait-on tué ? — ce jeune homme augmentait la terreur par le mystère qui "entourait. Tous se regroupèrent pour le contempler un instant, avec une curiosité muette, pleine de suppositions et de questions. L'intendant se baissa sur lui et dit :

— Il vit encore.

— Une voix ajouta :

— Courez chercher le prêtre de la paroisse.

On souleva Emanuele avec précaution et on le porta sur le lit même où il avait pensé fêter sa double vengeance. Il ne donnait pas signe de vie : son pouls était à peine perceptible. Tout à coup, un frémissement passa dans ses membres, son corps se détendit, sa tête retomba sur son épaule.

— *Requia materna !* murmura l'intendant d'une voix triste et solennelle, en se découvrant. Il s'agenouilla et tous ces paysans secs et ridés s'agenouillèrent autour du lit, répétant avec la plus grande ferveur, dans leur latin estropié, l'invocation de la paix éternelle pour l'âme de ce jeune homme inconnu :

— *Requia materna !*

XX

En arrivant à son palais, Donna Gabriella était la proie d'une crise nerveuse. Violante et le palefrenier durent l'aider à descendre de la voiture ; elle ordonna aussitôt de fermer le portail. Elle avait peur. Quoiqu'elle eût agi en état de légitime défense, l'idée d'avoir tué un homme la remplissait de terreur. Il lui semblait que la justice était déjà sur ses traces ; le sbire Matteo Lo Vecchio l'avait vue. A cette heure, il avait compris le crime, l'avait même dénoncée.

— Fermez toutes les portes ! ordonna-t-elle, sursautant au moindre bruit.

Violante l'avait suivie en silence n'osant lui adresser une parole de réconfort. Elle avait elle aussi l'esprit plein de visions horribles : Emanuele, étendu sur le dos, les yeux terrorisés par la mort. Cette jeunesse fauchée en un instant, cette expression atterrée continuaient de flotter devant ses yeux. Elle tremblait.

Cependant, elle devait reconnaître que Donna Gabriella l'avait sauvée au moment où elle allait subir les abominables étreintes d'Emanuele ; elle l'avait sauvée en supprimant violemment ce despote déjà sûr de sa victoire, qui s'apprêtait à accomplir sous ses yeux un rite infâme.

Elle devait d'être indemne à cette femme qui avait été sa plus féroce ennemie, pour laquelle son cœur avait éprouvé des sentiments de haine et de jalousie. Hasard, chance, providence, volonté divine ? Elle ne savait. Au reste, qu'importait ? Si à présent elle ne pleurait pas sur quelque chose d'irréparable, à jamais perdu, ne le devait-elle pas à l'intervention et au courage de la duchesse ?

Si maintenant elle se trouvait en sécurité, loin du danger qui l'avait assaillie, ne le devait-elle pas à Donna Gabriella ? Dans un élan de charité humaine, sa marâtre n'avait-elle pas étouffé les voix de la haine, pour tendre des mains libératrices, même au prix du sang ?

Lorsque après avoir traversé en hâte les salles du palais, Donna Gabriella, entraînant Violante derrière elle, eut pénétré dans sa chambre et pâle tremblante, soupçonneuse, eut refermé la porte, la jeune fille se jeta dans ses bras et toutes deux fondirent en larmes.

Pendant ce temps le chevalier de la Floresta entrait dans la chambre de Blasco qui, assis dans un fauteuil, le regard dans le vague, était plongé dans ses rêves et ses pensées. L'aspect de Coriolano l'en tira brusquement . son ami était visiblement troublé par un événement grave.

— Que se passe-t-il ?

— Emanuele a été tué voilà deux heures et demie.

Blasco bondit sur ses pieds en blêmissant et balbutia :

— Que dites-vous ?... Tué ?

— C'est la vérité ; je viens d'en recevoir la nouvelle et j'ai couru vous avertir.

— Mais comment ?

— Il a été tué à Bagheria...

Blasco devint encore plus pâle et fronça le sourcil.

— A Bagheria, dites-vous ? Mais alors, il...

— Oui, feignant d'aller à une partie de chasse, il s'est précipité sur la maison des Butera, où il n'y avait personne, hormis Violante.

— Oh, mon Dieu !

— C'était une affaire préparée et si bien cachée que je ne l'ai pas flairée. Mais j'ai ordonné de punir les informateurs qui ne m'ont pas prévenu du départ d'Emanuele. Je l'aurais fait suivre...

— Laissez ces détails... Dites-moi plutôt...

— Donna Violante est saine et sauve... Emanuele a été tué avant d'avoir pu accomplir une violence...

— Ah, merci ! Mais ne me tenez pas en haleine, racontez-moi tout, au nom de Dieu.

— Je ne puis encore vous donner beaucoup de précisions, parce que ce sont les premières nouvelles que j'ai reçues. Je puis seulement vous dire qu'Emanuele a été tué par une femme.

— Une femme ?

— Précisément : Donna Gabriella.

Blasco poussa un cri de stupeur et son visage exprima une grande incrédulité.

— Donna Gabriella ? Comment ? Où ?... Vous en êtes sûr ?

— Donna Gabriella a été attirée à la maison, je ne sais comment ; mais il est certain qu'elle a porté un coup de poignard dans la poitrine d'Emanuele et emmené avec elle Violante, l'arrachant ainsi à tous les dangers. Allez trouver la duchesse, qui doit être de retour.

Coriolano avait à peine terminé que déjà Blasco avait pris son épée, son chapeau, son bâton et s'était élancé vers la porte en disant :

— A plus tard.

Il courut chez la duchesse, le cœur en tumulte. Donna Gabriella ne le reçut pas. En entendant annoncer par le valet, à travers la porte, l'arrivée de Blasco, elle lança un regard farouche à Violante qui était devenue plus pâle, entrouvrit la porte, sortit la tête et dit au chevalier qui attendait au milieu de l'antichambre :

— Va-t-en ! Va-t-en !... Tu ne peux entrer... Je ne veux pas de toi pour l'instant... Va voir le prince de Butera ; dis-lui de venir ici, tout de suite. Va... Je te verrai demain. Maintenant, non, je ne veux pas. Tu comprends que je ne veuille pas ?

Dans l'accent, dans le regard, il y avait tant de douloureuse supplication, que Blasco n'insista pas et s'en fut. Donna Gabriella referma et s'approcha de Violante qui était restée immobile, le front rembruni. Elle la regarda un moment et lui demanda :

— A quoi penses-tu ?

Sa voix avait pris un ton qu'elle aurait voulu acerbe mais elle ne réussit pas à cacher la profonde douleur qui lui emplissait la poitrine.

Violante releva la tête. Et posant sur la duchesse ses grands yeux limpides et dolents, elle dit doucement :

— A rien, madame ma mère.

— Tu as entendu avec qui je parlais ?

Violante rougit un peu.

— Oui, madame.

Un éclair de colère passa dans le regard de Donna Gabriella mais il s'éteignit aussitôt. Elle prit la main de Violante et lui demanda d'une voix tremblante de crainte :

— Tu l'aimes encore ?

De nouveau le visage de Violante s'empourpra et elle ne répondit pas. Mais il était facile de deviner la vive émotion de son cœur, à la pulsation rapide des artères, qui paraissaient près de se rompre. La duchesse attendit un moment la réponse puis reprit :

— Écoute-moi. J'ai tué un homme... Je l'ai tué pour toi... Un instant, j'ai caressé l'idée de le laisser t'outrager, parce qu'il me semblait ainsi me venger, et je l'aurais presque aidé. pour t'humilier, te rabaisser, t'anéantir.. Mais ensuite j'ai pensé tant d'autres choses... Et alors j'ai voulu te sauver... Et j'ai tué !

Elle se passa les mains sur les yeux, comme pour ne pas revoir l'horrible spectacle. Violante, joignant les mains, émue et suppliante, murmura :

— Madame... madame ma mère !

La duchesse leva la tête, les yeux pleins de larmes.

— J'ai tué !... Alors, écoute-moi... Par le sang versé... Par la souffrance qui est la mienne... je te conjure.. je te supplie de me dire la vérité. Tu me la diras ? Tu me la diras ?

— Que voulez-vous que je vous dise ? demanda Violante dans un filet de voix.

— Dis-moi si tu l'aimes encore. Cette pensée s'est incrustée dans mon cerveau, elle y est plantée comme un clou... Tu le sais, il m'appartient désormais ; il m'appartient ; il m'a pris toute ma vie... Maintenant, peut-être, maintenant que j'ai tué, il me regardera avec horreur... et pourtant, tu vois... je t'ai sauvée, je t'ai libérée de ce malheur, pour lui, parce que j'ai senti que cela lui ferait plaisir et que *lui* devrait m'en être reconnaissant... Dis-le moi donc. Le doute est plus torturant que la réalité. Dis-moi si tu l'aimes encore...

Son visage avait l'inexprimable angoisse des grandes douleurs profondes. Violante sentit son cœur se serrer. La pitié lui suggéra de mentir, sa loyauté lui interdisait de rien cacher à celle qui la suppliait avec tant de chaleur. La loyauté l'emporta.

— Oh ! madame ma mère, pourquoi vous tourmenter ainsi ? Eh bien, je dirai tout, oui, cela vaut mieux pour vous et pour moi... Je l'aimais... Je l'aimais comme un rêve, comme quelque chose de haut, de grand, de sublime, de presque divin !

— Oui, oui, balbutia Donna Gabriella en s'exaltant, c'est ainsi qu'il est !

— Mais à présent...

— A présent ?

— J'ai solennellement juré de me consacrer à Dieu. Je rentrerai au monastère pour prendre le voile... et le monde se refermera éternellement pour moi... Blasco n'entendra jamais un mot de ma bouche ; il n'a jamais su si j'avais pour lui un sentiment.. et il ne le saura jamais ! Voilà ce que je puis vous dire.

Donna Gabriella lui prit les mains ; dans ses yeux brillaient un sentiment de reconnaissance et une tendresse vraiment maternelle, mais les sanglots qui lui gonflaient la poitrine l'empêchaient de parler.

Elles étaient ainsi émues quand le valet vint annoncer le prince de Butera.

Violante partit le soir même, en carrosse, avec le prince son grand-père qui était furieux, non seulement à cause de l'attentat contre sa petite-fille, mais encore que l'on eût osé une chose pareille dans sa maison.

Il menaça de faire pendre l'intendant et les paysans qui avaient laissé la demeure à la merci du premier venu et se désolait qu'Emanuele fût mort, parce qu'il aurait voulu lui enseigner le respect qu'il lui devait. Heureusement, la duchesse y avait pourvu ! Quelle femme ! Mais bon ! Palsambleu ! A présent, il fallait la soustraire aux tracasseries de la justice, car on devait s'attendre à ce que le prince de Geraci ne restât pas l'arme au pied et désirât venger la mort de son petit-fils.

Durant tout le trajet de la maison de Gabriella au palais Butera, le noble seigneur ne tint pas d'autre discours, passant par toutes les nuances de la colère, de l'indignation, de l'admiration, puis de la pitié pour sa petite-fille si jeune et déjà éprouvée par mille mésaventures.

Violante se taisait et pensait, ou du moins semblait penser. Mais au fond d'elle-même, elle pleurait. Ce soir-là, elle avait renoncé à tout, poussée par un devoir supérieur dont elle avait entendu dans son cœur l'appel solennel. Mais maintenant, tandis que son loquace aïeul soliloquait, elle percevait toute l'ampleur de son sacrifice. Et pourtant elle n'avait jamais osé espérer conquérir le cœur de Blasco, en être aimée, vivre avec lui pour toujours, comme elle l'avait rêvé dans la première fleur de sa jeunesse ; et puis, de le savoir l'amant de sa marâtre avait aussi presque étouffé, sous le dédain et l'offense faite à son caractère orgueilleux, la flamme de l'amour. Ainsi lui semblait-il. En fait, maintenant qu'elle avait solennellement renoncé, elle s'apercevait que l'amour était encore vif et véhément dans son cœur et qu'un rêve, une espérance lointaine étaient restés nichés au plus profond de son esprit. Et intérieurement, dans le silence de sa douleur impénétrable et fermée, elle sanglotait.

Après le départ de Violante, Donna Gabriella eut peur en se retrouvant seule dans sa chambre. Pourquoi donc avait-elle chassé Blasco ? N'aurait-il pas mieux valu l'inviter à revenir ? La solitude de la pièce, pleine de visions tristes et épouvantables, lui mit un effroi glacé dans les veines !... Si elle l'envoyait chercher ?... Oui, c'était mieux. Elle éprouvait le besoin de voir près d'elle une personne amie, d'entendre des paroles de réconfort, des mots doux et tendres. Elle sonna.

Blasco dînait avec Coriolano ; il était sombre et silencieux, comme oppressé par les événements de la journée et le chevalier de la Floresta n'avait pu le tirer de cet état. Mais quand un domestique lui transmit la commission portée par un volant de la duchesse, il bondit sur ses pieds :

— Je viens tout de suite... Excusez-moi, Coriolano.

Quelques minutes plus tard, il arrivait au palais de Donna Gabriella. La duchesse se tenait dans un coin de sa chambre, recroquevillée sur un fauteuil, les yeux fixés sur la porte, dans une attente angoissée, frémissant au moindre bruit. Quand la porte s'ouvrit sur Blasco, elle se leva, en criant, bras tendus comme vers un sauveur :

— Blasco ! Mon Blasco !

Et elle se jeta contre sa poitrine, en sanglotant dans une crise nerveuse. Il l'étendit sur un canapé, se plaça devant elle sur un tabouret bas, lui prit la main en la réconfortant d'une voix douce et caressante.

— N'aie pas peur !... Tu as bien fait... Personne ne touchera à un cheveu de ta tête... Je suis là...

— Et tu ne te t'en iras plus ! balbutia-t-elle... N'est-ce-pas ? .. Reste toujours ici... Je ne veux plus te laisser !...

— Oui, oui, calme-toi ! Après tout, tu as fait ce que tu devais...

— Tu sais tout ? Tu sais comment cela s'est passé ? J'y allais pour toi... Je croyais te surprendre... J'étais folle. Ils m'avaient dit que tu étais là...

— Moi ?... Comment ? Je ne sais rien... Raconte-moi donc.

Alors, par bribes, en s'interrompant, en s'exaltant parfois, avant d'être soudain submergée par la peur, Donna Gabriella lui raconta la lettre reçue, son voyage à Bagheria et son irruption dans la chambre de Violante.

— J'avais décidé de vous tuer tous les deux... Mais au lieu de cela, je l'ai trouvé lui... Violante gisait sur le lit les bras attachés, si éperdue, effrayée... Il m'avait attirée, avait organisé une vengeance horrible... encore une minute, et Violante aurait été perdue... perdue... je l'ai compris... Oh, tant de choses tristes me sont passées par la tête !.. Perdue ! Perdue pour toujours, et pour tous !... Il ne l'avait pas encore touchée. Il s'est approché de moi ; je n'ai plus rien vu. J'ai frappé. J'ai voulu m'enfuir aussitôt, mais j'ai vu Violante là, éperdue... J'ai eu pitié, je l'ai emmenée avec moi... Quand tu es venu aujourd'hui et que je ne t'ai pas laissé entrer, elle était là... voilà pourquoi je n'ai pas voulu que tu entres. Tu ne dois plus jamais la voir ! Je l'ai sauvée.. Je ne sais pourquoi... je ne puis me l'expliquer... Mais si j'ai fait une chose dont tu m'es reconnaissant, jure-moi que tu ne la verras plus...

Ce récit, le ton de la voix, l'aspect de Donna Gabriella avaient peu à peu levé dans le cœur de Blasco une tempête de sentiments. Il lui semblait percevoir à travers les réticences de la duchesse l'immensité de son sacrifice et par-dessus tout, il éprouvait envers elle une reconnaissance profonde pour son geste en faveur de Violante. Pour lui, il y avait dans cette jeune fille quelque chose de plus sacré que la vie même : la pureté inviolée qui lui conférait, à ses yeux, les qualités d'une créature de rêve et l'entourait de tous les attraits des choses immaculées ; et c'est de cela que Donna Gabriella s'était faite la gardienne invincible, elle dont il avait justement redouté les impulsions démentes, elle qu'il avait vue flamboyer de haine au plus ténu des soupçons. D'où venait ce changement ? Quelle profonde bonté était donc nichée dans le mystère intime de cette âme tempétueuse ? Quelle grandeur effrayante avait donc cet amour pour qu'elle en vînt à sauver la rivale honnie dans le seul espoir de plaire à l'être aimé ?

Blasco était vaincu. Il serra les mains de Donna Gabriella, lui donna un baiser plein d'une tendre dévotion, en la regardant avec une joie profonde et bouleversante.

— Oh ! Gabriella ! murmura-t-il. Qui pourra te récompenser de ce que tu as fait ? Si je donnais ma vie pour toi je ne me hausserais pas à la hauteur de ton geste.

La duchesse le regarda fixement comme pour lire dans le tréfonds de son âme. Dans le ton de ses paroles, elle percevait quelque chose d'insolite et de nouveau et elle sentait dans ses baisers une tendresse qu'elle ne lui connaissait pas. Une ombre mélancolique passa sur son visage. Cette nuit-là Blasco fut plus passionné et plus tendre. Il s'abandonnait sincèrement à la joie de son cœur pour lequel il n'était pas de bonheur plus grand que de savoir Violante saine et sauve et ainsi, grâce aux caresses les plus douces, il pensait rendre Gabriella heureuse. Mais la duchesse, au contraire, devenait toujours plus mélancolique et plus sombre, tourmentée qu'elle était par une pensée : « Ces caresses ne sont pas pour moi, rien que pour moi. Il ne m'aime pas pour moi, mais pour ce que j'ai fait : donc son cœur n'est pas entièrement mien ; je ne le posséderai jamais tout entier ; ses pensées, sa passion, ses caresses ont besoin d'autre chose qui le fasse vibrer. Je ne suis pas aimée !... Je ne suis pas aimée !... »

Cette pensée peu à peu s'empara de son esprit, lui glaça le sang, éteignit sa flamme, dessécha les sources de la joie. Une voix cruelle lui répétait sans trêve : « C'est fini. C'est fini pour toi ! Son âme est ailleurs, son âme te fuit, te fuira toujours !... C'est fini !... C'est fini ! »

Dans un moment d'abandon, Blasco lui dit :

— Ma mie, je dois te faire souffrir. Je n'ai pas encore eu le courage de te le dire...

Donna Gabriella tressaillit. La voix intérieure eut comme un sanglot de triomphe amer : « Tu vois ? Maintenant il va te dire qu'il est contraint de t'abandonner. »

Elle ne dit mot, mais ses yeux l'interrogeaient douloureusement. Blasco poursuivit :

— J'ai reçu l'ordre de partir sur-le-champ pour le camp de Francavilla.

Le premier mouvement de Donna Gabriella fut de lui dire :

« Je viens avec toi ! »

Mais les mots moururent sur sa bouche ; elle baissa la tête en silence et alors seulement ses yeux se remplirent de larmes, qu'elle avait enfin une raison de laisser couler.

Après un instant de silence, Blasco reprit :

— C'est peut-être la dernière nuit que nous passons ensemble.

Il y avait dans sa voix l'émotion profonde d'un dernier adieu et Donna Gabriella éclata en sanglots.

« Oui, oui ! répétait-elle mentalement dans un spasme d'angoisse, cette nuit est la dernière !... la dernière !... »

Mais Blasco faisait allusion à sa mort possible dans une bataille qui s'annonçait sanguinaire, entre les troupes espagnoles retranchées à Francavilla et les forces allemandes qui les assaillaient de toutes parts ; Donna Gabriella, elle, pensait à la mort de son amour.

« Je pars demain, à midi ». Alors, une idée affreuse lui traversa l'esprit et dans ses yeux encore humides brilla la lueur sinistre d'une passion exclusive et féroce.

« Si je le tuais ! Il ne pourrait plus appartenir à une autre ! »

Le tuer ? Et voilà que devant ses yeux réapparaissait l'image d'Emanuele étendu à terre, un trou sanglant dans la poitrine, les yeux sans regard, dans une immobilité effroyable. L'horreur lui courut dans le sang ; à l'image d'Emanuele se substitua celle de Blasco : elle le vit assassiné, dans sa chambre, et alors, se relevant d'un bond, elle tendit les mains et cria avec un désespoir inexprimable :

— Non !...

Et elle tomba à la renverse dans les bras de Blasco.

XXI

Le 21 juin au soir, deux hommes bavardaient comme deux bons amis à l'angle d'une ruelle qui porte aujourd'hui le nom de Brugno, en face de la cathédrale. La ronde passa. Ils échangèrent une poignée de main, se souhaitèrent le bonsoir et se séparèrent, chacun partant de son côté, non sans adresser un salut au caporal. Il était deux heures de la nuit, les rues étaient désertes. Le Cassaro s'enfonçait dans des ténèbres que trouait seulement la clarté des étoiles. Une petite lanterne se balançant à ras de terre perça un instant l'obscurité.

La ronde passa outre et se dirigea vers le Cassaro pour s'assurer que les tavernes et les boutiques étaient fermées, conformément aux édits du Sénat. Alors, furtifs, rasant les murs, les deux hommes retournèrent au coin de la ruelle où ils s'étaient quittés. Chacun avait endossé une cape noire malgré la chaleur.

L'un d'eux murmura :

— Viens. Il s'est arrêté pour parler aux gardes.

De fait, scrutant l'obscurité dans la direction du Cassaro, ils virent la lanterne immobile qui éclairait les soldats et un homme en noir. Puis l'homme bougea et la lanterne recommença à se balancer.

Les deux hommes se retirèrent dans la venelle obscure et la cape rejetée sur l'épaule laissa apparaître leurs bras armés d'une carabine. Ils se postèrent de chaque côté de la ruelle, chacun dans l'embrasure d'une porte, prêts à tirer.

Ils entendirent le bruit d'un bâton sur les pavés, qui se rapprochait. Un homme passa, qui ne se rendit compte de rien. L'ombre était si dense dans la ruelle étroite, que même un œil exercé ne pouvait rien distinguer.

L'homme fit encore deux ou trois pas après les avoir dépassés ; les deux hommes en sentinelle sortirent de leur cachette, gagnèrent le coin de la rue, visèrent et firent feu.

Les deux flammes déchirèrent la nuit, deux coups résonnèrent violemment : l'homme s'effondra sans un gémissement. Les deux hommes s'avancèrent et se penchant au-dessus de lui constatèrent :

— Il est mort. Rentrons.

Ils s'enfoncèrent rapidement dans la ruelle, mais sans faire de bruit : on eût dit qu'ils marchaient pieds nus. Quand ils furent à l'abri dans l'obscurité, ils se mirent à courir jusqu'à la rue des Biscottari où ils reprirent leur pas normal, comme deux personnes rentrant tranquillement chez elles.

Ils ne portaient plus ni manteau ni carabine. Des mains furtives, dans l'ombre de la ruelle, les avaient fait disparaître. S'ils croisaient une ronde, nul ne pourrait soupçonner quoi que ce fût.

Ils longèrent la rue des Biscottari, descendirent vers la Casa Professa et s'engagèrent dans une ruelle.

L'un d'eux imita le chant de la caille.

Un chant identique lui répondit.

Ils pénétrèrent alors sur la placette des Santi Quaranta Martiri et s'enfoncèrent sous un porche. Une porte se referma immédiatement derrière eux.

Après les deux coups de feu qui avaient résonné comme une canonnade dans le silence de la nuit, la rue s'était illuminée et animée. C'était l'heure du souper et le bruit, qui avait fait trembler les vitres des maisons voisines, avait naturellement troublé la tranquillité des familles réunies. Les hommes ouvraient les fenêtres; la porte d'une boutique s'écartait, des têtes apparaissaient, le visage interrogateur, pour voir ce qui s'était passé. Et tous constataient la même chose :

— C'est un meurtre!

Mais nul n'osait sortir, pas tant par peur d'une nouvelle fusillade que pour éviter d'avoir affaire à la justice. De l'extrémité du Cassaro les gardes accouraient; et de la place du Palais Royal trois ou quatre soldats débraillés arrivaient en hâte, tout en boutonnant leur pourpoint et bouclant leur ceinture.

Les gardes de la ronde furent les premiers sur place. Des boutiques et des maisons les plus curieux sortirent alors, portant des lampes à huile et des lanternes. On s'assemblait autour de la victime qui gisait, sur le ventre, les bras en croix, les jambes écartées, dans une mare de sang.

Le caporal ordonna :

— Écartez-vous! Rentrez!... Rentrez chez vous!

Les gardes commencèrent à agiter leurs hallebardes pour repousser les badauds et le caporal retourna le corps étendu. La lumière des lanternes l'éclaira et un cri s'échappa de toutes les bouches :

— Matteo Lo Vecchio!

— Le sbire!

La stupeur était générale et dans cette stupeur perçait une certaine satisfaction. Ceux qui étaient sortis annonçaient la nouvelle aux autres avec un plaisir qui ressemblait à celui de la vengeance.

— On a tué Matteo Lo Vecchio!...

— On a assassiné le sbire!

Une voix lança un seul mot en guise d'oraison funèbre :

— Enfin!

Et un autre ajouta :

— Il n'était que temps!...

— Il est mort. Dieu soit loué! Inutile de le transporter à l'hôpital. Mais il nous faut une échelle!

Deux sbires s'élancèrent vers la cathédrale voisine où ils étaient certains de trouver ce qu'ils cherchaient et revinrent peu après avec une petite échelle. Ils y installèrent le cadavre et l'emportèrent sur leurs épaules comme un cercueil, vers l'Albergheria, suivis d'une foule de gens qui riaient et plaisantaient joyeusement, annonçant à tous les passants :

— Matteo Lo Vecchio a été assassiné!

— C'est vrai?

L'explosion de joie, après la stupeur, était générale. L'attroupement grossissait. Ainsi le défunt fut-il transporté jusque chez lui accompagné d'un cortège qui emprunta le labyrinthe de ruelles tortueuses qui mène de la côte du Crieur jusqu'à l'Albergheria et qui porte aujourd'hui le nom du sbire. Les gardes et le caporal durent se servir de leurs piques pour empêcher la foule d'envahir la petite maison.

— Jetez-le !... C'est une charogne !

— Il ne mérite pas des funérailles !

— Il est excommunié !

— Si les *repitatrici* arrivent, nous les assommerons !

Mais une femme passa à la fenêtre une tête ébouriffée, criant et pleurant :

— Ce n'est pas vrai ! Ce n'est pas vrai ! L'excommunication était levée ! Il avait été absous par le vicaire général !

Mais la foule hurla de plus belle :

— C'était un sbire ! Un infâme !

Les cris résonnèrent jusqu'à une heure tardive, puis le sommeil commença à disperser la foule. Deux ou trois femmes tout de noir vêtues, échevelées, pénétrèrent alors dans la maison. Matteo Lo Vecchio fut déshabillé, lavé, et revêtu de vêtements plus neufs, mais on ne le chaussa pas car il n'est pas convenable de se présenter au Seigneur avec des souliers aux pieds. Puis on l'étendit sur le lit, au pied duquel on alluma des cierges et, assises par terre, les femmes commencèrent à pleurer, à se lamenter, à rappeler les exploits et les bonnes actions du défunt.

— Vous souvenez-vous du jour où il portait des souliers neufs ?

— Ah ! Quelle douleur !

Toute la nuit, assises par terre, les cheveux en désordre, les *repitatrici*, vestiges des pleureuses de jadis, se lamentèrent en se frappant la poitrine devant la dépouille mortelle de Matteo Lo Vecchio, étendu, les mains croisées sur le ventre ; un rosaire entre les doigts, le visage horriblement tordu dans une grimace de terreur, qu'un bonnet de coton rendait plus épouvantable encore — tragiquement grotesque.

Au matin des gardes se présentèrent pour protéger la maison contre d'éventuels agresseurs. Le président Don Antonino Negri, prévenu par le caporal, avait donné les ordres appropriés, pour que le sbire le plus sagace, le plus zélé, le plus terrible de ses sujets eût droit à des funérailles chrétiennes, à l'égal de tout bon citoyen. La ruelle fut truffée de gardes chargés de tenir à distance la marmaille et les jeunes gens du marché voisin qui s'agglutinaient dans des intentions manifestement malveillantes.

A l'aube, la nouvelle de l'assassinat de Matteo Lo Vecchio avait fait le tour du quartier, éveillant dans toutes les âmes une vive satisfaction. La terreur que le sbire avait répandue à travers toute la ville, les haines qu'il s'était attirées tout au long de sa carrière, les larmes versées par des centaines de victimes, la cruauté de ses agissements, tout cela provoquait, à l'annonce de sa mort, un immense soulagement et une explosion de joie, comme une libération attendue de jour en jour et enfin advenue.

— Bénies soient ces mains...

— Bénis ces coups de feu !

Puis une voix lança, reprise par une multitude d'autres voix :

— Ce sont les Beati Paoli !

— Il a été condamné à mort !

— Qu'ils soient bénis, maintenant et à jamais !

La rue de l'Albergheria était en émoi : on ne parlait que de la mort de Matteo Lo Vecchio, dont on attendait désormais les obsèques. On voulait voir s'il y aurait des gens assez courageux pour accompagner et, comme on disait, pour « s'associer » au cadavre de l'excommunié.

Le vicaire général l'avait absous et consacré ? Et puis après ? Il ne l'avait pas libéré de tous les méfaits qu'il avait commis, et qui appelaient vengeance.

— On va le jeter dans la rue des Cavallacci..

— Pour que mort, il soit encore « infâme ».

— Même Saint Michel Archange n'a pu se débarrasser du sbire

Au début de l'après-midi, les pauvres du Sérail portant la croix et la congrégation du Chalut se présentèrent pour accompagner le défunt, à la stupéfaction de tous.

— Comment ? Comment ? Il va être enterré comme un bon chrétien ?

Devant la foule scandalisée, les pauvres et les membres de la congrégation, gênés, s'excusèrent en expliquant qu'ils étaient là sur ordre du président Negri. Et en vérité, le défunt était baptisé et avait reçu l'absolution. Mais ces arguments ne convainquirent personne.

Un détachement de sbires et d'argousins armés de piques, d'épées et de bâtons noueux tenait la population à distance, sans pouvoir toutefois réprimer la vague de murmures qui annonçait irrésistiblement l'émeute.

Ils arrivèrent devant l'église. Le pauvre prêtre jetait autour de lui des regards inquiets, avec une expression qui signifiait : « Le Seigneur me joue un mauvais tour ! ».

On forma le cortège. Les porteurs soulevèrent le cercueil qu'ils posèrent sur leurs épaules et s'avancèrent, précédés par les pauvres du Sérail et de la paroisse et suivis par les membres de la congrégation, entourés par les sbires et les argousins. Mais dès que le cortège quitta la ruelle pour descendre à travers l'Albergheria, un murmure s'éleva, semblable à la rumeur lointaine des vagues, qui grossit rapidement pour exploser en une tempête de hurlements, de sifflets et d'injures.

Une bande de gamins à demi nus prit la tête du cortège lugubre, parodiant une psalmodie :

— *Catameo catameo,* il est mort le sbire Matteo...

D'abord avec les piques, puis usant des bâtons, les sbires et les argousins écartèrent brutalement la foule, mais la rumeur s'amplifiant et la foule grossissant, leur hardiesse commença à faiblir et du fond de leur âme montait l'appréhension d'un danger vague et imminent. Quelqu'un lança une invective contre le président Negri qui au lieu de faire transporter le cadavre de nuit et sans apparat, en cachette, avait voulu faire au sbire l'honneur d'un enterrement.

— Quelle audace ! lança quelqu'un dans la foule. Ils vont l'enterrer à Sant'Antonino !...

— A Sant'Antonino cette canaille ?

Des cris menaçants fusèrent :

— Lâchez-le ! Lâchez-le !

— Éteignez les torches ! C'est une honte !

Les plus hardis joignirent le geste à la parole et les soufflèrent.

Le chef des argousins tenta de les calmer :

— Allons, messieurs, un peu de calme ! Il était chrétien, après tout ; il est mort absous... Un peu de charité !

— De charité ? Le sbire en a-t-il eu pour ses semblables ?

Les cris menaçants devenaient plus violents que jamais.

Des trognons volèrent, la foule commença à pousser en direction du cortège ; il y eut des bousculades... Au coin de la rue du Bosco, la congrégation du Chalut, au vu de la situation, décampa.

— Bravo, bravo, cria la foule, voilà comment on fait... bravo !..

Ils applaudissaient, mais ces applaudissements étaient une nouvelle menace pour ceux qui restaient les sbires et les argousins se virent exposés à la colère de la populace qui grossissait. Ils tinrent bon quelque temps, honteux à l'idée de céder, mais quand ils s'aperçurent que la tempête était sur le point d'éclater, un à un, de-ci de-là, sans demander leur reste, ils s'esquivèrent.

Quand le cercueil arriva rue Maqueda il n'y avait plus un garde ; il était à la merci de la plèbe déchaînée qui entonna un *de profundis* de grossièretés et d'injures en bousculant les porteurs. Au-dessus des têtes, le pauvre cercueil était ballotté comme une barque renversée au milieu des flots.

Lorsqu'on arriva au monastère de l'Assunta, le prêtre en voyant l'église ouverte se retourna, pâle comme un mort, bredouilla deux ou trois mots latins incompréhensibles, traça en toute hâte avec l'encensoir une croix sur le cercueil et se précipita dans l'église, heureux de s'en être tiré à si bon compte, et de laisser les autres dans l'embarras.

Alors, les huit porteurs pressèrent le pas ; le couvent de Sant'Antonino n'était pas loin . Ils y parvinrent en quelques minutes, toujours suivis par la populace qui chantait :

— *Catameo catameo,* il est mort le sbire Matteo !

— Il est mort, cette infâme canaille. Jetez-le comme un chien !...

La porte du couvent était fermée. Les porteurs déposèrent le cercueil à terre et frappèrent à la porte ; un frère se montra et dit :

— Ici on n'enterre pas les sbires !...

Et il referma la porte.

C'était une belle escroquerie ; le président Negri avait payé dix onces pour faire enterrer Matteo Lo Vecchio dans cette église ; les frères avaient empoché l'argent sans scrupule. Maintenant, ils avaient l'obligation de s'occuper du mort. Mais les frères crièrent, de l'intérieur :

— Emportez-le ! Emportez-le !

Puis tout d'un coup la porte s'ouvrit violemment, ils sortirent armés de gourdins, se jetèrent sur les porteurs et les rossèrent en répétant :

— Emportez-le ! Emportez-le !

Devant cette attaque furieuse les porteurs s'enfuirent ; et les frères se lancèrent à leurs trousses mais n'en rattrapèrent qu'un seul, qu'ils traînèrent en le menaçant de lui briser les côtes s'il n'emportait pas le cercueil.

— Mais je ne peux pas le faire tout seul !

Dans la foule qui riait et lançait des quolibets, quelques personnes eurent pitié du pauvre porteur et s'offrirent pour l'aider. Ainsi le triste cercueil fut de nouveau soulevé et reprit sa route, ballotté au-dessus des têtes. Là, tout près, il y avait un cimetière pour les pauvres avec une petite chapelle servie par un ermite. Ils s'en approchèrent mais l'ermite ferma le portail avec une chaîne.

— Ici ? Ici ? Vous voulez m'enterrer le sbire ici ?... Cet excommunié ? Ce gredin ? Vous êtes fous ! Ici il n'y a pas de place pour lui !... Allez le jeter au fleuve.

Les porteurs se regardèrent ; la chose commençait à les fatiguer. Oh, ils n'allaient quand même pas se promener toute la journée avec ce mort sur les épaules ? Ils délibérèrent, ouvrirent le cercueil, en tirèrent le cadavre dur et rigide, avec son visage terrifié sous son bonnet de coton. Ils le déshabillèrent, le hissèrent, nu, sur le mur du cimetière, derrière l'église, le firent tomber de l'autre côté, et, ayant trouvé un puits à sec, soulevèrent le misérable cadavre aux reins déchirés et noircis par les blessures, et le jetèrent au fond du trou en lui lançant un salut obscène.

Le bruit sourd du corps se fracassant sur les rochers monta jusqu'à eux.

XXII

Blasco était revenu du camp de Francavilla, le 23 juin, avec deux courriers du marquis de Lede, pour annoncer au marquis de Montemar, à Palerme, la victoire de l'armée espagnole.

La missive, écrite en espagnol, fut publiée peu après par les presses de Francesco Cichè, typographe de Palerme, et donna lieu, comme on pouvait s'y attendre, à de grandes illuminations et à des cérémonies sur le Cassaro ; on fit chanter des *Te Deum* dans les églises et tirer des salves dans les bastions et les châteaux.

Blasco avait sollicité l'honneur de porter la nouvelle de ce qui semblait être une victoire décisive pour avoir l'occasion de retourner à Palerme : il avait laissé Donna Gabriella si abattue que ni les événements du camp ni la bataille, rude et sanguinaire, ne purent imposer à son cœur une certaine tranquillité. Il était la proie d'une vive inquiétude.

En partant, il avait recommandé Donna Gabriella à Coriolano. Le chevalier de la Floresta lui avait répondu :

— Vos recommandations sont superflues. Elle n'a rien à craindre ; personne n'accusera la duchesse...

— Mais les sicaires...

— Ont été prévenus et n'oseront rien dire... Don Girolamo s'en est chargé...

— Ah, c'est bien. Mais le sbire...

— Ne vous faites aucun souci. Il a été jugé hier soir... D'autre part, j'ai tout expliqué au prince de Carini, et vous comprenez qu'il n'est point homme à laisser commettre quelque violence que ce soit contre une dame de sa maison. Vous savez aussi qu'aucun juge ne prendra la décision de l'arrêter. Partez tranquille...

Tranquille ? Impossible. Blasco avait perdu sa tranquillité d'esprit, son insouciance : comment eût-il pu garder l'âme sereine avec tous les malheurs qui étaient advenus et qu'il gardait gravés dans son esprit ? Une autre prière lui était venue aux lèvres qu'il n'avait pas osé exprimer ; Coroliano, qui l'observait, sourit finement, comme lui seul savait le faire.

— Je vous comprends, mon cher ami, sans que vous ayez à parler. Ne vous tourmentez pas non plus pour cela, je veillerai sur Donna Violante et je vous tiendrai informé de tout ce qui pourrait vous intéresser.

Blasco n'avait pas tort de s'inquiéter : la mort d'Emanuele avait fait grand bruit, surtout en raison des circonstances qui l'avaient accompagnée. Il semblait inexplicable qu'on eût retrouvé le cadavre dans la chambre de Violante, dans la villa du prince de Butera. Mais quand la jeune femme raconta à son grand-père, sans omettre aucun détail, l'attentat dont elle avait failli être victime, le prince de Butera y vit un affront si grave qu'il jugea que la mort du misérable n'était pas encore suffisante pour racheter sa faute et il exprima ses plus vives doléances au prince de Geraci. Mais ce dernier, qui était fatigué des désordres de son petit-fils, haussa les épaules et répondit :

— Qu'y puis-je ? Soyez seulement certain que je ne ferai aucune démarche pour obtenir réparation de sa mort.

La justice ouvrit une enquête, feignant de supposer que la main criminelle ne pouvait être celle d'une dame, et ne cherchant surtout pas à connaître une vérité qui eût porté préjudice à trois familles princières et extrêmement puissantes du royaume. Mais tout ce qui éloignait d'elle le danger ne parvenait pas à dissiper les terreurs de Donna Gabriella, que la solitude et l'absence de Blasco avaient terriblement accrues.

Cette absence, surtout, ne laissait pas de l'inquiéter et une pensée lui rongeait le cerveau comme un ver, lui pénétrant l'âme d'une profonde tristesse :

— « L'aimait-il ? Et Violante ? »

Et pourquoi ne parvenait-elle pas à lire dans le cœur de Blasco et de Violante ? A plusieurs reprises, elle était allée rendre visite à Violante dans le palais princier de son grand-père et on l'y avait fort bien accueillie. Le prince venait à sa rencontre, lui baisait cérémonieusement les mains en lui témoignant de la reconnaissance :

« Voilà notre héroïne ! »

Mais cette allusion, qui évoquait une scène sanglante qui lui faisait horreur, lui serrait le cœur d'une étreinte glaciale.

Violante elle-même ne lui manifestait plus la même dureté, la réserve orgueilleuse de jadis : elle lui baisait respectueusement la main et l'appelait : « Madame ma mère ». Elle se trouvait désormais dans une situation singulière : veuve sans avoir jamais été épouse. La mort d'Emanuele avait rendu l'annulation du mariage inutile mais, libérée de ce lien funeste, elle n'avait pas pour autant retrouvé sa joie. Elle n'aspirait qu'à une seule chose : s'enfermer dans un cloître, et sans le ferme refus de son grand-père, elle y serait entrée aussitôt après la mort de son époux. Un jour où Donna Gabriella était venue lui rendre visite, le sujet du couvent avait été abordé :

— Un couvent ? Un monastère ? s'écria en riant le prince de Butera. Tu as besoin d'autre chose que d'un voile de nonne. Ton mariage n'était pas sérieux, mais il faut te marier pour de bon, désormais, avec un beau chevalier...

— Oh, non, Excellence, pardonnez-moi, mais je n'épouserai plus personne. Ma résolution est irrévocable. Pourquoi cherchez-vous à m'en détourner ?

— Mais écoutez-moi ça ! A son âge !... Quand tu trouveras un jeune et beau chevalier, riche et...

Violante avait blêmi comme devant l'imminence d'un danger. Joignant les mains d'un geste suppliant elle murmura :

— Votre Excellence me fait souffrir... Jamais je ne pourrai voir un homme...

Le prince avait ri mais Donna Gabriella avait deviné ce que cachait la pâleur de Violante. Elle seule avait compris le dilemme tragique de cette âme qui s'était ouverte un moment à l'amour ; elle seule avait compris ce que signifiaient ces paroles : « Jamais je ne pourrai voir un homme... » car le cœur de Violante était entièrement occupé par la douloureuse image de Blasco. Violante l'aimait, elle l'aimait toujours, profondément, passionnément !... Et elle réprimait cet amour avec une volonté et un courage dans le renoncement qui stupéfiaient et blessaient Donna Gabriella, elle qui était incapable de renoncer à sa passion, qui tremblait et se tourmentait à la seule idée qu'on pouvait lui disputer l'objet de sa passion.

Était-ce par orgueil ? Par nécessité ? Ou par gratitude envers sa libératrice, que Violante renonçait pour toujours à l'espoir d'une joie suprême ? Cette jeune femme était-elle vraiment aussi héroïque ? Elle en paraissait grandie à ses yeux. Et elle songea non sans effroi que cette attitude la rendait peut-être aussi plus belle, plus désirable et plus digne d'être aimée aux yeux de Blasco ; aimée comme un objet céleste et inaccessible. Et voilà qu'elle enviait cet être frappé par un destin tragique, et à qui elle avait elle-même arraché le calice du bonheur. Donna Gabriella le lui avait enlevé et y avait bu à longues gorgées, le gardant entièrement pour elle, lui ôtant tout espoir. Et pourtant, elle enviait le sacrifice héroïque, noble et silencieux qui lui donnait sa force.

Elle l'enviait, certes, mais Donna Gabriella constatait non sans stupeur que ce sentiment ne s'accompagnait point de haine, mais d'un sentiment qui ressemblait à de l'admiration et de la gratitude. Elle dit par devers soi : « C'est pour moi, c'est pour moi seule, que Violante se sacrifie ».

Elle rentra chez elle émue, troublée, humiliée, le cœur serré et, songeant au retour de Blasco, se demanda comment elle devrait s'y prendre pour se l'attacher passionnément et à jamais. Comment ? Par quelle vertu nouvelle ?

A plusieurs reprises ces pensées équivoques revinrent la torturer. Si elle n'avait pas tué Emanuele, Violante serait encore sous son joug. Au lieu d'être généreuse, elle serait seulement résignée. Le fossé se serait-il creusé entre Blasco et Violante ? Et au bout de combien de temps aurait-il haï Donna Gabriella ? Mais la haine n'eût-elle pas été préférable à ce sentiment d'incertitude ? Sa haine lui eût donné une raison de se venger férocement et d'en finir... Et ensuite... ?

Ainsi Donna Gabriella songeait-elle en l'absence de Blasco. Coriolano, qui était allé lui rendre visite un jour, ne parvint ni à lui rendre courage ni à l'arracher à l'abattement dans lequel elle était tombée, souhaitant et craignant à la fois le retour de Blasco.

Blasco, après avoir accompli sa mission, retrouva Donna Gabriella dans un état de grande anxiété. L'annonce qu'une bataille sanglante avait eu lieu à Francavilla, qui avait fait, dans les deux camps, morts et blessés confondus, près de sept mille victimes, parmi lesquels des généraux et des officiers supérieurs, s'était répandue rapidement à travers la ville. On disait que dans l'armée espagnole avaient péri le lieutenant général Caracciolo et le brigadier Tauchur, qui se trouvaient avec les gardes et les dragons au couvent des Capucins, autour duquel avait eu lieu l'offensive la plus violente des Allemands. Gardes et dragons avaient été décimés. Cela suffisait à ce que Donna Gabriella tremblât pour le sort de Blasco dont elle n'avait pas eu de nouvelles.

En le voyant entrer elle bondit à sa rencontre les bras grands ouverts en s'écriant d'une voix dans laquelle vibraient tous les accents de son cœur ardent et tourmenté :

« Blasco ! »

Il fut expansif et tendre mais il semblait à Donna Gabriella que ses baisers manquaient de la passion dont elle avait rêvé pour leurs retrouvailles. Impression ou réalite, cela suffit à réveiller l'anxiété, les craintes l'envie et les soupçons assoupis, à lui glacer le sang et à briser ses élans. Elle se rendit compte alors que Blasco ne s'apercevait pas de sa brusque froideur. Quelle autre pensée le précoccupait donc ? Toujours la même pensée obsédante ? Mais Blasco ne fit pas la moindre allusion à Violante, il semblait au contraire qu'il évitât soigneusement de l'évoquer, changeant le cours de la conversation dès qu'un sujet risquait de susciter l'occasion d'en parler. Était-ce par égards pour Donna Gabriella ? Était-ce une comédie ?

Elle demanda d'une voix tremblante :

— Tu vas rester, désormais ?

— Quelques jours seulement puis je retourne au camp.

Elle baissa la tête sans mot dire puis demanda encore :

— Pourquoi ne m'emmènes-tu pas ?

— Mais c'est impossible, mon amour. Nous dormons sous la tente, sur des paillasses jetées à même le sol... Et tu ne connais pas les soldats ! Je devrais me battre vingt fois par jour pour te défendre, et je craindrais trop pour toi... Non, c'est impensable... Du reste, la guerre ne durera pas toujours. Nous ne pourrons pas résister éternellement : les empires sont les plus forts, Milazzo est en leur pouvoir, ils ont la moitié de Messine, ils dominent la mer grâce à l'aide des Anglais... Tu verras que notre île sera annexée par l'empereur et que nous aurons fait la guerre aux Savoyards pour donner l'occasion au Germain de piller notre beau pays. D'un maître à un autre ; là est notre destin !

Il poursuivit ce discours politique dont elle n'avait que faire. Ni les Espagnols, ni les Autrichiens ni les Savoyards ne lui rendraient le cœur de Blasco, son amour et la paix. S'ils étaient partis tous les deux, loin de leur île, dans une ville étrangère, peut-être eût-elle retrouvé son empire sur ce cœur qui la fuyait ? Retrouvé ? Mais avait-elle jamais eu un tel empire sur lui ? Elle dit d'une voix très basse :

— Que m'importent l'inconfort et les difficultés ? Que m'importe de dormir par terre ? Je ne te quitterai plus jamais... Je me déguiserai en homme et me ferai passer pour ton page...

Blasco rit. Lui passant la main dans les cheveux il dit :

— Que deviendraient ces jolies boucles, où j'aime tant passer les doigts ?

Un frisson courut sur la peau de Donna Gabriella, une multitude de sensations lui revenant en mémoire et, posant la tête sur la poitrine de Blasco elle soupira, d'un ton plein de désespoir :

— Ah, tu ne m'aimes plus d'amour...

Blasco tressaillit. Ce n'était pas la voix de Donna Gabriella mais une voix intérieure, qui réveillait sa conscience et le contraignait à confesser ce qu'il avait en vain cherché à se cacher à lui-même. Et pourtant il étouffa cette voix intérieure, ordonna à sa conscience de mentir, réveilla dans son cœur les souvenirs les plus doux, l'ivresse des baisers cueillis sur ces lèvres qu'altérait à présent la souffrance, toute la reconnaissance, la tendre amitié qu'il éprouvait envers Donna Gabriella ; il ralluma au fond de lui-même toutes ces sensations pour qu'elle ne voie pas la ruine de ce qui avait ressemblé à de la passion et qui n'était que l'élan impétueux d'un jeune homme fasciné par la beauté et grisé par une bouche frémissante de baisers...

Il tentait de s'illusionner, de l'illusionner, de la distraire, mais au plus profond de son cœur et de celui de Gabriella, une voix répétait tristement : « C'est fini, c'est fini ! »

Il ajouta pourtant :

— Mais je ne t'abandonnerai jamais plus ! Je serai ton tendre ami, jusqu'à la mort.

La journée passa tristement. Dans l'après-midi, à l'heure de la promenade rue Colonna ou à la Marina, Donna Gabriella alla rendre visite à Violante, pour vérifier le bien-fondé de ses soupçons.

— Voulez-vous venir vous promener avec moi, dans mon carrosse ? lui demanda-t-elle. Nous demanderons la permission au prince.

Violante la remercia mais refusa :

— Je ne sors jamais de la maison, Madame, ajouta-t-elle en souriant. Je commence ici ma vie de recluse...

La duchesse s'assit alors à côté d'elle ; la complimenta sur quelque ouvrage de dentelle et lui demanda si elle avait vu du monde.

— Qui, mon Dieu ?

— Je ne sais pas... Je croyais que le prince recevait des visites conventionnelles... en sa qualité de premier seigneur du royaume... Qu'on serait peut-être venu lui annoncer la victoire de l'armée du roi.

— Non, Madame, je n'ai vu personne...

— Il est certainement venu, pourtant.

— Il ? Mais qui donc ?

— Don Blasco, dit la duchesse, feignant une désinvolture et une indifférence qu'une lueur investigatrice, dans son regard, et la pâleur de ses lèvres démentaient.

Violante sursauta : elle blêmit mais soutint le regard de sa marâtre et répondit d'une voix limpide et sereine :

— Non, il n'est pas venu. Nous ne l'avons pas vu.

Donna Gabriella laissa alors échapper un soupir de soulagement, se montra gracieuse et affectueuse, promit, quand elle prit congé, de revenir et pour la première fois depuis fort longtemps se fit conduire à la promenade de la Marina, pour entendre les musiciens du Sénat qui jouaient cet après-midi-là de la musique de Scarlatti. Si son regard avait traversé les murs, elle aurait vu Violante s'effondrer dans un fauteuil, cacher son visage dans ses mains et éclater en sanglots, mais Donna Gabriella était heureuse à cet instant, et elle ne pensait plus à Violante.

Blasco n'était pas heureux, et il n'était pas gai non plus. Un fardeau lui pesait sur les épaules, qui l'oppressait. Coroliano se moqua gentiment de lui, puis il dit :

— Je veux vous apprendre une nouvelle qui vous intéressera sûrement...

— Qui m'intéressera, moi ?

— Oui, vous. Vous n'avez pas encore songé que, depuis la mort d'Emanuele, vous êtes devenu le dernier des Albamonte, de la branche aînée.

— Moi ? Un bâtard !

— Cela n'est pas la première fois qu'en droit séculier, un fils naturel reconnu est investi des droits légitimes et prend le titre et les privilèges assortis à la maison. Manfredi III Chiaramonte était un enfant naturel et il fut pourtant le plus puissant des tous les Chiaramonte ; au point de s'unir au roi par alliance. Votre naissance ne constitue donc pas un obstacle. Si Don Raimondo avait vécu, peut-être eût-il exercé ses droits sur vous ; et Donna Violante pourrait revendiquer, dans la succession de son père, les États de la Motta ; mais Donna Violante renonce à tous ses droits éventuels puisqu'elle entre au couvent.

— Violante ?...

— Oui, que voudriez-vous qu'elle fît ? La pauvre petite eût peut-être connu le bonheur si elle avait trouvé la main qu'elle attendait ; aujourd'hui il ne lui reste plus qu'à s'enfermer avec son chagrin dans le silence apaisant d'un cloître.

— Il fallait lui laisser son père...

— Non. La justice ne peut être miséricordieuse ; la justice punit. C'est à l'amour de répandre du miel sur les blessures ; la justice a exécuté son père, l'amour devait apporter une nouvelle existence à sa fille innocente ; mais vous, Blasco, n'avez pas voulu qu'il en fût ainsi... Mais à quoi bon remuer le passé. Parlons plutôt de l'avenir... Don Girolamo Ammirata s'est rendu à Madrid voilà huit jours pour présenter au roi une supplique en votre nom, sollicitant votre reconnaissance...

— Oh ! s'exclama Blasco en rougissant.

— A la supplique, est jointe un document qui énonce et commente notre droit et une lettre du comte de Montemar pour le cardinal Alberoni...

— Mais tout ce que...

— La procédure est parfaitement régulière. Dans un ou deux mois nous recevrons les missives royales; et après l'investiture, vous serez l'Illustre Seigneur Don Blasco Albamonte, duc de la Motta...

— Grâce au sang de deux victimes et aux larmes d'une troisième... Oh, non, jamais je ne...

— Vous n'êtes encore qu'un enfant! Vous avez des scrupules à prendre ce qui vous revient parce qu'un voleur et une fripouille ont succombé sous le poids de leurs propres fautes? Allons, j'ai bien fait d'agir sans votre consentement. Vous auriez été capable de m'en empêcher!

— Mais comment pouvez-vous faire la preuve de mon origine?

— Ah, vous croyez que je n'ai pas accumulé les preuves? Ce que vous m'avez raconté a suffi à m'en procurer plus qu'il n'est nécessaire, et d'autre part, j'en possédais.

— Vous?

— Oui...

Blasco le regarda avec stupéfaction.

— Comment cela?

— Pourquoi voulez-vous le savoir? Vous devriez imaginer sans peine que les moyens de me les procurer ne me manquaient pas...

— C'est juste.

Le dialogue se poursuivit un moment sur ce ton. Blasco passait de l'espoir insensé au découragement. Duc de la Motta? Pour quoi faire? A quoi bon toutes ces richesses? Deviendrait-il un autre homme? Son âme gagnerait-elle ou perdrait-elle quelque chose? Le bonheur frapperait-il à sa porte? Blasco de Castiglione allait-il donc disparaître, ne laissant de lui qu'un souvenir? Il vit alors se dérouler sous ses yeux toute son existence pauvre et aventureuse, les duels, la prison, les fugues, les amours d'un jour, et la joie, l'insouciance merveilleuse. Et il aimait son passé, il aimait cette vie désormais si lointaine, et sa condition d'enfant abandonné, perdu dans le monde, qui affrontait la vie l'épée au flanc, un quignon de pain dur dans son sac, une chanson aux lèvres et la splendeur de la jeunesse audacieuse dans les yeux!

Ce soir-là, en rentrant chez Donna Gabriella, il demeurait préoccupé par la nouvelle et un nuage lui obscurcissait le front; la duchesse sentit son cœur se serrer et n'osa pas l'interroger. Tous deux passèrent ces heures comme écrasés sous le poids d'une fatalité, comme oppressés par la menace d'une catastrophe imminente. Ils se saluèrent d'un pâle sourire, avec un baiser sans flamme et plein de larmes, comme deux êtres qui se séparent pour parcourir des chemins différents et éloignés, où jamais plus ils ne se rencontreront.

XXIII

Quelques jours passèrent comme une lente agonie. Blasco se montrait toujours plus attentionné, prévenant, empressé, plein de tendresse, mais Donna Gabriella voyait dans tout cela un effort pour dissimuler une vérité qu'elle lisait clairement.

Un matin qu'elle savait Blasco retenu par le comte de Montemar, elle fit prier Coriolano de venir la trouver. Le chevalier s'empressa d'accourir.

— J'ai reçu un ordre gracieux et me suis hâté d'y obéir ; mais permettez-moi de vous demander ce qui vous afflige, car votre beau visage a une expression de douleur qui me consterne...

Donna Gabriella eut un sourire mélancolique et ses yeux se mouillèrent :

— J'ai besoin de vous, de votre aide, de vos conseils...

— Dites, je suis à vos ordres, heureux de pouvoir vous être utile.

Ils étaient assis dans la pénombre d'une salle vaste et silencieuse, elle sur un canapé, Coriolano sur un siège à haut dossier, tournant le dos à la lumière, de sorte que son visage restait dans l'ombre et qu'il voyait clairement celui de la duchesse. Donna Gabriella parut se recueillir pour chercher ses mots puis commença :

— Vous êtes intime de Blasco et connaissez ses pensées les plus profondes...

— En fait, il me fait l'honneur de m'accorder sa confiance et de me faire ses confidences mais pour autant je ne le sollicite pas et il conserve cette réserve et cette discrétion que l'amitié impose.

— De sorte que vous... Pardonnez-moi, chevalier, si j'entre dans votre âme et si, peut-être, je vous contrains à révéler un secret...

Coriolano sourit :

— Par effraction ?

— Ne souriez pas. Cette effraction, si vous appelez ainsi la confidence que je vous demande, pourrait faire le bonheur de quelqu'un...

— Et si elle ne le faisait pas ?

— Elle le fera. La douleur de l'un peut presque toujours faire la joie d'un autre.

— Dites. Si je puis, sans manquer aux devoirs de l'amitié, mettre fin à une douleur, je ne me retrancherai pas dans le silence...

— De la Floresta, Blasco ne m'aime pas.

— Oh !
— Il aime une autre femme.
— Vous m'étonnez ! Qu'est-ce qui peut vous le faire supposer ?
— Supposer ? J'en suis sûre...
— Bien, alors, qu'est-ce qui vous donne cette certitude ?
— Avez-vous jamais aimé profondément et totalement ?
— Moi ? Grâce au ciel, ni profondément, ni superficiellement !... Je suis réfractaire...
— Alors vous ne pouvez me comprendre, vous ne pouvez deviner quels minuscules, quels imperceptibles signes révèlent à une femme qu'elle n'est plus aimée. Je le sens, je le sens dans le ton de sa voix, dans son sourire, dans la lueur de ses yeux, dans la pression de sa main, dans la plus légère caresse... Dans tout !... Blasco ne m'aime plus, je vous le dis, et vous le savez !
— Moi ?
— Vous, oui ; vous êtes le dépositaire de ses secrets...
— Je le suis, mais je vous assure, duchesse, que Blasco ne m'a jamais rien dit qui pût m'inciter à penser qu'il aurait quelque autre passion...
— Mais vous l'avez deviné.
— Oh, pardonnez-moi...
— Ne niez pas ; je le vois dans vos yeux. Il n'est plus heureux comme avant, il est oppressé par une pensée que je connais, que j'ai surprise... et vous le savez. Vous, vous le savez ! Oh, autrefois, assurée de ma force, je n'aurais pas pleuré, je ne serais pas restée prostrée, je n'aurais pas supplié comme aujourd'hui... Je me serais vengée... Mais aujourd'hui... Aujourd'hui je ne puis !... Je ne sais ! Je ne veux...
Coriolano la contemplait avec stupeur. Donna Gabriella se tordait les mains, ses yeux étaient secs et brillants, ses lèvres blêmes.
— Chevalier de la Floresta, je ne désire de vous aucune aide, je ne veux pas que vous forciez le cœur de Blasco. Quand l'amour est fini, il ne renait plus. Le bois consumé ne brûle pas, la cendre ne donne plus de flamme... Non. Je ne vous demande pas de protestation ; dites-moi au moins que je ne me trompe pas, que ce n'est pas une simple supposition, que tout est fini, tout !...
— Pourquoi vous faites-vous souffrir ? lui répondit Coriolano, ému, mais encore assez maître de lui pour conserver son habituel calme souriant. Pourquoi vous tourmenter ? Il faut vous préparer à ce dénouement qui vous semble proche. Vous avez dit que le bois consumé ne brûle pas ; vous avez brûlé ce bois trop vite... Prenez garde, je suis votre raisonnement, je n'affirme rien, parce que je n'ai aucun élément pour ce faire, comme je n'en ai pas pour le nier... Ayez la patience de refaire l'histoire de cet amour et vous y verrez les raisons de sa fin... ou pour mieux dire, de sa transformation en une tendre amitié conjugale... Vous vous êtes enivrée et comme toutes les ivresses, celle de l'amour aussi se défait... Soyez forte ;

sur les ruines de l'amour surgira une amitié sincère, dévouée, qui peut remplir votre vie et vous donner des émotions et des joies, peut-être pas plus intenses, mais plus sereines et plus durables que celles de l'amour...

Donna Gabriella l'écoutait-elle ? Elle paraissait le faire, mais en fait, elle songeait, dans une exaltation de tout son être :

« C'est donc vrai : il ne m'aime plus, il aime Violante. C'est fini, désormais. Fini pour toujours. »

Coriolano poursuivait, insistant et paisible :

— Vous êtes une femme d'esprit, duchesse ; une femme supérieure. Vous croyez que Blasco ne vous aime plus d'amour ? Ne tentez pas de ranimer la flamme ; les frissons qu'elle vous donnerait ne vous procureraient pas même l'illusion de l'amour et vous apporteraient de plus grandes désillusions, de plus grandes douleurs ; ne tentez pas de ressusciter l'amant, contentez-vous de l'ami. Cela vaudra mieux pour lui et pour vous.

On dit que l'amour véritable, l'amour profond est dévouement, abnégation, sacrifice ; si vous l'aimez aussi profondément que je le lis dans votre douleur, ayez la force de sacrifier illusions, rêves et désirs. Et dans ce sacrifice, vous trouverez la joie.

Ces paroles évoquaient dans l'esprit de Donna Gabriella l'image de Violante. Elle se demandait :

« Violante l'aime donc plus que moi ? Elle a la force de l'abnégation et du sacrifice que je n'ai pas. Elle l'aime donc davantage... Davantage ? »

La jeune fille s'était sacrifiée à ce qu'elle considérait comme le bonheur de Blasco, alors qu'elle n'avait qu'à dire un mot, qu'à tendre la main pour être heureuse. Donna Gabriella ne pouvait s'empêcher de se comparer à elle et de se trouver inférieure. Sa douleur plaintive, son abandon au désespoir lui paraissaient signes de lâcheté ; pire encore, ils rabaissaient son amour.

« Il serait donc possible que cet amour qui me consume, qui me tue, ne soit pas aussi fort que celui de Violante ? »

Elle s'enfermait dans ces sombres pensées, obsédée par l'idée du sacrifice.

« Apparaîtrais-je plus digne de son amour, si j'avais la force de renoncer à ses caresses ? »

Après un instant de silence, elle tendit la main au chevalier de la Floresta.

— Merci ! lui dit-elle. Ne dites rien à Blasco de ce que je vous ai confié... Vos paroles n'ont pas été prononcées en vain... Merci, mon ami !

Coriolano lui serra doucement la main en la regardant dans les yeux, comme pour lire dans cette âme complexe et mystérieuse.

— Puis-je croire que vous serez forte ?

— Je vous le promets, répondit-elle d'une voix lugubre comme si elle répondait à une pensée secrète.

— On peut vous revoir ?

— Oui... ce soir.... venez prendre un sorbet... vous verrez. i sera excellent...

Quand Coriolano fut part , Donna Gabriella, plongea son visage dans ses mains et demeura un moment absorbée puis, tout à coup, avec une résolution qui faisait étrangement briller ses yeux, elle se leva et commanda son carrosse.

Le soir arriva.

Donna Gabriella avait été toute la journée agitée, impatiente, sombre, mais quand elle entendit sonner l'Ave Maria, un frisson parcourut sa personne ; elle secoua sa belle tête et parut chasser les pensées lugubres qui l'avaient troublée

Elle fit allumer toutes les chandelles de la petite salle baroque où elle recevait ses amis. Son visage avait pris une expression gracieuse, pleine de brio et de gaieté, dans laquelle un œil perspicace aurait détecté quelque chose de fébrile.

Le bruit d'un carrosse qui s'arrêtait la fit sursauter : elle courut à la porte pour recevoir le prince de Butera et Violante. Elle prit les mains de la jeune fille et l'attira à elle en lui disant avec vivacité :

— Oh, comme je te suis reconnaissante d'être venue !

Mais Violante était sous le coup d'une admiration douloureuse et elle ne put faire moins que s'exclamer :

— Comme vous êtes belle, ce soir madame ma mère !

Et vraiment, Donna Gabriella paraissait avoir rassemblé toutes les séductions de la toilette et toutes les grâces fascinantes de sa personne, car elle était merveilleusement belle et séduisante. Elle rétorqua avec gaieté :

— Oh, ma fille, qui peut être assez belle pour te surpasser ?

Le prince lui fit aussi son compliment puis ajouta :

— Je vous laisse. Je viendrai plus tard la reprendre. J'aurais volontiers accepté un sorbet ou une tasse de votre café... je sais que vous aussi vous goûtez cette boisson.. Mais je suis obligé d'aller au Palais Royal. Pardonnez-moi.

Il lui baisa galamment la main et s'en fut.

— Viens, dit Donna Gabriella, en l'entraînant vers un petit canapé. Nous allons passer quelques heures ensemble... J'ai tant de choses à te dire... Avant de partir !

— Vous partez ? s'enquit Violante, non sans émotion.

— Oui...

— Pour longtemps ?

— Très longtemps... Je ne reviendrai peut-être plus. C'est une espèce de soirée d'adieu.

Violante avait pâli : « Elle part certainement avec Blasco ». Une vive souffrance lui tourmentait le cœur, mais le masque rigide et sévère de son visage ne trahissait rien de ses tourments.

— Cela ne me déplaît pas, tu sais, poursuivait la duchesse. Ici tout est devenu horrible, sombre, plein de larmes, de gémissements.. Ce n'est pas vrai, peut-être ? Dis-moi, ce n'est pas vrai ?

Violante leva les yeux au ciel en soupirant et avec un tremblement dans la voix :

— Il faut savoir supporter...

— Oui, approuva Donna Gabriella avec un accent lugubre. Puis tout d'un coup, reprenant sa gaieté, elle s'assit devant un petit clavecin peint d'un bleu céleste, avec un décor de fioritures et de feuillages, et y fit courir ses doigts nerveux. L'instrument vibra de notes joyeuses qui se prolongèrent en ondes plaintives.

— Tu ne connais pas de morceaux de Porpora ? Par exemple de la *Berenice ?*

— Non, madame.

— Ah oui, tu sors du couvent... Je l'avais oublié...

Elle vit la jeune fille pâlir et vaciller ; sur le seuil se tenaient Blasco et Coriolano ; Blasco s'était arrêté, en proie à une vive émotion, avec l'air de n'en pas croire ses yeux. Violante seule avec Donna Gabriella ! Il ne comprenait pas. C'était une chose si imprévisible qu'il ne savait s'il devait croire à un miracle ou à une illusion. Violante ! La jeune fille qu'il n'avait plus revue, n'avait plus cherchée, qu'il avait pour ainsi dire fuie. Violante, dont il portait toujours l'image dans l'intimité de son cœur, jalousement gardée. Violante dont il n'osait plus évoquer le nom même mentalement, dont il avait toujours évité de parler pour ne pas réveiller les jalousies de Donna Gabriella, dont il craignait les emportements et les violences. Violante était là, près de Donna Gabriella, offerte à lui par la duchesse elle-même !... Tout cela le dépassait tellement qu'il en était étourdi et hésitait à entrer.

Coriolano lui aussi était resté interdit. Il avait noté la toilette éblouissante et singulière de Donna Gabriella, l'illumination inhabituelle, la présence de Violante. « Que veut dire cela ? s'était-il demandé, évidemment, elle exagère. »

Après avoir joui de leur stupeur, la duchesse s'approcha gaiement en les invitant à entrer.

— Eh bien, messieurs, vous voulez rester à la porte ?

Blasco se secoua et baisa la main de Donna Gabriella, étonné de la voir plus belle et plus séduisante que jamais, et avec dans le regard une flamme étrange. Il s'avança comme un homme ivre, l'esprit brouillé, et salua Violante avec une réserve qui dissimulait mal son embarras.

Coriolano, qui avait tout de suite repris son empire sur lui-même, prononça quelques compliments qui rompirent la glace et ouvrirent la voie à la conversation. Alors, lui, comme à son habitude, il observa, scruta, analysa. Il ne pouvait rêver plus passionnante matière à son étude du cœur humain, que ces trois âmes tourmentées et contraintes de cacher leur douleur.

Violante souffrait. Elle ne s'était pas attendue à rencontrer Blasco, qu'elle avait toujours évité. Et de le retrouver là, dans la maison de sa marâtre, qui lui avait arraché le cœur du jeune homme, qui avait brisé son rêve, le seul, l'unique rêve de sa jeunesse, lui donnait une angoisse inexprimable. Oh, pourquoi son grand-père ne venait-il pas, pour qu'elle pût s'enfuir, se réfugier dans sa chambre et à l'abri des regards, donner libre cours à la souffrance qui lui déchirait l'âme ?... Elle ne pouvait plus supporter cette immobilité de statue sous laquelle elle avait toujours dissimulé ses émotions profondes. L'anxiété altérait son visage.

Blasco se taisait, d'un silence plein de douleurs inexprimées. Les images du passé, les rêves perdus sur le chemin de la vie, les illusions, le poids de la fatalité qui pesait sur sa tête, tout cela bouleversait son âme. C'était un martyre secret, non moins affreux que celui que vivait la jeune fille.

Mais l'ouragan impétueux, avec ses massacres, ses bouleversements, ses terribles capacités de destruction, était dans le cœur de Donna Gabriella. Coriolano le surprenait dans son geste nerveux, dans le mouvement convulsif des mains, dans la vivacité fébrile de la parole, dans la fulgurance d'un œil qui paraissait appartenir à une hallucinée. Pendant qu'elle jouait, Coriolano remarqua que des frissons soudains parcouraient le corps de la duchesse. Certes Donna Gabriella paraissait déployer une grande maîtrise d'elle-même, mais il y avait en elle quelque chose de fou, qui inspirait l'effroi.

Elle joua, parla gaiement, plus souvent avec Coriolano qu'avec Blasco et Violante.

— Et toi, tu ne dis rien, ma fille ?

Non, elle ne pouvait parler ; c'était au-dessus de ses forces.

— Et vous, Don Blasco, vous avez perdu la parole ? Au moins, dites quelque chose d'aimable à Violante !

Que d'amertume, que de venin dans le sourire de la duchesse ! Puis elle sonna et au laquais apparu sur le seuil, elle ordonna :

— Servez.

Une minute plus tard, le domestique revint avec un plateau d'argent sur lequel étaient disposées des cuillers d'argent ciselé et quatre petites coupes de très fine porcelaine contenant des sorbets en forme de fruit, qu'il posa sur un guéridon. Puis il revint avec deux autres plateaux plus petits : l'un chargé de biscuits, l'autre avec deux bouteilles et des petits verres et après les avoir disposés, il se planta sur le seuil.

— Allez, lui ordonna Donna Gabriella en passant un mouchoir sur son visage humide de sueur.

Elle servit elle-même les sorbets. Alors qu'elle parlait avec plus de vivacité et de gaieté, Coriolano, qui suivait tous ses mouvements, fut frappé de l'expression effrayante de son visage et de l'altération de sa voix.

Puis Donna Gabriella choisit une bouteille .

— Cela, dit-elle, est pour les dames...

Elle emplit deux petits verres et s'approcha de Violante. Coriolano fit un pas, les yeux fixés sur la duchesse, qui avait pâli. Un horrible soupçon lui venait. Il vit les mains de Donna Gabriella trembler en remplissant les verres, il vit son visage se transformer, entendit sa voix rauque et lugubre dire :

— Bois, Violante, à notre bonheur...

Violante prit le verre.

A ce moment, la duchesse leva les yeux ; Coriolano était devant elle, l'œil étincelant, tel un juge sévère, inflexible, redoutable. Ces yeux pénétrèrent en elle jusqu'au fond de son cœur, comme deux lames, comme deux rayons ; ils transpercèrent son âme et en illuminèrent les inquiétants tréfonds. Violante porta le verre à ses lèvres

Les yeux de Coriolano prirent une lueur encore plus terrible.

Donna Gabriella eut un sursaut, d'un geste brusque, elle fit tomber le verre de la main de Violante :

— Non !

Et elle vida le sien d'un trait.

— Malheureuse ! cria Coriolano.

Blasco, qui était resté comme pétrifié, envoûté, se secoua :

— Qu'est-ce qui se passe ?

Il regarda Violante et la vit immobile, pâle, comme foudroyée par l'inconcevable. Il regarda Donna Gabriella et la vit se passer les mains sur le visage, vaciller, s'abattre sur un fauteuil !

— Gabriella ! Gabriella !, hurla-t-il, épouvanté. Mon Dieu ! Que se passe-t-il donc ?

Coriolano prit la bouteille, la dissimula rapidement et se précipitant dans l'antichambre :

— Un médecin, vite ! cria-t-il. Courez chercher un médecin.

Donna Gabriella s'était laissée aller en arrière sur le fauteuil et Blasco eut à peine le temps de l'empêcher de glisser à terre. Il lui souleva la tête avec le bras, lui prit une main, la secoua, en l'interrogeant, haletant :

— Qu'as-tu ?... Qu'as-tu fait ? Parle !... Mon Dieu ! Parle !

Les mains jointes, les yeux dilatés par l'épouvante, Violante ne pouvait articuler un mot ; elle regardait Donna Gabriella, Blasco, Coriolano, avec une terreur folle, cependant que le chevalier de la Floresta disait quelques paroles de réconfort. Un cri la secoua, lui donna la perception exacte de la tragédie.

— Coriolano !... Coriolano !... Elle meurt !

Alors, Violante fondit en larmes et tombant à genoux, elle s'exclama :

— Mon Dieu !... Mon Dieu !... Ayez pitié d'elle !

Donna Gabriella redressa la tête ; ses yeux erraient. Ils se posèrent sur Blasco, sur Violante, puis se remplirent de larmes. Ses lèvres murmurèrent .

— Pardon !... Adieu ! .

— Gabriella !... Gabriella ! . Non ! Non ! hurla Blasco.

— Madame ! Madame ! sanglotait Violante.

La duchesse fit un effort, souleva le bras, chercha la tête de la jeune fille et y posa la main , elle chercha celle de Blasco et pendant une minute ses mains froides, agitées du frisson de la mort, s'attardèrent sur ces deux visages baissés et ravagés d'horreur. Dans un souffle, elle dit :

— Au moins... souvenez-vous de moi...

Un frisson parcourut son corps ; un hurlement lui déchira la poitrine...

Elle souleva la tête de Blasco, ses lèvres le cherchèrent, chuchotèrent :

Adieu !... Embrasse-moi !

Blasco lui donna un baiser en pleurant.

— Qu'as-tu fait ? Qu'as-tu fait ? répétait-il. Pourquoi ?

— Il le fallait ! dit-elle.

Ce furent ses dernières paroles ; ses membres se tordirent, ses lèvres blêmirent, ses yeux se ternirent, elle eut un dernier frisson, et puis plus rien.

Blasco tomba à genoux, les yeux fixés sur son visage et cria encore une fois.

Les sanglots de Violante couvrirent sa voix. Ils restèrent agenouillés, penchés sur ce corps qui une demi-heure auparavant rayonnait encore de vie et de beauté.

Coriolano essuya avec un mouchoir ces lèvres qui ne souriaient plus, ferma ces yeux qui ne voyaient plus et déposa un baiser sur ce front dont s'étaient enfuis pour toujours les rêves, les pensées et les douleurs.

ÉPILOGUE

Violante tomba malade. Des visions, des cauchemars terrifiants agitèrent ses nuits fiévreuses. Quand elle guérit, elle voulut retourner dans son monastère, plus que jamais décidée à prendre le voile.

L'image de Donna Gabriella était restée fixée dans sa mémoire, et penser à Blasco lui semblait une profanation, un sacrilège, un rite infâme célébré sur une tombe que la douleur, le sacrifice, la pitié, rendaient sacrée.

Entre-temps étaient arrivées les patentes royales qui reconnaissaient à Blasco le titre de duc de la Motta et la pleine possession de ses titres et domaines. Ce qui rendit sa vie encore plus triste et plus solitaire.

Sa fortune suscita l'envie et le mécontentement. Le comte de Gisia et le prince d'Iraci en profitèrent pour répandre sur lui d'horribles calomnies, donnant à entendre qu'il avait manigancé l'assassinat de Don Raimondo et celui d'Emanuele pour devenir riche et duc.

Ces ragots parvinrent à l'oreille de Blasco qui un bel après-midi rencontra à la Marina les deux messieurs et les gifla en public.

— J'espère, leur dit-il, qu'entre tant de mensonges que vous répandez, vous raconterez au moins cette vérité...

Des duels en résultèrent. Comme beaucoup de jeunes gentilshommes ne toléraient pas la fortune de Blasco, ils compliquèrent la question de sorte que le nouveau duc de la Motta dut affronter cinq duels. L'aventure parvint à lui rendre sa bonne humeur. Il envoya au lit pour deux mois le prince d'Iraci avec un coup au flanc ; il défigura le comte de Gisia en lui coupant le nez et les lèvres jusqu'au menton ; il tailla les tendons du bras à un troisième, ce qui lui en ôta l'usage pour la vie ; il désarma le quatrième ; le cinquième estima ne pas devoir s'exposer et déclara qu'il avait obtenu satisfaction grâce aux blessures... des autres.

Ces duels firent grand bruit : ils attirèrent quelques ennuis à Blasco, mais il fut grâcié quand l'empereur Charles V devint roi de Sicile. Il fut l'idole de la société, et bien des dames firent de leur mieux pour le conquérir, mais Blasco ne se laissa pas séduire. Dans son cœur, il rendait un culte à deux femmes, ou plutôt deux images de femmes : Donna Gabriella et Violante, toutes deux réunies dans la vision de cette soirée tragique.

Plusieurs fois, il tenta de voir Violante ; la jeune fille refusait toujours ; mais enfin le prince de Butera, qui aimait beaucoup Blasco et qui l'aurait volontiers vu épouser Violante (il savait tout), s'arrangea pour que les deux jeunes gens pussent se retrouver seuls un instant, dans une salle du palais.

Devant la jeune fille, Blasco temblait.

— Allez-vous encore refuser d'obéir au vœu d'une morte, qui s'est ôté la vie pour nous, pour notre bonheur, lui demanda-t-il ?

Violante sentit ses yeux se remplir de larmes. Blasco lui prit la main et elle le laissa faire. Alors, il lui dit :

— Violante, sur le souvenir sacré d'une pauvre femme, je vous jure que je n'ai jamais aimé d'amour vrai, jusqu'à ce jour où je vous vis passer, pensionnaire d'un couvent, dans une litière au pont de l'Amiral... et je vous ai aimée sans espoir, en silence, comme un être sacré... Voulez-vous être ma femme ?

Elle baissa la tête en rougissant mais ses yeux étaient illuminés d'une joie profonde.

Quelques mois plus tard, ils étaient mariés.

Au bout d'un an, ils eurent une fille. Violante dit à Blasco :

— Je veux qu'elle s'appelle Gabriella.

Coriolano partit à l'étranger.

Don Girolamo prit la direction des Beati Paoli ; un de ses premiers actes fut de juger Nino Bucolaro, qui fut condamné à mort.

Il le tua lui-même, une nuit, à l'angle de l'église du Carmine.

Mais il fut découvert et en mars 1723, on le pendit.

Andrea rentra dans la maison des ducs de la Motta.

Et Michele Barabino ?

Le bon tailleur rouvrit sa boutique avec un capital que lui donna Blasco et chaque jour, à ses commis, il racontait l'histoire du grand seigneur qui un jour, là, sur la petite place de l'auberge, bastonna les sbires.

— Il fallait le voir ! concluait-il. Mais depuis ce moment, alors que personne ne le connaissait, je me suis dit :

« Celui-là ne peut être qu'un prince ! »

J'ai du flair, moi.

Suites

1. *Histoires étranges et fantastiques d'Amérique latine*

2. José Luis Sampedro
Le Sourire étrusque

3. Antonio Lobo Antunes
Le Cul de Judas

4. J. M. Machado de Assis
Le Philosophe ou le chien

5. Horacio Quiroga
Les Exilés

6. Paco Ignacio Taibo II
De passage

7. Euclides da Cunha
Hautes Terres

8. Luis Sepúlveda
Journal d'un tueur sentimental

9. Fernando Gabeira
Les Guérilleros sont fatigués

10. J. M. Machado de Assis
La Montre en or

11. Dalton Trevisan
Le Vampire de Curitiba

12. *Des nouvelles du Brésil*

13. Marcio Souza
L'Empereur d'Amazonie

14. Alejandro Jodorowsky
L'Arbre du dieu pendu

15. Manuel Scorza
Roulements de tambours pour Rancas

16. José Ángel Mañas
Je suis un écrivain frustré

17. Antonio Lobo Antunes
Fado Alexandrino

18. Christoph Hein
La Fin de Horn

19. Luis SEPÚLVEDA
Yacaré, Hot Line

20. Lídia JORGE
Le Rivage des murmures

21. Galsan TSCHINAG
Ciel bleu

22. José Luis SAMPEDRO
Le Fleuve qui nous emporte

23. Mempo GIARDINELLI
Le Dixième cercle

24. Fernando AMPUERO
Caramel vert

25. Virgilio PIÑERA
Nouveaux contes froids

26. Vinicius VIANNA
La Dernière ligne

27. Leonardo PADURA
Electre à La Havane

28. Jorge DE SENA
Signes de feu

29. Horacio QUIROGA
Le Désert

30. Des nouvelles du Portugal

31. Lídia JORGE
La Forêt dans le fleuve

32. Eça DE QUEIROZ
La Tragédie de la rue des fleurs

33. J.M. MACHADO DE ASSIS
Mémoires posthumes de Brás Cubas

34. Horacio QUIROGA
Contes d'amour de folie et de mort

35. Luigi NATOLI
Histoire des Beati Paoli - Tome 1 : Le Bâtard de Palerme

36. Luigi NATOLI
Histoire des Beati Paoli - Tome 2 : La Mort à Messine

37. Luigi NATOLI
Histoire des Beati Paoli - Tome 3 : Coriolano

Ouvrage composé par I.G.S. - Charente Photogravure à L'Isle d'Espagnac (16)
Achevé d'imprimer en septembre 2000
sur presse Cameron
dans les ateliers de ***Bussière Camedan Imprimeries***
à Saint-Amand (Cher)

N° d'édition : 2435001 – N° d'impression : 004005/1
Dépôt légal : octobre 2000

Imprimé en France